龙州县志

LONGZHOU XIANZHI

（1986—2005）

龙州县地方志编纂委员会　编

方志出版社
Publishing House of Local Records

图书在版编目（CIP）数据

龙州县志 ：1986-2005 / 龙州县地方志编纂委员会编. -- 北京 ：方志出版社，2020.3
ISBN 978-7-5144-4146-8

Ⅰ. ①龙… Ⅱ. ①龙… Ⅲ. ①龙州县—地方志—1986-2005 Ⅳ. ① K296.74

中国版本图书馆 CIP 数据核字(2020)第 058848 号

龙州县志（1986—2005）

编　　者：龙州县地方志编纂委员会
责任编辑：冯　松

出 版 者：方志出版社
地址　北京市朝阳区潘家园东里 9 号（国家方志馆 4 层）
邮编　100021
网址　http://www.zgfzcb.cn
发　　行：方志出版社图书经销中心
电话（010）67110500
经　　销：各地新华书店
装帧设计：南宁市佳彩广告设计有限公司
印　　刷：深圳市精一瑞兰印刷有限公司

开　　本：889 × 1194　1/16
印　　张：51.75
字　　数：1607 千字
版　　次：2020 年 3 月第 1 版　2020 年 3 月第 1 次印刷
印　　数：0001 ～ 2000 册

ISBN　978-7-5144-4146-8　**定价：**350.00 元

龙州县第二届地方志编纂委员会

（2001年4月—2003年3月）

主　任　莫树周　县委副书记、县长

副主任　王英武　县委常委、副县长

谭燕玲　县委常委、宣传部部长

韦家杰　县委常委、组织部部长

张　琦　副县长

农时英　县政协秘书长

委　员（以姓氏笔画为序）

冯华勇　冯奇能　农春颖　农锡真　杜日辉　吴作韬　陆雄辉　林正强　荷琛慧

黄兴东　黄海雁　黄艳辉　覃昆成

（2003年3月—2005年10月）

主　任　黄榜荣　县委副书记、县长

副主任　谭冠堂　县委常委、副县长

黄能显　县委常委、组织部部长

赵　丽　县委常委、宣传部部长

王熙富　副县长

吴爱红　副县长

阮美功　县政协副主席

委　员（以姓氏笔画为序）

冯奇能　农春颖　农锡真　李向荣　张耀平　陆　波　陆雄辉　林　森　林正强

荷琛慧　黄飞跃　黄海雁　覃昆成

（2005年10月—2009年4月）

主　任　黄武海　县委副书记、县长

副主任　钟海光　县委副书记

黄宝权　县委常委、副县长

黄剑克　县委常委、组织部部长

吴爱红　副县长

阮美功　县政协副主席

委　员（以姓氏笔画为序）

冯奇能　农锡真　李　扬　李向荣　张耀平　陆　波　陆丽贞　陆雄辉　周　兰

荷琛慧　黄飞跃　黄海雁　覃昆成　谭汉周

（2009年4月—2010年11月）

主　任　赵　丽　县委副书记、县长
副主任　黄云革　县委副书记
　　　　王熙富　县委常委、副县长
　　　　邓　坚　县委常委、宣传部部长、副县长
　　　　黄剑克　县委常委、组织部部长
　　　　赵　霞　县人大常委会副主任
　　　　张权壮　县政协副主席
委　员（以姓氏笔画为序）
　　　　韦仕贤　农国芳　杨建林　何汉权　张立群　张耀平　陆　波　陆丽贞　陆雄辉
　　　　陆腾飞　周　兰　黄飞跃　符志新

（2010年11月—2011年5月）

总顾问　梁旭辉　县委书记
主　任　赵　丽　县委副书记、县长
副主任　陈光恩　县委副书记、副县长
　　　　黄集精　县委常委、副县长
　　　　邓　坚　县委常委、宣传部部长、副县长
　　　　林　森　县委常委、办公室主任
　　　　赵东方　县委常委、组织部部长
　　　　赵　霞　县人大常委会副主任
　　　　叶建军　县政协副主席
委　员（以姓氏笔画为序）
　　　　马川州　韦仕贤　韦保健　全忠平　闭兴才　农志武　农国芳　农荣武　农海洪
　　　　杨建林　苏尚确　苏俊沄　苏洛泳　李峥玄　李雄高　吴武寤　岑宏勇　何　珊
　　　　何汉权　何新元　张立群　张耀平　陆　芳　陆　波　陆丽贞　陆雄辉　陈巧燕
　　　　林勇进　周　兰　姚　新　骆广章　黄　健　黄　鹏　黄日清　黄华基　黄雁春
　　　　符志新　盘康庭　覃忠民　谭　诚

（2011年5月—2012年8月）

总顾问　秦　昆　县委书记
主　任　赵　丽　县委副书记、县长
副主任　农尚文　县委副书记
　　　　刘加义　县委常委、副县长
　　　　刘德智　县委常委、办公室主任
　　　　赵东方　县委常委、组织部部长
　　　　韩日辉　县委常委、宣传部部长、副县长
　　　　张权壮　县人大常委会副主任
　　　　叶建军　县政协副主席

委　员　（以姓氏笔画为序）

韦仕贤　冯荣竹　全忠平　闭兴才　农小勇　农东奎　农国芳　农绍飞　农春芳
农荣武　陆雄辉　陆超鑫　苏尚确　苏俊沄　李峥玄　李雄高　吴明德　岑宏勇
何汉权　何新元　何凝福　张　诚　张立群　张耀平　林勇进　周　兰　周仕强
周汉武　赵志华　骆广章　黄　平　黄　益　黄子珍　黄日清　黄志慧　黄录兴
黄集成　黄雁春　梁培生　谭　诚

（2012年8月—2015年3月）

总顾问　秦　昆　县委书记

主　任　赵　丽　县委副书记、县长

副主任　农尚文　县委副书记

刘加义　县委常委、副县长

刘德智　县委常委、办公室主任

赵东方　县委常委、组织部部长

韩日辉　县委常委、宣传部部长、副县长

张权壮　县人大常委会副主任

叶建军　县政协副主席

委　员　（以姓氏笔画为序）

韦仕贤　冯荣竹　全忠平　闭兴才　农小勇　农东奎　农国芳　农绍飞　农春芳
农荣武　陆雄辉　陆超鑫　苏尚确　苏洛泳　李峥玄　李雄高　吴明德　岑宏勇
何汉权　何新元　何凝福　张　诚　张立群　张耀平　林勇进　周　兰　周仕强
周汉武　赵志华　骆广章　黄　平　黄　益　黄子珍　黄日清　黄志慧　黄录兴
黄集成　黄雁春　梁培生　谭　诚

（2015年3月—2017年9月）

总顾问　秦　昆　县委书记

主　任　王方红　县委副书记、县长

副主任　钟　磊　县委副书记

甘增宝　县委常委、副县长

刘德智　县委常委、组织部部长

何子才　县委常委、办公室主任

韩日辉　县委常委、宣传部部长、副县长

张权壮　县人大常委会副主任

叶建军　县政协副主席

委　员　（以姓氏笔画为序）

邓昭坚　闭兴才　农东奎　农伟欢　农光明　农志武　农国芳　农绍飞　农春芳
农海军　苏　伟　苏尚确　苏洛泳　李峥玄　李海冰　李雄高　吴明德　岑宏勇
何汉权　何新元　何凝福　张　诚　张立群　陆　敏　陆超鑫　陈巧燕　周汉武
赵志华　黄　益　黄子珍　黄志民　黄录兴　黄雁春　黄集成　梁文波　梁兆墡
梁培生　覃卫勇　蒙文祥　谭汉周

(2017年9月—2019年7月)

总顾问 秦　昆　市委常委、县委书记

主　任 钟　磊　县委副书记、县长

副主任 刘德智　县委副书记

甘增宝　县委常委、副县长

何子才　县委常委、宣传部部长、副县长

谢国志　县委常委、组织部部长

黄华基　县委常委、办公室主任

曾海春　县人大常委会副主任

赵　昕　副县长

李　婧　县政协副主席

委　员（以姓氏笔画为序）

马川州	邓昭坚	左　涛	刘德宏	闭兴才	农　康	农伟欢	农志武	农绍飞
农毅聪	农静琳	苏　伟	苏洛泳	李　旺	李文强	何子荣	何新元	何凝福
张　诚	张立群	张茂珍	陆　华	陈小龙	周　荣	周汉武	赵建兴	姚葵花
陶仁启	黄　益	黄录兴	黄集成	梁文波	梁兆墙	梁伟飘	梁保平	梁政扬
覃卫勇	曾　红	谢秉宗	蒙文祥	谭荣坤	禤培炼			

(2019年7月—　)

总顾问 秦　昆　市委常委、县委书记

主　任 钟　磊　县委副书记、县长

副主任 谢国志　县委副书记

韦学平　县委常委、副县长

何子才　县委常委、宣传部部长、副县长

黄华基　县委常委、办公室主任

农宝淞　县委常委、组织部部长

曾海春　县人大常委会副主任

杨　星　副县长

李　婧　县政协副主席

委　员（以姓氏笔画为序）

马川州	韦泽海	卢荣涛	左　涛	农　康	农伟欢	农志武	农静琳	苏　伟
苏青艳	苏尚竹	苏洛泳	李　旺	何子荣	何天恒	何新元	张立群	陆彩英
陈小龙	林　昀	周　荣	周汉武	周忠珊	赵建兴	姚葵花	班胜坚	陶仁启
黄　益	黄　燕	黄革忠	黄集成	梁文波	梁兆墙	梁伟飘	梁保平	梁政扬
覃卫勇	覃忠民	蒙文祥	禤培炼					

《龙州县志》编辑部

（2001年4月—2004年1月）

主　编　荷琛慧
副主编　祻　华
编　辑　（按姓氏笔画为序）
　　　　吕　毅　农伟球　陆子南　荷琛慧　黄文祥　雷　丽　祻　华
资料员　邓积安

（2004年1月—2006年4月）

主　编　荷琛慧
副主编　祻　华
编　辑　（按姓氏笔画为序）
　　　　吕　毅　陆子南　荷琛慧　黄文祥　雷　丽　祻　华

（2006年4月—2009年9月）

主　编　何汉权
副主编　祻　华　黄革忠
编　辑　（按姓氏笔画为序）
　　　　吕　毅　苏文金　陆子南　何汉权　荷琛慧　黄文祥　黄革忠　雷　丽　祻　华

（2009年9月—2010年12月）

主　编　何汉权
总　纂　荷琛慧
副主编　祻　华　黄革忠
副总纂　李明票（聘任者）
分　纂　周文彪（聘任者）　李安民（聘任者）
编　辑　（按姓氏笔画为序）
　　　　吕　毅　苏文金　李安民　李明票　岑　勇　何汉权　陆子南　周文彪　荷琛慧
　　　　黄文祥　黄革忠　祻　华
编　务　农莉花（聘任者，2009.9—2010.12）　高世林（志愿者，2010.8—2010.12）

（2010年12月—2012年8月）

主　编　何汉权
总　纂　荷琛慧

副主编　禤　华　黄革忠
副总纂　李明票（聘任者）　周文彪（聘任者）
编　辑　（按姓氏笔画为序）
吕　毅　苏文金　李明票　岑　勇　何汉权　陆子南　周文彪　荷琛慧　黄文祥
黄革忠　禤　华
编　务　高世林（志愿者，2010.12—2011.7）　卢冠宇（志愿者，2011.8—2012.5）

（2012年8月—2015年3月）

主　　编　闭兴才
执行副主编　荷琛慧
总　　纂　闭兴才
副 主 编　黄革忠　黄爱萍　陆子南　覃杰军
编　　辑　（按姓氏笔画为序）
吕　毅　闭兴才　苏文金　岑　勇　陆子南　荷琛慧　黄文祥　黄革忠　黄爱萍
覃杰军
编　　务　卢冠宇（志愿者，2012.5—2012.7）

（2015年3月—2017年4月）

主　　编　闭兴才
执行副主编　荷琛慧
总　　纂　闭兴才
副 主 编　黄革忠　权信安
编　　辑　（按姓氏笔画为序）
权信安　吕　毅　闭兴才　苏文金　岑　勇　荷琛慧　黄革忠　黄爱萍

（2017年4月—2019年7月）

主　　编　闭兴才
执行副主编　黄革忠
总　　纂　闭兴才
副 主 编　邵琼花
编　　辑　（按姓氏笔画为序）
吕　毅　闭兴才　苏文金　李智强　岑　勇　何琛慧　邵琼花　黄革忠　黄爱萍

（2019年7月—　）

主　编　黄革忠
总　纂　黄革忠
副主编　邵琼花
编　辑　（按姓氏笔画为序）
吕　毅　苏文金　李智强　岑　勇　邵琼花　黄革忠　黄爱萍

审查验收单位及人员

初审单位 龙州县第二届地方志编纂委员会

审验人员 秦　昆　钟　磊　谢国志　韦学平　何子才　黄华基　曾海春　赵　昕
李　婧　周汉武　梁保平　马川州　陆　华　闭兴才　黄革忠　邵琼花
黄爱萍　吕　毅

终审单位 《龙州县志(1986—2005)》审查验收委员会

审验人员 梁金荣(自治区地方志办公室党组书记、主任、研究员)
邓敏杰(自治区地方志办公室党组成员、副主任)
晏源源(自治区地方志办公室原副主任)
陆德宁(崇左市地方志办公室主任)
施均显(自治区地方志办公室市县志工作处处长、副编审)
韦韩韫(自治区地方志办公室古籍工作处处长、编辑)
梁燕鸣(自治区地方志办公室市县志工作处调研员、编审)
陈小军(自治区地方志办公室市县志工作处副处长)
李有权(崇左市地方志办公室副调研员、编纂科科长)
苏麟忠(自治区地方志办公室通志工作处主任科员)
柳玉秀(自治区地方志办公室市县志工作处主任科员、编辑)
林建超(自治区地方志办公室通志工作处主任科员)
黄朝勇(崇左市地方志办公室综合科科长)
卢新骑(《崇左年鉴》特约编辑)
农丽婵(南宁地区教育学院教师)
赵国忠(龙州县政协原主席)

《龙州县志(1986—2005)》终审验收时龙州县领导班子成员名单

中共龙州县委员会

书　记　秦　昆
副书记　钟　磊　谢国志　劳日勇(挂职)
常　委　赵七明　韦学平　张儒聪　何子才　李　想(女)　黄华基　苏俊沄　仲国桃(女,挂职)
　　　　杨海泉(挂职)　郭昌荣(挂职)

龙州县人大常委会

主　　任　黄集精
副 主 任　农英才　邓军平　曾海春(女)　周　兰(女)
处级干部　黄庆林

龙州县人民政府

县　　长　钟　磊
副 县 长　韦学平　何子才　仲国桃(女,挂职)　杨海泉(挂职)　郭昌荣(挂职)　许光文　姚　杰
　　　　　陆　芳(女)　何俊伟　赵　昕(挂职)　陈宇宁(挂职)
处级干部　何志兴

政协龙州县委员会

主　　席　何卫存
副 主 席　李　扬　张权壮　李　婧(女)　黄　萍(女)
处级干部　叶建军　赵　霞(女)　黄艳辉

《龙州县志(1986—2005)》印刷出版时
龙州县领导班子成员名单

中共龙州县委员会

书　　记　秦　昆

副 书 记　钟　磊　谢国志　劳日勇(挂职)

常　　委　曹　华　韦学平　张儒聪　何子才　李　想(女)　黄华基　苏俊沄　农宝淞
　　　　　仲国桃(女,挂职)　杨海泉(挂职)　郭昌荣(挂职)

龙州县人大常委会

主　　任　黄集精

副 主 任　农英才　韩日辉　曾海春(女)　周　兰(女)

处级干部　黄庆林

龙州县人民政府

县　　长　钟　磊

副 县 长　韦学平　何子才　仲国桃(女,挂职)　杨海泉(挂职)　郭昌荣(挂职)　许光文
　　　　　姚　杰　陆　芳(女)　何俊伟　杨　星(挂职)

处级干部　何志兴

政协龙州县委员会

主　　席　何卫存

副 主 席　李　扬　张权壮　李　婧(女)　黄　萍(女)

处级干部　赵　霞(女)

序

《龙州县志(1986—2005)》自2009年正式启动编修，在有关领导、专家、学者的关怀指导和广大编纂者的艰苦劳动中，历时10载，数易其稿，终成卷帙。这是龙州县人民文化生活中的一件大喜事。

龙州县自然风光秀丽，地质景观独特，名胜古迹众多，文化底蕴深厚，是一座具有1390多年历史的边关商贸历史文化名城。1889年，龙州被辟为对外陆路通商口岸，是广西最早对外开放的通商口岸，也是我国与东南亚各国进行文化、贸易交往的重要门户，素有边陲重镇、“小香港”之称。1930年2月1日，在邓小平、李明瑞、俞作豫等同志的领导下，爆发了震惊中外的龙州起义，建立了中国红军第八军。改革开放以来，龙州人民抓住机遇，苦干实干，克难攻坚，用自己的聪明才智和勤劳双手描绘出一幅幅精美画卷。

续修志书《龙州县志(1986—2005)》，细述龙州县1986年至2005年间的自然、经济、政治、文化等。坚持求实存真的原则，真实记载龙州县20年的风雨历程和丰硕成果，集20年县情和历史渊源于一册，堪称龙州县的“百科全书”。

“前事之不忘，后事之师。”编纂《龙州县志(1986—2005)》乃是全县人民多年的夙愿。在决胜全面建成小康社会，夺取新时代中国特色社会主义伟大胜利之际，《龙州县志(1986—2005)》的编成面世，如能为现在龙州工作的同志和未来龙州县的新公民了解龙州、热爱龙州、建设龙州提供依据和借鉴，并且从中吸取有益的经验和教训，是这部志书的编纂目的和意义之所在。

鉴古而知今。我们深信，新编县志的出版，对于龙州县的五个文明建设是大有裨益的。值此，我们谨向为这部志书的编写出版付出了辛勤汗水、给予支持帮助的单位和同志致以诚挚的谢意！希望全县人民继续弘扬“百折不挠、奉献拼搏、团结务实、争先创新”的龙州起义精神，努力把龙州建设成为国家边疆地区、民族地区、革命老区耀眼的明珠，奋力谱写新时代发展新篇章！

仅此为序。

中共崇左市委常委、龙州县委书记　**秦　昆**

中共龙州县委副书记、龙州县县长　**钟　磊**

2020年3月

凡 例

一、《龙州县志(1986—2005)》(简称“本志”),是中华人民共和国成立后龙州县编纂出版的第二部县志。本志编纂以马克思列宁主义、毛泽东思想、邓小平理论和“三个代表”重要思想、科学发展观、习近平新时代中国特色社会主义思想为指导,坚持辩证唯物主义与历史唯物主义的立场、观点和方法,实事求是地记述龙州县行政区域自然、政治、经济、文化和社会的历史与现状。

二、本志为1993年出版的《龙州县志》的续志。本志记述的空间范围为2005年龙州县行政区域。时间上限为1986年,下限为2005年。个别内容的记述时间适当上溯与下延。

三、本志采用述、记、志、传、图、表、录等体裁,以志为主。全志结构前设地图、照片专辑,编纂委员会、编辑部人员名单、审查验收单位及人员名单,目录、凡例、概述、大事记;中设27篇(分志);后设附录、索引、后记,其中附录设“前志补阙”“前志勘误表”,补前志重要遗漏,纠正前志错误。篇为章节体,节下设目,内文配插图,表随文设。

四、本志行文采用规范的现代语体文、记述体,叙事用第三人称。执行国家颁布的关于用字、标点符号、计量单位、出版物上数字用法等法规、标准。个别特殊情况例外,如农业事项的亩产保留以“亩”为计量单位。本志行文中对组织、机构、会议名称和文件、专业性术语第一次出现时用全称并括注简称,之后用简称。

五、本志纪年方法,清代及清以前采用历史纪年,民国时期采用民国纪年,均括注公元纪年。中华人民共和国成立后一律用公元纪年。解放前、后以1949年12月24日龙州县解放为界。

六、本志人物篇立传人物坚持“生不入传”原则,收录烈士和其他名人,以本籍为主,兼收客籍寓居人物。人物表收录抗日殉难军民及解放战争、抗美援朝、对越自卫还击作战烈士,厅(师)级以上党政军人员、获自治区省部级以上表彰的先进个人、高级专业技术人员。中共龙州县委员会、县人大常委会、县人民政府、县人民政协领导和县直部门、乡镇正科实职领导姓名随机构记载。

七、龙州县土地总面积,《龙州县志》(1993年版)记为解放后传统沿用的2317.82平方千米。据2008年出版的《龙州县土地志》称,1992年土地利用现状详查结果,全县土地总面积为2311.19平方千米。本志记龙州县土地总面积为2311.19平方千米。

八、本志采用资料,以各乡镇、县直各单位各部门及辖区内中直、自治区直、市直驻龙州各单位提供的为基础,部分资料来源于自治区、市、县档案馆(局)和有关单位以及知情人士的回忆记录、口碑等途径,经考证鉴别属实后采用,不注明出处。数据以统计部门公布的为准,统计部门无数据的使用行业数据。

龙州县地图

天等县
大新县
桃城镇
那岭乡
硕龙镇
大新县
越南
恩城乡
堪圩乡
宝圩乡
雷平镇
新和镇
江州区
金龙镇
武德乡
逐卜乡
水口镇
下冻镇
上龙乡
响水镇
龙州县
龙州镇
彬桥乡
上金乡
八角乡
上降乡
宁明县
凭祥市
凭祥镇
夏石镇
上石镇
友谊镇
弄岗自然保护区
陇瑞自然保护区
龙州起义纪念园
小连城
黑水河风光
明仕田园风光
响水瀑布
花山崖壁画
千鹤古榕
紫霞洞
逍遥洞
平而河风光
大连城
青山
三村山
风凉山
大青山
金龙水库
青龙山水库
春秀水库
松林水库
安农水库
铜锣水库
团结水库
G219
G243
G358
G359
G322
G7211
S62
S60
S311
S313
图例
县级行政中心
乡、镇驻地
村委会
自然村
口岸 边贸点
景点
国界
县（区、市）界
乡镇界
保护区界
铁路及车站
高速公路及编码互通
国道及编码
省道及编码
县道
乡道
河流、水库
山峰
比例尺 1：380 000
附注：1、本图上中国国界线系按照中国地图出版社1989年出版的1：400万《中华人民共和国地形图》绘制。
2、图上境界不作划界依据。

领导考察
LINGDAO KAOCHA

1988年12月14日，以国家民委副主任、党组副书记江家福（前右二）为团长的中央代表团到龙州参加庆祝广西壮族自治区成立三十周年活动

1997年11月26日，水利部原副部长、全国工商联副主席严克强（前排中）到龙州县参加龙州水文站成立100周年活动

2001 年 4 月 5 日，国家民委副主任牟本里（前左四）率全国“兴边富民行动”经验交流现场会代表到龙州县考察

2001 年 12 月 20 日，国家体育总局党组书记、全国体育总会主席李志坚（前右一）到龙州县考察全国贫困地区发展体育事业第二期“雪炭工程”建设情况

2002年1月20日，自治区党委书记曹伯纯（前左二）到龙州县考察调研边境建设大会战工作

1997年12月24日，自治区人大常委会主任赵富林（前右一）到龙州县考察

2001年8月26日，自治区党委常委、自治区副主席王汉民（右五）到龙州县考察调研边境建设大会战项目实施情况和边境贸易工作，并参观中国红军第八军军部旧址

2000年10月11日，自治区副主席周明甫（前中）到龙州县考察

2002 年 12 月 11 日，自治区副主席袁凤兰（右二）到龙州县检查指导工作

2003 年 7 月 23 日，自治区政协副主席潘鸿权（左一）一行 7 人到龙州县调研

2001年7月11日，南宁地委书记罗殿龙（前右一）到龙州县上金乡指导抢收被洪水淹浸的稻谷

2002年10月4日，南宁地委书记罗殿龙（左三）、地区行署专员张秀隆（中）到龙州县检查边境建设大会战情况

城乡建设
CHENGXIANG JIANSHE

1985年，龙州县城全貌

1986年，龙州县城一角

2005年，龙州县城全貌

1997 年 7 月，龙州综合商场建成使用

1986 年，龙州小连城铁索桥

2002 年 11 月 19 日，小连城大桥建成通车

2003 年 1 月 28 日，军民共建文明新村——龙州县霞秀乡东合村秾顿文明小康示范新村落成仪式现场

2005 年，龙州宣传文化中心

2005 年，红八军纪念广场

农 业
NONGYE

1986 年，龙州县甘蔗水利化建设

1987 年，自治区甘蔗所农艺师到龙州县深入蔗区地头，指导蔗农种蔗

1994 年，龙州县召开蔗糖生产工作会议

2000 年，蕉农生产上市的大威廉斯香蕉

2000 年 1 月，龙州县再次掀起地头水柜建设新高潮

2000 年，龙州县瘦肉型猪场

2003 年，龙州县率先引进和研制乌龙茶成功，填补广西无乌龙茶种植的历史空白

2003 年 8 月 21 日，龙州县进行“牛品改”后在金龙镇板梯村出生的一头良种小牛犊

2004 年 5 月，龙州县网箱养鱼一角

2004 年，农民甘蔗喜获丰收

2004 年 8 月，农民在进行机械插秧

龙州早熟柑

龙州蔗香鸡养殖场

工业
GONGYE

1999 年，龙州将山酒业有限公司厂区

广西龙州方略制药有限公司（2003 年摄）

2005 年，龙州糖厂厂区

开放合作

KAIFANG HEZUO

2000 年 1 月 2 日，越南高平民族艺术团到龙州县访问演出。图为该团歌唱家与龙州县县长莫树周共唱中越友谊之歌

2001 年 4 月 9 日，龙州县代表团参加越南高平省广和县举办的“文化旅游茶礼会”。图为越方在国境线上迎接龙州县代表团时的情景

2002年7月20日，越南（高平省）扫墓代表团一行23人，到龙州县水口中越烈士陵园开展祭扫活动。图为中越祭扫人员向烈士墓敬献花圈

2002年11月24日，法国驻广州总领事劳查理夫妇（左二、右二）到龙州县考察

2003 年 12 月 1 日，龙州县举行中国龙州——越南高平国际汽车运输开通仪式。图为现场盛况

国家一类口岸——水口口岸

2005 年，澳大利亚专家和中国香港客商到位于龙州县的广西热作所试验站参观考察坚果园

弄岗保护区
NONGGANG BAOHUQU

国家级自然保护区——弄岗

叉叶苏铁——国家一级保护植物

龙州金花茶——国家一级珍贵植物

蟒蛇——国家一级保护动物

弄岗海伦兜兰——广西新记录种

石山苏铁——国际一级保护植物

人面果王——位于弄岗保护区陇瑞片区的这株巨大的人面子是广西记录到的最大的一株

弄岗穗鹛——画眉科鸟类新种

蚬木王——这株生成在弄岗保护区陇呼片区的蚬木，树龄2300年以上，拥有4.23米的地径，48.5米树高，106立方米的材积，是当之无愧的蚬木之王

熊猴——国家一级保护动物

云豹——国家一级保护动物

文化旅游
WENHUA LÜYOU

龙州起义广场旧址

龙州金龙湖　　（严造新　摄）

法国驻龙州领事馆旧址

胡志明展馆

龙州文笔塔

红八军军部旧址

龙州花山壁画

龙州起义纪念馆

龙州县上金乡进明村田园风光旅游景区，被称为“人间仙境” （严造新　摄）

龙州左江风光 （严造新　摄）

南疆长城——小连城遗址　　（严造新　摄）

陆荣廷旧居——业秀园

目　　录

概　　述

大事记

第一篇　行政区划　自然环境

第二篇　人口与计划生育　居民生活

第三篇　政党　群团

第四篇 人大 政府 政协

第五篇 军 事

第六篇　政　法

第七篇 农 业

第八篇　林　业

第九篇　畜牧水产

第十篇 水利 电力

第十一篇 工业 乡镇企业

第十二篇 商贸 旅游

第十三篇　交通　邮政　通信

第十四篇　财政　税务

第十五篇　金　融

第十六篇　综合经济管理

第十七篇　城建　环保

第十八篇　机构编制　人事　劳动

第十九篇 民政 扶贫 信访

第二十篇 教育 科技

第二十一篇　文化　体育

第二十二篇 卫 生

第二十三篇 海关 检验检疫

第二十四篇 民族 语言 民俗 宗教

第二十五篇　土特产品

第二十六篇 乡 镇

第二十七篇 人 物

附 录

概　述

（一）

龙州县位于中华人民共和国南疆边陲，广西壮族自治区西南部，崇左市西部，左江上游，北回归线以南，北纬 22° 8′ 49.35″—22° 44′ 42.30″、东经 106° 33′ 23.33″—107° 12′ 42.56″。东邻崇左市江州区，东南接宁明县，南靠凭祥市，西及西北与越南社会主义共和国高平省相邻，东北连大新县。县境南北最大纵距 70.7 千米，东西最大横距 67.8 千米，行政区域面积 2311.19 平方千米，占广西总面积 0.98%。

汉初，属南越王国辖域。元鼎六年（前 111 年），置雍鸡县于今县地。隶郁林郡。东汉世祖时，雍鸡县废省。县境遂介于交趾郡龙编县与郁林郡临尘县之间。三国吴属郁林郡地。晋及南朝属广州晋兴郡地。隋属郁林郡地。唐武德四年（621 年），置龙羁縻州。旧治今属逐卜乡谷阳村旧州屯。属安南都护府。元大德三年（1299 年），称为龙州万户府，府治今龙州镇，属湖广行中书省广西两江道太平路。民国 2 年（1913 年），置龙州县，辖上龙土司、上下冻土州及金龙峒，隶镇南监督区（区治龙州县城）。民国 16 年（1927 年），上下冻土州并入龙州县。民国 17 年（1928 年），上龙土司、金龙峒并置上金县，隶镇南监督区。民国 26 年（1937 年），龙州县更名为龙津县。1949 年 12 月 19 日，龙津县解放。1949 年 12 月 24 日，上金县解放。两县均属龙州专区。1952 年 8 月 11 日，撤销龙津、上金两县，合并置丽江县，旧治今属龙州县龙州镇。1953 年初，直隶桂西壮族自治区。因县名与云南省丽江县同名，1953 年 4 月 23 日，经政务院批准，丽江县改为龙津县。直隶桂西壮族自治区。1956 年 3 月改隶桂西壮族自治州。1958 年 12 月，撤销龙津、宁明两县和凭祥市，合并置睦南县，旧治今属凭祥市。1959 年 5 月，撤睦南县复设龙津、宁明二县，原龙津县各机关迁回龙州，仍称龙津县，属南宁专署。1961 年 5 月 27 日，经国务院批准，龙津县更名为龙州县。2002 年 12 月 23 日，国务院批准撤销南宁地区，设立地级崇左市，龙州县划归崇左市。

县治龙州镇，距崇左市江州区 69 千米（龙崇公路里程），距广西壮族自治区首府南宁 210 千米（龙夏二级路接南友高速路里程）。2005 年，龙州县辖龙州、水口、响水、下冻、金龙 5 个镇，彬桥、武德、逐卜、上金、上龙、上降、八角 7 个乡；设 117 个村、7 个社区、3 个街委会。2005 年，龙州县总人口 269413 人，由 14 个民族构成。壮族 259094 人，占全县总人口 96.17%；汉族 9904 人，占全县总人口 3.68%；瑶、苗、侗、土家、水、毛南、回、布依、仫佬、京、傣族人口共 415 人，占全县总人口 0.15%。

县境内地势西北较高，东南较低，中部水口河、平而河、丽江（左江龙州段）自西向东横贯全境，形成低平的河谷平原。江北以熔岩地貌（俗称大石山区）为主，主要有峰丛洼地、峰丛谷地和峰林谷地，大致为北西至东南走向，一般海拔 500 米 ~700 米；江南主要是土山和熔岩地貌，以峰林谷地为多，一般海拔 500 米以下，大青山主峰海拔 1045.9 米，为县境最高点。县境内可分为三大类型地貌区：水口河—左江溶蚀侵蚀谷地盆地区；大青山山地区；北部和东部峰林和峰丛地区。

县境内铁矿分布于武德乡精威村逐大屯、武德村逐安屯，响水镇红阳村渴稍屯，上降乡鸭水村板琪屯、岗龙坳屯，金龙镇光满村等地。主要贮存铁、铜、铅、磷、金、水晶、大理石、稀土等矿物。

龙州县水域地面积 5057.73 公顷，江河纵横，塘库众多，水资源丰富。2005 年全县可利用水资源 14.7 亿立方米，其中地表水量 13.78 亿立方米。龙州县境内主要有左江、平而河、水口河、明江河、黑水河、峒桂河、谷阳河、明仕河等 8 条河流，小溪流 28 条，水库 12 座，塘坝 96 座，池塘数百张。

（二）

1986 年—2005 年，龙州人民在中共龙州县委、县人民政府领导下，贯彻执行党的路线、方针、政策，坚持以经济建设为中心，坚持改革开放，全县国民经济持续、稳定、协调发展。

农业稳步发展。1985 年，全县农业人口 215297 人，耕地面积 26553.33 公顷，人均耕地面积 0.123 公顷（1.85 亩）。主要种植水稻、玉米、三角麦等粮食作物和糖料蔗、黑皮果蔗、花生、黄豆、木薯、茶叶等经济作物。糖料蔗是龙州县的主要经济作物。1986 年，全县种植粮食作物 24831.73 公顷，年总产量 859604 吨；主要经济作物种植面积 15380 公顷，占总面积 34.11%，其中糖料蔗 5246.67 公顷，产量 221776.9 吨，亩产 2.82 吨。1986 年—2005 年，在稳定粮食生产的同时，调整农业产业结构，大力发展糖蔗和水果生产，推广优良品种和先进适用栽培技术，实施农业综合开发项目、"三田"（吨粮田、吨糖田、万元田）建设和生态农业建设，克服频繁旱涝灾害影响，农业生产稳步发展。至 2005 年，全县农业人口 230983 人，耕地面积 26822 公顷，人均耕地面积 0.116 公顷(1.74 亩)；种植粮食作物 1111.53 公顷，年产量 69458 吨；主要经济作物种植面积 33966.67 公顷，占总面积 72.01%，其中糖料蔗 24460 公顷，产量 1905328 吨，亩产 5.19 吨。

国有工业快速前行。1986 年，全县国有工业企业总产值 4416 万元，产品销售收入 2894 万元。经过 1992 年转换经营机制和 1997 年产权制度改革之后，1999 年，全县工业企业总产值 50491 万元，产品销售收入 26944 万元，产品销售税金及附加费 118 万元，工业增加值 10896 万元。2005 年，全县工业企业总产值 85109 万元，产品销售收入 75032 万元，产品销售税金及附加费 21117 万元，工业增加值 36360 万元，实现利润金额 14135 万元。1999 年—2005 年，龙州县工业企业经济效益盈利 7 家，累计工业总产值 41.04 亿元，产品销售收入 30.69 亿元，产品销售税金及附加费 2.25 亿元，工业增加值 13.92 亿元，利润金额 3.60 亿元。

非公经济兴旺发达。1986 年，县非公有制经济各项指标几乎为零。实行大力发展非公有制经济政策后，到 2005 年 12 月，全县私营企业 108 家，注册资金 7192 万元。全县规模以上非公有制工业总产值 15.57 亿元，完成增加值 1.46 亿元，拉动工业增加值增长 22.3 个百分点。全县非公有制规模以上工业企业产品销售收入 12.46 亿元，上缴税金 0.96 亿元，占全县财政总收入 56.44%，利润总额 0.96 亿元。

商业贸易持续推进。1986 年，龙州县商贸体制呈国有、集体、个体并存的局面，且国有商业和供销集体商业占据全县商业的主导地位。20 世纪 90 年代初，国有商业企业经营困难，亏损严重，业务量逐年萎缩。1992 年，国有商业、集体商业企业推行"分配、经营、价格、用工"四放开(简称"四放开")，实行国有民营、承包、租赁、抽本经营等多种经营方式。政府对个体私营经济实行鼓励、扶持政策，使其快速发展。1997 年后，除少数商品实行国家专卖专营外，个体私营商业已经取代国有、集体商业的垄断地位。2005 年，有个体商业 7956 户，从业人员 11995 人，注册资本 7012 万元，营业收入 18030 万元，社会消费品零售额 8561 万元。有私营商业 113 户，投资 268 人，雇工 1241 人，注册资本 8564 万元，营业收入 8585 万元，社会消费零售额 678 万元。

边境贸易稳步发展。20 世纪 80 年代末，随着中越关系日趋好转，龙州县双边民间贸易逐渐恢复。1993 年，水口口岸正式恢复通关。2005 年，水口口岸出入境人员 192800 人次，交通运输工具 23200 辆次，进出口货物量 28 万吨，年交易额 4057.58 万元。

财政收入逐年增长。1986 年财政收入 3228 万元，1990 年为 4563 万元，1995 年为 6274 万元，1999 年为 10383 万元，突破 1 亿元大关，是南宁地区第 6 个财政收入超过亿元的县(市)。2005 年为 17066 万元，是 1986 年的 5.2 倍。

居民生活不断改善。20 世纪 80 年代，取消主要的日用商品限量供应后，社会商品可供量迅速增多，居民消费水平迅速上升。2000 年，龙州县城镇居民人均生活消费品支出 3876 元。2005 年，全社会逐步向小康生活水平转变，城乡居民收入增长速度逐步加快，财产性收入进入寻常百姓家。龙州县城镇居民人均可支配收入 11486 元，比 2000 年增长 2.2 倍，年均增长 18.2%。2005 年 12 月，龙州县城乡居民储蓄存款余额 13.88 亿元，比 1986 年 12 月的 0.21 亿元增加 65.1 倍；人均存款由 86 元增加到 5003 元；全民所有制单位职工年平均工资由 1218.89 元增加到 15711.50 元。股票、债券等金融资产规模不断扩大。城镇居民拥有的财产性收入占全部收入比重由无到有，上升到 2005 年的 2.1%。城镇居民家庭恩格尔系数由 2000 年的 49.7% 下降到 2005 年的 47.2%。

生态建设步伐加快。1986 年—2005 年，由乡镇政府、村委会与村民签订《村规民约》，采取封山育林办法，保护石山林木，累计封山育林 6.23 万公顷，占镇石山总面积 100%。退耕还林 0.34 万公顷。荒山育林 1.722 万公顷，实现荒山育林达标县目标。

（三）

教育明显改观。1986 年，龙州县有学校 142 所。其中，中学 24 所，村完小 103 所，乡镇中心小学 12 所，幼儿园3所。有教职工2302人，中小学在校生38172人。1998年8月，全县扫盲工作通过自治区政府评估验收；10月，通过国家规定的评估验收。同年，县政府获自治区政府评为扫盲先进单位。2005年，全县有学校119所。其中，中学18所，村完小88所，乡镇中心小学13所，县幼儿园28所。有教职工2178人，中小学在校生29125人。各级各类学校占地面积169.08公顷，校舍建筑面积297078平方米，其中学生宿舍面积78533平方米，教工住房面积30370平方米。

文化加快发展。1986年只能收看广西电视台1套有线电视节目。2005年，新一轮广西"村村通"广播电视工程建设启动。龙州县建成光缆主干线174千米，支干线194千米，分配网210个。全县12个乡镇50户以上已通电的210个自然村开通光纤信号电视，建立县、乡、村、屯四级光纤电视网络。用户可以看到包括中央1、3、6、7、8频道和广西1、2、3、4频道及本地频道节目在内的44套高清电视节目，受益群众9万多人。

卫生水平提高。1986年，龙州县有县级医疗单位4个，乡镇中心卫生院1个，乡卫生院12个，农场职工医院3个。2005年，有县级医疗单位5个，乡镇中心卫生院1个，乡卫生院12个，村医疗站127个，个体医疗诊所53个。其中：2005年，县人民医院有医疗卫生技术人员289人，临床医生98人，护理人员114人，其中副高级职称以上4人（含退休返聘1人），中级职称101人。医院核定病床位234张，开放病床位23张；县中医医院全院在职职工187人，其中中级技术职称42人，初级技术职称85人。

交通、邮电发展迅速。1986年前，龙州县境内有公路里程306.6千米，其中乡道砂土路127.82千米；龙州至南宁客运班车每天有6个班次。经过多年努力，至2005年，境内有公路里程465.05千米。其中：国道、省道各1条共52.15千米；县道6条沥青油路126.63千米；乡道38条砂土路286.2千米。全县117个村民委员会基本实现村村通公路，1265个村民小组大部分实现初步通车。龙州至南宁客运班车每天24个班次，行程时间由原来5个小时缩短为3个小时。同时，开通龙州至广州、龙州至深圳、龙州至珠海、龙州至东莞等跨省长途班线。是年，全县有客车160辆，全年完成客运量765万人次，旅客周转量28626万人/千米。1994年，龙州县实现市话自动化，电信部准许私人经营公用电话业务。公用电话都具有市话、国内以及国际长途直拨功能。2005年，全县安装IC卡公用电话116部，结束龙州县城没有IC卡公话的历史。完成原模拟基站进行数字制式改造扩容工程建设，基站用户容量2768户。

城镇建设速度加快。1986年以前，县城西区作为行政及商贸中心，得到优先发展，至21世纪初，城区建设已基本饱和。随着龙州经济的快速发展，县城市空间急需拓展。1999年，县委、县政府提出城区向东发展的思路。2000年，城东新区开发提上议事日程。先后建设新汽车站、龙州起义纪念馆、红八军纪念广场、人事局大厦、检察院办公楼，建设小区、劳动小区、工商小区、天使小区等住宅小区。城区规模由1986年的4.5平方千米扩大到2005年的9.5平方千米。1988年—2005年，龙州县实施茅草房改造为砖混结构楼房、从水口和金龙岔路口至县边防大队门口段改造、独山路拓宽、白沙街路面改造、利民街道路改造、旧城改造和新城区建设、县城主要街道亮化、红八军纪念广场、绿化建设均先后完工，县城建设迅速发展。各乡镇政府所在地的圩镇和乡镇办公楼建设也不同程度地推进。2000年—2002年，龙州县开展边境建设大会战。全县乡镇集市基础设施完成建设任务。28个人饮工程全部竣工，分布在水口、武德等10个乡镇17个村28个自然屯。彬桥、武德等6个乡镇政府驻地供水工程完工，投入使用。2001年—2005年，上龙乡、龙州镇、上降乡、水口镇、彬桥乡等政府办公楼和响水镇政府第二办公楼相继建成。

改革促进了龙州发展，开放振兴了龙州经济，拼搏改变了龙州旧貌。二十年岁月风雨兼程，二十年耕耘成就辉煌。二十年来，龙州已经从昔日的一个边陲偏僻小镇逐步发展为经济快速增长、发展潜力巨大、生态环境优美的陆路东盟商务口岸工业文化旅游名城，初步实现了从农业地区到商务、口岸、工业、文化旅游城市的转变，从产业单一到多元发展的转变，从默默无闻到影响扩大的转变。在红八军故乡这片热土上，有众多资源吸引人们去开发，有众多项目等待人们去择投，有众多名胜古迹吸引人们去观赏，有众多天然食品诱惑人们去品尝。坚信龙州人民在县委、县政府的领导下，在马克思列宁主义、毛泽东思想、邓小平理论、"三个代表"重要思想、科学发展观、习近平新时代中国特色社会主义思想的指引下，团结拼搏，攻坚破难，一定会迎来全面建成小康社会的明天！

大事记

1986年

2月26日 解放以来第一次龙州县物价管理工作大会召开。

3月25日—26日 龙州县农业发展优势论证座谈会召开。探讨“七五”期间全县粮食发展问题，确定全县人民粮食自给自足目标。

5月26日—27日 全县发展茶叶生产可行性考证座谈会召开。提出把茶叶生产培育成为龙州县经济的支柱产业。

是月 龙州县龙州镇发生一起食用河豚集体中毒事件。龙州县人民医院接治患者203人，其中中毒较重住院25人，抢救无效死亡1人。

7月23日—25日 龙州县发生百年不遇的洪涝灾害。龙州镇青龙桥水位达127.85米。处于低洼的21条街道被洪水淹没，县城公路交通和县城与乡镇之间有线通信中断，直接经济损失7530多万元。

7月27日 龙州县人民医院接治第一例疑似钩端螺旋体病患者。至8月18日，共接治钩端螺旋体病患者246人。除1人重度衰竭死亡外，其余患者均治愈出院。

9月 龙州县投资1400万元，兴建新龙州市场。1988年12月，新龙州市场建成，为1幢3层楼，建筑面积21596平方米。2000年1月，更名为龙州综合商场，经营鲜鱼、鲜肉、粮油、水果、成衣、家具等10多个品行，设摊位800多个，从业人员1000多人，日成交额约30万元。

10月18日—19日 最高人民检察院副检察长梁国庆到龙州县人民检察院检查指导工作。

是月 龙州县集贸市场商品实行统一明码标价签上架制度。

12月19日 广西农垦国营先锋农场麻绳厂一个车间因照明电线发生短路引起火灾，烧毁厂房1幢、机械1套、麻纤维1批，直接经济损失40多万元。

是月 龙州县投资14万元，建成响水乡政府办公楼1幢，建筑面积400平方米。是龙州县乡级人民政府首栋办公楼。

1987年

3月15日 县委决定在县直、乡镇机关恢复和建立基层工会组织。

5月2日 龙州县先锋农场驮奔分场关台点发生时续5小时的火灾，烧毁杉木林0.47公顷（7亩）。

6月 民主德国、法国、瑞典、联邦德国、奥地利、日本、印度7个国家和港澳地区的专家、记者9批17人，到龙州县上金至响水的左江河段进行科学考察。

8月 龙州县武德乡武权、民权、新联3个村公所和霞秀乡的上龙、弄平、板汪、民强、岜那5个村公所，并置上龙乡人民政府。

9月 经广西电力专家组验收，批准龙州县为农村初级电气化县，全县13个乡镇127个村公所（居委会）通电124个村公所（居委会），通电率97.6%。

是年 中国民间文学“三套集成系列”的《龙州县故事集》《龙州县歌谣集》《龙州县谚语集》相继编印成书，公开出版。

1988年

1月19日 广西农垦国有先锋农场麻绳厂扩建中的纺纱车间发生倒塌事故，造成死亡2人，重伤2人，轻伤1人，直接经济损失10万多元。

1月28日 龙州县人民政府印发《关于龙州县耕地占用税实施办法的通知》，从1987年4月1日起，在全县范围内开征耕地占用税。

是月 龙州县新街19号的中国红军第八军司令部旧址被列为全国重点文物保护单位。

3月 龙州县人口和计划生育局陈光梅获“全国计划生育先进个人”。

4月 龙州县金龙乡文化站站长王国荣被评为“全国民族团结进步先进个人”,并进京参加颁奖大会。

是月 龙州县开始在全县范围内抢修中小学校危房。

5月19日 广西农垦国营先锋农场茶厂生产的红碎茶2号,获自治区区级六大名茶之一。1989年11月,自治区茶叶学会、自治区供销社颁发名优茶证书。

8月 龙州县边境村民在生产活动中被越方埋设的地雷炸死12人。

9月20日—21日 新中国成立后首次举行的龙州县首届民族团结进步表彰大会召开。参加此次大会共有182人,其中正式代表114人(20名代表集体),在家的县四大班子领导、县直各有关单位领导29人、区直驻龙州县的三场一所一厂领导、驻军某团和县人武部领导参加大会。会议评选出出席自治区民族团结进步表彰大会代表4名。

9月 县内发生越方人员潜入中方边境抢劫龙州县边民事件3起5人次。

11月 龙州县甘蔗种植领导小组成立。负责领导全县调整农业产业结构,发展蔗糖生产。是年,全县甘蔗种植面积7660公顷。

1989年

4月 龙州县施行《中华人民共和国标准化法》,依法对标准的实施执行监督,引导企业采用国际标准,督促企业按标准进行登记和组织生产产品。

5月 龙州县实施科技兴农计划。县科技局与广西邕江大学签订农技培训连动挂钩协议。是年,广西邕江大学先后派出农业专家教授,为龙州县举办甘蔗、水果、畜牧等农技培训学习10多个班,培训农技员300多人。

6月12日—13日 自治区政协副主席、民革广西区委主委韦瑞霖率广西区智力支边团一行5人,到龙州县调查了解实施智力支边项目情况。

6月22日—24日 自治区政协副主席、民进广西区委主委马明龙一行6人到龙州县考察。

7月29日 龙州县清查清理工作领导小组成立。开始清查清理龙州县文化市场,打击文化市场犯罪分子等活动。

8月 广西农垦国营龙北农场被自治区政府授予“全区爱国卫生先进单位”称号。

11月 广西农垦国营农场三块地分场工人莫瑞英获“全国农业劳动模范”称号,龙北场场部学校教师何庆光被教育部授予“全国优秀教师”称号。

12月10日—11日 县委、县政府举行纪念百色起义、龙州起义纪念活动。10日晚,在县城新风剧院举行军民联欢演出活动;11日晚,在县体委灯光球场举行烟花文艺晚会,观众2万多人。县文化局和文化馆联合出版《龙州文艺》纪念专刊。

12月20日 龙州县投资50多万元,兴建左江龙州港。1992年6月,龙州港建成投入使用。

是年 龙州县被自治区政府评为“广西计划生育达标县”。

1990年

1月9日 龙州县全民国防教育领导小组成立。是月,全县开展教育活动,20多万人参加国防教育活动。

2月9日 龙州县残疾人联合会成立。下设龙州县残疾人劳动就业服务指导站。

3月2日 中国共产主义青年团龙州县水利电力系统总支部委员会成立。是改革开放以来龙州县成立的首个团总支。

3月29日 县委选派首批县直中青年干部20多人到乡镇党政机关挂职锻炼。

4月 民革中央在龙州县城召开全国智力支边会议。民革中央副主席李赣骝、中共中央统战部副部长胡德平到会指导，自治区政协副主席、民革广西区委主委韦瑞霖出席会议。

7月6日 日本植物学家2人到国家级龙州县弄岗自然保护区考察野生金花茶资源状况。

7月14日 广西农垦国营先锋农场举行国有山林权属颁证仪式，发证面积3168.6公顷，占应发面积78%。是龙州县有史以来首次颁发国有山林权属证书。

8月1日—9月15日 龙州县发生持续高温干旱天气，造成农业生产间接经济损失600多万元。

9月27日 龙州县举行国庆阅兵仪式。参加阅兵的有驻军、公安、武警、民兵等25个步兵方队，5个机械化兵方队。

1991年

1月27日 县委在全县各级基层组织中开展“创先争优”活动。

2月 越南公安武装人员越境侵入龙州县边境，干涉中方边民生产劳动8起39人次，被中方拘留罚款35人次，没收劳动工具38件。

5月 县政府实施科技兴农计划，组织县科委、涉农单位、乡镇分管农业劳动等58人赴广西博白县参观学习玉米高产种植技术。

6月25日 龙州县举行全国第一个“土地日”宣传活动。

10月19日 以泰国艺术大学副校长玛妮养·威格兰女士为团长的一行7人，到龙州县金龙乡双蒙村板池屯进行民族文化考察。

12月 龙州县清查干部职工违法、违纪、违章（简称“三违”）建私房工作结束，全县检查清理“三违”建私房干部职工423户。

1992年

1月 龙州县开始实行劳务收费许可证制度。

3月4日 自治区政协副主席韦瑞霖到龙州县考察教育工作。

3月27日 自治区政府批复水口撤乡设镇。

3月30日 以龙州县金龙乡人民政府名义，邀请越南高平省下琅县光隆社人民委员会和光隆边防公安屯代表一行5人，到金龙乡人民政府出席中越联谊座谈会。开创了自中国对越自卫还击战后，龙州县境内中越地方官员友好往来的先例。

6月9日 全国农村文化工作会议数十名代表，参加龙州县彬桥乡文化站活动楼竣工剪彩；文化部副部长刘德有出席剪彩仪式。当晚，代表们在龙州灯光球场观摩龙州县艺术节开幕式。

7月9日 自治区政府批复下冻、金龙、响水撤乡设镇。

7月30日 龙州县水口开发区建设指挥部成立。

8月29日 以越南高平省人委副主席麻世邓为团长的一行10人，参观龙州县水泥厂和龙州县城市容市貌情况。

是月 南宁地区青少年环保科普夏令营在龙州县举行。全县中小学校208名学生参加活动。

9月 龙州县上龙乡供水工程动工兴建，投资50万元。1993年10月建成使用，日供水量500吨，可供5000人日生活用水。

是月 文化部授予龙州县“全国边境文化长廊做出突出贡献县”称号。

1993 年

1 月 1 日　除“军用粮票”外，龙州县停止流通“全国通用粮票”“广西通用粮票”“广西转移粮票”“广西流动人口粮油供应证”等粮油票证。

2 月 15 日　龙州县开放粮油购销市场，停止非农人口粮油定量供应，改为粮油自由市场供应。

3 月 30 日　龙州县电信局建成龙州县第 1 个移动通信基站，采用瑞典爱立信公司 900MHZTACS 公众模拟移动电话技术设备，龙州县第 1 个移动电话接通。

6 月 3 日　中国边防部队在龙州县边境乡镇一线开展大排雷活动，至 1994 年 12 月 28 日结束。1995 年 8 月 14 日，广州军区军事专家组到龙州验收，完成龙州县边境大排雷任务。

是月　越南高平省长定县、广和县人委代表团分别到龙州县城，与龙州县政府代表团就中越双方边境贸易管理事宜进行会谈。

12 月 5 日　龙州县首次开展消灭婴幼儿脊髓灰质炎强化免疫活动。全县 2 万多婴幼儿服食脊髓灰质炎免疫糖丸。

是月　县政府批准建设龙州镇高祥商住小区，占地面积 13.63 公顷。2000 年 12 月，高祥商住小区初步建成。

是年　龙州县建立香蕉试管组培苗繁育基地，县科协从广东引进香蕉试管组培苗 30 多万株，全县种植香蕉面积 166.67 公顷。是龙州县种植香蕉组培苗的开端。

是年　龙州县被文化部授予“为边境文化长廊建设做出突出贡献县”称号。

是年　龙州县首次发行即开即奖福利彩票 21.9 万张，筹集福利基金 4.7 万元。

1994 年

1 月 5 日　龙州县第一辆大型卧铺客车首次投入运营。

4 月 10 日—14 日　自治区政协副主席、民革广西区委主委韦瑞霖到龙州县考察农村工作情况。

4 月 26 日　全国政协常委、文史委主任杨丞民考察龙州县小连城、红八军纪念馆等旅游资源。

6 月　龙州县开始以农业户口数征收农业税教育附加费。2005 年 1 月，全县停止征收农业税教育附加费。

7 月 10 日　自治区副主席李振潜到龙州县响水镇棉江小学、鸣凤小学和南宁地区师范专科学校检查指导工作。

是月　县政府实施科技兴农战略，划拨给县科技局 50 万元，作为引进和推广先进适用技术的专项经费。

8 月　在自治区文化厅的牵线下，龙州县下冻镇文化站与美国科技教育协会“结对共建”图书馆。从签约之日起，下冻镇文化站更名为下冻镇爱华图书馆。从 1995 年起，由美国科技教育协会美籍华人连续 5 年提供资助金总额 5700 美元。

9 月　龙州县七里滩水电站科技人员撰写的《七里滩电站机组运行稳定的研究》论文，获国家水利部授予科技进步三等奖。

11 月　龙州县城有 21 辆边三轮摩托车投入载客，是龙州县“三马仔”运营的开端。

12 月　龙州县获自治区“造林灭荒先进县”称号。

是年　龙北农场首次推行机械化采茶技术，机械采茶面积 151.53 公顷。

是年　逐卜乡锦阁村出土 1 面灵山型铜鼓，鼓面径 92 厘米，鼓高 55 厘米，鼓重 70 千克，收藏于龙州县博物馆。

1995 年

1 月 县委、县政府选派 13 个乡镇农村工作队 300 多人，贯彻落实农村土地承包再延长 30 年不变的政策。1996 年 6 月，全县完成农村土地承包再延长 30 年不变 28653.33 公顷工作任务。

2 月 18 日 经龙州县机构编制委员会确定：全县 13 个乡镇土地管理所为全民事业单位，人员编制每所 3 名；属龙州县土地管理局主管。

5 月 龙州县人民医院五官科首次完成眼部白内障人工晶体植入手术。

7 月 13 日 龙州县撤销村公所，设立村民委员会。

是月 龙州县开展划定基本农田保护区工作，同年 12 月结束。全县划定基本农田保护区 13 个 122 块 1410 片，划定面积 24737.61 公顷，基本农田保护率 89.7%。

9 月 龙州县获农业部授予“全国省柴节煤灶先进县”称号。

是年 龙州县建立上龙乡上龙村窑灰屯为全县第一个文明示范新村。

1996 年

1 月 1 日 龙州糖厂举行日榨 4000 吨扩建工程动力设备 75 吨 / 时锅炉点火仪式。

1 月 20 日—21 日 自治区副主席袁凤兰到龙州县检查指导城镇建设和旅游工作。

2 月 8 日—9 日 以自治区人大常委会副主任张慕洁、自治区副主席奉恒高为团长的自治区春节慰问团，到龙州县慰问驻军和武警官兵以及龙州县各族人民。

2 月 15 日 龙州县农村基层组织建设工作总结表彰大会召开。参加大会的乡镇党务副书记、县直驻村工作队员、县直单位领导 115 人。表彰先进单位 33 个，表彰先进个人 53 名。

3 月 27 日—29 日 县第十一届人大常委会第五次会议作出《龙州县国民经济与社会发展第九个五年计划和 2010 年远景目标纲要》和《严厉打击贩毒、吸毒违法犯罪分子》两个决议。

4 月 1 日 龙州县禁毒统一行动动员大会召开。参加会议的机关干部和大中学生 1300 多人。

4 月 25 日—27 日 以乌帕迪亚先生为团长的世界银行贷款综合性妇幼卫生保健项目监督检查团 11 人，到龙州县监督检查综合性妇幼卫生保健项目的实施情况。

4 月 26 日 自治区党委书记赵富林到水口口岸考察龙州县边贸情况。

5 月 4 日 由共青团龙州县委主办、龙州县教育局协办的龙州县年满 18 岁成年人宣誓仪式在龙州县体委球场举行。

5 月 15 日 龙州县武装委员会第十一次全体扩大会议在县政府招待所会议室召开。

5 月 20 日 国家级弄岗自然保护区公安派出所在龙州县城独山路查获一起特大非法贩运国家重点保护野生动物案。当场抓获犯罪嫌疑人，没收巨蜥 85 只、穿山甲 66 只、懒猴 3 只、大南蛇 2 条、红春豹 1 只、草龟 40 千克。

是月 龙州县响水镇供水工程破土动工，投资 290 多万元。1997 年 10 月，工程建成投产，日供水量 1480 立方米，日可供 9000 多人生活用水。

6 月 6 日 县政法机关在水口镇新街举行全县公捕公判大会。公捕公判 25 名刑事犯罪分子，公展在严打行动中缴获的砂枪、摩托车、电风扇、电视机、音响等赃物。

7 月 2 日—4 日 广西 20 县（市、区）政协经济联系会第 15 次会议在龙州县城召开。

8 月 22 日 龙州县被自治区命名为“双拥模范县”。

是月 龙州县首次发现美洲斑潜蝇危害农作物和蔬菜，危害面积 196.13 公顷。主要是蔬菜受害，其中黄瓜受害占蔬菜危害面积 60%。

9月3日—11日 龙州县13个乡镇党委完成换届选举工作。

是月 武德乡武德村出土1面西盟型铜鼓，面径62厘米，鼓高42厘米，鼓重19千克，收藏于龙州县博物馆。

10月8日 龙州县首次开通电信信息网络。

是月 龙州县投资70多万元，兴建逐卜乡供水工程。1998年8月，工程竣工投入使用，实际日供水量250立方米，日可供3000多人生活用水。

11月14日 原国立龙州第三华侨中学和原国立龙州第二侨民中学的100多名校友汇聚于龙州中学(今龙州高级中学)，举行母校迁龙50周年纪念活动。

是月 龙州县建立商品价格调节基金制度。

1997年

1月25日 由县政府办、卫生局、民政局、财政局、公安局、水电局、上龙乡政府等单位领导组成的龙州县政府春节慰问团，带着年货到上龙乡陇港村(俗称麻风村)慰问麻风病人。

2月21日 龙州县党政军领导和机关干部职工及全县各族人民1万多人，汇集在红八军展览馆庄严肃穆的追悼大会场，沉痛哀悼邓小平。

3月10日 自治区副主席张文学到龙州水口口岸考察边贸工作。

3月20日 县委在县城召开全县“三严四自”(严格要求、严格管理、严格监督，自重、自省、自警、自励)工程暨组织工作会议。县“三严四自”工程自1996年4月开始，于1998年12月结束，全县1500多名党政干部参加活动。

3月30日 龙州县“春季严打整治行动”拉开序幕，行动于同年5月底结束。

4月1日 龙州县完成甘蔗种植面积17373.33公顷(26.0599万亩)，实现全县年人均1亩甘蔗的目标。

是月 龙州县首次开通计算机互联网30户，用户包括党政机关、邮电、教育等行业。

5月8日 广东省潮州市利民慈善会一行9人到龙州县考察。

5月18日 县政协在广东深圳市召开港胞联谊座谈会。出席座谈会的原龙州籍定居香港的同胞20多人。为县政协首次在外召开港胞联谊座谈会。

是日 应越南高平省交通厅邀请，龙州县政府代表团一行6人到越南驮隆海关就中越双方边境贸易管理工作进行磋商。

是月 经南宁地区行署批准，龙州、上金、霞秀、上降、武德、金龙、上龙7个乡镇划为第二次国内革命战争时期革命根据地；八角、彬桥、水口、逐卜4个乡镇划为解放战争时期游击根据地。

6月10日—17日 经自治区绿化委、自治区林业厅组成的工作队核查验收，龙州县造林绿化各项工作达到自治区区级指标。

6月18日 南宁地区“迎香港回归”宣讲团到龙州县作报告，县直机关干部职工、厂矿工人、学校师生等1000多人参加报告会。25日，县委统战部、县工商联召开龙州县党外人士“迎香港回归”座谈会。26日晚，县委组织部、县委宣传部、县委办、县政府办、县文化局联合举行龙州县“庆七一·迎香港回归”大型文艺晚会。

7月7日 自治区人大代表视察组一行6人到龙州县，对贯彻实施土地管理法、消费者权益保护法、产品质量法的情况进行为期5天的视察。

7月13日—15日 龙州县妇儿工委、县妇联举办NPA社会动员合作项目骨干培训班。参加培训的有乡镇妇联主席、卫生院医生、中小学教师、金龙镇3个重点村支书等50人。

7月30日晚 县委办、县政府办、县委宣传部、驻军四团政治处、县民政局、县文化局在县城新风剧院联合举行“龙州县庆祝建军70周年军民文艺联欢晚会”。

是日 红八军展览馆被确定为自治区文明窗口示范点，上龙乡窑灰村被确定为自治区文明示范村。

8月28日 上龙乡民权村邑旦屯村民创办龙州县木棉谷纯净水厂，日供纯净水200多桶。2005年12月，木棉谷饮用纯净水成为龙州县纯净水知名品牌。

9月2日 应越南谅山省浦马边防公安屯的邀请，驻龙州县中国边防部队代表团一行4人从中方西路17号界碑出境，参加越南那讷边防检查站举行的庆祝越南"九二"国庆节联谊活动。

9月8日 广西农垦局龙州县先锋农场接收安置上林县移民1000多人。

9月11日 纪念龙州大青山武装起义五十周年座谈会召开。原左江革命根据地领导人黄嘉等28人参加座谈会。

9月18日 应龙州县人民政府邀请，越南高平省下琅县人民委员会代表团一行7人到龙州县城参加中越双方边境工作会晤。

10月9日 自治区党委副书记丁廷模到龙州水口口岸和水口驻军某连，考察龙州县边贸发展状况和部队建设情况。

10月10日 应自治区政府邀请，以越南高平省人民委员会副主席阮氏安为团长的越南高平省代表团一行18人，到龙州县水口镇出席中越烈士墓园落成典礼。

10月24日 经自治区基层组织建设评估组评估，龙州县基层组织建设121个行政村中，合格村103个，基本合格村13个，合格率95.87%。

10月26日 县政府召开庆祝"首届广西环卫工人节"座谈会，向县环卫工人赠送慰问金。

10月31日 龙州县农村社会养老保险活动月动员大会召开。县农村社会养老保险从1995年10开始实施。

是月 龙州县实施以工代赈项目人畜饮水工程大会战，总投资1507万多元。1998年12月大会战结束，建成人畜饮水工程85处，解决5.1万人和2.8万多头牲畜饮水问题。

11月26日 龙州县水文站成立100周年纪念大会召开。水利部原副部长严克强参加庆典活动。

12月8日 龙州县首家国有企业改制完成，由龙州县酒厂改制为广西龙州将山酒业有限公司。

12月12日 龙州县获自治区"社会主义文化先进县"称号。

12月26日 县委、县政府作出组织实施1998年金龙镇万亩甘蔗种植工程的决定。2000年5月，完成甘蔗种植面积673.392公顷(10010.88亩)，实现金龙镇万亩甘蔗种植任务。

是月 龙州县首次开通直拨全国长途数字电话。共开通长途数字电话4000多台。

1998年

1月5日—8日 龙州县教育"两基"工作通过南宁地区行署教育"两基"检查团目标评估验收。

1月15日 龙州县文学艺术联合会第一次代表大会在县人民政府招待所召开。县文学艺术工作者60多人参加。

1月19日 县委召开表彰农村基层组织建设先进集体和先进个人会议。表彰1997年度先进基层党委8个、85个先进党(总)支部85个、优秀共产党员479人和优秀党务工作者46人。

3月11日 自治区党委常委、宣传部部长潘琦一行6人，到龙州县检查指导边境文化长廊和文明村建设工作。

3月16日 应龙州县人民政府邀请，越南高平省长定县人民委员会代表团到龙州县访问。

是月 中国民革广西区委资助金龙镇民建村10.5万元，用于修村路、安装自来水、购置民建小学教学设备。

4月2日 龙州县清理整顿私营砖瓦窑企业。共整顿砖瓦窑15个，其中取缔9个、保留6个。

4月6日—8日 自治区副主席吴恒到龙州县考察文化、教育、卫生、计生工作。

4 月 11 日 自治区党委书记曹伯纯，自治区党委常委、秘书长邱石元到龙州县考察。

4 月 14 日—17 日 龙州县通过自治区级普及初等教育和扫盲验收。

5 月 6 日 自治区党委、自治区政府授予龙州县“扶贫先进县”称号。

5 月 8 日—9 日 龙州县第一届青年文化艺术节在县体育局球场举行。

5 月 19 日 龙州县精神文明建设委员会发起开展“讲文明、树新风”的“建文明窗口，树行业新风，创文明行业”主题活动。

5 月 29 日 “国家贫困地区义务教育工程”龙州县水口镇独山完小教学大楼奠基仪式举行，工程于当年 12 月底完成。

5 月 29 日—30 日 龙州县妇女联合会第十次代表大会召开。妇女代表 189 人参加会议。

6 月 18 日 龙州县农村信用联社响水镇农村小额信贷扶贫信用分社成立。是龙州县第一个农村小额信贷信用分社。

7 月 28 日 自治区党委书记曹伯纯，广西军区司令员刘国裕，自治区党委常委、秘书长邱石元，自治区副主席周明甫，到龙州县看望边防驻军和武警官兵。

是月 龙州县人民医院抢救一名被银环蛇咬伤重度中毒失去自主呼吸 24 小时的患者并痊愈出院。

9 月 10 日 县委、县政府召开龙州县庆祝教师节暨优秀教师表彰大会。南宁地委书记陈光明率南宁地区教师节慰问团到会祝贺，全县 300 多名优秀教师代表参加大会。

9 月 14 日 龙州县实施村级公路建设大会战。是年 12 月大会战结束。全县投资 518.5 万元，投劳 20.95 万个工日，完成修建村级公路 19 条，总长 76.72。

11 月 25 日 龙州县 185675 名选民依法履行义务，投票或委托投票选举产生 183 名龙州县十二届人大代表。

11 月 26 日—29 日 自治区农村合作医疗督查组到龙州县检查农村合作医疗工作。

12 月 23 日—24 日 全国九届人大代表和自治区人大代表一行 7 人，到龙州县进行工作视察。

是月 龙州县清理县直机关单位领导干部违规乘坐小汽车 17 辆，其中变卖 12 辆、调换 4 辆、上缴 1 辆。

是年 龙州县组织基干民兵 13260 人次，完成龙州至大新、龙州至宁明地下通信光缆 46 千米铺设任务。

是年 新建龙州宾馆主楼。1999 年，龙州宾馆主楼建成。2008 年，龙州宾馆拍卖，主楼被拆掉。

是年 龙州县入厂原料蔗 103.97 万吨，首次突破入厂原料蔗百万吨大关。

1999 年

2 月 8 日 以自治区政协副主席卢湖山为团长的自治区春节慰问团，到龙州县慰问驻军和武警官兵。

2 月 10 日 龙州县农业信息中心与全国农业信息网络正式联网开通运行。

是月 自治区政协副主席黄语扬到龙州县考察。

3 月 6 日—7 日 由政协南宁市、百色地区、南宁地区工委和自治区政协委员组成的左江流域水资源及环境联合视察团到龙州县视察。

3 月 9 日 龙州县各界人士座谈会召开。声讨以美国为首的北约集团用导弹袭击中国驻南斯拉夫使馆的暴行。

4 月 20 日 广西农垦国营龙北农场场部机关人员到大塘分场指导种植剑麻，1 名场部干部被上龙乡弄农屯村民用砂枪击中，造成龙州县“四二〇”流血事件。

4 月 27 日 安徽省六安地区党政考察团到龙州县考察霞秀糖厂、上龙乡甘蔗和香蕉生产基地、把敏小康文明示范村等建设情况。

4 月 28 日 南宁市六职高将该校近 2000 名师生的 24000 多元捐款送到金龙中学校长手中，资助金龙中学 60 名贫困辍学学生重返校园。

5 月 12 日 龙州县第一期农业农民技术资格证书（绿色证书）培训班举办。全县 50 名乡镇干部接受为期 5 天的专家主讲现代市场营销、农产品贮藏与加工、香蕉栽培技术等培训学习。

5 月 21 日—22 日 以中国外交部亚洲司参赞齐建国为组长，由中国公安部、解放军总参谋部，自治区外事办等领导组成的中越边境陆界工作组一行 16 人，在龙州县进行为期 2 天的中越边境中方线实地考察。

5 月 24 日 全国人大外事委员会副主任委员郑义、全国人大常委会委员奉恒高一行 6 人，对龙州县边民国防意识、边境建设管理进行调研。

6 月 2 日 以越南高平省省委常委、宣传部部长农海秉为团长的越南高平省宣传部代表团到龙州县考察访问。

6 月 22 日 越南高平省旅游考察团对龙州县旅游资源进行考察。

6 月 30 日 龙州、大新、凭祥、宁明四县（市）第二次核界对图会议在龙州县城召开。

7 月 8 日 龙州县政府与越南高平省人委在水口镇政府办公楼举行中越边境旅游线路洽谈会。

7 月 18 日 广西移动通信公司龙州营业部成立（中国移动通信集团广西移动通信有限责任公司龙州分公司），为龙州县提供移动通信业务服务的开端。

7 月 23 日 自治区民族工作调研组到龙州县调研少数民族生产生活和工作状况。

是日 自治区教育厅“国家贫困地区义务教育工程”项目检查评估组到龙州县开展评估工作。评估结果为优秀等级。

7 月 29 日 龙州县各界人士政治思想理论教育座谈会召开，与会者表示坚决拥护和支持中共中央处理邪教“法轮功”问题的决策。8 月 13 日，县委召开全县“读书周”活动情况反馈会，强调坚持唯物论，批判有神论，揭批李洪志及其邪说邪教“法轮功”；18 日，举办邪教“法轮功”练习者转化学习班，全县 73 名邪教“法轮功”练习者参加学习。

是日 龙州县四家班子领导、县直领导干部“三讲”教育动员大会召开。至 10 月 28 日，“三讲”教育结束，县委召开全县领导干部“三讲”教育总结大会。

8 月 25 日 自治区生态农业督查组到龙州县督促检查自治区、南宁地区关于能源生态农业和沼气池建设落实情况。

9 月 6 日 自治区政协副主席、中国民革广西区主委陈震宇向龙州县金龙镇民建小学捐献书籍，庆祝第 15 个教师节。

9 月 7 日 县委、县政府在霞秀糖厂召开全县推行厂务公开制度工作会议。

是日 南宁地区扶贫督查组一行 7 人，对龙州县扶贫工作进行为期 7 天的督查。

9 月 9 日 龙州县教育工作会议召开。县四家班子领导，县直和地直、区直驻龙州各单位领导，乡镇书记、乡镇长、分管领导，村委会主任，教师代表共 700 多人参加大会。

9 月 20 日 自治区基础教育专项督导检查组对龙州县水口、金龙、武德等乡镇基础教育情况进行督查。

是日 县政协在县城新风剧院举办“庆祝人民政协 50 周年‘农行杯’政协知识竞赛”活动。

10 月 28 日 自治区副主席袁凤兰考察龙州县上龙乡把敏屯、上金乡勤江屯的小康文明示范村。

是月 龙州县开展石山地区地头水柜扶贫大会战。至 2000 年 6 月结束，总投资 2500 多万元，总投劳 1160 多万个工日。全县建成地头水柜 9100 个，总水容量 318500 立方米。

11 月 10 日 由自治区博物馆主办、红八军展览馆承办的“壮乡巨变——建国 50 周年广西成就图片展”在龙州县城举行开展仪式。展期 30 天。

11 月 13 日 台商和台湾农业专家一行 5 人到龙州县考察农业生产状况。

11 月 19 日 中央电视台专题部《中国华族》栏目摄制组一行 3 人，专程到龙州县金龙镇板池屯拍摄壮乡民俗民风民情。

11 月 28 日 自治区党委常委、宣传部部长潘琦到龙州县调研企业和农村思想政治工作。

12 月 10 日 县委、县政府召开“三大”扶贫工程建设大会战誓师大会。

12 月 13 日　纪念龙州起义 70 周年的献礼工程——龙州宾馆竣工。

12 月 14 日　纪念龙州起义 70 周年文艺晚会在龙州新风剧院举行；15 日，举行纪念龙州起义 70 周年大会。自治区党委常委、宣传部部长潘琦，自治区人大常委会原副主任黄嘉等有关领导参加纪念活动。

12 月 14 日　龙州县财政税金收入 10933 万元，首次实现超亿元大关。

12 月 24 日　龙州县直机关干部职工和驻军武警官兵 2000 多人，在水口镇峒桂水利干渠展开冬修水利大会战。

是月　龙州县实施财政分税管理体制，把分税制延伸到乡镇级，建立乡镇财政金库，实现乡镇政府事权与财权统一的目标。

是月　龙州县上龙乡上龙村板卜屯村民自发推行土地“小块并大块”的集约化、规模化农业生产模式。是龙州县内首创。

是年　广西龙州国家级弄岗自然保护区加入中国“人与生物圈”保护区网络。

是年　应中国国务院邀请，旅居法国里昂市华裔联谊会会长林子田夫妇到北京参加华文教育大会后，回到故乡龙州县龙州镇探望父老乡亲。回法国后，林子田在华文报刊上发表展现中国繁荣昌盛的文章《北京归来话辉煌》。

2000 年

1 月 10 日　参加“中越边境山水画廊”旅游资源开发研讨会的《上海文学》、北京《啄木鸟》以及《中国作家》的作家、学者到龙州县采风。

1 月 16 日　自治区副主席张文学到水口海关检查指导龙州县边境贸易工作。

1 月 17 日　龙州县人民法院依法强制拆除龙州县建材厂厂房。是改革开放后龙州县强拆企业建筑首例。

1 月 22 日　武警广西边防总队“千禧深情送边关”慰问团到龙州县举行文艺演出，慰问龙州驻军和武警官兵以及龙州县各族人民。

2 月 11 日　龙州县汽车客运站首次开通龙州至南宁空调大巴士快班直达客车运营，每天对开 1 班次。

2 月 17 日　武德乡、金龙镇干部群众和边防武警官兵 1500 多人，在群合村到敢赛村公路沿线种植竹苗约 11 公顷，营造农村石山区绿色长廊。

2 月 22 日　龙州县机关企业干部职工、驻军官兵、学校师生 1 万多人首次举行全城大扫除活动，整理清洁县城容貌。

2 月 25 日　县公安局治安大队依法缴获非法持有的枪支弹药 34 支(枚)，其中自制粉砂猎枪 31 支、自制步枪子弹猎枪 1 支、军用手雷 2 枚。

2 月 27 日—28 日　自治区生态能源检查验收团到龙州县验收生态农业建设，随机抽样 4 个乡镇 12 个村 248 个沼气池检验，质量合格率 100%。

3 月 15 日　自治区人大常委会副主任韦家能到龙州县调研《广西壮族自治区各级人民代表大会常务委员会对司法机关办理案件实施监督的规定》实施情况。

3 月 28 日　“龙州—高平”国际汽车运输专线正式开通。这是继“凭祥—谅山”国际汽车运输专线开通后，广西第 2 条国际客货旅游运输专线。

4 月 2 日—3 日　南宁地区工业污染源治理达标验收组到龙州县开展验收工作。龙州三家糖厂锅炉废气处理、将山酒业有限公司锅炉冲灰水和酒糟废液处理等项目均达到排放标准。

4 月 11 日　龙州县教育局领导班子率领全县各乡镇教辅站站长、中学和中心小学校长、自治区驻龙州县支教队队长等 87 人，到崇左县江南一中、新和镇中学、太平镇中学、新和小学、新村小学等先进学校参观取经，拉开龙州县创建“五个好”（建设一个好的领导班子、建设一支好的教师队伍、建设一个好校园、健全一套好制度、培养一批好人才）学校活动的序幕。

4 月 13 日 中国地方志指导小组办公室原主任诸葛计到龙州县检查指导地方志工作。

4 月 24 日 亚洲银行项目组组长杰夫·康纳率南宁至友谊关高速公路项目考证组到龙州县，对规划中的龙州县至夏石二级公路项目作调查评估。

4 月 28 日—29 日 自治区副主席袁凤兰到龙州县考察旅游开发、城市建设和环境保护工作。

4 月 30 日—5 月 2 日 龙州县男子足球代表队赴越南高平省访问，与该省男子足球队进行一场足球友谊赛。

5 月 13 日 龙州县森林公安警察大队将依法截获的 108 只国家二级保护野生动物食蟹猴送往自治区野生动物救护中心进行康复护理。

5 月 23 日 中共龙州县委召开全县干部深入学习"三个代表"重要思想动员大会。

5 月 31 日 龙州县上龙乡岜那村塘造屯梁某某持枪纵火，枪杀他人，造成死亡 2 人，重伤 6 人，轻伤 3 人。

6 月 5 日 龙州县响水镇卫生院通过自治区评审团评估，成为龙州县第一个自治区级乡（镇）爱婴医院。

7 月 2 日—3 日 全区第四期支教工作现场交流会在龙州县城召开。自治区党委副书记、自治区支教工作领导小组组长杨基常，自治区副主席、自治区支教工作领导小组副组长吴恒，教育部支教办、自治区、南宁地区有关领导，全区 14 个地市、28 个国定贫困县有关领导和支教代表、龙州县四家班子领导出席会议。其间，杨基常、吴恒到龙州县水口中学、水口口岸考察。

7 月 9 日 从武德乡群合村至金龙镇横罗村全程 19 千米的边防巡逻路竣工，通过由广州军区边防委和自治区边防委组成联合验收组的验收。

7 月 15 日—16 日 广西军区考核组对龙州县民兵应急连进行检验考核。该连所有被考核项目均达到优秀。

7 月 24 日 龙州至凭祥公路鸭水滩段半山洞处发生山石滚落，碾伤先锋农场五里桥分场职工 7 人，其中 1 人重伤，抢救无效死亡。

7 月 24 日 龙州县获"全国边防设施建设先进单位"称号。

7 月 27 日 是越南伤兵烈士纪念日。以高平省人民委员会副主席农世渠为团长的越南高平省扫墓代表团一行 20 人，到龙州县水口中越烈士墓园进行祭拜活动。

是月 龙州县法国领事馆旧址被定为自治区文物保护单位。

是月 龙州县实行中小学生缴费登记卡制度，发放"龙州县中小学生缴费登记卡"3.5 万本。

8 月 4 日 自治区党委书记曹伯纯，自治区党委常委、秘书长邱石元，自治区副主席周明甫、吴恒，自治区边防办和南宁地区有关领导，到龙州县金龙镇高山村岩思屯、武德乡政府和水口镇共和小学，对边境经济发展、边民生产生活，以及国门学校建设进行调研。

8 月 8 日 自治区政协副主席袁正中一行 8 人到龙州县考察。

8 月 24 日 自治区电信公司投资 12.96 万元，在龙州县城设 75 部 IC 卡公用电话投入使用。

8 月 26 日 南宁地区行署组织专家组对龙州县 3429 个地头水柜验收，合格率 99.8%，其中优秀率 18.4%，优良率 54.6%。

8 月 28 日 县委、县政府召开全县边境建设大会战动员大会。大会战至 2002 年结束，建成村村通广播电视等项目 490 个。

9 月 1 日 龙州县 66 个单位 1869 人给高考特困生谭凤娱捐资 24563.8 元，以资助她到天津南开大学就读。

9 月 8 日 广西边境线上第一所寄宿制学校——金龙镇民建寄宿制完全小学举行开学典礼。

9 月 21 日—22 日 自治区教育工作督查组到龙州县水口中学、民建小学、武德中心小学督查教育教学工作。

9 月 22 日—23 日 自治区卫生专家组一行 6 人，对龙州县妇幼保健院、彬桥卫生院、武德卫生院、彬桥邑巫屯医疗合作所等县、乡、村三级医疗机构开展卫生医疗项目检查评估，综合得分为80.8分。

10月11日 自治区副主席周明甫到龙州县检查指导边境建设大会战工作。

10月13日 以日本外务省经济协力局首席事务官原田美智雄为团长的日本对外援助项目考察团一行11人，到龙州县金龙镇新兴村考察日本政府无偿援助实施的“利民工程”饮水项目的运行情况。

10月18日—20日 由广西日报社、广西人民广播电台、广西电视台、广西对外电台、支部生活杂志社、广西画报社、广西政法报社、南宁晚报社、经济日报广西记者站9个单位组成的自治区边境建设大会战新闻采访团15名记者到龙州县采访，发出《卖出的电视今又回》等10多篇反映龙州县边境建设大会战成果的宣传作品。

是日 由水电部投资105万元的彬桥乡供水工程举行开工典礼。工程于2001年8月完成。

10月23日—25日 自治区政协委员视察团，对龙州县边境建设大会战项目工程进行视察。

11月11日 以自治区副主席、自治区边境建设大会战指挥部指挥长周明甫为团长，自治区副主席、自治区边境建设大会战指挥部副指挥长吴恒为副团长的自治区边境建设大会战巡回检查团100多人到龙州县检查指导工作。

12月6日—8日 全国人大和自治区人大代表视察小组一行3人，对龙州县国有企业改革、边境建设大会战、扶贫攻坚工程、国企改革进行视察。

12月9日 南宁市四家班子领导学习考察暨军事活动团一行38人，到龙州县考察边境建设大会战工作和过军事日活动情况。

12月19日 南宁地区发展高中教育暨小学撤点并校工作会议在龙州县城召开。全地区12个县（市）分管教育的副县长和教育局长参加会议。

12月25日 自治区副主席张文学到龙州县，对水口口岸业务建设进行检查调研。

12月27日 由广西电视台拍摄的八集电视连续剧《红岸》剧组80多人，到龙州县开展为期15天的拍摄工作。

2001年

1月3日—4日 自治区党委书记曹伯纯一行6人到龙州县检查指导边境大会战建设项目。

1月10日 经南宁地区社会治安综合治理工作考评组考评，龙州县社会治安综合治理工作以99分通过考评验收。

1月12日 广西电视台“手拉手”艺术团到龙州县城慰问演出。

1月16日和23日 海南洋浦南华公司分别注入资金共6000万元，用于兑现龙州县3家糖厂历年拖欠农户的蔗款。

1月18日 龙州县城至南友高速公路夏石出入口处的二级公路（简称龙夏二级路）开工建设，全长31.26千米，其中龙州县境内21.75千米。2005年10月30日，龙夏二级路建成通车。

1月22日 龙州县公安局用2小时21分速破龙州县首例绑架案，抓获4名犯罪嫌疑人，人质获救。

2月1日 广西话剧团到龙州县乡村和驻军开展慰问演出活动。

2月7日 亚洲开发银行南宁至友谊关高速公路评估团一行10人，到龙州县对南友高速公路支线—龙州至夏石二级公路配套项目进行评估，落实给龙州县项目扶贫资金80万美元。

2月11日 龙州县国家机关单位职工、中小学校师生8000多人，在新风剧院广场举行“反对邪教，破除迷信，崇尚科学，传播文明”的万人签名仪式。

2月26日 龙州县唯一当选九届全国人大代表的中共龙州县委常委、组织部部长韦家杰起程赴京参加全国人大会议。

2月27日 南宁地区边境建设大会战公路建设现场会在龙州县城召开。

3月19日 龙州县从1998开始启动的茅房改造大会战通过自治区、南宁地区、南宁市联合验收。

3月30日 龙州县人民医院CT诊断中心开业。是龙州县有史以来用CT仪器诊断患者疾病的开端。

4月5日 国家民委党组副书记、副主任牟本理率在南宁出席全国“兴边富民行动”现场会的30个省、市、自治区165名代表，在自治区副主席周明甫等的陪同下，到龙州县水口口岸参观，并落实“兴边富民行动”项目资金200万元。

4月8日 中央新闻记者团到龙州县采访。

4月9日 龙州县文化体育代表团应邀出席越南高平省“茶礼会”。

4月22日 自治区副主席吴恒到龙州县，对学校项目建设进行调研，落实边境建设大会战资金682.9万元。

5月9日 县公安局收缴长短砂枪64支、军用手枪1支、子弹5发、迫击炮弹1枚、炸药45.25千克、雷管29枚、导火线275米。

5月17日 中国联通龙州经营部挂牌成立。GSM130/131移动通信业务在龙州县正式放号。是中国联通为龙州县提供业务服务的开端。

5月18日 龙州县小连城大桥开工典礼举行。2002年11月19日建成通车。

6月8日 自治区党委副书记刘奇葆考察龙州县红八军展览馆和金龙镇党委开展“三个代表”重要思想学习教育活动工作。

6月16日 自治区人大常委会副主任张慕洁带领《中华人民共和国水土保持法》执法检查组到龙州县进行执法检查。

6月21日 龙州县事业单位人事管理制度改革试点单位中医院，通过公开、公正、公平竞聘院长。这是龙州县首次公开竞聘领导职位。

是月 龙州县实行乡镇党政机关改革。2002年4月机构改革完成。

是月 龙州县龙州糖厂、龙州第二糖厂、龙州霞秀糖厂产权转让改制完成。由海南洋浦南华糖业有限责任公司并购。9月20日，龙州南华糖业有限责任公司成立。

6月23日 自治区水利厅在龙州县召开全区边境建设大会战水利工程现场会。

7月5日 南宁地区计划生育村民自治协会暨基层组织建设经验交流会在龙州县城召开。

7月6日 龙州县受7号台风“玉兔”影响，造成洪涝灾害，直接经济损失1500万元。龙州驻军500多名官兵与当地干部群众2万多人投入抗洪救灾工作。

7月8日 自治区副主席吴恒到龙州县视察洪涝灾情，指导抗洪救灾工作。

7月19日 龙州县水口镇峒桂村叫善、那贯、谷敏3个自然屯的通电工程通过自治区验收投入使用。至此，龙州县实现全县村屯通电目标。

7月23日 广西基督教爱国运动委员会、广西基督教协会委任龙州基督教首任传道人到龙州县主持开展传道活动。

7月28日 县委、县政府召开全县抗洪救灾重建家园动员会。全县各界人士为抗洪救灾捐款35万多元。

8月4日 自治区主席李兆焯到龙州县检查指导龙州起义纪念馆改建工程，落实项目启动资金80万元。

8月18日 自治区主席李兆焯到龙州县，对洪灾过后恢复生产、重建家园进行调研。

8月21日 自治区政协副主席袁正中一行5人，到龙州县政协机关调研。

8月26日 南宁地区城区防洪规划建设工作会议在龙州县城召开。自治区党委常委、自治区副主席王汉民到会指导。

8月27日 南宁至友谊关高速公路建设协调会在龙州县城召开。自治区党委常委、自治区副主席王汉民到会指导。

9月6日 由广西军区2000年援建的下冻镇峒埠希望小学举行教学大楼竣工暨新生入学典礼。

9月7日 南宁地区抗洪救灾先进事迹报告团到龙州县作报告。全县1000多名干部群众参加。

9 月 28 日 龙州县政府代表团参加越南高平省第二届国际贸易博览会。

是月 龙州县乡镇中小学校实行“一费制”缴费制度。

10 月 12 日 由国家专项拨款兴建的龙州县人民医院综合住院楼动工。2002 年 11 月 29 日竣工并通过验收，投入使用。

10 月 15 日 龙州县 2001 年度人口与计生工作通过自治区人口与计划生育目标管理责任考核评估组的考评验收。

是日 自治区人大常委会副主任李振潜一行 15 人到龙州县调研。

10 月 24 日 县第十二届人大常委会第二十三次会议通过《关于设立公民旁听县人大常委会会议制度的决定》，实行公民旁听县人大常委会会议制度。

11 月 5 日 自治区副主席吴恒对龙州县边境建设大会战教育项目建设工作进行专项调研。

11 月 13 日 南宁地区生猪屠宰管理暨商业流通工作现场会在龙州县城召开。

11 月 22 日 龙州县黄皮果获中国国际农业博览会优质名牌产品称号。

11 月 26 日 1000 多名军民奋力扑灭龙州县下冻镇春秀村板若屯一场大火。

是月 龙州县人民医院手术麻醉科首次用重比重液腰麻手术成功，填补龙州县麻醉史上无腰麻的空白。

12 月 21 日 国家体育总局党组书记、全国体育总工会主席李志坚一行 12 人，在自治区副主席吴恒的陪同下，到龙州县考察“雪炭计划”工程，落实项目资金 300 万元。

是日 龙州县一举打掉上金乡小岸村小岸屯黑恶势力团伙 10 多人。

是月 龙州县完成消灭无标准生产产品任务，全县生产企业执行产品标准覆盖率 98%。通过自治区政府验收组的验收。

2002 年

1 月 8 日 中国联通 CDMA 移动通信网正式开通，龙州县首个 CDMA 基站——县城 1 站投入使用。是年 12 月，实施“乡乡通”工程，实现 GSM/CDMA 两网在全县乡镇政府驻地全网覆盖。

1 月 10 日 龙州县实施全县中小学校危房改造工程。至 2003 年，中小学校危房改造工程结束，共改造危房 7801 平方米。

1 月 20 日 自治区党委书记曹伯纯，广西军区政委周传统，自治区党委常委、秘书长邱石元，自治区副主席周明甫，对龙州县沿边三级公路建设进行调研。

2 月 龙州县城镇居民和乡镇村民生活用电实行同等电价。

3 月 3 日 广西军区政委周传统到小康文明示范村龙州县霞秀乡秾顿屯考察。

3 月 13 日 自治区副主席袁凤兰一行 7 人考察龙州县旅游设施、国债项目等情况。

4 月 5 日 国际儿童基金会组织成员、日本三重县高校文化联盟事务局官员杉谷析也先生一行 4 人，到龙州县金龙镇双蒙村板池屯进行文化交流与民族风情考察。

4 月 16 日 自治区党委常委、自治区副主席王汉民率自治区计委、国土资源厅、边防办、交通厅、经贸委、口岸办等部门负责人到龙州县，考察水口口岸、那花边贸互市点的建设情况。

4 月 22 日—23 日 越南高平省石安县代表团到龙州县访问。

4 月 28 日 中央电视台编导和节目摄制组到龙州县拍摄山水风光和风土人情。

4 月 29 日 中共中央宣传部、中央文明办资助龙州县宣传文化设备赠送仪式在新风剧院举行。赠送的资金和器材折合人民币 93.8 万元。

5 月 31 日 自治区计生委给对口支援单位龙州县彬桥中心小学捐赠教学设备和现金总价值 9.2 万元。

6月10日 团中央书记处书记杨岳到龙州县，参观红八军革命文物展、红八军军部旧址、邓小平生平图片展等。

6月21日 自治区党委常委、宣传部部长潘琦考察龙州起义纪念馆筹建工作情况。

7月4日 国际助残组织欧盟人道主义援助办公室高级官员非勒、国际助残广西项目办公室项目协调员纳再尔，到龙州县上龙乡陇港村（麻风村）考察重建项目建设情况。

8月9日 南宁地区西部六县（市）民族工作会议在龙州县城召开。

8月30日—9月3日 中越双方代表团在龙州县城举行中越陆地边界第10组联合勘界首次会晤。

8月30日—11月24日 中越双方勘界员正式首次上界联合勘界。联合勘界至2009年1月19日结束。

9月5日 自治区教育厅组织自治区特级教师讲学团为龙州县1000多名中小学教师作具有实践性、指导性的学术报告。

9月7日 中越陆地边界联合勘界委员会中方首席代表、外交部条法司参赞马亚欧，自治区副主席张文学出席水口口岸中越界碑揭幕仪式。

9月10日 世界银行全球环境基金（CEF）主管官员托尼先生一行6人，到龙州县考察评估“广西西部石灰岩地区生物多样性保护”项目区。

9月25日 自治区副主席吴恒率督查组一行36人，到龙州县督查自治区边境建设大会战总结表彰大会筹备工作。

10月8日 自治区党委书记曹伯纯，自治区主席李兆焯，自治区政协主席陈辉光，自治区党委副书记马庆生、陆兵、刘奇葆，自治区党委常委、自治区副主席王汉民，自治区副主席周明甫、吴恒，率有关各地（市）、县（市、区）领导到龙州县检阅边境建设大会战成果；9日，自治区党委书记曹伯纯考察水口镇直机关回迁、水口水厂等项目。

是月 龙州县实行涉农收费价格公示制度。全县统一执行由龙州县物价局制作的涉农收费标准公示牌。

是月 龙州县综合体育馆开工。投资400万元（含“雪炭工程”体育彩票公益金200万元）。2003年12月建成投入使用。2008年12月因体育设施严重损坏被拆除。

11月24日 法国驻广州总领事劳查理夫妇，到法国驻龙州领事馆旧址、中山公园进行考察。

12月2日 以中央委员、九届全国政协常委、安徽省委原书记卢荣景为组长，原中央纪委委员、驻交通部纪检组组长刘锷为副组长的中央纪委、中央组织部巡视组到龙州县红八军展览馆、小康文明示范村稔顿屯考察。

12月9日 自治区党委书记曹伯纯、自治区主席李兆焯考察龙州县水口镇村镇建设工作。

12月11日 自治区副主席袁凤兰考察龙州县小连城大桥、稔顿小康文明示范村、水口口岸等建设情况。

是月 龙州县残疾人联合会与龙州县人民医院合作实施“视觉第一，中国行动”项目，为龙州县白内障患者施行复明手术93人。

是月 龙州县引进摩拉、利木赞优良公牛与本地母牛杂交繁育成功。

是年 龙州县连续5年被自治区人民政府评为“广西统计质量先进县”。

2003年

1月28日 自治区党委副书记陆兵，广西军区政委周传统出席龙州县稔顿屯文明新村落成典礼；陆兵、周传统率领自治区计委、财政厅、水利厅、民政厅、民委等区直单位领导，慰问驻龙州边防部队官兵。

是月 广西水利电业有限公司出资79%，龙州县供电公司出资21%，组建龙州县水利电业股份有限公司。

3月24日 龙州县市容市貌综合整治指挥部成立。负责组织实施龙州县市容市貌综合整治工程。

是月 龙州县开始打响抗击“非典”的斗争。6月,县人民医院增设抗击“非典”隔离区专用病床10床,先后接收诊治隔离观察疑似“非典”外出务工返乡发热咳嗽患者12人;8月19日,县委、县政府召开全县非典型肺炎防治工作总结表彰大会。表彰25个先进集体和79位先进个人。

4月7日 中国县市报研究会三届三次理事会在龙州县城召开。全国21家县市报研究会会长、理事长、社长、总编辑出席会议。

4月11日 中央政治局常委、政法委书记罗干,自治区党委书记曹伯纯,自治区代主席陆兵,自治区副主席周明甫,到龙州县视察水口口岸。

4月14日 自治区副主席高虎城到水口口岸现场办公,解决水口口岸建设的疑难问题。

4月20日 龙州县实施金龙水库第1期除险加固工程,投资1431万多元。2004年1月,除险加固工程完成,大坝最高16.85米,坝顶宽4.5米。

5月22日 自治区党委常委、宣传部部长潘琦对龙州县旅游资源、国有企业改革、“两沟”(青龙沟和合龙沟)治理工程、“雪炭工程”等进行考察。

是日 龙州县县直机关单位和乡镇直机关单位职工、中小学校教师,统一使用工资卡按月足额领取工资。

6月3日 龙州起义纪念馆开工兴建;2004年3月17日,龙州起义纪念广场破土动工。两项工程占地面积7.69公顷,总投资2380多万元。2004年8月19日,两项工程竣工,举行馆场开放典礼仪式。

是月 中国联通龙州分公司实现GSMA/130/131/132、CDMA/133“乡乡通”网络全县乡镇全面覆盖目标。

7月3日 广西中越边境公路旅游带巡游宣传考察团一行110人,对龙州县进行考察和观光活动。

7月14日 县委、县政府在水口中学召开龙州县创建“南国边关无毒路”“无毒社区”工作会议,部署龙州县全民禁毒工作。

7月23日 自治区政协副主席潘鸿权一行7人到水口口岸、沿边公路、红八军展览馆、文明新村秾顿屯等地进行调研。

7月27日 越南高平省人民委员会副主任黄文魁带领越南各界代表一行25人,到水口中越烈士墓园拜祭在中国解放战争中牺牲的中越烈士。

7月31日 龙州县公安机关缴获各类非法枪支224支、手榴弹5枚、手雷4枚、地雷1枚、子弹766发、雷管4274枚。

8月9日 龙州县政府代表团与越南高平省代表团举行会谈,商谈举行中越水口至驮隆边境口岸地区经济合作研讨会的有关事宜。

8月15日 南宁市援建的“共青团创业成才服务站”和“龙州县下冻镇布局村青年中心”举行揭牌仪式。

8月18日 2003年龙州县计生工作会议召开。会议表彰6个先进乡镇,给3个乡镇以黄牌警告。

是日 龙州县第一头冻配杂交黄牛在金龙镇板梯村降生。

8月21日 龙州县召开“易地安置项目可研报告评估会”。1998年—2000年,全县实施扶贫易地安置石山区特困群众移民项目,至2000年8月,移民项目完成,共完成易地安置280户1400人。

8月28日 龙州县公安局110警务大队、治安巡逻大队成立。

9月26日 龙州县第一个“农机安全示范村”在武德乡群合村委挂牌成立。

9月28日 水口海关举行授衔仪式。

是日 以龙州县边防文工团为主体,成立龙州县天琴艺术团。

9月 中国农业科学院茶叶研究所有机茶中心给龙州县先锋农场大青山分场、五星桥分场、板否分场分别颁发有机茶产地认可证书。

10月6日 内蒙古自治区党委书记储波、贵州省委副书记曹洪兴一行10人,在自治区党委书记曹伯纯,自治区党委常委、秘书长车荣福陪同下，到龙州县下冻镇两庄村陇冬屯进行考察。

10月13日 “台湾中视”到龙州县金龙镇美女村双蒙村板池屯拍摄民俗风情纪录片。

10月22日 龙州县基督教会成立100周年纪念活动在县城康平街基督教堂举行。南宁、扶绥、大新、宁明、凭祥等县市基督教徒约130人到会祝贺和参加活动。

10月31日 国家体育总局督查组到龙州县督查中国体育彩票“雪炭工程”——龙州县体育健身训练中心工程建设情况。

11月2日 县委、县政府召开全县第二届地方志编纂工作会议。

11月3日 广州军区副政委、中将马国文到龙州县霞秀乡东合村稔顿屯，检查指导军民共建小康文明新村的各项工作。

11月5日 龙州中学通过自治区教育厅等级学校评估专家组普通高中等级学校的评估。

11月6日 全国人大外事委员会副主任郑义到龙州县考察。

11月15日 崇左市人大常委会组织驻市的全国、自治区、市三级人大代表视察组一行14人，对龙州县的口岸经济、文明村、民族文化、城市规划及旧城改造等方面进行视察。

11月21日 龙州县代表团与越南谅山省长定县代表团，在龙州县城举行中越龙州长定边贸工作洽谈会。

11月27日 全国政协副主席李兆焯考察龙州起义纪念馆、文明新村稔顿屯。

11月29日 共青团中央书记处书记胡伟考察由共青团广西区委实施的“八桂青年千里边境城乡互助小康行动”设在龙州县的活动点。

12月1日 在龙州县水口镇举行中国龙州—越南高平国际汽车运输线全面开通仪式。越方125名官员分乘20辆客车到龙州县城观光购物。

是日 龙州县投资53万多元，实施县城“两沟”治理工程。2004年4月工程完成。

12月3日 自治区人大常委会副主任袁凤兰一行12人，考察广西沿边三级公路龙州段、军民共建小康文明示范村——霞秀乡东合村稔顿屯和水口口岸。

12月12日 全国政协外事委员会副主任周可行一行8人，到龙州县水口口岸考察边境贸易和口岸建设情况。

12月17日 最高人民检察院检察长韩杼滨到龙州县考察。

12月18日 龙州县水口水力发电厂、七里滩水力发电厂产权全部转让给广西水利电业有限公司，双方举行产权转移交接仪式。

12月20日 自治区人大常委会副主任甘幼玶到龙州县军民共建小康文明示范村——霞秀乡东合村稔顿屯、水口口岸等地考察。

12月23日 龙州县举行纪念毛泽东同志诞辰110周年群众文艺会演晚会。

12月25日 龙州县首次拍卖第一期国有土地使用权，成交价234.5万元。

12月28日 国家质量监督检验检疫总局书记李传卿到龙州县质量技术监督局检查指导工作。

2004年

1月13日—16日 在龙州县水口镇新街举办2004年龙州水口中越年货展会。展销会设180多个摊位，中越土特产品、日用杂货、糖果烟酒、鞋帽服装、家用电器、文体用具等商品参加展销。日交易额50多万元。

1月18日—31日 龙州县水口河上游的越南驮隆糖厂将大量超标的废水排放河水中，造成水口大桥至龙州县城32千米河水遭受严重污染，直接经济损失74万多元。

2月13日 龙州县城东开发区龙鑫商住新城破土兴建，占地面积13公顷；主建步行商业街、天地商住楼，总建筑面积18万平方米，总投资1.8亿元。2008年12月，主体建筑基本完工，业主陆续入住营业。

2月14日 龙州县先锋农场叫及分场被当地村民强占耕地6公顷多。当天和次日，经调解均未果。

2006年4月29日，县政府组织公、检、法等部门300多人，到叫及分场处理此事仍未果。2007年5月14日，经多方协调，先锋农场与当地村民签订和解协议书，叫及分场收复被占耕地6.44公顷。

3月12日 龙州县开展严厉“扫黄”“打非”专项整治月活动。

3月22日—26日 龙州县口岸经济考察团赴越南高平省考察。

4月11日 自治区党委书记曹伯纯到小康文明示范村龙州县霞秀乡秣顿屯、龙州起义纪念馆新馆考察。

4月17日—20日 南华公司龙州3家糖厂停榨后，将超标的洗机废水直接排入河水中，造成龙州镇至响水镇旧街59千米河段水污染事故，影响上金乡和响水镇10个行政村38个自然屯15600多人和牲畜饮水，直接经济损失160多万元。

4月20日—21日 自治区政协副主席徐文彦率领自治区政协经济委员会专题调研组到龙州县调研边境贸易和旅游发展状况。

是月 龙州县民族市场开工，项目投资294万元，为钢混封闭式一层商用房，建筑面积1500平方米。同年10月工程竣工，11月19日开业。

5月22日 在龙州镇城东开发区独山路兴建龙州汽车客运站，占地面积1.33公顷，投资500多万元。

5月30日 共青团中央书记处书记、全国青联副主席胡伟到龙州县水口镇峒桂村青年文明示范基地考察。

7月18日 自治区党委常委、组织部部长陈际瓦到龙州县检查党建工作。

9月16日 全国无公害茶叶检查小组到龙州县先锋农场茶叶生产基地认证验收。

8月20日 经龙州县总工会批准，成立龙州县水利电力局工会，选举产生龙州县水利电力局工会第一届委员会。这是改革开放后县直机关单位成立首个工会组织。

9月8日 自治区党委副书记刘奇葆到龙州起义广场考察。

11月6日 河南省郑州市人大、政协考察团到龙州起义纪念馆、红八军军部旧址考察。

11月27日 全国政协副主席李兆焯到龙州县进行工作调研。

2005年

1月7日 县委在全县各级党组织开展保持共产党员先进性教育活动。活动于2006年6月结束。

1月11日 龙州县机关干部职工在县城宣传文化中心广场举行向印度洋地区地震及海啸灾民捐款活动，全县机关干部职工1500多人，捐资22.5万元。

1月31日 自治区主席陆兵率自治区春节慰问团，慰问龙州县各族人民、边防部队和武警官兵。

2月9日 龙州县投资200多万元，建成响水镇政府办公楼，楼前铺设六角水泥砖的文化广场，是龙州县最具规模的第一个乡镇文化广场。

3月19日 龙州县实施“平安龙州”工程。

4月5日 自治区人大常委会副主任韦家能到龙州县调研。

4月20日 自治区党委副书记李纪恒到龙州县小连城、南宁地区师范专科学校考察，为红八军革命烈士纪念碑敬献花圈。

4月20日—30日 龙州县发生禽流感病疫。县政府采取措施，控制住病疫蔓延势头。

5月23日 广州军区战士文工团“一团火”演出队，到龙州给驻军官兵慰问演出。

6月3日 自治区政协副主席徐文彦一行30人，参观龙州起义纪念馆、红八军军部旧址、中山公园。

7月12日—14日 广西西南26县（市、区）政协经济联系会第26次会议在龙州县城开幕，在东兴市闭幕。

7月17日—19日 金龙镇贵平村板探屯和新兴村陇底屯发生洪涝灾害。县政府组织县直干部职工、驻军将士和武警官兵，转移被洪水围困的村民290多人、牲畜60多头，抢运粮食、化肥等物资20多吨。

8月1日 崇左市委、市政府在龙州起义纪念广场举行邓小平铜像揭幕仪式和“赤色龙州，左江风云”红色旅游主题活动。

8月3日 自治区党委副书记、纪委书记马铁山对龙州县水口镇峒桂村峒桂屯养牛示范户、水口口岸进行工作调研。

是月 在龙州县自善烈士陵园举行红八军老战士——吴西少将骨灰安放仪式。

9月6日 自治区检察院检察长郭永运到龙州县检察院开展调研工作。

11月12日 龙州县引进外资200多万元，对响水镇龙江淀粉厂进行改扩建。改扩建后的淀粉厂成为龙州县第1家上规模的非公经济生产企业。

12月8日 龙州县一级水电站动工兴建，总投资8665.07万元；安装2台机组，总容量1.3万千瓦；水库总库容0.8497亿立方米。由南宁水利电力设计院设计。2008年6月竣工投入使用。

12月11日 龙州县水口镇罗回集中供水工程开工。投资86万多元，日供水量480立方米，日可供5000人生活用水。2006年12月竣工投入使用。

是月 龙州县残疾人综合服务楼破土兴建。占地面积30平方米，建筑面积860平方米；投资86万元。2008年6月竣工投入使用。

是月 龙州县投资200万元，维修复原龙州镇南街99号越南革命者在龙州秘密机关旧址，开辟为胡志明革命文物展馆。2006年5月19日，胡志明革命文物展馆正式对外开放，成为中越青少年爱国主义教育基地。

是年 广西弄岗国家级自然保护区发现一种新鸟种，命名为“弄岗穗鹛”。

是年 龙州县百货公司与南宁伟嘉利贸易公司合股投资8000多万元兴建龙嘉大厦，成为商业合作伙伴。2006年12月，龙嘉大厦建成经营，为集餐饮、商住、超市为一体的商务楼。

是年 龙州县通过自治区“普九”义务教育检查验收。

是年 龙州县荣获“全国民族团结进步模范县”称号。

第一篇

行政区划　自然环境

第一章　行政区划

第一节　位　置

龙州县位于中华人民共和国南疆边陲，桂西南隅，左江上游，北回归线以南，北纬 22° 08′ 47″ 至 22° 44′ 40″、东经 106° 33′ 21″ 至 107° 12′ 40″。东邻崇左市江州区，东南接宁明县，南靠凭祥市，西及西北与越南社会主义共和国相邻，东北连大新县。县治龙州镇处于北纬 22° 14′ 20.96″ 至 22° 26′ 20.24″、东经 106° 42′ 40.95″ 至 106° 56′ 10.96″，距崇左市江州区 69 千米（龙崇公路里程），距广西首府南宁市 210 千米（龙夏二级路接南友高速公路里程）。

第二节　建　置

秦前为百粤地。

秦（前 221—前 207 年），属象郡辖地。

汉初，属南越国地。汉元鼎六年（前 111 年），置雍鸡县于今县地，隶郁林郡。

三国吴黄武六年（227 年），属郁林郡。

晋（265 年—420 年）及南朝（502 年—589 年），属晋兴郡地。

隋（581 年—618 年），属郁林郡地。

唐武德四年（621 年），置龙羁縻州，为龙州置县之始（此从李吉甫《元和郡县图志》、欧阳修《新唐书·地理志》、谭其骧《中国历史地图集》，以及 2014 年 12 月出版的《广西政区集成》）。旧治今属逐卜乡谷阳村旧州屯，属安南都护府。唐仪凤元年（676 年），置金龙羁縻州，州治今金龙镇金龙街，属安南都护府。

五代十国（907 年—960 年），先属楚，后属南汉宜州治地，州治今龙州镇北门附近。

宋（960 年—1279 年）初，置羁縻冻州，州治今下冻镇下冻街西南 2 千米，隶广南西路左江道。金龙羁縻州改为迁龙寨。宋皇祐五年（1053 年），始行土司世袭制，仍属左江道。

元大德三年（1299 年），称为龙州万户府，府治今龙州镇（亦称县城）内，属湖广行中书省广西两江道太平路。羁縻冻州分置上峒、下峒两土州。至正二十年（1360 年），上峒、下峒合称冻州，归龙州万户府承审。

明洪武二年（1369 年），撤龙州万户府改称龙州，属广西布政司左江道太平府。洪武九年（1376 年），迁龙寨改称金龙峒，隶太平府安平土州。

清雍正三年（1725 年），龙州分为上龙、下龙两个土巡检司，仍隶太平府。雍正五年（1727 年），下龙司改土归流，废世袭制，归驻今龙州县城的太平府通判接管。乾隆五十六年（1791 年），下龙司复置龙州；上龙司归龙州承审。乾隆五十七年，改龙州为龙州厅，仍属太平府。嘉庆末年（1820 年），金龙峒被越南侵并，归越下琅州。光绪十三年（1887 年），金龙峒复归中国，仍隶太平府安平州。光绪三十三年（1907 年），上龙土司、上下冻土州废世袭制，隶龙州厅。宣统元年（1909 年），金龙峒从安平州划归龙州厅管辖。

民国元年（1912 年）1 月，升龙州厅为龙州军政分府，辖凭祥厅、上龙土司、上下冻土州、金龙峒。民国 2 年（1913 年）6 月，裁龙州军政分府为龙州县，凭祥厅归原治，余辖不变，隶镇南监督区（区治龙州县城）。民国 16 年（1927 年），上下冻州并入龙州县。民国 17 年（1928 年），上龙土司、金龙峒并置上金县，县治今上金乡旧圩，隶镇南监督区。民国 19 年（1930 年）9 月，龙州县、上金县隶广西省第九民团区（区治设龙州县城）。民国 21 年（1932 年）4 月，龙州县、上金县隶广西省民团龙州区。民国 23 年（1934 年），龙州县、上金县隶广西省龙州行政监督区。民国 26 年（1937 年）4 月，龙州县易名为龙津县。龙津县、上金县先后隶广西省第十二行政监督区、广西省第七行政督察专员公署。

1949年12月19日，龙津县解放；1949年12月24日，上金县解放；均属广西省龙州专区。1952年8月11日，撤销龙津、上金两县，合并置丽江县，旧治今属龙州县龙州镇。1953年4月23日，撤丽江县，复称龙津县，属广西省邕宁专区。同年12月，属广西省桂西壮族自治州。1958年12月，龙津、宁明、凭祥3县并置睦南县，县治今凭祥镇，属广西壮族自治区南宁地区行政专员公署。1959年5月，裁撤并县建置，复归建置龙津县、宁明县，仍属南宁地区专署。1961年5月，龙津县改称龙州县，沿属南宁地区专署。2003年，隶属地级崇左市。

第三节　行政区域

行政区域划分

清雍正三年(1725年)，龙州分为上龙、下龙2个土司，辖9个峒地。上龙司分领古甑峒、四牌峒、上王峒、下王峒、沿江峒、德科半峒5个峒半，下编32甲，有352个自然村；下龙司分领武盈峒、遵峒、罗回峒、唵布峒3个峒半，下编31甲2关2军，有305个自然村。归龙州承审的上下冻州分上、下2个峒，下编6甲2歧1总万户，有133个自然村。

清宣统元年(1909年)，龙州分为仁、义、礼、智、信5个区。仁字区以上降圩为中心，辖5段，设3个圩81个村；义字区以彬桥圩为中心，辖4个段，设3个圩107个村；礼字区以罗回圩为中心，辖5个段，设1个圩123个村；智字区以今县城江南为中心，辖6个段，设1个圩105个村；信字区以今县城江北为中心，辖内城、外城各5个段，设50条街(巷)67个村。上下冻土州划为忠、恕2个区。忠字区以下冻圩为中心，辖4个段，设70个村；恕字区以峒埠圩为中心，辖4段，设74个村。上龙土司划为甲、乙、丙3个区。甲区辖武德、科甲、上龙、谷龙、上甲、下甲、古甑7个段，设122个村；乙区辖四牌、暖赛、上武、下武4个段，设126个村；丙区辖窑头、小岸、芹村、驮棉、响水、亭亮6个段，设103个村。归龙州承审的金龙峒设90个自然村。

民国2年(1913年)，置龙州县。民国3年(1914年)，龙州县仁、义、礼、智、信区分别改称第1、2、3、4、5区。民国16年(1927年)，上下冻土州划归龙州县，编为常字区，亦称第6区。次年，上龙司与金龙峒并置上金县，下辖窑头、上龙、逐卜、金龙4个区，分别称为第1、2、3、4区，下设村、街、甲。民国22年(1933年)，龙州县划为第1、2区，辖新街、东门、西关3个镇，布伦、布局、水口、罗回、楞巧、龙门、平而、霞秀、下甲、上降、八角11个乡，设142村(街)1353甲。上金县辖东靖镇，西宁、新埠、响水、上龙、科甲、逐卜、牌宗7个乡，设78个村(街)806个甲。民国27年(1938年)，上金县东靖镇、西宁乡并置金龙乡，响水乡分为响水、天西2个乡，上龙乡更名为龙泉乡。

1949年12月，龙津县人民政府下辖城区、河南、青山、水罗4个区人民政府；上金县人民政府下辖上金、武德、逐卜3个区人民政府。1950年，龙津县辖城区、青山、河南、水罗4个区，设龙江、驮苗、康平、兴仁4个镇，城边、霞秀、下甲、上降、八角、布伦、布局、平而、龙门、水口、罗回11个乡人民政府；上金县辖上金、武德、逐卜3个区，设新埠、响水、天西、科甲、龙泉、逐卜、牌宗、金龙8个乡人民政府。

1951年5月，并置龙津上金联合县。全县设1、2、3、4、5、6、7个区，辖4个镇39个乡，有205个村。1952年，全县设4个镇123个乡。1953年，区人民政府改为区公所，全县设5个大街委员会，74个乡。亭亮乡、谷龙屯划归宁明县管辖。1955年，全县7个区命名为龙州镇、百秾区、下冻区、水口区、武德区、逐卜区、上金区，下辖5个大街74个乡。1958年2月，取消7个区建制，全县辖1个镇21个乡，设198个高级农业合作社。同年9月，全县辖龙州、河南、五星、水口、武德、原子、上金7个人民公社，下设63个生产大队，482个生产小队。同年12月，全县划为22个公社，200个生产大队1025个生产小队。1959年10月，龙津县划为龙州、霞秀、八角、下冻、彬桥、水口、武德、逐卜、金龙、上金、天西11个公社，设3个大街委员会和176个生产大队。

1961年，龙州县划为龙州、霞秀、八角、上降、上龙、平而、彬桥、下冻、水口、罗回、武德、科甲、金龙、逐卜、牌宗、上金、天西17个公社，下设244个生产大队。1962年，全县设7个区(镇)82个乡1335个生产小队(不含街道居民小组)。1965年，全县辖龙州、八角、彬桥、下冻、水口、武德、金龙、逐卜、上金9个公社，设79个生产大队，960个生产小队，龙州公社（县城）设3个居委会。上金公社的天西、安农、亭乐、立新4个生产大队划归宁明县，彬桥公社的平而生产大队划归凭祥市。1969年，全县辖龙州、霞秀、八角、彬桥、下冻、水口、武德、金龙、逐卜、上金、响水11个公社革命委员会。设3个居委会，94个生产大队，967个生产小队。

1980年，龙州县辖龙州镇人民政府，霞秀、彬桥、八角、下冻、水口、武德、金龙、逐卜、上金、响水10个公社革命委员会。设3个居民委员会（简称居委会），120个生产大队，1251个生产小队。1984年，全县成立乡人民政府，从八角公社分置上降乡。全县辖龙州镇人民政府和霞秀、彬桥、八角、上降、水口、下冻、武德、金龙、逐卜、上金、响水11个乡人民政府。设3个居委会21个居民小组，124个村民委员会（简称村委会），1267个村民小组。

1987年，从武德乡和霞秀乡裁出部分村置上龙乡，改设或增设村公所。1992年，水口乡、下冻乡、金龙乡、响水乡改为水口镇、下冻镇、金龙镇、响水镇。1995年，全县村公所改为村委会，水口镇、下冻镇、响水镇各设1个居委会。1996年，全县5个镇8个乡，设6个居委会25个居民小组；121个村委会1288个村民小组。2004年11月，原龙州镇与霞秀乡并置新的龙州镇。2005年，龙州县辖龙州、下冻、水口、金龙、响水5个镇，八角、上降、彬桥、上龙、武德、逐卜、上金7个乡；7个社区、3个街居委会，48个居民小组；117个村委会，1265个村民小组。

行政区域界线

龙州县境东至响水镇高峰村黑水河段与江州区分界；东南至上金乡陇山村器乌屯界山与宁明县分界；南至上降乡梓丛村龙凭界山坳与凭祥市分界；东北至逐卜乡板要村岩烹屯岩康山与大新县分界；西南和西北沿中越边界以广西段西路5号至43号界碑走向，与越南为界。彬桥乡、下冻镇、水口镇、武德乡、金龙镇分别与越南谅山省、高平省接壤，国境线长184千米。2005年12月，县境南北最大纵距70.7千米，东西最大横距67.8千米，国土面积2311.19平方千米，占广西国土面积0.98%。

第四节　县城　乡镇

县城

2000年，县城城区面积6.64平方千米。2005年，县城城区面积7.8平方千米。

街道　龙州镇城镇建设自宋以后已初具规模。至清嘉庆七年(1802)，城内已建有大小街道16条，街面均为青石板铺设，总长约2800米。光绪中期，龙州被辟为通商口岸后，市区建设不断扩大，至光绪末年，城区大小街道增至40条，宽2米~4米，为青石板路面，总长约4000米。民国8年(1919年）建新填地街、新龙街和新打铁街。至民国17年(1928年)，城区小大街道（巷）增至62条，总长约7800米，路面多为石板，有的为碎石、泥土。民国21年(1932年)，改造街道（路）建设，整顿市容，街道合并为18条，并把主要街道改铺三合土路面。民国27年—33年(1938年—1944年)，龙州城多次遭侵华日机轰炸，城区大部分街道民房和公共设施变成一片废墟。1966年后，对原有街道进行多次维修改造。1986年，城区街道为水泥路面和柏油路面。1965年8月，投资240万元，建成横跨左江南北的龙州大桥，全长240米，宽7.6米。2001年，城内街道总长26000米，硬化道路总长18000米，总面积22万平方米。2002年4月，投资1000万元，建设龙州二桥，全长276米，宽15米。2006年元月，竣工投入使用。2004年，城内街道总长18000米，硬化道路总长12600米，总面积22万平方米。2005年，城内街道总长21000米，硬化道路总长16800米，总面积23万平方米。

房屋　清雍正(1723年—1735年）年间，龙州城有民宅300多间，总建筑面积约9000平方米，房屋除少数为砖瓦平房外，多为木架茅顶结构。民国26年(1937年)，龙州城有民宅3324间，其中茅房1028间。1985年—1986年，县城全部茅草房消失。1998年，县城房屋面积累计130万平方米，其中住宅面积74.4万平方米。2001年，县城房屋面积144.5万平方米，其中住宅面积84万平方米。2004年，县城房屋面积6.7万平方米，其中住宅面积4.6万平方米。

乡镇

龙州镇 位于北回归线以南，北纬22° 14′ 34″至22° 26′ 20″、东经106° 42′ 34″至106° 56′ 08″。处左江源头，坐落于县城中部偏南，系县治驻地。东与上降乡接壤，西和西南与下冻镇、彬桥乡隔河相望，南邻八角乡、上降乡，北靠上龙乡、武德乡。1986年—2004年，全镇国土面积13.31平方千米，镇政府驻南街74号；2004年11月，撤霞秀乡并置新的龙州镇后，全镇国土面积142.13平方千米。2005年，镇政府驻城南路1号月亮小区，距崇左市治江州区69千米（龙崇公路里程）、广西首府南宁市210千米（龙夏二级路接南友高速公路里程）。

汉元鼎六年（前111年），属雍鸡县地。唐武德四年（621年）属龙羁縻州。元大德三年（1299年），隶龙州万户府。清雍正三年（1725年），属下龙司。宣统元年（1909年），属信字区，设内城、外城各5个段，辖50条街（巷）67个村。民国3年（1914年），属龙州县第5区，所辖不变。民国22年—26年（1933年—1937年），属龙州县第1区，辖新街、东门、西关3个镇33条街（巷）323个甲。民国27年（1938年）—1949年，属龙津县第1区，所辖不变。

1950年，属龙津县。1952年，属龙津上金联合县城区，区人民政府驻南街74号，辖龙江、驮苗、康平、兴仁4个镇和城边乡。1952年8月—1953年4月，属丽江县。1953年—1957年，属龙津县第1区，始称龙州镇，镇公所驻地不变，辖龙江大街、兴仁大街、康平大街、营大街、河边大街和城边乡。1958年—1972年，称龙州人民公社，其中1958年12月属睦南县；1959年1月—4月，属龙州县；1959年—1961年11月，复属龙津县。1962年1月至今，属龙州县。1973年—1979年，称龙州镇人民公社，辖东方红、红旗、跃进3个居民委员会；新华、北门、东风3个生产大队，设28个生产小队。

1980年，成立龙州镇人民政府。1986年，全镇辖康平街、龙江街、营街3个居委会，设20个居民小组；新华、北门、利民3个村委会，设23个村民小组。1987年设立村公所，新华、北门、利民3个村委会改设为新华、北门、利民3个村公所，居委会和村（居）民小组不变；1995年，撤销村公所重组村委会，新华、北门、利民3个村公所改设为新华、北门、利民3个村委会，居委会和村（居）民小组不变。1996年，全镇辖康平街、龙江街、营街3个居委会，设21个居民小组；新华、北门、利民、高祥4个村委会，设23个村民小组。2004年，原龙州镇（下辖康平、龙江、营街、新华4个居委会，23个居民小组；北门、利民、高祥3个村委会，设21个村民小组）与霞秀乡（位于龙州县城南和城北的郊区，处于龙州镇四周边沿，乡政府驻龙州法国领事馆旧址。辖楞巧、百秾、岭南、自清、河屯、新民、镇秀、贯明、板门、东合10个村民委员会，75个自然屯设109个村民小组，有17333人，其中农业人口16864人，占总人口97.29%。国土总面积128.82平方千米，其中耕地面积2678公顷）并置新的龙州镇。2005年，全镇辖康平、龙江、营街、新华、利民、城东社区委员会，设44个居民小组；楞巧、百秾、岭南、自清、河屯、新民、镇秀、贯明、板门、东合10个村委会，设132个村民小组。

下冻镇 位于北纬22° 19′ 43″至22° 26′ 53″、东经106° 33′ 29″至106° 45′ 43″。地处龙州县西部，东与龙州镇交界，东南跟彬桥乡相连，西南与越南接壤，北和水口镇相邻。镇政府驻下冻街，距县城龙州镇23千米。2005年，全镇国土面积127.87平方千米。

宋（960年—1279年），属羁縻冻州。元（1271年—1368年），冻州分为上、下两峒，属龙州万户府。明洪武元年（1368年），称为上下冻州，隶太平府。清光绪年间（1875年—1908年），隶龙州厅。宣统元年（1909年），属上、下冻州忠、恕两个区，忠字区辖4个段，设70个村；恕字区辖4个段，设74个村。民国2年（1913年），属龙州县。民国16年（1927年），属龙州县常字区。民国17年（1928年），属龙州县第6区。民国19年正月（1930年2月），属龙州县革命委员会。是年4月，复属龙州县政府。民国22年（1933年），分为布局乡、布伦乡，属龙州县第2区。布局乡辖上埠圩，昭睦、降福、西平、永寿、隘花、左庄、右庄、布局8个村，设85个甲；布伦乡辖善周、连山两条街，布伦、郭北、佛柳、狮兴、环利、奇峰6个村，设85个甲。

解放初期，先后属青山区、第3区、下冻区。1950年，仍分为布局乡、布伦乡。1951年—1952年，属龙津上金联合县。1953年—1957年，属龙津县下冻区，亦称第3区，辖下冻、扶伦、峡岗、驮江、峒埠、春秀、布局、青山、彬桥、彬迎、岜苗、绕秀、平而、安镇14个乡。1958年2月，撤区并乡，置下冻乡、布局乡。1958年9月，原下冻区成立五星人民公社。1959 年，分为下冻、沿边两个人民公社。1960 年，下冻与沿边并置下冻人民公社。1969 年，成立下冻公社革命委员会，辖下冻、跃进、扶伦、驮江、峡岗、峒埠、两庄、布局、春秀 9 个生产大队，设 75 个生产小队。

1984 年，成立下冻乡人民政府，辖下冻、跃进、扶伦、峡岗、驮江、峒埠、春秀、那花、两庄、布局 10 个村委会，设 96 个村民小组。1992 年 7 月，成立下冻镇人民政府。1995 年 8 月，成立下冻街居委会。2005 年，下冻镇人民政府辖下冻街居委会，下冻、布局、两庄、那花、春秀、峒埠、扶伦、驮江、峡岗 9 个村委会，85 个自然屯设 97 个村（居）民小组。

水口镇 位于北回归线以南，北纬 22° 24′ 40″ 至 22° 36′ 26″、东经 106° 33′ 21″ 至 106° 43′ 18″。地处龙州县西部，东邻武德乡，南接下冻镇，西和北与越南隔河相望。中越边境线水口段长 56 千米。2005 年，全镇国土面积 193.37 平方千米。镇政府所在地水口新街，为省道 2314 线终端，距县治龙州镇 35 千米、崇左市治江州区 104 千米、广西首府南宁市 245 千米。

清雍正三年（1725 年），属上下冻土州的上峒，归龙州承审。宣统元年（1909 年），属龙州厅礼字区。民国 3 年（1914 年），属龙州县第 3 区。民国 22 年—26 年（1933 年—1937 年），属龙州县第 1 区，置水口乡和罗回乡。水口乡辖万亨、改良、华强、公益、团体、文明、大同、和睦、合群、民族、平等 11 个村和峒桂街，设 112 个甲；罗回乡辖东隆、西安、新建、南强、北胜、思农、尚礼、康宁、罗回、尚武、中华 11 个村，设 107 个甲。民国 27 年（1938 年）—1949 年，属龙津县第 1 区，所辖不变。

1950 年，属龙津县水罗区水口乡、罗回乡，区人民政府驻水口圩。1951 年 5 月，属龙津上金县水口区，亦称第 4 区，辖水口、共和、罗回、北胜、南强、民和、思奇、合平、独山、楞巧 10 个乡。1952 年 8 月，属丽江县；1953 年 4 月，属龙津县；1958 年 2 月，撤区置水口乡、罗回乡、楞巧乡。1958 年 9 月，撤乡置水口人民公社；同年 12 月，属睦南县。1959 年 1 月，属龙州县；1959 年 5 月，属龙津县。1962 年 1 月至今，属龙州县，复称水口区。1965 年，撤区置水口人民公社。1969 年，楞巧、自清、东合 3 个生产大队划置霞秀公社；置水口公社革命委员会，辖峒桂、水口、合平、埂宜、思奇、康宁、北胜、共和、罗回、独山 10 个生产大队，设 95 个生产小队。

1984 年，水口公社革命委员会改名为水口乡人民政府，原生产大队改为村委会。1987 年，峒桂、水口、合平、埂宜、思奇、康宁、北胜、共和、罗回、独山 10 个村委会改设峒桂、水口、合平、埂宜、思奇、康宁、北胜、共和、罗回、独山 10 个村公所。1992 年 4 月，置水口镇人民政府。1995 年 7 月，撤销峒桂、水口、合平、埂宜、思奇、康宁、北胜、共和、罗回、独山 10 个村公所重组峒桂、水口、合平、埂宜、思奇、康宁、北胜、共和、罗回、独山 10 个村委会。是年 8 月，成立水口街居民委员会。2005 年，水口镇人民政府辖水口街居委会，合平、峒桂、共和、埂宜、罗回、沿山、康宁、北胜、思奇、独山 10 个村委会，120 个自然屯设 119 个村民小组。

金龙镇 位于北纬 22° 34′ 03″ 至 22° 44′ 40″、东经 106° 43′ 16″ 至 106° 55′ 36″。地处龙州县北部，东与逐卜乡交界，南与武德乡相连，西与越南接壤，北靠大新县宝圩乡。2005 年，镇境国土面积 197.35 平方千米。镇政府驻地金龙街，距县城龙州镇 55 千米。

唐仪凤元年（676 年），置金龙羁縻州，属岭南道安南都护府。宋初（960 年），改为迁龙寨。明洪武九年（1377 年），改为金龙峒，隶太平府安平土州。清嘉庆末年（1820 年），金龙峒被越南侵并；光绪十三年（1887 年），金龙峒复归中国，仍隶太平府安平土州。宣统元年（1909 年），归龙州厅管辖，设 90 个自然村。民国元年（1912 年），隶龙州军政分府。民国 2 年（1913 年），属龙州县。民国 17 年（1928 年），与上龙司并置上金县，设金龙区，属镇南督察区。民国 20 年（1931 年），析为东靖镇、西宁乡。东靖镇辖金龙、内尧、霜蒙、闭陋、典曹、弄里、侵笔、双池 8 个村，设 86 个甲；西宁乡辖合陇、立丑、贵平、羊毫、横罗、光满、埔烟、雁井 8 个村，设 77 个甲。民国 27 年（1938 年），合并东靖镇、西宁乡，始置金龙乡，乡公所驻金龙圩。

解放初期，先属上金县逐卜区，后龙津县第 6 区。1958 年 2 月，重置金龙乡；同年 9 月，与逐卜乡、牌宗乡并置原子人民公社，公社驻金龙圩。1959 年—1961 年，析原子公社为金龙、逐卜、牌宗 3 个公社。1962 年 1 月，属龙州县。1965 年，裁牌宗公社，其各一部分大队并入金龙、逐卜 2 个公社。1969 年，成立金龙公社革命委员会，辖金龙、双蒙、敢赛、贵丑、横罗、侵笔、武联、民建、高山、光满、板梯、三圣 12 个生产大队，设 104 个生产小队。

1984 年，成立金龙乡人民政府，辖金龙、侵笔、花都、民建、新建、新兴、光满、横罗、板梯、贵平、立丑、高山、武联、相蒙、敢赛、三圣 16 个村委会，设 155 个村民小组。1992 年 7 月，成立金龙镇人民政府。2005 年，金龙镇人民政府辖金龙、双蒙、武联、高山、贵平、立丑、光满、横罗、板梯、新兴、民建、花都、敢赛、三圣 15 个村委会，132 个自然屯设 156 个村民小组。

响水镇　位于北纬 22° 22′ 04″ 至 22° 31′ 41″、东经 106° 59′ 44″ 至 107° 12′ 40″。地处龙州县东北部，东以黑水河为界与崇左市江州区新和镇、太平镇隔河相望，南与宁明县亭亮乡相邻，西与上金乡、逐卜乡相接，北靠大新县雷平镇。2005 年，全镇国土面积 200.7 平方千米。镇政府驻响水新街，距龙州县城 38 千米、崇左市治江州区 32 千米。

清雍正三年(1725 年)，属上龙司。宣统元年(1909 年)，属上龙司丙区，辖窑头、小岸、芹村、驮棉、响水、亭亮 6 个段，设 103 个村。民国 17 年(1928 年)，属上金县勤江乡。民国 22 年(1933 年)，始置响水乡，辖响水、棉江、平南、秀板、维新、亭亮、乐丰、喜雨、安农、新年 10 个村，设 111 个甲。民国 32 年(1943 年)，响水乡析为响水、天西两个乡。

1950 年，属上金县上金区，沿称响水乡。1951 年，属龙津上金联合县第 7 区。1958 年 9 月，并归上金人民公社，先属龙津县；后属睦南县、龙州县，再复属龙津县。1962 年 1 月，属龙州县至今。1969 年，置响水公社革命委员会，辖响水、红阳、棉江、龙江、团结、高峰、四清 7 个生产大队，设 63 个生产小队。

1984 年，成立响水乡人民政府，辖响水、鸣凤、龙江、图强、四陇、红阳、平南、棉江、高峰 9 个村委会，设 75 个村民小组。1987 年设立村公所，响水、鸣凤、龙江、图强、四陇、红阳、平南、棉江、高峰 9 个村委会改为响水、鸣凤、龙江、图强、四陇、红阳、平南、棉江、高峰 9 个村公所。1992 年 7 月，成立响水镇人民政府。1995 年 7 月，撤销响水、鸣凤、龙江、图强、四陇、红阳、平南、棉江、高峰 9 个村公所，重组响水、鸣凤、龙江、图强、四清(原四陇)、红阳、平南、棉江、高峰 9 个村委会。是年 8 月，成立新街居委会。2005 年，响水镇人民政府辖新街居民委员会，响水、鸣凤、龙江、图强、四清、红阳、平南、棉江、高峰 9 个村民委员会，53 个自然屯设 67 个村(居)民小组。

八角乡　位于北纬 22° 09′ 38″ 至 22° 16′ 06″、东经 106° 50′ 47″ 至 106° 58′ 38″。地处龙州县东南部，东北与上金乡相接，东南与宁明县交界，南与凭祥市夏石镇接壤，西与上降乡相连，北与龙州镇毗邻。全乡国土面积 90.1 平方千米。2005 年，乡政府驻四平村板靠屯，距县城龙州镇 18 千米。

汉元鼎六年(前 111 年)，为雍鸡县地。唐武德四年(621 年)，属龙羁縻州。元大德三年(1299 年)，属龙州万户府。明洪武二年(1369 年)，属龙州。清雍正三年(1725 年)，属下龙司。乾隆五十六年(1791 年)，复属龙州。乾隆五十七年(1792 年)，属龙州厅。民国元年(1912 年)，属龙州军政分府。民国 2 年(1913 年)，属龙州县政府。民国 19 年正月(1930 年 2 月)，属龙州县革命委员会。是年 4 月，复属龙州县政府。民国 22 年(1933 年)，始置八角乡公所，辖靠汉、擎天、龙边、改造、屏案、箕斗、新制、教范 8 个村公所，设 71 个甲。民国 27 年(1938 年)，属龙津县政府。

1950 年，属龙津县河南区人民政府。1953 年，属龙津上金联合县百秾区(亦称第 2 区)公所，沿称八角乡。1958 年 2 月，撤区并乡，仍用八角乡。1958 年 9 月，并入河南(原百秾辖区)人民公社。翌年，以原八角乡辖地设八角人民公社。1965 年，以辖地联江、联甲生产大队划归上金公社。1969 年，将百秾等 5 个生产大队拨归霞秀公社。是年，成立八角公社革命委员会，辖四平、呼交、陇均、八角、上降、菊埂、江村、鸭水、箕斗、梓丛 10 个生产大队，设 91 个生产小队。

1984 年，析八角公社分置八角、上降两乡。是年，八角乡人民政府辖四平、八角、箕斗、屏案、龙边、菊埂、陇均 7 个村委会，设 68 个村民小组。1987 年设立村公所，四平、八角、箕斗、屏案、龙边、菊埂、陇均 7 个村委会改设为四平、八角、箕斗、屏案、龙边、菊埂、陇均 7 个村公所，村民小组不变；1995 年撤销村公所，原 7 个村公所改设村委会，村民小组不变。2005 年，八角乡人民政府辖八角、四平、箕斗、屏案、菊埂、龙边、陇均 7 个村民委员会,48 个自然屯设 68 个村民小组。

上降乡 位于北纬 22° 08′ 47″至 22° 17′ 15″、东经 106° 44′ 44″至 106° 52′ 02″。地处龙州县南部,东与八角乡相连,西以平而河为界与彬桥乡隔河相望,南与凭祥市夏石镇相接,北与龙州镇相倚。2005 年,全乡国土面积 77.06 平方千米。乡政府驻上降圩,距县城龙州镇城区中心 20 千米。

汉元鼎六年(前 111 年),为雍鸡县地。唐武德四年(621 年),属龙羁縻州。元大德三年(1299 年),属龙州万户府。明洪武二年(1369 年),属龙州。清雍正三年(1725 年),属下龙司。乾隆五十六年(1791 年),复属龙州。乾隆五十七年(1792 年),属龙州厅。民国元年(1912 年),属龙州军政分府,民国 2 年(1913 年),属龙州县政府。民国 19 年正月(1930 年 2 月),属龙州县革命委员会。是年 4 月,复属龙州县政府。民国 22 年(1933 年),始置上降乡,辖上降、纯仁、式范、永恒、梓丛、教导、江汉、南汉、克义、克仁、克智 11 个村公所,设 113 个甲。民国 26 年(1937 年),属龙津县政府。

1950 年,成立上降乡人民政府,属龙津县河南区,亦称第 2 区。1953 年,成立上降乡公所,属龙津上金联合县百秾区,亦称第 2 区。1958 年 9 月,并入河南人民公社。1960 年,并入八角人民公社。

1984 年 8 月,重置上降乡人民政府。是年,辖上降、永恒、纯仁、梓丛、鸭水、江村、呼交、里城 8 个村委会,设 75 个村民小组。2005 年,全乡辖上降、永恒、纯仁、梓丛、鸭水、江村、呼交、里城 8 个村民委员会,46 个自然屯设 72 个村民小组。

彬桥乡 位于北纬 22° 11′ 46″至 22° 22′ 06″、东经 106° 39′ 21″至 106° 50′ 47″。地处龙州县西部,东以水口河为界与龙州镇隔河相望,南以平而河为界与上降乡相望,西南与凭祥市友谊镇相邻,西与越南接壤,北与下冻镇相连。2005 年,全乡国土面积 104.64 平方千米。乡政府驻彬桥圩,距县城龙州镇市区中心 12 千米。

清雍正三年(1725 年),属下龙司武盈峒。宣统元年(1909 年),属龙州厅义字区,以彬桥圩为中心,设 4 个段,辖 3 条圩 107 个村。民国 3 年(1914 年),属龙州县第 2 区。民国 22 年(1933 年),分为龙门乡、平而乡,龙门乡辖驮门、潘苗、建兴、埔江、峡岗、崇岭、欣庆、陇登、潭山、抱龙、红岭 11 个村,设 100 个甲;平而乡辖彬桥、彬仁、彬义、彬礼、彬智、彬忠、宋城、安镇、平定、平而、绕秀、彬信 12 个村,设 110 个甲。民国 27 年(1938 年),属龙津县第 2 区,所辖不变。

1950 年,属龙津县青山区人民政府,仍为平而乡、龙门乡。1951 年,属龙津上金联合县。1952 年,属丽江县。1953 年,复属龙津县下冻区,亦称第 3 区公所,设青山、彬桥、彬迎、岜苗、绕秀、平而、安镇 7 个乡公所。1958 年 2 月,撤区并乡,设彬桥乡、平而乡公所。1958 年 9 月,撤乡并置人民公社,属龙津县五星人民公社。1958 年 12 月,属睦南县。1959 年 1 月,属龙州县。1959 年 5 月,分为彬桥、平而两个公社,属龙津县。1962 年 1 月,属龙州县至今。1965 年,并彬桥、平而置彬桥公社,平而大队划归凭祥市。1969 年,成立彬桥公社革命委员会,辖彬桥、青山、岜苗、彬迎、安镇、安民、红岭、绕秀 8 个生产大队,设 84 个生产小队。

1984 年,成立彬桥乡人民政府。辖彬桥、红岭、清明、岜苗、念读、峒旦、彬迎、青山、俸村、绕秀、安镇、安民 12 个村委会,设 124 个村民小组。1987 年设立村公所,设立彬桥、红岭、清明、岜苗、念读、垌旦、彬迎、青山、俸村、绕秀、安镇、安民 12 个村公所;1995 年 7 月,撤销村公所,重组彬桥、红岭、清明、岜苗、念读、垌旦、彬迎、青山、俸村、绕秀、安镇、安民 12 村委会。2005 年,彬桥乡人民政府辖彬桥、彬迎、红岭、清明、岜苗、念读、峒旦、青山、俸村、绕秀、安镇、安民 12 个村委会,84 个自然屯设 124 个村民小组。

上龙乡 位于北纬 22° 19′ 41″至 22° 27′ 49″、东经 106° 46′ 14″至 106° 58′ 52″。地处县城龙州镇北部,东与上金乡相接,南与龙州镇相连,西与武德乡相靠,北与逐卜乡相倚。2005 年,全乡国土面积 194.81 平方千米。乡政府驻上龙圩,距龙州镇城区中心 9 千米。

汉元鼎六年(前 111 年),为雍鸡县地。唐武德四年(621 年),属龙羁縻州。五代十国(907 年—969 年),属南汉宜州。宋初(960 年),复属龙羁縻州。元大德三年(1299 年),属龙州万户府。明洪武二年(1369 年),复属龙州。清雍正三年(1725 年),始置上龙土司古甑峒,隶太平府。乾隆五十六年(1791 年),归龙州承审。

光绪三十三年(1907 年),废上龙土司世袭制,属龙州厅。

民国元年(1912 年),属龙州军政分府。民国 2 年(1913 年),属龙州县政府。民国 17 年(1928 年),属上金县上龙区,亦称第 2 区。民国 19 年正月(1930 年 2 月),属上金县革命委员会。同年 4 月,复归上金县政府。民国 22 年(1933 年),始置上龙乡公所,辖上龙、武权、团结、精威、武神、新村、联治、三达、造利、三陇、岜那 11 个村公所,设 115 个甲。民国 27 年(1938 年),改为龙泉乡公所。

1950 年,更名为龙泉乡人民政府,属上金县武德区。1953 年,复名上龙乡公所,属龙津上金联合县武德区,亦称第 5 区。1958 年 9 月,并入武德人民公社。1969 年,并归霞秀公社革命委员会。1987 年 8 月,由武德乡武权、民权、新联 3 个村公所,霞秀乡上龙、弄平、板汪、民强、岜那 5 个村委会,并置上龙乡人民政府。1995 年 7 月,撤销武权、民权、新联、上龙、弄平、板汪、民强、岜那村公所,重组武权、民权、新联、上龙、弄平、板汪、民强、岜那村委会。2005 年,上龙乡人民政府辖上龙、新联、武权、民权、弄平、板汪、民强、岜那 8 个村委会,71 个自然屯设 87 个村民小组。

武德乡　位于北纬 22° 25′ 35″ 至 22° 37′ 50″ 、东经 106° 39′ 52″ 至 106° 56′ 45″ 。地处龙州县西北部,东与逐卜乡相连,南与上龙乡相邻,西南与龙州镇相接,西接水口镇,西北与越南高平省下琅县瑞华社接壤,北靠金龙镇。2005 年,乡境国土面积 212.84 平方千米。乡政府驻科甲圩,距县城龙州镇 35 千米。

汉元鼎六年(前 111 年),属雍鸡县地。唐武德四年(621 年),属龙羁縻州。元大德三年(1299 年),属龙州万户府。明洪武二年(1369 年),属龙州。清雍正三年(1725 年),属上龙司德科半峒。光绪末年(1908 年),属龙州厅上龙司。宣统元年(1909 年),属上龙司甲区。民国 17 年(1928 年),属上金县上龙区,亦称第 2 区。民国 22 年(1933 年),属上金县,置科甲乡,辖营街、隘街、武德街、合作街 4 条街,维新、利民、新民 3 个村公所,设 66 个甲。

1950 年,属上金县武德区公所,科甲乡辖区不变。1951 年,属龙津上金联合县第 5 区,辖武德、科甲、保卫、群合、陇久、武权、精威、新联、上龙、民强 10 个乡。1958 年 2 月,并为武德乡、科甲乡、上龙乡。1958 年 9 月,原武德乡、科甲乡、上龙乡并置武德人民公社。1969 年,上龙、民强、自善 3 个生产大队划归霞秀公社;成立武德公社革命委员会,辖科甲、武德、保卫、群合、精威、武权、新联、三联 8 个生产大队,设 123 个生产小队。

1984 年,成立武德乡人民政府,辖科甲、保卫、群合、三联、武德、农干、精威、近梅、武权、民权、新联 11 个村委会,设 108 个村民小组。1987 年,科甲、保卫、群合、三联、武德、农干、精威、近梅、武权、民权、新联 11 个村委会全部设立村公所,同年 8 月,武权、民权、新联 3 个村公所划归新置上龙乡人民政府。1995 年 7 月,科甲、保卫、群合、三联、武德、农干、精威、近梅 8 个村公所撤销,重组科甲、保卫、群合、三联、武德、农干、精威、近梅 8 个村委会。2005 年,武德乡人民政府辖科甲、保卫、群合、三联、武德、农干、精威、近梅 8 个村委会,67 个自然屯设 83 个村民小组。

逐卜乡　位于位于北纬 22° 25′ 02″ 至 22° 37′ 31″ 、东经 106° 49′ 39″ 至 107° 03′ 26″ 。地处龙州县东北部,东与响水镇相接,南与上金乡、上龙乡相连,西与武德乡、金龙镇相邻,北与大新县宝圩乡、雷平镇相倚。2005 年,全乡国土面积 221.56 平方千米。乡政府驻逐卜街,距县城龙州镇 48 千米。

唐武德四年(621 年),属龙羁縻州,州治今谷阳村旧州屯。清雍正三年(1725 年)至民国 16 年(1927 年),属上龙司。民国 17 年(1928 年),属上金县逐卜区,亦称第 3 区。民国 22 年(1933 年),始置逐卜乡公所和牌宗乡公所。逐卜乡公所辖逐卜、合众、锦屏、卫国、谷阳、立信、崇德、安边、弄岗、宁民、图强、朝阳、鸣凤 13 个村公所,设 121 个甲。牌宗乡公所辖牌宗、长社、活甲、广额、三圣、暖赛、锦阁、牌率 8 个村公所,设 88 个甲。

1950 年,属上金县逐卜区公所,分为逐卜乡、牌宗乡、金龙乡,区公所驻逐卜圩。1953 年,属龙津县逐卜区,亦称第 6 区,辖逐卜、广合、牌宗、谷阳、弄岗、板要、三圣、金龙、侵笔、民建、光满、武联、相蒙 13 个乡公所。1958 年 2 月,撤区并乡,重设金龙乡、牌宗乡、逐卜乡。1958 年 9 月,原金龙乡、牌宗乡、逐卜乡并置原子人民公社。1965 年,分置逐卜人民公社。1969 年,成立逐卜公社革命委员会,辖逐卜、板要、谷阳、牌宗、广合、崇德、锦阁、卫国、弄岗 9 个生产大队,设 99 个生产小队。

1984 年,成立逐卜乡人民政府。1985 年,辖逐卜、广合、牌宗、三叉、崇德、锦阁、板要、卫国、谷阳、立信、弄岗11个村委会，设75个村民小组。1987年，逐卜、广合、牌宗、三叉、崇德、锦阁、板要、卫国、谷阳、立信、弄岗11个村委会改设为逐卜、广合、牌宗、三叉、崇德、锦阁、板要、卫国、谷阳、立信、弄岗村公所，在自然屯设立屯委会。1995年7月，撤销逐卜、广合、牌宗、三叉、崇德、锦阁、板要、卫国、谷阳、立信、弄岗村公所，重组逐卜、广合、牌宗、三叉、崇德、锦阁、板要、卫国、谷阳、立信、弄岗村委会，设121个村民小组。2005年，逐卜乡人民政府辖逐卜、谷阳、立信、卫国、板要、锦阁、三叉、广合、牌宗、崇德、弄岗11个村委会，126个自然屯设121个村民小组。

上金乡 位于北纬22° 14′ 11″至22° 25′ 14″、东经106° 54′ 11″至107° 05′ 37″。地处龙州县东南部，东邻响水镇，北接上龙乡，西与龙州镇毗邻，南同宁明县亭亮乡交界。2005年，全乡国土面积228.35平方千米。乡政府驻新街，距县城龙州镇市区中心18千米。

汉元鼎六年(前111年)，属雍鸡县地。唐武德四年(621年)，属龙羁縻州。元大德三年(1299年)，属龙州万户府。明洪武二年(1369年)，属龙州。清雍正三年(1725年)，属上龙司下王峒。光绪十三年(1907年)，属龙州厅。民国元年(1912年)，属龙州军政分府。民国2年(1913年)，属龙州县。民国17年(1928年)，属上金县窑头区。民国19年正月(1930年2月)，属上金县革命委员会。民国22年(1933年)，始置新埠乡，属上金县，辖中山、禄那、乾元、陇器、活农、何亮、小岸、岸逢、八龙、四龙、进明、芹阮、文陇13个村公所，设142个甲。

1950年，成立新埠乡人民政府，属上金县上金区人民政府。1951年，属龙津上金联合县上金区，亦称第7区，区公所驻上金新街。1953年，区辖中山、芹阮、新旺、云江、两岸、天西、安农、亭乐、响水、龙江、四陇、棉江12个乡。1958年2月，撤区并乡，置中山乡、芹阮乡、天西乡、响水乡。1958年9月，以中山、芹阮、天西、响水4个乡，并置上金人民公社。翌年，以原新埠乡辖地成立上金人民公社。1965年将天西、安农、亭乐、立新4个生产大队划归宁明县，原响水乡和联甲、联江2个生产大队来属。1969年，分置响水公社单委会；邑那生产大队划归霞秀公社；上金公社革命委员会，辖芹江、中山、新旺、联甲、红江、东风、上金、联江8个生产大队，设99个生产小队。

1984年，成立上金乡人民政府，辖上金、中山、陇山、云江、联江、联甲、新旺、勤江、进明、两岸、卷逢11个村委会，设139个村民小组。1987年，原11个村委会改设为村公所，在自然屯设村委会。1995年7月，撤销11个村公所，重组村委会，原陇山村并入中山村委会，至此上金乡共辖10个村委会。2005年，上金乡人民政府辖上金、中山、云江、勤江、进明、两岸、卷逢、联甲、联江、新旺10个村委会，86个自然屯设139个村民小组。

第二章　自然环境

第一节　地质　地貌

地层

龙州县境主要出露寒武系、泥盆系、石炭系、二迭系、三迭系、白垩系、第四系7种地层。

寒武系 仅见上寒武统。出露于武德乡保卫村下布屯东一带，面积约4平方千米，厚度501米，不见底。其岩性下部为长石英砂岩夹页岩，下部为页岩，两者间夹一层10米的含白云质、泥质条带灰岩。产网格雕球子G1ytagnostusreticuIatus (Angelin)。

泥盆系 分为上泥盆、中泥盆、下泥盆三统。上泥盆统分布比较集中，主要在金龙镇南部、武德乡保卫村、水口镇和平村等地区。按岩性可分为上、下两岩组。上岩组为灰岩，灰白色厚层灰白云质灰岩和少量白云岩。武德乡底部有一层厚20米的细角砾岩，中基性火山岩，局部产双孔层孔虫，总厚度307米~330米。

下岩组浅灰，灰白色中厚层状白云岩、白云质灰岩、灰岩及少量钙质白云岩，产弓形贝、小长身贝、裂线贝、狮鼻贝，武德乡底部有一层厚5米~15米的角斑岩及凝灰岩，总厚度294米~720米。中泥盆统主要分布在金龙镇光满村坡肥、板梯村那桧屯，武德乡保卫村枯贡屯，水口镇峒桂村板孟屯等一带地区，主要为碳酸盐岩，局部夹少量硅质岩，厚度258米~288米。按化石及岩性特征分为纳标组和东岗岭组。纳标组主要为深灰色厚层细粒白云岩、白云质灰岩，厚度为48米~106米。东岗岭组自西向东分为三个相区：碳酸盐相分布于金龙镇至大新县宝圩乡一带，仅出露其中上部，主要为深灰色厚层灰岩夹白云岩、白云质灰岩，厚度410米左右；碳酸盐岩—硅质岩—火山岩相分布于水口镇峒桂村至武德乡一带，上部浅灰色中厚层状灰岩，中层状灰岩夹中基性火山岩，下部灰色、深灰色、灰黑色，厚度90米~262米；硅质岩—碎屑岩相出露面积很少，散布在陇名、板旧等地，约0.3平方千米，主要为深灰色、灰白色薄层状泥质岩，可见厚度31米，未见底。下泥盆统见于武德乡保卫村下布屯、枯贡屯，科甲村板旧屯，农干村岜都屯，水口镇峒桂村板孟屯等一带地区，主要为碎屑岩，面积约54.5平方千米。按岩性和古生物特性分为4组：莲花山组面积约3平方千米，厚度136米；那高龄组以黄绿、灰白、浅黄色薄层页岩为主，面积约2.5平方千米，厚度59米~64米；郁江组面积约13平方千米，与那高龄组为整合接触，厚度40米~147米；塘丁组分布于武德乡科甲村布岜屯、武德村逐安屯、保卫村枯贡屯、陇念屯，水口镇峒桂村板孟屯等一带，主要为灰色、深灰色、灰黑的中薄层至厚层状白云岩，与郁江组为整合接触，面积约36平方千米，厚度173米~410米。

石炭系　分为上石炭、中石炭、下石炭三统。上石炭统分布于龙州镇、上龙乡上龙村水龙屯一带，主要为浅灰色、灰白色厚层块状灰岩，厚度为30米~617米。中石炭统分布比较广，主要在龙州镇、上金乡中山村陇门屯一带出露，分为大埔组和黄龙组，余下石炭统整合接触，厚度143米~492米。大埔组以灰色厚层状白云岩为主，厚度40米~174米。黄龙组为灰色，灰白色厚层块状灰岩，厚度84米~318米。下石炭统为大塘阶，出露在武德乡武德村外埂屯，保卫村枯贡、下咘屯，上龙乡民权村板化屯，水口镇沿山村陇通屯、合平村陇独屯，下冻镇布局村，逐卜乡弄岗村铺查屯等一带，下界多直接超覆于上泥盆统上，成为平行不整合接触。主要为灰白色厚层块状细粒炭岩，产似棚珊瑚、蟹珊瑚、园蛤珊瑚、似泡沫珊瑚、细线细贝，厚度29米~283米。

二迭系　分为上二迭、下二迭二统。下二迭统主要出露在龙州镇至响水镇之间一带，由灰岩和少量的白云岩、大山岩等组成，厚度469米~620米。按岩性和化石特征分为栖霞阶和茅口阶：栖霞阶(P1q)以深灰色、灰黑色、浅灰色中薄层和中厚层灰岩为主，厚度196米~282米；茅口阶(P1m)主要为灰色、灰白色厚层块状灰岩夹中薄层或团块状白云岩，厚度187米~620米。上二迭统呈狭花条带分布在水口镇水口街，武德乡武德村逐安屯、农干村岜都屯，响水镇零三铁矿等地，为暗紫红色、灰绿色块状构造岩性，风化集成褐铁矿，不含化石，厚度0米~13米。

三迭系　分为上三迭、中三迭、下三迭三统。分布面广，由碳酸盐岩、碎屑岩及火山岩组成。在龙州镇、响水镇一带，上三迭统超覆不整合于下二迭统茅口阶之上，厚度6663米~12756米。按岩性、古生物特征分。中三迭统分为百逢组和河口组。百逢组分布于平而关地区，国怀南部，分为上、下两个岩段，与下伏下三迭统呈整合接触，厚度370米~280米。百逢组下段厚370米；百逢组上段厚837米；河口组分布于板楠与平而河之间，主要由泥岩和粉砂组成，厚度大于1597米。下三迭统主要分布在水口镇水口街、上降乡鸭水滩、响水镇新街等一带，厚度47米~2391米。可分为碳酸盐岩和碎屑岩两个相区：碳酸盐岩相区主要由灰石、白云质灰岩组成，厚度47米~1595米。又可分为马脚岭组，分布于水口镇至响水镇一带，厚度179米~778米；北泗组(T1b)主要分布于水口镇、响水镇、上降乡等地，厚度518米~858米。碎屑岩相区罗楼群组分布于大青山一带，由碳酸火山岩、砂泥岩及少量灰岩组成，厚度大于2391米。

白垩系　下白垩统零星分布于板化、那名、菊龙等地，与下伏岩层呈角度不整合接触。下部为紫红色含钙粉砂质泥岩，厚度178米。

第四系　主要分布在丽江岩溶区的洞穴里和碎屑岩区的坡面上。据河流地级、洞穴古脊椎动物化石年代，分为更新统和全新统。更新统的洪冲积物分布在左江上游丽江河、黑水河两岸二级阶地和山地坡麓。

一般阶地、山地高出河岸 10 米 ~30 米。洞穴堆积物分布于岩溶洞穴中，一般洞穴高出地面 30 米 ~50 米。上金乡云江村岩怀洞中采得属于中晚期更新世大熊猫化石——剑齿象动物群落。全新统为左江及其支流的一级阶地，具二元结构。下部为沙砾层，上部为砂层或土质砂层。在下冻镇下冻村空西屯东南 200 米的一级阶地上，采得大量新石器时代的石斧、锛等，为全新代的产物。

岩浆岩

龙州县境岩浆岩主要为喷出岩，部分为侵入岩，分布在县境西部和南部，有中晚泥盆世中基性火山岩、早石炭世基性火山岩、早三迭世酸性火山岩、印支期第四次花岗斑岩、中生代基性岩等 5 种岩浆岩。

中晚泥盆世中基性火山岩 亦称华力西期岩浆岩，分布于水口镇峒桂村板孟屯至武德乡科甲村一带，东西宽 20 千米，南北长 15 千米，面积约 300 平方千米。火山岩夹于中泥盆统东岗岭组和上泥盆统中，延伸不稳定，出露不全，自上而下分为四层：第一层位于东岗岭组底部，整合于纳标组之上。以细碧岩、角斑岩为主，沿走向往两端相变绢云母化凝灰熔岩和层凝灰岩，厚 6 米 ~26 米；第二层位于东岗岭组底部，整合产出，以角斑岩为主，顶部有少量凝灰熔岩，厚 34 米 ~50 米；第三层位于上泥盆统底部，以角斑岩为主，厚 5 米 ~20 米；第四层位于上泥盆统上组底部，由碧细岩、角斑岩组成。

早石炭世基性火山岩 亦称华力西期岩浆岩，在武德乡武德村附近有零星出露。在下石炭统与上泥盆统平行不整合接触面上，常有厚薄不一的铁铝岩，其中有些为铝土质凝灰熔岩或熔岩凝灰石。

早三迭世酸性火山岩 亦称印支期岩浆岩，主要分布在大青山一带。以 536 米 ~2030 米的巨厚熔岩为主，夹角砾岩。在水口镇、龙州镇等地，以凝灰熔岩或成薄层状夹于灰岩中，厚度 36 米 ~61 米。

印支期第四次花岗斑岩 零星分布在县境东南部一带，成小岩体侵入，自上三迭统至下三迭统不等。彬桥乡安镇村那雷屯北 0.3 平方千米的花岗岩岩墙，侵入中统巴东组下部砂页岩。上降乡永恒村弄怀屯附近约 0.001 平方千米的花岗斑岩岩墙，侵入下统北泗组上部灰岩。

中生代基性岩 零星散布，数目较多，面积较少，多呈岩墙、岩瘤产出。下冻镇布局村西南约 0.06 平方千米的两个岩体，为石瘤产状，侵入下统大塘组灰岩，蚀变辉长辉绿岩。

构造

龙州县境内地壳褶皱断裂非常发育，地质构造比较复杂，主要有纬向、北东向、北西向、旋扭等 4 种构造。

北东向与纬向构造 主要有陇斗向斜、通陇岸背斜、上金向斜、花山背斜等 4 种构造。陇斗向斜构造分布在上金乡勤江村陇斗屯一带，轴向北东 60°，长 13 千米，宽 6 千米。轴部岩由二迭系茅口阶灰岩及灰岩残块，翼部由二迭系栖霞阶灰岩组成；通陇岸背斜分布在上金乡以北通陇岸一带，轴向北东 60°，长 13 千米，宽 3 千米。轴部岩层栖霞阶灰岩及小块上石炭统灰岩，翼部岩层为茅口阶灰岩；上金向斜分布在上金乡一带，轴向北东 60°，长 13 千米，宽 2 千米 ~5 千米。轴部由茅口阶灰岩及马脚岭灰岩残块组成，翼部由栖霞阶灰岩组成；花山背斜从上金乡东南延伸至江州区古坡一带，轴向东西向，长 15 千米 ~20 千米。轴部为中、上石炭统灰岩，翼部为上二迭统灰岩及煤系，下二迭统灰岩。

北西向构造 金龙断裂从下演向北西 310° 延伸，穿过金龙圩附近，长 27 千米，断面倾向北东，倾角 80°，切过中泥盆统至下石炭统灰岩，断距约 150 米；武德乡至大新县宝圩乡一带有 3 条北西向断裂，先张后压，角砾发育，方解石脉充填，为宽阔的沟台。

旋扭构造 有龙州至凭祥和大青山反“S”形两种。龙州至凭祥构造展布于龙州县至凭祥市境内，部分伸入越南，南北长 9 千米，东西宽 7 千米 ~30 千米。主要有下布屯背斜、八角乡向斜、三联村至夏石断裂、下布至凭祥断裂、水口镇断裂、芝伏屯断裂、陇旦屯断裂、逐卜乡断层、陇底正断层、左庄逆断层、峒桂至呼交逆断层、龙州至友谊关逆断层、陇密至板和逆断层、屏案逆断层等 14 处旋扭结构。大青山反“S”形构造位于大青山地区，由国怀断裂和国怀至平而关反“S”形单向斜构成。国怀断裂由下冻镇那花村国怀屯向西深入越南，向东延至下冻圩转为南南东向，至板和南侧又呈东西向延伸，断层走向呈反“S”形波状弯曲，长 30 多千米，属压扭性旋转断层，沿断裂带两侧岩层破碎。国怀至平而关一带地区，呈反“S”形向斜的北东翼，由中、下三迭统砂泥岩火山岩组成，岩层走向也是成波状弯曲。在国怀一带倾向南，那桂岭一带倾向西，平而关地区倾向南，向斜核部在越南。

据广西地震网台《南宁地区历史地震目录(100公里扫描)》记载，1986年—2005年，龙州县发生14次1.6级~3.0级地震，深度1千米~16千米之间。人只感觉轻微震动，没有造成直接经济损失。

地貌类型

龙州县境地势西北较高，东南较低，中部水口河、平而河、丽江(左江龙州段)自西向东横贯全境，形成低平的河谷平原。江北以岩溶地貌(俗称大石山区)为主，主要有峰丛洼地、峰丛谷地和峰林谷地，大致为北西至东南走向，一般海拔500米~700米；江南主要是以土山和岩溶地貌，以峰林谷地为多，一般海拔500米以下，大青山主峰海拔1045.9米，为县境最高点。

龙州县境按成因可分为三大类型地貌区：水口河—左江溶蚀侵蚀谷地盆地区、大青山地区、北部及东部峰林和峰丛地区。

水口河—左江溶蚀侵蚀谷地盆地区 位于中部偏南，水口河至左江河源头两岸。该地区断裂发育，碳酸岩岩层破碎，溶蚀沿河一带发育形成宽广的溶蚀侵蚀谷地及盆地。下冻至楞巧和龙州镇形成宽10千米左右的冲积溶积平原。第一级阶地高出河面15米~20米，沿河两岸分布，由河流堆积的砾石层和亚砂土层组成。第二级阶地被地表水流侵蚀破坏，形成缓坡状起伏的台地，一般高出河面35米~40米。海拔160米~170米，坡度5°~10°。县城的公母山、龙北农场的马鞍山碳酸盐岩，地下岩溶十分发育。盆地谷地外围多是高80米~150米的峰林峰丛。西部的大青山主峰海拔1045.9米。左江流到上金与明江汇合后继续东流，为盆地谷地打开一个缺口。

大青山地区 大青山山脉位于县境西南部，由下冻河边起向东南延伸至平而河北岸，斜卧在龙州县与越南之间的边境上。南北长约25千米，境内东西宽约6千米，面积176平方千米。最高的主峰海拔1045.9千米，其余19座山峰海拔800米~1000米。大青山为中山地貌，山体高大，顶部浑圆和缓，风化层较厚，溪河流量大，形成较窄的深谷。深谷两侧山坡变大，一般30°以上。山前丘陵顶部和缓，一般海拔500米以下，坡度15°~20°。北耀农场第一分场就是山间的一个盆地。在接触带内水量集中，对可溶性岩层的溶蚀作用加强，形成一条沿着接触带延伸的宽广的接触溶蚀谷地。八角乡东南部的盘棋岭，由中三迭统酸性火山岩组成，山峰低矮，面积较少，山体浑圆低缓，风化残积层很厚。

北部和东部峰林峰丛地区 包括水口河至左江河谷，左江两岸地区。龙州镇至武德乡一带多为连座峰林，峰林间分布有槽谷，多为北面—南东走向。总的从中心向四周，由台状起伏的干谷变为地表河出露的河谷。武德村至科甲村一带为溶蚀丘陵，有山间小盆地和地表河分布，一般海拔400米~600米。左江北岸至金龙镇一带多成峰丛洼地，山体高大，山坳较高。峰丛间为巨大的闭塞圆洼地或干谷。地表水渗到地下，地表干旱缺水，地下水量丰富。弄岗动植物自然保护区内以峰丛洼地为主，峰丛高耸陡峻，海拔600米左右，植被覆盖率90%以上，空气湿度大，洼地谷地湿润，低洼地积水成池塘，终年不干。左江龙州河段两岸高出河面15米~20米的阶地、35米~40米的山麓台地。河谷深切，河道弯曲，峰林高耸。逐卜乡至响水镇谷地是沿着逐卜乡北北西向断裂带发育形成。鸣凤一带分布比河面高20米~60米波状起伏的台地。台地间的洼地上有漏斗或岩溶湖发育。响水镇内天西农场龙江分场附近形成终年积水的岩溶湖。八角乡至上降乡的岩溶区，是出露的下三迭统灰岩岩层。断层十分发育，峰林高大，比高100米以下，最高海拔500米。

山峰

龙州县属于岩溶地貌，山峰耸立，峰丛高峻。海拔500米以上山峰59座，其中海拔1000米以上1座；海拔900米以上1座；海拔800米以上2座；海拔700米以上8座；海拔600米以上23座；海拔500米24座。属土山14座，土石山1座，石山44座。

大青山 壮名DaqmgBya，位于龙州县西南部，距县城30千米，呈南北走向，东起彬桥乡，南邻凭祥市，西接越南，北倚下冻镇，系土质山岭，主峰海拔1045.9米，是县境最高山峰。山上林木郁郁葱葱，四季常青，山顶常年云雾缭绕，故名大青山。

扣药山　壮名 GaeuyiekBya，位于彬桥乡绕秀村西南部，系土质山岭，山上藤条多为中草药，故名。西南走向。山峰海拔 943 米，是县境第 2 高峰。

小青山　壮名 xiaoqingBya，位于彬桥乡绕秀村西南部，距县城 30 千米。山峰连绵起伏，林木葱郁茂盛，但比大青山小，故名。最高峰海拔 899 米，属县境第 3 高峰。

扣梅岭　壮名 Gaeumni，位于下冻镇那花村西南 7 千米，东西走向，中越界山，岭顶海拔 823 米，是县境第 4 高峰。山高奇寒，霜浓雾重，故名。

岜百楼　壮名 Bya Bak Laeuz，位于武德乡群合村西北部，东西走向，1953 年，于山顶置三角航标，海拔 770.8 米，是县境第 5 高峰。

岜角怀　壮名 ByaGozvaiz，位于彬桥西部 20 千米，土山，走向形似牛角，故名。海拔 753.6 米，是县境第 6 高峰。

岜陇所　壮名 Bya Lunghsoq，位于武德乡群合村东北部，石山，山处“陇所”地片，故名。山顶置有三角航标，海拔 745 米，是县境第 7 高峰。

坡扣章　壮名 Boz Gaeucang，位于上降乡鸭水村南部，土山，山上盛产龙须藤（俗称菜扣章），故名。海拔 740.3 米，是县境第 8 高峰。

岜空魁　壮名 Bya Goenghoi，位于武德乡农干村西部 4 千米，石山，东北走向，海拔 733 米，是县境第 9 高峰。

岜急　壮名 Byabeh，位于武德乡科甲村西部 3 千米，石山，东西走向，海拔 727 米，是县境第 10 高峰。

岜炮台　壮名 Byabaujda，位于金龙镇横罗村西南部，石山，在中越边界上。清光绪十四年(1889)，广西边防督办苏元春在山顶上修筑 1 座炮台，故名。海拔 709 米，是县境第 12 高峰。

岜谷插　壮名 ByaGoekcap，位于上降乡鸭水村南部，土石山，山顶有 1 座炮台，海拔 698 米。

岜撇　壮名 Byabied，位于逐卜乡锦阁村西北部，南北走向，石山，山顶有三角航标，海拔 685.5 米。

岜哈　壮名 Byhaq，位于金龙镇相蒙村东南部，石山，山上林木茂密，山顶建有 1 座炮台，海拔 650 米。

坡高　壮名 Bozgau，位于八角乡陇均村西南部，土山，山顶置有三角航标，主峰海拔 633.4 米。

岜瘦　壮名 Byasaen，位于逐卜乡崇德村西南部，石山，东西走向，山顶置有三角航标，海拔 605 米。

岜石罕　壮名 Byagozhauq，位于武德乡武德村北部 2 千米，山脚至山腰有很多裸露的铁矿石，故名。海拔 602.9 米。

岜柳黄　壮名 ByaLaeuvangz，位于逐卜乡三叉村南部 2 千米，海拔 565.3 米，本地话“柳黄”汉译硫黄，山上有硫黄矿，故名。

岜百旗　壮名 ByaBaekgiz，位于水口镇沿山村东北部，大石山，海拔 562 米。百旗即插旗，山顶上插有测标旗，故名。

第二节　气　候

龙州县地处北回归线以南，南亚热带季风气候明显，热量丰富，雨量充沛，日照充足；冬春微寒，夏季多雨，秋季温凉；干湿季分明，湿热干冷同季。降雨特点：山地雨量多于河谷地区；雨量分布自西北向东南递减；夏季雨量占全年雨量一半以上；夏季阴晴风雨多变。

日照

据龙州县气象局观测记载，龙州县多年平均日照时数 1679.9 小时。一年日照时数最多的 7 月—9 月，多年月平均日照 189.6 小时 ~206 小时；最少的 1 月—4 月，多年月平均日照 64.3 小时 ~99.4 小时。其余月份平均日照 117.6 小时 ~178.7 小时，最少的 2 月平均日照 57.7 小时。

龙州县境内地形复杂，日照有所差异：平坦阶地，四周坡度平缓的开阔地，日照时数较多；峰丛洼地、谷地的山区，日照时数较少；东西向坡地日照时数较少，南北向坡地日照时数较多。

气温

龙州县一年四季按阳历可划分为：2月—4月为春季，1986年—2005年多年平均气温19.5℃，最高气温38.8℃，出现在2003年4月13日，最低气温2.7℃，出现在2000年2月2日；5月—7月为夏季，1986年—2005多年平均气温27.6℃，最高气温41.6℃，出现在2003年5月7日，最低气温15.1℃，出现在1990年5月5日；8月—10月为秋季，1986年—2005年多年平均气温26.1℃，最高气温39.9℃，出现在1990年8月22日，最低气温10.1℃，出现在1994年10月24日；11月—次年1月为冬季，1986年—2005年多年平均气温16.6℃，最高气温33.0℃，出现在1987年11月1日，最低气温0.8℃，出现在1999年12月23日。1986年—2005年多年平均气温22.5℃，7月最热，多年月平均气温为28.2℃；1月最冷，多年月平均气温14.5℃。1986年—2005年，最高气温大于35℃的年平均日数为34.8天。1986年—1990年年平均气温为22.4℃，最高气温为39.9℃，出现在1990年8月22日，最低气温2.5℃，出现在1986年1月6日；1991至1995年年平均气温为22.3℃，最高气温为39.7℃，出现在1994年5月2日，最低气温2.1℃，出现在1995年12月30日；1996年—2000年年平均气温为22.5℃，最高气温为39.3℃，出现在1996年5月6日，最低气温0.8℃，出现在1999年12月23日；2001年—2005年年平均气温为22.6℃，最高气温为41.6℃，出现在2003年5月7日，最低气温2.5℃，出现在2005年12月22日。

2005年，龙州县气象雷达

表1-1　　**1986年—2005年平均年龙州县乡镇站平均气温表**

单位：℃

月均气温 月份 / 乡镇站名	1	2	3	4	5	6	7	8	9	10	11	12	年均气温
龙州	13.9	15.5	19.1	23.1	26.6	27.6	28.1	27.5	26.2	23.1	18.9	15.4	22.1
逐卜	13.7	15.4	18.9	23	26.6	27.7	28.1	27.5	26.2	23.2	18.8	15.3	22
金龙	12.2	14.8	18.2	22.3	25.8	26.8	27.3	26.6	25.4	22.4	18.1	14.8	21.3
八角	12.8	14.4	17.9	22	25.6	26.6	27.1	26.5	25.1	22.1	17.8	14.3	21
下冻	14.1	15.7	19.1	23	26.5	27.5	27.9	27.3	26	23.2	19	15.6	22.1
响水	13.3	15	18.7	22.8	26.5	27.5	28	27.3	26	22.9	18.5	15	21.8
水口	14	15.6	19	23	26.4	27.4	27.9	27.3	26	23.1	18.9	15.5	22
试验站	13.7	15.4	19	23	26.6	27.6	27.9	27.4	26	22.3	18.6	15.1	21.9
上龙	13.7	15.2	18.8	22.8	26.5	27.5	28	27.3	25.9	23	18.5	15.2	21.9
大青山顶站	10.9	11.5	14.1	19.2	22.7	24.3	24.8	23.6	22	18.8	15.3	2.5	18.5

降雨

2005 年，龙州县气象卫星接收器

龙州县降雨量自西北向东南递减。因地形地势的不同，各乡镇降雨量有所差异。西北部的武德乡、金龙镇、逐卜乡是县境内多雨区，大雨、暴雨中心区，年降雨量 1515.4 毫米 ~1752.2 毫米；处于大青山山麓的彬桥乡、下冻镇、水口镇，年降雨量 1400 毫米 ~1550 毫米；处中部的龙州镇和左江顺流而下的上金乡、响水镇，在气流主流的路径上，雨量比较少，年降雨量 1233.5 毫米 ~1344 毫米。不同的年份降雨量年际差异较大。1986 年—2005 年，平均年降雨量 1281.3 毫米；24 小时最大降雨量出现在 1999 年 7 月 17 日，为 152.4 毫米；1 小时最大降雨量出现在 1996 年 6 月 20 日，为 100.1 毫米。最长连续降雨日数为 20 天，雨量为 383.5 毫米，出现在 1994 年 7 月 13 日—8 月 1 日；最长连续无降雨日数为 38 天，出现在 1988 年 11 月 27 日—1989 年 1 月 3 日。

表 1-2　　龙州县 1986 年—2005 年年降雨量统计表

年份	降雨量	年份	降雨量
1986	1755.0	1997	1357.8
1987	1301.5	1998	1075.6
1988	1055.9	1999	1573.5
1989	1076.9	2000	950.0
1990	1424.9	2001	1709.6
1991	1052.7	2002	1443.5
1992	1066.6	2003	1162.1
1993	1242.2	2004	1005.5
1994	1533.0	2005	1386.4
1995	1193.5	平均	1281.305
1996	1259.9		

湿度

龙州县属于湿润的地区。一般全年都是湿润状态。1986 年—2005 年年平均相对湿度最高的是 7 月为 85%，属潮湿月份；最低的是 12 月为 76%，属湿润月份。一般月平均相对湿度 3 月比 2 月大 3%，9 月比 10 月大 3%；3 月起湿度逐渐增大，10 月起湿度逐渐减小。3 月是湿季头，9 月是湿季尾；10 月是干季头，2 月是干季尾。湿季较长，干季较短。1986 年—2005 年年平均蒸发量为 1145.2 毫米。

第三节　水　文

地表水

龙州县主要有左江、平而河、水口河、黑水河、明江 5 条河流，属珠江流域，西江水系，县境内总长 178.5 千米，总集雨面积 35977 平方千米，多年平均总径流量 735.5 亿立方米。由峒桂、水陇、谷阳、响水、明仕 5 条小河，年径流量3.48亿立方米；有科甲、合平、百必、春秀、派怀、声江、岜苗、念渎、楞巧、精威、安镇、彬桥、驮奔、青山、百板、板否、坡斗、江村、呼交、百秾、那浪、联甲、板受、芹江、龙江、坡那、布必27条小河，年总径流量4.99亿立方米。

左江 龙州县境内的左江从县城西南水口河与平而河汇合处洗马滩起，向东流经白沙街、钓鱼台、沙叶、大弯、联甲、弄庙、芹江、荷村、大岸、白雪、卷逢、停哨、响水，在驮棉村出境，注入崇左市江州区，全长72千米。左江流域集雨面积32068平方千米，其中位于龙州水文站的集水面积为12465平方千米，龙州水文站1897年建站以来实测最大流量9060立方米/秒，最小流量30立方米/秒，平均流量276立方米/秒，年径流量86.36亿立方米；多年平均水深4.6米，常年河宽118米，常年流速0.52米/秒；龙州水文站最高水位126.09米，最低水位104.69米；天然落差13米，水能储量1.91万千瓦，可开发利用1.14万千瓦。左江的水上航道，是龙州县从清末到民国年间通往南宁的唯一水路运输线。解放后，龙州县境内左江航道陆续筑拦河坝建水轮泵站、水电站，至1992年，龙州通往南宁的水路被中断。境内的左江河有大滑石、水滑石、横江沙、那驮、柳水、四巴、石厂、喝凌、鲫鱼、荷叶、下榨、卷逢、驮板、驮棉14个滩。

左江碧绿的河水和龙州大桥、江畔的乐寿亭，平静和谐 (2002年7月25日摄)

平而河 源于越南弄潜，经越南谅山那浔进入中国凭祥市平而关。在龙州县彬桥乡安镇村入境，自西向东经鸭水、驮奔、菊该、下红、娄园角，在龙州镇洗马滩与水口河汇合注入左江，龙州县境内河道长30.3千米。流域集雨面积7172平方千米，1986年最大流量7240立方米/秒，最小流量7.66立方米/秒，平均流量125立方米/秒，平均年径流量39.38亿立方米。最高水位124.4米，最低水位111.6米，自然落差20米，水能藏量1.4万千瓦，可利用0.3万千瓦。平而河是龙州通往凭祥、越南谅山的水上通道。1966年后，陆续在河道上筑拦河坝，修建鸭水、先锋两座水电站，水道已被堵塞。平而河有28个滩：邬家滩、五里滩、哈门滩、红山滩、将山滩、刀折滩、蛤蚧滩、拂揽滩、哈钝滩、胆砚滩、磨刀滩、哈矮滩、鱼龙滩、鸭水滩、三手滩、哈港滩、双龙滩、茶村滩、哈磨滩、樟树滩、喝花滩、小蒙滩、大蒙滩、北溪滩、驮虚滩、哈急滩、揾利滩、哈哀滩。

水口河 发源于越南北达，经越南克都、高平流入龙州县水口关，自西向东经下灶、八角山、孔西、七里滩、下冻、楞巧、自清、小连城、公母山、黄家村、娄园角，在龙州县城洗马滩与平而河汇合，注入左江。龙州县境内河段长53千米，流域集雨面积5188平方千米。最大流量5400立方米/秒，最小流量14立方米/秒，平均流量109立方米/秒，年径流量34.4亿立方米。天然落差21米，水能藏量1.37万千瓦，可开发利用0.82万千瓦。水口河是龙州到越南高平市的水路通道。1971年后，先后分别在八角山、七里滩、小连城建成水轮泵和水电站，河道堵塞，无法通行。从龙州县城到水口关，有洗马滩、克标滩、布虾滩、横滩、长滩、驮怀滩、七里滩、驮门滩、牛额滩、驮板滩、孔西滩、黑甲滩、大小牛黑滩、双龙滩、细滩、大滩、黑板滩、长滩、擒山滩、黑鲤滩、黑家滩21个滩。

黑水河 源于广西靖西县绕河，流经越南转入中国广西大新县，经崇左市江州区新和镇，进入龙州县响水镇高峰村那站屯，流向棉江村，汇入左江。龙州县河段为龙州县与崇左市江州区的自然分界线，河段长10.6千米。流域集雨面积6557平方千米。龙州县河段水深3.63米，河宽54.2米，流速0.49米/秒。多年最大流量3710立方米/秒，最小流量7.42立方米/秒，平均流量135立方米/秒，年径流量42.63亿立方米。最高水位20.16米，最低水位10.56米，自然落差23米，水能藏量1.48万千瓦，可利用0.56万千瓦。河床滩多流急，只能通行竹筏和小木船。

龙州县境峒桂河、水陇河、谷阳河、响水河、明仕河等5条小河，境内流域集雨面积733平方千米，河流总长121.2千米，年最大总流量2227立方米/秒，最小总流量2.5立方米/秒，平均总流量23.5立方米/秒，年径流量3.48亿立方米。其余27条小河境内流域集雨总面积506.8平方千米，河流总长216.6千米，多年最大总流量3135立方米/秒，最小总流量6.96立方米/秒，平均总流量25.08立方米/秒，年径流量4.99亿立方米。

表1-3　1986年—2005年龙州县水量监测情况表

年份	左江龙州水文站年平均流量（立方米/秒）	年径流量（亿立方米）	年份	左江龙州水文站年平均流量（立方米/秒）	年径流量（亿立方米）
1986	446	140.7	1996	321	101.6
1987	173	54.48	1997	326	102.8
1988	182	57.41	1998	211	66.42
1989	212	66.85	1999	203	64
1990	311	98.22	2000	162	51.23
1991	223	70.3	2001	323	101.8
1992	218	69.06	2002	238	75.12
1993	242	76.23	2003	194	61.17
1994	339	106.8	2004	176	55.72
1995	248	78.33	2005	243	76.52

表1-4　1986年—2005年龙州县洪水期最高水位表

单位：米

年	月	日	最高水位	年	月	日	最高水位
1986	7	25	126.09	1996			115.85
1987			111.56	1997			113.12
1988			112.28	1998			116.36
1989			114.22	1999			111.66
1990			113.31	2000			113.18
1991			114.34	2001	7	4	118.95
1992	7	26	122.21	2002	8	1	116.04
1993			111.89	2003	8	27	116.68
1994			117.82	2004	7	26	112.26
1995			117.09	2005	9	29	114.87

表1-5　龙州县小河流水文情况表

河流名称	流域集雨面积（平方千米）	河流长度（千米）	多年流量（立方米/秒）			年径流量（亿立方米）
			最大流量	最小流量	平均流量	
峒桂河	100	10.00	1500	2.00	3.50	0.30
水陇河	54.5	9.90	80	0.30	3.00	0.35

续表

河流名称	流域集雨面积（平方千米）	河流长度（千米）	多年流量（立方米 / 秒）			年径流量（亿立方米）
			最大流量	最小流量	平均流量	
谷阳河	66.5	21.00	60	0.20	3.00	0.46
响水河	339	54.00	400	0	10.00	2.37
明仕河	173	26.3	187	0	4.00	0.37

地下水

全县境内有地下水 160 处，其中伏流、暗流等出水口 16 处，上升泉 4 处，下降泉 20 处，流动、暗河等天窗 18 处，溶井、深潭等 98 处，其他 14 处。年总径流量 8200 多万立方米，枯水期流量 6.54 立方米 / 秒。

表 1–6　　**龙州县地下水主要水点情况表**

乡镇	村屯	类别	地高（米）	水高（米）	埋深（米）	水深（米）	流量（升 / 秒）	年水量（万立方米）	年可灌田（公顷）
龙州	百秾那印	下降泉	130	130	5	0.3	21.8	20.6	10~12
	板门那隆	伏流出口	140	140	10	0.44	80	75.7	33.33~40
	岭南小湾	深潭	120	112	8	8	—	75	33.33~40
	楞巧楞巧	出口	125	125	12	12	140.9	149	66.67~80
	楞巧岜凌	天窗	150	130	10	8	60	123.5	53.33~66.67
	自清孔承	流动天窗	120	120	5	4	34	21.7	53.33~66.67
水口	合平那江	下降泉	185	185	6	4	38	82.7	40~46.67
	共和那板	下降泉	160	160	6	4	42	91.4	40~46.67
	沿山楞敏	有水溶洞	190	180	10	6	—	45.7	23.33~26.67
	沿山陇通	有水溶井	205	190	15	10	—	47.3	23.33~26.67
	独山那隘	下降泉	190	1+0	8	5	19	41.4	16.67~20
下冻	两庄右庄	有水溶井	190	166	23.6	10	—	80	26.67~33.33
	两庄左庄	溢流天窗	200	180	25	18	80	174.2	80~100
	那花陇钦	伏口	130	125	10	6	24	52.3	13.33~16.67
响水	响水念民	暗河出口	110	105	—	—	490	772.6	133.33~166.67
	平南平南	流动天窗	130	119	11	3~5	150	163.2	30~33.33
金龙	横罗那横	有水溶井	360	357	3.5	2.5	30.6	28.9	16.67~20
	金龙金龙街	有水溶井	320	319	1.2	5	31.6	33.3	16.67~20
	武联板外	下降泉	300	300	0.5	1	40	43.5	20~23.33
	民建布梯	溢流天窗	300	300	10	8	77	167.6	100~120
	相蒙板梯	溶潭	295	294	0.6	10	50	54.4	23.33~26.67
	民建百陇	溢流天窗	335	328	7	5	37.5	35.4	16.67~20
	相蒙布双	有水溶井	290	288	1.7	11	37.5	35.4	16.67~20
	三圣板敢	地下天窗	298	294.4	3.6	3.2	80.5	125.3	66.67~80
	三圣念勇	有水溶井	330	328	2	1.8	30.6	29	12~13.33

续表

乡镇	村屯	类别	地高（米）	水高（米）	埋深（米）	水深（米）	流量（升/秒）	年水量（万立方米）	年可灌田（公顷）
上金	勤江陇巧	天窗	130	199	11	3~5	150	163.2	100~120
	勤江埂磨	溢流溶井	135	127	8	11.2	30.6	28.9	10~13.33
	勤江陇而	天窗	135	115	20	30	60	93	30~33.33
	卷逢白雪	暗河出口	98	98	—	—	460	1430.8	133.33~166.67
	进明陇根	有水溶井	138	127.6	10.4	20	50	47.3	16.67~20
彬桥	岜苗欣罕	出口	110	103	7	—	40	87.1	23.33~26.67
	俸村俸村	有水溶井	167	162	5.5	10	100	96.4	26.67~33.33
武德	三联陇呼	天窗	258	258	—	8	35	76.2	16.67~20
	精威那叫	天窗	190	186	4	2	50	108.9	30~33.33
	武德诰内	地下天窗	830	215	15	—	30	65.3	16.67~20
	三联陇呼	天窗	258	258	0.5	8	30.6	33.3	10~13.33
	群合板新	有水溶井	330	318	12	2	18	17	6.67~10
	近梅陇近	天窗	250	242	8	6	5.5	59.9	10~13.33
	近梅陇梅	天窗	210	196	14	—	37.5	40.8	10~13.33
逐卜	广合那忌	地下河出口	230	230	—	—	197	168.4	100~120
	崇德伏隆	下降泉	220	220	—	—	108	102.2	66.67~80
	弄岗板牌	伏流出口	191	191	—	—	197	188.4	100~120
	弄岗楞垒	流动天窗	190	131	8.8	1.5	40	37.85	16.67~20
	三叉三叉	暗河天窗	250	141	9	7	37.5	35.4	10~13.33
	板要板要	溶井	230	224	6	3	18	71	13.33~16.67
	牌宗空怒	天窗	250	240.6	9.4	10	95	146.9	80~100
	弄岗派母	下降泉	183	152	—	0.5	20	43.5	10~13.33
上龙	上龙水陇	出口	160	160	—	10	500	473	233.33~267.33
	武权板立	下降泉	220	220	0.5	—	11.2	24.4	10~13.33
	武权弄灰	出口	200	200	—	—	300	653.2	266.67~300
	民强大陇	流动天窗	159	150	9	—	160	75.7	20~23.33
	民强大陇	天窗	146	—	—	21	80	75.7	20~23.33
	民权板曲	溢流天窗	185	185	—	—	20	43.5	10~13.33
	新联牌站	溢流天窗	180	180	—	—	30	32.7	10~13.33
	新联弄在	溶潭	183	180	2.5	2	87.5	35.4	10~13.33
	民权板化	下降泉	190	190	15	2.0	20	43.5	10~13.33
上降	呼交板亚	伏流出口	180	180	—	0.33	51.85	49	16.67~20
八角	菊埂陇遂	有水溶井	240	233	7	0.5	19	36	10~13.33
	陇均弄稠	有水溶洞	150	140	10	—	26	37	10~13.33
合计	—	—	—	—	—	—	4710.2	7268.1	2405.33~2844

第四节 土壤 植被

类型

龙州县地处北回归线以南，在南亚大气环流的影响下，高温多雨，土壤脱硅富铁铝化比较强烈，铁铝的富集使土壤颜色基本呈赤红色。

1980年10月—1981年1月，全县土壤普查，共挖剖面2634个。普查结果表明，全县土壤分为8个土类，23个亚类，49个土属，116个土种。

水稻土 水稻土在山区、丘陵、开阔地均有分布，主要集中于下冻、彬桥、水口、科甲等地。水稻土有6个亚类，20个土属，52个土种。

淹育型水稻土。4097.6公顷，占水田面积31.77%，分为红土母质、砂页岩母质、河流冲积母质、洪积母质、花岗岩母质、棕色石灰土母质、紫色岩母质7个土属，21个土种。

潴育型水稻土。2228.47公顷，占水田面积17.22%，分为红土母质、砂页岩母质、河流冲积母质、洪积母质、花岗岩母质、棕色石灰土母质6个土属，12个土种。

潜育型水稻土。502.2公顷，占水田面积3.88%。分为烂泥田、冷浸田、冷底田3个土属，4个土种。

沼泽型水稻土。6.6公顷，占水田面积0.05%。分为烂亚（无左边三点水亚上加两点的字）田、埋床黑泥土2个土属，2个土种。

侧渗型水稻土。86.47公顷，占水田面积0.67%。白胶泥田1个土属，3个土种。

盐渍型水稻土。6019.27公顷，占水田面积45.51%。属碳酸盐渍水稻土1个土属，10个土种。

旱地土 旱地土有4个土类，7个亚类，15个土属，32个土种。

砖红壤性红壤。5415.8公顷，占旱地面积39.97%。分为耕型第四纪红土赤红壤、耕型砂页岩赤红土、耕型花岗岩赤红壤、耕型铁砾赤红壤4个土属，10土种。

棕色石灰土。6282.47公顷，占旱地面积46.37%。为耕型棕色石灰土属，6个土种。

酸性紫色土。110.47公顷，占旱地面积0.82%。分为耕型中性紫泥色土、耕型石灰性紫泥土2个土属，2个土种。

中性紫色土。273.13公顷，占旱地面积2.02%。分为耕型中性紫泥色土、耕型石灰性紫泥土2个土属，2个土种。

河流冲积土。1405.2公顷，占旱地面积10.37%。分为耕型酸性潮沙土、耕型酸性潮泥土、石灰性潮沙土、石灰性潮泥土4个土属，4个土种。

洪积土。156.53公顷，占旱地面积0.45%。分为石砾土、砾质土2个土属，5个土种。

水田土质

龙州县主要有淹育型水稻土和潴育型水稻土两种水田土壤。

淹育型水稻土 红土母质淹育型水稻土。由第四纪红土旱地经耕种水稻发育而成，土体深厚，一般质黏，心土、底土红色，或具红灰色网状。由于耕层性状及肥力差异。其中的黄泥骨田，耕层浅薄，有机质含量2.5%~3%，碱解氮70~100PPm，速效钾含量小于15PPm，有效磷大于3PPm，皆缺磷钙钾；薄沙黄泥土，耕层质地为中壤土，有机质含量小于2.5%，速效磷小于3PPm，速效钾小于30PPm；沙质黄泥土，耕层质地黏中带沙，含氮、磷、钾养分不高，属中低产田，有机质含量0.49%~0.74%，全氮0.042%~0.053%，全氨0.048%，全磷0.013%~0.019%，全钾0.26%~0.85%，代换量7.7~9me/100克土，pH6.2；黄泥田，质地比较黏重，具有紧实的犁底层，pH6.0~6.5，有机质含量2.5%~3%，碱解氮含量70~100PPm，速效磷含量15~20PPm；铁子田，有机质含量2.5%~3%，碱解氮70~100PPm，速效磷15~20PPm，速效钾50~100PPm。

砂页岩母质淹育型水稻土。母质为砂页岩风化物残积或坡积，pH值7~7.5，有机质含量0.9%~3%，全氮含量0.05%，酸性，pH4.5~7.5，碱解氮70~100PPm，速效磷15~20PPm，速效钾50~100PPm。

河流冲积母质淹育型水稻土。母质是近代河流沉积泥沙。强酸性，pH 值小于 4.5，酸性 pH4.5~6.5，中性 pH7.5，有机质含量 2.5%~3%，碱解氮大于 70~100PPm，速效磷 15~20PPm，速效钾 50~100PPm。

洪积母质淹育水稻土。母质是近代洪积或前地质时期洪积，特点是土壤沙石相混，缺乏明显层理，土壤中含石砾，保水保肥性能差，耕作困难，土壤瘦瘠。pH5.5~7.5，有机质含量 2.5%~3%，碱解氮含量 70~100PPm，速效磷含量 10~20PPm，速效钾含最 50~100PPm。

花岗岩母质淹育水稻土。母质为花岗岩风化物，含石英沙粒和长石碎屑，故称杂沙。pH5.12~7.07，有机含量 0.48%~1.7%，全氮含量 0.097%，全磷含量 0.014%~0.019%，全钾含量 0.41%，代换量 7.2~7.44me/100 克土。

棕色石灰土母质淹育水稻土。在石灰岩区的棕色石灰土上经耕种水稻发育而成。pH5.6~8.0，有机质含量 0.98%~3%，碱解氮含量 70~100PPm，速效钾含量 50~100PPm，速效磷含量小于 15PPm。

紫色岩母质淹育水稻土。由紫色砂页岩风化物为母质发育成。pH6.6~8.0，有机质含量 2.5%~3%，碱解氮 70~100PPm，速效磷小于 15PPm，速效钾 30~100PPm。

潴育型水稻土。红土母质潴育型水稻土。以第四纪红土或一些黏质红色土壤为母质发育而成。pH4.5~8.0，有机质含量 2.3%~3.3%，碱解氮 70~100PPm，速效磷含量 15%~20%。

砂页岩潴育水稻土。以砂页岩风化物或坡积物为母质。pH5.6~8.0，有机质含量 2.5%~3%，碱解氮 70~100PPm，速效磷 15PPm。速效钾 70~100PPm。

洪积母质潴育水稻土。本土属只有洪积潴育黄泥田一个土种，pH6.91~7.8。有机质含量 0.26%~3.26%，全氮 0.06%~0.21%，全磷 0.035%~0.075%，全钾 0.87%~1.36%。

花岗岩母质潴育水稻土。土层深厚，土壤含云母，钾长石较多，酸性，通透性好，适种性广，易耕易种，pH4.5~6.5，有机质含量 2.5%~3%，碱解氮 70~100PPm，速效磷 15~100PPm，速效钾 50~100PPm。

旱地土质

砖红壤性红壤。耕型第四纪红土赤红壤。pH4.39~6.32，有机质含量 0.7%~1.4%，全氮 0.069%~0.082%，全磷 0.017%~0.05%，全钾 0.38%~0.46%，代换量为 7.6~13.55me/100 克土。

耕型砂页岩赤土。pH5~6.5，有机质含量 1.06%~1.12%，全氮 0.099%，全磷 0.017%，全钾 2.12%。

耕型花岗岩赤红土。pH5.5~6.55，有机质含量 0.84%~2.2%，全氮 0.088%~0.109%，全磷 0.76%~0.83%，全钾 0.56%~0.99%。

石灰（岩）土 耕型棕色石灰土。土层浅薄，岩石露头多，土壤瘦瘠，岩石溶洞多，易受干旱，有 5 个土种。

棕泥土。母质属石灰岩风化物。pH7.3~7.52，有机质含量 1.1%~2.7%，全氮 0.109%~0.191%，全磷 0.05%~0.075%，全钾 0.98%~1.07%。

含沙棕泥土。地形为峰丛谷地土坡，pH6.5，有机质含量低，碱解氮、速效磷、速效钾中等。

砾质棕泥土。地形为峰丛谷地平坡。pH6.5~6.61，有机质含量 1.42%~2.71%，全氮 0.093%~0.157%，全磷 0.71%~0.75%，全钾 0.14%~0.96%。

铁子底棕泥土。地形属峰丛谷地。pH7.0，含铁砾 50%，有机质、碱解氮含量中等，速效磷丰，速效钾低。

埋藏黑泥棕泥土。地形属峰丛开阔谷地，草丛新垦荒地，pH7.5，有机质、碱解氮含量丰，速效磷、速效钾含量低。

紫色土 耕型酸性紫沙土。属紫砂岩丘陵坡地。母质为紫色砂页岩坡积物。pH6.12~6.20，有机质 1.6%~2.4%，全氮 0.16%~0.157%，全磷 0.085%~0.097%，全钾 1.5%~1.52%。

砂页岩酸性紫色土。地形为紫砂页岩山丘，与石灰山交界间的谷地，母质为紫色砂页岩风化坡积物。pH5.5~6.5，有机质、碱解氮、速效磷、速效钾均有丰、中、低三等。

耕型中性紫泥土。地形属丘陵、谷地。母质为紫色砂页岩坡积物。pH7.43~7.63，有机质含量 0.5%~1.7%，全氮 0.036%~0.089%，全磷 0.013%~0.026%，全钾 0.78%~1.24%。

石灰性紫色土。由紫色岩含碳酸盐或紫色岩风化物，紫色岩坡积物母质。pH7.2~8.0，有机质含量 0.9%~1.8%，全氮 0.08%~0.168%，全磷 0.055%~0.069%，全钾 0.78%~1.24%。

冲积土 河流冲积土。属近代河流冲积物母质。

酸性潮沙土。河流冲积物母质。

上述两种，pH5.22~6.6，有机质含量0.24%~0.6%，全氮0.011%~0.038%，全磷0.012%~0.018%，全钾0.037%~0.78%。

酸性潮泥土。地形为台地，河流冲积物母质。pH6.5~7.75，有机质含0.50%~0.80%，全氮0.03%~0.059%，全磷0.021%~0.024%，全钾1.07%~1.24%。

石灰性潮沙土。土壤酸性至中性，壤质，分布于较高阶地。土壤中含大量的钙，石灰反应强，碱性反应，沙质，易渗水漏肥，土壤瘦瘠。pH8.0，有机质含量1.13%~1.93%，全氮0.092%~1.22%，全磷0.012%~0.024%，全钾0.77%~1.22%。

石灰性潮泥土。地形属峰丛谷地，河流冲积物母质，土壤含钙较多，石灰反应强，碱性，黏结，养分缺。PI18.0~8.01，有机质含量2.2%~2.3%，全氮含量0.111%~0.121%，全磷0.022%~0.03%，全钾0.70%~0.88%。

山林荒地土质

红壤 花岗岩山地红壤。有中层花岗岩红壤、厚层花岗岩红壤两种。中层pH4.25，有机质含量6.32%，全氮0.64%，全磷0.037%，全钾0.13%，厚层pH6.9，有机质含量2.23%，全氮0.21%，全磷0.032%，全钾0.33%。

红砖壤性红壤(赤红壤)。第四纪红土赤红壤 第四纪红士母质。pH4.96~5.47，有机质含量1.8~2.7%，全氮0.089%~0.12%，全磷0.024~0.028%，全钾0.38~0.46%。

薄层砂页岩赤红壤。含沙粒10.5%，pH4.65~4.78，有机质含量2.5%~4.66%，全氮0.114%~0.183%，全磷0.03%~0.039%，全钾1.62%~1.82%。

中层砂页岩赤红壤。有浅红、浅灰两种，中壤土。pH6.65~6.72，有机质含量1.26%~1.96%，全氮0.10%，全磷0.019%~0.02%，全钾1.24%，含沙粒23%。

厚层页岩赤红壤。pH5.5~7.23，有机质含量2%~3.95%，全氮0.023%~0.046%，全磷0.183%，全钾0.81%~1.16%。

黄壤 花岗岩黄壤。pH5.35~5.97，有机质含量0.95%~7.52%，全氮0.323%，全磷0.057%~0.075%，全钾0.29%~0.30%。

灌丛草甸土。暗黑色，黏壤，块状，根多。pH5.12，有机质含量4.96%，全氮0.061%，全磷0.037%。全钾0.53%。

石灰(岩)土 黑色石灰。有黑灰色、棕黄色，黏壤土。pH7.8，有机质含量4%~8.85%，全氮0.262%~0.562%，全磷0.127%~0.14%，全钾0.15%~0.28%，20厘米以下是岩石。

淋溶黑色石灰土。有灰黑色、暗黑色，重壤土，块状，疏松，根多，pH7.03~7.19.45厘米以下是岩石块。

棕色石灰土。棕色，中壤土。pH6.37~7.32，无石灰反应，有机质含量4.44%~8.48%，全氮0.149%~0.842%，全磷0.026%~0.169%，全钾0.49%~0.61%，50厘米以下母岩。

红色石灰土。土壤表层微酸(pH6~6.5)，渐下渐趋碱性，至接近石灰岩时，土壤有石灰反应。有机质含量2.96%~5.97%，全氮0.307%~0.331%，全磷0.025%~0.043%，全钾1.48%~1.69%。

紫色土 砂页岩酸性紫色土。中层酸性紫泥土，有灰紫、棕黄色，重壤土。pH5.41~6.55，有机质含量0.51%~2.77%，全氮0.037%~0.128%，全磷0.01%~0.024%，全钾0.26%~0.90%。厚层酸性紫泥土，有棕灰、黄紫两色，中壤土。pH5.41~6.55，有机质含量0.51%~2.77%，全氮0.37%~1.28%，全磷0.022%~0.024%，全钾0.54%~0.65%。

石灰性紫色土 薄层石灰性紫沙土。有褐紫、棕紫两色，沙壤土。pH8.0，有机质含量1.65%~1.9%。全氮0.079%，全磷0.24%~0.031%，全钾1.57%~1.58%，含砂粒22.7%~22.75%，27厘米以下是砂岩石块。

中层石灰性紫沙土。成土母质是白垩纪紫色砂页岩，紫色。沙壤土，pH7.5~8.0，有石灰石反应，60厘米以下是石片。

表 1-7 **龙州县土壤分类和面积分布统计表**

土类	亚类	土属	土种名称	面积（公顷）	分布地区
水稻土	淹育型水稻土	1. 红土母质淹育水稻土	黄泥骨田	10	响水红阳
			黄沙黄泥田	15.07	彬桥、下冻
			沙质黄泥田	208.07	龙州、八角、彬桥、下冻、水口、响水
			黄泥田	557.27	龙州、八角、彬桥、下冻、武德、逐卜、响水、龙州
			铁子田	272.73	龙州、彬桥、水口、武德、金龙、响水、下冻
			多铁子田	7.07	龙州楞巧
			铁子底田	451.73	龙州、彬桥、下冻、水口、金龙、上金
			铁砾底田	9.67	上降呼交
			小计	1531.6	
		2. 砂页岩母质淹育性水稻土	沙土田	35.53	龙州、下冻
			壤土田	276.67	八角、彬桥、下冻、水口、武德、上金
			小计	312.2	
		3. 河流冲击母质淹育性水稻土	潮沙田	721.67	八角、彬桥、下冻、水口、武德、响水、上金、龙州
			潮泥田	362.2	龙州、八角、彬桥、下冻、水口、武德、响水、上金
			薄潮沙田	19.53	下冻、上金
			薄潮泥田	114.47	龙州、水口、响水
			小计	1217.87	
		4. 洪积母质淹育性水稻土	石子田	15.73	下冻峒埠
			石砾底田	43.67	下冻、水口、武德
			含砾沙泥田	6.53	水口北胜
			小计	65.93	
		5. 花岗岩母质淹育水稻土	杂沙田	324.2	八角、彬桥、下冻、响水
			小计	324.2	
		6. 棕色石灰石土母质淹育水稻土	棕泥田	591	全县各乡镇
			壤质棕泥田	16	下冻布局
			小计	607	
		7. 紫色岩母质淹育水稻土	紫黏土	38.8	上金新旺
		合计		4097.6	
	潴育型水稻土	1. 红土母质潴育水稻土	潴育黄泥田	295.73	龙州、八角、彬桥、下冻、武德
			潴育铁子田	86.6	龙州、水口
			潴育铁子底田	125.93	龙州、彬桥、下冻、上金
			小计	508.27	
		2. 砂页岩母质潴育水稻土	潴育沙泥田	497.47	八角、彬桥、下冻、水口、武德
			潴育铁子底田	23.33	下冻峒埠
			小计	520.8	

续表

土类	亚类	土属	土种名称	面积（公顷）	分布地区
水稻土	潴育型水稻土	3. 河流冲积母质潴育水稻土	潴育潮沙田	16.4	上金芹江定从
			潴育潮泥田	216.67	龙州、八角、彬桥、下冻、水口、上金
			小计	233.07	
		4. 洪积母质潴育水稻土	洪积潴育水稻土	15.8	水口合平板旺
			小计	15.8	
		5. 花岗岩母质潴育水稻土	潴育杂沙田	651.13	八角、彬桥、下冻、上金
			潴育杂沙泥肉田	24	下冻峒埠
			小计	675.13	
		6. 棕色石灰土母质潴育水稻土	潴育棕泥田	251.07	龙州、八角、下冻、水口
			潴育棕泥肉田	24.33	
			小计	275.4	
		合计		2228.47	
	潜育型水稻土	1. 烂泥田	浅烂泥田	18.47	八角
			中烂泥田	34.13	八角屏案
			小计	52.6	
		2. 冷浸田	浅浸田	420.6	龙州、八角、彬桥、下冻、武德、金龙、响水、上金
		3. 冷底田	冷底田	29	
		合计		502.2	
	沼泽型水稻土	1. 烂湴田	浅湴田	3.6	八角陇均板角
		2. 埋床黑泥田	深埋黑泥田	3	龙州东合那渠
		合计		6.6	
	侧渗性水稻土	1. 白胶泥田	白胶泥田	31.6	龙州、上龙、武德
			浅渗白胶泥田	16.53	下冻峒埠、那花
			深渗白胶泥田	38.33	龙州、彬桥、武德
		合计		86.47	
	盐渍型水稻土	1. 碳酸盐渍水稻土	石灰板结田	285.73	八角、水口、武德、响水
			锅巴底田	6.67	上龙岜那
			石灰烂底田	61.13	龙州、水口、逐卜、上金
			石灰性黑泥田	30.33	龙州、上龙、水口
			石灰性埋床黑泥田	47.6	彬桥、下冻、水口、武德、逐卜、响水
			石灰性田	4131.07	全县各乡镇
			石灰性铁子田	800.2	龙州、水口、武德、金龙、逐卜、响水、龙州

续表

土类	亚类	土属	土种名称	面积（公顷）	分布地区
水稻土	盐渍型水稻土	1. 碳酸盐渍水稻土	石灰性多铁子田	43.87	金龙敢赛、花都
			石灰性铁子底田	599.13	龙州、下冻、水口、武德、金龙、逐卜、响水、上金
			石灰性铁盘底田	13.53	逐卜
		合计		6019.27	
水田合计				12940.61	
砖红性红壤赤红土	红壤性红壤	1. 耕型第四纪红土赤红壤	赤红土	3731.53	各乡镇
			薄沙赤红土	7	龙州、水口
			沙质赤泥土	251.87	龙州、八角、彬桥、玉米场、响水、龙州
			小计	3990.4	
		2. 耕型砂页岩赤红壤	赤沙土	19.93	龙州百秾
			赤壤土	359.87	八角、彬桥、下冻、水口、武德
			赤壤铁子土	9.93	下冻
			小计	389.73	
	砖红性红壤	3. 耕型花岗岩赤红壤	杂沙赤红壤	148.13	八角、彬桥、下冻、响水、上金
			小计	148.13	
		4. 耕型铁砾	铁子土	813.87	龙州、八角、彬桥、下冻、武德、逐卜、响水、上金、龙州
			多铁子土	21.2	水口罗回
			铁子底土	52.47	龙州岭南
			小计	887.53	
		合计		5415.8	
石灰岩土	棕色石灰土	1. 耕型棕色石灰土	棕泥土	3647.67	龙州、八角、彬桥、下冻、水口、武德、金龙、逐卜、响水、上金
			含沙棕泥土	10.6	下冻、武德
			砾质棕泥土	1038.93	龙州、八角、下冻、水口、武德、金龙、逐卜、响水、上金
			砾石棕泥土	53.47	武德、响水
			埋床黑泥棕泥土	4.33	下冻
			石灰性土	22912	全县各乡镇
		合计		1527.47	
紫色土	酸性紫色土	1. 耕型酸性紫色土	酸性紫沙土	14.87	彬桥、武德
		2. 耕型砂页岩酸性紫色土	酸性紫泥土	95.6	下冻、水口
			小计	110.47	

续表

土类	亚类	土属	土种名称	面积（公顷）	分布地区
紫色土	中性紫色土	3. 耕型中性紫色泥土	耕型中性紫泥土	129.87	龙州、下冻、水口、武德、上金
			小计	129.87	
		4. 耕型石灰性紫泥土	耕型石灰性紫泥土	32.8	武德、上金
			小计	32.8	
		合计		273.13	
冲积土	河流冲积土	1. 耕型酸性潮沙土	酸性潮沙土	837.13	龙州、彬桥、下冻、水口、响水、上金
		2. 耕型酸性潮泥土	酸性朝泥土	389.6	龙州、下冻、水口、响水、上金、龙州
		3. 石灰性潮沙土	石灰性潮沙土	32.8	龙州、上金
		4. 石灰性潮泥土	石灰性潮泥土	145.67	龙州、水口、武德、响水
		合计		1405.2	
	洪积土	1. 石砾土	多石砾土	16.67	逐卜
			小计	16.67	
		2. 砾质土	砾质沙土	16	上金
			砾质壤土	66.6	龙州、八角
			多砾沙土	32	龙州
			多砾壤土	44.07	水口康宁
			小计	159.47	
		合计		173.2	
旱地合计				13549.8	
红壤	红壤	1. 砂页岩红壤	薄层页岩红壤	11.33	
			小计	11.33	
		2. 花岗岩红壤	中层花岗岩红壤	218	彬桥
			厚层花岗岩红壤	1957.2	彬桥
			小计	2175.2	
		合计		2186.53	
砖红壤性红壤	砖红壤性红壤	1. 第四纪红土赤红壤	红土赤红壤	12833.13	龙州、彬桥、水口、武德、金龙、逐卜、响水、上金
			小计	12833.13	
		2. 砂页岩赤红壤	薄层砂页岩红壤	580.93	龙州、八角、下冻、武德、响水、上金
			中层砂页岩红壤	6184.87	龙州、八角、彬桥、下冻、水口、武德、上金
			厚层砂页岩红壤	3213.87	龙州、八角、彬桥、下冻、水口、武德、响水、上金
			小计	9979.67	

续表

土类	亚类	土属	土种名称	面积（公顷）	分布地区
砖红壤性红壤	砖红壤性红壤	3. 花岗岩红壤	薄层花岗岩红壤	212.27	下冻、响水
			中层花岗岩红壤	3634.87	八角、彬桥、下冻、金龙、逐卜、响水、上金
			厚层花岗岩红壤	6592.6	八角、彬桥、下冻、上金
			小计	10439.73	
		4. 页岩赤红壤	薄层页岩赤红壤	220.53	彬桥
			中层页岩赤红壤	1915.27	八角、水口
			厚层页岩赤红壤	161.93	八角、水口
			小计	2297.73	
		合计		35550.27	
黄壤	黄壤	花岗岩黄壤	薄层花岗岩黄壤	42.27	彬桥大青山海拔 800~1000 米处
			中层花岗岩黄壤	86.73	彬桥、下冻
			厚层花岗岩黄壤	353.87	下冻、水口、金龙、响水、上金
			小计	482.87	
山地灌丛草甸	灌丛草甸土	灌丛草甸土	灌丛草甸土	133.73	彬桥、下冻大青山海拔 800 米以上地带
			小计	133.73	
石灰岩土	黑色石灰土	1. 黑色石灰土	黑色石灰土	3793.53	龙州、下冻、水口、武德、金龙、逐卜、响水、上金
			淋溶黑色石灰土	15769.2	龙州、八角、下冻、水口、武德、金龙、逐卜、响水、上金
			小计	19562.73	
	棕色石灰土	2. 棕色石灰土	棕色石灰土	62733.07	全县各乡镇
			小计	62733.07	
红色石灰土	红色石灰土	红色石灰土	红色石灰土	183.27	龙州、彬桥、下冻、水口、武德、金龙、逐卜、响水、上金
			小计	183.27	
		合计		68032.93	
紫色土	酸性紫色土	砂页岩酸性紫色土	中层酸性紫泥土	157.2	龙州、上金
			厚层酸性紫泥土	275.07	上金
			小计	432.27	
	石灰性紫色土	砂岩石灰性紫沙土	薄层石灰性紫沙土	540.47	上金
			中层石灰性紫沙土	741.73	龙州东合，上金新旺、联江
			小计	1282.2	
		合计		1714.47	
荒山林地合计				107484.2	

注：1980 年 10 月—1981 年 1 月全县土壤普查时，表内龙州的数字包括原霞秀乡和现上龙乡，八角乡的数字包括上降乡。

植被

1988 年，龙州县森林连续清查统计结果，全县森林覆盖率 15.8%，森林草丛植被覆盖率 33.13%。主要有岩溶石山天然阔叶常绿季雨林群丛，分布在东北、西部和西北部岩溶石山地区；人工林阔叶林群丛，分布于南部和西南部土山丘陵区；针叶林群丛分布于南部和西南部土山丘陵区，以杉木和松木为主；竹林群丛，主要有苦竹、簕竹、单竹、大头竹等群丛。草丛植被覆盖率 50.9%，主要有铁芒箕、白茅草、吊丝草、野香茅、望冬草、红花草、须芒草、龙须草、嗅根草等群丛。农作物植被覆盖率 11.43%，主要有甘蔗、水稻、玉米、薯类、豆类、瓜类、蔬菜等群丛。全县植被覆盖率 94.65%。其中岩溶石山天然阔叶常绿季雨林群丛，有世界罕见保存最好的岩溶地区热带季雨林—弄岗动植物保护区、青龙山水源林保护区。1999 年，弄岗动植物保护区共记录有维管植物 1752 种，隶属于 184 科 810 属，其中蕨类植物中国特有种 39 种、种子植物广西特有种 101 种、岩溶特有植物 278 种、珍稀濒危植物 33 种、广西重点保护野生植物 73 种、广西新记录种 9 种以及植物新类群（新种）17 种。

第五节　自然资源

土地资源

总面积　1984 年，龙州县土地概查结果，全县土地总面积 232145 公顷，比全县传统沿用土地面积 231781.87 公顷多 363.13 公顷。是年，全县总人口 239017 人，人均占有土地面积 0.9713 公顷(14.57 亩)。1992 年，龙州县土地利用现状详查结果，全县土地总面积 231118.81 公顷，比 1984 年全县土地总面积少 1026.19 公顷。是年，全县总人口 258715 人，人均占有土地面积 0.8933 公顷(13.4 亩)。2001 年，全县土地总面积保持 231118.81 公顷。是年，全县总人口 267240 人，人均占有土地面积 0.865 公顷(12.975 亩)。2005 年，全县土地总面积保持 231118.81 公顷。是年，全县总人口 268364 人，人均占有土地面积 0.861 公顷(12.918 亩)。

耕地　1986 年，龙州县总人口 24.52 万人，全县耕地面积 27153.33 公顷，人均耕地面积 0.111 公顷(1.66 亩)；全县农业人口 21.62 万，人均耕地面积 0.126 公顷(1.89 亩)。1990 年，龙州县总人口 25.37 万人，全县耕地面积 27320 公顷，人耕地积 0.108 公顷(1.62 亩)；全县农业人口 22.15 万人，人均耕地面积 0.123 公顷(1.85 亩)。1995 年，龙州县总人口 26.63 万人，全县耕地面积 27433.33 公顷，人均耕地面积 0.103 公顷(1.55 亩)；全县农业人口 22.66 万人，人均耕地面积 0.121 公顷(1.81 亩)。2000 年，龙州县总人口 26.74 万人，全县耕地面积 27306.67 公顷，人均耕地面积 0.102 公顷(1.53 亩)；全县农业人口 22.34 万人，人均耕地面积 1.22 公顷(1.83 亩)。2001 年—2002 年，全县实施土地开垦项目，确认新增耕地面积 2.238 万公顷。2005 年，龙州县土地总面积 231118.81 公顷，其中农用地 182528.00 公顷，占土地总面积的 78.98%；建设用地 6136.29 公顷，占土地总面积的 2.66%；其他土地 42454.52 公顷，占土地总面积的 18.36%。耕地面积 49606.67 公顷，占农用地面积的 27.24%。全县农业人口 22.49 万人，人均耕地面积 0.221 公顷(3.30 亩)。

表 1-8　**1986 年—2005 年龙州县耕地面积统计表**

项目 年份	全县耕地面积（万亩）			全县总人口（万人）	人均耕地面积（亩）	全县农业人口（万人）	农业人口人均耕地面积（亩）
	合计	水田	旱地				
1986	40.73	19.3	21.43	24.52	1.66	21.62	1.89
1987	40.99	19.3	21.69	24.8	1.65	21.85	1.88
1988	40.91	18.55	22.36	24.92	1.64	21.89	1.87
1989	40.98	18.37	22.61	25.17	1.63	22.15	1.86
1990	40.98	18.3	22.79	25.37	1.62	22.13	1.85

续表

年份 \ 项目	全县耕地面积（万亩）			全县总人口（万人）	人均耕地面积（亩）	全县农业人口（万人）	农业人口人均耕地面积（亩）
	合计	水田	旱地				
1991	41.39	18.3	23.1	25.58	1.62	22.36	1.86
1992	41.34	18.3	23.1	25.88	1.6	22.47	1.84
1993	41.33	18.3	22.95	26.24	1.57	22.72	1.82
1994	41.21	18.15	23.1	26.5	1.56	22.64	1.82
1995	41.15	18.3	22.8	26.63	1.55	22.66	1.81
1996	41.09	17.68	23.41	26.65	1.54	22.59	1.82
1997	41.18	16.73	24.45	26.72	1.54	22.56	1.83
1998	41.19	16.76	24.43	26.74	1.54	22.51	1.83
1999	40.99	16.65	24.34	26.74	1.53	22.39	1.83
2000	40.96	16.66	24.3	26.74	1.53	22.34	1.83
2001	40.94	16.65	24.29	26.72	1.53	22.3	1.84
2002	74.51	19.73	54.78	26.82	2.71	22.31	3.33
2003	74.58	19.73	54.85	26.69	2.79	22.36	3.34
2004	74.59	19.73	54.86	26.81	2.78	22.28	3.35
2005	74.41	19.71	54.70	26.83	2.77	22.49	3.30

林地 1984年土地概查结果，龙州县林业用地面积18197.33公顷，人均林业用地面积0.099公顷(1.49亩)。1988年森林资源清查结果，龙州县林业用地面积76800公顷，占全县土地面积33.13%，其中有林业用地面积36200公顷，占林业用地面积47.14%；灌木林业用地面积1460公顷，占林业用地面积1.90%；未成林造林地1000公顷，占林业用地面积1.30%。1990年林业二类调查结果，龙州县林业用地面积105610.2公顷，占全县土地面积45.56%。其中有林业用地面积30704.4公顷，占全县林业用地面积29.07%；疏林业用地面积1100.7公顷，占全县林业用地面积1.04%；灌木林面积54722.1公顷，占全县林来用地面积51.82%；未成林业用地面积2293.6公顷，占全县林来用地面积2.17%;固定苗圃面积72.4公顷，占全县林业用面积0.07%。1992年土地利用现状详查结果，龙州县林业用地面积114355.27公顷，占全县土地面积49.48%。其中：有林业用地面积29892.38公顷，占全县林业用地面积26.14%；灌木林业用地面积79945.52公顷，占全县林业用地面积69.91%；疏木林业用地面积1236.63公顷，占全县林业用地面积1.08%；未成林造林业用地面积3216.04公顷，占全县林业用地面积2.81%；迹地面积56.74公顷，占全县林业用地面积0.05%；苗圃面积7.96公顷，占全县林业用地面积0.01%。1999年森林二类调查结果，龙州县林业用地面积105977.96公顷，其中龙北农场488.97公顷，北耀农场2671.82公顷，广西橡胶研究所23.04公顷，弄岗动植物自然区1589.93公顷。2005年，林业用地面积114411.48公顷，占农用地面积的62.68%。

表1-9 **1992年龙州县林业用地面积统计表**

单位：亩

单位名称	林业用地面积	其中					
		有林地	灌木林地	疏木林地	未成林造林地	迹地	苗圃
合计	1715329	448385.7	1199182.8	18549.4	48240.6	851.1	119.4

续表

单位名称	林业用地面积	其中					
		有林地	灌木林地	疏木林地	未成林造林地	迹地	苗圃
龙州镇	238.2	160.2	—	—	—	—	78
下冻镇	89965.8	24737.9	63721.5	510.8	355.4	640.2	—
水口镇	172844.8	3302.9	166444.2	2210.8	845.7	24.4	16.8
金龙镇	83594.7	19335.1	64028	231.6			
响水镇	133845.9	17655.2	115913.2	11.2	264.9	1.4	
霞秀乡	51380.7	3801.3	46329.9	1170	79.5		
上龙乡	143907.2	12062.7	130793.2	680.2	371.1		
八角乡	95364.6	51677.1	39786.2	1074.9	2826.4		
上降乡	59971.2	14387.9	31290.8	4481.8	9608.6	185.1	17
彬桥乡	52498.4	22157	25673.4	742.5	3925.5		
武德乡	205641.8	25152.3	168580.8	4473.6	7435.1		
逐卜乡	149431.4	70237.5	78333	860.9			
上金乡	196064	23949.7	171857.6	227.7	29		
争议地	6608.6	367.8	6153.1	14.2	73.5		
未定权属	138.2	32	106.2				
农林场	273833.5	159369.1	90171.7	1859.2	22425.9		7.6

园地 1984 年，龙州县土地概查结果，全县园地面积 11649.33 公顷，占全县土地总面积 5.02%。全县人均园地面积 0.49 公顷(0.73 亩)。1990 年，全县果园面积 1754.73 公顷，人均果园面积 0.1 亩。1992 年龙州县土地利用现状详查结果，全县园地面积 6591.19 公顷，占全县土地面积 2.85%。全县人均园地面积 0.38 亩。1996 年，全县园地面积 6833.64 公顷，占全县土地面积 2.95%，全县人均占有园地面积 0.0253 公顷(0.38 亩)。2001 年，全县园地面积 7036.12 公顷，占全县土地面积 3.04%，全县人均占有园地面积 0.026 公顷(0.39 亩)。2005 年，园地面积 7015.51 公顷，占农用地面积的 3.04%。

牧地 1984 年龙州县土地概查结果，全县疏林草地和牧草地总面积 25051.87 公顷，占全县土地总面积 10.79%。全县人均疏林地和牧草地面积 0.1047 公顷(1.57 亩)。1992 年龙州县土地利用现状详查结果，全县牧草地(亦称天然草地)面积 1506.398 公顷，占全县土地总面积 0.65%。全县人均占有牧草地面积 0.006 公顷(0.09 亩)。1996 年—2005 年龙州县土地利用变更调查结果，1996 年全县牧草面积 1502.68 公顷，占全县土地总面积 0.65%。全县人均占有牧草地面积 0.08 亩。2001 年全县牧草地面积 1399.04 公顷，占全县总面积 0.62%。全县人均占有牧草地面积 0.08 亩。2005 年，全县牧草地面积 1391.85 公顷，全县人均占有牧草地面积 0.005 公顷(0.078 亩)。

水域地 1984 年龙州县土地概查结果，全县水域地面积 5057.73 公顷，占全县土地面积 2.18%。全县人均水域地面积 0.0213 公顷(0.32 亩)。1992 年龙州县土地利用现状详查结果，全县水域地面积 5468.71 公顷，占全县土地面积 2.37%。全县人均水域地面积 0.0213 公顷(0.32 亩)。

1996 年—2001 年，龙州县土地利用变更调查结果，1996 年全县水域地面积 5559.58 公顷，占全县土地面积 2.41%。全县人均水域地面积 0.0207 公顷(0.31 亩)。2001 年全县水域地面积 5726.69 公顷，占全县土地面积 2.48%。全县人均水域地面积 0.0213 公顷(0.32 亩)。2005 年，全县水域面积 2942.37 公顷，占全县土地面积 0.013%。全县人均水域地面积 0.0213 公顷(0.01 亩)。

矿产资源

铁矿 龙州县境内铁矿分布于武德乡精威村逐大屯、武德村逐安屯，响水镇红阳村渴稍屯，上降乡鸭水村板琪屯、岗龙坳屯，金龙镇光满村等地。主要贮存铁、铜、铅、磷、金、水晶、大理、稀土等矿物。

精威逐大铁矿点位于逐大屯至那常屯一带，铝铁矿为主，褐铁矿为次，堆积于岩溶洼地第四系红土层中。逐大段含矿率是 0.662 吨 / 立方米，那常含铁率 1.259 吨 / 立方米。品位较高，含铝较高。

武德逐安铁矿点位于逐安屯东 1 千米，褐铁矿为主，分布于第四系堆积层之下部。含铁率 0.476 吨 / 立方米 ~0.526 吨 / 立方米，储量 C1 级富矿 4.9 万吨，C2 级表外贫矿 46 万吨。可供水型开采。

红阳渴稍铁矿点位于渴稍屯东南 1.1 千米，褐铁矿为主，黄铁矿、针铁矿为次，产于下二迭统茅口组灰岩中。TFe 品位 53.60%~60.70%，可供水型开采。

鸭水板琪铁矿点位于板琪屯西 400 米，褐铁矿为主，黄铁矿为次，贮存于第四系堆积层中。铁品位 52.96%，可供水型开采。

鸭水岗龙坳铁矿点位于岗龙坳东南 250 米，褐铁矿为主，黄铁矿为次，贮存于第四系堆积层中。铁为 51.5%，品位较高。

光满铁矿点位于金龙镇西南 2.5 千米光满村附近，褐铁矿为主，赤铁矿为次，堆积于第四系砂质黏土或亚黏土层中。铁为 59.8%，品位较高，可供水型开采。

黄铁矿 在水口镇峒桂村，上降乡鸭水村岗龙坳屯、板琪屯等矿点，发现由黄铁矿氧化淋滤形成的黄铲矿露头，成矿条件良好。

钛铁矿 分布于下冻、彬桥、鸭水滩、大青山一带地区，面积 144 平方千米。一般含量为 20 克 / 千克 ~30 克 / 千克，最高含量 79.4 克 / 千克。

铜矿 龙州县铜矿主要有板化、埂磨两个铜矿点。板化铜矿点位于上金乡新旺村板化屯西北 3.4 千米；埂磨铜矿点位于上金乡勤江村埂磨屯东南 0.2 千米。主要矿物成分为孔雀石、辉铜矿。

铅矿 龙州县主要有板化和埂磨两个铅矿点。板化铅矿点位于上金乡新旺村板化屯东 1.2 千米，埂磨铅矿点位于上金乡勤江村埂磨屯东 0.5 千米。主要矿物为方铅矿，伴生黝铜矿、孔雀石、方解石等。

水晶矿 主要贮藏于下冻国怀村 2 处矿点。一处是国怀村四周围，存于第 4 系褐红色橙黄色亚黏土层之中。矿层含矿率 14.29 克 / 立方米 ~166.07 克 / 立方米，平均 91 克 / 立方米。山脚、平坡矿层厚度大，含矿率高；山脊、陡坡矿层最度薄，含矿率低。一处是国怀村东南 2.7 千米，属残坡积砂矿。矿体为层状，一层或数层，厚度 0.4 米 ~21.7 米之间。

金矿 龙州县贮藏的金矿主要分布于左江龙州河段（丽江）、水口河、平而河的鸭水段等河床的沙滩上。响水镇响水渡口、上金乡荷村、丽江与明江汇合处等沙滩，都是砂金矿形式贮存，金砂比较富集，品位在 0.2 克 ~0.5 克 / 立方米之间。八角乡那兰金矿点有一定的开采价值。

磷矿 板旧磷矿点位于武德乡科甲村板旧屯至武德村逐安屯一带，主要贮存于泥盆系郁江组中下部。矿体 7 层，其中含磷层 1 层，含结核磷矿层 2 层。含磷粉砂质岩 4 层。每层矿厚度 0.1 米 ~0.48 米，间距 1 米 ~15 米。品位较低，无工业价值。

楞敏磷矿点位于水口镇沿山村楞敏屯东南 0.3 千米。矿体 1 层，长 300 米，宽 0.4 米 ~20 米，厚 0.6 米 ~1.2 米。品位五氧化二磷为 29.31%，属次生淋滤溶洞堆积型，可供小型开采。

呼交磷矿点位于上降乡呼交村南 0.8 千米，矿体 1 层，长 136 米，宽 6 米 ~20 米，厚 2. 米 7~5.55 米，储量 1.2 万吨。品位五氧化二磷为 11.10%~31.08%，有效磷 1.2%~12.4%。成矿为次生淋滤溶洞堆积型，可供开采。

河抱磷矿点位于上金乡中山村河抱屯南 2.2 千米，矿体 1 层，长 123 米，宽 7 米 ~30 米，厚 1.8 米 ~10 米。品位五氧化二磷为 8.04%~38.66%，可供开采。

大理石 主要分布于上降乡鸭水村板叫屯、武德乡精威村四块地、逐卜乡板要村端得屯、彬桥乡青山村那角屯、下冻镇峡岗村板罡屯等地，其中板罡屯储量较丰，可达中、大型矿床。品质致密，成品率高。色泽、花纹丰富，可供装潢高级建筑。

稀土矿 位于龙州县至凭祥市的大青山弧形构造内侧约50平方千米。C级储量153.3万吨,金属量(Re_2O_3)1673.7吨;D级储量321.69万吨,金属量(Re_2O_3)3224.6吨。矿体埋藏较浅,厚2米~10米,离子相品位0.063%~0.25%。稀土是超导材料的关键原料,具有较高的工业利用价值。

水资源

地表水 龙州县江河纵横,塘库众多,水资源丰富。主要有左江、平而河、水口河、明江河、黑水河、峒桂河、谷阳河、明仕河8条河流,小溪流28条,水库12座,塘坝96座,池塘数百张。2005年,全县水可利用水资源14.7亿立方米,其中地表水量13.78亿立方米。

表1-10 **龙州县主要河流平均流量表**

河流名称	流域面积（平方千米）	年平均最大流量（立方米/秒）	年平均小流量（立方米/秒）	年平均枯水流量（立方米/秒）	年平均径流量（亿立方米）
左江	32379	6980	276	30	205.4
平而河	7066	4200	132	16	37.6
水口河	5532	5400	131	14	34.4
明江河	6379	4450	140	1.5	44.5
黑水河	6025	3710	135	7.42	42.36
峒桂河	984	1500	3.5	2	0.86
谷阳河	477	400	10	0	2.373
明仕河龙州溪	173	187	4	0	0.366

地下水 龙州县境地下水出口160处,年径流总量8200多万立方米,枯水期最少流量6.54立方米/秒。全县主要地下水点59个,总流量4710.2立方米/秒,年可用水量7268.1万立方米,可灌溉农田36080亩至42660亩。其中:龙州镇地下水点6个,总流量336.7升/秒,年可用水量465.5万立方米,可灌溉农田3100亩至3760亩;水口镇地下水点5个,总流量99立方米/秒,年可用水量308.5万立方米,可灌溉农田2150亩至2500亩;下冻镇地下水点3个,总流量104立方米/秒,年可用水量306.5万立方米,可灌溉农田1800亩至2250亩;响水镇地下水点2个,总流量640立方米/秒,年可用水量935.8万立方米,可灌溉农田2450亩至2800亩;金龙镇地下水点9个,总流量415.3立方米/秒,年可用水量552.8万立方米,可灌溉农田4330亩至5150亩;彬桥乡地下水点2个,总流量140立方米/秒,年可用水量181.7万立方米,可灌溉农田750亩至900亩;武德乡地下水点7个,总流量206.6立方米/秒,年可用水量401.4万立方米,可灌溉农田1500亩至1850亩;逐卜乡地下水点8个,总流量712.5立方米/秒,年可用水量773.6万立方米,可灌溉农田6250亩至7250亩;上金乡地下水点5个,总流量750.6立方米/秒,年可用水量1763.2万立方米,可灌溉农田4350亩至530亩;上龙乡地下水点9个,总流量1208.7立方米/秒,年可用水量1457.1万立方米,可灌溉农田8850亩至10200亩;上降乡地下水点1个,总流量51.8立方米/秒,年可用水量49万立方米,可灌溉农田250亩至300亩;八角乡地下水点2个,总流量45立方米/秒,年可用水量73万立方米,可灌溉农田300亩至400亩。

植物资源

龙州县地处北热带,日照充足,热量丰富,雨量充沛,属北热带岩溶峰丛洼地季雨林区。东北部、西部和西北部为岩溶石山区,山峰丛立,一般海拔400米~650米,最高770.8米;南部和西南部为土山丘陵区,一般海拔350米~450米,大青山主峰1045.9米;中部为四周群山环抱的盘地。县境内野生动植物繁多,植被覆盖率94.65%,野生植物1954种。1988年,龙州县森林连续清查统计结果,全县用材植物500多种,药用植物690种,纤维植物138种,淀粉植物33种,油脂、蜡类植物58种,橡胶植物5种,饲料植物82种,鞣科植物32种，紫胶虫寄生植物16种，芳香植物48种，观赏植物105种，栲胶植物31种，蜜源植物21种，蔬菜植物26种，农药植物35种，绿肥植物33种，染料植物22种，树脂糊料植物10种。一共1954种，其中列为世界珍稀濒危保护野生植物51种。2005年，境内的弄岗保护区属国家一级保护植物有叉叶苏铁、石山苏铁、望天树3种，国家二级保护的有蚬木、桫椤、东京桐、海南风吹楠等17种。植物中广西特有种有91种，占广西特有种总数的10.34%。被誉为“植物界大熊猫”的金花茶组植物世界共分布有40个种，保护区就分布有8个种，占到总数的五分之一，是世界金花茶最重要的种质基因库。高等真菌隶属子囊菌7属7种，担子菌35属70种。其中具有应用价值的木耳孔菌等26种；食药兼用菌9种，食用菌7种，药用菌10种。

动物资源

野生动物 2005年，龙州县境野生动物有兽类7目20科30种；禽类11目25科71种；鱼类175种；节肢、两栖、爬行类11目12科39种；昆虫类14目101科707种。境内的弄岗保护区有陆生脊椎动物共计403种，隶属于4纲27目93科，其中，两栖类28种，占广西两栖动物种数的26.7%；爬行类65种，占广西爬行类种数的36.7%；鸟类222种，占广西鸟类种数的35.5%；兽类66种，占广西兽类种数的36.7%。保护区面积101平方公里，保护19.1%的广西野生维管束植物、35.0%的广西陆栖脊椎动物、9.6%的广西已定名昆虫种类。属国家一级保护的动物有白头叶猴、黑叶猴、熊猴、云豹、蟒蛇、蜂猴、林麝共7种；国家二级保护的动物有地龟、大壁虎、蛇雕、白鹇、原鸡、褐翅鸦鹃、小鸦鹃、冠斑犀鸟、蓝背八色鸫、长尾阔嘴鸟、短尾猴、猕猴、巨松鼠、黑熊、穿山甲、大灵猫、小灵猫、花面狸（果子狸）、金猫、中华鬣羚（苏门羚）共20种。

第六节　自然灾害

龙州县位于北回归线以南，有明显的南亚热带气候特点，主要的气象灾害有低温阴雨、干旱、洪涝、冰雹、大风、寒露风以及霜冻等。危害最大最多的灾害为洪涝、干旱、大风、冰雹、寒露风和霜冻。

洪灾

龙州县主要受左江洪水威胁，较大洪水主要是由台风暴雨造成，台风雨面广强度大，是酿成灾害性洪水的主因。一般影响本县的台风多出现在7月—9月，进入北部湾在钦州地区西部越南北部登陆的台风影响最强烈，是左江洪水的主要天气过程。左江上游各大支流源于越南弄替和达北，集水面积位于山高坡陡的崇山峻岭，汇流历时短，洪水涨势急剧，最大流速可3.45米/秒，水位涨幅可达15米~20米。龙州左江河段地势较低，沿河的龙州县城、水口镇、下冻镇、彬桥乡、上降乡、上金乡、响水镇等地势较低的村屯是受洪水威胁最大的地方，尤其是龙州县城龙江社区青龙桥一带，一般发生5~10年一遇的洪水即可成灾，20年一遇的洪水受灾严重。根据历史资料分析，本县的洪水最早可发生在4月，最迟可发生在10月，但出现机率甚小，主要出现在6月—9月，尤其8月为最多，所以6月—8月是主汛期，也是防汛的主要时段。

1986年7月23日—25日，受9号台风影响，龙州县遭受特大洪涝灾害。7月23日，降雨量116.4毫米，龙州水文站水位125.89米，龙州青龙桥水位127.85米。全县受灾31120户，185102人，房屋倒塌7716间，造成危房9375间；重伤7人，死亡4人。农作物受淹面积11980公顷，直接经济损失7530多万元。县城水淹街道19条，与外地交通和有线通讯全部中断，数万居民被洪水围困在屋顶。

1992年7月22日—25日，受7号台风影响，越南北部和龙州县13个乡镇连日降大雨，局部大暴雨，降雨量227.9毫米。7月24日午夜12时起，洪水迅猛上涨，最快涨速0.41米/小时，左江龙州段河水最大流量5760立方米/秒。7月26日零时，洪峰到达龙州县城，最高水位123.11米。全县13个乡镇125个村全部受灾。县城21条街道中有14条街道1451间民房被淹，造成危房347间，倒塌37间，5484人被洪水围困。粮食作物受灾面积4679.2公顷。其中水淹已成熟尚未收割的早稻1419.6公顷，中稻1249.47公顷，晚稻秧苗526.67公顷；甘蔗2328.33公顷，其他作物1016.67公顷。洪水受淹鱼塘216.93公顷。直接经济损失2180万多元。

1994年7月27日—31日，受11号台风影响，越南高平、谅山等省降大雨，龙州县连降暴雨，降雨量

235.2毫米，山洪暴发，左江上游源流平而河、水口河水猛涨。龙州县城青龙桥水位118.6米，超过警戒线1.3米。龙州综合市场、县劳动服务公司、县供销社等地水淹，124家摊店被淹没。全县13个乡镇120个村1233个自然屯44562户223622人受灾，受灾最严重为金龙、逐卜、响水、水口、下冻5个乡镇。损坏民房2213间，其中倒塌317间；受灾农作物1.3万公顷，其中粮食作物6133公顷；淹没鱼塘312公顷；冲毁公路94千米；金龙镇咟他水库大坝出现大裂痕。直接经济损失1.2亿元。

1995年8月13日—14日，龙州县武德、金龙、逐卜、响水、上金5个乡镇连降大雨，降雨量228毫米，山洪暴发，内涝成灾。全县53个村委会586个村民小组61724人受灾。农作物受淹1.03万公顷，其中粮食作物3466公顷。直接经济损失1008万元。

1996年8月20日，龙州县连续两天降大到暴雨，降雨量358毫米，形成特大洪涝灾害。全县13个乡镇60个村18085户9万人受灾，受灾最严重为金龙、逐卜、响水、上金、武德、上龙6个乡镇。损坏房屋180间，其中倒塌30间；重伤1人，死亡1人；淹没水稻4723公顷；经济作物受淹655公顷，其中果树48.22公顷；淹没鱼塘130公顷；冲毁公路300米。直接经济损失3820万元。

1999年5月23日—25日，龙州县连降大雨，局部暴雨，降雨量156毫米，山洪暴发。全县逐卜、金龙、响水、水口、上龙5个乡镇27个村168个自然屯6.1万人受灾。水淹90间民房，其中造成危房20间、倒塌4间；727人被洪水围困；受淹农作物5886公顷，其中成灾5700公顷、绝收356.6公顷。直接经济损失1256万元。

2000年7月19日，龙州县境下大暴雨。全县7929户受水灾，其中19户被水淹。毁坏公路2.5千米；甘蔗、水稻等农作物被水淹没2720公顷，其中绝收17067公顷；淹没鱼塘13.8公顷。直接经济损失660多万元。

2001年7月2日—4日，受3号台风影响，龙州县境普降大雨，八角、上降等乡镇下大暴雨，降雨量155毫米。丽江河水位达118.60米，超过警戒水位1.6米。全县全部13个乡镇受灾，比较严重的八角、上降、彬桥、水口、上龙、金龙、逐卜、响水、上金、武德10个乡镇103个村603个自然屯3.8万户17.3万人。受淹民房2097间，其中造成危房652间、倒塌53间。县城受淹街道4条，515人被洪水围困，龙州综合商场水淹1米多深。5所学校20间教室水淹被迫停课。受灾农作物1.54万公顷，成灾1.28万公顷，绝收520公顷；淹没鱼塘153公顷。水毁公路6处260米，龙州至南宁省道勤江路段水淹1千米，交通中断。直接经济损失3562万元。

2002年8月10日—12日，龙州县普降大到暴雨，降雨量170毫米。全县12个乡镇96个村893个自然屯3.2万户12.5万人受灾，成灾人口12.3万人，灾情严重为上龙、龙州、响水、逐卜等乡镇。受灾农作物9643公顷，成灾6893公顷，绝收176公顷。鱼塘受淹30公顷。冲毁公路26处，被淹公路63条35千米。龙州综全商场、县制药厂仓库、独山大道高祥开发区、县淀粉厂等处被淹。受灾最严重的上龙乡12个自然屯653户2805人被洪水围困，250户民房被洪水浸泡，水深0.5米以上。直接经济损失1750万元。

2003年6月7日—10日，龙州县连降大雨，降雨量100毫米，13个乡镇99个村898个自然屯32359户14.87万人受灾，受灾最严重为金龙、逐卜、响水、上金、武德、上龙等乡镇。受淹民房325间，其中损坏152间，倒塌28间。农作物受灾1.47万公顷，其中绝收196.7公顷。直接经济损失2960万元。

2005年6月1日，连续数天降雨，造成上龙、武德、金龙、逐卜、响水5个乡镇发生严重内涝。其中金龙镇贵平村有2个自然屯受灾特别严重，从6月17日到20日遭受严重的洪涝灾害。贵平村板探屯46户中受淹11户，重灾7户，轻灾4户，受淹水田面积225亩，玉米125亩，木薯20亩。贵平村陇底屯24户94人，全部受淹，重灾23户，轻灾1户，受淹水田面积105亩，玉米面积80亩全部失收。两个屯直接经济损失共50多万元。9月26日—29日，受“达维”台风影响，龙州县连日普降大雨，降雨量110毫米。全县12个乡镇102个村896个自然屯38400户15.3万人受灾。水淹民房58间，其中损坏28间，倒塌12间。受灾农作物8466.7公顷，其中绝收855公顷。直接经济损失1810万元。

旱灾

龙州县地处北回归线以南，属南亚热带季风气候，雨量丰沛，但因受地势和气流诸因素影响，县内雨量分配极不均匀。因此，每年春、秋两季都出现不同程度的旱情，而且春旱比较严重，其中尤以响水镇、金龙镇、逐卜乡、武德乡、上龙乡以及龙州镇特别严重。据资料记载，仅中华人民共和国成立以来，1950 年—2005 年的 56 年间就有 40 年发生旱灾，平均 1.4 年发生一次，旱情接连不断。

1986 年，龙州县降雨总量 1755 毫米，农作物遭受干旱灾害面积 7733.33 公顷，直接经济损失 5800 多万元。

1987 年，龙州县降雨总量 1310.5 毫米，农作物遭受干旱灾害面积 12573.33 公顷，直接经济损失 9430 多万元。

1988 年上半年，龙州县遭受历史罕见的旱灾。降雨总量 545.66 毫米，全县早稻种植面积 3951.7 公顷，受旱干裂 2866.6 公顷，其中枯死 1400 公顷；旱中玉米种植面积 8466.6 公顷，受旱卷叶 6000 公顷，其中失收 2378 公顷。旱灾遍及全县 13 个乡镇，其中较严重的八角、上降、彬桥、武德、响水、上金、霞秀、上龙 8 个乡 56 个村 380 个自然屯，78000 多人和 25000 多头大牲畜饮水困难。

1989 年 7 月 6 日起，龙州县境连续 108 天降雨总量 150 毫米，造成夏秋大旱。全县晚稻受旱面积 430 公顷，旱地作物受旱面积 1508 公顷。金龙乡 156 个自然屯 8900 户 25000 人饮水困难。

1991 年 1 月—3 月，龙州县未下一场透雨，降雨总量 16.6 毫米，造成全县 40 座山塘水库干涸，51 条小溪断流；13 个乡镇 115 个村 764 个自然屯 24588 户 15.1 万人和 3.6 万头牲畜饮水困难；下半年水稻、玉米、黄豆、红薯等农作物播种面积 29733.33 公顷，受旱面积 25200 公顷，成灾面积 18666.67 公顷，绝收面积 2066.67 公顷。直接经济损失 3500 万元。

1992 年 8 月—11 月，龙州县连续 3 个月未下过一场透雨，降雨总量 15.9 毫米，遭受严重秋旱。全县 13 个乡镇 125 个村 525 个自然屯受到不同程度的旱灾。下半年农作物种植面积，受旱面积 21586.6 公顷，其中绝收面积 10400 公顷。下半年粮食总产量 16232 吨，较上年减产 1 万吨。金龙镇花都村中稻面积 90 公顷、霞秀乡镇秀村中稻面积 30 公顷全部失收。

1998 年 9 月—11 月，龙州县连续 90 天未下过一场透雨，降雨总量 96.8 毫米，出现严重秋旱。全县 13 个乡镇 125 个村 525 个村民小组受到不同程度的旱灾。下半年全县农作物受旱面积 25606.67 公顷，绝收面积 10200 公顷。其中中稻种植面积 2900 公顷，受旱面积 1666.67 公顷，干裂面积 873.33 公顷，绝收面积 686.67 公顷；晚稻种植面积 5426.67 公顷，受旱面积 1733.33 公顷，枯死面积 192.87 公顷；秋黄豆种植面积 3286.67 公顷全部受旱，失收 873.33 公顷；晚花生种植面积 886.67 公顷全部受旱，失收面积 508.8 公顷。直接经济损失 1050 万元。

2002 年 1 月—4 月，龙州县遭受严重春旱，降雨总量 158.7 毫米。全县 13 个乡镇 120 个村 910 个自然屯 37768 户 17 万多人受旱灾；1012 座塘池和小水库干涸；9.5 万人和 3 万多头牲畜饮水困难；春玉米和早稻等粮食作物受灾面积 4600 公顷，甘蔗等经济作物 16066.67 公顷减收。直接经济损失 3028 万元。

2004 年 8 月—10 月，据统计 1 至 9 月 30 日降雨量为 951 毫米，比去年同期 1300 毫米减少 349 毫米，尤其进入汛末的 8 月和 9 月份，降雨特别少；8 月份降雨量为 80.7 毫米，比去年同期偏少 226.9 毫米，9 月份的降雨量 90.7 毫米；比去年同期偏少 39.6 毫米。10 月 1 日—28 日连续 28 天无降雨天气，使全县出现了较为严重罕见的秋旱。全县 18 座水库［其中：中型水库 1 座、小（一）型 5 座、小（二）型 12 座］的总蓄水量仅为 1145 万立方米，占有效库容的 34.38%，比去年同期减少 45 万立方米，有 2 座小（二）型水库干涸；全县 966 外塘坝有 136 处干涸，51 条小溪断流；全县 109 台机电泵因河水水位下降有 38 处不能抽水抗旱。全县有 12 个乡镇 101 个村 654 个自然屯 16.86 万人和 5 万多头牲畜饮水困难。全县 13 个乡镇有 344 个村屯、农业人口 10.12 万人受旱，受旱面积 1.32 万公顷。其中受旱面积 1.07 万公顷，成灾面积 0.24 万公顷，绝收面积 86.67 公顷。干旱使全县 12 个乡镇 37 个村屯 1117 户 5676 人和 1650 头在牲畜饮水困难。全县农业、林业、水产养殖经济损失达 1211.4 万元。

风雹灾

风雹灾害是指冰雹、雷雨大风和龙卷风等强对流性天气造成的一种自然灾害，龙州县的风雹多见于午后到上半夜，一般风雹的持续时间为 1 分钟—15 分钟，少数在 30 分钟以上。这种灾害局地性强、持续时间长、发生时间集中，累积灾害造成的损失比较重。

1990 年 2 月 16 日晚 11 时至 17 日凌晨，龙州县遭受 10 级台风和冰雹的袭击。全县 13 个乡镇 61 个村 113 个屯 1939 户 10514 人遭受台风和冰雹的灾害。大风吹倒房屋 13 间，损失瓦片 264.5 万片；刮倒甘蔗 256.6 公顷，果树 1274 株，电线 17 根；冰雹打烂玉米苗 30 公顷。金龙乡相蒙村板内屯 13 间房顶被风雹打坏，损失瓦片 10 万多片；武德乡三联村伏邑屯 27 间房顶被打坏，损失瓦片 17.5 万片。直接经济损失 490 万元。

1990 年 3 月 27 日—28 日，龙州县遭受暴风雨、冰雹袭击，最大风力 9 级，降雨量 110 毫米。全县 13 个乡镇 51 个村 182 个屯 2160 户 12100 人受灾。冰雹打烂玉米苗 176 公顷，刮倒果树 80 公顷，甘蔗 75 公顷(1125 亩)，花生 3.3 公顷，剑麻 133.3 公顷，茶叶 93.3 公顷。直接经济损失 1400 多万元。

1996 年 9 月 9 日—10 日，受 15 号台风影响，龙州县遭受暴风雨袭击，降雨量 125 毫米，风力 8~10 级。全县农作物受灾 18226.8 公顷，其中中稻被水淹没 3289.6 公顷，甘蔗被大风刮倒 13270 公顷，晚玉米被大风刮倒 1666.6 公顷。上龙、武德、金龙、逐卜、响水、上金、霞秀、水口、下冻 9 个乡镇 90 个村 34388 户 120538 人严重受灾，大风吹飞 3318 间民房瓦片，损坏瓦片约 166 万多片，其中刮倒民房 137 间。金龙镇高山村板闭屯 21 户房屋瓦片全部大风刮掉，其中倒塌房屋 5 间；全屯男女老少 96 人被迫在雨中伫立 6 个小时之久。全县受伤村民 46 人。

1997 年 4 月 9 日，龙州县下冻、水口、彬桥、武德、金龙、逐卜、响水、八角、上降 9 个乡镇遭受冰雹、龙卷风袭击，降雨量 130 毫米，风力 9 级，冰雹大个 3 厘米 ~4 厘米。上龙乡麻风村变压器被雷击坏；强风和冰雹吹击斩断水口变电站 450 米输电线和 17 根通信电杆。金龙、下冻、八角、下降、水口、响水 6 个乡镇 73 个村 406 个自然屯 23083 户 115415 人严重受灾，造成危房 2097 间，倒塌房屋 28 间。直接经济损失 5200 多万元。

1998 年 9 月 10 日，龙州县响水、逐卜、上金等乡镇遭受龙卷风袭击，降雨量 86 毫米，风力 7 级以上。被大风刮倒农作物 3500 多公顷，甘蔗 3200 公顷，晚玉米 195.3 公顷，红瓜子 54.6 公顷，香蕉 20 公顷，其中失收 125.6 公顷。30 个村 18131 户 54395 人受风灾，大风刮掉民房 245 间瓦片，损失瓦片 18 万多片；倒塌房屋 9 间。直接经济损失 2500 多万元。

2003 年 4 月 26 日、6 月 28 日，龙州县分别遭受大风暴雨袭击。4 月 26 日，风力 7 级，降雨量 125 毫米；6 月 28 日，风力 7 级，降雨量 288 毫米。这两场灾害造成全县 13 个乡镇 123 个村 1275 个村民小组 69652 户次 319026 人次受风灾。其中民房水淹 117 户 468 人 228 间，造成危房 68 间，倒塌 38 间；56 户 282 人 56 间民房瓦片被风刮掉，损失瓦片 28 万多片。粮食作物成灾 3936.5 公顷，其中重灾 2115.4 公顷，失收 595.7 公顷；淹没鱼塘 95.2 公顷。摧毁水利设施 17 处 48 米，冲坏公路 34 千米。直接经济损失 4040 多万元。

寒冻害

龙州县的寒露风发生于秋季，是晚稻生育期的主要气象灾害之一，对晚稻的抽穗扬花会造成较大影响。寒露风与冷空气活动有关，冷空气南下且长时间停留时，最容易发生寒露风灾害。霜冻天气一般出现在冬季和春季，是一种较为常见的农业气象灾害，对农业、林业、水产畜牧业等都会产生较严重影响。霜冻一般为空气南下，短时间内气温急剧下降造成的。龙州县 1986 年—2005 年历年平均无霜期为 356.9 天，平均霜日为 2.1 天。

1999 年 12 月 22 日—27 日，龙州县遭受一场持续 6 天的特大霜冻灾害，气温为 8.8℃。上龙乡上龙村至武权村公路两旁的甘蔗地和香蕉地满目苍白。全县甘蔗受冻伤 13200 公顷；香蕉、龙眼、荔枝等果树受冻伤 2846.67 公顷；木薯、红薯等经济作物受冻 4805 公顷；鱼塘受霜冻 236 公顷。直接经济损失 1.83 亿元。

2000 年 10 月 4 日，受冷空气南下影响，龙州县出现连续 7 天气温低于 21℃寒露风，对晚稻等农作物的扬花、抽穗等产生较大影响。

病虫害

龙州县常年发生的农作物病虫害主要有水稻稻纵卷叶螟、稻瘿蚊、三化螟、稻飞虱、稻瘟病、稻纹枯病、稻叶水蝇，玉米螟、玉米铁甲虫、玉米大小斑病，蝗虫、鼠害、甘蔗螟、甘蔗棉蚜、甘蔗蓟马，柑橘溃疡病、柑橘红蜘蛛、柑橘潜叶蛾，香蕉、龙眼病虫，黄瓜霜霉病、菜青虫、小菜蛾、黄守瓜等。其中为害最大、发生频率最多的主要有稻叶水蝇、稻纵卷叶螟、稻飞虱、水稻三化螟、稻瘿蚊、稻瘟病、稻纹枯病、玉米铁甲虫、甘蔗螟、甘蔗棉蚜等病虫害。

农作物病虫害　1985年，龙州县发生稻叶水蝇虫害1733.33公顷，稻纵卷叶虫害1500公顷，稻飞虱虫害866.67公顷，水稻三化螟虫害346.67公顷，稻椿象虫害433.33公顷，玉米铁甲虫害2020公顷。直接经济损失2320多万元。

1986年，龙州县发生水稻三化螟虫害1557公顷，玉米铁甲虫害1980公顷。直接经济损失1850多万元。

1987年3月，龙州县发生水稻水蝇虫害952公顷；9月，发生水稻椿象虫害2677.4公顷，每亩平均有3万多只虫；玉米铁甲虫害2363.2公顷。全县虫害面积3629.4公顷。直接经济损失2170多万元。

1990年，龙州县农作物遭受病虫害为16586.4公顷，粮食减产4437.4吨。直接经济损失1100多万元。其中水稻病虫害发生14333.3公顷，发生的病虫害主要有稻纵卷叶螟4866.7公顷，稻瘿蚊2333.3公顷，三化螟2100公顷，稻飞虱920公顷，稻瘟病1093.3公顷，稻纹枯病1700公顷。玉米病虫害发生3573.1公顷，发生的病虫害主要是玉米铁甲虫3225.6公顷。

1995年，龙州县农作物遭受病虫害为37499.9公顷，粮食减产3030.3吨，直接经济损失750多万元。其中水稻病虫害发生7293.3公顷，造成水稻实际损失385.8吨，发生的病虫害主要有三化螟1706.7公顷，稻纵卷叶螟1333.3公顷，稻飞虱2060公顷，稻瘟病733.3公顷，稻纹枯病426.7公顷。玉米病虫害发生3013.3公顷，发生的病虫害主要是玉米铁甲虫2871.5公顷，造成玉米实际损失15吨。农田杂草发生27193.3公顷，其中水田杂草5860公顷，旱地杂草21333.3公顷。

2000年，龙州县农作物遭受病虫害为33260.1公顷。主要有粮食作物遭受病虫害为11673.4公顷，粮食减产4433.9吨，直接经济损失1100多万元。其中水稻病虫害发生8326.7公顷，发生的病虫害主要有三化螟840公顷，稻纵卷叶螟1953.3公顷，稻飞虱1226.7公顷，稻瘿蚊1666.7公顷，稻叶水蝇1666.7公顷。玉米病虫害发生3346.7公顷，发生的病虫害主要是玉米铁甲虫3034.3公顷。鼠害发生1120公顷，其中为害水稻206.7公顷，为害甘蔗666.7公顷。农田杂草发生20466.7公顷，其中水田杂草2133.3公顷，旱地杂草18333.3公顷，为害甘蔗15333.3公顷。

2005年，龙州县农作物遭受病虫害为78733.2公顷，主要有粮食作物遭受病虫害为9700公顷，粮食减产1462.66吨。直接经济损失360多万元。其中水稻病虫害发生8213.3公顷，发生的病虫害主要有三化螟806.7公顷，稻纵卷叶螟1633.3公顷，稻飞虱2160公顷，稻瘿蚊873.3公顷，稻叶水蝇1000公顷，稻瘟病473.3公顷，稻纹枯病466.7公顷；玉米病虫害发生1486.7公顷，主要有玉米大小斑病213.3公顷，玉米螟160公顷，玉米铁甲虫1000公顷；甘蔗病虫害发生9573.3公顷，主要有甘蔗螟2333.3公顷，甘蔗棉蚜6240公顷，甘蔗蓟马1000公顷；柑橘病虫发生973.3公顷，主要有柑橘溃疡病220公顷，柑橘红蜘蛛313.3公顷，柑橘潜叶蛾353.3公顷；香蕉、龙眼病虫发生993.3公顷；蔬菜病虫害发生1840公顷，主要有黄瓜霜霉病593.3公顷，菜青虫306.7公顷，小菜蛾246.7公顷，黄守瓜380公顷；蝗虫发生2553.3公顷，其中为害甘蔗2466.7公顷；鼠害发生2720公顷，其中为害水稻373.3公顷，为害甘蔗1720公顷；农田杂草发生45120公顷，其中水田杂草8960公顷，旱地杂草30900公顷，其中为害甘蔗的有23293.3公顷；果茶园杂草5260公顷。

森林病虫害　1986年—2005年，龙州县主要有松毛虫、松毒蛾、八角尺蠖、八角炭疽病、桉树枝瘿姬小蜂等森林病虫害。1987年，全县人工林面积增多，主要是杉木、马尾松、桉树等用材林面积增加，病虫害也随着增加。1996年，全县发生八角尺蠖虫害面积3333公顷，成灾面积1260公顷，占虫害面积37.8%。1999年，县森防站装备森林病虫害防治器械，严密监测，掌握病虫害情，及时防治。2000年5月，八角乡、上降乡的八角林区发生八角尺蠖虫害。县林业局及时与县科协、县科委联系，先后在八角乡、上降乡组织林区村民举办森林病虫害防治技术培训班5期，参加培训村民350多人，发放防治技术资料800多份，防治虫害面积100公顷，防治率100%。2004年，全县松毛虫害面积350公顷，成灾面积200公顷，占虫害面积57.14%；2005年，县岘木林场、上金乡新旺村、上降乡江村等林区先后发生马尾松毛虫危害200公顷，都得到控制和消灭。

第二篇

人口与计划生育　居民生活

第一章　人　口

1986年，龙州县人口总数245239人，人口密度每平方千米105人，居住有壮、汉、瑶、苗、回、水、侗等12个民族，其中壮族人口225297人。随着全县计划生育工作深入人心，群众生育观念转变，由多子多福的盲目生育转变为优生优育的计划生育，全县人口增加较慢。2005年，全县人口总数269364人，人口密度每平方千米115人，县内聚居民族增加到14个，其中壮族人口259094人。

1986年—2005年，龙州县人口状况呈现四个特点：一是农村人口数量发展减缓；二是城镇人口快速增长；三是文化素质提高，大专以上文化人口增多；四是老龄人口增多。

第一节　人口数量与分布

人口数量

1986年，龙州县人口总数245239人。2005年，龙州县人口总数269364人。1986年—2005年的20年间，龙州县人口增加24174人，年平均增加1209人，增长较慢。人口增长慢的原因，是计划生育工作力度加强，计划生育率高。1986年，计划生育率85.10%，2005年计划生育率94.82%，相比提高9.72%。人口增长的特点：一是农村人口数量发展减缓；二是城镇人口快速增长；三是文化素质提高，大专以上文化人口增多；四是老龄人口增多。全县人口生育高峰期是1986年—1994年，9年累计全县出生人口36696人，死亡人口13845人，净增人口22851人，平均每年净增2539人。净增人口最多的是1986年，全县出生人口4661人，死亡人口1392人，净增人口3269人。净增人口最少的是1999年，全县出生人口2028人，死亡人口1755人，净增人口273人。

人口分布

1986年，龙州县人口密度每平方千米105人。全县乡镇中，人口密度最大的为龙州镇，每平方千米2448人。2005年，龙州县人口密度每平方千米115人。1986年—2005年，龙州县人口分布总趋势是由乡镇向县城转移。

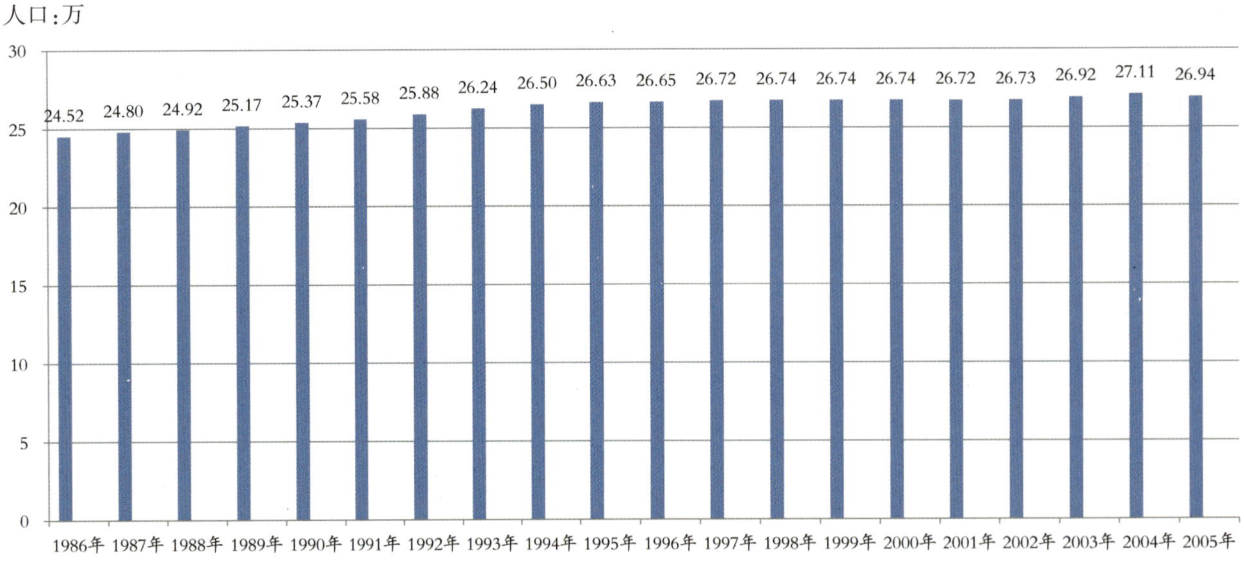

1986年—2005年龙州县人口变动示意图

第二节　人口变动

1986 年—2005 年，龙州县人口自然变动呈相对平稳趋势，主要原因是全县计划生育工作深入人心，群众生育观念转变，由多子多福的盲目生育转变为优生优育的计划生育。全县人口机械变动主要是工作调动、男女结婚、读书就业等原因。2000 年以来，龙州县考取高等院校考生增多，到外地就业人数增加，因此，全县迁出的人数比迁入多。

第三节　人口构成

性别构成

1986 年，龙州县男性人口 12.73 万人，女性人口 11.79 人，人口性别比为 107.97（女性为 100）。1995 年，男性人口 13.76 万人，女性人口 12.87 万人，人口性别比为 106.92。2005 年，全县男性人口 13.82 万人，女性人口 13.12 万人，人口性别比为 105.34。1986 年—2005 年，全县人口男女性别比例，始终保持在 110：100（女性为 100）以内，男性人口比女性人口稍多，处于基本平衡状态。

年龄构成

1986 年，龙州县登记在册总人口 24.52 万人，其中 0 岁 ~14 岁人口 6.09 万人，占全县在册总人口 24.84%；60 岁以上人口 0.8 万人，占全县在册总人口 3.3%。1990 年，登记在册总人口 25.37 万人，其中 0 岁 ~14 岁人口 7.66 万人，占全县在册总人口 30.19%；60 岁以上人口 1.44 万人，占全县在册总人口 5.68%。2000 年，全县登记在册总人口 26.74 万人，其中 0 岁 ~14 岁人口 5.76 万人，占全县在册总人口 21.54%；15 岁 ~59 岁人口 19.08 万人，占全县在册总人口 71.35%；60 岁以上人口 1.9 万人，占全县在册总人口 7.11%。10 年之内，全县 14 岁以下人口占全县总人口下降 8.65 个百分点，60 岁以人口占全县总人口上升 1.45 个百分点。2005 年，全县登记在册总人口 26.94 万人，其中 0 岁 ~14 岁人口 4.23 万人，占全县在册总人口 15.70%；60 岁以上人口 1.75 万人，占全县在册总人口 6.50%。

民族构成

2005 年，龙州县总人口 269364 人，由 14 个民族构成，以壮族人口居多。全县壮族人口 259045 人，占全县总人口 96.17%；汉族人口 9904 人，占全县人口 3.68%；瑶族人口 202 人、苗族人口 51 人、侗族人口 33 人、土家族人口 33 人、水族人口 32 人、毛南族人口 16 人、回族人口 12 人、布依族人口 10 人、仫佬族人口 6 人、京族人口 6 人、傣族人口 4 人，满族人口 10 人，一共 415 人，占全县总人口 0.15%。

文化构成

1990 年，龙州县总人口 25.37 万人。全县年满 7 周岁以上人口 215006 人，其中大专文化以上（含大专）人口 1802 人，占年满 7 周岁以上人口 0.84%，占全县总人口 0.71%；高中（含中专）文化人口 16947 人，占年满 7 周岁以上人口 7.88%，占全县总人口 6.68%；初中文化人口 45764 人，占年满 7 周岁以上人口 21.28%，占全县总人口 18.04%；小学文化人口 115388 人，占年满 7 周岁以上人口 53.67%，占全县总人口 45.48%；文盲、半文盲人口 35105 人，占年满 7 周岁以上人口 16.33%，占全县总人口 13.84%。0 周岁 ~6 周岁人口 38694 人，占全县总人口 15.25%。

2000 年，龙州县总人口 26.74 万人。全县年满 7 周岁以上人口 246542 人，其中大专文化以上（含大专）人口 5639 人，占年满 7 周岁以上人口 2.29%，占全县总人口 2.11%；高中（含中专）文化人口 21993 人，占年满 7 周岁以上人口 8.92%，占全县总人口 8.22%；初中文化人口 88491 人，占年满 7 周岁以上人口 35.89%，占全县总人口 33.09%；小学文化人口 113975 人，占年满 7 周岁以上人口 46.23%，占全县总人口 42.62%；文盲、半文盲人口 16444 人，占年满 7 周岁以上人口 6.67%，占全县总人口 6.15%。0 周岁 ~6 周岁人口 20858 人，占全县总人口 7.81%。

第二章　计划生育

20 世纪 80 年代中期，龙州县积极稳妥地推行计划生育，建立健全计划生育工作机构，配备各级计划生育工作人员。1988 年以后，贯彻执行《广西壮族自治区计划生育条例》，计划生育工作坚持以宣传教育为主，经常性工作为主，避孕为主（简称"三为主"）。实行集中宣传与经常宣传相结合，教育与思想工作相结合，发动广大育龄夫妇落实各种有效措施，减少计划外怀孕，制止计划外生育，提高计划生育率。20 世纪 90 年代至 21 世纪初，实行计划生育合同管理；建立人口与计划生育目标管理责任制，实行"一票否决"制度；创建计划生育"合格村"；对全县已婚育龄妇女实行免费生殖器健康检查，开展生殖保健服务；推行计划生育村民自治。2005 年，全县人口出生率 0.97‰，人口计划生育率 94.82%。

第一节　机　构

1984 年 9 月，龙州县计划生育委员会办公室撤销，龙州县计划生育委员会成立。1985 年，县、乡计划生育机构有 14 个（新设上降乡计生管理站），共有 38 人。全县 125 名副主任专管村级计划生育工作。1986 年，龙州县计生委内设领导室、会计室、秘书股、统计股、宣传股、文印室、办公室 7 个股室，有人员编制 16 名，实有 16 人，办公地址在龙州镇康平街 28 号县人民政府大院内。下设龙州县计划生育服务站 1 个二层机构。设乡镇计划生育管理站 13 个，各配职工 1 人，共有 13 人。1996 年 9 月，龙州县计划生育委员会更名为龙州县人口和计划生育局，内设办公室、统计股、财务股、政法股 4 个股室，有人员编制 8 名，实有 29 人，办公地址在龙州镇康平街 28 号县人民政府大院内。下设龙州县计划生育服务站 1 个二层机构。设乡镇计划生育管理站 13 个，共有 117 人。2004 年，全县 13 个乡镇均设计划生育管理站，每个站配职工 3 人，共有 36 人。2005 年，全局内设办公室、统计股、财务股、政法股 4 个股室，有人员编制 9 名，实有 19 人（含县计生协会、县流动人口计划生育管理站人员），办公地址在龙州镇康平街 28 号县人民政府大院内。全县 12 个乡镇计生管理站及职工编制数不变，乡镇计生服务站共有 149 人。

1986 年—2005 年历任主任（局长）：覃伟桥（1986.1—1993.2），张才芬（1993.2—1995.11），黄天高（1995.11—1996.8），谭诚（1996.8—2001.3），隆浩清（2001.3—2004.9），谭诚（2004.9—2005.12）。

第二节　人口计划

1986 年起，龙州县计生局（委）每年制定全县人口发展计划。是年，全县人口出生率 1.91‰，人口计划生育率 85.10%。1996 年，全县人口出生率 9.21‰，人口计划生育率 93.33%。2005 年，全县人口出生率 0.97‰，比 1986 年下降 0.94 个千分点；人口计划生育率 94.82%，比 1986 年提高 9.72 个百分点。1986 年—2005 年，龙州县人口绝对值和自然增长率，每年都未突破计划。

第三节　计生服务

技术服务

1983 年，龙州县计生服务站设立。1983 年—1992 年，由于缺少设备和技术人员，只能开展计生政策宣传教育工作。1993 年，随着计生设备的引进和技术人员的配备，县计生服务站能进行放环、结扎、人工引产等手术。2000 年起，由县计生局和卫生局组织计生服务小组，对全县已婚育龄妇女实行免费生殖器健康检查，把查病与查环、查孕相结合，开展生殖保健服务，每季度进行 1 次。每年坚持对生育对象和避孕药具使用者进行回访，了解术后状况或药后反应。2001 年 10 月 1 日起，全县实行计生免费服务。2003 年，乡镇计生服务站招聘首批技术人员 13 人，能进行放环手术。2005 年，县计生服务站、乡镇计生服务所、村计生服务室，共有技术人员 89 人。各级计生服务机构设立优生咨询室、悄悄话室，开通咨询热线电话，解决群众疑难问题。2003 年—2005 年，以县人民医院、县中医院、县妇幼保健院 3 所医疗机构技术力量为主，免费对农村育龄者进行生殖健康情况检查，共检查女性 5.31 万人次，检查率 90%；男性 1.3 万人次，检查率 24%。计生技术服务基本形成计生部门和卫生部门共同进行的服务网络。

计生"三生"服务

2003 年—2005 年，县扶贫办向计生"两户"（农村独生子女领证家庭户、农村二女落实长效节育家庭户）542 户发放扶贫贷款 4300 万元；优先照顾计生"两户"建沼气池 165 座；重点安排产业项目扶持计生"两户"206 户，资金 86 万元；危房改造项目优先安排计生"两户"58 户。县农业局为计生"两户"扶持乌龙茶种植 43.33 公顷；扶持计生"两户"284 户建立甘蔗高产示范片，免费发放种子、化肥、壮苗剂等。县人事劳动和社会保障局优先推荐计生"两户"6 名独生子女到县内企事业单位工作；给予返乡的 4 名独生子女农民工发放小额贷款每人 4 万元；388 名独生女及双女结扎户女儿考生，享受报考普通高中、中专和普通职高等职业教育时降一个档次分数录取。县教育局为 48 名独生子女学生和双女结扎户子女学生减免学费共 6000 元。龙州县中学为实行计划生育家庭贫困生 78 名免除部分或全部学杂费共 29640 元。通过一系列的优生优惠和扶贫项目，增强群众优生优育意识。2005 年，全县有符合计划生育 2 个孩子条件但不再生育或推迟生育的 157 对夫妇，已婚夫妇的计生政策应知应会率 95%。

1996 年 3 月 19 日，龙州县召开计划生育"三结合"工作会议

表 2-1　**1986 年—2005 年龙州县独生子女人数统计表**

单位：人

年份＼乡镇	龙州	霞秀	彬桥	下冻	水口	武德	金龙	逐卜	响水	上金	上龙	上降	八角	县直	三场一所	合计
1986	76	49	19	29	26	30	42	24	24	15	0	9	4	741	654	1742
1987	82	62	27	35	31	32	47	26	26	19	0	11	6	0	710	1114
1988	95	88	29	47	42	34	49	27	28	24	13	13	8	0	813	1310
1989	168	67	31	56	47	36	51	28	31	27	16	15	12	1044	1056	2685
1990	260	79	33	83	51	40	53	50	32	35	23	20	16	0	1448	2223
1991	289	75	37	111	71	42	66	50	33	42	27	29	22	0	1463	2357
1992	476	91	29	130	62	44	68	51	35	48	35	42	27	1486	1656	4280
1993	464	95	45	93	81	59	75	59	34	43	32	30	29	1580	1657	4376
1994	482	97	26	61	72	43	55	54	27	46	38	29	32	1700	1935	4697
1995	471	103	27	82	86	47	58	26	29	56	42	36	34	1743	1750	4590
1996	475	103	28	80	94	42	58	27	30	60	42	36	37	1676	1778	4566

续表

乡镇 年份	龙州	霞秀	彬桥	下冻	水口	武德	金龙	逐卜	响水	上金	上龙	上降	八角	县直	三场一所	合计
1997	654	103	28	80	85	49	58	25	31	60	41	33	39	1861	1836	4983
1998	650	107	29	73	82	49	58	20	31	61	31	33	39	1966	1882	5111
1999	634	112	32	67	82	49	61	20	31	61	31	33	39	2060	1937	5249
2000	638	112	32	64	82	45	61	21	31	61	24	33	40	2167	1224	4635
2001	640	112	33	61	85	45	61	22	31	61	30	33	40	2294	1773	5321
2002	651	112	32	61	85	45	61	25	31	61	23	33	40	2358	1750	5368
2003	656	112	32	58	84	45	61	34	31	62	20	33	41	2453	1766	5488
2004	566	88	32	59	30	45	61	26	31	43	21	25	41	2504	1784	5356
2005	65		29	39	28	49	61	11	31	44	21	25	41	2689	1808	4941
合计	10259		610	1369	1306	870	1165	626	608	929	510	551	587	30322	30680	80392

第四节　百岁老人

据1990年第四次全国人口普查，龙州县100岁以上有8人。2004年—2005年，龙州县100岁以上老人共有17人。

表2-2　　2004年—2005年龙州县百岁老人表

序号	姓名	性别	出生年月	文化程度	职业	出生地址	逝世年份	岁数
1	邓小英	女	1901.2	文盲	农民	响水镇红阳村二组	2004	104
2	农桂兰	女	1901.3	文盲	农民	水口镇合平村陇独屯	2004	104
3	岑玉梅	女	1901.9	文盲	农民	八角乡龙边村菊功屯	2005	105
4	农章义	女	1901.2	文盲	农民	上金乡联江村陇那屯	2005	105
5	周连秋	女	1902.1	文盲	农民	彬桥乡念读村岜旦屯	2005	104
6	黄佩清	女	1902.2	文盲	农民	金龙镇光满村光明屯	2005	104
7	梁姆明	女	1902.4	文盲	农民	金龙镇敢赛村板赛屯	2005	104
8	农英文	男	1903.10	文盲	农民	水口镇共和村那造屯	2005	103
9	黄世彭	女	1903.11	文盲	农民	金龙镇板梯村渠麻屯	2005	103
10	黄凤梅	女	1903.2	文盲	农民	上金乡云江村那岜屯	2005	103
11	庞秀英	女	1904.4	文盲	农民	龙州镇白沙街	2005	102
12	农秀权	女	1904.12	文盲	农民	龙州镇岭南村大湾屯	2005	102
13	卢美荷	女	1904.6	文盲	农民	上降乡里城村板色屯	2005	102
14	黄梅青	男	1904.9	文盲	农民	下冻镇那花村安马屯	2005	102
15	农爱群	女	1905.3	文盲	农民	金龙镇金龙村板域屯	2005	101
16	谭福善	男	1904.12	文盲	农民	武德乡保卫村陇禁屯	2005	102
17	闭秀荣	女	1904.11	文盲	农民	金龙镇敢赛村板盘屯	2005	102

第三章 居民生活

1986年,龙州县城乡居民储蓄存款余额0.21亿元,人均存款86元。随着改革开放的深入,经济的发展,城乡居民人均收入不断提高,2005年,全县城乡居民储蓄存款余额13.88亿元,人均存款5003元。1986年—2005年,随着经济的发展,全县城乡居民消费水平迅速上升。城镇居民家庭恩格尔系数(用于购买食品的支出占全部消费支出的比例)由2000年的49.7%下降到2005年的47.2%;农村居民家庭恩格尔系数由2000年45.9%下降到2005年36.1%。

第一节 城镇居民生活

收入

1986年,龙州县全民所有制单位职工平均货币工资1218.89元。1996年,城镇居民储蓄存款余额3.94亿元。是年,县全民所有制单位职工货币工资4418.71元。2000年,城镇居民储蓄存款余额5.53亿元。2005年,全社会逐步向小康生活水平转变,城乡居民收入增长速度逐步加快,财产性收入进入百姓家庭。龙州县城镇居民人均可支配收入6298元,城镇居民拥有的财产性收入占全部收入比重上升到2.1%;储蓄存款余额13.37亿元。是年,全县全民所有制单位职工货币工资15711.50元。2000年—2005年,龙州县城镇居民人均可支配收入年均增长18.2%。城镇居民家庭恩格尔系数由2000年的49.7%下降到2005年的47.2%。每百户彩色电视机拥有量131.7台,家用电脑拥有量23.3台。

消费

1986年始,龙州县取消主要的日用商品限量供应后,社会商品可供量迅速增多,居民消费水平迅速上升。2000年,城镇居民人均生活消费品支出3876元。2005年,每百户彩色电视机拥有量131.7台,家用电脑拥有量23.3台。

食品类消费 1986年—1999年,随着生活水平不断提高,食品种类和数量大幅度增加,人们消费需求从求数量逐渐过渡到讲究质量。2000年,城镇居民人均食品消费支出1993.47元,主食品支出占18.3%,副食品支出占54.7%,其他食品占27.0%。2005年,龙州县城镇居民人均食品消费支出3618.82元,主食品支出占13.1%,副食品支出占58.8%,其他食品占28.1%。年人均食物消费量为:粮食115.85千克,植物油10.55千克,青菜206.8千克,猪牛肉75.22千克,禽蛋10.03千克,水产品27.5千克,酒4.62千克,水果81.63千克。

衣着类消费 1986年始,随着改革开放,人们对衣着式样、花色品种和质量要求益高,且多购成衣。2000年,城镇居民人均衣着类消费支出199.2元。2005年,城镇居民人均衣着类消费支出612.51元。其中用于购买成衣的占67.1%,购买鞋子的占15.0%,其他用品的占17.9%。年人均实物消费量为:成衣4.28件,鞋子1.77双。

生活用品拥有量 1986年始,电视机、洗衣机、收录机、电冰箱开始进入普通家庭,自行车、手表、电风扇等得到普及,收音机、缝纫机等逐步被淘汰。2000年,龙州县城镇居民抽样调查结果,城镇居民平均每百户居民耐用物品拥有量为:摩托车96.67辆,助力车55辆,洗衣机95台,电冰箱101.67台,彩色电视机131.67台,照相机20架,微波炉56.67台,家用电脑23.33台,淋浴热水器113.33台,空调器56.67台,消毒碗柜65台,固定电话96.67台,移动电话175台。小轿车开始进入寻常百姓家。

住房 1986年—1999年,龙州县城镇居民住房拥挤,职工多住公房。房屋多为土木或砖木结构的平房。2000年后,城镇居民新建房屋大量增加,多为砖混或钢混结构的3层~5层楼房,人均住房32.93平方米。2005年,龙州县城镇居民人均居住房面积35.05平方米。

第二节　农村居民生活

1986年始，随着农村居民生活水平不断提高，消费结构发生较大变化。龙州县农村居民人均纯收入296元，2000年为1402元。1986年—2000年，年均增长11.7%。2000年，龙州县农村居民人均消费支出为802元，2005年为1502元。2000年—2005年，年均增长24%。农村居民家庭恩格尔系数，由2000年45.9%下降到2005年36.1%。

消费

食品类消费　1986年前后，龙州县农民一般只求吃饱，难求吃好。2000年，农村居民人均食品消费支出588元。其中主食品支出占29.55%，副食品支出占54.78%，其他食品占15.67%。年人均食物消费量为：粮食160.58千克，蔬菜68.81千克，食油3.78千克，猪肉13.65千克，禽蛋1.05千克，鱼虾5.56千克，食糖1.5千克，酒8.21千克。2005年，农民人均食品消费支出842.27元。其中10.58%用于主食，67.62%用于副食，其他食品占21.80%。年人均食物消费量为：粮食125.13千克，蔬菜49.66千克，食油2.93千克，猪肉16.36千克，禽蛋0.83千克，鱼虾4.45千克，食糖0.84千克，酒10.89千克。其他食品如水果、罐头、饮料等的消费也有较大幅度增加。

衣着类消费　1986年前，龙州县农民穿着为棉布衣服。1986年—1999年，衣着种类不断增多，质料也逐步提高。2000年，农村居民人均衣着类消费支出48.07元，占生活消费品支出的3.19%。2005年，农村居民人均支出74.4元，占消费品支出的2.1%。

生活用品拥有量　1986年前后，龙州县青年一般结婚才购置自行车、钟表、收音机、缝纫机，称“三转一响”。1995年，全县自行车、钟表、收音机、缝纫机已普及，电视机、摩托车逐步进入农村家庭。2000年，农村居民的电视机由黑白向彩色发展，每百户有彩色电视机80台、摩托车53辆。2005年，全县农村居民每百户有彩色电视机96台、摩托车69辆。

住房　1986年，龙州县农民住房逐步改善，茅草房逐年被淘汰，土木结构房逐年被砖混结构房取代。2000年，全县农民住房中，农村新建砖混结构房屋迅速增加，且多为二、三层建筑，人均住房面积24.78平方米，人均住房费支出136.35元，占生活消费支出11.95%。2005年，龙州县农村人均住房面积26.26平方米，住房消费支出1459.41元，占生活消费支出16.01%。

农村建房　（2002年12月7日摄）

第三篇

政党　群团

第一章　中国共产党

中国共产党龙州县委员会(简称县委)是龙州县各项事业的领导核心。1986年—2005年,龙州县委为第五届至第十届。历届县委贯彻执行党的路线、方针、政策,带领全县党员和各族人民解放思想,更新观念,以经济建设为中心,坚持改革开放,实事求是,作出调整农业和农村经济结构,积极推进工业化,加快发展乡镇企业和个体私营经济,兴办旅游业,加大扶贫攻坚力度等重大决策,全县经济社会不断发展,人民生活水平不断提高。

第一节　机　构

中共龙州县委员会

中共龙州县第五届委员会(1985.5—1988.10)　1985年5月7日—10日,中国共产党龙州县第五次代表大会召开。选举产生中共龙州县第五届委员会委员21人,候补委员4人;选举产生中共龙州县纪律检查委员会委员11人。1985年5月10日,举行中共龙州县委员会第五届第一次全体委员会议,选举产生中共龙州县第五届委员会书记1人,副书记4人。

中共龙州县第六届委员会(1988.10—1991.11)　1988年10月26日—28日,中国共产党龙州县第六次代表大会召开。选举产生中共龙州县第六届委员会委员23人,候补委员4人;选举产生中共龙州县纪律检查委员会委员11人。1988年10月28日,举行中共龙州县第六届委员会第一次全体会议,选举产生中共龙州县第六届委员会书记1人,副书记3人。

中共龙州县第七届委员会(1991.11—1993.10)　1991年11月8日—9日,中国共产党龙州县第七次代表大会召开。选举产生中共龙州县第七届委员会委员25人,候补委员4人;选举产生中共龙州县纪律检查委员会委员11人。1991年11月9日,举行中共龙州县第七届委员会第一次全体会议,选举产生中共龙州县第七届委员会书记1人,副书记4人。

中共龙州县第八届委员会(1993.10—1998.10)　1993年10月27日—28日,中国共产党龙州县第八次代表大会召开。选举产生中共龙州县第八届委员会委员24人,候补委员5人;选举产生中共龙州县纪律检查委员会委员13人。1993年10月28日,举行中共龙州县第八届委员会第一次全体会议,选举产生中共龙州县第八届委员会书记1人,副书记3人。

中共龙州县第九届委员会(1998.10—2002.10)　1998年10月16日—17日,中国共产党龙州县第九次代表大会召开。选举产生中共龙州县第九届委员会委员26人,候补委员5人;选举产生中共龙州县纪律检查委员会委员15人。1998年10月17日,举行中共龙州县第九届委员会第一次全体会议,选举产生中共龙州县第九届委员会书记1人,副书记4人。

中共龙州县第十届委员会(2002.10—2006.7)　2002年10月28日—29日,中国共产党龙州县第十次代表大会召开。选举产生中共龙州县第十届委员会委员25人,候补委员5人;选举产生中共龙州县县纪律检查委员会委员15人。2002年10月29日,举行中共龙州县第十届委员会第一次全体会议,选举产生中共龙州县第十届委员会书记1人,副书记4人。

中共龙州县代表大会

中国共产党龙州县第六次代表大会　中共龙州县第六次代表大会于1988年10月26日—28日在龙州县城召开。出席大会代表221名,列席代表66名。

大会听取、审议和通过中共龙州县第五届委员会工作报告,听取、审议和通过中共龙州县纪律检查委员会工作报告；选举产生中共龙州县第六届委员会，委员23名、候补委员4名，选举产生新一届中共龙州县纪律检查委员会，委员11名。

大会闭幕后，召开中共龙州县六届一次全会，选出凌霜、农汉方、冯景彤、张培植、许汝政、梁文成、陈仕发为县委常委，凌霜为县委书记，农汉方、冯景彤、张培植为县委副书记。

中国共产党龙州县第七次代表大会 中共龙州县第七次代表大会于1991年11月8日—9日在龙州县城召开。出席大会代表221名，列席代表101名。

大会听取、审议和通过中共龙州县第六届委员会工作报告，听取、审议和通过中共龙州县纪律检查委员会的工作报告；选举产生中共龙州县第七届委员会，委员25名、候补委员4名，选举产生新一届中共龙州县纪律检查委员会，委员11名。

大会闭幕后，召开中共龙州县第七届委员会第一次全会，选出农汉方、姚公侯、梁文成、吴世珍、吴英杰、陈中乐、陈仕发、吴纪靖、邱志鸿、江文术为县委常委，农汉方为县委书记，姚公侯、梁文成、吴世珍、吴英杰为县委副书记。

中国共产党龙州县第八次代表大会 中共龙州县第八次代表大会于1993年10月27日—28日在龙州县城召开。出席大会代表237名，列席代表98名。

大会听取、审议和通过中共龙州县第七届委员会的工作报告，听取、审议和通过中共龙州县纪律检查委员会的工作报告；选举产生中共龙州县第八届委员会，委员24名、候补委员5名，选举产生新一届中共龙州县纪律检查委员会，委员13名。

大会闭幕后，召开中共龙州县第八届委员会第一次全会，选出梁家活、禤朝兴、吴英杰、江文术、黄炳春、容康社、吴纪靖、邱志鸿、黎志敏、邓华为县委常委，梁家活为县委书记，禤朝兴、吴英杰、江文术为县委副书记。

中国共产党龙州县第九次代表大会 中共龙州县第九次代表大会于1998年10月16日—17日在龙州县城召开。出席大会代表237名，列席代表120名。

大会听取、审议和通过中共龙州县第八届委员会的工作报告，听取、审议和通过中共龙州县纪律检查委员会的工作报告；选举产生中共龙州县第九届委员会，委员26名、候补委员5名，选举产生新一届中共龙州县纪律检查委员会，委员15名。

大会闭幕后，召开中共龙州县第九届委员会第一次全会，选出温国权、莫树周、苏建鹏、黄超光、石家祥（挂职）、王英武、李振明、易经权、黄保金、谭燕玲（女）、韦家杰、李普德为县委常委，温国权为县委书记，莫树周、苏建鹏、黄超光、石家祥（挂职）为县委副书记。

中国共产党龙州县第十次代表大会 中共龙州县第十次代表大会于2002年10月28日—29日在龙州县城召开。出席大会代表239名，列席代表115名。中共南宁地委书记罗殿龙、南宁地区行署专员张秀隆到会指导。

大会听取、审议和通过中共龙州县第九届委员会的工作报告，听取、审议和通过中共龙州县纪律检查委员会的工作报告；选举产生中共龙州县第十届委员会，委员25名、候补委员5名，选举产生新一届县纪律检查委员会委员15名。

大会闭幕后，召开中共龙州县第十届委员会第一次全会，选出苏志球、黄榜荣、蒙有蔚、李振明、李荷干、谭冠堂、詹金雄、黄能显、赵丽（女）、黄宝权、刘家义为县委常委，苏志球为县委书记，黄榜荣、蒙有蔚、李振明、李荷干为县委副书记。

表3-1 **中共龙州县第五届至第十届委员会领导人表**

届次	职务	姓名	性别	民族	籍贯	学历	任职时间	备注
第五届 1985.5—1988.10	书记	蓝祥美	男	壮	广西忻城	初中	1985.5—1987.2	
		凌　霜	男	壮	广西宁明	初中	1987.2—1988.10	

续表

届次	职务	姓名	性别	民族	籍贯	学历	任职时间	备注
第五届 1985.5—1988.10	副书记	冯景彤	男	壮	广西龙州	大学	1985.5—1988.10	
		农汉方	男	壮	广西龙州	大专	1985.5—1988.10	
		张培植	男	壮	广西龙州	大专	1985.5—1988.10	
		陆仕政	男	壮	广西天等	高中	1986.2—1988.10	
		覃　宏	男	壮	广西象州	大学	1987.12—1988.10	
		黄明光	男	壮	—	—	1988.3—1988.10	
	常委	蓝祥美	男	壮	广西忻城	初中	1985.5—1987.2	
		凌　霜	男	壮	广西宁明	初中	1987.2—1988.10	
		冯景彤	男	壮	广西龙州	大学	1985.5—1988.10	
		农汉方	男	壮	广西龙州	大专	1985.5—1988.10	
		张培植	男	壮	广西龙州	大专	1987.11—1988.10	
		许汝政	男	壮	广西龙州	大专	1985.5—1988.10	
		覃　宏	男	壮	广西象州	大学	1985.5—1988.10	
		梁文成	男	壮	广西武鸣	大学	1985.5—1988.10	
		赵廷抗	男	壮	广西隆安	大学	1985.5—1988.10	
		陆仕政	男	壮	广西天等	高中	1985.5—1988.10	
		陈仕发	男	壮	广东佛冈	高中	1985.5—1988.10	
		黄明光	男	壮	—	—	1988.3—1988.10	
第六届 1988.10—1991.11	书记	凌　霜	男	壮	广西宁明	初中	1988.10—1990.8	
		农汉方	男	壮	广西龙州	大专	1990.8—1991.11	
	副书记	农汉方	男	壮	广西龙州	大专	1988.10—1990.8	
		冯景彤	男	壮	广西龙州	大学	1988.10—1991.3	
		张培植	男	壮	广西龙州	大专	1988.10—1991.3	
		姚公侯	男	汉	广东南海	初中	1990.10—1991.11	
		梁文成	男	壮	广西武鸣	大学	1991.3—1991.11	
		吴英杰	男	壮	广西龙州	大专	1991.9—1991.11	
		吴世珍	男	壮	广西宾阳	高中	1991.10—1991.11	
	常委	凌　霜	男	壮	广西宁明	初中	1988.10—1990.8	
		农汉方	男	壮	广西龙州	大专	1988.10—1991.11	
		冯景彤	男	壮	广西龙州	大学	1988.10—1991.3	
		张培植	男	壮	广西龙州	大专	1988.10—1991.11	
		徐汝政	男	壮	广西龙州	大专	1988.10—1991.3	
		梁文成	男	壮	广西武鸣	大学	1988.10—1991.11	
		陈仕发	男	壮	广东佛冈	高中	1988.10—1991.11	
		吴英杰	男	壮	广西龙州	大专	1990.1—1991.11	
		姚公侯	男	汉	广西龙州	初中	1990.10—1991.11	
		陈中乐	男	壮	广西龙州	大专	1991.3—1991.11	

续表

届次	职务	姓名	性别	民族	籍贯	学历	任职时间	备注
第六届 1988.10—1991.11	常委	吴纪靖	男	汉	广西陆川	大专	1991.9—1991.11	
		邱志鸿	男	壮	广西龙州	大专	1991.9—1991.11	
		江文术	男	壮	广西龙州	大专	1991.9—1991.11	
		吴世珍	男	壮	广西宾阳	高中	1991.9—1991.11	
第七届 1991.11—1993.10	书记	农汉方	男	壮	广西龙州	大专	1991.11—1993.9	
		梁家活	男	壮	广西隆安	大专	1993.9—1993.10	
	副书记	姚公侯	男	汉	广东南海	初中	1991.11—1993.2	
		梁文成	男	壮	广西武鸣	大学	1991.11—1993.9	
		吴世珍	男	壮	广西宾阳	高中	1991.11—1993.9	
		吴英杰	男	壮	广西龙州	大专	1991.11—1993.10	
		曹志暖	男	—	—	—	1991.11—1992.11	挂职
		陈中乐	男	壮	广西龙州	大专	1993.2—1993.9	
		韦　航	男	—	—	—	1993.5—1993.10	挂职
		禤朝兴	男	壮	广西宁明	大专	1993.9—1993.10	
		江文术	男	壮	广西龙州	大专	1993.9—1993.10	
		蒙雄光	男	—	—	—	1993.9—1993.10	挂职
	常委	农汉方	男	壮	广西龙州	大专	1991.11—1993.9	
		姚公侯	男	汉	广东南海	初中	1991.11—1993.2	
		梁文成	男	壮	广西武鸣	大学	1991.11—1993.9	
		吴世珍	男	壮	广西宾阳	高中	1991.11—1993.9	
		吴英杰	男	壮	广西龙州	大专	1991.11—1993.10	
		陈中乐	男	壮	广西龙州	大专	1991.11—1993.9	
		吴纪靖	男	汉	广西陆川	大专	1991.11—1993.10	
		邱志鸿	男	壮	广西龙州	大专	1991.11—1993.10	
		江文术	男	壮	广西龙州	大专	1991.11—1993.10	
		陈仕发	男	壮	广东佛冈	高中	1991.11—1993.9	
		黄炳春	男	壮	广西龙州	大专	1993.2—1993.10	
		容康社	男	壮	广西宁明	大专	1993.9—1993.10	
		梁家活	男	壮	广西隆安	大专	1993.9—1993.10	
		禤朝兴	男	壮	广西宁明	大专	1993.9—1993.10	
		黎志敏	男	壮	广西龙州	大专	1993.9—1993.10	
		邓　华	男	—	—	—	1993.9—1993.10	
第八届 1993.10—1998.10	书记	梁家活	男	壮	广西隆安	大专	1993.10—1998.8	
		温国权	男	汉	广西陆川	大学	1998.8—1998.10	
	副书记	禤朝兴	男	壮	广西宁明	大专	1993.10—1995.9	
		吴英杰	男	壮	广西龙州	大专	1993.10—1998.10	
		江文术	男	壮	广西龙州	大专	1993.10—1994.6	

续表

届次	职务	姓名	性别	民族	籍贯	学历	任职时间	备注
第八届 1993.10—1998.10	副书记	温国权	男	汉	广西陆川	大学	1994.5—1998.8	
		蒙雄光	男	—	—	—	1993.10—1994.9	挂职
		韦　航	男	—	—	—	1993.10—1994.5	挂职
		彭晓春	男	汉	广西合浦	研究生	1995.1—1996.6	
		林怀彬	男	仫佬	广西罗城	大学	1995.4—1995.12	挂职
		赵国忠	男	壮	广西龙州	大专	1995.4—1998.10	
		谭永胜	男	壮	广西江州	大专	1996.2—1998.7	
		廖时平	男	—	—	—	1996.4—1997.5	挂职
		吴兰军	男	—	—	—	1996.4—1997.5	挂职
		陈世耀	男	—	—	—	1997.5—1998.4	挂职
		刘翠芳	男	—	—	—	1997.5—1998.4	挂职
		石家祥	男	苗	湖南永顺	大专	1997.10—1998.10	挂职
		黄光寿	男	—	—	—	1998.4—1999.2	挂职
		莫树周	男	壮	广西忻城	大专	1998.8—1998.10	
		苏建鹏	男	壮	广西天等	大专	1998.8—1998.10	
		黄超光	男	壮	广西宁明	大学	1998.8—1998.10	
	常委	梁家活	男	壮	广西隆安	大专	1993.10—1998.8	
		禤朝兴	男	壮	广西宁明	大专	1993.10—1995.9	
		吴英杰	男	壮	广西龙州	大专	1993.10—1998.10	
		江文术	男	壮	广西龙州	大专	1993.10—1994.6	
		容康杜	男	壮	广西宁明	大专	1993.10—1994.9	
		邓　华	男	—	—	—	1993.10—1994.9	
		吴纪靖	男	汉	广西陆川	大专	1993.10—1994.6	
		黄炳春	男	壮	广西龙州	大专	1993.10—1995.12	
		邱志鸿	男	壮	广西龙州	大专	1993.10—1996.10	
		黎志敏	男	壮	广西龙州	大专	1993.10—1998.10	
		温国权	男	汉	广西陆川	大学	1994.5—1998.10	
		陈知唐	男	汉	广西宾阳	大专	1994.6—1997.11	
		谭永胜	男	壮	广西江州	大专	1994.9—1998.7	
		彭晓春	男	汉	广西合浦	研究生	1995.1—1996.6	
		陈文发	男	汉	湖南宁远	大专	1995.1—1997.7	
		赵国忠	男	壮	广西龙州	大专	1995.4—1998.10	
		易经权	男	壮	广西龙州	大专	1995.10—1998.10	
		赵继精	男	壮	广西大新	大专	1996.8—1998.8	
		冯荣孙	男	壮	广西龙州	中专	1997.5—1998.8	
		黄保金	男	壮	广西龙州	大专	1997.5—1998.10	
		谭燕玲	女	壮	广西龙州	大专	1997.11—1998.10	
		李普德	男	汉	贵州瓮安	大专	1998.8—1998.10	

续表

届次	职务	姓名	性别	民族	籍贯	学历	任职时间	备注
第八届 1993.10—1998.10	常委	莫树周	男	壮	广西忻城	大专	1998.8—1998.10	
		苏建鹏	男	壮	广西天等	大专	1998.8—1998.10	
		黄超光	男	壮	广西宁明	大学	1998.8—1998.10	
		王英武	男	汉	广西宾阳	大学	1998.8—1998.10	
		李振明	男	壮	广西凭祥	大专	1998.8—1998.10	
		韦家杰	男	壮	广西横县	大专	1998.8—1998.10	
第九届 1998.10—2002.10	书记	温国权	男	汉	广西陆川	大学	1998.10—2002.9	
		苏志球	男	壮	广西钦州	研究生	2002.9—2002.10	
	副书记	莫树周	男	壮	广西忻城	大专	1998.10—2002.9	
		苏建鹏	男	壮	广西天等	大专	1998.10—2001.3	
		黄超光	男	壮	广西宁明	大学	1998.10—2001.7	
		石家祥	男	苗	湖南永顺	大专	1998.10—1999.10	挂职
		陈家荣	男	—	—	—	1999.2—2000.3	挂职
		唐献文	男	—	—	—	1999.2—2000.3	挂职
		林广田	男	—	—	—	2000.4—2001.4	挂职
		刘季春	男	—	—	—	2000.4—2001.4	挂职
		农世威	男	壮	广西龙州	—	2000.6—	挂任期1年
		王宁湘	女	—	—	—	2001.5—	挂任期1年
		谭冠堂	男	壮	广西宾阳	研究生	2001.8—2002.9	
		方　青	男	壮	广西隆安	大学	2002.1—2002.10	
		廖应灿	男	壮	广西崇左	大学	2002.3—2002.9	
		许云生	男	—	—	—	2002.6—2003.6	
		蒙有蔚	男	汉	广西横县	研究生	2002.9—2002.10	
		黄榜荣	男	壮	广西马山	大学	2002.9—2002.10	
		李荷干	男	壮	广西大新	大专	2002.9—2002.10	
		李振明	男	壮	广西凭祥	大专	2002.9—2002.10	
	常委	温国权	男	汉	广西陆川	大学	1998.10—2002.9	
		莫树周	男	壮	广西忻城	大专	1998.10—2002.9	
		苏建鹏	男	壮	广西天等	大专	1998.10—2001.3	
		黄超光	男	壮	广西宁明	大学	1998.10—2001.7	
		石家祥	男	苗	湖南永顺	大专	1998.10—1999.10	挂职
		王英武	男	汉	广西宾阳	大学	1998.10—2002.4	
		易经权	男	壮	广西龙州	大专	1998.10—2002.9	
		黄保金	男	壮	广西龙州	大专	1998.10—2002.4	
		谭燕玲	女	壮	广西龙州	大专	1998.10—2002.9	
		韦家杰	男	壮	广西横县	大专	1998.10—2002.8	
		李普德	男	汉	贵州瓮安	大专	1998.10—1999.6	
		段福州	男	汉	广都	大专	1996.6—2000.6	

续表

届次	职务	姓名	性别	民族	籍贯	学历	任职时间	备注
第九届 1998.10—2002.10	常委	杨长耀	男	汉	湖南道县	本科	2000.6—2002.9	
		谭冠堂	男	壮	广西宾阳	研究生	2001.8—2002.10	
		黄能显	男	壮	广西崇左	研究生	2001.9—2002.10	
		方　青	男	壮	广西隆安	大学	2001.12—2002.10	
		廖应灿	男	壮	广西崇左	大学	2002.3—2002.9	
		蒙有蔚	男	汉	广西横县	研究生	2002.9—2002.10	
		苏志球	男	壮	广西钦州	研究生	2002.9—2002.10	
		李荷干	男	壮	广西大新	大专	2002.9—2002.10	
		黄榜荣	男	壮	广西马山	大学	2002.9—2002.10	
		李振明	男	壮	广西凭祥	大专	2002.9—2002.10	
		赵　丽	女	壮	广西钟山	研究生	2002.9—2002.10	
		詹金雄	男	汉	广西陆川	大专	2002.9—2002.10	
		黄宝权	男	壮	广西龙州	大学	2002.9—2002.10	
		刘家义	男	汉	湖南汨罗	大学	2002.9—2002.10	
第十届 2002.10—2006.7	书记	苏志球	男	壮	广西钦州	研究生	2002.10—2006.7	
		韦昌鸿	男	壮	广西横县	研究生	2006.7—2006.7	
	副书记	黄榜荣	男	壮	广西马山	大学	2002.10—2004.12	
		蒙有蔚	男	汉	广西横县	研究生	2002.10—2004.12	
		李振明	男	壮	广西凭祥	大专	2002.10—2004.9	
		李荷干	男	壮	广西大新	大专	2002.10—2004.9	
		骆幼宁	男	汉	广西融安	研究生	2002.12—2004.8	挂职
		杨　明	男	—	—	—	2003.6—	挂任期 1 年
		黄武海	男	壮	广西隆安	研究生	2004.12—2006.7	
		詹金雄	男	汉	广西陆川	大专	2004.9—2006.7	
		钟海光	男	汉	广西陆川	大学	2004.9—2006.7	
		黄增文	男	—	—	—	2004.8—	挂任期 1 年
		莫汉春	男	—	—	—	2004.7—	挂任期 1 年
		赵　丽	女	壮	广西钟山	研究生	2005.3—2006.7	
		邓　坚	男	汉	广西岑溪	研究生	2005.3—2006.7	
		李明新	男	汉	广西贵港	研究生	2005.6—2006.9	挂任期 1 年
		陆镇养	男	—	—	—	2005.6—	挂任期 1 年
		王瑛秀	男	—	—	—	2006.4—	挂任期 1 年
		张仕孔	男	壮	广西横县	—	2006.4—2006.7	挂职
	常委	苏志球	男	壮	广西钦州	研究生	2002.10—2006.7	
		韦昌鸿	男	壮	广西横县	研究生	2006.7—2006.7	
		黄榜荣	男	壮	广西马山	大学	2002.10—2004.12	
		蒙有蔚	男	汉	广西横县	研究生	2002.10—2004.12	
		李振明	男	壮	广西凭祥	大专	2002.10—2004.9	

续表

届次	职务	姓名	性别	民族	籍贯	学历	任职时间	备注
第十届 2002.10—2006.7	常委	李荷干	男	壮	广西大新	大专	2002.10—2004.9	
		谭冠堂	男	壮	广西宾阳	研究生	2002.10—2004.12	
		詹金雄	男	汉	广西陆川	大专	2002.10—2006.7	
		黄能显	男	壮	广西崇左	研究生	2002.10—2003.10	
		赵　丽	女	壮	广西钟山	研究生	2002.10—2006.7	
		黄宝权	男	壮	广西龙州	大学	2002.10—2006.7	
		刘家义	男	汉	湖南汨罗	大学	2002.10—2006.7	
		黄剑克	男	壮	广西扶绥	研究生	2003.10—2006.7	
		龙运勇	男	侗	贵州天柱	大学	2004.12—2006.7	
		黄武海	男	壮	广西隆安	研究生	2004.12—2006.7	
		钟海光	男	汉	广西陆川	大学	2004.9—2006.7	
		邓　坚	男	汉	广西岑溪	研究生	2005.3—2006.7	
		林　森	男	壮	广西龙州	大学	2005.3—2006.7	

县委工作机构

1986 年，县委工作机构设 11 个部门：县委办公室、组织部、宣传部、统战部、政法委、边防工委办公室、老干部局、党史办公室、县委党校、直属机关党委、边境广播站。

1989 年 10 月增设县委机要局；1989 年 12 月增设县委政策研究室。

1992 年 7 月增设县委保密局。

1994 年，县直属机关党委改为县直属机关工委。1997 年 4 月 20 日，撤销 1985 年成立的县编制委员会，成立县机构编制委员会；县编制局改名为县机构编制局，是龙州县机构编制委员会的办事机构，又是县委管理机构编制的工作部门。

1995 年，成立龙州报社。

1997 年 1 月机构改革，对县委的原工作机构进行调整，一部分机构撤销、合并或者转体：撤销县委政研室，其职能由县委办公室承担；机要局并入县委办公室，在县委办公室挂牌；保密办（保密局）设在县委办公室；老干部局并入组织部，在组织部挂牌；县直机关工委并入组织部，在组织部挂牌；对台办设在统战部；县精神文明办设在宣传部；信访局改为信访办公室，并入县委办公室，在县委办公室挂牌；边防工作委员会办公室改为边防工作委员会的议事协调机构的常设办事机构；县机构编制局更名为县编委办，是县机构编制委员会的常设办事机构，与人事局合署办公，工作由县机构编制委员会领导；纪委与监察局合署办公，一个机构两块牌子。经过调整，改革后的县委工作机构设 6 个：县委办公室、组织部、宣传部、统战部、政法委（保留社会治安综合治理委员会办公室名称）、纪委。县委议事协调机构设 2 个：边防工委办、县编委办。县委直属事业单位设 5 个：党史研究室、档案局、党校、报社、外宣办。

2001 年 11 月，根据《龙州县机构改革方案》，保留县委办公室、组织部、宣传部、统战部、政法委，纪委与监察局合署办公。县编委办为县机构编制委员会的常设机构列入党委序列，是县委的工作机构，又是县政府的工作机构；组建直属机关工作委员会，列入县委工作机构序列；保留县委、县政府信访办公室，由县委办公室领导；保留县委老干部局，由县委组织部领导；保密办公室（县政府保密局）、机要局、督查室在县委办公室挂牌；精神文明办公室在县委宣传部挂牌；台湾工作办公室（政府台湾事务办公室）在县委统一战线工作部挂牌；社会治安综合治理委员会办公室在政法委挂牌；档案局和档案馆维持局馆合一的体制，使用事业编制。2001 年改革后，县委工作机构有 8 个：纪委、县委办公室、组织部、宣传部、统战部、政法委、编委办、直属工委。

2004年7月，实行党政机构改革，县委设7个工作部门和纪律检查委员会。其中：县委办公室加挂保密委员会办公室（县国家保密局）、机要局、督查室牌子；县委宣传部内挂精神文明建设委员会办公室牌子；县委统战部加挂台湾工作办公室（县政府台湾事务办公室）、宗教事务办公室牌子；县社会治安综合治理委员会办公室与县委政法委合署办公；编制办公室是机构编制委员会的常设办事机构，是县委的工作机构，也是县政府的工作部门；县老干部局由县委组织部管理；县委、县政府信访办公室由县委办公室管理；县纪委与监察局合署办公，一个机构两块牌子；档案局和档案馆维持局馆合一的体制，使用事业编制。改革后的县委有工作机构8个：纪委、县委办公室、组织部、宣传部、统战部、政法委、编委办（事业单位登记管理局为编委办下属副科级的事业单位）、直属机关工委；部门管理机构2个：信访办公室、老干部局。

2005年12月，县委有工作机构8个：纪委、县委办公室、组织部、宣传部、统战部、政法委、编委办、直属机关工委；部门管理机构2个：信访办公室、老干部局。直属事业单位4个：党史研究室、档案局、党校、外宣办。

县纪委（监察局） 1986年，县纪委内设秘书科、审理科、检查科、信访科4个部门，有人员编制10名，实有11人，办公地址在龙州镇兴龙路5号县委大院内。1987年11月，龙州县监察局成立，在龙州镇康平街28号县人民政府办公楼挂牌办公，有人员编制7名，实有8人。县、乡、村三级纪检信访网络建立。1992年，县纪委增设政策法规咨询室。1993年，由乡镇党代会选举产生乡镇纪律检查委员会委员，分管党务副书记兼任纪委书记；县监察局局长兼任县纪委副书记。1997年1月，县纪委和县监察局合署办公，一套人马两块牌子，列入县委工作部门序列，内设办公室、信访室（含监察举报股，后称信访举报中心）、研究教育室、党风廉政建设室、案件监察一室、案件监察二室、案件审理室、执法监察室8个部门，有人员编制18名，实有21人，办公地址在龙州镇兴龙路5号县委大院内。2005年12月，县纪委、县监察局有人员编制25名，实有21人，内设部门、办公地址不变。

1986年—2005年历任书记：何伟强（1986.1—1991.9），邱志鸿（1991.9—1996.10），冯荣孙（1997.5—1998.8），李振明（1998.8—2004.8），詹金雄（2004.8—2005.12）。

1988年—2005年历任局长：农广胜（1988.7—1994.2），陆忠贤（1994.2—1997.2），黄海雁（1997.3—2005.12）。

县委办公室 1986年，县委办公室内设秘书科、行政科、信访科、机要科4个部门，配员35人，办公地址位于龙州镇兴龙路5号。1989年，秘书科改为秘书股，信息科改为信息股，行政科改为行政股，机要科待定。1995年，参照自治区党委办公厅、地委办公室机构的设置，县委办公室内部设第一、二、三、四、五秘书科及保卫科，其中第一秘书科负责领导秘书、办文工作；第二秘书科负责材料综合、督促检查、调查研究工作；第三秘书科负责信息工作；第四秘书科负责文书档案、机要收发、文印工作；第五秘书科负责行政事务、后勤工作；保卫科负责县委大院安全保卫工作。1997年1月，信访局改为信访办公室，并入县委办公室，在县委办公室挂牌；机要局设在县委办公室。1997年8月，保密办设在县委办公室，加挂保密局牌子，实行一个机构两块牌子，不作为县委办公室内设机构。2001年11月，信访办公室分设出来，不计入县委工作机构个数，由县委办公室领导。2002年，县委保密委员会办公室（保密局）、县委机要局、县委督查室为作县委办公室内设机构，保留牌子和印章。2004年7月，信访办公室由县委办公室管理，2005年12月有人员编制4名，实有4人。2005年12月，县委办公室内设保密委员会办公室（保密局）、机要局、督查室、文秘股、综合股、信息调研股、行政股7个部门，有人员编制29名，实有29人，办公地址位于龙州镇兴龙路5号。

1986年—2005年历任主任：周光富（1986.1—1988.8），农桂珠（1988.8—1990.11），植富强（1990.11—1991.9），江文术（1991.9—1993.9），黎志敏（1993.9—1996.5），黄保金（1996.5—2002.9），黄宝权（2002.9—2005.3），林森（2005.3—2005.12）。

县委组织部 1986年，县委组织部内设秘书科、组织科、干审科、干部科、青年干部科5个部门，有人员编制16名，实有19人，办公地址位于龙州镇兴龙路5号县委大院内。2005年12月，县委组织部下设老干局、县直属机关工委2个工作机构；内设办公室、组织股、干部股、干部档案股、干部教育股、参照国家公务员制度管理股、知识分子工作股、干部调查审理股、组织员办公室、党员电化教育办公室10个部门，有人员编制18名，实有15人，办公地址位于龙州镇兴龙路5号县委大院内。

1986年—2005年历任部长：覃宏(1986.1—1988.10)，张培植(1988.10—1989.12)，吴英杰(1989.12—1993.3)，容康社(1993.3—1994.9)，谭永胜(1994.9—1996.8)，赵继精(1996.8—1998.8)，韦家杰(1998.8—2001.9)，黄能显(2001.9—2003.10)，黄剑克(2003.10—2005.12)。

县委宣传部　1986年，县委宣传部内设秘书科、宣传科、理论科、党员教育科4个部门，有人员编制8名，实有16人，办公地址在龙州镇兴龙路5号县委大院内。1997年1月，将县社会主义精神文明办公室设在宣传部。2005年12月，县委宣传部内设办公室、宣教股、理论股、精神文明建设办公室4个部门，有人员编制18名，实有15人，办公地址在龙州镇兴龙路5号县委大院内。

1986年—2005年历任部长：梁文成(1986.1—1991.8)，吴纪靖(1991.8—1994.6)，陈知唐(1994.6—1997.10)，谭燕玲(1997.10—2002.9)，赵丽(2002.9—2005.12)。

县委统战部　1986年，中共龙州县委员会统一战线工作部内设办公室1个部门，有人员编制6名，实有8人，办公地点在龙州镇兴龙路5号县委大院内。1987年12月，县委统战部下设龙州县对台工作领导小组办公室，配备专职干部3人。1997年1月，县对台办无人员编制，由县委统战部1名副部长兼主任。2002年3月，县委统战部内设龙州县宗教事务办公室，无人员编制，由县委统战部1名副部长兼主任。2005年12月，县委统战部内设办公室、台办、宗教办3个部门，有人员编制6人，实有7人，办公地点在龙州镇兴龙路5号县委大院内。

1986年—2005年历任部长：黄祥宜(1986.1—1989.11)，李志光(1989.12—1994.4)，阮美功(1994.4—1999.3)，黄艳辉(1999.3—2002.12)，阮美功(2002.12—2005.12)。

县委政法委　1981年，中共龙州县委政法委员会成立，下设办公室，系中共龙州县委员会对政法工作的领导机构，领导和协调县法院、县检察院、县公安局、县司法局、县国家安全局等政法部门工作。1986年，县委政法委内设办公室、综治办2个部门，有人员编制4名，实有4人，办公地址在龙州县西街88号龙州县公安局院内。1991年，龙州县社会治安综合治理委员会成立，下设办公室，与县委政法委合署办公。1995年搬到龙州镇兴龙路5号县委大院办公。2002年机构改革后，中共龙州县委政法委员会为县委下属的工作部门，内设办公室、维稳办、综治办、"610"办4个部门，有人员编制8名(行政编制7名，事业编制1名)，实有8人，其中书记1人，副书记3人。2003年，设置龙州县"610"办公室，挂靠县委政法委。2005年，县委政法委实际在职8人，其中书记1人，副书记3人，办公地址不变。

1986年—2005年历任书记：陆仕政(1986.1—1988.10县委副书记兼)，冯景彤(1988.10—1991.11县委副书记兼)，吴世珍(1991.11—1993.9县委副书记兼)，吴英杰(1995.4—1995.10县委副书记兼)，易经权(1995.10—2002.9)，詹金雄(2002.9—2004.9)，龙运勇(2004.12—2005.12)。

县编委办　1986年，县编制委员会办公室不内设部门，有人员编制3名，实有1人，办公地址位于龙州镇康平街28号县人事局内。1988年，县编制委员会办公室改为编制局。1994年4月，撤销编制委员会，成立机构编制委员会；将编制局改名为机构编制局。机构编制局既是龙州县机构编制委员会的办事机构，又是县委管理机构编制的工作部门。1997年1月，机构编制局更名为机构编制委员会办公室，是县机构编制委员会的常设办事机构，与人事局合署办公，工作由县机构编制委员会领导。2001年11月，机构编制委员会办公室为机构编制委员会的常设机构列入党委序列，既是县委的工作机构，又是县政府的工作机构。2004年5月，下设县事业单位登记管理局，属副科级事业单位。2005年12月，机构编制委员会办公室不内设个部门，有人员编制7名，实有7人，办公地址位于龙州镇康平街28号县人民政府大院内。

1986年—2005年历任主任(局长)：黄志学(1986.1—1994.2)，农瑞民(1994.2—1997.6)，陆光廷(1997.2—

2004.4)，农海洪(2004.4—2005.12)。

县直属机关工委 1985年8月，中共龙州县直属机关委员会成立，内设中共龙州县直属机关委员会人民武装部，有人员编制6名，实有6人，办公地址位于龙州镇兴龙路5号县委大院内。1994年6月，更名为中共龙州县直属机关工作委员会，有人员编制7个，实有7人。2005年12月，内设部门不变，有人员编制5名（行政人员编制3名、事业人员编制2名），实有5人，办公地址位于龙州镇兴龙路5号县委大院内。

1986年—2005年历任书记：吴美昌(1986.1—1992.1)，农仕敢(1992.1—1993.1)，唐忠武(1993.1—1994.11)，王辉(1994.11—1997.2)，农英才(1997.2—1998.3兼任)，陆敏(1998.3—2002.2兼任)，林青山(2002.3—2005.12)。

县委老干部局 1984年8月，中共龙州县委老干部工作局成立，隶属县委组织部。1986年独立办公，不内设部门，有人员编制4名，实有4人，办公地址位于龙州镇兴龙路5号县委大院内。2002年机构改革，定行政人员编制4名、后勤服务事业人员编制1名，实有3人。2005年12月，县委老干部工作局不内设部门，人员编制5名，实有5人，办公地址位于龙州镇兴龙路5号县委大院内。

1986年—2005年历任局长：黄美荣(1986.1—1996.9)，林树权(1996.9—2005.12)。

县委党史研究室 1986年，中共龙州县委党史资料征集领导小组下设办公室，有人员编制9名，实有8人，办公地址在龙州镇兴龙路5号县委大院内。1997年，党史资料征集领导小组及其办公室撤销，成立中共龙州县委党史研究室，是县委直属事业单位，有事业人员编制9名，实有6人。2005年，县委党史研究室不内设部门，有人员编制9名，实有10人，办公地址在龙州镇兴龙路5号县委大院内。

1986年—2005年历任主任：黄洪波(1986.1—1987.10)，黄如武(1987.10—1995.3)，陈仕才(1995.3—1999.12)，何成养(2000.12—2002.4)，黄华生(2003.3—2005.12)。

县委党校 1985年，龙州县行政干部学校成立，党校和行政干部学校实行一套人马两块牌子建制，校址在龙州镇利民街121号，校园面积2.3公顷。1986年，党校内设办公室、教研室、总务室、资料室、卫生室五个部门，有人员编制21名，实有27人。1995年，党校定为中专体制学校。2003年内设办公室、理论研究室、教务处、总务处四个部门，有人员编制21名，实有12人。2005年内设部门、人员编制、校址不变，实有人员17人。

1986年—2005年历任校长：张培植(1986.1—1988.10县委副书记兼)，吴英杰(1988.10—1993.9县委副书记兼第一校长)，温国权(1993.9—1995.2县委副书记兼第一校长)，彭晓春(1995.2—1996.8县委副书记兼第一校长)，谭永胜(1996.6—1998.11县委副书记兼第一校长)，苏建鹏(1998.11—2000.11县委副书记兼第一校长)，方青(2000.11—2002.11县委副书记兼第一校长)，蒙有蔚(2002.11—2005.5县委副书记兼第一校长)，赵丽(2005.5—2005.12县委副书记兼第一校长)。吴纪靖(1987.12—1992.11)，潘金光(1992.11—1996.8)，黎月娟(1996.8—2004.4)，陆天佐(2004.4—2005.12)。

县外宣办 1986年，广西壮族自治区龙州县边境对越广播站直属自治区党委宣传部和广西国际广播电台双重领导，有人员编制4名，实有4人，属行政编制，经费由中央财政拨款，业务由广西国际广播电台管理，办公地点在龙州镇独山路176号，工作站在龙州县武德乡科甲村。1988年，广播站脱离广西国际广播电台的领导，直接受自治区党委宣传部的领导。1990年，龙州县边境对越广播站下放龙州县管理，成为县委直属工作部门。1994年10月，自治区党委对外宣传工作领导小组将边境对越广播站改名为边境对外宣传办公室，挂靠当地县（市）委宣传部，定为相当于区（科）级事业单位，编制4名，经费列入本县（市）宣传事业费预算，由地方财政核拨。2005年11月29日，县机构编制委员会注销《龙州报》社，将原有在编人员和退休人员及单位资产整体划入龙州县边境对外宣传办公室。划入后，县边境对外宣传办公室人员有人员编制12名，实有11人，原隶属关系、单位性质不变，办公地址迁至龙州镇兴龙路5号县委大院内。

1986年—2005年历任主任（站长）：杜承伦(1986.1—1996.3)，许建成(1996.3—1999.3)，赵建宁(1999.3—2005.12)。

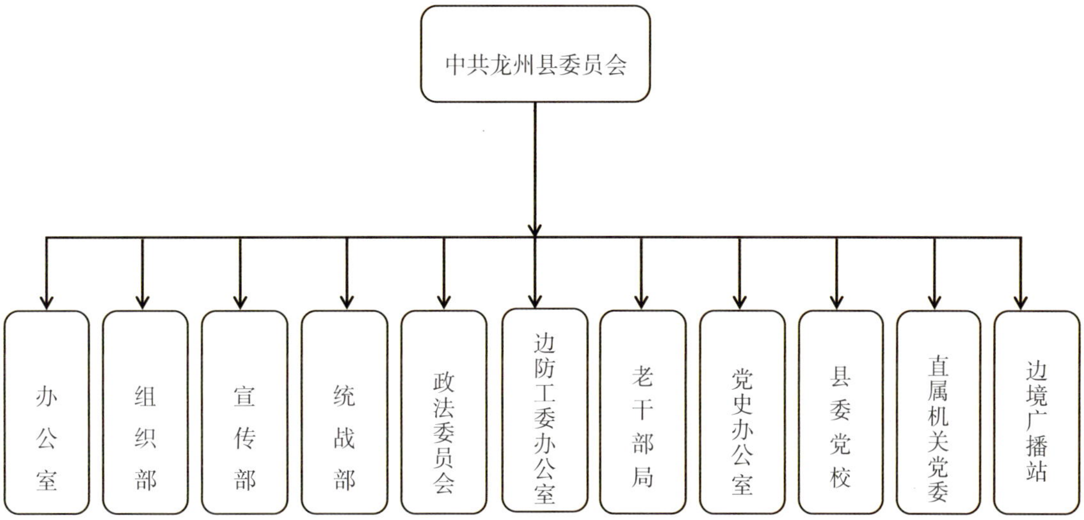

1986 年中共龙州县委员会工作机构示意图

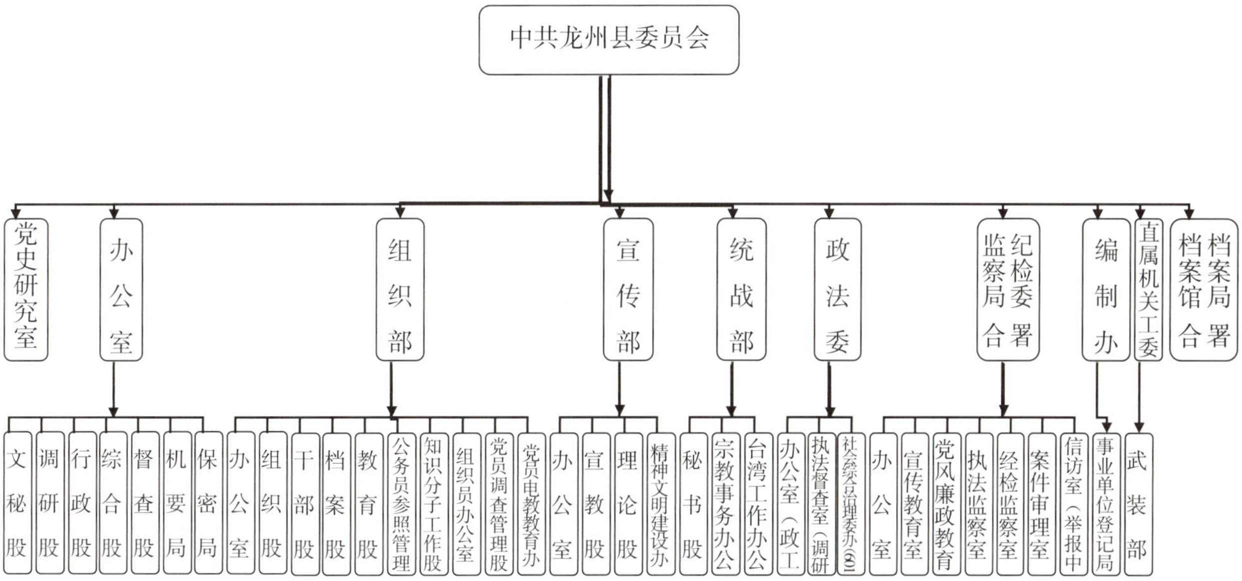

2005 年中共龙州县委员会工作机构示意图

第二节　重大决策

发展农业

1994 年 6 月 15 日，县委、县政府印发《关于在全县农村推行农村股份合作制的决定》，决定以响水镇为试点，坚持自愿互利、承认差别、实事求是、有利于发展壮大集体经济的原则，适应社会主义市场经济体制要求，解决农村在体制转换中的新矛盾新问题，促进农村经济体制全面发展和社会稳定，积极稳妥推进股份合作制。1998 年，县委、县政府作出开展龙州县生态农业建设的决定，成立龙州县生态农业建设领导小组，制定实施方案，广泛宣传发动，在各乡镇开展试点，以点带面，持续推进生态农业建设，力争到 2000 年底前建设沼气池的农户占总农户数的 30% 以上，大力发展养殖—沼气—种植三位一体生态农业，确保农业和农村经济与保护生态环境协调发展。1999 年 4 月 12 日，县委印发《关于贯彻自治区党委农业和农村“1234610”工作思想的实施意见》，提出要突出重点，发挥优势，全面实施农业和农村工作六大基础工程（绿色工程、种子工程、流通工程、“三田”建设工程、教育培训工程、社会稳定工程），抓好确保农业和农村经济持续稳定健康发展的 10 项工作（调整优化农村产业结构、推进农业产业化经营、加快以水利为重点的农业和农村基础设施建设、加大扶贫攻坚力度、大力发展乡镇企业、扩大农业和农村对外开放、抓好农村计划生育工作、多渠道增加对农业的投入、加强农村民族政治建设和精神文明建设、加强对农业和农村工作的领导）。2001 年 7 月 18 日，县委、县政府印发《关于加快农业和农村经济结构调整增加农民收入的决定》，从调整的方向、重点、主要措施等方面，加快农业和农村经济结构调整，解决农产品难卖、农民增收缓慢的突出问题，促进全县经济持续、协调健康发展。

发展工业

2001 年 8 月 13 日，县委、县政府印发《关于积极推进工业化的实施方案》，明确全县推进工业化的主要任务，实行税收优惠、收费优惠、土地优惠等政策，并对各项工作措施和职责分工做出明确规定，目标是到 2005 年全县工业年产值 10000 万元以上的企业数要达到 5 户，年产值 100 万元以上的企业数要达到 15 户，同时扶持发展一大批集体和私营企业，使全县工业总产值达到 62800 万元。

发展个体私营经济

1994 年 12 月 11 日，县委、县政府印发《关于加快发展乡镇企业的若干规定》，对乡镇企业经营范围、申报项目手续、奖励方法、激励机制、干部培训、人事等方面做出明确规定。1997 年 12 月 29 日，县委、县政府印发《关于进一步加快个体私营经济发展若干规定》，鼓励个体、私营企业发展，放宽生产经营范围，鼓励实行多种经营方式，简化审批手续，积极为个体私营企业提供经营场地，为企业开户、结算、贷款、税收等工作提供方便，切实保护个体私营企业的合法权益，并加强服务和管理，创造一个有利于个体私营经济发展的社会环境。

发展旅游业

1996 年 3 月 10 日，县委、县政府印发《关于鼓励投资者到我县兴办旅游业的优惠办法》，依据“谁投资、谁受益”的原则，鼓励外商、港澳台胞及社会各单位、团体和个人到龙州县投资兴办旅游业，并在税收优惠、奖励办法、土地使用、游客合法权益等方面做出明确规定。

鼓励招商引资

1992 年 3 月 21 日，县委、县政府印发《关于内地和外商在水口镇边境经济开发区投资办企业的暂行规定》和《关于我县各部门和单位在水口镇边境经济开发区开展边境贸易的暂行规定》，允许内地和外商在水口镇边境经济开发区投资开发，开展联营、代销、代购业务，合资、独资、合作办厂，利用越南资源开办加工工业。内联外资项目固定资产投入不受年度投资规模限制，并对在开发区投资兴建内、外资企业给予用地和税收优惠。引导各乡镇、县直相关单位积极在水口镇边境经济开发区利用越南原材料投资或与内地联合引进外商合资兴办加工工业，兴建边贸设施，开展边境经济贸易。1993 年 3 月 26 日，县委、县政府印发《关于鼓励投资者到龙州进行边贸市场设施建设的规定》，规定凡到龙州边贸互市点进行边贸市场设施建设的投资者，不受投资规模限制，免征投资者调节税，给予优先提供基建用地，可挂靠我县边贸总公司，进行对越经营，坚持“谁投资、谁管理、谁受益”原则，享有管理和受益权。2004 年 4 月 16 日，县委、县政府印发《龙州县招商引资目标责任考核办法》，对考核对象、目标责任、考核范围、计算方法、考核程序、经费补助、奖惩办法、检查监督等作出明确规定，目的是进一步加大招商引资工作力度，充分调动全县上下招商引资的积极性。

计划生育

1994 年 3 月 5 日，县委、县政府作出《关于县直机关部、委、办、局对乡（镇）计划生育工作实行目标承包责任的决定》，决定把全县 13 个乡镇分解到县直机关部、委、办、局来承包，实行全方位承包：包全年人口出生控制、多孩出生控制数、计划生育率、四术任务完成；包计生大清理各项指标；包人力、物力、财力支援；包经常过问关心计划生育情况和负责计生网络建设，育龄妇女孕检及节育措施落实。

机构改革

1997 年 1 月 7 日，县委、县政府印发《龙州县党政机构改革方案》，机构改革重点是转变政府职能，逐步克服和改变党政机关职能配置不合理、部门之间职责不清、机构臃肿、人浮于事、效率低下等各种弊端，建立有利于加强和改善党的领导，有利于社会主义市场经济发展需要的行政管理体制。2001 年 12 月 24 日，县委、县政府制定《关于龙州县县、乡镇机构改革的实施意见》，明确机构改革指导思想和原则、步骤、要求以及责任分工，指导做好县、乡镇机构改革的具体组织实施工作。2002 年 3 月 15 日，为做好县、乡党政机构改革定编定岗定员工作，妥善分流人员，县委、县政府研究决定在全县党政机关内部科员以下（含科员）实行竞争上岗，制定竞争上岗方案，对适用范围、人员确定、程序和方法、时间安排和要求等作出明确规定。2004 年再次进行机构改革，7 月 23 日，县委、县政府印发《关于龙州县党政机构改革的实施意见》，主要对县发展和改革局、县经济贸易局、县安全生产监督管理局、县人口和计划生育局、县农业局进行机构改革，组建县招商促进局，并对部门“三定”（定职责、定机构、定编制）工作的步骤、要求作出明确规定。

依法治县

1993 年 1 月 5 日，县委、县政府印发《关于在全县范围内开展依法治县活动的决定》，提出要加强认识、齐抓共管，推进依法治县工作，要制定可行规划，加强舆论宣传，完善各项规章制度，开展依法治理，抓好执法检查。1998 年 6 月 3 日，县委印发《关于开展依法治县工作的决定》，贯彻落实中央关于“依法治国，建设社会主义法治国家”的战略方针和自治区第七次党代会提出的“依法治桂”的工作目标，全面推进依法治县工作。要求要加快地方立法，严格依法行政，改革完善司法制度，坚持抓基层、打基础方针全面推进各项工作，继续加大开展法治宣传教育，进一步提高法律素质。

科教兴县

1993 年 7 月 21 日，县委、县政府印发《关于落实南宁地区科技项目实施方案的通知》，要求成立项目领导小组，落实各项目任务，主要有农业新技术开发应用、甘蔗丰产技术开发、八角低产改造技术、香蕉组培苗推广技术、垄稻沟养鱼技术、推广应用氨化秸秆养牛技术等。1996 年 5 月 8 日，县委、县政府印发《关于全面实施科教兴县战略、加速科学技术进步的决定》，决定在全县范围内迅速掀起科教兴县的新热潮，充分利用社会主义市场经济体制给科技进步创造的有利环境和条件，坚持科技与教育结合，努力提高科技整体实力，力争用 5 年左右时间，在全县建立起科技新体制，全县科技实力和水平有一个的发展，基本形成科技经济一体化格局，科技进步对经济增长的贡献率提高到 40% 以上。

扶贫攻坚

1994 年 7 月 17 日，县委、县政府办公室印发《关于县四大班子领导、县直部机关单位包村挂钩扶贫的通知》，要求挂钩扶贫期限为 3 年，县四大班子领导每人挂钩扶持一个特困村，县直机关单位 10 人以上的挂钩一个村，10 人以下的挂钩一个屯，每个干部挂钩一个贫困户，并制定扶贫成效奖罚措施。1997 年 12 月 29 日，县委、县政府印发《关于进一步加大扶贫攻坚力度打好扶贫攻坚决战的决定》，提出要进一步加大扶贫攻坚力度，力争在 1999 年基本解决全县农村贫困人口温饱问题，要进一步明确扶贫攻坚对象，集中力量解决贫困人口饮水难、交通难问题，做好异地安置开发工作，全面实行小额信贷扶贫模式，加大资金投入力度，管好用好扶贫资金。1999 年 8 月 26 日，县委、县政府办公室印发《关于县四家班子领导和机关单位挂钩包户开展扶贫工作的通知》，决定由县四家班子领导和各乡镇、县直各单位以及区、地直驻龙州有关单位与县内部分贫困人口（1168 户 5769 人）挂钩包户开展扶贫工作，要求各单位按照下达的包户帮扶任务到户挂钩扶贫，采取有效措施，广开扶贫门路，确保在 1999 年末基本解决贫困人口的温饱问题。2005 年 8 月，县政府作出决定，整合资金，集中力量，分三批对全县 74 个贫困村的扶贫开发规划实施“整村推进”。

社会治安综合治理

1991 年 7 月 3 日，县委、县政府印发《关于进一步搞好社会治安综合治理的决定》，具体包括打击、防范、教育、管理、建设、改造六个方面，制定了社会治安检查验收标准和工作方案，明确社会治安综合治理县各级机构组成方法及工作职责。通过运用政治、经济、行政、法律、文化教育等多种手段，整治社会治安，打击犯罪和预防犯罪，保障社会稳定，为社会主义现代化建设和改革开放创造良好社会环境。1995 年 4 月 28 日，县委、县政府作出《关于维护社会稳定的决定》，要求密切注视动向，充分运用法律手段全面落实社会治安综合治理领导责任制，实行一票否决制。开展法治教育和依法治理活动，解决人民内部矛盾，加强边境管理，加强宣传引导，把好舆论导向，建立健全请示汇报制度。

创建文明卫生城市

1995年11月1日，县委、县政府印发《关于创建文明卫生城市的通知》，主要任务是重点整治“脏、乱、差”问题，要求各单位形成合力，落实公共卫生责任区，力争第一年打好基础，第二年巩固提高，第三年建成具有一定水平的文明卫生城市。

第三节　组织建设

基层组织建设

1986年12月，全县共设有20个基层党委，包括龙州镇、霞秀乡、八角乡、上降乡、彬桥乡、下冻乡、水口乡、武德乡、金龙乡、逐卜乡、响水乡、上金乡等12个乡镇党委，直属机关党委、南宁师专、霞秀糖厂、龙北农场、先锋农场、北耀农场、橡胶所、机械厂等8个机关、企事业单位党委。共设有人大常委会、县政府、政协、公安局、人民法院、司法局、人民检察院、计划委员会、农业委员会、经济委员会等8个机关党组。

1987年8月，霞秀乡分为霞秀、上龙两个乡；10月，上龙乡党委正式成立。县委下属组织机构由原12个乡镇党委变为13个乡镇党委。

1991年11月，第二糖厂党委成立；12月，龙州糖厂党委成立。

1992年4月，广西橡胶研究所（广西农垦茶叶研究所）与广西亚热带作物研究所合并，改名为广西亚热带作物研究所试验站，广西橡胶研究所（广西农垦茶叶研究所）党委改为广西亚热带作物研究所试验站党委；水口乡改为镇建制，水口乡党委改为水口镇党委。7月，下冻乡、金龙乡、响水乡均改为镇建制，下冻乡党委、金龙乡党委、响水乡党委分别改为下冻镇党委、金龙镇党委、响水镇党委。10月，公安局党组撤销，公安局党委成立。

1994年4月，糖业局党组、交通局党组、工商局党组分别成立。

1995年，县直属机关党委改为县直属机关工委。

1996年，广西亚热带作物研究所试验站党委改为广西亚热带作物研究所试验站党总支；9月，城乡建设委员会党组成立。

1997年1月机构改革，计划委员会党组改为计划局党组，城乡建设委员会党组改为建设局党组；农业委员会改为农村工作领导小组，不再设党组。3月，水电局党组成立。10月，经济委员会党组撤销，经济贸易局工委成立。

1999年2月，财政局党组、教育局党组分别成立。

2000年，国家税务局党组成立。

2001年2月15日，土地管理局党组、农业局党组、广播电视局党组分别成立；4月18日，卫生局党组成立；5月22日，工商行政管理局机关党委成立；8月24日，地方税务局党组成立。

2002年1月30日，卫生局党委成立，卫生局党组撤销；水产畜牧局党组、文化体育局党组、林业局党组分别成立；经济贸易局工作委员会撤销，经济贸易局党委成立；水利电力局党组撤销，水利电力局党委成立；计划局党组撤销，发展计划局党组成立；人事劳动和社会保障局党组成立；土地管理局党组撤销，国土资源局党组成立。8月1日，建设局党组撤销，建设局党委成立。

2003年2月17日，教育局党组撤销，教育局党委成立。

2004年7月6日，发展计划局党组撤销，发展和改革局党组成立。5月10日，边防委员会办公室党组、总工会党组分别成立。

2004年10月，启动龙州镇和霞秀乡撤并工作，组建新的龙州镇；11月12日，新的龙州镇党委成立。

2005年12月，全县设龙州镇、八角乡、上降乡、彬桥乡、水口镇、下冻镇、上龙乡、武德乡、金龙镇、逐卜乡、响水镇、上金乡、直属机关工委、公安局、卫生局、水利电业公司、教育局、建设局、经济局、南宁师专、工商局、龙州糖厂、霞秀糖厂、第二糖厂、龙北农场、先锋农场、北耀农场、机械厂等28个党委（工委）；设人大常委会、县政府、政协、人民法院、司法局、人民检察院、交通局、糖业局、发展和改革局、财政局、国家税务局、国土资源局、农业局、广播电视局、地方税务局、水产畜牧局、文化体育局、林业局、人事劳动和社会保障局、边防委员会办公室、总工会等24个党组；设128个党总支部，1108个党支部。全县党员12454人，其中少数民族党员11873人，占全县党员95.33%；专业技术党员1611人，占全县党员12.94%；大专以上党员1712人，占全县党员13.75%；35岁以下党员2568人，占全县党员20.62%。

表3-2　　1986年—2005年中共龙州县基层组织统计表

年份	党委（工委）		党总支（个）	机关党组（个）	党支部（个）	党员（人）
	总数（个）	乡镇党委（个）				
1986	20	12	9	10	490	8356
1987	21	13	107	10	834	8348
1988	21	13	114	10	897	8464
1989	21	13	116	10	888	8427
1990	21	13	116	10	899	8558
1991	23	13	118	10	920	8777
1992	24	13	118	9	918	9032
1993	24	13	118	9	927	9203
1994	24	13	121	12	940	9456
1995	24	13	121	12	956	9720
1996	23	13	121	13	948	10046
1997	24	13	121	12	957	10441
1998	24	13	121	12	959	10541
1999	24	13	120	14	954	10897
2000	24	13	122	15	976	11212
2001	25	13	126	19	992	11425
2002	28	13	126	20	981	11592
2003	29	13	123	19	1060	11941
2004	28	12	127	21	1113	11964
2005	28	12	128	21	1108	12454

注：统计数据为每年12月的数据

表3-3　　1986年—2005年中共龙州县党组党委工委设置一览表

年份	党组单位名称	个数	党委单位名称	个数
1986	人大常委会、县政府、政协、公安局、人民法院、司法局、人民检察院、计划委员会、农业委员会、经济委员会	10	龙州镇、霞秀乡、八角乡、上降乡、彬桥乡、水口乡、下冻乡、武德乡、金龙乡、逐卜乡、响水乡、上金乡、直属机关、南宁师专、霞秀糖厂、龙北农场、先锋农场、北耀农场、橡胶所、机械厂	20

续表

年份	党组单位名称	个数	党委单位名称	个数
1987	人大常委会、县政府、政协、公安局、人民法院、司法局、人民检察院、计划委员会、农业委员会、经济委员会	10	龙州镇、霞秀乡、八角乡、上降乡、彬桥乡、水口乡、下冻乡、上龙乡、武德乡、金龙乡、逐卜乡、响水乡、上金乡、直属机关、南宁师专、霞秀糖厂、龙北农场、先锋农场、北耀农场、橡胶所、机械厂	21
1988	人大常委会、县政府、政协、公安局、人民法院、司法局、人民检察院、计划委员会、农业委员会、经济委员会	10	龙州镇、霞秀乡、八角乡、上降乡、彬桥乡、水口乡、下冻乡、上龙乡、武德乡、金龙乡、逐卜乡、响水乡、上金乡、直属机关、南宁师专、霞秀糖厂、龙北农场、先锋农场、北耀农场、橡胶所、机械厂	21
1989	人大常委会、县政府、政协、公安局、人民法院、司法局、人民检察院、计划委员会、农业委员会、经济委员会	10	龙州镇、霞秀乡、八角乡、上降乡、彬桥乡、水口乡、下冻乡、上龙乡、武德乡、金龙乡、逐卜乡、响水乡、上金乡、直属机关党委、南宁师专、霞秀糖厂、龙北农场、先锋农场、北耀农场、橡胶所、机械厂	21
1990	人大常委会、县政府、政协、公安局、人民法院、司法局、人民检察院、计划委员会、农业委员会、经济委员会	10	龙州镇、霞秀乡、八角乡、上降乡、彬桥乡、水口乡、下冻乡、上龙乡、武德乡、金龙乡、逐卜乡、响水乡、上金乡、直属机关、南宁师专、霞秀糖厂、龙北农场、先锋农场、北耀农场、橡胶所、机械厂	21
1991	人大常委会、县政府、政协、公安局、人民法院、司法局、人民检察院、计划委员会、农业委员会、经济委员会	10	龙州镇、霞秀乡、八角乡、上降乡、彬桥乡、水口乡、下冻乡、上龙乡、武德乡、金龙乡、逐卜乡、响水乡、上金乡、直属机关、南宁师专、龙州糖厂、霞秀糖厂、第二糖厂、龙北农场、先锋农场、北耀农场、橡胶所、机械厂	23
1992	人大常委会、县政府、政协、人民法院、司法局、人民检察院、计划委员会、农业委员会、经济委员会	9	龙州镇、霞秀乡、八角乡、上降乡、彬桥乡、水口镇、下冻镇、上龙乡、武德乡、金龙镇、逐卜乡、响水镇、上金乡、直属机关、公安局、南宁师专、龙州糖厂、霞秀糖厂、第二糖厂、龙北农场、先锋农场、北耀农场、热作所试验站、机械厂	24
1993	人大常委会、县政府、政协、人民法院、司法局、人民检察院、计划委员会、农业委员会、经济委员会	9	龙州镇、霞秀乡、八角乡、上降乡、彬桥乡、水口镇、下冻镇、上龙乡、武德乡、金龙镇、逐卜乡、响水镇、上金乡、直属机关、公安局、南宁师专、龙州糖厂、霞秀糖厂、第二糖厂、龙北农场、先锋农场、北耀农场、热作所试验站、机械厂	24
1994	人大常委会、县政府、政协、人民法院、司法局、人民检察院、计划委员会、农业委员会、经济委员会、工商局、交通局、糖业局	12	龙州镇、霞秀乡、八角乡、上降乡、彬桥乡、水口镇、下冻镇、上龙乡、武德乡、金龙镇、逐卜乡、响水镇、上金乡、直属机关工委、公安局、南宁师专、龙州糖厂、霞秀糖厂、第二糖厂、龙北农场、先锋农场、北耀农场、热作所试验站、机械厂	24
1995	人大常委会、县政府、政协、人民法院、司法局、人民检察院、计划委员会、农业委员会、经济委员会、工商局、交通局、糖业局	12	龙州镇、霞秀乡、八角乡、上降乡、彬桥乡、水口镇、下冻镇、上龙乡、武德乡、金龙镇、逐卜乡、响水镇、上金乡、直属机关工委、公安局、南宁师专、龙州糖厂、霞秀糖厂、第二糖厂、龙北农场、先锋农场、北耀农场、热作所试验站、机械厂	24

续表

年份	党组单位名称	个数	党委单位名称	个数
1996	人大常委会、县政府、政协、人民法院、司法局、人民检察院、计划委员会、农业委员会、经济委员会、工商局、交通局、糖业局、城乡建设委员会	13	龙州镇、霞秀乡、八角乡、上降乡、彬桥乡、水口镇、下冻镇、上龙乡、武德乡、金龙镇、逐卜乡、响水镇、上金乡、直属机关工委、公安局、南宁师专、龙州糖厂、霞秀糖厂、第二糖厂、龙北农场、先锋农场、北耀农场、机械厂	23
1997	人大常委会、县政府、政协、人民法院、司法局、人民检察院、工商局、交通局、糖业局、水电局、建设局、计划局	12	龙州镇、霞秀乡、八角乡、上降乡、彬桥乡、水口镇、下冻镇、上龙乡、武德乡、金龙镇、逐卜乡、响水镇、上金乡、直属机关工委、公安局、经济贸易局工委、南宁师专、龙州糖厂、霞秀糖厂、第二糖厂、龙北农场、先锋农场、北耀农场、机械厂	24
1998	人大常委会、县政府、政协、人民法院、司法局、人民检察院、工商局、交通局、糖业局、水电局、建设局、计划局	12	龙州镇、霞秀乡、八角乡、上降乡、彬桥乡、水口镇、下冻镇、上龙乡、武德乡、金龙镇、逐卜乡、响水镇、上金乡、直属机关工委、公安局、经济贸易局工委、南宁师专、龙州糖厂、霞秀糖厂、第二糖厂、龙北农场、先锋农场、北耀农场、机械厂	24
1999	人大常委会、县政府、政协、人民法院、司法局、人民检察院、工商局、交通局、糖业局、水电局、建设局、计划局，财政局，教育局	14	龙州镇、霞秀乡、八角乡、上降乡、彬桥乡、水口镇、下冻镇、上龙乡、武德乡、金龙镇、逐卜乡、响水镇、上金乡、直属机关工委、公安局、经济贸易局工委、南宁师专、龙州糖厂、霞秀糖厂、第二糖厂、龙北农场、先锋农场、北耀农场、机械厂	24
2000	人大常委会、县政府、政协、人民法院、司法局、人民检察院、工商局、交通局、糖业局、水电局、建设局、计划局、财政局、教育局，国家税务局	15	龙州镇、霞秀乡、八角乡、上降乡、彬桥乡、水口镇、下冻镇、上龙乡、武德乡、金龙镇、逐卜乡、响水镇、上金乡、直属机关工委、公安局、经济贸易局工委、南宁师专、龙州糖厂、霞秀糖厂、第二糖厂、龙北农场、先锋农场、北耀农场、机械厂	24
2001	人大常委会、县政府、政协、人民法院、司法局、人民检察院、交通局、糖业局、水电局、建设局、计划局、财政局、教育局、国家税务局、土地管理局、农业局、广播电视局、卫生局、地方税务局	19	龙州镇、霞秀乡、八角乡、上降乡、彬桥乡、水口镇、下冻镇、上龙乡、武德乡、金龙镇、逐卜乡、响水镇、上金乡、直属机关工委、公安局、经济贸易局工委、南宁师专、工商局、龙州糖厂、霞秀糖厂、第二糖厂、龙北农场、先锋农场、北耀农场、机械厂	25
2002	人大常委会、县政府、政协、人民法院、司法局、人民检察院、交通局、糖业局、发展计划局、财政局、教育局、国家税务局、国土资源局、农业局、广播电视局、地方税务局，水产畜牧局、文化体育局、林业局、人事劳动和社会保障局	20	龙州镇、霞秀乡、八角乡、上降乡、彬桥乡、水口镇、下冻镇、上龙乡、武德乡、金龙镇、逐卜乡、响水镇、上金乡、直属机关工委、公安局、卫生局、水利电力局、建设局、经济贸易局、南宁师专、工商局、龙州糖厂、霞秀糖厂、第二糖厂、龙北农场、先锋农场、北耀农场、机械厂	28
2003	人大常委会、县政府、政协、人民法院、司法局、人民检察院、交通局、糖业局、发展计划局，财政局、国家税务局、国土资源局、农业局、广播电视局、地方税务局、水产畜牧局、文化体育局、林业局、人事劳动和社会保障局	19	龙州镇、霞秀乡、八角乡、上降乡、彬桥乡、水口镇、下冻镇、上龙乡、武德乡、金龙镇、逐卜乡、响水镇、上金乡、直属机关工委、公安局、卫生局、水利电力局、教育局、建设局、经济贸易局、南宁师专、工商局、龙州糖厂、霞秀糖厂、第二糖厂、龙北农场、先锋农场、北耀农场、机械厂	29

续表

年份	党组单位名称	个数	党委单位名称	个数
2004	人大常委会、县政府、政协、人民法院、司法局、人民检察院、交通局、糖业局、发展和改革局、财政局、国家税务局、国土资源局、农业局、广播电视局、地方税务局、水产畜牧局、文化体育局、林业局、人事劳动和社会保障局、边防委员会办公室、总工会	21	龙州镇、八角乡、上降乡、彬桥乡、水口镇、下冻镇、上龙乡、武德乡、金龙镇、逐卜乡、响水镇、上金乡、直属机关工委、公安局、卫生局、水利电力局、教育局、建设局、经济贸易局、南宁师专、工商局、龙州糖厂、霞秀糖厂、第二糖厂、龙北农场、先锋农场、北耀农场、机械厂	28
2005	人大常委会、县政府、政协、人民法院、司法局、人民检察院、交通局、糖业局、发展和改革局、财政局、国家税务局、国土资源局、农业局、广播电视局、地方税务局、水产畜牧局、文化体育局、林业局、人事劳动和社会保障局、边防委员会办公室、总工会	21	龙州镇、八角乡、上降乡、彬桥乡、水口镇、下冻镇、上龙乡、武德乡、金龙镇、逐卜乡、响水镇、上金乡、直属机关工委、公安局、卫生局、水利电力局、教育局、建设局、经济贸易局、南宁师专、工商局、龙州糖厂、霞秀糖厂、第二糖厂、龙北农场、先锋农场、北耀农场、机械厂	28

发展党员

1985年—2005年，全县发展党员“坚持标准、保证质量、改善结构、慎重发展”，党员结构更加合理，党员的年龄、性别、学历、覆盖比继续得到优化。截至2005年统计，从党员的年龄上看，35岁及以下的党员2568名，占党员总数的20.62%；从党员的性别上看，女性党员2561名，占党员总数的20.56%；从党员的学历上看，具有大专以上学历1712人，占13.75%；从覆盖面上看，农村党员数量也不断增长，达5958名，占党员总数的47.84%。全县党员得到不断优化，数量也稳步增加、结构更加合理。

表3-4　**1986年—2005年中共龙州县党员结构统计表**

单位：人

年份	党员总数						文化程度					年龄结构					
	合计	其中															
		少数民族党员	女党员	农村党员	预备党员	当年新发展	大专以上	中专	高中	初中	小学以下	25岁以下	26岁至35岁	36岁至45岁	46岁至55岁	56岁至60岁	61岁以上
1986	8356	—	1423	—	469	261	—	—	—	—	—	—	—	—	—	—	—
1987	8348	—	1374	4518	401	220	—	—	—	—	—	—	—	—	—	—	—
1988	8464	7757	1412	—	392	266	365	491	1148	2046	4414	201	1736	2254	2647	913	713
1989	8427	7738	1401	—	344	141	440	575	1133	2085	4194	180	1419	2259	2556	1099	914
1990	8558	7871	1360	—	352	184	566	655	1172	2143	4022	315	1370	2241	2413	1228	991
1991	8777	8068	1371	—	385	288	609	691	1230	2226	4021	268	1278	2308	2405	1290	1228
1992	9032	8282	1419	—	456	342	667	770	1336	2264	3995	243	1335	2436	2333	1345	1340
1993	9203	8474	1467	—	498	295	737	848	1407	2333	3878	271	1311	2406	2357	1327	1531
1994	9456	8713	4190	—	431	323	911	911	1515	2353	3766	277	1283	2470	2386	1252	1788
1995	9720	8957	1547	—	501	405	893	1016	1642	2544	3625	314	1438	2482	2340	1220	1926

续表

年份	党员总数						文化程度					年龄结构					
	合计	其中					大专以上	中专	高中	初中	小学以下	25岁以下	26岁至35岁	36岁至45岁	46岁至55岁	56岁至60岁	61岁以上
		少数民族党员	女党员	农村党员	预备党员	当年新发展											
1996	10046	9290	1619	—	606	498	1018	1012	1742	2596	3678	358	1517	2577	2365	1188	2041
1997	10441	9645	1711	—	648	396	1170	1213	1812	2686	3560	427	1727	2495	2415	1072	2305
1998	10641	9866	1785	—	553	398	1297	1265	1866	2737	3476	431	1744	2502	2457	1052	2455
1999	10897	10121	1846	—	522	401	1466	1339	1946	2781	3365	382	1817	2587	2458	1122	2531
2000	11224	10564	1964	—	604	452	1510	1379	2004	2864	3467	392	1872	2665	2532	1156	2607
2001	11425	10622	2063	5086	—	—	1537	1404	2040	2916	3528	401	1905	2712	2577	1176	2654
2002	11592	10794	2103	5119	—	—	1560	1424	2070	2958	3580	406	1933	2752	2615	1194	2692
2003	11941	11163	2277	5261	—	—	1607	1467	2133	3047	3687	419	1991	2835	2693	1229	2774
2004	12063	11894	2404	5374	—	—	1623	1482	2154	3079	3725	423	2011	2864	2721	1242	2802
2005	12454	11494	2561	5296	—	—	1675	1531	2224	3178	3846	436	2077	2957	2809	1282	2893

党员教育活动

1985 年 7 月 16 日，根据《中共中央关于整党的决定》的要求和上级党委的部署，全县各级党组织于下半年全面进行整党。县委成立整党领导小组。在全县范围内分三批进行整党工作。首批参加整党的是县直机关及自治区、地区驻本县的机关单位共 127 个党支部，至 1986 年 5 月结束；第二批于 7 月在全县各乡镇直属机关共 216 个支部中进行，至 10 月结束；第三批从 10 月开始，在村一级的 126 个党支部中进行，至 1987 年 2 月结束。全县参加整党工作的有 20 个基层党委、469 个支部，7093 名党员。这次整党有四项任务，即统一思想、整顿作风、加强纪律、纯洁组织。在整党后期，予以登记的正式党员 7477 名，占参加整党正式党员数的 94.3%；缓期登记 190 名，占 2.3%。不予登记的有 139 名，占 1.7%；暂不办理登记的有 97 名，占 1.2%。通过整党，全县各级党组织和党员在思想、作风、组织和纪律上有一定进步，党风和社会风气有所好转。1986 年 7 月，龙州县遭受特大洪水灾害，人民财产受到了巨大损失，县委领导带领党员、干部和群众同灾害进行顽强斗争，使损失减少到最低限度。

1999 年 8 月 12 日，龙州县作为南宁地区 "三讲" 教育试点县市之一，根据中共中央《关于在县级以上党政领导班子、领导干部中深入开展 "讲学习、讲政治、讲正气" 为主要内容的党性党风教育的意见》精神和自治区党委、南宁地委的统一部署，在县四家班子领导和法院、检察院领导班子、领导干部集中开展 "三讲" 教育。第一阶段是思想发动，学习提高阶段。第二阶段是自我分析，听取意见，查摆存在问题阶段。第三阶段是交流思想，开展批评和自我批评阶段。第四阶段是认真整改，巩固成果阶段。在地区巡视组的指导下，于 10 月 28 日完成四个阶段的教育任务。2000 年 4 月 14 日—5 月 23 日，按照中共中央的要求和自治区党委、地委的统一部署，县四家班子领导和法院、检察院领导班子、领导干部开展 "三讲" 教育 "回头看" 活动。此次活动分为专题理论学习、征求群众意见、自查自摆自纠、批评与自我批评、深入基层办实事等五个阶段进行。"三讲" 教育取得成效，县委制定出台十项制度，解决邪教 "法轮功" 活动存在、代课教师待遇、企业老干部 "两费"（离休费、医疗费）、"两沟"（青龙沟、合龙沟）治理等群众关心的热点难点问题。

从 2001 年 2 月起，龙州县用两年左右时间，在各乡镇、县直各部门、系统垂直驻县单位、驻乡镇站所领导班子和基层干部中，有计划、有步骤开展 "三个代表" 重要思想学习教育活动。全县分两批开展学习教育活动。第一批学习教育活动时间为 2001 年 2 月 23 日—6 月 14 日，学习教育对象为各乡镇党委、人大、政府，县直各部门、系统垂直驻县单位、驻乡镇各站所的领导班子和基层干部，共 4926 人。第二批为村级“三个代表”重要思想学习教育活动，从 2001 年 11 月 22 日开始，到 2002 年 3 月底基本结束。学习教育对象为全县 13 个乡镇 126 个村（居）委会 859 名在职村委干部。两批学习教育活动均分学习培训、对照检查、整改提高三个阶段进行。学习教育活动基本达到中央关于“让干部受教育、使农民得实惠”的要求。同年 11 月 21 日，龙州县制定开展县直、乡镇部门党员干部联系农村党员活动实施意见，巩固全县农村“三个代表”重要思想学习教育活动成果，进一步提高农村党员队伍的整体素质。

2003 年 4 月起，在全县党员干部队伍中开展“牢记两个务必，继续艰苦奋斗”教育活动。活动分三个阶段进行。4 月中旬至 4 月 30 日为学习动员阶段，5 月 8 日—20 日为对照检查阶段，5 月 21 日—31 日为整顿改进阶段。当年第二季度，以深入学习“三个代表”重要思想和十六大精神为主要内容，以学习、交流、讨论为主要方式，开展解放思想再讨论。活动分四个阶段，2003 年 4 月下旬至 5 月上旬为动员学习阶段，5 月中旬至 5 月底为交流学习心得体会阶段，6 月份为集中讨论阶段，7 月上旬至 7 月中旬为总结汇报阶段。

2003 年—2005 年，龙州县在县、乡（镇）、村开展“三级联创”工作，建立了县委抓农村基层组织建设责任制，明确县委书记是第一责任人，乡（镇）党委书记是直接责任人，村党（总）支部书记是具体责任人。全县共建立联系点 161 个，其中县处级领导干部联系点 29 个，乡镇科级领导干部联系点 132 个。县委高度重视“三级联创”工作，以创建“五个好”乡镇党委、“五个好”村党组织和“四个好”县直部门、乡镇站所为目标，紧紧围绕深化农村改革，发展农村经济，增加农民收入，维护农村稳定的大局。2003 年，龙州县被原南宁地委评为“三级联创”活动先进县；原霞秀乡党委和龙州镇党委分别获自治区、崇左市“五个好”乡镇党委称号，原霞秀乡东合村、响水镇平南村、逐卜乡逐卜村、下冻镇洞埠村被评为崇左市“五个好”乡镇村党组织。至 2005 年底，对照广西壮族自治区农村基层组织建设“五个好”乡镇党委、“五个好”村级党组织的考评标准进行自检、自查、县考核组的考核，最后经县委审定，全县 12 个乡镇党委、127 个村（居、社区）党组织都已经全部通过验收达标。

2003 年 5 月，龙州县委组织部召开“解放思想再讨论”学习会

2004 年 7 月，中共龙州县委员会保持共产党员先进性教育活动工作领导小组成立，下设办公室。从 2005 年 1 月用一年半左右的时间，在全县党员中，开展以实践“三个代表”重要思想为主要内容的保持共产党员先进性教育活动。全县参加保持共产党员先进性教育活动的党委 27 个，工委 1 个，党总支部 127 个，党支部 1113 个，党员 11964 名。在历时一年半的保持共产党员先进性教育活动中，各级党组织抓住学习实践“三个代表”重要思想这条主线，把握保持共产党员先进性这个主题，贯彻胡锦涛关于先进性教育活动“关键是要取得实效”“确保真正成为群众满意工程”这个要求，结合龙州是红八军故乡，地处边境的实际，把先进性教育活动放到加快富民兴边的全局中来谋划和部署，完成先进性教育活动工作。达到党员受教育，农民得实惠，工作得促进的目的。有 11964 名党员走访困难群众 13625 户，结成帮扶对子 9412 对，为群众办实事 3286 件。共投入 180 万元，实施金龙、逐卜、响水排灌工程，拓宽疏浚渠道 8 千米，恢复灌溉面积 266.67 公顷，受益群众 1 万多人。援助群众新建、改建村道 19 条，实施人畜饮水工程 39 处，解决 12000 多人的人饮困难。“大口岸主导”“大旅游带动”“大开放振兴”三大战略加快推进。

干部队伍建设

干部选拔任用　1986 年—2005 年，龙州县根据中共中央《关于党政领导干部考核工作暂行规定》和《党政领导干部选拔任用工作条例》规定，按照“稳定、完善、提高”的方针和干部“四化（革命化、年轻化、知识化、专业化）”要求，坚持德才兼备原则，加强领导班子建设。

1996年—2005年，县委任命使用副科级干部286人。1998年7月，实行面向全县公开选拔科级领导干部办法。对龙州县统计局副局长等13个职位进行公开选拔。通过笔试、面试、考核，优中选优，县委对13个职位给予任命。一般干部提拔为副科级领导干部试用一年。试用期满，经考核胜任岗位工作的进行确认。1999年，县委下发《关于实行委任制的科级干部任职前公示暂行规定》，对拟提拔为科级干部的通过有线电视及县、乡公示栏进行公示，公示期为7天。1999年—2005年，全县公示拟提拔科级干部207人次。公示期满，正式任命207人。2000年，试行领导干部末位淘汰制。通过年度考核，对被评为单位系统、乡镇和全县末位科级领导干部分别进行诫勉谈话。2000年—2005年，对全县领导干部离任经济审计18人。2004年—2005年，对6名科级领导干部进行诫勉谈话。2001年—2005年，对595名科级领导干部进行考核前预告；县委组织部分别组织各单位推荐年轻、学历高的优秀干部，拓宽选人渠道。2001年12月，通过组织（单位）推荐，群众公荐和个人自荐三种方式，进行资格审查、综合评价，全县确定科级后备干部387名，其中正科级后备干部98名，副科级后备干部289名。2005年12月，全县确定科级后备干部311名，其中正科级后备干部82名，副科级后备干部229名。对拟任领导干部职务人选实行差额考察和提拔任用。2002年—2005年，全县考察后备干部540人，提拔任用332人；县委、县人大、县政府任免科级领导干部1123人，交流科级领导干部516人。

干部教育培训　1987年，干部教育培训采取长期培训和短期培训相结合、脱产学习与业余学习相结合起来、高等教育与中等教育相结合进行，完成各类院校在我县招收干部学员145人，其中高等院校29人，区党校函授大专班68人，县委党校成人中专班46人，地区民族干校2人；筹建党员电化教育工作，年内全县共播放《新时期的先锋》等党教片120场，收看党员人数6000多人次。1992年，印发《龙州县“八五”期间干部培训规划》。1995年，举办新干部岗前培训班和大专预科培训班，参训124人。是年，全县共举办党员培训班83期（其中农村实用技术培训班54期），参加培训的党员4986人次。1996年，制定印发《龙州县“九五”干部教育培训规划》，年内在县委党校举办5期党政领导干部培训班，有518人参加培训。1998年，在县委党校举办干部理论学习培训班9期，参训干部856人；选派18名科级以上干部参加南宁地委组织部在地委党校举办的县乡领导干部、妇女干部等理论培训班。2004年，根据崇左市干部教育五年培训规划要求，结合龙州县实际，制定和实施《2003年—2008年龙州县干部教育培训规划》。2003年—2005年，全县举办干部培训班32期，主要学习中共十六大精神、领导科学决策、法律法规政策、市场经济和经营管理、电脑操作等内容，参加培训领导干部（含村党支部书记、村委主任）2180人次。

知识分子工作

1987年，落实知识分子政策，给知识分子冤假错案平反纠正15人，给60年代被精简下放的大专毕业生回收安排工作2人。1989年5月，龙州县落实知识分子政策工作办公室撤销，其工作由县委组织部代管。1992年，龙州县知识分子工作领导小组成立，下设办公室，负责管理全县知识分子工作；是年，印发《龙州县选拔管理专业技术拔尖人才暂行规定》，龙州县潘桂安被评为“南宁地区首批专业技术拔尖人才”，县级评选出刘惠玲等7名同志为县级专业技术拔尖人才。1996年评选出第二批专业技术拔尖人才7人，并召开知识分子和拔尖人才座谈会。1997年，全县共有3人被评为高级职称、79人评为中级职称、83人被评为初级职称。1998年，加大对知识分子工作的经费投入，共划拨知工经费19500元；组织17名专业技术拔尖人才、优秀科技人才、知识分子到云南学习考察。1999年，选拔专业技术拔尖人才15名、优秀青年技术人才15名、优秀乡土人才10名。2004年，龙州县获崇左市第一批专业技术拔尖人才2人，每人奖金3600元；获崇左市第一批优秀青年专业技术人才1人，奖金2000元。2003年—2005年，龙州县通过各种渠道引进优秀人才105名；每年选送399名优秀专业技术人员到高等院校的培训机构学习；74名优秀青年通过竞争走上领导岗位。2005年，完成编制《龙州县“十一五”人才规划》。

老干部工作

1986年，龙州县共有离休干部264名，属抗日战争时期入伍的12人，解放战争入伍的252人。其中享受厅局级待遇1人，县处级待遇75人。2005年，全县有离休干部95人，属行政事业单位64人，企业单位31人。平均年龄为83.5岁。居住在龙州县有71人，县外自治区内有20人，自治区外有4人。全县设置离退休党支部6个，分别是人事局、公安局离退休干部党支部和八角乡、武德乡、水口镇、下冻镇离退休党支部，有离退休党员96名。其他离退休干部党员在原单位支部过组织生活。

政治待遇落实 1986年，老干部的政治待遇得到落实，建立健全老干部工作各项制度，包括学习制度、阅读制度、情况通报制度、参加会议制度和重大活动制度。县四家班子领导在中秋节、春节期间等重大节日，深入到医院或老干部家中进行走访慰问，及时帮助解决他们的实际困难。至2005年，龙州县按照干部离休后基本政治待遇不变的要求，建立健全各项制度，离休干部按规定看文件，听重要报告，根据需要参加县委、政府的重要会议和重要活动。每年定期或不定期召开两次老干部座谈会或通报会。老干部局每月组织离休干部集中学习一次，学习文件、时事、政治理论和通报全县经济建设和各项工作情况。每年组织离休干部到区内或区外参观考察疗养活动一次，并就地就近参观县内工农业建设项目和旅游景区建设项目。坚持平时走访老干部，给年满80岁的离休干部送生日蛋糕。春节、中秋节及其他重大节日，县党政主要领导走访慰问离休老干部。

生活待遇落实 1986年，老干部的离休费足额发放，政策性的各项补贴基本兑现，全县200多名离休老同志基本领到离休费。老干部离休后，原标准工资（含保留工资）照发，其他各项生活待遇（适当补贴、生活补贴等）与在职同级干部一样。离休干部还享受交通补贴费（一般干部每月10元，县处级每月15元），年满70岁以上的每月享受高龄补贴费55元。从1997年起，不属于财政开支的企业单位（含自收自支事业单位）离休干部实行社会养老保险统筹。1999年7月，给正处级原县四家班子领导的离休干部安装电话12部；住房标准享受同级在职干部待遇，并在离休时每人发放住房维修费3000元。2002年1月1日起，企业单位离休干部参照行政单位同级离休干部享受本县发放的适当补贴、生活补贴，所需经费从原工资渠道开支，对特困企业无力发放的，由财政拨款支付。离休干部的离休费和补贴费，不论是由财政部门发放，或是由所在单位、劳动保险所发放，均按政策规定足额发放。2004年起，年满70岁以上的每月享受高龄补贴费提高到80元，医疗费150元。

1986年—2000年，龙州县离休干部的医疗费按规定实报实销，对离休干部就医、疗养给予优先照顾。每年定期组织离休干部进行健康检查。由财政供养的行政事业单位离休干部实行公费医疗，企业和自收自支事业单位的离休干部由原所在单位按公费医疗规定实报实销。为方便离休干部看病，根据其住地位置就近指定定点医院。从2001年起，凡不属于财政开支或不享受公费医疗待遇的企业、自收自支事业单位的离休干部，全部实行医疗费社会统筹，每人每年统筹2500元。医药统筹费交县公费医疗办统一管理，参照公费医疗办法，统一办理医疗证，实行定点医疗，按规定范围实报实销。由财政开支的行政事业单位离休干部的医药费也纳入社会统筹范围，实行医疗保险制度。特困企业单位无力为离休干部缴纳医疗统筹金的离休干部和安置在乡镇的离休干部医药费，先由单位或主管部门解决，单位或主管部门无力解决的，由老干部局统一核计，按每季度上报县政府批准后，由县财政拨款核销。

活动设施 1986年开始筹备建设老干部活动中心，1987年在县城建了一栋三层楼307平方米的老干部活动中心，1988年扩建老干部活动中心建筑面积达到427平方米，设有阅览室、健身室、娱乐室、老年学校等。在水口镇等8个乡镇设有老干部活动室，并为各个活动室免费订阅《人民日报》《广西日报》《中国老年》《老年知音》等报纸杂志。老年学校的办学宗旨是："老有所学、增长知识，老有所乐、健康长寿，老有所为、服务社会"，先后开办10个班次，500多人次参加保健、烹调、书法和越语等培训。学校采取课堂教学与外出实践相结合、走出去与请进来相结合、专业知识教育与政治理论教育相结合、学习知识与健康娱乐相结合的教学方法。1987年，县委、县政府拨专款1万元建设门球场、健身舞场，组织老干部打门球，开展舞蹈、舞剑、太极拳等有益身心健康的活动。每逢节庆还组织老干部开展各种文体活动。2003年，因旧城改造，原龙州县老干部活动中心被拆除，县委、县政府拨款89.9万元，在宣传文化中心广场兴建新的龙州县老干部活动中心。2008年8月，龙州县老干部活动中心建成，为两栋两层楼，总建筑面积917.6平方米。

1999 年 9 月 16 日，龙州县老干局、文化局等联合举办庆祝“’99 国际老年人年文艺晚会”。图为晚会现场

活动中心设有排练室 2 间，乒乓球室 2 间，阅览室、麻将室、象棋室、音乐室、扑克（桥牌）室、台球室、离退休干部党支部会议室、夕阳红艺术团设备停放室、关工委和夕阳红艺术团办公室、医务室、管理员室各 1 间及楼顶露天排练大厅。

发挥余热 1986 年，县老干部局为老干部“老有所为”创造条件，在自愿和力所能及的前提下，组织一些身体健康好，政治素质高，经验丰富的老干部在精神文明建设、党风廉政建设、社会公益事业、培养教育下一代和转变干部作风、加强机关行政效能建设活动中发挥作用。2001 年，组织成立一个由 12 名老同志组成的老干部帮教队，利用等多种形式的宣传活动，加强青少年思想品德教育，提高青少年自我认知、自我修养、自我约束能力。2000 年，组建龙州县“夕阳红”艺术团，分有 23 个文艺队共 600 人，结合党委、政府的中心工作，在县城、工厂、乡镇进行农业科技、计生、城乡清洁工程等专题宣传演出，至 2005 年，每年专题演出 6 场 ~8 场。

机关党建

基层组织与党员发展 1986 年—2005 年，入党积极分子每年保持在 130 人以上，保证了机关党员发展工作的“水活渠畅”。每年发展党员的总量都控制在 30~50 人左右，防止和避免了突击发展、长期不发展、发展数量大起大落的现象。每年县直机关发展生产一线党员占发展党员总数的 60% 左右，大学专科以上学历占 80% 左右，女党员占 40% 左右，35 岁以下占 70% 左右。

表 3-5　**1986 年—2005 年中共龙州县机关工委基层组织及党员统计表**

单位：人

年度	党支部数	发展党员数	党员数	年度	党支部数	发展党员数	党员数
1986	143	28	1588	1997	107	18	1404
1987	140	42	1618	1998	105	46	1490
1988	138	40	1643	1999	105	40	1570
1989	139	30	1674	2000	108	45	1680
1990	141	42	1691	2001	109	31	1735
1991	140	59	1730	2002	103	24	1775
1992	134	53	1771	2003	86	25	1381
1993	138	59	1848	2004	94	22	1399
1994	146	32	1899	2005	93	50	1481
1995	144	30	2010	合计		782	
1996	145	66	1817				

党员培训与表彰 1986 年—2005 年，县机关工委每两三年举办 1 期党务干部培训班，共办 8 期，培训内容有《中国共产党党和国家机关基层组织工作条例》《基层党组织换届选举工作流程》《发展党员工作基本程序》《党费收缴、管理和使用有关规定》《党支部书记工作基本方法》，以及党的十一大、十二大、十三大、

十四大、十五大、十六大精神等，参加培训的党务干部800人次；举办入党积极分子培训班22期，培训内容有《中国共产党章程》解读、《党内政治生活准则》、《中国共产党简史》辅导、《入党培训教材》、《争取早日成为一名合格的共产党员》等，参加培训的入党积极分子907人。2005年，举办党务干部培训班1期，培训内容有《基层党组织换届选举工作流程》《发展党员工作基本程序》《党支部书记工作基本方法》等，参加培训的党务干部240人次；举办入党积极分子培训班1期，培训内容有《党内政治生活准则》《入党培训教材》《争取早日成为一名合格的共产党员》等，参加培训的入党积极分子112人。每年"七一"前夕评选表彰先进基层党组织、优秀共产党员、优秀党务工作者，共表彰先进基层党组织154个次、优秀共产党员1672人次、优秀党务工作者220人次。

第四节　纪检监察

党风廉政建设

1986年，县纪委会同宣传部门开展"创先争优""五讲四美""人生理想讲演"等活动，利用正反面的典型案例对党员干部进行教育，提高广大党员干部的觉悟，保证端正党风工作的顺利进行。1988年，围绕"一个中心，两个基本点"开展多种形式的教育活动，对查处的典型案例在全县党内通报，对全体共产党员进行现实党性教育，并组织党员讨论，从中吸取教训。1989年，确定以县税务局、工商局、公安局、人事局和农业银行等为廉政建设教育试点单位，推动全县廉政制度建设的开展，到年底全县有91个局级以上单位制定廉政制度。1990年，县直104个单位普遍制订廉政制度，实行"两公开一监督"。1991年，县纪委与县委组织部组织县直机关党员干部收看党纪电教片《峡口触礁》，抓正反典型教育，重点总结推广水口、金龙乡党委抓党风党纪建设促进两个文明建设的典型。1992年，建立政策法规咨询室，为企业提供经济活动过程中的有关政策咨询，为企业排忧解难。抓好党规党纪基本知识的考试，参加考试3530人，及格率100%，平均分89.8分。1993年，草拟《关于党政机关干部从事经营活动的六项规定》《关于党政机关干部出国考察问题的六项暂行规定》，县委办公室正式成文《中共龙州县委常委为政清廉的五条规定》印发到各乡镇党委、县直各党支部（党组、党委）。1994年，对小轿车购置配备情况作调查，全县党政机关小轿车配备共40台，其中超标准14台已转卖8台，交机关事务管理局统一处理6台。开展执法专项检查，责令学校乱收费1213元如数退给学生。1995年，县纪委组织党员干部观看由自治区纪委、监察厅联合举办的"反腐倡廉教育"专场演出，党员干部观看人数达1000多人。1996年，会同县委组织部组成宣讲团，分赴各乡镇和县直各单位就"如何加强市场经济条件下党风廉政建设""新时期党员的标准"和"如何实现两个根本性转变"等问题给党员进行教育宣讲，其中到乡镇、企业单位办班3期，与县直机关工委一起办班6期，参加培训党员2800多人。1997年，全县开展以"三讲"（讲学习、讲政治、讲正气）为主要内容的党性党风党纪教育活动。1998年，贯彻落实厉行节约制止奢侈浪费行为，对全县行政机关、事业单位公费安装配备通信工具进行全县清理，全县有110个单位的公费配备安装的通信工具已全部折价归己，其中住宅电话416台，移动电话171台，寻呼机912台，折价后共缴交资金18.84万元。1999年，协助136个单位完善和推行党风廉政建设责任制，并以国税局、霞秀糖厂为先进典型材料上报地区纪委。2000年，抓好党员干部"六个方面教育"，全年有75个党支部675名党员开展"一期《新时代风纪》一党课"活动。2001年，加强对公车使用的管理，严禁违反规定驾驶公车，对28位县处级领导干部125位乡科级领导干部按照有关规定对乘坐小汽车进行登记，严禁乘坐超标车。从严治理红白喜事大操大办等奢侈浪费现象，下发有关文件对党员干部和职工操办红白喜事宴请酒席数量进行限制。2002年，建立健全全县科级领导干部廉政档案，加强对领导干部的监督，全年对484名科级领导干部建立廉政档案，推行领导干部信访监督、诫勉谈话等制度，纠正乡镇领导干部"走读"现象。2003年，建立493份领导干部廉政档案，对88名新任职的领导干部进行廉政谈话，元旦、春节期间向全县领导干部发出"致全县领导干部廉政慰问信"，弘扬艰苦奋斗精神，禁止铺张浪费。2004年，开展以学习两个《条例》为主题的教育活动，组织全县县直各单位2000多名党员领导干部参加党内法规知识竞赛，举办两个《条例》

专题培训班26期。2005年，全县共建立科级领导干部廉政档案628人，村干218人，进一步完善县、乡、村公务接待用餐制度。

查处违纪案件

1986年，全县受理群众来信来访136件(次)，立案查处违纪案件27件，涉及49人，其中党员25人。1987年，县纪委查处违纪案件7件，报南宁地区纪委立案2件，上年遗留1件，共10件，给予留党察看一年处分1人，党内严重警告处分1人，党内警告处分1人，免于党纪处分2人，消案2个，取消预备期2人，转交行政处分1人。1988年，全县立案查处案件8件，其中报县委批准立案2件，县纪委立案3件，县直机关党委立案2件，乡镇党委立案1件，给予开除党籍处分4人，留党察看2人，党内严重警告1人，警告1人，全年接待和受理群众来信来访120件(次)。1989年，全县接待群众来信来访91件，县、乡两级共受理查处各类违纪案件16件19人，给予党纪处分16人，免予处分2人，待处分1人。其中开除党籍5人，留党察看3人，撤销党内职务4人，严重警告处分2人，警告处分2人，行政撤职1人，判刑1人，追回赃款11433元。1990年，全县接待群众来信99件，来访12件，立案查处党内违纪案件22件，21人受到党纪处分，其中开除党籍17人，留党察看1人，撤销党内职务1人，党内严重警告处分1人，党内警告处分1人。1991年，全县立案查处党内违纪案件8件，其中县纪委立案5件，县直属机关党委立案2件，乡镇立案1件，年底结案6件，在已结6件中，给予开除党籍4人，党内严重警告处分2人，全县接待受理群众来信60件，来访8件。1992年，接待群众来信37件，来访27件，立案查处违纪案件16件，16名党员受到处分，其中开除党籍7人，留党察看3人，党内严重警告处分3人，党内警告处分3人，涉及科局级干部4人，一般干部4人，农村党员8人。1993年，全县立案查处5起违纪违法案件，受理群众来信来访47件(次)。1994年，全县受理群众来信来访47件(次)，立案查处违纪违法案件8件，给予党纪处分12人，政纪处分6人。1995年，全县接待群众来信来访35件(次)，立案7件，给予党纪处分5人，行政处分1人。1996年，全县接待群众来信来访38件(次)，立案10件，给予党纪处分12人，行政处分10人。1997年，全县共立案11件，给予党纪处分10人，其中乡科级干部2人；给予行政处分5人，其中乡科级以上干部2。1998年，全县受理群众来信来访78件(次)，立案12件，9人被开除党籍，2人受到党内警告处分，开除公职处理4人。1999年，受理群众来信来访66件，立案25件。2000年，全县立案26件，涉及乡科级干部3件3人，一般干部13件13人，其他人员10件10人，挽回经济损失14.222万元。2001年，全县受理群众来信来访65件(次)，立案43件，43人受到处分，其中党纪处分28人，政纪处分10人，给予通报批评6人，涉及乡科级干部16人，一般干部11人，挽回经济损失45.5万元。2002年，全县立案14件，给予党纪处分11人，行政处分5人，涉及科级干部3人，一般干部5人，其他人员6人，挽回经济损失53.58万元。2003年，全县收到群众信访举报42件，立案26件。2004年，收到群众来信来访及电话举报64件(次)，立案27件，给予党纪处分17人。2005年，全县纪检监察机关共接受群众来信来访55件，立案23件，给予党纪政纪处分23人，挽回经济损失100多万元。

纠正不正之风

1986年10月12日，召开整顿纪律、纠正行业不正之风专题座谈会，组织学习中纪委、区纪委、地区纪委有关文件精神。1987年，全县重点抓住行业不正之风进行整顿，重点解决群众意见大的"水霸"、运甘蔗司机勒索群众财物等问题。1988年，县纪委建立健全三级信访网路，13个乡镇125个村公所相继成立信访领导小组，县、乡、村三级信访人员达530人。1989年，组织开展廉政情况调查，重点对容易发生不正之风单位部门和群众最关心热点入手，召开群众座谈会，开展"廉政问题调查问卷"等，协助党委搞好清查干部职工违法违章违纪建私房和整顿公司问题。1990年，县纪委参与整顿三家糖厂运甘蔗司机坑农问题，处理42人，退赃6510元。1991年，参加清理干部职工"三违"建私房工作，至11月份全部完成对423户干部职工建私房问题的清理结论工作。1993年，取消不合理收费项目58个，金额341.4万元。1994年，在纠正行业不正之风工作中开展检查农业法、消费者权益保护法、环境保护法执行情况专项检查，先后走访和调查12个单位，及时刹住执法不严和违纪违法现象。1995年，对党政机关及其工作人员利用职权无偿占用企业钱物，公路"三乱"问题进行清理，清理党政机关超标用车16辆，清理出领导干部用公款学习驾驶技术9人，退出公款

17470元。1996年，重点治理公路“三乱”、中小学乱收费问题。1997年，巩固治理公路“三乱”成果，加强对执法部门和人员教育，开展明察暗访。继续抓好减轻农民负担工作，加大宣传力度，采取有效措施制止向农民乱收费，进一步抓好制止中小学乱收费工作，抓好预算外资金清理检查工作，查出预算外违纪金额71万元。1998年，抓好民主评议行风工作，协助行评办从社会各界选聘24名评议员，及时组织他们培训学习和开展广泛的社会调查，评议员共调查走访335人次，召开座谈会110人次，发放问卷调查3282份，分别在工商、国税、地税召开评议会议，通过民主评议促进行风建设深入开展。1999年，对群众反映强烈和上级纠风办交办的部门和行业不正之风问题及时督促有关部门、行业进行纠正，年内组织全县性纠风专项检查3次，县委、县政府先后两次召开纠风工作会议。2000年，开展纠正医药购销中不正之风，降低药价总金额21.6万元，继续减轻农民负担工作，全年减轻农民负担81.03万元。2001年，在工商、国税、地税、公安、卫生、教育、电力、邮政、电信等部门开展民主评议行风“回头看”活动，巩固行风评议工作取得的成效。2002年，纠正医药购销中的不正之风工作，取缔无证行医摊（点）2个，处理一批无证照从医人员，没收销毁假冒伪劣医疗器械和过期药品一批。2003年，县纪委自行立项组织全县性纠风专项检查活动12项。2004年，全县成立治理投资软环境领导小组，设立了经济“110”服务中心，制作投资软环境联系监督卡，明确监督内容及联系方式，公布经济“110”服务中心投诉举报电话，接受课上的投诉。2005年，深入开展纠正部门和行业不正之风，全县免征农业税493万元，减轻农民负担。全县125所中小学校全部实行“一费制”收费标准，农村义务教育贫困家庭学生享受免除书本费165万元，受益学生10836人。

2003年9月25日，龙州县科级党员领导干部参加廉洁从政知识测试

第五节　宣传教育

政治理论学习

1986年—1989年，龙州县理论学习除根据形势学习中央有关文件外，县委宣传部按照中央统一部署，抓干部的正规化理论教育。组织干部学习马克思主义哲学，主要学习《领导科学基础》《政治经济学》《哲学》等文本。中共十二届六中全会决议公布后，及时组织和部署机关干部进行学习和讨论。

1990年，继续抓好干部的理论正规化学习和教育。县委学习中心组集中学习《马克思主义哲学学习纲要》恩格斯的《反杜林论》等原著。抓好干部职工新时期政治理论的学习和企业职工“双基”（企业党的基本路线、基本国情教育）教育，组织干部职工学习中共十三届四、五、六中全会精神。

1991年，在继续学习马列主义哲学的同时，组织干部深入学习中共十三届七中、八中全会精神和江泽民在建党七十周年大会上的讲话精神，组织领导干部开展“大力发展社会主义生产力”的学习讨论活动。

1992年—1995年，抓好邓小平建设有中国特色社会主义理论的学习和宣传教育。主要学习《邓小平文选》第一、二、三卷，邓小平《建设有中国特色的社会主义理论》《马克思主义党的建设理论学习纲要》《中共党史》《中共中央关于建立社会主义市场经济若干问题的决定》《现代科学技术基础知识》等书目和文件；江泽民在国庆四十周年大会上的讲话，《中共中央关于进一步治理整顿和深化改革的决定》《关于社会主义若干问题的讲话》等。在党员干部中普遍开展社会主义市场经济大讨论。印发《龙州县开展社会主义市场经济大讨论计划》，组织征订自治区党委宣传部主编的《社会主义市场经济读本》。县委学习中心组每年坚持集中学习。县委宣传部派教员到县直属单位、乡镇巡回讲课。县委党校、各乡镇党校开办各种学习培训班，对村支部、各党(工)委、县直属单位党组织干部、负责人及全县党员分期分批进行培训。

1996年—2005年,坚持以邓小平理论和“三个代表”重要思想为指导,“以科学理论武装人”,重点抓好县、乡两级中心组学习,带动全县党员、干部的理论学习。

1997年年初,制定《关于1997年全县理论学习安排意见》并印发至各单位。开展以“两个文明都要搞好才是具有中国特色社会主义”论述为主题的理论学习,主要学习“一国两制”理论及中共中央悼念邓小平逝世发表的3篇历史性文献,江泽民“5·29”讲话。中共十五大召开后,掀起学习、宣传十五大热潮。

1998年,全县把学习宣传中共十五大精神、深入学习邓小平理论作为宣传思想工作的首要任务。年初印发《中共龙州县委员会关于加强全县理论学习的通知》和《关于龙州县一九九八年理论学习安排意见》等文件。

1999年,开展理论武装工作。抓好邓小平理论和中共十五大精神的学习宣传,在全县兴起学习理论的高潮。年初制定《龙州县1999年理论学习安排意见》《中共龙州县委学习中心组1999年度学习安排》等文件。重点学习社会主义初级阶段理论、邓小平经济理论及有关金融知识、法律知识,学习自治区党委的“三大战略,六大突破”决策和“1234610”[“1”,就是把农业摆在国民经济的第一位;“2”,就是农民人均纯收入今后每年增加200元以上;“3”,就是土地承包期再延长30年;“4”,就是科技对农业增长的贡献率本世纪末40%以上;“6”,就是实施绿色工程、种子工程、流通工程、三田(吨粮田、吨糖田、万元田)建设工程、农民教育培训工程和农村社会稳定工程6大基础工程;“10”,就是抓好调整和优化农业产业结构、大力推进农业产业化经营、加快以水利为重点的农业和农村基础建设、加大扶贫攻坚力度、大力发展乡镇企业和加快小城镇建设、扩大农业和农村对外开放、抓好计划生育、多渠道增加对农业的投入、加强农村民主法制建设和精神文明建设、加强党对农业和农村工作领导10项工作]工作思路、全国九届人大二次会议有关精神。

2000年,结合“三讲”教育、经济结构调整和产业结构调整以及西部大开发、加入世贸组织等重点和热点问题,有针对性地开展理论学习。学习的主要内容有邓小平的建党理论、发展战略理论、经济体制改革理论;马克思辩证唯物论等;《中国共产党党员领导干部廉洁从政若干准则(试行)》;江泽民2000年1月《在中纪委第四次全体会议上的讲话》、在中国共产党第十五次代表大会上的报告。印发《龙州县2000年理论学习安排意见》《关于在全县共产党员中开展的“三讲”为主要内容的专题学习活动的实施方案》《关于在全县集中开展“西部大开发,龙州怎么干?”——解放思想,振兴龙州县经济大讨论活动的通知》。

2001年—2002年,全县党员干部学习贯彻“三个代表”重要思想,学习江泽民“七一”讲话、“5·31”讲话,胡锦涛在广西考察时的重要讲话,以及中共中央有关党风廉政建设和反腐败等一系列讲话精神。组织乡(镇)领导、县直属单位领导200多人在各乡(镇)开展巡回学习活动,3931名干部深入114个村(居)委联系群众5213户。从党校、农技等部门抽调16人组成理论科技讲师团,下乡进行理论、科技宣讲。

2003年,组织开展解放思想再讨论活动。制定下发中共龙州县委员会《关于2003年全县理论学习的通知》、关于开展解放思想再讨论活动的通知》《关于进一步兴起学习贯彻“三个代表”重要思想新高潮的实施意见》和《关于认真学习贯彻党的十六届三中全会精神的通知》,对全县的理论学习和开展解放思想再讨论活动作出布置。建立农村理论宣传队伍,组织理论教员到农村开展培训。

2004年,继续把学习贯彻“三个代表”重要思想和中共十六大、十六届四中全会精神活动引向深入,把用“三个代表”重要思想武装党员干部群众作为宣传思想工作的首要任务。组织党员干部职工征订《2004年干部理论学习辅导材料》《思辨广西:解放思想再讨论文集》《树立和落实科学的发展观》和《十六届四中全会精神学习参考资料》等。组织人员撰写纪念邓小平诞辰100周年暨龙州起义75周年理论文章,并向市委讲师团推荐4篇理论文章,有4篇理论文章在市级以上报刊发表。

2005年,以开展保持共产党员先进性教育活动为契机,以党员领导干部为重点,通过读书学习会、报告会、集中教育、巡回宣讲、党课下基层、外出参观等形式,突出中共十六届四中、五中全会精神、科学发展观这一主线的学习。参加第一批保持共产党员先进性教育活动的126个单位1932名党员,撰写近6000篇心得体会文章,有12篇理论文章在市级以上报刊发表。

思想政治教育

1986 年—1990 年，宣传教育工作主要是组织党员、干部、职工学习中共十三大文件，根据十三大精神开展形势教育、农村思想政治教育和“双基”教育，结合形势任务，对党员进行党的理想和宗旨教育，抓好党政机关党员干部的廉政教育，保持廉洁，防止腐败。

1988 年冬至 1989 年春，根据中宣部的部署，在全县城乡开展形势教育，主题是学习、贯彻中共十二届三中全会精神，把治理经济环境、整顿经济秩序、全面深化改革的任务变成全县干部、群众的共同认识和行动。在形势教育中，组织干部深入工厂、学校、农村利用各种形式，宣讲《关于当前经济形势和任务的宣传参考提纲》。从干部、群众最关心的物价、社会治安等社会热点问题入手，启发和自我教育。1989 年，开展以坚持四项基本原则，坚守生产、学习、工作岗位为主要内容的政治思想教育，维护安定团结的政治局面。同年，在农村重点抓普法教育，主要对象是青年农民、专业户、青年干部、乡镇企业中的职工。1990 年，在企业中进行“双基”教育。

1991 年，继续对职工进行形势教育和“双基”教育，以讲课灌输为主，采用脱产轮训的方法，对职工进行正面教育。对农民群众开展社会主义思想教育，以《农村社会主义思想教育读本》为主要教材，进行党的基本路线、社会主义、集体主义、爱国主义教育。在党员中系统进行马克思主义基本理论、党的基本路线、党的基本知识教育。

1992 年，采用多种形式，利用各种宣传阵地，在党员、干部、群众中进行“反和平演变”教育，构筑思想防线。继续在党员中进行社会主义教育，组织党员学习中共党史、建党理论，加强思想建设。

1993 年，按照中央和自治区党委的要求，在党员干部中以学习中共四大文件为动力，开展社会主义市场经济大讨论。市委宣传部组织两县一郊报告团，在 5 个乡镇给党员作关于发展市场经济的报告。

1994 年，党员思想教育工作以邓小平建设有中国特色社会主义理论为指针，以《邓小平文选》第三卷和党的基本路线为基本内容，结合党员实际开展思想教育。

1995 年以后，按照中共十四届四中全会提出用 3 年时间，在全体党员中有计划、有步骤地开展一次建设有中国特色社会主义理论和党章学习活动的要求，在全县党员中开展“双学”教育活动；在全县干部中开展“学《条例》、讲正气”活动；按照自治区党委的统一部署，在全县干部中实施“三严四自”（严格要求、严格管理、严格监督，自重、自省、自警、自励）工程。

1997 年，加强对党员党风廉政建设和党员领导干部的思想作风建设。主要学习贯彻《中国共产党党员领导干部廉洁从政若干准则（试行）》和《中国共产党纪律处分条例（试行）》，并与实施“三严四自”工程结合起来。开展“三讲”（讲学习、讲政治、讲正气）教育，突出抓好党员、领导干部纪律意识、廉政意识和党性党风意识。

2000 年，围绕贯彻中共十五大精神，深入进行党的基本理论、基本路线、基本纲领的宣传教育。

2002 年，以贯彻落实《公民道德建设实施纲要》和自治区“道德建设年”活动为契机，加强思想道德建设和思想政治工作。

2003 年，组织党员学习“三个代表”重要思想和中共十六大精神及中国加入世贸组织的意义、世贸组织有关法规等，深入贯彻落实《公民道德建设实施纲要》，树立正确的世界观、人生观和价值观，提高群众对中国加入世贸组织的适应能力。

2004 年—2005 年，开展保持共产党员先进性教育活动。以“三个代表”重要思想为主要内容，对全县 487 个单位 1275 个党组织、11970 名党员开展集中教育和专题教育。以纪念邓小平诞辰 100 周年暨龙州起义 75 周年为契机，宣传、弘扬红八军革命精神，加强对干部群众的爱国主义教育和革命传统教育。组织 12000 名干部群众参加邓小平诞辰 100 周年暨龙州起义 75 周年纪念大会。

新闻宣传报道

1986 年—1990 年，龙州县委宣传部召开新闻会议 5 次，为龙州县宣传思想工作会议，组织开展新闻策划 10 个，组织策划干部学习马克思主义哲学，主要学习《马克思主义哲学学习纲要》《领导科学基础》《政治经济学》《哲学》等原著。抓好干部职工新时期政治理论的学习和企业职工“双基”（基本路线、基本国情）教育，组织干部职工学习中共十三届四中、五中、六中全会精神。1986 年，全县被《广西日报》用稿 104 篇，被广西人民广播电台评为新闻工作先进单位。1987 年，《广西日报》用稿 71 篇、广西人民广播电台用稿 63 篇。1988 年，《广西日报》用稿 67 篇、广西人民广播电台用稿 59 篇。1989 年，《广西日报》用稿 55 篇、广西人民广播电台用稿 49 篇。1990 年，《广西日报》用稿 40 篇、广西人民广播电台用稿 52 篇。制作完成《龙州风光》《左江潮》《奇漓水龙州美》《古埠龙州》《龙州篝火别样红》5 部电视片。

1991 年，《广西日报》用稿 39 篇、广西人民广播电台用稿 69 篇、《南宁日报》用稿 31 篇。1992 年，在《广西日报》、广西人民广播电台用稿 90 篇，其他报刊用稿 56 篇。1993 年，《广西日报》、广西人民广播电台用稿 98 篇，其他报刊用稿 162 篇。1994 年，《广西日报》、广西人民广播电台用稿 123 篇，其他报刊用稿 189 篇。1995 年，全年共 497 篇新闻稿件在地级以上报刊、电台、电视台发表，县广播站播出稿件 814 篇，县线电视共播出新闻 563 条，龙州报发稿 6892 篇。

1996 年，全年共 543 篇新闻稿件在地级以上报刊、电台、电视台发表，县广播站播出稿件 846 篇，县线电视共播出新闻 635 条，龙州报发稿 8531 篇。1997 年，全年共 601 篇新闻稿件在地级以上报刊、电台、电视台发表，县广播站播出稿件 917 篇，县线电视共播出新闻 656 条，龙州报发稿 11945 篇。1998 年，全年共 566 篇新闻稿件在地级以上报刊、电台、电视台发表。1999 年，全年共 768 篇新闻稿件在地级以上报刊、电台、电视台发表。2000 年，全年共被地级以上的新闻单位用稿 773 篇。

2001 年，全年共被地级以上的新闻单位用稿 781 篇。2002 年，向地级以上的新闻单位投稿 2145 篇（条），被采用 798 篇（条），其中向《广西日报》投稿 215 篇，采用 82 篇；向《南宁日报》投稿 1178 篇，被采用 317 篇；上送地区电视台 179 条，采用 143 条；上送区电视台 65 条，采用 30 条；上送区电台 98 条，采用 67 条。另外，中央电视台采 6 条。向其他媒体投稿 410 篇，采用 153 篇。《龙州报》收到来稿 5984 篇，编发 4383 篇。县广播电视站收到来稿 2828 篇（篇），广播发稿 1479 篇，电视发稿 1298 条。

2003 年，全年共向市级以上新闻单位投稿 2160 篇，共采用 962 篇。崇左市电视台采用 280 篇，广西卫视采用 35 篇，广西人民广播电台采用 88 篇，中央电视台采用 4 篇，《左江日报》采用 430 篇，《广西日报》采用 70 篇，其他 55 篇，共采用 962 篇。其中，解放思想再讨论活动新闻稿件 290 多篇（条、次）。2004 年，组织开展新闻战线“三个代表”重要思想、马克思主义新闻观、职业精神职业道德“三项教育”活动，全年被市级以上新闻单位刊播稿件 902 篇，其中《人民日报・华南新闻》上稿 7 篇，《经济日报・农村版》上稿 1 篇，《广西日报》上稿 52 篇；中央电视台 1 条，广西电视台上稿 38 条；广西电台上稿 64 篇；《左江日报》上稿 391 篇，崇左市有线电视台上稿 348 条。2005 年，全年被市级以上新闻单位刊播稿件 996 篇（条）。

对外宣传

1986 年，龙州县边境对越广播站对越南边境进行广播宣传。1988 年，随着中越两国关系的改善，发送对越宣传资料和日用物品，实施对越边民思想感化。1989 年开始，对越发放宣传杂志《荷花》；了解边民思想动态，了解中越边境经济发展状况及越方对中方的态度变化情况等；协助自治区外宣办录制电视纪录片《古埠龙州》，向海内外发行。1990 年，县边境对越广播站下放龙州县管理。1994 年 10 月，边境对越广播站改名为边境对外宣传办公室，挂靠县委宣传部，配合自治区的经济建设、对外开放进行边境宣传。

第六节　统一战线

统战政策落实

纠正错划右派　龙州县在反右运动中被错误处理 196 人。1979 年，纠正错划右派时，因受当时有关政策的局限，有 108 人未彻底纠正。1986 年，根据上级有关政策，对未彻底纠正的结论进行复查，全部彻底纠正。到 1987 年 12 月止，对已纠正的 196 人落实以下政策：收回安排 70 人（反社会主义分子 2 人、中右 8 人、右派 60 人），其中在本县安排 58 人、在外地安排 12 人；另外，外地划为右派改正后回龙州县原籍安排 8 人、家属受株连的3人，均已收回安排。补发工资58人，金额1674.40元。补发抚恤费24人，金额8775.50元。补发丧葬费24人，金额2400元。应办已办抚养10户13人，金额1625元。一次性生活困难补助86人，金额11270元。恢复非农受株连的家属14户47人。

落实起义、投诚人员政策 1986年，根据上级有关文件精神，认定为起义的单位有原国民党上金县逐卜乡公所、龙津县鸭水警察班，认定为投城的单位有原国民党龙州县城香梓南联防队。经调查落实发证的有52人，其中起义人员33人、投诚人员19人。得到落实政策的有18人，其中获离休待遇8人、定补待遇4人、发放抚恤金和丧葬费5人。得到生活困难补助的7人，落实政策后被吸收为县政协委员的有1人。

落实工商业政策 1978年8月19日，县工商局等4个单位联名将原工商联砖瓦结构楼房拆掉重建，原房建筑面积300多平方米，折价1.1万元。1987年恢复工商联建制后，县工商局于当年5月21日将建房退给县工商联，折价7000元，价款从县财政局代管的1.1万元中扣除，余下的4000元由县财政局拨给工商联作维修之用。

落实宗教房屋 1919年，天主教在龙州镇利民街建有一栋楼房，占地总面积5010平方米，建筑面积501平方米。解放后，驻军占用，1953年县气象局占用，30多年来，县气象局曾多次维修改建。1986年落实宗教政策，县委、县政府委托县委统战部与县气象局、天主教会协商，天主教会愿意将房子转让给县气象局，由县气象局按房屋净值8.5万元付给天主教会另行征地新建教堂。当年经政府批准在龙州镇独山路征地0.19公顷给天主教会建教堂，新教堂于1987年7月动工兴建，1988年4月竣工，建筑面积207.36平方米。基督教礼堂位于县人民政府后院，是一座砖木结构楼房，建筑面积201.3平方米。1957年基督教南宁分会牧师李适珍派人到龙州，将房屋献给龙州县人民政府，此后一直为政府干部宿舍。1986年落实宗教政策时，经协商基督教会愿意将该宗教房屋转让给县人民政府使用，县人民政府按房屋净值2.3万元支付给基督教会。基督教福音堂位于龙州镇康平街，建筑面积167平方米，“文化大革命”期间被列为破“四旧”对象，用作群众接待站。1968年龙州镇用作幼儿园。1969年，县财政局作公房代管。1980年，由县房产所接管。1986年，退回给基督教会。

民族宗教工作

1986年，龙州县存在天主教和基督教两个教会。1995年，天主教和基督教两个教会分别注册登记。县委统战部宣传党的宗教政策，加强对信教群众的教育，引导他们爱国爱教、遵纪守法，与社会主义社会相适应。帮助宗教团体加强自身建设，引导宗教团体做好自传、自教、自养，积极创建五好宗教场所，加强宗教活动场所的法制化、制度化建设。建立健全宗教事务管理网络。2000年，建立县、乡、村三级宗教事务管理网络，统战部明确一名分管领导具体抓宗教工作，12个乡镇都配备一名宗教干部（由统战委员兼职），村一级配备宗教管理员，全县村级宗教管理员有107人。加强宗教活动监督，在2005年打击在龙州镇、逐卜乡、金龙镇出现的非法传教活动，保证宗教在法律、法规和政策允许的范围内开展正常的活动。

党外干部培养

1986年—2005年，县委统战部建立党外后备干部人才库。通过群众推荐、组织推荐和个人自荐等方式，把各领域的党外优秀人才吸收到党外后备队伍中来，共推举党外后备干部300多人。同时，对党外后备干部实行跟踪考察，动态管理，调整和充实党外后备干部人才库。突出党校培训作用。利用县委党校这一主阵地，对党外干部进行系统的理论轮训。先后举办党外干部培训班5期，培训学员320多人次。同时，有针对性地对党外干部进行重点培养，推荐优秀的党外干部到广西社会主义学院参加学习培训35人次。培育优秀党外干部。向党组织举荐那些政治上合格，善于合作共事，在社会上有影响，参政议政能力强的党外人士。共向组织部举荐优秀党外人士300多人。在实职安排方面，协助组织部门做好政府、人大、政协及各部门党外领导干部的配备工作。在政治安排方面，协同县政协党组做好政协换届的人事安排和每年政协委员、常委的补充调整。2000年—2005年，政协龙州县第三、四、五、六、七、八届党外政协委员分别66名、72名、75名、79名、83名、85名，占委员总数的62.8%、61.54%、60.98%、60.3%、60.14%、60.3%；党外政协常委分别有10名、13名、12名、14名、18名、14名，占常委总数的55.56%、68.42%、63.16%、66.7%、66.7%、56%。

支持民主党派工作

1986年—2005年，县委统战部按照“长期共存、互相监督、肝胆相照、荣辱与共”的方针，坚持和完善共产党领导的多党合作和政治协商制度，通过召开座谈会、通报会等形式，就龙州县的政治、经济、社会发展情况和重要人事安排等进行协商讨论，听取党外人士的意见和建议，对合理的意见和建议予以采纳并办理和答复，使政治协商、民主监督走上经常化、制度化轨道。支持民主党派加强自身建设。龙州县有中国民主同盟会、中国致公党两个民主党派。民盟龙州县支部和致公党龙州县支部分别于1985年3月和1985年10月成立，民盟和致公党支部党员分别从成立时的12人和7人，发展到2005年的19人和44人。各民主党派参政议政。贯彻“党委出题、党派调研”的方针，民主党派和无党派人士围绕龙州县经济社会发展的重大课题开展调研，对经济建设和社会发展问题向县委、政府提出意见和建议。1986年—2005年，共开展调研22次，形成调研文章22篇。

“三胞”联谊

1987年5月，龙州县“三胞”（台湾同胞、港澳同胞、海外侨胞）联谊会成立，有理事会成员12人。1991年12月，龙州县三胞联谊会改名为广西龙州县海外联谊会，调整充实理事会成员，增加到23人，讨论通过《广西龙州县海外联谊会章程》。1986年—2005年，县委统战部与“三胞”交朋友。采用“走出去、请进来”的方式，与港澳台同胞、海外侨胞加强联系交往，增进友谊；接待回乡探亲、观光、考察的港澳台胞和海外侨胞。共接待“三胞”818人次，动员“三胞”为家乡捐资扶贫、办公益事业40多万元。围绕经济建设这一中心，开展为台胞、台商、台属服务，为经济建设、改革开放和祖国统一大业服务，开展对台宣传、内引外联、招商引资等工作。促进“三胞”回乡投资，与亲属或有关单位合作创办华侨贸易购销部、三胞联谊实业公司、龙州县台胞依山养殖场、龙台制革综合厂、龙州县华侨实业总公司等企业5家，总投资1740万元，其中“三胞”投资550万元。2003年、2005年分别引进台资企业汉鑫矿产品有限公司和顺天房地产开发有限公司，两家公司总投资约8000万元。1986年—2005年，全县共有52户利用“三胞”资助资金130多万元兴办种养、运输、饮食、商业等产业。

第七节 政法工作

社会治安综合治理

管理机制 1986年—1990年，龙州县社会治安综合治理工作实行党委领导、党政领导班子齐抓共管、县综治委成员单位各负其责和配合，政法部门发挥主力军作用，动员基层单位和人民群众参与的工作机制，以县城和各乡镇集市为重点、农村为基层，全面开展工作。1991年，实行社会治安目标管理，层层签订目标管理责任书，每半年进行督查，年终进行检查、评比、奖励。1992年开始，全县执行社会治安综合治理工作一票否决制度。否决内容包括乡镇以及机关、团体、学校、企事业单位评选综合性的荣誉称号；单位的主要领导、主管领导和治安负责人评先受奖、晋职晋级的资格。评审单位的主要领导、主管领导或治安负责人的晋职晋级的资格。按照管理权限，与组织部门或政府人事部门协商决定。1992年—2005年，没有行使过否决权。

创建安全文明单位 1986年—1998年，龙州县未开展安全文明单位创建专项工作。1999年，龙州县开展以安全为目标，创建安全文明村（屯）、安全文明居委会（街道）、安全文明单位（小区）活动。全县260个单位，全部参加安全文明创建活动，覆盖率100%；达标205个，达标率78.85%。2000年—2005年，全县260个单位，全部参加安全文明创建活动，覆盖率100%；达标260个，达标率100%。

创建无毒单位 1986年—1999年，龙州县未开展无毒单位创建专项工作。2000年，龙州县创建无毒工作领导小组成立，制定《龙州县开展创建无毒小区、单位、学校、街道、村镇活动实施方案》，按照方案的要求开展创建活动。2001年—2002年，龙州县参加无毒单位创建的单位290个，达标218个单位，达标率75.17%。2003年，龙州县继续深入开展创建无毒单位活动，抓好“南国边关无毒路”和“不让毒品进我家”等创建活动。县委办、县政府办印发《龙州县综治委、禁毒委关于开展创建“无毒社区”重点整治工作方案》，要求各乡镇、各单位贯彻执行。年内，对79名吸毒人员进行强制戒毒，减少流散于社会的吸毒人员。全县13个乡镇、34个单位，分别被县政府授予“无毒乡镇”“无毒单位”称号。2004年—2005年，未开展无毒单位创建工作。

排查调解纠纷 1986年，全县受理“三大纠纷”案件90起，调结63起，调结率70%。1987年，全县受理“三大纠纷”案件52起，调结41起，调结率78.85%。1988年，全县受理“三大纠纷”案件31起，调结25起，调结率80.65%。1989年，全县受理“三大纠纷”案件26起，调结21起，调结率88.77%。1990年，全县受理“三大纠纷”案件36起，调结31起，调结率86.11%。1991年，全县受理“三大纠纷”案件16起，调结9起，调结率56.25%。1992年，全县受理“三大纠纷”案件21起，调结9起，调结率42.86%。1993年，全县受理“三大纠纷”案件37起，调结29起，调结率78.38%。1994年，全县受理“三大纠纷”案件16起，调结8起，调结率50%。1995年，全县受理“三大纠纷”案件78起，调结70起，调结率89.7%。1996年，全县受理“三大纠纷”案件16起，调结14起，调结率87.50%。1997年，全县受理“三大纠纷”案件10起，调结9起，调结率90%。1998年，全县受理“三大纠纷”案件162起，调结150起，调结率92.59%。

1999年，龙州县委、县政府制定《龙州县1999年“三大纠纷”案件调处工作方案》，成立调处工作领导小组。年内，全县受理“三大纠纷”案件21起，其中积案10起、新案11起，调结19起，调结率90.48%。2000年，龙州县根据《中央社会治安综合治理委员会关于进一步加强矛盾纠纷排查调处工作的意见》和自治区“化解纠纷年”的精神，开展矛盾纠纷排查调处工作。共调解各类纠纷案件297件，调结276件，调解成功率92.93%。其中重大疑难纠纷23件，预防“民转刑”14件，防止械斗8件，防止自杀事件5件，制止集体上访闹事11件。2002年，县委转发《龙州县维护社会稳定领导小组办公室关于落实影响社会稳定因素排查调处工作责任的意见》，县政府下发《龙州县2002年“三大纠纷”调处工作实施方案》，县政府与各职能部门、乡镇签订“三大纠纷”目标管理责任状，把排查调处各类矛盾纠纷的责任落实到部门、单位负责人，明确各职能部门、各单位的工作职责。年内，全县受理“三大纠纷”积案1起，调结率100%，受理新发生案件69起，调结67起，调结率97.1%，案件调结稳定率100%。2003年，龙州县贯彻落实自治区、市关于矛盾纠纷排查调处化解工作的精神，受理“三大纠纷”案件38起，调结38起；受理各种民事纠纷273起，调解273起，调解成功257起，成功率94.14%。2004年8月13日，县委办、县政府办印发《龙州县集中开展人民内部矛盾大排查、大调处活动方案》，要求全县各乡镇、各单位认真贯彻执行。是年，县委办、县政府办印发《龙州县集中开展人民内部矛盾大排查、大调处活动方案》，受理案件89起，调结86起，成功率96.63%。2005年，龙州县采取定期排查与针对性排查、党政牵头排查与职能部门专门排查相结合的方法，开展矛盾纠纷的排查，处理各类因人民内部矛盾引发的上访事件和农村“三大纠纷”问题。先后拦截化解“2·6”八角乡农民秦某等2人到邕上访，“2·27”工商银行自谋职业人员杨某进京上访，“3·9”龙州镇合龙队部分群众酝酿进邕上访等事件。全年，受理农村“三大纠纷”案114起，调结112起，调结率98.25%；受理各种民间纠纷439件，调解成功425件，成功率96.8%。

处理邪教组织 1986年—1996年，龙州县没有“法轮功”等邪教组织。1997年12月，“法轮功”邪教组织传入龙州县龙州镇，县直某单位原会计黄某与南宁地区邪教“法轮功”辅导站联络，负责动员、指导他人参加邪教“法轮功”练习。1998年，在龙州镇建立练功点2个，非法组织发展邪教“法轮功”练习者73人，多数为退休干部职工。1999年7月22日，公安部、民政部发出依法取缔邪教“法轮功”非法组织通知后，龙州县政法机关出动警力150人次，对龙州镇的邪教“法轮功”非法练习点进行取缔，依法传唤邪教“法轮功”人员，收缴邪教“法轮功”书籍17种249册，资料195份，录音带75盒，影碟10碟，李洪志照片、邪教“法轮功”徽章等物品一批。2000年—2001年，有邪教“法轮功”练习者的4个乡镇和38个单位成立帮教小组。帮教小组由邪教“法轮功”练习者所在单位、居委会、村委会、辖区派出所民警、家属等人员组成，对邪教“法轮功”练习者进行帮教转化，转化邪教“法轮功”练习者97%以上。2002年，对反复帮教仍不思悔改坚持从事邪教“法轮功”非法活动的黄某等2名顽固分子，经报上级审查批准，分别劳动教养1年、2年。2003年，共查处邪教“法轮功”破坏活动案件2起，抓获邪教“法轮功”违法犯罪人员3名，送劳动教养1名，治安处罚 2 名，查经邪教“法轮功”练习人员 72 名，收缴法轮功宣传品 183 件。2004 年，继续深化同邪教“法轮功”等邪教组织的斗争，共收缴法邪教“法轮功”非法宣传品 122 份（册）。2005 年共收缴邪教“法轮功”非法宣传品 42 份（册）。

治安一体化建设 1986 年—2002 年，龙州县未开展治安一体化建设专项工作。2003 年 6 月，自治区党委、自治区党委政法委、自治综治委下发《关于社会治安综合治理“三十百千”工程实施方案》后，龙州县成立社会治安“打防控”一体化建设指挥部，总指挥由县委书记、县长担任，指挥长由分管领导担任。指挥部下设办公室，具体负责日常工作。9 月 22 日，县委办、县政府办下发《龙州县社会治安“打防控”一体化建设工作方案》，全县各乡镇、单位实施。同时，成立龙州县 110 警务大队。2004 年，龙州县继续实施社会治安综合治理“三十百千”工程。龙州县被自治区综治委列为“三十百千”重点整治的逐卜乡和自清、立信、龙江、武德、精威、金龙、共和、梓丛 8 个村的治安和刑事案件明显下降。1 月—11 月，逐卜乡全乡发生刑事案件 11 起，与上年同期发案数比下降 45%；发生治安案件 33 起，与上年同期发案数比下降 40%。8 个村的刑事和治安案件发案数与上年同期比下降 40%。2005 年，龙州县继续实施社会治安综合治理“三十百千”工程。加强基层党支部、村委会的领导班子建设和治保会、调解会、治安联防队等基层治安组织建设。乡有调解中心，村有调解室。各乡镇、农场有专职治安联防队员，村委会、村民小组各有 5 至 15 人不等的治安义务联防队员，每个自然屯都有 1 名治安信息员，为农村治安防范提供了坚强的组织保证；下发《关于进一步加强单位内部安全防范工作的通知》，各单位形成主要领导亲自抓，分管领导具体抓，有专人负责的防控机制，建立健全单位内部治安保卫制度，明确综治、警务、人民调解、治安保卫的工作内容，实行以块为主查处案件、排查调处各类矛盾纠纷、开展群防群治及法制宣传教育、加强治安管理和防范工作，建立治安信息网络，搜集违法犯罪线索，清除各类治安隐患，维护社会稳定。

建设平安龙州活动 1986 年—2004 年，龙州县没有开展“平安龙州”专项创建活动。2005 年 2 月 7 日，自治区党委、自治区政府作出《关于建设平安广西的决定》，全面开展建—设平安广西活动。同月，龙州县建设“平安龙州”领导小组成立，县委书记、县长担任领导小组组长，下设办公室，制定《关于建设“平安龙州”的决定》和《关于建设“平安龙州”的实施方案》等文件。3 月，县委、县政府与全县各乡镇、县直各单位（含区、市直）签订《2005 年度龙州县社会治安综合治理目标管理责任书》。采取定期或不定期组织人员对全县各乡镇、各单位进行督促检查方式，监督各项工作落实。年内，全县表彰 6 个乡镇、32 个单位为建设“平安龙州”先进单位和 96 名工作标兵。

社会治安专项治理

1986 年，按照中央政法委的部署，全县开展打击拐卖妇女、儿童犯罪和卖淫嫖娼活动，县公安局成立查打领导小组，下设办公室，全局抽出 28 名干警投入查打工作，其中局领导 1 名，科所队领导 6 名。经过 5 个月的调查了解，摸出全县被拐卖的妇女儿童 111 名（其中儿童 2 名），查获犯罪分子 53 名，其中团伙 3 个 12 人，收容审查 42 人，逮捕 11 人。9 月，在全县范围内开展破案战役。县公安局从刑侦、边防、内保等部门抽出力量分成四个侦破小组，分别深入龙州、霞秀、响水、武德 4 个乡镇的重点地区进行工作。此次战役加上派出所民警和基层党政、保卫干部、治安人员，总共力量 114 人，其中公安干警 84 人。全县共破刑事案件 64 起，其中重大案件 5 起，破获治安案件 133 起，查出违法犯罪团伙 6 个 24 人，缴获收录机 7 部、电风扇 2 台、手榴弹 8 枚、电瓶 4 只，以及自行车 34 辆。

1987 年，针对龙州、武德、下冻 3 个乡镇盗窃活动突出的情况，县公安局及时研究对策，抽调力量深入开展局部的破案小战役，挖出以李某某为首的 9 人盗窃团伙，缴回被盗彩电 2 台、放像机 1 台、收录机 3 台、自行车 7 辆，折款 7000 多元。

1988 年，根据严打战役后社会治安出现的新情况，县公安局继续开展三次专项斗争。一是从 1 月 16 日起至 2 月 6 日，针对盗窃案件大幅度上升的势头，在县城开展反盗窃的专项斗争；二是从 4 月—6 月底，根据盗窃自行车严重的情况，开展了以反盗窃自行车为中心的专项斗争；三是 9 月中旬至 10 月中旬，针对流窜犯罪和团伙犯罪突出问题，又开展了打击流窜犯罪、深挖犯罪团伙的专项斗争。三次专项斗争，共投入力量

717人(次),挖出团伙26个成员135人,破获各种刑事案件共158起,查处治安案件232起,缴获自行车201辆、电视机6台、收录机10台、电动机电风扇4台、手扶拖拉机2台、耕牛2头以及“五四”式手枪1支。同时,还妥善处置群体性闹事5起,取缔边防线上的国际赌场4处。

1989年,龙州县连续发生三起重大刑事案件。一是县烟草公司西街批发部仓库保险柜被盗公款21118元。二是水口合平村板旺屯青年周某某被杀死在本屯一甘蔗地里。三是租住龙州镇城北路44号农某某家的广东吴川县收购废旧物品个体户陈某某写字台抽柜被撬,被盗3000元。案发后,县公安局从刑侦、边防部门和城厢派出所、洞桂派出所抽调警力组织专项整治破案组,日夜奋战,连续侦破四天时间,迅速破获全部三起案件,抓获案犯3名,缴获被盗现金24118元。

1990年,在县委、县政府的统一领导下,县公安局抽调58名干警开展扫除“六害”专项斗争,通过广泛发动群众,对“六害”案件逐案查破,抓获“六害”违法犯罪人员120名,依法逮捕24名,狠狠打击了“六害”犯罪活动。通过开展严厉打击各种严重刑事犯罪活动和开展打击“三贩”的专项斗争,全年破获刑事案件239起,其中破刑事大案88起,查处治安案件648起,抓获各种案犯1156人,缴获电视机9部、收录机11台、军用枪支4支、长短粉枪1114支、子弹486发、手榴弹36枚、鸦片5.7千克、海洛因0.41千克。

1991年,中共中央、国务院下发《关于加强社会治安综合治理的决定》。县公安局紧紧围绕“以稳定压倒一切”为中心,发挥公安工作职能,主要开展社会治安整顿月活动。通过活动,公安局共破获刑事案件148起,查处治安案件248起,挖出团伙36个成员170人,逮捕罪犯41名,行政拘留153名。缴获军用枪支6支、沙枪1072支、子弹474发、手榴弹25枚、地雷34枚、土炮1门、炸药18.6千克、管制刀222把,追缴自行车145辆、摩托车6辆、电视机14台、收录机3台、洗衣机1台、耕牛1头、生猪5头、电瓶及电表21只。在全县开展以打击贩枪为中心的打击“三贩”工作。2月—9月,共破获贩枪案件5起,破获走私贩毒案18起,抓获犯罪9名,缴获军用枪支5支(其中冲锋枪1支、日本抓嘴1支、五四式手枪3支)、子弹32发、鸦片8.05千克、黄金0.77千克,另破获拐卖人口案件8起,抓获贩卖人口犯罪分子26人,解救被拐卖妇女8人。

1992年,县公安局在龙州镇破获以梁某某为首的48名犯罪团伙“菜刀帮”。“菜刀帮”自1991年—1992年间,手持菜刀先后在龙州镇一百多个单位、居民点大肆作案共137起,其中敲诈勒索6起、打架斗殴12场(次),造成1人死亡,多人受伤,强奸轮奸女性18起,受害女性年龄最大22岁,最小才14岁,白吃白拿以及盗窃上百次。

1993年,在自治区公安厅、南地公安处的指导下,县公安局抽调46名组成专项工作组开展扫黄打丑活动,对群众举报的龙州镇“淫秽录像一条街”的龙江街10家录像经营点进行查缉,搜出录像片416盒,经过审查,其中有96盒是黄色淫秽物品,公安机关对经营当事人进行了处罚教育,扫除了丑恶,净化了环境。4月8日,县公安局调集39名干警组成打击“车匪路霸”工作队,分成四个组对四条主要公路干线上进行整治。经过十天的行动,共抓获各种“车匪路霸”32名,给予治安处罚31名,破获刑事案件14起,其中大案9起。5月4日、31日,县公安局两次各出动300多人(次)警力,对龙州县“车匪路霸”突出的霞秀乡百农村和下冻镇洞埠村采取集中整治行动,全力收缴这些村屯的武器弹药。经过行动,抓获两个地区的违法犯罪人员42人,收缴各种沙枪121支、土制火炮1门以及爆炸物品、管制刀具一大批,消除了隐患,使两个地区长期持械在公路上进行械斗得以平息,恢复正常的生产生活秩序。6月,根据公安部在南宁召开的西南边境缉枪缉毒工作会议上提出的“奋战三年,把西南边境走私枪支毒品赌在境外”的战略部署,县公安局以缉毒大队、边防大队为主要力量在全县范围内开展缉枪缉毒(双缉)行动。经过广大干警的艰苦努力,全县共查获枪毒案件43起(其中枪案15起、毒品案28起)。抓获各种枪毒人员162人(其中贩枪案15人,私藏弹药93人,贩毒案54人),缴获枪支15支、手雷31枚、手榴弹204枚、子弹2030发、鸦片23.2千克、海洛因0.82千克,有效地维护了边境的安定。

1994年,根据区公安厅“6·16”电话会议精神,县公安局在全县范围内开展“双打双整”专项斗争,主要是打击车匪路霸、打击盗抢机动车辆;整顿交通秩序,整顿公路沿线“三乱”(乱设卡、乱收费、乱罚款)。通过此次专项行动,共查破各种案件177起,其中大案38起,摧毁违法犯罪团伙17个成员97人,抓获违法犯罪分子 266 名，依法逮捕 16 名，行政拘留 112 名，罚款 97 名，缴获各种枪支及凶器 105 件、子弹 157 发、手扶拖拉机三辆、自行车 123 辆、摩托车 13 辆、电视机 5 台、录像机 2 台、收录机洗衣机各 1 台、化肥 18 袋、鸦片 2.5 千克、海洛因 0.03 千克以及赃款 6000 多元。

1995 年，根据全国统一部署的全国性春夏攻势，县公安局相继开展四次严打专项行动。一是 2 月 15 日—3 月 15 日开展以龙州县城为重点，对盗窃机动车辆和盗窃家用电器犯罪活动进行专项打击。二是 3 月份以边防为重点，以武德、水口、下冻、彬桥等边境乡镇为主攻方向，打击盗窃耕牛犯罪活动。三是 8 月份开展一场声势浩大的社会治安整顿突击月活动。四是根据全区统一部署的"西南战役"开展打击盗、抢机动车辆犯罪活动。四资专项行动共投入干警 525 人（次），破获各种刑事案件 200 起，其中盗窃机动车辆 25 起、盗窃家用电器 9 起，盗窃耕牛案件 68 起。摧毁盗窃耕牛团伙 8 个成员 29 名，追回耕 39 头，为群众挽回经济损失 78000 多元。

1996 年，在全县范围内开展以保卫春耕生产为目标的春季破案战役。在这次破案战役中，县公安机关针对本地区春耕生产期间的治安实际，紧紧把握以下主攻方向：一是严厉打击盗窃耕牛犯罪活动，以边境乡镇及霞秀、八角、上降等内地乡为重点，对耕牛案件实施破案会战；二是严厉打击破坏电力设备、水利设施的犯罪活动；三是严厉打击抢劫强奸以及破坏生产、报复侵害农村基层干部等违法犯罪活动。此外还严厉查处赌博、吸毒、卖淫嫖娼等社会丑恶现象。为期 30 天的破案会战中，共破获刑事案件 58 起，其中破盗牛案件 16 起、抢劫案 3 起、强奸案 1 起、破坏生产案 2 起、打击报复基层干部 1 起、其他案件 35 起，查处治安案件 169 起，摧毁违法犯罪团伙 8 个成员 39 名，抓获违法犯罪分子 287 名，有效地维护春耕生产期间社会治安秩序，保证春耕生产的顺利进行。5 月—9 月，在全县范围内开展严厉打击严重刑事犯罪的集中统一行动，县公安机关相继组织开展"打击盗抢机动车犯罪统一行动""收枪治爆专项行动""整治重点地区、部位、场所治安秩序的专项行动""禁毒统一行动""金融网点治安整治行动"。五个月共摧毁违法犯罪团伙 54 个成员 264 名，抓获违法犯罪人员 809 名，破获各类刑事案件 236 起，其中大案 117 起，缴获汽车 2 辆、手扶拖拉机 2 辆、摩托车 16 辆、电视机 11 台、鸦片 0.10 千克、海洛因 0.93 千克、枪支 524 支、子弹 54 发、炸药 176 千克。11 月下旬，公安部在全国范围内统一部署严打整治"冬季行动"，县公安机关紧紧围绕"破大案，挖团伙，追逃犯"这个"严打"重要环节，集中警力、集中精力、集中时间，对危害大、影响大的大案要案进行侦破。截至 12 月底，共破获各类刑事案件 47 起，其中重大案件 19 起，查处治安案件 74 起，打掉各种违法犯罪团伙 5 个成员 18 名，抓获违法犯罪分子 189 名，缴获摩托车 3 辆，军用枪支 7 支及其他财物一批。

1997 年，县公安局积极保持和发展"严打"高压势头，开展"夏季严打整治行动"，此次行动共破获盗窃耕牛案件 37 起，打掉一批盗牛犯罪团伙和抓获一批盗牛犯罪分子，追回被盗耕牛 23 头，为群众挽回经济损失 4.6 万多元，并以龙州城为重点，狠狠打击抢劫、入室盗窃、盗窃机动车犯罪活动。8 月—9 月，在全县开展缉捕逃犯的专项斗争中，县公安局共抓获 1992 年—1997 年在册的逃犯 98 名（其中批捕在逃 19 名、批准劳教在逃 47 名、负案在逃 32 名），较好地消除了犯罪隐患。11 月—12 月，全县开展侦查破案大会战，县公安局共投入警力 200 多名，共破获各类刑事案件 53 起，其中大案 21 起，抓获违法犯罪人员 279 名。在缉枪缉毒方面也开展侦查工作，共破获毒品案件 19 起，其中大案 14 起，缴获海洛克 4.65 千克、军用枪支 4 支、民用枪支 224 支。

1998 年，针对盗抢摩托车案件突出的情况，县公安局以龙州镇为重点，打掉以黄某某为首的盗抢摩托车犯罪团伙和以农某某为首的摩托车销赃团伙，共破获盗抢机动车辆 17 起，抓获盗抢机动车的犯罪嫌疑人 9 人，缴获摩托车 3 辆，赃款一万多元。另摧毁一个 15 名成员的盗窃耕牛团伙，破获盗窃耕牛 24 起，追回被盗耕牛 3 头。3 月，根据龙州县霞秀、响水、上金、上龙、彬桥等乡镇一些村屯被盗耕牛的严重治安问题，县公安局派出 20 多名干警开展工作。抓获案件主犯谭某某、林某某、麻某某、李某某、李某某等，全县盗窃耕牛案 23 起、被盗耕牛 68 头的系列案件告破。

1999 年，龙州县开展破大案、抓逃犯、打击盗抢机动车、收枪治爆等一系列专项整治工作。全县发生刑事案件 166 起，破案 133 起，其中重特大刑事案件 96 起，破案 73 起，破案率分别为 80% 和 76%。受理治安案件 1058 起，查处 1006 起，打掉违法犯罪团伙 17 个，成员 10 人；抓获违法犯罪嫌疑人 2226 人，缴获赃款赃物折合 30.7 万元。收缴非法枪支 446 支，炸药 313.5 千克。查处卖淫嫖娼案件 207 起，抓获卖淫嫖娼人员 403 人。查处赌博案件 197 起，捣毁赌博窝点 197 处，处理赌博人员 403 人。纠正违章驾驶 6874 人次，暂扣车辆 1354 台次，暂扣驾驶证 1593 本。

2000 年，龙州县开展“严打”整治工作。破获严重暴力犯罪案 39 起，其中杀人案 13 起，强奸案 5 起，抢劫案 9 起，重特大伤害案 12 起，抓获严重暴力犯罪嫌疑人 57 人。破获毒品案件 29 起，摧毁毒品违法犯罪团伙 3 个，成员 8 人，打掉毒品销售网络 3 个成员 8 人，缴获海洛因 0.07 千克，抓获毒品犯罪嫌疑人 34 人，依法逮捕 30 人，送劳动教养 8 人。查获吸毒人员 120 人，送强制戒毒 120 人。抓获涉嫌拐卖妇女儿童的违法犯罪人员 40 人，解救历年被拐卖妇女儿童 490 人。收缴各类非法枪支 2248 支，炸药 85 千克，雷管 615 枚，子弹 708 发，手雷 5 枚，手榴弹 13 枚，管制刀具 246 把，抓获涉枪涉爆违法犯罪嫌疑人 144 人，依法逮捕 22 人，行政拘留 102 人。受理各种治安案件 1097 起，查处 966 起，查处率 88.05%；处理违反治安管理行为 1833 人，行政拘留 538 人，罚款 1212 人，警告 83 人。查处卖淫嫖娼案 144 起，抓获卖淫嫖娼涉案人员 265 人。

2001 年，龙州县破获各类案件 148 起，打掉犯罪团伙 6 个，抓获违法犯罪嫌疑人 910 人，刑事拘留 133 人，逮捕 98 人。查处治安案件 377 起，收缴非法枪支 2249 支，炸药 775 千克，雷管 6738 枚，导火索 20021 米。缴获的数量居南宁地区之首。查处卖淫嫖娼案件 62 起，捣毁卖淫嫖娼窝点 43 个，抓获处理卖淫嫖娼人员 124 人。查处赌博案件 50 起，打掉赌博团伙 43 个，成员 266 人，处理赌博人员 300 人。破获毒品犯罪案件 18 起，抓获吸毒人员 61 人，缴获毒品海洛因 0.04 千克。在“打黑除恶”行动中，彻底打掉上金乡小岸屯黑恶势力团伙。

2002 年，龙州县按照自治区党委政法委《关于开展打击非法“私彩”赌博和其他赌博活动专项行动的通知》，全县各乡镇、各单位统一开展打击非法“私彩”赌博和其他赌博活动专项行动。全县公安机关共查处“私彩”赌博活动等案件 64 起，取缔“私彩”赌博窝点 28 处，抓获处理“私彩”赌博违法人员 217 名，收缴赌资 16.2 万元。年内，对治安混乱的乡镇进行重点整治。水口镇、霞秀乡村民的耕牛被盗案件频频发生，经过开展重点整治，破获盗窃耕牛案 40 起，抓获盗窃团伙成员 8 人，铲除危害一方、横行多年的重大盗窃团伙。下冻镇两庄村左庄屯一伙违法犯罪分子，经常在通往边境的公路上作案，对过往车辆司机、车主进行拦路，敲诈勒索，强行收取“保护费”。11 月 18 日，公安机关侦查后采取统一抓捕行动，刑事拘留犯罪嫌疑人 8 人。

2003 年，龙州县发生刑事案件 526 起，破获刑事案件 293 起，破案率 55.7%，其中重特大刑事案件 297 起，破案 139 起，破案率 46.8%。依法逮捕犯罪嫌疑人 179 人，刑拘 149 人，抓获在逃犯 37 人；收缴各种非法枪支 585 支、子弹 3743 发、手榴弹 5 枚、炸药 25 千克、雷管 4506 枚。查处卖淫嫖娼案件 40 起，取缔卖淫嫖娼窝点 24 个，处理卖淫嫖娼违法人员 79 人。发现赌博案件 1468 起，查处 1326 起，抓获赌博违法人员 2002 人。破获毒品犯罪案件 21 起，缴获毒品海洛因 0.01 千克，抓获毒品犯罪嫌疑犯 21 人，依法逮捕 13 人；查获吸毒人员 110 人，实行强制戒毒 79 人，报送劳动教养 31 人。查获抢劫抢夺犯罪团伙 1 个，成员 9 人。破获抢劫案 12 起，抢夺案 1 起，缴获被抢手机 4 台，其他赃物一批。

2004 年，龙州县开展春季严厉打击“六合彩”等赌博活动；打击盗窃机动车、“两抢”、绑架拐卖越南妇女等犯罪专项行动。1 月—3 月，破获各类刑事案件 34 起，打掉犯罪团伙 4 个，成员 18 人；抓获犯罪嫌疑人 33 人，逮捕 29 人。县城厢派出所破获一个跨国盗窃摩托车犯罪团伙，成员 6 人。破获盗窃摩托车案件 36 起。4 月—11 月，全县破获盗窃摩托车案件 55 起；打掉绑架拐卖、强迫妇女卖淫犯罪团伙 2 个，成员 19 人，逮捕 12 人；解救出被绑架拐卖、强迫卖淫的越南妇女 14 人。收缴各类非法枪支 109 支，子弹 3667 发，雷管 121 枚，手榴弹 7 枚，炸药 14.5 千克。查处赌博案件 143 起，查获赌博团伙 63 个，410 人，处理赌博违法人员 690 人，行政拘留 46 人，罚款 638 人，警告 5 人，其他处理 1 人。查处“六合彩”赌博案 10 起，“私彩”赌博案件 8 起。破贩毒案 9 起，缴获海洛因 0.14 千克；抓获吸毒人员 94 人，实行强制戒毒 53 人。

2005 年，龙州县开展严厉打击各类违法犯罪专项活动。全县接报各种刑事案件 374 起，其中接报重特大案件 119 起，发现受理治安案件 650 起。破获各种刑事案件 173 起，破案率 46.25%，其中破获重特大案件

58 起，破案率 48.73%；查处治安案件 593 起，查处率 91.2%。抓获处理各种违法犯罪人员 1584 人，依法逮捕 109 人，送劳动教养 7 人，行政拘留 97 人，强制戒毒 68 人，罚款 1101 人，其他处理 202 人。收缴各类非法枪支 178 支、子弹 312 发、炸药 60 千克、雷管 155 枚、手榴弹（手雷）7 枚。追缴赃物微型汽车和农用运输车各 1 台、手扶拖拉机 2 台、摩托车 16 辆、耕牛等大牲畜 12 头、毒品海洛因 5.15 千克，其他赃款赃物一大批，折合人民币 43.73 万元。

政法队伍建设

1986 年，全县公安机关结合整党行动，开展"四有一树"教育和职业责任、职业道德、职业纪律教育。全县公安机关共有 14 名干警分别获得一、二、三等功，48 名干警受嘉奖，69 名干警获得通报表扬。县法院完善《岗位目标责任制考评办法》《审判工作流程管理规定》等 20 多项规章制度，开展业务培训，提高法院干警的业务能力和水平。县检察院组织学习贯彻党的全国代表大会精神，继续做好干警的业务培训。

1987 年，全县公安机关坚持"从严治警"的方针，开展党性、党纪、党风教育。全县共有 9 名干警获得三等功，33 名民警受到嘉奖，3 名干警出席全自治区严打战役表彰会。县检察院加强干警的业务培训学习，支持干警参加电大法律专业班和分院、自治区法院的办班培训；加强文明办案，秉公执法的教育，发现不守纪律的苗头，及时开展批评教育。

1988 年，全县公安机关坚持把思想政治工作贯穿到业务工作中。全县公安机关共有 2 个集体和 10 名干警获得战功，1 个集体和 56 名民警受到嘉奖，收到人民群众赠予的锦旗 9 面、镜屏 3 块。县法院加强对干警的政治思想教育，开展创优活动。

1989 年，全县公安机关做好为警清廉教育为中心的队伍建设组织干警开展政治学习和纪律作风教育。全县公安机关共有 3 名干警立功，6 个集体和 81 名干警受到嘉奖。县检察院围绕"两打"和检察机关建设开展工作，加强干警业务培训，提高干警业务能力。

1990 年，龙州县公安机关通过学习上级有关文件以及防腐变教育，提高公安干警和武警官兵的政治思想觉悟，对干警进行法律知识和业务水平培训。全县公安机关获得三等功 9 人，受嘉奖的有 99 人，被评为先进集体和受到上级嘉奖的先进单位 6 个，有两个党支部被评为先进党支部，有 1 名党员被公安部授予"全国公安基层优秀所长"奖，有 8 名党员被评为优秀共产党员，有 4 名党员获得三等功。县检察院做好党的基本路线和坚持思想基本原则的教育，引导干警用马列主义的立场观点、方法观察和分析事务；开展检察人员纪律"八要八不准"教育，坚持从严治检。

1991 年，龙州县公安局组织干警学习马列主义，毛泽东思想和四项基本原则的有关理论，学习党的十三届六中、七中、八中全会的有关文件和路线方针政策，开展学雷锋活动和学习焦裕禄活动。全县公安机关有 2 名干警被公安部授予先进工作者，有 6 名干警获得三等功，有 64 名干警得到嘉奖，看守所被评为自治区看守系统先进集体。县检察院加强对干警进行马列主义、毛泽东思想的基础理论教育和检察职业道德和"八要八不准"的教育。

1992 年，龙州县公安机关开展以"严格依法办事，维护队伍形象"为中心的教育，对干警进行组织纪律和思想作风的整顿工作。全县公安局有 1 名干警获得三等功，有 37 名干警得到嘉奖，有一批干警受到表扬，有 5 个科所室队被评为先进单位，有 1 个党支部被评为先进党支部，有 5 名党员被评为先进党员。县检察院围绕检察队伍的建设问题，从严治检。

1993 年，龙州县公安机关完成首次评授警衔和第二次申报授衔工作，并结合授衔工作对队伍进行组织整顿和纪律作风建设。全县公安局获得个人三等功 12 名，受嘉奖 149 人（次）及 6 个集体单位，有 1 个党支部和 9 名党员被县委授予先进党支部和优秀共产党员。县检察院做好派出机构设置工作，先后成立医药管理检察室和物资检察室，为龙州县的医药管理市场和物资市场，依法管理和依法经营，打击假冒伪劣药品、机电、建材等商品的违法活动发挥作用。

1994 年，龙州县公安机关组织干警学习党的十四届三、四中全会精神，学习《邓小平文选》，全面系统学习江泽民总书记、陶驷驹部长关于反腐倡廉的重要讲话，新制定龙州县公安干警廉洁自律十条规定。有 4

个单位19名干警被评为自治区、地区、县先进，有14个单位和96名（次）干警，受到县委、县政府以及上级主管部门的嘉奖，还有5位干警获得个人三等功。县检察院做好干警思想发动工作和各级领导班子建设，加强党支部的建设，做好党员的党性党风党纪教育和干警业务培训。

1995年，龙州县公安机关努力把干警队伍建设成为一支政治坚定、廉洁高效、群众信赖、特别能战斗的队伍。全县公安机关有2个，单位、12名干警被评为自治区、地、县先进，有12个单位、178名次干警受到县委、县政府以及上级主管部门的嘉奖，有17名干警获得个人三等功。县检察院坚持“依法建院、从严治检”的方针，加强思想教育业务培训和组织建设，开展岗位职务培训和自身反腐败工作，对照有关规定开展执法检查、自查自纠，主动接受人大及常委会的监督。

1996年，龙州县公安机关开展学习济南交警和“三严四自”工程教育活动，加强和改进公安队伍建设工作。全县共有17名干警获得个人三等功，11名干警被评为地、县优秀人民警察，17名干警被评为自治区、地、县先进个人，4个单位和96名（次）干警，受到县委、县政府以及上级公安机关嘉奖。县检察院开展思想政治工作，加强政治理论学习、作风纪律和党风廉政教育，做好检察机关自身反腐倡廉工作。

1997年，全县公安机关坚持贯彻从严治警方针，加强民警队伍的理论学习，开展反腐倡廉。全县公安机关共有3个单位和5名民警获得三等功，106名民警受到县委、县政府以及上级主管部门嘉奖。县检察院以“三严四自”工程和检察职业道德教育为主要内容，开展各项教育活动。

1998年，龙州县公安机关开展执法大检查和队伍集中教育整顿工作。全县公安机关共有1个单位和1名民警获得三等功，4个单位和54名民警受到县委、县政府和上级公安机关嘉奖。县检察院将队伍的集中教育整顿、执法大检查、反腐败工作列入重要议事日程，成立领导小组，结合“三严四自”工程，开展执法大检查、教育整顿工作。

1999年，龙州县公安机关开展“讲学习，讲政治，讲正气”党性党风教育活动。全县公安机关共有2个单位和3名民警获得三等功，9个单位和45名民警受到上级公安机关表彰，67名（次）民警受到县委、县政府嘉奖。县检察院开展争创“五好”活动。县法院组织干警开展“司法公正廉洁教育”活动。

2000年，龙州县公安局、检察院、法院开展学习“十佳”、赶“双百”活动。公安机关成立“争创领导小组”和“警务公开工作领导小组”，制定《龙州县公安局关于开展争创人民满意单位和民警活动实施方案》和《龙州县公安机关警务公开工作实施方案》。县纪委、监察机关先后出台《党风廉政建设制度》《赃款赃物管理规定》《错案责任追究暂行规定》等18项制度、规定。县公安局共有64（次）名民警受到县委、县政府以及上级公安机关嘉奖，共有5个单位和6名民警获得三等功，有7个单位和126名民警受到自治区、地表彰，1名民警被授予全国优秀人民警，1名民警被授予全区缉毒标兵，1个单位被评为人民满意政法单位，1名民警被评为人民满意政法干警。县检察院开展“三讲”教育“回头看”和“整纪刹风”整改等活动，修订完善原有18项制度，新增制定《领导干部党风廉政建设制度》《人事管理制度》等十多项制度，使制度增加到32项。县法院立案庭被自治区高院评为“全区法院文明窗口”，下冻法庭被自治区高院评为“全区法院先进集体”。

2002年，龙州县公安局提出“建一流队伍，干一流工作，创一流业绩”的目标，从制度建设、行政和廉政建设方面强化队伍建设。全县公安机关共有5个单位获得集体三等功，8名民警获得个人三等功，6个单位、53名民警受到上级领导机关表彰。县检察院开展政治理论教育学习活动，按照《中华人民共和国检察官法》要求及上级教育培训规划，加强队伍的教育培训工作，做好检察机构改革，探索目标动态管理工作机制。县法院加强党风廉政建设，实行廉政保证金制度，聘请15名社会各界人士作为廉政执法特邀监督员，对干警执法和行为进行有效监督。解决干警宗旨意识、司法作风等方面存在的突出问题，组织学习讨论，查摆存在问题，研究制定整改措施。

2003年，县公安局贯彻落实公安部“五条禁令”“7·31”电视电话会议精神，加强公安队伍建设。全县公安机关共有6个单位获得集体三等功，11名民警获得个人三等功，县公安局交警大队获“全区优秀公安基层单位”和“全区公安系统先进单位”，大队长郑学获“全区公安系统优秀科所队长”“南宁地区公安系统十佳民警”。县检察院开展“争创学习型检察院，争当学习型检察干警”活动，自觉接受人大及社会各界监督。

2004年，县公安局开展“干什么、练什么、缺什么、补什么”全警大练兵活动。全县公安机关共有4个单位和11名民警获得三等功，17个单位和117名民警受到上级嘉奖，公安机关收到人民群众赠送的锦旗6面和感谢信（表扬信）6封。县检察院加强队伍教育培训，落实量化考核实施办法，做好纪检监察工作。

2005年，全县公安机关开展先进性教育活动，集体开门接访。全县公安机关共有5个单位和14名民警获得三等功，14个单位和169名民警受到上级嘉奖。县检察院开展保持共产党员先进性教育活动，围绕共产党员先进性教育活动和“规范执法公正”专项整改活动。县法院推进全面从严治党，推进法院队伍正规化、专业化、职业化建设，坚持严格管理与热情关怀相结合，加强履职保障，关心爱护干警。

第八节　精神文明建设

1986年—2005年，龙州县社会主义精神文明建设按照“有理想，有道德，有文化，有纪律”（简称“四有”）的要求，开展精神文明建设活动，提高全县人民思想素质，从治理“脏、乱、差”环境开始，逐步转入以提高公民素质，培养四有人才为中心内容的创建文明村镇、文明单位及优良秩序、优良环境、优质服务、学先进的“三优一学”竞赛活动。

思想道德建设

1986年—1989年，龙州县委宣传部邀请老游击队员到厂、场、学校等讲解龙州革命斗争史，对干部群众学生进行爱国主义教育。

1990年—1999年，县委宣传部会同教育文化体育等部门，在全县开展爱国主义教育活动。其中1993年开展大唱革命歌曲活动，举办四次革命歌曲卡拉OK赛。1995年，在纪念世界反法西斯和抗日战争胜利50周年活动中，组织干部2.95万人次观看电影10场，学生1.3万人次观看18场。1996年组织干部观看爱国主义教育影片200场，观众2万人。1997年举办六次大型图片展，展出3320幅图，宣传香港回归，在青少年中开展“热爱祖国，做四有新人”读书活动，参加读书活动达5万余人，订阅《雷锋》一书5000本、其他活动用书3900册。经评比，获学生特等奖2人。1998年参加读书活动3万余人，订阅用书27252册。

2000年—2002年，爱国主义教育工作正常开展。举办青少年爱国主义读书教育活动，参加人数达12.7万人次，组织干部群众以及学生参加党史知识竞赛、国际教育知识竞赛以及“反对邪教、崇尚科学”签字活动，参加人数达3.1万人次。通过教育基地开展爱国主义教育活动。全县推荐到自治区命名的爱国主义教育基地有小连城、红八军军部旧址2个。

2003年—2005年，持续开展爱国主义读书教育活动及社会主义荣辱观主题宣传活动。2003年，中共龙州县委召开全县树立社会主义荣辱观动员会，县干部群众学习中共中央总书记胡锦涛“八荣八耻”讲话精神，发挥“老党员、老模范、老战士”作用，组织调研组、讲师团就如何在青少年中开展社会主义荣辱观教育开展专题调研。组织深入各中小学校举办社会主义荣辱观报告会，全县共有100多位“五老”加入社会主义荣辱观教育对，深入校园开展荣辱观宣讲120场。参加的学生人数达3.1万人次。邀请龙州县籍参加过解放战争的老前辈到龙州高中、民族中学等学校给学生讲革命历史课；同时开展国防、禁毒、安全生产等宣传活动。同年11月9日，县城学生共3000名参加的“龙州县拒绝‘六合彩’、做文明公民”的签字活动，引起很大反响，产生积极作用。2004年，认真组织全县青少年参加全国第十一届“奋发有为建小康”爱国主义读书教育活动，并向崇左市组委推荐优秀学生。2005年，开展第十二届青少年“心系祖国·健康成长”读书教育活动。组织干部职工、青少年儿童开展听革命老前辈将抗日战争故事走访慰问老革命、观看抗日影片，参观爱国主义教育基地等活动。

精神文明创建

开展“三优一学”活动　1986年—1989年每年3月份开展“文明礼貌”“三热爱”活动。以全县治脏、治乱、治差为突破口，结合“三优一学”（优秀环境、优良秩序、优质服务，学雷锋）开展竞赛活动。全县共出动15.38万人次，建立2164个学雷锋义务服务小组，清运垃圾48.56万担，清理卫生死角785处406平方米，义务修理自行车、钟表、收音机、电视机1789架（台），为184户军烈属、"五保户"、困难户送温暖，有2.89万人次为群众做好事。三年累计评选出文明商店48个，文明柜台28个。开展整治脏、乱、差，突出抓好"四有"为主要内容的思想政治工作。县人民政府颁布《关于加强精神文明建设，整顿市容卫生、交通秩序的布告》，从县直各单位抽调人员抓县城综合治理，拆除186户乱打乱盖的摊点。

开展文明单位、文明村镇创建活动 1990年，县委出台《关于龙州县文明单位、文明村镇管理办法》，对文明单位标准给予明确规定。全县各村屯紧紧围绕文明村屯的条件下（"六抓六治六变"）抓好落实。通过开展精神文明活动，干部群众思想觉悟得到提高，城乡环境卫生得到提高，城乡环境卫生得到改观，社会秩序比较稳定。1990年—2005年，全县共有8个单位荣获自治区及文明单位；有26个单位获得地（市）级文明单位；有60个单位获得县级文明单位。自治区文明乡镇1个，市级文明乡镇3个，县级文明乡镇7个。自治区文明村（行政村）2个，崇左市文明村（行政寻）4个，县级文明村（行政村）11个。

表3-6 **1986年—2005年龙州县各级文明单位一览表**

序号	单位名称	获县级文明单位时间	获市级文明单位时间	获区级文明单位时间
1	龙州县第一中学	1988年（第一批）	1988年（南宁地区第一批）	—
2	龙州县卫生局	1988年（第一批）	—	—
3	龙州县物资总公司	1988年（第一批）	—	—
4	龙州县公路局	1988年（第一批）	1992年（南宁地区第三批）	1994年（第四批）
5	龙州县中波台	1988年（第一批）	1988年（南宁地区第一批）	—
6	龙州镇合龙街	1988年（第一批）	—	—
7	中国农业银行龙州县支行	1988年（第一批）	1992年（南宁地区第三批）	—
8	龙州县人大常委会	1990年（第二批）	—	—
9	龙州县委大院	1990年（第二批）	—	—
10	龙北农场	1990年（第二批）	—	—
11	龙州高中	1990年（第二批）	—	—
12	龙州县水电局（水利局）	1990年（第二批）	2002年（南宁地区第八批）	—
13	龙州县教育局	1990年（第二批）	1994年（南宁地区第四批）	—
14	龙州县总工会	1990年（第二批）	—	—
15	龙北农场茶厂	1990年（第二批）	—	—
16	龙州县人民政府大院	1992年（第三批）	—	—
17	龙州镇人民政府	1992年（第三批）	2000年（南宁地区第七批）	—
18	北耀农场场院部	1992年（第三批）	—	—
19	逐卜乡逐卜中心小学	1992年（第三批）	—	—
20	上降乡上降中心小学	1992年（第三批）	—	—
21	龙北农场完全小学（龙北学校）	1992年（第三批）	—	—
22	北耀农场中学	1992年（第三批）	—	—
23	水口镇水口中学	1992年（第三批）	—	—
24	龙州镇城南小学	1992年（第三批）	—	—
25	龙州县霞秀糖厂	1995年（第四批）	1997年（南宁地区第五批）	1998年（第六批）

续表

序号	单位名称	获县级文明单位时间	获市级文明单位时间	获区级文明单位时间
26	中国建设银行龙州县支行	1995年(第四批)	—	—
27	龙州县第二糖厂	1995年(第四批)	—	—
28	中国工商银行龙州县支行	1995年(第四批)	1998年(南宁地区第六批)	1999年(第七批)
29	龙州县卫生防疫站	1995年(第四批)	—	—
30	先锋农场茶厂	1995年(第四批)	—	—
31	先锋农场场部	1995年(第四批)	—	—
32	龙州县酒厂	1995年(第四批)	1997年(南宁地区第五批)	—
33	龙州县邮电局	1995年(第四批)	2004年(崇左市第一批)	—
34	北耀农场医院	1995年(第四批)	—	—
35	龙州镇城厢派出所	1995年(第四批)	—	—
36	北耀农场茶厂	1995年(第四批)	—	—
37	龙州县人民医院	1996年(第五批)	—	—
38	龙州县中医院	1996年(第五批)	—	—
39	龙州县龙州镇朝阳小学	1996年(第五批)	2002年(南宁地区第八批)	—
40	龙州县龙州镇新华小学	1996年(第五批)	2004年(崇左市第一批)	—
41	龙州县公安交通警察大队	1998年(第六批)	1998年(南宁地区第六批)	2001年(第八批)
42	龙州县地方税务局	1998年(第六批)	—	—
43	龙州县气象局	1998年(第六批)	2002年(南宁地区第八批)	—
44	龙州县看守所	1998年(第六批)	—	—
45	龙州县妇幼保健院	1998年(第六批)	—	—
46	龙州县卫生学校	1998年(第六批)	—	—
47	中华人民共和国水口海关	2003年(第七批)	2004年(崇左市第一批)	—
48	中共龙州县委党校	2003年(第七批)	—	—
49	龙州县国土资源局	2003年(第七批)	—	—
50	龙州县农业局	2003年(第七批)	—	—
51	龙州县交通局	2003年(第七批)	—	—
52	广西军区龙州冻埠希望小学	2003年(第七批)	—	—
53	龙州县总后希望小学	2003年(第七批)	—	—
54	水口镇共和完全小学	2003年(第七批)	—	—
55	龙州县中等职业技术学校	2004年(第八批)	—	—
56	龙州县公路局彬桥养护站	2004年(第八批)	—	—
57	下冻镇财政所	2004年(第八批)	—	—
58	金龙镇中心小学	2004年(第八批)	—	—
59	响水镇中学	2004年(第八批)	—	—
60	上龙乡中心小学	2004年(第八批)	—	—
61	龙州县人民武装部	—	1990年(南宁地区第二批)	1992年(第三批)
62	龙州县地税局	—	2000年(南宁地区第七批)	2002年(第九批)

续表

序号	单位名称	获县级文明单位时间	获市级文明单位时间	获区级文明单位时间
63	龙州县供电公司(龙州县水利电业公司)	—	2000年(南宁地区第七批)	—
64	龙州县自来水厂	—	2002年(南宁地区第八批)	—
65	龙州县财政局	—	2002年(南宁地区第九批)	—
66	广西区电信有限公司龙州县分公司	—	2002年(南宁地区第九批)	—
67	中国农业发展银行龙州县支行	—	2002年(南宁地区第九批)	—
68	中华人民共和国水口出入境检验检疫局	—	2002年(南宁地区地第九批)	2004年(第十批)
69	龙州中学	—	2004年(崇左市第一批)	—
70	龙州县广播电视局(文化体育出版广电局)	—	2004年(崇左市第一批)	—

表3-7 **1986年—2005年龙州县各级文明乡镇一览表**

序号	单位名称	获县级文明乡镇时间	获市级文明乡镇时间	获区级文明乡镇时间
1	龙州镇	2000年第一批	—	—
2	下冻镇	2000年第一批	2004年(崇左市第一批)	—
3	水口镇	2000年第一批	2002年(南宁地区第九批)	2004年(第十批)
4	响水镇	2000年第一批	2002年(南宁地区第九批)	—
5	上龙乡	2003年第二批	—	—
6	武德乡	2003年第二批	—	—
7	彬桥乡	2004年第三批	—	—

表3-8 **1986年—2005年龙州县各级文明村(行政村)一览表**

序号	单位名称	获县级文明村屯时间	获市级文明村屯时间	获区级文明村屯时间
1	龙州镇利民社区	1990年	—	—
2	彬桥乡青山村	1990年	—	—
3	彬桥乡彬迎村	1995年	—	—
4	彬桥乡红岭村	1995年	—	—
5	响水镇图强村	1995年	—	—
6	响水镇鸣凤村	1995年	—	—
7	霞秀乡岭南村	1995年	—	—
8	上金乡中山村	1995年	—	—
9	八角乡陇均村	1995年	—	—
10	下冻镇驮江村	1995年	—	—
11	水口镇埂宜村	1995年	1998年(南宁地区第六批)	—
12	龙州镇高祥村	—	1998年(南宁地区第六批)	—

续表

序号	单位名称	获县级文明村屯时间	获市级文明村屯时间	获区级文明村屯时间
13	霞秀乡自清村	—	1998 年(南宁地区地第六批)	1998 年(第六批)
14	响水镇平南村	—	—	1992 年(第三批)
15	彬桥乡俸村村	—	1998 年(南宁地区地第六批)	

开展文明窗口创建活动　1997 年,自治区文明委下文开展自治区 12 个窗口行业创建文明窗口示范点活动,人民银行龙州县支行和县财政局被确定为自治区 12 个窗口行业创建文明窗口示范点。1998 年 6 月下旬至 2003 年,县政务中心、公安局、电力、金融等部门开展“建文明窗口,树行业新风,创文明行业”主题活动。在活动中,按照“提高自身素质,转变工作作风,规范办事程序,服务基层,廉洁奉公,美化环境”等要求。全县 12 个窗口行业全部挂牌、持证上岗,完善服务承诺制,严格执法,热情服务。通过县文明委人员测评、问卷调查,县文明委命名县国家税务局和县人民医院为县级文明行业窗口单位。2000 年—2005 年,全县开展服务“诚信文明行业,树立行业新风”主题活动,以加强行业信用建设、规范行业行为、条行业服务质量树立昂也新风为主要任务。其中,2001 年,县文明委下发《关于在全县窗口行业深入开展穿件文明行业活动的通知》。2003 年,县文明办和县纠风办联合下发《关于在全县开展“创建文明行业诚信建设年”活动的通知》,文化、教育、公安、卫生、交通、工商等部门利用街天开展“服务日”活动。全县各窗口服务行业单位根据自身行业特色、职业特点组织开展形式多样的道德实践活动,不断提高窗口服务行业窗口干部职工思想道德素质和服务质量。

开展文明庭院创建活动　1999 年,龙州县开始创建文明庭院。县委、县政府办公室联合下发《关于对“花园式单位”创建活动进行检查评选活动的通知》,由县文明办、县建设局牵头开展创建活动。参加创建活动的单位主要是县直各独立庭院单位。2000 年—2005 年,龙州县被评为自治区文明庭院 13 个,被评为南宁地区、崇左市级文明庭院 19 个,荣获县级文明庭院称号 30 个。

表 3-9　**1986 年—2005 年龙州县各级文明庭院一览表**

序号	庭院名称	获县级文明庭院时间	获市级文明庭院时间	获区级文明庭院时间
1	龙州县地方税务局庭院	—	—	2001 年(第一批)
2	龙州霞秀糖厂庭院	—	—	2001 年(第一批)
3	中国工商银行龙州县支行生活庭院	—	—	2002 年(第二批)
4	龙州县自来水厂庭院	—	—	2003 年(第三批)
5	下冻镇人民政府庭院	—	—	2003 年(第三批)
6	水口镇人民政府庭院	—	—	2003 年(第三批)
7	中华人民共和国水口海关龙州基地庭院	—	—	2003 年(第三批)
8	中国人民解放军驻龙州某部队庭院	—	—	2003 年(第三批)
9	武德乡人民政府庭院	—	—	2005 年(第五批)
10	龙州县国家税务局庭院	—	—	2005 年(第五批)

续表

序号	庭院名称	获县级文明庭院时间	获市级文明庭院时间	获区级文明庭院时间
11	龙州镇人民政府庭院	—	—	2005年（第五批）
12	广西区龙州交通征费稽查所庭院	—	—	2005年（第五批）
13	广西军区龙州洞埠希望小学庭院	—	—	2005年（第五批）
14	响水镇人民政府庭院	—	2001年8月（南宁地区第一批）	—
15	中国工商银行龙州县支行生活庭院	—	2001年8月（南宁地区第一批）	—
16	龙州县财政局庭院	—	2001年8月（南宁地区第一批）	—
17	龙州县广播电视局庭院	—	2001年8月（南宁地区第一批）	—
18	龙州县国土资源管理局庭院	—	2001年8月（南宁地区第一批）	—
19	南宁师范高等专科学校庭院	—	2002年12月（南宁地区第二批）	—
20	中华人民共和国水口海关龙州基地大院	—	2002年12月（南宁地区第二批）	—
21	武德乡中心小学庭院	—	2002年12月（南宁地区第二批）	—
22	水口镇人民政府庭院	—	2002年12月（南宁地区第二批）	—
23	龙州县自来水厂庭院	—	2002年12月（南宁地区第二批）	—
24	下冻镇人民政府庭院	—	2002年12月（南宁地区第二批）	—
25	中国农业银行龙州县支行银龙住宅小区	—	2004年12月（崇左市第一批）	—
26	龙州镇人民政府庭院	—	2004年12月（崇左市第一批）	—
27	龙州中学庭院	—	2004年12月（崇左市第一批）	—
28	龙州县征稽所庭院	—	2004年12月（崇左市第一批）	—
29	中华人民共和国水口出入境检验检疫局庭院	—	2004年12月（崇左市第一批）	—
30	广西军区龙州洞埠希望小学庭院	—	2004年12月（崇左市第一批）	—
31	武德乡人民政府庭院	—	2004年12月（崇左市第一批）	—
32	龙州县国家税务局庭院	—	2005年12月（崇左市第二批）	—
33	龙州霞秀糖厂	2000年12月（第一批）	—	—
34	龙州县地税局	2000年12月（第一批）	—	—
35	龙州县政府大院	2000年12月（第一批）	—	—

续表

序号	庭院名称	获县级文明庭院时间	获市级文明庭院时间	获区级文明庭院时间
36	龙州县国税局	2000年12月(第一批)	—	—
37	龙州县委大院	2000年12月(第一批)	—	—
38	龙州县财政局	2000年12月(第一批)	—	—
39	龙州县交通局	2000年12月(第一批)	—	—
40	龙州县国土资源管理局	2000年12月(第一批)	—	—
41	龙州镇朝阳小学	2000年12月(第一批)	—	—
42	龙州第二糖厂	2000年12月(第一批)	—	—
43	中国工商银行龙州县支行生活小区	2000年12月(第一批)	—	—
44	中华人民共和国水口海关	2000年12月(第一批)	—	—
45	龙州县导航站	2000年12月(第一批)	—	—
46	龙州县环保局	2000年12月(第一批)	—	—
47	龙州县公安局交警大队	2000年12月(第一批)	—	—
48	龙州县水电局乡镇供水公司水口水厂	2003年2月(第二批)	—	—
49	龙州县人民检察院	2003年2月(第二批)	—	—
50	龙州镇人民政府	2003年2月(第二批)	—	—
51	霞秀乡人民政府	2003年2月(第二批)	—	—
52	武德乡人民政府	2003年2月(第二批)	—	—
53	响水镇财政所	2003年2月(第二批)	—	—
54	逐卜乡财政所	2003年2月(第二批)	—	—
55	响水镇中学	2003年2月(第二批)	—	—
56	龙州中学	2003年2月(第二批)	—	—
57	武德乡中学	2003年2月(第二批)	—	—
58	上龙乡自善完全小学	2003年2月(第二批)	—	—
59	龙州镇新华小学	2003年2月(第二批)	—	—
60	金龙镇中心小学	2003年2月(第二批)	—	—
61	武德乡中心小学	2003年2月(第二批)	—	—
62	龙州县总后希望小学	2003年2月龙州县第二批	—	—

开展文明户创建活动　1989年,龙州县委宣传部组织开展“双文明户”评选,评选由群众自评自选产生。1990年评选出五好家庭户102户、遵纪守法户100户、双文明户100户。1998年共10户荣获南宁地区第四批文明户称号。截至1999年共评选出县级“双文明户”377户。

第九节　党校　党史研究

党校

学历教育　1986年开始，县委党校为解决在职干部学历偏低的问题，贯彻落实《中共中央关于实现党校教育正规化的决定》，根据提高在职干部理论和专业水平的需要，开办学历教育。同年，开办自治区党校函授中专班，是南宁地区西部县级党校最先开办的学历教育。吸引大新、扶绥、凭祥等县、市的干部前往就读。1987年，设立自治区党校龙州函授站，开始承办党校函授大专班。1991年—1993年，被自治区党校评为先进函授站、教学先进单位、后勤工作先进单位；1993年和1995年，被自治区党委干部教育工作领导小组评为招生工作先进单位和办学先进单位；1994年—1995年，获南宁地委党校授予函授办学质量管理二等奖；1994年—1999年，被南宁地委党校评为招生先进单位。2002年—2005年，负责代管崇左市委党校开办的自治区党校函授本科2002年、2003年的法律专业龙州班，负责组织学员学习、考试及毕业论文指导等工作，毕业本科班2个，学员51人。至2005年，在开办学历教育的22年中，毕业中专班6个，学员277人；毕业大专班21个，学员1075人。

干部培训　1986年—2005年，县委党校根据各个时期、各个阶段干部教育培训工作的需要，开办科级领导干部、农村支书（主任）、妇女干部、青年后备干部、党外干部、县直机关党务工作者、入党积极分子、中小学校长等不同类型的培训班，对在职干部实行培训，共举办各种类型干部培训班、短训班106期，受训在职党员、干部9922人次；1986年—2005年，为扩大培训面，县委党校共派出教师230人次，深入乡镇、企业与相关部门联合举办各种培训班116期，培训学员8748人次，形成县委党校—乡镇党校（部门党校）—村（社区）党校（农家课堂、专业协会）—党员中心户“四位一体”的新的培训体系。

科研　1986年—2005年，学校教职工共发表论文和调研报告146篇。其中，26篇论文在省级以上刊物发表，15篇论文获省部级奖励，48篇获地（市）级奖励。2004年8月，欧家奇撰写的《以伟人足迹为依托，打造龙州红色旅游品牌》发表于《广西政协报》。2005年，在全自治区党校系统第五届“桂海杯”评奖活动中，陆天佐撰写的《经济发展与社会和谐》获优秀科研成果大奖赛优秀奖。

设施　1986年，学校有固定资产318万元，建筑面积7717.5平方米（其中县造纸厂和第一糖厂留下的平房面积3435.5平方米），建有教学楼1栋面积1280平方米，职工宿舍楼1栋面积2110平方米，学员宿舍楼1栋面积1243.8平方米，学员饭堂1栋面积292平方米，办公楼1栋面积300平方米。2005年，学校有固定资产458万元，建筑面积8430平方米，建有教学楼、办公楼、学员宿舍楼、学员食堂；设备有多媒体教室、电脑室、电子图书阅览室，开通中央党校远程教育网C级站、清华大学教育扶贫现代远程龙州教学站和国家人口和计划生育远程教育广西龙州工作站。教学楼可容纳学员350人同时上课。

龙州县委党校学员公寓楼

党史研究

党史资料征集与出版　1986年—2005年，县委党史研究室开展资料征集、系统调查，基本完成龙州县民主革命时期和解放战争时期地方党史资料的征集任务，征集到各类史料1023份，约350万字，录音磁带资料108盒，革命文物34件。出版《左江风雷》等龙州党史资料书，约60多万字，印刷18000册。1987年8月，印刷出版纪念大青山起义40周年专辑《左江风雷》；该书记录抗日战争后期和解放战争时期，中共在左江地区龙州(津)县、上金县进行艰苦创业的部分斗争史实,翔实地记载龙州优秀儿女为革命前仆后继、浴血奋战的光辉业绩;平装 32 开本,16 万字。1991 年 7 月,印刷出版,《中共龙州县党史大事记》一书;该书主要记述新民主主义革命时期,龙州所辖范围中共地方组织的建立、统一战线、政权建设以及工人、农民、青年学生、妇女等群众运动的重要事件;平装 32 开本,7 万字。1991 年 9 月,印刷出版《龙州革命斗争回忆资料选编》一书;该书主要编写土地革命战争时期及解放战争时期的部分回忆录,宣传革命前辈的光荣传统,向读者提供地方党史教材;平装 32 开本,8.2 万字。

1986 年 2 月,“龙州起义学术研讨会”在龙州县召开

1994 年 12 月,印刷出版龙州革命故事集《南天红烛》一书;该书着重记述土地革命战争时期和解放战争时期流传在龙州一带关于革命前辈的革命故事,是一部地方历史的教材;平装 32 开本,9.5 万字。1996 年 10 月,印刷出版龙州党史人物传略《左江魂》一书;该书收录革命战争年代为革命胜利而奋斗的 29 位党史人物;为一本爱国主义教育和革命传统教育的乡土教材;平装 32 开本,11.8 万字。2000 年 10 月,印刷出版上金县革命武装斗争纪实《烽火》一书;该书主要反映原上金县革命武装起义前后经过的历史,歌颂上金人民革命斗争的伟大胜利;平装 16 开本,9.6 万字。

党史研讨与宣传 1986 年—2005 年,撰写中共龙州县历史专题、论文 10 多篇,4.5 万字。《彪炳史册的壮举》《龙州,左江革命的摇篮》《浅谈党史工作如何适应新时期发展》《岁月沧桑话巨变——解放 50 多年革命老区龙州变化纪实》《左江地区人民反帝斗争及其经验》《努力发展个体私营经济,促进我县经济稳步发展》等文章。其中论文《左江地区人民反帝斗争及其经验》入选自治区党史研究室和自治区党委宣传部举办的纪念百色起义、龙州起义 70 周年暨广西解放 50 周年学术研讨会,论文《努力发展个体私营经济,促进我县经济稳步发展》入选南宁地区纪念中共十一届三中全会 20 周年研讨会。在纪念龙州起义 70 周年活动期间,为自治区宣讲团提供龙州起义历史资料《回顾光辉历史,开创美好未来》(6500 字),自治区宣讲团以该历史资料为主线,先后到龙州中学、新华小学、朝阳小学、龙州一中、龙州卫校等学校作 5 场报告,有师生员工 6000 人次接受革命传统教育和爱国主义教育。出版发行《中国共产党简史》《改革开放的龙州》《永远的丰碑》等党史书刊约 3000 多册。1991 年,分别获全国、全自治区党史系统先进集体称号;1993 年,获全自治区党史系统先进集体称号;2002 年,获全自治区党史宣传教育工作先进单位称号。

第十节 督促检查 政策研究 保密 机要

督促检查

1991 年 3 月 29 日,中共龙州县委员会督查室成立。县委督查室在县委办公室挂牌,是县委办公室中的一个监督检查机构,主任由县委办公室副主任兼任,同时选聘合格人员担任或兼职督查员。1995 年 1 月,对延长农村土地承包期工作进行督查;1 月—4 月,对 1995/1996 年甘蔗生产进行督查;4 月,对乡镇企业、工业企业改革、计划生育、垄稻沟养鱼、党的建设、社会主义法制建设和精神文明建设等工作进行督查;5 月,对实施计生“7159”工程进行督查;7 月—8 月,对村公所改造村委会工作进行督查;8 月,对健全乡镇企业领导目标责任制进行督查;11 月,对水利集资进行督查;12 月,对十四届五中全会精神学习贯彻活动、冬季农业开发、冬修水利进行督查。1996 年 4 月—5 月,对春耕生产、农村工作进行督查;5 月,对农业产业化、旅游业、乡镇企业、国有企业、计划生育、社会治安综合治理、党的建设、农村基层组织建设、反腐败斗争等工作进行督查；9 月—10 月，对县直机关单位包村挂钩扶贫工作进行督查；11 月，对冬季农业开发进行督查；12 月，对冬种生产、冬修水利、森林防火等农业工作进行督查。1997 年，对春耕生产、“双高一优”农业、甘蔗生产、矿产业、边贸、旅游、个体私营经济、农业综合开发、农副产品深加工、国企改革、乡镇企业、小城镇建设、计生工作、文明乡镇、文明小康示范村、教育、农村卫生、社会治安综合治理、农村基层党组织建设、扶贫攻坚、学习贯彻十五大精神、农村社会养老保险等工作进行督查。1998 年 4 月，对农业、深化改革、国有企业、个体私营经济、基础设施、边贸小额贸易、科技教育、社会主义精神文明建设、社会主义法制建设、党的建设等工作进行督查；6 月，对生态农业建设进行督查；7 月，对各乡镇分派干部抓农副产品流通情况进行督查；9 月，对农村合作医疗工作进行督查；11 月—12 月，对学习贯彻党的十五届三中全会、县第九次党代会精神进行督查。1999 年 3 月，对春耕生产、中小学校收费进行督查；6 月，对国民经济发展、农业农村工作、国有企业改革、个体私营经济、党的建设、对外开放、科技与经济结合、旅游业发展等工作进行督查；8 月，对秋植甘蔗种植完成情况进行督查；11 月，对乡镇、村级档案进行督查。2001 年 3 月，督查全县甘蔗生产情况；4 月，对机关深入基层、深入群众活动进行督查；7 月，督查洪灾和灾后重建工作、县直部门和乡镇党委“三个代表”重要思想学习教育活动；8 月，督查安全生产大检查活动；9 月，对全县计划生育系统收费管理督查；11 月，对减轻农民负担工作进行督查。2002 年 4 月、5 月、9 月，分别对城镇化建设、国有企业改革整顿情况和对农业流通工程、改善投资软环境建设工作进行督查。2003 年 6 月，对开展解放思想再讨论活动进行督查。2004 年 4 月，对招商引资、项目建设和国有企业改革工作进行督查。2005 年，分别对学生上学难、农民看病难、社会主义新农村建设、实施“八桂先锋行”活动等工作进行督查。

政策研究

1989 年 12 月，中共龙州县委政策研究室设立。1997 年 1 月机构改革，县委政策研究室撤销，其职能由县委办公室承担。1989 年—2005 年，县委政策研究室、县委办公室围绕县委、县政府中心工作确定重点课题，如国有企业改革、边境贸易、旅游开发、个体私营经济发展、农业综合开发等，组织开展调查研究活动共 350 余次，每年均有调研文章在自治区、地区（崇左市）有关报纸杂志刊登，共刊登调研文章 60 余篇。

保密

1992 年 7 月，中共龙州县委保密局设立。1997 年 1 月机构改革时改为保密办，为县委内设机构；8 月，保密办设在县委办公室，加挂保密局牌子，实行一套人马两块牌子，不作为县委办公室内设机构。2002 年，保密办（保密局）为县委办公室内设机构，保留牌子和印章。1992 年—2005 年，县保密办（局）抓好全县保密要害部门、部位的内部防范工作，做好涉密人员的管理，监督落实好涉密岗位管理责任，对要害部门部位提出管理意见，特别是抓好涉密文件管理的监督检查。每年根据上级要求及县实际，重点抽查有关党政机关单位，检查计算机保密管理情况，对涉密计算机及网络开展专项保密检查，重点检查涉密计算机网络与公共信息网络是否有效地实施物理隔离、防范措施是否符合保密要求等。加强涉外活动保密管理，涉外活动中印发的论文、讲话稿、宣传材料等资料的保密管理，均没有发生泄密事故。在每年高考保密管理工作中，主动与主管考试的业务部门沟通协调，成立保密小组，做好考试试卷运送、保管等环节的管理工作，完成每年高考保密工作任务。以各种形式开展保密宣传教育活动。加强对党政领导干部、国家公务员和重点涉密人员的保密教育。对领导秘书和领导身边工作人员、涉密网络管理人员、出国出境人员的保密教育。在抓好党校干部培训班保密教育课的基础上，通过组织人事部门组织的干部培训开展保密知识培训，组织干部职工参加保密知识竞赛活动，增强各级领导干部和职工的保密法制观念。结合实施“四五”普法法制宣传教育，开展保密法宣传月活动，通过用正反两方面的典型事例来开展保密宣传教育，加大保密工作的宣传力度。加大保密工作管理力度和队伍自身建设力度，完善各项保密工作责任制度，没有发生失密、涉密事件。

机要

1989 年 10 月，中共龙州县委机要局设立。1997 年 1 月机构改革后，机要局并入县委办公室，在县委办公室挂牌。2002 年，机要局为县委办公室内设机构，保留牌子和印章。县委机要局先后采取手工作业、传真通信、计算机通信等方式开展业务。1989 年—2005 年，县委机要局把围绕县委中心工作服务全局，抓好机要工作，坚持常年值守，确保机房 24 小时不断人，做到不失守、不失密、不失察、不失时、不失责。每年接收明报、红头文件无一份漏办、误办、错办；接收密电从未发生失、泄密事故和工作责任事故；承办电视电话会议没有出现贻误或纰漏。2001 年—2005 年，县委机要局连续 5 年获全区党政系统机要先进单位称号。

第二章 民主党派

1986 年—2005 年，龙州县有 2 个民主党派：中国民主同盟和致公党，分别在龙州县设支部委员会。2005 年，中国民主同盟龙州县支部委员会有盟员 19 人，致公党龙州县支部委员会有党员 44 人。

第一节 民 盟

1985 年 3 月，中国民主同盟龙州县支部委员会成立，有盟员 12 人。1985 年—2005 年，中国民主同盟龙州县支部委员会举行四届换届选举，第一届主任委员沈建尊；第二届主任委员林春仲；第三、四届主任委员李明票。2005 年 12 月，有盟员 19 人。1989 年北京春夏之交政治风波发生前，民盟龙州县支部委员会就根据学潮的发展态势，组织全体盟员学习中共中央的有关文件精神，学习邓小平有关讲话精神，告诫全体盟员要坚持四项基本原则，认清形势，警惕资产阶级自由化思想的侵袭，在思想和行动上跟中共中央保持一致。通过学习动员，支部全体盟员在此次风波中都经受住考验。2003 年—2005 年，中共广西壮族自治区委员会统战部布置在全区民主党派中系统开展政治交接教育实践活动，民盟龙州县支部委员会根据自治区党委统战部的部署，制定系统开展政治交接教育活动的实施方案，并按方案持续系统地开展党史、盟章和新时期统一战线理论的学习，提高盟员的思想素质。1986 年—2005 年，民盟龙州县支部委员会先后参与龙州县开展的物价大检查和交通整顿等活动。通过政协大会专题发言（含调研报告）、提交提案等形式，参与当地的社会稳定、经济发展建言献策。提交政协崇左市委员会作大会专题发言的有《强化政府行为，加快崇左市“普九”进程》《合理配置教育资源，促进崇左市城乡教育均衡发展》等 3 篇文章。获政协崇左市委员会优秀提案的有《关于加快我市“普九”工作进程的建议》《关于加强南宁师专专升本工作的建议》等 4 件；获政协龙州县委员会优秀提案的有《关于全面启动龙州县农民教育工程的建议》《关于成立龙州县矿产管理调度指挥部，确保龙州县冶矿企业原料来源的建议》等 15 件。

第二节 致公党

1985 年 10 月，中国致公党龙州县支部委员会成立，有党员 7 人。1985 年—2005 年，中国致公党龙州县支部委员会举行四届换届选举，第一届主任委员为黄杰夫，第二届至第四届主任委员为张子莹。2005 年 12 月，有党员 44 人，其中处级 3 人，科级 8 人；高级职称 1 人，中级职称 16 人；研究生 2 人，大专以上 34 人，中专（含中师、高中）8 人。1986 年—2005 年，中国致公党龙州县支部委员会，高举爱国主义和社会主义两面旗帜，团结党员和所联系的归侨、侨眷以及海内外侨胞、华人，致力于统一祖国、振兴中华和促进龙州经济社会发展。从有利于龙州县改革发展稳定大局出发，围绕全县中心工作，履行参政议政、民主监督、政治协商的职能。其中，黄杰夫任政协龙州县第一届、第二届委员会副主席，林树清（第一届副主任委员）任政协龙州县第二届委员会副主席，张子莹任政协龙州县第三届、第四届、第五届委员会副主席。先后共有 19 名党员当选为各级人大代表、政协委员；通过会议发言、人大议案、政协提案等形式，对龙州县改革和建设中人民群众普遍关心的问题，提出建设性的意见和建议，为推动龙州县发展做出贡献。

第三章　群众团体

1986年，龙州县有总工会、共青团龙州县委员会、龙州县妇女联合会、龙州县归国华侨联合会、龙州县科学技术协会5个人民团体。1987年，龙州县工商业联合会成立。1990年，龙州县残疾人联合会成立。1992年，龙州县文学艺术界联合会恢复成立。2005年，全县有总工会、共青团龙州县委员会、龙州县妇女联合会、龙州县归国华侨联合会、龙州县科学技术协会、龙州县工商业联合会、龙州县文学艺术界联合会、龙州县残疾人联合会8个人民团体。

1986年—2005年，县内各人民团体按照章程，围绕党的中心工作任务，开展各项工作和活动。

第一节　总工会

机构

1986年—1997年，龙州县总工会内设组宣部、女工部、财务部3个部门，有人员编制2名，实有5人，办公地址在龙州镇仁义街40号。1997年12月，县总工会内设办公室、劳动保护保障部、财务部、经审办、女工委5个部门，有人员编制8名，实有8人；下设二层机构龙州县工人文化宫，有人员编制2名，实有1人。2004年2月，县总工会升格为县正科级单位，有人员编制4名，实有9人，其中县工人文化宫有人员编制2名，实有1人。2005年12月，龙州县总工会内设办公室、组宣部、劳动保护保障部、财务部、医保办、经审办6个部门，有人员编制4名，实有8人，办公地址在龙州镇仁义街40号；全县基层工会有257个，其中集体企业工会6个、私营企业工会57个、党政机关工会64个、事业单位工会68个，会员总数24214人。

1986年—2005年历任主席：赵民忠(1986.1—1988.3)，邓细阳(1989.5—1994.5)，林素娟(1994.5—1997.2)，农西宝(1997.2—2004.5)，农红生(2004.5—2005.12)。

代表大会

1983年—2005年，龙州县总工会历经5次会员代表大会。

1983年11月，龙州县总工会第七次会员代表大会在县城召开。出席大会会员代表104人，选举产生第七届委员会委员，主席农世辉。

1989年5月，龙州县总工会第八次会员代表大会在县城召开。出席大会会员代表110人，选举产生第八届委员会委员，主席邓细阳。

1994年4月，龙州县总工会第九次会员代表大会在县城召开。出席大会会员代表114人，选举产生第九届委员会委员，主席林素娟。

1999年6月，龙州县总工会第十次会员代表大会在县城召开。出席大会会员代表135人，选举产生第十届委员会委员，主席农西宝。

2004年4月，龙州县总工会第十一次会员代表大会在县城召开。出席大会会员代表125人，选举产生第十一届委员会委员，主席农红生。

厂务财务公开

1986年—2005年，县总工会指导和协助全县国有集体企业和国家、集体控股公司及事业单位实行厂务、财务公开制度。全县累计约650家企事业单位开展厂务、财务公开工作，其中国有和国有控股企业约78家，企业、事业单位约264家，公开率100%；参照公务员管理的文化、教育、卫生、体育等约284个单位财务公开，公开率100%。共组织48000多名企业单位职工代表参加厂务、财务公开测评工作。测评验收后，县委、县政府对霞秀糖厂、第二糖厂、制药厂、酒厂、人民医院、自来水厂等多个先进单位进行表彰。

送温暖活动

1986年—2005年，县总工会在全县开展“元旦春节送温暖”活动，帮助有困难的职工家庭解决生活、医疗、就学等困难。对全县困难职工进行动态管理，建立困难职工档案，县总工会通过定期或不定期的深入基层工会，对困难职工进行摸底、核实，调整困难职工档案库，并指导和督促基层工会建立困难职工档案。至2005年，筹集资金约100万元，并以“困难职工”和帮扶困难职工家庭的帮扶行动发放，帮扶约9000户。

在医疗互助工作上，2004年只有445份医疗参保，参保单位共104个，参保效率低。2005年，县总工会完成参保份数达到3825份，比下达的任务数多出551份。

合同管理续签

1996年，县总工会在全县企业中开展集体合同推行和签订工作。至2005年，县总工会共发放集体合同宣传资料4万余份，指导企业签订集体合同280家，并对各企业集体合同的履约情况进行监督。组织对集体合同履约情况进行调查86次，共印发调查问卷3万多份，收回27500多份，参与调查职工数27500多人，占被调查企业职工总数58%。抽查结果：集体合同履约率95%，职工满意率89%。在县总工会的督促下，集体合同续签工作从企业不主动续签逐渐向企业自觉续签的态势发展。

第二节　共青团

机构

1986年，共青团龙州县委员会内设办公室1个部门，有人员编制5名，实有6人，办公地址在龙州镇合龙街县委大院内，全县有基层团委21个，团总支34个，团支部308个。1987年，增设上龙乡后，全县有基层团委23个，团总支34个，团支部310个。2002年，团县委内设部门不变，有人员编制4名，实有3人，办公地址在龙州县兴龙路5号县委大院内。全县基层团委29个，团总支23个，团支部435个。2003年撤销霞秀乡后，乡镇团委共有12个，全县有基层团委28个，团总支27个，团支部409个。2005年，团县委内设办公室1个，有人员编制4名，实有3人，办公地址、基层团组织数量不变。

1986年—2005年历任书记：吴卫平(1986.1—1988.11)，李卓恒(1988.11—1994.4)，林森(1994.4—1995.8)，廖谊昌(1995.8—1997.2)，林军(1997.2—1999.2)，林勇进(1999.2—2002.2)，姚新(2002.6.—2004.12)，何子才(2004.12—2005.12)。

代表大会

1988年11月，在县城召开共青团龙州县第十次代表大会，出席大会代表141人。大会听取和审议第九届团县委《以四化为己任，与改革共命运，在振兴龙州的实践中建功立业》的工作报告，选举产生第十届委员会委员，书记李卓恒。

1991年12月，在县城召开共青团龙州县第十一次代表大会，出席大会代表153人。大会听取和审议第十届团县委《坚定信念，振奋精神，沿着党指引的方向开拓前进》的工作报告，选举产生第十一届委员会委员，书记李卓恒。

1994年6月，在县城召开共青团龙州县第十二次代表大会，出席大会代表115人。大会听取和审议第十一届团县委《积极投身改革大潮　为加快龙州经济发展建功立业》的工作报告，选举产生第十二届委员会委员，书记林森。

1997年7月，在县城召开共青团龙州县第十三次代表大会，出席大会代表139人。大会听取和审议第十二届团县委《再接再厉　开拓奋进　努力把我县共青团工作推上新台阶》的工作报告，选举产生第十三届委员会委员，书记林军。

2000年7月，在县城召开共青团龙州县第十四次代表大会，出席大会代表148人。大会听取和审议第十三届团县委《在新世纪的社会大舞台上唱响新时代的青春之歌》的工作报告，选举产生第十四届委员会委员，书记林勇进。

2003年12月，在县城召开共青团龙州县第十五次代表大会，选举产生第十五届委员会委员，书记姚新。

基层组织建设

1986年，团县委以农村团的基层组织建设和新经济组织团建为重点，结合“五四红旗团委(支部)”创建活动，加强基层组织建设。同年，按照团区委《关于召开县、乡(镇)级团代会的通知》要求，在各基层团组织召开团代会。1989年，坚持“抓基层、打基础、重落实、求实效”工作方针，建立健全一整套检查、考核、评比和表彰制度；按照“革命化、年轻化、知识化”的方针，加强团的各级领导班子的建设。1992年，开展基层团组织建设和整顿工作。1995年，贯彻县委下发的《关于加强共青团工作的决定》的文件精神，从组织设置、团干配备、制度建设、团员发展等方面全面整顿松、瘫团组织，至1997年，对全县基层团委21个、团总支29个、团支部357个进行全面整顿，共健全80个团支部、23个团总支、10个基层团委。同时，指导水电系统、企业团组织成立团委，健全团的组织机构。1998年，坚持整顿、巩固、发展、提高的方针，先后出台《共青团龙州县委农村基层组织建设三年规划》，建立健全团的各项规章制度，实现团员规范化管理，以整顿松、散、瘫团支部为重点，着眼于基层团组织的整体建设和团干部素质的提高。实行团内年度目标管理责任制。2000年，将全县基层团支部分期分批进行整顿和健全，共健全27个团支部、2个团总支、25个基层团委。2001年，根据地委组织部、团地委《关于加强新经济组织党建和团建工作的意见》精神，把抓好新经济组织建团作为新时期团建的一项重要工作。2004年，通过抓组建、抓发展、抓活动，提高基层组织覆盖面，壮大团员干部队伍，全县共有团员8479名，新发展团员113名。至2005年底，全县有8家非公有制企业建立团组织。

党建带团建

1986年，全面开展全县基层团组织建设工作。1989年，深入贯彻团区委八届四次全委扩大会议精神，认真抓好思想、劳动创造、自身建设任务。1992年，自治区党委组织部、自治区农村基层组织建设办公室、团区委联合下文，对“党建带团建”提出了要求，团县委以龙州糖厂团委、霞秀乡团委列为“推优”工作试点，“推优”工作在全县铺开。1995年，在全区范围内率先下发《关于加强共青团工作的决定》，加强共青团建设工作。1998年，出台文件《关于进一步做好龙州县推荐优秀团员作为党的发展对象工作的意见》，规范“推优”工作程序，当年，共有1176名团员被列为党的发展对象。1999年，按照团区委的要求，落实完善党团联席会议制度、“推优育苗”制度、党建和团建同步督查制度。2000年，开展党团员“一助一”活动。2001年，制定《进一步加强党建带团建工作的意见》、《党建带团建工作三年规划》，出台文件《关于进一步做好推荐优秀团员作为党的发展对象工作的通知》，下发《中共龙州县委关于加强和改进新时期共青团工作的决定》。2004年，县委组织部、团县委召开党建带团建工作联席会议，研究组织团建、“推优”和“青少年之家”建设工作。推荐1020名优秀团员作为党的发展对象，其中被吸收为中共党员668名，推优率65.5%。2005年，完善定期研究团的工作制度、团干部学习制度、团干部监督和定期考核制度，通过“四项制度”进一步加强和完善各级团组织的运行机制。

表3-10 **1986年—2005年龙州县共青团团员情况统计表**

年份	基层团委（个）	团总支（个）	团支部（个）	团干（人）	专职团干（人）	团员（人）	推优人数（人）	入党人数（人）
1986	21	34	308	32	23	6223	782	472
1987	23	34	310	31	22	6417	692	445
1988	23	34	310	31	22	6570	702	407
1989	25	39	329	34	23	7103	903	476
1990	28	37	434	29	21	7176	949	486

续表

年份	基层团委（个）	团总支（个）	团支部（个）	团干（人）	专职团干（人）	团员（人）	推优人数（人）	入党人数（人）
1991	17	37	184	34	29	4312	677	329
1992	25	37	321	28	20	7100	1199	567
1993	25	34	327	27	23	7168	1130	610
1994	27	34	344	27	21	7247	1124	607
1995	25	34	348	27	21	7363	1103	677
1996	23	34	350	27	21	7466	1142	682
1997	21	29	357	27	19	7543	1152	672
1998	19	27	362	27	18	7655	1176	669
1999	26	27	387	27	21	7762	1147	668
2000	27	28	389	47	17	7819	1167	661
2001	27	27	399	47	19	8021	1136	650
2002	27	27	408	48	21	8179	1168	623
2003	28	27	409	46	19	8291	1066	691
2004	28	25	421	47	19	8366	1020	668
2005	29	23	435	46	17	8479	1027	570

队伍建设

推优工作　1986年，团县委贯彻落实中共中央组织部转发的团中央书记处《关于认真做好推荐优秀团员作为党的发展对象工作报告》，全县推优人数782人，共有472人加入党组织，占推优人数的60.04%。1987年，建立“推优”等相关制度。1992年，团县委以龙州糖厂团委、霞秀乡团委列为“推优”（推荐优秀团员作为党的发展对象）工作试点，在全县铺开“推优”工作。1992年，团县委以龙州糖厂团委、霞秀乡团委列为“推优”工作试点，在全县铺开“推优”工作。1999年，团县委与县委组织部联合下发《关于党团组织建设中实施“推优育苗”工程的工作方案的通知》，完善“推优”机制，规范“推优”程序。2001年，出台《关于进一步做好推荐优秀团员作为党的发展对象工作的通知》文件。2004年，组织实施龙州青年行动；实行乡镇团干部公开招考制度；各级团组织培养和吸收6212名优秀青年、学生为共青团员；有204名团干走上领导岗位，158名优秀团员列为乡镇团委书记考察对象。2005年，全县推优人数1027人，共有570人加入党组织，占推优人数的55.5%。

团干培训　1987年，建立团干培训制度。1992年，制定并落实团干部年度培训制度，县、乡团委每年举办一期团干部培训班，立足青年特点和社会经济发展，从政治理论、团务知识、素质拓展等方面进行培训，保证专职团干部培训率100%，兼职团干部培训率不低于90%。1995年，组织全县各级团组织书记参加培训，并通过考试，优秀率100%。1996年，组织各乡镇团委书记参加“四委”培训班，提高团干部政治素质和工作能力；1997年，举办“学习骨干培训会”，组织161名团干部学习中共十四届六中全会精神、团的十五大精神和区第十次团代会精神。1998年，举办基层团干部培训班，对全县19个基层团委书记、各村团总支书记、学校、企业团委、团支部书记共160人进行培训，培训包含中共十五大精神和县第八次党代会精神、县域经济改革和企业改革、农村产业结构调整、社会主义市场经济条件下的团建工作四个方面内容。2001年，各基层团委共举办培训班15期，培训16岁~18岁农村团员2416人、乡镇团干10人、农村团干81人、29岁~40岁农村青年9012人；组织基层团干参加“全地区学习邓小平理论知识竞赛”和学习《跨世纪青年干部领导艺术》《基层团委书记工作指南》等书籍资料；组织基层团干到广西青年干部学院参加137期团干培训班；举办团干部培训会，对乡镇团委书记、村团总支书记、县直机关团组织负责人、少先队辅导员等140余人进行培训。

团员管理 20世纪80年代中后期，国内经济结构和国民经济构成发生重大变化，团员的跨区流动较为频繁，这给团组织对团员的管理提出新的问题。1987年，相继建立“三会两制一课”、团员发展、“推优”、团干培训制度、团员目标管理制度、团费收缴等相关制度，并对团员外出管理、外来团员管理制度进行有益探索。为使团组织对团员的管理系统化、科学化，1988年11月，根据团中央、团区委的指示，在全县团员中实行“团员证制度”。1989年底，全县共有7103名团员领取团员证，颁证率100%，验收达到优秀。1994年，下发团费缴纳和管理使用的通知，恢复实行下级团组织向上级团组织上缴部分团费。1995年，根据团中央《关于加强新经济组织团的建设的意见》和《流动团员管理暂行办法》，加强全县团员管理。1999年，县委组织部下发《印发关于在党团组织建设中实施“推优育苗”工程的工作方案的通知》，完善推优机制，规范推优程序，增强团员推优、管理工作力度。

团内教育 1986年—1988年，团县委按照团区委七届二次全委扩大会议精神，组织全县青年团员开展以学习整党文件为主要内容的教育活动，按照有理想、有道德、有文化、有纪律的要求，全面加强团员队伍的思想道德建设工作。1989年，学习中共十三届四中、五中全会精神，学习邓小平著作和江泽民有关讲话。1990年，按照团区委要求，在全县范围内开展“团员教育评议活动”。20世纪90年代，除1995年再次开展团员的民主评议活动外，其余年份均注重对团员进行政治理论教育和时事政策教育，同时抓科学文化技术的教育。2001年，组织学习江泽民“七一”讲话精神；2002年，开展“贯彻十六大，创造新业绩”主题教育活动。2003年，组织青年团员学习和实践“三个代表”的重要思想，为民办实事、办好事。2005年，组织党员团干部开展保持共产党员先进性教育活动。

希望工程实施

龙州县从1992年开始实施希望工程。1992在全县团组织内发动“希望工程”捐款，在金龙、逐卜、武德、上降等乡镇调查掌握小学生贫困失学情况，结对救助229名失学少年重返校园。1994年6月开展“希望工程”宣传活动周活动，筹集爱心善款48000元。1995年，组织志愿者深入武德、金龙、逐卜等乡镇开展贫困生的采访、调查，并在《龙州报》进行四期的系列报道，使希望工程家喻户晓，掀起广大群众对希望工程的关注和支持。1996年起，到各乡镇巡回放映希望工程宣传电影《一样的天空》共30多场，筹集到善款2.3万多元。1996年1月，广西玉柴机器股份有限公司捐资20万元援建龙州县玉柴希望小学；1996年3月，宁波市人民政府政府捐资17万元援建龙州县梓丛希望小学；1997年1月，香港企业家陈廷骅捐资20万元援建龙州县福和希望小学；1997年4月由北京华银金饰品公司捐赠的三所希望书库分别落户响水镇鸣凤小学、霞秀乡自清小学和板门小学。1997年9月下发《龙州县实施希望工程指导委员会关于在一九九八年内实施希望工程全面救助失学适龄儿童基本解决失学问题的实施方案》。1998年实施希望工程“一助一”或“多助一”结对救助失学儿童，6月开展为援建南宁地区“警民共建希望小学”、救助失学儿童献爱心活动。2000年，广泛开展为“龙州—广西红领巾希望小学”捐款活动，举办为“龙州—广西红领巾希望小学”捐款义演晚会，共收到捐款56126.30元。2001年，在全县范围内发出“为‘希望工程’捐献爱心，帮‘希望之星’圆大学梦”倡议和举行捐款活动，共募集善款3.6万元，帮助13名贫困学子圆了大学梦。2001年1月，解放军总后勤部捐资25万元援建龙州县总后希望小学；2001年2月，广西军区捐资35万元援建广西军区龙州洞埠希望小学；2002年2月，深圳锐前集团捐资30万元援建龙州县雪丽希望小学；2002年9月，龙州县南华糖业有限责任公司捐资30万元援建龙州县南华希望小学；2000年5月，广西少先队员捐资15万元援建广西红领巾希望小学；2004年6月，上海福禧投资控股有限公司捐资45万元援建福禧希望小学。

青年便民服务

1986年，组织广大青年志愿者300多人次在全县主要街道及13个乡镇设点开展家电维修、裁剪、义诊、种养技术咨询等项目便民服务，并深入主要街道清除卫生死角和非法张贴物。1987年，各基层团委共组织了326个助耕组，188个帮工队，帮助有困难的农户抢季节，保丰收。参加人数达1486人。1988年，开展“青年服务突击队”服务农村活动。1989年，组织青年志愿者到红八军纪念广场、小连城等开展清洁活动，为纪念龙州起义六十周年创造整洁的环境。1990年，组织全县团员青年、在校学生到福利院、五保户家、军烈属家等进行各种慰问活动，进行环境清洁、担水、劈柴等。1991年，开展“为重点建设献青春青年突击队”活动。1992年，各级团组织组织637个关心组，帮助复退老军人、军烈属、孤寡老人、残疾人解决生活中的困难。1993年，组织开展青年突击队下基层服务月活动。1994年，组织团员青年志愿者到小连城、中山公园等地清洁卫生；组织县人民医院、县中医院和广西中医学院志愿者开展为民义诊400多人次。1995年，组织青年突击队进行抗洪救灾抢险，共同抵抗县部分乡镇遭受的特大洪水灾害；1996年，组织青年志愿者在县城中心花园开展家电维修、立法、修理单车、裁剪、修鞋以及种养、法律、保险、储蓄等多种咨询活动。据统计，活动当天，共修理电器70多件，自行车80多辆、理发200多人、裁剪100多件，分发各种宣传、咨询资料2000多份；1997年，组织青年志愿者在金龙镇民建村修建“民建村共青希望路”；1998年，组织青年志愿者服务队与地区服务队一起深入基层为人民办实事、做好事；1999年，组织青年志愿者到街上打扫清洁卫生、清理死角，到红八军纪念馆、革命烈士纪念碑清理卫生、栽树浇花等；2000年，组织青年志愿者配合广西大学生绿色营考察团开展“保护绿色，热爱生命”的宣传活动，纪念龙州起义七十周年的到来。各基层团委组织16000多人次的青年便民服务活动。2001年，组织青年突击队到逐卜乡开展农作物抢收工作，以降低因3号、4号台风带来的洪涝造成的损失；2002年，组织青年志愿者协助广西电视台“手拉手”活动到龙州县开展慰问演出；组织青年志愿者协助地区旅游局主办、县政府承办的广西龙州“边关军事体验之旅”推介会活动；2003年，开展主题为“团员青年实践‘三个代表’从志愿者开始”活动，组织200多名青年志愿者开展医疗保健、义务家教、家电维修、法律咨询等经常性服务；2004年，开展“爱心出动”百名青年志愿者边境行动，开展禁毒宣传、卫生、科技服务活动；开展法律法规宣传、婚育新风宣传，与乡村青年联谊等；2005年，组织龙州县青年志愿者到水口镇，与边检站青年官兵开展国门大扫除和军营大拜年文艺联欢活动。

在龙州县边境建设大会战中，团县委和驻军部队组织青年突击队到水口新农贸市场参加义务劳动

（2000年10月25日摄）

主题活动

1986年，举行“迎新春、送温暖”活动周。1989年，举行“亚运之光”火炬传接仪式。1992年，开展“元旦”拥军优属学雷锋活动。1993年，开展“学习徐洪刚，争做四有新人”活动。1994年，开展社会主义市场经济知识竞赛。1995年，组织开展主题为“继承红八军传统，争做跨世纪四有新人”青年文化节活动。1996年，组织开展十八岁成人宣誓仪式以及党、团知识和龙州知识竞赛活动。1999年，以纪念五四运动80周年、建国50大庆、香港和澳门回归祖国、迎接新千年等为契机，通过举办讲座、知识竞赛、文艺会演、演讲比赛、出版墙报等形式，广泛开展爱国主义教育。2001年，学习贯彻《公民道德建设实施纲要》；2002年，开展以抗击非典为内容的“青春筑城活动”。2005年，开展龙州县第一届“龙凤呈祥　真情永相伴”青年集体婚礼。

五四纪念活动

1986年—2005年，团县委开展五四纪念活动，引导青少年新时期继承和弘扬爱国、进步、民主、科学的五四精神。1986 年—1988 年，开展爱国主义、社会主义教育活动，以及各种文明健康的娱乐活动，帮助青年树立正确的政治信念、坚持党的领导，坚定走社会主义道路，投身“八五”计划的事业。1990 年，举行十八岁成人仪式暨青少年反毒、禁毒、抵制毒品的万人签字仪式。1994 年，组织青少年开展“看爱国影片，唱爱国歌曲，读爱国书刊，讲爱国故事，学爱国人物”活动。1995 年，组织开展青少年观看优秀影片。1998 年，举行青少年爱国主义教育基地挂牌仪式。1999 年，组织青少年开展“革命传统教育月”活动；召开纪念五四运动八十周年座谈会。2000 年，举办纪念五四运动八十周年知识竞赛、“祖国在我心中”读书征文比赛；组织全县青少年观看优秀革命影片《战争子午线》；举办“五四二糖杯”足球赛。2001 年，开展“纪念五四运动暨迎县庆五十周年”系列活动，在全县 8 个乡镇开展县庆火把传递、“县庆为我添光荣，我为县庆增光彩”万名青少年签名宣传活动和县庆百日倒计时牌揭牌仪式。2002 年，举行“爱我龙州、建设龙州”演讲比赛。2003 年，开展军警民共庆五一、五四、迎五十周年县庆联欢活动。2004 年，召开五四运动 85 周年暨建团八十二周年纪念大会。2005 年，举办以新《党章》《团章》和《公民道德建设实施纲要》为内容的知识竞赛；开展继承光荣传统、弘扬五四精神、发愤学习创业、立志成才报国—纪念五四运动 86 周年暨龙州县共青团表彰座谈会。

表 3-11　　1991 年—2005 年共青团龙州县委员会荣获荣誉表

年份	荣誉称号	表彰单位
自治区级		
1991	全区赈灾活动先进单位	自治区团委
1991	全区税法宣传教育活动先进单位	自治区团委
1991	学雷锋树新风活动先进单位	自治区团委
1999	南宁地区五四红旗团委创建单位	自治区团委
2000	南宁地区五四红旗团委创建单位	自治区团委
2001	南宁地区五四红旗团委创建单位	自治区团委
2002	广西“党建带团建”和“推优育苗”工作先进单位	自治区党委组织部　自治区团委
2004	广西五四红旗团委	自治区团委
2004	广西希望工程先进单位	自治区团委　自治区教育厅
崇左市级		
2004	“万鹏杯”崇左市首届南疆青年文化艺术节优秀组织奖	市委宣传部　市文明办　团市委　市文化局　市民政局　市广播电视局　左江日报社
2004	“万鹏杯”崇左市首届南疆青年文化艺术节三人篮球赛亚军	市委宣传部　市文明办　团市委　市文化局　市民政局　市广播电视局　左江日报社
2004	“万鹏杯”崇左市首届南疆青年文化艺术节三人篮球赛优秀奖	市委宣传部　市文明办　团市委　市文化局　市民政局　市广播电视局　左江日报社
2004	“万鹏杯”崇左市首届南疆青年文化艺术节中国－东盟自由贸易区知识抢答赛三等奖	市委宣传部　市文明办　团市委　市文化局　市民政局　市广播电视局　左江日报社
2005	“大锰杯”崇左市第二届南疆青年文化艺术节青年歌舞大赛二等奖	市委宣传部　市文明办　团市委　市文化局　市民政局　市广播电视局　左江日报社
2005	“大锰杯”崇左市第二届南疆青年文化艺术节青年歌舞大赛二等奖	市委宣传部　市文明办　团市委　市文化局　市民政局　市广播电视局　左江日报社
2005	“大锰杯”崇左市第二届南疆青年文化艺术节优秀组织奖	市委宣传部　市文明办　团市委　市文化局　市民政局　市广播电视局　左江日报社

第三节 妇 联

机构

1986年，龙州县妇女联合会内设办公室1个部门，有人员编制5名，实有6人，办公地址在龙州镇兴龙路5号。全县有乡镇妇女联合会12个，区地直驻龙州农场（厂、矿）妇女联合会5个，行政村妇代会96个，县直机关单位妇女联合会（妇工委）18个。1987年10月，有乡镇妇联会13个（新增上龙乡）。1996年9月，龙州县妇女儿童工作委员会成立，办公室设在县妇联，主任由县政府分管副县长担任，副主任由县委办分管副主任、县政府办分管副主任、县妇联主席担任，成员由县直37个单位的领导组成。是年，县妇联内设部门和人员编制不变，实有8人。2000年，县妇联内设部门和人员编制不变，实有6人。全县有乡镇妇女联合会13个，村妇代会120个，居委妇代会5个，机关女工委12个，个体私营企业协会女工委1个。2003年，县妇联内设部门不变，有人员编制4名（含妇儿工委专职1名），实有6人。2005年，县妇联内设办公室1个部门，有人员编制4名，实有3人，办公地址在不变，全县有乡镇妇女联合会12个，乡镇妇联主席12人，村级妇代会127个主任127人，机关、厂矿场女工委51个主任51人。

1986年—2005年历任主任（主席）：何琼姑（1986.1—1987.1），阮美功（1987.1—1990.5），周丽芳（1990.5—1990.10），周连章（1990.10—1997.2），王爱龙（1997.2—1998.6），黄嘉琴（1998.6—2000.6），曾海春（2000.6—2005.9），冯雪（2005.9—2005.12）。

代表大会

1984年—2005年，龙州县妇女联合会历经5次妇女代表大会。以五年为一届举行换届选举。

1984年12月，龙州县妇女联合会第七次妇女代表大会在县城召开，出席会议代表206名。选举产生第七届妇联执行委员会委员，主任何琼姑。

1989年1月，龙州县妇女联合会第八次妇女代表大会在县城召开，出席会议代表171名。选举产生第八届妇联执行委员会委员，主席阮美功。

1994年5月，龙州县妇女联合会第九次妇女代表大会在县城召开，出席会议代表172名。选举产生第九届妇联执行委员会委员，主席周连章。

1998年6月，龙州县妇女联合会第十次妇女代表大会在县城召开，出席会议代表174名。选举产生第十届妇联执行委员会委员，主席黄嘉琴。

2003年11月，龙州县妇女联合会第十一次妇女代表大会在县城召开，选出席会议代表181名。举产生第十一届妇联执行委员会委员，主席曾海春。

妇女儿童发展规划纲要实施

县政府分别于1993年和1996年、2003年颁布了《龙州县妇女儿童发展“八五”计划十年规划》和《龙州县妇女儿童发展规划（1996年—2000年）》《龙州县妇女儿童发展规划（2001—2010年）》（以下简称“两纲”）。

妇女参政议政 1990年，县政协委员女性比例为21.3%，县四家班子女领导中县政府副县长1人，县人大副主任1人，专职委员2人；乡镇长（含副乡镇长）5人，副书记1人；县直部门正局级女领导14人；村公所（居委会）125个妇代会主任125人。1994年5月，县妇联干部6人，大专文化1人，高中/中专文化5人，党员4人。2000年，县人大代表女性比例为27.62%，县政协委员女性比例为17.56%，全县女性干部总数比例为29.76%。2005年，县人大代表女性比例为26.52%，县政协委员女性比例为23.94%，全县女性干部总数比例为32.00%；县党委、人大、政府、政协四大班子均配备有1名女领导；县党政机关部门班子女干部配备率逐年提高。

妇女儿童权益保障 妇女劳动就业、保险、权益保护得到进一步保障。2000年，基本养老保险女性比例为40.00%，基本医疗保险女性比例为24.00%。2005年，基本养老保险女性比例为42.20%，基本医疗保险女性比例为37.10%。1986年—2005年，县妇联共接待群众来信来访案件710件，涉及妇女儿童被拐、强奸、婚姻纠纷、虐待、暴力等，全县各级政法部门加强对侵害妇女儿童的违法犯罪活动给予从严从快打击，切实维护妇女儿童的合法权益。

妇女教育 2000年，小学五年女生巩固率为98.60%，初中三年女生巩固率为93.20%，高中阶段女生毛入学率为28.20%。2005年，小学五年女生巩固率为98.82%，初中三年女生巩固率为97.87%，高中阶段女生毛入学率为45.12%，农村妇女努力学文化、学技术，科技文化素质有了较大提高。

妇幼保健 自妇女儿童发展规划实施以来，卡介苗、脊灰疫苗、百白破三联制剂、麻疹疫苗接种率连年达到全国标准接近100%。2000年，婴儿死亡率为19.53‰，乙肝疫苗接种率为45.60%，农村妇女住院分娩率为63.30%。2005年，婴儿死亡率为15.22‰，乙肝疫苗接种率为97.99%，农村妇女住院分娩率为86.58%。

三八节纪念活动 1986年—2005年，龙州县妇联每年开展纪念三八国际劳动妇女节系列活动，活动形式有法律法规、卫生保健、农村实用技术、计划生育、家庭教育各类知识讲座，有排球、拔河、跳绳各类体育竞技，有包饺子、插秧、厨艺、化妆各类劳动技能大赛，有“三八维权周”宣传咨询活动（此项活动内容包括法律法规政策、“两纲”、男女平等基本国策的宣传活动），有表彰先进宣传典型等。1986年，县妇联召开庆三八暨表彰大会，表彰“五好”家庭77户、“三八”红旗手64人、优秀家长53、家庭教育先进单位5个。组织县直机关、学校的老干部、华侨、台属、科技人员以及三八红旗手、“五好”家庭代表座谈会。各界妇女积极参加植树造林活动，各乡镇参加植树妇女1500人植树9万棵，县直机关女干部职工参加植树120人种下砧木68棵。2005年，县妇联组织开展维权周宣传活动，向群众分发法律知识传单1000多份。举办执委、各单位女工委、乡镇妇联主席座谈会，举行庆“三八”宴会，举办“巧媳妇烹调”比赛、庆三八大型群众歌舞晚会。

六一节活动 1986年—2005年，龙州县妇儿工委办每年都组织开展“六一”儿童节系列活动。1994年，县妇联慰问县直保育院、驻军某团幼儿园和县委大院250多名小朋友，免费为小学生放电影2场。2000年6月1日，授予5所幼儿园为龙州县先进幼儿园，10人为龙州县优秀保教工作者，10名家长为优秀家长，18名小朋友为龙州县好儿童。2005年6月1日，龙州镇妇联到7个社区14名残疾儿童家慰问，共送去价值1000元的节日礼品。

香港妇协龙州县职业技术培训学校 1997年7月，香港妇协在中国儿童少年基金会设立了“山区女童教育计划”，捐资建设18所职业技术培训中学（每所捐资30万元），其中在广西建10所。龙州县于1999年11月向自治区妇联提交申请，在龙州县龙州镇建一所学校，2004年2月签订《项目协议书》，成为自治区第三批项目建设县。2004年7月项目开工建设，2005年5月综合楼主体建设完成，并于12月挂牌。学校位于龙州县城北路50号暨龙州县直属机关保育院大门前面，占地面积766.71平方米，建筑面积721平方米，其中教室4间、多功能厅1间、教师办公室2间、专用培训教室3间、一楼5间为铺面（外租形式筹集资金以楼养楼）。香港妇协龙州县职业技术培训学校项目建设总投资53.8万元，其中香港妇协投资30万元，未结清项目资金23.8万元，短缺的资金报县审批以一楼外租方式筹集。

“双学双比”活动

1986年，县、乡两级妇联会与县科委、科协、农业局、畜牧水产局合作，举办种养技术培训班41期，受训农村妇女665人。1987年，联合团委、科协举办培训班111期，参加培训妇女3965人；1988年举办91期，参加培训妇女3434人（次）（妇联自办6期受益妇女269人）；1989年，与县劳动服务公司联办4期刺绣培训班，受训妇女有150人；举办2期水稻栽培技术和一期妇幼保健知识讲座，受益妇女91人；配合有关部门举办种养实用技术培训84期，受训妇女3000人；1990年，向广大妇女传授甘蔗、水稻、养猪等实用技术，举办以种养为主的农村“短、平、快”实用技术培训班6期受训妇女1160人；表彰1989年度龙州县“双学双比”先进协调单位6个、先进妇代会15个、先进女能手39名、达标户355户。1994年，龙州县“双学双比”竞赛活动协调小组荣获自治区1993年度“双学双比”先进协调组织，县委副书记吴英杰荣获自治区1993年度“双学双比”先进工作者，上金乡中山村公所黄美云荣获自治区1993年度“双学双比”女能手。1995年，举办农村实用培训班127期，受训妇女达2971人。1997年，县妇联向县农发行贷款20万元；

1998 年，县妇联向县农发行贷款 13.725 万元。县妇联扶持全县贫困妇女创业致富，其中扶持八角乡菊埂村妇女 81 人，扶持款 81000 元；扶持下冻镇两庄村妇女 183 人，扶持款 183000 元。2000 年开始实施“巾帼文明示范村”创建活动。2002 年，龙州县妇联授予女专业户 120 户科技示范户 250 户，村妇代会妇女主任获农民技术员资格证书 119 名，337 名村妇干掌握 2 门以上实用技术、307 名农村妇女成为致富能手，“巾帼文明示范村”4 个。

“巾帼建功”活动

1991 年开始，在县城妇女中开展“做‘四有’、‘四自’女性，为‘八五’计划建功”、创建“巾帼文明示范岗”活动。1993 年 3 月 7 日上午在新风剧院召开龙州县纪念“三八”节 84 周年暨“双学双比”“巾帼建功”先进集体（个人）表彰大会，表彰“双学双比”先进协调小组（单位）5 个，先进工作者 10 名，“双学双比”女能手 79 名，“巾帼建功”先进集体 2 个，“巾帼建功”先进工作者 8 名，“巾帼建功”先进个人 29 名。1995 年，在继续开展“巾帼建功”活动中重点抓好巾帼扶贫行动、巾帼创业行动、巾帼扫盲行动、巾帼成才行动、巾帼文明行动，霞秀糖厂获自治区“巾帼建功”先进单位。1997 年 6 月彬桥乡红岭村妇代会被自治区妇联评为“巾帼扶贫”先进集体；1998 年 2 月，县妇联主席王爱龙被自治区妇联评为项目工作先进工作者；2002 年 3 月，曾海春和雷佩玲获广西“三八”红旗手。据统计，自开展“巾帼建功”活动以来，全县荣获各级“巾帼建功”先进个人 267 名，先进工作者 85 名，“巾帼文明示范岗”23 个，“三八”红旗手 405 名。

“五好家庭”创建

1986 年以来，结合“五讲”“四美”“三优一学”开展“五好家庭”创建活动。1995 年开展以“以行动谋求平等发展与和平”为主题的庆三八系列活动，期间评比表彰了 50 户“五好家庭”标兵户。2002 年，全县各级妇联在“五好家庭”推荐活动中，两个家庭获 2001 年度南宁地区“五好文明家庭”称号。1986 年—2005 年，全县妇联系统授予“五好家庭”1947 户。

“春蕾计划”实施

“春蕾计划”是 1989 年起在全国妇联领导下，由中国儿童少年基金会发起并组织实施的一项救助贫困地区失学女童重返校园的社会公益项目。1991 年 9 月，县妇联对全县女童入学情况开展调研活动，发表《做好动员女童入学工作，是妇联义不容辞的责任》调研报告，全县 889 名女童因家庭困难失学。1995 年 6 月 28 日，县妇儿工委办组织召开妇儿工委成员会议，号召全县干部职工募捐，为失学辍学女童献爱心。全县共有 80 多个单位，2513 名干部职工募捐，共计金额 13000 多元，扶持 56 名女童。1996 年共收到“春蕾计划”款 1645 元，扶持 24 名女童。2000 年 5 月 8 日，召开全县妇儿工委工作会议，动员全社会都来关心扶持妇女儿童工作，实现结对救助失学辍学女童的攻坚目标。到 9 月上旬，全县共有 65 个单位（个人），捐资 13600 元，与 72 名失学、辍学女童结成对子，扶持她们直到小学毕业，另有 6 名失学、辍学女童得到自治区妇联资助。2001 年，一名“春蕾”女生以 737 分的成绩考取全国重点大学南开大学物理系，县妇联向全县妇女发出倡议为其捐款助学，全县共有 10 个乡镇 60 个机关单位 1890 人捐款 24311 元，解决了其大学期间的学习费用。2002 年，春季学期获县直各单位及爱心人士“春蕾”扶持女童 72 人，其中 4 人获资助款 100 元 / 学期，68 人获 50 元 / 学期；南宁驾驶学校校长资助“春蕾”女童 4 人每人每学期 1000 元；江苏无锡一位市民及其朋友分别资助 2 人每人每学期 1000 元和 7 人每人每学期 1000 元；崇左市中级人民法院法官资助 8 人，连续资助春蕾女童到小学结业。2003 年，水口边防派出所全体干警捐款资助“春蕾”女童 10 人。2005 年，国家开发银行稽核分局青年团员将 12000 元的捐款作为县妇联“春蕾计划”专用款，扶持 10 个学习成绩优异的特困学生。曾海春获第五届广西“春蕾计划”活动先进个人。

不让毒品进我家

龙州县开展“不让毒品进我家”活动从 2001 年 9 月开始实施，县妇联、县政法委综治办、公安局禁毒办，联合举办“禁毒大型图片展”，共展出图片 273 幅，发放禁毒宣传资料 2000 份，组织 1 万多名学生 2000 名干部职工观看图片展。2002 年 4 月 28 日，县禁毒委、县妇联联合下发《关于开展“不让毒品进我家”有奖知识竞赛活动的通知》，全县共 6000 人参加知识竞赛活动。2002 年 5 月 10 日，县妇联和县禁毒委组成帮教队前往县戒毒所为期 10 天的拒毒帮教活动，共帮教 9 名吸毒少女。2004 年 6 月 23 日，县妇联、综治办、禁毒办在体育馆联合举行“珍爱生命拒绝毒品”签字仪式，县直及驻龙州县自治区、市直各单位的全体干部职工、公检法司等政法部门的全体干警、驻县城各中学师生、部分群众等 1 万多人参加活动。6 月 27 日，县妇联和综治办召开“不让毒品进我家”家庭承诺书签订工作动员会议，各乡镇分管政法领导和妇联主席等 36 人参加。是年，全县共开展慰问、帮教、宣传教育活动 4 次，发放宣传资料 21000 份，赠送书籍报刊 130 本(册)，展出图片 30 多幅，签订家庭承诺书 19500 份。2005 年 6 月 24 日—29 日，县妇联组织“龙州在线”的青年志愿者 15 名与龙州县强制戒毒所开展赠书活动和球类比赛，组织戒毒人员家属到戒毒所进行谈心、帮教活动，向戒毒所赠送各类书籍共 330 本(套)，故事片 VCD 光盘 30 部。6 月 26 日，协助搞好以“中越青少年手拉手，共建边关无毒路”为主题的中越边境青少年代表“手拉手”禁毒活动在龙州县水口镇正式启动仪式。在这次禁毒活动中，中越两国 300 名少先队员互发禁毒倡议书，同作禁毒宣誓，绘制禁毒图。与会人员还召开中国广西—越南高平 2005 年青少年禁毒宣传教育工作年会，互相交流边境青少年禁毒工作的经验，并制定签署了《2005—2006 年中越(中国广西—越南高平)边境地区青少年禁毒宣传工作合作计划协议书》，确定了中越双方在此期间开展边境地区青少年禁毒宣传教育活动的定期互访等方面合作内容。

第四节　侨　联

机构

1984 年 11 月 21 日，龙州县归国华侨联合会恢复成立。1986 年，龙州县归国华侨联合会不内设部门，有人员编制 2 名，实有 2 名，办公地址在龙州镇康平街 28 号县人民政府大院内。1996 年，县归国华侨联合会不内设部门，有人员编制 2 名，实有 4 名，办公地址不变。1998 年，县归国华侨联合会不内设部门，有人员编制 2 名，实有 3 名，办公地址在不变。2005 年，龙州县归国华侨联合会不内设部门，有人员编制 3 名，实有 3 名，办公地址在龙州镇康平街 28 号县人民政府大院内。

1986 年—2005 年历任主席：林树清(1986.1—1987.12)，钟国兴(1987.12—1988.9)，卓家骅(1988.9—1996.11)，庞熙海(1996.11—2005.12)。

1988 年—1991 年，水口镇、下冻镇、龙州镇、武德乡科甲成立侨联分会组织，侨联分会没有人员编制，没有报酬。1988 年—2005 年各侨联分会历任主席：水口镇侨联分会周德成(1988.4—2005.12)，下冻镇侨联分会岑鸣(1989.11—2001.6)、何家华(2001.6—2005.12)，龙州镇侨联分会苏耀功(1992.2—2001.9)、卓家相(2001.9—2005.12)，武德乡科甲侨联分会陈登(1990.3—1995.10)、庞熙产(1995.10—2005.12)。

代表大会

1984 年 11 月 21 日，在县城召开龙州县第二次归国华侨代表大会，出席会议代表 56 名。选举产生第二届委员会委员，主席林树清。

1987 年 12 月 10 日—11 日，龙州县第三次归国华侨代表大会在县城召开。出席会议代表 65 名。选举产生第三届联合会，主席钟国兴。1988 年 9 月 29 日，举行县第三届侨联第三次委员会议，补选卓家骅为主席。

1990 年 12 月 20 日—21 日，龙州县归国华侨联合会第四次代表大会在县城召开。出席会议代表 100 名。选举产生第四届委员会委员，主席卓家骅。

1996 年 11 月 20 日，龙州县归国华侨联合会第五次代表大会在县城召开。出席会议代表 97 名。选举产生第五届委员会委员，主席庞熙海。

1997 年—2005 年，县侨联第五届委员会连任，其间没有召开代表大会。

侨情普查

1988 年—1992 年，龙州县侨联开展全县性的侨情普查统计工作。普查统计结果：龙州县归侨侨眷(包括港澳台属)有 2450 户共 12500 人，其中归侨 1350 人。龙州县籍侨居海外的华人华侨约 3500 人，主要分布在越南、泰国、美国、英国、法国、日本、德国、加拿大、瑞典、加蓬、新加坡、马来西亚、印尼、瑞士、澳大利亚等 24 个国家。1978 年以来，龙州县侨民移居海外定居的有 120 多人，其中大部分侨民定居美国和加拿大等国家。龙州县归侨由三部分组成：一部分是 20 世纪 40 年代中期，法越战争爆发，居住在越北的一些华侨流返到今龙州县定居，约有 105 人；另一部分是 20 世纪 50 年代从印尼、马来西亚回国到今龙州县定居，这些难民大部分安置在龙州县境国营农场和工厂企业，生活比较有保障，约有 170 人；第三部分是 1978 年越南排华时迫使大量侨民流返龙州县，先安排到各邻县农场，后又重新安置到龙州县，主要从事个体私营企业，约有 213 人。1999 年，全县有归侨和侨眷 11740 人。

侨房政策落实

1992 年—2000 年，龙州县贯彻落实《中华人民共和国归侨侨眷权益保护法》，做好侨务法律法规和政策落实工作，维护龙州县归侨侨眷的合法权益。全县落实侨房 38 栋，房主 56 户，面积 9788.2 平方米，补偿侨房费 35 万元。其中城镇 21 户共 4586.46 平方米；农村 35 户共 5201.74 平方米。

友好往来

1986 年—1988 年，县侨联开展海外联谊活动，把工作重点逐步转向海外华侨华人和港澳同胞。一方面是采取通信联系方式加强联络，共向海外龙州籍的华侨、华人发出贺年片 200 多片，联系信 40 多件；接待回家乡探亲、访友的海外人士共 100 多人次。另一方面对回家乡的海外侨胞，做好登门拜访和接待。1989 年 10 月，法国里昂华裔联谊会秘书长朱兆群夫人黄雪文，应国务院侨务办公室的邀请，回国参加中华人民共和国成立 40 周年大庆活动，抽空到家乡龙州探亲、访友。县侨联在接待中介绍家乡变化情况，欢迎他们常回家乡看看。同年，龙州籍华人、华侨、港澳台同胞到家乡探亲访友共有 34 人次，为家乡捐款人民币 2 万多元、法郎 2000 元、美元 200 元、港币 2273 元。

1991 年，县侨联先后接待回国探亲访友、旅游观光的华侨、华人和港澳台 38 人次，接待越南各种经济贸易代表团五批共 25 人次，收到龙州籍海内外侨胞信访 50 多封。1992 年，县侨联接待海外华侨、华人回国观光、探亲、访友、投资 48 人次，其中马来西亚、新加坡籍侨领代表团一行 7 人。县侨联副主席周志明通过其在越南河内的哥哥周志强，为龙州县边贸总公司与越南河内还剑进出口联合公司搭桥牵线，促进双方合资 100 万元成立“华龙联营公司”，该项目是获越南国家投资委员会批准成立的第一家中越合资项目，已于 1992 年 8 月 8 日在越南河内开业。1993 年，县侨联邀请外商泰籍华人秦文光、梁洁英夫妇，美籍华人美国太平洋国际投资有限公司总裁杨佑权，香港明海运输公司王荣海等到龙州进行商务考察，鼓励客商到龙州投资建设。

1996 年 6 月 30 日，龙州县侨联举办“龙州县侨界迎香港回归庆祝活动大会”。大会在美龙珠大厦隆重举行，300 多名归侨侨眷和港澳台属及回家乡探亲、访友的华侨、华人欢聚一堂庆祝香港回归，县委副书记谭永胜、副县长黎志敏等县四家班子领导以及有关单位的领导出席活动大会，县委副书记谭永胜在庆祝会上发表讲话，各乡镇基层侨联分会也举行庆祝香港回归座谈会和举办各种的庆祝活动。1998 年 9 月，县委统战部和县侨联接待回家乡探亲的美籍华人陆萍，并向她介绍家乡的变化情况及投资政策和环境。1999 年 3 月，由县侨联组织龙州侨界乒乓球队到越南高平市进行友谊比赛。同月，县侨联邀请越南高平市青年俱乐部足球代表团 30 人到龙州进行友谊比赛。其间，组织高平市代表团游览县城、公园，参观工厂等活动。1999 年 9 月 25 日，法国里昂市华裔联合会会长、法国农族总会名誉会长林子田和夫人，应国务院侨务办公室的邀请，回国参加在上海召开的第三届国际华人教育研讨会；10 月 1 日，应国务院的邀请，作为特邀嘉宾到北京参加中华人民共和国成立 50 周年庆祝活动；同月中旬，回到故乡龙州县探亲访友。活动期间，受到县委书记温国权，县长莫树周和县人大、县政协领导的接待。

2000 年 12 月，县侨联邀请美籍华人（祖籍龙州）袁仁中夫妇到龙州进行商务考察。县侨联做好接待工作，陪同他们游览龙州的市容、市貌和旅游景点，介绍龙州投资的优惠政策。2002 年 10 月，县侨联接待前来龙州考察投资项目的澳门广西联谊会名誉会长、澳门文建工程公司总经理温深文一行 6 人。县侨联陪同他们参观考察水口口岸、龙州市容市貌以及小连城、法国领事馆旧址等。2003 年 9 月，县侨联接待澳门广西乡谊总会顾问、澳门基督教会顾问黄然一行 13 人回家乡探亲、访友。县侨联领导陪同他们参观龙州中山公园、法国领事馆旧址等。2004 年，县侨联在开展海外联谊活动中，采取“请进来，走出去”等方式，加强与世界各地华侨华人及其社团联谊、合作与交流。促成和接待越南民间经济组织到访 4 批共 32 人次；接待回家乡过中秋节的香港知名人士梁颜浩夫妇，邀请他们参加县政协和县侨联举办的中秋茶话会。2005 年，县侨联共接待海外侨胞 20 多人次。在做好老侨胞工作的同时，做好新移新侨胞的工作，通过各种渠道与海外华侨、华人和社团交朋友，与海外龙州籍的一些华侨社团、侨领和一些知名人士建立联系，初步形成龙州县海外联系网络。

侨心教学楼

2005 年春季学期，在自治区侨联的牵线搭桥下，县侨联争取到马来西亚华侨柯来发先生为董事长的荣宝昌房地产有限公司捐赠 20 万元，龙州县政府配套资金 5 万元，为武德乡科甲完全小学建设 1 幢侨心教学楼，建筑面积 437 平方米。2005 年秋季学期，全校师生把桌椅搬进新建的教学楼，结束在危房里上课的历史。同时县侨联结合“普九”功坚工作任务，争取得到区侨联资助贫困生资金 6400 元，本会以及干部职工捐资 1400 元，资金助特困生 16 人。

第五节　科　协

机构

1986 年，龙州县科学技术协会内设办公室、科技普及部、学会工作部 3 个部门，有人员编制 5 名，实有 6 人，办公地址在龙州镇兴龙路 29 号。下设 12 个乡镇科协、县级各学会和协会。2005 年，内设办公室、科普股、学会股 3 个部门，有人员编制 5 名，实有 6 人，设主席 1 名，副主席 2 名，办公地址在龙州镇独山路 178–2 号。下设、金龙、下冻、逐卜、上金、龙州、八角、上降、彬桥、水口、上龙、武德、响水等 12 个乡镇科普协会，会员 421 人。有县级学会 15 个：农学会、林学会、医学会、化工学会、水利学会、数理化学会、畜牧水产学会、农机学会、电机工程学会、珠算学会、青辅学会、金融学会、土木工程学会、环保学会、甘蔗学会。有县级协会 3 个：县农机协会、县农村卫生协会、县老科技工作者协会。全县有学会和协会会员 905 人。

1986 年—2005 年历任主席：刘炳章(1986.1—1994.2)，卢新骑(1994.2—1994.11)，黄小平(1994.11—1997.11)，农善武(1997.11—2005.12)。

代表大会

1987 年—2005 年，龙州县科学技术协会召开会员代表大会 2 次。1987 年 12 月 25 日，龙州县科学技术协会第一次会员代表大会在县城召开。出席大会代表 54 人，特邀及列席代表 10 人。大会选举产生第一届委员会委员 15 人，主席刘炳章。1990 年 12 月 12 日，龙州县科学技术协会第二次会员代表大会在县城召开。出席大会代表 72 人，特邀代表 10 人。大会选举产生第二届委员会委员 17 人，主席刘炳章。

龙州县科学技术协会第二次会员代表大会以后，协会主席由中共龙州县委直接任命。

青少年科技活动

1986 年，举办全县青少年“2 分钟问答”智力竞赛，有 23 人参加比赛，评出一等奖 1 名，二等奖 6 名，三等奖 7 名，9 人获纪念奖。在该年“爱科学月”活动中，出版科技版报 8 版，科学讲座 5 次，共做出小制作 685 件，写小论文 132 篇，小发明 3 个，小设计 12 个。1988 年，举行 10 场《科学家成长报告会》，8000 多人听了 64 位科学家成长的故事。1989 年，举行《向伟大的爱国主义者、著名科学家钱学森学习》报告会，共计 21000 多人参加学习。1990 年，以“农业与人类”“森林与人类”“环保与人类”“生物与人类”为内容，举行 7200 多人的《科学报告会》。1992 年，南宁地区青少年环保科普夏令营在龙州举办，龙州中学、龙州县职业中学等学校的 208 名学生参加该项活动。1995 年，自治区科协、教育厅授予龙州县朝阳小学“科技教育示范学校”称号。1996 年，开展“可持续发展战略”科普讲座，近 5000 名学生，100 多名老师参加。

1989 年—1996 年，连续八年组织中小学生撰写小论文，开展小发明、小制作，推荐作品参加全市和全自治区青少年生物百项活动。

1997年，在“爱科学月”活动中，共征集到小论文小制作63篇(件)，其中选送地区参加评选优秀小论文3篇，小发明、小制作8件，朝阳小学被评为南宁地区爱科学月活动先进单位，1名老师评为地区先进辅导员，10名学生评为爱科学月活动先进分子。1998年10月，邀请地区科协青少部到龙州县讲授如何辅导青少年撰写科技小论文，制作小发明等知识，125名青少年科技辅导员参加学习。活动月中，全县有143所中小学校6030名师生参加，收到“五小”作品755件，10名学生被评为地区青少年爱科学月活动先进个人。1999年，开展青少年生物百项知识竞赛活动，全县140所中小学校3500名学生参加，收到小论文76篇、小标本23件，获自治区级三等奖1个，地区级一等奖1个、三等奖1个。

2001年，举办龙州县中小学生天文小制作科普知识竞赛，中学组评出一等奖1名，二等奖2名，三等奖2名；小学组评出一等奖1名，二等奖2名，三等奖2名。2002年6月，开展“六一”国际儿童科普游园。

1986年—2002年，连续16年每年10月在全县中小学开展“爱科学月”活动。

2003年9月，举办龙州县天象模型制作比赛，共有830名中小学生参加比赛。2004年，开展“英特尔求知计划”“青少年电脑创意大赛”等青少年科技教育活动。2005年，参加崇左市和广西青少年科技创新大赛，获自治区级一等奖1个，三等奖2个，优秀组织奖1个；市级一等奖3个，二等奖3个，三等奖3个，优秀组织奖1个。

科技推广

1987年，龙州县科协在龙北农场十队推广应用平乐县二轻生物化工厂生产的“九二〇”叶面肥对茶叶进行叶面喷施，产量增长41.9%。应用于八角果生产，也取得好效果。在八角乡八角村那素屯召开八角果生产现场会，总结推广八角高产经验。推广应用广州军区后勤部生产的饲料添加剂，实施科学养猪法，全县生猪存栏数比上年增2000多头。1989年，旱稻推广面积1956.93公顷，验收4.01公顷，平均亩产391千克，比常规亩产增加87.1千克，增产20.2%；科协、畜牧水产学会引进良种鸡、鸭苗20万羽。

1992年，龙州县科协从广东引进香蕉试管苗种植

1990年，县科协与县畜牧水产学会引进AA良种鸡、高迪鸡、樱桃谷鸭等良种鸡、鸭苗约20万羽。1992年，从山东引进单株紧凑型玉米良种种植41.87公顷，亩产量502千克。1993年，从广东引进大威斯、巴西等香蕉试管苗新品种育种繁殖成功，全县13个乡镇95个村1246个自然屯21234农户种植香蕉2266.67公顷。1994年，建立香蕉试管苗育苗基地，共育苗48万株。1995年，印发香蕉试管苗高产栽培技术资料15000份；推广香蕉专用肥(澳大利亚配方)4万千克，在基地同时使用香蕉专用肥和进口复合肥，通过对比，施用香蕉专用肥比施用进口复合肥每株增产1.8千克，每亩增产288千克。1997年，推广香蕉试管苗25万株，面积104.17公顷，产值312.5万元。

1995年—1997年，全县共推广杂交水稻面积达2.45万公顷，杂交玉米1.20万公顷，总增产粮食达1587万千克。

1998年，由于受到1997年底寒潮影响，香蕉受灾情况严重，经济损失较大，全县香蕉种植面积减少，减少香蕉试管苗的推广。

1996年—1998年两年，结合吨粮田开发、香蕉试管苗高产栽培技术、网箱养鱼技术等“两高一优”农业，全县共引进推广新技术30项。其中从广东引进香蕉试管苗55万株，面积229.17公顷，产值达859.38万元，推广杂优水稻种子31.84万千克，杂交玉米26.08万千克。

2005年，全县香蕉种植面积960公顷，产量7.2万吨，产值5760万元。

科技下乡

1986年—1990年，全县举办以种养为主的农村“短、平、快”实用技术培训班419期，参加学习人数28130人次。

1994年，开展培训115期，培训人数5761人次，引进推广项目1个，定点联系扶贫户127人。1995年，共举办农村适用技术培训71期，参加培训5558人次，其中玉米高产栽培6期366人次，防治病虫2期112人次；防寒育秧4期260人次，双杂技术培训6期348人次，果树栽培技术3期216人次，香蕉栽培技术培训46期3614人次。协助组织部在党校举办1期各村支书的上岗培训班，参加人数125人，学习时间7天。11月27日，成立霞秀乡孔承香蕉种植技术开发研究会，人员9人。

1996年1月—3月，在上龙乡、水口镇举办4期党员、村干培训班，参加人数289人。在开展科技周和科学技术普及月活动中，共出版科技墙报8版，科技赶集5次，接待群众科技咨询821人次，印发技术资料1781份，播放西瓜高产栽培技术录像2场，观看人数136人。

1995年—1996年，在八角乡7个村委会和八角林场巴来分场举办10期《低产八角林改造丰产技术》培训班，培训林农1688人次，发放技术资料6880份。

1997年，组织科普小组深入乡村开展科普活动，共计45次，印发资料1400分，传授技术3项1321人。

1998年，所属学会、协会和农村科技骨干共举办各类科技培训65期，培训3732人次，推广应用新技术、科技成果8项。邀请广西大学农学院植保系教授到龙州县讲科技课3期。

2000年，开展“十月科普大行动”，参加活动的科技人员有132人次，举办科普培训13次，听众1033人次，科技赶圩2次，接受群众咨询310次，科普展览1次，科技下乡5次，发放科技资料1730份。2001年，协会定点帮扶彬桥乡岜苗村，在该村开展适用技术培训9期582人次。2002年到13个乡镇开展农村实用技术培训，播放科普录像11次，开展实用技术培训15期，科技赶圩24次，发放培训经费13600元，培训人数12810人。2003年，按照中国科协要求，龙州县作为观测点（全区十一个）之一，对全县开展公众科学素养调查，通过调查问卷共抽查霞秀、下冻、金龙、上金4个乡镇8个村委会40户共计40人。10月27日，举行“十月科普大行动”启动仪式，并举办《中华人民共和国科学技术普及法》图文巡回展。活动期间，开展科普宣传活动和青少年“十月爱科学月”活动。

2004年6月29日，县科协协同自治区少数民族科普工作队到霞秀乡东合村农顿屯开展科技资助活动，播放西瓜种植技术影片1场，赠送农顿屯图书室各种科技图书250本及一批种养技术资料。

2005年，开展科技赶街活动，到各乡镇开展科普法、广西科普条例宣传。共发放技术资料59种46800份，制作宣传板报28块，组织下乡科技人员56人，解答农民群众咨询约18000人次；举办甘蔗生产“六化”技术及病虫害防治、牛品改技术、乌龙茶种植技术、菊叶薯蓣种植技术等22个项目为主科技培训班81期，发放技术资料4500多份，赠送图书2800多册，受训农民4182人次。

科研活动

1986年，县科辅协会曾虹光撰写的《青少年科技活动是培养创新型人才的重要途径》，获全自治区青少年科技辅导员优秀科技论文奖。1987年，县土建学会会员撰写的《浅谈医院和学校教室的色彩设计》，获南宁地区土建学会优秀论文奖。1989年，组织开展科技论文评审活动，有土建、农学、林学、畜牧水产、电机、水利、青辅、医学等学会、协会共140人参加，撰写科技论文167篇，评出一等奖21篇，二等奖44篇，三等奖51篇。在获奖论文中筛选出64篇，25万多字，于1989年12月编印成《龙州县科技论文集》第一、第二、第三集，分发到有关部门和领导手中。

1994年，组织评定农民技术员职称，全年评定会计员21名，助理会计师2名。1995年，县林学会编写的“龙州县森林资源调查报告”评为县科技进步一等奖。

1994年—1995年，农村金融学会、林学会、医学会等89人撰写102篇科技论文，其中98篇参加地区、自治区文学会论文交流，罗盛碧撰写的“森林——水的母亲”的论文在全国经济林业和生态关系研讨会上获得自治区林学会、自治区生态学会优秀论文奖。

1996年5月，罗盛碧被地区行署授予“八五期间全区林业科技先进工作者”称号。10月，协会评定农民技术职称，共发36人村镇建设专业技术员职称证书，助力工程师4人。12月，县畜牧兽医站何立辉参加推广的《O型口蹄疫鸡胚化弱毒乳兔反映苗》，荣获1995年度新疆维吾尔自治区科技进步一等奖。

1997年3月，批准第一批村镇建设技术取得初级技术职务资格人员5人。4月，县林学会的“低产八角林改造”项目获得县科技进步一等奖，并上报地区参加1997年度科技进步奖。罗盛碧撰写的《低产八角林改造丰产技术》一文被中国书籍出版社选入《中国现代农业文集》，其被选入《中国当代学者大辞典》一书。

1996年　1997年，农村金融学会、林学会、医学会、青少年科技辅导员协会等167人，撰写192篇科技论文。其中有68篇参加地区、自治区科技论文交流会，有18篇分别在地区、自治区科技研究刊物上发表。金融学会谢权平、李永春撰写的“强化内部管理实现扭亏增盈的思路”获广西农村“金融”效益兴行社有奖征文二等奖。

2000年，县科协在红八军纪念馆（旧馆）举办反邪教“法轮功”图片展，参观人数达1.8万人次。

2005年，组织各学会参加崇左市第一届自然科学优秀学术论文征集和评审活动，共征集优秀论文38篇，获得崇左市自然科学论文评比二等奖2篇，三等奖6篇。

第六节　工商联

1986年—2005年，龙州县工商业联合会充分发挥其对内对外民间商会的特点和经济咨询网络的优势，开展对外联络工作，向有关单位提供龙州商品信息，接待各地来访人士，增进联谊，扩大龙州商机；关注公益事业，捐资公益事业。1991年—2004年，会员和非公有制人士为公益事业捐340070元、物品1182件，其中用于灾区重建24790元，扶贫济困315280元。

机构

1986年10月9日，龙州县工商业联合会筹备委员会成立，重新登记老会员101名，接收新会员53名。1987年9月，龙州县工商业联合会成立，不内设部门，有人员编制4名，实有4人，办公地址在龙州镇南街15号。1994年，县政府拨款5万元、自筹20万元，于1995年12月在旧址上建成一栋约700平方米的县工商联三层综合办公楼。2005年12月，龙州县工商业联合会不内设部门，有人员编制4名，实有5人。

1986年—2005年历任主任委员（会长）：林树清(1987.9—1990.12)，闭国平(1990.12—1993.12)，叶建军(1993.12—1999.2)，周芬(1999.2—2005.12)。

代表大会

1986年—2005年，龙州县工商业联合会召开5次会员代表大会。

1987年9月，龙州县工商业联合会第七次会员代表大会在县城举行。参加会议会员代表115人，其中正式会员代表87人，特邀代表28人。会议选举产生第七届委员会委员，主任委员林树清。

1990年12月18日，龙州县工商业联合会第八届会员代表大会在县城举行。参加大会会员代表113人，选举产生第八届委员会委员，主任委员闭国平。

1993年12月24日，龙州县工商业联合会第九届会员代表大会在县城举行。参加大会会员代表100人，选举产生第九届执行委员会委员，会长叶建军。

1997年9月26日，龙州县工商业联合会第十届会员代表大会在县城举行。参加大会会员代表100人，选举产生第十届执行委员会委员，会长叶建军。

2002年4月，龙州县工商业联合会第十一届会员代表大会在县城举行。参加大会会员代表121人，选举产生第十一届执行委员会委员，会长周芬。

乡镇商会

1986年—1999年，龙州县没有设立乡镇商会。

2000年11月17日，龙州镇商会第一次会员代表大会召开，选举产生龙州镇商会第一届执行委员会，会长1人，副会长4人；15日，响水镇商会成立，召开响水镇商会第一次会员代表大会，选举产生响水镇商会第一届执行委员会，会长1人，副会长4人；22日，水口镇商会第一届会员代表大会召开，选举产生水口镇商会第一届执行委员会，会长1人，副会长4人；26日，下冻镇商会第一次会员代表大会召开，选举产生下冻镇商会第一届执行委员会，会长1人，副会长4人；27日，金龙镇商会第一次会员代表大会召开，选举产生金龙镇商会第一次执行委员会，会长1人，副会长4人。

2001年9月6日，逐卜乡商会第一次会员代表大会召开，选举产生逐卜乡商会第一届执行委员会，会长1人，副会长4人。

2004年9月30日，召开上龙乡商会第一次会员代表大会召开，选举产生上龙乡商会第一届执行委员会，会长1人，副会长2人。10月13日，武德乡商会第一次会员代表大会召开，选举产生武德乡商会第一届执行委员会，会长1人，副会长2人；27日，八角乡商会第一次会员代表大会召开，选举产生八角乡商会第一届执行委员会，会长1人，副会长2人；28日，彬桥乡商会第一次会员代表大会召开，选举产生彬桥乡商会第一届执行委员会，会长1人，副会长2人；29日，上金乡商会第一次会员代表大会召开，选举产生上金乡商会第一届执行委员会，会长1人，副会长2人；上降乡商会第一次会员代表大会召开，选举产生上降乡商会第一届执行委员会，会长1人，副会长2人。

促进非公经济发展

1987年3月，县工商联经济咨询服务部成立，与150个县、市建立信息网络联系，与梧州市工商联经济咨询服务处建立横向合作关系。1994年1月1日新税制实施后，牵头组织有税务部门负责人、县分管经济工作的领导与个体工商雇用私营企业代表进行座谈交流，解答个体工商户和私营企业主提出的问题，采纳他们合理意见，使个体工商户与税务机关达成共识，保障新税法的顺利实施，解除非公有制经济人士的疑虑。2001年8月，先后组织龙州金龙实业有限公司等民营企业参加在南宁举办的广西特色产品出口商品交易会。2002年9月11日，邀请工商联会员和桂平市工商联参加在桂林举办的“全国乡镇企业东西合作洽谈会”。10月，组织部分私营企业参加在横县举办的茉莉花茶节暨商品展销会。2004年，组织本县多家个体工商户、私营企业参加水口镇首届中越商品年货展销会并邀请桂平市5家私营企业参展。2005年12月，全县私营企业258家，注册资金30950万元；个体工商户8617户，注册资金13735万元。全县非公有制企业总产值5.40亿元，占全县企业生产总值28.9%；完成增加值1.46亿元，拉动工业增加值增长22.3个百分点。全县非公有制规模以上工业企业实现产品销售收入12.46亿元，上缴税金1.19亿元，实现利润总额0.87亿元；全县非公有制经济上交税金1.88亿元，占全县财政总收入62.3%。

2003年6月11日，自治区工商联副会长欧文魁到龙州县调研非公有制经济发展情况

参政议政

1987年—2005年，根据每届县人大、县政协分配给的代表、委员名额，县工商联按照代表、委员的资格条件，把非公有制经济人士推荐给县人大、县政协。非公有制经济人士界别的县人大代表、县政协委员向“两会”提交的议案、提案超过200件。1990年，县工商联组织调研组，对县土产公司、霞秀供销社的经营情况进

行调查研究，写出《关于县土产公司和霞秀供销社在市场疲软情况下扭亏为盈的调查报告》，建议政府加强对供销社企业的领导，在信贷、税收方面给予优惠，发挥其主渠道作用。自治区工商联在1990年4月20日《工作简讯》第三期（总第78期）全文给予刊登，向全自治区工商联及有关部门介绍推广，受到有关单位重视和好评。1991年，与农业局提出关于“龙州县发展蚕业生产的可行性报告”，得到县委、县政府的重视和自治区工商联的大力支持。对该项目投入资金11.5万元，并分期分批在金龙、水口、下冻、逐卜等乡镇举行种桑养蚕技术培训七期，参加人数共500多人次。1992年初，1名个体工商户提出加快龙州县边贸发展的建议，县工商联向县税务局、工商局和边贸局反映，并提出建议，协调理顺关系，得到他们的支持，同意按别县的边贸政策缴纳税费，推进边贸发展。2005年，龙州县非公有制经济人士作为市级人大代表2人，市级政协委员6人、常委1人；县级人大代表3人，县级政协委员26人、常委4人。非公有制经济人士界别的县人大代表、县政协委员分别向“两会”提交议案3件和提案11件。

业务培训

1989年，县工商联与县税务局、县职业高中联合开办第1期“商业会计短训班”，以培训个体户、私营企业为主，培训学员35人；1990年，联合开办第2期“商业会计短训班”，以培训个体户、私营企业为主，培训学员34人；1991年4月，联合开办第3期“商业会计短训班”，学员36人。2001年8月7日，龙州县第1期非公有制经济政策理论与务实培训班在龙州县城举办，参加培训的非公有制经济人士60人。2003年3月23日，龙州县第2期非公有制经济政策理论与务实培训班在龙州县城举办，参加培训的非公有制经济人士100人。2004年4月1日，龙州县第3期非公有制经济政策理论与务实培训班在龙州县城举办，参加培训的非公有制经济人士203人。2005年，龙州第4期非公有制经济政策理论与实务培训班在龙州县城举办，参加培训人员205人。邀请广西社会科学院经济研究所企业管理研究咨询中心主任、副研究员吴坚给学员授课。

光彩事业

1991年上半年，中国18省、直辖市、自治区发生洪水灾害，龙州县工商联合会向会员发出“请为灾区提供援助”呼吁书，要求全体会员支援灾区。全县个体户、私营企业主捐资13850多元。1994年—1996年，龙州县非公有制经济人士黄笑玲捐款24万元，林建欣捐资3万余元，黄家强、赵世治分别捐款1万余元，投入扶贫济困的公益事业。1998年，龙州县非公有制经济人士黄家强投资100万元，在逐卜乡广合村内禄屯承包33.33公顷荒地进行农业综合开发，引进优良香蕉苗种植，修建广合村委至内录屯1.3千米道路，促进逐卜乡香蕉种植的发展。1999年，龙州县非公经济人士6人共捐款16450元，资助46名龙州县中小学特困生重返校园和上龙乡把敏新村建设。1999年10月，龙州县非公有制经济人士为“龙州—广西红领巾希望小学”捐款4830元。2001年1月，龙州县开展“送温暖，献爱心”活动，全县非公有经济人士捐款3万元、物品668件送给金龙镇民建寄宿制小学贫困生。同年7月，受3、4号台风的影响，龙州县大部分乡镇遭受严重的洪涝灾害。全县非公有制人士发扬“一方有难，八方支援”的精神，捐款10940元、物品514件，支援灾民恢复生产，重建家园。2005年，在开展捐资助学活动中，非公经济人士2人共捐款2800元，资助11名特困生重返校园。

联谊工作

1990年，县工商联积极开展对外联络工作，先后接待工商界海外侨胞和港、澳、台同胞回国观光、探亲、经济考察等共45人次，其中旅加6人、旅美2人、旅英3人，港澳17人，台胞17人。1992年，水口镇被列为广西对外开放的12个边境口岸之一。县工商联先后接待越南高平省商业协会、省建筑安装公司贸易考察团3批15人（次），贵州遵义地区统战部、工商联、湖南省衡阳市城南区工商联边贸考察团5批80人（次），并就如何开展边贸活动进行交流。1995年初，8名会员参加县个协组织的考察团到凭祥参观考察，与凭祥个协和凭祥商会负责人交流个协和商会工作经验并与其举行联谊活动。2000年8月，与县委统战部一道组织各乡镇统战委员及部分会员骨干共21人到全国乡镇商会先进单位金秀县的桐木镇商会和头排镇商会进行学习、考察、观摩。

第七节　文　联

机构

1958 年 4 月，龙州县召开第一次文艺工作者代表会议，有 38 名文艺工作者代表出席，会上宣布成立龙州县文学艺术界联合会（简称“文联”），时任龙州县委宣传部部长刘雄兼任县文联主席。1966 年“文化大革命”后，龙州县文学艺术界联合会被撤销。1992 年 1 月，龙州县文学艺术界联合会筹备恢复；8 月 14 日，龙州县文学艺术界联合会恢复成立，有人员编制 3 名，实有 2 人，办公地址在龙州镇兴龙路 21 号。县文联恢复成立至 2005 年，先后成立了文学、美术、书法、摄影、音乐、盆景 6 个协会，有会员 160 多人。2005 年，县文联编制 2 名，实有 3 人，办公地址不变。

1992 年—2005 年历任主席：农秀琛(1992.1—1996.9)，隆李奎(1997.12—2001.3)，严造新(2003.3—2005.12)。

代表大会

1992 年 1 月—2005 年 12 月，龙州县文学艺术界联合会召开一次会员代表大会。1998 年 1 月 9 日，龙州县文学艺术界联合会第一次会员代表大会召开，参加大会代表 60 多人。大会回顾县文联恢复成立以前全县文学艺术工作情况，分析和总结县文联恢复成立以后全县文艺创作情况，提出下一步的工作计划和要求；选举产生龙州县文联第一届委员会委员和正、副主席，6 个文艺工作协会领导成员；讨论通过县文联章程。在大会开幕式上，县委副书记赵国忠作讲话；新当选的县文联主席隆李奎作工作报告。在大会闭幕式上，县委副书记谭永胜作讲话；县委常委、宣传部部长谭燕玲出席大会并主持大会开幕式。

书刊出版

1985 年，文化部、国家民委和中国文联民间文艺家协会联合发出《关于编辑出版〈中国民间故事集成〉〈中国民间歌谣集成〉〈中国民间谚语集成〉的通知》和《关于编辑出版民间文学“三套集成”的意见》。根据上级的部署，同年 10 月，龙州县成立“三套集成”领导小组，落实由县文化局负责“三套集成”的收集、整理、编纂工作。1987 年 12 月，属于中国民间文学“三套集成”系列的《龙州县故事集》《龙州县歌谣集》《龙州县谚语集》相继出版。《龙州县故事集》收录流传于龙州县各地的民间故事 174 篇，约 25 万字，分神话、传说、故事三大类，主要内容是收录龙州特色的中法战争传说、苏元春传说、陆荣廷传说、红八军传说、胡志明传说、龙州八景传说等。《龙州县歌谣集》收录流传于龙州县各地的壮话和白话民间歌谣 136 首，分劳动歌、生活歌、时政歌、爱情歌、儿歌等。《龙州县谚语集》收录流传于龙州县各地的土话和白话民间谚语 514 条、歇后语 49 条。1991 年，县文化局副局长、“三套集成”总编农秀琛被全国艺术科学规划领导小组、中国民间文艺家协会、中国民间文学集成编委会授予全国“三套集成”先进工作者称号。2002 年 7 月，龙州县文联在民间文学“三套集成”的基础上，精选出优秀的民间故事 141 篇、民间歌谣 108 首、民间谚语 410 条；编辑《左江明珠》一书，由广西民族出版社出版，全书 12.8 印张，32 万字，首印 2000 册。

《龙州文艺》编印

1989 年—1991 年，县文化馆编印《龙州文艺》4 期。1992 年—1998 年，《龙州文艺》由县文联编印。在县税务局、县工商局、县个体协会、龙州糖厂、县体委、县水电局、县公安局等单位资助下，编辑出版《龙州文艺》7 期。1989 年—1998 年，编印出版《龙州文艺》11 期，均为 4 开 4 版报纸，每期刊登字数约 1.6 万字，每期印刷 500 份 ~1000 份。1999 年，《龙州文艺》停办。

文学基金扶助

2000 年初，为落实中共中央、国务院“文化扶贫”战略方针，中国文联、中国文学基金会和广州文联共同启动，实施为西部地区培养跨世纪民族文艺人才的公益活动——“朝霞工程”。龙州县获得 5 个扶助名额，5 个学生每年各获得 500 元的资金扶助，连续扶助 3 年。

文艺作品创作

1992年到2005年，县文联组织文艺工作者参加市（地区）级以上的文学、美术、书法、摄影、音乐、舞蹈等比赛350多人次，获得各级各类奖项154多件次。

1986年，隆李奎散文《绿》获全国首届“艾青杯”文学大赛优秀奖。1989年，隆李奎《梦中的双溪》获全国“绿地杯”环保散文征文三等奖。1993年，隆李奎《侨乡龙州炮竹声》获《华声报》全球华人第三届“新侨乡”征文三等奖。1996年，隆李奎《弄岗寻古》获中国“楼兰杯”精品文学大赛优秀奖。1999年，县文联承担县政府编辑出版全面介绍龙州县政治、经济、文化和改革开放成果的大型画册《今日龙州》。

2001年，罗尚武报告文学《高墙盛开文明花》获中国世纪大采风文艺作品评选优秀奖。

2003年夏，县文联摄影协会举办龙州风光摄影大赛，展出作品180幅，选送参加自治区党委宣传部、广西文联主办的“神奇美丽的广西”摄影大赛83幅，其中集体创作的《南疆长龙》获奖。

2004年，农毅书法作品《江山多娇》参加冰雪情全国书画名家作品邀请展；作品《艺苑生辉》参加纪念齐白石弃斧从书100周年书画展，被齐白石纪念馆收藏。龙州女子天琴弹唱《唱天谣》获广西“八桂群星奖”一等奖和中央电视台西部歌手大赛铜奖及舞台风采奖。4月，县文联组织训练50名学生小歌手，从中挑选15名优秀歌手，参加“广西小音乐家歌唱”技能竞赛。2004年—2005年，县文联获得市级电视作品一等奖2个，二等奖3个，三等奖3个；获得自治区级电视作品一等奖1个，二等奖2个，三等奖3个。2005年，聂兰欢的报告文学《助侨护侨，永做侨的保护神》获全国第十一届中华大地之光征文比赛一等奖；编辑出版发行“龙州风光风情”旅游明信片《神奇龙州》1套10张。周立华中篇小说获第三届《广西文学》“‘金嗓子’广西青年文学奖”。同年10月，严造新摄影作品《南国夜色》和《友谊天使》分别获广西第二届《美丽神奇的广西》摄影大赛铜奖、首届数码摄影大赛优秀奖、崇左建市三周年摄影大赛一等奖。

1986年—2005年，县文联组织文艺工作者参加市（地区）级以上的文学、美术、书法、摄影、音乐、舞蹈等比赛350多人次，获得各级各类奖项154多件次。

2005年8月，由县委宣传部、县文联组织，在逐卜乡举办“民俗文化节”系列活动。图为壮族女歌手在舞台上唱山歌

第八节 残 联

机构

1990年，龙州县残疾人联合会成立。内设于县民政局，由民政局代管，有人员编制2名，实有2人。1997年，与民政局分离，内设办公室、康复股、教就股3个部门，有人员编制5名，实有5人，办公地址在龙州镇康平街28号县人民政府大院内。2005年，县残联内设办公室、康复股、教就股3个部门，有人员编制6名，实有6人，办公地址在龙州镇康平街28号县人民政府大院内。全县12个乡镇成立残疾人联合会，127个村（居）委会成立残疾人协会。

1990年—2005年历任执行理事长：黎朝珠（1990.11—1997.2），农德彪（1997.2—1999.2），农建军（1999.3—2000.2），农民江（2003.3—2005.12）。

代表大会

1990年—2005年，龙州县先后召开3次残疾人代表大会。

1990年11月15日，龙州县残疾人联合会第一次会员代表大会在县城召开。出席大会代表60人。大会选举产生龙州县残疾人联合会第一届执行理事会，执行理事长黎朝珠。

1998年12月15日，龙州县残疾人联合会第二次会员代表大会在县城召开。出席大会代表43人。大会选举产生龙州县残疾人联合会第二届执行理事会，执行理事长农德彪。

2003年12月25日，龙州县残疾人联合会第三次会员代表大会在县城召开。出席大会代表100人。大会选举产生龙州县残疾人联合会第三届执行理事会，执行理事长农民江。

残疾人与康复

1986年，龙州县有残疾人52人。2005年，龙州县有残疾人369人。1990年，县残联组织协调县卫生局、县民政局等有关部门，实施一系列残疾人康复工作，为全县79名白内障患者实施复明手术。1993年，为48名白内障患者实施复明手术，培训18名聋哑儿童，实施小儿麻痹症矫正术6例。1996年，为36名白内障患者实施复明手术，实施小儿麻痹症矫正术66例。2000年，成功为19名肢残患者安装假肢，为6名低视力患者配用助视器，开展肢体康复训练35例。1990年—2000年，为全县305名白内障患者实施复明手术，培训57名聋哑儿童，儿麻矫正术73例，肢体训练280例，为5名肢残患者安装假肢，为3名低视力儿童安装助视器。2001年，为36名白内障患者实施复明手术，为6名肢残患者实施矫治手术。2004年，为110名白内障患者实施复明手术，为5名听力残疾儿童配备助听器，聋哑儿童培训22名，为25名麻风畸残者实施矫治手术，发放辅助用具92件，开展康复训练26人次。实施肢残、智残、脑瘫儿康复训练36例，为70名麻风畸残患者免费发放辅具。2005年，为124名白内障患者实施复明手术，聋哑儿童培训16名，为2名麻风畸残者实施矫治手术，发放辅助用具60件，开展康复训练16人次。2001年—2005年期间，为184例白内障患者实施复明手术，为麻风畸残患者发放181件辅具，为24肢体残疾人装配假肢，装配假肢15例，为6名低视力患者配用助视器，为5名贫困聋儿装配助听器，肢体矫治3例；指导康复训练108人。

表3-12　　**2005年龙州县残疾人分布情况表**

单位：人

序号	单位名称	单位人口	残疾人数								备注
			小计	视力残	听力残	言语残	肢体残	智力残	精神残	综合残	
1	龙州镇	61423	4441	693	1116	52	1084	246	231	1019	含原霞秀乡
2	彬桥乡	20907	1511	236	380	17	369	84	79	346	
3	下冻镇	22245	16085	251	404	18	393	89	84	369	
4	水口镇	24226	1752	273	440	20	428	97	91	403	
5	武德乡	19331	1396	218	351	16	341	77	73	320	
6	逐卜乡	18557	1341	209	337	15	328	74	70	308	
7	金龙镇	28509	2061	322	518	24	503	114	108	472	
8	响水镇	15735	1137	177	286	13	278	63	59	261	
9	上金乡	22155	1602	250	403	18	391	89	84	366	
10	上龙乡	19925	1441	225	362	16	352	80	75	331	
11	上降乡	12118	876	137	220	10	214	49	45	201	
12	八角乡	11295	817	128	205	10	200	45	43	186	
13	合　计	276426	19983	3119	5022	230	4881	1107	1043	4582	
14	试验站	1006	73	11	19	1	18	4	4	16	

续表

序号	单位名称	单位人口	残疾人数								备注
			小计	视力残	听力残	言语残	肢体残	智力残	精神残	综合残	
15	龙北场	4760	344	54	86	4	84	19	18	79	
16	先锋场	2747	199	31	50	2	49	11	10	46	
17	北耀场	4757	344	54	63	4	84	19	18	79	
18	总　计	289076	20943	3269	5263	241	5116	1106	1092	4802	

教育与就业

1986 年—1990 年，学习宣传《中华人民共和国残疾人保障法》，认真实施《中国残疾人事业五年工作纲要》。

1991 年—1995 年，与教育部门协调配合，深入各乡镇、各学校调查核实统计，全县 27 名残疾儿童入学。核实统计全县各类残疾人就业人数为 125 人，其中集中就业 27 人、分散按比例就业 43 人、个体经营 55 人。

1996 年 6 月，举办一期视残儿童教育“金钥匙工程”教师培训班，培训教师 8 名，其中有 2 名教师的辅导对象是全盲儿童，6 名教师的辅导对象是低视力儿童。是年有 2 名盲生 1 名低视力儿童入学，为龙州县历史以来第一批盲童学生。

1997 年，与县教育局协调，动员 24 名残疾儿童到校随班就读。开展捐资助学活动，为上龙乡民权村板罡屯和上金乡进明村根村屯各一名残疾儿童筹集资金，补助他们每人 500 元，解决他们入学的经费困难问题。鼓励 279 位残疾人从事种养业、个体经营等行业。龙州镇有劳动能力的残疾人 68 人，县残联鼓励他们利用背靠龙州大市场的优势，经营百杂摊、补鞋、缝纫、木工、理发等行业，有 34 人成为个体工商户，自食其力；下冻镇下冻街两名下肢残疾人在街上办起理发店，月人均收入 400 元以上；霞秀乡板门村那陇屯 1 名残疾人组织一支建筑队伍到龙州县城建筑房屋，成为基建队工头；彬桥乡青山村那米屯 1 名残疾人到广东行医，用祖传秘方为病患者治病，增加收入；响水镇棉江村驮棉屯 1 名肢残人员，到上海学习服装裁剪技术回来后，想在龙州经营一个裁缝摊点，县残联积极与县工商部门联系，在农贸市场二楼帮助他安排摊位经营服装剪裁等。

1998 年，会同县教育局，组织工作人员深入到残疾儿童家中，动员残疾儿童及父母兄弟姐妹，将残疾儿童 21 人送入当地学校随班就读。上金乡两岸村陇嘹屯残疾少年农某某，从小双目失明，县残联动员其进学校，学习盲文。其克服重重困难，刻苦学习，各科成绩优秀，在残疾学生成绩评比中名列第一，被自治区教委授予“金钥匙”特别奖。

1999 年，经调查统计，全县有 87 名适龄残疾儿童未入学，其中有 49 名需要救助。经多方协调，动员有 8 名适龄残疾儿童入学。摸清城镇待业残疾人情况，深入了解全县行政机关、企业及集体经济组织在职人数及按 2% 比例应接纳残疾人工作的人数，应交纳残疾人就业保障金；编写《龙州县贯彻实施〈广西壮族自治区分散按比例安排残疾人就业规定〉意见》报县人民政府，县人民政府以文件批转各单位贯彻执行。

2000 年，安排残疾人就业或交纳残疾人就业保障金事宜。有 14 个残疾人被企、事业单位接纳进去工作。全年收取残疾人就业保障金 11.9 万元。会同县劳动局向县人民政府推荐 5 名残疾人到机关单位、学校工作。

2001 年—2005 年，分散按比例安排残疾人就业得到有效实施，残疾人就业工作得到较大提高。共有 205 名残疾人登记求职，已按比例安排残疾人就业 27 名，集中就业 45 人，个体就业 55 人。盲人按摩行业逐步健全完善，共有 8 人参加按摩技能培训，在龙州县从事盲人按摩的残疾人有 4 名，其余外出工作。对于不宜安排残疾人就业的单位和安排还没有达到比例的单位，依法收缴残疾人就业保障金，共收到保障金2万多元。共举办培训班5期，培训城镇残疾人50人，农村残疾人130人。鼓励和扶持能够自理、有条件的残疾人自谋职业，发展个体经营，广开就业门路。共有适龄残疾儿童入学40人。全县到校接受义务教育的各类残疾儿童共有24名，入学率达60%，其中聋哑生6名，智残生3名，视残生2名，其他残生13名。共扶残助学学生10名，按时足额发放资助资金3000元。送3名聋哑生到扶绥县特殊教育学校就读，送4名残疾少年到广东中山扶残工艺美术培训中心学习。

慰问与信访

县残联在每年“助残日”（5月第三个星期日）和春节前夕，都配合县委、县政府组织各有关部门开展走访慰问贫困残疾人送温暖活动。

1990年—1991年，全县慰问残疾人50人次，慰问品和慰问金折合0.75元。1992年，由县民政局、团县委、总工会、妇联等单位10人组成工作组分别到霞秀、彬桥、下冻、水口、响水等乡镇走访残疾人；县司法局和龙州镇西街小学、新华小学的干部、教职工、学生到福利院为残疾人做好事；县民族中学和龙州镇朝阳小学、新华小学、西街小学师生捐款947.99元，为残疾人奉献一片爱心。

1996年，走访慰问81名贫困残疾人，慰问品和慰问金折合8000元。

1997年春节和助残日开展走访慰问，共走访慰问32人，慰问金、慰问品价值约3000元。

1998年，走访慰问151名贫困残疾人，慰问品和慰问金折合1.5万元。

2000年，县四家班子及相关部门组成慰问组深入全县各乡镇村屯及企业等走访慰问残疾人，共走访慰问45人，慰问金及慰问品折合人民币9000元。

2001年—2003年，走访慰问45人，慰问金及慰问品折合人民币1万多元；组建“红领巾助残”和“志愿者助残”服务队，深入各福利院、敬老院为孤寡老人和残疾人开展献爱心活动。司法部门为残疾人提供法律援助15人次，接待来访人员100多人次，来信20多件。

2004年，走访慰问58名贫困残疾人，慰问品和慰问金折合8000元，接待到访的各类残疾人32多人次，残疾人接受法律援助和服务6人次。

2005年，组建“红领巾助残”和“志愿者助残”服务队，到各福利院、敬老院为孤寡老人和残疾人开展献爱心活动，全县走访慰问30名贫困残疾人，慰问品和慰问金折合1万元，接待到访的各类残疾人10多人次，残疾人接受法律援助和服务5人次。

1990年—2005年，全县慰问残疾人1600人次，慰问品和慰问金折合28万元；县残联执行理事会理事长和副理事长接待到访的各类残疾人200多人次，接待和处理残疾人及残疾人亲属来信来访1720件次。

第四篇

人大　政府　政协

第一章 人民代表大会

1986年—2005年，龙州县历经6届人民代表大会，即第八届至第十三届，6届人民代表大会代表共1153名。每届召开4~8次人民代表大会，听取审议县人民政府工作报告和各项工作报告，并作出相关决议。同时历届第一次会议选举产生县人大常委主任、副主任，县人民政府县长、副县长，县人民法院院长，县人民检察院检察长。大会闭会后，其常设机构是县人大常委会。第八届至第十三届县人大常委会共举行会议175次，听取县相关部门报告，作出相关决议；组织人大代表进行视察，调查了解民情民意；开展执法检查43次；任免本级国家机关工作人员834人次；述职评议“一府两院”领导干部43人。

第一节 机 构

龙州县人民代表大会常务委员会

龙州县人民代表大会常务委员会的主要职能是行使对县人民政府、县人民法院、县人民检察院进行工作监督和法律实施监督，任免县人民政府、县人民法院、县人民检察院领导机构的组成人员，行使重大事项决定权，对县人民代表大会负责和报告工作。

龙州县人民代表大会常务委员会的领导机构由当届县人民代表大会代表投票，进行差额或等额选举产生，由主任1人，副主任和委员若干人组成。一般其任职时间与当届人民代表大会任期相同。当届县人民代表大会闭会期间，由县人大常委会主任会议处理县人大常委会的重要工作。

龙州县第八届人民代表大会常务委员会当选主任1人，副主任6人，委员8人；第九届县人大常委会当选主任1人，副主任6人，委员8人；第十届县人大常委会当选主任1人，副主任5人，委员9人；第十一届县人大常委会当选主任1人，副主任4人，委员10人；第十二届县人大常委会当选主任1人，副主任4人，委员10人；第十三届县人大常委会选当主任2人，副主任5人，委员8人。

表4-1　1986年—2005年龙州县人大常委会历届领导名表

届次	职务	姓名	性别	民族	籍贯	学历	党派	任职时间	备注
第八届 1984.10— 1987.11	主任	王甫汉	男	壮	广西龙州	初中	中共党员	1984.10—1987.11	
	副主任	张精学	男	壮	广西龙州	初中	中共党员	1984.10—1987.10	
		谭忠干	男	壮	广西龙州	初中	中共党员	1984.10—1987.10	
		凌　琅	男	壮	广西龙州	初中	中共党员	1984.10—1987.11	
		秦孙密	男	壮	广西龙州	初中	中共党员	1984.10—1987.10	
		徐鹏啸	男	壮	广西龙州	大专	党外人士	1984.10—1984.11	
		罗玉凤	女	汉	广西宾阳	大学	中共党员	1984.10—1987.11	兼职
第九届 1987.11— 1990.9	主任	王甫汉	男	壮	广西龙州	初中	中共党员	1987.11—1990.9	
	副主任	蒙　化	男	壮	广西龙州	初中	中共党员	1987.11—1990.9	
		凌　琅	男	壮	广西龙州	初中	中共党员	1987.11—1990.9	
		黄建邦	男	壮	广西龙州	大专	中共党员	1987.11—1990.9	

续表

届次	职务	姓名	性别	民族	籍贯	学历	党派	任职时间	备注
第九届 1987.11—1990.9	副主任	徐鹏啸	男	壮	广西龙州	大专	党外人士	1987.11—1990.9	兼职
		罗玉凤	女	汉	广西宾阳	大学	中共党员	1987.11—1990.9	兼职
		谭华熙	男	汉	湖南湘潭	初中	中共党员	1987.11—1990.9	兼职
第十届 1990.9—1993.12	主任	冯景彤	男	壮	广西龙州	大学	中共党员	1990.9—1993.12	
	副主任	农桂珠	男	壮	广西龙州	中师	中共党员	1990.9—1993.12	
		潘金保	男	壮	广西龙州	中师	中共党员	1990.9—1993.12	
		黄孙联	男	壮	广西龙州	中专	中共党员	1990.9—1993.12	
		周丽芳	女	壮	广西龙州	大专	中共党员	1990.9—1993.12	
		陈仲森	男	壮	广西龙州	大专	党外人士	1990.9—1993.12	兼职
第十一届 1993.12—1999.1	主任	冯景彤	男	壮	广西龙州	大学	中共党员	1993.12—1999.1	
	副主任	余晋良	男	壮	广西龙州	大学	中共党员	1993.12—1999.1	
		黄孙联	男	壮	广西龙州	中专	中共党员	1993.12—1999.1	
		陈仲森	男	壮	广西龙州	大专	党外人士	1993.12—1999.1	
		周丽芳	女	壮	广西龙州	大专	中共党员	1993.12—1999.1	
第十二届 1999.1—2002.11	主任	赵国忠	男	壮	广西龙州	大专	中共党员	1999.1—2002.11	
	副主任	冯荣孙	男	壮	广西龙州	中专	中共党员	1999.1—2002.11	
		农红生	男	壮	广西龙州	中专	中共党员	1999.1—2002.11	
		周丽芳	女	壮	广西龙州	大专	中共党员	1999.1—2002.11	
		林春仲	男	汉	广东罗定	大专	民盟盟员	1999.1—2002.11	
第十三届 2002.11—2006.10	主任	苏志球	男	壮	广西钦州	大学	中共党员	2002.11—2004.3	
		李振明	男	壮	广西凭祥	大专	中共党员	2004.3—2006.10	补选
	副主任	农红生	男	壮	广西龙州	中专	中共党员	2002.11—2006.10	
		冯荣孙	男	壮	广西龙州	中专	中共党员	2002.11—2006.10	
		叶建军	男	汉	广西合浦	大学	党外人士	2002.11—2006.10	
		闭　宏	男	壮	广西龙州	大专	中共党员	2002.11—2004.3	
		吕天球	男	壮	广西天等	大专	中共党员	2005.3—2006.10	补选

县人大常委会工作机构

1986年，龙州县人民代表大会常务委员会下设办公室。1988年10月增设经济委员会、法制委员会、科教卫生委员会3个部门，实有19人。1989年4月，县人大常委会工作机构增设民族华侨工作委员会。1997年12月，龙州县党政机关进行机构改革，按照龙州县党政机关机构改革方案，县人大常委会内设办公室和综合工作委员会2个部门。1999年2月，县人大常委会内设办公室和财政经济工作委员会、教科文卫工作委员会、法制民族华侨工作委员会4个部门。2002年1月，县人大常委会内设办公室和财经环资委员会、法制教科文卫工作委员会3个部门。2005年12月，县人大常委会内设3个部门不变，人员编制29名，实有29人，办公地址在龙州镇城北路8号。

表 4-2　　1986 年—2005 年县人大常委会工作机构历任负责人

届次	工作机构	职务	姓名	性别	籍贯	学历	党派	任职时间
第八届 1984.10— 1987.11	办公室	主任	苏礼询	男	龙州	初中	中共党员	1985.4
第九届 1987.11— 1990.9	办公室	主任	苏礼询	男	龙州	初中	中共党员	1987.11
	法　制	主任	卢文贵	男	龙州	初中	中共党员	1988.9
			何琼姑	女	龙州	高小	中共党员	1988.9
	财政经济	主任	兰瑞耀	男	忻城	高小	中共党员	1989.4
	教科文卫	主任	陆福英	男	横县	初中	中共党员	1987.11
	民族华侨	主任	何琼姑	女	龙州	高小	中共党员	1989.4
第十届 1990.9— 1993.12	办公室	主任	陈正德	男	龙州	初中	中共党员	1990.12
			吕炳金	男	龙州	高中	中共党员	1991.3
	法　制	主任	苏秀强	男	龙州	初中	中共党员	1991.1
	财政经济	主任	兰瑞耀	男	忻城	高小	中共党员	1989.4
	教科文卫	主任	陆福英	男	横县	初中	中共党员	1990.12
	民族华侨	主任	周马义	男	龙州	初中	中共党员	1990.12
第十一届 1993.12— 1999.1	办公室	主任	冯明宝	男	龙州	中专	中共党员	1994.1
	法　制	主任	苏秀强	男	龙州	初中	中共党员	1991.1
	财政经济	主任	农朝第	男	龙州	初中	中共党员	1994.1
	教科文卫	主任	吕炳金	男	龙州	大专	中共党员	1994.1
	民族华侨	主任	周马义	男	龙州	初中	中共党员	1990.12
	综合	主任	吕炳金	男	龙州	大专	中共党员	1997.12
第十二届 1999.1— 2002.11	办公室	主任	陆雄辉	男	龙州	大专	中共党员	1999.2
	财政经济	主任	农朝第	男	龙州	初中	中共党员	1999.2
	教科文卫	主任	冯奇能	男	龙州	大学	中共党员	1999.2
	法制民族华侨	主任	冯明宝	男	龙州	中专	中共党员	1999.2
	财经环资	主任	许培泉	男	龙州	大学	中共党员	2002.3
	法制教科文卫	主任	闭兴才	男	龙州	大学	中共党员	2002.3
第十三届 2002.11— 2006.10	办公室	主任	陆雄辉	男	龙州	大专	中共党员	2002.11
	财经环资	主任	许培泉	男	龙州	大学	中共党员	2003.2
	法制教科文卫	主任	闭兴才	男	龙州	大学	中共党员	2003.2

注：除“办公室”外，其余工作机构均为“工作委员会”

乡镇人大

1980 年 8 月—11 月，龙州县根据《中华人民共和国选举法》有关规定，采用差额和无记名投票方式，直接选举产生县、乡镇第七届人民代表大会代表。1986 年 12 月，第六届全国人大常委会第十八次会议修改的《中华人民共和国地方各级人民代表大会和地方各级人民政府组织法》规定，“乡、民族乡、镇的人民代表大会举行会议的时候，选举主席团。由主席团主持会议，并负责召集下一次的本级人民代表大会会议”，同时规定“乡、民族乡、镇的人民代表大会代表向本级人民代表大会提出的建议、批评和意见，由本级人民代表大会主席团交有关机构和组织研究处理并负责答复”。为了加强基层政权建设，充分发挥乡镇一级地方国家权力机关的职能作用，中共龙州县委于 1987 年批转县人大常委会党组《关于建立乡镇人大代表联组的报告》。

同时，县第九届人大常委会第一次会议审议通过了《龙州县乡镇人民代表大会代表联组工作暂行办法》。乡镇人民代表大会代表联组，就是乡镇人民代表大会联系代表的组织。1990 年，龙州县第十届人大常委会第一次会议根据全区县级人大常委会主任座谈会会议精神，决定将各乡镇原设置的人大代表联组组长改设为乡镇人大主席团常务主席。1990 年在全县 13 个乡镇召开的第十届人民代表大会第一次会议，正式选举产生乡镇人大主席团常务主席、副主席，1990 年—2005 年乡镇人民代表大会称"乡镇人大主席团"。乡镇人大主席团依法行使法律赋予监督权、决定权和任免权，认真开展工作，推进我县各项事业健康发展。会议期间，主要是听取和审议乡镇人民政府工作报告；审议和批准乡镇上年度财政决算和本年度财政预算；听取和审议人大主席团工作报告。闭会期间，组织人大代表贯彻大会的各项决议、决定，负责人大的日常工作，宣传法律法规，密切与代表联系，发挥人民代表作用，协助乡镇人民政府推进工作。

表 4-3　1987 年—2005 年乡镇历届人大主席团建立年份

乡镇名称	第九届	第十届	第十一届	第十二届	第十三届	第十四届
龙州	1987.10	1990.9	1993.11	1996.11	1999.11	2002.11
霞秀	1987.10	1990.9	1993.11	1996.11	1999.10	2002.10
八角	1987.10	1990.8	1993.10	1996.10	1999.10	2002.10
上降	1987.10	1990.11	1993.11	1996.11	1999.11	2002.11
彬桥	1987.8	1990.7	1993.7	1996.8	1999.8	2002.10
下冻	1987.10	1990.10	1993.10	1996.10	1999.10	2002.3
水口	1987.10	1990.9	1993.11	1996.10	1999.10	2002.10
上龙	1987.10	1990.9	1993.12	1996.11	1999.10	2002.10
武德	1987.10	1990.8	1993.11	1996.10	1999.9	2002.10
金龙	1987.10	1990.9	1993.11	1996.10	1999.10	2002.10
逐步	1987.10	1990.8	1993.11	1996.8	1999.10	2002.10
响水	1987.11	1990.9	1993.9	1996.9	1999.9	2002.9
上金	1987.10	1990.9	1993.11	1996.10	1999.9	2002.10

第二节　代表选举

第九届人民代表大会代表选举

龙州县第九届人民代表大会代表选举从 1987 年 9 月初开始至 10 月底结束。全县 154 个选区 146752 名选民，依法选出龙州县第九届人民代表大会代表 191 名。其中：干部代表 34 名，占 17.8%；工人农民知识分子代表 145 名，占 75.91%；民主党派爱国人士归国华侨代表 1 名，占 0.52%；中共党员代表 150 名，占 78.53%；非中共党员代表 41 名，占 21.46%；妇女代表 28 名，占 14.65%；少数民族代表 175 名，占 91.62%；其他代表 11 名，占 5.75%。大专以上（含大专）代表 21 名，占 10.99%；中专（含高中）代表 45 名，占 23.56%；初中以下（含初中）代表 125 名，占 65.44%。25 岁以下代表 4 名，占 2.09%；26~35 岁代表 47 名，占 24.61%；36~45 岁代表 73 名，占 38.22%；46 岁 ~55 岁代表 53 名，占 27.75%；56 岁以上代表 14 名，占 7.33%。

第十届人民代表大会代表选举

龙州县第十届人民代表大会代表选举从 1990 年 7 月初开始至 8 月底结束。全县 145 个选区 154520 名选民，依法选出龙州县第十届人民代表大会代表 190 名。其中：干部代表 61 名，占 32.11%；工人农民知识分子代表 129 名，占 67.89%；中共党员代表 124 名，占 65.26%；非中共党员代表 66 名，占 34.74%；妇女代表 44 名，占 23.16%。大专以上（含大专）代表 18 名，占 9.47%；中专以上（含高中）代表 56 名，占 29.47%；初中以下（含初中）代表 116 名，占 61.05%。最高年龄 59 岁，最低年龄 22 岁，平均年龄 38.8 岁。

第十一届人民代表大会代表选举

龙州县第十一届人大换届选举工作从 1993 年 11 月开始至 12 月上旬结束。全县 148 个选区 162474 名选民，依法选出龙州县第十一届人民代表大会代表 190 名。其中：干部代表 38 名，占 20%；工人农民知识分子代表 145 名，占 76.32%；中共党员代表 128 名，占 67.37%；非中共党员代表 62 名，占 32.63%；归国华侨代表 2 名，占 1.05%；妇女代表 38 名，占 20%；少数民族代表 179 名，占 94.21%。大专文化以上代表 28 名，占 14.7%；中专文化代表 13 名，占 6.84%；中学文化代表 128 名，占 67.3%；小学文化代表 21 名，占 11%。35 岁以下代表 41 名，占 21.57%；36 岁 ~55 岁代表 141 名，占 74.2%；56~65 岁代表 8 名，占 4.2%。

第十二届人民代表大会代表选举

龙州县第十二届人大换届选举工作从 1998 年 11 月开始至 12 月结束。全县 153 个选区 179206 名选民依法选出龙州县第十二届人民代表大会代表 183 名。其中：干部代表 48 名，占 26.23%；工人农民知识分子代表 132 名，占 72.13%；民主党派爱国人士归国华侨代表 1 名，占 0.55%；解放军代表 2 名，占 1.09%；中共党员代表 121 名，占 66.12%；非中共党员代表 62 名，占 33.88%；妇女代表 50 名，占 27.32%；少数民族代表 172 名，占 93.99%。本科以上学历代表 5 名，占 2.73%；大专学历代表 55 名，占 30.05%；中专（含高中）代表 62 名，占 33.88%；初中以下（含初中）代表 61 名，占 33.33%。35 岁以下代表 55 名，占 30.05%；36~40 岁代表 53 名，占 28.96%；41~45 岁代表 44 名，占 24.04%；46~50 岁代表 19 名，占 10.38%；51~55 岁代表 8 名，占 4.37%；56 岁以上代表 4 名，占 2.19%。

第十三届人民代表大会代表选举

龙州县第十三届人大换届选举工作从 2002 年 9 月开始至 10 月结束。全县 158 个选区 183247 名选民，依法选出龙州县第十三届人民代表大会代表 183 名。其中：干部代表 61 名，占 33.33%；工人农民知识分子代表 122 名，占 66.67%；中共党员代表 132 名，占 72.13%；非中共党员代表 51 名，占 27.87%；妇女代表 48 名，占 26.23%；少数民族代表 178 名，占 97.27%；属上届县人大代表 40 名，占 21.86%。本科以上学历代表 27 名，占 14.75%；大专学历代表 27 名，占 14.75%；中专（含高中）代表 80 名，占 43.72%；初中以下（含初中）代表 49 名，占 26.78%。35 岁以下代表 33 名，占 18.03%；36~40 岁代表 72 名，占 39.34%；41~45 岁代表 42 名，占 22.95%；46~50 岁代表 27 名，占 14.75%；51~55 岁代表 7 名，占 3.83%；56 岁以上代表 2 名，占 1.09%。

第三节 历届人民代表大会

第八届人民代表大会会议

龙州县第八届(1984.10—1987.11)人民代表大会举行 4 次会议。

1984 年 10 月 16 日—20 日，龙州县第八届人民代表大会第一次会议在龙州镇召开。会前选出的 216 名代表全员出席会议。会议听取并审议通过县人大常委会副主任谭忠干所作的《县人大常委会工作报告》、陆忠县长所作的《政府工作报告》以及县财政局、县人民法院、县人民检察院共 5 个报告的决议。选举产生第八届县人大常委会正副主任、委员和县人民政府正副县长、委员和县人民法院院长、县人民检察院检察长。

龙州县第八届人民代表大会常务委员会

主　任　王甫汉

副主任　张精学　谭忠干　凌　琅　秦孙密　徐鹏啸　罗玉凤

龙州县第八届人民政府

县　长　冯景彤

副县长　许汝政　韦世强　陈中乐　杨满花　农志光

龙州县人民法院

院　长　江文斌

龙州县人民检察院

检察长　梁显烈

1985年12月16日—18日，龙州县第八届人民代表大会第二次会议在龙州镇召开。会议应出席代表185名，实际出席代表182名。会议听取并审议县长冯景彤所作的《政府工作报告》、县人大常委会副主任张精学所作的《县人大常委会工作报告》以及县财政局、县人民法院、县人民检察院工作报告。会议对以上5个工作报告作出相应的决议。

1986年6月5日—7日召开的第八届人民代表大会第三次会议，会议通过了《关于加强我县扶贫工作的决议》。

1987年5月26日—28日，龙州县第八届人民代表大会第四次会议在龙州镇召开。应出席会议代表185名，实际出席会议代表168名。会议听取和审议县长冯景彤所作的《政府工作报告》、县人大常委会副主任谭忠所作的《县人大常委会工作报告》以及县人民法院院长江文斌作的《县人民法院工作报告》、县人民检察院检察长梁显烈作的《关于县人民检察院工作报告》、县财政局作的《1986年财政决算和1987年财政预算(草案)的报告》，并对5个工作报告作出通过的决议。

第九届人民代表大会会议

龙州县第九届(1987.11—1990.9)人民代表大会举行4次会议。

1987年11月9日—11日，龙州县第九届人民代表大会第一次会议在龙州镇召开。应出席会议代表191名，实际出席会议代表185名。县委领导和县直单位负责人、县政府组成人员、县政协全体委员、驻县的自治区人大代表列席会议。会议听取和审议县人民政府县长冯景彤所作的《龙州县第7个五年计划前两年执行情况和后三年实施意见的报告》，县人大常委会副主任凌琅所作的《县人大常委会工作报告》，并作出相应的决议。会议选举产生龙州县第九届人民代表大会常务委员会正副主任、委员和龙州县第九届人民政府正副县长、龙州县人民法院院长、龙州县人民检察院检察长、出席自治区第七届人民代表大会代表。

龙州县第九届人民代表大会常务委员会

主　任　王甫汉

副主任　蒙　化　凌　琅　徐鹏啸　谭华熙　罗玉凤　黄建邦

龙州县第九届人民政府

县　长　农汉方

副县长　许汝政　陈中乐　余晋良　姚公侯　农志光

龙州县人民法院

院　长　黄石宝

龙州县人民检察院

检察长　梁显烈

出席自治区第七届人民代表大会代表

蒙家麟　王甫汉　韦礼贞　李金才

龙州县第九届人民代表大会第二次至第四次会议，分别于1988年5月24日—27日、1989年3月20日—22日、1990年3月20日—23日在龙州镇召开。其中，第三次会议作出《关于制止乱砍滥伐，保护森林资源议案》和《关于贯彻执行广西壮族自治区计划生育条例议案》两个决议。

第十届人民代表大会会议

龙州县第十届(1990.9—1993.4)人民代表大会举行5次会议。

1990年9月8日—10日，龙州县第十届人民代表大会第一次会议在龙州镇召开。应出席会议代表190名，实际出席会议代表190名。县委和县政府直属单位，区地直机关驻龙州单位、各人民团体、县直学校等一位负责人，县政协全体委员，各乡镇长和人大主席，部分离退休老干部列席会议。会议选举产生龙州县第十届人民代表大会常务委员会正副主任、委员和县人民政府正副县长、县人民法院院长、县人民检察院检察长。

龙州县第十届人民代表大会常委会

主　任　冯景彤

副主任　农桂珠　潘金保　黄孙联　周丽芳　陈仲森

龙州县第十届人民政府

县　长　姚公侯

副县长　陈中乐　黄炳春　赵国忠　侯继秀　关文远

龙州县人民法院

院　长　黄石宝

龙州县人民检察院

检察长　黄宏胜

龙州县第十届人民代表大会第二次至第五次会议，分别于1991年4月8日—11日、1992年3月18日—21日、1992年11月26日—28日、1993年3月29日—4月1日在龙州镇召开。其中，第二次会议听取关于代表提出议案的处理意见的报告，作出《关于禁止运蔗司机坑农、害农、吃农的现象，促进蔗糖生产发展》的决议；第四次会议作出《关于坚决制止占用保水田种植经济作物》的决议。

第十一届人民代表大会会议

龙州县第十一届(1993.12—1999.1)人民代表大会举行8次会议。

1993年12月7日—9日，龙州县第十一届人民代表大会第一次会议在龙州镇召开。应出席会议代表190名，实际出席会议代表188名。全国、自治区八届人大代表，县十届大大常委委员，县四家班子领导，自治区工作队，南宁地区部分领导，县政府前届部分领导，县委和县政府直属单位、各人民团体各一位负责人，驻军、武警、人武部主要领导，部分离退休干部列席会议。会议听取和审议县人民政府代县长禤朝兴所作的《关于县人民政府工作报告》，县人大常委会主任冯景彤所作的《关于县人大常委会工作报告》，并作出相应的决议。中共龙州县委书记梁家活在会上作讲话。会议选举产生龙州县第十一届人大常委会正副主任、委员和县人民政府正副县长、县人民法院院长、县人民检察院检察长。

龙州县第十一届人民代表大会常务委员会

主　任　冯景彤

副主任　余晋良　黄孙联　陈仲森　周丽芳

龙州县第十一届人民政府

县　长　禤朝兴

副县长　黄炳春　赵国忠　潘询兴　赵廷抗　梁艳芬

龙州县人民法院

院　长　农时英

龙州县人民检察院

检察长　凌天南

在会议闭幕式上，新当选的县人大主任冯景彤、县人民政府县长禤朝兴分别作表态发言。

龙州县第十一届人民代表大会第二次至第八次会议，分别于1994年3月29日—31日、1995年3月29日—31日、1995年9月28日—30日、1996年3月27日—29日、1997年4月28日—30日、1997年11月25日—26日、1998年3月25日—27日在龙州镇召开。其中第三次会议补选张才芬为县人民政府副县长；第四次会议补选温国权为县人民政府县长，农红生、黎志敏为县人民政府副县长；第五次会议听取和审议县人民政府县长温国权所作的《关于龙州县国民经济与社会发展第9个五年计划和2010年远景目标纲要的报告》，并作出相应的决议。会议还审议并作出《关于严厉打击贩毒、吸毒违法犯罪行为的决案》的决议；第六次会议审议和作出《关于切实加强社会治安综合治理，严厉打击“黄赌毒”犯罪分子的议案》的决议；第七次会议选举产生出席自治区第八届人民代表大会的方镣英、梁家活、张权壮、谢梅娇4名代表;第八次会议作出《关于加强预算外资金管理的议案》和《关于推进依法治县进程的议案》的决议。

第十二届人民代表大会会议

龙州县第十二届(1999.1—2002.11)人民代表大会举行4次会议。

1999年1月6日—9日,龙州县第十二届人民代表大会第一次会议在龙州镇召开。应出席会议的代表183名,实际出席会议的代表182名。县政协委员列席会议。会议听取和审议县人民政府代县长莫树周所作的《关于县人民政府工作报告》;县人大常委会主任冯景彤所作的《关于县人大常委会工作报告》;县财政局作的《关于1994—1998年县财政工作情况,1998年县财政执行情况和1999年县财政预算(草案)的报告》;县人民法院作的《关于县人民法院工作报告》;县人民检察院作的《关于县人民检察院工作报告》。会议对上述5个报告做出相应的决议。

会议选举产生龙州县第十二届人民代表大会常委会正副主任、委员和龙州县人民政府正副县长、县人民法院院长、县人民检察院检察长、龙州县出席自治区第九届人民代表大会代表。

龙州县第十二届人民代表大会常务委员会

主　任　赵国忠

副主任　冯荣孙　农红生　林春仲　周丽芳

龙州县第十二届人民政府

县　长　莫树周

副县长　王英武　黄榜荣　秦　昆　张　琦　曾建雄

龙州县人民法院

院　长　伦日军

龙州县人民检察院

检察长　何炳扬

龙州县出席自治区第九届人民代表大会代表

梁　颖

龙州县第十二届人民代表大会第二次至第四次会议,分别于2000年3月8日、2001年3月13日—16日、2002年3月13日—16日在龙州镇召开。其中第三次会议听取和审议县人民政府县长莫树周所作的《关于龙州县国民经济和社会发展第10个五年规划纲要的报告》,并对报告做出相应的决议。

第十三届人民代表大会会议

龙州县第十三届(2002.11—2006.10)人民代表大会共举行5次会议。

2002年11月24日—25日,龙州县第十三届人民代表大会第一次会议在龙州镇召开。应出席会议代表183名,实际出席会议代表183名。县政协委员列席会议。会议听取和审议代县长黄榜荣所作的县政府工作报告,县人大常委会副主任农红生所作的县人大工作报告,县财政局、县人民法院和县人民检察院分别作的工作报告。会议对上述5个报告作出相应的决议。会议选举产生龙州县第十三届县人大常委会正副主任、委员和县人民政府正副县长、县法院院长、县检察院检察长、出席自治区第十届人民代表大会代表。

龙州县第十三届人民代表大会常务委员会

主　任　苏志球

副主任　农红生　冯荣孙　叶建军　闭　宏

龙州县第十三届人民政府

县　长　黄榜荣

副县长　谭冠堂　王熙富　吴爱红　黄云海　黄集精　许绍贵

龙州县人民法院

院　长　李　良

龙州县人民检察院

检察长　邓一兵

龙州县出席自治区第十届人民代表大会代表

潘　琦　谭巧矛　黄榜荣　张日奎　林逸兰

龙州县第十三届人民代表大会第二次至第五次会议，分别于2003年6月27日—30日、2004年3月15日—18日、2005年3月6日—9日、2006年2月21日—23日在龙州镇召开。其中第二次会议选举产生出席崇左市第一届人民代表大会代表40名；第三次会议补选李振明为龙州县第十三届人大常委会主任；第四次会议补选吕天球为龙州县第十三届人大常委会副主任，黄武海为龙州县人民政府县长，何子才为龙州县第十三届人大常委会委员；第五次会议听取和审议县长黄武海所作的《龙州县国民经济和社会发展第11个五年规划纲要》的报告，并对报告作出相应的决议。

第四节　人大常委会会议

第八届人大常委会会议

1986年1月—1987年11月，龙州县第八届人大常委会召开11次常委会会议。会议分别听取和审议县人民政府关于水电、交通、农业、财政、林业、公安、司法、文化、教育和检察院、法院的工作报告，向“一府两院”提出加强和改进工作的意见和建议，指出有关工作中存在的不足和问题。于第15次会议做出《关于龙州县人畜饮水工程规划的决定》和《关于加强我县扶贫工作的决议》。

第九届人大常委会会议

1987年11月—1990年9月，龙州县第九届人大常委会召开17次常委会会议。会议分别听取和审议县人民政府关于计划、公安、农业、计生等工作报告，向“一府两院”提出加强和改进工作的意见和建议。第7次会议作出《关于县人大常委会设立3个工作委员会的决议》《关于做好龙州县当前物价工作和稳定市场的决议》。

第十届人大常委会会议

1990年9月—1993年12月，龙州县第十届人大常委会召开30次常委会会议。会议分别听取和审议“一府两院”84项工作报告，向“一府两院”提出加强和改进各项工作的意见和建议。围绕龙州县经济建设和社会治安等重大问题，分别于第5次会议、第19次会议作出《关于加强社会治安综合治理的决议》《关于在全县公民中开展法制教育的第2个五年规划的决定》《关于在全县范围内开展依法治县活动的决议》。

第十一届人大常委会会议

1993年12月—1999年1月，龙州县第十一届人大常委会召开50次常委会会议。会议分别听取和审议县人民政府关于农业、水利、林业，财政、扶贫、房改等205项工作报告，向“一府两院”提出加强和改进各项工作的意见和建议。第9会议作出《关于调整1994年我县财政预算部分变更的决议》；第14次会议审议通过了《关于批准县公路网发展规划的决定》；第19次会议作出《关于县城封闭式综合商场建设的决议》和《关于县城独山路规划建设的决议》；第29次会议作出《关于开展“三五”普法宣传教育的决议》。

第十二届人大常委会会议

1999年1月—2002年11月，龙州县第十二届人大常委会召开37次常委会会议。会议分别听取和审议县人民政府任期4年中财政收支预算和决算执行情况、国民经济运行情况的报告，县十二届人大第一次至第四次会议代表议案、建议办理情况的报告；分别听取和审议土地、环保、物价、水产畜牧、教育、科技、司法、文化、卫生、公安、人事、建设、农业、国税、地税、工商、法院、检察院等职能部门的工作汇报，向“一府两院”提出加强和改进各项工作的意见和建议。分别于第5次会议、第10会议、第11次会议、第23次会议作出《关于县人民政府职能部门实行工作汇报制度》《在全县人大代表中开展龙州县城管理若干规定》《“十带头，十争当”争先创优活动》《建立公民旁听县人大常委会会议制度》《开展法制宣传教育》等决议。

第十三届人大常委会会议

2002年11月—2006年10月，龙州县第十三届人大常委会召开30次常委会会议。会议分别听取和审议县政府75个专项工作报告，向“一府两院”提出加强和改进各项工作的意见和建议。分别于第5次会议、第22次会议作出关于《实施锦阁至谷阳排洪渠道工程》《加强人民法院依法审判工作》等决议。

第五节　人大代表视察

代表视察是代表法规定的各级人大代表在闭会期间开展的一项重要活动。是了解和检查本级或者下级国家机关工作情况，也是执行代表职务的重要方式。视察的目的是为了加强同人民群众的联系，了解有关情况，并为开好代表大会会议做准备。同时，有效推进有关国家机关的工作顺利开展。

第八届人大代表视察

1986年11月下旬，龙州县人大常委会组织驻龙州县的自治区人大代表和龙州县人大代表成立扶贫、社会治安综合治理、农业生产视察工作组，分别对逐卜、金龙、武德、龙州、彬桥等乡镇进行相关工作视察。在视察活动中，视察组针对各乡镇农业生产发展不平衡、社会治安还没有得到好转、社会上打群架斗殴、赌博、盗窃连连发生的问题，提出意见和建议。有关乡镇和部门领导表示要采取措施，进行整治。1987年10月，龙州县人大常委会组织县人大代表成立视察工作组，对全县文化建设、粮食等群众反映强烈的工作问题进行视察。在视察中，发现蔗奖粮的大米与玉米搭配、玉米比例过大的问题，建议县政府适当降低玉米搭配的比例。随后，该问题得到解决。

第九届人大代表视察

1988年2月2日—4日，龙州县人大常委会组织县人大代表分别到龙州县收容所、拘留所、看守所进行视察，对县人民政府提出采取有力措施，加强公安队伍建设，严厉打击各类刑事犯罪分子的建议。

1988年3月15日—18日，龙州县人大常委会组织县乡两级人大代表24人，组成联合视察工作组，对全县扶持蔗糖生产资金的发放和使用情况进行视察。在视察中，发现部分乡镇扶持蔗糖生产资金存在管理不善的问题：一是虚报面积；二是多领冒领；三是挪作他用。针对上述问题，视察组提出建议：复核甘蔗种植面积；抓好资金发放清理工作；修筑蔗区公路；各相关部门密切配合，把资金用到点子上。

1989年12月13日—19日，龙州县人大常委会组织驻龙州县的自治区人大代表和县人大代表23人，组成联合视察工作组，对龙州县1989年国民经济计划执行和财政预算收支执行情况、工农业生产、清理整顿公司、社会治安综合治理工作情况进行视察。除分别听取县乡人民政府相关部门工作汇报外，还深入有关单位和乡镇进行实地视察，倾听各方面的群众意见。视察组在肯定县乡人民和有关单位工作成绩的同时，针对边境贸易管理混乱、公安部门以罚代刑较严重、个别单位和部门挪用扶贫救济资金做生意等问题提出意见和建议。

第十届人大代表视察

1990年11月5日—8日，自治区人大代表王甫汉、韦礼贞和县人大代表冯景彤、农桂珠等11人，对龙州县城和金龙乡进行工作视察。视察县城干部职工“三违”和“三乱”建私房的查处情况；金龙乡救灾资金的发放、使用、管理等工作情况。视察后，针对上述工作中存在的问题提出意见和建议，交由县政府研究处理。

1991年7月23日—8月5日，龙州县人大常委会组织驻龙州县的自治区人大代表和县人大代表，对龙州县革命游击老区进行工作视察。视察的主要内容是革命老区的群众生产生活状况和村委组织建设情况。视察中发现革命老区的经济发展比较缓慢，交通和信息也比较闭塞，群众的生活仍比较艰苦。视察组向自治区人大常委会和龙州县委作视察工作汇报，提出促进龙州县革命老区经济发展和改善群众生活条件的建议和意见。

1992年12月23日—26日，龙州县人大常委会组织驻龙州县的自治区人大代表和县人大代表成立联合视察工作组，主要对全县工农业生产、边贸、社会治安、环境保护工作进行视察。视察组针对视察中发现的工农业生产发展缓慢、公安部门人员编制不足、武警二线检查站入境手续烦琐等问题对相关部门提出工作意见和建议。

1993 年 11 月下旬，驻龙州县的自治区人大代表和部分县人大代表对全县工农业生产、社会治安综合治理工作情况进行联合视察。视察后，提出龙州造纸厂工程投资多，县财力有限，应暂停建；水泥市场供销量大增，尽快对县水泥厂进行改建扩建；加大对“三乱”整治力度；清理涉及农民的收费项目的意见和建议。

第十一届人大代表视察

1994 年 12 月 7 日—13 日，龙州县人大常委会组织驻龙州县的自治区八届人大代表和部分县十一届人大代表 35 人，组成 5 个视察小组。主要对 8 个方面工作展开视察：龙州县乡镇企业发展情况；县财政预算执行情况；社会治安治理情况；国民经济计划执行情况；上龙乡甘蔗种植情况；水口镇砖厂生产情况、逐卜、响水两乡镇水灾后生产恢复和群众生活安排情况；县水泥厂改扩建工程进展情况。视察后对相关乡镇和单位提出改进的意见和建议。

1995 年 12 月 4 日—8 日，龙州县人大常委会组织驻龙州县的自治区八届人大代表和县人大代表进行工作视察。视察主要内容：1995 年龙州县国民经济和社会发展计划、县财政预算的执行情况；社会治安综合治理情况；“菜篮子”“米袋子”扶贫工程实施情况；贯彻农业法、教育法、税收征收管理法的执行情况。视察后提出意见和建议。1997 年 7 月 7 日—17 日，龙州县人大常委会组织驻龙州县的自治区八届人大代表和部分县人大代表，对龙州县贯彻实施土地管理法、消费者权益保护法、产品质量法情况进行视察。视察组对龙州县贯彻实施这三部法律的工作给予肯定，对存在的问题提出建议和意见。

1997 年 12 月 17 日—19 日，龙州县人大常委会组织龙州县选区新当选的自治区九届人大代表和县十一届部分人大代表联合视察。视察的主要内容：龙州县改革开放和经济建设情况；龙州县国民经济和社会发展计划、财政预算的执行情况；国有企业改革情况；个体私营经济发展情况；扶贫攻坚情况；依法治县和社会稳定方面的情况。视察主要是为下次县人大例会审议工作做好准备。

第十二届人大代表视察

1999 年 11 月 15 日—19 日，龙州县人大常委会组织县十二届人大代表对金龙、上降、上金三个乡镇未通过地级“普九”验收进行视察。视察中发现的问题：基础设施建设落后，中小学校缺少“八(五)室一场”；教学仪器严重不足；初中辍学率高；小学的学校布局不够合理，点多面广，规模小；教师住房较差。视察组向县委常委会作汇报，提出意见和建议

2000 年 12 月 6 日—7 日，龙州县人大常委会组织部分县人大代表，对茅草房改造工程、人畜饮水工程、村级道路改造工程、乡镇内部职工宿舍楼工程建设情况进行视察。视察后，针对存在的主要问题提出意见和建议。

2001 年 8 月下旬，县人大常委会组织驻龙州县的自治区人大代表和县人大代表对边境建设大会战和抗洪救灾工作情况进行视察。视察后提出政府应加大资金投入，实现村村通广播电视意见和建议。

2002 年 3 月下旬，龙州县人大常委会组织县人大常委会委员和县直机关人大代表共 30 多名进行工作视察。视察的主要内容：县城改造工程；边贸基础建设工程；农业综合开发工程；文明示范村建设工程。主要做法：分成两个视察小组，分别深入水口口岸联检大楼改扩建、下冻镇那花边贸互市点、霞秀乡秾顿文明示范村、峒桂水利渠道硬化、县城旧城改造工程进行视察。视察后，代表对工作中存在的问题，提出建议和意见。

第十三届人大代表视察

2003 年 3 月 28 日，龙州县人大常委会组织县人大常委会委员及部分县人大代表进行工作视察。视察的主要内容：县城建设规划实施情况及“两沟”治理情况；边贸业发展情况；农业综合开发情况。视察组针对发现的问题提出建议和意见。

2004 年 11 月 16 日—18 日，龙州县人大常委会组织驻龙州县的崇左市第一届人大代表和部分县人大代表开展联合视察。活动有 34 名代表参加，视察的主要内容有：国民经济和社会发展计划、财政预算的执行情况；招商引资项目建设情况；口岸经济建设情况；社会治安综合治理情况。视察后提出意见和建议。

2005 年，龙州县人大常委会组织驻龙州县的崇左市一届人大代表到凭祥市开展交流考察活动。实地考察南山工业园区、浦寨经济开发区、新市区建设项目等工程。代表们就凭祥市经济和发展存在的问题，与凭祥市人大代表交流意见。

2003 年 12 月 20 日，自治区人大常委会副主任甘幼坪到龙州调研

第六节　议案办理

议案是人大代表向国家权力机关提出的议事原案，是人民代表大会或其常务委员会行使法定职权的重要工具。议案必须由具有法定提案权的国家机关以及一定数量的个人。向本级人民代表大会或其常务委员会提出。议案提出后，是否列入人民代表大会会议议程或者是否提交大会全体会议表决，由大会主席团决定。议案由全体代表的过半数通过或由常务委员会组成人员的过半数通过。议案一经审议通过，就具有普遍的约束力，闭会期间，常委会交由“一府两院”办理，并把办理结果答复代表。

第八届议案办理

龙州县第八届人民代表大会(1984.10—1987.11)第一次至第二次会议代表 10 人以上联名提出的议案 72 件。经主席团交大会审议通过，列为大会议案 1 件，即《关于每年从县财政拨出 8 万 ~10 万元作中学教师培训专款的议案》。会议收到代表建议、批评和意见 359 件，加上由议案转为建议、批评和意见 71 件，共 430 件。这些建议、批评和意见由县人大常委会交县人民政府及有关承办单位办理。第三次至第四次会议代表 10 人以上联名提出的议案、建议、批评和意见 164 件，议案委员会研究，由县人大办公室和县人民政府办公室交由有关部门办理，并直接负责答复代表。

第九届议案办理

龙州县第九届人民代表大会(1987.11—1990.9)第一次至第四次会议代表 10 人以上联名提出的议案 155 件。其中第一次会议提出议案 34 件，第二次会议提出议案 29 件，第三次会议提出议案 62 件，第四次会议提出议案 30 件，经主席团交大会审议通过，列为大会议案的 13 件。其中列为二次会议的议案 2 件，即《关于解决县水泥厂严重污染环境、保障人民身体健康的议案》《关于迅速制止乱涨价乱收费的议案》；列为三次会议的议案 4 件，即《关于制止乱砍滥伐，保护森林资源的议案》《关于贯彻执行广西壮族自治区计划生育条例的议案》《关于要求提高村公所干部生活补贴的议案》《关于加强完成抢修中小学危房的议案》；列为四次会议的议案 7 件，即《关于龙州县人民代表大会议事规则的议案》《关于清理违法婚姻登记的议案》《关于加强耕牛管理的议案》《关于撤销甘蔗专管员、设点收购的议案》《关于要求解决居委会、村公所后顾之忧问题的议案》《关于要求提高村公所干部生活补贴的建议》《关于要求解决上金乡饮用水源污染问题的议案》。

龙州县第九届人民代表大会第一次至第四次会议收到代表建议批评和意见 224 件，加上由议案转为建议、批评和意见的 142 件，共 366 件。这些建议、批评和意见由县人大常委会交县人民政府及有关承办单位办理。

第十届议案办理

龙州县第十届人民代表大会(1990.9—1993.12)第一次至第五次会议代表 10 人以上联名提出的议案

108件。经主席团交大会审议通过，列为大会议案9件。其中列为二次会议的议案7件，即《关于坚决制止占用保水田种植经济作物的议案》《关于要求立即制止运蔗司机坑农、害农、吃农的现象的议案》《关于制止龙州糖厂司机勒索蔗农不正之风的议案》《关于加强县社会治安管理的议案》《关于要求提高中小学代课老师待遇的议案》《关于要求批准设立上龙乡中学的议案》《关于要求龙州县将各小学的学制逐步恢复六年制的议案》；列为三次会议的议案1件，即《关于建立村级卫生院的议案》；列为五次会议的议案1件，即《关于调整国民经济和社会发展十年规划和第八个五年计划主要指标的议案》。

龙州县第十届人民代表大会第一次至第五次会议收到代表建议、批评和意见193件，加上由议案转为建议、批评和意见的99件，共292件。这些建议、批评和意见由县人大常委会交县人民政府及有关承办单位办理。

第十一届议案办理

龙州县第十一届人民代表大会(1993.12—1999.1)第一次至第八次会议代表10人以上联名提出的议案共299件。经主席团交大会审议通过，列为大会议案的7件。其中列为一次会议的议案1件，即《关于提高村公所干部生活待遇的议案》；列为三次会议的议案1件，即《关于加强社会治安综合治理力度，从速从重打击偷盗耕牛犯罪活动的议案》;列为五次会议的议案2件，即《关于严厉打击贩毒、吸毒违法犯罪行为的议案》《关于依法追究拦路抢劫犯罪分子的议案》;列为八次会议的议案3件，即《关于加强预算外资金管理的议案》《关于推进依法治县进程的议案》《关于合理征收农村教育费附加的议案》。

龙州县第十一届人民代表大会第一次至第八次会议收到的代表建议、批评和意见377件，加上由议案转为建议、批评和意见的292件，共669件。这些建议、批评和意见由县人大常委会交县人民政府及有关承办单位办理。

第十二届议案办理

龙州县第十二届人民代表大会(1999.1—2002.11)第一次至第四次会议代表10名以上联名提出的议案共441件，经主席团交大会审议通过，列为大会议案的21件。其中第一次会议由70名代表联名分别提出《关于要求建立县乡电视联网的议案》《关于要求将霞秀乡政府搬迁的议案》《关于要求县人大常委会作出〈关于在全县推行执法责任制的决定〉的议案》《关于要求提高村委会干部补贴的议案》《关于要求提高代课教师工资的议案》等10个议案；第二次会议由80名代表联名提出《关于提高村(居)委干部工资待遇的问题的议案》；第三次会议提出《关于严厉打击非法电、炸、毒鱼行为的议案》；第四次会议提出《关于禁止在25度山坡、土坡种植农作物，恢复山土坡原貌，保护环境资源的议案》《关于清除污染水源头，保护城镇人民群众饮水卫生的议案》。

龙州县第十二届人民代表大会第一次至第四次会议收到代表建议、批评和意见248件，加上由议案转为建议、批评和意见的420件，共668件。这些建议、批评和意见由县人大常委会交县人民政府及有关承办单位办理。

第十三届议案办理

龙州县第十三届人民代表大会(2002.11—2006.10)第一次至第五次会议代表10名以上联名提出议案共722件。其中第一次会议248件，第二次会议106件，第三次会议116件，第四次会议150件，第五次会议102件。根据宪法和地方组织法规定的地方各级人民代表大会的职权范围，经议案审查委员会审议，不属本级人民代表大会职权范围内的722件议案，均转为建议、批评和意见处理。

龙州县第十三届人民代表大会第一次至第五次会议收到代表建议、批评和意见共71件，加上由议案转为代表建议、批评和意见的722件，总共793件，全部交由县人民政府有关单位办理。

第七节　法律法规执行检查

执法检查是宪法和法律赋予人大及其常委会的一项重要职权，是各级人大依法行使监督权的一种基本形式和有效方式，是对某一方面法律法规实施情况进行的专门检查，是完善社会主义法律体系和法律不断修改、修正的长期性基础性工作，目的是为了督促法律实施主管机关改进执法工作，促进法律的有效实施。

1986 年 1 月—2005 年 12 月，龙州县人民代表大会每次开展执法检查后，都会认真撰写检查报告，指出存在问题，提出整改意见和建议，促使“一府两院”依法行政、公正司法，保障法律法规在龙州县遵守和执行。

第八届人大执法检查(1984 年 10 月—1987 年 11 月) 1986 年 12 月，龙州县人大常委会在全县范围内对食品卫生法贯彻执行情况进行执法检查。

第九届人大执法检查(1987 年 11 月—1990 年 9 月) 1988 年 5 月，龙州县人大常委会在全县范围内对土地管理法、文物保护法贯彻执行情况进行执法检查；1988 年 7 月，县人大常委会在全县范围内对计量法贯彻执行情况进行执法检查；1989 年 7 月，县人大常委会在全县范围内对土地管理法、森林法、义务教育法、水法、村民委员会组织法、企业法、治安管理处罚条例和自治区计划生育条例等法律法规的贯彻执行情况进行执法检查。

第十届人大执法检查(1990 年 9 月—1993 年 12 月) 1991 年 6 月，县人大常委会执法检查组对义务教育法实施情况开展执法检查；1991 年 9 月—1992 年 1 月，县人大常委会执法检查组对宪法、行政诉讼法、民族区域自治法实施情况开展执法检查；1992 年 5 月，县人大常委会在全县范围内对药品管理法、民族区域自治法、归侨侨眷权益保护法贯彻执行情况开展执法检查；1992 年 6 月，县人大常委会执法检查组对企业法实施情况开展执法检查；1992 年 7 月，县人大常委会执法检查组对《全国人大常委会关于加强社会治安综合治理的决定》《自治区人大常委会关于禁毒、严禁嫖娼和严惩拐卖、绑架妇女儿童犯罪分子的决定》的执行情况进行执法检查；1992 年 11 月 11 日—13 日，根据自治区人大常委会办公厅《关于组织代表视察计划生育工作的通知》的精神，县人大常委会组织了部分县人大代表，对自治区计划生育条例贯彻执行情况进行执法检查；1993 年 7 月，县人大常委会执法检查组开展对国务院关于农民承担费用和劳务管理条例、全民所有制工业企业转换经营机制条例和自治区关于全民所有制工业企业转换经营机制条例实施办法的执行情况进行检查。

第十一届人大执法检查(1993 年 12 月—1999 年 1 月) 1994 年 7 月，县人大常委会执法检查组对农业法、消费者权益保护法、环境保护法实施情况进行执法检查；1995 年 5 月—11 月，县人大常委会在全县范围内分别对科技进步法、统计法、城市规划法、归侨侨眷权益保护法和自治区预算外资金管理条例、自治区科技进步条例贯彻执行情况开展执法检查；1996 年 4 月，县人大常委会执法检查组对水法、电力法实施情况进行执法检查；1996 年月，县人大常委会执法检查组对行政许可法、动物防疫法、治安管理处罚法实施情况进行执法检查；1996 年 6 月、9 月、10 月，县人大常委会在全县范围内分别对土地管理法、产品质量法、产品质量监督管理条例、农业技术推广法、食品卫生法、劳动法、警察法、义务教育法、矿产资源法、渔业法、归侨侨眷权益保护法、民族区域自治法和广西壮族自治区建设工程施工招标管理条例等贯彻执行情况开展执法检查；1997 年 4 月、9 月，县人大常委会在全县范围内分别对体育法、自治区体育场地管理条例、土地管理法、产品质量法、产品质量监督管理条例、农业技术推广法、食品卫生法、科技进步法等贯彻执行情况进行执法检查；1998 年 8 月，县人大常委会在全县范围内对水土保持法、促进科学成果转化法、环境保护法、农业法、义务教育法和《广西壮族自治区实施〈义务教育法〉办法》《广西壮族自治区建筑工程质量条例》等贯彻执行情况开展执法检查。

第十二届人大执法检查(1999 年 1 月—2002 年 11 月) 1999 年 4 至 5 月，县人大常委会执法检查组对残疾人保障法实施情况进行执法检查；1999 年 9 月，县人大常委会执法检查组开展对刑事诉讼法、民事诉讼法、村民委员会组织法实施情况进行执法检查；1999 年 11 月 22 日—26 日，县人大常委会执法检查组开展对保密法、母婴保健法和自治区农民负担管理条例实施情况进行执法检查；2000 年 2 月，县人大常委会在全县范围内配合国家实施“南方 3 号行动”，对野生动物保护法和《广西壮族自治区陆生野生动物保护管理规定》《广西壮族自治区水生野生动物保护管理规定》等贯彻执行情况开展执法检查；2000 年，县人大常委会执法检查组对母婴保健法、著作权法、著作权法实施条例、计算机软件保护条例、音像制品管理条例和广西壮族自治区著作权管理条例六部法律法规执行情况进行执法检查；2001 年 12 月，县人大常委会执法检查组对水法、建筑法、环境保护法、消防法、职业教育法、归侨侨眷保护法及广西壮族自治区私营企业条例等实施情况进行执法检查；2002 年 5 月，县人大常委会执法检查组开展对食品卫生法实施情况进行执法检查。

第十三届人大执法检查(2002 年 11 月—2006 年 10 月） 2003 年 5 月，县人大常委会执法检查组对传染病防治法、农业法、森林法、预算法、城市规划法、土地管理法、治安管理处罚条例实施情况进行执法检查；2004 年 9 月，县人大常委会执法检查组对义务教育法和人口与计划生育法实施情况进行执法检查；2005 年 7 月，县人大常委会执法检查领导组对森林法、气象法实施情况进行执法检查；2006 年 3 月，县人大常委会执法检查组开展对矿产资源法实施情况进行执法检查；2006 年 7 月，县人大常委会执法检查组对行政许可法、动物防疫法、治安管理处罚法实施情况进行执法检查。

第八节　干部述职和任免

干部述职

开展述职评议工作是地方人大及其常委会根据宪法和法律规定，加强对"一府两院"的法律监督、干部监督和工作监督，推进"一府两院"依法行政、公正司法而采取的一种行之有效的好形式，也是贯彻党的干部路线，坚持党管干部原则，加强干部队伍建设的一项重要法律保障措施。1992 年，龙州县人大常委会开始对"一府两院"的领导干部进行述职评议工作。

十届干部述职　1992 年 2 月 22 日，龙州县第十届人大常委会第 11 次会议，分别对县政府办公室主任何如海、县农业委员会主任刘钟扬、县糖业局局长韦世强、县公安局局长黄忠民、县水电局局长黄宪忠、县经济委员会主任陆建华、县科学技术委员会主任卢新奇、县人事局局长农修业、县民政局局长农德彪、县教育局长黎志敏、县技术监督局局长农广胜共 11 名正科级领导干部进行述职评议。

十一届干部述职　1996 年 2 月 8 日—9 日，龙州县第十一届人大常委会组织人大代表对人大及其常委会选举和任命的县长温国权，副县长赵廷抗、梁艳芬、刘培良、张才芬和县人民法院院长农时英、县人民检察院检察长凌天南共 7 位领导干部进行述职评议。1997 年 10 月 28 日—29 日，龙州县第十一届人大常委会组织人大代表对人大常委会任命的县公安局局长黄建明、县农业局局长赵龙、县审计局局长农志文、县粮食局局长梁宝琦共 4 位领导干部进行述职评议。

十二届干部述职　2000 年 12 月 27 日，龙州县第十二届人大常委会第 14 次会议，分别对县水电局局长廖谊昌、县民政局局长甘颂棠、县交通局局长玉松共 3 名正科级干部进行述职评议。2001 年 6 月 7 日，龙州县第十二届人大常委会第 21 次会议，分别对副县长黄榜荣、秦昆和县人民法院院长伦日军、县人民检察院检察长何炳扬、县计划局局长杜日辉、县劳动局局长陆丰文、县农业局局长黄集精、县林业局局长蒙渊君共 8 名领导干部进行述职评议。

十三届干部述职　2003 年 10 月 19 日，龙州县第十三届人大常委会第 7 次会议，分别对县发展计划局局长黎龙波、县经贸局局长农锡真、县水电局局长兰勇、县环保局局长甘颂棠共 4 位正科级干部进行述职评议。2004 年 12 月 1 日，龙州县第十三届常委会第 15 次会议，分别对县人事劳动和社会保障局局长盘康庭、县文化体育局局长严造新、县人民法院副院长李子政共 3 位正科级干部进行述职评议。2005 年 9 月 30 日，龙州县第十三届人大常委会第 22 次会议，分别县公安局局长赵奇、县安全生产监督管理局局长黄海荣、县人民检察院副检察长江以丰共 3 位领导干部进行述职评议。

干部任免

人大的任免权是宪法和法律赋予人大或其常委会依照法定的权限和程序，对国家权力机关的常设机关或机构和国家行政机关、军事机关、审判机关、检察机关等的组成人员及有关人员的选举、任命和罢免的权力。县人大常委会依法任命"一府两院"工作人员，实现县委的意图。

八届干部任免　1984 年 1 月—1987 年 11 月，龙州县第八届人大常委会任命干部 22 人，免职干部 5 人。

任命干部：县人民政府委、办、局 7 人；县人民法院副院长、庭长、副庭长、审判委员、审判员 9 人；县人民检察院副检察长、检察委员、检察员 6 人。

免职干部：县人民政府委、办、局 2 人；县人大机关 2 人；县人民法院 1 人。

九届干部任免　1987年11月—1990年9月，龙州县第九届人大常委会任命干部111人，免职24人。

任命干部：县人民政府委、办、局59人；县人大常委会机关4人；县人民法院机构38人；县人民检察院机构10人。

免职干部：县人民政府委、办、局8人；县人大常委会机关2人；县人民法院13人；县人民检察院1人。

十届干部任免　1990年9月—1993年12月，龙州县第十届人大常委会任命干部140人，免职干部27人。

任命干部：县人民政府代理县长1人，副县长8人；县人民政府委、办、局77人；县人大常委会机关12人；县人民法院机构26人；县人民检察院机构16人。

免职干部：县人民政府副县长2人；县人民政府委、办、局13人；县人大常委会机关2人；县人民法院机构8人；县人民检察院机构2人。

十一届干部任免　1993年12月—1999年1月，龙州县第十一届人大常委会任命干部190人，免职干部80人。

任命干部：县人民政府副县长8人；县人民政府委、办、局114人；县人大常委会机关12人；县人民法院机构44人；县人民检察院机构12人。

免职干部：县人民政府副县长9人；县人民政府办、局32人；县人大常委会机关6人；县人民法院机构28人；县人民检察院5人。

十二届干部任免　1999年1月—2002年11月，龙州县第十二届人大常委会任命干部66人，免职干部37人。

任命干部：县人民政府代理县长1人，副县长5人；县人民政府办、局36人；县人大常委会机关12人；县人民法院机构11人；县人民检察院机构1人。

免职干部：县人民政府副县长4人；县人民政府办、局12人；县人大常委会机关7人；县人民法院机构10人；县人民检察院4人。

十三届干部任免　2002年11月—2006年10月，龙州县第十三届人大常委会任命干部93人，免职干部37人。

任命干部：县人民政府副县长5人；县人民政府办、局45人；县人大常委会机关10人；县人民法院机构23人；县人民检察院机构10人。

免职干部：县人民政府副县长3人；县人民政府办、局16人；县人大常委会机关3人；县人民法院机构13人；县人民检察院机构2人。

第九节　支持乡镇人大工作

业务培训

1986年—2005年，龙州县人大常委会对每届乡镇人大主席团专职主席进行业务培训。主要通过辅导学习宪法、代表法、地方组织法和自治区《各级人民代表大会常务委员会工作条例》《乡、民族乡、镇人大工作条例》等法律、法规、人大工作的系列文件，提高对地方国家权力机关性质、地位、作用的认识，明确乡镇人民代表大会行使的职权、乡镇人大主席团的职责，熟悉乡镇人大工作的方式方法。坚持以会代训。每届每次龙州县人民代表大会会议和县人大常委会常务会议，都分别邀请乡镇人大主席列席会议。通过会议观摩，使乡镇人大主席掌握乡镇人大工作的一般法律程序和业务知识。1996年2月8日—9日，乡镇人大主席列席了龙州县第十一届人大常委会召开述职评议会议，对人大及其常委会选举和任命的县长温国权，副县长赵廷抗、梁艳芬、刘培良、张才芬，县人民法院院长农时英、县人民检察院检察长凌天南7位领导干部进行述职评议。通过观摩，使乡镇人大主席掌握了述职评议的指导思想、目的要求、方法步骤、法律程序，增强做好乡镇人大工作自信心和决心。每年年末，龙州县人大常委会都召开全县乡镇人大主席会议，总结交流一年乡镇人大工作的经验和做法，互相学习，互相借鉴，取长补短，共同提高。2003年12月25日，县人大常委会召开乡镇人大主席座谈会，总结一年来工作情况，并就“闭会期间”如何组织代表开展活动进行讨论，其中龙州、水口、上龙3个乡镇人大主席做了经验交流发言，为其他乡镇树立了榜样。每年都不定期组织乡镇人大主席到外县、外市、外省的人大机关学习、考察，不断地开阔眼界，增长见识，吸取外地兄弟单位乡镇人大工作的经验。2004年9月，县人大常委会组织乡镇人大主席到桂林、柳州等地参观学习闭会期间代表活动、人大代表致富能手、新型农业示范区、城镇规划示范点等等，为人大工作积累了丰富经验。

业务指导

1986年—2005年，县人大常委会在每年召开乡镇人大例会前，都草拟规范文稿供各乡镇参考，派工作人员到各乡镇检查指导会议的筹备工作；开会时，派工作人员到会具体指导，使乡镇人大例会按法定程序进行，做到有材料、有报告、有审议时间、有决议。在乡镇人大单独进行换届选举期间，县人大常委会加强联系和指导乡镇人民代表大会换届工作。制定具体的换届选举工作方案，对换届选举工作的宣传发动、选民登记、初步代表候选人的提名推荐和正式代表候选人的确定以及组织选民投票选举等各个阶段工作提出具体要求。组织检查指导组到各个乡镇加强检查指导，保证换届选举工作依法完成。平时召开乡镇人大主席团会议时，县人大常委派人指导各乡镇逐步建立健全工作制度，使各乡镇人大业务工作、代表小组活动等方面工作，逐步走上制度化和规范化的轨道。每年年终，县人大常委会组织考评小组对乡镇人大工作进行考评。1987年是乡镇人大换届选举年，县人大常委会把这项工作纳入重要议事日程，组成工作队，深入乡镇指导换届选举工作，及时解决工作中遇到的困难和问题，确保换届选举工作严格按照时间节点要求，稳步推进，顺利完成了动员培训会，选民登记和公布，提名酝酿代表候选人，正式代表选举各个阶段工作。经过县、乡镇各工作组的共同努力，圆满完成了我县各乡镇人大换届选举工作。2002年9月—10月，由县人大常委会组织的龙州县第十三届人大换届选举工作，全县158个选区183247名选民，依法选出龙州县第十三届人民代表183名。

第二章　人民政府

1986年—2005年，龙州县人民政府根据县委的决策，坚持以经济建设为中心，先后组织实施农业、工业、商业、财税、教育、卫生等体制改革，开展扶贫攻坚，大力发展民营经济，改善民生，推进社会和谐稳定，全县社会经济得到全面发展。1988年，深化卫生改革。1993年，大力发展边境贸易和乡镇企业。1997年，出台开发龙州县旅游景点若干优惠政策的规定。1999年，实施“三田”（吨糖田、吨粮田、万元田）建设和绿色工程建设，进一步深化分税制财政体制改革，推行定（估）产征收农业特产税。2001年，加快农业和农村经济结构调整，增加农民收入，积极推进城镇化建设。2004年，进一步加强农村教育工作。2005年，全县地区生产总值18.27亿元，比1986年增长了11.9倍；财政收入1.71亿元，比1986年增长了16.78倍；农民人均纯收入2097元，比1986年增长了7.52倍。

县人民政府办公大楼　（1998年5月18日摄）

第一节　机　构

龙州县人民政府

1984年10月16日—20日，龙州县第八届人民代表大会选举产生龙州县第八届人民政府县长1人，副县长5人。1987年11月9日—11日，龙州县第九届人民代表大会选举产生龙州县第九届人民政府县长1人，副县长5人。1990年9月8日—10日，龙州县第十届人民代表大会选举产生龙州县第十届人民政府县长1人，副县长5人。1993年12月7日—9日，龙州县第十一届人民代表大会选举产生龙州县第十一届人民政府县长1人，副县长5人。1999年1月6日—9日，龙州县第十二届人民代表大会选举产生龙州县第十二届人民政府县长1人，副县长5人。2002年11月24日—25日，龙州县第十三届人民代表大会选举产生龙州县第十三届人民政府县长1人，副县长6人。

表4-4　**1986年—2005年龙州县人民政府领导名表**

届次	职务	姓名	性别	民族	籍贯	学历	党派	任职时间	备注
第八届 1984.10—1987.11	县长	冯景彤	男	壮	广西龙州	大学	中共党员	1984.10—1987.11	选任
	副县长	许汝政	男	壮	广西龙州	大专	中共党员	1984.10—1987.11	选任
		陈中乐	男	壮	广西龙州	大专	中共党员	1984.10—1987.11	选任
		韦世强	男	壮	广西龙州	大专	中共党员	1984.10—1987.11	选任
		杨满花	女	壮	广西龙州	中专	中共党员	1984.10—1987.11	选任
		农志光	男	壮	广西龙州	大学	中共党员	1986.4—1987.11	选任
第九届 1987.11—1990.9	县长	农汉方	男	壮	广西龙州	大专	中共党员	1987.11—1990.9	选任
	副县长	许汝政	男	壮	广西龙州	大专	中共党员	1987.11—1990.9	选任
		陈中乐	男	壮	广西龙州	大专	中共党员	1987.11—1990.9	选任
		余晋良	男	壮	广西龙州	大学	中共党员	1987.11—1990.9	选任
		姚公侯	男	汉	广东南海	初中	中共党员	1987.11—1990.9	选任
		农志光	男	壮	广西龙州	大学	中共党员	1987.11—1990.9	选任
第十届 1990.9—1993.12	县长	姚公侯	男	汉	广东南海	初中	中共党员	1990.9—1993.3	选任
	代县长	陈中乐	男	壮	广西龙州	大专	中共党员	1993.3—1993.9	任命
		禤朝兴	男	壮	广西宁明	大专	中共党员	1993.9—1993.12	任命
	副县长	陈中乐	男	壮	广西龙州	大专	中共党员	1990.9—1993.3	选任
		黄炳春	男	壮	广西龙州	大专	中共党员	1990.9—1993.12	选任
		赵国忠	男	壮	广西龙州	大专	中共党员	1990.9—1993.12	选任
		侯继秀	男	壮	广西上林	大学	中共党员	1990.9—1993.9	选任
		关文远	男	壮	广西龙州	大专	中共党员	1990.9—1993.12	选任
		潘洵兴	男	壮	广西武鸣	大专	中共党员	1992.11—1993.12	任命
		宋小钧	男	壮	广西桂林	大专	中共党员	1993.4—1993.12	任命
		李赞堂	男	汉	山东掖县	大学	中共党员	1992.8—1993.7	任命
		杨满花	女	壮	广西龙州	中专	中共党员	1991.10—1993.12	任命

续表

届次	职务	姓名	性别	民族	籍贯	学历	党派	任职时间	备注
第十一届 1993.12—1999.1	县长	禤朝兴	男	壮	广西宁明	大专	中共党员	1993.12—1995.9	选任
		温国权	男	汉	广西陆川	大学	中共党员	1995.9—1998.8	选任
	代县长	莫树周	男	壮	广西忻城	大专	中共党员	1998.8—1999.1	任命
	副县长	黄炳春	男	壮	广西龙州	大专	中共党员	1993.12—1995.6	选任
		赵国忠	男	壮	广西龙州	大专	中共党员	1993.12—1995.4	选任
		潘询兴	男	壮	广西武鸣	大专	中共党员	1993.12—1995.4	选任
		赵廷抗	男	壮	广西隆安	大学	中共党员	1993.12—1998.12	选任
		梁艳芬	女	壮	广西龙州	大专	中共党员	1993.12—1997.10	选任
		农红生	男	壮	广西龙州	大专	中共党员	1995.9—1999.1	补选
		黎志敏	男	壮	广西龙州	大专	中共党员	1995.9—1998.9	补选
		文有铮	男	汉	广西宾阳	大专	中共党员	1994.6—1995.4	任命
		刘培良	男	壮	广西上林	大学	中共党员	1993.4—1996.9	任命
		张才芬	男	壮	广西上林	大专	中共党员	1995.4—1998.12	任命
		杨　然	男	汉	不详	大学	中共党员	1995.9—1997.3	任命
		王英武	男	汉	广西宾阳	大学	中共党员	1996.9—1999.1	任命
		黄榜荣	男	壮	广西马山	大学	中共党员	1997.5—1999.1	任命
		秦　昆	男	汉	广西灵川	研究生	中共党员	1997.11—1999.1	任命
		张　琦	男	汉	广西昭平	大专	中共党员	1998.8—1999.1	任命
第十二届 1999.1—2002.11	县长	莫树周	男	壮	广西忻城	大专	中共党员	1998.8—2002.9	选任
	代县长	黄榜荣	男	壮	广西马山	大学	中共党员	2002.9—2002.11	任命
	副县长	王英武	男	汉	广西宾阳	大学	中共党员	1996.8—2002.4	选任
		黄榜荣	男	壮	广西马山	大学	中共党员	1997.5—2002.9	选任
		秦　昆	男	汉	广西灵川	研究生	中共党员	1997.11—2002.9	选任
		张　琦	男	汉	广西昭平	大专	中共党员	1998.8—不详	选任
		曾建雄	男	汉	广西扶绥	大专	中共党员	1998.8—2002.10	选任
		魏贵贤	男	汉	陕西扶风	不详	中共党员	1999.6—2000.6	挂职
第十三届 2002.11—2006.10	县长	黄榜荣	男	壮	广西马山	大学	中共党员	2002.11—2004.12	选任
		黄武海	男	壮	广西隆安	研究生	中共党员	2005.3—2006.10	选任
	代县长	黄武海	男	壮	广西隆安	研究生	中共党员	2004.12—2005.3	任命
	副县长	谭冠堂	男	壮	广西宾阳	研究生	中共党员	2002.9—2004.12	选任
		王熙富	男	汉	广西灌阳	大学	中共党员	2002.9—2006.10	选任
		吴爱红	女	仫佬	广西罗城	大学	无党派	2002.1—2006.6	选任
		黄云海	男	壮	广西来宾	大学	中共党员	2002.3—2006.9	选任
		黄集精	男	壮	广西天等	研究生	中共党员	2002.9—2006.10	选任
		许绍贵	男	壮	广西宁明	大学	中共党员	2002.9—2006.10	选任
		黄宝权	男	壮	广西龙州	大学	中共党员	2005.3—2006.7	任命
		李明新	男	汉	广西贵港	研究生	中共党员	2006.9—2007.7	挂任期1年

县人民政府工作机构

1986年,县政府机构有58个:政府办公室、农业委员会、经济委员会、计划委员会、计划生育委员会、科学技术委员会、体育运动委员会、民族事务委员会、财政金融贸易委员会、经济体制委员会、编制办公室、地方志办公室、地名办公室、人事局、劳动局、民政局、统计局、审计局、财政局、城乡建设环境保护局、交通局、农业局、畜牧水产养殖局、林业局、水利电力局、农业机械化管理局、粮食局、台湾事务办公室、侨务办公室、物价局、对外经济贸易局、物资局、乡镇企业局、经济协作办公室、教育局、文化局、档案局、卫生局、爱国卫生运动委员会办公室、监察局、广播电视局、技术监督局、商业局、工商行政管理局、税务局、医药管理局、邮电局、供电局、公安局、司法局、外事办公室、旅游局、环境保护局、气象局、土地管理局、供销合作社联合社、第二轻化工业局、人民银行。

1987年,增加县编制办公室,将糖料科改为糖业办公室。1989年,成立龙州县环保局。1990年,将龙州县糖业办公室改为龙州县糖业局。1991年,成立龙州县法制局、残疾人联合会。1992年,增加了龙州县文学艺术界联合会、龙州县红十字会、龙州县旅游发展局、龙州县边境经济贸易管理局。1993年,增加了龙州县计划生育协会。1997年,设立总工会、国防动员委员会交通战备办公室。

1997年和2001年,龙州县分别进行机构改革。2003年末,县人民政府有21个行政职能单位机构:政府办公室、发展和改革局、民政局、人事劳动社会保障局、教育科技局、文化体育局、卫生局、农业局、林业局、水利电力局、国土资源局、交通局、建设规划局、旅游局、经济贸易局、财政局、公安局、司法局、计划生育局、统计局、监察局。政府直属的非职能机构有22个:地方志办公室、人民来信来访办公室、扶贫开发领导小组办公室、对外经济贸易合作局、保密局、物价局、粮食局、外事办公室、广播电视局、档案局、残疾人联合会、乡镇企业局、畜牧水产养殖管理中心、知识产权局、农业机械化管理中心、侨务办公室、台湾事务办公室、侨联、调解处理土地山林水利纠纷办公室、供销合作联社、城镇集体手工业联社、机关事务服务中心。审计局、环境保护局为市级派出机构;地方税务局、质量技术监督局、工商行政管理局、供电局、国家税务局、人民银行、烟草专卖局、保险公司等为自治区级垂直管理单位。监察局与县纪律检查委员会合署办公。

县政府办公室 1986年,县政府办内设秘书科、行政科2个部门,配员25人,办公地址位于龙州镇康平街28号。1997年,县法制局改为法制办,与侨务办、调处办并入县政府办,在政府办挂牌;设在或并入县政府办的口岸办、法制办、侨务办、调处办,其原职能及机关人员的使用和分流,由县政府办在进行“三定”时,统筹安排,组织实施。2002年,县政府办内设文秘一股、文秘二股、信息调研股、综合政股、督查室、行政股、法制办公室、调解土地山林水利纠纷处理办公室8个部门,有人员编制47名,办公地址位于龙州镇康平街28号。县交通战备办公室仍设在县政府办,核定机关事业编制2名。2005年12月,县政府办内设部门、编制、办公地址不变,实有47人。

1986年—2005年历任主任:林慧民(1986.1—1997.12),何如海(1997.12—1994.1),梁保琦(1994.1—1995.2),吴作韬(1995.2—2001.7),朱艺清(2001.7—2002.7),林森(2002.7—2005.3),李扬(2005.8—2005.12)。

县机关事务局 1995年3月,龙州县机关事务管理局成立,为县人民政府的工作机构,主要职责是承担会议会务后勤和会议、公务接待工作,不内设部门,有人员编制4名,实有3人,办公地址在龙州镇兴龙路44号龙州宾馆内。1996年4月,中共龙州县委、龙州县人民政府接待处成立,机关事务局局长兼任接待处主任。1997年1月,龙州县机关事务局改为县人民政府直属事业单位。2002年3月,龙州县机关事务管理局更名为龙州县机关后勤服务中心,是主管县人民政府直属机关后勤服务保障工作的正科级事业单位,保留龙州县机关事务管理局牌子及印章,不内设部门,有事业人员编制6名(含机关后勤服务人员编制1名),实有5人,办公地址在龙州镇兴龙路44号龙州宾馆内。2002年8月,龙州县委、县政府接待办公室成立,为全民所有制事业单位,列入县委序列,不内设部门,有事业编制6名,实有5人,人员经费由县财政列支,机关事务局和接待办合署办公,实行一个机构两块牌子体制,局长兼任接待办主任。2003年8月,县机关事务局与接待办工作机构职能分开。2005年10月,经县委、县政府研究,确定县机关事务管理局的工作职责,主要是承担县政府机关大院的安全保卫、美化绿化、水电保障、秩序管理等后勤工作及承担全县重大会议活动的会务后勤工作。县机关事务管理局不内设部门，有人员编制 5 名，实有 8 人，办公地址在龙州镇康平街 28 号县人民政府大院内。

1995 年—2005 年历任局长：黄金星(1995.3—1996.8)，何成养(1996.8—1999.2)，陈雄(1999.2—2005.12)。

县委、县政府接待办公室 2002 年 8 月，中共龙州县委员会、龙州县人民政府接待办公室成立，为全民所有制事业单位，列入县委序列，不内设部门，有事业人员编制 6 名，实有 5 人，办公地址在龙州镇兴龙路 44 号县人民政府招待所内。人员经费由县财政列支，机关事务局和接待办合署办公，实行一个机构两块牌子体制，局长兼任接待办主任。2003 年 4 月，中共龙州县委员会、龙州县人民政府接待办公室单设，为全额拨款事业单位，有事业人员编制 3 名，实有 3 人，办公地址在龙州镇兴龙路 44 号县人民政府招待所内。同年 8 月与县机关事务管理局分离办公，主要负责会务后勤及公务接待工作。2005 年 12 月，接待办编制数、实有人数和办公地址均没有变化。

2002 年—2005 年历任主任：陈雄(2002.8—2003.8)，冯雪(2003.8—2005.9)，陆保权(2005.9—2005.12)。

县政务服务中心管理办公室 2004 年 6 月，龙州县审批办证大厅成立。2005 年 3 月，龙州县政务服务中心成立。9 月，设立龙州县政务服务中心管理办公室，为正科级行政单位，内设综合股、技术监督股两个部门，有人员编制 6 名，实有 6 人，其中行政人员编制 1 名，事业人员编制 1 名(工勤人员)，办公地址在龙州镇兴仁街 127 号原龙州县民族卫生成人中等专业学校。

县法制局 1991 年 9 月，龙州县法制局成立，内设龙州县人民政府行政复议办公室。1994 年 12 月，广西行政经济法律咨询服务中心龙州所在龙州县法制局挂牌成立。1997 年 4 月，龙州县法制局更名为龙州县法制办公室，作为县人民政府工作机构在县人民政府办公室挂牌成立。县法制办公室内设龙州县人民政府行政复议办公室 1 个部门，有人员编制 2 名，实 7 人，办公地址在龙州镇康平街 28 号县人民政府大院内。2005 年，内设龙州县人民政府行政复议办公室 1 个部门，有人员编制 4 名，实有 3 人，办公地址不变。

1991 年—2005 年历任局长(主任)：何英保(1992.9—1993.2)，梁汉朝(1993.5—1994.2)，陈辖(1994.2—2000.12)，农德进(2000.12—2005.12)。

基层机构

1984 年 10 月后，正、副乡镇长由本级人民代表大会实行差额选举产生。依照有关法律规定，乡镇人民政府每 3 年举行一次换届选举。乡镇人民政府设乡镇长 1 人，副乡镇长 1 至 3 人。同年 12 月，撤销人民公社建制，实行政企分开，设立乡人民政府、村公所和村民小组。全县设 11 个乡 1 个镇人民政府，124 个村公所、3 个居民委员会，1267 个村民小组、21 个居民小组。

2003 年，乡镇政府下设办公室、学区(中心校)、财政所、供电所、司法所、民政办公室、农业服务中心、环境保护管理站、旅游服务站、公安派出所、国家税务(分局)所、地方税务(分局)所、计划生育服务所、国土资源村镇规划建设交通管理所、文化广播电视站、妇女联合会(简称妇联)。各站、所、室配备工作人员 1 至 5 人。各乡镇还设有卫生院、邮(电)政所、信用合作社、供销社、粮食管理所等单位。2004 年 11 月，霞秀乡和龙州镇合并成立新龙州镇。2005 年 12 月，全县辖 12 个乡镇人民政府，117 个村委会，1265 个村民小组；7 个社区居委会，3 个街居委会，48 个居民小组。

第二节　重要会议

县政府办公会议

1984 年，县长冯景彤主持召开县政府办公会议 3 次。11 月 5 日，会议讨论通过《关于呼咬村乱砍伐问题的方案》。12 月 11 日，会议通过农业局《关于设置农情信息办公室的方案》。12 月 24 日，会议通过《关于建立橡胶研究所和龙州市场服务楼的方案》。

1985 年，县长冯景彤主持召开县政府办公会议 5 次。3 月 13 日，会议讨论通过《关于 1985 年财政预算(草案)》。6月11日,会议讨论通过《关于县政府领导分工的方案》。7月4日,会议讨论通过物价局《关于处理物资局乱抬价问题的方案》。12月9日,会议原则同意《关于建立乡镇财政方案的实施》。12月20日,会议研究执行财政厅文件《关于税收超收分成有关问题的决定》,超收提成部分,同意纳入机动财力,由县政府安排。

1988年,县长农汉方主持召开县政府办公会议4次。5月12日,会议讨论通过关于批转《龙州县深化卫生改革方案(试行)的通知》。8月15日,会议讨论通过《关于国营企业固定职工退休费用试行社会统筹的暂行规定》。11月2日,会议讨论通过《关于借糖业公司100万元建糖厂的方案》。12月21日,会议讨论通过《关于地区糖业公司给借款的方案》。

1989年,县长农汉方主持召开县政府办公会议2次。1月9日,会议讨论通过关于筹备计划经济体制改革的预备会。3月24日,会议讨论通过《关于落实1960年至1965年底归侨侨眷生活、就业等的改善问题》。

1990年,县长农汉方主持召开县政府办公会议4次。2月10日,讨论关于成立糖业局的问题。2月13日,讨论关于县公安局、林业局等单位的罚款收入不能提成做奖金的问题。3月30日,讨论如何鼓励农技人员下基层的问题。5月3日,讨论关于八角乡民办那通公路要求免税4.7万元的问题。

1990年,县长姚公侯主持召开县政府办公会议1次。12月7日,讨论关于成立纸厂的问题。

1991年,县长姚公侯主持召开县政府办公会议11次。1月2日,讨论关于农技人员待遇的问题。2月25日,讨论关于今年如何组织实施"八五规划"头一年工作的问题。3月22日,讨论通过1991年财政预算的草案。4月1日,讨论审议《政府工作报告》的初稿。5月21日,讨论研究如何解决我县食糖推销的问题。7月2日,讨论落实县政府各位领导工作分工的问题。8月5日,讨论关于赈灾捐款用于购买糖料支援灾区的方案。8月24日,专题研究水泥厂的经营管理和今后的生产问题。10月23日,总结当年1月—9月县政府工作情况以及下半年最后三个月的工作布置。11月7日,讨论研究榨季生产的工作情况。12月23日,对领导工作分工问题进行调整。

1992年,县长姚公侯主持召开县政府办公会议5次。4月14日,讨论关于领导分工的问题,并强调要切实抓好早稻插秧、玉米田间管理和防治铁甲虫、突击造林三大任务。5月7日,讨论关于发展乡镇企业的问题。5月22日,讨论研究左江航道淘金的问题。5月25日,召集银行、各家糖厂等部门研究兑现农民蔗款的问题。12月11日,讨论研究房改工作和企业转换经营机制的问题。

1993年,县长姚公侯主持召开县政府办公会议1次。1月30日,总结1992年工作,安排1993年工作。

1993年,县长陈中乐主持召开县政府办公会议6次。3月2日,讨论研究政府办公当前工作重点。3月19日,研究修改《政府工作报告》的问题。4月2日,讨论领导工作分工及部署具体工作的问题。5月13日,讨论研究关于财税工作,要求大力发展边镇贸易和乡镇企业。6月23日,讨论研究关于龙州县彻底执行蔗农蔗款的问题。7月5日,总结分析上半年工作,部署下半年工作任务。

1993年,县长禤朝兴主持召开县政府办公会议5次。10月7日,讨论领导工作分工及部署具体工作的问题。11月18日,讨论研究《政府工作报告》文稿,确定今后五年工作的主要任务。11月19日,继续讨论《政府工作报告》文稿。12月10日,讨论关于财政资金使用的问题。12月30日,讨论研究当前三大任务、财政问题和办公室工作的问题。

1995年,副县长黄炳春主持召开县政府办公会议2次。3月9日,会议讨论通过公路、交通部门征用土地作公路料场的方案。4月22日,会议通过糖业公司兼并饮食服务公司的方案。

1997年,县长温国权主持召开县政府办公会议10次。3月4日,会议通过《龙州县人民政府办公室主任工作制度》和《龙州县关于国家机关、事业单位工作人员差旅费开支的规定》。4月8日,会议讨论通过1997年财税征收管理措施。5月6日,会议通过《龙州县一九九七年国有工业企业扭亏增盈目标责任状》。6月3日,会议通过《关于开发龙州县旅游景点若干优惠政策的规定》。7月21日,会议通过龙州县贯彻实施土地管理法、消费者权益保护法、产品质量法的办法、措施。8月19日,会议研究通过对完成夏粮入库任务的乡镇给予奖励的决定。10月16日,会议讨论修订《龙州县人民政府关于农村社会养老保险暂行办法》和《龙州县农村社会养老保险工作宣传活动月实施方案》。11月21日，会议原则通过《龙州县农村合作医疗保健制度暂行规定》《龙州县农村合作医疗实施方案》。12月26日，会议讨论决定调整龙州县机关、事业单位工作人员工资标准和增加离退休费，增资部分按规定在1998年3月底以前兑现。

1998年，县长温国权主持召开县政府办公会议3次。3月5日，会议研究通过1998年龙州县财政征收任务。5月12日，会议讨论《关于卫生局要求吸收自费医护专业毕业生充实乡镇卫生院的请示》，同意安排20个劳动指标，用于吸收自费大中专医护毕业生充实乡镇卫生院。6月15日，会议原则通过《龙州县一九九八年行政事业单位预算外收入目标管理责任状》和《龙州县一九九八年行政事业单位预算外任务风险抵押办法》。县长莫树周主持召开县政府办公会议3次。8月19日，会议通过县长、副县长及县长助理的分工任务。9月15日，会议讨论通过县级计生专职人员的岗位津贴和工龄津贴待遇。通过给予县事业单位年终考核优秀并作出突出贡献的工作人员提前晋升工资的办法。11月5日，会议讨论通过《关于对1998年治旱工程实行补助和奖励的通知》；决定破格把金龙镇代课教师农忠德转为公办教师；通过《关于撤销河内华龙联营公司中方股份的请示》。11月16日，副县长王英武主持召开办公会议。会议讨论通过《龙州县粮食流通体制机构和企业改革实施方案》，决定成立龙州县储备管理公司，作为县粮食流通宏观调控服务的经济实体，对县级储备粮库负责垂直管理工作。

1999年，县长莫树周主持召开县政府办公会议6次。3月2日，会议讨论通过《龙州县实施“三田”建设（吨糖田、吨粮田、万元田）和绿色工程建设方案》。3月26日，会议讨论通过《龙州县实施县、乡镇财政分级管理方案》，新一届县政府工作规则和实施县党代会、人代会提出的工作任务的具体举措。5月10日，会议着重分析龙州县1999年第一季度国民经济运行情况。7月25日，会议通过《关于进一步深化分税制财政体制改革的决定》，决定推行定（估）产征收农业特产税。8月30日，会议讨论通过龙州糖厂《关于调整产品结构的请示》。10月26日，会议通过县教育局《关于解决龙州中学教师紧缺问题的请示》。决定从上级划拨给的救灾经费中安排30万元用于受洪水灾害乡镇敬老院配套设施的建设，会议讨论通过《关于我县供销合作社财务挂账有关问题的请示》。研究同意选派30名非师范类院校大中专毕业生到村委会挂职。

2000年，县长莫树周主持召开县政府办公会议9次。3月17日，会议讨论通过对县直单位、乡镇政府提交的请示报告，提交县政府办公会议讨论的办法。4月11日，会议专题讨论通过《龙州县边境建设项目计划表》。4月28日，会议主要通报和分析2000年第一季度全县国民经济运行情况。6月30日，会议通过《龙州县人民政府对边境贸易实行统一管理的通知》。研究同意龙州县制鞋厂按国家有关法律程序办理破产企业事项。8月24日，会议研究同意县建设局《关于龙州镇白沙街44户居民要求办理户产登记手续问题处理意见的请示》。决定出台《龙州县载客机动三轮车管理办法》。10月17日，会议主要通报和分析2000年1月—9月全县国民经济运行情况。11月24日，会议专题讨论通过《龙州县“十五”规划纲要（草案）》。12月11日，会议研究通过2000年冬季和2001年春季农田水利基本建设项目和《关于成立龙州县农业行政执法大队的请示》。12月28日，会议通过龙州县2001年经济建设计划指标和工作重点。

2001年，县长莫树周主持召开县政府办公室会议12次。2月6日，会议通过提交县人大十二届三次会议审议的《县政府工作报告》等3个工作报告。5月8日，会议讨论通过给各乡镇政府配置公务用车的问题。5月25日，会议讨论通过出台《关于加快农业和农村经济结构调整增加农民收入的决定》和《关于给予行政机关公务员晋级、定级的请示》。6月22日，讨论决定由县政府按还款计划与施工队签订还款协议，在6月底前由县财政局筹措300万元用于偿还独山大道建设所欠债务。9月3日，会议讨论通过《龙州县物资总公司再次要求以资抵债的请示》和《关于改变农副产品加工厂土地用途的请示》。9月19日，会议通过《龙州县国家公务员医疗补助暂行规定》《龙州县企业补充医疗保险暂行规定》《龙州县离休人员、二等乙级以上革命伤残军人的医疗管理暂行规定》《龙州县国家公务员医疗补助测算方案》《龙州县村公所干部参加医保测算方案》。决定10月1日全面启动龙州县医疗制度改革。9月26日，会议通过《龙州县沿边三级公路No.15合同段“8·21”伤亡事故调查报告》。10月29日，会议通过《关于龙州县酒厂资产处置问题的请示》《关于积极推进城镇化建设的实施意见》《龙州县学校人事管理制度改革方案》。决定成立龙州县国有企业资产投资管理公司，负责做好企业改革后的资产移交和管理工作。10月31日，会议决定将龙州县国有企业资产投资管理公司更名为龙州县国有企业管理中心。11月15日，会议肯定2001年全县各项主要工作完成情况和完成工作所采取的措施。12月25日，会议通过县调处办《关于要求给予享受岗位津贴补助的请示》、县广电局《关于申请实施龙州县县乡电视微波联网建设工程方案的报告》。12月28日，会议通过县武装部《关于请求增拨新建营房尚缺经费的请示》、县教育局《关于要求划拨解聘代课教师生活补助费的请示》。

2002年，县长莫树周主持召开县政府办公会议13次。1月11日，会议决定在龙州县城城东区独山大道南面的龙夏二级公路入口处附近作为改扩建红八军纪念馆新址。1月15日，县政府会议通过《政府工作报告》《再次要求县财政给予县供销社国家正式干部部分工资困难补助的请示》和《关于拆除县水泥厂年产4.4万吨旧生产线的决定》。1月30日，会议通过《关于2002年龙州县财政预算的决定》。5月8日，会议讨论通过《关于龙州县制药厂产权转让的决定》和《关于同意接受龙州县市场开发服务中心的批复》。5月27日，会议讨论通过龙州县安全生产工作和项目投资“八个二”工作的计划措施。6月14日，会议同意将方略药业公司作为县制药厂的合作伙伴。6月9日，会议通过《关于撤销利民等6个村（居）委会成立利民社区等7个社区的请示》和《关于提高我县职工住房公积金缴存率的报告》。决定拨款建立县远程教学C级视频网站。7月11日，会议原则同意《龙州县2001—2002年以工代赈建设规划》和《关于要求划拨现代远程教育扶贫示范项目配套资金的请示》。9月6日，会议通过落实自治区政府《关于提高村干部财政补助标准的通知》和《关于实施县百货公司与县饮食服务公司资产重组改革方案的请示》。10月14日，代县长黄榜荣主持召开县政府办公会议。讨论通过全县就业和再就业及财政增收节支任务指标。11月6日，黄榜荣主持召开县政府办公会议，会议通过《关于要求将北门社区更名为城北社区的请示》《关于调整县制药厂改制后资产划分的意见》和《关于要求将供电公司由事业单位改制为企业单位的请示》。

2002年12月，县长黄榜荣主持召开县政府办公会议2次。12月10日，会议通过《关于要求改变龙州县台属养殖场土地用途的请示》和《关于拟拍卖电影院解决县电影公司目前困境的请示》。12月16日，会议决定成立龙州县计划生育协会。

2003年，县长黄榜荣主持召开县政府办公会议5次。1月8日，会议决定要求龙州将山酒业有限公司酒精废液排放污染年内完成治理工程建设任务。会议通过《关于将我县所持3家糖厂股份全部转让给洋浦南华有限责任公司的建议》《关于要求对龙州旧城区部分街道详细规划审批的请示》。3月29日，会议通过《关于要求继续从机关事业单位养老保险基金中借支经费发放困难离退休职工退休费的请示》《关于要求使用环境保护治理经费的请示》。4月27日，会议通过《龙州县国有粮食企业改革实施方案》《关于要求国有水力发电厂改制的请示》《关于要求拍卖农机修造厂的请示》。5月28日，会议通过《关于建立县城交通管理中队的请示》《关于请求制定下发金龙水库水淹区粮食补贴问题文件依据的请示》《关于调整城北路（局部）详细规划编制的意见》。

2004年，县长黄榜荣主持召开县政府办公会议6次。2月12日，会议通过《龙州县2004年财政收支预算方案》。3月4日，会议同意将鸭水滩水电站和先锋电站整体无偿划给广西水利电业有限公司。3月19日，会议决定出台《关于进一步加强农村教育工作的决定》，同意《龙州县普及九年义务教育攻坚实施方案》。5月24日，讨论决定从2005年起将农民工培训经费列入县财政预算。7月2日，会议同意县民族中学搬迁到龙北中学，改扩建成具有龙州民族特色的示范性寄宿性初级中学校；决定从2004年7月1日起，给全县乡镇司法所享受干警从优待警补贴；决定从县财政安排20万元，募捐创建崇左市师范学院（2009年改为广西民族师范学院）。9月20日，会议决定在水口口岸创建龙州国际物流中心。

2005年，县长黄武海主持召开县政府办公会议9次。3月23日，会议研究同意将越南民族解放同盟海外第一办事处、印支共产党秘密联络站、龙州天主堂3处旧址定位为龙州县级文物保护单位。4月11日，会议同意将龙夏公路东边的7.5亩土地划拨给县质量技术监督局作为新的办公用地，新办公区的建设要按城建规划进行。5月15日，会议主要通过《龙州县深化农村信用社改革试点工作实施方案》。7月6日，会议同意给彬桥乡、金龙镇计生服务所各配1名医技人员。8月9日，会议通过《关于要求提高人口管理员报酬的请示》。8月23日，会议通过《关于要求批准组建广西龙州县公共投资有限公司的请示》。9月1日，会议通过《关于要求将水电建安公司独山路194号宗地出租以解决职工社会养老金问题的请示》。11月13日，会议通过《关于要求划拨"金审工程"配套资金的请示》。12月4日，会议主要对高致病性禽流感的防控工作作进一步部署。

第三节　依法行政

行政复议

行政应诉　1991年—2005年，县法制办公室代理龙州县政府出庭行政应诉59件。其中：1991年1件；1992年3件；1994年6件；1995年5件；1996年2件；1997年2件；1998年11件；1999年2件；2000年4件；2001年2件；2003年3件；2004年3件；2005年4件。

行政审核　1991年—2005年，县法制办公室对县政府和各部门以县政府名义出台的规范性文件审核287件。其中：1991年审核2件；1992年审核4件；1994年审核31件；1995年审核13件；1996年审核28件；1997年审核12件；1998年审核16件；1999年审核25件；2000年审核8件；2001年审核5件；2002年审核15件；2003年审核45件；2004年审核45件；2005年审核38件。

审查复议与"三大纠纷"审理

审查复议　1991年—2005年，县政府行政复议办公室受理审查处理行政复议案126件。其中：1991年受理审查处理1件；1994年受理审查处理1件；1995年受理审查处理4件；1997年受理审查处理1件；1998年受理审查处理2件；1999年受理审查处理2件；2000年受理审查处理5件；2001年受理审查处理16件；2002年受理审查处理16件；2003年受理审查处理12件；2004年受理审查处理7件；2005年受理审查处理6件。

"三大纠纷"审理　1991年—2005年，县政府行政复议办公室审理"三大纠纷"案件117件。其中：1991年审理2件；1992年审理2件；1994年审理6件；1995年审理9件；1996年审理8件；1997年审理8件；1999年审理7件；2000年审理10件；2001年审理20件；2002年审理11件；2003年审理8件；2004年审理8件；2005年审理10件。

第四节　外事侨务

机构

1982年5月，龙州县外事办公室由龙州县人民政府边境科更名成立，不内设部门，定编4名，实有6人，办公地址在龙州镇兴龙路23号。1986年，龙州县侨务办公室与龙州县侨联合署办公，一个机构两块牌子。2002年，县外事办与县侨务办合并为龙州县外事侨务办公室，属龙州县政府直属机构，内设边境外事股、文秘股、侨政股、后勤股4个部门，有人员行政人员编制5名，事业人员编制2名，实有10人。办公地址在龙州镇兴龙路23号。2005年12月，龙州县外事侨务办公室内设外事股、侨政股、办公室、后勤股4个部门，有人员编制8名，实有15人，其中主任1人，副主任3人，办公地址在龙州镇兴龙路23号。

1986年—2005年历任主任：赵宏英(1986.1—1987.11)，黄洪普(1987.11—1994.2)，黄金星(1994.2—1995.3)，苏义辉(1995.3—1999.3)，李丁民(1999.3—2001.7)，吴旭荣(2001.7—2005.12)。

1986年—2002年县侨务办历任主任：林慧民(1986.1—1987.11)，周志明(1992.4—1994.3)，阮美功(1994.3—1994.7)，周志明(1994.7—1999.3)，植富强(1999.3—2002.1)。

外宾与港澳同胞接待

1986年,县外事办公室接待到明江龙州河段考察的法国记者4人、国家和自治区旅游局6批92人次。1987年,接待德国、法国、瑞典、西德、奥地利、日本、印尼等8个国家的专家、记者,港澳同胞与海外侨胞旅游团、组9批17人,到龙州县上金至响水河段考察、旅游。1990年,配合县林业局接待日本植物学家2人到弄岗自然保护区考察金花茶。1992年,接待越南外宾4批27人次。1993年,接待到龙州县参观考察的美国、日本、法国、德国外宾9批42人次。2000年,接待日本驻广州总领事小原育夫、副领事西淳也2人,日本早稻田大学太平洋研究科白石昌也教授一行3人,日本外务省经济协力局首席事务官安源田美智雄一行11人,分别考察龙州县金龙镇新兴村"利民工程"项目、武德乡卫生院、水口镇卫生院、水口口岸、龙州县城市容市貌。2002年,接待法国驻广州总领事劳查理及其夫人考察法国驻龙州领事馆旧址;越南谅山、高平两省地方官员7批53人次。2003年,接待越南边境地方官员10批328人次。2005年,接待越南边境地方官员到龙州县访问4批141人次。

中越往来

1986年—2005年,龙州县各级领导与毗邻龙州县的越南高平省、谅山省边境各县的各级领导以及越南各有关组织互访频繁。1992年3月30日,越南高平省下琅县光隆社人委和光隆边防屯5人到龙州县金龙乡政府联谊座谈;8月29日,越南高平省人委副主席麻世邓一行10人参观龙州县水泥厂和市容市貌。同年,越南谅山省长定县、高平省广和县人委代表团,分别到龙州县城与龙州县政府会谈。1993年,应越方邀请,龙州县政府代表团到越南高平省驮隆海关与越南高平省进出口公司代表团举行会谈。1995年,龙州县政府就界务事宜与越方会晤会谈8次。1997年5月22日,应越南高平省交通厅邀请,以副县长黎志敏为团长的龙州县政府代表团6人,到越南驮隆海关与越方就边境贸易事宜举行会谈;8月18日,越南高平省下琅县人委副主席梁益学一行7人到龙州县城举行中越双方边境工作会晤;9月2日,应越方邀请,以潘振阳为团长的驻龙州边防部队代表团4人,到越南那讷边防检查站参加"九二"国庆节纪念联谊活动。10月10日,越南高平省代表团18人参加水口中越烈士墓园落成典礼。2001年,越南高平省乒乓球代表团15人、旅游支局代表团10人、青年代表团33人、扫墓代表团21人、外事厅3人、商贸厅3人、边防公安代表团9人,越南祖国阵线中央委员会理论中心6人,先后分别到龙州县参观、访问、会晤。2002年7月20日,以省委副主席黄文魁为团长的越南高平省扫墓代表团23人到水口中越烈士墓拜祭活动。2002年8月30日—9月3日,中越陆地边界第10组联合勘界组在龙州县城举行首次会晤。2003年12月1日,越南高平省官员125人到龙州县城访问购物。2003年12月17日,龙州县政府代表团党政干部197人分乘23辆客车,首次访问越南高平省。

勘界立碑

龙州县彬桥、下冻、水口、武德、金龙5个乡镇和北耀农场,与越南谅山省长定县、高平高平省的石安县、复和县、下琅县共4个县接壤,中越两国正式勘界立碑前,从西路5号界碑至43号界碑,自西向东顺序树立界碑41块,其中正碑39块,重碑23号、36号2块。

1991年11月,龙州县外事办公室组织边境外事干部集中学习中越两国政府高级会晤签署的《关于处理两国边境事务的临时协定》。1992年初,组织边境事务干部45人,分2个调查组,深入边境线实地勘察,收集相关数据资料。年内,完成5万多字的《龙州县中越边境资料汇编》。1993年7月—8月,会同驻军四团实地勘察、核实边界地图;12月,配合广西外事办调查组对龙州县边境线争议、纠纷地区,特别是敏感地区进行实地勘察,为中越两国政府互换《中越边界情况图》和边界谈判做好资料。1994年,按照广西外事办《中越陆地边界补充资料提纲》要求,协助广西外事办工作组对龙州县峒桂河界中岛屿进行实地勘测,对中越陆地边界龙州县辖区32处中越两国主张线不一致的地区实地勘察,形成32份3万多字文图一致的资料。

1995年上半年对A、B类地区材料、地图核查,先后7次与中央和广西勘界办领导和专家到龙州县边境16个地区进行实地核查。下半年对C类地区情况调查。根据广西区勘界办《关于开展边界有关情况调查的通知》制定调查方案。查阅历史资料156份,分别到广西外事办边境处和宁明县核实材料2次9人次。

先后组织318人次到龙州县31个边境地区51座古炮台、2道堑壕、9块副碑、2块废碑、11道界墙、2行界行、7处沙洲岛屿、45处土地开展调查研究。用92个工作日查阅资料、实地拍照、走访老年知情人301人次。同年12月，整理编写74份8.8万余字、200余张照片的专题上报材料。1996年，对龙州县辖区2处A类地区、7处B类地区、22处C类地区调查，找出有说服力的领土归属依据。组织75次375人次到县内边境地区逐山逐题调查，写出近2万字补充材料。同年10月—12月，完成县内边界河段22.48千米，2座桥梁、7个岛屿、6座水电站的历史沿革调查。1997年，组织30多次120人次分别到龙州县边境线的坡丛、岩牙、北城山、坡弄刘、那廷集、那妈、34号界碑附近，B类地区的更盆、陇园、陇贵皮等地调查核实，充实材料。1998年，配合广西测绘局质检站工作组，先后到下冻、水口、武德、金龙4乡镇，奋战34天，完成20多个边境点测绘工作。完成22处争议边境地区和界碑的核查，整理形成4.5万字、37幅图片的报告材料。1999年，重点调查C类地区涉及中越双方村屯名称、户数、人口、耕地、山林、道路、桥梁、村民收入等情况。配合国家和自治区陆界工作组到西路5号~6号之间的231C类地区（浦鞍马、那咯瓶地区）实地考察。2000年，先后出动65人次深入中越争议地区的陇贵、逐陇英、那布敏、陇内、北城山、岩牙、那笔、峒桂界河、浦鞍马、那咯瓶等地，预选新的立碑点，形成文字、图片、表格材料。成立龙州县边界内勘工作组，到金龙、武德、水口、下冻、彬桥5个乡镇，对中越陆地边界龙州段沿中越双方划定的新线走向逐点踏勘。协助国家边界考察团开展中越边界龙州段重点地区考察工作。

中越陆地边界联合勘界结束后，分别在中国的水口口岸和越南的驮隆口岸举行立碑揭幕仪式。图为位于水口口岸的中国943（1）界碑　（2002年9月7日摄）

2000年11月—2001年3月31日，中越陆地边界龙州段边界内勘工作历时129天结束。出动1835人次对184千米边界线153个号、167个立碑点全面系统的实地内部勘察，徒步行程约1000千米，完成内勘13种材料。2002年，中越陆地边界联合勘界委员会第1次首席代表会晤商定，龙州县勘界立碑于2002年8月30日开始，11月24日中越双方勘界员正式上界联勘。龙州段从西向东869号~1021号，立228块界碑（正碑167块，副碑61块），其中属中越陆地边界第9组联合勘界勘立131块，第10组97块。龙州段中方立120块，越方立108块，其中大型界碑2块，中型碑115块，小型碑111块。到2009年1月19日止，历经近8年之久的中越陆地边界龙州段勘界立碑工作结束。

边境管理

边境事件　1986年—1992年，龙州县外事办公室协同县民政局、县卫生局等相关部门处理越南边境村民到龙州县境内避难、求居、求婚、就医615人，其中避难3人、求居55人、求婚530人、就医27人。1987年，越南边境村民到龙州县避难3人、求居1人、求婚1人；1988年，求居6人、求婚13人、就医3人；1989年，求居27人、求婚117人、就医8人；1990年，求居2人、求婚245人、就医2人；1991年，求居6人、求婚96人、就医1人；1992年，求居13人、求婚58人、就医13人。

会晤与交涉　1986年—1993年，边境涉外事件共832起，其中，1986年涉外事件172起；1987年涉外事件39起；1988年涉外事件237起；1989年涉外事件118起；1990年涉外事件115起；1991年涉外事件48起；1992年涉外事件59起；1993年涉外事件44起。1990年与越方信件往来6封，越南来访1批4人次；1991年友好往来2次，21人次；1992年与越方信件往来14封，友好往来2批，12人次，会谈会晤2次、12人次；1993年与越方信件往来28封，会谈会晤17次、85人次。1994年—2005年，龙州县政府、县外事办与越南对等单位就涉外事件举行会晤74次。中方向越方致交涉信函99件，其中抗议信3件；越方向中方致交涉信函95件，其中抗议信20件。1994年，龙州县举行中越双方会晤3次，中方向越方致交涉信3件。1996年，龙州县举行中越双方会晤9次，中方向越方致交涉信7件。1997年，龙州县举行中越双方会晤11次，中方向越方致交涉信22件，越方向中方致交涉信22件。1998年，龙州县与越方举行双方会晤17次，中方向越方致抗议信11件，越方向中方致交涉信18件。1999年，龙州县（中方）向越方致交涉信5件，越方向中方致抗议信6件。2000年，龙州县与越方举行会晤14次，越方向中方致交涉信14件。2001年，龙州县与越方举行会晤11次。2002年，龙州县与越方举行会晤6次。2003年，越方向龙州县中方致交涉信5件，抗议信6件。2004年，龙州县（中方）向越方致交涉信24件，越方向龙州县（中方）致交涉信13件，抗议信8件。2005年，龙州县（中方）与越方举行会晤3次，中方向越方致交涉信18件。

第三章　人民政协

1980年10月，自治区党委批准成立政协龙州县委员会。是年12月28日，政协龙州县第一届委员会正式成立，至2005年，龙州县共产生七届政协委员会。政协龙州县委员会按照全国政协章程，通过每年召开一次全体委员会议，每季度召开一次常委会会议，每月召开一次主席会议，履行政治协商、民主监督、参政议政的职能。1986年—2005年，政协龙州县委员会共召开全体委员会议25次，召开常委会会议101次。共收到政协委员提案1669件，经审查立案1439件，每一件提案都由有关部门、单位办理或作出答复。共编辑出版《龙州文史资料》15辑214篇，发行5000多册。同时，积极开展委员视察和专题调研活动，为县委、县政府施政献计献策，开展海内外各界人士的联谊活动，为振兴龙州经济服务。

第一节　机　构

政协龙州县委员会

1986年—2005年，政协龙州县委员会历经六届委员会。第二届委员会到第四届委员会设主席1名，副主席若干名，常务委员若干名，没设秘书长；第五届委员会至第七届委员会各设主席1名，副主席若干名，秘书长1名，常务委员若干名。政协龙州县历届委员会主席、副主席、秘书长、常务委员由各届全体委员会议选举产生。全体委员会议闭会期间，政协龙州县历届委员会的各项工作由各届常务委员会负责，主席主持常务委员会全面工作，副主席、秘书长协助主席开展工作。

第二届委员会　1984年10月15日—20日，政协龙州县第二届委员会第一次全体委员会议在县城召开，会议选举产生政协龙州县第二届委员会主席1名，副主席8名，常务委员10名（女性1名）。

第三届委员会　1987年11月8日—11日，政协龙州县第三届委员会第一次全体委员会议在县城召开，会议选举产生政协龙州县第三届委员会主席1名，副主席6名，常务委员11名。

第四届委员会　1990年9月5日—6日，政协龙州县第四届委员会第一次全体委员会议在县城召开，会议选举产生政协龙州县第四届委员会主席1名，副主席4名，常务委员12名（女性1名）；1991年4月6日和10月18日增选常务委员各1名，共14名。

2002年11月25日，政协龙州县七届一次会议开幕

第五届委员会 1993年12月6日—8日，政协龙州县第五届委员会第一次全体委员会议在龙州县城召开，会议选举产生政协龙州县第五届委员会主席1名，副主席4名，秘书长1名，常务委员13名（女性1名）；1995年3月30日增选常务委员2名，1997年4月29日增选常务委员6名，共21名。

第六届委员会 1999年1月5日—8日，政协龙州县第六届委员会第一次全体委员会议在龙州县城召开，会议选举产生政协龙州县第六届委员会主席1人，副主席5人，秘书长1人，常务委员14人（女性2名）；2000年3月9日增选常务委员5人（女性1名），共19名。

第七届委员会 2002年11月23日—26日，政协龙州县第七届委员会第一次全体会议在龙州县城召开，会议选举产生政协龙州县第七届委员会主席1名，副主席3名，秘书长1名，常务委员22名（女性3名）；2005年3月8日增选常务委员3人，共25人。

表4-5 **1986年—2005年政协龙州县委员会历届领导名表**

届次	职务	姓名	性别	民族	籍贯	学历	党派	任职时间	备注
第二届 1984.1—1987.11	主席	陈　扬	男	壮族	龙州	大专	中共党员	1984.10—1987.11	
	副主席	梁　卿	男	壮族	龙州	初中	中共党员	1984.10—1987.11	
		黄洪波	男	壮族	大新	中师	中共党员	1984.10—1987.11	
		黄杰夫	男	壮族	龙州	高中	致公党员	1984.10—1987.11	
		梁　椿	男	壮族	龙州	大专	中共党员	1984.10—1987.11	不驻会
		沈建尊	男	壮族	天等	本科	民盟盟员	1984.10—1987.11	不驻会
		赖建中	男	汉族	桂平	大专	无党派人士	1984.10—1987.11	不驻会
		韦礼贞	女	壮族	藤县	本科	无党派人士	1984.10—1987.11	不驻会
		林树清	男	汉族	广东	高中	致公党员	1984.10—1987.11	不驻会
第三届 1987.11—1990.9	主席	陆　忠	男	壮族	大新	初中	中共党员	1987.11—1990.9	
	副主席	林慧民	男	壮族	龙州	高中	中共党员	1987.11—1990.9	
		张子莹	男	汉族	广东	高中	致公党员	1987.11—1990.9	
		林春仲	男	汉族	广东	大专	民盟盟员	1987.11—1990.9	不驻会
		沈建尊	男	壮族	天等	本科	民盟盟员	1987.11—1990.9	不驻会
		黄祥宜	男	壮族	隆安	大专	中共党员	1987.11—1990.9	不驻会
		韦礼贞	女	壮族	藤县	本科	无党派人士	1987.11—1990.9	不驻会
第四届 1990.9—1993.12	主席	农汉方	男	壮族	龙州	大专	中共党员	1990.9—1991.10	县委书记兼任
		张培植	男	壮族	龙州	大专	中共党员	1991.10—1993.12	第三次会议当选
	副主席	余晋良	男	壮族	龙州	本科	中共党员	1990.9—1993.12	
		张子莹	男	汉族	广东	高中	致公党员	1990.9—1993.12	
		周流球	男	壮族	龙州	中专	无党派人士	1990.9—1993.12	
		林春仲	男	汉族	广东	大专	民盟盟员	1990.9—1993.12	不驻会
第五届 1993.12—1999.1	主席	张培植	男	壮族	龙州	大专	中共党员	1993.12—1999.1	
	副主席	农桂珠	男	壮族	龙州	大专	中共党员	1993.12—1999.1	
		张子莹	男	汉族	广东	高中	致公党员	1993.12—1999.1	

续表

届次	职务	姓名	性别	民族	籍贯	学历	党派	任职时间	备注
第五届 1993.12—1999.1	副主席	周流球	男	壮族	龙州	中专	无党派人士	1993.12—1999.1	
		林春仲	男	汉族	广东	大专	民盟盟员	1993.12—1999.1	不驻会
		阮美功	女	壮族	龙州	大专	中共党员	1995.3—1999.1	第三次会议当选
	秘书长	植富强	男	壮簇	龙州	大专	中共党员	1993.12—1999.1	
第六届 1999.1—2002.11	主席	吴英杰	男	壮族	龙州	大专	中共党员	1999.1—2001.3	当选
		苏建鹏	男	壮族	天等	在职研究生	中共党员	2001.3—2002.9	当选
	副主席	阮美功	女	壮族	龙州	大专	中共党员	1999.1—2002.11	
		闭泽文	男	壮族	龙州	大专	中共党员	1999.1—2002.11	
		陈仲森	男	壮族	龙州	初中	无党派人士	1999.1—2002.11	
		叶建军	男	汉族	合浦	本科	无党派人士	1999.1—2002.11	
		林焕民	男	壮族	龙州	高中	无党派人士	1999.1—2002.11	不驻会
	秘书长	农时英	男	壮族	龙州	大专	中共党员	1999.1—2002.5	
第七届 2002.11—2006.10	主席	赵国忠	男	壮族	龙州	大专	中共党员	2002.11—2006.10	
	副主席	阮美功	女	壮族	龙州	大专	中共党员	2002.11—2006.10	
		陈仲森	男	壮族	龙州	初中	无党派人士	2002.11—2006.10	
		张权壮	男	壮族	龙州	在职研究生	致公党员	2002.11—2006.10	不驻会
	秘书长	陆　波	男	壮族	龙州	本科	中共党员	2002.11—2006.10	

县政协工作机构

1986年—2005年，政协龙州县委员会历届工作机构：

第二届委员会(1984年10月—1987年11月)下设办公室、学习委员会、文史资料研究委员会、文教工作组、祖国统一工作组、经济建设工作组、工商工作组、医药卫生工作组、妇幼工作组9个机构。

第三届委员会(1987年11月—1990年9月)下设办公室、学习委员会、文史资料研究委员会、教育工作组、祖国统一工作组、经济建设工作组、医药卫生工作组7个机构。

第四届委员会(1990年9月—1993年12月)下设办公室、学习提案委员会、经济科技委员会、文教卫体委员会、文史资料研究委员会、三胞联谊委员会6个机构。

第五届委员会(1993年12月—1999年1月)1993年12月—1997年12月，下设办公室、三胞联谊委员会、学习提案委员会、经济科技委员会、文教卫体委员会、文史资料研究委员会6个机构；1997年12月—1999年1月，常委会下设办公室、综合工作委员会2个机构。

第六届委员会(1999年1月—2002年11月)1999年1月—2002年3月，下设个办公室、提案法制委员会、经济科技民族宗教联谊委员会、文教卫体委员会4个机构；2002年3月—2002年11月，常委会下设办公室、提案法制委员会、经科文谊委员会3个机构。

第六届委员会(2002年11月—2006年10月)下设办公室、法制提案委员会、经科文谊委员会3个机构。

1986年—2005年，政协龙州县委员会历届工作机构主任(组长)：

第二届委员会

办公室主任：陆彩成

学习委员会主任:黄杰夫(兼)
文史资料研究委员会主任:黄洪波(兼)
文教工作组组长:农汉烈　黄宏础(1985 年 10 月接任)
祖国统一工作组组长:黄杰夫(兼)
经济建设工作组组长:韦礼贞(兼)
工商工作组组长:林树清(兼)
医药卫生工作组组长:邓文
妇幼工作组组长:欧阳玉球　阮美功(1985 年 10 月接任)

第三届委员会

办公室主任:陆彩成
学习委员会主任:林慧民(兼)
文史资料研究委员会主任:张子莹(兼)
祖国统一工作组组长:张子莹(兼)
教育工作组组长:姚云龙
经济建设工作组组长:韦礼贞(兼)
医药卫生工作组组长:梁治

第四届委员会

办公室主任:何仲诚
学习提案委员会主任:余晋良(兼)
经济科技委员会主任:周流球(兼)
文教卫体委员会主任:林春仲(兼)　唐志斌(1993 年 8 月接任)
文史资料研究委员会主任:张子莹(兼)　唐志斌(1993 年 8 月接任)
三胞联谊委员会主任:张子莹(兼)　唐志斌(1993 年 8 月接任)

第五届委员会

办公室主任:植富强(1993 年 12 月—1996 年 1 月)　孔令学(1996 年 2 月—1996 年 8 月)　何汉权(1997 年 10 月—1998 年 12 月)
学习提案委员会主任:周广鹏(1994 年 5 月任)
经济科技委员会主任:甘作龙(1994 年 5 月任)
文教卫体委员会主任:唐志斌　赵学高(1996 年 8 月接任)
文史资料研究委员会主任:孔令学(1996 年 8 月任)
三胞联谊委员会主任:唐志斌　马竞平(1996 年 8 月接任)
1997 年 12 月 31 日改设一室一委:
办公室主任:何汉权
综合工作委员会主任:马竞平

第六届委员会

办公室主任(兼秘书长):陆波(1999 年 3 月任)
提案法制委员会主任:何汉权(1999 年 1 月任)
经济科技民族宗教联谊委员会主任:马竞平(1999 年 3 月任)
文教卫体委员会主任:赵学高(1999 年 3 月任)
2002 年 3 月 17 日改为一室二委:
办公室主任(兼秘书长):陆波
提案法制委员会主任:何汉权

经科文谊委员会主任:(缺)

第七届委员会

办公室主任(兼秘书长):陆波

提案法制委员会主任:何汉权

经科文谊委员会主任:莫绍斌(2003年2月任)

第二节　委员会会议

第二届委员会会议

政协龙州县第二届委员会自1984年10月—1987年11月,共召开4次全体委员会议。

第一次全体委员会议于1984年10月15日—20日在县城召开。出席会议委员57名。会议听取和审议主席陈扬作的《县政协常务委员会工作报告》和农汉烈作的《县政协第一届第七次会议委员提案办理情况报告》;学习《中国人民政治协商会议章程》;与会委员列席县人大八届一次会议,听取和讨论《县政府工作报告》及其他报告;选举第二届委员会主席、副主席、常委;通过会议各项决议。会议期间,收到提案50件。

第二次全体委员会议于1985年12月15日—20日在县城召开。出席会议委员63名。会议听取和审议主席陈扬作的《县政协常委会工作报告》和《政协二届一次会议以来委员提案办理情况报告》;与会委员列席县八届人大二次会议,听取和讨论《县政府工作报告》及其他报告;增补黄祥宜、黄洪础、吴为平、王宏义、陈宝权、赖美华为委员,增补吴经文、黄宏础为常务委员;通过会议各项决议。会议期间,收到委员提案60件,立案处理48件。

第三次全体委员会议于1986年6月4日—7日在县城召开。出席会议委员58名。会议听取和审议主席陈扬作的《县政协常务委员会工作报告》和常委钟国兴作的《政协二届二次会议以来委员提案办理情况的报告》;与会委员列席县八届人大三次会议,听取和讨论《县政府工作报告》及其他报告;传达学习区党委统战工作会议精神;通过会议各项决议。会议期间,收到委员提案17件。

第四次全体委员会议于1987年5月25日—28日在县城召开。出席会议委员64名。会议听取和审议主席陈扬作的《县政协常委会工作报告》和副主席黄杰夫作的《政协二届三次会议以来委员提案办理情况报告》;学习"坚持四项基本原则,反对资产阶级自由化";传达自治区党委统战工作会议精神;与会委员列席县八届人大四次会议,听取和审议《县政府工作报告》及其他报告;通过会议各项决议。会议期间,没收到委员提案。

第三届委员会会议

政协龙州县第三届委员会自1987年11月—1990年9月,共召开4次全体委员会议。

第一次全体委员会议于1987年11月8日—11日在县城召开。出席会议委员110名。会议学习《中国人民政治协商会议章程》;学习中共十三大报告和有关文件;与会委员列席县九届人大一次会议,听取和讨论《县政府工作报告》及其他报告;选举第三届委员会主席、副主席、常委;通过会议各项决议。会议期间,收到委员提案18件,立案18件。

第二次全体委员会议于1988年5月23日—27日在县城召开。出席会议委员93名。会议听取和审议主席陆忠作的《县政协常委会工作报告》和常委陈宝权作的《县政协三届一次会议委员提案办理情况报告》;与会委员列席县九届人大二次会议,听取和讨论《县政府工作报告》及其他报告;通过会议各项决议。会议期间,收到委员提案42件,经审查立案38件。

第三次全体委员会议于1989年3月13日—15日在县城召开。会议听取和审议副主席林慧民作的《县政协常务委员会工作报告》和罗盛碧常委作的《县政协三届二次会议以来委员提案办理情况报告》及其他报告;与会委员列席县九届人大三次会议,听取和讨论《县政府工作报告》;县政协委员和县党政机关领导对话；通过会议各项决议。会议期间，收到委员提案30件，经审查立案30件。

第四次全体委员会议于1990年3月12日—14日在县城召开。会议听取和审议主席陆忠作的《县政协常务委员会工作报告》和委员罗盛碧作的《县政协三届三次会议以来委员提案办理情况报告》；学习讨论《中共中央关于坚持和完善中国共产党领导的多党合作和政治协商制度的意见》；与会委员列席县九届人大四次会议，听取和讨论《县政府工作报告》及其他报告；通过会议各项决议。会议期间，收到委员提案29件，经审查立案29件。

第四届委员会会议

政协龙州县第四届委员会自1990年9月—1993年12月，共召开5次全体委员会议。

第一次全体会议于1990年9月5日—6日在县城召开。出席会议委员117名。会议听取县委统战部部长李志光作县政协第四届委员推荐考核安排情况说明；通过由农汉方等11人组成的主席团成员名单；学习讨论《中共中央关于坚持和完善中国共产党领导的多党合作和政治协商制度的意见》《中共中央关于加强统一战线工作的通知》和《中国人民政治协商会议章程》等中央文件；选举产生政协龙州县第四届委员会主席、副主席、常务委员；通过会议各项决议。会议期间，没收到委员提案。

第二次全体会议于1991年4月6日—9日在县城召开。出席会议委员111名。会议听取和审议副主席佘晋良作的《县政协常务委员会工作报告》和《县政协三届四次会议以来委员提案办理情况报告》；与会委员列席县九届人大二次会议，听取和讨论《县政府工作报告》及其他报告；通过会议各项决议。会议期间，收到委员提案61件，经审查立案58件。

第三次全体会议于1991年10月18日—19日在县城召开。出席会议委员103名。会议听取和审议副主席佘晋良作的《县政协常务委员会工作报告》；副主席张子莹传达上级领导就东欧和苏联局势变化问题的讲话精神；政协南宁地区联络处主任黄德俊就该问题作专题发言；会议同意县委书记农汉方辞去兼任县政协主席职务；补选张培植为政协龙州县第四届委员会主席。通过会议各项决议。会议期间，没收到委员提案。

第四次全体会议于1992年3月17日—20日在县城召开。出席会议委员100名。会议听取和审议主席张培植作的《县政协常务委员会工作报告》；与会委员列席县十届人大三次会议，听取和讨论《县政府工作报告》及其他报告；通过会议各项决议。会议期间，收到委员提案60件，经审查立案47件。

第五次全体会议于1993年3月28日—30日在县城召开。会议听取和审议主席张培植作的《县政协常务委员会工作报告》和《委员提案办理情况报告》；与会委员列席县十届人大四次会议，听取和讨论《县政府工作报告》及其他报告；通过会议各项决议。会议期间，收到委员提案39件，经审查立案28件。

第五届委员会会议

政协龙州县第五届委员会自1993年12月—1999年3月，共召开6次全体委员会议。

第一次全体会议于1993年12月6日—8日在县城召开。出席会议委员共123名。会议听取和审议主席张培植作的《县政协常务委员会工作报告》和提案委副主任周广鹏作的《关于四届一次会议以来委员提案办理情况报告》；与会委员列席县十一届人大一次会议，听取和讨论《县政府工作报告》及其他报告；选举产生政协龙州县第五届委员会主席、副主席、秘书长、常务委员；通过会议各项决议。会议期间，收到委员提案38件，经审查立案38件。

第二次全体会议于1994年3月28日—30日在县城召开。出席会议委员118名。会议听取和审议副主席农桂珠作的《县政协常务委员会工作报告》和提案委副主任周广鹏作的《委员提案审查情况的报告》；列席县十一届人大二次会议；委员专题发言；通过会议各项决议。会议期间，收到委员提案53件，经审查立案48件。

第三次全体会议于1995年3月28日—30日在县城召开。本次会议的委员128名。会议听取和审议副主席张子莹作的《县政协常务委员会工作报告》和提案委周广鹏副主任作的《委员提案审查情况的报告》；与会委员列席县十一届人大三次会议，听取和讨论《县政府工作报告》及其他报告；通过会议各项决议。会议期间，收到委员提案 65 件，经审查立案 58 件。

第四次全体会议于 1996 年 3 月 26 日—28 日在县城召开。出席会议委员 112 名。会议听取和审议副主席农桂珠作的《县政协常务委员会工作报告》和提案委副主任周广鹏作的《县政协五届三次会议以来委员提案办理情况报告》；与会委员列席县十一届人大五次会议，听取和讨论《县政府工作报告》及其他报告；通过会议各项决议。会议期间，收到委员提案 32 件，经审查立案 28 件。

第五次全体会议于 1997 年 4 月 27 日—29 日在县城召开。出席会议的委员 122 名。会议听取并审议主席张培植作的《县政协常务委员会工作报告》和提案委副主任周广鹏作的《县政协五届四次会议以来委员提案办理情况报告》；与会委员列席县十一届人大六次会议，听取和讨论《县政府工作报告》及其他报告；通过会议各项决议；增选 6 名常务委员。会议期间，收到委员提案 46 件，经审查立案 44 件。

第六次全体会议于 1998 年 3 月 24 日—26 日在县城召开。出席会议委员 108 名。会议听取和审议副主席张子莹作的《县政协常务委员会工作报告》和提案委副主任周广鹏作的《县政协五届五次会议以来委员提案办理情况报告》；与会委员列席县十一届人大八次会议，听取和讨论《县政府工作报告》及其他报告；通过会议各项决议。会议期间，收到委员提案 48 件，经审查立案 36 件。

第六届委员会会议

政协龙州县第六届委员会自 1999 年 1 月—2002 年 11 月，共召开全体委员会议 4 次。

第一次全体会议于 1999 年 1 月 5 日—8 日在县城召开。出席会议委员 130 名，列席会议人员 134 名。会议听取和审议主席张培植作的《县政协五届常务委员会工作报告》和副主席阮美功作的《关于五年来委员提案办理工作情况的报告》；列席县十二届人大一次会议，听取和讨论《县政府工作报告》及其他报告；选举产生政协龙州县第六届委员会主席、副主席、秘书长、常务委员；通过会议决议。会议期间，收到委员提案 67 件，经审查立案 62 件。

第二次全体会议于 2000 年 3 月 7 日—9 日在县城召开。出席会议委员 117 名。列席会议人员 134 名。会议听取和审议副主席阮美功作的《县政协常务委员会工作报告》和副主席陈仲森作的《政协六届委员会一次会议以来委员提案办理工作情况报告》；与会委员列席县十二届人大二次会议，听取和讨论《县政府工作报告》及其他报告；增选 24 名第六届委员会委员；通过会议各项决议。会议期间，收到委员提案 59 件，经审查立案 57 件。

第三次全体会议于 2001 年 3 月 13 日—15 日在县城召开。出席会议委员 139 名。应邀列席会议人员 130 人。会议主要议程：听取并审议副主席阮美功作的《县政协常务委员会工作报告》和副主席闭泽文作的《委员提案办理工作情况报告》；与会委员列席县十二届人大三次会议，听取和讨论《县政府工作报告》及其他报告；同意吴英杰辞去政协县委主席职务；补选苏建鹏为政协龙州县第六届委员会主席。通过会议各项决议。会议期间，共收到委员提案 92 件，经审查立案 87 件。

第四次全体会议于 2002 年 3 月 13 日—15 日在县城召开。出席会议委员 137 名；应邀列席会议人员 140 人。会议听取并审议政协主席苏建鹏作的《县政协常务委员会工作报告》和副主席闭泽文作的《县政协六届三次会议以来委员提案办理工作情况报告》；与会委员列席县十二届人大四次会议，听取和讨论《县政府工作报告》及其他报告；通过会议各项决议。会议期间，共收到委员提案 66 件，经审查立案 66 件。

第七届委员会会议

政协龙州委员会第七届委员会自 2002 年 11 月—2006 年 10 月，共召开 5 次全体会议。

第一次全体会议于 2002 年 11 月 24 日—26 日在县城召开。出席会议委员 130 人，列席会议人员 158 人。会议听取和审议副主席阮美功作的《县政协常务委员会工作报告》和副主席陈仲森作的《县政协六届一次会议以来委员提案办理工作情况报告》；与会委员列席县十三届人民代表大会第一次会议，听取和讨论代县长黄榜荣作的《县政府工作报告》及其他报告；选举产生政协龙州县第七届委员会主席、副主席、秘书长、常务委员；通过会议各项决议。会议期间，收到委员提案 91 件，经审查立案 87 件。

第二次全体会议 2003 年 6 月 27 日—29 日在县城召开。应出席会议委员 145 名，实际出席 144 名；列席 173 人。会议听取和审议政协主席赵国忠作的《县政协常务委员会工作报告》；听取 5 名委员大会发言；与会委员列席县十三届人大二次会议，听取和讨论《县政府工作报告》及其他报告；增选 7 名常委会委员；通过会议各项决议。会议期间，收到委员提案 54 件，经审查立案 53 件。

第三次全体会议 2004 年 3 月 15 日—17 日在县城召开。应出席会议委员 146 名，实出席 136 名；列席 160 名。会议听取和审议副主席阮美功作的《常务委员会工作报告》和副主席陈仲森作的《关于七届一次会议以来提案工作情况的报告》；听取 10 名委员作大会发言；与会委员列席县人大十三届三次会议，听取和讨论《县政府工作报告》及其他报告；通过会议各项决议。会上收到委员提案 83 件，经审查立案 80 件。

第四次全体会议 2005 年 3 月 6 日—9 日在县城召开。应出席会议委员 145 名，实出席 135 名；特邀列席人员 186 名。会议听取和副主席审议阮美功作的《常务委员会工作报告》和副主席陈仲森作的《关于七届三次会议以来提案工作情况的报告》；听取 9 名委员大会发言；与会委员列席县人大十三届四次会议，听取和讨论《县政府工作报告》及其他报告；通过会议各项决议。会议期间，收到委员提案 84 件，经审查立案 81 件。

表 4-6　　**龙州县政协第三届至第七届第一次会议委员结构表**

届次	总数	党派				性别				民族				文化					
		中共党员	%	非中共党员	%	男性	%	女性	%	壮族	%	汉族	%	大学	%	中专	%	初中	%
三	110	50	45.46	60	54.54	85	77.27	28	22.73	90	81.22	20	18.18	30	27.27	46	41.82	34	30.91
四	117	45	38.46	72	61.54	93	79.5	24	20.5	97	82.9	20	17.1	35	29.91	44	37.61	38	32.49
五	123	48	39.02	75	60.98	101	82.11	22	17.89	88	71.54	35	28.45	44	35.77	49	39.84	30	22.39
六	131	52	39.69	79	60.31	108	82.44	23	17.56	121	92.37	10	7.63	56	42.75	56	42.75	19	14.5
七	138	55	39.86	83	60.14	104	75.36	34	24.64	—	—	—	—	100	72.46	33	23.91	5	3.63

注：大学含本科和专科；中专含中师和高中；初中含初中和小学

第三节　常务委员会议

政协龙州县委员会常务委员会议一般每季度召开一次，会议的日期、议程由主席会议决定。必要时可以提前、推迟或临时召开。会议一般由主席或副主席主持。政协各专门委员会正、副主任，办公室正、副主任列席会议。根据会议的内容和需要，邀请各民主党派、有关部门和单位负责人及与议程有关的其他人员列席会议。

会议的任务是讨论决定常务委员会会务工作中的重大问题；听取县委、县政府及有关部门、单位的大政方针和重要决策的实施部署报告、情况说明，并进行协商和讨论，提出意见和建议；协商讨论本县重要事务的决策以及群众生活中普遍关心的重大问题，提出意见和建议；审查重要的视察报告、专题调查报告和委员提案；审议各工作委员会的工作情况和工作总结。

第二届常委会议

1984 年 10 月—1987 年 11 月，政协龙州县第二届委员会召开 22 次常务委员会议。

1985 年 11 月 19 日—20 日，县政协第二届第 4 次常务委员会议召开。出席会议的正副主席和常委共 16 人。会议听取县委统战部部长黄祥宜作《关于福建地区统战、政协工作的考察报告》；主席陈扬作《关于考察佛山等地统战、政协工作经验的汇报》和传达政协自治区五届八次常委会精神；副主席韦礼贞传达全区、县（自治县）、市政协工作组工作会议精神。

1987 年 1 月 20 日、2 月 27 日，县政协二届第 14 次、15 次常委会议分别召开。出席的正副主席和常委 16 人，南宁师专讲师、自治区政协委员吴健舟和县政协机关干部列席会议。会议主要传达学习中共中央〔1987〕1

号文件《中共中央关于向全体党员和干部、群众传达〈邓小平同志关于当前学生闹事问题的讲话要点〉的通知》和全区政协工作会议有关文件；学习和讨论全国人大常委会《关于加强法制教育维护安定团结的决定》。5月25日，县政协第二届第18次常委会议召开。研究决定1987年5月25日—28日召开政协龙州县第二届委员第四次会议。10月10日，县政协第二届第22次常委会议召开。出席的正副主席和常委14人。会议主要讨论二届常委会三年来工作总结报告和今后工作建议，修改补充；县委统战部部长黄祥宜传达中共中央、自治区党委、南宁地委统战部《关于政协换届工作的意见》文件精神；根据有关文件精神，经协商决定该次换届退出的年老体弱政协委员38人。会议决定1987年11月8日—11日召开政协龙州县第三届委员会全体委员会议。

第三届常委会议

1987年11月—1990年9月，政协龙州县第三届委员会召开14次常务委员会议。

1987年12月31日，县政协第三届第1次常委会议召开。出席的正副主席和常委15人。会议主要学习中共十三大报告和自治区党委领导在全区县以上领导学习班上的讲话精神；讨论决定成立学习、文史委员会成员名单及其工作任务。

1988年4月5日，县政协第三届第2次常委会议召开。出席会议的正副主席和常务委员17人。县委副书记张培植，县人大常委会主任王甫汉、副主任凌琅到会指导。会议主要学习《关于经济形势和今年的经济工作——中共中央政治局第四次全体会议纪要》和全国政协副主席钱学森在全国政协七届一次会议上作的工作报告；传达自治区海外统战工作会议精神；通报龙州县经济运行的基本情况。11月29日，县政协第三届第6次常委会议召开。会议由主席陆忠传达自治区党委五届五次全会精神，学习中共十三届三中全会文件，讨论自治区党委和政协关于政治协商、民主监督制度的决定和试行条例。县委书记凌霜、县长农汉方和县人大常委会副主任谭华熙分别在会上作龙州县情况通报的讲话。

1989年2月14日，县政协第三届第7次常委会议召开。出席的正副主席和常委14人。主要学习全国政协颁布的《关于政治协商、民主监督的暂行规定》；学习赵紫阳在全国政协举行的1989年元旦茶话会上的致辞和李鹏在中共中央1989年春节团拜会上的讲话；讨论县政协1989年工作要点。县委副书记张培植应邀到会指导并讲话。3月6日，县政协第三届第8次常委会议召开。到会的正副主席和常委12人。主要讨论常务委员会工作报告（初稿）和协商增补本届委员名单。经协商讨论，原则通过工作报告，一致通过增补7名委员名单。5月12日，县政协第三届9次常委会议召开。听取副主席林慧民传达自治区政协六届八次常委（扩大）会议精神，副主席张子莹传达自治区政协在百色召开的智力支边工作座谈会议精神。县委副书记张培植到会指导。

1990年8月18日，县政协第三届第14次常委会议召开。主要协商县政协换届问题。会议一致通过中共、民主同盟、无党派人士等17个界别117名政协龙州县第四届委员会名单。县委副书记张培植到会指导，县委统战部部长李志光、副部长李运文列席会议。

第四届常委会议

1990年9月—1993年12月，政协龙州县第四届委员会召开14次常务委员会议。

1990年9月22日，县政协第四届第1次常委会议召开。会议特邀县政协第三届主席陆忠、副主席林慧民出席。主要听取政协县第三届副主席林慧民传达自治区政协工作座谈会精神；研究常委分工和成立“一室五委”人员名单。11月13日—14日，县政协第四届第2次常委会议召开，出席常委16名。会议特邀县人大常委会主任冯景彤、副县长陈中乐、县政协第三届副主席林慧民到会指导并讲话。主要听取余晋良传达政协南宁地区联络理论会议精神，结合龙州县提出贯彻会议精神意见；陈中乐介绍龙州县执行“七五”经济发展计划的情况和龙州县经济发展“八五”计划和“十年”规划；林慧民通报全国政协人口问题调查组到龙州县调查的情况。

1991年2月25日，县政协第四届第4次常委会议召开。主要学习讨论《中共中央关于制定国民经济和社会发展十年规划和“八五”计划的建议》；讨论修改3月下旬召开的县政协四届二次全体会议上的《常委会工作报告》；讨论制定《“一室五委”工作条例》和1991年“一室五委”工作计划。3月22日，县政协第四届第5次常委会议召开。主要研究通过县政协四届二次全体会议时间、议程和《报告》；讨论通过提请四届二次会议补选常委名单；讨论通过县政协专门委员会组织通则；讨论是否设立秘书长事宜，决定暂缓设立。7月5日—6日，县政协第四届第6次常委会议召开。主要学习江泽民在庆祝建党70周年大会上的讲话；讨论龙州县建设总体规划；传达自治区政协、南地政协会议精神。10月9日，县政协第四届第7次常委会议召开。主要学习《赵富林在自治区党员领导班干部会上的讲话》；总结1991年第3季度工作成绩，讨论1992年春节前的工作；研究县政协四届三次全会的有关事宜。会议决定：同意农汉方辞去县政协四届委员会主席；同意提名张培植为县政协四届委员会主席选举候选人。

1992年2月21日—22日，县政协第四届第8次常委会议召开。主要学习《中共中央关于进一步加强农业和农村工作的决定》，讨论如何进一步加强龙州县农业和农村工作的意见和建议；传达政协南宁地委会议精神；听取和讨论县政协"一室五委"工作计划。3月9日，县政协第四届第9次常委会议召开。主要研究决定召开县政协四届四次会议有关事宜。

1993年3月13日，县政协第四届第12次常委会议召开，主要讨论通过县政协四届五次全会有关事宜。6月29日，县政协第四届第13次常委会议召开，主要学习讨论社会主义市场经济理论；传达南宁地区农村工作会议精神。11月19日，县政协第四届第14次常委会议召开。主要讨论修改县政协四届《常委会工作报告》；讨论通过县政协五届一次全会有关事宜。

第五届常委会议

1993年12月—1999年1月，政协龙州县第五届委员会召开15次常委会议。

1994年2月19日，县政协第五届第1次常委会议召开。出席的正副主席和常委17名，办公室正副主任列席会议。主要学习政协南宁地区工作会议精神；学习全国政协《关于政治协商、民主监督的暂行规定》；讨论制定1994年县政协工作要点；提案委员会向常委会通报委员提案办理情况。3月18日，县政协第五届第2次常委会议召开。主要讨论修改县政协五届二次全会《常委会工作报告》；讨论决定县政协五届二次会议于1994年3月28日—30日在县城举行，副主席林春仲致开幕词，副主席农桂珠作《常委会工作报告》，主席张培植致闭幕词；讨论确定五届二次全会委员发言名单；讨论通过五届二次全会议程。7月20日，县政协第五届第3次常委会议召开。主要研究下半年各专门委员会如何开展社会调查活动；讨论通过开展希望工程、经济建设、农业生产等社会热点问题调查活动的安排。8月19日，县政协第五届第4次常委会议召开。主要讨论制定下半年各专门委员会工作任务。

1995年3月17日，县政协第五届第5次常委会议召开。主要审定县政协五届三次全会《常委会工作报告》；讨论通过县政协五届三次全会有关事宜。7月11日，县政协第五届第6次常委会议召开。出席会议的正副主席和常委19名，政协南宁地区联络处副主任覃茂发、办公室副主任陆德宁到会指导，县政协机关各委室正副主任列席会议。会议主要传达自治区政协工作经验座谈会精神；讨论通过各专门委员会调查研究的课题。10月24日，县政协第五届第7次常委会议召开。出席会议的正副主席和常委16名。主席张培植传达学习江泽民重要讲话精神；副主席农桂珠传达中共中央《关于制定国民经济和社会发展"九五"计划和2010年远景目标的建议》。会议就人民政协如何更好地履行职能，做好参政议政，建言献策，为制定龙州县国民经济和社会发展"九五"计划和2010年远景目标提出意见和建议展开讨论。

1996年10月29日，召开县政协第五届第11次常委会议。主要学习中共十四届六中全会精神；通报龙州县经济工作运行情况。

1997年3月14日，县政协第五届第12次常委会议召开。会议主要研究县政协机关人事安排；讨论通过《常委会工作报告》和召开县政协五届五次全会有关事宜。

1998年3月13日，县政协第五届第15次常委会议召开。会议主要审定县政协五届六次全会《常委会工作报告》；讨论通过召开县政协五届六次全会的有关事宜。

第六届常委会议

1999年1月—2002年11月，政协龙州县第六届委员会召开17次常务会议。

1999年3月9日，县政协第六届第1次常委会议召开。会议主要讨论通过政协县委机关"一室三委"

人事安排和1999年政协县委工作要点；学习人民政协工作有关知识。7月8日，县政协第六届第2次常委会议召开。主要讨论通过1999年政协县委上半年工作总结，听取1999年龙州县上半年财政和农业工作情况及下半年工作打算的通报。8月17日，县政协第六届第3次常委会议召开。会议主要通报县政协六届主席会议通过的关于庆祝人民政协成立五十周年纪念活动方案。11月8日，县政协第六届第4次常委会议召开。主要学习中共十五届四中全会关于国有企业改革和发展若干问题的决定，分析龙州县国有企业改革和发展的状况，商定委员调研课题。

2000年1月20日，县政协第六届第5次常委会议召开。会议主要审定县政协六届二次全会议程、常委会工作和提案工作报告、大会秘书长和副秘书长名单、提案审查委员会成员和特邀及列席人员名单、表彰先进单位和个人等事项。3月3日，县政协第六届第7次常委会议召开。主要协商通过不再担任县政协六届委员和增补委员的名单。7月21日，县政协第六届第8次常委会议召开。主要听取主席吴英杰传达南宁地区政协主席会议精神；副主席叶建军传达南宁地区政协提案和信息工作会议精神。

2001年1月11日，县政协第六届第9次常委会议召开。主要听取主席吴英杰传达南宁地区政协主席会议精神，提出2001年工作要点；副主席阮美功总结县政协2000年工作成效；县长莫树周通报2000年龙州县经济工作情况和提出2001年龙州县经济工作重点；县人大常委会主任赵国忠应邀到会指导并讲话。2月16日，县政协第六届第10次常委会议召开。主要审议通过政协龙州县六届三次会会议程、主席团和秘书长及提案审查委员会名单，开幕式和闭幕式主持人《常委会工作报告》、列席会议人员名单和有关表彰先进等事项。3月3日，县政协第六届第11次常委会议召开。主要讨论决定3月13至15日召开县政协六届三次全会和通过全会相关事宜。3月9日，县政协第六届第12次常委会议召开。会议主要讨论通过决定同意吴英杰辞去县政协六届委员会常务委员、委员、主席的职务，同意赵世治辞去政协龙州县六届委员会常委的职务；举手表决一致同意苏建鹏为政协龙州县委员会主席候选人。5月11日，县政协第六届第13次常委会议召开。主要听取主席苏建鹏传达南宁地区政协主席会议精神；讨论修改2001年县政协工作要点。8月2日，县政协第六届第14次常委会议召开。主要听取县政协机关“一室三委”负责人分别作上半年工作总结；听取副主席闭泽文作2001年上半年县政协工作总结；听取主席苏建鹏传达南宁地区政协主席会议精神，结合县政协实际情况布置下半年工作。

2002年3月7日，县政协第六届第15次常委会议召开。主要审议通过《常委会工作报告》和《委员提案工作报告》；讨论通过2002年县政协工作要点和“一室二委”人事任免名单；评选优秀提案和提案承办先进单位。11月11日，县政协第六届第16次常委会议召开。主要审议通过政协龙州县第七届委员会第一次全会日程、议程，《常委会工作报告》和《提案工作报告》以及两个报告的报告人。11月15日，县政协第六届第17次常委会议召开。主要听取县委统战部负责人介绍政协龙州县第七届委员会委员名额和构成比例情况；通过讨论确定政协龙州县第七届委员会委员138名；再次确定县政协七届一次全会日程、议程等事项。

第七届常委会议

2002年11月—2006年10月，政协龙州县第七届委员会召开23次常务委员会议。

2002年12月20日，县政协第七届第1次常委会议召开。会议学习中共十六大文件和人民政协章程；讨论通过2003年县政协工作要点。

2003年2月18日，县政协第七届第2次常委会议召开。会议审议通过县政协七届二次全会《常委会工作报告》和召开日期、议程、列席名单等事项；讨论通过县政协机关“一室二委”人事安排。3月6日，县政协第七届第3次常委会议召开。讨论通过县政协七届二次全会委员专题发言名单及其他相关事项。6月25日，县政协第七届第4次常委会议召开。协商通过《县政协关于委员工作述职的试行意见》《县政协关于常委会工作规则》等六个工作制度；通过增补县政协第七届委员会名单；再次确定七届二次全会召开时间、议程安排等事项。9月15日，县政协第七届第5次常委会议召开。出席会议的正副主席和常委22人，当届部分委员和县政协机关“一室二委”负责人列席会议。会议主要对县水电局、建设局、旅游局、农业局、外经贸局5个政府职能部门进行民主评议。分别听取和评议县水电局等5个被评议部门主要领导通报的工作做法和成效，常委和委员提出批评、意见和建议。10月10日，县政协第七届第6次常委会议召开。出席会议的正副主席和常委 22 人，县政协“一室二委”负责人和部分委员列席会议。主要听取县教育局局长通报 2003 年教育工作情况，县政协评议调研小组汇报对教育局工作的调查情况。评议及对县教育局工作存在的问题提出意见和建议。12 月 30 日，县政协第七届第 7 次常委会议召开。出席的正副主席和常委 23 人，县政协机关“一室二委”负责人列席会议。主要审议通过县政协 2003 年工作总结和 2004 年工作要点，听取和评议县政协常委和“一室二委”负责人分别作的述职报告。

2004 年 3 月 4 日，县政协第七届第 8 次常委会议召开。出席的正副主席和常委 21 人，县政协机关“一室二委”负责人列席会议。讨论通过《常委会工作报告》和《提案工作报告》及增补委员名单、评选优秀委员和优秀提案及提案办理先进单位等事项。3 月 17 日，县政协第七届第 9 次常委会议召开，在县政协七届三次全会期间举行。审议通过全会政治决议（草案）、常委会工作报告决议（草案）、提案工作报告决议（草案）、提案审查情况报告。5 月 24 日，县政协第七届第 10 次常委会议召开。出席的正副主席和常委 22 人，县政协机关“一室二委”负责人列席会议。主要学习《政协章程修正案》，协商通过增补县政协委员名单等事项。9 月 3 日，县政协第七届第 11 次常委会议召开。出席的正副主席和常委 22 人，县政协机关“一室两委”主要领导列席会议。主要审议通过龙州县旅游业、口岸经济、非公有制经济发展问题和教育“普九”工作等 4 个专题调研报告；协商通过 2004 年下半年拟定对县林业局、卫生局、计生局的民主评议工作。12 月 6 日，县政协第七届第 12 次常委会议召开。出席的正副主席和常委 20 人，县政协机关“一室二委”列席会议。主要听取和评议县林业局、卫生局、计划局 3 个单位工作，提出合理化的意见和建议；讨论通过 2005 年县政协工作要点。

2005 年 2 月 25 日，县政协第七届第 13 次常委会议召开。出席的正副主席和常委 21 人，县政协机关“一室二委”主要领导列席会议。讨论修改《常委会工作报告》和《提案工作报告》；审议通过召开县政协第七届四次全会有关事项；协商通过调整七届委员名单，评选 2004 年度优秀提案和提案承办先进单位；听取和评议各位常委分别作的述职报告。3 月 8 日，县政协第七届第 14 次常委会议召开，在县政协第七届四次全会期间举行。主要审议通过《选举办法（草案）》；通过总监票人、监票人、计票人名单（草案）；通过县政协第七届四次全会政治、常委工作、提案工作等报告决议和提案审查情况报告；通过补选县政协第七届常委候选人名单。6 月 24 日，县政协第七届第 15 次常委会议召开。出席的正副主席和常委 20 人，县政协机关“一室二委”主要领导列席会议。主要听取副县长吴爱红作的《龙州县 2005 年上半年经济运行情况的报告》；听取副主席阮美功通报《县政协领导班子开展先进性教育整改方案》；学习中共中央《关于进一步加强中国共产党的多党合作和政治协商制度建设的意见》。9 月 30 日，县政协第七届第 16 次常委会议召开。出席的正副主席和常委 22 人。学习自治区党委书记曹伯纯在全区学习贯彻《中共中央关于进一步加强中国共产党领导的多党合作和政治协商制度建设的意见》和自治区党委《实施意见》专题研讨班上的讲话精神；研究 2005 年县政协民主评议工作；通过室委人事安排。11 月 16 日，县政协第七届第 17 次常委会议召开。主要学习自治区政协办公厅《关于推进我区政协工作创新的意见》；对县水产畜牧局和县交通局的工作进行民主评议；评选县政协第七届四次全会以来优秀提案和提案承办先进单位。12 月 28 日，县政协第七届第 18 次常委会议召开。主要总结 2005 年县政协工作成效；讨论通过《县政协 2006 年工作要点》；听取县政协“一室两委”2005 年度工作情况汇报和县政协常委工作述职报告。

第四节　提案办理

1986 年—2005 年，政协龙州县二届至七届委员会带领全体政协委员，围绕县委、县政府的中心工作以及群众普遍关心的城镇建设、社会保障、医疗卫生、读书就业等热点、难点问题，调查研究，收集可靠资料，提出有针对性的书面建议和意见，形成有一定实用价值的提案和建议案。这些提案和建议案得到县委、县政府的重视，被有关部门、单位采纳。期间，收到提案 1669 件。经会议审查，除内容重复和作为来访信件以外，立案 1439 件。每一件提案都由有关部门单位办理或作出答复。

第二届提案办理

1984 年 10 月，县政协第二届第一次会议收到提案 50 件，立案 48 件，分别送交有关单位研究办理，答复率 100%。1985 年 12 月，县政协第二届第二次会议收到提案 61 件，立案 60 件，分别送交有关单位研究办理，答复率 100%。1986 年 6 月，县政协第二届第三次会议收到提案 20 件，立案 18 件，分别送交有关单位研究办理，答复率 100%。第二届提案内容大多，涉及党政、城乡建设环境保护、教育卫生、农林水、工业交通、财贸、政法、统战、侨务等，提交相关部门后，都能够及时办理。如 1984 年 10 月第二届第一次会议提案《关于修复龙州中山公园原国民党一八八师抗日阵亡将士纪念碑的建议》，县人民政府、县民政局领导很重视，经研究，从优抚费中安排 1500 元，由县民政局派人具体实施，并于 1984 年 12 月修复完成。提案《关于速修北门街主要干道以利市容交通》得到县城建局领导重视，经研究拨出 5 万元进行施工，维修从龙州一中门口到北门街尾道龙水公路全长 700 米、宽 6.5 米的主干道，同时还修通地下水道 800 米，1985 年上半年竣工。营街到泰山街路段，也拨款 1 万元修建长 140 米、宽 5 米道路。

第三届提案办理

1987 年 11 月，县政协第三届第一次会议收到提案 18 件，立案 18 件，分别送交有关单位办理。1988 年 5 月，县政协第三届第二次会议收到提案 42 件，立案 30 件，分别送交有关单位研究办理。1989 年 3 月，县政协第三届第三次会议收到提案 30 件，立案 30 件，分别送交有关单位承办，办理答复率 100%。1990 年 3 月，县政协第三届第四次会议收到提案 29 件，立案 29 件，分别送交有关单位承办。参加提案委员 83 人。提案办理答复率 100%。委员报提的提案内容广泛、建议具体，从我县县情出发，很富有建设性。提案提交相关部门承办后，及时加以研究和给予解决。如《关于边远山区交通不便，农副产品运不出，要求拨款修建公路案》承办单位扶贫办答复：龙州县是贫困县，财政目前仍有困难，修建山区公路分期分批进行，现在只能解决县、乡、村公所交通，其他村间道路须待今后财政收入好转后才能解决。《关于台属养殖场的贷款问题的提案》承办单位答复：台属办养殖场，不但有经济效益，还具有一定的政治影响，但须写申请报告，由县扶贫办、县农行一起审定。《关于要求建统一的屠宰场》承办单位答复：鉴于 1990 年龙州县财政有困难，且涉及建场基地，资金和收费、管理等问题，目前一时还不能解决。

第四届提案办理

1990 年 9 月，县政协第四届第一次会议没有收到委员提案。1991 年 4 月，县政协第四届第二次会议收到提案 59 件，立案 58 件。送交有关部门单位承办。1991 年 10 月，县政协第四届第三次会议，没有收到委员提案。1992 年 3 月，县政协第四届第四次会议收到提案 60 件，立案 47 件。分别送交县政府办等相关单位承办。参加提案委员 57 人，占委员总数 48.3%。1993 年 3 月，县政协第四届第五次会议收到提案 34 件。立案 28 件，送交有关单位承办。如《关于要求修建白雪公路的建议》提交公路部门承办后，得到承办单位的重视，及时进行规划、设计、预算和组织施工建设。《关于要求解决民族中学饮水污染的建议》提交建设局和环保局共同承办后，一是及时对沿江的几个企业进行排污整治，二是与县水厂联系铺设自来水管到民族中学，解决学校饮水难问题。

第五届提案办理

1993 年 12 月，县政协第五届第一次会议收到提案 41 件，立案 38 件，分别送交县政府办等 14 个单位承办。1994 年 3 月，县政协第五届第二次会议共收到提案 53 件，立案 48 件，分别送交县政府办等 16 个单位承办。办理答复率 100%。1995 年 3 月，县政协第五届第三次会议收到提案 65 件，立案 58 件，分别送交县政府办等 22 个单位承办。办复率 100%。1996 年 3 月，县政协第五届第四次会议收到提案 32 件，立案 28 件。分别送交县政府办等 12 个单位承办。办复率 100%。1997 年 4 月，县政协第五届第五次会议收到提案 46 件，立案 44 件，分别送交县政府办等 18 个单位办理，办复率 100%。1998 年 3 月，县政协五届六次会议收到提案 48 件，立案 36 件，分别送交县政府办、建设局、教育局、人大办、交通局、卫生局、响水镇和武德乡政府等单位办理，办复率 100%。重点提案提交相关的承办单位后，得到承办单位的重视，及时进行部署安排，给予妥善处理和解决。如：提案《关于设立龙州县科技发展基金的建议》提交县政府办承办后，答复：成立发展基金势在必行，但财政紧张，目前暂不能作专款划拨。提案《关于发行债券方式集资建那花、水口边贸点的建议》提交县政府办承办后，答复：县政府无权发行债券，将通过改革边贸管理手段，落实责任制等多渠道筹集资金，建设好边贸市场。提案《关于整治县内各农贸市场中欺行霸市、掺杂使假、短斤少两行为的建议》提交县工商局承办后，答复：对整治农贸市场中的不法行为，本单位一直以来除对当事人进行批评教育、责令纠正、罚款、停业、吊销执照等查处外，有的还进行曝光，但目前单位因人力和设施有限，整治成效不大，今后有待改进。

第六届提案办理

1999 年 1 月，县政协第六届第一次会议收到提案 67 件，立案 62 件，分别送交县政府办等 15 个单位办理，办复率 100%。2000 年 3 月，县政协第六届第二次会议收到提案 59 件，立案 57 件，分别送交县政府办等 18 个单位办理，办复率 100%。2001 年 3 月，县政协第六届第三次会议收到提案 92 件，立案 87 件，分别送交县政府办等 19 个单位办理，办复率 100%。2002 年 3 月，县政协第六届第四次会议收到提案 66 件，立案 66 件，送交有关单位研究承办，办复率 100%。

重点提案提交相关的承办单位后，得到承办单位的重视，及时进行部署安排，给予妥善处理和解决。如《关于要求建立农副产品购销信息网络系统的建议》提交政府办承办后，答复：目前经费困难，又缺乏网络技术人才，因此，建立信息网络系统的时机尚未成熟。《关于要求清理整顿农资市场的建议》提交政府办承办后，答复：前段时间(2000 年 4 月份）执法中，就查封 2 家农资经营店，没收 20 多吨农资产品，今后将加大执法整顿力度，维护农贸市场秩序，保护农民利益。《关于建立甘蔗良种示范基地的建议》交政府办承办后，答复：目前县委办、政府办、糖业局和农场等单位已建立了甘蔗良种推广示范基地。《关于严肃查处收购蔗票坑农行为，切实巩固我县经济支柱的建议》交政府办承办后，答复：县查处坑农工作领导小组已加大查处力度，采取有效措施打击坑农行为，目前有关部门已对一些糖厂的非法收购蔗票行为进行查处。《关于搞好独山高祥开发区配套建设的建议》交政府办承办后，答复：将责成城建部门拟出方案，采取各种办法筹措资金，加大投入力度，加快高祥小区的配套设施建设。《关于在县城建设文化广场的建议》交政府办承办后，答复：修建文化广场是一件大事，要广泛征求社会各界的意见，还要进行论证，才能实施。《关于要求解决吸毒复吸被劳教人员遣送费，以确保龙州社会治安稳定，禁毒斗争顺利开展的建议》交政府办承办后，答复：县政府将采取进一步措施，加大宣传力度，动员全社会来关心和支持戒毒、禁毒工作，同时将适当拨出一定经费作为遣送那些家属无力出资的戒毒复吸被劳教人员到区劳教所。《关于严格控制政府机构和各行政事业单位编制，切实精简冗员，实施“精兵简政”的建议》交政府办承办后，答复：目前，严格控制党政事业单位编制的工作正按照改革方案进行，并取得了一定成果；下一步，按照上级有关精简机构的要求，这方面的工作力度还会进一步加大。《关于要求取消房产所收取房产抵押贷款监证登记费的建议》交政府办承办后，答复：房产抵押贷款监证费现在执行的收费标准是抵押额的 0.3%~0.8%。收费根据是自治区物价局、财政厅联合下发《关于调整全区建设系统部分行政事业性收费项目和标准的通知》收取，县人民政府无权取消房产证抵押贷款监证费。《关于要求建立我县科技奖励基金的建议》交政府办承办后，答复：目前县财政还比较困难，一时难以安排资金投入，县政府计划在适当时候召集有关部门对这项工作进行研究，创造条件建立我县科技奖励资金，以促进我县科技事业发展。

第七届提案办理

2002 年 11 月，县政协第七届第一次会议收到提案 91 件，立案 87 件，分别送交有关单位承办。2003 年 6 月，县政协第七届第二次会议收到提案 56 件，立案 53 件，送交有关单位承办。七届一次与二次会议立案 140 件一起办复，办复率 100%。2004 年 3 月，县政协第七届第三次会议收到提案 83 件，立案 80 件，分别送交 21 个单位承办，办复率 100%，满意和基本满意 98%。2005 年 3 月，县政协第七届第四次会议收到提案 84 件，立案 81 件，分别送交有关单位承办。

重点提案提交相关的承办单位后，得到承办单位的重视，及时进行部署安排，给予妥善处理和解决。如《关于制定政策，采取措施，加强牛品改工作力度，把我县肉牛生产作为农村新的经济增长点来抓的建议》交政府办承办后，答复：县政府已划拨70万元作为牛品改的资金。《关于加快对利民街路口至霞秀糖厂道路建设的建议》交城建局承办后，答复：已把该项目作为实施城改的重点之一，目前该工程已竣工投入使用。《关于要求采取有力措施、加快我县非公有制经济发展的建议》交政府办承办后，答复：已加强了对个体私营经济的领导做到政务公开，接受群众监督，增加办事和收费透明度。《关于县政府应重视招商引资工作，实行宽松优惠政策，加大招商引资力度，加快我县经济步伐的建议》交政府办承办后，答复：落实专职工作人员，制定并出台了《龙州县人民政府关于鼓励客商投资办企业的优惠政策》，提高办事效率，加快全县经济发展步伐。《关于要求做好独山路两旁排水设施的建议》交城建局承办后，答复：县城主排涝工程已竣工，内涝问题得到了较好的解决。《关于要求整治朝阳小学路口至街心花园交通秩序的建议》交城建局和交通局联合承办后，答复：县政府已初步拟定了管理方案，此方案正进一步研究讨论中，在新的管理方法未出台前，将责成有关部门加大查处力度，维持好该处的交通秩序。《关于依法治理独山路两家淀粉厂环境污染问题的建议》交县环境局承办后，答复：两家淀粉厂治理所需资金有限，其散发的臭气属于无组织排放，目前，对其进行治理不是很有效，一时难于得到控制和消除，有待以后慢慢改善。

表4-7　**1986年—2005年龙州县政协提案立案统计表**

单位：件

案项／案数／届次	一		二		三		四		五		六		合计	
	提案	立案	提案	立案	提案	立案	提案	立案	提案	立案	提案	立案	提案	立案
二	50	48	61	60	20	18	—	—	—	—	—	—	131	126
三	18	18	42	30	30	30	29	29	—	—	—	—	119	107
四	—	—	59	58	—	—	60	47	34	28	—	—	153	133
五	41	38	53	48	65	58	32	28	46	44	48	36	285	252
六	67	62	59	57	92	87	66	66	—	—	—	—	284	272
七	91	87	56	53	83	80	84	81	85	79	—	—	399	380
合计	267	253	330	306	290	273	271	251	165	151	48	36	1371	1270

表4-8　**1986年—2005年政协龙州县优秀提案一览表**

届次	时间	重点提案标题	提案人	
			牵头人	人数
三	1988年5月—1990年3月	关于边远山区交通不便，农副产品运不出去，要求拨款修建公路案	黄振业	1
		关于台属养殖场的贷款问题	何松龄	1
		关于建统一屠宰场的建议	何海全	1
		关于修建棒村至岩表屯交通路的请求	周志权	1
		尽快使七里滩扩建一期工程发挥效益	邓培安	1
		要求依法惩处盗窃打人抢枪行为	罗盛碧	1
		招工招干应适当照顾归侨侨眷	周志明	1
		镇中学校门前的牛圩应及早搬迁	节茂恒	1
		关于对犯罪公子处理应是教育、教养、劳改或处决	吕炳金	1
		尽快在车站门口至朝阳小学路面足球场边设立栏杆	黎志敏	1
		关于北门菜市的建设	罗盛碧	1

续表

届次	时间	重点提案标题	提案人	
			牵头人	人数
四	1990年9月5日—1993年3月28日	关于要求修建白雪公路的建议	何琪芳	
		关于要求解决民族中学饮水污染的建议	农松辉	
		关于大力宣传我县“八五”计划的建议	卓家骅	
		关于改建春秀放水塔的建议	欧阳加民	2
五	1993年12月6日—1998年3月24日	关于与农场联合开发蔗区的建议(建议案)	办公室	
		关于购置“三七”高炮作人工降雨使用的建议	丁立兵	3
		关于拨款开通龙州至水口程控电话的建议	罗丽嘉	
		关于扩改板化至逐卜公路为四级公路的建议	赵志勋	2
		关于提高代课教师工资待遇的建议	农人康	4
		关于进行黄金矿产勘查开发的建议	黎　刚	
		关于建立“见义勇为”奖励基金的建议	陆建华	2
		关于开发旅游资源、出版旅游景点画册与录像带的建议	黄家贮	
		关于禁止在龙州河道非法淘金的建议	赵世治	15
		关于拆迁响水集市内民房的建议	张耀廷	
		关于要依法治国,依法收费的建议	黎有章	
		关于修建上金乡中山至云江蔗区公路的建议	冯燕芳	4
		关于要求对二糖、霞糖两厂至利民街的公路段进行重新扩修的建议	陆建华	3
六	1999年1月5日—2002年3月13日	关于要求解决吸毒复吸被劳教人员遣送费,以确保龙州社会治安稳定,禁毒斗争顺利开展的建议	李修立	9
		关于要求修建城北酒厂道路的建议	赵儒伟	4
		关于要求解决逐卜乡广合村内录屯生活用电的建议	黄家强	2
		关于在县城独山路设立警务区的建议	冯燕芳	5
		关于县图书馆应增加新书的建议	谢昆昌	
		强烈要求治理青龙桥污染问题	罗丽嘉	3
		关于治理粗俗药品广告小报的建议	黄家贮	
		关于发展农业经济,继甘蔗之后的第二条经济作物实现“万元田”的新路子的建议	刘永发	
		关于我县推广冬闲田种植黑麦草的建议	梁碧军	3
		关于保证政协委员考察经费的建议	何英联	17
		关于严肃查处收购蔗票坑农行为,切实巩固我县经济支柱的建议	麦瑞标	15
		关于根据实际尽可能合并村屯教学点的建议	农忠德	5
		关于搞好上龙乡市场建设方便群众贸易往来的建议	梁金英	3
		关于加强独山路交通安全管理的建议	陶国春	17
		关于拓宽县利民街至霞秀糖厂大道的建议	黄嘉琴	5
		关于解决谷阳至图强路段养护的建议	黄连欢	2

续表

届次	时间	重点提案标题	提案人	
			牵头人	人数
六	1999年1月5日—2002年3月13日	关于加强对个体私营经济的领导,保障私营经济健康发展的建议	林建欣	15
		关于要求有关部门制订实施农业科学技术发展纲要的建议	黄富吉	8
		关于搞好独山高祥开发区配套建设的建议	何英联	3
		关于限制婚宴酒席规模的建议	陶国春	17
		关于糖厂改制应注意事项的建议	邓世敢	9
		关于要求拨款解决龙州戒毒设施,确保龙州社会政治稳定的建议	李修立	13
		关于绿化小连城旅游景点的建议	严加武	
		关于尽快建立能体现我县——红八军故乡革命老区精神风貌的城市大型雕塑的建议	黄嘉琴	17
		关于妥善解决沿边公路建设中涉及土地问题的建议	覃卫勇	6
		关于要求搬迁龙州中学校门旁加油站的建议	曾 红	14
		关于切实重视和改善我县教育工会现状的建议	李明票	
		关于要求制止在我县河段电鱼、炸鱼、毒鱼的建议	覃继荣	3
		关于要求建立大青山小青山水源自然林保护区的建议	植德强	
		关于切实采取措施,坚持杜绝毁林开荒行为的建议	凌永久	4
第七届第一次全会	2002年11月24日—26日	关于制定政策,采取措施,加强牛品改工作力度,把我县肉牛生产作为农村新的经济增长点来抓的建议	赵金甲	8
		关于要求采取有力措施,加快我县非公有制经济发展的建议	林建欣	17
		关于县政府重视招商引资工作,实行宽松优惠政策,加大招商引资力度,加快我县经济步伐的建议	谢昆昌	—
		关于要求做好独山路两旁排水设施的建议	李 扬	21
		关于加大力度打击"私彩"赌博活动的建议	谭 诚	16
第七届第二次全会	2003年6月27日—29日	关于加大普及九年义务教育力度的建议	谢秉宗	4
		关于在丽江两岸种竹造林的建议	吕燕强	2
		关于建立政府行政审批办证中心的建议	麦瑞标	4
		关于加强网吧管理的建议	蒙春勇	3
		关于加大力度打击"私彩"赌博活动的建议	梁文刚	11
第七届第三次全会	2004年3月15日—17日	关于进一步优化投资环境,扩大对外开放的建议	庞熙海	6
		关于加强口岸经济建设的建议	林 莉	9
		关于狠抓退耕还林,严禁在25度山坡上垦荒,造福子孙后代的建议	梁文刚	13
		关于要求政府有关部门解决农民进厂原料蔗扣杂比例过大的建议	程图胜	19
		关于加快开发弄岗国家级自然保护区旅游资源的建议	兰 勇	42
		关于加快乌龙茶良种推广,努力培育我县新的经济增长点的建议	农春颖	13
		关于开办干部越语培训班的建议	陈曼霞	21
		关于采取措施,加快发展养牛业的建议	赵金甲	2

续表

届次	时间	重点提案标题	提案人	
			牵头人	人数
第七届第四次全会	2005年3月6日—9日	关于加快我县“普九”进程的建议	李明票	民盟龙州县支部
		关于加强对全县新增劳动力实施转移就业培训，促进劳动力充分就业，加快县域经济发展的建议		
		关于拯救与保护“人间仙境”的建议	甘颂棠	8
		关于大力推进我县红色旅游的几点建议	梁文彦	10
		关于成立养牛协会，适应养牛业新阶段发展的建议	兰肖梅	12
		关于加快我县县城垃圾处理场建设的建议	吴跃年	11
		关于加大对农村富余劳动力技能培训力度的建议	陆　敏	8
		关于大力推广种植澳洲坚果，振兴我县水果产业的建议	唐君海	11

第五节　视察　调研

委员视察

1986年—2005年，县政协围绕龙州县经济发展、社会进步和人民群众普遍关心的问题，有计划地组织各专门委员会（专业组）、各界政协委员进行参观、视察、考察，有针对性地向龙州县党政机关和有关部门提出意见和建议，为中共龙州县委、县政府提供决策依据，推动决策的民主化、科学化，促进龙州县“三个文明”建设，发挥人民政协政治协商、民主监督和参政议政三大职能作用。

第三届委员视察　1988年4月，政协龙州县第三届委员会副主席林慧民、沈建尊带领县政协委员教育视察工作组，先后两次到金龙、逐卜、响水3个乡中小学校，了解学校教学情况、查看学校教室宿舍情况、倾听师生反映学校存在的实际问题。发现贵平小学、逐卜中学、响水中学、鸣凤小学等学校的宿舍教室都存在危房，逐卜中学与当地农民有土地纠纷，逐卜乡有几间小学饮水困难。针对以上问题，视察工作组提出书面建议和意见。呈送龙州县党政领导研究解决。

1989年6月，县政协主席陆忠、副主席韦礼贞带领县政协委员农业视察工作组，深入金龙、逐卜、响水、下冻、彬桥5个乡视察农业生产救灾情况。经听取乡领导介绍情况，到村屯与群众交谈后，视察组在肯定各乡生产自救好办法的同时，发现旱涝灾害消除、早稻防治病虫害、粮肥挂钩未能解决、种植面积未与农户对口、农资被盗较多等5个问题。经研究后，对下半年农业生产提出7点建议，呈送县政府解决。

1989年10月，以县政协副主席林慧民为组长，沈建尊、林春仲、姚云龙、黎志敏、农晶体等为组员的县政协教育视察小组，对响水乡鸣凤中心小学、金龙中心小学、逐卜中学、武德中学、龙州一中5所学校的思想政治教育工作进行视察。通过听取学校领导汇报和召开师生代表座谈会以及对部分师生进行问卷调查，发现存在个别学校领导对思想教育工作不够重视，措施不力；政治课联系实际不够；当地党委、政府领导对学校思想政治工作不够重视；对青年教师思想教育比较忽视等问题，并提出4条整改建议。

第五届委员视察　1994年9月，政协龙州县第五届委员会组织经济科技委和学习提案委成立县政协农业生产视察小组，分别到下冻、金龙两镇农业生产进行视察。通过召开群众代表座谈会，到田间地头了解实情，分析下冻镇春秀村公所河渡屯上半年粮食减产的原因，总结金龙镇贵平村公所弄柴屯上半年粮食增产的经验。对龙州县下半年粮食生产提出建议增加农业投入特别是农业科技的投入、推广新的农技成果等建议。

第六届委员视察　2001年4月，政协龙州县第六届委员会主席苏建鹏、副主席阮美功带领县政协农业视察组 24 人，先后深入彬桥乡卫龙关“吨粮田”基地、下冻镇春秀现代农业示范园和县玉米良种繁殖场、县瘦肉型猪场、先锋水电站扩建工程、水口镇峒桂水利建设工程、县 110 千伏送变电工程进行实地视察。听取当地党政和有关单位领导的介绍。视察后，视察组对县政府和有关部门提出巩固粮食生产，发展蔗糖产业；面向市场，依靠科技，调整农业产业结构；抓好农产品流通工作，解放农民后顾之忧；综合开发农产品，做好农产品深加工，打造农产品优质品牌等建议。

第七届委员视察 2003 年 3 月，政协龙州县第七届委员会主席赵国忠，副主席阮美功、陈仲森、张权壮带领 35 名政协委员组成的视察团，先后到水口彩森桄榔粉种植示范基地、水口边贸点、秾顿文明示范村、县城建筑工地进行视察。在视察中，发现亟待解决的一些问题并提出建议。

2004 年 3 月，县政协主席赵国忠，副主席阮美功、陈仲森、张权壮，秘书长陆波，分别带领由 140 名县政协委员组成的 5 个视察组，赴龙州、下冻、水口、金龙、逐卜、上金、响水 7 个乡镇，对龙州县的农业综合开发、退耕还林、牛品改、生态旅游、水利和口岸及城镇化建设等项目进行视察。针对视察中发现的一些问题提出建议。

2005 年 3 月，县政协主席赵国忠，副主席阮美功、陈仲森、张权壮率领 140 名县政协委员，深入乡村田间、中小学校园、工厂企业、城建工地等视察，听取乡镇和有关单位负责人的情况介绍，针对牛品改、口岸经济、非公经济、学校教育、城镇建设等方面存在的问题，向县政府提出建议。

调查研究

第二届委员调研 1986 年 3 月，政协龙州县第二届委员会文教工作组到龙州一中调查访问一个星期，听课 64 节，访问 21 位教职工，听取学校领导工作汇报，查阅学校教育教学管理资料后，提出《关于龙州一中改进教学工作的建议》。学校领导比较重视，根据建议采取相应措施，促进教学工作的改革。

1987 年 5 月，县政协文教工作组成立调查研究课题组，对龙州高中、龙州职中、龙州一中、金龙中学、霞秀中学、县教师进修学校部分学生，进行坚持四项基本原则，反对资产阶级自由化思想认识的问卷调查。发现有 40% 的学生持怀疑观望的态度，极个别学生对社会主义持否定态度。调查研究课题组提出《关于加强龙州县中小学校思想政治工作的建议》，反馈给县教育局和学校作参考。

第三届委员调研 1988 年 4 月 政协龙州县第三届委员会经济建设组在副主席韦礼贞的带领下，先后三次深入水口、霞秀、金龙 3 个乡对如何提高甘蔗的单位面积产量问题进行了调研，总结了经验，找出了存在的问题，提出了建议和意见，写出了《关于在保证甘蔗种植面积的基础上，提高单位面积产量的调研报告》，上报县委、县政府，为全县甘蔗生产工作作出了应有的贡献。

第五届委员调研 1994 年 9 月，针对龙州县物价上涨过快的突发情况，政协龙州县第五届委员会组织部分委员与县工商局、粮食局、物价局、物检局等单位合作，对龙州县集市上生活必需品的供求情况作深入细致的调查，找出导致物价上涨的主要原因，提出应对建议上报县委、县政府。县委、县政府发出《关于稳定当前物价的对策与措施的通知》的文件。

1995 年 5 月，县政协常委、林业局副局长罗盛碧带领县政协课题调研组，深入八角、上降两乡的八角林区进行调查研究。写出《龙州县低产八角林改造技术》，对八角果农进行技术培训和改造现场指导。年内进行低产八角林改造示范 36.8 公顷，次年辐射面积 133.33 公顷。产期摘果验收，改造示范八角林每亩增产 29 千克，两乡果农增收 16 万元。同年 7 月，县政协课题调研组对龙州县边境贸易发展状况进行调研，发现阻碍边境贸易发展的主要原因：中越双方口岸环境较差；龙州县各口岸联检单位收费标准不一致。为此写成《龙州县边境贸易与经济发展的调查报告》，呈送县委、县政府作决策参考。同年 9 月，县政协经济科技委课题组深入龙州镇高祥村的田间地头，开展实地调研。写出《关于建立高祥村 200 亩蔬菜基地的调查报告》。为县委、县政府发展“菜篮子”工程提供科学依据。

1996 年 4 月，县政协课题调研组 7 人，深入下冻、响水两个镇对农业生产情况作调研。写出《关于下冻、响水两镇当前农业生产情况的调查报告》，呈送县委、县政府指导农业生产作参考。同年 11 月，县政协课题调研组深入金龙镇，就如何发展甘蔗种植，尽快脱贫致富开展调研。发现金龙镇村民少植甘蔗的基本原因：

多数村民未能跳出“玉米加黄豆、黄豆加玉米”传统的轮植耕种模式；全镇15个村委会还有9个村委会未通公路；从村屯到糖厂运输线路较远，运蔗不及时；糖厂存在司机时有坑农、蔗款兑现不及时等问题。并撰写《关于金龙镇发展甘蔗生产的调查和建议》上报县委、县政府，作为指导金龙镇甘蔗生产的参考依据。

1998年4月，县政协课题调研组对龙州县个体私营经济发展情况进行调查研究。调查发现个体私营经济发展缓慢的主要原因：旧市场搬迁建新市场，影响经营活动；市场疲软，货源短缺，运输户歇业；到银行贷款难；个体工商户不堪“三乱”重负。课题组向县委、县政府呈交《龙州个体私营经济发展情况的调查报告》，作决策参考。同年5月，县政协课题调研组深入上龙、响水、金龙等乡镇，对新农村合作医疗工作进展情况进行调查。向县委、县政府呈交《真抓实干，发展新农村合作医疗初见成效》的调研报告。同年7月，县政协课题调研组对龙州县扶贫工作进行调研。向县委、县政府呈交《巩固扶贫成果，切实防止返贫》的调研报告。同年10月，县政协课题调研组对龙州县将山酒业股份有限公司的改制情况进行调研。调研组认为只有继续深化体制改革，才能加快企业发展。并向县委、县政府呈交《关于龙州县将山酒业股份有限公司生产状况的调查报告》，为该企业深化改革提供依据。

第六届委员调研　1999年5月，政协龙州县第六届委员会课题调研组对左江龙州河段水体污染及治理情况进行调研。发现全民参与意识不浓，上游水源林生态遭破坏；水污染严重；治污科技含量不高、资金紧缺、进度缓慢、权属没理顺好等问题。调研组向县委、县政府呈交《关于左江龙州河段环境污染情况的调查报告》，为加强水体污染治理提供参考。同年12月，县政协课题调研组对龙州糖厂生产情况进行调研。发现龙州糖厂发展困难的主要原因：企业负债重；食糖价格下跌；流动资金紧缺；原料蔗运费成本高；新青年职工多，缺少培训经费；生产、财务管理不严，经济效率低。调研组向县委、县政府呈交《关于龙州糖厂目前面临困境的调查报告》，为糖业解困提供参考。

2000年10月，县政协副主席闭泽文带领县政协木薯生产课题调研组，对龙州县木薯种植生产现状、加工淀粉、酒精生产状况及其发展前景进行调查研究。课题组向县委、县政府呈交《关于企业主与薯农联建木薯原料生产基地的建议》，作决策参考。同年11月，县政协课题组对龙州菜刀生产现状作1个月的调查。向县委、县政府呈交《关于龙州菜刀生产现状的调查》，为龙州菜刀发展决策作参考。

2001年8月，县政协课题组对龙州县城城镇建设作调研。针对龙州县城镇化建设存在不足问题，提出合理化建议，向县委、县政府呈交《关于龙州县县城建设的调查报告》。同年9月，县政协课题调研组分别对龙州县个体私营经济、边境贸易、旅游业的发展状况进行调研，向县委、县政府呈交《关于当前龙州县个体私营经济发展状况及建议》《关于龙州县边境贸易状况调查报告》《关于加快龙州县旅游业发展的建议》。

第七届委员调研　2003年3月，政协龙州县第七届委员会课题组分别对13个乡镇和3家糖厂、旅游业、边境贸易、养牛业、个体私营经济等生产、经营状况进行调研，向县委、县政府呈交《关于龙州县蔗糖生产存在的问题与建议》《关于龙州县边境贸易现状和今后发展的建议》《加快旅游业发展步伐，培育龙州县新的经济增长点》《大力发展养牛业，切实增加农民收入的建议》《龙州县个体私营经济发展的问题和建议》。

边境贸易调研助推中越商品展销活动。图为2004年龙州（水口）中越商品年货展销会上，演员们在舞台上表演节目，为活动增添氛围　（2004年1月13日摄）

2004年6月，县政协课题组对龙州县普及九年义务教育状况进行调查研究。发现龙州县“普九”攻坚面临的困难。向县委、县政府呈交《关于龙州县普及九年义务教育的调研报告》，建议设法保证农村中小学校公用经费、建好农村寄宿制学校配套工程、建立资助家庭经济困难学生就学制度、加强学校领导和教师队伍素质培训、加快农村中小学软硬件设施配备建设等。为龙州县“普九”攻坚提供参考。7月，县政协课题组分别对龙州县非公经济、口岸经济、旅游业等进行调研，向县委、县政府呈交《关于龙州县非公有制经济发展的调研报告》《关于龙州县口岸经济发展的调研报告》《关于龙州县旅游业发展的调研报告》。10月，县政协课题组对龙州县人口计划生育工作进行调研，写出《关于治理出生人口性别比例偏高问题的调研报告》，经县政协七届常委会第11次会议协商讨论通过，呈送县政府作决策参考。

2005年10月，县政协课题组对龙州县水产畜牧业和交通业的发展状况进行调查研究，写出《关于龙州县发展水产畜牧业的建议》和《关于龙州县整治交通秩序的建议》，分别呈交县委、县政府作决策参考。

表4-9　　1986年—2005年龙州县政协第二届至第七届调研表

次序	时间	课题组	调查研究课题报告	呈报单位
1	1986.3	文教工作组	关于龙州一中改进教学工作的建议	龙州一中
2	1987.5		关于加强龙州县中小学校思想政治工作的建议	县教育局
3	1988.4	经济建设工作组	关于在保证甘蔗种植面积的基础上，提高单位面积产量的调研报告	县委、县政府
4	1994.9	政协工商粮食物价	关于稳定当前物价的对策与措施的调查	
5	1995.5	罗盛碧课题调研组	龙州县低产八角林的改造技术	
6	1995.7	经济建设工作组	龙州县边境贸易与经济发展的调查报告	
7	1995.9	经济科技委	关于建立高祥村200亩蔬菜基地的调查报告	
8	1996.4	农业课题调研组	关于下冻、响水两镇当前农业生产情况的调查报告	
9	1996.11		关于金龙镇发展甘蔗生产的调查和建议	
10	1998.4	经济科技委	龙州县个体私营经济发展情况的调查报告	
11	1998.5	农村课题调研组	真抓实干，发展新农村合作医疗初见成效	
12	1998.7	扶贫课题调研组	巩固扶贫成果，切实防止返贫	
13	1998.10	经济科技委	关于龙州县将山酒业股份有限公司生产状况的调查报告	
14	1999.5	治污课题调研组	关于左江龙州河段环境污染情况的调查报告	
15	1999.12		关于龙州糖厂目前面临困境的调查报告	
16	2000.10	木薯生产调研组	关于企业主与薯农联建木薯原料生产基地的建议	
17	2000.11	各专门委员课题调研组	关于龙州菜刀生产现状的调查	
18	2001.8		关于龙州县县城建设的调查报告	
19	2001.9		关于当前龙州县个体私营经济发展状况及建议	
20			关于龙州县边境贸易状况调查报告	
21			关于加快龙州县旅游业发展的建议	
22	2003.3		关于龙州县蔗糖生产存在的问题与建议	
23			关于龙州县边境贸易现状和今后发展的建议	
24			加快旅游业发展步伐，培育龙州县新的经济增长点	
25			大力发展养牛业，切实增加农民收入的建议	
26			龙州县个体私营经济发展的问题和建议	

续表

次序	时间	课题组	调查研究课题报告	呈报单位
27	2004.6	各专门委员课题调研组	关于龙州县普及九年义务教育的调研报告	县委、县政府
28	2004.7		关于龙州县非公有制经济发展的调研报告	
29			关于龙州县口岸经济发展的调研报告	
30			关于龙州县旅游业发展的调研报告	
31	2004.10		关于治理出生人口性别比例偏高问题的调研报告	
32	2005.10		关于龙州县发展水产畜牧业的建议	
33			关于龙州县整治交通秩序的建议	

第六节　联谊　文史

联谊

1986年—2005年，龙州县政协围绕祖国统一，振兴中华的目标，开展“三引进”（引进资金、技术、人才）联谊工作。利用各种纪念日、传统节日、法定节日，邀请“三胞”和海外侨胞及其亲属，举行座谈会、茶话会。在互相交谈和交往中，交流思想，增进了解，疏通关系，建立友谊，为合作发展经济打下基础。县政协委员中的民主党派成员、“三胞”和侨胞及其亲属，甘当红娘，为“三引进”穿针引线，铺路搭桥，动员亲朋好友返回家乡，投资兴业，促进龙州县的经济发展和社会稳定。

召开座谈会　1986年3月，县政协祖国统一工作组召开龙州县台湾同胞座谈会。畅谈“一国两制”方针指导下，祖国统一的美好前景。1990年3月28日，台胞黄晖率领探亲团20人回故乡龙州县探亲访友。县政协举行探亲台胞及其亲属座谈会，县委、县人大、县政府有关领导到会发表谈话。1997年5月18日，县政协在深圳市举行龙州籍香港同胞联谊座谈会，了解港胞对香港回归的反映，向港胞介绍在改革开放中家乡的新面貌，鼓励港胞回乡投资办厂。同年6月19日，县政协召开县政协常委、各界别委员代表迎香港回归座谈会，以中共中央办公厅、国务院办公厅《关于香港回归问题的情况通报》为主要内容，畅谈祖国未来美景；30日，举行庆祝香港回归座谈会。参加会议的有县政协常委和各界别委员代表、三胞代表、社会各界代表等人士。1999年9月21日，县政协举行庆祝人民政协成立50周年暨1999中秋佳节座谈会。出席座谈会的有县四家班子领导、县政协常委和驻县城的政协委员、侨属侨眷、“三胞”亲属、县直机关单位领导等，畅谈人民政协50年来的主要经历和参政议政的丰硕成果。2001年7月11日，县政协召开专题座谈会，召集县政协各界人士学习江泽民“七一”生要讲话精神。会议传达县委关于认真学习贯彻江泽民在庆祝中国共产党成立80周年大会上讲话的通知；围绕如何深入学习讲话精神，结合工作实际，发挥政协委员作用谈体会。2003年4月18日，县政协召开以“交流文史资料征集工作经验，推动文史工作发展”为主题的文史资料征集工作座谈会。县政协副主席阮美功出席会议并讲话，对县政协近年来文史工作取得的成绩给予肯定。2004年9月23日，县政协召开座谈会，庆祝人民政协成立55周年，学习胡锦涛在庆祝人民政协成立55周年大会上的主要讲话精神。同年10月11日，县政协召开了龙州县人口与计划生育工作调研座谈会。县人口与计划生育局正副局长，县人民医院、县民族医院、县妇幼保健院的领导及各乡（镇）计划生育办公室主任参加了会议。县政协机关“一室二委”领导列席会议。县人口与计划生育局、县人民医院、县民族医院、县妇幼保健院的领导在会上通报了本单位贯彻落实相关文件精神的情况及工作中存在的主要问题。各乡镇计生办主任分别汇报本乡镇近几年来出生人口性别比的情况及其控制和综合治理出生人口性别比升高的相关措施。大家对如何做好全县计生工作，特别是在控制和治理出生人口性别比升高方面，提出了许多具有前瞻性和可行性的意见和建议。副主席张权壮主持会议并就县政协目前开展的人口与计划生育专题调研的下一步工作作了部署。2004 年 10 月 15 日，县政协召开以总结经验，交流体会，探讨文史工作新发展为主题的文史资料征稿工作座谈会。2005 年 8 月 15 日，县政协在常委会议室召开《龙州县政协志(初稿)》征求意见座谈会。参加会议的有县政协志编修工作人员、往届县政协领导共 30 余人。大家对县政协志初稿提出了许多意见和建议。

友好往来 1986 年—2005 年，龙州县政协与自治区内外的政协同仁保持联系，交流沟通，加强协作，促进宣传、建设龙州。开展友好往来活动 31 次(走出去 13 次、请进来 18 次)，人员往来 500 多人次。

1988 年 6 月 15 日—27 日，县政协主席陆忠一行 6 人，前往北海、百色、防城、田阳、靖西等市县，与政协同仁交流政协工作经验。1990 年 10 月 31 日，百色市政协副主席程洪升率考察组到龙州考察访问。同年 11 月 8 日，贵州省政协办公厅一行 5 人到龙州考察访问；11 月 25 日，贵港市政协副主席甘玉麟、市政协副主席兼农工党市委会副主委曾伟佳、市政协副主席兼民建市支部主委陈国祥一行 16 人到龙州考察。同年 12 月 7 日，马山县政协副主席刘廷贵、兰成琪、韦寿兴率考察团到龙州水口关进行边境贸易考察。1995 年 12 月 12 日—14 日，县政协副主席一行 4 人，参加在南宁市郊区举行的广西 20 县(市、区)政协经济联系会第 14 次会议。1996 年 7 月 2 日，在龙州县城举行广西 20 县(市、区)政协经济联系会第 15 次会议。1999 年 5 月 23 日—25 日，县政协副主席阮美功一行 3 人，参加在武鸣县和钦州市钦南区两地举行的广西 22 县(市、区)政协经济联系会第 20 次会议。同年 6 月 15 日—20 日，县政协副主席阮美功、陈仲森带领由龙州经济界、科技界 10 人组成的县政协委员考察组，前往云南省昆明市考察经济、科技体制改革情况。同年 6 月 16 日—17 日，南宁市永新区政协副主席唐启文率领部分非公有制委员一行 12 人，考察龙州县个体工商户的经营情况。

2000 年，县政协组织两批政协委员和机关工作人员各 20 多人，先后到马山县、上林县考察。2001 年，县政协副主席阮美功一行 3 人，参加在容县和北流市两地举行的广西 22 县(市、区)政协经济联系会第 22 次会议。2001 年 4 月 13 日，南宁市政协副主席宋承铮一行 6 人，到龙州县视察残联、青少年法制教育工作，与县政协举行座谈会。

2003 年 10 月 22 日—26 日，县政协副主席阮美功、张权壮，秘书长陆波一行 3 人，到北海市、钦州市、防城港 3 市考察学习；10 月 23 日，桂平市政协主席许小红一行 16 人到龙州县考察边境贸易工作；10 月 24 日，县政协副主席陈仲森到凭祥、东兴、防城港 3 市考察口岸经济建设情况。同年 11 月 7 日，凭祥市政协主席黄伟荣带领考察组 15 人到龙州县交流政协工作经验；11 月 10 日—12 日，防城港市政协考察团 24 人到龙州县考察经济建设情况；11 月 11 日，崇左市政协副主席谭先进一行 3 人到龙州县考察文物工作情况；11 月 16 日—18 日，县政协副主席阮美功一行 3 人，参加在南宁市江南区和宾阳县两地举行的广西 23 县(市、区)政协经济联系会第 24 次会议。

2004 年 3 月 22 日，扶绥县政协副主席玉植保一行 4 人到龙州县考察。4 月 1 日，宁明县政协主席陈维金一行 30 人到龙州县考察；4 月 27 日—29 日，崇左市政协副主席巫家世率三级(全国、自治区、市)政协委员视察组一行 13 人到龙州县视察非公有制经济发展情况。5 月 19 日，南宁市城北区政协副主席彭华一行 5 人到龙州县，商讨南宁市政协委员资助龙州县贫困学生的有关事宜。是日，自治区政协办公厅副主任孙海宁一行 4 人到龙州县考察。5 月 22 日，南宁市政协社会治安综合治理工作学习考察组到龙州县考察；5 月 25 日，县政协副主席陈仲森、秘书长陆波一行 4 人到南丹县参加广西县级政协联谊会。6 月 21 日，县政协副主席陈仲森一行 4 人，参加在钦州市钦北区和防城港市防城区召开的广西 25 县(市、区)政协经济联系会第 25 次会议；6 月 25 日，柳州市城中区政协副主席胡火生一行 6 人到龙州县考察。7 月 2 日，钦州市政协主席熊武疆率考察团一行 38 人到龙州县参观考察。8 月 10 日，崇左市政协主席范乃武一行 5 人到龙州县开展"三农"调查。

2005 年 7 月 12 日，广西 26 县(市、区)政协经济联系会第 26 次会议在龙州县城举行，龙州县政协作经验交流发言；7 月 26 日—30 日，县政协副主席陈仲森、秘书长陆波参加崇左市政协组织市、县政协系统人员前往南宁市和横县、宾阳、上林、马山、隆安 5 县考察学习。8 月 22 日—25 日，县政协主席赵国忠，副主席阮美功、陈仲森、张权壮和秘书长陆波，带领县政协常委及机关工作人员20人，到百色市和靖西、那坡、田阳、平果4县开展联谊交流活动。9月23日，云南省富宁县政协主席苏建达一行30人到龙州县考察。

文史工作

1986年—2005年，龙州县政协执行“在党基本路线指引下，高举爱国主义旗帜，坚持实事求是原则，为社会主义现代化服务”的文史工作方针，坚持亲历、亲见、亲闻的“三亲”原则，采取广征搏采、重点组稿、抓紧抢救相结合的方法，收集包含古代、近代、当代，以辛亥革命至中华人民共和国成立之前的历史时期为重点，涉及政治、军事、外交、财政、经济、文化、教育、卫生、科技、民族、宗教、华侨、风俗民情等方面的史实和人物资料，把好政治、史实、文字“三关”。从1985年2月—2005年12月止，以革命回忆、人物春秋、学术探讨、地方风物、民族风情、龙州风光、文化经济、党团建设、资政之光等55个栏目，编辑文章338篇，115万多字，内部出版6600册。其中，被《桂西文史录》采用资料82篇。此外，还给政协南宁地区工委《众志成城战胜非典》和政协崇左市委《崇左民俗风情》等书提供文稿18篇，为自治区政协文史委《陆荣廷与旧桂系学术研讨会论文汇编》和中共崇左市委、市政府《苏元春与壮族边疆开发建设学术研讨会》提供史料。

表4-10　　**《龙州文史资料》第5辑至15辑出版简表**

辑次	栏　目	篇数（篇）	字数（字）	册数（册）	出版年月
5	革命回忆、人物春秋、文史选辑、诗与词	24	128400	1500	1985.2
6	党史选登、文史选辑、人物与事件、龙州名产、学术探讨、考究订正	26	82400	500	1986.3
7	党史选登、文史选辑、地方风物、文史拾遗、人物春秋、龙州名产、诗与词	30	90500	500	1987.10
8	革命回忆、文史选辑、人物春秋、龙州文物、轶闻趣事、龙州名产、文海拾遗、诗与词	30	102700	500	1988.10
9	革命回忆、人物春秋、革命史料、文史选辑、民族风情、读史札记、名人轶事、名胜古迹	33	126400	500	1989.12
10	革命回忆、革命史科、文史选辑、人物春秋、史海钩沉	30	69600	500	1990.12
11	文史选辑、革命回忆、往事回忆、史海钩沉、龙州风光	26	86500	500	1992.2
12	往事回忆、社会历史、文化经济、人物春秋、民族风情、龙州风光	33	94600	500	1993.6
13	党团建设、文史选辑、抗战岁月、现代史料、议会点滴、自然灾害、轶闻趣事、文物古迹、质颖订正、故旧拾遗、人物春秋、诗与词、附录	35	114200	500	1998.11
14	史海钩沉、人物春秋、革命史料、见证历史、匪乱与剿匪、文化教育、文学艺术、水电历史、民间习俗、学术探讨、附录	22	97300	500	2002.9
15	革命斗争、助越点滴、史海钩沉、资政之光、人物春秋、教育史话、文化艺术、卫生防疫、工交能源、农业扶贫、乡村新貌、群众团体、社会治安、地方史志、市政地名、名胜古迹	49	162200	600	2005.12
合计	55（个）	338	1154800	6600	

第五篇

军　事

1986年，龙州县地方军事工作主要由龙州县人民武装部负责。县人民武装部属地方建制。1996年3月，改为军队建制。1986年—2005年，县人民武装部认真做好兵役登记和征兵工作，按照《民兵工作条例》建立健全全县民兵组织，定期开展民兵训练和民兵教育，参与地方经济建设，协调驻军开展扶贫、抢险救灾、捐款捐物等拥政爱民活动和军民共建活动。

第一章　机构　驻军

第一节　机　构

县武装部

机构　1986年，龙州县人民武装部内设军事、政工、军械、供管4个部门。1996年3月，县武装部归军队建制，受军队和地方双重领导，工作干部改为现役军官。内设军事、政工、后勤3个部门。是年起，龙州县人民武装委员会与龙州县国防动员委员会一套人马两块牌子，合署办公，县武装部为其办事机构。2003年，县武装部是正团级的军事武装领导指挥机构，受崇左军分区和龙州县委、县政府双重领导，既是县委军事工作部和县政府兵役机关，又是龙州县国防动员委员会和龙州县武装委员会办事机关。2005年，县武装部内设军事、政工、后勤3个部门，有办公楼、干部职工住宅楼、民兵训练基地，占地面积5000多平方米。

1986年—2005年历任部长：陈仕发、邓华、陈文发、段福州、谢康辉、刘加义。

1986年—2005年历任政委：李朝林、陈仕发、熊立新、黄恩胜、刘亚洲、李普德、杨长耀、万义元。

营院建设　1986年10月，龙州县政府划拨6万元，拆旧建新住宿房。1989年7月，县政府划拨30万元，拆旧建新3层办公楼。1992年4月，县政府拨款200万元，新建民兵训练仓库。1993年6月，仓库交付使用。2001年10月，县财政拨款121万元，新建办公大楼、民兵训练基地。2002年5月，大楼和基地竣工。是年5月，县财政拨款5万元，维修边防哨所；7月，县武装部投资1万元，维修家属宿舍危房；11月，县武装部自筹资金6万元，新建饭堂120平方米。2003年5月，县水电公司、县林业局、县畜牧水产局各支援水泥10吨，县林业局、县民政局各资助5000元，给县武装部新建1个篮球场。2005年，县武装部营院占地0.87公顷，建筑面积5000平方米。

军需给养　1980年，龙州县武装部按照总后勤部规定，给养采取实物供应、折价折款、实物供应与折价折款相结合3种办法。粮食由管理员按标准向驻地粮食部门领购。1980年—1995年，龙州县武装部的军需实行对干部发实物与折款相结合，对战士被服和公用物资发新交旧的办法。1996年4月，收归军队建制后，县武装部粮秣、伙食费，按军队标准和办法供应。干部服装由军分区发放，卫生事业费按军队标准执行。装备编制2辆汽车，其中1辆指挥车，1辆运输车。由军分区每年供应汽油3.8吨，不足部分自购。2000年，现役军官被服实行拨款供应，校官以下军官每人每年450元。2005年6月，现役干部被服按军队标准由军分区发放。1990年—2005年，粮食采取以军粮差价补贴形式发给个人的办法。

社会保障　1998年8月，龙州县武装部干部建立军人保险账户，开办军人伤亡保险。1999年1月，在编干部、家属、子女的医疗费实行社会化包干，每人每年交50元。2000年1月，建立军人个人住房资金账户，开办军人退役医疗保险。2002年，中共龙州县委议军会决定，龙州县财政拨款10万元，给县武装部购置1辆指挥车。2005年，中共龙州县委议军会决定，给县武装部拨1辆指挥车。

基层武装部

1986年—1992年，龙州县有龙州镇、彬桥乡、下冻乡、水口乡、武德乡、金龙乡、逐卜乡、响水乡、上金乡、上龙乡(1987 年起)、上降乡、八角乡、霞秀乡 1 镇 12 乡人民武装部;龙州县直属机关人民武装部。1993 年—2002 年,有龙州镇、下冻镇、水口镇、金龙镇、响水镇、彬桥乡、武德乡、逐卜乡、上金乡、上龙乡、上降乡、八角乡、霞秀乡 5 镇 8 乡人民武装部;龙州县直属机关人民武装部;广西农垦国营龙北、先锋、北耀 3 个农场人民武装部。2005 年,龙州县有龙州镇、下冻镇、水口镇、金龙镇、响水镇、彬桥乡、武德乡、逐卜乡、上金乡、上龙乡、上降乡、八角乡 5 镇 7 乡人民武装部;龙州县直属机关人民武装部。1986 年—2005 年,龙州县基层武装部一般配备专职武装干部 2 人 ~3 人。下设民兵营若干个,营长一般为专职或兼任村干部,享受定工统筹待遇。民兵营下编连、排、班,武装基干民兵连、应急连、通讯连、卫生连、运输连等建制。

第二节　驻　军

中国人民解放军某部队

1986 年—1990 年,驻军某部队 2 个营院被自治区政府授予“园林式营院”称号。1991 年,驻军某部队被自治区政府和广西军区评为拥政爱民先进单位;1993 年,被自治区政府表彰为民族团结进步先进单位。1994 年,驻军部队某分队被自治区政府表彰为’94 广西抗洪抢险先进单位,某分队战士韦某被自治区党委、自治区政府、广西军区评为’94 广西抗洪救灾先进个人;1995 年 12 月,某分队被广州军区政治部表彰为基层拥政爱民先进单位,某分队被自治区政府评为抗洪抢险先进单位;1996 年,某分队被自治区党委、自治区政府、广西军区评为拥军爱民模范单位,授予抗洪救灾先进单位;1999 年 12 月,某分队、某某分队被自治区党委评为爱心献功臣先进单位、被自治区政府评为基层群众工作先进单位、被广西军区评为拥政爱民模范单位。2002 年,驻军部队被广西军区评为广西边境建设大会战先进集体;2003 年,被自治区政府表彰为广西绿化模范单位,被南宁地区行署评为参与西部大开发先进单位;2005 年 5 月,被自治区政府表彰为军(警)民共建精神文明先进单位、被国务院表彰为全国民族团结进步模范集体;7 月,某分队被全国双拥工作领导小组、中宣部、中央文明办、民政部、中央军委总政治部联合表彰为军(警)民共建社会主义精神文明先进集体。1979 年 4 月—2005 年 12 月,中国人民解放军某部队、某某部队、某某某部队,在龙州守边御敌和参加“三个文明”建设中,立集体一等功 1 个连次,集体二等功 7 个排次、2 个班次,集体三等功 48 个排次、123 个班次;立个人一等功 7 人次,个人二等功 38 人次,个人三等功 1625 人次。

龙州县公安边防大队

1979 年 12 月,龙州县公安边防大队组建,下辖绕秀、青山、布局、峒桂、那花、横罗、彬桥、下冻、水口、科甲、金龙 11 个边防派出所,板化、敢赛、彬桥、叫堪 4 个二级公安边防检查站;内设 1 个机动公安中队,隶属南宁地区公安边防支队。1987 年 2 月和 1988 年 12 月,县公安边防大队撤并绕秀公安边防派出所,下辖青山、布局、峒桂、那花、横罗、彬桥、下冻、水口、科甲、金龙 10 个边防派出所。1995 年 9 月,撤并青山、布局、峒桂、横罗 4 个公安边防派出所和板化、彬桥 2 个公安边防检查站。2003 年 5 月,隶属崇左市公安边防支队。担负龙州县与越南接壤的彬桥、下冻、水口、武德、金龙 5 个边境乡镇,从 869 号 ~1021/2 号的 228 块界碑 184 千米边境线,1200 平方千米边境地区的武装警戒巡逻和社会治安管理,对出入境管理区的人员和交通运输工具实施边防检查及监护,打击沿边地区走私、偷渡、贩枪、贩毒等违法犯罪活动的任务。

1986 年 2 月,横罗边防派出所被武警总部记集体二等功 1 次。1995 年 1 月、1996 年 1 月,那花边防派出所分别被自治区公安厅记集体二等功各 1 次。1996 年 3 月,那花边防派出所被公安部评为缉枪缉毒先进集体。2001 年 3 月,金龙边防派出所被武警广西总队评为基层建设先进单位。2004 年 7 月,龙州县公安边防大队在广西公安边防总队举办的第 5 届广西武警军事业务竞赛中,夺得公安边防派出所类团体总分第二名,手枪连射单科团体第一名,手枪连射单科个人第一名,擒拿实用技术团体第一名。1986 年—2005 年,龙州县公安边防大队被武警总部记个人一等功 1 人次,被武警广西总队、自治区公安厅分别记个人二等功 10 人次,被武警广西总队、崇左公安边防支队分别记个人三等功 17 人次。

水口关边防检查站

2000 年，新落成的水口关边检站大门

1951 年 5 月，水口关边防检查站成立。为正营级建制，隶属于广西省公安厅边防保卫局领导。1973 年 8 月，改建为中华人民共和国广西壮族自治区水口边境检查站，隶属中国人民解放军广西军区。是年 12 月，隶属广西区公安厅。1983 年 4 月，武警内卫、边防、消防三警合并，改称广西壮族自治区水口边防工作站，为正营级建制单位，隶属中国人民武装警察部队南宁地区支队。1986 年，三警分开，转属武警广西边防总队（自治区公安厅边防局）领导，隶属中国人民武装警察部队南宁地区公安边防支队。1992 年 5 月，经国务院批准升格为正团级建制，主要任务是依法承担对出入境人员、交通运输工具及其载运的行李物品、货物等实施检查、监护和口岸两翼地区管控。1993 年—2005 年，为正团级建制，全称为中华人民共和国水口关边防检查站，隶属中国人民武装警察部队广西边防总队。2003 年，在全区边防部队团级单位正规化建设评比中，被广西公安边防总队评为第一名，监护中队被公安部边防管理局评为先进基层单位。2004 年，被自治区人民政府评为拥政爱民模范单位。1992 年—2005 年，水口关边防检查站检查验证出入境旅客 220.73 万人次，车辆 82.2 万辆次。

科甲关边防检查站

1973 年 8 月，中华人民共和国广西壮族自治区科甲边境检查站组建，隶属中国人民解放军广西军区；12 月，隶属自治区公安厅。1983 年 8 月，改称广西壮族自治区科甲边防工作站，隶属中国人民武装警察部队南宁地区支队，为正营（科）级单位。1986 年，隶属中国人民武装警察部队南宁地区公安边防支队。1992 年 3 月，为副团级建制。1992 年，科甲边检站内设检查科、调研科、勤务中队。2001 年，改称中华人民共和国科甲关边防检查站。2002 年，内设办公室、检查科、边境情报科、勤务中队。2003 年，隶属中国人民武装警察部队崇左公安边防支队。主要负责龙州县与越南接壤的武德、金龙两个乡镇边境线（西路 29 号至 43 号界碑）的武装警戒、巡逻和界桩、界碑的维护勘界工作，对中越边民出入边境管理区交通运输、互市贸易实施边防检查和监护，打击沿边地区走私、偷渡、贩枪、贩毒等各种违法犯罪活动。1992 年—2005 年，科甲口岸出入境人员 103625 人次，其中中方 15742 人次，越方 87883 人次。

2003 年 5 月 20 日，南宁地区消防支队和龙州县消防大队联合在龙州糖厂进行消防安全培训，140 名员工参训。图为该厂员工进行灭火训练

1986 年 1 月，科甲关边防检查站 2 人立个人三等功各 1 次。1993 年 1 月，科甲关边防检查站被南宁地委、南宁地区行署授予基层建设先进集体称号。2004 年，科甲关边防检查站被自治区政府评为军（警）民共建社会主义精神文明先进单位。

龙州县公安消防大队

1965 年，龙州县公安消防中队成立，驻龙州县公安局院内。1986 年 1 月，龙州县公安局消防科成立，副营级建制，下设龙州县消防中队，归龙州县公安局领导，隶属南宁地区公安支队。1993 年，龙州县公安局消防科改建中国人民武装警察部队龙州县公安消防大队，为正营级单位，隶属武警南宁地区公安消防支队。1998 年—2003 年

4 月，租驻龙州镇城北路 270 号县边防办院内办公。2003 年 5 月，龙州镇独山路营院建设工程竣工，投资 180 万元，占地面积 3220 平方米，建筑面积 3210 平方米，主要包括办公楼、家属楼、食堂、训练塔、水泥跑道、体能训练场、车库、篮球场等配套设施，县公安消防大队正式入驻。2003 年 6 月—2005 年 12 月，隶属武警崇左市公安消防支队。

1996 年，县公安消防大队出警挽回经济损失 52 万元。1999 年，县公安消防大队出警挽回经济损失 63 万多元。2003 年，县公安消防大队出警挽回经济损失 20 万多元。1986 年—2005 年，龙州县公安消防大队共出警扑灭火灾 226 场次，挽回经济损失 192 万多元。2000 年—2005 年，龙州县公安消防大队办理各类行政消防许可事项 407 项，提出消防意见 472 条。其中建筑工程设计审核 208 项，提出审核修改意见 256 条；建筑工程消防验收 126 项，提出消防验收意见 216 条；开业前消防安全检查 73 项。累计消防检查单位 1080 家，发现火灾隐患 1449 处，督查指导单位整改火灾隐患 1352 处。处罚消防案件 32 起，处罚单位 30 家，处罚个人 28 人次，处罚金额 17.41 万元。行政拘留 1 人。2005 年 12 月，龙州县公安消防大队拥有消防灭火水车 2 辆，配备液压破拆工具组、链锯机、切割机、开门器、避火服、电绝缘服、移动照明灯、手抬机动泵等抢险救援器材。

1993 年—2005 年，龙州县公安消防大队被南宁地区公安消防支队、崇左市公安消防支队先后 5 次评为公安消防先进单位；评为优秀士兵 28 人次；获嘉奖 455 人次。干警立个人一等功 1 人次，个人二等功 2 人次，个人三等功 15 人次。

武警龙州县中队

1950 年 1 月，中国人民解放军龙州县公安队成立。1963 年 3 月，改称中国人民公安部队龙州县中队。1966 年 7 月，改称中国人民解放军龙州县中队，隶属龙州县人民武装部。1983 年 1 月，改称中国人民武装警察部队龙州县中队，隶属武警南宁地区支队。2003 年 6 月—2005 年 12 月，隶属武警崇左市支队。龙州县中队主要担负龙州县看守所每年在押 100 多犯人的外围武装警戒任务。

2001 年 7 月，武警龙州县中队被武警广西总队记集体三等功 1 次。2005 年，在“9·26”抓捕行动中，立集体三等功 1 次。1986 年—2005 年，先后被武警广西总队、武警南宁地区支队、武警崇左市支队分别评为基层建设先进中队、军事训练先进中队、先进集体食堂、“三无”（无刑事案件、无责任事故、无严重违规违纪）先进单位、农副业生产先进单位；干警立个人三等功 23 人次。

第二章　政治教育

1986 年—1999 年，龙州县民兵政治教育由每月 1 堂政治课改为每年 4 堂政治课。主要进行“五讲四美”宣传教育，号召民兵参加精神文明建设活动，着重抓紧边境政策教育、法纪教育、形势战备教育、爱国主义和革命英雄主义教育以及开展社会主义精神文明建设教育，狠抓了民兵政治教育三项制度的落实，特别是基干民兵一堂课的落实。武装基干民兵连每年集中学习政治不少于 4 次 16 个课时。武装民兵干部每年集中政治教育学习 3 天。民兵应急分队、专业技术分队每年集中政治学习 2 天。在全县民兵中开展“心战”、反“策反”斗争。2000 年—2005 年，龙州县民兵思想政治教育，除政治课外，主要以夜校、文化室、俱乐部等“青年民兵之家”为主要阵地，采取有分有合，以合为主的方法，通过召开报告会、座谈会、演讲会、故事会、纪念会，收听广播，出版墙报，组织观看电影电视，参加文艺演出，演唱红色歌曲，参观文物展览等灵活多样、生动活泼的形式，即民兵政治教育的“第二课堂”，激发民兵自觉抵制腐朽思想侵蚀，与一切“向钱看”的思想行为作斗争。崇尚科学，奉献爱心。树立无论是外出打工，还是在家创业，都要靠合法劳动致富，争当“五好”民兵，保卫和建设好可爱的家园的思想。1986 年—2005 年，龙州县根据各个时期形势，综合防护和安全要求开展战备教育。县武装部每月对哨所民兵进行一次职能、纪律、政策教育。每季度召开一次战备形势分析会。

每年利用民兵整组、军事训练、征兵工作等重大活动，对民兵进行组织纪律和战备形势教育。教育民兵提高执行边防政策的自觉性，克服和平麻痹思想，增强守疆固边的责任意识，正确处理个人利益和边境稳定大局的关系，做一个党和人民的忠诚卫士。

第三章 全民国防教育

全民国防教育

1986年，根据《龙州县全民国防教育实施细则》要求，龙州县把国防教育与课堂教学相结合。全县大、中、小学校把国防教育融入课堂教学之中，开设国防教学课程。每年组织学生开展一次军事训练活动。龙州县党校每年给县直属单位各级领导干部上1节—2节国防教育课。每年组织干部职工过军事日，学习军事知识，举行实弹射击等活动。1991年，龙州县进行以爱国主义为核心的国防教育和党管武装教育。1993年—1995年，龙州县针对部分干部群众存在“重商轻武”、国防意识淡化的麻痹思想，组织全县干部职工、民兵预备役人员，把学习中共十四大精神与国防教育相结合，提高对国防建设的认识。1995年，由县委宣传部、县武装部、团县委、县妇联共同举办《国防在我心中》知识竞赛活动，各界人士2万多人参加。2000年，县武装部投入1万多元订阅各种国防教育报纸、杂志30多种400余份，分发给13个乡镇武装部；投入2万多元充实乡镇武装部国防教育室硬件建设，完善“青年民兵之家”设施，举办全县国防教育图片展。2001年，由县委宣传部、县武装部、县教育局、县广电局、县文体局联合举办“国防连着你我他，安宁系着千万家”为主题的文艺专场演出；出动国防宣传车深入企业、学校、街道、村屯巡回宣传，发放国防宣传资料14000多份；设立国防知识咨询点，解答群众疑问300多人次；设置永久性国防教育标语牌10多个。2002年，统一安排32天时间，对全县民兵进行以践行“三个代表”重要思想、反对“台独”应急作战为主要内容的国防思想政治教育活动。县武装部、县双拥办、县文明办联合组织军民联欢会30多次、举办以国防教育为主要内容的读书演讲、电影、电视宣传周等活动20多次。2003年，建成占地约10万平方米的龙州起义纪念馆和红八军纪念广场，成为广西县级最大的国防教育基地。2005年，龙州县干部职工、学校师生、驻军官兵等各界人士1.8万多人次，到龙州起义纪念馆、革命烈士纪念碑、革命烈士陵园缅怀先烈，接受爱国主义教育。

2003年3，龙州县武装部干部正在给结为帮扶助学对子的洞埠希望小学学生进行国防教育

为加强学校管理，培养学生的爱国主义、集体主义精神，县职业技术学校聘请县公安边防大队教官对学生进行为期一周的军训。图为教官正在指导学生进行队列训练

（摄于2003年4月14日）

学生军训

1981年，根据教育部、总参谋部、总政治部

《关于高等学校学生军事训练工作几个问题的通知》要求和《兵役法》的规定，大专院校和中学一年级学生的军事训练纳入学校的教学计划。每年新生入学第1周~2周，主要进行队列、投掷手榴弹、步枪射击技术训练，学习兵器常识和军队条令，开展人民战争思想和人民解放军光荣传统教育活动。1988年9月，南宁高等师范专科学校(今广西民族师范学院龙州校区)新生343人、龙州县中学新生135人参加入学军事训练。1989年9月，南宁师专新生453人、龙州县中学新生156人参加入学军事训练。1990年—1995年，每年南宁师专新生800多人、龙州县中学新生450多人参加入学军事训练。1996年—2004年，每年南宁师专新生1000多人、龙州中学800多人新生参加入学军事训练。2005年，龙州县全面开展学生军事训练活动。大专学校1所新生1000多人、高级中学1所新生1000多人、中等职业学校1所新生300多人、初级中学17所新生8500多人、小学110所五、六年级新生1万多人，一共2万多名学生参加军事训练。

第四章　边防建设

第一节　机　构

1979年1月，龙州县边防工作委员会领导小组成立，县委书记兼任组长。1980年2月，成立龙州县边防工作委员会办公室。1986年，县边防办内设秘书科、二科、边防科三个部门，有人员编制15名，实有16人，办公地址在龙州镇兴龙路5号。1992年11月，县委将龙州县边防工作委员会改为中共龙州县国家边防委员会，其办公室相应改为中共龙州县国家边防委员会办公室。1993年1月，更名为龙州县边防委员会办公室。1998年2月，成立龙州县边防委员会，主任由县委书记兼任，下设办公室，内设秘书股、边防股两个部门，有人员编制11名，实有11人，办公地址在龙州镇城北路270号。1999年3月，县支前办与县边防办合署办公。2005年2月，成立龙州县人民防空办公室，主任由县边防办主任兼任，与县边防办合署办公，在县人防办机构编制尚未落实之前，由县边防办安排3名人员负责人防办的日常事务。县边防办和县人防办是县政府议事协调的行政机构。内设秘书股、边防股、人防办三个部门，有人员编制16名，实有16人，办公地址不变。

1986年—2005年历任主任：黄洪甫(1986.1—1987.6)，农仕敢(1987.6—1990.7)，黄朝西(1990.7—1998.4)，谭金清(1999.3—2004.5)，兰勇(2004.5—2005.12)。

1986年—1999年县支前办历任主任：张万宝(1986.1—1994.1)，马诚忠(1994.1—1995.6)，黄天高(1997.10—1999.3)。

第二节　边防哨所

1979年4月，中国边防部队对越自卫还击战后，为防止敌人的武装袭扰等破坏活动，按照“全面控制，重点守备”的原则，根据敌情动态、地形地物和战备任务的要求，在龙州县184千米的边防线上，陆续建立健全峒桂、合平、横罗、绕秀、布局5个边防民兵的固定哨所。边防哨所民兵坚持每天上哨，注视和记录边境情况，做到24小时观察不失控。按正常进行边境巡逻，坚持每天不少于4次，其中到点到位的横向巡逻不少于2次。搞好边境情况调查，健全边境处置方案。每月进行3次边境、民情、社情调查，及时准确掌握边境当面动态。配合边防部队、边防武警，形成军警民联护网络。1979年—2001年，龙州县水口镇合平民兵哨所立集体二等功1次，集体三等功2次；立个人二等功2人次，三等功16人次。水口镇峒桂民兵哨所立集体三等功2次，12人受到上级通令嘉奖27人次，多次被广西军区、南宁军分区评为先进民兵哨所。

第三节 巡逻道路

龙州县1996年开始建设边防巡逻路，至1997年，建设边防乘车巡逻路23千米，人行巡逻路30千米。1998年，修建乘车巡逻路18千米，人行巡逻路15千米。1999年，修建乘车巡逻路19千米，人行巡逻路15千米。2000年，修建乘车巡逻路45.5千米。2001年，修建乘车巡逻路13千米，人行巡逻路24千米。2002年，修建乘车巡逻路10千米。2003年，修建乘车巡逻路15.5千米，水口界河边境铁栅栏1.5千米，边境管理区标志碑8座。2004年，修建乘车巡逻路19千米，桥梁1座，人行巡逻路2千米，边境管理区标志碑6座，水口镇板棒边境铁栅栏1千米。2005年，全县修建乘车巡逻路17千米。

第四节 回迁工程

1979年2月，中国边防部队对越自卫还击战前夕，龙州县5个边境公社机关单位和边境自然屯群众后撤。2000年8月—2002年12月，龙州县边境建设大会战边民回迁建设项目投入经费327.39万元。其中投资146.96万元，修建边民回迁道路32条66.8千米，边境5千米以内村屯道路与县沿边三级公路连接贯通，解决边民行路难问题；投资180.43万元，完成边民回迁饮水工程48处，解决边民饮水难的问题；边民回迁1100户，其中下冻镇那花村念蛤屯、两庄村陇冬屯，水口镇水口旧街3个边境屯边民57户，建房补助经费38.82万元，建房面积2588平方米。2002年12月，边民回迁水、电、路、房建设项目全部竣工，交给边民使用。2001年，龙州县边境2个乡镇机关回迁工程经费987.5万元，实际完成工程投资1049.5万元。其中水口镇直机关回迁工程完成征地1.42公顷，主体工程4491平方米（含办公楼、干部住宅楼），完成投资511.1万元；武德乡直机关回迁工程完成征地面积1.51公顷，主体工程3933.8平方米（含办公楼、干部住宅楼），完成投资538.4万元。2002年12月，两个乡镇直机关回迁工程全部竣工，投入使用。

第五节 戍边执勤

缉枪缉毒

1993年—1996年，在开展“双缉”专项斗争中，龙州县公安边防大队破获贩枪贩毒案件23起，缴获军用枪支59支，其中手枪33支、冲锋枪14支、步枪12支，军用子弹3258发，军用手（雷）榴弹299枚。缴获海洛因、鸦片等毒品7.05千克。1994年1月21日，那花边防派出所接到一名越南贩子从15号界碑入境贩卖枪支的情报，立即在贩子必经之路设伏。守候3个多小时后，一名可疑人员手持编织袋进入伏击圈。当发现接货人未现身时，可疑分子立即转身，企图返回越南境内，被守候的干警抓获。从其手袋中搜出军用手枪5支，子弹19发。3月21日，龙州县公安边防大队和那花边防派出干警抓获贩枪分子3人，缴获军用枪5支，其中步枪2支、手枪3支，子弹28发。9月18日，龙州县公安边防大队组织指挥那花边防派出所干警抓获从越南入境的贩枪分子2人，缴获军用枪5支，其中步枪2支、手枪3支，子弹28发。1995年10月3日，那花边防派出所干警破获一起贩枪案，抓获贩枪嫌疑人2名，缴获军用枪2支。经审讯，获取案犯1993年—1995年多次贩枪到广东遂溪县的重大线索。龙州县公安边防大队专案组两次到广东侦察，摧毁1个特大的跨省贩枪团伙，抓获犯罪嫌疑人17人，缴获军用枪20支，子弹2370发。10月4日，那花边防派出所潜伏组拦截那花边贸点1辆微型车，抓获贩枪嫌疑人1人，缴获军用枪3支，子弹34发。1998年11月13日，龙州县公安边防大队专案组2名干警乔装老板与犯罪嫌疑人周旋，在水口镇合平村陇茗屯抓获贩枪贩毒嫌疑人1人，缴获军用枪支6支、海洛因0.02千克。1990年—2005年，龙州县公安边防大队破获贩枪贩毒案件39起。缴获军用枪支73支，其中手枪41支、冲锋枪16支、步枪16支,军用子弹4823发,军用手(雷)榴弹407枚。缴获鸦片、海洛因、麻古等毒品7.78千克。1992年—2005年,水口关边防检查站检查验证出入境旅客220.73万人次,车辆82.2万辆次。破获贩枪贩毒案件12起;缴获军用冲锋枪1支、手枪11支,各种子弹85发,手雷1枚,鸦片1千克,黄金0.16千克。

表5-1 1990年—2005年龙州县公安边防大队缉枪缉毒统计表

年份	枪械(支)						军用子弹(颗)	手雷手榴弹(枚)	毒品(克)		
	小计	军用枪			其他枪				小计	鸦片	海洛因
		手枪	冲锋枪	步枪	土枪	猎枪					
1990	146	1	1	1	—	143	82	23	—	—	—
1991	392	—	—	—	—	392	183	67	—	—	—
1992	177	—	—	—	177	—	227	—	—	—	—
1993	88	12	—	—	—	76	—	204	500	500	—
1994	16	3	1	12	—	—	290	60	4	4	—
1995	60	11	13	—	9	27	2708	9	6200	6000	200
1996	296	7	—	—	—	289	260	26	350	—	350
1997	76	1	—	—	35	40	54	2	—	—	—
1998	29	4	1	3	7	14	79	—	30	10	20
1999	54	—	—	—	19	35	55	1	700	—	700
2000	694	—	—	—	10	684	455	5	—	—	—
2001	1	1	—	—	—	—	23	—	—	—	—
2002	87	—	—	—	9	78	9	—	—	—	—
2003	63	—	—	—	2	61	341	5	—	—	—
2004	74	—	—	—	1	73	54	3	—	—	—
2005	5	—	—	—	—	5	3	2	—	—	—
合计	2259	41	16	16	269	1917	4823	407	7784	6514	1270

打击非法出入境

1998年10月5日,龙州县公安边防大队干警在县城某酒楼等处,经5天5夜跟踪取证后,截获假道龙州的福建籍偷越国境团伙,抓获“蛇头”(组织偷渡者)2人,偷渡分子19人。11月17日,在水口镇截获企图假道水口界河逃到西方国家的偷渡团伙,抓获“蛇头”2人,偷渡分子7人,日产丰田9座面包车1辆。11月19日,水口边防派出所在水口镇旧街截获企图偷越国界的偷渡团伙,抓获“蛇头”5人,偷渡分子11人。1999年6月27日,龙州县公安边防大队干警在县城某大厦、某大酒店、某酒楼等处布控,截获企图假道龙州越境入越南转美国的偷渡团伙,抓获福建籍偷渡分子11人。1998年—1999年,龙州县公安边防大队破获偷渡案4起,抓获9人,偷渡者48人。2000年—2005年,查获“三非”(非法入境、非法务工、非法居留)越南人100余批2000余人次,经教育,全部依法按原路遣返出境。1992年—2005年,水口关边防检查站遣返非法出入境人员3万多人次。

打击走私犯罪

1992年2月20日,科甲边检站协助龙州县公安局拦截缴获走私伏尔加小轿车1辆;8月13日,与武德乡政府联合设卡,拦截缴获走私小轿车4辆,其中丰田系列2辆、尼桑系列2辆。1999年6月8日,龙州县公安边防大队在那花边贸点附近截获一辆嫌疑走私的大货车，从车内搜出无合法手续的橡胶20吨，价值10万余元。抓获涉嫌运送走私货物司机1人。2000年11月10日，龙州县公安边防大队在金龙镇板梯村边防公路设伏，拦截一辆嫌疑走私的大卡车，从车上查获无合法手续的越产白糖，抓获涉案嫌疑人3人。2001年3月20日，龙州县公安边防大队叫堪公安检查站干警查获一起走私野生动物案，查获国家一级保护野生动物蜂猴9只、国家二级保护动物白鹇1只，抓获涉案嫌疑人2人。是日晚上，从水口开往南宁的1辆客车上查获国家二级保护野生动物虎纹蛙320千克。2005年11月29日，科甲边检站在34号界碑附近设卡，3名犯罪嫌疑人偷越国境，被发现后弃车入越。后逃过越警多次追捕。1992年—2005年，水口关边防检查站查缉无合法手续汽车12辆，其他各类违禁物品、管制刀具一批，抓获各种犯罪嫌疑人25人。

2000年，水口关边检站在"三缉两打"中查获的部分枪支弹药

保护边民利益

1992年5月1日—5日，越南下琅县谷然、岜旦、更晓、探锐、农莫、农娘等村屯边民，进入30号—31号界碑之间隶属中国领土的那集、那妈等地，开荒耕种；6日，科甲边检站派员与越方举行会晤，交给越方交涉书1份。1995年10月28日，越南公安巡逻队侵入33号—34号界碑，抢走武德乡科甲村峒凌屯边民14头耕牛。后经科甲边检站官兵与越方公安人员交涉，把被抢的牛全部领回，交还当地边民牛主。同年12月15日，武德乡群合村陇板屯谭某、黄某等4个边民，到36号界碑中方一侧进行生产劳动，被越南公安抓走；18日，经科甲边检站与越方交涉领回边民。2000年8月4日，金龙镇横罗村板门屯农某到下琅县城赶集时，被越南公安疑用假币购买猪仔抓走审查。经科甲边检站与越方公安多次交涉，同年11月30日，越方将农某从科甲口岸交还中方。

边境治安综合治理

1999年7月24日，彬桥边防派出所抓获私造枪支犯罪嫌疑人周某，从其家中搜出自制手枪4支，砂枪1支，半成品枪6支，火药1千克，子弹18发，制造枪支的手钻机、手钢锉等工具一批。2000年2月22日，龙州县公安边防大队抓获水口镇合平村盗窃耕牛的犯罪嫌疑人谭某，并一举破获盗窃耕牛案10起。2000年11月下旬，彬桥边防派出所协助龙州县公安边防大队和龙州县公安局破获1起盗车杀人案，抓获犯罪嫌疑人彬桥乡峒旦村垌旦屯李某、垌旦村弄标屯黄某等4人。犯罪嫌疑人对其犯罪事实供认不讳。2002年3月，龙州县公安边防大队把下冻镇两庄村左庄屯李某为首的车匪路霸团伙抓捕归案。该团伙以恐吓打人、放钉刺轮胎等手段，强行收取过往外地人保护费160余人次，敲诈勒索2万多元。9月30日，在水口镇捣毁一个家族式特大盗窃耕牛团伙，抓获犯罪嫌疑人7人，盗窃耕牛40起70多头。2003年11月18日，在龙州县公、检、法、司等部门支持配合下，龙州县公安边防大队出动警力20余人，抓获下冻镇两庄村犯罪嫌疑人8人，缴获自制砂枪1支、火箭筒炮弹1发、炸药8千克、导火索30米、雷管11枚。2004年4月15日，金龙边防派出所在中越边境线西路37号界碑沿边公路板梯村那桧屯路段设卡，拦截缴获无证摩托车4辆，案值5万多元；抓获盗窃摩托车嫌疑人闭某、陆某、农某等5人。2005年10月20日，下冻边防派出所协助龙州县公安局破获1起盗窃强奸妇女杀人案，抓获犯罪嫌疑人下冻镇峡岗村那叫屯赵某。11月26日，龙州县公安边防大队组织指挥科甲边防派出所干警，在科甲村峒凌屯抓捕盗窃汽车团伙，盗窃嫌疑人弃车逃跑，缴获涉嫌被盗三菱越野车1辆，案值40多万元。

第五章 兵 役

第一节 兵役登记

1986年，兵役登记对象为18周岁~22周岁的男性公民。登记工作由基层党委或乡镇政府派一名领导干部负责，由县武装部和基层武装部专职武装干部、村(居委)民兵营长具体承办。没有设立民兵组织的单位一般由本单位的人事或保卫干部具体承办兵役登记工作。按照宣传教育、开设兵役登记站、区分各类登记对象进行登记、填报表卡、汇总立名册等程序，逐项规范完成兵役登记工作。每年从登记人员中筛选出一批当年应征对象，通知到单位、个人。1986年—2003年，兵役登记确定的应征、缓征、免征、不得征集4项工作完成时间，全国没有统一规定，一般在每年的一、二季度完成。2004年4月20日，龙州县兵役登记4项工作全面完成，将兵役登记情况书呈报崇左军分区。2005年，龙州县兵役登记工作，结合年度民兵整组工作进行，从2月1日开始至3月31日结束。

第二节 兵员征集

征兵条件

1986年—2004年，龙州县兵员征集实行义务兵为主与志愿兵相结合的办法。在年龄条件上，规定每年12月31日年满18周岁~22周岁未婚青年，应当被征集服现役。根据国防需要和本人志愿的原则，可以征集当年12月31日年满17周岁的未婚公民服现役。在身体条件上，要求男性身高1.6米以上，女性身高1.55米以上。2005年，龙州县兵员征集实行义务兵为主与志愿兵相结合的办法。年龄条件为，男青年年满18周岁~20周岁，高中毕业(含职中、中专、中师)的可放宽到21周岁，大专毕业的可放宽到22周岁；女青年为年满18周岁~19周岁的应届高中毕业生。为适应部队需要，根据本人意愿，可征集部分年满17周岁的女青年。征集在校大学生的男青年为年满18周岁~23周岁；女青年为年满18周岁~20周岁。在身体条件上，男性身高1.62米以上，女性身高1.60米以上。视力标准：高中生右眼裸视4.8，左眼裸视4.6；大学生右眼裸视4.6，左眼裸视4.5；特勤兵右眼裸视不低于4.9，左眼裸视不低于4.8。标准体重=身高~110±5千克。崇左市辖区增加心理素质测试和艾滋病、吸毒检查。1986年—2005年，龙州县兵员征集的政治条件，着重于应征公民的个人现实表现，除"依法被判处徒刑、拘留、管制和剥夺政治权利者；依法处劳动教养、期满后经每年考验，仍未改正错误的恶习者；政法机关正在侦察、控制的犯罪嫌疑分子；对中共和社会主义心怀不满，政治思想反动者；近两年内有流氓、贪污、抢劫、诈骗、投机倒把、经常打架斗殴等不法行为及其他品行不良者；被机关、企业、学校开除公职、学籍者"外，其余均属应征对象。要求征集服现役的兵员，必须政治历史清楚，拥护中国共产党，热爱社会主义，积极劳动，遵纪守法，道德品质好，决心为保卫祖国英勇奋斗的公民。

政治审查

1986年—1989年，龙州县兵员征集的政治审查实行村公所(居委会)初审、乡镇政府复审、县征兵办总审的三级政审制。三级政审都要进行"五访"(访学校、访派出所、访干部、访知情人、访家长)、"五查"(查年龄、查学历、查户口、查现实表现、查主要亲属的政治态度)。1990年—1994年，实行村(居)、乡镇、县三级政审制，做到"四个清楚"(政治立场、思想品德、社会交往、有无违纪违法)。1995年—2004年，村委和单位把好初审关；乡镇把好复审关，将合格的青年名单张榜公布；县征兵办把好总审关。对合格的青年逐个见面谈话后，将名单送派出所"过滤"。把"双合格"(体格检验合格、政治审查合格)的青年名单印发各个派出所进行横向联审。2005 年，实行村（居）、乡镇、县征兵办三级联审，各个派出所交叉会审制度。做到“五查”（查现实表现、家庭情况和社会关系、年龄、病史、学历）、“八访”（访工作单位、村干部、治安队、工商部门、邻居、校友、派出所、卫生院）。坚持送县检名单公开、张榜公布，总检合格名单公开、张榜公布，定兵名单公开、张榜公布的“三公开、三张榜”制度。

审批定兵

1985 年—1990 年，龙州县审批定兵由乡、镇初定，县审定，坚持择优定兵的原则，实行“五优先”（思想好、身体强、文化高、个人要求迫切、家属支持者优先）、“三不定”（思想表现不好、个人要求不迫切、家属不支持者不定）的办法。1991 年—1994 年，征兵、接兵干部对“双合格”对象逐个家访谈话，对普通兵抽查，特种兵复查，做到“八优先”（身体素质好、现实表现好、文化程度高、是预征对象、党团员、家庭劳力充足、本人和家长要求强烈、多年不出兵村屯的优先）、“六不定”（凡涉有嫌疑问题、群众有意见、有犯罪前科、户口不在本地或临时迁移户口、家长或本人思想不通、征兵接兵双方意见分歧大的不定兵）。1995 年—1999 年，坚持全面衡量，择优定兵原则，实行思想品质好、文化程度高、党员团员、身体强壮、要求迫切、先进个人、立功获奖、劳力充足、专业特长、发明创造者的“十优先”和身体条件边缘、有文身、嫖赌吸毒、小偷小摸、直系亲属被判刑、有犯罪前科、对中共和社会主义不满、假户口、假文凭、假年龄者的“十不定”办法，做到公开征兵的政策、规定的条件标准的“两公开”和公布体检青年名单、双合格青年名单、审定的新兵名单的“三公布”。2000 年—2004 年，坚持集体定兵和择优定兵的原则，实行“十优先”“十不定”并增加“四公开”（公开名额、公开条件、公开程序、公开结果）的办法。2005 年，坚持全面衡量、择优定兵的原则，做到对双合格应征青年的年龄、文化、病史、表现要清楚的“四清”；严格执行征兵政策，防止走后门，严格体检政审标准，防止偏严偏宽的“两严”；现实表现好、高中以上学历、是预征对象的“三优先”；应征对象和家属思想不通的，应征对象身体、政治条件属于可送可不送的“两不送”。审定兵员后，由龙州县兵役机关发放《应征公民入伍通知书》和“一人参军，全家光荣”牌匾。乡镇政府、村委或单位组织报喜队，敲锣打鼓，燃放鞭炮，把《通知书》和牌匾送到应征入伍青年家中。

2000 年 11 月 20 日，龙州县武装部组织征兵工作人员过“军事日”，进行轻武器实弹射击训练

第六篇

政　法

第一章 公 安

1986年起，龙州县公安机关针对不同时期的治安形势集中开展打击“三贩”（贩卖枪支、贩卖毒品、贩卖妇女儿童）和“双缉”（缉枪、缉毒）、车匪路霸、盗抢机动车辆、街头抢劫、拦路抢劫、蒙面抢劫、绑架拐卖越南妇女儿童等专项整治行动，广泛开展“扫黄”除“六害”活动；加强治安管理，打击严重经济犯罪活动，开展交通、户政、特种行业、出入境和监所管理。2005年，全县共破获各种刑事案件136起，其中破获重特大案件37起；查处治安案件593起；共抓获处理各种违法犯罪人员1584名（其中网上逃犯15名）；收缴各类非法枪支178支、子弹312发、炸药60公斤、雷管155枚、手榴弹（手雷）7枚；追缴赃物微型汽车和农用运输车各1辆、手扶拖拉机2台、摩托车16辆、毒品海洛因5153克等，赃款赃物折合人民币43.73万元。

第一节 机 构

1986年，龙州县公安局内设办公室、政工科、一科（政治保卫科）、二科（经济文化保卫科）、三科（治安科）、四科（预审科）、刑侦队、看守所、行政拘留所9个部门，下辖城厢派出所、响水派出所、逐卜派出所、八角派出所、霞秀派出所、上金派出所、龙北农场派出所、先锋农场派出所、北耀农场派出所、弄岗保护区派出所、公路派出所11个派出机构。有人员编制123名，实有110人，局领导班子成员有局长1人、政委1人、副局长3人、副政委1人，办公地址在龙州镇西街88号。1987年1月成立缉毒队，2月增设出入境管理科、机要通讯科，8月接收县交通监理站组建县交通警察队，12月增设林业公安股、蚬木林场派出所。1988年2月增设上降派出所、上龙派出所。1991年后，县公安局长被任命为县长助理，在县人民政府机构中便于发挥公安机关的职能作用；是年10月，交通警察队改称交通警察大队。1992年，龙州县公安局局长、政委级别分别高配为副处级，并设置副处级非领导职务2个（副处级侦察员1个、副处级预审员个1个）；是年，增设法制科、户政科。1993年，三科（治安科）、刑侦队、缉毒队分别改称治安大队、刑侦大队、缉毒大队。1995年，撤销龙北、先锋、北耀3个农场派出所。1996年，增设戒毒所、行政科。1997年7月，增设监察科、审计科、督察大队，一科改称国内安全保卫科，二科改称经济文化保卫侦察大队。1998年3月，撤销四科（预审科）并入刑事侦察大队，大队下设城区中队、大案中队、经侦中队、对策中队、技术中队，实现侦审起诉一体化的刑侦改革新格局。2000年，县公安局机关内设办公室、政工科、监察科、出入境管理科、审计科、户政科、法制科、机要通讯科、行政科，督察大队、经文保侦察大队、治安大队、刑侦大队、缉毒大队、交警大队，看守所、行政拘留所、戒毒所，林业公安股19个部门，下设城厢派出所、响水派出所、逐卜派出所、八角派出所、霞秀派出所、上金派出所、上降派出所、上龙派出所、蚬木林场派出所、弄岗保护区派出所、公路派出所11个派出机构。有人员编制155名，实有180人（其中事业单位编制20人），局领导班子成员有局长1人、政委1人、副局长5人、副政委1人，办公地址不变。2002年3月，县公安局内设纪律检查委员会、办公室、政工科、警务督察大队、国内安全保卫大队、经济犯罪侦查大队、治安警察大队、刑事侦查大队、毒品犯罪侦查大队、交通警察大队、边防大队（武警现役编制）、消防大队（武警现役编制）、出入境管理科、公共信息网络安全监察科、法制科、行政装备科、机要通信科、户政科、看守所、行政拘留所、强制戒毒所、警卫科、宣传科23个部门，下设城厢派出所、响水派出所、逐卜派出所、八角派出所、霞秀派出所、上金派出所、上降派出所、上龙派出所8个派出机构。有人员编制141名，实有149人（其中事业单位编制20人），局领导班子成员有局长1人、政委1人、副局长4人、副政委1人，办公地址不变。2003年5月政工科改称政治处，8月增设110警务大队和巡逻警察大队，两大队实行“两块牌子、一套人马”模式。2005年3月，霞秀派出所更名为城南派出所。2005年5月，县公安局内设纪律检查委员会、办公室、政工处、警务督察大队、国内安全保卫大队、经济犯罪侦查大队、治安警察大队、刑事侦查大队、毒品犯罪侦查大队、交通警察大队、边防大队(武警现役编制)、消防大队(武警现役编制)、出入境管理科、公共信息网络安全监察科、法制科、行政装备科、机要通信科、户政科、看守所、行政拘留所、强制戒毒所、警卫科、宣传科、110 警务大队、巡逻警察大队 25 个部门,下设派出所不变,有人员编制 141 名,实有 134 人,局领导班子成员有局长 1 人、政委 1 人、副局长 5 人、副政委 1 人,办公地址不变。

1986 年—2005 年历任局长:黄吉华、黄忠民、韩日德、黄建明、江耀银、赵奇。

1986 年—2005 年历任政委:韦克光、黄艳辉、江耀银、林桂明、何志兴。

第二节　刑事侦缉

1983 年 9 月,龙州县按照中共中央“三年为期,组织三大战役,依法从重从快打击严重刑事犯罪活动”的指示开展三大战役,至 1986 年 9 月结束。破获刑事案件 587 起,抓获各种违法犯罪嫌疑人 3600 多人。摧毁犯罪团伙 37 个,逮捕团伙成员 216 人,逮捕犯罪嫌疑人 767 人,送劳动教养 20 名,判处死刑 19 人,使龙州县正气上升、邪气下降,改变了社会治安的非正常状况,人民群众增加了安全感。但是,自 1989 年后,刑事犯罪活动有所反弹,仅 1989 年,刑事发案高达 694 起,其中重大案件 107 起。1991 年,全县仅重大刑事案件就发生 178 起。盗窃耕牛、盗抢机动车、街头抢劫、蒙面抢劫、入室抢劫案件以及贩枪贩毒贩卖妇女案件较为突出。为保持“严打”高压势头,公安机关紧紧围绕“稳定压倒一切”为中心,在各个时期开展了打击刑事犯罪活动的专项斗争,自 1986 年—2000 年,全县共开展各类专项斗争 620 次。1987 年 5 月初,针对龙州、武德、下冻三个乡镇盗窃活动突出的情况,县公安局抽调力量深入开展局部的破案小战役,仅五天时间就挖出以李某某为首的 9 人盗窃团伙 1 个,破获重大盗窃案件 11 起,追回彩色电视机 2 台、放像机 1 台、收录机 3 台和自行车 7 辆,赃物折合人民币 7000 多元。1988 年 1 月—10 月,公安机关开展以“反盗窃,反盗窃自行车,深挖犯罪团伙”的专项斗争,共抓获盗窃违法犯罪人员 79 名,破获盗窃案件 146 起,其中抓获盗窃自行车违法犯罪人员 37 名,破获盗窃自行车案件 68 起,追回被盗自行车 72 辆。1990 年 1 月 14 日晚,龙州镇一辆客车开往南宁,在县城东郊三眼桥附近路段被歹徒开枪射击,乘客梁某某头部中弹身亡。案发后,经地县两级公安机关组织侦破,及时抓获农某某等 3 名犯罪嫌疑人,缴获“五四”手枪 2 支、子弹 99 发以及匕首、炸药、导火线等罪证。1995 年—1998 年,针对耕牛被盗突出的严重情况,公安机关开展了六次较大的专项打击行动,共打掉盗牛团伙 26 个成员 105 人,依法逮捕盗牛犯罪嫌疑人 42 人,破获耕牛被盗案件 174 起,追回被盗耕牛 53 头,挽回经济损失 46000 多元。1991 年和 1993 年,根据公安部召开的“西南边境地区缉枪缉毒工作会议”和自治区公安厅钦州会议精神,龙州县在边境一线开展打击“三贩”(贩卖枪支、贩卖毒品、贩卖妇女儿童)和“双缉”(缉枪、缉毒)专项斗争。1993 年,查获枪毒案件 43 起,其中枪案 15 起,毒品案 28 起。抓获枪毒贩嫌疑人 162 人,其中贩枪 15 人,贩毒 54 人,私藏弹药 93 人。缴获枪支 15 支、手雷 31 枚、手榴弹 204 枚、子弹 2030 发、鸦片 46.6 千克、海洛因 0.82 千克,较好地维护了边境的安宁,有效把枪毒堵在境外。此后,公安机关坚持以公安边防、禁毒部门为主体,持续开展经常性的缉枪缉毒工作。此外,还开展了打击车匪路霸、盗抢机动车辆、街头抢劫、拦路抢劫、蒙面抢劫、绑架拐卖越南妇女儿童等犯罪活动的专项打击整治行动,也收到了良好的社会效果。2004 年,全县共破获各种刑事案件 259 起,破案率 56.67%,其中破获重特大案件 133 起,重特大案件破案率 46.83%,查处治安案件 591 起,查处率 90.5%。共抓获处理各种违法犯罪嫌疑人 1614 名(其中网上逃犯 27 名),依法逮捕 130 名,送劳教教养 32 名,行政拘留 109 名,强制戒毒 104 名,罚款 1099 名,其他处理 42 名。收缴各类非法枪支 317 支、子弹 5774 发、炸药 77.5 千克、雷管 313 枚、手榴弹(手雷)11 枚,追缴赃物微型汽车和农用运输车各 2 辆、手扶拖拉机 2 台、摩托车 17 辆、耕牛等大牲畜 4 头。2005 年,全县共破获各种刑事案件 136 起,破案率 36.36%,其中破获重特大案件 37 起,重特大案件破案率 31.09%,查处治安案件 593 起,查处率 91.3%。共抓获处理各种违法犯罪嫌疑人 1584 名(其中网上逃犯 15 名),依法逮捕 109 名,送劳教教养 7 名,行政拘留 97 名,强制戒毒 153 名,罚款 1101 名,其他处理 117 名。收缴各类非法枪支 178 支、子弹 312 发、炸药 60 千克、雷管 155 枚、手榴弹（手雷）7 枚，追缴赃物微型汽车和农用运输车各 1 辆、手扶拖拉机 2 台、摩托车 16 辆、耕牛等大牲畜 12 头、毒品海洛因 5.15 千克以及其他赃款赃物一大批，赃款赃物折合人民币 43.73 万元。

第三节　经济侦查

改革开放以来，龙州县公安机关坚持从维护社会主义市场经济秩序的高度，进一步加大经济领域违法犯罪的打击力度，积极参与整顿和规范市场经济秩序工作，认真组织开展侦查破案，重点打击严重经济犯罪活动，切实维护了龙州县市场经济秩序和经济安全。1986 年，经济犯罪侦查部门共受理经济犯罪案件 8 起，查破 3 起，总案值 16 万元，抓获犯罪嫌疑人 5 名，追回赃款赃物折合人民币 5 万元，协助有关部门办案挽回国家经济损失 8.1 万元。2001 年 2 月 7 日，广东吴川县籍假币犯罪分子潘某某、潘某某、陈某某在龙州县龙果招待所贩卖假币时被公安机关抓获，当场缴获假币 9.8 万元。

第四节　治安管理

治安联防巡逻

1985 年—1986 年，龙州县公安局组织干警深入乡镇，开展治安调解承包组织落实试点工作。全县 12 个乡镇 126 个村（居）委会有 114 个落实了治安调解承包组织。1985 年 3 月—1988 年，为解决警力不足的问题，由公安机关牵头，陆续在全县 13 个乡镇组建治安巡逻组织。1985 年，率先组建了龙州镇治安巡逻队。1988 年，县公安局成立保安大队办公室。龙州、下冻、逐卜、八角、北耀、龙北等乡镇、农场相继成立了保安分队，在县公安局和派出所的指导下，开展治安巡逻和治安联防，增强了社会治安防范机制，对预防、发现、控制和打击犯罪起到良好的作用，据当年统计，治安巡逻组织共协助公安机关抓获违法犯罪人员 967 人次，给予治安处罚 858 人次，其中行政拘留 585 人次，罚款 268 人次，警告 5 人次。1989 年，根据自治区《机关、团体、企事业单位治安保卫责任制暂行规定》，公安机关对全县 80 个内部单位落实治安保卫责任制，其中 38 个单位把治安保卫与经济利益挂钩，把治安防范纳入行业管理之中。在 29 个单位落实了治安保卫人员 182 名。全县当年有治安人员 2665 人，这支队伍后来逐步发挥了作用。1991 年，为贯彻落实中共中央、国务院《关于加强社会治安综合治理的决定》和自治区、南宁地区关于社会治安综合治理的部署精神，公安机关在全县范围内开展三个月的社会治安整顿月活动，打击了一大批刑事犯罪分子后，落实了全县 126 个村公所、居委会的治安特派员制度，建立健全了村级治保会和调解、帮教组织。13 个乡镇政府所在地都建有治安队，8 个村公所建有了联防队，联防队员 140 人，基本上做到了组织落实、人员落实和报酬落实，群防群治网络初步形成。1995 年，全县内部单位开展了“创建安全财务室”活动，通过检查整顿，一批机关单位财务室达到“三铁一器”（铁门、铁窗、铁柜，报警器）的要求，提高了防范能力。2003 年 8 月，县公安局成立巡逻警察大队，同时成立龙州县治安联防大队，聘用 60 名专职治安联防队员专门承担县城街面治安巡逻任务，自此，治安联防巡逻工作在龙州县走向正轨并发挥应有的作用。2004 年 4 月，根据自治区公安厅的部署要求，县公安局将原有分散管理的 110 匪警、119 火警、122 交通事故救助报警服务台，整合成统一接警、统一指挥调度的“三台合一”工作模式，并与街面治安巡逻力量联勤联动，实现了接处警和街面巡防的有机结合，提高了治安防控水平。2005 年，县公安局巡警大队共出警处警 969 次，破获各种刑事案件 6 起，查处治安案件 27 起，抓获各种违法犯罪人员 53 名，处理各种治安灾害事故 17 起，调处矛盾纠纷 337 起，求助危难群众 65 人次，受到各级领导和广大人民群众的普遍赞誉。

特种行业治安管理

改革开放前，龙州县公安机关对特种行业的管理，仅局限在旅馆业、刻字业、旧货业、印刷业、废旧金属收购业。改革开放后，酒家、美容发廊、茶座、卡拉 OK 厅、录像室、电子游戏室、出租屋发展迅猛，给治安管理带来新的课题。1986年,龙州县特种行业场所34家。1990年,全县特种行业场所47家。2000年,县内特种行业场所增至74家。自1986年以来,龙州县公安机关采取平时工作与突击行动相结合的方法,经常性地对特种行业场所进行治安管理。1995年,根据自治区《关于统一换证期间对行业场所开展全面清理整顿的通知》精神,结合龙州县具体情况,对全县所有的特种行业场所开展检查整顿工作,先后采取突击行动41场次,发现不同程度违法违章问题22家,其中作出警告5家、罚款4家、停业整顿2家、扣证3家、限期整改8家。对符合管理要求的行业场所统一换发“特种行业许可证”和“治安管理许可证”。1996年—2005年,龙州县公安机关会同安监、工商、文化等部门,对特种行业场所,特别是服务、娱乐场所进行清查整顿53场次,及时发现和解决问题,落实治安防范措施,进行全方位的治安管理,预防和减少违法犯罪。与此同时公安机关还坚持和完善“特种行业许可证”和“治安管理许可证”换发制度,制发行业场所禁黄禁赌禁毒禁娼警示牌,签订治安目标责任书,不断规范行业场所的治安管理。2004年,公安机关共召开特种行业场所安全防范会议4场次,开展“四防”安全检查13场次,发现并整改安全隐患53处,查破特种行业场所刑事案件4起,抓获犯罪嫌疑人5名,逮捕3名,查处特种行业场所治安案件16起,处罚72人次,较好地维护了内部单位的安全与稳定。

凶器爆炸物品管理

20世纪80年代至90年代初,龙州县根据自卫还击战后散存在社会上的枪支弹药、爆炸物品、各类凶器等情况,开展全面收缴工作。1990年6月—9月,根据中央政法委和自治区党委政法委的统一部署,继续开展严厉打击各种严重刑事犯罪活动和开展打击“三贩”(贩枪、贩毒、贩卖儿童妇女)专项斗争。6月29日,在全县范围内开展统一行动,抓捕流窜犯和追捕在逃犯。7月28日—30日晚,为执行自治区党委、政府关于在中越边境一线开展打击“三贩”统一方案的决定,防止“三贩”违法犯罪人员以及其他严重犯罪分子潜出境外,堵截越南违法犯罪人员潜入境内进行袭扰破坏活动,维护边境治安秩序,确保打击“三贩”统一行动的顺利开展,县公安局抽调84名干警和武警官兵会同党政部门、驻军部队对边境线实行设卡封锁。8月—9月,公安机关又开展查处打击报复基层干部的案件。通过三次专项斗争,全县共破获刑事案件239起,其中破刑事大案88起,查处治安案件648起,抓获各种案犯1156人,缴获军用枪支4支、长短砂枪1114支、子弹486发、手榴弹36枚,追回被盗电视机9台、收录机11台。为贯彻落实1991年自治区政府《关于收缴流散在社会上的枪支弹药、爆炸物品、管制刀具的通告》和执行公安部1994年《收缴非法枪支弹药,加强枪支弹药管理的通告》以及自治区公安厅《关于收缴钢珠枪等仿真手枪通告》,从1991年—1994年,结合“严打”整治专项斗争,公安机关加大了收枪治爆工作力178支、子弹312发、雷管155枚、手榴弹7枚,炸药60千克,有效地消除了一批治安隐患。

2000年3月3日,龙州县公安局干警100多人到响水镇四清村陇丈屯、抗敏屯进行收枪治暴行动,共收缴枪支50多支和子弹、炸药各一批

扫黄打非

1985年—1988年,龙州县委、县政府坚持“扫黄打非”活动,先后从宣传、文化、广播、公安、检察、法院、工商、团委、妇联等部门抽调干部,成立龙州县“查禁”领导小组,下设办公室,组织开展“扫黄打非”行动。1987年8月起,全县先后进行4次行动,打击拐卖妇女儿童和查禁卖淫嫖娼活动,查获拐卖妇女儿童人贩子52人,摧毁拐卖妇女儿童犯罪团伙3个12人;查获容留妇女卖淫窝点6处,查获卖淫妇女21人,嫖娼46人。依法逮捕11人(容留妇女卖淫窝主2人),其余处以治安行政处罚。1988年,龙州县公安机关针对边境通道

出现的“国际赌场”问题，组织警力先后取缔4处。是年10月13日，全县出动公安干警101人，对水口那贯屯贸易场所的“国际赌场”进行取缔行动，抓获参赌人员20人，缴获赌资4830元，对围观群众进行法制教育300多人。1993年3月21日—25日，龙州县公安局组织干警46人，对群众反映强烈的龙州镇龙江“淫秽录像一条街”进行查缉行动，清查经营的录像点10家，搜出淫秽录像片96盒。至此，全县发现收缴淫秽录像片134盒。当年又在下冻、水口、金龙等乡镇取缔赌场56个、卖淫嫖娼窝点9处，查处赌博、卖淫嫖娼人员320人，分别给予治安行政处罚。查处在龙州镇利民街的“澳门”娱乐场所（赌场）参赌人员96人给予治安行政处罚。1994年，为贯彻落实公安部有关严禁利用“三陪”形式进行色情活动的通知和自治区公安厅、工商局《关于加强美容、发廊业管理问题的通知》，龙州县公安局印发《龙州县公安局关于查禁“三陪”活动的通告》，年内，采取两次行动，对全县123家（处）美容、发廊、旅店、客栈以及文化娱乐场所进行整顿，对营业主及从业人员进行法制及有关管理规定教育360人次；取缔录像室1家，没收淫秽录像带1盒，查处违法经营的卡拉OK厅、舞厅3家，对7家存在治安问题的客栈、酒家、舞厅提出限期整改。取缔赌场238个，抓获参赌人员874人；查处卖淫嫖娼案69起，抓获卖淫嫖娼人员69人，分别进行处罚。2000年，县公安局查处赌博案件197起，参赌人员1053人；查处卖淫嫖娼案207起，抓获处理卖淫嫖娼人员403人。2001年—2003年，公安机关共查处赌博案件664起，参赌人员3553人，查处卖淫嫖娼案144起，抓获处理卖淫嫖娼人员306人。2004年，全县公安机关态度坚决，旗帜鲜明地加大打击“黄赌毒”工作力度，扫除社会丑恶现象，净化社会风气。全县公安机关特别是各基层派出所深入贯彻自治区人民政府的工作部署，精心组织开展打击“六合彩”等赌博活动专项斗争，依法查处一大批涉赌违法分子，取缔一批赌博窝点，铲除“六合彩”等赌博活动赖以滋生蔓延的土壤，净化治安环境。是年全县共查处各种形式的赌博案件155起，查获赌博团伙70个成员463人，抓获处理赌博违法人员760名，行政拘留53名，罚款701名，其他处理6名，其中查处“六合彩”等“私彩”赌博案件66起，取缔“六合彩”等“私彩”赌博窝点34处，抓获处理“六合彩”等“私彩”赌博违法人员297名（庄家6名），行政拘留6名，罚款291名。2005年，公安机关深入贯彻落实国务院的工作部署，精心组织开展打击赌博违法犯罪活动专项行动，依法查处一批涉赌违法分子。1月—11月，全县共打掉赌博团伙97个，成员436名，查处赌博案件153起，抓获处理赌博违法人员811名，行政拘留56名，罚款751名，缴获赌资20.1万元，缴获赌具113件。针对水口口岸对面越南驮隆镇某娱乐城开设赌场的实际，公安机关按照内外结合、公秘结合的原则，对境外越方驮隆娱乐城赌场进行深入调查摸底，并通过核收证件、宣布证件作废等手段，禁止和防止境内公民出境从事赌场任职和从事赌博，堵住境内人员出境参赌渠道，迫使原计划在春节期间试业的驮隆娱乐城赌场被迫关闭，并于当年三月份转行经营他业，遏制住了边境地区赌博违法犯罪活动的滋生蔓延。2005年，公安机关还会同文化、工商等部门开展统一行动，清查和取缔赌博非法出版物市场，共取缔制作、贩卖赌博非法出版物窝点3处，收缴赌博非法出版物3600余份。

第五节　安全保卫

1988年11月，根据公安部《关于做好近期召开三个重要会议安全保卫工作的通知》《关于密切注意高等院校动态，防范少数学生闹事的紧急通知》以及南宁地区公安处《关于做好自治区成立三十周年庆祝活动安全保卫工作》的通知精神，县公安局组织干警深入各地，多渠道、多层次地搜集情报信息，对各种不安全因素进行调查布控，责令整改，确保了龙州县庆祝自治区成立三十周年活动和中央领导、中央慰问分团在龙州慰问活动的绝对安全。1994年12月16日是邓小平发动和领导的百色起义、龙州起义65周年纪念活动日，老一辈革命者、左江游击区代表、区地及各县（市）的领导同志和其他来宾云集龙州参加庆祝活动。为了保证庆祝活动的绝对安全，县公安局投入警力182人，做好线路、驻地和参观点的安全保卫，完成了安保任务。1998年12月11日，自治区成立四十周年大庆期间，根据自治区公安厅的总体部署，县公安局制定了严密的安全保卫方案，集中开展打击整治行动，共破获各种刑事案件76起，查处治安案件236起，打掉违法犯罪团伙7个犯罪嫌疑人36名，抓获各种违法犯罪嫌疑人157名，整顿重点地区3个、行业场所53处、重点单位

37个，确保了大庆的安全，实现了大庆期间政治稳定、社会安定的工作目标。2001年10月2日—9日，广西边境建设大会战总结表彰会在边境县市隆重举行，其中10月8日，与会人员到龙州县参观。此次总结表彰会规格高、人数多、活动地点多、行程长，为龙州县警卫工作史上少有。为确保各种活动的安全，在县委、政府的领导和上级公安机关的指导下，公安机关精心组织，充分准备，有效地开展了各项警卫工作，确保了上级领导和大会来宾的安全。此外，公安机关还加强了机关企事业内部单位、重点建设工程的安全保卫工作，强化措施，落实各项安全保卫工作责任制。2004年，公安机关共召开内部单位安全防范会议6场次，开展"四防"安全检查17场次，发现并整改安全隐患72处，查破内部单位刑事案件14起，抓获犯罪嫌疑人16名，逮捕12名，查处内部单位治安案件27起，处罚74人次。2005年，共召开内部单位安全防范会议4场次，开展"四防"安全检查13场次，发现并整改安全隐患64处，查破内部单位刑事案件14起，抓获犯罪嫌疑人7名，逮捕6名，查处内部单位治安案件23起，处罚66人次，较好地维护了内部单位的安全与稳定。

第六节　监所与管理

1985年，位于县城以西公母山下的龙州县看守所竣工，有16间房，建筑面积280平方米，设计关押犯罪嫌疑人120人。1986年，全县抓捕各种违法犯罪嫌疑人6168人，其中逮捕关进看守所767人。此后，看守所年均关押量达1764人次，每月平均关押数超过设计数147人，严重超出设计关押容量。为了实现对羁押人员管理制度化和规范化，确保羁押看守场所安全稳定，1986年—1996年，公安机关持续加大看守所建设工作。1988年，看守所组织在押人员自建5立方水池1个，铺水泥地板100多平方米，新建卫生间2间，种植草坪、花木100平方米。为实现看守所管理制度化、规范化，1994年，制定《龙州县公安局看守所干警目标管理责任状(草案)》《监内人犯改造守则》《在押人员生活、学习、思过活动行为规范》《龙州县公安局看守所对在押人员违法违监和认罪服法表现好实行奖罚规定》《留监执行改造犯罪行为规范》等。1995年，县财政拨款6万元购置囚车1台，用于运送判刑在押人员出监投放劳动场所，缓解看守空间压力。1996年，县财政划拨3万元维修监舍，为在押人员改善监舍环境；县计委划拨10万元建设干警住宅楼，较好解决看守干警的住房困难。2000年，自治区公安厅和地区行署拨款14万元，翻建在押人员饭堂300平方米，加高外围墙200平方米，扩建监舍一栋80平方米，修建花圃2个共50平方米，完成监舍监控的全套设备安装，建成监舍水泥床，安装空调机2台，更换囚车发动机，切实提高了看守所的硬件设施水平和安全保障水平。2004年10月，县财政投入资金56万元用于看守所基础设施、设备建设，先后完成看守所办公用房、监舍维修加固、视频监控系统更新、木板床改造以及周界高压电网改造等建设项目。2005年，县财政划拨资金20万元，为看守所购置江西五十铃囚车1辆。为解决羁押人员的生活费，1994年10月—2005年12月，县财政按关押人数每人每月伙食费50元拨给，办公和押解经费实报实销，缓解在押人员的生活开支压力，稳定监所秩序。

第七节　禁毒戒毒

20世纪80年代后期，在国际毒潮的影响下，一些贩毒分子乘我国改革开放之机内外勾结进行贩毒活动，毒品违法犯罪死灰复燃。龙州县地处广西西南边陲，紧靠毒品源头东南亚，与越南接壤，边境线长184公里，边境通道众多，随着通贸兴边，境内外贩毒分子乘机进行贩毒活动，使边陲龙州逐步成为毒品重要集散地之一。1986年，全县破获贩毒案件26起，其中破重特大案件4起。1990年，全县破获贩毒案件29起，其中破重特大案件7起。

1986年—2000年，全县共破获贩毒案件304起，其中破重特大案件53起。摧毁贩毒团伙15个成员49人，抓获贩毒人员412人，其中依法逮捕79名、判死刑2人、送劳动教养30人、作其他处理118人。

1991年—1995年，龙州县毒品案件以每年30%的速度递增。1992年，县政府成立龙州县禁毒工作领导小组，由1名副县长担任组长，县公安局等10多个县直部门的主要领导担任副组长和领导小组成员，加强对县禁毒工作的领导。1992 年 6 月 17 日，县公安局缉毒大队侦破组在大新县硕龙镇边境与贩毒分子经过激烈搏斗，抓获贩毒分子 1 名，缴获鸦片 3 千克。1993 年 6 月，根据公安部在南宁召开的西南边境缉枪缉毒工作会议上提出的“奋战三年，把西南边境走私枪支毒品赌在境外”的战略部署，县公安局以缉毒大队、公安边防大队为主要力量在全县范围开展缉枪缉毒行动。经过广大干警的艰苦努力，全县共查获枪毒案件 43 起（其中枪案 15 起、毒品案 28 起）。抓获枪毒违法犯罪人员 162 人（其中贩枪案 15 人，私藏弹药 93 人，贩毒案 54 人），缴获枪支 15 支、手雷 31 枚、手榴弹 204 枚、子弹 2030 发，有效地维护了边境的安定。1995 年 1 月 8 日，县公安局缉毒大队在叫堪公安检查站抓获贩毒人员吴某某、李某某，缴获鸦片 5 千克。同年 11 月 13 日，县公安局刑侦大队在科甲边境地区抓获毒贩谭某某，缴获海洛因 1.4 千克。

2001 年—2003 年，全县共破获毒品案件 37 起，其中破获毒品大案 22 起，抓获毒品犯罪嫌疑人 26 名。2004 年，全县共破获毒品案件 9 起，其中破获毒品大案 6 起，抓获毒品犯罪嫌疑人 10 名。2005 年，全县共破获毒品案件 21 起，其中破获毒品大案 5 起，抓获毒品犯罪嫌疑人 34 名。2005 年 7 月 10 日晚，县公安局多警种联合侦破组在武德乡科甲路段破获一起特大贩毒案，抓获犯罪嫌疑人廖某某、梁某某、李某某、梁某某、农某某等 5 名，缴获毒资 21.5 万元。

1992 年以前，龙州县还没有发现吸食毒品的人员。自 1993 年始，县内吸毒人员陆续被发现，当年发现并登记在册吸毒人员 17 名。1994 年迅速增至 157 名，1995 年又比 1994 年翻一番，达到 314 名，使龙州县成为全区在册吸毒者 300 名以上的 36 个重点县份之一。据测算，1995 年，全县吸毒人员每天吸毒花费约 25000 元，全年因吸毒致死约 120 人。1993 年—2000 年，全县每年在册的吸毒人员 462 名，其间公安机关共捣毁吸毒窝点 34 个，强制戒毒 599 人次。根据禁毒形势的要求，1993 年，自治区编制局、公安厅、人事厅、财政厅批准龙州县招收 8 名干警充实缉毒力量，同时升格缉毒队为缉毒大队。1996 年 4 月，县政府拨出专款 20 万元，由县公安局负责建成龙州县戒毒所，所址在龙州镇城北中学。1997 年 4 月，县政府又拨出资金 25 万元在原县公安局克标劳动农场新建正式的戒毒所，面积 320 平方米，共 52 间，设计关押戒毒人员 100 人。1997 年—2000 年，戒毒所共收押戒毒人员 270 人。2001 年，戒毒所收押戒毒人员 55 人。2002 年，戒毒所收押戒毒人员 38 人。2003 年，戒毒所收押戒毒人员 32 人。2004 年，戒毒所收押戒毒人员 85 人。2005 年，戒毒所收押戒毒人员 98 人。2001 年—2005 年，戒毒所共收押戒毒人员 308 人。

第八节　户政管理

户籍管理

为推动小城镇建设，更好地适应改革开放形势，发展社会主义市场经济，经县委、县政府批准，从 1993 年起，在审批农转非户口方面放宽了政策。据统计，1993 年—2000 年，龙州县共审批办理农转非户口 1562 户 5126 人。1992 年 7 月，根据自治区政府办公厅《关于在农村实行门牌、户口簿管理有关问题的通知》要求，县政府组织召开全县农村实行门牌、户口簿管理工作会议，部署开展农村住户钉挂门牌工作，至当年 12 月底，全县共发放门牌 56376 块。1997 年 3 月，龙州县贯彻落实公安部《关于启用新的常住人口登记表和居民户口簿有关事项的通知》精神，从 1997 年—1999 年，利用三年时间，在全县开展换发户口簿工作。至 1999 年底，全县共换发居民户口簿 53894 本，规范户口管理。2000 年，按照上级公安机关开展公民身份号码编制工作部署，全县共完成 26.73 万人的公民身份号码编制工作任务。是年 11 月，按照国务院的统一部署开展第五次人口普查登记，共依法普查登记常住人口 63592 户 267434 人。2001 年起，龙州县改革户籍登记制度，落实户口迁移政策。2002 年—2004 年，继续开展第五次人口普查登记户口调查整顿以及核对录入工作，共录入常住人口 26.2 万人。2005 年，根据自治区公安厅《关于我区户籍管理制度改革的实施办法》，对本县户籍管理制度进行改革，取消“农转非”，放宽城镇投靠落户条件。是年，县公安局组织开展人口信息录入计算机系统管理工作，录入人口信息 2669907 份，其中 16 周岁以上 228696 份，采集人像 132417 份。

常住人口管理

1986年以来，公安机关认真贯彻落实公安部关于加强常住人口管理的部署要求，全面加大常住户口登记及日常管理，切实为经济社会建设服务。1986年，全县共有常住人口45586户245239人；1987年，全县共有常住人口46923户248041人；1988年，全县共有常住人口48586户249249人；1989年，全县共有常住人口49723户251695人；1990年，全县共有常住人口50594户253214人；1991年，全县共有常住人口52117户255761人。1998年，全县共有常住人口59879户267386人；1999年，全县常住人口61896户267364人；2000年，全县常住人口63592户267434人；2001年，全县常住人口64137户267242人；2002年，全县常住人口65386户267329人；2003年，全县常住人口68752户269246人；2004年，全县常住人口69763户271098人；2005年，全县常住人口71318户269364人。在1997年—1999年开展为期三年的更换常住人口登记表工作中，全县共核查登记新的常住人口登记表267386张，进一步规范了常住人口管理材料。

2000年1月19日，县公安局组织交警、治安、户政、法制、出入境管理5个业务服务窗口大队、科室，在县城中心花园开展爱民便民服务活动

流动人口管理

随着改革开放的不断深化，社会主义市场经济体制的不断发展，进入龙州县的大批外来经商人员以及其他活动的流动人口迅速增长，给社会治安管理工作带来新的课题。1986年，县城龙州镇外来人口1126人，至1995年，增至3679人，呈现逐年增多趋势。自1995年起，公安机关每年都组织力量对流动人口进行多次登记和清查整顿。是年，在全县范围内开展清查4次，清查重点区城6个53个居民点，清查外来流动人口1595人，补办暂住证1023本，对其中252人没有身份证、暂住证的可疑人员进行审查。此外，还清查“非法入境、非法婚姻、非法居住”的越南“三非”人员563人。1999年—2000年，全县进行较大的清查16次，共清查外来人口3028人，办理暂住证2810本。2001年，县城龙州镇共有流动人口4138人，2002年共有流动人口4656人，2003年共有流动人口5237人，2004年共有流动人口5422人，2005年共有流动人口5514人。公安机关经常性地对这些流动人口进行清查整顿治理，有效减少了治安问题的发生，强化了社会治安管理。

身份证换发

1986年—1988年，根据《中华人民共和国居民身份证条例》精神，龙州县开展宣传动员、照相填表和发放居民身份证工作。至1989年，全县填报身份证116990张，送自治区公安厅制证中心114222张，发放身份证101858张。1997年—1998年，全县办理居民身份证7.8万张。1988年—2000年，全县共办理居民身份证26.7万张。2001年，全县办理居民身份证11023张。2002年，全县办理居民身份证11353张。2003年，全县办理居民身份证13689张。2004年，全县办理居民身份证14527张。2005年，全县办理居民身份证17077张。2001年—2005年，全县共办理居民身份证67889张。

第九节　交通管理

交通秩序管理

1989年，县公安局交通警察大队共出动警力1390人次，检查车辆7877辆次，纠正违章1746人次，暂扣证498本，暂扣车辆128辆。1990年，共出动警力1487人次，检查车辆4839辆次，纠正违章1223辆次，暂扣证412本，暂扣车辆217辆。1991年，共出动警力1562人次，检查车辆10192辆次，暂扣证521本，暂扣车辆

256 辆次，行政拘留 17 人。1993 年，共出动警力 3419 人次，检查车辆 34384 辆次，纠正违章 3739 人次，暂扣证 461 本，暂扣车 138 辆次，行政拘留 1 人。1994 年，共出动警力 3276 人次，检查车辆 33171 辆次，暂扣车辆 154 辆，暂扣证 332 本。1995 年，共出动警力 4080 人次，纠正违章 5692 人次，暂扣车 821 辆，暂扣证 578 本，行政拘留 5 人。1996 年，共出动警力 5798 人次，纠正违章 664 人次，暂扣车 183 辆，暂扣证 531 本。1997 年，共出动警力 690 人次，检查机动车 3310 辆，纠正违章 487 人次，扣证 94 本。1998 年，共出动警力 4949 人次，检查车辆 37259 辆次，纠正违章 9687 人次，暂扣车 2671 辆，暂扣证 2711 本，吊扣驾驶证 181 本，行政拘留 20 人。1999 年，共出动警力 2080 人次，检查车辆 3961 辆次，纠正违章 6874 人次，暂扣车 1354 辆次，暂扣证 1593 本，暂扣车牌 83 副，吊扣驾驶证 125 本，行政拘留 10 人。2000 年，共出动警力 3621 人次，纠正违章 8949 人次，暂扣机动车 989 辆，暂扣证件 1575 本，行政拘留 5 人。2001 年，共出动警力 5032 人次，处理交通违章 11305 人次，教育 8536 人次，吊扣驾驶证 128 本，暂扣证件 3846 本，暂扣车辆 2716 辆，行政拘留 6 人。2002 年，共出动警力 7083 人次，警车 1495 辆次，到重点乡镇进行专项整治 17 次，纠正交通违章人员 13127 人次，吊扣驾驶证 209 本，暂扣证件 1382 本，暂扣违章车辆 2653 辆，行政拘留 17 人。2003 年，共出动警力 7451 人次，警车 1893 辆次，纠正交通违章 15782 人次，吊扣驾驶证 273 本，暂扣证件 6894 本，暂扣违章机动车 2312 辆次，行政拘留 4 人。2004 年，共出动警力 7869 人次，警车 1988 辆次，纠正交通违法 1062 人次，暂扣驾驶证 897 本，暂扣机动车辆 2052 辆次，行政拘留 1 人。2005 年，共出动警力 7755 人次，警车 1962 辆次，纠正交通违法 3274 人次，处罚交通违法 3273 人次。

1997 年 4 月，龙州县公安局交警大队派出干警深入公路沿线学校为学生上交通安全常识课

交通设施管理

1990 年，县公安局交通警察大队设立安全隔离栏 1500 米。2000 年投入 3 万元，在危险路段和事故多发路段增设 16 块标志牌。2002 年在主干道芦龙线、龙凭线设立警告指示标志牌 31 块，警示路桩 118 个。2003 年，投入 4.6 万元，在县城主要街道施划热溶、耐磨交通标线，设置醒目的交通标志。

机动车管理

1987 年，办理摩托车入户 2 辆。1988 年，办理摩托车入户 10 辆。1989 年办理摩托车入户 4 辆，农用车 1 辆。1990 年，办理摩托车入户 13 辆。1991 年，办理摩托车入户 64 辆，轻便摩托车 1 辆，农用车 1 辆。1992 年，办理摩托车入户 96 辆，轻便摩托车 7 辆，农用车 5 辆。1993 年，办理摩托车入户 281 辆，轻便摩托车 4 辆，农用车 8 辆，送检车 6 辆。1994 年，办理摩托车入户 296 辆，轻便摩托车 4 辆，农用车 21 辆，送检大小车 9 辆。1995 年，办理入户摩托车 1008 辆，轻便摩托车 28 辆，农用车 20 辆，送检大小车 10 辆。1996 年，办理入户摩托车 1357 辆，轻便摩托车 16 辆，农用车 15 辆，送检大小车 923 辆。1997 年，办理入户摩托车 1978 辆，轻便摩托车 29 辆，农用车 23 辆，送检大小车 602 辆。1998，办理入户摩托车 2509 辆，轻便摩托车 14 辆，农用车 40 辆，送

2000 年 9 月，龙州县公安局交警大队加大路面巡逻监控力度，对超载、超速行驶等严重违章行为给予从重处罚。图为民警对一辆违章载客农用车进行处罚

检大小车 750 辆。1999 年，办理入户摩托车 2384 辆，轻便摩托车 10 辆，农用车 35 辆，送检大小车 898 辆。2000 年，办理入户摩托车 1967 辆，轻便摩托车 54 辆，农用车 70 辆，送检大小车 1308 辆。2001 年，办理入户摩托车 2664 辆，轻便摩托车 56 辆，农用车 69 辆，送检大小车 1000 辆。2002 年，办理入户摩托车 3987 辆，轻便摩托车 28 辆，农用车 43 辆，送检大小车 1452 辆。2003 年，办理入户摩托车 3306 辆，轻便摩托车 8 辆，农用车 18 辆，送检大小车 2503 辆。2004 年，办理入户摩托车 2258 辆，轻便摩托车 4 辆，农用车 5 辆，送检大小车 2843 辆。2005 年，办理入户摩托车 2442 辆，轻便摩托车 4 辆，农用车 4 辆，送检大小车 1744 辆。

驾驶员管理

1986 年办理各类驾驶证 612 人，驾驶员审验 496 人；1987 年办理各类驾驶证 114 人，驾驶员审验 597 人；1988 年办理各类驾驶证 111 人，驾驶员审验 682 人；1989 年办理各类驾驶证 61 人，驾驶员审验 732 人；1990 年办理各类驾驶证 77 人，驾驶员审验 792 人；1991 年办理各类驾驶证 102 人，驾驶员审验 894 人；1992 年办理各类驾驶证 234 人，驾驶员审验 1107 人；1993 年办理各类驾驶证 301 人，驾驶员审验 285 人；1994 年办理各类驾驶证 374 人，驾驶员审验 1392 人；1995 年办理各类驾驶证 729 人，驾驶员审验 2088 人；1996 年，县公安局交通警察大队培训驾驶员 108 人，培训摩托车驾驶员 929 人，驾驶员审检 2531 人，办理各类驾驶员实习转正 7 批 564 人，办理换证 4 批 190 人；1997 年办理各类驾驶证 997 人，驾驶员审验 3463 人；1998 年办理各类驾驶证 1425 人，驾驶员审验 1335 人；1999 年，培训驾驶员 1478 人，审验驾驶员 6108 人。2000 年，培训“五小”（低速货车、三轮汽车、三轮摩托车、两轮摩托车、拖拉机）车辆驾驶员 879 人，审验汽车驾驶员 3138 人，审验“五小”车辆驾驶员 3755 人；2001 年培训驾驶员 2155 人，培训“五小”车辆驾驶员 1102 人，驾驶员审验 7915 人；2002 年，审验驾驶证 9615 本，培训“五小”驾驶员 1267 人；2003 年，审验驾驶证 14231 本，培训“五小”驾驶员 1371 人，增驾 86 人，办理换证 683 本，补办证件 149 本。2004 年培训“五小”驾驶员 696 人，驾驶员审验 8895 人；2005 年培训“五小”驾驶员 341 人，驾驶员审验 9745 人。

2001 年，龙州县公安局交警大队被授予自治区“文明单位”

交通事故处理

1986 年，县公安局交通警察大队共处理一般以上道路交通事故 7 起，查扣证件 5 本，扣车 10 辆，罚款教育人 30 次，动员无牌车辆入户 10 辆。1987 年，共处理一般以上道路交通事故 8 起，查扣证件 4 本，扣车 12 辆，罚款教育人 25 次，动员无牌车辆入 20 户辆。1988 年，共处理一般以上道路交通事故 10 起，查扣证件 7 本，扣车 15 辆，罚款教育人 30 次，动员无牌车辆入户 30 辆。1989 年，共处理一般以上道路交通事故 8 起，查扣证件 10 本，扣车 14 辆，罚款教育人 40 次，动员无牌车辆入户 28 辆。1990 年，共处理一般以上道路交通事故 11 起，查扣证件 13 本，扣车 10 辆，罚款教育人 30 次，动员无牌车辆入户 36 辆。1991 年，共处理一般以上道路交通事故 10 起，查扣证件 14 本，扣车 16 辆，罚款教育人 30 次，动员无牌车辆入户 40 辆。1992 年，共处理一般以上道路交通事故 12 起，查扣证件 16 本，扣车 17 辆，罚款教育人 35 次，动员无牌车辆入 41 户辆。1993 年，共处理一般以上道路交通事故 13 起，查扣证件 13 本，扣车 18 辆，罚款教育人 20 次，动员无牌车辆入 19 户辆。1994 年，共处理一般以上道路交通事故 20 起，查扣证件 20 本，扣车 20 辆，罚款教育人 29 次，动员无牌车辆入 24 户辆。1995 年，共处理一般以上道路交通事故 25 起，查扣证件本，扣车辆，罚款教育人次，动员无牌车辆入户辆。1996 年，共处理一般以上道路交通事故 16 起，特大事故 1 起，查扣证件 25 本，扣车 28 辆，罚款教育人 40 次，逮捕 1 人。1997 年，共处理一般以上道路交通事故 13 起，查扣证件 20 本，扣车 18 辆，罚款教育人 30 次，动员无牌车辆入 20 户辆。1998 年，共处理一般以上道路交通事故 18 起，查扣证件 20 本，扣车 25 辆，罚款教育人 50 次，动员无牌车辆入户 20 辆。1999 年，共处理一般以上道路交通事故 35

起，查扣证件 28 本，扣车 30 辆，罚款教育人 27 次，动员无牌车辆入户 15 辆。2000 年，共处理一般以上道路交通事故 28 起，轻微事故 274 起，查扣证件 30 本，扣车 32 辆，罚款教育人 18 次，动员无牌车辆入户 15 辆。2001 年，共处理一般以上道路交通事故 22 起，轻微事故 374 起，查扣证件 29 本，扣车 20 辆，罚款教育人 22 次，动员无牌车辆入户 10 辆。2002 年，共处理一般以上道路交通事故 23 起，轻微事故 342 起，查扣证件 30 本，扣车 32 辆，罚款教育人 18 次，动员无牌车辆入户 15 辆。2003 年，共处理一般以上道路交通事故 36 起，其中特大事故 2 起，轻微事故 297 起，查扣证件 40 本，扣车 30 辆，罚款教育人 26 次，动员无牌车辆入户 20 辆。2004 年，共处理一般以上道路交通事故 12 起，轻微事故 266 起，查扣证件 30 本，扣车 40 辆，罚款教育人 30 次，动员无牌车辆入户 10 辆。2005 年，共处理一般以上道路交通事故 18 起，轻微事故 226 起，查扣证件 50 本，扣车 26 辆，罚款教育人 20 次，动员无牌车辆入户 15 辆。

第二章　检　察

1986 年—2005 年，龙州县人民检察院与公安、法院等部门密切配合，严厉打击各类严重刑事犯罪，把打击锋芒对准盗窃、抢劫、抢夺等多发性犯罪和故意杀人、故意伤害、贩毒等严重危害社会治安犯罪，把“严打”整治推向深入，20 年来共批准（决定）逮捕 2687 人，提起公诉 2247 人。突出查办职务犯罪，20 年来共立案查处贪污贿赂犯罪案件 198 件，立案查处渎职侵权犯罪案件 32 件。加强对刑事诉讼、民事审判、行政诉讼、刑罚执行和监管活动的法律监督，维护全县社会稳定。

第一节　机　构

1986 年，龙州县人民检察院内设刑事检察一科（批捕科）、刑事检察二科（起诉科）、经济检察科、法纪检察科、监所检察科、政工科、办公室，新设调研科，有人员编制 33 人，实有 30 人，办公地址在龙州镇新街（俗称“刘华堂”内，后立门牌为 71-3 号）。1988 年，设立控告申诉检察科。1995 年，设立民事行政检察科、刑事检察技术科。是年龙州县人民检察院内设政工科、办公室、技术科、刑事检察技术科、经济检察科、法纪检察科、监所检察科、控告申诉检察科、民事行政检察科 9 个部门，有人员编制 42 名，实有 40 人，办公地址在龙州镇新街 71-3 号。1996 年 4 月，龙州县反贪污贿赂局成立，取代经济检察科。1997 年 12 月，调研科并入办公室，增设行政装备科。全院内设政工科、办公室、审查批捕科、审查起诉科、反贪污贿赂局、法纪检察科、监所检察科、民事行政检察科、控告申诉检察科、检察技术科、行政装备科 11 个部门，有人员编制 44 名，实有 40 人。2000 年 9 月，县检察院进行人事制度改革，10 个部门正职和 8 个副职岗位进行竞争上岗，中层干部变动率 70%；新任命正职干部平均年龄 37.3 岁，比竞争上岗前平均年龄年轻 4.4 岁。2002 年 3 月机构改革，县检察院内设部门由 11 个压缩为 9 个：办公室、政工科、侦查监督科、公诉科、反贪污贿赂局、渎职侵权检察科、监所检察科、民事行政检察科、控告申诉检察科，有行政（政法）编制 39 名，实有 34 人。2005 年，县检察院内设 9 个部门不变，有行政（政法）编制 40 名、后勤事业编制 1 人，实有 35 人（后勤事业编制 1 人），办公地址在龙州镇新街 71-3 号。

1986 年—2005 年历任检察长：梁显烈、黄宏胜、凌天南、何炳扬、邓一兵。

第二节　刑事检察

侦监

1986 年，受理批捕人数 160 人，审查后批准逮捕 116 人，不批准逮捕 27 人，退回补充侦查 17 人。1987 年，受理批捕案件149人，审结合计149人，审查后批准逮捕123人，不批准逮捕16人，退回补充侦查9人，公安机关主动撤案1人；受理自侦案件2件2人，批准逮捕2件2人。1988年，受理批捕案件108件159人，审结108件159人，其中批准逮捕94件129人，不批准逮捕8件9人，其中直接起诉2件2人，退回补充侦查6件21人；受理自侦案件4件7人，审查决定批捕4件7人。在办理黄某某奸淫幼女、杀人案时，本院提前介入公安机关指导侦查，做到重大影响力案件快办快结。

龙州县人民检察院办公地址在龙州镇新街俗称“刘华堂”内，后立门牌号为新街71-3号

（摄于2000年3月16日）

1989年，受理批捕案件101件162人，审查后批准逮捕97件145人，不批准逮捕17人；受理审查逮捕自侦案件11件11人，审查后批捕11件11人。1990年，受理批捕案件111件186人，审查后批准逮捕99件162人，不批准逮捕3件6人；受理审查逮捕自侦案件4件4人，审查后批捕4件4人。1991年，受理批捕案件90件155人，审查后批准逮捕80件133人（含追捕3人），不批准逮捕2件6人，退查8件16人；受理审查逮捕自侦案件4件5人，经审查批捕4件5人。

1992年，受理批捕案件88件202人，同比件数下降5.3%，人数上升27%；审查后批准逮捕件78件173人，不批准逮捕7人；受理审查逮捕自侦案件1件2人，审查后批捕1件2人。1993年，受理批捕案件55件94人，同比件数下降37.5%，人数下降48.5%；审查后批准逮捕50件94人，不批准逮捕2人，批捕件数和人数同比分别下降36.7%、45.7%；退回公安机关补充侦查3件6人，公安机关撤案2件2人。1994年，受理批捕案件58件104人，同比件数上升5.5%；审查后批准逮捕51件94人，件数同比上升2%，人数同比相等；退回公安补充侦查7件9人。

1995年，受理批捕案件49件96人，件数同比下降17.2%，人数同比下降9.6%；审查后批准逮捕40件79人，件数同比下降21.5%，人数同比下降15.9%；不批捕1件5人；退回公安机关补充侦查8件12人。1996年，受理批捕案件51件111人，件数同比上升4%，人数同比上升16%；审查后批准逮捕46件101人，件数同比上升15%，人数同比上升28%；不批捕2件4人，受理审查逮捕自侦案件7件8人。1997年，受理批捕案件48件91人，件数同比下降6%，人数同比下降18%；审查后批准逮捕45件86人，不批捕3件5人；受理审查逮捕自侦案件1件1人。

1998年，受理批捕案件76件128人，件数同比上升57%，人数同比上升40%；审查后批准逮捕70件113人，不批捕6件15人；受理审查逮捕自侦案件1件1人，立案监督5件5人。1999年刑事检察工作坚决贯彻中央、自治区党委关于维护稳定部署，在县委统一领导下与公安、法院等部门密切配合，积极参加“严打”“追逃”专项斗争和集中整治，严厉打击各种刑事犯罪活动。全年共受理批捕案件104件155人，同比分别上升35%和20%；经审查后批准逮捕97件138人，同比分别上升36.6%和21%，不批捕7件17人；受理审查逮捕自侦案件1件1人，批准逮捕1件1人；全年共避免错捕17人，建议公安机关追捕犯罪嫌疑人11人，公安机关提请批捕7人，其中1人已被判处有期徒刑；全年向公安机关发出要求公安机关说明不立案理由5件，经反馈审查，通知公安机关立案1件1人。2000年，受理批捕案件149件223人，件数、人数同比分别上升42%、43%；审查后批准逮捕139件204人，不批捕10件19人；受理审查逮捕自侦案件2件2人，立案监督2件7人。同时抽调干警参与“收枪治暴”、禁毒等专项打击斗争统一行动。一年来共批捕重特大犯罪嫌疑人105人，占批捕总数51.47%，其中批捕涉枪涉毒案件47件56人。

2001年，在县委和上级院统一领导下，针对当年社会治安形势，始终把维护稳定作为首要任务，坚决贯彻稳定压倒一切的方针，与公安机关、审判机关密切配合，把打击的锋芒对准破坏社会秩序的刑事犯罪活动，保持“严打”的高压态势，受理批捕案件151件206人（含本院自侦案件5件6人）；审查后批准逮捕件146件184人，不批捕22人，批捕件数同比上升5%，人数同比下降9.8%。2002年，受理批捕案件145件213人，件数同比下降3.97%，人数同比上升3.4%；审查后批准逮捕132件189人，不批捕13件24人；立案监督4件4人。2003年，受理批捕案件137件203人，件数、人数同比分别下降5.5%、4.7%；审查后批准逮捕129件186人，不批捕8件17人；立案监督4件4人。

2004年，受理批捕案件91件146人，件数、人数同比分别下降32.1%、27.1%；审查后批准逮捕81件118人，不批捕12件30人；立案监督3件4人。2005年，受理批捕案件110件186人（含本院自侦案件1件1人），件数、人数同比分别上升18.3%和25.7%；审查后批准逮捕76件120人，不批捕66人。

公诉

1986年，刑事检察重点打击杀人、抢劫、强奸、爆炸、重大盗窃、重大诈骗等严重刑事犯罪，按照从重从快的方式实行快捕快诉，继续配合公安、法院开展“扫黄打非”、铲除黑社会势力等专项活动，提前介入公安机关重特大案件的侦查、预审活动。

1986年，受理移送审查起诉案件91件156人，件数同比上升17.9%，审查后提起公诉61件85人，移交南宁地区分院受理9件14人。1987年，受理移送审查起诉案件82件156人，案件数同比下降9.8%，受理人数与去年持平。审查后提起公诉65件121人，移交南宁地区分院受理5件12人。1988年，受理移送审查起诉案件94件175人，件数、人数分别同比上升14.6%、12.1%。审查后提起公诉74件136人，移交南宁地区分院受理4件5人。1989年，受理移送公安机关审查起诉案件104件170人，件数同比上升10.6%、人数同比下降2.8%。审查后提起公诉83件124人，移交南宁地区分院受理7件24人。1990年，受理移送审查起诉案件141件204人，件数、人数同比上升56.6%、20%，审查后提起公诉106件150人，移交南宁地区分院受理9件24人。

1991年，受理移送审查起诉案件104件158人，件数、人数同比分别下降26.2%、22.5%，审查后提起公诉84件115人，移交南宁地区分院受理8件29人。1992年，受理移送审查起诉案件86件161人，件数同比下降17.3%，人数同比上升1.9%，审查后提起公诉86件132人，移交南宁地区分院受理8件16人。1993年，受理移送审查起诉案件62件118人，件数、人数同比分别下降27.9%、26.7%；审查后提起公诉50件89人，移送南宁地区分院审查起诉5件14人。1994年，受理移送审查起诉案件59件94人，件数同比下降4.8%、人数同比下降20.3%；审查后提起公诉44件62人，免于起诉3件5人，报南宁地区分院起诉8件19人。1995年，受理移送审查起诉案件55件100人，件数同比下降6.8%、人数同比上升6.4%；审查后提起公诉31件40人，免于起诉12件17人，报南宁地区分院起诉8件20人。

1996年，受理移送审查起诉案件66件127人，件数同比上升20%、人数同比上升27%，审查后提起公诉44件74人，免于起诉10件14人，报南宁地区分院审查起诉10件37人。1997年，受理移送审查起诉案件61件90人，受理件数和人数同比分别下降7.5%、29.1%，审查后提起公诉51件68人，不起诉4件13人，报南宁地区分院审查起诉4件6人。1998年，受理移送审查起诉案件73件114人，受理件数、人数同比分别上升19.7%、26.7%，审查后提起公诉56件86人，不起诉3件4人，报南宁地区分院审查起诉4件8人。1999年，受理移送审查起诉案件103件143人，受理件数、人数同比分别上升41.1%、25.4%，审查后提起公诉84件109人，存疑不起诉1件1人，报南宁地区分院审查起诉8件14人。2000年，参加打击拐卖妇女儿童、“扫黄打非”“打黑除恶”等严打整治斗争和专项治理活动，突出打击重点，对杀人、抢劫、强奸、拐卖人口、重大盗窃等案件从重从快惩治。全年受理移送审查起诉案件138件199人，受理件数、人数同比分别上升33.9%、39.2%，审查后提起公诉106件141人，不起诉1件2人，报南宁地区分院审查起诉19件40人。

2001年，开展“打黑除恶”、“治爆缉枪”等专项斗争。受理移送审查起诉案件156件198人，受理件数同比上升13%，人数同比下降0.5%，审查后提起公诉144件174人，报南宁地区分院审查起诉10件17人。2002年，受理移送审查起诉案件138件182人，受理件数、人数同比分别下降11.5%、8.1%，审查后提起公诉129件168人，报南宁地区分院审查起诉5件5人。2003年，受理移送审查起诉案件145件198人，受理件数、人数同比分别上升5%、8.8%，审查后提起公诉126件168人。2004年，受理移送审查起诉案件98件127人，其中，受理公安机关移送案件87件114人，自侦案件11件13人。受理件数、人数同比分别下降32.4%、35.8%，审查后提起公诉85件104人，移送崇左市人民检察院审查起诉9件18人。2005年，受理移送审查起诉案件88件140人，受理件数、同比下降10.2%，人数同比上升10.2%。审查后提起公诉62件101人，移送崇左市人民检察院审查起诉9件13人。

第三节 贪污贿赂检察

1986年—1988年，县检察院受理贪污贿赂犯罪案件线索53件58人，立案侦查20件23人，决定逮捕3件8人，决定起诉8件9人，决定免予起诉6件7人。通过办案，为国家挽回经济损失78.42万元。

1989年，县检察院把反贪污贿赂工作作为打击经济犯罪的首要工作，全院上下排除干扰、冲破阻力，开展反贪污贿赂斗争，查处一批影响较大的贪官。全年受理经济犯罪案件线索28件28人，立案侦查11件11人，决定逮捕11人，决定起诉6件9人，决定免予起诉5件6人，为国家挽回经济损失16.6万元。

1990年—1993年，县检察院受理贪污贿赂犯罪案件线索64件76人，立案侦查34件43人，决定逮捕4件8人，决定起诉15件20人，决定免予起诉22件22人，为国家挽回经济损失207.17万元。

1994年—1998年，县检察院受理贪污贿赂犯罪案件线索71件，立案侦查29件37人，决定逮捕1件1人(1998年)，决定起诉11件14人，决定免予起诉3件4人(1995年)，为国家挽回经济损失284.5万元。

1999年—2002年，县检察院按照中央惩治腐败精神，把查办贪污贿赂犯罪作为重点，加大办案力度。受理贪污贿赂犯罪案件线索49件，立案侦查24件，决定逮捕11件12人，移送起诉18件19人，为国家挽回经济损失153万元。

2003年4月9日，龙州县根据中共十六大关于反腐败要坚持标本兼治、综合治理方针，成立由县委书记、县人大主任为组长，县委副书记、副县长、县委政法委书记、县检察院检察长为副组长的龙州县预防职务犯罪工作领导小组，促进龙州县反腐败斗争和党风廉政建设。2003年—2005年，受理贪污贿赂犯罪案件线索116件138人，决定初查109件131人，立案50件60人，决定逮捕12件14人。通过办案，为国家挽回经济损失296.64万元。

第四节 渎职侵权检察

法纪检察科主要负责办理侵犯公民人身权利、民主权利、渎职、危害公共安全和妨碍婚姻家庭等犯罪。1986年—1997年，共受理法纪案件线索89件98人，初查后立案侦查22件25人。其中1986年受理法纪案件线索13件13人，初查后立案侦查3件3人；1987年受理法纪案件线索7件8人，初查后立案侦查3件3人；1988年受理法纪案件线索7件10人，初查后立案侦查4件5人；1989年受理法纪案件线索8件8人；1990年受理法纪案件线索6件7人，初查后立案侦查5件6人，分别为非法拘禁案2件3人、妨害邮电通信案2件2人、玩忽职守案1件1人，当年被南宁检察分院授予法纪检察工作先进单位；1991年受理法纪案件线索7件7人，初查后立案侦查2件2人，为非法侵入他人住宅案2件2人；1993年受理法纪案件线索2件2人，初查后立案侦查2件2人，分别为重大责任事故案1件1人、非法拘禁案1件1人；1994年受理法纪案件线索6件6人，初查后立案侦查1件1人，为重大责任事故案1件1人；1995年受理法纪案件线索5件7人，初查后立案侦查1件2人，为玩忽职守案1件2人；1996年受理法纪案件线索6件10人；1997年受理法纪案件线索4件5人，初查后立案侦查1件1人，其中刑讯逼供罪1件1人。

1997年，刑法及刑事诉讼法修改后，法纪检察科的受案范围调整为对国家机关工作人员的渎职侵权犯罪进行立案侦查。1998年—2001年，法纪检察科共受理法纪案件线索15件15人，初查后立案侦查3件3人。其中1998年受理法纪案件线索2件2人；1999年受理法纪案件线索4件4人；2000年受理法纪案件线索5件5人，初查后立案侦查2件2人，分别为滥用职权罪1件1人、玩忽职守罪1件1人；2001年受理法纪案件线索 4 件 4 人，初查后立案侦查 1 件 1 人，为滥用职权罪 1 件 1 人。

2002 年 3 月 15 日，法纪检察科更名为渎职侵权检察科。更名后，2002 年—2005 年间，渎职侵权检察科共受理渎职侵权案件线索 16 件 16 人，初查 16 件 16 人，初查后决定立案侦查 4 件 4 人。其中 2002 年受理案件线索 2 件 2 人，初查 2 件 2 人，立案侦查 1 件 1 人，为徇私枉法案 1 件 1 人；2003 年受理案件线索 6 件 6 人，初查 6 件 6 人，立案侦查 1 件 1 人，为滥用职权罪 1 件 1 人；2004 年受理案件线索 6 件 6 人，初查 6 件 6 人，立案侦查 1 件 1 人，为滥用职权罪 1 件 1 人；2005 年受理案件线索 2 件 2 人，初查 2 件 2 人，立案侦查 1 件 1 人，为玩忽职守罪 1 件 1 人。

第五节　监所检察

1984 年 10 月，龙州县检察院监所检察股改称监所检察科。1986 年，驻所检察室进一步加强检查督促，发出纠正违法 2 次，超期羁押犯罪嫌疑人比上一年有所减少；是年 7 月，龙州县发生特大洪水，淹没监区，监所部门积极配合看守所抓好管理教育，在押人员思想稳定，没有出现越狱、暴乱等情况；协调看守所、电影院到看守所放映教育影片，组织在押人员学习、讨论，达到学习教育的双重目的。1987 年，发现公安机关存在一人讯问被告人的情况，及时发出检察建议，督促整改；在押人员李某某、李某某合谋企图撬铁门脱逃，由于看守所监管工作到位，及时发现两人撬门脱逃的行为并及时处理，看守所事后及时检查发现并堵塞漏洞，监所检察部门及时取证并对该两嫌犯加刑。1995 年，向看守所提出安全检察建议 5 次，其中 3 次被采纳，向有关执法机关口头提出违法纠正 2 次，都得到落实，还向看守所口头提出各种检察建议 3 次，也得到看守所的重视和采纳。

1997 年，驻所检察室加强对看守所羁押期限的检察监督工作，督促办案机关抓紧结案，建议出现超期羁押案件的办案部门办理延长羁押期限、提出检察纠正意见，工作中发现三起案件 11 人超期羁押，监所部门分别向南宁地区中级人民法院提出书面检察建议 2 次，向广西高级人民法院提出口头检察建议 4 次。1998 年，对法院判决执行后没有收监或变更强制措施手续的原取保候审在家治病的李某某提出检察建议，维护了法律的严肃性；对在保外就医期间不遵纪守法的罪犯罗某某提前收监羁押，防止其危害社会。为确保自治区成立四十周年大庆期间社会秩序安全稳定，11 月份，监所部门和看守所对保外就医人员 12 人暂时全部进行收监。2002 年，办理服刑罪犯又犯罪案件 1 件 1 人，维护监管改造秩序的稳定；严格依法检察监督暂予监外执行在押人员的病情，拒绝通过公安局主要领导几次向检察长提出请求保外就医的原为县公安局民警的罪犯黄某某的无理要求，确实维护法律的尊严；分管监所工作的副检察长及时向县公安局领导提出看守所混押人员的纠正意见。2003 年，重点对本县看守所及其上级主管机关办理看守所留所服刑罪犯暂予监所检察外执行活动进行了检察，未发现有违反法定条件和法定程序的现象；积极配合看守所做好在押人员的“非典型性肺炎”疫情预防工作，本县看守所没有发生“非典”病例或疑似病例，维护了看守所正常工作秩序。2005 年，针对看守所监管不规范问题提出口头纠正违法 13 次，口头建议 14 次，进一步建立、健全预防和纠正超期羁押的长效机制，年度无严重超期羁押情况。

第六节　控告申诉检察

1986 年—1987 年，龙州县检察院未设立控告申诉检察科，由办公室和政治协理负责对外接受群众来信来访。共受理群众来信来访 240 件，其中举报 42 件、控告 96 件、申诉 29 件，其他信访问题 73 件，均按照规定流转给各部门办理。

1988 年，龙州县检察院设立控告申诉检察科，同时开设举报箱和开通举报电话。1988 年—1990 年，共受理来信来访 482 件，其中举报 64 件、控告 321 件、申诉 42 件、其他信访问题 55 件。

1991 年—1993 年，共受理来信来访 570 件，其中举报 16 件、控告 208 件、申诉 54 件、其他信访问题 292 件。

1994 年—1996 年，共受理来信来访 213 件，其中举报 6 件、控告 223 件、申诉 22 件、其他信访问题 68 件。

1997 年—1999 年，共受理来信来访 361 件，其中举报 23 件、控告 125 件、申诉 37 件、其他信访问题 176 件。1998 年龙州县检察院建立检察长接待日制度。

2000 年—2002 年，共受理来信来访 491 件，其中举报 106 件、控告 256 件、申诉 129 件、其他信访问题 106 件。信访案件中，检察长接待 241 件，批办 117 件，办结 117 件。2000—2002 年度获全区检察机关“文明接待室”称号。

2003 年—2005 年，共受理来信来访 284 件，其中举报 84 件、控告 96 件、申诉 91 件、其他信访问题 13 件。信访案件中，检察长接待 131 件，批办 82 件，办结 82 件。2002—2004 年度获全区检察机关“文明接待室”称号，2005 年度获崇左市检察机关“文明接待室”称号。

第七节 民事行政检察

1986 年—1994 年，县检察院未设立民事行政检察科，未开展该方面工作。

1995 年，龙州县检察院设立民事行政诉讼检察科，开始开展民事行政诉讼检察工作。为能更好地开展此项新的业务，科室人员积极主动学习有关民事行政诉讼检察工作相关文件及各种会议精神，不断收集全国各地先进做法和经验材料，作为参考和借鉴。1995 年—1998 年，共受理不服法院民事、经济、行政判决案件 17 件，经审查，决定立案 12 件，向南宁地区检察分院建议提请自治区检察院抗诉 6 件，向县法院发出再审检察建议 1 件；其中，1996 年科室被评为南宁地区检察系统先进集体，1997 年，科室办理龙州县糖厂干部周某某、黄某某、农某某三人不服一审、二审法院对他们与县糖厂发生劳动争议申诉案，并于当年 7 月 22 日向龙州糖厂发出检察建议书，龙州县糖厂收到检察建议后积极采纳检察院建议，于 9 月 22 日—10 月 8 日期间，认真落实了周某某等人工资及奖金待遇问题。1998 年 7 月 22 日，科室利用检察机关开展举办 10 周年宣传活动契机，开展法律宣传和接受群众咨询，接收群众来信来访和受理民事行政诉讼案件，使得群众对民事行政检察工作有了进一步了解，当年受理案件数同比上升 60%，立案数比同比上升 300%。1999 年，共接待民事、经济、行政申诉案 8 件 12 人，经审查依法受理行政案件 1 件 3 人，并终止审查结案，向法院提出改判检察建议 1 件。2000 年，共受理民事、经济申诉案件 6 件 6 人，其中损害赔偿纠纷案件 2 件 2 人，立案审查 1 件 1 人，并终止审查结案，债务纠纷案 2 件 2 人，合同纠纷案 2 件 2 人，均得到息诉。当年，科室负责人与检察长签订了“一岗双责”责任状，对照责任状内容逐条落实，圆满完成本部门工作任务。2001 年，科室共受理申诉案件 6 件，其中立案审查 2 件，向法院提请抗诉 1 件，在创“五好”检察院工作中，科室严格执法，依法办案，较好完成息诉工作。2002 年，科室共受理申诉案件 3 件，其中立案审查 1 件，向法院提出再审检察建议 1 件，法院收到检察建议后，采纳了建议，并作出改判决定。2003 年，受理各类申诉案件 13 件，其中向法院提出再审检察建议 1 件，经深入调查调解促成当事人和解 1 件，其余均作出息诉。2004 年，科室共受理申诉案件 14 件，其中立案 3 件，向县法院提出再审检察建议 1 件，终止审查案件 2 件，受理和立案指标同比有所提高；科室还积极配合本院开展关于集中处理涉法上访问题领导小组专项执法作风大检查活动，共查出 2001 年—2003 年涉法上访的民事申诉案件 20 件，均作出答复和处理结果。2005 年，共受理申诉案件 9 件，同比减少 35.7%，决定立案审查 5 件，同比上升 66.7%，审查质量有所提高，其中，提请抗诉 4 件，建议提请抗诉 1 件，填补了本院多年来没有办理提请抗诉案件和建议提请抗诉的空白，实现办理民事行政案件新突破。

第三章 法 院

1986 年，龙州县人民法院实行公开审判、陪审、辩护、合议等审判制度和程序。1992 年，刑事审判庭成立，从妇联、共青团、工会等单位特邀陪审员组成少年犯合议庭，专门审理少年犯罪案件。1997 年 10 月 1 日起，对审判方式进行重大改革，改“纠问式”审判方式为“控辩式”审判方式。2002年，开始适用简易程序。2004年，成立民事、行政和刑事审判工作指导小组。2005年，推行“两个首选”的办案方式（以简易程序作为案件审理的首选程序，以调解结案作为案件审结的首选方式）。

1986年—2005年，县人民法院受理各类刑事案件1993件，涉案者2196人，结案率100%；审结各类民事案件10784件；受理经济案件956件，总标的3000余万元；受理行政案件159件；受理执行案件2800件，执行标的额3000余万元，为当事人执行回案款1678.52万元。

第一节 机 构

1986年，龙州县人民法院内设刑事审判庭、民事审判庭、经济审判庭、行政审判庭、立案庭、告诉申诉庭、执行庭7个部门，有人员编制56名，实有51人，办公地址在龙州镇西街。下设龙州镇、上金乡、金龙乡、响水乡、彬桥乡、水口乡、逐卜乡、下冻乡、武德乡、八角乡10个人民法庭。1997年，县法院内设院办公室、立案庭、刑事审判庭、民事审判第一庭、民事审判第二庭、行政审判庭、执行庭、审判监督庭、纪检监察室、政工科、司法警察大队11个部门，有人员编制73名，实有71人，办公地址在龙州镇新街21号。下设金龙法庭、下冻法庭2个派出机构。2005年，全院内设11个部门、下设2个派出机构不变，有人员编制68名，实有63人（在编干警57人，聘用法警6人），办公地址在龙州镇新街21号。

1986年—2005年历任院长：江文斌、黄石宝、农时英、伦日军、李良。

第二节 审判制度

1980年1月，龙州县法院依法实施公开审判、陪审、辩护、合议等审判制度和程序。1992年，刑事审判庭成立，从妇联、共青团、工会等单位特邀陪审员组成少年犯合议庭，专门审理少年犯罪案件。对未成年人犯罪案件，法院为其指定辩护人，充分保护其诉讼权利。1997年10月1日，修改后的《中华人民共和国刑法》和《中华人民共和国刑事诉讼法》开始实施，县法院对审判方式进行重大改革，改“纠问式”审判方式为“控辩式”审判方式。对简单刑事案件可以适用简易程序，由审判员单独审理。2004年，成立民事、行政和刑事审判工作指导小组，分别对在审判过程中重大或疑难复杂案件进行分类指导，根据情况决定是否建议提交审判委员会讨论决定，防止和减少审判偏差。2002年，开始适用简易程序。2005年，推行“两个首选”的办案方式，即以简易程序作为案件审理的首选程序，以调解结案作为案件审结的首选方式。

第三节 刑事审判

1986年，龙州县法院与公安、检察、司法等有关部门的大力支及密切配合，深入开展“严打”工作不放松，充分运用国家审判机关的职能，坚定不移地贯彻执行依法“从重从快，一网打尽”的方针，严厉打击各种严重刑事犯罪分子和严重经济犯罪分子。全年受理各种刑事案件83件98人（其中公诉案81件96人、自诉案2件2人），比上年增加46.4%。已审结82件97人（公诉案80件95人、自诉案2件2人），结案率为98.7%。案件中，故意杀人2件2人、伤害14件18人，强奸（奸幼在内）12件12人、盗窃34件34人、抢劫2件2人、流氓1件1人、诈骗4件4人。放火2件2人、过失投毒1件1人、破坏电力设备1件1人、重婚4件4人、贪污4件5人、受贿2件2人。通过审理刑事案件，为国家和集体挽回经济损失共43717元，依法没收赃款赃物共价5033元。1991年，县法院继续贯彻从重从快方针，抓好刑事审判工作。全年受理刑事案件92件131人，审结88件127人。在受理的案件中，故意杀人1件1人，爆炸1件1人，抢劫4件6人、故意伤害8件9人、非法买卖枪支弹药4件8人、强奸10件14人、拐卖妇女2件2人、盗窃36

件 49 人、破坏水利电力设备 10 件 20 人、破坏通信设备 2 件 5 人、其他 14 件 16 人。执行惩办与宽大相结合的政策，对具有投案自首、未成年人犯罪等从轻、减轻情节的，依法从轻或减轻处罚。从轻或者减轻处罚 22 人，其中判处缓刑 5 人。1996 年，受理刑事案件 49 件 78 人，审结 49 件 78 人。在受理的案件中，故意伤害 11 件 11 人、盗窃 15 件 24 人、强奸 7 件 11 人、敲诈勒索 5 件 12 人、抢劫 11 件 20 人。为使“严打”斗争真正打出声势，年内召开公判大会 5 场次，旁听群众达到 4.5 万多人次。2000 年，坚持“稳定压倒一切”的方针，加大严打斗争力度。受理各类刑事案件 124 件 182 人，特别是对故意杀人、抢劫、强奸、涉枪带黑恶社会性质犯罪团伙犯罪等，坚决予以严惩。2005 年，龙州县人民法院受理各类刑事案件 69 件，涉案者 107 人，结案率 100%。龙州县人民法院坚持“严打”方针不动摇，发挥运用刑罚手段惩治犯罪的职能作用，对盗窃、抢劫、诈骗等侵财类犯罪依法判处罚金，审结盗窃案件 22 件 23 人、抢劫罪 1 件 1 人、诈骗 1 件 3 人，共罚金 5618 元，有效制裁犯罪。积极运用司法调解手段处理刑事附带民事诉讼案件 8 件。对因人民内部矛盾引发的、犯罪主观恶性不大的一般伤害案件、侵财案件，在依法判处较轻刑罚的同时，力促刑事被害人与被告人达成附带民事赔偿协议，以消除社会不稳定、不和谐因素，尽可能扩大审判的社会效果。1986 年—2005 年，龙州县人民法院受理各类刑事案件 1993 件，涉案者 2196 人，结案率 100%。在审结案件中，以故意伤害、盗窃、交通肇事、涉枪、涉毒案件居多。依法对 2163 名罪犯判处有期徒刑（包括缓刑），其中判处 5 年以上有期徒刑 342 人。

2000 年 5 月，龙州县法院院长农时英组织干警学习修改后的刑法

第四节 民事审判

1986 年，龙州县人法院受理各种民事纠纷案件 254 件（含旧存 56 件），其中婚姻家庭纠纷 148 件，房屋纠纷 40 件，继承纠纷 3 件，债务纠纷 20 件，赔偿纠纷 6 件，土地纠纷 11 件，山林纠纷 3 件，其他纠纷 4 件，到年底结案 204 件，结案率 80.3%，民事收案比去年增加 66 件，上升 25%。1991 年，县法院坚持谁主张谁举证和法院调查相结合的制度，查清事实，分清是非责任，依法保护当事人的合法权益，制裁民事违法行为。全年受理各类民事纠纷案件 345 件，审结 313 件，结案率 90.7%。1996 年，县法院受理各类民事纠纷案件 844 件，审结 841 件，结案率 99.6%。其中受理房地产纠纷案件 12 件、婚姻家庭和财产继承纠纷案件 148 件、民间借贷案件 636 件、财产损害赔偿案件 19 件、其他纠纷案件 29 件。2000 年，受理各类民事纠纷案件 470 件，审结 461 件，结案率 98.1%。本着妥善化解人民内部矛盾的原则，在自愿的基础上做好调解工作，全年民事案件调解和撤诉结案 271 件，案件调撤率达 58.8%。2005 年，受理各类民事案件 581 件，结案 495 件，结案率 85.2%。其中受理婚姻家庭纠纷 228 件，债权纠纷 39 件，房屋纠纷 20 件，继承纠纷 3 件，土地纠纷 45 件，山林纠纷 15 件，交通事故纠纷 28 件。坚持“调解优先、调判结合、案结事了”的民事审判原则，探索调解工作新机制，把调撤率、调解案件的自动履行率纳入岗位目标进行量化考核。加强与公安交警、民政婚姻登记、医疗卫生、劳动和社会保障、金融保险、乡镇司法所等职能部门的联系，推行联席会议制度，加大对人民调解员的指导力度，努力构建司法调解与人民调解的无缝对接。审结民事案件调解和撤诉结案 312 件，调撤率达 63.0%。1986 年—2005 年，龙州县人民法院审结各类民事案件 10784 件。民事审判占案件总数 70%。通过对民事案件审判，及时调整社会关系，依法保护公民、法人和其他组织合法权益，及时化解社会矛盾，制裁民事违法行为，维护社会公平、正义，促进社会安全、文明和健康发展。

第五节 经济审判

1986 年，龙州县人民法院受理各种经济纠纷案件 40 件（旧存 14 件），诉讼标的达 704646 元，全年结案 26 件，结案率 60%，为国家、集体和个人挽回经济损失达 466240 元。其中经济合同纠纷 18 件，其他案件 22 件。为审理好经济合同纠纷，一方面是审判人员抓紧审理案件，另一方面方面在审理案件当中，发现有的单位或个人企图想把经济转移时，及时与银行协商并发出执行冻结通知书，使案件顺利进行审理。经济纠纷案件的快速审理，保证了城乡经济体制改革顺利进行，使改革开放的方针政策得以顺利开展。1991 年，县法院坚持把为改革开放和发展社会主义计划商品经济服务作为经济审判工作的指导思想，坚决抵制地方保护主义，全年受理经济案件 23 件，审结 20 件，结案率 87.0%，挽回国家、集体和个人经济损失 17.6 万余元。1996 年，县法院受理各类经济纠纷案件 63 件，审结 61 件，结案率 96.8%。其中，受理购销合同纠纷案件 6 件、工程建筑承包合同纠纷案件 5 件、租赁合同纠纷案件 3 件、中介合同纠纷案件 1 件、借款合同纠纷案件 40 件、供用电合同纠纷案件 1 件、农村承包经营合同纠纷案件 1 件、合伙经营合同纠纷案件 6 件。2000 年，以为搞活企业和发展农村经济服务为指导思想，运用法律手段，积极、及时审理好企业在改革中和农村在经济活动中发生的各种经济纠纷，全年受理经济案件 71 件，结案率 100%。2005 年，龙州县人民法院受理各类经济案件 126 件，涉案者 120 人，结 97 件，结案率 76.7%。1986 年—2005 年，受理经济案件 956 件，总标的 3000 余万元。在经济纠纷案件中，经济合同案所占比重较大，而且逐年增多。欠款和借贷案件也成倍增加。

第六节 行政审判

1986 年，龙州县法院还没有开始受理行政诉讼案件。1988 年，县法院设立行政审判庭，开始受理行政管理相对人不服行政机关的行政行为或认为行政机关的行政行为侵犯其合法权益二提起的行政诉讼案件。是年，受理行政案件 5 件。其中，通过审理维持原具体行政行为的案件 2 件，撤销具体行政行为 2 件，原告撤诉 1 件。1991 年，受理行政诉讼案件 2 件，全部审结。1996 年，受理行政诉讼案件 11 件，全部审结。其中，判决维持行政机关处理决定 7 件，判决撤销行政机关处理决定 3 件，原告撤诉 1 件。2000 年，受理行政诉讼案件 17 件，全部审结。2005 年，受理行政诉讼案件 12 件，审结 12 件。其中，判决维持行政机关具体行政行为的案件 6 件，判决撤销行政机关具体行政行为的案件 3 件，原告撤诉的 3 件。审理中全面推广“四个一”工作模式：即办理每件行政案件，必须做到一案一调查，一案一协调，一案深入一次现场，一案制定一个息诉方案。1988—年 2005 年，县法院共受理行政案件 159 件。其中，通过审理维持原具体行政行为的案件 102 件，占行政案件总数的 64.2%；撤销具体行政行为 21 件，占行政案件总数 13.2%；原告撤诉 36 件，占行政案件总数 22.6%。

第七节 依法执行

1986 年，龙州县法院还没有受理执行案件，判决内容需要执行的，由审判主办法官判决后一并负责执行。1987 年，龙州县法院执行庭成立。是年，受理执行案件 56 件，执行标的额 42 万余元，为当事人执行回案款 18 万余元。1991 年，受理执行案件 35 件，执结 34 件，执结率达 97.1%，执行标的额 50 万余元。1996 年，严格遵循“说服教育与强制执行相结合”的原则，注重执行的法律效果和社会效果，受理执行案件 68 件（其中包括行政执法部门申请执行的案件 20 件），执结 58 件，执结率 85.3%，执行标的额 56 万余元。1999 年，根据中共中央《关于解决人民法院执行难问题的通知》和最高人民法院《关于开展执行年活动的通知》精神，龙州县人民法院开展大规模的集中清理执行积案活动，力克“执行难”问题。受理执行案件 98 件，执行标的额 100 万余元，为当事人执行回案款 43 万余元。2000 年，加大人员和经费投入，在交通工具上给予优先保障，并加大在县有线电视台曝光失信被执行人名单的工作力度，促使债务人自觉履行法律义务。全年受理执行案件 255 件，执结 239 件，执结率 93.7%，执行标的金额 287.5 万余元。2005 年，县人大常委会下发《关于切实解决人民法院执行难的决定》，要求全县各有关部门积极配合法院执行工作，解决法院执行难的问题。县人民法院形成党委领导、人大监督、政府参与、政协支持、各界配合、法院主办的执行工作新格局，改善外部执法环境，推动执行工作全面展开，促进执行工作的良性循环。年内，受理执行案件 112 件，执行标的额 200 万余元，为当事人执行回案款 87 万余元。1987 年—2005 年，累计受理执行案件 2800 件，执行标的额 3000 余万元，为当事人执行回案款 1678.52 万元。

第八节　立案与审判监督

立案监督

1986 年龙州县法院还没有设立立案组。1995 年 6 月，县法院设立立案组，1996 年改称立案庭，专职负责全院的立案审查和来信来访接待工作。1997 年，立案庭落实司法为民措施，坚持便利当事人诉讼和便利法官审理的"两便"原则和诉讼经济原则，实行诉讼风险告知制度、举证责任告知、诉讼指引等制度，减轻群众讼累。2005 年，立案庭落实司法救助制度，大力开展司法救助活动，对权益受到侵害但经济确有困难者，实行诉讼费减、缓、免，保护贫弱群体的合法权益。1986 年—2005 年，为困难群众缓减免诉讼费 30 余万元。

审判监督

1986 年龙州县法院还没有设立告诉申诉庭。是年，县法院扎实开展刑事申诉复查工作，复查纠正历史遗留的冤、假、错案。当年共复查案件 104 件 110 人，其中维持原判 45 件 46 人，改判纠正 59 件 64 人。1988 年，县法院增设告诉申诉庭。1994 年，共受理各类再审刑事案件 5 件，全部结案，全部改判，裁定减刑 17 件，受理再审民事案件 5 件，改判 3 件。1997 年，告诉申诉庭更名为审判监督庭。审判监督庭坚持实事求是、有错必纠原则，监督本院审判的案件，发现有错误的，提请审判委员会讨论决定再审。对申诉人申诉有理、原判确有错误的案件，依照法律程序予以纠正。对申诉无理的，做好说服教育息诉工作。1988 年到 2005 年，共受理申诉案件 32 件，其中维持原判 24 件、民事改判 3 件、调解 3 件、刑事改判 2 件。

第四章　司法行政

1986 年—2005 年，龙州县组织实施 4 个五年法制宣传规划，开展各种法制宣传教育活动。全县共征订普法教材 87712 册，骨干培训 22400 人次，参加普法考试人员合格率 100%。1986 年—2005 年，龙州县"两劳"回归人员 793 人，其中刑满释放人员 621 人，解除劳动教养 172 人，安置帮教 793 人，安置帮教率达 100%。

第一节　机　构

县司法局

1986 年，龙州县司法局成立，内设秘书科、法制宣传科、公证处、法律顾问处、调解科 5 个部门，有人员编制 20 名，实有 20 人（局长 1 人，副局长 2 人），办公地址在龙州镇康平街 28 号县人民政府大院内。1987 年，法律顾问处更名为龙州县律师事务所，为事业单位，有人员编制 4 名，保留公职人员身份。1995 年，增设法律援助中心。2002 年 1 月，县司法局有行政人员编制 20 名、事业编制 4 名，实有 24 人（局长 1 人，副局长 3 人）；12 月，有行政人员编制（中央政法编制）16 名，实有 16 人。2005 年，全局内设法宣股、基层股、公证处 3 个部门，有人员编制 16 名，实有 15 人（局长 1 人，副局长 2 人），办公地址在龙州镇康平街 28 号县人民政府大院内。

1986 年—2005 年历任局长：李瑞云、何英保、黄龙飞、陈辖、黎子勇。

县“三大纠纷”调处办

1984年12月，龙州县人民政府调解处理土地、山林、水利纠纷办公室成立，挂靠县司法局，由1名司法局副局长兼县调处办主任。各乡镇人民政府1名副乡镇长兼管调处纠纷工作，配备1名司法助理员。1986年，县调处办为副科级单位，有人员编制5名，实有5人，办公地址在龙州镇康平街28号县人民政府大院内。1993年，县调处办定为正科级单位，属行政系列，实行单列，归县委政法委领导，享受司法待遇，内设宣教股、调处股2个部门，有人员编制5名，实有7人，办公地址在龙州镇康平街28号县人民政府大院内。2002年，县调处办列为县人民政府办公室负责全县调处工作的协调联系的内设机构，属县机关事业编制，有人员编制6名，实有7人，办公地址在龙州镇康平街28号县人民政府大院内。2005年，人员编制、实有人数、办公地址不变。

1986年—2005年历任主任：黄瑞贤、李汉朝、徐玉保、梁汉朝、徐玉保、黄玉荣。

第二节　法制宣传教育

普法教育

组织机构　1984年，龙州县普及法律常识工作领导小组成立，下设办公室在县司法局。领导小组正副组长由县四家班子主管或分管领导担任，在换届或县领导人员变动后随之进行调整充实，保证工作的连续性。县普法办的日常运行经费列入县财政预算，每年1.5万元，与司法行政业务经费一并划拨。1986年，按照中央的统一部署，开始实施第1个五年普法规划。2001年，县普及法律常识工作领导小组办公室改名为县依法治县领导小组办公室。

普法教材　1986年—2005年，每一个年度学习10个左右的法律法规，主要形式为分发当年安排学习的《普法读本》。主要普及学习宪法、民族区域自治法、刑事诉讼法、物权法、劳动合同法、消费者权益保护法、出入境管理法、婚姻法、兵役法、经济合同法、治安管理条例等以及相关修正增加的法律法规。1986年—2005年，组织学习法律法规200多部。每年的普法资料由自治区普法办（依法治桂办）编印，分干部版和农村版两个版本，由县普法办向各单位征订，然后统一到自治区普法办订购。一般要求干部人手1套（一本法律法规文本，一本辅导读本），企业的班组、村的屯组1套~2套。每年全县订阅3500套左右，订阅较多的年份为1999年7212套、2000年7500套。

规划实施　1986年—2005年，龙州县一共实施4个五年普法规划。

1986年—1990年，为第1个五年普法规划时期。全县普法对象13.029万人。其间，县普法办每年组织各种形式的骨干培训班2期以上，培训对象主要是各乡镇分管领导，司法所长（助理员），机关单位的分管领导（主管人员）约1120人次，授课人员是本县党校教师和自治区、地区（市）级以上的专家。1990年，第1次组织全县机关干部进行考试（开卷）。试卷由自治区普法办印制。县普法办将考卷发到单位，干部答题后交回县普法办评卷，参加考试的党政机关事业单位干部（含群众团体干部）5085人，合格率100%。

1991年—1995年，为第2个五年普法规划时期。全县普法对象26万人。其间，县普法办每年组织各种形式的骨干培训班2期以上，培训对象主要是各乡（镇）分管领导，司法所长（助理员）机关单位的分管领导（主管人员）约1130人次，授课人员是本县党校教师和自治区、地区（市）级以上的专家。组织全县机关干部进行考试（开卷）5次，其中1995年参加考试的党政机关事业单位干部职工（含群众团体干部职工）6644人，合格率100%。

1996年—2000年，为第3个五年普法规划时期。全县普法对象25万人。1996年后，干部学法考试方式由分散改为集中。县处级干部由崇左市依法治市办组织考试，每年设一个考场，由市依法治市办派员监考和收回试卷评分。县直机关干部和乡（镇）的科级干部集中县城考试，先后借用龙州高中、龙州一中、龙州职中的教室为考场进行考试。分散在各乡（镇）的普通干部职工、教师等事业单位的干部，分别在各乡（镇）借用学校教室设考场进行集中考试，由县普法办派员巡视监考。将考卷收回县普法办评卷，把考试分数记入个人的学法卡。1998年，全县建立干部学法登记卡，对全县在职干部每年的学法情况进行考评，将考评结果报送县委组织部、县人事局作为年终干部考核内容之一。普法规划期间，组织全县机关干部进行考试（开卷）5次，其中2000年参加考试的党政机关事业单位干部职工(含群众团体干部职工)6673人,合格率100%。

2001年—2005年,为第4个五年普法规划时期。全县普法对象26万人。其间,组织全县机关干部进行考试(开卷)5次,其中2005年参加考试的党政机关事业单位干部职工(含群众团体干部职工)6104人,合格率100%。

法制宣传

1985年,龙州日常法制宣传主要形式为召开干部、群众大会,请领导或法律工作者作报告(宣讲);通过广播、印发资料、办一些短期学习班、出动宣传车等进行法律知识传播,制造法制声势和号告公民遵守法律法规,以清除自"文化大革命"以来无法可依、有法不依的社会现象。实施五年普法规划期间,全县运用常规的开大会宣讲,发刊物资料、广播、出宣传墙(板)报、出动宣传车等面上的宣传形式,同时对干部、群众有计划地组织学习国家颁布的法律法规,从普及法律常识向提高法律知识水平和法律素养推进。县普法办在每年"12·4"宪法日和县里重大法治活动日,在县城中心花园设置宣传点,开展广播、分发资料、设咨询台、摆板报、悬挂图片等形式进行法制宣传。全县各部门也经常在县城中心花园进行专业法规的宣传,成为龙州县法制宣传的品牌阵地。1986年,全县开展法制宣传活动20次,出动人员240人次,分发资料3万份。在普法的基础上,龙州县推进依法治县工作。1995年,县政府发布《关于重大行政行为和强制措施备案审查的规定》《龙州县政府法制监督规定》。是年,全县开展法制宣传活动25次,出动人员300人次,分发资料35000份,参与群众12000人。1996年,龙州县试行聘用"法制副校长"制度,加强对青少年的法制教育。县政法部门的领导分别聘到县级中学、乡镇中学任法制副校长,义务参与学校的法制教育和治安管理工作。是年,全县有法制副校长26人,开展法制教育活动35次,受教育学生18000人。2005年,全县有法制副校长31人,开展法制教育活动47次,受教育学生27000人;全县开展法制宣传活动40次,出动人员380人次,分发资料45000份,参与群众22000人。1986年—2005年,全县开展法制宣传活动270次,出动人员2400人次,分发资料30万份,参与群众12万人。

2003年12月4日,龙州县司法局在县城中心花园开展法制宣传活动,向群众发送普法宣传资料

第三节 调解调处

1984年12月,为加强土地、山林、水利"三大纠纷"调处工作,成立龙州县人民政府调解处理土地、山林、水利纠纷工作领导小组,由县长担任组长,分管副县长担任副组长,成员由县司法局、公安局、调处办、土地局、农业局、林业局、民政局等单位人员组成。把调处"三大纠纷"工作列入各乡镇政府、县直各有关单位领导班子的任期目标责任制,是年起,每年签订调处"三大纠纷"工作目标责任状,形成各乡镇政府、各有关单位"一把手亲自抓,分管领导具体抓"的工作运行机制。县调解处理"三大纠纷"工作领导小组坚持每季度召开两次专题工作汇报会制度,对敏感性和突发性的"三大纠纷"案件,采取不定期的工作汇报研讨会方式,保证调处"三大纠纷"工作开展。

20世纪80—90年代,社会利益格局的调整和改变,产生大量的矛盾纠纷,龙州县每年发生纠纷1000件左右。龙州县司法局调解科负责调解处理民间纠纷和指导乡村人民调解委员会工作。调解工作一般分为四级处理,户与户的纠纷、家庭纠纷先由屯组调解;屯组与屯组的纠纷先由村一级调解,不能解决的逐级报乡(镇)、县级调解处理。1986年,霞秀乡(今龙州镇)贯明村那浪屯个别村民强占所谓祖宗田、祖宗山、祖宗塘,影响农村土地联产承包的落实发证工作。为刹住这股歪风,县委、县政府采取措施,从30多个有关单位中，抽调干部组成农村土地纠纷调处工作组。宣传国家实行农村土地联产承包政策，反复耐心地进行思想教育工作，制止这件事情的发展，确保龙州县农村的稳定。是年，全县“三大纠纷”立案90起，调结63起，调结率70%；调结土地面积330公顷，避免乱砍滥伐山林面积233公顷，挽回经济损失约65万元；处理群众来信78件，接待群众来访410人次，制止群众械斗事件3起。1986年—1989年，全县“三大纠纷”立案199起，调结150起，调结率75.3%；调结土地面积1330公顷，避免乱砍滥伐山林面积936公顷，挽回经济损失约260万元；处理群众来信320件，接待群众来访1640人次，制止群众械斗事件15起。

1993年，县司法局的调解科职能转为调解“三大纠纷”以外的民间纠纷和指导乡镇司法所（办）、基层调解委员会的工作。工作重点由直接受理调处案件转为培训基层调解员为重点和调处业务指导。案件的受理由各乡镇司法所（办）承担，全县每年司法所（办）一级受理调解的案件有600件~700件。

20世纪90年代，由于各种历史原因，龙州县境内国有农场的土地被周边村屯群众侵占瓜分的现象时有发生。这类土地纠纷案涉及面广，成为影响全县经济发展和社会稳定的一大隐患。县委、县政府把这类土地纠纷调处工作列入议事日程，从各单位抽调干部组成县联合调处工作组。坚持做思想教育工作，反复协商，使多数群众对有争议的地块达成协议，为国有农场核发山林权属证。对少数蛮不讲理的村民，经多次劝导、制止仍不悔改，提出无理要求，有蓄意毁坏农作物行为的，县委、县政府组织公、检、法、司等法治力量进行强制执行，制止事态恶化。1990年—1999年，县委、县政府组织这类土地纠纷调处420次，立案414起，调结348起，调结率84%；调结土地面积1225公顷。

2000年初，金龙镇横罗村都宽屯群众，为解决人畜饮水困难，自筹资金在本屯旁的水泉边炸石挖蓄水井。同村查外屯群众认为该水源是其屯所有，不给都宽屯群众挖水井取水，派出人员强行将已挖1米多深的水井填满石头。都宽屯出动100多人，准备与查外屯村民械斗。县政府分管调处工作副县长曾建雄带队深入横罗村，召开双方群众代表会议，化解双方积怨，避免因民事案件转化为刑事案件的发生。是年3月29日，响水镇龙江村板额屯与板曲屯发生水利纠纷，板额屯出动120多人用炸药炸毁板曲屯灌溉农田的拦水坝。板曲屯出动全屯村民，准备冲击板额屯，一场重大的流血事件即将发生。县委副书记石家祥、政法委书记易经权、副县长曾建雄，率领县公、检、法、司、调处、水电等部门人员组成调处工作队，深入事发现场和村屯调查研究，对双方村民反复进行法律宣传教育和思想教育。经过充分协商，最后双方村民达成共识，双方代表在协议书上签字，握手言和。

2005年5月，县委、县政府组织公、检、法、司等武装干警200多人，依法对武德乡精威村那叫屯群众强占龙北农场四块地分场4.67公顷土地的行为进行强制处置，把被村民强占的土地退还农场，维护农场工人的合法权益。1986年—2005年，全县土地山林水利权属纠纷立案1095起，调结968起，调结率88.40%；调结土地面积3488.49公顷，避免乱砍滥伐山林面积394.20公顷，挽回经济损失720.5万元；处理群众来信823件，接待群众来访4282人次，制止群众械斗事件32起。

表6-1　**1986年—2005年龙州县“三大纠纷”调处结案统计表**

年份	立案数(起)	结案数(起)	调结率(%)
1986	90	63	70.00
1987	52	41	78.85
1988	31	25	80.65
1989	26	21	80.77
1990	36	31	86.11
1991	16	9	56.25
1992	21	9	42.86
1993	37	29	78.38
1994	16	8	50.00
1995	78	70	89.74

续表

年份	立案数(起)	结案数(起)	调结率(%)
1996	16	14	87.50
1997	10	9	90.00
1998	162	150	92.59
1999	22	19	86.36
2000	16	15	93.75
2001	155	154	99.35
2002	70	68	97.14
2003	38	36	94.74
2004	89	86	96.63
2005	114	111	97.37
合计	1095	968	88.40

第四节 安置帮教

自 1986 年县司法局恢复成立以来,安置帮教“两劳”人员(劳改释放、解除劳动教养回归人员)工作一直作为司法行政工作职能之一。刑满释放(或解除劳教)人员回归后,一般由其本人到所在县乡的公安部门报到,原监押单位(监狱、劳教所)给所在县司法局发释放(解教)通知书。安置主要以自由择业为主,帮教主要由所在乡镇的司法人员及基层干部在日常生产生活中进行必要的关注,重点对回归时原家庭变故较大的对象施与救助工作。1986 年—2005 年,龙州县“两劳”回归人员 793 人,其中刑满释放人员 621 人,解除劳动教养 172 人,安置帮教 793 人,安置帮教率达 100%;民政救济“两劳”生活困难人员 116 人。

第五节 法律服务

律师事务 1982 年,龙州县法律顾问处成立。1986 年,县法律顾问处有律师(公职)3 人执业,办案 38 件。1987 年,改名为龙州县律师事务所,定为事业单位,人员编制为县司法局的事业编制,县财政发工资。主要工作职责是义务为县政府和部分国营(有)企业担任法律顾问,为刑事被告担任辩护人,代理民事(经济)案件等。经济收入 40% 留作办公业务费,30% 交司法局,30% 作为律师奖励。是年,县律师事务所有律师(公职)4 人执业,办案 45 件。1990 年,县律师事务所有律师(公职)3 人执业,办案 29 件,为最少的一年。1998 年,县律师事务所有律师(公职)5 人执业,办案 108 件,为最多的一年。1986 年—2003 年,常年有律师(公职)3 人 ~5 人执业。2004 年 7 月起,律师事务所与县财政脱钩,实行自收自支、自负盈亏、自我发展、自我约束的运行机制,5 名执业律师先后到南宁市等地注册发展。2005 年,龙州县律师事务所无资金注册,被取消执业资格。1986 年—2005 年,龙州县律师事务所办案 1022 件,年平均办案 54 件。

表 6-2 **1986 年—2005 年龙州县律师事务所办案统计表**

年份	办案数(件)	年份	办案数(件)
1986	38	1992	47
1987	45	1993	48
1988	56	1994	56
1989	35	1995	43
1990	29	1996	50
1991	38	1997	38

续表

年份	办案数(件)	年份	办案数(件)
1998	108	2003	45
1999	90	2004	30
2000	73	2005	0
2001	89	合计	1022
2002	64		

公证事务 1986年，龙州县公证处是县司法局的内设机构，公证员享受县司法局机关干部（公务员）的待遇，经费系县司法局的业务经费。是年，县公证处有公证员2人，公证83件。1990年，县公证处有公证员2人，公证234件。1991年—1995年，县公证处有公证员2人，公证1385件，年均277件，是最多的时期。2001年—2005年县公证处有公证员2人，公证508件，年均101.6件。1986年—2005年，龙州县公证处公证3953件，年平均公证197.7件。

表6-3 **1986年—2005年龙州县公证处公证统计表**

年份	公证数(件)	年份	公证数(件)
1986	83	1997	212
1987	302	1998	283
1988	364	1999	213
1989	187	2000	83
1990	234	2001	70
1991	284	2002	93
1992	318	2003	124
1993	469	2004	116
1994	161	2005	105
1995	153	合计	3953
1996	99		

法律援助 1995年，龙州县法律援助中心成立，是县司法局内设机构。县法律援助中心无正式律师执业，只有基层法律工作者执业，只能办理民事案件，从业人员2人~3人。1996年，县法律援助中心办案28件。从是年起，县法律援助中心办案趋向逐步走高态势，2000年办案55件，2005年办案66件。1996年—2005年，龙州县法律援助中心办理民事案件476件，年均办案48件。

表6-4 **1996年—2005年龙州县法律援助中心办案数统计表**

年份	办案数(件)	年份	办案数(件)
1996	28	2002	50
1997	33	2003	56
1998	42	2004	60
1999	38	2005	66
2000	55	合计	476
2001	48		

第七篇

农　　业

1982年—1986年，中共中央连续制定和颁布了关于农村工作的“五个一号文件”，激发了亿万农民的生产积极性，开创了中国农村改革发展的新局面。

1986年—2005年，龙州县积极贯彻执行中央关于发展农业生产的方针政策，在不断巩固和深化家庭联产承包责任制的基础上，以调整农业产业结构为主线，大力发展蔗糖产业，并把糖料蔗作为全县支柱产业来抓，加强基础设施建设，引进良种和推广新技术，提高了单产，糖厂收购原料蔗价格也逐年提高，1986年入厂原料蔗收购价格为每吨70元，1996年收购价格为每吨230元，2005年收购价格为每吨280元，种植糖料蔗经济效益逐年提高，激励了蔗农积极性，全县糖料蔗种植面积得于逐步发展壮大。1986年，全县糖料蔗种植面积5246.67公顷，产量22.18万吨；1996年，全县糖料蔗种植面积15093.33公顷，产量81.81万吨；2005年，全县糖料蔗种植面积24460公顷，产量190.53万吨。运用各种现代农业科学技术，大力推广杂交水稻、杂交玉米和甘蔗高产高糖等作物新品种；实施水稻防寒育秧、旱育稀植、水稻抛秧、地膜玉米等增产实用技术；开展玉米铁甲虫、水稻稻瘿蚊、稻瘟病、纹枯病等主要农作物病虫害综合防治技术，使种植业、林业和畜牧水产业得到持续、稳定、协调地快速发展，农民生活从解决温饱向小康迈进。

第一章　农业管理

第一节　机　构

龙州县农业委员会

1986年，龙州县农业委员会（简称县农委），负责全县农业生产行政管理工作。主要协调县农业局、县林业局、县畜牧水产局、县农机局、县气象局、县水果办（局）、县区划办7个涉农单位。内设办公室，下辖县农村经济管理站，主要指导全县土地承包、减轻农民负担等农业经济管理工作。内设秘书股、生产统计股，有人员编制11名，实有11人，办公地址在龙州镇康平街28号县政府大院，后迁至龙州镇城北路。1997年1月，撤销县农委，设立县农村工作领导小组办公室。2002年3月，撤销县农村办，县农村经济管理站、县区划办、县水果局并入县农业局。

1986年—2002年历任主任：罗丰（1986.3—1989.3），禤世保（1989.3—1990.10），刘钟杨（1990.10—1994.3），农红生（1994.3—1996.1），冯荣孙（1996.1—1997.6），黎浩聪（1997.7—2001.2），林正强（2001.3—2002.3）。党组书记（非主任兼任）：韦美环（1986.1—1987.12）。

龙州县农业局

1986年，龙州县农业局（简称县农业局）为县政府主管农业的行政部门，机构规格为正科级。负责全县农业生产行政管理和农作物种植技术指导工作。内设办公室、秘书股、计财股3个部门，有人员编制12名，实有12人，办公地址在龙州镇城北路32号。下辖县农业技术推广站、农业技术推广中心、经济作物工作站、土壤肥料工作站、种子管理站、种子公司、农作物病虫测报站、植物检疫站、水稻良种繁殖场、玉米良种繁殖场10个二层机构单位。1998年1月，增设县农药检定管理站，增管13个乡镇农业技术推广站。2001年，撤销县水果特产局设置县水果办，为县农业局二层机构。2002年3月，县农业局内设办公室、综合股、信息股、法规股、乡镇企业管理股5个部门，有人员编制17名，实有17人，办公地址在龙州镇城北路32号。下辖县农业行政执法大队、县农业技术推广站、农业技术推广中心、种子管理站、农作物病虫测报站、植物检疫站、农药检定管理站、土壤肥料工作站、经济作物工作站、水稻良种繁殖场、玉米良种繁殖场、水果办、农业区划办、农村经济管理站、种子公司15个二层机构单位。13个乡镇农业技术推广站分别并入相应乡镇农业服务中心。2003 年 7 月，撤销县种子公司的事业单位编制，变更为工商注册的企业单位编制。但县种子公司没有进行工商注册，而将其人员分别调入县农业局下辖的各个二层机构单位。2004 年，内设的乡镇企业管理股并入县经济贸易管理局。2005 年 12 月，县农业局内设办公室、综合股、信息股、法规股等 4 个部门，有人员编制 15 名，实有 15 人，办公地址在龙州镇城北路 32 号。下辖县农业执法大队、农业技术推广中心、农业技术推广站、种子管理站、植物检疫站、农药检定管理站、农作物病虫测报站、农村经济管理站、土壤肥料工作站、经济作物工作站、水果生产办、农业区划办、水稻良种繁殖场、玉米良种繁殖场 14 个二层机构。全局有人员编制 133 人，实有 103 人。

1986 年—2005 年历任局长：韦世炬(1986.1—1987.12)，卢新骑(1987.12—1989.1)，禤世守(1989.1—1994.1)，隆德金(1994.1—1996.1)，黎浩聪(1996.1—1997.2)，赵龙(1997.2—1998.10)，黄集精(1999.2—2003.2)，李向荣(2003.2—2005.12)；党组书记(非局长兼任)：农辉明(2001.2—2002.2)、闭宏(2002.8—2002.9)。

龙州县水果特产局

1986 年，龙州县组建临时水果办公室，未正式下文核定编制数，办公地址在龙州镇城北路县农业局大院。1990 年 2 月，正式成立龙州县水果办公室，定编 3 人，办公地址在龙州镇城北路县农委大院。1994 年 5 月，龙州县水果办公室更名为龙州县水果特产局，定编 6 人，其中行政编制 3 人，事业编制 3 人，内设秘书股、业务股 2 个部门。1997 年 12 月，办公地址搬迁至龙州镇康平街 28 号县政府大院。2001 年 12 月，龙州县水果特产局改名为龙州县水果生产领导小组办公室。2002 年 3 月，龙州县水果生产领导小组办公室并入龙州县农业局，为县农业局下属二层机构，核定事业编制 8 人，办公地点在龙州镇城北路 32 号县农业局大院。2005 年 12 月，机构属性、编制数、办公地址不变。

1986 年—2005 年历任主任(局长)：农仁芝(1990.2—1994.11)，吴强(1994.11—1996.1)，赵龙(1996.1—1997.2)，黄文建(1997.2—1997.7)，黄集精(1997.7—1999.2)，陆永华(1999.2—2002.1)。

龙州县糖业局

1986 年 1 月，龙州县人民政府设置糖料科。1987 年 11 月，撤糖料科设龙州县糖业工作领导小组办公室，办公地址在县城康平街 28 号县人民政府大院。1990 年 2 月，龙州县糖业工作领导小组办公室改为龙州县糖业局。2001 年 12 月，龙州县糖业局复你龙州县糖业工作领导小组办公室。2005 年 12 月，办公地址在县城康平街 28 号县人民政府大院。

1986 年—2005 年历任主任(局长)：韦世强(1987.12—1994.1)，麻克天(1994.1—1997.2)，韦世强(1997.2—2001.2)，谭诚(2001.2—2004.4)，黎龙波(2004.4—2005.12)。

龙州县农业机械化管理局

1986 年，龙州县农业机械化管理局(简称县农机局)为县政府主管的事业单位，机构规格为正科级，内设秘书股、农机管理股 2 个部门，有人员编制 6 名，归县农委管理。1997 年 2 月，改名为龙州县农业机械化事业局，归县政府直属管理。内设秘书股、农机管理股 2 个部门，有事业人员编制 13 名，实有 13 人，办公地址在龙州镇兴龙路 50 号。2002 年 3 月，增挂龙州县农业机械化管理中心，有事业人员编制 5 名，其中主任 1 人，副主任 2 人；后勤服务人员 1 人，办公地址在龙州镇兴龙路 50 号。2005 年，有事业人员编制 6 名，实有 13 人，办公地址不变。下辖县农机推广站、县农机供应公司、县农业机械技术学校、县农业机械安全监督管理站 4 个二层机构。

1986 年—2005 年历任局长(主任)：陆琦山(1986.1—1990.12)，禤世保(1990.12—1995.6)，农辉明(1995.6—2001.2)，韦宁生(2001.2—2005.12)。

第二节　农业体制改革

家庭联产承包责任制

1981 年春，龙州县开始试行农业生产家庭联产承包土地责任制。1982 年，龙州县全面推行农业生产家庭联产承包土地责任制。1985年，中共龙州县委员会、龙州县人民政府选派335名县直机关干部组成农村工作队，落实农业生产家庭联产承包土地责任制。全县38580农户213482人领到农村土地承包证。1986年，龙州县以农村家庭联产承包户为核算单位占全县农村人口户数98.7%。全县农村家庭联产承包耕地22432.45公顷，占耕地总面积82.6%。

1995年1月，县委、县政府选派13个乡镇农村工作队，开展落实农村土地家庭联产承包责任制工作。实行农村土地承包期内“增人不增地，减人不减地”原则，落实农村土地承包期再延长30年不变的政策，农村家庭联产承包的土地可以依法流转。是年12月，全县13个乡镇120个村委会1146经联社42952农户27320公顷耕地，完成延长土地承包期工作10个乡镇114个村委会1114个经联社40842农户25954公顷耕地。1996年6月，龙州县完成农村土地承包期再延长30年不变工作任务。

农村合作经济组织

2002年—2005年，龙州县乡村农民专业合作经济组织先后成立2个，均在龙州县民政局登记注册，注册登记成员1410人。主要经营农业种植、流通等多种经营方式。2005年，全县2个农民专业经济组织经营额1240多万元。带动周边村屯农民致富5000多户，户年均增收3000多元，人年均增收600多元。

2002年8月，龙州县逐卜乡农产品产销协会成立，注册登记1200人，生产的黑皮果蔗注册“弄岗牌”商标。2003年，被自治区农业厅评为“自治区先进农民专业合作经济组织先进单位”。2005年，协会建有40公顷黑皮果蔗种植示范基地，产销黑皮果蔗5000多吨，销售额600多万元，被自治区农业厅评为“自治区先进农民专业合作经济组织合作之星”。2004年、2005年，连续被自治区农业厅评为“自治区民专业合作组织示范点”。

2005年8月，龙州县上龙乡上龙村香蕉产销协会成立，注册登记会员210人，种植香蕉面积253.33公顷。2006年，香蕉产量4000多吨，销售额640多万元。获2005—2006年度崇左市“农村专业协会先进单位”称号。

土地流转

以家庭承包经营为基础的农村经济体制改革，调动了广大农民积极性，形成了农民种地和外出务工双向流动就业机制，外出务工也导致土地闲置。从1986年开始，龙州县农村承包土地流转仍以免费代耕形式进行，只局限于亲戚间，有的农民甚至不惜撂荒弃耕，即使外出务工也不愿转出土地，担心失业没地。为赋予农民长期而有保障的土地使用权，国家自2003年3月1日起颁布施行农村土地承包法，2005年3月1日起颁布施行农村土地承

2000年，地区行署副专员农正斌到龙州县检查指导香蕉生产情况

2002年8月，逐卜乡农产品产销协会注册的“弄岗牌”黑皮果蔗商标

2005年，协会成员种植生产的黑皮果蔗获丰收

包经营权流转管理办法，维护了农村土地承包当事人的合法权益，加快推进了传统农业向现代农业的发展。到2005年全县土地流转有669.8公顷。

“小块并大块”土地置换

1996年10月，龙州县上龙乡上龙村弄秾屯黄忠伟等5个村民，在《农村土地并块经营协议书》上按下红手印，在全县率先尝试进行土地互换并块生产经营，拉开龙州县土地流转的新模式——“小块并大块”耕地整治序幕。“小块并大块”耕地整治，实施集约化、规模化的农业生产新模式，主要清理地块中的碎石、平整地块凹凸高低，整治土地肥瘦润干，有利于大型农机耕作、肥水施灌、田间管理，实现农业增产农民增收的目标。1997年2月，上龙乡村民效仿弄秾屯的做法，因地制宜，掀起“小块并大块”耕地整治的热潮。

龙州县“小块并大块”耕地整治实施步骤和操作规程：召开屯村民小组全体村民大会，讨论通过本屯实行耕地整治区域，操作具体方案，选举产生村民代表、屯耕地整治指导小组组长和组员，一般村民代表3人，指导小组5人~7人；村民小组成员、村民代表丈量耕地整治区域总面积，公示地块数量、类别、面积等；指导小组和村民代表，制订建设屯级硬化道路、田间机耕硬化路、田间肥水灌溉等配套设施规划方案，公示于民，筹集建设资金；村民户主抽签，村民代表依抽签结果，按次序丈量地块分给村民；指导小组绘制《××屯“小块并大块”耕地区域示意图》，制作《××屯“小块并大块”耕地分配地块明细表》，村民确认签字，按红手印；指导小组和村民代表将《示意图》和《明细表》等材料1份存档，呈送村委会、乡镇政府农经站各1份备案；在乡镇政府工作队主持下，村委会给村民户主发放由农业部监制的“中华人民共和国农村土地承包经营权证”书。

1999年，上龙乡群众参与土地“小块并大块”丈量工作

2000年8月，龙州县以上龙乡为示范点，启动全县“小块并大块”整治耕地工程，指导在农户之间互换地块，合并经营。这是龙州县最初的农业种植生产新方式。2005年12月，全县12个乡镇56个行政村159个自然屯，实行“小块并大块”土地改革的新模式，整治耕地面积9497.53公顷，占全县耕地总面积19%；村民向专业种植公司、农业合作社、种植大户流转耕地面积2341.47公顷，占全县耕地总面积4.68%。

第三节　植物检疫

1986年—2005年，龙州县植物检疫面积92602.71公顷次，签发植物证书7944份，检疫种子133499251.2千克、苗木29343902株。收到外来植物检疫证书222份，检疫种子780422.39千克、苗木469274株。查处无证调运植物案件426批次，无植物检疫证书种子1015966.75千克、苗木834095株。

1986年—1990年，龙州县植物检疫面积1831.94公顷次，签发植物检疫证书56份，检疫植物种子2276.10千克、苗木187360株。收到外来植物检疫证书165份，检疫植物种子302629.89千克、苗木315372株。查处无证调运植物46批次，无证种子311978.5千克、苗木396028株。其中，责令当事人作除害处理35批次，种子285478.5千克，苗木325600株；销毁种子26500千克，销毁苗木70428株。

1991年—2000年，龙州县植物检疫面积25659.41公顷次，签发植物检疫证书1693份，检疫植物种子12568829.5千克、苗木14203091株。收到外来植物检疫证书57份，检疫植物种子477792.5千克、苗木153902株。查处无证调运植物362批次，无证种子703918.25千克、苗木435908株。其中，责令当事人作除害处理 298 批次，种子 605369.70 千克，苗木 392310 株；销毁种子 98549.55 千克；销毁苗木 43598 株。

2001 年—2005 年，龙州县植物检疫面积 65111.35 公顷次，签发植物检疫证书 6195 份，检疫植物种子 120928145.6 千克、苗木 14953451 株。没有收到外来植物检疫证书。查处无证调运植物 18 批次，无证种子 70 千克、苗木 2159 株。责令当事人销毁种子 70 千克、苗木 2159 株。

第四节　农药管理

1998 年，龙州县农药检定管理站成立，为县农业局下属二层机构。当年，共抽查 4 个乡镇 8 个农药经营单位 246 个农药样本，合格农药样本 170 个，占抽查样本 69.11%；“三证”齐全农药样本 192 个，占抽查样本 78.05%；无证农药样本 25 个，占抽查样本 10.16%。在农药市场执法检查中，龙州县抽查 3 个农药经营单位 129 个农药样本，合格农药样本 119 个，占抽查样本 92.25%；不合格样本 10 个，占抽查样本 7.75%。在清理整顿剧毒鼠药中，全县查处个体经营老鼠药摊点 14 个，没收非法经营老鼠药 5 千克。1999 年，全县抽查农药样本 234 个，合格农药样本 179 个，占抽查样本 76.5%；不合格农药样本 55 个，占抽查样本 23.5%. “三证”齐全农药样本 189 个，占抽查样本 80.77%；“三证”不全农药样本 32 个，占抽查样本 13.67%；无证农药样本 13 个，占抽查样本 5.56%。2000 年，在农药市场大检查活动中，龙州县检查 44 个农药经营单位（摊点），查处农药经营单位（摊点）4 个，没收无证经营的甲胺磷、乐果等农药 775 瓶（包、盒）。在开展老鼠药经营市场专项检查清理活动中，查处非法经营摊点 6 个，没收老鼠药等农药样本 234 个。

2001 年—2002 年，龙州县开展联合整治农药经营市场活动 19 次，检查农药经营单位（摊点）51 个，查处没收剧毒老鼠药等伪劣农药 443 千克。2003 年，龙州县检查农药经营单位（摊点）47 个，没收非法经营农药 55.6 公斤，其中老鼠毒饵 1.2 公斤，剧毒老鼠药 1375 瓶（支、包、盒）。重新核准经营毒鼠药 5 个单位，取缔非法经营毒鼠药 11 个单位；抽查农药经营单位 19 个，农药样本 1037 个，发现证件超过有效期农药经营单位 12 个，过期农药样本 14 个，标签不完整的农药样本 132 个。2004 年，在农药市场检查中，龙州县责令农药经营者退回、封存处理违规经营的“甲胺磷”102 千克（瓶、包）；广西大新县农药厂生产的 35% 敌敌畏、甲氰乳油（558）182 千克（瓶、包）；广西贵港市恒泰化工有限公司生产的 10% 高渗三唑磷乳油（顺逆杀）385 千克（瓶、包）。2005 年，龙州县检查农药市场 14 个、经营摊点 179 个，查封农业部、自治区政府、崇左市政府公布禁止销售的高毒高残留农药 358.6 千克。抽查农药样本 236 个，发现 5 个农药经营单位标签不完整农药样本 19 个，过期农药样本 3 个，均进行处理。

第五节　农业区划

龙州县农业区划的范围大致由四个层次构成：一是农业资源考察、分析评价与利用。农业资源由土地资源、水资源、林地资源、畜牧资源、气候资源等构成。通过对以上资源进行综合考察、分析评价与利用研究，达到资源的优化配置。二是农业区域生态经济系统的整体研究和各类农业区域的划分，如针对不同地区不同的区域类型和立地条件而划分的宜粮区、宜牧区、宜果区、宜林区等；三是以农业生态布局为核心的农业分区综合研究，包括分区发展方向、合理布局、建设途径和措施的研究等；四是农业区域规划与开发性研究，即在分区综合研究的基础上，依据国民经济发展计划对各区综合规划与开发。龙州县农业区划的大致目标主要有：一是完善和深化已有研究成果，对已积累的大量成果资料进行整理、加工、补充，使之更完善并科学化；二是开拓分区综合研究新领域，以适应商品经济和综合发展的需要；三是在制定和实施区域规划中，配合有关部门对规划方案和其中投资项目进行前期技术经济可行性论证评价，优化及开发性研究。

区划分布情况

1985 年,龙州县在南宁地区区划委员会的指导下,开展农业资源综合区划工作,对全县农业区域生产发展方向、结构和建设途径进行分区研究,具体划分为三大区七小区。

一大区为北部石山林粮(旱粮)经牧区,包含 1 小区(谷地林粮经牧区)和 2 小区(弄岗动植物自然保护区)两个小区。本区位于龙州县北部,包括水口、武德、金龙、逐卜、响水、上金、霞秀 7 个乡镇的 44 个大队,土地面积 133.62 万亩,占县辖土地面积的 38.43%,耕地面积 15.77 万亩,占全县耕地面积 38.58%,山地面积 101.60 万亩,占全县山地面积的 38.80%,农业人口 7.11 万人,劳动力 2.64 万人。1 小区主要以发展经作、果木、猪鸡和牛羊为主;2 小区以林为主,粮食自给,结合发展黄豆、花生和土特产。

二大区为中部丘陵经粮林渔区,包含 3 小区(广谷经粮林果区)、4 小区(丘陵蔗果牧渔区)和 5 小区(河谷经粮林渔区)三个小区。本区位于龙州县中部,包括水口、下冻、彬桥、霞秀、上金、响水、龙州镇等乡镇的 43 个大队。土地面积 120.32 万亩,占县辖面积的 34.61%,耕地面积 16.90 万亩,山地面积 83.15 万亩,分别占全县相应地类面积的 41.34% 和 31.75%。农业人口 7.16 万人,劳动力 2.74 万人。本区农业发展方向是:以经济作物为主,粮食自给,大力发展水果生产和畜牧水产养殖业。其中 3 小区经粮并举,结合发展林业和水果生产;4 小区在提高粮食单产的同时积极发展以甘蔗为主的经作和水果生产,并提高畜牧水产养殖业在生产中的比重;5 小区以经作为主,粮食自给,积极发展林果和养殖业。

三大区为南部土山林粮牧副区,包含 6 小区(丘谷粮林畜禽区)和 7 小区(山丘林粮副牧区)两个小区。本区位于龙州县南部,包括下冻、彬桥、八角、霞秀、上金等乡镇的 33 个大队。土地面积 58.61 万亩,占全县土地面积的 16.86%,其中耕地面积 6.71 万亩,山地面积 52.28 万亩,分别占全县相应地类面积的 16.41% 和 19.96%。农业人口 4.78 万人,劳动力 1.90 万人。本区农业发展方向主要是林粮并举,积极发展畜牧业和工副业。其中 6 小区以粮为主,结合发展林业和畜禽饲养业;7 小区以林为主,粮食自给,积极发展工副业和畜牧业。

1993 年,龙州县根据自治区区划办的统一部署,落实农业区域开发目标和任务,发挥农业区域资源的综合优势,进行分区规划指导,达到农业高产、优质、高效的目的,将全县划分为三个开发区。

一区:北部岩溶石山林粮经牧开发区。本区位于龙州县北部,包括武德、金龙、逐卜 3 个乡镇的 34 个行政村,总人口 6.55 万人,其中农业人口 6.36 万人,农业劳动力 2.95 万人,土地总面积 96.1 万亩,占全县土地总面积 347.67 万亩的 27.64%,其中耕地面积 12.99 万亩(水田 5.36 万亩,旱地 7.63 万亩)。本区开发方向是实行封山育林,加强农田水利基本建设,抓好粮食生产,积极发展石山养牛、养羊和土特产品以及经济作物的发展,尤其是甘蔗的发展。

二区:中西部丘陵土山经粮林开发区。本区为龙州县农业区域重点区,位于龙州县中部和西部,包括水口、下冻、彬桥、霞秀、上龙、龙州镇等乡镇的 52 个行政村,总人口 11.79 万人,其中农业人口 9.18 万人,农业劳动力 4.43 万人,土地总面积 115.78 万亩,占全县土地总面积的 33.3%,其中耕地面积 18.16 万亩(水田 9.04 万亩、旱地 9.12 万亩)。本区重点抓好粮食生产,大力发展蔗、果、林、茶、鱼、猪、兔,做到农林牧副渔全面发展,建立龙州县具有先进水平的八大商品生产基地。

三区:东南部中低山林粮牧副渔开发区。本区位于龙州县东南部,包括八角、上降、响水、上金 4 个乡镇的 34 个行政村,总人口 5.80 万人,其中农业人口 5.58 万人,农业劳动力 3.76 万人,土地总面积 89.15 万亩,占全县土地总面积的 25.64%,其中耕地面积 8.96 万亩(水田 3.93 万亩,旱地 5.03 万亩)。本区以林粮并举,积极发展畜牧渔业和工副业,林业以经济林和用材林为主,适当营造水源林和薪炭林。

区划科研

1986 年,完成《龙州县渔业区划调研》和《龙州县果树资源调查规划与开发研究》项目。1989 年,完成《龙州县粮食作物区划》和《龙州县粮食产需平衡研究》项目。同年 1 月,《龙州县水果综合区划》获自治区农业区划成果优秀二等奖。1993 年,完成《龙州县农业机械化发展规划》项目。1994 年,《龙州县农业区域开发综合规划研究报告》获南宁地区优秀科技成果一等奖。2004 年,完成《龙州县龙眼区域布局与发展规划研究》项目。2005 年,完成《龙州县柑橘区域布局与发展规划研究》项目。

资源调查

1981 年—1992 年，完成《龙州县“四低”、“四荒”资源调查综合评价报告》《龙州县中低产旱地调查报告》《龙州县中低产甘蔗调查报告》《龙州县中低产果园调查报告》《龙州县中低产水田调查报告》《龙州县中低产林地调查报告》《龙州县荒地专题调查报告》等 7 篇论文 10 多万字。绘制《龙州县中低产田地分布类型图》和《龙州县荒山荒地分布类型图》各 1 套，编制《龙州县“四低”“四荒”调查资料汇总表》1 册。1989 年—1990 年，开展生物资源种类调查，初步查明龙州县生物资源种类情况。1990 年 1 月，《龙州县人面果资源调查及其开发利用的意见》获南宁地区科学技术协会 1989 年度科技学术论文二等奖；3 月，完成《龙州县农业气候资源调查》；8 月，完成《龙州县水资源调查》和《龙州县农业物质技术条件调查》。1992 年 5 月，《鸭水滩水电站库区发展林业生产考察》获南宁地区农业区划学会优秀学术论文二等奖；12 月，《龙州县“四低”、“四荒”资源调查综合评价报告》获南宁地区科学技术进步二等奖。1996 年，编写《龙州县名特优品种类资源调查报告》《龙州县名特优品种名录》。2003 年 5 月—12 月，撰写《龙州县蔬菜品种资源调查报告》和《龙州县蔬菜种质资源名录》，编制《龙州县主要野生蔬菜相册》。

第六节　农技培训

绿色证书工程

2000 年 3 月，龙州县成立开展“绿色证书工程”工作领导小组，组长由县农业局局长担任，副组长由 3 名县农业局副局长担任，成员由县农业局综合股股长、县植保站站长、县土肥站站长等组成。在县农业局农业技术服务中心三楼教室培训，开设农业种植与植保、农产品加工与贮藏、蔬菜与龙眼树种植等专业。参加“绿色证书工程”培训的农民，经考核合格，发给农业技术绿色资格证书。2000 年—2005 年，每年举办 1 期农技绿色证书培训班，每期约 30 人，6 期 180 人，全部获得国家农业部批准发放的绿色证书。

党员农技培训

2003 年 3 月，龙州县成立开展“百万农村党员大培训”活动工作领导小组，组长由县委组织部副部长和县农业局局长担任，成员由县委党校校长、县科技局局长、县司法局局长、县人事劳动和社会保障局局长、县扶贫办主任、县财政局局长、县林业局局长、县科协主席、县糖业办主任等组成。在县农业局机关内设领导小组办公室，主任由县农业局党组书记担任。培训的对象是农村党员、科技示范户、种养能手的入党积极分子等。聘请科研院校专家与县农业科技骨干组成农业实用技术小分队，举办培训班、巡回演讲、现场咨询等形式，开展“科技引领新农村建设”活动。2003 年 3 月—2005 年 12 月，全县落实党员农技培训经费 70.36 万元，印发农技资料 10580 份，赠送农民党员农技光盘 6860 张，建立农技推广示范点 28 个，县委党校举办农村党员农技培训班 4 期 150 人；乡镇党校举办 93 期，培训农村党员 4051 人次；村（居）农家课堂培训 305 期 7809 人次。全县一共培训 12010 人次，完成培训农村党员 1.01 万人次的任务。

农民工培训　2003 年—2005 年，龙州县人事劳动和社会保障局联合县职业中等技术学校对外出打工劳动力举办职业技能班，培训家政服务、机电维修、锅炉操作等职业技术，提高农业劳动力外出打工的技术服务素质。2003 年，龙州县培训外出打工农业劳动力 11327 人，占全县农业劳动力 7.95%；劳务收入 16741 万元，人均劳务收入 1.50 万元。2004 年，全县培训外出打工农业劳动力 9359 人，占全县农业劳动力 6.98%；劳务收入 19309 万元，人均劳务收入 2.06 万元。2005 年，全县培训外出务工农业劳动力 15204 人，占全县农业劳动力 10.70%；劳务收入 34589 万元，人均劳务收入 2.28 万元。

第七节　农业执法

2001 年 2 月，龙州县成立县农业行政执法大队，为县农业局下属二层机构，农业执法工作得到加强。2001 年—2005 年，龙州县对农业法、农业技术推广法、种子法、农村土地承包法、农产品质量安全法和国务院农政法规植物检疫条例、农民承担费用和劳务管理条例、农药管理条例、肥料登记管理办法、农作物种子生产经营许可证管理办法等以及广西农政法规农民负担管理条例、实施《农业技术推广法》办法、农村集体经济承包合同管理条例、农作物种子管理条例等进行执法。共出动农业行政执法车辆 527 台次，执法人员 2255 人次，查获涉案农资 325926.5 千克，其中种子 414 千克、农药 792.5 千克、肥料 324720 千克。全县查处违法经营农资案件 121 起，其中违法经营种子案件 2 起，违法经营农药案件 79 起，违法经营肥料案件40起；罚没款10.74万元。2002年—2004年，由县农业局牵头，工商局、质监局等 13 个单位组成的龙州县专项整治“毒鼠强”领导小组，开展打击生产、销售、使用“毒鼠强”专项整治行动，收缴“毒鼠强”毒药 1376 支(包)，毒饵 1200 千克。

2004 年 3 月，农业执法工作人员对乡镇农资市场开展执法检查

第二章　耕地　劳力

第一节　耕地面积

1981 年春，龙州县试行农村家庭联产承包土地责任制，乡村农民开始向荒山荒坡进军，开垦宜农荒地为畲地。1985 年，全县农业人口 215297 人，耕地面积 26553.33 公顷，人均耕地面积 0.12 公顷(1.85 亩)。1990 年，全县农业人口 223666 人，耕地面积 27393.27 公顷，人均耕地面积 0.12 公顷(1.84 亩)。1995 年，全县农业人口 231349 人，耕地面积 27320 公顷，人均耕地面积 0.12 公顷(1.77 亩)。2000 年，全县农业人口 246384 人，耕地面积 27299.6 公顷，人均耕地面积 0.11 公顷(1.66 亩)。2005 年，全县农业人口 230983 人，耕地面积 26822 公顷，人均耕地面积 0.12 公顷(1.74 亩)。

表 7-1　　1986 年—2005 年龙州县农民人均耕地面积统计表

年份	农业人口	耕地面积						人均耕地面积	
		合计		熟地		畲地			
		公顷	亩	公顷	亩	公顷	亩	公顷 / 人	亩 / 人
1986	231166	27157.93	407369	12805.8	192087	14352.13	215282	0.117	1.76
1987	235128	27330	409950	12775	191625	14555	218325	0.116	1.74
1988	210176	2725.07	409126	12365.07	185476	14910	223650	0.13	1.95
1989	209296	27323.2	409848	12246.27	183694	15076.33	226154	0.131	1.96
1990	223666	27393.27	410899	12198.8	182982	15194.47	227917	0.122	1.84
1991	221105	27620.07	414301	12222.67	183340	15397.4	230961	0.125	1.87
1992	213257	27588.86	413833	12199.93	182999	15388.93	230834	0.129	1.94
1993	221650	27542	413130	12182	182730	15360	230400	0.124	1.86
1994	231728	27471.26	412069	12033.13	180497	15438.13	231572	0.119	1.78

续表

年份	农业人口	耕地面积						人均耕地面积	
		合计		熟地		畬地			
		公顷	亩	公顷	亩	公顷	亩	公顷/人	亩/人
1995	231349	27320	409800	12612.8	189192	14707.2	220608	0.118	1.77
1996	218593	27876.07	418141	11788.27	176824	16087.8	241317	0.127	1.91
1997	247521	27359.54	410393	11188.27	167824	16171.27	242569	0.111	1.66
1998	244540	27348.87	410233	11168.27	167524	16180.6	242709	0.112	1.68
1999	217518	27185.4	407781	11141.53	167123	16043.87	240658	0.125	1.87
2000	246384	27299.6	409494	11095.6	166434	16204	243060	0.111	1.66
2001	250344	27296	409440	11104	166560	16192	242880	0.109	1.64
2002	252068	27549	413235	11098	166470	16451	246765	0.109	1.64
2003	230000	26746	401190	10523	157845	16223	243345	0.116	1.74
2004	230491	26776	401640	10509	157635	16267	244005	0.116	1.74
2005	230983	26822	402330	10387	155805	16435	246525	0.116	1.74

注：此表未含龙北、先锋、北耀农场和试验站数据

第二节　劳动力

1986 年，龙州县有农业人口 231166 人，农业劳动力 104025 人，占农业人口 45%；投入农业生产劳动力 90501 人，占农业劳动力 87%。1990 年，全县农业人口 223666 人，农业劳动力 111833 人，占农业人口 50%；投入农业生产劳动力 99442 人，占农业劳动力 88.92%。1995 年，全县农业人口 231349 人，农业劳动力 117988 人，占农业人口 51%；投入农业生产劳动 103829 人，占农业劳动人 87.99%。2000 年，全县人口 246384 人，农业劳动力 139700 人，占农业人口 56.7%；投入农业生产劳动力 96600 人，占农业劳动 69.15%；文盲劳动力 5672 人，占农业劳动力 4.06%；半文盲劳动力 10464 人，占农业劳动力 7.49%；小学毕业劳动力 61203 人，占农业劳动力 43.81%；初中毕业劳动力 47526 人，占农业劳动力 34.02%；高中、中专毕业劳动力 11804 人，占农业劳动力 8.45%；大专、本科毕业劳动力 3031 人，占农业劳动力 2.17%。2005 年，全县农业人口 230983 人，农业劳动力 140900 人，占人口 61%；投入农业生产从事家庭经营第一产业的劳动力 105500 人，占农业劳动力 74.88%。全县外出务工劳动力 26309 人，占农业劳动力 18.67%；从事第三产业及其他行业 9091 人，占外出务工人员 6.45%；外出务工当中男性有 15996 人，占外出务工人员 60.8%，女性有 10313 人，占外出务工人员 39.8%，男女比例 1.55∶1（女性为 1）。全县有组织输出劳动力 6812 人，占外出务工人员 25.89%，经农民工技术培训输出劳动力 5825 人，占外出务工人员 22.14%；当年常年外出务工的劳动力有 18253 人，其中在本县内 2564 人，占常年外出务工 14.05%，本省内 4146 人，占常年外出务工 22.71%，本省外 11543 人，占常年外出务工 63.24%。

表 7–2　**1986 年—2005 年龙州县农业劳动力统计表**

年份	农业人口（人）	农业劳动力（人）	占农业人口（%）	投入农业生产劳动力（人）	占农业劳动力（%）
1986	231166	104025	45.00	90501	87.00
1987	235128	108159	46.00	93434	86.38
1988	210176	109292	52.00	97607	89.31
1989	209296	108834	52.00	97457	89.55

续表

年份	农业人口（人）	农业劳动力（人）	占农业人口(%)	投入农业生产劳动力(人)	占农业劳动力(%)
1990	223666	111833	50.00	99442	88.92
1991	221105	114975	52.00	99698	86.71
1992	213257	119424	56.00	99955	83.70
1993	221650	119691	54.00	101737	84.99
1994	231728	122816	53.00	109735	89.35
1995	231349	117988	51.00	103829	87.99
1996	218593	128970	59.00	112341	87.11
1997	247521	128711	52.00	108608	84.38
1998	244540	139388	57.00	122258	87.71
1999	217518	139246	64.00	113489	81.50
2000	246384	139700	56.70	96600	69.15
2001	250344	145200	58.00	109200	75.21
2002	252068	146200	58.00	111000	75.92
2003	230000	140300	61.00	109900	78.33
2004	230491	140600	61.00	109800	78.09
2005	230983	140900	61.00	105500	74.88

注：此表未含龙北、先锋、北耀农场和试验站数据

第三章 粮食种植

1986年—2005年，龙州县主要种植水稻、玉米、三角麦等粮食作物。1986年，全县种植粮食作物24831.73公顷，年总产量108044.46吨，亩均产量290.07千克。1990年，全县种植粮食作物24754.4公顷，年总产量131940.23吨，亩均产量355.33千克。1995年，全县种植粮食作物22020.13公顷，年总产量147349.16吨，亩均产量446.10千克。2000年，全县种植粮食作物20378公顷，年总产量161595.50吨，亩均产量528.66千克。2005年，全县种植粮食作物16723公顷，年总产量135054.95吨，亩均产量538.40千克。1986年—2004年，龙州县亦有少许种植糯大米、糯玉米、高粱等粮食作物。2005年，糯大米、高粱等粮食作物，因产量较低，故已被淘汰，无人种植。因糯玉米市场需求较大，故种植面积逐年增多。

第一节 水 稻

水稻是龙州县第一位主要粮食作物。1986年是我国国民经济发展进入“七五”计划的第一年，根据中央1986年第一号文件精神，结合全县实际情况，在霞秀乡、金龙乡开展杂交水稻高产示范片，同时布置各乡镇农业技术推广站打造各种示范田，以点带面，推动全局。1986年，全县种植水稻14362.93公顷，年产量67785.68吨，亩均产量314.60千克。1990年，为提高粮食单位面积产量，增加龙州县粮食总产，有效地解决全县粮食问题，按总体规划实现在“八五”期间人均有粮271公斤的目标，推广双杂良种。1990年，全县种植水稻15001公顷，年产量88894.43吨，亩均产量395.06千克。1995年，围绕农技推广工作“试

验、示范、推广、培训”的八字方针政策积极开展工作，全县种植水稻 13166.73 公顷，年产量 94859.73 吨，亩均产量 480.30 千克。2000 年，结合“十五”农业生产发展规划，为了稳定粮食生产，加快优质品种结构的引进、繁育和推广，促进粮食增产丰收，重点抓好水稻旱育稀植、水稻抛秧、优质稻开发、两系杂交稻推广等综合增产技术推广。2000 年，全县种植水稻 12828 公顷，年产量 101193.68 吨，亩均产量 525.90 千克。2005 年主要是深入贯彻落实中央 1 号文件以及中央和自治区农村工作会议精神，围绕服务“三农”，抓好优质、高产、高效农业技术的试验、示范、培训和推广，推广水稻抛秧栽培技术，推动水稻生产发展，促进粮食增产、农业增效，农民增收。是年，全县种植水稻 10186 公顷，年产量 82042.12 吨，亩均产量 536.96 千克。

第二节　玉　米

1986 年，全县种植玉米 10458.47 公顷，年产量 40245.23 吨，亩均产量 256.54 千克。1990 年，为提高粮食单位面积产量，增加我县粮食总产，有效地解决全县粮食问题，按总体规划实现在“八五”期间人均有粮 271 公斤的目标，推广双杂良种。1990 年，全县种植玉米 9680.20 公顷，年产量 42878.45 吨，亩均产量 295.30 千克。1995 年，围绕农技推广工作“试验、示范、推广、培训”的八字方针政策积极开展工作，全县种植玉米 8836.73 公顷，年产量 52451.76 吨，亩均产量 395.71 千克。2000 年，结合“十五”农业生产发展规划，为了稳定粮食生产，加快优质品种结构的引进、繁育和推广，促进粮食增产丰收，重点抓好地膜玉米等综合增产技术的推广。2000 年，全县种植玉米 7910 公顷，年产量 63267.74 吨，亩均产量 533.23 千克。2005 年主要是深入贯彻落实中央 1 号文件以及中央和自治区农村工作会议精神，围绕服务“三农”，抓好优质、高产、高效农业技术的试验、示范、培训和推广，推广玉米免耕栽培技术，推动玉米生产发展，促进粮食增产、农业增效，农民增收。是年，全县种植玉米 6537 公顷，年产量 53010.49 吨，亩均产量 540.62 千克。

第三节　三角麦

1986 年，全县种植三角麦 10.33 公顷，年产量 20.55 吨，亩均产量 132.61 千克。1990 年，全县种植三角麦 73.20 公顷，年产量 167.35 吨，亩均产量 152.41 千克。1995 年，全县种植三角麦 16.67 公顷，年产量 37.67 吨，亩均产量 150.67 千克。1996 年起，因三角麦产量太低被淘汰，无人种植。

表 7-3　　1986 年—2005 年龙州县主要粮食产量统计表

年份	合计			水稻			玉米			三角麦		
	种植面积（公顷）	总产量（吨）	亩产量（千克/亩）	种植面积（公顷）	总产量（吨）	亩产量（千克/亩）	种植面积（公顷）	总产量（吨）	亩产量（千克/亩）	种植面积（公顷）	总产量（吨）	亩产量（千克/亩）
1986	24831.73	108044.46	290.07	14362.93	67778.68	314.60	10458.47	40245.23	256.54	10.33	20.55	132.61
1987	24726.13	111248.17	299.95	13843.60	69674.15	335.53	10842.00	41491.79	255.13	40.53	82.23	135.24
1988	23307.27	47227.2	135.09	13047.20	6807.59	350.05	10200.87	40294.44	263.34	59.2	125.23	141.02
1989	24767.46	121517.38	327.09	14518.33	79947.38	367.11	10155.00	41357.76	271.51	94.13	212.24	150.31
1990	24754.40	131940.23	355.33	15001	88894.43	395.06	9680.20	42878.45	295.30	73.20	167.35	152.41
1991	25497.67	138662.17	362.55	14501.93	87235.65	401.03	10991.67	51417.92	311.86	4.07	8.60	140.92
1992	23445.27	129160.59	367.27	13505.47	83283.49	411.11	9900.8	45789.22	308.32	39	87.88	150.23
1993	22995	143596.38	416.31	13924.47	95097.15	455.30	9070.53	48499.23	356.46	—	—	—

续表

年份	合计			水稻			玉米			三角麦		
	种植面积（公顷）	总产量（吨）	亩产量（千克/亩）	种植面积（公顷）	总产量（吨）	亩产量（千克/亩）	种植面积（公顷）	总产量（吨）	亩产量（千克/亩）	种植面积（公顷）	总产量（吨）	亩产量（千克/亩）
1994	21830	138063.60	421.63	12852.20	88714.88	460.18	8977.8	49348.72	366.45	—	—	—
1995	22020.13	147349.16	446.10	13166.73	94859.73	480.30	8836.73	52451.76	395.71	16.67	37.67	150.67
1996	22146.80	151707.98	456.67	13367.87	98275.88	490.11	8778.93	53432.10	405.76	—	—	—
1997	22326.87	159178.31	475.30	13475.80	103322.33	511.15	8851.07	55855.98	420.71	—	—	—
1998	21365.33	167051.46	521.25	13197.66	102967.54	520.13	8167.67	64083.92	523.07	—	—	—
1999	21478.53	169633.59	526.65	13299.27	104478.37	523.73	8179.27	65155.22	531.06	—	—	—
2000	20378	161595.50	528.66	12828	101193.68	525.90	7910	63267.74	533.23	—	—	—
2001	19843	158162.60	531.38	12387	98294.56	529.02	7456	59866.83	535.29	—	—	—
2002	17739	141381.60	531.34	10841	85496.46	525.76	6898	55885.18	540.11	—	—	—
2003	16688	133853.61	534.73	10369	82727.51	531.89	6319	51126.08	539.39	—	—	—
2004	16749	134611.73	535.80	10218	82111.34	535.73	6531	52500.42	535.91	—	—	—
2005	16723	135054.95	538.40	10186	82042.12	536.96	6537	53010.49	540.62	—	—	—

注：此表未含龙北、先锋、北耀农场和试验站数据

第四章 经济作物种植

1986 年—2005 年，龙州县主要种植糖料蔗、黑皮果蔗、花生、黄豆、木薯、茶叶等经济作物。1986 年，龙州县主要经济作物种植面积 15380 公顷，其中糖料蔗 5246.67 公顷，占总面积 34.11%；黑皮果蔗 80 公顷，占总面积 0.52%；木薯 1820 公顷，占总面积 11.83%；花生 2740 公顷，占总面积 17.82%；黄豆 4640 公顷，占总面积 30.17%；茶叶 853.33 公顷，占总面积 5.55%。1996 年，全县主要经济作物种植面积 26746.67 公顷，其中糖料蔗 15093.33 公顷，占总面积 56.44%；黑皮果蔗 166.67 公顷，占总面积 0.62%；木薯 3700 公顷，占总面积 13.82%；花生 2906.67 公顷，占总面积 10.86%；黄豆 3746.67 公顷，占总面积 14.01%；茶叶 1133.33 公顷，占总面积 4.24%。2005 年，全县主要经济作物种植面积 33966.67 公顷，其中糖料蔗 24460 公顷，占总面积 72.01%；黑皮果蔗 733.33 公顷，占总面积 2.16%；木薯 3640 公顷，占总面积 10.72%；花生 1933.33 公顷，占总面积 5.69%；黄豆 2266.67 公顷，占总面积 6.67%；茶叶 933.33 公顷，占总面积 2.75%。

1986 年—2005 年，龙州县委、县政府一直把糖料蔗作为全县支柱产业来抓，加强基础设施建设，引进良种和推广新技术，提高了单产，糖厂收购原料蔗价格也逐年提高，1986 年入厂原料蔗收购价格为每吨 70 元，1996 年收购价格为每吨 230 元，2005 年收购价格为每吨 280 元，种植糖料蔗经济效益逐年提高，激励了蔗农积极性，全县糖料蔗种植面积得于逐步发展壮大。

逐卜乡、上龙乡、水口镇、龙州镇等乡镇，通过调整种植业产业结构，将原来种植水稻、香蕉等作物的水源充足、土壤肥沃的田块，发展黑皮果蔗种植，结合新技术的推广应用，黑皮果蔗种植效益也逐步提高，1986 年黑皮果蔗市场售价为每吨 150 元，1996 年为每吨 500 元，2005 年为每吨 800 元，种植黑皮果蔗比其他作物收益高，调动了农户种植黑皮果蔗积极性，黑皮果蔗种植面积逐年得于扩大。

第一节 糖料蔗

糖料蔗是龙州县的主要经济作物，是龙州县农业经济的支柱产业。1986 年，龙州县甘蔗生产指挥部成立，县委书记、县长任指挥长，县四大班子领导各一名副职任副指挥长，制定落实蔗糖生产责任制和优惠政策：实行甘蔗生产目标风险抵押的蔗糖生产管理责任制；多渠道筹措资金，及时兑现农民蔗款；提取甘蔗生产扶持金，用于甘蔗生产奖励，推广良种技术、修建蔗区道路；实行甘蔗良种价格补贴，鼓励农民多种植良种；种植良种甘蔗的，蔗种运费由糖厂支付，优先安排机耕，优先供应地膜、化肥。1986 年，龙州县种植甘蔗 5246.67 公顷，产量 22.18 万吨，入厂原料蔗 22.18 万吨，平均公顷产 42.27 吨（平均亩产 2.82 吨）。1996 年，全县甘蔗种植 15093.33 公顷，产量 81.81 万吨，入厂原料蔗 81.81 万吨，平均公顷 54.20 吨（平均亩产 3.61 吨）。2005 年，全县甘蔗种植 24460 公顷，产量 190.53 万吨，入厂原料蔗 190.53 万吨，平均公顷 77.90 吨（平均亩产 5.19 吨）。

2005 年，农业技术人员深入上金乡联江村陇那屯田间地头开展甘蔗种植管理技术现场培训

国家糖料蔗生产基地

1999 年，农业部、国家计委把龙州县列为“九五”期间第二批国家糖料蔗生产基地项目建设县，并落实项目资金 425 万元，主要实施小型农田水利和高产示范点建设、良种科研和繁殖体系建设、农技推广体系建设等内容。县农业局经过两年（2000—2001）实施，实际完成投资 435.66 万元，其中中央财政拨款 170 万元、自治区财政拨款 42.5 万元、县财政配套 212.5 万元、基地单位自筹资金 10.66 万元。通过项目实施，建成了甘蔗良种繁育基地喷灌设施 1 处，可喷灌面积 53.33 公顷，甘蔗高产示范点提水灌溉工程 2 处，可灌溉面积 131.53 公顷；购置中型拖拉机一台套，小型手扶拖拉机一台套、喷淋机 2 台套；完成了县农技推广业务用房、县农科所科研用房、良繁基地科研用房、龙州镇和霞秀乡农技站业务用房、甘蔗组培厂房、甘蔗育苗大棚等建设；示范点引进新台糖 22、23 号等良种 483 吨，示范面积全部实现良种化；良种繁育基地引进甘蔗良种新台糖 16 号、20 号、22 号、23 号共 560 吨，两年共繁育甘蔗良种 7520 吨，推广面积达 1.3 万亩，产量 5.38 万吨，产值 2605.5 万元。2002 年—2005 年，繁育甘蔗良种 2.27 万吨，种植面积 1720 公顷，产量 16.77 万吨，产值 8385 万元。

“双高”甘蔗基地

2003 年，龙州县农业技术推广中心承担农业部桂中南蔗区“双高”甘蔗基地建设项目，共安排资金 168.6 万元，其中中央预算内基本投资 148.6 万元，县财政配套资金 20 万元。项目通过两年（2004—2005）实施，共完成投资 167.55 万元，建成了田间机耕道路 2.5 千米、三面光灌溉渠道 5 千米、甘蔗高产高糖示范区 322 公顷；修建了良种繁育基地喷灌设施一处，可喷灌面积 40 公顷；购置了农机具及检验检测仪器设备 26 台套；引进了高产高糖甘蔗新品种 100 吨进行繁育，推广面积 2374.67 公顷，产量 23.51 万吨，产值 11754.6 万元。

第二节 黑皮果蔗

龙州县以龙州镇、逐卜乡、上龙乡为主产区，把黑皮果蔗生产作为农业种植优先发展产业来培育，实

2005年，上龙乡上龙村板弄屯有良好排灌系统的黑皮果蔗产业

施黑皮果蔗种植高产技术。1986年—1999年，龙州县黑皮果蔗种植1600公顷，产量94292吨，平均公顷产58.93吨（平均亩产3.93吨）。其中1986年种植面积80公顷，产量3045.6吨，亩产2.54吨，排龙州县主要经济作物第6位；1996年种植面积166.67公顷，产量11821吨，亩产4.73吨。2000年，全县种植黑皮果蔗320公顷，产量25987吨，平均公顷产81.21吨（平均亩产5.41吨）。2001年，全县种植黑皮果蔗313.33公顷，产量28660吨，平均公顷产91.47吨（平均亩产6.10吨）。2002年，全县种植黑皮果蔗453.33公顷，产量43563吨，平均公顷产96.10吨（平均亩产6.41吨）。2003年，全县种植黑皮果蔗566.67公顷，产量55471吨，平均公顷产97.89吨（平均亩产6.53吨）。2004年，全县种植黑皮果蔗700公顷，产量69414吨，平均公顷产99.16吨（平均亩产6.61吨）。2005年，全县种植黑皮果蔗733.33公顷，产量72819吨，平均公顷产99.30吨（平均亩产6.62吨），排龙州县主要经济作物第3位。

第三节　水　果

1984年10月，上金乡中山村率先引进外地香蕉苗，利用水田种植2.53公顷，产量95吨。1990年，龙州县引进推广龙眼嫁接苗移植栽培，主要有大乌园、福眼、广眼、石侠、储良等品种。1991年，县科协首次引进试管组培香蕉苗试验种植，有威廉斯、天宝、巴西等品种。1986年—1994年，驻龙州县的广西农垦国营龙北农场、先锋农场、北耀农场、广西亚热带作物研究所试验站（以下合称“三场一所”），主要种植化州橙、柳橙、早熟温州柑、扁柑等品种。1995年，龙州县引进推广特早熟温州柑种植，主要有日南1号、宫本等品种。2000年，龙州县始建早熟柑标准化生产基地。2005年，基地种植早熟柑面积133.33公顷，生产柑果3000吨，产值900万元。2005年，龙州县主要种植水果有柑橘519.93公顷，产量9389吨，主要分布在“三场一所”；蕉类919公顷，产量16046吨（其中香蕉524.33公顷，产量13075吨），主要分布在“三场一所”以及龙州、逐卜等乡镇；荔枝47.07公顷，产量202吨，主要分布在“三场一所”；龙眼733.33公顷，产量3786吨，主要分布“三场一所”以及逐卜、上金等乡镇；杧果38.67公顷，产量507吨，主要分布在“三场一所”；菠萝454.53公顷，产量6951吨，主要分布在响水镇；三华李439.2公顷，产量1098吨；山黄皮366.67公顷，产量1560吨。原橡胶所及各乡镇均有种植。

2002年，先锋农场早熟柑

表 7-4　　1986 年—2005 年龙州县主要水果产量统计表

年份	种植面积		总产量		平均产量	
	公顷	亩	吨	千克	吨 / 公顷	千克 / 亩
1986	1190.20	17853	5241.2	5241200	4.40	293.58
1987	1764.67	26470	7349.85	7349850	4.17	277.67
1988	1457.13	21857	4554.45	4554450	3.13	208.37
1989	1672.47	25087	7163	7163000	4.28	285.53
1990	1754.73	26321	9735.5	9735500	5.55	369.88
1991	1961.93	29429	12373	12373000	6.31	420.44
1992	2364.53	35468	17744.1	17744100	7.50	500.28
1993	2471.60	37074	24418.4	24418400	9.88	658.64
1994	2512.20	37683	24789.9	24789900	9.87	657.85
1995	3094.33	46415	31388	31388000	10.14	676.25
1996	3069.53	46043	32796	327960000	10.68	712.29
1997	4017.73	60266	51493	51493000	12.82	854.43
1998	3405.44	54081.6	38008.5	38008500	11.16	744.07
1999	4030.00	60450	55608	55608000	13.80	919.90
2000	4576.13	68642	46980	46980000	10.26	684.42
2001	4299.13	64487	38000	38000000	8.83	589.26
2002	4827.13	72407	43292	43292000	8.96	597.89
2003	5569.33	83540	43012	43012000	7.72	514.86
2004	5574	83610	40885	40885000	7.33	488.99
2005	3516.33	52745	42325	42325000	12.03	802.4

注：此表未含龙北、先锋、北耀农场和试验站数据

第四节　木　薯

1986 年，龙州县木薯种植面积 1817.3 公顷，产量 4336.2 吨，平均亩产 159.1 公斤，排全县主要经济作物第 4 位。1996 年，全县木薯种植面积 3700 公顷，产量 16468.7 吨，亩产 296.7 公斤，排主要经济作物第 3 位。2005 年，全县木薯种植面积 3640 公顷，产量 27237 吨，亩产 498.9 公斤，排主要经济作物第 2 位。在木薯生产过程中，主要通过下达给各乡镇任务计划指标，引进推广华南 205 号、GR911、GR891 等新品种，建立实施高产示范片等各项措施促进木薯产业发展。

第五节　花　生

1986 年，龙州县花生种植面积 2723 公顷，产量 2200.7 吨，亩产 53.9 公斤，排全县主要经济作物第 3 位。1996 年，全县花生种植面积 2906.7 公顷，产量 3013.6 吨，亩产 69.1 公斤，排全县主要经济作物第 4 位。2005 年，全县花生种植面积 1933.3 公顷，产量 2423 吨，亩产 83.6 公斤，排全县主要经济作物第 5 位。在花生生产过程中，主要通过下达给各乡镇任务计划指标，引进推广桂花 17 号、30 号等系列新品种，推广甘蔗套种花生、水果套种花生、木薯套种花生等模式，促进花生生产发展。

第六节　黄　豆

1986 年，龙州县黄豆种植面积 4640 公顷，产量 2988.9 吨，亩产 42.9 公斤，排全县主要经济作物第 2 位。1996 年，全县黄豆种植面积 3746.7 公顷，产量 3235.9 吨，亩产 57.6 公斤，排全县主要经济作物第 2 位。2005 年，全县黄豆种植面积 2266 公顷，产量 2470 吨，亩产 72.7 公斤，排全县主要经济作物第 4 位。在黄豆生产过程中，主要通过下达给各乡镇任务计划指标，引进推广桂早 1 号、桂早 2 号等桂早系列新品种，推广水果套种黄豆、玉米套种黄豆等模式，促进黄豆生产发展。

第七节　茶　叶

1986 年，龙州县种植茶叶面积 1.28 万亩，产量 17679 吨，亩产 1.38 吨，排全县主要经济作物第 5 位。1996 年，全县种植茶叶面积 1.70 万亩，产量 22799 吨，亩产 1.34 吨，排全县主要经济作物第 5 位。2000 年，龙州县首次从台湾、福建引进乌龙茶品种试种和加工生产，种植 1580 亩，鲜茶叶产量 1896 吨。2003 年，试制的乌龙茶产品通过有关专家技术鉴定，填补广西乌龙茶的历史空白。从此，龙州县把发展乌龙茶生产作为新的经济增长点来培植。2005 年，龙州县开始启动乌龙茶产业化生产，全县种植乌龙茶 5889 亩，青茶叶产量 7655.7 吨。同年，全县种植茶叶面积 1.40 万亩，产量 17410 吨，亩产 1.24 吨，排全县主要经济作物第 6 位。

下冻镇玉米良种繁殖场蓬勃发展的乌龙茶产业

（2005 年摄）

第八节　黄　瓜

下冻镇春秀村冬种黄瓜　（2005 年摄）

1990 年始，龙州县利用冬闲田开发冬菜，下冻镇黄瓜成为龙州县冬菜开发的拳头产品。1998 年，龙州镇、彬桥乡、下冻镇、水口镇利用冬闲田种植黄瓜 400 公顷，产量 1.8 万多吨。2005 年，全县利用冬闲田种植黄瓜 666.67 公顷，产量 3.9 万吨。同年 8 月，下冻黄瓜被评为南宁地区名牌农产品。1990 年—2005 年，龙州县下冻镇每年冬种黄瓜面积约 333.33 公顷，产量约 1.2 万吨，产值约 2500 万元。

表 7-5　　1986 年—2005 年龙州县主要经济作物产量统计表

年份	糖料蔗		黑皮果蔗		木薯		花生		黄豆		茶叶	
	面积（公顷）	产量（吨）	面积（公顷）	产量（吨）	面积（公顷）	产量（吨）	面积（公顷）	产量（吨）	面积（公顷）	产量（吨）	面积（公顷）	产量（吨）
1986	5246.67	221776.90	80	3045.60	1820	43162	2740	22007	4640	29389	853.33	17679
1987	4946.67	214488.00	66.67	3550.00	3000	102163	2786.67	23162	4880	31691	973.33	21457
1988	7660	271123.00	66.67	3383.00	3220	72216	2346.67	15959	4200	21609	1086.67	21870
1989	9113.33	390287.00	60	3254.00	3140	72123	2346.67	19009	4420	33655	1126.67	26373
1990	10200	451687.00	73.33	4057.00	3126.67	80137	2233.33	17273	4306.67	14286	1146.67	27646
1991	12620	519290.00	73.33	3755.00	2866.67	67274	2060	17982	3953.33	22206	1186.67	23755
1992	13226.67	601630.00	73.33	4364.00	2513.33	81792	2146.67	19192	3766.67	27995	1146.67	25685
1993	12506.67	636139.00	106.67	6165.00	2773.33	98399	2313.33	27612	3933.33	35683	1140	29174
1994	14380	696320.00	120	7793.00	2700	88130	2793.33	31385	3793.33	32282	1140	24990
1995	15006.67	747826.00	126.67	8784.00	3446.67	171850	2653.33	29748	3700	35718	1140	28530
1996	15093.33	818091.00	166.67	11821.00	3700	164687	2906.67	30136	3746.67	32359	1133.33	22799
1997	16273.33	880026.00	180	12149.00	3413.33	170664	2613.33	39733	3233.33	29702	1126.67	27614
1998	17786.67	1039666.00	193.33	15334.00	3093.33	176100	2600	29947	3146.67	29470	1126.67	23140
1999	16573.33	1015640.00	213.33	20638.00	3546.67	224370	2620	30220	3173.33	28680	1106.67	16920
2000	16826.67	1007256.00	320	25987.00	4086.67	281060	2640	24970	2986.67	23950	1100	19550
2001	18300	1104594.00	313.33	28660.00	4040	301680	2293.33	28980	2880	28220	953.33	20360
2002	20320	1400182.00	453.33	43563.00	4020	296920	2333.33	29440	2566.67	26210	1033.33	17000
2003	22773.33	1516377.00	566.67	55471.00	3686.67	266230	1953.33	25820	2260	24700	926.67	18120
2004	24140	1654379.00	700	69414.00	3673.33	269210	1840	22660	1980	23860	893.33	14720
2005	24460	1905328.00	733.33	72819.00	3640	272370	1933.33	24230	2266.67	24700	933.33	17410

注：此表未含龙北、先锋、北耀农场和试验站数据

第五章　农技农艺

第一节　种植技术

防寒育秧

1986 年—1992 年，龙州县实行多点试验示范方式，推广地膜覆盖、生物热能、温室等防寒育秧技术。1992 年，全县早稻防寒育秧 2373.33 公顷，其中地膜育秧 1597.73 公顷，生物热能育秧 750.27 公顷，温室育秧 25.33 公顷。1993 年—2005 年，全县早稻地膜覆盖占育秧总面积 95%。

多效唑育秧

多效唑是广谱性植物生长延缓剂，能抑制植物内源赤霉素的合成，减少植物细胞的分裂和伸长。为培育壮秧防止倒伏，秧龄在 35 天左右，单季中、晚稻秧田在移栽前 25 天，每亩用 175~200 克 15% 多效唑可湿粉兑水 100 千克喷施。1989 年，龙州县利用多个实验点，实施水稻多效唑育秧技术。全县多效唑育秧水稻栽培 18.9 公顷，经验收总产量 124343.1 千克，平均亩产 438.6 千克，比对照田平均亩产 390.1 千克多 48.5 千

克，增产 12.43%。武德乡武德村逐安屯农户谭会林试验田产量最高，面积 0.12 公顷，产量 1034.2 千克，8.34 吨 / 公顷（亩产 556.2 千克）。1990 年，全县晚稻喷灌多效唑的田块平均亩产 441.4 千克，比对照田平均亩产 341.2 千克多 100.2 千克，增产 29.37%。1991 年—2005 年，全县施用多效唑育秧面积 4466.67 公顷。

水稻壮秧剂

1997 年，龙州县推广水稻壮秧剂施用技术。一次施用壮秧剂，可完成稻田床土消毒、施肥、调酸、壮苗等技术环节，对早稻烂秧、晚稻徒长起到抑制作用。2003 年，全县施用水稻壮秧剂面积 4253.33 公顷。2004 年—2005 年，龙州县发展水田种蔗，水田面积逐年减少，壮秧剂施用面积亦随着减少。2005 年，全县施用水稻壮秧剂 133.33 公顷。

旱育稀植

水稻旱育稀植由两部分组成：一是育苗方式由传统的水育秧改为旱育秧，主要掌握好水的管理，原则是不建立水层、以浇为主、不缺不浇、浇了则透；二是插秧方式由密植改为稀植，一般地栽插密度为 9 寸 ×3 寸以上，合理利用光温条件，提高抗病性，提高了分蘖率，结实率较高，增产，节省投入，经济效益高。1994 年，龙州县试验水稻旱育稀植栽培技术。1998 年，在彬桥乡青山村示范推广，全县水稻旱育稀植栽培面积 8700 公顷，其中早稻面积 4373.33 公顷，晚稻面积 4326.67 公顷，总产量 3.15 万吨，7.28 吨 / 公顷（亩产 485.6 千克），平均亩增产 35.8 千克。2001 年之后，由于水稻旱育稀植栽培技术费工费时，农民群众使用该技术的积极性大幅降低，更倾向于使用省工省时且更加高产的塑盘育秧抛秧栽培技术。

抛秧栽培

抛秧栽培是水稻使用塑料育秧盘育秧、抛植的一项栽培技术，早稻秧龄在 20~25 天，晚稻秧龄在 15~20 天为宜。叶龄控制在 3.5~4.5 叶。每亩抛栽 1.5 万 ~1.8 万株（早稻 1.5 万 ~1.6 万株，晚稻 1.6 万 ~1.8 万株）。1997 年，龙州县引进塑盘育秧抛秧栽培技术。全县建立水稻抛秧栽培示范片 8 公顷（120 亩），覆盖 39 个村 45 个自然屯，产量 63.36 吨，7.92 吨 / 公顷。1998 年—2001 年，全县推广水稻抛秧栽培技术面积逐年增多。2002 年，全县水稻抛秧栽培面积 5866.67 公顷，总产量 4.72 万吨，8.05 吨 / 公顷，平均公顷增产 1.29 吨（亩增产 86.1 千克）。2003 年，全县水稻抛秧栽培面积 6473.33 公顷，总产量 4.4 万吨，6.8 吨 / 公顷。2004 年，全县水稻抛秧栽培面积 6800 公顷，总产量 4.3 万吨，6.32 吨 / 公顷，平均公顷增产 0.642 吨（亩增产 42.8 千克）。2005 年，全县水稻抛秧栽培面积 6180 公顷，总产量 3.4 万吨，5.5 吨 / 公顷，平均公顷增产 0.351 吨（亩增产 23.4 千克）。

水稻免耕抛秧

水稻免耕抛秧技术指在收获上一季作物后未经过任何翻耕犁耕的稻田，先使用除草剂灭除杂草植株和落粒谷幼苗，摧枯稻桩或绿肥作物后，灌水并施肥沤田后，将秧苗抛植到本大田而保护耕层的一项栽培技术。塑盘育秧选用 434 孔或 353 孔塑盘，配套使用壮秧剂或多效唑或旱育保姆。早稻移植秧龄 20~25 天，晚稻移植秧龄 15~20 天。2003 年，龙州县引进水稻免耕抛秧技术，建立多个示范点试验。对示范点实行良种补贴政策，进行技术指导，实地验收，面积 41.93 公顷，产量 347.21 吨，公顷产 8.28 吨（亩产 552 千克）。2005 年，全县推广水稻免耕抛秧栽培面积 2466.67 公顷，产量 5.97 万吨，公顷产 2.99 吨（亩产 533 千克）。

玉米免耕种植

玉米免耕种植技术主要是通过化学除草和免深耕技术处理，前作耕地未经翻耕犁耙，直接在旱地播种、施肥，直至玉米成熟收获。2004 年，龙州县金龙镇玉米免耕种植试验示范 72.53 公顷（1088 亩），实地验收，产量 418.88 吨，平均公顷产 5.78 吨（平均亩产 385 千克），每公顷增产 1.21 吨（每亩增产 80.6 千克），增产 26.48%。2005 年，全县推广玉米免耕栽种面积 800 公顷，产量 4296 吨，平均公顷产 5.37 吨（平均亩产 358 千克）。

农作物“三避”技术

2002 年，龙州县引进推广农作物“三避”技术（指用一定的人工简易实用设施，配套适当的技术手段，科学利用温光条件，防水灾、防病虫、防污染，确保农作物正常生长），主要在早稻育秧、香蕉和柑橘套袋、甘蔗地膜覆盖、黄瓜种植等试验示范。2005 年，全县推广农作物“三避”技术栽培早稻面积 6666.67 亩，产量 5.96 万吨，公顷产 8.94 吨（亩产 596 千克），平均公顷增产 1.32 吨（平均亩增产 88 千克）。

第二节 良种推广

1991年，龙州县水稻杂交制种面积30公顷，生产杂交水稻种子6.5万千克。玉米杂交制种面积约46.67公顷，生产玉米杂交种子12万千克。2000年，全县水稻、玉米杂交良种种植面积占总面积96.5%。2005年，全县推广优质稻4133.33公顷，玉米新品种4946.66公顷，占全县粮食种植面积54.30%。

水稻品种推广

1984年—1986年，龙州县引进推广汕优桂33、汕优桂44等优良水稻品种。1987年，龙州县引进推广博优系列杂交水稻，博优903、64、75、49、253、998、1025、3550、258等系列中晚稻优良品种。其中博优903推广种植面积达2076.54公顷，占全县水稻种植面积15%，该品种为弱感光型杂交稻组合，全生育期晚造约120天，生势壮旺，分蘖力较强，株型好，茎秆粗壮，耐肥抗倒，穗大粒多，结实率高，千粒重约23克，后期熟色好，适应性强，稻米外观品质为晚造二级，腹白少，米粒细长，饭味佳；博优253推广面积为2353.41公顷，占全县水稻种植面积17%，该品种属籼型三系杂交水稻，在华南作双晚种植全生育期平均118.5天，比对照博优903迟熟2.5天。株高118.8厘米，茎秆粗壮，繁茂性好，穗粒重较协调。每亩有效穗数17.4万穗，穗长23.9厘米，每穗总粒数140.9粒，结实率84%，千粒重23.8克。1993年，引进推广特优系列早稻品种，特优63、18、253、1012、1025、524、838、86、649、99等优良品种。其中特优63推广面积为2506.4公顷，占全县水稻种植面积18%，该品种为籼型杂交稻基本营养型中熟品种，株高106厘米左右，茎秆坚韧，叶片直立，后期茎、叶转色呈蜡黄色，叶鞘颖尖紫色，分蘖力中等偏强，亩有效穗20.5万穗，每穗粒数110粒左右，结实率90%以上。2000年，引进推广秋优、华优、冈优、金优、优Ⅱ、中优、天优、优Ⅰ等水稻种子系列，二系杂交水稻两优培九、准两优725、培杂山青等品种。其中秋优品种推广面积为2565.6公顷，占全县水稻种植面积20%，该品种是杂交晚粳新品种，具有产量高、抗性强、米质优、抗到伏、耐肥、适应性广等特点。2003年，引进推广超级稻，特优航1号、Ⅱ优航1号、富优1号、富优2号、富优4号、Ⅱ优084、丰优1号、丰优8号等品种。其中特优航1号推广面积1555.35公顷，占全县水稻种植面积15%，该品种具有高产、稳产、适应性广、米质较好等特点。2004年—2005年，引进推广杂交稻博优903、特优63、特优838、特优253、特优175等品种。2004年，推广特优838面积1839.24公顷，占当年水稻种植面积18%，该品种早造种植生育期135天，具有植株叶型紧凑、茎秆粗壮、根系发达、适应性广、抗逆性强、抽穗整齐、青枝蜡秆、熟色好、产量高等特点。

2003年4月，县农业局技术人员在下冻镇扶伦村那造屯开展超级稻高产栽培技术现场培训

1986年—2005年，龙州县引进推广杂交水稻优良品种累计种植面积197333.33公顷。

1986年—1994年，龙州县水稻平均亩产量240~280千克。1995年—2002年，龙州县水稻平均亩产量400千克。2003年—2005年，龙州县水稻平均亩产量超500千克。

玉米品种推广

1985年—1999年，龙州县引进推广桂顶1、2、3、4号，南顶1、2号等顶交优良玉米品种。南校4、7、8、鲁玉2号，烟单14号，掖单2号，桂单17、18、22号玉米优良品种。2000年，引进推广川单17号等川单系列、渝单8号等渝单系列、正大619等正大系列、迪卡007等迪卡系列玉米品种。其中推广正大619面积为1582公顷，占玉米种植面积20%，该品种春植全生育期110~114天，比农大108迟熟4~5天，果穗长锥型，籽粒金黄色，硬粒型，千粒重293~296克，出籽率79.39%~79.87%，田间表现抗大、小斑病和纹枯病，后期熟色好；推广迪卡007面积为1502.9公顷，占玉米种植面积19%，迪卡007春植生育期104~108天，比对照品种华玉8号生育期长6天左右，果穗筒型，籽粒黄色，半马齿型，穗粒重138~154克，千粒重287~311克，出籽率76.09%~81.41%，抗病性接种鉴定中抗纹枯病和小斑病，田间表现抗纹枯病和小斑病，高抗茎腐病。1986年—2005年，龙州县引进推广玉米优良品种累计种植面积136666.66公顷。1986年—1989年，龙州县玉米平均亩产150千克~200千克。1990年—2005年，全县玉米平均亩产400千克。

第三节　肥料施用

1986年—2005年，龙州县农作物种植主要施用人粪尿、牲畜家禽粪尿、草木灰、草皮灰、石灰、肥塘泥的农家肥，氮肥、钾肥、磷肥、复合肥、复混肥、生物肥、氮氨肥等两大类肥料。同时，利用冬闲田种植绿肥，增加田地肥力。同期内，全县绿肥播种面积2968.23公顷；化肥使用量1090515吨，其中氮肥448039吨，磷肥198051吨，钾肥172965吨，复合肥270220吨，其他化肥1240吨。

测土配方施肥为农民科学合理用肥、节约投入成本提供技术保障

表7-6　　1986年—2005年龙州县绿肥面积和化肥用量统计表

年度	绿肥播种面积（亩）	化肥使用量（吨）	其　中					备注
			氮肥（吨）	磷肥（吨）	钾肥（吨）	复合肥（吨）	其他（吨）	
1986	2863	10233	7523	1930	478	302	—	本表数据未包括龙北农场、先锋农场、北耀农场、试验站
1987	1168	11989	6820	3462	997	710	—	
1988	670	11286	7092	2001	1293	632	268	
1989	2130	14283	9002	2796	1508	977	—	
1990	5534	16688	10044	3499	2061	1084	—	
1991	17773	20060	13259	4815	461	1525	—	
1992	10476	22268	12903	4863	2704	1798	—	
1993	950	28516	16508	6445	3404	1187	972	
1994	—	29641	16583	6174	4053	2831	—	
1995	1104	45286	25965	7160	6518	5643	—	
1996	1200	57407	34966	9987	6034	6420	—	
1997	656	48033	21428	6948	8034	11623	—	
1998	—	71921	23327	9839	10523	28232	—	
2000	—	52464	21017	8845	7632	14970	—	
2001	—	56265	22139	8353	8999	16774	—	
2002	—	62490	21335	10270	10212	20673	—	
2003	—	68645	23093	12649	12424	20479	—	
2004	—	72642	23878	14092	13522	21150	—	
2005	—	77053	25204	15448	14815	21586	—	
合计	44524	1090515	448039	198051	172965	270220	1240	

第四节 病虫害防治

主要病虫害发生情况

1986年—2005年，龙州县常见的农作物主要病虫害有水稻三化螟、稻纵卷叶螟、稻飞虱、稻瘿蚊、黏虫、稻瘟病、稻纹枯病、稻白叶枯病、水稻细菌性斑病、玉米铁甲虫、甘蔗棉蚜虫、甘蔗螟虫及田鼠害等。其中以水稻稻飞虱、水稻三化螟、稻瘿蚊及玉米铁甲虫发生频率最高、为害最大。全县共发生粮食作物病虫害面积277733.33公顷次，造成粮食产量实际损失10957.99吨。

玉米铁甲虫 1986年，全县发生玉米铁甲虫为害3.86万亩，虫口密度平均每百株1260头，最高12600头（卵粒），玉米损失14.9吨；1987年，发生玉米铁甲虫为害4.2万亩，虫口密度平均每百株1080头，最高9600头（卵粒），玉米损失27.2吨；1988年，发生玉米铁甲虫为害4.56万亩，虫口密度平均每百株1500头，最高13200头（卵粒），叶片为害率达74%，玉米损失38.4吨；1989年，发生玉米铁甲虫为害5.17万亩，虫口密度平均每百株3500头，最高16000头（卵粒），玉米损失62.4吨；1990年，发生玉米铁甲虫为害4.6万亩，虫口密度平均每百株1600头，最高11000头（卵粒），玉米损失42吨；1991年，发生玉米铁甲虫为害7.6万亩，属特大发生年份，三级至六级占发生率的80%以上，亩有幼虫（含卵粒）60万头，玉米损失83.1吨；1992年，发生玉米铁甲虫为害4.6万亩，虫口密度平均每百株1600头，最高11000头（卵粒），玉米损失42吨；1993年，发生玉米铁甲虫为害5.5万亩，虫口密度平均每百株2500头，最高12857头（卵粒），玉米损失126吨；1995年，发生玉米铁甲虫为害4.3万亩，虫口密度平均每百株366头，最高3300头（卵粒）；1996年，发生玉米铁甲虫为害4.6万亩，玉米损失62.8吨。1998年，发生玉米铁甲虫为害4.73万亩，虫口密度平均每百株375头，最高3650头（卵粒），玉米损失31.7吨；1999年，发生玉米铁甲虫为害3.78万亩，玉米损失37.3吨；2002年，发生玉米铁甲虫为害1.86万亩，玉米损失34.1吨。2005年，发生玉米铁甲虫为害1.5万亩，玉米损失23.8吨；

稻飞虱 1989年，发生稻飞虱为害1.5万亩，损失粮食19吨；1992年，发生稻飞虱为害2.86万亩，损失粮食105吨；1994年，发生稻飞虱为害4.9万亩，灯下诱虫高峰达2125头/日，损失粮食143吨；1996年，发生稻飞虱为害5.6万亩，损失粮食286.4吨；1999年，发生稻飞虱为害3.52万亩，损失粮食50吨；2003年10月—11月，发生稻飞虱为害7.7万亩，占晚稻种植面积的66.7%，主害代第六代在北方虫源回迁叠加下，田间虫量最高类型田平均成若虫密度百丛26000头，比历年平均值多760%，损失粮食256.8吨；2005年，发生稻飞虱为害3.24万亩，主害代第三代田间虫量最高类型田平均成若虫密度百丛3021头，比历年平均值多79%，损失粮食116吨。

水稻稻纵卷叶螟 1986年，发生稻纵卷叶螟为害2.43万亩，卷叶率平均16.8%，最高61%；1989年，发生水稻稻纵卷叶螟为害1.8万亩，卷叶率平均12.4%，最高45%；1991年，水稻稻纵卷叶螟为害1.8万亩，卷叶率平均12.4%，最高45%；1993年，发生水稻稻纵卷叶螟为害6.9万亩，5月—6月成虫大量迁入，最高蛾量达24620头/亩；1997年，发生稻纵卷叶螟为害4.16万亩，卷叶率平均16.8%，高峰日田间成虫达12100头/亩；1999年，发生稻纵卷叶螟为害2.75万亩，损失粮食42.8吨；2000年，发生稻纵卷叶螟为害2.93万亩，卷叶率平均11.3%；2001年，发生稻纵卷叶螟为害1.8万亩，卷叶率平均12.4%，最高

2003年11月，龙州县遭受稻飞虱严重为害的水稻田

45%,粮食损失 212.9 吨;2004 年,发生稻纵卷叶螟为害 3.2 万亩,卷叶率平均 14.1%,最高 70%。

防治措施及效果

1986 年—2005 年,龙州县发布粮食作物病虫害情况预报 378 期 36810 份。全县发生粮食作物病虫害面积 277733.33 公顷次,造成粮食产量实际损失 10957.99 吨,实施病虫害防治面积 243546.67 公顷次;实际挽回粮食产量 67619.67 吨。

玉米铁甲虫的防治措施主要是采取培训防治骨干,指导和组织群众进行人工捕杀、统一联防喷药杀虫等方式。1986 年—2005 年,全县共发动群众进行人工防治 12.8 万亩次,捕杀铁甲虫成虫 2550 公斤,统一联防喷药杀虫 28.4 万亩次,实际挽回粮食产量 4970 吨。

稻飞虱主要采取"治上压下"的策略,农业部门指导群众选在低龄若虫高峰期喷药防治。1986 年—2005 年,全县共发生稻飞虱为害 15.6 万亩次,实施喷药防治面积 15.28 万亩次,经防治实际挽回粮食损失 1528 吨。

2004 年,农业技术人员深入田间地头指导农民科学用药防治作物病虫害

稻纵卷叶螟主要采取"农业防治为主,化学防治为铺"的防治策略,通过灌水灭蛹及清除杂草等措施减少虫源,结合喷施农药达到防治目的。1986 年—2005 年,全县共发生稻纵卷叶螟为害 28.9 万亩次,实施喷药防治面积 28.61 万亩次,经防治实际挽回粮食损失 2574.9 吨。

水稻三化螟的防治主要采取"治早治小、早防综控"的原则。抓住水稻秧苗期、螟虫产卵集中时节进行人工摘除防治,在水稻破口期开展统防统治喷药,1986 年—2005 年,全县开展防治面积 1.54 万亩次,占发生面积的 179%,确保水稻安全抽穗。挽回粮食损失 440.4 吨。

农田鼠害主要采取田间投毒方式开展防治。1988 年,利用财政资金补贴,组织全县参与统一投毒灭鼠的农户 10774 户,农田投毒面积 11280 亩,共使用敌鼠钠盐 14.6 公斤,制成毒饵 7500 公斤,灭鼠 40 万只,按每只老鼠一年消耗粮食 18 公斤计算,可挽回粮食损失 7200 吨。

植保体系建设及课题研究

1986 年—2005 年,龙州县甘蔗、花生、黄豆、柑橘、香蕉、龙眼、荔枝、黄瓜、番茄等主要经济农作物,主要有甘蔗棉蚜、蓟马、黑穗病、梢腐病、凤梨病,花生锈病、叶斑病、蚜虫、黄豆虫、豆荚螟,柑橘黄龙病、溃疡病、红蜘蛛、锈蜘蛛、潜叶蛾、香蕉束顶病、花叶心腐病、叶斑病,龙眼和荔枝蝽、鬼帚病,黄瓜霜霉病、蓟马、枯萎病、炭疽病、疫病,番茄病毒病,青菜飞蝗、夏蝗、小菜蛾、菜蚜、青虫、黄曲条跳甲等病虫害。1996 年,国家农业部、自治区农业厅投资 40 万元,建设农作物病虫测报网龙州区域站。2005 年,农业部、自治区农业厅投资《广西重大病虫害监测和预警报重点区域站升级完善项目》建设资金 10 万元,开展《龙州县广西农业鼠害区划和综合技术协作研究项目》,以《龙州县农业区划鼠害综合治理》为课题,从不同的环境生态条件,不同的鼠种,采取不同防治配套措施。课题研究结果:鼠种组成及优势区划普查为黄毛鼠 18.9%,田小鼠 5.6%,板齿鼠 11.3%,褐家鼠 32.1%,黄胸鼠 32.1%;害鼠种群密度状况调查 2~13 只 / 亩,加权平均为 6.7 只 / 亩;害鼠繁殖发育调查为母鼠每次孕仔 6~8 只;综合防治鼠害配套设施主要是充分发挥农技推广部门的技术优势,大力推进连锁、联合配送高效、低毒、持效期长的鼠药的经营和配套技术服务,采用市(区)统一鼠情监测,统一组织实施、统一灭鼠技术培训和指导、统一鼠药供应、统一配制毒饵,统一时间投饵,室内与农田同步进行的全方位集中统一灭鼠。主要做法:一是保护害鼠的天敌,严禁捕杀蛇、猫头鹰等动物。二是结合农事活动,采取积极的防鼠措施,开展春季统一灭鼠。宣传发动农民群众结合田间管理,经常修整沟渠、田坎,破坏害鼠栖息环境；铲除田边杂草和灌木丛，收割期间快收快打，颗粒归仓，减少害鼠食源。三是组织专业技术人员统一配制毒饵并统一时间进行投放。

表 7-7　　1986 年—2005 年龙州县粮食作物病虫害防治统计表

年份	发生情况		防治情况		实际挽回产量（吨）	实际损失产量（吨）	发生程度（级）	为害程度（级）	五天一报表（份）	发布病虫情报		测报平均准确率（%）	总防（%）
	发生面积（万亩次）	占种植面积(%)	防治面积（万亩次）	占发生面积（%）						期	份		
1986	27.86	60.00	20.15	72.23	3955.00	1610.35	二（五）	一（四）	/	14	840	81.40	71.00
1987	14.57	41.40	11.36	79.97	2049.80	518.55	二（四）	一（三）	55	13	780	81.00	79.00
1988	16.11	50.70	12.42	70.09	1611.67	510.87	三	一（二）	47	12	720	92.80	75.00
1989	21.89	63.80	16.36	74.74	2000.00	718.00	三（五）	一（三）	51	12	720	95.00	80.00
1990	26.86	70.40	21.13	78.67	4437.40	1338.40	三（五）	一（三）	50	17	1020	97.20	76.00
1991	15.30	40.00	13.22	86.41	4636.02	795.12	二（五）	一（三）	50	17	1020	94.20	85.00
1992	25.44	70.10	24.67	96.97	4456.10	493.23	三（四）	一（三）	50	15	1260	92.10	90.00
1993	25.49	72.00	22.52	88.35	6206.50	544.80	三（五）	一（三）	50	13	135	90.20	90.00
1994	27.99	82.30	25.02	89.39	6193.50	1069.90	三（五）	一（四）	50	15	1500	92.30	85.00
1995	16.29	47.50	14.99	92.02	3030.30	403.80	三（六）	一（三）	50	15	1650	94.10	88.00
1996	27.95	84.50	24.55	87.84	3480.90	529.08	三（五）	一（三）	50	17	1700	93.90	86.00
1997	20.85	62.4	18.25	87.53	3574.3	221.8	三（五）	一（四）	50	17	1700	94.20	94.00
1998	21.97	68.00	20.05	91.26	3782.40	149.60	四（五）	一（三）	50	15	1500	96.70	96.00
1999	18.03	61.80	14.80	82.09	2599.17	322.10	三（四）	一（二）	50	17	1700	95.00	85.00
2000	17.69	56.30	18.03	101.92	4433.90	362.30	三（四）	一（二）	50	19	1900	95.20	92.00
2001	22.38	70.30	20.39	91.11	2957.75	732.12	三（四）	一（三）	50	17	1700	94.40	80.00
2002	19.93	82.10	19.91	99.90	2555.98	155.01	二（六）	一（二）	50	17	1700	94.90	94.00
2003	16.87	75.90	16.06	95.20	1588.58	94.76	二（四）	一（二）	50	16	1280	95.60	94.00
2004	17.68	84.40	17.00	96.15	1607.74	207.53	二（六）	一（二）	50	18	1800	91.20	88.00
2005	15.45	74.10	14.44	93.46	1462.66	180.67	二（四）	一（二）	50	18	1440	93.90	85.00
合计	416.60	63.49	365.32	88.19	67619.67	10957.99	/	/	953	314	27280	92.75	85.96

第六章　农业机械

第一节　农机服务

农机服务队

1987 年，龙州县有 7 个乡镇开始组织成立农机服务队 9 个，有拖拉机 116 台。2005 年 12 月，全县 12 个乡镇有农机服务队 76 个，拥有拖拉机 1461 台，服务队性质为个体，由个体户自行组成服务队组织开展机械作业服务，机耕收费标准为100元，服务区域重点在本乡镇或跨乡镇机械作业，根据自愿互利的原则和农业生产的需要，为无农机户提供代耕服务，达到节本增效作用，提高机械化综合水平，推进全县全程机械化又好又快发展。

农机维修

1986年，全县有农机维修网点3个，维修技术人员4人。2000年，有农机服务网点37个，维修技术人员58人。2005年，有农机服务网点37个，维修技术人员58人，遍布每个乡镇村屯。通过加强全县农机维修网点建设，提高农机维修服务质量水平，对主要从事甘蔗机械耕、种、管作业服务开展维修、零配件供应等服务，为农机作业服务队和农机大户提供农机维修服务，推进了农机社会化服务的进程。

1999年4月9日，县农业机械部门在霞秀乡（今龙州镇）岭南村小湾屯召开农机下田作业现场会，组织农机服务队18台手扶拖拉机下田进行耙田示范，以加快推进全县早稻插秧进度。图为作业现场

驾驶员培训

1986年—2005年，龙州县拖拉机驾驶员培训累计4287人。其中1986年培训127人，2000年培训64人，2005年培训172人。在农机驾驶员培训中重点开展农业机械化科技实用人才培训，提高农民农业机械化理论知识和技术水平，掌握各类农机驾驶操作技能，普及农民机手使用农机化新技术及新机具，有效推进了全县农业生产机械化工作。

农机协会

2003年5月8日，龙州县农机协会成立，是农机户主、农机供应商、农机维修网点等农机工作者自愿加入的非盈利性社会组织，有会员203人。职能是开展农机学术交流，普及、推广农机新技术；开展农机服务及其技术服务和咨询；依法维护农机经营者的合法权益。至2005年，开展活动16次，参加活动的会员有78人次，受益群众5043人。

第二节 农业机械化

1986年—2005年，龙州县农业机械化装备水平不断提高，农机化新技术新机具示范及推广宣传不断加强，农机推广和应用新机具新技术得到普及，农机化工作取得新进展，全县机械化水平达到22.11%。耕作机械总数为81950台，其中大中型耕作机械5458台，小型耕作机械76492台；机引农机总数为40956台，其中大中型机械2497台，小型机械38459台；耕整机及微机9272台，机犁机耙面积101186公顷。

表7-8 **1986年—2005年龙州县农业机械化统计表**

项目 年份	耕作机械		机引农机		耕整机及微机（台）	机犁机耙面积（公顷）	机械化水平(%)
	大中型（台）	小型（台）	大中型（台）	小型（台）			
1986	207	1673	104	490	0	1053	3.94
1987	200	2206	57	344	1	1787	6.68
1988	206	2443	73	290	3	2100	7.85
1989	256	2589	82	275	10	2887	10.79
1990	256	2823	94	256	21	3093	11.56
1991	259	3348	145	314	24	7754	28.99

续表

年份＼项目	耕作机械		机引农机		耕整机及微机（台）	机犁机耙面积（公顷）	机械化水平(%)
	大中型（台）	小型（台）	大中型（台）	小型（台）			
1992	258	3493	130	331	25	5653	21.14
1993	217	3566	244	357	30	4349	16.26
1994	234	3701	109	574	92	4566	17.07
1995	257	3998	111	1237	439	4958	18.54
1996	254	4016	113	1586	592	5159	19.29
1997	270	4194	109	2266	661	5010	18.73
1998	268	4419	113	2521	715	6422	24.01
1999	269	4838	148	3335	762	6969	26.06
2000	229	4928	125	3186	785	5812	21.73
2001	338	4882	128	4179	806	6037	22.57
2002	437	4613	130	4452	1089	6109	22.84
2003	507	5922	132	3681	1068	8733	32.65
2004	293	4918	169	4028	1036	6821	25.50
2005	243	3922	181	4757	1113	5914	22.11

第七章　农场　试验站

第一节　农　场

龙北农场

1951年，广西农垦国营龙北农场（简称龙北农场）始建，称第101垦殖场。1954年，与第105垦殖场合并，称为城北垦殖场。1955年，称友谊垦殖场。1957年，改称国营龙北农场。1971年，更名为广西军区生产师第1团1营（团部驻原场部）。1974年，复称国营龙北农场，隶属广西壮族自治区农垦局。1997年改称广西国有龙北农场，2004年更名为广西农垦国有龙北农场至今，农场为县（团）级单位，驻龙州镇城北路尾的公母山分场。农场下辖大坡、新村、西南、上龙、龙北关、三块地、四块地、逐安、孔承、卡马屯、六号山、大水塘、马鞍山、平岭14个分场，分布于龙州镇、上龙乡、武德乡之中。2005年，农场土地面积3246.76公顷，占龙州县国土面积1.4%；可利用土地2956公顷，其中耕地面积434公顷；场部内设下属基层单位9个；全场总户数1589户，总人口4782人，从业人员2419人，其中在职职工1641人，退休人员930人。办公地址在龙州镇连城南路153号。

2003年6月5日，县委书记苏志球率县四家班子领导到龙北农场就农场土地开发问题进行调研

1986年—2005年历任场长:李家昌(1986.1—1986.12),禤堪彬(1986.12—1990.2),梁栋光(1990.3—1994.2),李海荣(1990.2—2001.7),杨忠澄(2001.7—2002.8),何江伦(2002.9—2005.12)。党委书记:何正礼(1986.1—1996.3),何庆光(1996.9—2001.7),邹永荣(2001.8—2003.4),覃国平(2003.4—2005.12)。

1986年—2005年,龙北农场实行以茶、麻、果等为支柱产业的农业经营方针,取得较好的经济效益。

1985年,茶叶扩种面积达282公顷(4231亩),投产面积3356亩,生产茶青产量2092吨,干毛茶产量409.5吨,产值213.66万元。1989年扩种面积达6025亩,投产面积275.7公顷(4136亩),生产茶青产量4443.4吨,干毛茶产量882吨,产值666.45万元。2005年,生产茶青产量3500吨,产值525万元。

1987年,剑麻扩种面积达249公顷(3736亩),投产面积227.7公顷(3416亩),生产麻片产量622吨,纤维产量311吨,产值21.77万元。1989年扩种面积达304.4公顷(4566亩),投产面积达229公顷(3435亩),生产麻片产量559吨,纤维产量279吨,产值19.57万元。2005年,生产麻片产量650吨,纤维产量325吨,产值22.75万元。

农场曾经种植沙田柚、菠萝、杧果、荔枝、龙眼、木菠萝等水果,但均不能成为主业。1984年,水果扩种面积达680亩,投产面积17.3公顷(260亩),生产水果249.7吨,产值16.73万元。1989年扩种面积达149.9公顷(2249亩),投产面积75.9公顷(1138亩),生产水果1169吨,产值280.56万元。2005年,生产水果440吨,产值105.60万元。

表7-9　　**1986年—2005年龙北农场农业总产值统计表**

年份	农业总产值(万元)	茶青		剑麻		水果		甘蔗		木材	
		产量(吨)	产值(万元)	产量(吨)	产值(万元)	产量(吨)	产值(万元)	产量(吨)	产值(万元)	产量(立方米)	产值(万元)
1986	1237.23	2971	445.65	657	22.99	416	99.84	6202	310.10	797	358.65
1987	1258.29	3663	549.45	622	21.77	373	89.52	3932	196.60	891	400.95
1988	1155.68	3760	564.00	662	23.17	419	100.56	2717	135.85	738	332.10
1989	1402.68	4443	666.45	559	19.57	1169	280.56	3232	161.60	610	274.50
1990	1521.60	4741	711.15	558	19.53	1398	335.52	4743	237.15	485	218.25
1991	1768.32	4404	660.60	790	27.65	1938	465.12	6899	344.95	600	270.00
1992	1814.48	4864	729.60	1075	37.63	1965	471.60	5930	296.50	627	282.15
1993	2484.77	5597	839.55	1200	42.00	3913	939.12	5407	270.35	875	393.75
1994	2508.89	4806	720.90	1410	49.35	4446	1067.04	6232	311.60	800	360.00
1995	2369.94	4682	702.30	1400	49.00	3541	849.84	6286	314.30	1010	454.50
1996	2290.39	4489	673.35	1655	57.93	3764	903.36	5321	266.05	866	389.70
1997	2159.25	5430	814.50	1750	61.25	3210	770.40	2405	120.25	873	398.85
1998	2033.65	4784	717.60	1500	52.50	2650	636.00	5297	264.85	806	362.70
1999	1662.95	3588	538.20	1257	43.99	2064	495.36	6200	310.00	612	275.40
2000	1362.39	3893	583.95	1021	35.74	1355	325.20	8350	417.50	/	/
2001	816.84	4211	631.65	1019	35.67	363	87.12	1248	62.40	/	/
2002	1527.94	3700	555.00	600	21.00	581	139.44	16250	812.50	/	/
2003	1488.60	3300	495.00	600	21.00	240	57.60	18300	915.00	/	/
2004	2027.35	3000	450.00	700	24.50	240	57.60	25000	1250.00	545	245.25
2005	653.35	3500	525.00	650	22.75	440	105.60	/	/	/	/
合计	33547.59	83826	12573.90	19685	688.99	34485	8276.4	139951	6997.55	11135	5010.75

先锋农场

1952年2月，广西农垦国营先锋农场（简称先锋农场） 成立，称丽江垦殖所第2垦殖场。同年9月，改称丽江垦殖所第102垦殖场。1954年，改为龙津县霞秀第2垦殖场。1955年，称国营先锋垦殖场。1957年，改称国营先锋农场。1971年，更名为广西军区生产师第1团第2营。1974年，复称国营先锋农场，隶属广西区农垦局。1997年，改称广西国有先锋农场。2004年更名为广西农垦国有先锋农场至今。农场为县（团）级单位，场部位于龙州镇（原霞秀乡）新民村的龙凭公路两旁，距龙州县城6千米、凭祥市治凭祥镇30千米。下辖先锋（场部）、叫及、布银、弄止、勋阵、大青山、峒坦、驮奔、板否、五里桥、三联11个分场，分布于龙州县龙州镇（原霞秀乡）、上降乡、彬桥乡和凭祥市友谊镇等行政区中。2005年12月，农场土地面积5753公顷，占龙州县国土面积2.48%；可利用土地4242公顷，其中耕地面积1330多公顷；场部内设下属基层单位9个；全场总人口3000多人，从业人员1469人，其中在职职工563人（含管理人员45人），临时职工906人，离退休人员628人。办公地址不变。

1997年6月，美国客商到先锋农场麻绳厂洽谈生意

1986年—2005年历任场长：薛仁义（1986.1—1990.12），张桂龙（1991.8—2000.8），梁咏成（2000.8—2002.1），唐杰（2002.1—2003.1），卢建忠（2003.1—2005.12）。

1986年，先锋农场茶叶种植面积209.47公顷，投产面积193.2公顷，茶青产量2433吨，产值364.95万元。1990年，全场茶叶种植面积275.47公顷，投产面积209.2公顷，茶青产量3314吨，产值497.10万元。1995年，全场茶叶种植面积279公顷，投产面积277.67公顷，茶青产量2788吨，产值418.20万元。2000年，全场茶叶种植面积268.6公顷，投产面积224.87公顷，茶青产量1818吨，产值272.70万元。2005年，全场茶叶种植面积270公顷，投产面积165.07公顷，茶青产量1527吨，产值229.05万元。

1986年，先锋农场剑麻种植面积195.13公顷，投产面积195.13公顷，剑麻片产量19024.85吨，产值665.87万元。1990年，全场剑麻种植面积208.31公顷，投产面积195.13公顷，剑麻片产量19024.84吨，产值665.87万元。1995年，全场剑麻种植面积203.67公顷，投产面积203.67公顷，剑麻片产量19857.5吨，产值695.01万元。2000年，全场剑麻种植面积158公顷，投产面积93.67公顷，剑麻片产量9132.5吨，产值319.64万元。2005年，全场剑麻种植面积143.33公顷，投产面积117.33公顷，剑麻片产量11440吨，产值400.40万元。

1986年，先锋农场发展柑橙、龙眼、山黄皮等水果，种植面积40.13公顷。1989年起，先锋农场水果逐年获得收成，产量连年提高。1999年，遭受50年一遇的霜冻灾害，先锋农场水果大面积失收，产量减少32.55%。2000年10月，先锋农场建立200公顷早柑种植示范基地。

1986年，先锋农场森林面积917.53公顷，木材面积917.53公顷，木材产量298立方米，木材年产值134.10万元。1990年，全场森林面积1804.53公顷，木材面积1804.53公顷，木材年产量940立方米，木材年产值423.00万元。1994年，农场利用山地资源，大面积灭荒造林，造林面积155.67公顷；全场森林面积2862.87公顷，木材面积2396.2公顷，木材年产量783立方米，木材年产值352.35万元。2000年，全场森林面积2790.73公顷，木材面积2204.6公顷，因当年没有砍伐木材，故木材年产量和年产值均为零。2005年，全场森林面积2823.67公顷，木材面积1779.13公顷，木材年产量1800立方米，木材年产值810万元。

1986年，先锋农场畜牧水产公司成立，是集产、供、销一条龙的经济实体。1986年—2005年，先锋农场生猪存栏累计11823头，生猪出栏累计12310头，产值累计1390.56万元。

表 7-10 1986年—2005年先锋农场农业总产值统计表

年份	农业总产值（万元）	茶青		剑麻		水果		木材		生猪	
		产值（万元）	产量（吨）	产值（万元）	产量（吨）	产值（万元）	产量（吨）	产值（万元）	产量（立方米）	产值（万元）	产值（头）
1986	1300.11	2433	364.95	19024.85	665.87	—	—	298	134.10	1229	135.19
1987	1201.46	2353	352.95	18397.03	643.90	—	—	331	148.95	506	55.66
1988	1828.38	2270	340.50	17753.13	621.36	—	—	1897	853.65	117	12.87
1989	2076.85	3261	489.15	25564.51	894.76	253	60.72	1182	531.90	912	100.38
1990	1811.54	3314	497.10	19024.85	665.87	350	84.00	940	423.00	1287	141.57
1991	1446.54	2047	307.05	11757.36	411.51	687	164.88	958	431.10	1200	132.00
1992	1808.96	2170	325.50	12462.81	436.20	1048	251.52	1474	663.30	1204	132.44
1993	1956.17	3087	463.05	17697.19	619.40	1788	429.12	669	301.05	1305	143.55
1994	1457.32	2156	323.40	12352.64	432.34	1088	261.12	783	352.35	801	88.11
1995	1729.60	2788	418.20	19857.5	695.01	1458	349.92	577	259.65	62	6.82
1996	1290.29	2193	328.95	15846.29	554.62	894	214.56	417	187.65	41	4.51
1997	1449.44	2655	398.25	19490.37	682.16	1493	358.38	11	4.95	48	5.76
1998	1161.24	2002	300.30	14695.74	514.35	1278	306.72	75	33.75	51	6.12
1999	1113.00	1620	243.00	11888.54	516.10	862	206.88	530	238.50	71	8.52
2000	112.66	1818	272.70	9132.50	319.64	2106	505.44	—	—	124	14.88
2001	1770.46	2137	320.55	10730.69	375.57	2904	696.96	800	360.00	145	17.40
2002	1576.53	1572	235.80	7897.80	276.42	2549	611.76	967	435.15	145	17.40
2003	1486.65	1578	236.70	7907.10	276.75	2089	501.36	1000	450.00	182	21.84
2004	3210.87	1354	203.10	6784.29	237.45	2043	490.32	5000	2250.00	250	30.00
2005	1906.01	1527	229.05	11440	400.40	1864	447.36	1800	810.00	160	19.20
合计	32694.1	44335	6650.65	289705.19	10139.68	24754	5940.96	18969	8869.05	9840	1094.16

北耀农场

1953 年，广西农垦国营北耀农场（简称北耀农场）始建，称丽江垦殖所 104 垦殖场。1954 年 4 月，改称龙津县下冻垦殖场。1955 年 8 月，改名为北耀垦殖场；1957 年 3 月改为国营北耀农场。1970 年 10 月，改名为广西军区生产师一团三营；1974 年，复名国营北耀农场，隶属于广西农垦局领导。1997 年改称广西国有北耀农场，2004 年 5 月改称广西农垦国有北耀农场至今。农场为县（团）级单位，场部驻龙州县下冻镇水口河北岸，下辖昆伦、板诺、安马、弄亮、叫堪、谷界、古龙、南强、龙头、达康、更宜、下灶 12 个分场，分布于下冻、水口、彬桥 3 个乡镇中。全场土地总面积 3866.67 公顷，占龙州县国土面积 1.67%；宜林地面积 2000 公顷。2005 年 12 月，全场总人口 5826 人，其中在职职工 785 人，离退休职工 1025 人。办公地址不变。

1986 年—2005 年历任场长：罗修源（1984.7—1986.7），卢君兰（1986.7—1990.2），李海荣（1990.2—1994.2），莫清伟（1994.2—2001.1），段喜森（2001.1—2002.1），唐杰（2002.1—2003.1），段喜彬（2003.1—2005.12）。党委书记：王嵩（1986.7—1990.2），卢君兰（1990.2—1994.2），钟鑑浩（1994.2—2001.1），莫清伟（2001.1—2003.6），段喜彬（2004.2—2005.12）。

1986 年，北耀农场稻谷、玉米、高粱等作物种植面积 228.7 公顷（3430 亩），产量 620 吨。1990 年，气候持续干旱，造成农作物大部分旱灾，大幅度减产，播种农作物粮食作物面积 152.8 公顷（2293 亩），产量 415 吨。

1998 年，播种农作物粮食作物面积 199.3 公顷(2989 亩)，产量 738 吨。2005 年，播种农作物粮食作物面积 144 公顷(2160 亩)，产量 661 吨。

1986 年，北耀农场原料蔗、木薯、西瓜、香蕉等作物种植面积 76.7 公顷(1150 亩)，总产量 2683 吨。其中，原料蔗面积 63.3 公顷(950 亩)，总产量 2660 吨，亩产 2.8 吨。2005 年，经济作物种植面积 392 公顷(5880 亩)，总产量 30850 吨，其中，原料蔗面积 333.3 公顷(5000 亩)，总产量 3 万吨，亩产 6 吨。

1986 年，北耀农场茶叶种植面积 347.8 公顷(5218 亩)，投产面积 297.8 公顷(4468 亩)，茶青总产量 2916 吨。1987 年农场对茶叶加工厂进行扩建和技术改造后，对红茶、绿茶的生产总值不断提高。1990 年，全场种植面积 320 公顷(4800 亩)，投产面积 307 公顷(4605 亩)，茶青总产量 4102 吨；1998 年，全场种植面积 320 公顷(4800 亩)，投产面积 241.13 公顷(3617 亩)，茶青总产量 3010 吨。2005 年，农场将茶叶岗位作价给职工承包经营，茶叶种植面积 151.8 公顷(2277 亩)，干毛茶总产量 461 吨。

1986 年—1995 年，北耀农场种植水果面积共 251.3 公顷(3770 亩)，总产达 966 吨。1995 年开始，对农场经营的柑橘、龙眼、杧果等水果，实行经营权内部有偿转让或租赁的方式由职工承包经营。2005 年，全场种植水果面积共 283.6 公顷(4254 亩)，总产量 1740 吨。

1990 年，全场有林木用地 4326.7 公顷(64900 亩)。森林面积达 420.4 公顷(6306 亩)，其中人工造林面积 411 公顷(6166 亩)，木材产量 180 立方米，木材产值 11 万元。1998 年，森林面积达 1837.3 公顷(27559 亩)，其中人工造林面积 1709.5 公顷(25642 亩)，木材产量 661 立方米，木材产值 58 万元。1999 年起，农场将宜林地实行招商引资向外出租经营。2005 年，森林面积达 2344.5 公顷(35168 亩)，其中人工造林面积 1511.6 公顷(22674 亩)，木材产值 250 万元。

1991 年，全场生猪存栏 2552 头，生猪出栏累计 2610 头，产值 242 万元。2003 年起，养猪场实行租赁承包经营。2005 年，生猪存栏 2784 头，生猪出栏累计 2944 头，产值 508 万元。

表 7-11

1986 年—2005 年北耀农场农业总产值统计表

年份	农业总产值（万元）	粮食作物		经济作物		茶青		水果		木材		养殖	
		产量（吨）	产值（万元）	产量（吨）	产值（万元）	产量（吨）	产值（万元）	产量（吨）	产值（万元）	产量（立方米）	产值（万元）	产量（头）	产值（万元）
1986	296	620	80	2683	51	2916	437	209	50	353	28	1173	30
1987	374	520	67	2083	40	3421	513	333	80	412	13	1221	40
1988	511	433	56	762	14	3425	514	273	66	528	30	2190	139
1989	475	347	45	541	10	3906	586	800	192	141	5	2132	127
1990	544	415	54	778	15	4102	615	966	232	180	11	2000	94
1991	950	288	37	2168	41	3404	511	1844	443	369	10	2552	242
1992	1062	—	—	4029	77	3757	564	1784	428	813	30	1200	242
1993	1555	—	—	2730	52	4157	624	4380	1051	654	30	1553	270
1994	1494	42	5	2100	40	3675	551	3653	877	834	58	645	196
1995	1485	95	12	1052	20	3367	505	3156	757	1211	82	483	214
1996	1532	362	47	1052	20	3199	480	2857	686	938	69	930	244
1997	1389	250	32	609	12	3532	530	2101	504	768	54	1339	356
1998	1280	738	95	4298	82	3010	452	966	232	661	58	2200	310
1999	1060	132	17	6790	129	1992	299	1056	253	638	56	1884	346
2000	983	145	15	6475	124	1895	246	929	186	740	27	706	325

续表

年份	农业总产值（万元）	粮食作物		经济作物		茶青		水果		木材		养殖	
		产量（吨）	产值（万元）	产量（吨）	产值（万元）	产量（吨）	产值（万元）	产量（吨）	产值（万元）	产量（立方米）	产值（万元）	产量（头）	产值（万元）
2001	972	719	72	3043	77	2156	317	2683	471	118	6	2397	136
2002	1007	661	66	6020	152	—	—	298	72	100	5	1097	62
2003	1642	503	50	—	—	2038	306	2764	663	—	—	373	21
2004	1552	193	19	20000	500	—	—	2611	627	—	—	1786	101
2005	2583	280	28	30000	750	—	—	1740	418	—	250	539	31

注：粮食作物指稻谷、玉米、高粱、小麦等品种；经济作物指甘蔗、花生、黄豆、木薯等品种；水果指柑橘、龙眼、杧果、荔枝、木瓜、西瓜等品种；木材指杉木、松木、速生桉、竹子等品种；养殖指猪、牛、羊、鸡、鸭、鱼等畜禽水产品

第二节 试验站

广西亚热带作物研究所试验站（简称试验站）前身为广西亚热带作物科学研究所，1958年在原华南热带作物研究所广西试验站（地址在南宁市邕武路10千米处）的基础上成立。1960年，广西亚热带作物研究所所址由南宁迁至龙州县彬桥公社（今彬桥乡），东接红岭大队（今红岭村），南接清明大队（今清明村），西连念渎大队（今念渎村），北靠岜苗大队（今岜苗村），距龙州县城9千米。1970年广西军区生产师成立时，改为广西军区生产师一团研究所。1974年生产师撤销后，改名广西橡胶研究所。1982年，广西农垦局将原设于北耀农场的广西农垦茶叶研究所并入，实行两个所名、一套人马的建制。1994年，广西农垦局将广西橡胶研究所和广西亚热带作物研究所（南宁）合并，原橡胶研究所改称广西亚热带作物研究所试验站，继续保留广西农垦茶叶研究所牌子至今。合并后试验站人、财、物仍然独立营运。继续由自治区农垦局和自治区科技厅共同管辖，内部人员编制科研部分为事业编制，生产部分为企业编制。事业编制单位的经费为广西财政厅全额拨款；企业编制单位的经费为独立核算，自负盈亏。2005年12月，试验站土地面积780公顷，其中耕地面积420公顷。全站人口1700人，职工428人，其中事业编制265人，企业编制250人。

2000年7月，南宁地委书记罗殿龙到试验站考察苦丁茶发展情况

2005年，试验站生产的鸿渐牌系列金萱乌龙茶

1986年—2005年历任站长（所长）：匡代选（1984.9—1994.12），曾维汉（1995.1—1996.1），莫泰义（1996.1—2002.1），蓝庆江（2002.1—2005.12）。

试验站主要从事橡胶、茶叶、甘蔗、澳洲坚果等亚热带作物研究、引种试种和种植，以及茶叶

加工和经营等活动。1987 年，从中国热带农科院南亚热带作物研究所引种试种澳洲坚果，品种有 H2、246、741、800、344、788、660、294、O.C 以及 8#、11# 和 H2# 自然杂交实生苗等。1993 年，引种的品种中有部分植株开花结果。1995 年，所有植株全部开花结果，科技人员发现 8# 群体中有 1 株果穗多、挂果呈串、果粒排列紧密、大小均匀，显得很突出，当年该株收果时测定产量为 7.71kg，1996 年再测定产量为 8.5kg。科技人员取其枝条进行嫁接繁育布置品比试验，经综合评估初步确定为优良单株，并定名为"桂热 1 号"，该品种具有早结、丰产、稳产，果实大小均匀，结果成串，易于采收等特点。2005 年，澳洲坚果"桂热 1 号"获得广西农作物品种登记。

2001 年始，引种试种乌龙茶优良茶树品种。2003 年，旗下名优茶厂成功研制出广西第一个乌龙茶产品，填补广西制茶史上生产不了乌龙茶的空白。

表 7-12　**1986 年—2005 年试验站农业总产值统计表**

项目 / 年份	农业总产值(万元)			茶青			甘蔗		
	面积（公顷）	产量（吨）	产值（万元）	面积（公顷）	产量（吨）	产值（万元）	面积（公顷）	产量（吨）	产值（万元）
1986	312	3100	110	57.6	838.1	14.9	23.33	1480	14
1987	328.7	3860	163	86.7	1100.9	22.4	43.3	3300	29.6
1988	397.3	4173	246	106.54	1301.3	161.8	26.7	1600	20
1989	406.7	5732	300	102.9	1621.4	191.5	24	1500	15
1990	398.7	5843	276	103.1	1591.5	180.6	46.7	3500	32
1991	386.4	6795	260	100	1500	178	57.3	3756	35
1992	387.3	6879	259	103.1	1449.2	179.5	66.7	4000	42
1993	375.3	8653	342	102.9	300.6	355.1	50	3140	30
1994	397.5	9463	360	103	341.3	360.4	55.3	3986	40
1995	352.6	5840	176	102.4	433.8	94.7	67.3	4500	50.1
1996	340.6	6153	186	102.1	130.8	83.7	67.6	4590	52
1997	338.4	8943	279	108	158.99	90.8	94.1	6619	145.6
1998	353.3	9189	317.36	106.1	1183.3	243	66.8	4267	101
1999	339.3	9056	281.9	100	943.2	233	52.6	2900	52
2000	352.4	9986	312.3	106.7	991	78.26	66	5000	38.6
2001	333.7	11000	264.54	106.7	1137.9	110.4	100	7500	44.57
2002	379.1	15630	363.7	106.3	1040	103.5	106.7	8100	51.5
2003	341.7	17530	352	106.7	1078.6	109	129.1	9200	187
2004	373.5	24589	478	100	803.7	89	129.1	10420	187
2005	413.3	35964	671	105.1	989	92	146.1	14051	393
合计	7307.8	208378	5997.8	2015.9	18934.59	2971.56	1418.7	96409	1535.97

第八篇

林　　业

龙州县位于北回归线南缘，植被区划分上属北热带季雨林区，但气候属北热带季风向南亚热带季风过渡区，气候特点是光热充足、雨量充沛，为物种的生存和生长提供优良的条件，仅弄岗自然保护区就发现有野生维管束植物 175 科 753 属 1639 种，占全区的 19.14%。其中蕨类植物有 29 科 49 属 146 种，裸子植物 4 科 5 属 8 种，被子植物 142 科 699 属 1485 种。属国家 I 级保护的有石山苏铁、叉叶苏铁、望天树；属国家 II 级保护的有蚬木、桫椤、东京桐、海南风吹楠等 13 种。

1980 年—1987 年，全县共造林 0.91 万公顷，占解放后造林总面积 45.31%。1987 年，全县实行“基地合同造林”，群众造林积极性高涨，同时提高造林质量，造林成活率较高。1987 年—1989 年全县造林面积达到 4466.7 公顷，经自治区林业专家对全区造林绿化交叉检查评比，龙州县获自治区三等奖。1990 年，开展造林灭荒工作。1990 年—1993 年，全县造林 9884.6 公顷，实现造林灭荒达标。1996 年，全县森林覆盖率达到 42.2%（含灌木林）。1997 年，自治区认定龙州县为绿化达标县。

21 世纪初，全县开展森林分类经营区划界定。2002 年，开展森林生态效益补助资金试点，补助公益林面积 14433.3 公顷。2005 年，实施中央森林生态效益补偿资金制度，获得补偿的国家重点公益林区面积 29100 公顷，形成以国家重点公益林为主的森林保护和管理体系。实施石漠化治理、封山育林、退耕还林等一系列工程项目，初步建立起以生态效益为主要经营目的公益林建设体系。森林面积大幅增加，全县森林覆盖率由 1999 年的 47.8%，增至 2005 年的 51.1%。

第一章 管 理

第一节 机 构

龙州县林业局

1986 年，龙州县林业局下设办公室、财务室、林政站、技术指导站、种苗站、森林保护站、农村能源站、森林防火办、森林公安股 9 个部门，有人员编制 32 名，实有 32 人，办公地址在龙州镇城北路 36 号。2002 年，增设退耕还林工作领导小组办公室 1 个临时部门。2003 年，增设山林纠纷调处办公室 1 个临时部门。1999 年，成立森林公安大队，2003 年更名森林公安分局，归龙州县林业局和龙州县公安局双重管理。下属二层机构有响水木材检查站、龙州县苗圃、龙州县木材公司、龙州县八角林场、龙州县蚬木林场、春秀自然保护区 6 个单位。2005 年 12 月，龙州县林业局下设办公室、综合股、林政站、技术指导站、种苗站、森林病虫害防治站、农村能源站、森林防火办、森林公安分局 9 个部门，有人员编制 71 名，实有 71 人，办公地址在龙州镇城北路 36 号。

1986 年—2005 年历任局长：刘钟扬(1986.1—1990.10)，黄青山(1990.10—1993.12)，刘钟扬(1993.12—1994.7)，吴干天(1994.7—1999.2)，蒙渊君(1999.2—2004.4)，黄土桂(2004.4—2005.12)。党组书记(非局长兼任)：李向荣(2002.8—2003.2)、吴旭新(2003.2—2005.12)。

乡镇林业站

1990 年，全县 13 个乡镇林业工作站成立，每个站人员编制 2 名。2005 年 8 月，全县 12 个乡镇(霞秀乡合并到龙州镇)林业站工作人员 28 人，其中在编人员 15 人，聘任人员 13 人。2007 年 9 月，乡镇机构改革，龙州镇林业站定编 2 个，其余 11 个乡镇林业站定编各 1 人，分别并入乡镇农业服务中心，归乡镇政府管理。

第二节 山林权属

1981 年—1983 年开展林业“三定”工作(全县基本每个村屯划定自留山,但只划定适宜种树的部分集体林地)后,至 1990 年,龙州县人民政府签发广西弄岗国家级自然保护区、龙北农场、北耀农场、先锋农场、岘木林场、八角林场等国有农林单位山林权属证书,签发林权证的山林面积共 24043 公顷。

第三节 林政管理

1986 年—2005 年,龙州县对林地进行权属登记和变化监测,对占用征用林地执行审核审批,对林木的采伐利用进行审批管理。

林地管理

2001 年 1 月 4 日,国家林业局发布《占用征用林地审核审批管理办法》后,县林业部门加强对占用征用林地的审核审批管理。2001 年—2005 年,龙州县沿边三级公路征用林地 118.33 公顷;龙州至夏石二级公路征用林地 25.88 公顷;龙州至水口二级公路征用林地 2.23 公顷。三条公路征用林地 146.44 公顷,全部按规定程序审核上报,并获得上级林业主管部门批准。

山林权证签发

林业“三定”后,仅于 1990 年核发国有林业单位签发山林权属证书,由林政站审核后报县人民政府签发。其中广西弄岗国家级自然保护区山林面积 7997.93 公顷,龙北农场山林面积 2902.67 公顷,北耀农场山林面积 6015 公顷,先锋农场山林面积 3343.4 公顷,岘木林场山林面积 3524 公顷,八角林场山林面积 260 公顷。

林木采伐

经国务院批准,1987 年 9 月 10 日林业部发布《森林采伐更新管理办法》后,县林业部门加强林木采伐审批管理。龙州县林证站执行“以营林为基础,普遍护林,大力造林,采育结合,永续利用”的林业建设方针,实行先签发“采伐证”,后采伐林木的办法。其间,县采伐林木指标 50.30 万立方米,实际采伐林木 31.50 立方米,年均采伐 1.58 万立方米。

第二章 林地与森林资源

森林资源规划设计调查(又称二类调查)是查清全县森林资源家底的主要工作手段,每隔 10 年开展一次。龙州县开展森林资源规划设计调查的最近年份是 1990 年和 1999 年。

第一节 林地资源

二类调查结果显示,龙州县 1990 年林地面积 79924.7 公顷,占全县国土面积的 39.82%(不含区直农、林场及弄岗保护区);1999 年林地面积 99172.4 公顷,占全县国土面积的 48.54%(不含区直农、林场及弄岗保护区)。

第二节 森林资源

1990 年,全县森林面积 17135.7 公顷,占林地面积的 21.44%;灌木林地面积 50800 公顷,占 63.56%;疏林面积 993.1 公顷，占 1.24%；无立木林地 10601.4 公顷，占 13.26%；苗圃地面积 44.7 公顷，占 0.06%。森林覆盖率 33.8%。全县活立木蓄积量 50.90 万立方米（不含区直农、林场及弄岗保护区）。

1999 年，全县森林面积 25848.9 公顷，占林地面积的 26.06%；灌木林地面积 71824 公顷，占 72.42%；疏林面积 20 公顷，占 0.02%；无立木林地 1474.1 公顷，占 1.49%；苗圃地面积 5.2 公顷，占 0.01%。森林覆盖率 47.8%。全县活立木蓄积量 71.33 万立方米（不含区直农、林场及弄岗保护区）。

第三章　育林造林

第一节　采种育苗

龙州县林木生产的种子采集以杉木、松树、八角、玉桂为主。1986 年—2005 年，龙州县林木种苗站在广西区内采集树种 0.5 万千克，其中松子 0.1 万千克，其余树种 0.4 万千克，委托龙州县苗圃和 5 户个体育苗户繁育苗木。育苗面积共 50 公顷，年均产苗约 5000 万株，可种植 3333.33 公顷。苗木主要用于全县年度植树造林。

第二节　封山育林

龙州县林区石山约占 70%，石山林木被大量砍伐之后很难进行人工种植恢复，需要进行封山育林。1986 年—2005 年，龙州县通过实施绿化工程、石漠化治理工程、退耕还林工程等，累计配套封山育林 6.23 万公顷，其中 1986 年—1996 年封山育林 3.72 万公顷，1997 年—2005 年封山育林 2.51 公顷。由县林业局与相关村屯签订封山育林协议书，发布封山育林公约，聘请当地村民为护林员进行巡护；相关村屯配合制定封山育林村规民约，对村民涉林行为进行约束。封育年限一般定位为 5 年，封育期间，禁止砍伐、放牧、垦荒等一切不利于林木繁育生长的人为活动。调查显示，龙州县森林覆盖率由 1990 年的 33.85% 增加至 1999 年的 47.80%。经过封山育林，大部分石山裸岩成为林地。

第三节　荒山造林

1987 年，龙州县宜林荒山 1.72 万公顷。全县贯彻自治区党委、政府关于“15 年基本绿化广西的决定”精神，实行“基地合同造林”（是指在全县范围内凡有连片 0.3 公顷以上的宜林荒山，村屯群众有 50% 农户愿意在三年内全部造林绿化，但因经济困难购买不了苗木的，可与县林业局签订“基地合同”，林业局每年预先购苗供应造林，林木谁种谁有 30 年不变，苗木费待林木长大成材或有果收入再扣还）。1987 年—1989 年，全县造林 0.45 万公顷。1990 年，县政府和各乡镇签订《领导任期造林绿化目标责任状》，开展“造林灭荒”，1990 年—1993 年全县完成荒山造林 0.99 万公顷，实现灭荒达标。1994 年—1997 年完成荒山造林 0.32 万公顷，林地绿化率 98.9%，实现造林绿化达标。

第四节　退耕还林

2002 年，龙州县启动退耕还林工程。退耕还林政策措施是“退耕还林、封山绿化、以粮代赈、个体承包”，国家无偿向退耕农户提供粮食、生活费补助。粮食和生活费补助标准为：长江流域及南方地区每公顷退耕地每年补助粮食（原粮）300 斤，每亩退耕地每年补助现金 20 元。经济林补助 5 年，生态林补助暂按 8 年计算。

种苗费每亩一次性补助 50 元。

2002 年—2003 年，县退耕办、粮食局累计发放给退耕农户粮食补助 450 万公斤，现金补助 60 万元。从 2004 年起，原则上将向退耕户补助的粮食改为现金补助，中央按每公斤粮食（原粮）1.40 元计算，包干给各省（区、市），具体补助标准和兑现办法，由省（区、市）政府根据当地实际情况确定。按照全自治区统一办法，粮食补助和现金补助按国家标准兑现给退耕农户，造林所需种苗由县退耕办统一采购并调配给退耕农户种植。2005 年发放给退耕农户粮食补助 420 万元，现金补助 40 万元。

2002 年—2005 年，全县实施退耕还林工程面积 3666.67 公顷，其中退耕地造林 1666.67 公顷，配套荒山造林 1333.33 公顷，配套封山育林 1333.33 公顷。主要造林树种有八角、玉桂、任豆、杉木、马尾松、尾巨桉、山黄皮、柿子、苦丁茶、相思等。

第五节 绿化造林

1998 年—2000 年实施通道绿化工程，全县完成人工造林 0.07 万公顷；2001 年开展石漠化治理试点，全县完成人工造林 0.03 万公顷，封山育林 1.6 万公顷。2002 年—2005 年，全县公路两旁绿化种树 152.88 千米，绿化率 97.34%；河流两岸绿化植树 145.75 千米，绿化率 98.04%；村镇四周绿化造林 0.06 万公顷，绿化率 99%。其中种植凤凰树 2000 株，木棉树 11.23 万株，竹子 22.2 万株，三角梅 3.5 万株。

1999 年 3 月 12 日，龙州县直属机关干部职工、驻军部队官兵 2500 多人到上金乡新旺村公路两旁的 13 个山头开展植树造林绿化活动，在 1500 亩荒山上挖坑种树。图为植树现场

第四章 特色经济树种——八角

第一节 八角栽培及开发利用历史

史料记载

龙州县是广西八角原产地之一。《八角在我国的分布》（中国八角网 2003—2004）记载：“八角，原野生在广西南部的宁明、龙州、那坡和越南东北角狭长地带的北热带季雨常绿阔叶林中。据考证，最早对八角进行采集、栽培和利用的是广西宁明、龙州等县人民……公元 1279 年（元朝）前后，八角首先由广西引入云南省富宁县种植，随后发展到广南、麻栗坡、文山、墨江、玉溪等云南省其他各县。广东、福建的南部，在解放前亦有零星引种”。随后逐步引种到全国各地。

由此可知，龙州县八角由单纯野生转变到人工栽培的时期应该在 1279 年以前，距今大约有 700 多年到 800 年的历史。

栽培历史

龙州县开始人工栽植八角在元朝前后，但那时只是零星栽植。直到距今有 400 多年历史的明朝中后期才形成规模。《龙州县志》（1993 年出版）记载：龙州最南端的一个乡，因盛产八角，在民国 22 年被命名为八角乡。据统计，到 1949 年止，全县八角栽植面积已达 2206.5 公顷。其中 96% 的八角林就分布在八角乡、上降乡和彬桥乡。

解放后，国家开始重视林业，一再调整林产品收购价格，鼓励农民在抓紧粮食生产的同时，积极利用山地资源发展林业经济，彬桥乡、下冻镇、上金乡以及县内区直农林场也开始较大规模栽植八角。十一届三中全会后，随着林业体制的改革，林业“三定”工作的开展和森林法的颁布实施，群众种植八角的劲头足，涌现出一批造林大户。其中八角乡陇均村陇均屯邬世明一家是著名的八角大户，该户从 1982 年开始，连续 8 年绿化荒山，其中种下八角 26.67 公顷（400 亩）以上，年收入超万元，1987 年被国家授予“全国绿化造林劳动模范”光荣称号。在他的带动下，全屯积极种植八角，到 20 世纪末，全屯 90% 以上的农户都盖上了“八角楼”。

“山区要致富，快种八角树”的思想已是龙州县南部地区农民的共识。1980 年以后，全县八角林以每年 66 公顷以上的数量稳步增长，其中 2002 年和 2003 年退耕还林工程种植八角林 252.25 公顷。2005 年全县已有八角林 6470.3 公顷，结果林 5878.0 公顷。

产品开发利用历史

八角在人工栽培以前，人们只是从野生杂木林中采摘，用作烹调佐料。到了元朝前后，龙州人民开始有意识地栽培八角，但那时没有大面积种植，只是零星栽植。产品产量也不大，主要是自用或赠送亲友。随着世界加工工业的发展，八角开始大量用于制药、香料等，国际上八角需求量大增，不断有客商到八角原产地——龙州寻求八角产品。于是龙州县到了明朝逐步形成较大面积的人工栽植八角林。

龙州县以盛产“个体大，角完整，色红棕，香气浓，味甘甜”的优质大红八角而称著，早在 1897 年就已出口欧美等国（引《龙州县八角生产基地立项报告》龙州县林业局，1995 年 10 月 25 日）。龙州八角产品主要是运往八角集散地——凭祥和南宁等地，然后销往全国各地和国外。

第二节　八角资源情况

各历史阶段的八角资源

解放前，龙州县原有八角林 2206.5 公顷。主要分布于八角乡、上降乡、彬桥乡和上金乡，龙州镇有少量。

解放后的大搞植树运动，营造八角林 198.4 公顷，1950 年八角林有 2404.9 公顷。分布于上述乡镇。

随后林业发展较缓慢，1951 年到 1960 年仅造八角林 78.7 公顷，但发展到下冻镇。1960 年全县有八角林 2483.6 公顷。

1961 年到 1970 年共造八角林 228.5 公顷，种植范围发展到先锋农场、北耀农场、大青山林场和八角林场。1970 年全县的八角林面积为 2712.1 公顷。

1970 年以后，党和政府对林业的重视及调整林产品价格，使得群众造林积极性增高。据《龙州县志》（1993 年出版）记载，全县共建立大小队林场（组）270 个，组建造林专业队人员 1212 人，成为绿化荒山的主力军。到 1980 年，全县八角林发展到 3380.8 公顷。

随着森林法的实施，林业体制的改革，群众营造八角林出现更好的势头。1990 年全县八角林发展到 4146.3 公顷。1991 年—1995 年是全县种植八角最多的一年（种植 1106.8 公顷）。1995 年八角林面积达 5253.1 公顷。

2000 年，龙州县八角林面积达到 6172.6 公顷。2005 年，全县八角面积已达 6470.3 公顷。

资源现状及区域分布

2005 年龙州县八角林面积为 6470.3 公顷，主要分布在南部、西南部地区。其中产前期 592.3 公顷，占八角林总面积的 9.2%；初产期 1937.2 公顷，占 29.9%；盛产期 2588.2 公顷，占 40%；衰产期 1352.6 公顷，占 20.9%。

八角林分布面积最大的是八角乡，达 2643.6 公顷，占全县八角林面积的 40.9%。其中产前期 184.4 公顷，占全乡八角林总面积的 7%；初产期 461.8 公顷，占 17.5%；盛产期 1142.9 公顷，占 43.2%；衰产期 854.5 公顷，占 32.3%。

其次，上降乡分布面积 1234.9 公顷，占全县的 19.1%；彬桥乡分布面积 861.5 公顷，占的 13.3%；下冻镇分布面积 535.4 公顷，占的 8.3%；上金乡分布面积 500.5 公顷，占 7.7%；北耀农场分布面积 169.2 公顷，占 2.6%；先锋农场分布面积 120.7 公顷，占 1.9%；大青山林场（龙州境内）分布面积 93.5 公顷，占 1.4%；水口镇分布面积 85.4 公顷，占 1.3%；武德乡分布面积 44.3 公顷，占 0.7%。

第三节　八角加工利用

加工利用历史沿革

1949 年以前，全县八角干果年产量约 335.5 吨，产值约 738.1 万元。1950 年上升到 400.7 吨，产值 881.5 万元。

1960 年是龙州县历史上八角产量最低的一年。由于管理粗放等原因，当年八角干果产量仅为 60 吨，产值仅 144 万元。

1970 年干果产量恢复正常，达到 447 吨，产值 894 万元。1980 年高达 840 吨，产值达 1008 万元。

1990 年干果产量又回落到 614.5 吨，产值 399.4 万元，占财政收入的 1.49%。

1995 年干果产量为 634 吨，但产值达 1014.4 万元，占全县财政收入的 1.35%。

2000 年干果产量仅 570 吨，但产值达 2565 万元，是历史上产值最高的一年，占财政收入的 2.47%。

2004 年干果产量是历史上最高的一年，达 1445 吨，产值 1339 万元，占财政收入的 1.04%。

2005 年干果产量 1400 多吨，产值 1400 多万元，占林业总产值的 30%。

由于历年来都是少数林农自用土法蒸馏取油，所以全县茴油产量极少，不作统计。其他利用八角加工的产品历年没有。

加工利用现状

2004 年龙州县八角干果产量 1445 吨，产值 1399 万元。产量和产值最高的是八角乡，为 750 吨和 721.1 万元；其次是上降乡 324 吨、311.5 万元；彬桥乡 250 吨、240.4 万元；下冻镇 88 吨、84.6 万元；上金乡 27 吨、26 万元；龙州镇 16 吨、15.4 万元。

到 2005 年为止，八角茴油也是仅由少数林农自用土法蒸取，数量不作统计。其他利用八角加工的产品目前还没有。

加工能力、技术和水平

龙州县八角加工主要采取直接晒干法，部分采用杀青再晒干，少数采用柴火烘干和覆膜后再晒干。各家各户八角加工设备不一，技术水平参差不齐，没有统一大规模的加工厂，全县成品整体质量一般。

由于八角加工程序较烦琐，质量又很难保证，因此龙州县很多林农直接出售鲜果，由内、外地收购商自行加工。

第五章　森林保护

第一节　防火灭火

1986 年—1988 年，龙州县各乡镇和国有林场、农场、自然保护区负责本行政区的森林防火灭火工作。1989 年，龙州县护林防火指挥部成立，下设办公室，有人员编制 4 名，负责全县森林防火灭火指挥工作。1991年，改为龙州县森林防火指挥部。1996年1月，组建龙州县森林消防队，有队员20人。全县13个乡镇和国有林场、农场、自然保护区组建专业森林消防队或义务扑火队，每队15~30人。1989年，龙州县实施国务院颁布的《森林防火条例》，龙州县森林防火指挥部配备指挥车1辆，组建无线电通信网络。龙州县森林消防队配备风力灭火机、二号工具、安全服等装备。1991年，实行森林防火目标管理奖罚办法，县、乡镇（单位）、村（扑火队）层层落实控制火灾责任指标和评奖指标，签订责任状。2001年，在中越边境龙州县境内侧种植荷木，营造生物防火隔离带13千米，带宽15米~20米。2003年，在龙州至响水三级公路白雪岗上修筑1座防火瞭望台。2005年，全县完成森林防火规范建设示范点32个。

1986年—2005年，龙州县扑灭森林火灾103起，每年受灾面积控制在30公顷以内。龙州县森林防火办公室与龙州县森林公安分局互相配合，查处森林火灾肇事者2人（被判有期刑）。森林火灾主要原因是群众开荒炼山、烧甘蔗叶等行为引起，也有越南山火蔓延引起。如2003年越南方面山火蔓延至境内北耀农场引起一场较大的森林火灾，过火面积大概在6公顷以上。

第二节　病虫害防治

1986年—2005年，龙州县林业主要有松毛虫、松毒蛾、八角尺蠖、八角炭疽病、桉树枝瘿姬小蜂等病虫害。1987年，全县人工林面积增多，主要是杉木、马尾松、桉树等用材林面积增加，病虫害也随着增加。1996年，全县发生八角尺蠖虫害面积3333公顷，成灾面积1260公顷，占虫害面积37.8%。1999年，县森防站装备森林病虫害防治器械，严密监测，掌握病虫害情，及时防治。2000年5月，龙州县八角乡、上降乡的八角林区发生八角尺蠖虫害。龙州县林业局及时与县科协、县科技局联系，先后在八角乡、上降乡组织林区村民举办森林病虫害防治技术培训班5期，参加培训村民350多人，发放防治技术资料800多份，防治虫害面积100公顷，防治率100%。2004年，全县松毛虫害面积350公顷，成灾面积200公顷，占虫害面积57.14%；2005年，龙州县蚬木林场、上金新旺村、上降江村村等林区先后发生马尾松毛虫危害200公顷，都得到控制和消灭。

第三节　野生动植物保护

1986年—2005年，龙州县森林公安分局和林政执法人员深入林区，对国内木材和边贸木材的源头进行执法管理，采取严格签证、实地检尺、上路巡逻检查等措施，维护全县林区的生产安全，促进林业发展。1986年—2001年，开展严厉打击破坏森林资源的“绿盾行动二号”“绿盾行动三号”“亮剑行动”等专项行动。2002年—2005年，全县侦破森林刑事案件44起，逮捕41人；查处林业治安案件24起，拘留25人；查处林业行政案件352起，行政处罚904人。依法没收非法交易木材144.16立方米，缴获国家保护野生动物424只（头），为国家挽回经济损失1000多万元。龙州县境内丰富的森林资源得到有效保护。

2001年1月4日，县林业局执法人员将缴获的国家级、自治区级保护动物1428条（只）放归大自然。图为工作人员正在将缴获的野生动物猫头鹰放飞

第六章 农村能源

第一节 省柴灶推广

1992年—1995年,龙州县举办省柴灶技术培训班8期,培训技术员514人,建立省柴灶示范点24个。1995年12月,全县旧土火灶改建省柴灶40760个,占全县农户数的91.1%。省柴灶升温热效率最高为31.87%,最低为22.28%,平均热效率26.35%,比旧土火灶热效率提高14.77个百分点。1996年经全国推广普及省柴节煤灶广西验收组检查验收,龙州县省柴灶全部达标。

第二节 沼气池建设

1998年,龙州县委、县政府作出《关于大力发展养殖—沼气—种植三位一体生态农业的决定》,在全县各乡镇、村屯全推广池型为8立方米自动排渣水压式沼气池建设。建池方式是农户自建,县林业局统一购置、调配建池模具,并派出技术人员到现场指导。建池农户获得一定的水泥物质补助(其中2003年—2005年贫困村每户补助价值400元以上、非贫困户补助100~200元,视上级下达资金多少而定)。至2005年12月,全县累计建成沼气池28761座,入户率66.28%。全县平均每年节约木柴约9万吨,促进生态保护。

2000年,龙州县投入30万元用于编制规划、技术培训、补助贫困户建设沼气池,截至7月15日,全县共建成沼气池1450座。图为沼气池建设一角

第七章 弄岗自然保护区

第一节 管 理

机构

1979年5月,在龙州县逐卜公社弄岗大队成立广西壮族自治区弄岗自然保护区管理处,为龙州县林业局二层机构,自治区林业厅负责业务指导。1992年,处所迁到县城龙州镇独山路2号。1994年9月,宁明县陇瑞自然保护区并入广西弄岗自然保护区管理处。同年10月,广西弄岗自然保护区管理处升格为副县(处)级事业单位,由自治区林业厅和南宁地区行署双重领导,作为南宁地区林业局二层机构,业务归自治区林业厅指导。2002年10月,广西弄岗自然保护区管理处更名为广西弄岗国家级自然保护区管理局,为副处级事业单位,作为南宁地区(崇左市)林业局直属机构,下设三联、弄岗、民强、响水、上金、陇瑞6个保护站,弄岗、陇瑞2个林业公安派出所。2005年12月,广西弄岗国家级自然保护区管理局内设办公室、生产技术科2个部门,下设三联、弄岗、民强、响水、上金、陇瑞6个保护站,弄岗、陇瑞2个林业公安派出所,有人员编制32名,实有人员

广西弄岗国家级自然保护区管理局

28人，办公地址在龙州县龙州镇独山路2号。

资源管护

1978年，弄岗保护区山界林权划定。1990年6月，取得国有山林权属证书。弄岗保护区遵循国家和自治区有关自然保护区的法律和法规，依法行使森林和野生动植物的行政处罚权，配合公安机关和林业主管部门，做好保护区的林业执法工作，生态环境资源得到有效保护。从保护区成立至2005年，各项管理保护设施逐步得到加强和改善，先后建成三联、弄岗、民强、响水、上金、陇瑞6个保护，陇江、新联、陇曲3个管护点、陇房、陇马、企鸟、中心点4个监测点。保护站、管护点、监测点布局合理，配备了充足的人员。建设有2座防火瞭望台，并配备了专用的防火设备；配备巡护摩托车12辆，极大方便了巡护工作；固定设置保护区界桩305块（原有173块，加密132块），功能区界桩164块（缓冲区66块，核心区98块）。积极开展有效的管护措施，严格按照功能区分区进行管理，所有单位和个人，未经批准不许进入保护区活动，进入保护区考察、科学研究，严格按照审批制度；按照资源管护任务，配足管护人员。目前，每个保护站管理人员有2~3人，护林员4~10人；划定巡护线路，按照线路开展巡护。根据重点保护对象分布，以及人为干扰程度，共划定了144条巡护线路。充分利用红外线相机开展人为活动监测管理。近几年来，在保护区内人为干扰较大的区域安装红外线相机，取得了良好的效果，直接或间接的发现、侦破多起非法进入保护区的违法案件；严格执法，开展伏守工作。各保护站根据不同的季节野生动物，以及人为活动情况，到重要路口或地段进行伏守，制止违法行为的发生，防止资源受到破坏。开展非常规的巡护工作。根据不同的时间、不同地段和不同的情况开展有针对性的巡护和潜伏工作。除了各保护站根据各站的实际情况开展潜伏工作外，管理局也根据各站汇报的情况组织干部职工和护林员开展专项行动。主要是在农闲期、重大节假日、重点保护对象地区开展潜伏工作；开展交叉检查工作。管理局在每年的年中(6月）分和年末(12月份）组织开展两次交叉检查工作，对各站的管护情况进行检查和评比。经过多年的基础设施建设和采取有力的管护措施，重要保护对象白头叶猴、黑叶猴、望天树、蚬木等动植物得到了很好的保护，种群数量得到了明显的增长，生态系统保持稳定。森林蓄积量和森林覆盖率得到很大增长。森林蓄积由成立之初的147854立方米增长到2005年的592503立方米，森林覆盖率由94%增长到98%。

第二节　保护区沿革

1978年，龙州县区划界定弄岗林区。1979年，宁明县区划界定陇瑞林区。1979年5月，自治区政府批准成立龙州县弄岗自治区级自然保护区。1980年9月，国务院批准成立广西弄岗国家级自然保护区。1982年，自治区政府批准成立宁明县自治区级陇瑞自然保护区。1994年9月，陇瑞自然保护区并入广西弄岗国家级自然保护区（简称弄岗保护区）。

弄岗保护区位于北纬22°13′56″—22°39′09″，东经106°42′28″—107°04′54″，地处崇左市龙州县逐卜、武德、上龙、响水、上金

广西弄岗国家级自然保护区喀斯特地貌

5个乡镇和宁明县城中、亭亮2个乡镇。保护区呈西北—东南走向的长条状地块，由陇呼、弄岗、陇山3片组成，东端至西端长33.53千米，总面积10077.5公顷，其中龙州县陇呼片1008.0公顷、弄岗片5424.7公顷，横跨龙州、宁明两县的陇山片3644.8公顷。

第三节 资 源

弄岗保护区是以森林植被及其生态系统所形成的自然生态系统作为主要保护对象的自然保护区，属自然生态类型中的森林生态类型。主要保护对象为亚热带石灰岩季节性雨林生态系统及白头叶猴、黑叶猴、望天树、苏铁属植物、山茶科金花茶属植物等珍稀濒危物种与其栖息生境。弄岗保护区被确定为具有全球意义的保护生物多样性区域，是中国唯一一处保护北热带石灰岩季节性雨林的国家级自然保护区，是世界上同时分布有黑叶猴与白头叶猴的保护区之一，也是广西自然保护区同时分布有灵长类动物最多的保护区，有黑叶猴、白头叶猴、熊猴、蜂猴、红面猴、猕猴等6种。《中国生物多样性保护综述》中列出中国44处A级优先保护区域，弄岗保护区是其中具有全球重要意义的保护单位之一。《中国生物多样性国情研究报告》中将弄岗保护区列为中国具有国际意义的陆地生物多样性17个关键地区之一。保护区于1999年加入中国“人与生物圈”保护区网络。弄岗保护区目前共记录有维管植物1752种，隶属于184科810属。其中蕨类植物中国特有种39种、种子植物广西特有种101种、岩溶特有植物278种、珍稀濒危植物33种、广西重点保护野生植物73种、广西新记录种9种以及植物新类群（新种）17种。陆生脊椎动物共计403种，隶属于4纲27目93科，其中，两栖类28种，占广西两栖动物种数的26.7%；爬行类65种，占广西爬行类种数的36.7%；鸟类222种，占广西鸟类种数的35.5%；兽类66种，占广西兽类种数的36.7%。保护区面积仅为101平方公里，却保护着19.1%的广西野生维管束植物、35.0%的广西陆栖脊椎动物、9.6%的广西已定名昆虫种类。其中国家一级保护动物有白头叶猴、黑叶猴、熊猴、云豹、蟒蛇、蜂猴、林麝共7种；国家二级保护动物有地龟、大壁虎、蛇雕、白鹇、原鸡、褐翅鸦鹃、小鸦鹃、冠斑犀鸟、蓝背八色鸫、长尾阔嘴鸟、短尾猴、猕猴、巨松鼠、黑熊、穿山甲、大灵猫、小灵猫、花面狸（果子狸）、金猫、中华鬣羚（苏门羚）共20种。国家一级保护植物有叉叶苏铁、石山苏铁、望天树3种，国家二级保护植物有蚬木、桫椤、东京桐、海

①

②

③

④

⑤

⑥

①国家一级保护动物——白头叶猴
②国家一级保护动物——黑猴
③弄岗保护区新种——弄岗穗鹛
④国家一级保护植物——望天树
⑤以弄岗命名的新物种——弄岗报春台
⑥以弄岗命名的新物种——弄岗虾脊兰

南风吹楠等 17 种，森林覆盖率达 98.8%，是广西森林覆盖率最大的保护区之一。弄岗保护区的植物中广西特有种有 91 种，占广西特有种总数的 10.34%。其中被誉为“植物界大熊猫”的金花茶组植物世界共分布有 40 个种，弄岗保护区就分布有 8 个种，占到总数的五分之一，是世界金花茶最重要的种质基因库。动物方面，弄岗保护区除了分布有白头叶猴和黑叶猴 2 种列入国家一级保护区的灵长类动物外，还分布有熊猴、蜂猴、猕猴、短尾猴 4 种灵长类动物，是广西灵长类动物种类分布最多的保护区（我国分布有灵长类动物 4 科 7 属 23 种 39 亚种）。其中白头叶猴是广西的特有种，2005 年只分布在广西崇左市的龙州、宁明、扶绥、江州 4 个县（区），整个种群数量不到 1000 只。弄岗保护区的黑叶猴种群也是广西黑叶猴的最大野生种群。

第四节　保护区建设

1989 年—2005 年，国家及地方各级政府对弄岗自然保护区的投入不断加大。特别是 1990 年以来，弄岗保护区先后实施一期、二期和三期基础设施建设项目，利用国债资金 1300 万元，其中中央投资 1070 万元，自治区配套投资 230 万元，主要实施办公综合楼、科研用房、职工住宅楼、管护站点建设，配备科研和管护设施设备、管理局办公设备、保护站巡护设备、交通工具，设立保护区界桩、界碑及宣传标示牌等，保护区基础设施建设逐步完善。

弄岗管理局一期工程建设项目——局办公楼

弄岗管理局二期工程建设项目——弄岗保护站站房

第九篇

畜牧水产

1986年，龙州县有耕地面积27153.33公顷，天然草山草坡3362.73公顷。每年可产出甘蔗叶梢等多种农作物秸秆50多万吨。全县江河水域面积有5926.67公顷，其中可养水面2186.67公顷。境内主要河流为左江及其支流水口河、鸭水河、明江、黑水河等，流经本县境内178.5公里，还有其他大小水库628公顷、池塘1036.67公顷，形成了以左江为骨架、网络全县、得天独厚、功能复杂多样的渔牧业生态系统。

龙州县家禽家畜以散养为主。1986年始，龙州县实施广西科技星火计划项目，通过实施“科技兴牧133工程”（每年科学养牛100万头，养猪300万头，养禽3000万羽）星火计划项目，在全县推广应用“二改三推”［采用本地品种选育及杂交改良相结合的办法，改良本地牛，改善枯草期的饲养管理，补料、添料（草）；推广优质牧草，推广青贮氨化技术，推广驱虫和疫病综合防治技术］养牛综合技术、“七改四推”（改养本地肉猪为杂交肉猪或瘦肉型猪、改吊架于饲养为一条龙直线育肥、改单一饲料喂猪为利用配合饲料喂猪、改熟喂为生喂、改稀喂为干湿喂、改养大肥猪为适时出栏上市、改放养为圈养，推广饲料添加剂和浓缩饲料喂猪、推广仔猪综合培育技术、推广定期驱虫技术、推广疫病综合防治技术）养猪综合技术和“五推”（推广家禽优良品种、推广人工孵化、推广人工育雏技术、推广配合饲料批量饲养技术、推广家禽疫病防治技术）养禽综合技术，加大产业结构调整力度，实施牛羊品种改良，大力发展水产畜牧业。至2005年，全县肉类总产量达16555吨，畜牧总产值为11932万元，比1986年翻了两番，水产品产量达12854吨，水产品产值8745万元，是1986年的12倍，居民的生活水平得到很大提高。

第一章　管　理

第一节　机　构

龙州县畜牧水产养殖局

1986年，龙州县畜牧水产养殖局隶属龙州县农业委员会。内设办公室1个部门，有人员编制11名，实有11人，办公地址在龙州镇康平街28号县人民政府大院内。2002年2月，龙州县畜牧水产养殖局隶属龙州县人民政府，为正科级单位。2005年12月，龙州县畜牧水产局内设办公室、兽医股、渔业管理股、畜牧与饲料管理股4个部门，有人员编制10名，实有16人。下设县畜牧兽医站、水产技术推广站、渔政监督管理站、畜禽品种改良站、畜牧场、种猪场、鱼种场和12个乡镇兽医站等二层机构单位。

1986年—2005年历任局长：何志刚（1986.1—1990.10），黎洋海（1990.10—1991.1），何志刚（1991.1—1991.8），黄田光（1991.8—1998.11），赵金甲（1998.11—2005.12）。

第二节　渔政执法

1986年，《中华人民共和国渔业法》（简称《渔业法》）实施，龙州县畜牧水产养殖局加强了渔业捕捞的管理，江河水域内电、毒、炸鱼行为极。1991年，龙州县渔政站人员深入渔业社、横渡社、航运公司、各乡镇，向渔民宣传《渔业法》，为渔民办理捕捞许可证件。1992年，全县办理捕捞许可证100多本。1994年，社会上不法分子违法电、毒、炸鱼行为猖獗，全县渔业资源遭到破坏。1995年，自治区政府拨给龙州县渔政站执法快艇1艘，为渔政执法提供交通便利。是年，龙州县联合宁明、崇左等县渔政部门严厉查处无证捕捞及电、毒、炸鱼等违法行为，当年收缴电鱼工具25套，查处电、炸、毒鱼案件26起。2000年，龙州县渔政部门继续加强《渔业法》的宣传，5次联合公安部门严厉打击电、毒、炸鱼行为，当年，共发放通告122份，永久性标语20条，查处违规渔船28艘，收缴电鱼设备26台套，收取渔业增殖费8000多元，增殖放流5万尾鱼苗。次年，因工作突出被自治区渔政港监督管理局授予“执法工作先进单位”称号。2005年7月，自治区水产局拨给县渔政站执法快艇1艘，编号为“中国渔政45207”。1995年—2005年，全县出动快艇350多次，处理违法案件251起，其中累计收缴电力捕鱼设备201台(套)、炸药25公斤，导火线13米、雷管12枚；没收违规渔船2艘；处理渔业污染事故6起(其中涉外案件1起)、渔业纠纷3起，移交公安部门查处违法人员1人。

第二章　畜禽生产

1986年，随着改革开放政策的全面实施，农村实行家庭联产承包责任制，养殖业不再受限制，完全以市场需求作为导向，群众的养猪积极性得到普遍提高，县内生猪存栏数逐年提高，县内生猪存栏量为8.77万头，生猪出栏量为4.39万头，猪肉产量为2218吨。1987年我县生猪存栏量为9.46万头，出栏量为4.38万头2212。1988年—1990年，龙州县水产畜牧业，呈现了全面增长的好势头。1990年—2000年，龙州县实施广西科技星火计划项目的科技兴牧“133工程”(南宁地区下达龙州县任务：每年科学养牛0.8万头、科学养猪1.8万头、科学养禽22万羽)，畜禽生产有较大发展。先后建立北耀农场畜牧公司、小连城养猪场、县瘦肉型猪场、楞巧养猪场、飞机场养猪场等中小型养猪场，成为龙州县生猪生产龙头企业。龙州县畜禽养殖业逐步从单一粗放型向集约规模型转变，每年完成养殖畜禽任务，保障县内市场肉类供给。

第一节　养　猪

1986年，龙州县生猪存栏数9.20万头，生猪出栏数4.25万头，猪肉产量2218吨。1987年，全县生猪存栏数9.76万头，生猪出栏数4.38万头，猪肉产量2212.9吨。1990年，实施“133工程”，全县生猪存栏数10.21万头，生猪出栏数5.84万头，猪肉产量2949吨。1993年，建立龙州、霞秀、逐卜等乡镇116个科学养殖示范户。是年末，全县生猪存栏数10.95万头，生猪出栏数7.04万头，猪肉产量3555吨。1996年，全县生猪存栏数11.93万头，创龙州县生猪养殖历史最高纪录，生猪出栏数8.48万头，猪肉产量4284吨。

1997年，龙州县生猪品种由本地猪向二元杂交猪、三元杂交猪转变，生猪饲养由单一机构向多元化模式发展。2000年，全县生猪存栏数10.63万头。年出栏杂交猪100头~300头的小型养猪场20多家。2005年，全县生猪出栏数13.29万头，猪肉产量6712吨，创龙州县生猪出栏历史最高纪录。

第二节　养　牛

耕牛　肉牛

1982年，龙州县实施农村土地家庭联产承包责任制，牛养殖也随耕地承包到户，实行家庭饲养，允许上市交易，群众养牛积极性普遍提高，牛的饲养发展较快。1986年，全县牛存栏数5.62万头，牛出栏数0.18万头。1988年，全县牛存栏数6.35万头，牛出栏数0.39万头。1989年，全县牛存栏数6.64万头，牛出栏数0.43万头。1990年，实施“133工程”，实行“两改三推”科学养牛技术开发项目，采用改良本地牛，改善枯草期的饲养管理，推广优质牧草种植技术、青贮氨化技术、驱虫和疫病综合防治技术。畜牧兽医技术员深入村屯举办科学养牛培训班，让群众掌握牛品种改良、产犊率逐年提高，犊牛成活率、育成率逐年增长，牛存出栏数逐年上升。1998 年，全县牛存栏数 8.43 万头，牛出栏数 0.92 万头。2000 年，牛存栏数 6.91 万头，牛出栏数 0.65 万头。2002 年，牛存栏数 7 万头，牛出栏数 0.8 万头，牛肉产量 800 吨。2003 年，龙州县实行牛品种改良，群众更新"养牛为耕田"的旧观念，扩大肉牛养殖规模，出现养牛热的局面。2005 年，全县牛存栏数 6.54 万头，牛出栏数 1.15 万头，牛肉产量 1159.9 吨。

奶牛

1986 年—2001 年，龙州县无人饲养奶牛。2002 年 10 月，龙州县奶牛场建成。占地面积 0.66 公顷，存栏荷斯坦（黑白花）奶牛 12 头。2003 年 12 月，奶牛发展到 36 头。2005 年，存栏奶牛 48 头，日产鲜奶 800 千克。

第三节　养　羊

龙州县境内石山林立，矮灌乔木繁多，适合山羊饲养，养殖的山羊主要有本地黑羊、都安山羊、隆安杂交山羊等品种。1986 年，全县羊存栏数 1000 只，羊出栏数 400 只。1988 年，全县羊存栏数 0.19 万只，羊出栏数 500 只。1989 年，全县羊存栏数 0.24 万只，羊出栏数 700 只。1996 年，龙州县引进优良品种公山羊与本地母羊杂交，羊崽个体大，生长快，产肉率高，促进全县羊养殖业的发展。是年，羊存栏数突破万只大关，羊出栏数 0.7 万只。2004 年，全县羊存栏数 1.56 万只，羊出栏数 1.05 万只。2005 年，全县羊存栏数 1.83 万只，羊出栏数 0.99 万只。

上金乡山塘养鸭　（摄于 1996 年 1 月 30 日）

第四节　家禽饲养

龙州县家禽主要有有鸡、鸭、鹅、鸽等品种。1986 年，全县家禽存笼数 85.54 万羽，家禽出笼数 70.94 万羽，1987 年—1989 年，县畜牧部门为家禽养殖户提供优质饲料、药物、饲养技术咨询和培训等服务，从外地引进和推广家禽优良品种，如贵农金黄鸡、北京农大黄鸡、竹丝鸡、获高鸡、AA 鸡、良凤花杂交鸡、良凤花杂交

龙州镇镇秀村白鸽养殖　（摄于 1998 年 3 月 31 日）

鸭、樱桃谷鸭等。1990年，实施“133工程”和“五推”，家禽养殖形成规模。1998年，龙州县种草养鹅示范点——上降乡试养鹅成功。1999年，全县推广种草养鹅技术，先后举行种草养鹅技术培训班3期。2000年，全县鹅存笼数0.20万羽。龙州镇、上金乡、北耀农场、先锋农场等有肉鸡养殖大户20多户，每户年生产肉鸡5000羽。1995年—2005年，龙州县彬桥乡黄家村村民利用池塘养鸭养鸡，科学立体养殖，每年生产肉鸭50多万羽，年平均每户生产肉鸭5300多羽。

上降乡上降村肉鹅养殖 （摄于1999年5月15日）

表9-1 1986年—2005年龙州县畜禽生产统计表

年度	年末存栏(笼)数				年出栏数			
	猪(头)	牛(头)	羊(只)	禽(万羽)	猪(头)	牛(头)	羊(只)	禽(万羽)
1986	92041	56278	1043	85.54	42525	1800	418	70.94
1987	97654	63387	1660	90.63	43846	1870	500	74.82
1988	99413	63459	1927	91.81	54334	3970	521	78.51
1989	100162	66353	2399	97.89	54770	4343	753	86.02
1990	102116	68766	2483	103.78	58405	4609	786	93.31
1991	106158	69857	2659	104.32	60015	4821	1228	94.95
1992	107231	7112	2855	114.723	66062	5028	1355	100.89
1993	109500	72834	3588	118.59	70464	5132	1448	113.92
1994	113824	75859	3645	127.64	74012	5405	1665	124.65
1995	115852	77562	6486	113.26	80015	6023	3103	150.46
1996	119310	79633	10037	140.02	84868	7028	3888	152.92
1997	101584	83967	13090	154.63	91675	7844	4500	177.38
1998	95320	84361	12345	137.73	98296	9222	8678	181.06
1999	85651	82332	12048	123.55	106686	9848	8053	211.26
2000	66300	69100	10000	115	93000	6500	5100	162.3
2001	66518	69168	9700	117.35	98500	7100	5300	175.78
2002	66749	70000	9700	119.54	110406	8000	5800	197.62
2003	67000	70000	9900	123	114489	9300	7500	218.2
2004	57100	62500	5600	97.78	123300	10500	8300	240.32
2005	58900	65400	5900	68.88	132951	11599	9067	256.06

第三章　良种繁育

第一节　良种猪杂交繁育

1987年，龙州县先后从武鸣等地引进良种公猪7头（大约克、长白），全年生产供应良种公猪精液2787瓶，配上本地母猪1950头，出生杂交仔猪15600头。1991年，饲养良种公猪39头，配本地母猪4986头，生产杂交仔猪10194头，基本实现公猪良种化，母猪本地化，仔猪杂交化。1990年—2000年，平均每年从玉林、南宁、钦州、隆安等地引进二元杂交仔猪5万多头。1999年，龙州县瘦肉型猪场建立。2000年，到南宁、横县等地引进杜洛克、大约克、长白公猪、大长二元杂母猪180多头。2000年，全县良种猪覆盖率80%。2001年，生产三元杂瘦肉型猪苗3500多头。2004年，有良种公猪11头，二元杂母猪300多头，生产猪苗5000多头。2005年，生产猪苗6000头。全县饲养瘦肉型猪的规模猪场36个，种猪存栏1300多头，生产三元杂猪苗2万多头。全县良种猪的繁殖使用人工授精率95%。

第二节　良种牛冻配繁殖

2003年5月，龙州县水产畜牧局到彬桥乡宣传牛品种改良工作。图为该局工作人员给当地群众发放牛品改宣传材料

1986年前，龙州县牛的繁殖原以本地水牛、黄牛为主，大多为自然交配，品种退化严重。1986年，引进印度摩拉水牛、隆林牛、富川牛等牛种与本地母牛杂交繁育，但进程缓慢。1987年，在扶贫资金的扶持下，分别在县畜牧场、上金乡新旺村、上龙乡民强村建立商品牛养殖基地，引进隆林良种黄牛10头与本地母牛53头杂交。1990年，出生良种杂交牛仔48头。杂交牛仔体型大，生长快，体质健壮，抗病能力强，繁殖率高，力大耐劳，但性暴不易使唤，如作为耕牛，不受群众欢迎。2002年，先后在金龙镇、水口镇实施牛品种改良。当年实施处理发情母牛46头。2003年，牛品种改良全县铺开，引进西门塔尔黄牛种公牛1头，培训人工授精技术员55名，冻配母牛3086头。2004年，引进利木赞种公牛4头、尼里/拉菲种公牛1头、良种母牛898头，冻配母牛3800头。2005年，引进杂交摩拉种牛、尼里/拉菲牛30头和纯种摩拉公牛2头、良种母牛136头。当年杂交改良母牛3182头，其中本交51头，冻配3131头，胚胎移植49头。2002年—2005年，繁育产下杂交良种牛犊1602头，其中胚胎移植4头。刚产下牛仔体重最大为51千克。

第三节　良种羊交配繁殖

1986年—2002年，龙州县羊的养殖原为本地种，由于滥交乱配、近亲交配、后代个体较小，生长慢，产肉率低。2003 年，进行品种改良，引进波尔种公羊 2 只；2004 年引进山东小尾寒种公羊 1 只，与本地母羊交配，共产羔羊 326 只。2005 年，主要采用人工授精的办法进行配种繁殖，先后培训人工授精技术员 21 人，对 7336 只母羊进行人工授精，产出羔羊 11201 只。

第四节　家禽品种改良

1986 年—1989 年，本地家禽体型小，生长慢，不满足市场的需求，因此推动家禽品种改良工作进入新的时期。1990 年，县畜牧水产推广站组织人员从上海、南宁等地先后引进贵农金黄鸡、北京农大黄鸡、珍珠鸡、竹丝鸡、AA 鸡、良凤花鸡、樱桃谷鸭、艾维茵肉鸭等良种家禽，推广优良品种。2005 年，全县鸡、鸭良种家禽覆盖率分别为 50%、60% 以上。

第四章　疾病防疫

第一节　动物防疫体系

1985 年国务院颁布《家禽防疫条例》后，龙州县动物防疫工作进入依法管理阶段。1998 年 1 月《中华人民共和国动物防疫法》和 2001 年 12 月《广西壮族自治区动物防疫条例》的颁布实施，促进全县动物防疫工作和畜牧业生产的发展。从 1986 年起，每年 3 月和 9 月，组织县、乡镇行政、业务技术干部和村兽医防治员参与动物防疫工作，对生猪进行猪瘟、猪丹毒、猪肺疫三联疫苗免疫注射防疫工作。从 1995 年开始，对猪、牛、羊口蹄疫疫苗的免疫注射，发放注射证、登记造册。2000 年，经自治区政府批准，投资 80 万元，建立动物防疫基础设施。2005 年，健全动物防疫体系，将动物疫病区项目规定的 19 种动物疾病中的猪瘟、口蹄疫、鸡新城疫、禽流感等疾病作为免疫重点。1986 年—2005 年，全县参与动物防疫工作的干部和村兽医防治员 8 万人次。免疫密度 100%，无重大动物疫病发生。

第二节　牲畜疾病防治

1986 年，龙州县在猪瘟、猪丹毒、猪肺疫等生猪常见病发病 11306 头、治愈率 58.54% 后，采取大春防、小秋防和常年补针的办法，至 2005 年，生猪常见病常年免疫率 100%，没有出现“猪三病”疫情。

从 1986 年起，龙州县牲畜疾病的预防以“五号病”（猪口蹄疫）为重点。设立县“防五”（防治牲畜五号病）指挥部，各乡镇相应成立“防五”领导小组。1991 年 3 月，龙州镇猪贩商从玉林地区平南县大新乡贩回一车仔猪 192 头有“五号病”，并传染到县内的 9 个乡镇和 2 个农场 18 个疫点，发病猪 255 头。疫情发生后，县“防五”指挥部根据“早、快、严、小”的处理原则，坚决扑杀、深埋发病猪 255 头。做好消毒灭源工作，在 20 天内控制住疫情。此后，每年加强“五号病”普查、消毒、灭源工作，连续 8 年无“五号病”发生。1999 年开始，县政府与各乡镇政府签订“防五”责任状，各乡镇人民政府与所辖行政村签订“防五”责任状；县畜牧部门与各级业务单位和村兽医防治员签订“防五”责任状，责任明确到户、到人。实行责任追究制度，对不完成任务的追究第一责任人及相关责任人的责任。同时，县政府发文，县畜牧水产局采取措施，严禁疫区动物进入县境销售，如有发现，即时处理。1999 年 7 月，在 2 个乡镇 3 个村 6 个点发现“五号病”疫情，县“防五”指挥部对疫点疫区强制封锁，严禁易感动物出入疫区；对疫区、受威胁区牲畜进行强制免疫注射，控制疫情蔓延。2000 年“无规定动物疫病区”项目建立后，加强对畜牧的免疫。2003 年生猪口蹄疫免疫 6.67 万头，免疫密度 135%；牛 9.85 万头，免疫密度 151%。2005 年，全县无牲畜“五号病”疫情。

第三节　家禽疫病免疫

1986年—2005年，龙州县进行鸡新城疫、鸡失败的免疫。每年筹备疫苗各150万羽份，通过示范点免疫带动养鸡农户，累计免疫2300万羽，密度100%。全县鸡死亡率从1986年的22%降至2005年的13%。2003年开始，进行鸡禽流感免疫。2004年，因免疫反应，注射风苗后，出现鸡死亡的现象，致使养鸡群众不配合。2005年，国内外暴发禽流感疫情，县畜牧兽医站和各乡镇兽医站采取预防措施，禽流感免疫率100%，全县无禽流感疫情发生。

第四节　鱼类疾病防治

1986年到1995年，鱼病的防治还比较保守，普遍采用对症疗法的方式，大水面的山塘水库采取综合调控水质的预防方法。对于侵袭性寄生虫病，根据各种病原体的不同采取不同药物杀灭（如硫酸铜、敌百虫等）；对于细菌性病一般采取施用含氯成分的药物对池塘水体进行全塘消毒（如漂白粉、石灰水泼洒等）；对于肠道性疫病采取投喂药饵方法治疗（大蒜拌料投喂等），治疗效果不明显，特别是草鱼“三大病”（细菌性赤皮、烂鳃、肠炎），死亡率极高。养殖草鱼极易发生细菌性赤皮、烂鳃、肠炎三大病，但由于鱼生活在水中，给药相对困难，特别是江河网箱养鱼，给药和水体消毒都很困难，因此患“三大病”的草鱼死亡率极高，养殖成活率30%到40%甚至更低。1996年，龙州县对江河网箱养鱼放苗前进行注射“三大病”（肠炎、烂鳃、赤皮病）灭活疫苗，成活率80%。大水面的山塘水库采取综合调控水质的预防方法。2003年，龙州县水产技术推广站购进鱼类疫病检测仪器。2004年，经中央批准建立县级水生动物疫病防治站项目，2005年建成。龙州县水生动物疫病防治站配备较齐全的实验室仪器，为鱼类疫病检测和监测提供科学条件。对于侵袭性寄生虫病，根据各种病原体的不同采取不同药物杀灭；细菌性病一般采取施用含氯成分的药物对池塘水体进行全塘消毒；肠道性疫病采取投喂药饵方法治疗。降低鱼类死亡率，提高养殖成活率。

第五章　水产养殖

第一节　养殖水域

龙州县水产资源丰富，水域面积广阔，流经县境内的左江上游（丽江）及其支流平而河、水口河、明江、黑水河等5条河流，总长178.5千米。峒桂河、水陇河、谷阳河、响水河4条小河总长94.9千米。面上小河科甲、合平、百必、春秀、派怀、声江、岜苗、念渎、楞巧、精威、安镇、彬桥、驮奔、青山、百板、板否、坡斗、江村、呼交、百秾、那浪、联甲、板受、勤江、龙江、伏那、布必27条总216.6千米。地表水水域总面积4634.93公顷，其中江河水域面积2423.13公顷，山塘水域面积196.07公顷，水库水域面积530.4

龙州县江河、山塘、水库、池塘、沟渠等水域面积较大，适宜养殖。图为1998年5月12日拍摄的丽江龙江街段

公顷，池塘水域面积 510.2 公顷，沟渠水域面积 975.13 公顷。2005 年 12 月，已经建成左江上游、平而河下游、明江等河流面上连片网箱养鱼基地。

第二节 养殖产量

龙州县江河、山塘、水库、池塘、沟渠等水域面积较大，适宜养殖。图为 2003 年 4 月 10 日拍摄的水口河及河畔的山塘

实行家庭联产承包责任制后，山塘、池塘及水库承包到户，同时允许与鼓励私人利用荒地、河沟、坑渣地挖塘养鱼，县内的水产养殖业得到一定的发展。1986 年，因 7 月 23 日的特大洪水，鱼塘淹没损坏，水产养殖业损失严重。全县水产品放养面积 1518 公顷，水产品产量 919.9 吨。1987 年 3 月，国家农牧渔业部和财政部共同制定并组织实施十项投资少、收效大，对提高生产力起重要作用的技术项目（丰收计划）。到 1990 年，龙州县全面实施渔业“丰收计划”，水产品放养面积 1498 公顷，水产品产量 1367 吨。1992 年，全县水产品放养面积 1525.47 公顷，水产品产量 1480 吨，产值达 1332 万元。1995 年，全县水产放养面积达到 1565 公顷，水产品产量达到 2718 吨，产值达 2446 万。1998 年，全县水产放养面积达到 1592 公顷，水产品产量达到 6308 吨，产值达 5680 万元。1999 年，全县水产放养面积达到 1599 公顷，水产品产量达到 7135 吨，产值达 6424 万元。2000 年，全县水产品放养面积 1599.87 公顷，水产品产量 8101 吨，产值达 7294 万元。2002 年，全县水产品放养面积 1667 公顷，水产品产量 10131 吨，产值达 9119 万元。2004 年，全县水产品放养面积 1750 公顷，水产品产量 12225 吨，产值达 11004 万元。2005 年，全县水产品放养面积 1866.07 公顷，水产品产量 13588 吨，产值达 12232 万元。

第三节 水产品种

1986 年—2005 年，龙州县境内河溪塘库众多，水产品种繁多，水产品有 101 种。其中有鲢鱼、鳙鱼、草鱼、青鱼、鲮鱼、鲤鱼、鳊鱼、鲂鱼、倒刺鲃、桂华鲮、岩鲮、乌原鲤、赤眼鳟、大刺鳅、南方白甲鱼、鲇鱼、盔鲇、斑鳠 18 种经济鱼类品种；还有赤魟、鼋、红边龟、佛耳丽蚌 4 种野生珍稀水产品。1995 年—2005 年，先后引进建鲤、杂交鲤、鱼鲳鱼、罗氏沼虾、星洲鱼、斑点叉尾鱼、散鳞镜鲤 7 个水产品种，经在各乡镇试养成功，在全县推广养殖。

第四节 池塘养鱼

龙州县池塘养鱼分布在全县 13 个乡镇。1986 年，因 7 月 23 日的特大洪水，大部分鱼塘淹没损毁，水产养殖业损失严重。1987 年，水产品市场放开，水产品需求增大，养鱼综合效益明显，很多群众抓住机遇开挖新鱼塘。在县政府的领导下，把闲置、荒置的水面基本落实承包到户，扩大了全县水产放养面积。1990 年，“丰收计划”实施，池塘放养面积为 909 公顷，成鱼总产量 1066 吨，亩产量为 0.078 公斤。1991 年，随着“丰收计划”的实施，池塘放养面积增加为 911 公顷，成鱼总产量 1128 吨，亩产量为 0.083 公斤。1992 年，池塘养鱼面积 931 公顷，鱼产量 1115 吨（平均亩产鱼 0.08 吨），年产值 442 万元。1994 年，龙州县池塘养鱼面积 958 公顷，鱼产量 2076 吨（平均亩产鱼 0.14 吨），年产值 592 元。1995 年，池塘养鱼面积 922 公顷，鱼产量 1413 吨（平均亩产鱼 0.102 吨），年产值 537 万元。1996 年，池塘养鱼面积 895 公顷，鱼产量 2418 吨（平均亩产鱼 0.18 吨），年产值 916 万元。1997 年，池塘养鱼面积 895 公顷，鱼产量 3743 吨（平均亩产鱼 0.27 吨），年产值 1422 万元。1998 年，池塘养鱼面积 958 公顷，鱼产量 4767 吨（平均亩产鱼 0.33 吨），年产值 1812 万元。1999 年，池塘养鱼面积 963 公顷，鱼产量 5220 吨（平均亩产鱼 0.36 吨），年产值 1984 万元。2005 年，全县池塘养鱼面积 1037 公顷，鱼产量 10100 吨（平均亩产鱼 0.65 吨），年产值 3825 万元。

第五节　网箱养鱼

1990 年始，龙州县在左江龙州河段上设置 12 个竹木结构网箱，面积 336 平方米，主要饲养草鱼、罗非鱼等品种，年鱼产量 4.5 吨，年产值 3.6 万元。1992 年，龙州县畜牧水产局组织网箱养鱼个体户一行 20 多人到柳州考察学习，促进全县网箱养鱼较快发展。当年，网箱养殖面积达 985 平方米，网箱养鱼 39 箱，年鱼产量 15 吨，产值 12 万元。1994 年，通过宣传推广网箱养殖的成功经验，农户养殖积极性高涨，大搞网箱养殖，全县网箱养鱼增加到 216 箱，年鱼产量 643.6 吨，年产值 515 万元。1995 年，龙州县网箱养鱼形成规模，网箱养鱼 304 箱，年鱼产量 815 吨，年产值 652 元。1996 年，网箱养鱼 401 箱，年鱼产量 984 吨，年产值 787 万元，广西网箱养鱼技术研讨会在龙州县城召开。1997 年，网箱养鱼 438 箱，年鱼产量 1080 吨，年产值 864 万元。1998 年，网箱养鱼 465 箱，年鱼产量 1159 吨，年产值 9272 万元。1999 年，网箱养鱼 468 箱，年鱼产量 1425 吨，年产值 1140 万元。2000 年，全县网箱养鱼 601 箱，年鱼产量 1514 吨，年产值 1211 元。2001 年，全县网箱养鱼 625 箱，年鱼产量 1574 吨，年产值 1259 万元。2002 年，网箱养殖青竹鱼（俗称倒刺鲃）供不应求，全县掀起了青竹鱼的养殖高潮，全县网箱养鱼 702 箱，其中养殖青竹鱼 430 多箱，年鱼产量 1768 吨，年产值 1415 万元。2003 年，全县网箱养鱼 961 箱，年鱼产量 2421 吨，年产值 1937 元。2004 年，全县网箱养鱼 982 箱，年鱼产量 2473 吨，年产值 1979 元。2005 年，全县网箱养鱼 1258 箱，年鱼产量 3169 吨，年产值 2535 元。

第六节　龟鳖养殖

1990 年，龙州县龙州镇利民街 184 号的陈奇开始养殖龟鳖，主要有黄喉似水龟（石龟）、亚洲巨龟、马来西亚龟（寿龟）、四眼斑水龟、巴西彩龟、山瑞鳖、黄沙鳖等品种。2005 年，经过十多年来摸索，陈奇养殖场掌握了水生野生动物（龟鳖）的繁养技术，当年成功孵化出亚洲巨龟、黄沙鳖种苗 4500 多只，采用赊销种苗、技术指导、回收成品的办法，指导龙州镇利民街龟鳖养殖个体户兴办龟鳖庭院养殖场。

第十篇

水利　电力

第一章　管　理

1986年，龙州县水利电力局隶属龙州县农业委员会。2005年，龙州县水利电力局隶属龙州县人民政府，为正科级行政单位，是县政府职能部门。期间，主要负责全县农田水利工程，灌溉工程、供水工程、小型水库、水电站以及农田基本建设等工程项目的规划、勘测、设计、建设、管理及维护；负责全县电力工程的勘测施工、输电线路安装施工、发供电安全生产运行的检查和指导；负责全县水利工程的蓄水、引水、提水灌溉、人畜饮水等小型水利工程、水柜蓄水工程和维护管理；负责全县预防和治理水土流失，保护和利用水土资源；负责全县河道执法检查，宣传贯彻执行国家的水法律法规，合理开发利用水资源；负责制定全县防汛抗旱工作方案、规划，执行县防汛抗旱指挥部工作部署，搞好防汛抗旱工作，包括农业生产洪涝灾害和干旱的预防和治理，水利设施、水库、水电站的洪涝灾害的预防和治理等。

第一节　机　构

行政机构

1986年，龙州县水利电力局隶属龙州县农业委员会，内设办公室、水利工程管理站、水利技术指导站3个部门，有人员编制22名，实有22人，办公地址在龙州镇城北路43号。1989年5月，龙州县水利工程管理站改为龙州县水利站，龙州县水利技术指导站改为电力站，人员编制分别为8名和14名。1990年4月，设置龙州县防汛抗旱指挥部办公室，有人员编制3名，实有3人。1991年5月，县水政资源管理站成立，有人员编制3名，实有3人。水政水资源站为全县水利行政执法机构，负责水资源费征收、水利纠纷调处、河道采砂管理、河道巡查等工作。1996年，龙州县水土保持监督站成立。1997年，龙州县水政监察大队成立，实行水政水资源管理站、水土保持监督站、水政巡察大队三块牌子一套人马。2005年12月，龙州县水利电力局隶属县政府，为正科级行政单位，内设办公室、工程管理站、防汛抗旱指挥部办公室、水利站、水政资源站、水土保持站、电力站7个部门，有人员编制51名，实有48人，办公地址在龙州镇城北路43号。

1986年—2005年历任局长：农绍岩(1986.1—1987.10)，黄宪忠(1987.11—1994.3)，黄子能(1994.3—1998.11)，廖谊昌(1998.11—2003.4)，兰勇(2003.4—2004.4)，闪艳恒(2004.4—2005.12)。党委书记(非局长兼任)：苏子民(2002.8—2005.12)。

乡镇水利管理机构

1986年，各乡镇水利技术员归入乡镇农业技术推广站管理，每个乡镇设技术员1人，共12人。

1987年，除龙州镇外，各乡镇开始设置水土保持站，每站1人，全县共12人，其中国家干部2人，固定工人3人，合同工人7人，人员工资由县水利电力局发放。1994年1月起，乡镇水土保持站人员并入乡镇电力管理站，工资也转由其所在乡镇电力站发放。2004年3月起，龙州县水利电业有限公司划归广西水利电业有限公司管辖，乡镇电力站随之归其管辖，乡镇水土保持站名存实亡。乡镇水利管理和维修工作直接由各乡镇领导和县水利电力局负责技术指导。

国营水利管理机构

新中国成立后，根据国家建设的需要，对部分水利工程进行扩建。到2005年底，经增、撤、并的变动，全县在编的国营水利工程管理机构有金龙水库、春秀水库、绿施水库、岣桂水利4个管理所，其中水库工程管理所3个，引水工程管理所1个。这些工程管理单位属事业性质，1980年以后财务实行自收自支。2005年进行水利工程管理体制改革，2005年7月12日，重新核定人员，4个单位编制共32人，为县财政差额拨款。

金龙水库管理所 1962年4月设置，所址在金龙镇金龙街，管辖中型金龙水库和小(一)型锦阁水库；2005年有编制8个，在职8人，退休3人，总人数11人。

春秀水库管理所 1975年设置，所址在下冻镇春秀村，管辖春秀水库和沿边水库：2005年有编制7个，在职4人，合同工1人，退休2人，总人数7人。

绿施水库管理所 1960年设置，所址在武德乡武德街，管辖小(一)型绿施水库和小(二)型百荡水库；2005年有编制5个，在职4人，合同工1人，退休2人，总人数7人。

峒桂水利管理所 1960年4月设置，所址在水口镇罗回街，管辖峒桂水利和小(一)型青龙山水库；2005年有编制12个，在职13人，退休5人，总人数18人。

先锋水轮泵站 1966年10月设置，站址在国营先锋农场总场。1990年1月12日，确定先锋水轮泵站单位性质为事业单位，编制25人，经费实行自收自支，是水利电力局下属单位；2000年先锋水轮泵站经过改扩建为先锋水电站。2004年4月，先锋水电站无偿整体转让给广西水利电业有限公司，所有资产和职工归口龙州县水口水利电业公司管理。

上金水轮泵站 1970年设置，站址在上金乡云江村紫霞洞山脚，有管理人员10人。1999年，左江水利枢纽工程建成蓄水后，上金泵站大坝受流设随即被炸毁，该泵站撤销。2004年4月，管理人员整体并入先锋水电站。

七里滩水轮泵站 1969年7月18日设置，站址在霞秀乡东合村，管理人员4人；1986年4月改扩建水电站，原有管理人员并入水电站，水轮泵报废。

水陇水利管理所 1975年设置，所址在上龙乡上龙村上龙圩，管理人员3人，亦工亦农10人；1995年并入上龙乡电力站。

农业机械排灌站 1960年设置，站址在霞秀乡河屯，1968年裁撤。

集体所有制水利工程管理机构

龙州丽江水电建筑工程公司 县水利电力局直属单位龙州丽江水电建筑工程公司，经济性质为集体企业，经济自负盈亏，2005年有管理人员8人。龙州丽江水电建筑工程公司下属企业有龙州县水利电力勘察设计室、乡镇供水公司、龙州县水电安装公司、龙州县联营电石厂、龙州县水电塑料编织袋厂、龙州县水电红砖厂和龙州铁合金厂，主要为水电建设和管理服务。

1978年3月，县水利电力局成立龙州县水电安装施工队。1988年8月，龙州县水电安装施工队改名为龙州县水电建筑安装工程公司，1997年5月，龙州县水电建筑安装工程公司改名为龙州县水电安装公司，属集体企业，由县水利电力局管辖。

1988年3月，建设广西龙州结晶硅厂，1989年7月正式开业并更名为广西壮族自治区龙州铁合金厂，当时注册资金74万元，属集体股份制乡镇企业。

1992年1月，建设龙州县联营电石厂，与南宁市电石厂联营，属集体股份制乡镇企业。

1992年7月，成立龙州县水利电力技术经济开发总公司。2003年8月，龙州县水利电力技术经济开发总公司更名为龙州县水电建筑工程公司；并在申请企业法人名称中改名为龙州丽江水电建筑工程公司，属集体企业，由水利电力局管辖。公司除承担水利电力建设工程任务外，还负责管理水利电力局下辖的集体企业。

1995年12月，县水利电力技术经济开发总公司在龙州县上金乡勤江村勤江红泥岭建设红砖厂，红砖厂用的土地是上金乡勤江村陇远屯、陇斗屯的土地，并于1996年领取龙州县城乡建设局印发的“中华人民共和国建设工程规划许可证”，属集体企业。

1997年5月，龙州县水电建筑安装工程公司改名为水电安装公司，原水电建筑安装工程公司的纺织车间升格为水电塑料编织袋厂，该厂属集体企业，由县水利电力局管辖，在册职工20人。2002年8月，成立乡镇供水公司。乡镇供水公司主要是管理在2000年9月开始的广西边境建设大会战项目中建成的水口镇水厂、罗回村水厂、武德乡水厂、上降乡水厂、彬桥乡水厂、金龙镇水厂、八角乡水厂，属集体企业，由县水利电力局管辖。

国营企业

龙州发电分公司　1986年，系县水利电力局管理的自收自支事业单位，内设办公室、财务室、电力管理站、水利站、工管站、防汛办、水政资源管理站7个部门，辖七里滩电厂、水口电厂、鸭水滩电厂、先锋水轮泵站4个电站，有人员编制209名，实有209人，办公地址在龙州县城北路43号。2003年12月，广西水利电业集团有限责任公司与龙州县人民政府签订《关于转让龙州水口水力发电厂、七里滩水力发电厂协议书》，由广西水利电业集团有限责任公司收购。2004年1月由龙州县人民政府对所辖四家国有水力发电厂进行整体转让和划拨改制组成龙州县水口水利电业有限公司，内设经理工作部、财务部、总工室，有人员编制386人，其中在岗319人，内部退养67人。2005年4月，改称广西电业集团有限公司龙州发电分公司，内设经理部、财务部、人劳部、生产技术部、安监部和工程管理部6个部门，有人员编制386名，实有386人，办公地址在龙州镇合龙街35号（租用龙州县水利电业公司办公楼）。下辖七里滩电站、水口电站、鸭水电站、龙州一级电站、龙州二级电站。全部在职员工305人，其中专业技术人员70人。是年总装机容量41300千瓦，发电量6291.66万千瓦时，售电量6027.15万千瓦时，工业总产值1260万元，销售收入1284万元，实现利税79万元。

龙州县水利电业有限公司　1986年，龙州县小水电公司为事业单位企业管理，内设行政、财务、农电股、生技股4个部门，有人员编制97名，实有97人，办公地址在龙州镇合龙街35号。与各电站及各乡镇电力管理站之间为趸售关系。1990年1月，县小水电公司改为企业单位。1992年12月，改为事业单位企业管理。1993年—1998年，龙州县小水电公司内设行政股、财务股、生技股、农电股、用电股、计量股、服务站、车队8个部门，有人员编制493名，实有510人，办公地址在龙州镇合龙街35号。下辖水口电站、七里滩电站、鸭水滩电站3个水力发电厂及11个乡镇电力管理站，有职工539人，其中专业技术人员30人。1998年3月，改称龙州县供电公司。2002年，将各乡镇电力管理站改为乡镇供电营业所。2003年1月，企业实行“三项制度”（劳动、人事、分配）改革，由广西水利电业有限责任公司出资79%股份，龙州县供电公司出资21%股份进行改制，称龙州县水利电业有限公司，内设经理工作部、财务部、人事劳动部、生产技术部、营销部、安监部等6个部门，实有396人，办公地址在龙州镇合龙街35号；下设11个乡镇供电营业所。2005年，内设部门、人员编制、办公地址及下设乡镇供电营业所不变。有在职职工316人，其中专业技术人员47人。中级职称8人，初级职称28人，高级职称11人；高、中级技工188人。

第二节　水资源监察利用

水资源监察

1986年—1990年，水利工程管理站负责兼管水政水资源工作。1991年—2005年，水政水资源站和水政监察大队负责河道巡查工作，主要对左江、平而河、水口河、明江、黑水河等主要河道不定期进行巡查，对非法占用河道建房、倾倒废弃物入河、在河道内构建拦水建筑等案件进行查处，以保障河道安全行洪。其间，共巡查1260次，查处案件13件，多发案件在1999年—2000年间，案件多发类型为水事纠纷。以孔治屯与板想屯的水事纠纷为例，孔治屯与板想屯两屯毗邻，孔治屯部分农田灌溉用水与板想屯的使用水共用同一水源。2001年4月15日，孔治屯个别群众到双方共用水源源头处，将蓄水设施毁坏，导致板想屯的饮用水困难而引发双方用水纠纷。经县、乡、村三级组织调解后未能解决纠纷，随后县水电局作出行政处理决定书，孔治屯对县水电局行政处理决定不服，向南宁地区水利电力局申请行政复议，后经龙州县人民法院作出行政裁定书，这起水事纠纷最终得到解决。

节水灌溉

1991年，水政水资源站成立之前，1986年—1990年的水资源管理工作由水电局水利站负责。1993年，县节水灌溉领导小组成立，开展全县大面积水稻节水灌溉推广工作。具体做法是：薄水插秧、浅水返青、薄湿分蘖、晒日炼苗、回水受胎、薄水扬花、湿润灌浆、落干黄熟。自大规模开展水稻节水灌溉后，全县13个乡镇库灌区都设立节水灌溉试验点和示范点。至2005年，累计推广面积6.2万公顷，节水0.56亿立方米，增产粮食15504.3吨。

第三节　水费征收

1985年前，龙州县水利工程征收水资源税费大都沿用农村体制改革前(1980年)的标准，每亩收稻谷6千克~10千克，每年征收2次，委托当地粮所(站)在夏粮入库时代收。征收的水资源税费，主要用于水利工程的维修和管理。税费征收的执行标准，各水库灌区不相同。1985年后，水费征收由集中收取改为分散到户收缴。因农业产业结构的调整、退耕还林和水稻改种甘蔗面积等原因，1986年—1991年水费无法收取。1992年，对全县各取水单位依法开征水资源费，至2005年，全县征收水资源费共430多万元。

第四节　水土保持

植树造林

1986年—1989年，龙州县因多年来的乱砍滥伐和不合理的生产开发，自然环境受破坏，农业生产条件受到制约。1990年后，根据广西水土保值工作会议精神，全县开展修复自然美化生态，再造秀美山川的群众性活动。发动群众植树造林绿化荒山，有计划有目标地进行封山育林管理，发挥大自然的自我修复功能，对荒芜贫瘠的坡畲地实行退耕还林，蓄水保土。至2005年12月，全县造林植树面积652.73公顷，种植经济林果树面积275.6公顷，封山育林面积1182.46公顷，种草面积27.47公顷。同时，1996年，以保护草植被为目的的"沼气代柴"工程，在农村兴起，至2005年，全县累计建成沼气池24689座，占农业户数的50.6%，在一定程度上缓解对林草植被的破坏。

农田水利

龙州县地处石山区的丘陵区，大部分农田在土坡面的中部或下部，坡面的上部大多是林地、草地或荒山，遇上暴雨，上部的地表径水流下，往往冲毁中部的农田，造成农田毁坏或水土流失。1986年—2005年，龙州县推进水库防洪、蓄水、灌溉功能建设和地头水柜建设等排灌系统工程。1988年，全县各乡镇分别成立水利水土保持和小水利建设管理工作组。至2005年，共对全县18座中小型水库进行技术改造和除险加固，对167处大小水利渠道进行修复改造和实施硬化工程。

小流域综合治理

2005年起，龙州县开始实施小流域综合治理工程。小流域综合治理是以小流域为单元，在全面规划的基础上，合理安排农、林、牧各业用地，因地制宜，实施水土保持工程措施、植物措施、耕作措施，做到互相协调、互相促进，形成综合防护体系，发挥最大效益。工程治理流域面积1680平方千米，包括：上降乡江村小流域面积100平方千米，下冻镇北耀小流域面积500平方千米，金龙镇贵平小流域面积700平方千米，响水镇高峰小流域面积100平方千米，上金乡上金小流域面积280平方千米。

彬桥乡垌旦村小流域综合治理工程　位于彬桥乡垌旦村，流域总面积3.1平方千米，水土流失面积2.9平方千米，占总面积的93.55%。流域内土壤表层为褐色的沙壤土，底层为红壤土，透水性强，容易崩溃流失。根据流域的地理条件，经认真分析研究，选择植物措施进行治理，即营造速生桉林，既能保护水土，又获经济效益。项目工程得到自治区水利厅的支持，2004年投资计划，安排投资50万元，其中自治区补助资金25万元，地方自筹配套资金25万元。

该项目工程建设内容有修建项目区简易作业道路长2千米，种植速生桉水保林面积80公顷。项目建设单位是县水利电力局。由于项目投资少，主要依靠当地群众投劳完成。工程实施由县水利电力局和县荣达林贸有限责任公司共同组织。2004年11月动工，2005年4月底竣工。5月，县水利电力局及时组织有关单位进行验收，施工质量达到技术要求。8月，县水土保持站对其进行全面的植后跟踪检查，苗木成活率90%，而且长势旺盛，初具规模。10月，经自治区水土保持部门组织验收，获得好评。

新旺小流域综合治理工程　位于上金乡境内，离县城15千米，流域面积23平方千米，其中水土流失面积13.6平方千米，占总面积的59.1%。项目工程建设内容主要是营造速生桉水土保持林面积37.33公顷，修建林区道路长2.4千米。总投资35万元，其中上级拨款25万元，投劳折算地方自筹10万元。2004年9月动工，2005年5月竣工，6月组织验收，成活率达到95%。

第五节　防汛抗旱

防汛

1986年—2005年，龙州县洪涝灾害时有发生。尤其是地处左江上游河谷的下冻、龙州、八角、彬桥、上金、响水等乡镇尤为严重，每逢洪水来临，沿河两岸地势较低处的农作物被淹没，损失严重。金龙镇横罗、贵平、武联村，武德乡精威村，上龙乡新联、水陇村和上降乡呼交村等地常发生内涝。其间全县共发生大小洪涝灾情9次，组织防汛抢险救灾9次，出动人员20多万人次，投入资金400多万元。其中1986年和1992年洪灾尤为严重。1986年7月23日，龙州县遭受特大洪水灾害。全县12个乡镇119个行政村1150个村民小组（占总组数的89%），31120户（占总户数69%）185162人受灾。有4人死亡，7人重伤，350人轻伤，受淹9447户，倒塌房屋7716间，造成危房9375间；受淹农田面积11980公顷，其中粮食作物8326.67公顷，经济作物3653.33公顷；造成民房损失2223万元，农业损失1495万元，工业损失407万元，公路、邮电损失175万元，供销社损失406万元，文教卫生损失1789万元。县委、县人民政府组织县直机关干部1200多人、工人2800多人、乡镇干部职工1900多人、村干部440人、村民55000多人，投入抗洪抢险工作。1250名公安干警、驻军部队，参加抢险。县防汛指挥部调集190辆汽车，250台拖拉机，50艘民船，投入抢运物资和营救灾民。抢救出被困群众2725人，粮食327.5万千克，化肥1205吨，水泥260吨。

抗旱

1986年—2005年，龙州县出现大小旱情共11次。共组织抗旱11次，出动人员50多万人次，投入资金600多万元。

1988年，春、夏旱，从4月—7月，全县高温无雨，早稻田龟裂面积2688公顷，玉米卷叶面积6000公顷，全部失收面积2373公顷；有56个行政村380个自然屯7.8万人无水饮用。八角、上降、霞秀等乡1月—7月降雨量98毫米，正常年份此期间降雨量1042毫米左右。县境51条河溪断流，43座山塘水库干涸，7.8万人和1.5万头畜饮水困难。驻军及消防队用汽车运水支援，解决受灾群众的饮水问题。

1999年，春种期间，降雨量4.8毫米，气温持续偏高。是1960年以来，旱情较为严重的一年，全县96座塘坝多座干涸，多条河溪断流；18座中、小型水库蓄水量420万立方米，比1998年同期减少1440万立方米。大量农作物枯黄，其中旱地面积6333公顷，水田面积2755公顷；全县13个乡镇115个村委的764个自然屯2.58万农户10.63万人和3.92万头牲畜饮水困难。3月25日，县委、县政府召开抗旱保春耕紧急动员大会。各乡镇先后组织14.5万人投入抗旱，出动机动车1227台（辆），机电泵1885台（套），耗柴油30吨，用电量188.1万千瓦时，县政府筹措抗旱资金38万元，群众自筹312.5万元，抗旱保苗和抢插效果明显。全县抗旱强播面积285公顷，抗旱抢播面积2646公顷，抗旱保苗面积3846公顷。大旱之年获好收成，粮食总产量45855吨，比1998年增产171吨，农民人均收入2087元，比1998年增收202元。

2003年1月—8月，降雨量1097.4毫米，比2002年同期的1117毫米减少19.6毫米，干燥高温100天。全县水库、塘坝蓄水量剧减，全县18座中、小型水库总蓄水量1390万立方米，占有效库容的40.6%，比1992年同期少893万立方米，有4座小（二）型水库和50处塘坝干涸；109处（台）机电泵中，有38处因河水水位下降无法抽水。全县农田受旱面积16233公顷，101个村委会654个自然屯共1.23万人和0.93万头牲畜饮水困难。全县投入抗旱人数6.5万人次，出动机动车872辆，机具5761台（件），用电量110万千瓦小时，柴油20吨，汽油13吨，机电泵55台；投入抗旱资金84.35万元，其中县财政3万元，乡镇财政10万元，群众自筹71.35万元。抗旱保苗面积2880公顷，抢插面积3000公顷，解决0.6万人和0.47万头牲畜的饮水困难，夺回粮食5280吨，减少各种经济损失620万元。

2004年，春、夏旱。龙州县1月—9月30日降雨量951毫米，比正常年份减少400毫米~500毫米，比2003年同期的降雨量1300毫米减少349毫米，尤其是进入汛期末尾，降雨量明显减少，8月降雨量80.9毫米，9月少于8月，10月1日—28日，连续28天全县范围内没有下过1场透雨。县境内18座中小型水库中，有2座小(二)型水库干涸，96处塘坝中有36处干涸，51条小河溪断流，原有109台(处)机电泵，因河面水位过低而无法抽水的有38台(处)。全县13个乡镇有344个村屯、农业人口10.12万人受旱，0.57万人、0.17万头牲畜饮水困难。全县受旱面积13243.33公顷，其中成灾面积2487.67公顷，绝收面积84.67公顷，粮食减产22000吨，农业、林业、水产养殖等经济损失达1211.4万元。全县投入抗旱人数4.13万人，出动机动车621辆，抗旱机械2636台次，抗旱用电3.5万度，抗旱用油15吨，抗旱资金20.25万元。经过抗旱自救，解决了0.57万人和0.17万头牲畜的饮水困难。

第二章 水利工程

新中国成立后，龙州县委、县政府十分重视水利建设，宣传发动群众因地制宜，兴修小山塘、小水库、小水坝等小型水利工程，掀起大搞农田水利基本建设高潮。至1982年，全县建成的水利工程有1059处。农村推行家庭联产承包责任制后，农业种植结构开始调整，水田改种甘蔗，水利工程管理制度一时跟不上，有的水利工程被洪水冲毁不及时维修，有的年久失修，至2005年，全县能发挥效益的水利工程439处，其中蓄水工程114处，引水工程167处，提水工程158处，总有效灌溉面积13553.33公顷。其间，全县累计投资2518.63万元，建成饮水工程335处，其中乡镇人民政府所在地饮水工程10处，学校、村屯饮水工程325处，解决饮水困难人口11.53万人，解决牲畜饮水困难6.31万头。投资4605.34万元，建成小型水电站8座，总装机容量17720千瓦，年发电量约8211.34万千瓦时。

第一节 蓄水工程

1986年，龙州县有水库18座，总库容5081.16万立方米，有效库容4572.9万立方米，灌溉面积4701.33公顷；塘坝96座，蓄水716.5万立方米；水柜3935个，蓄水30.15万立方米。2005年，有水库18座，总库容5081.16万立方米，有效库容3422.93万立方米，灌溉面积2441.33公顷；塘坝96座，蓄水549万立方米；水柜5840个，蓄水20.35万立方米。

水库

金龙水库 是龙州县唯一一座中型水库，位于金龙镇光满村。1959年11月兴建，1960年4月竣工。投资90万元，投劳60万个工日。水库集雨面积由明流暗流(泉水)2部分组成，其中明流集雨面积25.63平方千米，暗流(泉水)集雨面积24.95平方千米；总库容2320万立方米，有效库容1110万立方米，调洪库容1179万立方米，死库容40万立方米；设计灌溉面积1866.67公顷。水库溶洞多，渗漏大。2003年4月，实施金龙水库第1期加固除险工程，总投资1431.27万元。2004年1月，加固除险工程基本完成，坝顶高程333.6米，宽4.5米。2005年，有效库容

2003年3月21日，自治区、南宁地区有关技术人员到金龙水库进行现场调研，审核并通过金龙水库除险加固工程新的设计方案

1110万立方米，灌溉面积1013.33公顷。

青龙山水库　位于水口镇北胜村。1957年11月兴建，1959年3月竣工。投资13.56万元，投劳7.3万工日。水库设计灌溉面积266.67公顷，实际灌溉面积80公顷。总库容411万立方米，有效库容328万立方米，最大泄洪量32立方米/秒。由于工程施工填土辗压不够密实，导致运行后土坝外坡高程270米至坝脚出现部分渗漏，渗水流量0.03立方米/秒。1963年9月，对大坝进行防渗处理。1984年3月，对大坝进行衬砌反滤堆。2005年，工程和管理仍存在不少问题，干渠工程质量较差，漏水严重，完成投资380万元，进行水库防渗加固，有效库容328万立方米，灌溉面积80公顷。

锦阁水库　位于逐卜乡锦阁村。1966年10月动工兴建，1968年4月竣工。水库设计灌溉面积400公顷，有效灌溉面积133.33公顷，水库水源来自金龙水库和地下涌泉。总库容439万立方米，有限库容428万立方米，死库容11万立方米。正常溢洪流量26立方米/秒。历年来最大灌溉面积233.33公顷。

春秀水库　位于下冻镇春秀村隘埂屯。水库与沿边水库共同灌溉5个村的农田，设计灌溉面积666.67公顷，实际灌溉面积313.33公顷。总库容1966年10月动工兴建，1968年4月竣工。水库设计灌溉面积400公顷，有效灌溉面积133.33公顷，水库水源来自金龙水库和地下涌泉。水库总库容439万立方米，有限库容428万立方米，死库容682万立方米，有效库容572万立方米。最大泄洪流量273立方米/秒。1972年9月兴建，1975年4月竣工，工程投资133.1万元，其中国家拨款112万元、县自筹21.1万元。

水库于1977年建成引水式水电站，引水流量3.1立方米/秒，设计水头18米，发电机组1台容量125千瓦加1台容量75千瓦，为卧式水轮发电机组，设计年发电量88.28万千瓦时。

绿施水库　位于武德乡武德村。1958年1月兴建，1966年3月竣工。设计总库容193万立方米，有效库容170万立方米，最大泄洪流量144立方米/秒。设计灌溉面积400公顷，实际灌溉面积266.67公顷。1969年对溢洪道进行加固处理。1975年，建有装机容量50千瓦电站1座，1985年机坏停止发电。2005年，更新现有设备，将电站出力容量50千瓦提高到容量100千瓦。

沿边水库　位于下冻镇春秀村。1957年11月兴建，1963年4月竣工。投资36万元，投劳3.2万工日。与1975年4月建成的春秀水库并为一个灌区，共同灌溉春秀村、峒埠村、扶伦村、下冻村、两庄村5个村的农田。总库容量454万立方米，有效库容378万立方米。1997年，溢洪道出口段被水冲塌和坝首两侧崩塌，后进行除险加固维修，完成投资36万元。2005年，有效库容378万立方米，灌溉面积124.73公顷。

菊埂水库　位于八角乡菊埂村菊埂屯。1975年6月兴建，1976年2月竣工。乡级管理。设计总库容70.83万立方米，有效库容42.24万立方米；设计灌溉面积66.67公顷。1990年—2005年，先后进行4次大坝除险堵漏加固处理，完成投资15.60万元。2005年，有效库容42.24万立方米，灌溉面积40公顷。

布血水库　位于八角乡八角村板旧屯。1973年1月动工兴建，1974年2月竣工，集雨面积1.01平方千米，总库容33.74万立方米，有效库容27.02万立方米，设计灌溉面积46.67公顷，实际灌溉面积46.67公顷，受益人口700人。由于建坝时水库大坝坝身砌体过于单薄，空洞零散，坝底有漏水现象，每年水库安全检查均定为三类病险水库。

那妈水库　位于上降乡人民政府附近。1957年10月动工建设，1958年4月竣工。集雨面积4.05平方千米，总库容99.8万立方米，有效库容61.2万立方米；设计灌溉面积134.67公顷，有效灌溉面积134.67公顷。

谷坑水库　位于上金乡联甲村。1970年6月动工建设，1974年4月竣工。集雨面积4.44平方千米，总库容67.54万立方米，有效库容52.98万立方米；设计灌溉面积240公顷，有效灌溉面积140公顷。

百荡水库　位于武德乡武德村。1964年11月动工建设，1965年4月竣工。集雨面积1.0平方千米，总库容80万立方米，有效库容64.1万立方米；设计灌溉面积26.67公顷，有效灌溉面积26.67公顷。

友谊水库　位于武德乡科甲村。1963年12月兴建，1966年4月建成蓄水投入使用。集雨面积0.6平方千米，总库容25万立方米，有效库容16.9万立方米，设计灌溉面积33.33公顷，实际灌溉面积20公顷。

六通水库　位于武德乡科甲村。1957年10月动工建设，1958年6月竣工。集雨面积0.4平方千米，总库容52万立方米，有效库容43.3万立方米；设计灌溉面积20公顷，有效灌溉面积20公顷。

板止水库 位于八角乡箕斗村板箕屯。1974年7月动工建设，1975年1月竣工。集雨面积1.0平方千米，总库容49.5万立方米，有效库容46.5万立方米；设计灌溉面积60公顷，有效灌溉面积33.33公顷。

百板水库 位于彬桥乡。1965年4月动工建设，1974年2月竣工。集雨面积4.65平方千米，总库容34.45万立方米，有效库容23.73万立方米；设计灌溉面积360公顷，有效灌溉面积86.67公顷。

科烈水库 位于八角乡屏案村。1974年12月动工建设，1975年3月竣工。集雨面积1.5平方千米，总库容32.53万立方米，有效库容29.74万立方米；设计灌溉面积40公顷，有效灌溉面积26.67公顷。

那尧水库 位于上降乡呼咬村。1965年10月动工建设，1966年5月竣工。集雨面积1.22平方千米，总库容18.5万立方米，有效库容29.74万立方米；设计灌溉面积33.33公顷，有效灌溉面积20公顷。

昆丁水库 位于武德乡武德村。1955年4月动工建设，1956年10月竣工。集雨面积0.8平方千米，总库容18.27万立方米，有效库容16.02万立方米；设计灌溉面积40公顷，有效灌溉面积40公顷。

主要塘坝

布广山塘 位于逐卜乡三叉村那广屯。1957年由那广、板角、陇关等村群众投工投劳兴建。山塘系地下水伏流出口，大坝是土石结构坝，坝顶长60米，最大坝高7米，坝顶宽2.5米；总库容3.5万立方米；2005年有效库容0.8万立方米，水域面积2.33公顷。水库下游干渠长18千米，流经那广、板角、那忌、板克、陇关、伏茶、伏隆、伏德、那瑞、下渌等村屯，灌区水田120公顷。

布吕山塘 位于下冻镇扶伦村布吕屯，距县城25千米，距下冻街4千米。山塘处于布吕屯背后的谷沟里，集雨面积1.6平方千米，年均降雨量1500毫米，年均径流量1786万立方米，年均流量0.57立方米每秒。最大坝高5米，坝顶长35米，总库容5万立方米；灌溉面积200公顷，受益人口1800人。

板诺山塘 位于下冻镇春秀村、北耀农场板诺分场附近。山塘处于山谷中，呈狭长形状；大坝顶长41米，最大坝高17米，坝顶宽5.5米，坝底宽50米，坝底面上可以通车。库区长320米，宽30米，平均水深8米，总库容7.68万立方米，长年可灌溉周边农田面积20.66公顷。

布济水库 位于龙州县逐卜乡弄岗村板晓屯。1955年修建，是中华人民共和国成立后本县修建最早的一座水库。最大坝高3米，坝顶长80米，总库容10万立方米，有效库容6万立方米；水库设计灌溉面积86.67公顷，实际灌溉面积66.67公顷。大坝是石灰浆砌石坝，坝身年久失修，2005年6月15日蹭饭塘坝垮坝事故，垮坝段长8米，冲坏鱼塘33张，黑皮果蔗受淹面积120亩，无人员伤亡，直接经济损失10多万元。

板弄山塘 位于逐卜乡逐卜村板弄屯。1961年由逐卜公社组织当地群众修建，总库容6万立方米，设计灌溉面积100公顷，库区水域面积45亩，坝顶长63米，最大坝高3米，均质土坝。工程建成后成为逐卜村板弄、板旦2个屯100公顷农田面积的灌溉用水和630人口生活饮用水源。1990年以后，承包给个体进行经营，经营者放干塘水，在山塘里种植农作物，造成坝体沉陷、冲垮、渗漏，导致山塘以下的农田无水灌溉和群众无水饮用。2005年，大坝、放水涵管和排洪道严重损坏。

社屯水库 位于逐卜乡三叉村社屯、水库建于1956年，大坝为干砌石填土的土石结构坝。最大坝高3米，坝顶长220米，坝顶宽2.5米；水库水面面积160多亩，最大库容100万立方米；溢洪道长3.2千米。水库可常年蓄水，有效灌溉面积172公顷。

陇茗山塘 位于水口镇合平村。建于1975年，大坝坝长75米，最大坝高4米，集雨面积0.5平方千米，总库容5万立方米；设计灌溉面积13.33公顷，有效灌溉面积10.67公顷。

峡岗板弄山塘 位于下冻镇峡岗村板弄屯。1971年由下冻公社组织当地群众修建，总库容2万立方米，灌溉面积10.67公顷；大坝为均底土坝，坝顶长300米，最大坝高3米。

板盆山塘 位于龙州镇东合村板盆屯。建于1975年，大坝为土石结构坝，水库有水域面积120亩，灌溉面积33.33公顷。

那弄山塘 该山塘位于上降乡呼咬村，距龙州县城17千米。山塘始建于1965年，坝顶长55米，最大坝高5.5米；集雨面积0.5平方千米，总库容5万立方米；设计灌溉面积43.33公顷，有效灌溉面积10.67公顷，受益人口286人。

2000 年，自治区水利厅厅长李里宁到龙州县武德乡检查地头水柜建设情况

水柜

1999 年 10 月，龙州县开展大石山区地头水柜建设大会战。全县地头水柜建设任务为 5000 个，容量 30 万立方米，灌溉面积 7500 亩，配套造林种竹 5000 亩。至 2000 年 4 月 20 日，地头水柜已全部动工，完工 3038 个，占任务的 60.8%，总容量 18.23 万立方米，新增灌溉面积 4557 亩。造林种竹完成 7193 亩，占任务的 143.9%。8 月 20 日—27 日，地区行署组织有关人员对四个国定贫困县地头水柜扶贫工程项目建设进行交叉验收。龙州县地头水柜实际完成个数为 3429 个。验收抽查全县 13 个乡镇 47 个行政村 89 个自然屯 889 个地头水柜，占全县实际完成个数的 27%。验收水柜的结果为：优秀(90 分以上)163 个，良好(80 分 ~89 分)484 个，合格(70 分 ~79 分)239 个，不合格(70 分)3 个，顺利通过地区的验收。

表 10-1　　**2005 年龙州县主要蓄水工程基本情况表**

库型	工程名称	建设时间（年、月）	地点	集雨面积（平方千米）	总库容（万立方米）	有效库容（万立方米）	干渠长（千米）	引水量（立方米／秒）	设计灌溉面积（亩）	2005 年实际灌溉面积（亩）
合计		114 处	—	—	5818.03	3992.28	102.15	7.5	96920	56620
中型金龙水库		1959.11	金龙	50.58	2320	1110	29.65	4	28000	15200
小(一)型小计		5 处	—	37	2179	1876	50	2.8	26000	11900
小(一)型水库	沿边水库	1957.11	下冻	6.5	454	378	1	0	与春秀水库同一灌区	
	青龙山水库	1957.11	水口	4.37	411	328	6	0.5	4000	1200
	绿施水库	1958.1	武德	3.33	193	170	15	0.6	6000	4000
	锦阁水库	1966.10	逐卜	2	439	428	10	0.7	6000	2000
	春秀水库	1972.9	下冻	20.8	682	572	18	1	10000	4700
小(二)型小计		12 处	—	39.97	582.18	436.93	15	0.55	16520	9520
小(二)型水库	那妈水库	1957.10	上降	4.05	99.8	61.2	2	0.15	2020	2020
	谷坑水库	1970.6	上金	4.44	67.54	52.98	1.5	0	3600	2100
	百荡水库	1964.11	武德	1	80	64.1	0	0	400	400
	菊埂水库	1976.6	八角	19.3	70.85	42.24	3	0.1	1000	600
	六通水库	1957.10	武德	0.4	52	43.3	0.5	0.05	300	300
	板止水库	1974.7	八角	1	49.5	46.5	0	0	900	500
	布血水库	1973.1	八角	1.01	33.74	27.02	0	0	700	700
	百板水库	1965.4	彬桥	4.65	34.45	23.73	4	0.2	5400	1300
	科烈水库	1974.12	八角	1.5	32.53	29.74	0	0	600	400
	友谊水库	1963.12	武德	0.6	25	16.9	3	0.05	500	300
	那尧水库	1965.10	上降	1.22	18.5	13.2	1	0	500	300
	昆丁水库	1955、4	武德	0.8	18.27	16.02	0	0	600	600

续表

库型	工程名称	建设时间（年、月）	地点	集雨面积（平方千米）	总库容（万立方米）	有效库容（万立方米）	干渠长（千米）	引水量（立方米/秒）	设计灌溉面积（亩）	2005年实际灌溉面积（亩）
主要塘坝小计		10处	—	12.65	230	193	7.5	0.15	7270	3080
主要塘坝	空六水库	1957.10	百称	2.2	83	82	2	0.15	2000	500
	黎明水库	1966	上金	0.3	19	13	0	0	450	0
	那良水库	1958	逐卜	2	24	13	0	0	500	500
	百录水库	1972	上降	1.4	12	12	0	0	450	450
	板冷水库	1970	逐卜	0.7	31	24	0	0	220	80
	六芹水库	1958	上金	3.15	16	13	0	0	500	200
	猛防水库		水口	1	15	10	1.5	0	150	150
	马安山水库		水口	1	10	10	2	0	200	100
	板土布水库		水口	0.5	10	10	2	0	1500	100
	布济水库	1955	逐卜	0.4	10	6	0	0	1300	1000
其他小塘坝小计		86处		0	486.5	356	0	0	10530	9420
水柜		5840处		0	20.35	20.35	0	0	8500	7500

第二节　引水工程

1952年—1976年，龙州县大力进行引水工程建设。这个时期，新建较大的饮水工程有水陇水利和峒桂水利2处，小型引水工程144处。总设计引水流量13.541立方米每秒，正常引水流量15.485立方米每秒，枯水流量4.74立方米每秒。设计灌溉面积3412.6公顷，有效灌溉面积2601.9公顷。至1985年，由于渠道渗漏、崩塌、淤积和失修，灌溉面积仅为2086.66公顷。1986年以来，龙州县每年开展冬春水利建设，组织干部群众投工投劳，对水利渠道进行维修加固、清除淤泥、渠道硬化。其间，还建设彬桥乡卫龙关水利渠道灌溉工程、上龙乡武权村排灌引水工程、呼交引泉工程等，至2005年，全县引水工程167处，水利渠道硬化120.89千米，灌溉面积2196.6公顷。

峒桂水利

位于水口镇峒桂村峒桂河，总集雨面积984平方千米。灌溉水口镇、下冻镇、龙州镇、北耀农场、龙北农场2352公顷，属中性5级灌区。水利工程于1958年1月兴建，总投资12.88万元，1959年3月开始灌溉农田。1972年，建设配套工程，维修双引反洪管1座，长32米；砌石槽3座，120米；穿公路桥5座、村桥9座、便桥22座、渠座拱涵4座、平交道3座、排洪闸6座、分水闸6座、平安门123座、砌石拱暗涵7座、混凝土盖板暗涵2座、混凝土卧地渠槽2座、单双边挡土墙渠堤15千米、砌石三面光渠道防渗18千米、水泥预制板3千米。设计灌溉面积1000公顷；1974年—2002年，灌溉面积853.33

峒桂水利防渗工程全线恢复通水

（摄于2003年3月21日）

公顷。2003 年—2005 年，投资 433 万元，配套支渠 12 条 29.19 千米，配套斗闸门 114 座，泄洪闸 4 座，年灌溉面积 920 公顷。

水陇水利

位于上龙乡上龙村水陇屯。是水陇河地下伏流水陇涌泉的出口，集雨面积 54.5 平方千米，最大流量 80 立方米每秒，最大引水流量 5 立方米每秒，正常引水流量 2 立方米每秒，枯水期引水流量 0.5 立方米每秒，东干渠长 11.1 千米，西干渠长 10 千米，尾水注入左江。工程始建于 1956 年，由县民政科拨款 3.8 万元兴建；1957 年春，初成小工程规模，当时灌溉面积 500 亩。1973 年 5 月进行工程扩建，1976 年 5 月建成并开始灌溉农田，是引水、灌溉、蓄水、排水四结合的工程。工程由 1 座拦河大坝、10 座结瓜塘库、2 条干渠和 1 座小电站组成，最多上工地施工民工 6000 余人，投劳 100 多万工日，投资 60 万元，属中型 5 级灌区。

水陇坝坝型为浆砌石宽顶堰，最大坝高 4.1 米，坝顶宽 1.2 米，坝顶长 120 米。工程设计引水流量 5 立方米每秒，最大引水流量 5 立方米每秒，正常引水流量 2 立方米每秒，枯水期引水流量 0.5 立方米每秒，年平均引水流量 0.39 亿立方米。工程设计灌溉面积 1000 公顷，有效灌溉面积 466.67 公顷，实际灌溉面积 293.33 公顷。1982 年以来，渠道渗水失修，引水流量从 1980 年的引水流量 4 立方米每秒减少到 0.5 立方米每秒，灌区大部分农田改种甘蔗，1985 年灌溉水田面积 66.67 公顷，2005 年实际灌溉水田面积 66.67 公顷。

灌区分东、西 2 条干渠，共长 21.1 千米，其中东干渠长 1.1 千米，西干渠长 10 千米。支渠 1 条长 3.9 千米。灌区有 10 座小塘库，总有效库容 623.4 万立方米，其中结瓜塘库 9 处，有效库容 551 万立方米。工程土石方 62.67 万立方米，其中混凝土 538 立方米。工程总投资 145.86 万元，其中枢纽工程 60 万元。

工程附属建筑物有泄洪闸 6 座。小水电站 1 座，装机容量 50 千瓦，水电站于 20 世纪 80 年代报废。

响水镇图强板亮干渠工程

1968 年建设，设计灌溉面积 53.33 公顷，2005 年灌溉面积 53.33 公顷。由于工程运行多年，渠道老化严重，逐年减少灌溉面积。2005 年，板亮干渠重修修建，恢复原有的灌溉面积。干渠长 950 米，设计流量为 0.14 立方米每秒，设计矩形断面 0.50 米 ×0.60 米，工程总投资 12.14 万元。

上龙乡武权村排灌引水工程

位于上龙乡武权村，引水灌溉百嗦、陇虾、弄灰 3 个屯。工程于 2004 年 2 月 1 日动工，2004 年 3 月完工，总投资 29.2 万元，其中自治区补助 6 万元，地方自筹 23.2 万元；灌溉面积 53.33 公顷。

呼交引泉工程

位于上降乡呼交村板亚屯附近的布儿洞。工程引用布儿山洞中的泉水来灌溉农田，于 1992 年 7 月动工建设、当年完工。工程从洞口到洞中泉水的水平距离 210 米，正常流量 0.35 立方米每秒、枯水流量 0.18 立方米每秒；设计灌溉面积 1200 亩；解决呼交村稂娘屯、稂棒屯 1300 人和耕牛 160 头的人畜饮水困难。工程总投资 4.16 万元，实际灌溉面积 53.33 公顷。

保卫水坝

位于武德乡保卫村枯贡屯。工程有引水灌溉和蓄水发电 2 大功能，于 1971 年 2 月建设，1974 年 5 月建成并投入使用。保卫水坝主要是拦蓄枯贡河的水，枯贡河由武德乡科甲村流向越南下琅县，再流出武德乡保卫村枯贡屯，然后再流向越南下琅县，在越南下琅县汇合其他支流汇成合平河后，流出水口镇合平村。保卫水坝最大坝高 2 米，坝顶宽 1 米，坝顶长 40 米，设计库容 1 万立方米，实际库容 0.5 万立方米。水库实际引水灌溉面积 66.67 公顷。

甫茶水坝

位于逐卜乡弄岗村甫茶屯。水坝始建于 1965 年，属引水坡坝，坝顶长 12 米，最大坝高 2 米，大坝为混合坝，坝面混凝土浇筑。设计灌溉面积 25.33 公顷，有效灌溉面积 25.33 公顷，受益人口 240 人，三面光防渗渠道长 2 千米，矩形断面 0.4 米 ×0.4 米，设计过水流量 0.05 立方米每秒。

那渠水坝

位于下冻镇扶伦村那渠屯，是座以灌溉为主的引水坝，设计灌溉面积23.33公顷。工程于1973年12月动工兴建，1974年5月建成蓄水投入使用。引水坝由大坝、引水闸、引水渠等组成，大坝坝顶长44米，最大坝高3.1米，坝顶宽1.3米，坝型为浆砌石重力坝。大坝已运行多年，坝体渗漏老化严重，有些部位已经塌陷，灌溉能力逐年下降，2005年实际灌溉面积10公顷。

2003年建成的彬桥乡卫龙关水利渠道灌溉工程

百他水库

位于金龙镇民建村南面，灌溉花都村农田面积964公顷。水库始建于1957年，最大坝高5米，坝顶长120米，总库容9.8万立方米，库区西南面有1常年流水涌泉，最枯水期流量0.12立方米每秒。坝型为土石混合坝，即中间填土，内外坡及坝顶用石灰砂浆砌衬石包皮，质量非常差，坝基清基不彻底，自建库以来严重漏水，常年带病运行。1972年12月进行大坝右端堵漏，并衬砌片石溢洪坝。2004年8月，为大坝安全度汛，启动防洪预案，采取临时措施，降低水位，投资8000元修建1道挡水墙。

表10-2 **2005年龙州县主要引水工程情况表**

工程名称	工程地点	设计引水流量（立方米/秒）	正常引水流量（立方米/秒）	2005年引水流量（立方米/秒）	设计灌溉面积（亩）	实际灌溉面积（亩）	2005年灌溉面积（亩）	渠长（千米）	
								干渠	支渠
全县合计167处		13.6811	14.87	5.58	74269	39949	32949	87.8	33.09
一、1立方米每秒以上2处小计		8.5	9	2	50280	16000	9000	75.25	33.09
峒桂水利	峒桂屯	3.5	4	1.5	35280	11600	8000	54.15	29.19
水陇水利	水陇屯	5	5	0.5	15000	4400	1000	21.1	3.9
二、0.1至1立方米每秒以下共15处小计		2.31	3.77	1.68	12899	12859	12859	12.55	0
百他	民建村	0.3	0.5	0.15	1000	960	960	1.5	0
那派	合平村	0.2	0.5	0.2	809	809	809	1	0
柘隆	峒桂	0.1	0.5	0.2	350	350	1.6	0	
板奥	峒桂	0.1	0.5	0.1	250	250	250	0.6	0
派怀	扶伦村	0.12	0.3	0.1	1260	1260	1260	0.5	0
派敏	扶伦村	0.1	0.1	0.1	400	400	400	0.2	0
那浪	那浪	0.1	0.1	0.1	500	500	500	0.5	0
图强	板亮	0.14	0.14	0.14	800	800	800	0.95	0
那雷	安镇	0.2	0.3	0.2	1152	1152	1152	1	0
板门	板门	0.2	0.2		1689	1689	1689	0.3	0
民强	民强	0.1	0.1	0.1	848	848	848	0.6	0
布棉	塘巧	0.1	0.1	0.05	526	526	526	0.3	0

续表

工程名称	工程地点	设计引水流量（立方米/秒）	正常引水流量（立方米/秒）	2005年引水流量（立方米/秒）	设计灌溉面积（亩）	实际灌溉面积（亩）	2005年灌溉面积（亩）	渠长（千米）	
								干渠	支渠
两庄	两庄	0.2	0.2	0.1	600	600	600	1	0
马龙	峡岗	0.1	0.08	0.04	200	200	200	2	0
峡岗	峡岗	0.25	0.15	0.1	2515	2515	2515	0.5	0
三、0.1立方米每秒以下共150处小计		2.8711	2.1	1.9	11090	11090	11090		

第三节　提水工程

1959年—1984年，龙州县建设的机电提水灌溉站、水轮泵站、电灌站等提水工程496处，装机633台，总有效灌溉面积5713.33公顷。至1986年，能发挥效益的提水工程仅有153处，总有效灌溉面积3700公顷。至2005年，全县有各种提水工程158处，装机168台，总有效灌溉面积7580公顷。

柴油机抽水站

20世纪50年代末至70年代初，是本县发展柴油机抽水的黄金时代。1975年以后，电力灌溉逐步发展，固定柴油机抽水站逐渐淘汰。近年来，只有广泛进入农户的轻便移动式柴油抽水机。1991年全县有移动式抽水机1240台，总功率8107.4千瓦。到2005年，移动式柴油抽水机已普遍进入农家，主要用于临时性抗旱。

水轮泵站

1985年以前，全县共建有水轮泵站73处，1985年以后没有新建设的水轮泵站，到1985年还能发挥效益的水轮泵站只有16处，到2005年全县仅剩下10处小型水轮泵站发挥效益，灌溉面，29.67公顷。

七里滩水轮泵站位于下冻镇驮江村和霞秀乡东合村交界处的河段。1969年7月兴建，总投资96万元，其中国家投资50万元，地方投资46万元，1970年2月建成投产。拦河坝为钢筋混凝土溢流坝，坝高12.65米，坝顶长107.5米，南岸干渠长6千米，北岸干渠长26千米。安装100型水轮泵2台、60型水轮泵38台，支渠16条55千米，渡槽9座980米，反虹管1条216米，隧道2条120米。设计灌溉面积880公顷，实际灌溉面积720公顷。1979年加装2台水轮发电机组，总容量504千瓦。1985年，南岸干渠仍发挥效用，灌溉面积200公顷，北岸干渠灌溉面积已减到286.67公顷。1986年4月开工改建为七里滩水电站，9月建成投产，装机4台，单机容量1250千瓦。10月，在河西岸安装6台电灌设备收水灌溉，总容量375千瓦，提水流量0.856立方米每秒，设计灌溉面积153.33公顷，有效灌溉面积80公顷；工程总投资50万元，灌区干渠2条共32千米，目前只使用10千米，已防渗渠段长1千米。工程由七里滩水电站派2名人员管理。2004年水电站体制改革后，电灌设备的抽水灌溉用电由水电站无偿供给，电灌站分别由龙州镇和下冻镇所在村管理，2005年实际灌溉面积113.33公顷。

电灌站

1975年鸭水滩水电站建成后，县境内逐步以电力抽水灌溉取代柴油机抽水灌溉。到2005年，全县有各种电灌站提水工程148处，共装机173台，有效灌溉面积7333.33公顷。

第四节　防洪排涝工程

龙州县地处岩溶山区，境内有左江及其支流水口河、平而河、明江河等河流横贯其中，季风气候明显。降水不均，每年暴雨多集中在7月—9月份，洪涝灾害平均3年一遇。每逢暴雨到来，河水上涨，沿江两岸地势较低的河岩及洼地，因溶洞暗流，闭谷排泄不畅，造成水灾。常受涝灾的有龙州、下冻、彬桥、八角、响水、逐卜、金龙、武德等乡镇，易涝面积 53122 亩，占全县总耕地面积的 12.36%。1986 年—2005 年，龙州县先后投入 2188.53 万元，投劳 97.35 万工日，建设和治理疏通、加固 10 个主要防洪排涝工程，共疏通加固排涝渠长 28.3 千米，疏浚河道长 12.42 千米。

金龙至逐卜至响水疏河排灌工程

工程位于县境内东北部，北面连金龙镇，东南面分别与大新县、崇左市江州区相接。主要河道有 3 条：第一条由金龙镇敢赛流经逐卜乡锦阁、逐卜、卫国、峪阳流入响水镇龙江村；第二条由金龙镇侵笔村百他屯地下水流经逐卜乡牌宗、崇德、弄岗穿入地下流出布济水库到峪阳又穿过山洞流入响水镇龙江村；第三条由大新振兴乡经团结水库往响水镇图强村流入龙江村。三条河汇合后，在响水镇龙江村流至响水汇入左江。流域集雨面积约 477 平方千米。

1977 年 1 月，龙州开始实施逐卜至响水疏河排涝工程。投资 88 万元，投劳 88 万工日，挖土 12.82 万立方米，填土 1.3 万立方米，开石 5.533 万立方米，砌石 3180 立方米；清除阻塞在溪流中的乱石、卧石河段长 8.3 千米，除涝面积 276.66 公顷；5 月，逐卜乡弄岗村群众在下乡工作组的帮助下，组织 200 多个劳动力，突击半个月，开通长 3 千米长的排涝渠道，除涝面积 100 公顷。当年，金龙至逐卜至响水排灌工程基本完成。

2003 年—2005 年，投资 298 万元，挖掘排涝渠道 1.3 千米，挖掘排涝河道 6.6 千米，疏浚河道 12.42 千米。金龙、逐卜、响水 3 个乡镇 8 个行政村受益，恢复有效灌溉面积 1396.53 公顷，改善有效灌溉面积 767.33 公顷，受益人口 11730 人。

水陇至三眼桥排洪工程

水陇至三眼桥溪渠长 14 千米。原溪渠残败，年久失修，每当春、夏之交，山洪暴发，水陇至三眼桥的溪渠洪水横溢，庄稼受淹；县城的新市场、新填地、合龙街等地经常受淹，人民生命财产安全受到威胁。1978 年冬季，县政府组织人力、物力修补自水陇至弄平段排洪渠，共长 8 千米。1979 年投资 22 万元，动用 12 台推土机疏浚排洪渠；完成土方 12 万立方米，片石 1.5 万立方米；修复从弄平至三眼桥段的排洪渠道共长 6 千米，泄洪流量 20 立方米 / 秒，除涝面积 300 公顷。2004 年—2005 年，随着都市名城商住区、三眼桥住宅小区的开发建设，逐步对三眼桥段的排洪渠道进行改造、扩建。

青龙、合龙两沟整治与疏浚

青龙、合龙两沟是龙州县城卸污排洪的主要通道。由于特殊的地理位置，汇集来自上游的水陇大洪水在这里形成滞洪区。尤其是 20 世纪 80 年代以来，居民大兴建设住宅，违章建筑横跨沟道，一些居民向两沟倾倒生活垃圾和废弃物，造成两沟严重阻塞。汛期下一场大雨，既造成涝灾。2004 年 4 月 30 日，县政府投资53万元，投劳5.7万个工日，挖土18644立方米，水泥2717.85吨，浆砌石16701立方米，混凝土1923立方米。工程竣工后，疏浚青龙沟长 2.6 千米，过水流量 23.95 立方米 / 秒；合龙沟长 2.94 千米，过水流量 16.34 立方米 / 秒。基本结束了两沟堵塞滞流、腐烂发臭、积水成灾的历史。

武德乡新联村排涝工程

武德乡新联村（今属上龙乡）下辖的廷弄、铺茶、牌站、那毕、坡那等 5 个自然屯 380 户人家，世代傍山而居于四面环山的念吾闭谷之中，几乎与外界隔绝。水陇岗高数十米，是出山的唯一通道。每逢暴雨降临山洪暴发，溶洞暗流排泄受阻，整个闭谷变成一片“汪洋”，积水成灾，耕地面积 13.33 公顷全部淹没。过往行人，以竹排为渡。洪涝灾害 3 年一遇，世代如此，人们只是望“洋”苦叹。1966 年，新联村党支部发扬“愚公移山”精神，率领群众决心打通才水陇岗隧洞，实施防洪排涝工程。工程自 1966 年 4 月动工至 1969 年 8 月 1 日竣工。在 3 年多的时间里，有 48 人坚持常年在工地施工，有 37 人在后方编织竹藤器具和筹集钱粮支援工地，新联村干部群众实施防洪排涝工程，坚持每天挖山不止的精神，感动了前来参观的干部和群众。大家都伸出了援助之手，其中县直机关参观后捐资 5000 元，购买工具、炸药和水泥送到水陇隧洞工地，促进了整个工程的如期完成。共投劳 1.5 万多工日，凿通隧洞长 210 米，除涝耕地面积 1333.33 公顷，结束了廷弄、铺茶、牌站、那毕、坡那 5 个屯“十年九涝”的历史。

但由于当时受技术和材料限制，隧洞中存在个别地段凸起和排涝还不够顺畅等问题。2001 年，县政府投资 10 万元，重新开挖、降低洞中凸起地段和拓宽加深隧洞进口前的渠道，并将排涝渠道延伸 5 千米，使除涝面积从 1969 年的 146.67 公顷扩大到 2001 年的 206.67 公顷。据统计，整个工程投劳 2.15 万工日。

金龙镇高山村岩思、陇荷排洪渠道工程

金龙镇高山村岩思、陇荷 2 个屯地处中越边境。岩思屯有 68 户 340 人，耕地面积 1020 亩；陇荷屯有 58 户 284 人，耕地面积 560 亩。由于特殊的地理环境，每年汛期，2 个屯的排洪全靠天然排水岩洞泄洪，当日降雨量达到 50 毫米以上时，便出现严重内涝，群众经济损失惨重。2005 年，岩思、陇荷 2 个屯各修建 1 条排洪沟，岩思屯排洪沟长 250 米，设计过水断面宽 3 米、高 3 米；陇荷屯排洪沟长 105 米，过水断面宽 3.9 米、高 1.5 米。2 项工程总投资 10.16 万元。

金龙镇侵笔村念连排洪沟工程

金龙镇侵笔村念连屯有 41 户 216 人，耕地面积 246 亩。由于在念连屯附近有 1 处水源，每年洪水期间，从此处涌出的洪水冲毁农田，使大片农田肥力降低，变成劣质田，有的甚至石漠化。农作物收成逐年减少，群众生活水平受到很大的影响。2005 年开始修建念连排洪沟工程，主要建设内容有：排洪沟 3 面光防渗衬长 300 米、人行便桥 3 座、洗涤池 1 座、闸门 1 座。工程总投资 14.48 万元。

逐卜乡卫国村秾内至弄乞排涝渠道工程

逐卜乡卫国村秾内屯至弄乞屯排涝渠道沿线地势平坦，河床浅，渠道内石板凸起，高于两岸田地。每年 5 月—8 月，来自集雨面积以外的洪水通过地下暗河涌人旧渠道，泛滥成灾。每年受涝少则 2 次，多则 3 至 4 次，几千亩良田顷刻间变成一片汪洋大海，造成粮食作物及经济作物严重损失。同时，由于地理环境的制约，受历年洪水冲刷，该区域河道两旁田地跑土、跑肥，石头裸露，肥沃的土地肥力逐年降低。当地群众迫切要求改变现状，疏浚该河段，改善生产生活条件。

从 2003 年开始，在原有旧渠道的基础上进行疏浚，疏浚后其排洪断面过水流量 55 立方米 / 秒，渠底宽 9 米，过水深 2.6 米，边坡 1∶1，比降 1/1000，渠道超高 0.5 米；工程总投资 38.94 万元。

上金乡进明村陇根排涝工程

陇根排涝工程是自治区国税局专项投资工程。工程项目有排洪渠道长 2.8 千米，断面为单底宽 2 米，过水深 1.5 米，过水流量 8.3 立方米 / 秒，蓄水池 1 座容量 2500 立方米。工程于 2005 年 12 月 18 日动工兴建，至 2006 年 3 月 23 日全部竣工，总投资 30 万元。

金龙镇板梯村陇青屯排涝工程

陇青屯是金龙水库上游地区个偏僻的小山村，受地理环境的影响，每年正常降雨量均遭受洪灾。2005 年 6 月份，陇青屯群众致信崇左市委书记罗殿龙，反映该屯水淹情况。罗殿龙就反映情况做出批示，要求有关部门制定方案予以解决。7 月，县水电局、公安局和金龙镇人民政府等组成工作组，对陇青屯地情及受淹情况进行实地勘察、调查，及时向上级报告。当年年底工程全线开工，修复陇棍塌方段，开挖土石，砌明渠；打通原有的战棍隧洞；开挖明渠流经布教至山脚地下暗河。工程开挖土方 498 立方米，石方 2346 立方米，浆砌石 1584 立方米，批挡 3120 平方米，运土石方 1680 立方米，投资 5.77 万元。

金龙镇贵平村板探、陇底排洪渠及排水隧洞工程

板探、陇底两屯周围大石山环抱，原有排水渠系只能通过有限的天然岩洞排洪，其中 1 个大的天然排水洞口径在 2 米左右，洞外有 4 米高的大石头及天然土坡挡住，往山内约有 18 米深的天然岩洞。正常年份的降雨量，这些天然岩洞可满足泄洪量要求，但遇上超正常年降雨量时，洪水就无法及时排泄，造成严重的洪涝灾害。2005 年，2 个屯遭受历史罕见的 2 次洪涝灾害，直接经济损失 50 多万元。

排水工程从2005年底实施，主要是开挖拓宽排水进口和排水隧洞，增加泄洪量。开挖工程引水从板探跨过沿边路至排水洞口长300米，天然排水洞前土坡长25米、宽2米，往山岩隆洞深18米、宽4米。开挖土方109立方米，坡面开挖605立方米，开挖石777立方米，隧洞开石72立方米。总投资7.68万元。

第五节　供水工程

1991年—1992年，龙州县利用中低档工业品以工代赈资金172.97万元，建设人畜饮水工程3处，解决饮水人数1.5万人，解决牲畜饮水数0.44万头。1997年10月—1998年12月，广西开展扶贫开发以工代赈项目人畜饮水工程大会战，龙州县实施项目工程185处，总投资1507.72万元。解决饮水人数5.076万人，解决牲畜饮水数3.4万头。

龙州县水厂

位于县城的西部，前身是县火力发电厂的一个车间，于1965年7月向外供水，当时仅有一条抽水船，一个水塔，供水管径为直径150毫米铸铁管，全长2千米，只向县委及县政府供水。1982年供水车间和县火力发电厂分家，于同年7月1日成立县自来水厂。建厂初期也仅有一条抽水船，日处理水能力为4000立方米的简单反应池和平流沉淀池以及水塔各一座。1985年县自来水厂开始扩建，改造反应池和平流沉淀池，新建半地下式供水泵房和河岸式取水泵房，使供水能力达到1.5万立方米/天，从1998年开始，由于县城发展用水量的增长，县水厂再次进行改造，使供水能力提升到2004年的2万立方米/天。水厂成立之初人员28人，至2004年发展到122人。供水管道长度由2公里扩展到72公里。固定资产1000万元，日供水能力2.2万立方米，供水面积4平方千米，供水人口6万人，管网总长73千米，直径75毫米，供水管道32.2千米，贸易结算水表7588只，年供水量600万立方米。主要设备有取水泵装机容量75千瓦机组2台，55千瓦机组1台；供水泵装机容量160千瓦机组1台，132千瓦机组1台，75千瓦机组2台，55千瓦机组1台；净水设施有日处理水12.2万平方米的反应池、斜管沉淀池各1座。消毒用的二氧化氯发生器1台，浊度仪1台。化验室达到可分析26项指标能力，水质综合合格率99%以上，设有管网压点4处，管网平均压力达2.4千克。2005年，工业总产值590多万元，销售收入600多万元，上缴税金3万元，亏损41万元。

水口水厂

位于水口镇驮怀屯。总投资108.87万元，日供水能力500立方米，供水人口4350人。工程于2002年1月竣工。工程配套有建成圆筒式抽水泵房1座，圆筒内径5米，安装LS80-50-200A水泵机组1套；建成容量200立方米的清水池1座；建成面积350平方米的管理房1栋；安装50W25-30-5.5排污泵1套，配套容量5.5千瓦的电动机；建成净化消毒室1间，建筑面积50平方米，净化系统采用1套KG-L-960垂直重力式净水器，消毒系统采用1台H908-50型二氧化氯消毒剂发生器1台；建成二级泵站1座，建筑面积60平方米，安装LS80-50-200A水泵机组2套，其中1套备用；配套11千瓦容量的电动机，水厂采用变频调压直供运行方式，安装有KZS-65-32型全自动供水设备1套。水厂的供电是由附近10千伏输电线路路径1台S9-50/10型变压器接入，主供水管全长2564米。

2001年建成的水口水厂

武德乡供水工程 武德乡原简易供水工程建于1985年，由绿施水库直接引水至街上供水。由于用铸铁供水管引水管径小，淤积严重，造成供水不足，当地群众用水非常困难。

2000年6月，利用边境建设大会战资金，兴建武德乡供水工程。工程是从绿施水库用长2960米的PVU.C管供水管道将水引至武德街水厂管理处，经净化消毒后进入清水池，再用水泵加压送到用户，日供水量250吨，供水人口2600人。工程总投资36.68万元，其中建筑工程费10.23万元，设备购置费16.18万元。建有加压泵站及办公室1座，建筑面积57.30平方米；管理房1栋，建筑面积222.80平方米；原有容量80立方米的旧水池改为地下式清水池，容量100立方米，新增供水管路长450米。泵房内装有IS65-50-160B水泵机组2套，配套电动机功率3千瓦，安装PLC控制KZS型变频调速全自动供水设备1台；KG-L-360型净化设备1套，H908-20型二氧化氯消毒剂发生器1台。工程开挖土方2940立方米，填土2149立方米，浆砌石84立方米，浆砌砖245立方米，混凝土248立方米，投劳3600工日；使用钢材8吨，木材8.6立方米，水泥110吨。

工程建成后，由县水利电力局乡镇供水公司统一管理，管理人员2人，解决了武德街及附近群众的伙用水问题。

上降乡供水工程 上降乡政府驻地常住人口1100人，因没有自来水厂，干部职工和居民群众仅靠小沟来解决饮水问题，其水质不符合国家规定的生活饮用水标准，直接影响当地群众的日常生活和身体健康。

新建的上降乡自来水厂供水规模为日供水量170吨，受益人口1450人，引水源为板楞屯山泉。该工程于2001年4月20日动工兴建，其中建有面积100平方米的管理房1栋；泵房、消毒间、值班室共1座，建筑面积50平方米；容量1000立方米的高位清水池1座。在泵房安装IS65-40-250A水泵机组2套(I套备用)，配套11千瓦的电动机1台，在水泵出水管后安装H908-30型二氧化氯消毒剂发生器1台，水泵电源由泵房附近的10千伏输电线路经1台S9-30/10型变压器接人，供水主管网采用热镀锌钢管，其中直径100毫米、直径80毫米、直径65毫米、直径40毫米热镀锌钢管的长度分别为3200米、200米、400米和100米。工程开挖土方497立方米，浆砌砖200立方米、混凝土63立方米、投劳2800工日，使用钢材6.6吨，木材12立方米、水泥38吨；工程总投资46.33万元。

上降乡水厂建成后，由县水利电力局乡镇供水公司统一管理，管理人员2人，解决上降乡政府所在地居民群众的生活用水问题，保障当地居民的饮水卫生。

彬桥乡供水工程 工程位于乡政府所在地，驻地有干部职工、街道居民共3000人，加上周边11个自然屯的群众3185人，总人口6185人。未建水厂前，当地居民饮用的是井水或塘水，用水非常困难，直接影响当地干部群众的正常生活和生产。

2000年12月，利用边境建设大会战资金，兴建彬桥乡供水工程。建设规模为日供水量350吨，取水水源为布蒙泉水。建有取水泵房1座，建筑面积18平方米；加压泵房1座，建筑面积50平方米；清水池1座，容量200立方米；管理房1栋，建筑面积180平方米；收费兼办公室1栋，建筑面积42平方米；配供水管网长4600米，其中供水钢管长3700米、供水水泥管长900米。取水泵站装有容量15千瓦水泵机组2套(1套备用)；加压泵站安装2套510065-00水泵机组(1套备用)，配套电动机容量22千瓦；安装KZS-260-44PIC变频调速全自动供水设备1套，H908-50二氧化氯消毒剂发生器1台。工程开挖土方3218立方米，填土2529立方米，浆砌砖55立方米，浆砌石20立方米；投劳6700工日；使用钢材4.53吨，木材8.58立方米，水泥85.5吨。2001年8月竣工。工程总投资93.79万元，其中建筑工程费27万元，设备购置费40万元，安装工程费5.5万元，其他费用21.29万元。

彬桥乡供水工程建成后，由县水利电力局乡镇供水公司统一管理，管理人员2人。

金龙镇供水工程 金龙镇政府驻地有常住人口3559人。1983年，金龙镇利用国家拨款19万元和部分自筹资金已建有简易的供水工程，水源取自镇政府旁边山洞中的地下水，提水至高位水池，给镇政府机关及部分居民供水。但由于资金有限，供水干管采用冷镀锌薄钢管，因质量不好，钢管严重锈蚀致使大量漏水，加上管径偏小，日供水量仅为250立方米，大部分居民用水仍到泉水边挑。

2001年5月，利用边境建设大会战资金，在原供水工程的基础上扩建供水工程。水源仍为原水厂的水源，日供水量约300立方米，供水范围金龙镇及周边农村共6000多人。工程总投资30.89万元，其中建筑工程费8.87万元，设备及安装费8.87万元，其他费用12.95万元；工程开挖土方1475立方米，填土470立方米，开石10立方米，浆砌石121立方米，浆砌砖56立方米，混凝土9立方米，使用钢材2.35吨，水泥12.1吨，木材8.34立方米，投劳2457工日。工程建成泵房1座，清毒间、值班室1座，建筑面积32平方米；管理房1栋，建筑面积100平方米；供水主管路长1220米，泵房安装IS80-50-250B型抽水机组1套，KG99-50A型二氧化氟水消毒发生器1台。该水厂改建后，解决了当地居民的生活用水供应不足问题。

工程建成后，由县水利电力局乡镇供水公司统一管理，管理人员5人，与金龙水库管理所在编人员调配使用。

八角供水工程 八角乡政府驻地有人口920人，因没有自来水厂，当地的干部、群众均需到小山溪去挑水饮用。

2001年4月20日，八角乡供水工程动工兴建。建成加压泵房1座，建筑面积46平方米；清水池容积150立方米，高程320米的钢筋混凝土圆形高位水池1座；100平方米管理房1栋；面积400平方米的10千伏输电线路降压站1座，配备型号为S9-30/10千伏变压器1台；泵房内安装IS65-40-200水泵配Y132S2-2电动机2套；输配水管道长6130米。

工程总投资50.33万元，其中建筑工程费12.48万元。工程开挖土方2030立方米，填土464立方米，浆砌砖109立方米，浆砌石71立方米，混凝土72立方米，投劳2600工日使用钢材4吨，水泥26吨，木材12立方米。日供水量为200立方米，供水人口2700人，水源为距乡政府所在地3.3千米的那素屯附近的山泉水。

工程建成后，由县水利电力局乡镇供水公司统一管理，管理人员3人。工程的建成大大改善当地机关干部、群众的工作和生活条件。

响水供水工程 工程位于响水镇政府所在地，涉及响水新街干部、居民4452人，以及周边5个自然屯的群众4961人，总人口9413人。

工程于1996年5月开工，1997年10月建成投入使用。响水供水工程设计生产规模为日供水量1480立方米，总投资293.67万元。工程主要建设内容有钢制泵船1艘；悬浮式斜管沉淀池（治理水量120立方米每小时），重力式无阀滤池（治理水量120立方米每小时），药房兼值班室各1座；水池4座，总容量1040立方米；安装10千伏安配电变压器1台、电泵2套，装机2台单机容量75千瓦；架设10千伏输电线路长350、380伏输电线路长400米；敷设供水管路共长16.28千米；建设水厂宿舍楼、办公楼各1栋建筑面积共73.73平方米。

工程建成后，由响水电力管理站管理，主管单位为龙州县水利电业有限公司，2005年实有管理人员6人。

逐卜供水工程 位于逐卜乡逐卜村。工程于1996年10月开工，1998年4月竣工。设计日供水量400吨，实际日供水量249吨，年供水量9.1万吨，供水人口2400人。工程总投资70万元，全部是国家投资。工程没有完整的沉淀、过滤、消毒系统，属于简易抽水供水系统。

工程建成后，由逐卜乡电力站管理，主管单位是龙州县水利电业有限公司。2005年有管理人员3人。

上龙供水工程 上龙水厂位于上龙乡上龙村。1992年10月开工，1993年10月建成。设计日供水量400吨，实际日供水量500吨，年供水量18.5万吨。供水人口5000人。工程总投资50万元，为国家投资。

上龙水厂由上龙乡电力站和上龙乡人民政府共同管理，2005年实有管理人员1人。

非乡镇人民政府所在地饮水工程

龙州县境内多为石山地区，地下水源不足，雨水稀少年份，人畜饮水困难。据统计，1960年前，全县有

92370 人和 26784 头牲畜的饮水困难。响水镇平南村历代饮用村边污浊的塘水，村民的健康没有保障，若遇天旱，还要到 10 千米以外的左江挑水饮用。逐卜乡弄岗村铺茶屯，每年冬、春两季，或者夏季天旱，要到 3 千米以外挑水。上龙乡岜那村弄堪屯，遇到天旱，要到 4 千米远的左江挑水和洗衣服。上龙乡岜那村陇那屯挑 1 担水需要 80 分钟，全屯 37 户已先后有 20 户因饮用水困难，被迫迁徙到独山附近的弄甫建新村，如此事例不胜枚举。

对于人畜饮水困难的村屯，县人民政府十分重视，想方设法给予解决，1960 年—1985 年，县人民政府拨款 7.67 万元，兴建人畜饮水工程 47 处，67470 人饮水困难得到解决，饮水困难人数的 73%；解决耕畜饮水 19416 头，占饮水困难牲畜总数的 72%。

但因特殊的地理环境，县内仍有不少地方存在人畜饮水困难。据 1987 年统计，全县还有 24900 人和 7368 头牲畜饮水困难未得到解决，分别占原来人、畜饮水困难总数的 27% 和 28%。1991 年—1992 年，利用中低档工业品以工代赈资金，建设人畜饮水工程 33 处，总蓄水量 3510 立方米，引水管路总长 36470 米，受益人口 14901 人和耕牛 4435 头，投资 172.97 万元。1997 年 10 月—1998 年 12 月，全县开展扶贫开发以工代赈项目人畜饮水工程大会战，总投资 1507.72 万元，建成人饮工程 185 处。2002 年上半年，开展龙州县边境建设大会战水利项目，上报农村人畜饮水工程 251 处，总投资 1393.43 万元，新建蓄水池 251 个总容量 14600 立方米，水管长 3260 米，解决 1.5 万人的饮水困难；上报乡镇供水工程 13 处，总投资 2443 万元，新建、改建蓄水池 13 个，总容量 4800 立方米；新建净水池、消毒池 12 个，供水管总长 2.4 万米，解决 4.85 万人的饮水问题；由于上报项目多，投资大，后来只实施部分项目。从 2001 年—2005 年，全县完成乡镇供水工程、农村人畜饮水工程新建或改建 221 处，解决 9.34 万人和 3.74 万头牲畜的饮用水困难。

非乡镇人民政府所在地的饮水工程建成后。一般交给当地村、屯，建立管理制度，规范管理。

罗回集中供水工程 工程供水对象有罗回街道居民、水口中学、罗回中心小学、驻军和附近 16 个自然屯的居民 4260 人。工程设计日供水量规模 480 立方米，供水人口 5000 人，总投资 86.13 万元。主要建设内容为值班房 1 间面积 14.66 平方米，容量 15 千瓦水泵机组 1 套，容量 15 千瓦启动柜 1 套、KG-L-50 净水器 1 台，H908-50 消毒发生器 1 台，配供水 PE 塑料管道长 35.09 千米，输电线路长 300 米。

供水工程建成后，由县水利电力局乡镇供水公司统一管理。是县境内唯一的非乡镇人民政府所在地由上级部门管理的饮水工程。

八角乡菊埂村集中人饮供水工程 八角乡菊埂村有 1 座小(二)型水库，水库上游有 1 条常流小溪，经山洞流入水库，流水畅通。当地群众从山洞出口至高点处，修建 1 座蓄水池，经自流过滤引入水池再供给水库下游的菊埂村委、菊埂小学和菊埂、板新、逐沐、叫炯、下育 5 个自然屯共 1490 人的饮水。工程于 2005 年 11 月建设，项目有泉水开挖及筑坝、建过滤池 1 座，建蓄水池 3 座其容量分别为 100 立方米、30 立方米、20 立方米，配供水管路长 15302 米；工程总投资 52.58 万元。

上降乡呼咬村集中供水工程 工程供水区城包括 8 个自然屯和 1 所学校，供水人口 2263 人。建成后日供水量 221 立方米，建有 150 立方米高位水池 1 座，工程总投资 35.74 万元。

水口镇共和村集中供水工程 工程供水区域包括 4 个自然屯，供水人口 843 人，建成后日供水量 95.16 立方米，接入水口水厂的管网。

武德乡外埂、念外集中供水工程 工程位于武德街，建成后日供水量 120 立方米，水源取用武德水厂清水池水，建设高 20 米容量 80 立方米水塔 1 座、配水泵机组 1 套、供水管道长 13600 米，总投资 45.82 万元。供水范围主要包括外埂、念外、孔标、板想 4 个屯群众，人口 1058 人。

响水镇平南村人畜饮水工程 1981 年 10 月动工兴建，投资 11.2 万元，投劳 3600 工日，完成土石方 850 立方米，用钢材 12.4 吨，水泥 26.3 吨，炸药 210 公斤，安装电动机 1 台容量 30 千瓦，安装供水管长 3340 米，把地下河水抽上来供村民饮用，1984 年竣工。全村 126 户 1058 人，家家户户用上自来水，结束过去到 10 千米外左江挑水的历史。2000 年 3 月投资 7.5 万元，从响水镇水厂主管道接到平南村，管道长 4 千米，从此，平南村用上了安全饮用水。

响水镇红阳村红阳屯饮水工程 工程建设于1985年8月,建有1座容量1000立方米水池,供全屯136户714人的生活用水。

响水镇响水村逐蕊屯人饮工程 工程建设于1998年,供应连蕊屯43户234人的生活用水。

上龙乡民权村院祥屯人饮工程 工程2004年1月30日建设,总投资5.86万元,解决全屯68户319人和牲畜125头的人畜饮水。

龙州镇板门村那星屯人饮工程 该屯历史上无自来水。2005年动工兴建人饮工程,建成后日供水量30.36立方米,工程总投资为13.15万元,解决275人饮水困难。

彬桥乡清明村渠耍屯人饮工程 工程于2000年10月20日动工兴建,2001年1月17日建成投入运行。供水方式为提水,水源为溪流水,配备功率5.5千瓦水泵和电机,机房1座面积9平方米,容量30立方米水池1座,日供水量10吨,总投资6.93万元,解决28户128人和200头牲畜的饮水。

八角乡四平村秾钦、菊勇人饮工程 工程争取到上级补助资金12万元,2005年动工建设,取水于菊勇屯旁的地下水泉,供水系统由集水池、取水泵站、高位水池、输配水管网组成,日供水量50立方米,有机房1座面积14.66平方米、容量5.5千瓦水泵机组1套、容量5.5千瓦启动柜1套、容量50立方米集水池1座、容量30立方米水池1座、供水PE塑料管道长4.2千米、输电线路长300米,解决秾钦屯78户295人和菊勇屯22户97人共392人的饮水。

上龙乡新联村牌站屯人饮工程 工程主要由10千伏高压供电线路长1000米、容量10千伏安变压器1台、泵房建筑面积10.5平方米、浆砌石水池容量100立方米、供水管长4370米、500D—8x7抽水机组1套和其相应配套设备组成,总投资6.95万元。2004年2月1日建设,解决牌站屯80户451人和160头牲畜的饮水困难。

逐卜乡板耍村陇沙人饮工程 工程在距村庄1000米的地下泉水处和半山腰处,建抽水站1座、机房面积14.66平方米、容量30千伏安变压器1台、容量50立方米水池1座,总投资21.5万元,供给全屯43户218人和150头耕牛饮水。

上金乡联甲村百渠屯人饮工程 工程建设内容有容量30立方米水池1座,供水管道长1千米,机房1座面积14平方米,输电线路长500米,投资6万元,解决当地98人和30多头牲畜饮水问题。

水口镇埂宜村上灶屯人饮工程 工程于2003年由县边防办出资建设,抽取水口河水供当地群众作为生产生活用水,受益42户165人。

八角乡龙边村板给屯人饮工程 工程建成前,当地群众为了解决人畜饮水难问题,自发筹集资金,用塑料木管把1973年由群众自发投劳修建的内农和扣浪2座水库的水接到村口,方便村民用水。2005年11月,重新修建板给屯人畜饮水工程,实施引水长2200米,修建4座小水坝,10个沉淀池,1个蓄水池,供水水泥管长2200米,供水钢管长400米,渠道防渗硬化长800米,工程总造价49.4万元,解决板给屯及周边7个屯305户1206人的饮水和灌溉农田面积732亩。

逐卜乡弄岗村陇广人饮工程 工程总投资14.57万元,建设机房1间面积14平方米,水池容量50立方米,供水管道长140米,打深口水井1口,解决142人饮水困难。

逐卜乡容阳村陇善屯人饮工程 工程于2005年9月开工,建有容量100立方米水池1座,面积14平方米机房1间,水管长105千米,输电线路长600米,投资15万元,解决500多人和120多头牲畜饮水困难。

逐卜乡谷阳村板堪屯人饮工程 工程建设内容有打深井1口、容量50立方米水池1座、供水管长500米、机房1间面积14平方米,投资10万元,解决当地150人和60多头牲畜饮水困难。

下冻镇驮江村谷随屯人饮工程 工程于2005年9月开工,建设内容有供水管长2千米,总投资3万元,解决当地500多人和150多头牲畜饮水困难。

下冻镇两庄村逐贵屯人饮工程 工程于2005年9月开工建设,建设内容有容量50立方米水池1座,供水管长400米，输电线路长400米，投资7万元，解决当地220多人和100多头牲畜饮水困难。

逐卜乡弄岗村集中供水工程 工程于2005年8月开工建设，建设内容有容量100立方米水塔1座，供水管长5千米，机电泵1套，输电线路长2千米，投资30万元，解决当地750人和196头牲畜饮水困难。

上龙乡弄平人饮工程 工程于1990年3月建设，当年竣工。建设内容有泵房1间面积21平方米，机井围墙长18米，水池1座容量50立方米，打机井1口，涌水流量10吨每小时，敷设供水管道长1060米，工程投资5.01万元，解决弄平村450人和186头牲畜饮水困难。

上龙乡停弄人饮工程 工程于1990年6月建设，当年竣工。建设内容有水池1座容量50立方米，泵房1间面积21平方米，机井围墙长18米，打机井1口，涌水流量10吨每小时，敷设供水管道长695米，工程投资4.68万元，解决停弄屯354人和158头牲畜饮水困难。

霞秀乡岜凌人饮工程 工程于1990年7月建设，当年竣工。建设内容有泵房1间面积21平方米，机井围墙长18米，水池1座容量50立方米，架设10千伏输电线路长410米，安装容量20千伏安变压器1台，打机井1口，涌水流量10吨每小时，敷设供水管道长120米，投资4.87万元，解决岜凌屯154人和58头牲畜饮水困难。

第六节　移民安置

1959年—2005年，龙州县涉及移民水库有2座，共5个乡镇17个村民委员会84个村民小组的3446人，这些移民分别在左江水利枢纽工程库区和金龙水库库区，其中左江水利枢纽工程1790人，金龙水库1656人。

金龙水库移民安置

金龙水库始建于1959年11月，1960年4月建成，移民搬迁从1959年11月开始，1960年2月结束。移民安置工作采取后靠安置为主，全部为农业人口，集体搬迁，在水库周边村屯安置，每户200元搬迁补助。安置共2个乡镇3个行政村8个村民小组。水库淹没总面积189.33公顷，其中水田面积164公顷，旱地面积20.76公顷，其他4.57公顷。拆迁房屋16间总面积460平方米。2005年，移民安置区人均耕地面积0.55亩。

左江水利枢纽工程移民安置

左江水利枢纽工程1992年动工建设，1999年7月建成蓄水。移民安置涉及2个乡镇10个行政村，主要包括上金乡勤江村芹村屯、两岸村小岸7组和响水镇棉江村驮甫屯、响水村那民屯。1998年5月开始移民搬迁，1999年3月大部分搬迁结束，安置方式为库区靠后建设新村安置，全部为农业人口。水利枢纽工程淹没总面积154.45公顷，其中耕地面积151.37公顷（水田面积31.34公顷，旱地面积120.03公顷）。拆迁房屋238间总面积23800平方米，搬迁207户，每户补偿6.285万元，总计1301万元；淹没耕地赔偿1134.4万元；农村移民人均补偿约2098元。2005年，左江水利枢纽工程移民安置区人均耕地面积1.9亩。

第三章　电　力

龙州县发电能源主要是开发农村小水电站。1966年10月，县政府通过“以工代赈”兴建龙州县第一个水电站——先锋水电站，1967年10月建成投产发电。20世纪70年代，全县的小水电开发步入大建设阶段。至20世纪80年代，全县先后共建水电站9座。1986年，全县有小水电站7座，总装机容量12720千瓦，发电量6161.34万千瓦时；变电站8座，全县工农业生产和生活用电2247万千瓦时。2005

年12月，全县小水电站有8座，总装机容量17720千瓦，发电量8211.34万千瓦时，全县用电量10756万千瓦时。

第一节 发 电

龙州平而河水利发电有限公司

2005年6月成立，系国家发电系统国有工业企业，由广西水利电业有限公司委托龙州平而河水利发电有限公司管理。2005年12月，内设经理工作部、财务部、工程管理部3个部门，实有员工22人，办公地址在龙州镇合龙街35号。在职职工90人，其中专业技术人员43人。固定资产原值1.42亿元。

2004年4月，县政府和广西水利电业有限公司签订龙州平而河流域水电工程项目开发合同。在平而河流域建设龙州电站，2005年10月，投资5870.73万元兴建一级站，坝址位于平而河上游鸭水滩处，设计装机容量2×6.5兆瓦，年均发电量6277万千瓦时。2005年12月，投资14060万元，兴建二级站，坝址位于平而河下游土美屯处，设计装机容量3×5兆瓦，年均发电量5270万千瓦时。2005年，公司完成供电量1.15亿千瓦，售电量1.09亿千瓦时，销售收入2657万元，上缴税金250万元。

先锋水电站

先锋水电站是龙州县第一个水电站，位于今龙州镇新民村双韦屯平而河段。以水轮泵抽水灌溉为主，综合利用水力资源装机发电为辅。1966年10月兴建，1967年10月建成投产。投资7400.34万元，投劳9.1万个工日。完成土石方34.21万立方米。坝型为浆砌石重力坝，坝顶长165米，坝顶宽1.5米，坝高4米，平均流量132立方米/秒；安装60–6型水轮泵19台抽水灌田；南岸安装2台100型简易水轮发电机，年发电量174.1万千瓦时。1986年，全站有职工44人。1999年11月，加装水轮机3台。2000年，扩建新增装机容量1000千瓦。2005年，发电量32万千瓦时，全站有职工54人，其中在职39人。

鸭水滩水电站

位于上降乡鸭水村附近。1971年3月动工兴建，1975年5月第1台机组投产发电，1976年11月3台机组全部投产。投资553.7万元，为径流式水电站，总装机容量3750千瓦，年发电量1964万千瓦时。电站大坝为浆砌石重力坝，坝顶长252米，顶宽1.5米，坝高12.5米，其中溢流坝段长151米；南岸为电站坝后式厂房，共装3台机组；北岸安装6台水轮泵为农田灌溉系统工程。1986年，全站有职工62人。2005年12月，在先锋水电站和鸭水滩电站下游建设龙州一级水电站，设计工程总投资1.5亿元，新增装机2台机组，单机容量6500千瓦，一级电站扩机后年平均发电量0.6227亿千瓦时。2005年12月，全站有职工133人，其中技术人员10人。

水口水电站

位于水口镇埂宜村附近。1977年11月兴建。1979年，因对越自卫还击战暂缓施工。1981年复工，1982年第1台机组投产；1985年竣工运行。投资1108万元，投劳2.72万工日。完成土石方89329立方米。电站坝顶长121米，高8米，宽1.2米，装机4台，总容量4559千瓦，设计年发电量2210万千瓦时。1986年，全站有职工55人。2005年，发电量2450万千瓦时，全站有职工113人。

七里滩水电站

位于霞秀乡东合村附近，在原水轮泵站基础上扩建而成。扩建工程于1986年动工，1989年9月竣工投产。总投资1234万元，完成土石方9.1257万立方米。电站坝顶长107.5米，高12.65米。装机4台总容量5000千瓦，设计年发电量2492万千瓦时。1989年，全站有职工48人。2005年，发电量2350万千瓦时，全站有职工132人。

小连城水电站

位于小连城附近，隶属广西农垦龙州机械厂。1972年12月兴建，1974年3月建成发电。投资150万元。电站大坝为混凝土重力路桥坝，坝顶长85米，坝顶路面宽4.5米。为引水式电站，引水水渠长50米，引水流量枯水期30立方米/秒，丰水期80立方米/秒；装机5台总容量1220千瓦，年发电量255万千瓦时。1986年，全站有职工36人。1988年12月，电站扩建投资220万元，装机增加到9台；2004年增机到10台，总容量2245千瓦，年发电量848万千瓦时。2005年，电站由龙州县小连城电业有限公司接管，有职工46人，其中在职30人。

小连城水电站和小连城大桥

（摄于2003年4月10日）

春秀水电站

利用小（一）型春秀水库的水发电。1972年9月兴建，1975年4月竣工，工程投资133.1万元。水库于1977年建成引水式水电站，引用水流量3.1立方米/秒，设计水头18米。发电机组1台容量125千瓦、1台容量75千瓦，为母卧式水轮发电机组，设计年发电量88.28万千瓦时。1986年，全站有职工7人。2005年，全站有编制7人，实有职工7人，年发电量94.72万千瓦时。

表10-3　**2005年龙州县水电站基本情况表（一）**

工程名称	工程地点	兴建时间	竣工时间	集雨面积（平方千米）	总库容量（万立方米）	有效库容量（万立方米）
鸭水水电站	上降乡鸭水村	1971.03	1975.05	7130	2100	1700
先锋水电站	上降与龙州交界处	1966.10	1967.10	7320	1800	1500
小连城水电站	龙州镇	1972.12	1974.03	3708	1200	1000
七里滩水电站	龙州镇	1986.04	1989.09	5300	7400	5800
水口水电站	水口镇	1977.11	1985	5188	1880	1200
春秀水电站	下冻镇春秀村	1977	1977	20.8	682	572

表10-4　**2005年龙州县水电站基本情况表（二）**

工程名称	主坝					装机		发电量	
	坝型	坝高（米）	坝长（米）	平均流量（立方米/秒）	木头（米）	台数	装机容量（千瓦）	设计年发电量（万千瓦时）	2005年发电量（万千瓦时）
鸭水滩水电站	混凝土重力坝	12.5	252	119	10.5	3	3750	2214	1964
先锋水电站	浆砌石重力坝	4.7	165	132	4	6	1500	342	226.04
小连城水电站	浆砌石重力坝	6	85	50	5	10	2245	1200	848
七里滩水电站	混凝土重力坝	12.65	107.5	134	8.9	4	5000	2492	2450
水口水电站	混凝土重力坝	8	121	112	81	4	4550	2210	2450
春秀水电站	黏土心坝墙	33	98	3.1	18	2	200	88.28	94.72

第二节　输变电

输电线路

龙州县的输电线路建设始于 1974 年。随着本县水利电力事业的发展，电网容量逐年增加。2005 年，全县电网已由原来的独立供电的县电网延伸扩展形成与自治区网并网运行，具有一定的规模。输电线路供电网覆盖全县 98% 的村屯。

1975 年鸭水滩水电站建成后，架设的鸭水至龙州县城长 16.5 千米的 35 千伏输变电线路，鸭水至凭祥长 20 千米的 35 千伏输电线路；1982 年水口水电站建成后增设水口至龙州城东变电站长 31.5 千米的 35 千伏线路。1985 年，为扩大用电户，架设由龙州城东变电站至金龙的 35 千伏输电线路长 48 千米和龙州至响水的 35 千伏输电线路长 36 千米；1987 年架设鸭水至上降 35 千伏输电线路长 10 千米，响水至逐卜的 35 千伏输电线路长 20 千米，龙州至宁明的 35 千伏输电线路长 48 千米。2001 年架设崇左金马变电站至龙州 110 千伏变电站 110 千伏输电线路长 48 千米。到 2005 年，全县输电线路合计 3053.38 千米，其中 110 千伏输电线路 4 条共长 102.5 千米；35 千伏输电线路 13 条共长 219.5 千米；10 千伏输电线路 51 条共长 1388.38 千米；0.4 千伏配电线路 1036 条共长 1343 千米。至此，龙州电网开始由独立供电变为与自治区大电网联网运行，形成比较稳定的电网。

变电站

自 1975 年龙州县第 1 处 35 千伏变电站至龙州城东变电站建成投运至今，经过 30 年的建设，作为县电网的主要供电设施的变电站，已形成以龙州 110 千伏变电站为中枢，35 千伏输电线路为主线构架的供电网路。至 2005 年底，全县拥有 110 千伏变电站 1 座，主变压器 1 台，容量 31500 千伏安；经 110 千伏输电线路与自治区电网崇左金马 220 千伏变电站联网，经 35 千伏输电线路与龙州县电网联合供电。拥有 35 千伏变电站 11 座，主变压器 13 台，总容量 42750 千伏安；10 千伏配电变压器 1036 台，总容量 50180 千伏安。

施工人员在武德乡变电站安装送变电设备

（摄于 2003 年 11 月 10 日）

表 10-5　　2005 年龙州县 35 千伏变电站基本情况表

序号	变电站名称	主变容量（台 / 千伏安）	变压器型号	变电站所在乡镇
1	龙州变电站	2/20000	S9-10000/35	龙州县城
2	上降变电站	2/1600	S9-1600/35	上降乡
3	勤江变电站	1/1000	S9-1000/35	上金乡
4	响水变电站	1/2500	S9-2900/35	响水镇
5	逐卜变电站	1/1600	S9-1600/35	逐卜乡
6	武德变电站	1/1600	S9-1600/35	武德乡
7	金龙变电站	1/1600	S9-1600/35	金龙镇
8	八角变电站	1/800	S9-800/35	八角乡
9	彬桥变电站	1/800	S9-800/35	彬桥乡
10	下冻变电站	1/1250	S9-1250/35	下冻镇
11	龙州城东变电站	1/10000	S9-10000/35	龙州县城

第三节 供电用电

龙州县电网建设从1975年鸭水滩水电站至龙州县城城东变电站35千伏输电线路的架设计起，输电线路长16.7千米，直接将鸭水滩水电站的电能输送到县城城东变电站，后经城东变电站通过各支10千伏配电线路将电能送到各用户，形成一个独立的电网。1976年为建设金龙、逐卜电灌工程，从大新那岸水电站引进电能，另架设长180千米的配电线路和长10千米的35千伏输电线路，形成一个供电网。20世纪80年代后，随着水口水电站、七里滩水电站等电源点的不断建成投产，电网逐步扩展延伸，全县加大力度开展农村电气化县的建设、农村电网改造等。经过30年建设，龙州县城东变电站作为县电网的主要供电设施的变电站，已形成以龙州110千伏变电站为中枢，35千伏输电线路为主线结构的供电网路。1999年—2005年，龙州县供电公司实施农村电网建设与农村电网改造工程。2005年10月，农网建设与改造10千伏以下工程项目全面竣工验收。新建改造10千伏线路工程1000.18千米（含分支线路部分）；配电台区969个，0.4千伏及以下线路820.35千米，实行"一户一表"改造受益户48569户。完成新建5座变压站，新增容量12850千伏安，完成对6座变压站改造，更换主变容量10400千伏安，新建35千伏送电线路14.44千米，改造35千伏送电线路23.89千米。2005年，公司拥有35千伏变电站12座，主变容量47.6兆伏安，35千伏线路278.34千米，10千伏线路1450千米，变电台区总容量70.225兆伏安。线路供电可靠率98%以上；固定资产13353万元，完成供电量16850千瓦时，销电量15343千瓦时，工业总产值6824万元，销售收入6750万元，上缴税金496万元，年实现利润153万元。

表10-6 1999年—2005年龙州县水利电业有限公司经济效益统计表

年份 \ 项目	供电量（千伏）	售电量（千伏）	售电总收入（万元）	利润（万元）	电费回收率（%）
1999	8051	7189	1502	-8	94
2000	9016	7951	2104	23	95
2001	8709	7773	2337	31	96.7
2002	8864	7906	2663	62	97
2003	8874	8105	2811	76	98
2004	11075	9979	3667	-214	98.5
2005	10756	9697	3953	-27	99

第十一篇

工业　乡镇企业

第一章　工业管理

1986 年，龙州县的工业企业有国有、集体和非公有制工业企业。20 世纪 90 年代至 21 世纪初，县属国有企业开展一系列体制改革，使企业成为自主经营、自负盈亏、自我发展、自我约束的法人实体和市场竞争的主体。1988 年，全面推行厂长负责制。1992 年，转换经营机制。1992 年—1995 年，推行“包死利税基数、确保上交、超收分成、欠收自补”承包经营责任制。1997 年，进行多种形式改制。龙州酒厂作为县工业企业改制试点，改为股份合作制企业。1998 年，实行全员劳动合同制。2000 年—2004 年，通过破产、拍卖、产权转让、资产重组等形式，龙州糖厂等多家国有工业企业实行产权制度改革。2005 年，全县国有工业企业工业总值 85109 万元，产品销售收入 67939 万元，工业产加值 37263 万元，实现利润金额 13007 万元。集体工业企业实行独立核算，自负盈亏。有 10 家规模以上非公工业企业，实现工业总产值 155679 万元，产品销售收入 124328 万元，税金 9632.2 万元，利润 9561.2 万元。

第一节　机　构

龙州县经贸局

1985 年 1 月，龙州县经委与财委分离，龙州县经济委员会成立（简称县经委）。1996 年 1 月，撤销县对外贸易局，其职能由县经委承担。1997 年 1 月，撤销龙州县经济委员会，成立龙州县经济贸易局（简称县经贸局）；撤销县财贸委员会、医药管理局，其职能由县经贸局承担；将县经济体制改革委员会、县经济技术协作办公室、县对外经济委员会并入县经贸局。局内设办公室、生产技术安全股、综合股、医药管理股、对外贸易办公室、经济体制改革办公室 6 个部门，有人员编制 28 名，实有 30 人，办公地址在龙州镇康平街 28 号县人民政府大院内。2001 年，不再保留县贸易局（1997 年由县商业局更名）牌子，其职能划归县经贸局。2005 年 12 月，县经贸局内设办公室、经济运行股、企业股、市场贸易股、对外经济贸易股 5 个部门，有人员编制 23 名，实有 25 人，其中局长 1 人、副局长 3 人，办公地址在龙州镇康平街 28 号县人民政府大院内。

1986 年—2005 年历任主任（局长）：赵廷抗（1986.1—1991.10），陆建华（1991.10—1994.1），韦世强（1994.1—1995.2），区伟生（1995.2—1996.9），阎汉文（1996.9—1997.6），区伟生（1997.6—2000.12），农锡真（2000.12—2005.12）。党组（党委）书记（非局长兼任）：赵桂波（1986.3—1989.11），林逸（1997.10—2002.3），周锡山（2005.2—2005.12）。

1986 年—1996 年县对外贸易局历任局长：王金珠（1986.1—1986.5），陆惠清（1986.5—1987.12），宋汉生（1988.5—1992.11），吴作亮（1993.2—1996.1）。

1986 年—1997 年县财贸委员会历任主任：崔益青（1986.1—1990.10），麻永雄（1990.10—1991.8），吴华（1992.4—1994.1），黄甘棠（1994.1—1995.2），梁宝琦（1995.2—1997.2）。

1986 年—1997 年县经济体制改革委员会历任主任：黄显珍（1992.4—1994.3），黄干忠（1994.3—1995.8），谭夏忠（1995.10—1997.2）。

1991 年—1997 年县经济技术协作办公室历任主任：秦耀京（1991.1—1994.1）。

1992 年—1997 年县对外经济委员会历任主任：赵恒光（1992.6—1994.11），秦耀京（1994.11—1997.2）。

1995 年—1997 年县医药局历任局长：黄苏茵（1995.3—1997.2）。

龙州县二轻城镇集体工业联合社

1985 年 10 月，撤销县手工业局，成立县二轻工业管理局。1986 年，县二轻工业管理局不内设部门，有行政编制 5 人，实有人员 7 人，办公地址在龙州镇新街 21 号。1997 年 1 月，县二轻工业管理局改为县城镇集体工业联社，为县人民政府直属事业单位，编制数 5 人，实有人员 6 人，办公地址在龙州镇兴龙路 35 号。2001 年，县城镇集体工业联社改为县二轻城镇集体工业联社，编制数 5 人，实有人员 6 人，办公地址不变。2005 年 12 月，县二轻城镇集体工业联社为县人民政府直属正科级事业单位，编制数 5 人，实有人员 5 人，办公地址不变。

1986 年—2005 年历任局长（主任）：黄超(1986.1—1993.2)，黄汉强(1993.2—1994.1)，闭国平(1994.1—1996.1)，关龙生(1996.9—1997.2)，朱雷铭(1997.7—1999.2)，冯燕芳(1999.2—2002.2)，陆永华(2002.2—2005.12)。

第二节　国有工业体制

体制改革

经营机制　1986 年—1988 年，龙州县经济委员会贯彻执行《中共中央关于经济体制改革的决定》第六条生产经营权和《全民所有制工业企业法》第十三条企业自主权，增强企业活力。1992 年，县经委贯彻落实国务院发布的《全民所有制工业企业转换经营机制条例》，按照企业转换经营机制，政府转变职能，政企职责分工的要求，企业主管部门把管理职能转变为指导、协调、监督和服务，进一步扩大企业自主权，减少行政干预，使企业真正成为自主经营、自负盈亏、自我发展、自我约束的法人实体和市场竞争的主体。至 1997 年，全县 18 家国有企业经营机制逐步转换。

承包经营制　1992 年—1995 年，按照企业所有权与经营权分离的原则，全县国有工业企业推行"包死利税基数、确保上交、超收分成、欠收自补"的承包经营责任制。厂长与县政府签订生产经营责任状，企业领导的奖罚及职工收入与承包责任目标完成情况挂钩。1995 年，县政府贯彻落实《关于实行企业经营责任制实施办法》。县经委管辖的龙州糖厂、龙州第二糖厂、龙州霞秀糖厂、龙州水泥厂、龙州制药厂、龙州酒厂 6 家企业，实行承包经营责任制。

劳动合同制　1998 年 9 月，县政府按照自治区政府的要求，进行企业"三项制度"（劳动、人事、分配）改革，打破干部与工人身份界限，实行全员劳动合同制。县经贸局选择龙州糖厂、龙州第二糖厂、龙州霞秀糖厂为改革经营自主权的试点，从劳动用工和分配制度、择优上岗、绩效挂钩等方面改革，调动工人的生产积极性，劳动生产率提高一倍，生产成本明显下降。同年 12 月，三家糖厂受聘上岗人员同厂长签订劳动合同，制糖企业成为全县第一个实行全员劳动合同制的国有工业企业。从此，全员劳动合同制在全县国有企业中逐步实行，改革和扩大企业劳动用工制度、人事制度和分配制度等自主权。至 2002 年，全县"三项制度"在 13 个企业实行。

厂长负责制　1988 年—1999 年，县人民政府进一步改革企业内部管理体制，全面推行厂长负责制。厂长、副厂长经过组织部考核，县政府任免，企业中层干部由厂长直接任免。厂长受政府部门的委托，对企业的生产指挥、经营管理全权负责。在实行厂长负责制的同时，发挥企业党组织保证监督党和国家各项方针政策的贯彻实施，推动和促进企业各项任务完成的政治领导作用，发挥厂职工代表大会参与决策、管理及监督作用。至 1996 年，全县 11 个国有企业均实行厂长负责制。

租赁经营制　1998 年 11 月—2003 年 10 月，县办国有企业水泥厂因债务沉重等原因，无法维持正常生产经营、处于停产半停产状态。为使企业的固定资产发挥效益，县经贸局将水泥厂租赁给广西华宏水泥股份有限公司经营。

产权改制　1997 年，县委、县政府根据自治区政府《关于加快小型企业改革若干问题的规定》，对国有企业进行多种形式的改制。是年 12 月，龙州酒厂作为县工业企业改制试点，改为股份合作制企业——龙州将山酒业股份有限公司。县政府不参股，股份设置由公司确定。公司募集股本总额 70 万元，每 1000 元为 1 股，折为 700 股。规定职工个人股占公司总股份 75%，折 525 股；岗位责任股占公司股份 25%，折 175 股。以购买原企业产权，全额承担原企业债务，全部股本由原企业职工内部认购。公司占用土地还是国有土地划拨的性质，原企业在册职工全部保留国有企业职工身份。2000 年，全县独立核算国有工业企业 11 家中，实行产权制度改革 8 家，其中破产改制 1 家、拍卖改制 1 家、产权转让 5 家、资产重组 1 家。2001 年 9 月，县办国有企业龙州糖厂、龙州第二糖厂、龙州霞秀糖厂 3 家企业进行产权转让改制，转让给洋浦南华糖业有限责任公司。2002年6月，龙州县制药厂进行产权转让改制，产权转让给龙州方略药业有限责任公司。2003年12月，县办国有工业企业龙州县发电公司改制为龙州县供电股份有限公司；县办国有工业企业龙州县农业机械修造厂通过拍卖改制、拍卖给南华糖业有限责任公司。2004年1月，通过资产重组形式改制，重组县办国有企业龙州县供电股份有限公司；4月，通过破产形式，竞标拍卖县办国有工业企业龙州县水泥厂。

职工安置 1990年—1997年，在由计划经济向市场经济转型的过程中，龙州县部分国有工业企业由于设备陈旧，技术落后，产品单一，债务沉重等原因，生产经营逐步陷入困境。龙州县印刷厂、县农械厂、县水泥厂等企业，从1998年—2002年相继停产或半停产，有176名职工下岗。1998年，根据劳动和社会保障部等6部委《关于加强国有企业下岗职工管理和再就业服务中心建设有关问题的通知》及自治区政府《关于进一步做好我区国有企业下岗职工基本生活保障和再就业工作实施方案的通知》，成立龙州县下岗职工再就业中心。2000年，安置11家独立核算国有工业企业职工306人，安置费349万元。1998年—2001年，县水泥厂168名职工与县再就业服务中心签订协议。服务中心按照财政拨款、企业负担、社会筹集各三分之一的原则筹措资金，在3年内给进入下岗职工再就业服务中心的下岗职工按月足额发放生活费、缴纳养老、失业、医疗保险金。由县劳动局等有关部门定期对下岗职工进行技术培训，增强再就业意识和提高再就业技能。3年期满后，由企业依法解除劳动关系，按其在原企业的工作年限（脱岗和再就业“中心”期间不计），每满一年发给相当一个月工资的经济补偿金。龙州县制药厂改制前的2001年，产值500万元，销售收入480万元，税收60万元，职工工资月收入300~400元左右，企业机制没有活力，员工积极性不高，企业处于亏损状态。2002年6月17日与广西方略药业有限公司签订产权转让合同，顺利完成县制药厂改制工作。改制后龙州方略制药有限公司致力于企业经营管理和创品牌工作，使企业经济有了长足的发展，2005年实现产值1350万元，产品销售收入1270万元，上缴税金115万元，利润120万元，分别比2001年增长170%、165%、135%，实现扭亏为盈。员工工资月收入提高到600~800元。县水泥厂是一家严重的资不抵债的企业，负债达1.27亿元，负债率达220%，尤其是拖欠职工集资款197万元。2005年11月30日整个破产清算、拍卖和补偿工作完成，通过破产欠职工集资款197万元、职工安置补偿费398万元两项合计595万元已全部兑现，社会保险费286万元已兑现。县政府收回550万元土地款，职工大范围上访的隐患彻底得到解决。拍卖后每年将实现税收200万元左右。

企业

1986年—2000年，龙州县国有工业企业有11家，分别为龙州糖厂、龙州第二糖厂、龙州霞秀糖厂、龙州县制药厂、龙州县水泥厂、龙州县供电公司、龙州县发电厂、龙州水厂、龙州县酒厂、龙州县印刷厂、龙州县农机厂。国有商业企业有百货公司、糖业公司、饮食服务公司、食品公司、五金公司、医药公司、外贸公司7家。2005年，龙州县国有工业企业有4家，分别为龙州县供电公司、龙州县发电厂、龙州县水厂、龙州县印刷厂；有6家国有商业（流通）企业，分别为百货公司、糖业公司、饮食服务公司、食品公司、五金公司、医药公司。

效益

1986年—1998年，累计工业总产值319688万元，产品销售收入221372万元；1999年—2005年，龙州县工业企业经济效益盈利7家，累计工业总产值410355万元，产品销售收入306954万元，产品销售税金及附加费22545万元，工业增加值139160万元，利润金额36013万元。1999年，全县工业企业工业总产值50491万元，产品销售收入26944万元，产品销售税金及附加费118万元，工业增加值10896万元，亏本金额2798万元。2000年，全县工业企业工业总产值52333万元，产品销售收入36749万元，工业增加值11721万元，实现利润金额2862万元，因国家执行新的税收政策，实行以量计税和按销售价计税的复式税法，如酒税：在原来增值税17%，销售税的米酒25%，薯酒15%，以及其他附加税不变的情况下，再按量征收一次。产品销售税金及附加费3925万元。2001年，全县工业企业工业总产值49894万元（现行价），规模以上工业企业产品销售收入33007万元（现行价），完成利润2790万元。2002年，全县规模以上工业企业总产值44260万元，实现利润3923万元。2005年，全县工业企业总产值85109万元，产品销售收入75032万元，工业产加值36360万元，实现利润金额14135万元，产品销售税金及附加费21117万元。

表 11-1

1999 年—2005 年龙州县工业经济基本情况表

单位:万元

年份	工业总产值	销售收入	销售税金及附加费	工业增加值	利润	年份	工业总产值	销售收入	销售税金及附加费	工业增加值	利润
1999	50491	26944	118	10896	-2798	2003	64445	48750	3746	21263	4224
2000	52333	36749	3925	11721	2862	2004	69353	55242	6572	27299	9207
2001	49894	34796	4242	12649	2790	2005	85109	75032	21117	36360	14135
2002	61620	36535	3408	18069	3923	合计	433245	314048	43128	138257	34343

第三节 集体工业体制

企业

1986年,龙州县集体工业企业有40家,涉及开矿、制药、农具、砖瓦、造纸、土化肥、木器加工、陶器等行业,主要企业有龙州县航运砖厂、龙州县制药厂、龙州镇手表原件厂、刀具厂、氮化厂、木器厂等。随着经济体制改革及市场经济建设推进,集体工业企业部分因经营不善破产或停产,部分进行改制。到 2000 年,集体工业企业还有 11 家,涉及酒店、农具、砖厂、林业等行业,主要企业有龙州大酒店、龙州镇砖厂、龙州镇茶厂、龙州镇农具厂、响水镇企业林场、逐卜乡农具厂等。到 2005 年,集体工业企业有 11 家,涉及食品、服装、农用物资、家具、建筑陶瓷等行业,主要企业有豆奶厂、牛奶厂、菠萝罐头厂、火砖厂、淀粉厂、水泥预制厂等,实行独立核算,自负盈亏。集体工业企业随着经济社会发展,数量逐年减少,民营企业在经济发展中所占比重有所提高,涉及行业也随人民群众生活需要逐渐转变。

效益

1986 年—2005 年,龙州县集体工业企业效益情况逐年增加,工业总产值每年都是呈上升模式。

表 11-2

1986 年—2005 年龙州县规模以上工业总产值表

单位:万元

年份	工业总产值(规模以上)	内资企业	国有企业	年份	工业总产值(规模以上)	内资企业	国有企业
1986	3826	3826	3826	1996	39334	39334	39334
1987	4466	4466	4466	1997	33229	33229	33229
1988	6623	6623	6623	1998	37538	37538	37538
1989	8501	8501	8501	1999	32996	32996	32996
1990	12880	12880	12880	2000	36675	36675	34311
1991	13537	13537	13537	2001	33007	33007	31318
1992	15816	15816	15816	2002	44260	44260	1808
1993	18706	18706	18706	2003	49767	49767	2950
1994	31348	31348	31348	2004	64524	64524	5781
1995	32467	32467	32467	2005	77411	77411	6613

第四节 非公有制工业

企业

2001年，龙州县规模以上非公工业企业有7家，在职员工2634人。2005年，龙州县规模以上非公工业企业有10家，在职员工3011人。10家企业按行业分有6个行业：食用淀粉生产的响水镇龙江淀粉厂、金龙镇三华淀粉厂；建筑材料生产的龙州镇火砖厂、上金乡新旺页岩空心砖厂、龙州丽江水泥有限责任公司；日用木制品生产的龙州县金龙实业有限公司；食用白砂糖生产的龙州南华糖业有限责任公司，下设龙州糖厂、龙州二糖厂、龙州霞秀糖厂；医疗药品生产的龙州方略药业有限公司；硅锰合金冶炼的重庆汉鑫矿品有限公司崇左市龙州公司、龙州水口鑫星冶炼有限公司。

效益

2001年，龙州县规模以上非公工业企业实现工业总产值126523万元，产品销售收入115692万元，税金6543.5万元，利润6873.4万元。2005年，实现工业总产值155679万元，产品销售收入124328万元，税金9632.2万元，利润9561.2万元。

表11-3　**2005年龙州县规模以上非公企业经济基本情况表**

单位：万元

企业名称	员工人数	工业总产值	销售收入	上缴税金	实现利润	企业名称	员工人数	工业总产值	销售收入	上缴税金	实现利润
龙江淀粉	80	450	216	9	15	南华糖业	2127	133600	105900	8472	8810
三华淀粉	60	636	593	16.7	18.2	方略药业	157	2612	2550	180	169
龙州砖厂	30	460	350	15	15	重庆汉鑫	150	6948	7516	461	280
新旺砖厂	40	380	360	14	16	鑫星冶炼	36	1362	1499	76	28
丽江水泥	198	8640	4680	360	188	合　计	3011	155679	124328	9632.3	9561.2
金龙实业	130	591	664	28.5	22						

第二章 工业行业

1986年—2005年，龙州县工业行业有矿冶、建材、机械、食品、医药、麻业、印刷、木制品等。

第一节 矿　冶

为龙州县2003年的新兴行业，重点企业主要有重庆汉鑫矿品有限公司崇左市龙州分公司、龙州水口鑫星冶炼有限公司2家，均为2003年兴建的民营企业，2004年竣工投产。主要生产硅锰合金，年产量达到2.7万吨，2005年总产值到达8310万元，保持着良好的发展势头。

重庆汉鑫矿品有限公司崇左市龙州分公司

位于龙州镇东合村七里滩附近。2003年9月创建，占地面积34000平方米。是台湾商人投资组建的民营企业。固定资产原值1700万元。企业下设行政部、财务部、供应部，在职员工150人（技术人员20人）。生产能力年产2.4万吨硅锰合金。主要产品硅锰合金、高硅锰、中低碳锰铁等。装机容量为5800千瓦时，年产能力 12000 吨。2004 年由于供电不足，全县冶金企业共生产硅锰合金 8000 吨。2005 年，实现工业总产值 6948 万元，销售收入 7516 万元，税金 461 万元，利润 280 万元。

龙州水口鑫星冶炼有限公司

位于龙州县水口镇水口电站附近。2003 年 10 月兴建，2004 年 6 月建成投产。系民营企业。占地面积 13000 平方米，固定资产 500 万元，在职员工 36 人。装机容量为 5000 千瓦时，年生产能力为 1 万吨，主要设备为一台 13000 千瓦时电热炉，主要产品为硅锰合金。2005 年，产品产量 2740 吨，工业总产值 1362 万元，销售收入 1499 万元，上缴税金 76 万元，实现利润 28 万元。

第二节　建　材

1986 年—2005 年，建材行业重点企业主要有 7 家。起初，建材行业发展良好，有比较好的发展势头。2003 年以后，由于经营不善等诸多原因，导致大部分建材企业连年亏损，负债严重，进行竞标拍卖或者宣布破产倒闭。

龙州县水泥厂

位于龙州镇城北路 219 号。1972 年 3 月创建，1975 年 5 月投产。由龙州镇百杂店、饮食店、酒饼社 3 个集体单位合资 8.5 万元筹建。1976 年 3 月，县财政拨款 32 万元，增置设备及归还 3 个集体单位原投资 8.5 万元，该厂转为县办国营企业；年生产能力 4.4 万吨，固定资产 768.1 万元。1994 年 3 月，投资 5400 万元，扩建 1 条新生产线：1995 年 10 月投产。企业占地面积 84565 平方米，年生产水泥 12 万吨，主要设备 2.2×14 米回转烘干机 1 台，2.4×7 米闭路水泥磨 3 台，主要产品为普通硅酸盐 P042.5 水泥。同年，有职工 535 人，其中退休 19 人。1998 年，固定资产原值 7945.9 万元，债务总额 9726.34 万元，负债率 122.41%。至 2003 年，由于经营不善，亏损负债严重，流动资金不足，县水泥厂于 11 月宣布破产。

龙州镇砖厂

位于霞秀乡下旺村。1989 年创建。系 3 名村民合股兴办的民营企业。固定资产 450 万元。主要设备：真空挤砖机 7KR50-50E 一台，年生产能力 3000 万块砖。2005 年，有职工 30 人；实现销售收入 350 万元，税金 15 万元，利润 15 万元。

上金乡新旺页岩空心砖厂

位于上金乡新旺村活易屯。2002 年 5 月创建。系招商引资到县兴办的民营企业，总投资 600 万元。主要设备有 SCP700×500 对辊破碎机 1 台、年产烧结空心砖 2500 万块。2005 年，固定资产原值 500 万元，在职员工 40 人；实现工业总产值 380 万元，销售收入 360 万元，税金 14 万元，利润 16 万元。

龙州丽江水泥有限责任公司

位于龙州镇城北路 219 号。民营企业。1998 年，龙州县水泥厂固定资产原值 7945.9 万元，债务总额 9726.34 万元，负债率 123.41%。同年 11 月，县政府将龙州县水泥厂 12 万吨生产线租赁给广西华宏股份有限公司经营（租赁期至 2003 年 10 月）。全厂职工 440 人，公司聘用职工 208 人上岗，其余内退 24 人，进入县再就业服务中心 174 人，未进入县再就业服务中心 8 人，调入其他单位 23 人，留守人员 3 人。1999 年，生产水泥 12.4 万吨，实现工业总产值 5996 万元，产品销售收入 3227 万元，税金 254 万元，亏损 144 万元。1999 年 12 月，龙州县水泥厂 2.2×8 机立窑、年产 4.4 万吨生产线被国家建材局列为淘汰设备。2003 年 3 月，县水泥厂生产线关闭，停止水泥生产；10 月 30 日，龙州县人民法院受理县水泥厂破产申请。2004 年 5 月 24 日，县法院以 1640 万元竞标拍卖，法人张耀光竞买收购龙州县水泥厂全部资产。原在职职工不再保留国有企业职工地身份，企业安置职工 306 人，安置费 349 万元。同年 6 月，注册登记成立龙州丽江水泥有限责任公司，招聘员工 198 人。2005 年，公司实行技术改造与排污治理同步进行的办法。投资 800 万元，更新水泥生产线设备，增加磨机 1 台；实施环境保护技术改造，生产污染物的排放达到国家规定的排放标准。年生产水泥 18 万多吨，实现工业总产值 8640 万元，产品销售收入 4680 万元，税金 360 万元，利润 188 万元。

水口砖厂

位于水口镇八角山公路旁。1993 年创建。由县财政投资 400 万元筹建，系县建设局管理的集体工业企业。主要设备有高速细碎机 1 台，对轮破碎机 1 台，搅拌机 CJJ2402 台，年产页岩空心砖 1000 万块。1997 年，固定资产 300 万元，在职工人 25 人；实现工业总产值 220 万元，销售收入 200 万元，税金 4 万元。1998 年，因管理不善，水口砖厂转让给外地商人 4 人合股经营。

上金勤江砖厂

位于上金乡勤江村公路旁。1996 年创建。系县水利电业公司创办的集体工业企业。总投资 500 万元。主要设备有真心挤砖机 1 台，普通型砌条机 SJ500 型 1 台，年产能力 1200 万块页岩空心砖。2000 年，在职工人 20 人；固定资产 480 万元；生产页岩空心砖 800 万块，实现工业总产值 260 万元，销售收入 200 万元，税金 4 万元。2001 年，上金勤江砖厂转租给外地商人 4 人合股经营。

龙州县霞秀砖厂

位于龙州县霞秀乡（今属龙州镇）岭南村。1994 年 5 月创建。占地面积 7.2 公顷，系霞秀乡兴办的乡镇工业。总投资 750 万元，主要设备有双轴搅拌机 1 台、SJ2000 型红旗 500 挤砖 1 台、普通型块调机 1000 型 1 台、拼装真实机 1 台。2005 年，在职员工 25 人；固定资产 580 万元；生产真空砖 3500 万块，实现工业总产值 450 万元，销售收入 400 万元，税金 5 万元，利润 20 万元。

第三节　机　械

机械行业企业主要有县办国有企业龙州县农业机械修造厂和乡镇工业企业龙州县手表元件厂，均因设备陈旧生产规模小，产品成本高、亏损严重。手表元件厂于 1999 年进行固定资产转让，农业机械修造厂于 1998 年全面停产，2003 年竞标拍卖生产设备，企业不复存在。

龙州县农业机械修造厂

位于龙州镇驮苗街。1958 年，龙州县农具厂改为龙州县农业机械修造厂，为县国有企业。1959 年，迁至利民街南标营旧址（今龙州高中足球场旁边）。企业占地面积 28795 平方米，主要生产电动打谷机、玉米脱粒机、碾米机、小钢磨、铸造铁水管等 30 余种农机具。因设备陈旧生产规模小、产品成本高、亏损严重，至 2017 年底债务总额 62 万元，1998 年全面停产。2003 年 3 月，经县企业改制领导小组评估，以 20 万元整体竞标拍卖生产设备，企业不复存在。原厂 37 名职工，按工龄每年 694 元标准计算，一次性领取安置费，终止与企业的劳动关系，不再保留国家职工身份。

龙州县手表元件厂

位于龙江街 44 号民房。1978 年 1 月建成投产，系龙州镇创办的乡镇工业。1981 年，迁至白沙街 100 号。主要生产表针、螺丝、电子表元件。1998 年，因产品无销路，资金紧缺，全面停产，105 名职工全部下岗待业。1999 年 4 月，龙州镇政府将手表元件厂的磨床、车床、磨刀机、搓丝机等固定资产转让，转让金 6.47 万元。2003 年 8 月，将手表元件厂的机房理化车间厂房租赁给太阳城酒店，租赁期至 2015 年 12 月，租金 19.2 万元。

第四节　食　品

食品行业重点企业主要有 6 家，先后经过 1995 年的领导承包经营责任制、1997 年实行的厂长承包责任制，更是经历了多次生产线节能技术改造扩建。2001 年—2005 年，除龙州县酒厂处于半停产状态，其余 3 家淀粉厂和 2 家制茶厂一直保持着正常的生产经营。

龙州县酒厂

位于龙州镇酒厂路 60 号。1954 年创建。系国有工业企业。占地面积 36750 平方米。1995 年，实施企业领导承包经营责任制，厂长与县政府签订生产经营责任状，厂职工与厂长签订生产责任书，按照职务、岗位分别交纳风险金。1997 年 12 月，改制为龙州将山酒业有限责任公司。生产规模为年产酒精 3000 吨，产瓶装酒 500 万瓶，产混合酒 4000 吨，产 2000 吨酱料等多种产品综合型的生产企业。主要产品：普通级食用酒精、散装米三花、小锅酒、米双酒、杂双酒、三黑酒、蛤蚧酒、乌龙酒、龙凤酒、三蛇酒等。1988 年—1999 年，累计投入建设资金 1039 万元，完成酱料车间、蒸馏塔、锅炉、沸腾炉、炉膛二次燃烧法的改造，提高企业的生产效益。

2000 年，企业投资建设 90 多万元，其中基础设施月 20 多万元，车棚、花圃及其他零星工程月 5 万元，厂区道路、环保投入、车间维修、员工住宅维修约 30 多万元，修建酒厂路投入约 20 万元，购买销售服务专车 4 辆共 20 万元。企业职工 200 人，在岗 160 人，停薪留职 6 人，内退 8 人，退休 26 人，完成产量 1186 吨，完成产值 725 万元，销售收入 699 万元，上缴税金 217 万元，亏损 30 万元，固定资产 2525 万元。

2001 年，国家从 5 月 1 日起执行新的酒税政策，实行以量计税和按销售价计税的复式税法，即是在原来增值税 17%，销售税的米酒 25%，薯酒 15%，以及其他附加税不变的情况下，再按量征收一次。该公司无法与私营酒竞争市场，销售量一落千丈，白酒生产处于半停产状态。由于资金流动不足，无法收购原材料，无法维持正常生产，只能代酒精老板来料加工生产酒精，维持各项开支。企业职工人数 197 人，在岗人数 144 人，停薪留职 6 人，内退 20 人，退休 27 人。完成产量 377 吨，完成产值 239 万元，销售收入 340 万元，上缴税金 84 万元，亏损 30 万元，固定资产 2525 万元。

2002 年，白酒生产处于半停产状态，酒精生产实行来料加工，得到加工费维持工资。企业职工人数 200 人，在岗人数 145 人，停薪留职 8 人，内退 16 人，退休 31 人。完成产值 250 万元，销售收入 62 万元，上缴税金 71 万元，亏损 5 万元，固定资产 2580 万元。

2003 年，白酒生产处于半停产状态，靠代加工酒精维持企业生存。在基础设施建设中，把公司大门，门口地磅房拆掉，重新铺厂区路面。同时修建一条长 1600 米排污渠道，把企业经过处理后达标排放的废水，通过导截流渠道流到取水点下游 300 米以外排放。企业职工人数 196 人，在岗人数 141 人，停薪留职 7 人，内退 17 人，退休 31 人。完成产值 349 万元，销售收入 331 万元，上缴税金 71 万元，亏损 2 万元，固定资产 2580 万元。

2004 年，白酒生产仍处于半停产状态，酒精生产还是代老板来料加工。借助蜜糖酒精废水综合利用技术的推广，减少环保治理资金投入，并以征集股份的形式集资与客商合资 500 万元进行酒精生产线扩建和锅炉节能技术改造，一是将酒精生产线从 1 万吨 / 年罗建到 3 万吨 / 年。二是节能，把从原每吨酒精消耗一吨煤降到 0.5 吨煤。企业职工人数 188 人，在岗人数 127 人，停薪留职 14 人，内退 14 人，退休 33 人，党员 32 人，干部 14 人。全年完成工业产值 351 万元，销售收入 346 万元，上缴税金 71 万元，亏损 14 万元，固定资产 2769 万元。

2005 年，企业改制为股份合作制第八个年头，每年从去年 11 月至当年 2 月，为生产木薯酒精季节；3 月以糖厂桔水为生产糖蜜酒精原料，一直延续到 8 月、9 月。由于桔水生产酒精是代理加工，按吨数计算加工费，所以影响企业的经济效益，年产量仅 6640 吨酒精，产值 2258 万元，销售收入 773 万元，上缴税金 89 万元，亏损 54 万元。是年，酒精生产采用导热油供热后，减少煤的使用，全年实现节能 4000 吨煤，折合人民币 180 万元。职工 186 人，在岗 131 人，停薪留职 10 人，内退 9 人，退休 36 人，党员 32 人，干部 14 人。

先锋制茶有限公司

位于先锋农场总场内。1977 年创建，称先锋农场制茶厂，系先锋农场创办工业企业。1994 年 4 月，改称国营先锋茶叶公司。2001 年，改为广西农垦茶叶集团先锋制茶有限公司，隶属广西农垦茶叶集团管理。厂地面积 2 公顷，厂房建筑面积 16340 平方米。主要产品有红茶系列、绿茶系列、茉莉花茶系列，松叶茶、盘龙茶、红碎茶、大龙茶、袋泡茶等 30 多个品种。1985 年，进行经营管理体制改革，打破定级工资制，推行员工全额工资制度，把职工的劳动报酬与企业经济效益直接挂钩。1987 年，实行厂长承包责任制。1988 年—2000 年，分别获中国茶叶学会举办的“中茶杯”、广西茶叶学会举办的“桂茶杯”、广西茶叶进出口公司、广西农垦局、广西农业厅、广西经贸委、侨办和国家经贸委、进出口商检局等优茶评比一等奖和优质奖。1990 年，被评选指定为北京亚运会饮茶产品。2005年，固定资产原值462万元，实现工业总产值421万元，产量280吨，销售收入1100万元，税利12万元。

龙北制茶有限公司

位于龙北农场总场。1980年创建，称龙北茶厂，系龙北农场创办工业企业。2003年，更名为广西农垦茶叶集团龙北制茶有限公司。工厂占地面积2万平方米，厂房建筑面积7600平方米，年产规模1000吨，主要生产红碎茶、乌龙茶、绿茶等产品，由公司统一注册商标“大明山牌”。1986年，进行管理体制改革，打破定级工资制，推行全员全额工资制，把职工的劳动报酬与企业经济效益直接挂钩。1987年，实行厂长承包负责制。1994年，更名为国营龙北茶叶公司。2001年，对茶厂进行体制改革，成立广西龙州翠甘茶叶有限责任公司。2003年，改制为广西农垦茶叶集团龙北制茶有限公司，隶属广西农垦茶叶集团管理。2005年，企业固定资产483万元；在职员工103人，其中工程技术管理人员4人；实现工业总产值230万元，销售收入186万元，亏损96万元。

响水镇龙江淀粉厂

位于龙州县响水镇龙江村板额屯。1982年创建。系13位当地社员合股创办的民营企业。总投资550万元。主要设备：清洗碎解设备1套，脱水干设备1套，筛粉及分离设备1套，日处理1500平方米废水工程1套。主要产品：木薯淀粉。2005年12月，有员工80人；实现工业总产值450万元，销售收入216万元，税金9万元，利润15万元。

金龙镇三华淀粉厂

位于龙州镇独山路8号。1990年10月创建。系个人集资筹建的民营企业。占地面积9999.90平方米。固定资产原值546万元，主要设备：CX-1050洗薯机1台，6wsj-45碎解机4台，LIT离心筛6台，DPF-500分离机1台，DPF-450分离机2台，WC-1200—43脱水机1台，WC-800脱水机4台，2吨蒸汽锅炉1台，60万大卡导热油炉1台。2005年12月，有工人63人，其中技术人员6人；年产木薯淀粉2万吨；实现工业总产值636万元，产品销售收入593万元，利润18.2万元，税金16.7万元。

龙州县淀粉厂

位于龙州镇独山路56号。1988年9月创建，系龙州县供销联社创办的集体工业企业。总投资150万元，占地面积12000平方米，生产性建筑面积3200平方米，主要生产木薯淀粉。由于经营不当，1991年停产。1994年，龙州县供销联社再投入资金100万元，对淀粉厂的机器设备全部更新改造后，日产由9吨增加到50吨。1994年—1995年，总产量607吨，总产值146万元，利润10万元，税金1万元。2000年—2001年，产量创历史最高纪录，生产木薯淀粉2159吨，比1999年—2000年度提高135.19%。产品远销广东、江苏、河北、辽宁、北京、天津等省市。2004年—2005年，在职员工28人；实现总产量4879吨，总产值812万元，销售收入570万元，利润80万元，税金10万元。

第五节　医　药

医药行业企业主要有龙州县制药厂和龙州方略药业有限公司2家，1994年始，制药厂由于资金短缺、经营不善等，连年亏损。2002年7月进行产权转让改制，由民营企业广西方略药业有限公司收购，改称龙州方略药业有限公司。

龙州县制药厂

位于龙州镇独山路159号。1971年5月创建。系县办国有企业。占地面积2万平方米，建筑面积1.8万平方米，固定资产3000万元。2000年，内设技术部、市场部、储运部、财务部、质监部，有固体车间、酊剂车间、丸剂车间、提取车间、机动车间等；在职职工157人，其中各类专业人员37人，退休58人。主要产品有痛钟灵、曼支停（黄荆油胶丸）、金菊花茶颗粒、板蓝根颗粒、维生素E胶囊、妇康宁片、清火片、清水桅麦片、咳特灵片、小儿黄清肺片、牛黄解毒片、复方穿心莲片、疾必灵片、复方丹参片、盐酸小辟碱片、银翘解毒片、维 C 感冒散热颗粒、石淋通颗粒、小儿清咽颗粒、小儿氨本分黄那敏颗粒、止泄颗粒、感冒散热颗粒、益母草颗粒、板蓝根颗粒、大山楂颗粒等 29 种，均有国家批文，质量达《药典》标准，其中痛肿灵为拳头产品，销往美国、日本、新加坡、越南等国家和我国香港、澳门地区。从 1994 年开始，由于制药厂资金短缺、技术力量薄弱、厂房不符合标准要求，企业经营不善，连年亏损，已负债 700 万元。职工收入每况愈下，到 2001 年，职工每月平均工资在 300~400 元，在制药厂面临倒闭的严峻形势下，县政府对外发布对制药厂进行改制的公告。经过长达一年和投资商协商后，于 2002 年被广西方略医药有限公司收购。

龙州方略药业有限公司

位于龙州镇独山路 159 号。2002 年 7 月，龙州县制药厂进行产权转让改制，由民营企业广西方略药业有限公司收购，改称龙州方略药业有限公司。制药厂 157 名在职员工按工龄每年 740 元标准计算安置费，安置费 1964602.5 元，终止与企业的劳动关系，不再保留国家职工身份。公司安置龙州制药厂职工 157 人上岗。2005 年，实现工业总产值 2612 万元，产品销售收入 2550 万元，税金 180 万元，利润 169 万元。

第六节　麻　业

广西龙州强力麻业有限责任公司位于先锋农场内。1981 年创建，原系先锋农场麻绳厂，为民营企业。主要设备有纺纱机、梳理机、制绳机、倒纱机。1991 年—2003 年，因市场疲软、经营不善而停产。2004 年，实行企业改制，称为广西龙州强力麻绳制品有限责任公司，迁移到先锋农场木器厂旧址，主要生产麻绳，年生产能力 1000 吨。2005 年，固定资产 93 万元；在职员工 53 人；生产麻绳 367 吨；实现工业总产值 288 万元，销售收入 355 万元，利润 28 万元，上缴税金 20 万元。

第七节　印　刷

龙州县印刷厂位于龙州镇仁义街。1956 年，年兴印刷店参加公私合营，改为公私合营龙州县印刷厂。1958 年转为县办国营龙州县印刷厂。1986 年，企业占地面积 7878.78 平方米，主要设备有制板机 8 台（图像制板机 6 台，文字制板机 2 台），印刷机 2 台，辅助设备 11 台，普通车床 1 台，交流弧焊机 1 台 /13 千伏安，柴油机 1 台 /26 马力，固定资产值 30.9 万元。产品为印刷书刊、发票、信封、信笺、糖果包装纸等各种印刷品。由于市场经济的发展和企业生产设备落后老化以及管理落后等因素，企业生产经营额逐年下滑，债务总额 73.619 万元。2003 年 3 月停产，40 名职工下岗待业，资产待处理。

第八节　木制品

龙州县金龙实业有限公司位于龙州镇独山路 92-3 号。2002 年创建。系民营企业。占地面积 13800 平方米。固定资产原值 100 万元，主要设备有 25 厘米一台、45 厘米两台，机械车床 2 台，中小型带锯各 1 台，铝床工 40BA，切割机 T3C-400，台式打磨机、台式啰机、批边机、沙滞打磨机、筷子烫印机、抛光机、燕尾槽机。年生产砧板 30 万块，筷子 250 万双。主要生产蚬木砧板、天然木砧板、筷子及筷子胚料、木地板等制品。2005 年，在职员工 130 人；实现工业总产值 591 万元，销售收入 664 万元，税金 28.5 万元，利润 22 万元。

第三章　蔗糖业

龙州县地处北回归线以南，属亚热带气候，光热充足，雨量充沛，无霜期长，对发展糖料蔗生产有利。龙州县蔗糖生产历史悠久。根据民国35年(1946年)《龙津县志》记载:"龙州盛产竹蔗,榨汁熬之可成砂糖,红色,置之瓦篓候糖稍干装入竹篓,再过十多天用湿泥盖过糖面,约半月间,泥干糖色变,打碎后晒之,即成白糖。年中出产约四五十万斤,为本县出产大宗。"由于当时社会制度和耕作技术的制约,交通运输条件落后,龙州县蔗糖生产得不到应有的发展。解放前,龙州县一直沿用土榨加工制糖的传统生产方式,蔗糖生产的发展受到很大束缚。1949年,龙州县糖料蔗种植面积360公顷,甘蔗产量16100吨,平均亩产2.98吨。

1950年,全县糖料蔗种植面积453.33公顷,甘蔗总产量20400多吨,平均亩产3.0吨。1961年—1962年,利用龙州造纸厂(厂址于今龙州县党校)的机器设备,经过改装,试制机制糖成功,生产机制糖42吨。时因国民经济暂时困难,加之设备简陋,经济效益不佳,机制糖停产。1967年秋,龙州县筹建日榨甘蔗50吨糖厂,后称龙州县第一糖厂。1969年12月,建成投产。1972年,全县糖料蔗种植面积776公顷,总产量36000多吨,日榨量50吨原料蔗已经不适应蔗糖生产发展的需要。1973年秋,建成1座日榨甘蔗150吨糖厂,即龙州县第二糖厂。全县日榨蔗能力200吨,产榨基本保持平衡。

1978年,县政府坚持"宜粮则粮,宜蔗则蔗"的生产原则,发展甘蔗生产,利用旱地坡地,宜农可垦荒地,扩大糖料蔗种植面积。在蔗区实行联产承包责任制,调动农民种蔗的积极性。是年,全县糖料蔗种植面积2000公顷,总产量99000多吨。计划筹建1座日榨500吨的霞秀糖厂。1980年,龙州县霞秀糖厂建成投产,全县日榨蔗能力700吨。1980年11月,自治区政府出台《关于发展蔗糖生产的若干规定》,县政府实行糖蔗挂钩、利润返还等奖励措施,鼓励农民多种糖料蔗。进行科学种蔗试验,主攻提高单产,实现稳产高产目标。1983年,县政府完善蔗糖生产政策,搞好蔗粮、蔗肥挂钩联动机制,调整和健全各级蔗糖生产管理机构,调动种蔗、管理、制糖三方面的积极性,蔗糖生产稳定发展。1984年—1985年,龙州县第二糖厂和霞秀糖厂相继进行技术升级,改建扩建设备,全县日榨蔗能力从700吨扩大到2000吨。

1988年2月,国务院发出《关于研究广西发展糖业生产问题的会议纪要》,要求在稳定粮食生产前提下,巩固原有的糖料蔗生产基地,开发新的糖料蔗生产基地,使广西糖业生产得到更好更快的发展。在国家和自治区给予资金、信贷、税收、价格等优惠政策的扶持下,县政府于当年筹建1座日榨甘蔗3000吨的龙州县糖厂。1989年12月,龙州县糖厂第一期日榨1700吨工程竣工,投入榨季生产。全县蔗糖生产日榨能力3700吨。蔗糖业成为龙州县支柱产业。20世纪90年代至2005年,龙州县3家糖厂相继进行技术改造,扩大生产规模。2001年改制后,三家糖厂由龙州南华糖业有限责任公司统一核算。2001/2002榨季,实现工业总产值41228.34万元,税金6980.88万元。2005年,全县日榨蔗能力2万吨,其中龙州县糖厂日榨蔗14000吨,龙州县第二糖厂和霞秀糖厂日榨蔗均为3000吨。

第一节 企 业

龙州县第二糖厂

位于龙州镇城南路51号。1972年创建,系县国有企业,企业生产用地面积28081.6平方米,生产能力日榨150吨,主要产品赤砂糖。1986年,投资670万元扩建至日榨800吨。1989年—1991年,企业连续3年小技改,生产能力扩大到日榨量1050吨,日产酒精1万公升的中型企业。1993年,投资3160万元,扩建至日榨2500吨,主要生产白砂糖和赤砂糖。2001年6月,实行产权转让,由海南洋浦南华糖业集团有限公司出资组建龙州南华糖业有限责任公司。2005年,有员工601人,其中专业技术员67人。

龙州县霞秀糖厂

位于龙州镇城南路53号。1979年创建,是国家"七五"计划的百个重点工程项目之一。系县办国有企业,企业占地面积4.95万平方米,生产规模为日榨量500吨,主要产品"霞秀"牌一级白砂糖。1983年,投资67.3万元扩建日处理原料蔗850吨。1991年,投资1150万元进行技改后,日榨量扩至2000吨。2001年6月,实行产权转让,由海南洋浦南华糖业集团有限公司出资组建龙州南华糖业有限责任公司。2005年,有员工652人,其中专业技术员90人。

龙州县糖厂

位于县城独山路 19 号。1988 年创建，为县经委管理的国有工业企业，全厂占地面积 129872.87 平方米，生产能力日榨甘蔗量 1700 吨，主要产品为“龙田”牌白砂糖。1995 年，投资 9600 万元进行技改后，从日榨 1700 吨扩建至日榨 4000 吨。2001 年 6 月，实行产权转让，由海南洋浦南华糖业集团有限公司出资组建龙州南华糖业有限责任公司。2005 年，有员工 874 人，其中专业技术员 127 人。

第二节　产量　产值

蔗糖业的发展，带动为制糖工业提供原料的甘蔗生产，增加农民收入，加快蔗区农民脱贫致富的步伐。1986 年，全县糖料蔗种植面积 5246.67 公顷；2005 年糖料蔗种植面积 24460 公顷，增长 4.66 倍；糖料蔗总产量由 156645 吨增加到 1968149 吨，增长 12.56 倍。农民种蔗年人均收入 3692.49 元，糖料蔗主产区涌现种蔗收入年人均超万元的农户和年收入逾 10 万元的农户。全县 18.06 万农民靠种甘蔗摆脱贫困。

产量

1986/1987 年榨季龙州县进厂原料蔗 156645 吨，2005/2006 年榨季全县进厂原料蔗 1905328 吨；全县机制糖产量由 17668.7 吨增加到 249707 吨，增长 14.13 倍。蔗糖生产是龙州县工业生产增长速度最快的行业。

产值

1986/1987 年榨季龙州县蔗糖业总产值为 1758.07 万元，2005/2006 年榨季龙州县蔗糖业总产值 86791.1 万元，增长 49.37 倍。1986/1987 年榨季全县制糖业税金 394.39 万元，2005/2006 年榨季全县制糖业税金 9193 万元，增长 23.31 倍。

表 11-4　**1986/1987—2005/2006 年榨季龙州县蔗糖生产情况表**

榨季	入厂原料蔗产量（吨）	产糖量（吨）	工业总产值（万元）	税金（万元）	原料蔗保护价（元/吨）
1986/1987	156645	17669	1758.07	394.39	—
1987/1988	181552	19798	1971.35	421.87	—
1988/1989	239800	26295	2676.16	697.09	—
1989/1990	320832	36454	4265.76	879.7	—
1990/1991	384482	41948	10720.34	1634.64	—
1991/1992	508374	55754	14656.03	1362.58	—
1992/1993	492220	54305	14215.22	1566.91	—
1993/1994	634140	68521	18001.7	2726.9	—
1994/1995	609106	63651	16934.8	4129.93	135
1995/1996	744635	86170	22728.71	5313.64	230
1996/1997	585179	68580	18452.75	4396.24	230
1997/1998	956608	99670	27379	5458	207
1998/1999	1008776	117576	31314	4369	160
1999/2000	966589	109035	29479	4310	145
2000/2001	753110	90556	23846	4285	165
2001/2002	1262688	156373	41228.34	6980.88	165
2002/2003	1601346	194306.2	51092.07	3247.3	150
2003/2004	1552056	214980.55	54796.34	3812.48	150
2004/2005	1590959	210738.35	50392.03	4582.56	170
2005/2006	1968149	249707	86791.1	9193	230

第三节 副产品开发利用

1986年后，龙州县加强蔗糖业副产品开发的综合利用，带动龙州县蔗糖产业循环经济的发展。由最初单纯的甘蔗机制糖—白糖、赤砂糖，扩展为“甘蔗—机制糖—蔗渣浆—生活用纸”和“甘蔗—滤泥—复合肥—甘蔗”两条循环产业链。1986年—2000年，龙州县3家糖厂生产机制糖时，产出的虑泥气味难闻，随意废弃，造成环境污染。根据蔗区土壤特性所需肥料的要求，2001年—2005年，龙州县引进先进的设备和技术，以制糖产生的大量虑泥为原料，实施南华长丰生物有机肥项目，加工生产三元牌复合肥料，年生产100万吨，年销售收入75000万元，年利税2500万元。

第四节 政策措施

龙州县蔗糖业的发展，主要依靠政策调动蔗糖生产积极性。

第一，调整和完善收购原料蔗价格和奖售政策，调动农民种蔗积极性。1978年中共十一届三中全会后，县委、县政府根据甘蔗同其他经济作物的比价关系，理顺甘蔗价格，不断改进奖售办法，先后在蔗区实行减购增销粮食、蔗粮挂钩、确定基数、超基数奖售粮肥以及回销糖、酒等。1987年下半年，实行甘蔗综合价，即按照1986/1987年榨季原料蔗收购价加上奖售粮食、回销糖和酒补给差价款等综合计算，兑现给蔗农，核定每吨原料蔗综合收购价195元。使蔗粮挂钩政策趋于合理，保证结算方便，受到蔗农拥护。1988年，随着国家对食糖价格的调整，相应提高原料蔗收购价格。1995年，全国食糖市场开放后，蔗价也跟着糖价挂钩，实行保护价（每吨135元）。1996年后，龙州县根据各个年度榨季不断变化的新情况，对原料蔗的收购价格作必要调整，使甘蔗价格同其他商品价格，如化肥等的比价趋于合理，保持蔗农种蔗积极性。

第二，调动制糖企业生产积极性。1997年，龙州县在扩大企业自主权、落实承包经营责任制的基础上，按照一定的比例给予企业的食糖和酒精产品留成，允许其自留产品价格随行就市，自行销售，使企业增加收入。采取商业给糖厂必要让利和对新建、扩建糖厂投资实行税前还贷政策。各糖厂同时建立健全竞争的激励机制，在企业内部设立原料蔗生产超产奖、生产安全奖、产品质量奖、出糖率奖、降耗奖等奖项，确保制糖生产效益与职工收入同步增长。

第三，调动县直机关干部职工和蔗区乡镇干部抓好发展蔗糖生产积极性。县委、县政府陆续制定和实行一系列奖励措施。1997年，对乡镇、村委会、村民小组、甘蔗专管员，实行基数奖和超基数奖等单项奖。1996年，对农场发展甘蔗生产实行让利政策。1997年，县四大班子领导、乡镇党政一把手，实行甘蔗生产风险抵押金超产奖励。1994年，对县直机关承包村委会发展甘蔗生产实行包干奖励。从1997年起，实行甘蔗特产税列入乡镇财政收入的政策。2005年，各糖厂采取对农户种蔗激励办法，如糖厂对开发30亩以上连片的蔗田，机耕费给予优惠50%，种苗、肥料给予优惠预付等。这些政策措施，把甘蔗种植面积、产量与经济利益直接挂钩，调动各方面种蔗的积极性。县直机关单位不仅下乡包村发动群众种蔗，而且还承包、租赁土地种蔗。

第四，调整甘蔗生产布局。龙州县虽然大部分地方适宜种植甘蔗，但各乡镇自然资源优势不一样。因此，对糖料蔗生产布局的总原则是：在确保粮食生产稳定基础上，因地制宜，发挥优势，按照“宜粮则粮，宜蔗则蔗”的生产原则，利用旱坡地、宜蔗可垦荒地来扩种甘蔗。1998年，全县种蔗面积17786.67公顷，其中旱坡地占16666.67公顷。2005年，全县种蔗面积24460公顷。

第五，把扩大甘蔗面积同主攻提高单产结合。1986年以后，全县把扩大甘蔗面积与提高单产相结合，增加甘蔗生产的投入，加强蔗区农田基本建设，推动种蔗技术进步。全县8个种蔗5万亩以上的乡镇建立甘蔗技术推广站，配备甘蔗科技人员，在村设置甘蔗专管员，开展甘蔗技术服务。通过技术指导、技术培训、技术咨询、技术承包、技术试验等多种形式，加快科学种蔗先进技术的普及与推广应用。1988 年—2005 年，龙州县政府组织甘蔗科技人员开展旱地甘蔗高产综合栽培技术试验。推广旱地蔗种良种，发展秋植蔗；应用地膜覆盖栽培技术，搞好合理密植。根据土壤性状增施钾肥，合理配施氮、磷、钾肥料，喷施叶面肥；深耕深松和小锄低砍等技术，促进甘蔗稳产高产。1986 年，全县甘蔗平均亩产 2.82 吨。2005 年，全县甘蔗平均亩产 5.19 吨，平均亩产提高 2.37 吨。

第六，加强糖厂建设。1972 年，龙州县仅有 1 家小型赤砂糖厂（第一糖厂）。1973 年，建成龙州县第二糖厂。1978 年，新建霞秀糖厂，关闭规模小、效益低的第一糖厂。1988 年，建设龙州糖厂。抓好糖厂的挖潜力改扩建工程，使全县日榨甘蔗能力逐年提高。2005/2006 年榨季，龙州县 3 家糖厂日榨甘蔗能力 2 万吨，形成大型规模生产的制糖企业。

第七，加强蔗糖生产领导及有关部门的协作。1978 年，中共十一届三中全会以后，县委、县政府把蔗糖业列为龙州县经济支柱产业。县、乡镇政府明确配备 1 名领导负责抓这项工作，逐级建立和健全蔗糖生产管理机构。各蔗区设置甘蔗站、蔗区村委会配甘蔗生产专干，负责抓好甘蔗生产、技术推广和砍运安排等。科技部门于 2000 年引进培育推广种植品种新台糖 22、23 号甘蔗优良品种，开展旱地甘蔗高产高糖的攻关试验和做好科技服务，提高甘蔗单产和糖分。粮食、供销部门搞好奖售粮、肥的兑现工作。商业、财政、税务部门为扶持蔗糖生产的发展筹集资金、发放贷款。石油、煤炭、电力部门保证做好榨季运输生产用油、用煤、用电的供应。1986 年—2005 年，县蔗糖生产指挥部在甘蔗砍运工作中，重点解决 3 个问题：一是搞好蔗区道路建设。把蔗区道路建设同甘蔗生产布局结合起来，通盘考虑，做到甘蔗种到哪里，道路修到哪里。同时，实行干群结合，组织专业队保养和群众分段包干，搞好蔗区道路的管理和维修。二是实行"三先三后"（早熟先砍，迟熟后砍；秋植先砍，冬春植后砍；宿根先砍，新植后砍）的原则，搞好定点收购，及时兑现钱、粮、肥，较好地解决"砍运难"问题。三是加强甘蔗砍运管理工作，制订甘蔗砍运计划，逐级分配任务，凭票砍运，杜绝甘蔗砍运"走后门"现象。对参加运蔗司机进行职业道德培训，落实甘蔗运输责任制，严明运输纪律，防止向蔗农"敲竹杠"行为发生。

第四章　乡镇企业

1989 年—2005 年，龙州县乡镇工业企业以本地资源为主要原料，初步形成有非金属矿采选业、食品加工业、饮料制造业、服装鞋帽制作业、皮革制品业、木材加工业、竹制品加工业、印刷业、塑料制品业、普通铁制品等 10 多个工业门类。全县乡镇工业主要生产石灰、砖、瓦、沙、陶瓷、家具、服装、爆竹、淀粉、食油、米酒、饮料等产品。

第一节　机　构

1978 年 10 月，成立公社企业局。1983 年 4 月，改为社队企业局。1985 年 1 月，更名为乡镇企业局。1991 年 12 月，乡镇企业局改为县乡镇企业管理委员会。1997 年 1 月，改称县乡镇企业管理局。内设生产、供销、综合、秘书、财务 5 个部门，实有 14 人，全县 13 个乡镇设企业管理办公室，有人员 45 人。2001 年 12 月，龙州县乡镇企业管理局并入县农业局，保留县乡镇企业管理局牌子。2002 年，裁撤乡镇企业管理办公室，其业务并入各乡镇农业服务中心。2004 年 10 月，撤销县乡镇企业管理局牌子，人员并入县经济贸易局。

1986 年—2001 年历任局长（主任）：黄绍刚(1986.1—1998.1)，叶永青(1988.1—1995.2)，李汉珍(1995.2—1999.2)，黄玉荣(1999.2—2001.12)。

第二节　企业门类

工业

1986年，龙州县有乡镇工业企业4370家，从业人数6808人；完成工业总产值1306万元，税金额75万元，利润总额175万元。1989年，有乡镇工业企业5654家，从业人数7125人；完成工业总产值1746万元，税金额158万元，利润总额248万元。1995年，有乡镇工业企业12819家，从业人数22235人。同年起至1997年，其中：1995年，完成工业总产值77028万元，税金2808万元，利润总额5938万元；1996年，完成工业总产值63843万元，税金2280万元，利润金额4517万元；1997年，完成工业总产值79978万元，税金2630万元，利润金额5210万元。1989年—2000年，龙州县乡镇工业企业以本地资源为主要原料，初步形成有非金属矿采选业、食品加工业、饮料制造业、服装鞋帽制作业、皮革制品业、木材加工业、竹制品加工业、印刷业、塑料制品业、普通铁制品等10多个工业门类。全县乡镇工业主要生产石灰、砖、瓦、沙、陶瓷、家具、服装、爆竹、淀粉、食油、米酒、饮料等产品，年销量是年产量91.6%。服装、农用物资、瓷砖、家具等产品，直接销往越南，年交易额1100多万元。2000年，有乡镇工业企业5527家，从业人数9442人；完成工业总产值50871万元，税金1225万元，利润总额4433万元。2005年，有乡镇工业企业7195家，从业人数12914人；完成工业总产值65931万元，税金1709万元，利润总额5178万元。主要企业有龙州县手表元件厂、龙州县霞秀砖厂。

表11-5　　1989年—2000年龙州县乡镇工业企业完成经济指标表

单位：个、人、万元

年份	企业个数	从业人数	固定资产	总产值	总收入	出口交易	增加值	实交税金	利润总额
1989	5654	7125	1090	1749	2528	—	—	158	248
1990	5741	7469	1207	2134	2999	—	—	163	294
1991	6426	8849	2562	2535	3473	—	—	188	423
1992	6809	9138	1845	3536	4626	—	—	223	550
1993	8241	12272	3324	12218	12161	—	—	789	1655
1994	9514	16456	4725	37397	39749	—	—	1598	3348
1995	12819	22235	12125	77028	81515	—	—	2808	5938
1996	5334	9516	33372	63843	68033	—	26269	2280	4517
1997	5130	8120	7207	79978	89990	43	25787	2630	5210
1998	3993	7128	8173	38148	50032	67	12230	1022	3662
1999	4971	8649	38930	42025	55008	76	13023	1085	3927
2000	5527	9443	38869	50871	66733	90	1225	1225	4433
合计	80159	123099	1534429	411459	476847	276	89534	14165	34205

第十二篇

商贸　旅游

第一章　商贸管理

1986年，龙州县商贸体制呈国有、集体、个体并存的局面，且国有商业和供销集体商业占据全县商业的主导地位。20世纪90年代初，随着计划经济逐步向市场经济转变，国有商业企业经营困难，亏损严重，业务量逐年萎缩。1992年，国有商业、集体商业企业推行“分配、经营、价格、用工”四放开（简称“四放开”），实行国有民营、承包、租赁、抽本经营等多种经营方式。政府对个体私营经济实行鼓励、扶持政策，使其快速发展。1997年—2005年，除少数商品实行国家专卖专营外，个体私营商业已经取代国有、集体商业的垄断地位。2005年，全县有个体商业7956户，从业人员11995人，注册资本7012万元，营业收入18030万元，社会消费品零售额8561万元。有私营商业113户，投资268人，雇工1241人，注册资本8564万元，营业收入8585万元，社会消费零售额678万元。

第一节　机　构

龙州县商业局（贸易局）

1986年—1996年，县商业局内设办公室、财务股、业务股、统计股4个部门，实有10人，下辖县百货公司、五金交电公司、糖业烟酒公司、食品公司、饮食服务公司等5个专业公司，在职员工520人。1997年，撤销县商业局，组建县贸易局，成建制转为经济实体，归县政府领导。2001年，不再保留县贸易局牌子，其职能划归县经济贸易局。

1986年—2001年历任局长：农利（1986.1—1986.12），利建挥（1986.12—1994.3），朱斌（1994.3—1997.2），何松（1997.2—1997.10），梁启荣（1997.10—2000.12），陈辅（2000.12—2002.1）。

龙州县粮食局

1986年，龙州县粮食局内设政秘股、纪检股、审计股、财会股、计划统计股、议购议销股、储运股、基建加工股8个部门，人员编制15名，实有48人，办公地址在龙州镇康平街47号。下辖县饲料公司、食品工业公司、县大米加工厂、县直属粮库、12个乡镇粮食管理所共16个企事业单位。全县粮食系统干部职工有426人，其中在职370人，离退休56人。1991年，内设部门新增多种经营股，共有9个部门。全县粮食系统在职职工411人，其中干部116人，工人295人，离退休干部职工79人。1993年，县粮食局内设部门减至办公室、财会股和业务股3个，有行政人员编制10名，实有10人，办公地址在龙州镇康平街47号。其余人员分流到新设立的经济实体。乡镇粮所、县直属粮库除保留3~4名管理人员外，其余人员分流到经济实体。县粮食系统分流干部职工225人，占职工总人数60.98%。是年，县粮食部门成立县粮油贸易总公司、县粮油贸易公司、县粮油购销公司、县粮油食品综合公司、县军粮供应服务部，各乡镇粮所、县直属粮库分别成立分公司。同时，粮食总公司下设汽车修理厂和精米加工厂等经济实体。2002年机构改革后，局机关编制6名，其中行政编4名，事业编2名，除保留6人外，其余人员办理离岗1人、提前退休6人。局内设办公室、调控股、监督检查股、粮食行政管理股4个部门，下辖原有单位机构不变。2005年，县粮食局内设办公室、调控股、监督检查股3个部门，有人员编制6名（行政编制5名，事业编制1名），实有8人，办公地址在龙州镇康平街47号。下辖原有单位不变。

1986年—2005年历任局长：韦启楼（1986.1—1993.2），卢日晶（1993.2—1996.3），梁宝琦（1996.3—1998.1），周振雄（1998.1—2002.3），禤培京（2002.4—2005.12）。

龙州县供销合作社联合社

1986年，龙州县供销合作社联合社系集体商业单位，内设政秘股、业务股、经营股、人事教育股、财务股、统计股6个部门，人员编制30名，实有17人，办公地址在龙州镇城北路6号。1986年—2005年，县供销社下辖县土产公司、县农资公司、县果品公司、县淀粉厂，霞秀（今属龙州镇）、彬桥、下冻、水口（含罗回）、武德、金龙、逐卜、响水、上金、上龙、八角、上降12个乡镇供销社。2005年，县供销社内设主任室、办公室、财务股、综合业务股、宣传教育股5个部门，人员编制30名，实有15人，办公地址在龙州镇城北路6号。全县供销系统有在职员工235人，离退休181人。

1986年—2005年历任主任：陆惠清（1986.1—1987.10），黄嘉忠（1987.11—1988.12），黄辉均（1988.12—1991.4），黄嘉忠（1991.4—1996.9），周结交（1996.9—2000.12），岑勇（2000.12—2003.4），张富芬（2004.4—2005.12）。

龙州县口岸办公室

1993年2月成立，隶属龙州县人民政府，正科级单位。1993年，县口岸办无内设部门，人员编制7名，实有7人，办公地址在龙州镇康平街28号县人民政府大院内。2005年，内设内贸股、口岸股、外贸股、办公室4个部门，人员编制8名，实有8人，办公地址不变。

1993年—2005年历任主任：农仕敢（1993.2—1995.6），林光英（1995.6—1999.2），黄成光（1999.2—2000.11），邓国忠（2000.12—2004.4），谭诚（2004.4—2004.10），黄金星（2004.11—2005.12）。

第二节　国营商业

国有商业企业

龙州县百货公司　1954年成立。1957年4月，县百货公司和花纱、文化、医药、药材等公司合并为龙州县工业品批发站。1977年冬，复称龙州县百货公司。1986年，下设两个批发部，在职员工116人，流动资金84万元，固定资产46万元。1997年，公司保留1个批发部，3个零售门市部。由于职工诸多利益矛盾无法解决，商业市场的经营陷入困境和亏损。1999年，公司加盟南宁利客隆超市，成为南宁地区第1家商业连锁企业。商品购进总额22.36万元，商品销售总额399.08万元，实现利润4.89万元。2003年，县百货公司与县饮食服务公司合作，购进商品总额505.30万元，商品销售总额563.98万元，实现利润1.96万元。2005年，县百货公司与南宁伟嘉利贸易总公司合作投资，成为龙嘉大厦商业合资企业。在职员工75人。购进商品总额636.54万元，商品销售总额556.76万元，实现利润22.9万元。

龙州县糖业烟酒公司　1954年成立。1986年，公司在职员工109人，其中管理干部18人；设经理1人，党支部书记1人。有康平店、龙华店、昌盛店、茂源店、春蕾店、批发部、糖一仓、糕点加工厂、驻凭祥转运站9个商业网点。购进商品总额1796万元，销售商品收总额2150万元，实现利润110万元。1993年，公司在职员工106人，其中干部12人，设经理1人，党支部书记1人。商业网点增加妇婴专卖店和杂货店。总资产1250万元，其中固定资产587万元；完成商品购进总额756万元，商品销售总额871万元，实现利润0.2万元。2005年末，公司在职员工123人，其中干部13人，设经理1人，党支部书记1人。商业网点加入百盛超市，独山路糖仓转让给南华公司。商品购进总额1210万元，商品销售总额1228万元，亏损16万元。

龙州县食品公司　1956年成立。1986年，公司在职员工73人，设经理1人，副经理2人，党支部书记1人。有屠宰厂1个，肉食门市部2个，冷冻库1座，高温库1座，养殖场1个，乡镇食品站8个。全年购进商品总额89万元，商品销售总额30万元，县财政补贴后，仍然亏损10万元。1996年，公司在职员工74人，设经理1人，副经理1人，党支部书记1人。全年商品购进总额108万元，销售总额73万元，县财政补贴后，还亏损5万元。1998年，公司在职员工84人，设经理1人，副经理1人，党支部书记1人。全年商品购进总额273万元，商品销售163万元，县财政补贴后，还亏损3万元。2005年，公司在职员工115人，设经理1人，副经理1人，党支部书记1人。全年商品购进总额206万元，商品销售总额166万元，县财政补贴后，仍亏损1万元。

龙州县五金交电公司　1963年成立。1986年，公司在职员工41人，退休职工28人。内设经理室、财务部；下设康平零售部、城北零售部。主营五金、交电、化工及摩托车等商品，兼营剩余仓租、出租宿舍等。经营方式为职工竞标承包门店零售。年购进商品总额536万元，商品销售总额437万元，实现利润11.50万元。

1998年10月，公司实行职工竞标承包门店经营，经营自主，自负盈亏。公司只收职工承包管理费，承担无岗位职工养老保险，失业保险，生育保险，以维护公司办公经营运转。全年商品购进总额538万元，商品销售总额1299.6万元，实现利润73.12万元。2005年，公司在职员工41人，退休职工28人，有康平零售门市部、城北零售门市部网点2个。全年商品购进总额1210万元，商品销售总额774万元，实现利润0.19万元。

龙州县医药公司 1956年7月成立。内设经理办公室、业务股、财务股、中草药仓、中成药仓、收购部等，主要经营以收购本地产中药材为主，批发零售药品为补。批发对象主要是县城各家医院、个体药店、诊所、乡镇（公社）卫生院、农场卫生院。1986年8月，公司在编职工60人，固定资产原值250万元，年经营收入530多万元。2003年—2005年8月，县医药公司零售门市部与广西一心药业股份有限公司联营。由广西一心药业股份有限公司供应药品和发放职工工资，县医药公司零售门市部职工负责销售药品。县医药公司保留中药仓、中药饮片和药品批发，由职工6人经营，维持基本工资发放。2005年9月，县医药公司由广西方略药业有限公司收购，改制非公经济企业——龙州方略药业有限公司。县医药公司职工60人，按工龄每年633元标准计算安置费，终止与公司的劳动关系，不再保留国有企业职工身份。职工签署确认置换费后，与新公司签订劳动合同，直至法定退休为止。对个别不愿意上岗的职工，新公司给予一次性领取安置费。

龙州县物资总公司 1994年成立。公司固定资产原值110万元，在编职工48人。下属有金属材料公司、机电设备公司、石油制品公司、煤炭公司、农副产品收购经营部，主要经营民用爆破产品、金属材料、普通机电设备、建筑材料、化工原料、电子产品、交通运输设备、废旧物资回收等。1998年—2004年，由于市场物资经营全部放开，生产厂家产品直接进入市场，个体经营销售网点增多，县物资总公司下属公司经营效益出现连年亏损局面。2005年，县物资总公司全部注销下属公司，停止业务经营。出租龙州镇利民街31号4间房和城北路230号10间门面、机电车间等，年租金收入10万元，支付下岗职工养老保险金。32名下岗职工自谋出路。

龙州县烟草专卖公司 1984年11月成立。内设综合管理办公室、专卖管理股、营销部，下辖12个乡镇烟草营销店、1254户卷烟零售户。1998年3月，县烟草公司进行卷烟配送服务工作。2002年4月，实行“全面访销，全面配送，访送分离”的卷烟经销运作模式。2003年3月，县营销部成立1个访销中心和1个配送中心，撤销全县下伸配送网点，采取“多点访销，集中配送”的经营形式。2004年—2005年，实行县城、乡镇、村屯“电话访销，电子结算”的营销方式。2005年12月，县烟草公司有在职员工240人，销售卷烟7370大箱，实现税利1349万元。

2000年，整装待发的烟草专卖配送队伍

第三节 集体商业

1986年，龙州县供销社有商业销售门市部72个，固定资产416.05万元，商品购进总额1645.3万元，销售总额1554.9万元，上缴税金7.42万元，利润-38808.83万元。1987年—2005年，县供销社试行多种形式的商业发展经营机制。2005年，固定资产639万元，商品购进总额2628万元，销售总额3379万元，利润4.56万元。

经营机制

1990年，全县供销系统门店废止“大锅饭”的平均主义分配形式，实行门店商品大包干销售，按销售额大小来确定个人报酬高低的办法，叫做销售100元含量的工资分配制度。

1991年，全县供销系统各门店、柜组人员，自由自愿的重新优化组合，各店柜销售额独立核算，个人交纳风险抵押金，各个门店、柜组自负盈亏。超额完成销售任务的全奖，不能完成销售任务的全罚。

1992 年，全县供销系统工业商品、农资产品销售门店、柜组，全部实行经营放开、价格放开、用工放开、分配放开的经营方式。

1995 年，全县供销系统盘活商品存量，实行垫本销售商品、自主经营制。就是县供销社和各个乡镇垫付商品成本给门店、柜组人员销售，经销员以购买商业产品存量的方式，自主经营，自负盈亏；经销员不仅向国家纳税，还要向县供销社或乡镇供销社交纳经营场地租金和营业执照使用费，分期分批还清商品本金。

综合开发

1997 年，水口镇罗回供销社创办农资专业合作社，吸收罗回村村民入社 110 人(户)。入社社员凭入社证到指定销售门店销售购买化肥等农资商品，享受特别优惠价格。至 2000 年，化肥市场全面放开，县农资公司难以维持，被迫实行改制，化肥基本上为个体户经营，因而罗回供销社农资专业合作社逐渐解散。

1998 年，上降乡供销社经销员走出门面，参与荒山开发，承包为期 20 年的荒山 6.67 公顷(100 亩)。主要种植三华李、沙田柚、京柿子等水果树。果林间种玉米、花生、木薯等经济作物，放养鸡、鸭等家禽。至 2005 年，共收入 16 万元。

1998 年，金龙镇供销社“引进市场”，抓住金龙镇农贸市场搬迁的机会，利用社院内 5000 多平方米的闲置地产，与县、乡工商部门合作，联合开发社院内闲置地产为金龙镇农村集市贸易场。

2005 年，水口镇供销社拆除店面旧房、危房，本社职员与供销社签订法律合同，把土地承包给职员，由职员自筹资金建新房，作为经销门店，让职员自主经营，盘活固定资产，解决职员经销难问题。

出资还贷

2002 年上半年前，龙州县供销联社的下属公司、乡镇供销社共欠银行贷款本息 1505.58 万元，其中农资公司 220 万元、土产公司 284.8 万元、果品公司 189.5 万元、霞秀供销社 161.9 万元、彬桥乡供销社 17 万元、下冻镇供销社 41 万元、武德乡供销社 64 万元、逐卜乡供销社 162.2 万元、金龙镇供销社 81.28 万元、响水镇供销社 75.5 万元、上金乡供销社 15.2 万元、八角乡供销社 58.6 万元、上降乡供销社 134.6 万元。

2002 年下半年—2003 年上半年，县农资公司、彬桥乡供销社、下冻镇供销社、金龙镇供销社、响水镇供销社、上金乡供销社以拍卖房地产等方式，自筹资金，归还银行贷款本息 449.98 万元，其中金龙镇供销社处置房地产 3 宗，归还银行贷款本息 81.28 万元；响水镇供销社拍卖房地产 3 宗，归还银行贷款本息 75.5 万元。

2003 年下半年，县土产公司、县果品公司、霞秀乡供销社、武德乡供销社、逐卜乡供销社、八角乡供销社、上降乡供销社所欠银行贷款无力偿还，被广西长城资产管理公司委托南宁市融通拍卖行捆绑收购处置。经龙州县供销联社多方协商，归还贷款从 1055.6 万元降到 297 万元，其中土产公司 284.8 万元降为 100 万元，果品公司 189.5 万元降为 100 万元，霞秀乡供销社 161.9 万元降为 32 万元，武德乡供销社 64 万元降为 19 万元，逐卜乡供销社 162.2 万元降为 17 万元，八角乡供销社 58.6 万元降为 12 万元，上降乡供销社 134.6 万元降为 17 万元。先由县供销联社下属淀粉厂统一出资垫还，各公司、供销社再筹资还给淀粉厂。2004 年 12 月，各公司、供销社把所欠款项全额还清。

2000 年，县农资公司受农资市场全面开放影响，经销商品受阻，经济效益急剧下滑，导致负债经营。2002 年，县农资公司欠银行贷款本息 630 万元，比公司固定资产原值 602.75 万元超出 27.25 万元，无法继续经营。2005 年，经公司全体职工讨论同意，决定签字变卖房地产归还银行债务，置换职工身份，变卖房地产还贷 50 万元，65 名职工置换身份，获得补偿金 165.9 万元，平均每人 2.55 万元。县农资公司改制后，县供销联社拍卖龙圆执行所获得资金还贷 222 万元，尚欠银行贷款 358 万元。

集体商业企业选介

龙州县土产公司　位于龙州镇白沙街 192 号，土地使用面积 8970.90 平方米，总建筑面积 6962.49 平方米，属集体企业。2001 年，县土产公司进行改制，改制后剩余资产由龙州县供销合作联社理事会授权龙州县地龙资产管理中心进行经营管理。

龙州县农资公司　公司土地使用面积 5160.70 平方米，属集体企业。1998 年龙州县农资公司进行改制，改制后剩余资产由龙州县供销合作联社理事会授权龙州县地龙资产管理中心进行经营管理。

龙州县果品公司 1997年成立。2005年，有职工25人，其中在职15人，退休10人。土地面积610平方米，主要经营范围有日用百货、日用杂品、五金交电、五金工具、住宿等。

第四节 个体私营商业

1986年，龙州县有个体商业4682户，从业人员5579人，注册资本376万元，年总产值220万元；1987年，有个体商业6288户，从业人员7362人，注册资本766万元，年总产值252万元；1988年，有个体商业7065户，从业人员8215人，注册资本990万元，年总产值875万元；1989年，有个体商业4102户，从业人员4512人，注册资本786万元，年总产值776万元；1990年，有个体商业3813户，从业人员4348人，注册资本717万元，年总产值485万元。

1991年，全县有个体商业4166户，从业人员4676人，注册资本1149万元，年总产值646万元；1992年，有个体商业4538户，从业人员5151人，注册资本1613万元，年总产值1740万元；1993年，有个体商业4868户，从业人员5578人，注册资本2356万元，年总产值2366万元；1994年，有个体商业5511户，从业人员6236人，注册资本3358万元，年总产值7760万元；1995年，有个体商业6064户，从业人员6805人，注册资本3842万元，年总产值5880万元。

1996年，全县有个体商业4446户，从业人员5240人，注册资本3824万元，年总产值6850万元；1997年，有个体商业4868户，从业人员5695人，注册资本3972万元，年总产值5920万元；1998年，有个体商业6892户，从业人员7557人，注册资本5285万元，年总产值6102万元；1999年，有个体商业7054户，从业人员7054人，注册资本8656万元，年总产值9323万元；2000年，有个体商业5594户，从业人员6531人，注册资本5730万元，年总产值7216万元。

2001年，全县有个体商业7445户，从业人员9288人，注册资本9260万元，年总产值90800万元；2002年，有个体商业7702户，从业人员10543人，注册资本9544万元，年总产值12454万元。

2003年，有个体商业6971户，从业人员9416人，注册资本8526万元，营业收入17033万元，社会消费品零售额8085万元。其中批发和零售贸易、餐饮业3767户，从业人员5526人，注册资本1933.86万元，营业收入9600万元，社会消费品零售额7786万元；其他服务业667户，从业人员868人，注册资本308.71万元，营业收入3125万元，社会消费品零售额356万元。

2004年，有个体商业7796户，从业人员11400人，注册资本6664万元，营业收入10017万元，社会消费品零售额8561万元。其中批发和零售业3744户，从业人员5423人，注册资本1901万元，营业收入9600万元，社会消费品零售额7786万元；住宿和餐饮业598户，从业人员1242人，注册资本384万元，营业收入862万元，社会消费品零售额312万元；其他服务业462户，从业人员769人，注册资本192万元，营业收入3910万元，社会消费品零售额375万元。

2005年，有个体商业7956户，从业人员11995人，注册资本7012万元，营业收入18030万元，社会消费品零售额8561万元。其中批发和零售业4426户，从业人员6512人，注册资本2147万元，营业收入9600万元，社会消费品零售额7786万元；住宿和餐饮业637户，从业人员1322人，注册资本431万元，营业收入862万元，社会消费品零售额312万元；其他服务业489户，从业人员828人，注册资本237万元，营业收入3910万元，社会消费品零售额375万元。

第五节 私营商业

1989年，全县有私营商业6户，注册资本78.5万元，从业人员106人，年总产值32万元；1990年，有私营商业4户，从业人员63人，注册资本71.3万元，年总产值36万元；1991年，有私营商业7户，从业人员

130 人，注册资本 130 万元，年总产值 64 万元；1992 年，有私营商业 7 户，从业人员 203 人，注册资本 130 万元，年总产值 130 万元；1993 年，有私营商业 7 户，从业人员 203 人，注册资本 130 万元，年总产值 170 万元；1994 年，有私营商业 10 户，从业人员 308 人，注册资本 185 万元，年总产值 208 万元；1995 年，有私营商业 11 户，从业人员 338 人，注册资本 196 万元，年总产值 285 万元。

1996 年，全县有私营商业 8 户，从业人员 164 人，注册资本 285 万元，年总产值 352 万元；1997 年，全私营商业 5 户，从业人员 77 人，注册资本 128 万元，年总产值 158 万元；1998 年，有私营商业 7 户，从业人员 100 人，注册资本 145 万元，年总产值 160 万元；1999 年，有私营商业 16 户，从业人员 260 人，注册资本 1149 万元，年总产值 1280 万元；2000 年，有私营商业 28 户，从业人员 510 人，注册资本 1903 万元，年总产值 1840 万元。

2001 年，全县有私营商业 29 户，从业人员 74 户，从业人员 928 人，注册资本 1926 万元，年总产值 1986 万元；2002 年，有私营商业 78 户，从业人员 988 人，注册资本 3249 万元，年总产值 5860 万元。2003 年，有私营商业 82 户，投资 216 人，雇工 710 人，注册资本 3462 万元，年营业收入 3800 万元，其中社会消费零售额 590 万元；2004 年，有私营商业 102 户，投资 239 人，雇工 972 人，注册资本 6502 万元，年营业收入 6602 万元，其中社会消费零售额 691 万元。

2005 年，有私营商业 113 户，投资 268 人，雇工 1241 人，注册资本 8564 万元，年营业收入 8585 万元，其中社会消费零售额 678 万元。

第二章　边境贸易

20 世纪 80 年代末，随着中越关系日趋好转，龙州县双边民间贸易逐渐恢复。1993 年，水口口岸正式恢复通关。1996 年，水口口岸出入境人员 119497 人次，交通运输工具 21206 辆次，进出口货物量 100052 吨。2000 年，水口口岸出入境人员 93820 人次，交通运输工具 18024 辆次，进出口货物量 128574 吨。2005 年，水口口岸出入境人员 192800 人次，交通运输工具 23200 辆次，进出口货物量 280000 吨，年交易额 4057.58 万元。

第一节　口岸建设

1986 年—2005 年，龙州县有口岸 2 个。其中：水口口岸为国家一级口岸，清乾隆五十六年（1791 年）设置；科甲口岸为国家二级口岸，1952 年设置，尚未正式通关，只在越南边民运甘蔗入龙州县境期间，由南宁海关批准为季节性开放。

2000 年，龙州边贸水口货场大楼

1978 年，中越双边关系紧张，水口口岸一度关闭。20 世纪 80 年代末，中越关系日趋好转，双边民间贸易逐渐恢复。1992 年，中越两国关系恢复正常化。1993 年 12 月 1 日，水口口岸正式恢复通关。

1993 年，龙州县与越南高平省共同出资 100 万元，重建中越水口—驮隆口岸大桥，承载能力 20 吨。

1994 年 11 月—1997 年 6 月，龙州县先后投资 320 万元，建设水口口岸出入境联检大楼，占地面积 946 平方米，建筑面积 2040 平方米。

2003 年 10 月，龙州县利用自治区政府投资 50 万元、国家财政投资 50 万元，共 100 万元，对水口口岸出入境联检大楼进行重新装修，增加装修一间会晤室，两间贵宾休息室。2004 年 8 月，装修完毕，投入使用。

2004 年 8 月，龙州县投资 230 万元，完成水口口岸通道拓宽改造，包括通道两边挡土墙、回填土、路面铺设、灯光、绿化等项目。把 10 米宽的口岸通道拓宽为 40 米，口岸通关更加便利。

2005 年，通过招商引资建设水口口岸验货场，占地面积 26.13 公顷。第一期开发建设 13.2 公顷，总投资 3200 万元。验货办公楼占地面积 400 平方米，建筑面积 1200 平方米。

第二节　商品交易

1993 年，水口口岸出入境人员 6982 人次，交通运输工具 196 辆次，进出口货物量 572 吨。1994 年，水口口岸出入境人员 75546 人次，交通运输工具 2426 辆次，进出口货物量 18824 吨。1995 年，水口口岸出入境人员 116498 人次，交通运输工具 9042 辆次，进出口货物量 34744 吨。

2000 年，越南运矿车在龙州水口货场装卸货物

1996 年，水口口岸出入境人员 119497 人次，交通运输工具 21206 辆次，进出口货物量 100052 吨。1997 年，水口口岸出入境人员 115284 人次，交通运输工具 15680 辆次，进出口货物量 81566 吨。1998 年，水口口岸出入境人员 106475 人次，交通运输工具 18646 辆次，进出口货物量 121913 吨。1999 年，水口口岸出入境人员 108384 人次，交通运输工具 19826 辆次，进出口货物量 135763 吨。2000 年，水口口岸出入境人员 93820 人次，交通运输工具 18024 辆次，进出口货物量 128574 吨。

2001 年，水口口岸出入境人员 103679 人次，交通运输工具 18826 辆次，进出口货物量 128858 吨。2002 年，水口口岸出入境人员 123491 人次，交通运输工具 20386 辆次进出口货物量 185817 吨。2003 年，水口口岸出入境人员 183000 人次，交通运输工具 83600 辆次，进出口货物量 34744 吨。2004 年，水口口岸出入境人员 179000 人次，交通运输工具 29692 辆次，进出口货物量 365000 吨。2005 年，水口口岸出入境人员 192800 人次，交通运输工具 23200 辆次进出口货物量 28 万吨，年交易额 4057.58 万元。

第三章　商贸交流

第一节　合作交易

1987 年 3 月，龙州县工商联经济咨询服务部成立。服务部先后印发《龙州县工商信息》20 多期，与自治区内 150 个县、市建立信息网络联系，与梧州市工商联经济咨询服务处建立横向合作关系。至 1990 年，为县工商企业引介商品 128.79 万元，其中购进 23.84 万元，销售 104.95 万元。大宗商品有：八角 50460 千克，桂圆肉 4165 千克，进口尿素 184 吨，桐油 38.25 吨，酒精 43 吨，橘水 40 吨，自行车 200 辆，红瓜子 23.36 吨，菠萝罐头 500 箱，砧板 3350 块，生粉 60 吨。龙州县的淀粉、衣架、中成药首次销往江苏、浙江省。1991 年，服务部与龙州县农业局一起提出了《关于龙州县发展蚕业生产的可行性报告》，得到县委，县政府的重视和自治区工商联的大力支持。两年来对该项目投入资金 11.5 万元，并分期分批在金龙、水口、下冻、逐卜等乡镇举行种桑养蚕技术培训 7 期，参加人数共 500 多人次。1992 年底，全县桑园面积 1250 亩。种养户为 100 户，发放蚕种 1490 张，收鲜茧 23200 公斤，增加了农民收入，为种桑养蚕打下了基础。八角乡菊埂村陇江屯经济基础比较差，每年要吃统销粮，1992 年 4 月全屯 26 户产鲜茧约 2000 公斤，总产值 16000 元，户均收入 550 元。

1992 年，水口被列为广西对外开放的 12 个边境口岸乡镇之一。服务部先后接待了越南高平省商业协会、省建筑安装公司贸易考察团 3 批 15 人（次）；贵州省遵义地区统战部、工商联和湖南省衡阳市城南区工商联边贸考察团 5 批 80 人（次），并就如何开展边贸活动进行交流。

1994 年，南宁地委统战部召开非公有制经济工作会议，县委统战部和工商联带领 5 名非公有制经济代表人士到会与各县的工商界代表进行经验交流，其间考察了南宁正大饲料厂，听取经验介绍。

1995 年初，县工商联有 8 名会员受邀参加县个协组织的考察团到凭祥市参观考察，与凭祥市个协和凭祥商会负责人交流工作经验。

1996 年—1999 年，县工商联先后接待广州、衡阳、宁波市和区内各县（市）商会会员 35 人次。

第二节 产品展销

1986 年—1999 年，县人民政府、县工商联没有组织企业外出参加产品展销活动。

2000 年 6 月 15 日，县人民政府在县城举办龙州县首届批发商品交流订货会。参加订货会的有南宁地区 11 个厂家、批发商，龙州县城乡 100 多个批零店店主。参展的商品有日用百货、饮料等，成交额 150 多万元。

2001 年 8 月，在南宁国际民歌节期间，广西特色产品展销会展销龙州县砧板、菜刀、桄榔粉、山黄皮等土特产品，成交额 1 万余元。

2002 年 10 月，龙州县工商联组织私营企业 3 家，参加在横县举办的茉莉花茶节暨商品展销会，展销砧板、菜刀、桄榔粉、山黄皮等土特产品，成交额 1.1 万元。

2003 年 11 月，龙州县人民政府组织龙州金龙实业有限公司、龙州野珍食品公司等私营企业，参加在南宁举办的广西投资贸易洽谈会的产品展销，龙州县桄榔粉、山黄皮、砧板等土特产品，受到自治区内外客商的青睐，成交额 2 万元。此后，大批的龙州县桄榔粉、山黄皮、砧板等土特产品销往自治区内外。

2004 年 1 月 13 日—16 日，龙州县人民政府在龙州县水口镇举办 2004 年龙州县（水口）中越商品年货展销会，龙州县 100 多家个体工商户、私营企业参加展销会，邀请桂平市 5 家私营企业产品参展。展销具有中越特色的土特产品、日用百货、糖果烟酒、鞋帽服装、家用电器、文娱用品等商品，成交额 100 万元。

2005 年 11 月，龙州县人民政府组织龙州金龙实业有限公司、龙州野珍食品公司等民营企业，参加崇左市第二届花山艺术节商品展销会，成交额 1.5 万元。

第四章 粮 油

第一节 经营机制

1986 年—2005 年，龙州县粮食部门经历从统购统销政策向逐步完善的国家宏观调控下粮食购销市场化的历史性转变，粮食经营机制大致经历三个主要阶段。

第一阶段：1986 年—1992 年，龙州县取消粮食统购，改为粮食定购，定购以外的粮食，由市场调节供求，实行议购议销。食油主要有收购本地花生果进行榨油、购进外地花生果和花生仁进行榨油、直接从外地购进 3 个渠道。1986 年，龙州县有直属库、响水、上金、金龙粮所 4 个榨油厂，全县购进花生油 138 万公斤，是购进最多的一年。1991 年，全县购进食油 8.1 万公斤，是购进最少的年份。食油主要销售供应给城镇居民、机关企事业单位干部职工、大中专学校师生和边防部队，或由粮食部门统一调出，按销售结算。1986 年，全县食油销售 131.1 万公斤，是销售最多的一年，而 1991 年销售最少，为 15.5 万公斤。1993 年 3 月粮改开始，购进停止，销售亦停止。

表 12-1　　1986 年—1992 年龙州县食油购销统计表

单位：万千克

年份	收购	销售
1986	138	131.1
1987	86.2	110.5
1988	55.1	62.1
1989	52.2	56.4
1990	39.8	23.5
1991	8.1	15.5
1992	16.8	15.6

1986 年始，全县粮食系统干部职工坚持“一业为主，多种经营”的方针，按照粮油平价计划供应，做好县内粮食购销平衡同时，发展食品生产、饲料加工、前店后厂的“四小”（小饲料加工厂、小面条加工厂、小饼厂、小百杂店）加工等综合经营。

第二阶段：1993 年—2001 年，龙州县实现粮食企业经营机制转换。1993 年，县粮食部门，走商、农、工并进的经营路子，开展多种经营，转换企业经营机制，使粮食企业跳出单一经营的范围。逐卜乡粮食管理所瞄准市场，开设百货日杂、农机具、化肥等门店；下冻镇粮食管理所开展边境贸易，将毛毡、菜板、木材、糖饼日用百货等商品销往越南；龙州镇粮食管理所联营开办 1 个干粉厂；其他乡镇粮油分公司发展养猪，县粮食部门生猪存栏 700 多头。1995 年，县粮食部门实行两线运行，即政策性业务和商业性经营分开，建立两条线运行机制。经龙州县人民政府批准，县粮食部门从 1997 年 1 月 1 日开始实行两条线运行机制。1998 年 6 月，遵照国务院、自治区人民政府统一部署，实行以“四分开一完善”（政企分开、中央与地方责权分开、储备与经营分开、新老财务账目分开，完善粮食价格机制）为重点的粮食流通体制改革：一是强化县粮食局的职能。县粮食局、县粮油贸易总公司原来是一套人马两块牌子，这次机制改革后，在人、财、物方面彻底分离，实现政企分开目标。县粮食局是县政府粮食行政主管部门、列入政府序列，其人员为公务员，行政经费由县财政列入预算全额拨款。二是组建县储备粮管理公司。公司性质为企业，人员为自收自支事业编制，定编为 6 人。公司人事关系隶属县粮食局，公司经理由粮食局任免。三是 13 个乡镇粮食管理所、县直属粮库、军供服务部和县储备粮管理公司为粮食收储企业，定员为 68 人。其余 222 人在 1993 年粮价放开减员的基础上进行转岗分流，占 1998 年全县粮食系统在职职工总人数 304 人的 73.03%，全部安排在内部附营企业工作。

第三阶段：2001 年—2005 年，县粮食系统不断深化粮食流通体制改革。2001 年 4 月，国家粮食局发出通知，取消市镇居民粮食供应转移证明。2005 年 1 月 1 日，自治区政府下文取消农业税。

第二节　粮油购销

粮油收购

定购粮收购　1986 年—1992 年，龙州县为鼓励农民积极生产，交售国家定购粮，一方面宣传强调定购粮是国家指令性任务，是农民应尽的义务，必须保证完成。另一方面从经济上采取一系列的措施，以 1986 年 15.59 元 /50 千克为基点，7 年间 3 次提高收购价格：1987 年 17.59 元 /50 千克，1989 年 22.5 元 /50 千克，1992 年 22.6 元 /50 千克。2004 年收购价格提到 74.5 元 /50 千克，是解放以来提价幅度最大的一年。同时继续执行农户交售国家定购粮的扶持奖励政策，即公粮每 100 千克（原粮）奖售标准化肥 24.5 千克，定购粮每 100 千克（原粮）奖售标准化肥 42 千克。1991 年，是自 1986 年执行定购任务以来粮食收购入库最多的一年，收购贸易粮 474.28 万千克，超购 124.28 万千克，占年任务 135.51%。而 1986 年，因受第 9 号台风影响，龙州县遭受百年一遇的特大洪水灾害，全县粮食减产 1291.50 万千克，粮食收购贸易粮入库 66.02 万千克，其中入库现粮 42.57 万千克，仅完成计划任务的 16.10%，是定购粮收购入库最少的一年。

1993 年—1996 年，国家定购粮入库最少的是 1993 年，有 51.32 万千克（原粮），占国家定购粮入库任务 13.31%。主要原因：一是国家粮食定购任务改为经济合同定购任务；二是同时取消奖售化肥的扶持政策。为完成定购任务，县政府 4 次提高定购粮食价格，定购粮食价格由 22.5 元 /50 千克提高到 70 元 /50 千克，提价幅度 211%，是解放以来提价幅度最大的时期。收购价格形成粮食购销价格倒挂的现象，国有粮食企业既要敞开收购，又不能顺价销售，导致粮食库存直线上升。

1997 年—1998 年，国家政策的倾斜，减轻农民负担，南宁地区行署下文调减龙州县国家购粮任务。1997 年调减后，全县国家购粮任务为 50 万千克（贸易粮），1998 年国家再次调减全县购粮任务 50 万千克（贸易粮），调减后的购粮任务为零。从 1998 年开始，全县无购粮任务，公粮任务不变，仍为 270 万千克贸易粮。

表 12-2　　1986 年—2004 年龙州县粮食（贸易粮）定购情况表

单位：万千克

年份	定购任务		累计收购	年收购	占年任务（%）
	公粮	购粮			
1986—1996	270	80	3240.92	294.63	84.18
1997	270	50	321.17	321.17	100.37
1998—2004	270	0	2170.39	310.06	114.84

注：定购粮（含代金折谷）及历年尾欠入库，从 2005 年起国家取消农业税，结束了有史以来农民种粮纳税历史

议价粮收购　1986 年—1997 年，龙州县完成议价粮收购任务 2813.76 万千克，其中 1992 年、1997 年不收购。1998 年停止收购议购粮。

表 12-3　　1986 年—1997 年龙州县粮食（贸易粮）议价粮收购情况表

单位：万千克

年份	年收购	年份	年收购	年份	年收购
1986	491.12	1990	417.39	1994	262.00
1987	311.05	1991	226.36	1995	104.44
1988	242.23	1992	0	1996	72.35
1989	421.82	1993	265.00	1997	0

保护价粮收购　1986 年—1996 年，国家一直实行定购粮入库。自 1997 年开始，实施国家粮食保护价收购政策，即为了保护农民利益，继续调动农民种粮的积极性，当市场粮价低于定购价时，实行保护价收购。

从1997年新粮上市开始实行。保护价收购早籼稻每50千克价格：1997年为60元，1998年为55元，1999年为51元；3年间购进保护价粮103.30万千克（贸易粮）。2000年新粮上市起，全县早籼稻退出保护价收购范围。

库存轮换粮收购 2000年—2005年，全县完成库存轮换粮（原粮）补库收购1060.21万千克。2000年，完成补库142.74万千克；2001年，没有补库；2002年，完成补库588.90万千克；2003年，完成补库157.14万千克；2004年，完成补库71.43万千克；2005年，完成补库100万千克。

食油收购 龙州县种植的食用植物油料，主要有花生、芝麻、油茶等。1986年—1987年，根据中共中央和自治区人民政府有关粮油定购工作的文件精神，龙州县国营粮食部门把计划收购（简称食油统购）改为合同定购，当年规定油脂油料收购价格和化肥奖售标准，仍按1985年度规定不变。1986年，全县食油收购138万公斤。1987年，全县食油收购86.2万公斤。1988年以后，实行议购。

粮油销售

粮食销售 1986年—2005年，龙州县粮食销售历经3个重大变化阶段：一是1986年—1993年2月凭证、凭票销售；二是1994年—2002年压缩统销、控制销量到顺价销售；三是1993年3月直至放开粮食销售价格和粮食销售市场。

城镇居民定量供应粮 粮食平价定量供应是粮食统购统销时的产物。1955年11月1日，龙州县开始对市镇非农业人口按工种的劳动强度，实行分等级粮食平价供应，供应标准是根据国家制定的《市镇粮食定量供应暂行办法》划分为9个等级。1971年5月1日，对市镇非农业人口粮食定量供应标准进行大幅度调整，特殊重体力劳动者月供应由原来的22.5公斤提高到24公斤，重体力劳动者月供应由20公斤提高到22公斤，不满3岁儿童月供应由5公斤提高到6公斤，机关、团体工作人员和企业职工及其他脑力劳动者月供应由原来16.5公斤降到16公斤；6岁以上不满10岁儿童月供应由原来12公斤调整为10公斤，3岁以上不满6岁儿童月供应由原来8.5公斤调整为8公斤；轻体力劳动者月供应17.5公斤，大、中专学生月供应15公斤，一般居民和10岁以上儿童月供应13公斤，以上3类人员月供应调整保持不变。5月1日当时全县非农业人口16581人。直至1992年，全县一直按照国家制定的市镇居民粮食定量供应标准，由粮食部门供应粮食。干部职工每月的粮差补贴从1955年开始由县财政拨补。从1993年2月15日起，取消城镇居民定量供应口粮。

表12-4　**1955年—1993年龙州县城镇居民口粮（大米）定量供应标准表**

单位：千克/人·月

等次	等级划分	供应标准	
	类型	1955年—1971年	1971年—1993年
1	特殊重体力劳动者	22.5	24
2	重体力劳动者	20	22
3	轻体力劳动者	17.5	17.5
4	脑力劳动者	16.5	16
5	大、中学生	15	15
6	一般居民和10岁以上儿童	13	13
7	6岁以上不满10岁儿童	12	10
8	3岁以上不满6岁儿童	8.5	8
9	不满3岁儿童	5	6

表 12-5　　1986 年—1992 年龙州县贸易粮(大米)平价定量供应情况表

单位:万人 . 万千克

年份	非农人口	供应数量	年份	非农人口	供应数量
1986	2.90	668	1990	3.19	699
1987	2.95	781	1991	3.22	708
1988	3.03	771	1992	3.29	633
1989	3.02	645			

表 12-6　　1955 年—1993 年龙州县平价定量供应粮食(大米)销售价格和粮差补贴标准表

单位:元 /50 千克

年度	平价销售	粮差补贴标准	年度	平价销售	粮差补贴标准
1955—1965	9.8	1	1992	40	14
1966—1990	14.6	3	1993	(取消供应)	17.5
1991	28	9			

部队用粮　驻军及过境部队用粮凭军用粮票、粮证向粮食管理所购买粮食。供给粮票的票面,分为粗粮、面粉、大米、马料 4 种,其票面额分为 50 市斤、100 市斤、1000 市斤、5000 市斤 4 种;价购粮票的票面不分粮种,其票面额分为 0.2 市斤、0.3 市斤、1 市斤、5 市斤、30 市斤、100 市斤、500 市斤、1000 市斤 8 种。供给粮票用于供给制士兵,在编牲畜亦用供给粮票;价购粮票只限军官、在编职工及粮食折款供给士兵使用。供给粮票和价购粮票,只限部队集体伙食单位按规定和向粮食部门领购本单位的口粮和马料。个人不得持供给粮票和价购粮票向粮食部门领购粮食,单独起伙人员收需的粮、油、副食大豆,均由伙食单位统一办理。军用粮票一律不准在军外流通,粮食部门和军队后勤部门必须按规定使用。军用粮票的发放、保管实行相对集中,由自治区粮食局负责管理。

农业销售粮　包括青黄不接农村返销粮、水利民工补贴粮、农业生产奖售粮 3 种农业销售粮。1986 年—1992 年,全县农业销售粮 2048.10 万千克。1993 年,随着粮食体制改革的开展,农业销售粮取消。

事业贸易粮　包括集体饮食店、国营饭店、县政府招待所等单位用粮。1986 年—1992 年,全县事业贸易粮销售 236.90 万千克。1993 年,随着粮食体制改革的开展,贸易粮销售取消。

表 12-7　　1986 年—1992 年龙州县农业销售、事业用贸易粮(大米)平价供应统计表

单位:万千克

年份	农业销售粮	事业贸易粮	合计	年份	农业销售粮	事业贸易粮	合计
1986	398.60	42.90	441.50	1990	226.80	29.30	256.10
1987	266.30	41.80	308.10	1991	268.80	23.50	292.30
1988	156.40	40.80	197.20	1992	270.90	24.40	295.30
1989	460.30	34.20	494.50	合计	2048.10	236.90	2285.00

食油供应

粮油议销　1985 年,国家取消粮食统购,实行合同定购,粮食市场调节的范围逐步扩大。工业用粮、饮食行业用粮、饲料用粮、定量外补助粮食逐步退出平价供应范围,改为议价销售。1988 年,取消食油平价供

应。1993年，取消粮食平价供应，粮油全部改为议价销售。1986年—1992年，粮食议价销售量最大是1988年630.7万千克，占7年总量37.23%；议价销售量最少是1986年23.9万千克，占7年总量1.41%。1993年—2001年，粮食议价销售量最大是1996年620.6万千克，占9年总量30.17%；议价销售量最少是2000年264.50万千克，占9年总量12.86%。

1986年—1997年，累计议价销售食品油130万千克，平均每年议销10.83万千克。其中，议价销售量最大是1986年23.9万千克，最少是1997年0.1万千克。

表12-8　1986年—1992年龙州县城镇居民食油定量供应统计表

单位：万千克

年份	非农人口（万人）	供应数量	年份	非农人口（万人）	供应数量
1986	2.90	8.7	1990	3.19	9.57
1987	2.95	8.85	1991	3.22	9.66
1988	3.03	9.09	1992	3.29	9.87
1989	3.02	9.06	合计		64.8

表12-9　1986年—1997年龙州县食油销售统计表

单位：万千克

年份	销售总数	其中	
		平价	议价
1986	131.1	75.7	55.4
1987	110.5	79.6	30.9
1988	62.1	35.2	26.9
1989	56.4	21.6	34.8
1990	23.5	3.7	19.8
1991	15.5	3.3	12.2
1992	15.6	7.4	8.2
1993	13	2.7	10.3
1994	4.2	2.8	1.4
1995	3.9	2.7	1.2
1996	1.5	1.4	0.1
1997	0.3	0.2	0.1
合计	437.6	236.3	201.3

表12-10　1986年—2004年龙州县粮食议销（贸易粮）统计表

单位：万千克

年度	累计议销	平均年议销	备注
1986—1992	1694.10	242.01	2003年，供应退耕还林粮95.6%万公斤；2004年继续供应退耕还林粮为177.80万公斤
1993—2001	2056.86	228.54	
2002—2004	4407.70	1469.23	

第三节 公粮征收

国家对一切从事农业生产有农业收入的单位和个人征收的农业税,俗称征收“公粮”。2005 年 1 月 1 日,自治区人民政府颁发文件,停止征收包括教育附加费在内的农业税,结束农民种地纳粮的历史。

谷物

公粮征收以谷物为主。龙州县粮食部门征收公粮主要是早造稻谷和玉米,征收后按当年国家粮食收购价格与财政部门结算。

1986 年—2003 年,每年公粮征收任务 270 万千克贸易粮。18 年实际累计征收公粮实物 3904 万千克,平均每年征收 216.89 万千克,占每年征收任务 80.37%;其中完成征收任务最多的是 1996 年,征收公粮实物 435.15 万千克,占年征收任务的 161.17%;完成征收任务最少的是 1993 年,征收公粮实物 35.95 万千克,占年征收任务的 13.31%。其原因是公粮可交实物,也可交代金,农民可以自由选择。

2004 年,农户交公粮,可交稻谷或玉米,也可交代金,村民一般选择交代金。代金计算方法是:每百千克谷物交纳 92 元。

代金

1986 年—2004 年,全县有部分乡镇、村允许将公粮部分以收取代金形式征收。允许收取代金的主要是水毁田、产业结构调整田(经县人民政府核实批复)。从 1986 年开始,对于缺粮地区和灾区的公粮征收,经县政府核定可以不交公粮实物,只交代金(每百千克谷物交纳 92 元);国家根据粮食储备情况,允许农户自由选择交纳谷物或代金。

表 12-11 **1986 年—2004 年龙州县农业税入库统计表**

年份	谷物(千克)			实物折金(元)	代金(元)	代金折谷(千克)	农业税合计(元)
	合计	其中					
		稻谷	玉米				
1986	425700	425700	0	0	0	0	0
1987	2856224	2856224	0	1317104	2131	4633	1319235
1988	2219616	2219616	0	780861	73620	209267	854481
1989	3422272	3422272	0	1417741	64475	156114	1482216
1990	3051814	1568629	1483185	1263731	80670	178473	1344401
1991	2804662	1051734	1752928	1130981	91549	221668	1222530
1992	1889216	786800	1102416	869187	607596	1269263	1476783
1993	359499	310350	49149	223411	1980263	3163861	2203674
1994	2494464	1223376	1271088	2408813	2427804	2825088	4836617
1995	3599572	1696361	1903211	4129166	1030055	676757	5159221
1996	4351473	2060105	2291368	5706105	335936	160028	6042041
1997	2659520	2073970	585550	3662569	2043116	1529044	5705685
1998	2779800	2223200	556600	3424055	1568027	122800	4992082
1999	2450715	1960287	490428	2611656	1504854	1332330	4116510
2000	2242566	1975330	267236	1928607	1418579	1630349	3347186
2001	839304	839304	0	721801	2505477	2886766	3227278
2002	589190	589190	0	565623	3144573	3250112	3710196

续表

年份	谷物（千克）			实物折金（元）	代金（元）	代金折谷（千克）	农业税合计（元）
	合计	其中					
		稻谷	玉米				
2003	0	0	0	0	5622188	6247000	5622188
2004	0	0	0	0	4713406	5237000	4713406
合计	39035607	27282448	11753159	32161411	29214319	31100553	61375730

第四节　粮油仓储

建仓储粮目的在于调剂粮食供求，稳定粮食市场以及应对重大自然灾害或者其他突发事件等情况，以确保粮食安全，确保国民经济发展的需要。

粮食仓储与管理

仓储容量　1986年—1992年各粮所食用油一般都用容量为180公斤的专用加伦铁皮油桶储存，有榨油厂的粮所用大油罐进行储存，存放在营业门市部库房，或专用库房。全县有大油罐6只，每只容量5万公斤至10万公斤，加伦铁皮油桶350只左右，每只容量为180公斤。由于边榨油、边销售、边调运，油桶只用作周转。1993年3月粮改之后，由于停止收购花生停止榨油，1993年—1996年只议价销售库存油，到1997年食油仓储工作停止。

1986年—2005年，龙州县粮食仓库分布在霞秀、上龙、八角、上降、彬桥、下冻、水口、武德、金龙、逐卜、响水、上金12个粮所和县直属粮库、北门粮站、百秾粮站、楞巧粮站、鸭水粮站、峒埠粮站、罗回粮站、科甲粮站、谷阳粮站、牌宗粮站、芹江粮站。仓储容量1986年为216间2990万千克，1989年为235间3540万千克。

县内仓储设施大部分建于20世纪50年代至60年代，仓库陈旧、设施老化。1986年，旧粮库遭受100年一遇洪水袭击。1987年—1989年，在龙州县城城北路272号新建直属粮库3栋19间，建筑面积3470平方米，库容550万千克。从1990年起，国家再没有投资兴建粮仓。

2005年12月，全县共有粮食仓房42间，储存容量800万千克。仓库分布在县城的县储备粮库和县军粮供应站以及鸭水、下冻、罗回、科甲、金龙等粮站（所）。

1986年—2005年，国家级储备"506"粮、自治区级储备粮、县级储备粮、定购粮、军粮以及市场调剂粮的年储藏总量，最多为1992年原粮1405.86万千克；最少为2003年原粮210.9万千克。

表12-12　**1986年—2005年龙州县粮食（原粮）储量统计表**

单位：万千克

年份	储量	年份	储量	年份	储量
1986	741.14	1993	1222.86	2000	1301.10
1987	1123.00	1994	1280.82	2001	818.00
1988	1280.32	1995	1285.71	2002	237.3
1989	1100.00	1996	1297.00	2003	210.9
1990	1345.71	1997	1349.60	2004	228.5
1991	1355.40	1998	1289.80	2005	228.5
1992	1405.86	1999	1357.50		

仓储管理 1986年—2005年，龙州县粮食储藏工作从“以防为主、防治并举”到“以防为主，综合防治”的转变，储粮技术水平有很大提高。1997年—2005年，连续9年实现“一符四无”（账实相符、无虫、无霉、无鼠雀、无事故）粮仓县目标，1998年、2000年、2002年—2005年，6年分别被自治区评为“四无”粮食仓储管理先进县。2001年4月，自治区、南宁地区粮食清仓查库领导小组到龙州县清仓查库，历时12天，检查14个储粮单位、19个储粮点、194间仓库（存粮仓库63间），占应查数的100%，共清查粮食579.1万千克贸易粮。清查结果：库存粮食账物相符，分性质、分品种、分年限情况准确，管理规范，仓内外清洁卫生。

食用油仓储管理制定有管理制度，责任到人，实行专仓储存，专人保管，专账记载，保证账账相符，账实相符，同时做好储存安全工作，即防火、防盗、防洪。

第五节 粮油加工

1978年改革开放前，龙州县粮油加工企业主要以粮食部门的国有粮油加工企业为主，按照县粮食局下达的粮油加工计划任务，按时、按质、按量完成加工生产任务。1990年，县粮食部门有大米加工厂1间，厂房在县直属粮库，日产大米4万千克；有花生榨油厂5间，厂房分别在县直属粮库，金龙、逐卜、响水、上金粮所，日产花生油2100千克。全县年加工稻谷416万千克，年产大米291万千克；全年压榨花生22万千克，年产花生油6.40万千克。

1993年，由于粮油购销价格和经营全面放开，由传统的计划经济向市场经济转变，县国有粮油加工企业受到影响，稻谷加工锐减，年产大米87万千克。下冻、彬桥、逐卜等乡镇粮所，购置安装碾米机，开展代农加工稻谷业务；停产的榨油厂4间，县直属粮库榨油厂开展代收加工业务，全年产花生油0.13万千克。

1995年，原大米加工厂倒闭，县粮油贸易总公司在县直属粮库第二仓库贷款投资40万元建了1间精米加工厂，土建工程于1995年7月竣工。1996年8月—9月，安装、调试投入使用，日产大米1万公斤。同时，下冻、彬桥、逐卜等乡镇粮所的代农加工点保持运转。本年度大部分国企榨油厂被个体榨油厂取代，仅有1间县直属粮库榨油厂，坚持开展代加工业务。

1997年，食用油仓储工作停止，县直属粮库仅有的1间榨油厂停止代加工业务。

1999年—2005年，全县粮食加工有精米加工厂1家，年加工稻谷46万千克，生产的大米用于保证部队供给。

表12-13 **1986年—1993年龙州县粮油产量统计表**

单位：万千克

年份＼项目	大米产量	食油产量	年份＼项目	大米产量	食油产量
1986	255	32	1990	291	6.40
1987	93	37	1991	231	0.40
1988	400	16	1992	135	0.28
1989	75	71	1993	87	0.13

第六节 粮油调拨

粮食调拨

龙州县为缺粮地区，粮食的调拨以调入为主。县外的粮食调拨，一般根据实际情况在南宁地区粮食局的统一安排下进行；县内的粮食调拨，由县粮食局编制计划，县政府审查批准，下达到基层粮所（库）执行。

表 12-14　　1986 年—2005 年龙州县贸易粮购销调拨统计表

单位：万千克

年份	收购	销售	调入	调出	库存
1986	1144.40	2455.20	1354.60	41.40	4.00
1987	275.70	1565.10	1964.30	0.80	752.50
1988	246.60	1680.60	1268.00	1.6	363.50
1989	413.80	2152.30	1885.30	4.00	4480
1990	400.10	2122.70	1993.00	0	805.30
1991	455.40	2294.40	2079.00	0	1206.80
1992	240.80	1879.60	1653.70	596.50	689.60
1993	0	207.10	224.80	25.60	860.30
1994	780.10	1006.40	0	0	270.60
1995	660.30	490.70	0	0	440.20
1996	683.60	329.50	0	0	507.40
1997	375.40	460.00	0	0	451.20
1998	236.70	257.90	0	0	165.40
1999	288.90	335.70	0	0	460.40
2000	269.80	455.30	0	0	274.90
2001	105.80	369.90	0	0	10.80
2002	100.80	75.60	0	0	36.00
2003	301.00	268.50	0	0	68.50
2004	332.00	354.80	0	0	45.70
2005	371.40	315.40	0	0	1.80
合计	7682.2	19075.8	12422.7	669.9	11894.9

食油调拨

1986 年—1992 年，只有 1991 年和 1992 年有食油调入，调入数量分别为 1.4 万千克和 13.9 万千克；而食油调出有 5 年，最多为 1989 年为 10.8 万公斤，最少为 1992 年 4.2 万公斤。

表 12-15　　1986 年—1993 年龙州县食油调拨统计表

单位：万千克

年份	调入	调出	备注
1986	0	8.3	从 1993 年开始，随着粮食体制改革的开展，食油调拨业务为 0
1987	0	9.7	
1988	0	7.1	
1989	0	10.8	
1990	0	0	
1991	1.4	0	
1992	13.9	4.2	
1993	0	0	

第七节 票证管理

粮食票证包括粮票、粮卡、粮食供应证等，是城镇居民和城乡流动人口按照国家规定的价格和数量购买粮食的凭证。城镇居民食用油（花生油）供应数量列在城镇居民粮食供应证里。供应证由粮所（直属库）专人向县粮局票证管理人员登记领取。各粮所有关人员，按有关手续规定，在办理粮食供应证的同时，办理食油供应，即在粮食供应证内，填写食油供应数量即可，城镇居民粮食供应证由个人保管。

票证流通

1955 年，龙州县开始发行粮食票证。1962 年—1976 年，各种粮食票证盛行。1980 年以后逐步减少，有的粮票只收不发。1955 年—1993 年 1 月 1 日，在全县流通使用"全国通用粮票""广西壮族自治区通用粮票""广西壮族自治区流动人口粮油定额供应卡""广西壮族自治区转移粮票"4 种票证。1961 年—1993 年 1 月 1 日，在全县流通使用"广西壮族自治区奖售粮票"。1985 年起，"广西壮族自治区奖售粮票"只收不发。1993 年 1 月 1 日起，除军用粮票外，其他粮票和流动人口粮油定额供应卡全部停止使用。

粮证种类

1955 年—2001 年，全县使用的粮证有"工商行业用粮供应证""市镇饲料供应证""市镇居民粮食供应证""农村粮食供应证""市镇居民粮食供应转移证""农村粮食供应转移证"6 种。2002 年—2005 年不再使用。

"工商行业用粮供应证" 以粮食为原料或辅助原料的饮食业、副食品加工业、饮料酒酿造业等工商企业使用的购粮凭证。每年核定粮食平价供应指标，按品种分月供应。1986 年，取消按城乡人口核定指标办法，改为给铺底周转粮，收回粮票供应平价粮，免票供应食品议价粮。

"市镇饲料供应证" 饲养牲畜和其他动物的国营单位购买饲料使用的凭证，每年按标准核发凭证，分月供应。1986 年，生猪市场价格放开后，食品公司系统的周转商品猪饲料粮改为议价供应。

"市镇居民粮食供应证" 每年核实供应人口、月定量指标和数量，并换发新的供应证，凭证平价供应市镇居民口粮。1993 年，粮食购销价格全面放开时，取消市镇居民非农业人员口粮平价供应，停止使用"市镇居民粮食供应证"。1996 年，将"市镇居民粮食供应证"更换为"市镇居民粮籍证"，保留市镇居民非农业人口的粮籍关系。

"农村粮食供应证" 农村缺粮户在国家指定的粮食供应单位购粮的凭证，每年按定销标准和人口核定发证，分月供应。1993 年粮食购销全面放开，取消农村经济作物的定销口粮供应，停止使用"农村粮食供应证"。

"市镇居民粮食供应转移证" 市镇居民迁移时转移粮食供应关系的凭证，凭公安机关的"户口迁移证"和"市镇居民粮食供应证"办理。2001 年 5 月 1 日起停止使用。

"农村粮食供应转移证" 1955 年 1 月开始，农村居民迁居时，凭县公安机关的"户口迁移证"办理"农村粮食供应转移证"。2001 年 5 月 1 起停止使用。

粮油票（卡）证管理

根据各个时期收发粮油票（卡）证的规定，粮油票（卡）发放和回收等管理办法有所不同。县粮食局与各粮所库存粮油票（卡）数额均有一定限量。多余部分，由上级主管部门调出；库存不足，请示上级主管部门调入。各粮所库存由县粮食局调剂，以保证粮油票（卡）的正常运转。"全国通用粮票"按规定只发给出自治区外的流动人员。"广西壮族自治区通用粮票"只发给在自治区内流动的人口。需用粮票时，凭单位、乡镇政府、街道居委会证明到指定的粮食管理所办理领取。粮票的收、支在粮食系统内部坚持"双线"（即双人负责制，一人负责按规定办理，填写数量，另一人负责支付粮票或在卡上盖章）管理制度，两人共同负责。县粮食局配有专职票证员、管理员各 1 人；各粮所配备票证兼职供应专职 1 人，兼职管账 1 人。粮所票证员只发不收，营业员只收不发。粮所每日营业完后，填写日结单，做到销出的粮食，收回的货款，回笼的粮票，营业员、付货员、票证员三对口。当天收回粮票，当晚结账后缴交，做到日清月结，发现问题及时查对纠正。同时，县粮局每年组织人员对票证工作进行普查。

第五章　旅　游

龙州县旅游资源丰富，有南疆长城——小连城、弄岗国家级自然保护区、中国红军第八军军部旧址、法国驻龙州领事馆旧址等多个著名景区，但是受到地理区位和经济发展水平等因素制约，交通发展相对比较滞后，影响旅游事业的发展。进入21世纪，随着经济大发展，生活水平提高，龙州县的旅游事业快速发展。2000年，全县旅游总收入3780万元，总接待人数22.3万人次；2001年全县旅游总收入4410万元，比上年增长16.67%，总接待人数25.7万人次，比上年增长15.24%；2002年全县旅游总收入4630万元，比上年增长4.99%，总接待人数26.51万人次，比上年增长3.15%；2003年全县旅游总收入4987万元，比上年增长7.71%，总接待人数27.86万人次，比上年增长5.09%；2004年全县旅游总收入5935万元，比上年增长19.01%，总接待人数32.37万人次，比上年增长16.18%；2005年全县旅游总收入6721万元，比上年增长13.24%，总接待人数35.63万人次，比上年增长10.07%。

第一节　机　构

1992年11月，龙州县旅游局成立，内设办公室1个部门，人员编制4名，实有4人，办公地址在龙州镇康平街28号县人民政府大院内。1997年，更名为龙州县旅游事业局，人员编制6名，实有8人，其中局长1人，副局长1人。2002年，县旅游事业局内设办公室1个部门，核定人员编制6名，其中局长1人，副局长2人，办公地址不变。2005年12月，内设办公室1个部门，人员编制6人，实有8人，其中局长1人，副局长2人，办公地址在龙州镇兴龙路44号（龙州宾馆门面）。

1992年—2005年历任局长：谭燕球（1992.11—1996.9），黄子秋（1996.9—1997.2），李丁民（1997.2—1999.2），黄波（1999.2—2005.9），曾海春（2005.9—2005.12）。

第二节　旅游规划

1986年—1998年，龙州县尚未委托编制单位编制龙州县旅游规划。1999年，龙州县委托广西城乡规划设计院完成龙州小连城景区开发建设详细规划。景区保护范围3.67平方千米，规划范围1.63平方千米，分成六个景区，即入口广场景区、南疆长城—峰顶揽胜景区、洞府遗址景区、小垒城景区、垒城前景区、桥头休闲区。项目预计投资2037.5万元。由于缺少资金，项目尚未得到开发和利用。2004年，龙州县委托广西林业勘测设计院编制完成《广西龙州边关历史文化风情旅游区旅游资源开发与人文景观保护详细规划》和可行性研究报告。项目规划面积6197公顷。整个景区按"321"的开发思路进行布局，即"三个景区"——古城景区、金龙景区、丽江景区；"两条景观带"——响水镇至龙州县城旅游景观带、龙州县城至金龙镇旅游景观带；"一个中心"——接待中心。项目建设预计投资16861.6万元。部分项目与红色旅游国债项目重合，在红色旅游国债项目建设中得到实施建设。

第三节　龙州起义纪念馆

2001年，龙州县红八军纪念馆改扩建工程开始实施，在县城东部开发区"钟毓坡"（地名）征地8公顷，建设新的陈列楼和红八军纪念广场。2003年6月，龙州起义纪念陈列楼破土动工。2004年8月19日，工程竣工投入使用。

龙州起义陈列馆建筑面积5436平方米，为“五角星”形钢混结构的3层建筑，陈列面积2000多平方米。馆内收藏龙州起义时期和中国红军第八军许多珍贵的革命文物和历史资料。其中“赤色龙州”专题陈列分21个部分，展线长680多米，陈列立体文物400多件，平面文物图片、图表800多张，内容丰富翔实，较为真实、全面地反映龙州起义和红八军反帝、反封建的光辉历程及左江各族人民为夺取民主革命胜利前赴后继、英勇奋斗的伟大业绩。在陈列形式上，龙州起义纪念陈列楼打破传统的陈列方法，利用文物、历史资料照片、场景等多种表现形式，提高陈列的整体效果，使龙州起义的历史过程得到展现，是爱国主义和革命传统教育的重要场所。

第四节 中法战争遗址

将山小连城为古代边防军事设施，全国重点文物保护单位。小连城是清朝晚期广西提督、抗法名将苏元春为抵御外夷入侵、保卫边疆安定而修建的军事防御工事，同时也是广西提督府从柳州移驻龙州后的广西全边军事指挥中心，始建于清光绪十二年(1886年)，光绪二十二年(1896年)建成。素有“南疆长城”之称。

在主峰和左右山峰筑有炮台5座，烽火台1座。峰顶上的主炮台曰名“镇龙炮台”，占地面积1925平方米，料石垒砌，安置德国克鲁伯120毫米口径加农炮一门，建有兵房、弹药库等设施，是龙州境内规模最大、最雄伟的一座炮台。小连城东南面山腰的龙元洞内，有广西提督苏元春修建的保元宫。龙元洞分上下两层，平面面积845平方米，洞顶高约40米。岩洞高、宽、亮、巧，胜景天成，建有“龙元洞”“保元宫”两座牌楼，“天阙”“玉阙”两座雕龙刻凤的大牌坊，设有经堂、神龛、金阶、宝座、照壁绘画(九龙山水及鲤鱼跳龙门壁画)等建筑及诗词歌赋、褒词吉句等10余幅摩崖题刻，还有一座砖木结构的二层楼房。这些建筑规模庞大，做工精巧。保元宫建成后，苏元春常在这里聚将谈兵，或宴宾为乐，作为镇边居停的“洞天福地”。

第五节 弄岗国家级自然保护区

位于广西西南部，地跨龙州、宁明两县。是集自然保护区与自然景观为一体的生态旅游区。

弄岗保护区生物资源丰富，等级高，是桂西南石灰岩植物荟萃中心、金花茶种质资源分布中心之一，中国亚热带蚬木林、肥牛树林、东京桐林等石灰岩季雨林生态系统的生物基因库，中国亚热带北缘岩溶森林生态系统的典型代表，中国具有国际意义的陆地生物多样性14个关键地区之一，也是国家林业局与世界自然基金会共同选定的峰林、峰丛岩溶景观。高耸林立，连绵起伏，层层叠叠，美丽如画。有神秘莫测的地下河流，有的地下河形成天窗，水质清澈湛蓝，绮丽动人；有苍翠原始的喀斯特森林景观，众多的植物生长在喀斯特岩溶地貌发育完整的峰丛洼地和峰林谷地上，形成有别于其他石灰岩山地的峰丛森林、漏斗森林、洼地森林、谷地森林。森林具有浓郁的亚热带雨林的特色，如终年常绿的蚬木林、肥牛树林；林内藤本和半附生藤本、苔瓯、蕨类等在高大的林木上攀爬悬挂，左右盘绕；板状树根、树干开花和“绞杀”(热带雨林榕属植物群落中常见的重要特征)等亚热带雨林景观随处可见。保护区有野生动物22目57科135种，属国家保护的有世界珍稀濒危动物白头叶猴、黑叶猴、蜂猴、大蟒蛇、猕猴、原鸡等。昆虫以蝶类最为丰富，有201种。区内有植物172种709属1454种，属国家保护的有叉叶苏铁、石山苏铁、擎天树、桫椤、蚬木等珍稀树种。景点有20多处，主要有水景：第一美人湖、第二美人湖、三联平台瀑布等；石景有唐僧打坐、飞来石、仙女弹琴、关公点兵、凤凰摆尾等；树景有千年蚬木、人面果王、石山苏铁王等；其余还有三村山瞰景、观猕猴等。

第六节 其他景区景点

左江风景区

左江龙州河段又称丽江，由发源于越南的水口河和平而河在龙州镇洗马滩汇合起，流经龙州镇、上金乡、响水镇，至响水镇棉江村驮棉屯流入江州区境止，全长 72 千米。左江风景区属国家级风景名胜区。

左江两岸群山嵯峨，连绵不断，风光秀丽，传说优美，充满神秘色彩。左江水流湍急多弯，河道迂回曲折于崇山峻岭之中，溶洞暗河遍布，两岸植被繁茂，动植物资源十分丰富。沿江村落民风淳朴，田园风光，恍如桃花之源，左江两岸有岩画 21 个点 39 处 78 组，悬棺崖葬 2 处，其中棉江花山岩画和悬棺崖葬为自治区文物保护单位，其岩画规模仅次于宁明花山。景区主要有闻名西南的八大名刹之一的紫霞洞天、酒壶迎宾、少女淋浴、黄巢宝剑、八卦神水、左江朝船、沉香仙板、真假花山、秀才看榜、三江口等景点。

中国红军第八军军部旧址

全国重点文物保护单位、全国爱国主义教育示范基地、全国 100 个“红色旅游经典景区”之一，位于龙州镇新街 19 号。

红八军军部旧址占地面积 4922.5 平方米。原为广西西南地区有名的瑞丰祥钱庄，是龙州起义时中共左江革命委员会领导机关和红八军军部所在地。1929 年末和 1930 年初，邓小平作为中共中央代表先后两次到龙州领导和发动起义，开辟左江革命根据地，创建中国红军第八军，都曾在这里居住、办公。工作之余，邓小平在楼前亲手栽下两棵柏树。红八军成立后，在瑞丰祥钱庄设立红八军军部，以指挥广西左江地区的革命斗争和军事行动。因此瑞丰祥钱庄被称为“红军楼”。1988 年，红八军军部旧址被国务院公布为全国重点文物保护单位。2001 年 6 月，被中共中央宣传部定为全国爱国主义教育示范基地。

法国驻龙州领事馆旧址

位于龙州镇利民街。原址位于左江河西岸菱园角，现址原为中法合营的龙州至同登铁路龙州火车站，铁路因轨距争执停办，后法国领事占据为署。建于清光绪二十二年（1896 年），为两幢结构相同的长方形法式建筑。楼房层高 5 米，单体长 25.66 米，宽 15.2 米，面积 780 平方米，两幢楼房总面积 1560 平方米。楼房地面铺着石板，屋顶覆以金属瓦片，中间两座旋转式楼梯和楼板均用蚬木精制，四周开 20 个大拱门，拱门向内是 2 米宽的走廊，整个建筑坚固而别致。设立之初，设领事 1 人，文案、医生各 1 人。先后有 28 名领事、副领事到龙州任职。清光绪二十四年（1898 年），法国领事馆迁入。1930 年 2 月 1 日，中国共产党领导龙州起义，法国领事被驱逐出境。1933 年，广西边防督办兼对汎督办李品仙将领事馆重新修葺，法方始派来领事，恢复开馆，直至 1949 年 8 月。2000 年，被定为自治区文物保护单位。

陈勇烈祠

位于龙州镇南门街，又名“追忠祠”，是为纪念在中法战争中牺牲的名将陈嘉而建的祭祀专祠。陈嘉英勇善战，战功显赫，后因旧创复发，清光绪十一年（1885 年）故于龙州。陈嘉生前获赏穿黄马褂，死后，清廷赐谥“勇烈”，国史馆立传，广西提督苏元春奉旨择址并亲自督工修建其祠，于光绪二十三年（1897 年）建成。全祠占地近 1 万平方米，存前殿、揽秀园和昭忠祠及前面大院，有石砌宽阶直通河边，大门旁的古炮尚存两门。该祠气势威武，飞檐盘龙，门首雕花。1981 年 8 月，定为自治区文物保护单位。

龙州中山公园

位于龙州镇利民街，三面临江，南邻龙州高中、龙州南华糖业公司第二糖厂，面积 35 公顷。此地原为东汉马伏波营垒遗址，清光绪三十一年（1905 年），庄蕴宽以太平思顺道台兼任广西边防督办驻龙州时，在此建篑山亭始，历任边防督办等军政要员都喜于园内消遣。园内山明水秀，修建有一山、五亭、一池、二湖、三洞、两桥以及动物园、中山纪念堂、图书馆等。民国 16 年（1927 年），国民党将军韦云淞驻师龙州，将之建成公园，并命名为“中山公园”，以纪念孙中山。

全园分为虎石、别有洞天、天桥、篑山 4 个景区，胜景天成，山光水色，钟灵毓秀，极少人工雕琢，既有砺山带河的奇山秀水景观，又有玲珑俊秀的亚热带园林特色，还有丰富的人文历史内涵。有伏波庙、碑林、双狮、虎山、龟山、独秀峰、篑山、大佛洞、“砺山带河”石刻、狮山、望江亭、光复亭、来风亭、九曲桥、一池、二湖、烈士纪念碑，武建军纪念塔、铁桥头保卫战遗址、乐寿亭、国民党 188 师抗日阵亡将士墓、亚热带奇花异木等景点。

陆荣廷旧居业秀园

位于龙州县水口镇水口旧街的西北面。此园原为清末总衙署旧址，由主楼、前后庭院、门楼、戏楼组成，总占地面积7000多平方米。修建于民国8年(1919年),是陆荣廷宴请宾客、会晤外宾的堂室,也是与其夫人谭氏的居所,为纪念其父陆业秀,取名业秀园,是陆荣廷任广西边防督办后的一段时间里居住和指挥旧部行动的地方。1996年,业秀园被龙州县人民政府公布为龙州县文物保护单位。

广西龙州亚热带经济植物园

由位于龙州县彬桥乡的广西亚热带作物研究所试验站(广西农垦茶叶研究所)建设的一个农业生态旅游观光园,在该站(所)东北区和西北区,总面积约240公顷。该园处于南亚热带季风气候,雨量充沛,光热充足,年平均气温22.1℃,气候温和宜人。园区内拥有千亩无公害茶园、百亩亚热带百果园、烧烤场、垂钓湖、现代化乌龙茶加工厂、手工炒茶车间、亚热带植物种质资源圃、宾馆和农家别墅,涵盖茶叶研究、种植、加工于一体。

园区处于"中越边关探秘游景区""广西山水精华游景区"(南线国际版)旅游精品线路上。距南宁市230千米,需3小时车程;距龙州县城8千米,可乘公共汽车直达;距龙州客运站12千米,距全国重点文物保护单位小连城3千米。

人间仙境

位于龙州县上金乡沉香角。传说此处水底下曾有一棵沉香树,其香无比,鱼舔其皮、肉变得格外鲜美,人们叫此鱼为沉香鱼,视为珍品。此山由此而得名沉香角。

沉香角坐落左江北岸,隔江为进明村荷村屯。江岸是一串连绵不断的大断崖,横空排列如铜墙铁壁。山脚下巨石累累。山前,一个大沙滩平平展开。站在进明村根村屯坳上居高俯视,横空而立的沉香角气势十分雄伟。沿江村落,民风淳朴,田园风光,恍如桃花之源。为发展农业旅游观光,上金乡政府引导农民种植油菜花。每到秋季开花时节,形成万亩油菜花的壮观景色。

从沉香角到棉江花山,是崖壁画最密集的河岸,可谓一条艺术长廊。传说岩上曾有神仙的棺木,是一座不可侵犯的神山。据考证,岩上残留有类似花山的壁画,可能是一处壮族先民举行崖葬的神圣场所。沉香角岩画,为龙州左江流域岩画起点。岩画有6处8组画面,可见人像67幅。

金龙美女村

位于金龙镇政府北面5千米,美女村又叫长寿村。2005年,全村有157户677人,耕地面积104.13公顷,其中水田57.47公顷(862亩)。村民们得益于优质山泉,故容貌较好,又多长寿,80岁高龄者比比皆是。村四周平坦开阔,村落有序,农作物质优量多,村民生活宽裕。各种民俗保留较完整,其民风及语言有壮、傣族特点,善织绣、对歌,服饰为壮族的黑长衫居多,亦有露肚脐的白短衫。相传该村祖先系云南傣族聚居地迁来,历经千百年和当地壮民交往通婚,兼具两族遗传特色,素有"小西双版纳"之称。

该屯民族风情独特,民间风俗源远流长,引来泰国、日本和我国台湾等地游客,吸引区内外许多专家、学者、记者前往采风。2003年12月,广西电视台摄影制作组到该屯制作《乡村风情》——寻找金花栏目。天琴弹唱在该村广为流传,至2005年已经有上千年的历史。

第七节　旅游管理

旅游市场监督管理

1992年—2004年,龙州县按照国家、自治区、南宁地区(2003年8月后为崇左市)在黄金周和旅游旺季期间对各涉旅企业开展旅游安全专项大检查的要求,加大对旅游市场的执法力度,每年至少开展4次旅游安全检查,每年举办2~3次安全生产会议或培训,累计参会人数1500人次。2005年,根据国家旅游局部署,自治区旅游局结合广西旅游实际,制定《让游客满意在广西诚信旅游活动方案》,围绕"一切为了游客,一切服务于游客,让游客满意,玩得开心、游得安心、消费放心"主题。同年6月,自治区旅游局与自治区工商局联合下发《关于进一步整治和规范广西旅游市场,维护旅游者合法权益的通知》,公布投诉电话,同时与自治区纠风办、广西人民广播电台开播旅游行风热线,回答市民和游客的旅游咨询和旅游投诉,维护旅游消费者的和旅游经营者的合法权益。

旅游安全管理

2003年，龙州县根据《旅游安全管理暂行办法实施细则》，相继成立龙州县旅游安全工作领导小组和旅游执法责任领导小组。强化旅游安全工作，要求各旅游部门及行业落实各项安全生产责任制和各项安全防范措施，排查各种安全隐患，加强对薄弱环节的整改。同时在黄金周和旅游旺季期间对各涉旅企业开展旅游安全专项大检查，对排查出的安全隐患通知责令旅游行业及时进行整改。安全检查采取企业自查、旅游局现场检查的方式进行，企业完成自查并将自查情况报县旅游局；县旅游局组织安全检查组，对景区景点、游船公司、旅游饭店、旅游餐饮等单位进行了现场检查，其中主要对水上交通安全隐患、公众聚集场所消防安全隐患等方面进行重点排查，对灭火器过期、安全警示牌缺失等问题，规定在一定时限内更换和添足安全设备，对其他发现的安全隐患及时对当事单位提出了整改要求。

旅行社管理

2005年，龙州县拥有第一家旅行社，即广西飞扬旅行社。县旅游局及旅游质量监督所按照全区旅游行业管理工作会议提出的"发现一起，查处一起，教育一起，总结一类，影响一片"的要求，加大对旅游服务质量投诉案件和违规经营案件的查办力度，要求旅行社加强企业内部管理，建立健全各项规章制度，规范业务操作行为，守法经营，诚信守信，坚决杜绝甩团、扣团现象，提高旅游服务质量。以旅游行业安全大检查专项行动、旅游市场综合整治、安全生产月等为契机，对广西飞扬旅行社等涉旅企业进行了专项检查，共查出安全隐患3条，对查处的问题下发整改通知，要求及时上报整改报告。同年7月，为提高旅游从业人员的业务水平，县旅游局邀请广西旅游人才中心专家对龙州县导游、讲解员等旅游从业人员58人，进行为期2天的培训。

旅游饭店管理

2000年10月8日，县政府接待所和旅游接待酒店——龙州宾馆获二星级旅游饭店称号。2005年，龙州县相继出台一系列的旅游饭店管理措施，其中包括加强星级旅游饭店的评定和复核工作，依据《旅游饭店星级的划分和评定》(GB/T108-16)的评定标准，对星级饭店内部管理制度、软硬件设施、接待服务，安全卫生等方面进行复核，促使旅游饭店行业在硬件设施和软件管理服务方面得到改善。

旅游从业人员培训

1992年始，龙州县旅游事业局积极开展旅游行业培训，强化旅游行业从业人员技能培训。每年邀请区内知名专家到龙州，对酒店、旅行社、游船公司、景区景点等从业人员进行培训。每年举办3~4期。1992年—2005年，参加培训人员约8000人次。

旅游服务

旅游交通 1986年—2001年，龙州县受到地形条件、地理区位和经济发展水平等因素影响，交通发展相对比较滞后。对外交通有公路、水路两种，主要以公路运输为主，尚未形成网络化的综合交通运输体系。旅游目的地和重点景区景点主要靠二级公路连接，尚未开通通往各景区的公交线路。2002年小连城大桥建成通车，2005年南友高速公路、龙夏二级公路相继建成通车，为龙州县旅游提供便捷交通环境。龙州城区到夏石不足半小时车程，到南宁仅两个多小时的车程，到水口口岸也就20多分钟的车程，到各主要旅游景区最远的不足一个小时车程。开通县城公交车、出租车。新建白雪码头、上金旅游码头。拥有2家游船公司，即飞扬游船公司和金龙游船公司，共有5艘旅游船。

宾馆酒店

龙州宾馆：位于龙州镇兴龙路44号，县城繁华商业中心地段。1971年建成使用。经过多次升级改造，2000年设有豪华套房、标准房、单人房共90间；有可容纳700多人就餐的大、中、小包厢17间；3个大、中、小型会议室，棋牌室、美容美发中心和大型停车场等设施。龙州宾馆是一家集住宿、饮食、会议、娱乐为一体的二星级旅游涉外宾馆、绿色环保宾馆。

第十三篇

交通　邮政　通信

第一章 交 通

1986年，龙州县主要公路有崇左至龙州至水口线、大新至金龙至龙州线和龙州至凭祥线，境内有公路里程306.6千米，其中乡道沙土路127.82千米。2005年，全县境内拥有等级公路总里程810.99千米，其中省道209.34千米，县道278.37千米，乡道323.28千米，比1986年增加了504.39千米。1986年，龙州县水路因各河道都建有水轮泵站或小水电站，航道中断，水路运输只有龙州至响水、龙州至上金的区间短途运输。2005年，水上旅游业加速发展，龙州左江游船有限责任公司和龙州左江飞扬游船有限公司成立。全县水路运输企业有3家，营运客船11艘共536座位（包括个体户的圩渡客船），全年完成客运量1.58万人次，旅客周转量31.80万人千米。

1986年，南宁汽车运输总公司龙州汽车站有客车6辆共242座位，全县有客运汽车30辆，货运汽车76辆，运输拖拉机270辆。龙州至南宁客运班车每天有6个班次。2005年，龙州至南宁客运班车每天24个班次，行程时间由原来5个小时缩短为3个小时。同时，开通龙州至广州、龙州至深圳、龙州至珠海、龙州至东莞等跨省长途班线。是年，全县有客车160辆，有货车309辆，运输拖拉机920辆。

1986年—2005年，交通系统部门加强路政、道路和水路运输、交通运输安全生产等交通运输行业管理，道路运输、水路运输和交通工程建设稳步向好发展。

第一节 机 构

龙州县交通局

1986年—2000年，龙州县交通局内设办公室、业务股2个部门，有行政人员编制9名，实有15人，领导职数为局长1人，副局长4人；办公地址在龙州镇城北路22号。下辖公路管理所、公路运输管理所、航务管理所、交通规费稽征所、货运服务站等5个事业单位。2005年，内设办公室、综合股2个部门，有行政人员编制9名（含工勤人员1名），实有12人，领导职数为局长1人，党组书记1人，副局长3人，纪检组长1人；办公地址不变。下辖公路管理所、航务管理所、交通规费稽征所、货运服务站4个事业单位。

1986年—2005年历任局长：石连球（1986.1—1989.12），赵桂波（1989.12—1991.8），李承德（1991.8—1998.12），玉松（1998.12—2005.12）；党组书记（非局长兼任）：黄波（2005.9—2005.12）。

龙州公路管理局

龙州公路管理局原称龙州公路段，1956成立，1992年更名为广西壮族自治区南宁公路局龙州公路局，2003年更名为广西壮族自治区龙州公路管理局。2005年12月，广西壮族自治区龙州公路管理局内设办公室、工务科、机械科、财务科、路政大队（公路派出所）5个科室，人员在职干部17名，工人94名，领导人员设置为局长1名，教导员1名，副局长2名，工会主席1名。办公地址在龙州县龙州镇城北路20号。

1986年—2005年历任局长（段长）：李懋升（1986.6—1989.7），吕干明（1989.8—1996.2），农忠恩（1996.2—1997.6），李树青（1997.6—2000.6），姜世贤（2000.6—2001.8年），陈义北（2001.8—2004.5），马子赟（2004.5—2005.12）。

第二节 公路建设

1986年—2005年，龙州县交通部门充分发挥职能作用，利用和发挥区域优势及有利条件，借助上级扶贫政策，动员全县人民投工投劳，积极落实民办公助、以工代赈和民工建勤等政策，掀起修建公路热潮。

龙州县共新建和改建等级公路35条367.93千米，累计完成投资4836.3万元；修建桥梁4座200.8米，累计完成投资735万元；修建村级公路58条363.1千米，修建屯级公路156条230千米，累计完成投资2372.6万元。

1986年，自治区人民政府批转区交通厅关于全区用粮棉布帮助贫困地区修建道路工程，龙州县实施粮棉布工程的有龙州至夏石公路、振兴至民建公路。1986年—1990年，龙州县共新建四级公路2条共40.42千米，投资199.2万元。

1997，龙州县积极落实自治区人民政府扶贫政策，周密安排，全面动员全县干部职工和广大人民群众，开展了一场村级公路建设大会战，至1998年底，共修建村级公路20条，总里程90.06千米，投资960万元（其中自治区补助480万元，县级配套240万元，群众投工投劳折款240万元）。1990年—1998年，完成新建四级公路23条135.18千米；改建四级公路4条62.3千米；修建桥梁3座77.7米。累计完成投资1758.9万元。修建村级公路35条202.86千米。初步改变了龙州县交通落后状况。

1998年以后，龙州县委、县政府抓住国家实施西部大开发和自治区开展边境建设大会战的机遇，充分发挥各职能部门的作用，采取积极、有效措施，用好用足国家及上级有关政策，发挥优势，全力抓好交通项目工作。1998年—2000年，在全县范围内开展村级公路和屯级公路建设大会战，发动群众投工投劳折款536万元，争取上级补助资金795万元，修建村级道路20条76.7千米；修建屯级道路156条230千米。基本实现了村村通汽车的目标。

2000年，自治区开展边境建设大会战，龙州县开工建设的通乡沥青路项目有4个：板化至逐卜、龙北至彬桥、扣步至八角、新旺至上金，里程共64.5千米。东兴至那坡沿边三级公路经过县境内129.8千米，由自治区公路局和南宁地区交通局分别承建。2000至2005年龙州县修建通乡沥青路项目4个，里程64.5千米，完成投资1548万元。修建村级公路23条173.6千米，完成投资1041.6万元（其中上级补助377.2万元、群众投工投劳折款664.4万元）。

2002年11月19日，小连城大桥建成通车。

2005年12月南宁至友谊关高速公路龙州至夏石连线二级公路建成通车。

国道

龙夏二级路 南宁至友谊关高速公路龙州至夏石二级公路连线。起于南宁至友谊关高速公路夏石出口，止于龙州县城。2003年4月开工建设，2005年12月建成通车。全长31.26千米，其中在龙州县境里程21.75千米，总投资1.2亿元，为自治区交通厅基建局建设。

龙夏二级公路建设开工现场 （摄于2003年4月28日）

省道

龙水二级路 龙州县城至水口二级公路。起于龙州县城独山路，止于水口镇水口口岸，为省道319线终端。2004年10月开工建设，全长34.96千米，总投资8036.65万元，到2005年底止，累计已完成预算投资6606万元。为龙州公路局建设。

龙崇公路 为省道319线，起于崇左经响水镇终于龙州县城。1966年开工建设，1967年12月建成通车，1988年投资240万元完成铺设柏油路面。全长95千米，其中在龙州县境里程69千米。

龙凭公路 为1885年修建龙州至镇南关（今友谊关）军路的部分路段，起于凭祥市那堪村，途径上降乡梓丛村、龙州镇新民村，终于龙州县城。龙凭公路于近现代历经数次修整扩建，1988年投资97.5万元完成铺设柏油路面。全长29.78千米，其中在龙州县境内里程26.36千米。

沿边公路 为省道 325 东那线跨省干线，起于防城港市东兴市，经凭祥市、龙州县、大新县，止于百色市那坡县。总投资 9.2 亿元，于 2002 年 9 月建成通车，其中在龙州县境内里程 130 千米。

县道

1986 年，龙州县的县道有 2 条，总里程 19.96 千米，总投资 41 万元。2000 年，县道有 6 条，总里程 126.63 千米，总投资 450.7 万元。2005 年，县道有 6 条，总里程 159.46 千米，总投资 1717.1 万元。最长为上龙乡板化至大新县宝圩乡宝圩街县道，全长 42.85 千米，最短为下冻峒埠至水口布局县道，全长 8.97 千米。主要采取改建方式建设，建设资金来源于申请上级交通主管部门投资。

板化至宝圩线 起于上龙乡板化村，止于宝圩乡宝圩街，长 42.85 千米，宽 6.5 米。1977 年开工建设，1978 年建成通车，为四级沙土路面，投资 30.5 万元。2000 年改建板化至逐卜段，建为沥青路面，全长 32.83 千米，投资 850 万元。

振兴至民建线 起于大新县雷平镇振兴村，止于金龙镇民建村，长 24.82 千米，宽 6.5 米。1987 年开工建设，当年建成通车，为四级沙土路面，投资 95.2 万元

2000 年 8 月实施沿边三级公路建设是自治区党委、政府开展边境建设大会战为民办好事的 24 件大事之一。上图为 2001 年 8 月 26 日拍摄的横穿龙州县大青山山脉的沿边三级公路施工现场，下图为 2001 年 10 月拍摄的正在施工中的沿边三级公路下冻镇段陇冬隧道

龙州至夏石线 起于龙州镇利民街，止于八角乡箕斗村（龙州与凭祥交界处），长 23.4 千米，宽 6.5 米。1986 年开工建设，1988 年建成通车，为四级沙土路面。投资 104 万元。

龙州至岜路岭线 起于龙州镇岭南村，止于上金乡联江村，长 15.6 千米，宽 6.5 米。1993 年开工建设，1994 年建成通车，为四级路沙土路面。

龙北至塘波线 起于龙州至水口公路龙北农场路口，止于彬桥乡塘波屯，长 10.99 千米，宽 6.5 米。1972 年开工建设，1973 年建成通车，为四级沙土路面，投资 2 万元。2000 年，改建为沥青路面，投资 286 万元，2001 年建成通车。

峒埠至布局线 起于下冻至那花公路峒埠村路口，止于中越边境水口布局村，长 8.97 千米，宽 6.5 米。1979 年开工建设，1980 年建成通车，为四级沙土路面，投资 39 万元。2005 年，改建成水泥路面 6.93 千米、沥青路面 2.04 千米，投资 131 万元，当年建成通车。

乡村公路

2005 年以前，村级和屯级公路建设大部分由县扶贫办、发改局、民族局、糖业局等部门筹资建设，没有按等级标准建设，没有达到四级公路标准，即尚未有村道之说，交通部门没有统计和养护。

1986 年，龙州县的乡村公路有 2 条，总里程 18.36 千米，总投资 12 万元。2000 年，乡村公路有 28 条，总里程 230.91 千米，总投资 2481.8 万元。2005 年，乡村公路有 29 条，总里程 241.3 千米，总投资 2739.4 万元。最长为新联至双蒙线，长 25.53 千米，最短为板要至陇沙线，长 2.46 千米。有部分为改建，部分为新建，主要采取民办公助、以工代赈和民工建勤方式建设。

先锋至岭南线　起于先锋农场处，止于龙州镇岭南村至龙州至夏石二级公路，全长10.66千米，宽6.5米。1990年开工建设，1991年建成通车，建成四级沙土路面。投资65万元。

彬桥至下冻线　起于彬桥乡集圩，途经下冻镇驮江村，止于下冻镇集圩，全长14.22千米，宽6.5米。1990年开工建设，1991年建成通车，建成四级沙土路面。投资125.1万元。

菊榕至呼交线　起于龙州至凭祥公路菊榕屯，止于呼交村，全长4.07千米。1992年开工建设，当年建成通车，投资42万元，建成四级沙土路面。投资42万元。

逐卜至卫国及支线　起于逐卜街，止于逐卜乡卫国村，全长13.49千米，宽6.5米。1991年开工建设，1992年建成通车，建成四级沙土路面。投资57.5万元。

陇嵘至桥板线　起于上金乡两岸村陇嵘屯，止于上金乡卷逢村桥板屯，全长3.57千米，宽6.5米。1992年开工建设，当年建成通车，建成四级沙土路面。投资67万元。

山洞至卷逢线　起于龙州至崇左公路第1个山洞（隧道处），止于上金乡卷逢村白雪渡口，全长6.35千米，宽6.5米。1992年开工建设，当年建成通车，建成等外沙土路面，投资56万元。2005年，投资126万元，改建成四级沙土路面。

龙州至民强线　起于龙州镇，止于上龙乡民强村，全长11.44千米，宽6.5米。1992年开工建设，1993年建成通车，建成四级沙土路面。投资92.5万元。

板要至陇沙线　起于逐卜乡板要村板要屯，止于板要村陇沙屯，全长2.46千米，宽6.5米。1995年开工建设，当年建成通车，建成四级沙土路面。投资11万元。

小连城至试验站线　起于小连城，止于广西亚热带作物研究所试验站，全长5.19千米，宽6.5米。1996年开工建设，当年建成通车，建成四级沙土路面。投资57.2万元。2005年，投资100万元，建成水泥路面。

新联至双蒙线　起于上龙乡新联村，止于金龙镇双蒙村的芦山（大新县）至龙州公路口，全长25.53千米，宽6.5米。1995年开工建设，1996年建成通车，建成等外沙土路面。投资260万元。

板栗至陇茗线　起于水口镇合平村板栗屯，止于合平村陇茗屯，全长6.82千米，宽6.5米。1997年开工建设，当年建成通车，建成四级沙土路面。投资94万元。

布燕至思奇及支线　起于水口镇罗回村布燕屯，止于水口镇思奇村，全长7.95千米，宽6.5米，其中布燕至思奇6.1千米，支线1.85千米。1997年开工建设，当年建成通车，建成四级沙土路面。投资61.6万元。

四块地至陇巧线　起于上龙乡板化村四块地，止于武德乡近梅村陇巧屯，全长20.23千米，宽6.5米。1996年开工建设，1997年建成通车，建成四级沙土路面。投资212万元。

都城至新联线　起于武德乡都城，途经三联村，止于上龙乡新联村，全长17.43千米，宽6.5米。1996年开工建设，1997年建成通车，建成等外沙土路面。投资278万元。

武德至外埂线　起于武德乡武德圩，止于武德村外埂屯，全长6.30千米，宽6.5米。1997年开工建设，当年建成通车，建成四级沙土路面。投资45万元。

勤江至陇而线　起于上金乡勤江新村，止于勤江村陇而屯，全长6.09千米，宽6.5米。1997年开工建设，当年建成通车，建成四级沙土路面。投资55万元。

十队至坡必线　起于龙北农场十队，止于龙州镇自清村坡必屯，全长4.5千米，宽6.5米。1998年开工建设，当年建成通车，建成四级沙土路面。投资37.6万元。

板季至下育线　起于八角乡板季屯，止于八角乡下育屯，全长5.29千米，宽6.5米。1998年开工建设，当年建成通车，建成四级沙土路面。投资96.5万元。

弄淡至板土线　起于水口镇罗回村弄淡屯，止于北胜村板土屯，全长4.07千米，宽6.5米。1998年开工建设，当年建成通车，建成四级沙土路面。投资28.7万元。

坡采至岜帽线　起于武德乡农干村坡采屯，止于农干村岜帽屯，全长4.11千米，宽6.5米。1998年开工建设，当年建成通车，建成四级沙土路面。投资321万元。

金龙至陇荷线 起于金龙镇金龙街，止于高山村陇荷屯，全长7千米，宽6.5米。1998年开工建设，当年建成通车，建成四级沙土路面。投资63.5万元。

旧街至亭秀线 起于响水镇响水村旧街，止于响水村亭秀屯，全长4.84千米，宽6.5米。1998年开工建设，当年建成通车，建成四级沙土路面。投资60万元。

三岔至平南线 起于响水镇新街，止于平南村平南屯，全长8.3千米，宽6.5米。1998年开工建设，当年建成通车，建成等外沙土路面。投资67.1万元。

下尾那至上尾那线 起于上龙乡弄平村下尾那屯，止于弄平村上尾那屯，全长2.71千米，宽6.5米。1998年开工建设，当年建成通车，建成四级沙土路面。投资63.5万元。

上金至板兰线 起于上金乡新街，止于中山村板兰屯，全长4.96千米，宽6.5米。1998年开工建设，当年建成通车，建成四级沙土路面。投资43万元。

进明至小岸线 起于上金乡进明村，止于两岸村小岸屯，全长4.97千米，宽6.5米。1998年开工建设，当年建成通车，建成四级沙土路面。投资110万元。

扣步至八角线 起于龙州至凭祥公路扣步屯，途经上降乡止于八角乡政府，全长10.57千米，宽6.5米。1976年，投资4万元，建成等外沙土路面；1989年，投资20万元，改建成四级沙土路面。2000年开工改建成沥青路面，2001年建成通车，投资280万元。

新旺至上金线 起于上金乡新旺村，止于上金村弄庙渡口，全长7.79千米，宽6.5米。1981年，投资8万元，建成四级沙土路面。2000年开工改建成沥青路面，2001年建成通车，投资210万元。

上金至云江线 起于上金乡上金村，止于云江村，全长10.39千米，宽6.5米。2003年开工建设，2004年建成通车，建成四级沙土路面。投资257.6万元。

表13-1 **1986年—2005年龙州县乡村公路建设一览表**

序号	线路名称	里程（千米）	修通时间	等级	结构	投资（万元）
	总计	367.93	—	—	—	4863.6
	县道小计	126.63	—	—	沙土、沥青、水泥路面	1646.2
	乡道小计	241.30	—	—	沙土路面	3217.4
一	县道					
1	板化至宝圩	42.85	2001	四	沥青路面	850
2	振兴至民建	24.82	1987	四	沥青路面	95.2
3	龙州至夏石	23.4	1988	四	沙土路面	104
4	龙州至岜路岭	15.6	1994	四	沙土路面	180
5	龙北至塘波	10.99	2001	四	沥青路面	286
6	洞埠至布局	8.97	2005	四	水泥路面	131
二	乡道					
1	先锋至岭南	10.66	1991	四	沙土路面	65
2	彬桥至下冻	14.22	1991	四	沙土路面	125.1
3	菊榕至呼交	4.07	1992	四	沙土路面	42
4	逐卜至卫国及支线	13.49	1992	四	沙土路面	57.5
5	陇禁至板桥	3.57	1992	四	沙土路面	67
6	山洞至卷逢	6.35	1992	等外	沙土路面	56
7	龙州至民强	11.44	1993	四	沙土路面	92.5
8	板要至陇沙	2.46	1995	四	沙土路面	11

续表

序号	线路名称	里程(千米)	修通时间	等级	结构	投资(万元)
9	小连城至试验站	5.19	1996	四	沙土路面	57.2
10	新联至双蒙	25.53	1996	等外	沙土路面	260
11	板要至陇茗	6.82	1997	四	沙土路面	94
12	布燕至思奇及支线	7.95	1997	四	沙土路面	61.6
13	四块地至陇巧	20.23	1997	四	沙土路面	212
14	都城至新联	17.43	1997	等外	沙土路面	278
15	武德至外埂	6.30	1997	四	沙土路面	45
16	勤江至陇而	6.09	1997	四	沙土路面	55
17	十队至坡必	4.50	1998	四	沙土路面	37.6
18	板季至下育	5.29	1998	四	沙土路面	96.5
19	弄淡至板土	4.07	1998	四	沙土路面	28.7
20	坡采至岜帽	4.11	1998	四	沙土路面	321
21	金龙至陇荷	7	1998	四	沙土路面	63.5
22	旧街至亭秀	4.84	1998	四	沙土路面	60
23	三岔至平南	8.3	1998	等外	沙土路面	67.1
24	下尾那至上尾那	2.71	1998	四	沙土路面	63.5
25	上金至板兰	4.96	1998	四	沙土路面	43
26	进明至小岸	4.97	1998	四	沙土路面	110
27	扣步至八角	10.57	2001	四	沥青路面	280
28	新旺至上金	7.79	2001	四	沥青路面	210
29	上金至云江	10.39	2004	四	沙土路面	257.6

第三节　公路养护

1986 年—2005 年，国道、省道、部分县道由龙州公路局养护，部分县道、乡道由县交通局养护，村道由所在地乡村管理养护。

1986 年，龙州县交通局管养公路里程 226.8 千米。1990 年，管养公路里程 254.7 千米。1998 年，管养公路 336.6 千米。2000 年，管养公路 467.29 千米。2005 年，龙州县交通局管养的地方公路里程 431.58 千米（其中县道 143.2 千米，乡道 323.28 千米）。全县设养护站 18 个，渡班 2 个，养护人员 115 人（临时养护工 97 人）。全年完成县道里程 114.2 千米，完成良等路 97.4 千米，好路率为 85.29%；完成乡道里程 317.38 千米，好路率为 62%，完成乡道晴雨通车率 100%。是年，龙州公路局负责管养龙州县境内国省干线 248.58 千米。分别是国道 219 线喀纳斯至东兴公路 126.465 千米，国道 243 线开县至凭祥公路 40.93 千米，国道 358 线石狮至水口公路 25.5 千米，省道 313 线清湖至科甲公路 55.69 千米。

在公路养护管理工作中，县交通局坚持建养并重的原则，认真总结成功经验，积极探索公路养护新模式、新路子。一是不断提高养护工人的技术水平，举办养护工人技术培训班，输送养护工人到广西公路技术学校培训等，使养护工人掌握公路技术规范、公路施工、公路养护、路政管理、安全生产等方面知识，为提高养护水平奠定良好基础。二是实行公路养护管理目标责任制，制定公路养护浮动工资、计件工资和燃材料使用等目标责任制，充分调动养护工人的积极性。三是克服资金短缺等困难，对部分路段进行了大中修改造。1990 年，投资 30 万元，对扣步至八角公路进行了大修。1994 年，由交通局和龙州第二糖厂共同投资，对板化至逐卜公路进行了大修，总投资 120 万元。1997 年，由上级有关部门拨款，投资 150 万元对水口至科甲公路进行了大修。1998 年—2000 年，先后改造了龙州至夏石公路的过水路面、逐卜街和彬桥街过境公路，上金、白雪、红阳渡口等左江电站淹没区，修建涵洞 64 座 239 米。四是加强路政管理，认真查处各种违法侵害公路案件，制止各种侵害路产路权违法行为。公路养护工作保持在健康的轨道上运行，公路路况持续上升，养护质量稳步提高，昼夜、晴雨行车畅通无阻。县道好路率由 1985 年的 20% 上升到 2005 年的 85.% ；全部好路率由 1985 年的 19% 上升到 2005 年的 62% ；减少差等路 101.71 千米。

第四节　桥梁　港口　码头　渡口

桥梁

公路桥梁　1986 年—2005 年共建有公路桥梁 30 座。其中 1986 年—2000 年建有 25 座，2001 年—2005 年新建 5 座。国道、省道桥梁为独立建设，县道、乡村道桥梁与公路一起建设。

国道、省道桥梁　龙州大桥。位于县城龙州镇，横跨左江河。1961 年开工建设，1964 年 2 月建成通车。桥长 264 米，桥面净宽 6 米，人行道净宽 1.1 米，主桥共五孔，每孔净跨 36.8 米。总投资 147.7 万元。

龙州二桥。位于南友高速公路龙州至夏石连线的县城龙州镇，横跨左江河。2003 年开工建设，2005 年建成通车。桥长 273.1 米，桥面宽 15 米，其中行车道宽 14 米。设计荷载汽—超 20 级。总投资 819.3 万元。

水口口岸大桥。位于水口口岸，横跨水口合石小河，通往越南驮隆口岸。1993 年 6 月开工建设，同年 10 月建成通车。桥长 110 米，桥面宽 9 米，其中行车道宽 7 米，跨径 60 米，无铰钢架拱结构，设计荷载汽—20，挂—120。中越双方共同投资建设，总投资 113 万元。

驮奔大桥。位于下冻至驮奔公路原驮奔渡口旁，跨越平而河。1984 年 12 月 1 日开工建设，1985 年 12 月竣工。桥长 228.64 米，为三孔跨径的钢筋混凝土双曲拱桥。

下冻大桥。位于下冻镇县道 561 线 K2+200 处，跨越水口河。于 1979 年 6 月建成，全长 110.8 米，桥面总宽 8.0 米，行车道宽 7 米。原设计荷载等级：汽车 -15 级，桥面铺装层为沥青表面处治，填料式伸缩缝。上部主跨结构为 80 米钢筋混凝土箱形拱，主拱上加板式腹拱，桥下净空 6 米。下部结构桥台采用重力式 U 型桥台，桥墩为重力式砼墩，礅台均为明挖扩大基础。

县道桥梁　小湾桥。位于龙州至岜路岭线。1993 年开工建设，1993 年建成通车，桥长 37.4 米，设计荷载汽—10 级。总投资 13 万元。

锦阁桥。位于振兴至民建线。1993 年开工建设，1994 年建成通车，桥长 15.2 米，设计荷载公路二级。总投资 6 万元。

小连城大桥。位于龙北至塘波线的小连城。2001 年 5 月 18 日开工建设，2002 年 11 月 19 日建成通车。桥长 123.1 米，桥面宽 9 米，其中行车道宽 7 米，跨径 95 米，箱形拱形结构，设计荷载汽— 20，挂— 120。总投资 708 万元。

峪阳二桥。位于板化至宝圩线。2005 年开工建设，当年建成通车，桥长 25.1 米，设计荷载公路二级。总投资 8 万元。

乡村道路桥梁

1986年—2005年共建有乡村道路桥梁24座。其中1986年—2000年建有23座，2001年—2005年建有1座。

下育一桥。位于板季至下育线，1987 年建成通车，桥长 18 米，板梁形，2 个孔，荷载汽—10 级。

伏奄桥。位于逐卜至卫国支线，1987 年建成通车，桥长 28.5 米，拱桥形，5 个孔，荷载汽—10 级。

弄止桥。位于先锋至岭南线，1989 年建成通车，桥长 10.8 米，拱桥形，2 个孔，荷载汽—10 级。

那民桥。位于旧街至亭秀线，1990 年建成通车，桥长 95 米，T 形梁形，8 个孔，荷载汽—10 级。

白桥。位于龙州至民强线，1992 年建成通车，桥长 25.1 米，拱桥形，1 个孔，荷载汽—10 级。

崇德桥。位于逐卜至卫国线，1992 年建成通车，桥长 12.2 米，拱桥形，4 个孔，低于荷载汽—10 级。

精威桥。位于四块地至陇巧支线，1995 年建成通车，桥长 15 米，板梁形，3 个孔，荷载汽—10 级。

板旦桥。位于布望至板弄线，1998 年建成通车，桥长 12 米，板梁形，2 个孔，荷载汽—10 级。

武权桥。位于武权至板止线，1988 年建成通车，桥长 8.5 米，拱桥形，1 个孔，荷载汽—10 级。

板锦桥。位于锦阁至敢赛线，1998 年建成通车，桥长 16 米，板梁形，1 个孔，荷载汽—10 级。

板阁桥。位于锦阁至敢赛线，1998 年建成通车，桥长 15 米，板梁形，1 个孔，荷载汽—10 级。

安镇一桥。位于驮奔至安镇线，1998 年建成通车，桥长 13 米，板梁形，1 个孔，荷载汽—10 级。

安镇二桥。位于驮奔至安镇线，1998 年建成通车，桥长 9 米，板梁形，1 个孔，荷载汽—10 级。

安镇三桥。位于驮奔至安镇线，1998 年建成通车，桥长 14.5 米，板梁形，2 个孔，荷载汽—10 级。

安镇四桥。位于驮奔至安镇线，1998 年建成通车，桥长 24.4 米，板梁形，3 个孔，荷载汽—10 级。

安镇五桥。位于驮奔至安镇线，1998 年建成通车，桥长 8.5 米，板梁形，1 个孔，荷载汽—10 级。

安镇六桥。位于驮奔至安镇线，1998 年建成通车，桥长 9.8 米，板梁形，1 个孔，荷载汽—10 级。

安镇七桥。位于驮奔至安镇线，1998 年建成通车，桥长 9.3 米，板梁形，1 个孔，荷载汽—10 级。

安镇八桥。位于驮奔至安镇线，1999 年建成通车，桥长 20.7 米，板梁形，3 个孔，荷载汽—10 级。

安镇九桥。位于驮奔至安镇线，1999 年建成通车，桥长 7 米，板梁形，1 个孔，荷载汽—10 级。

安镇十桥。位于驮奔至安镇线，1999 年建成通车，桥长 14 米，板梁形，1 个孔，荷载汽—21 级。

安镇十一桥。位于驮奔至安镇线，1999 年建成通车，桥长 14 米，板梁形，1 个孔，荷载汽—10 级。

安民桥。位于驮奔至安镇安民线，1999 年建成通车，桥长 18 米，板梁形，2 个孔，荷载汽—10 级。

岭南桥。位于先锋至岭南线，2003 年建成通车，桥长 13 米，拱桥形，3 个孔，荷载汽—10 级。

港口

1986 年以前，龙州县没有正规的港口。圩渡客船主要停靠在龙州镇白沙街码头、青龙桥码头和上金乡的上金码头，均为简易码头。龙州港建于 1989 年，投资 46 万元，建缆车码头泊位 1 个，可停泊 120 吨级船舶，年吞吐量 5 万吨。2000 年后，因公路交通发展，龙州港的缆车码头很少使用。2005 年，龙州港安装皮带运输机，用于输送河沙，年输送河沙 15 万吨至 20 万吨。

码头

1986 年—2002 年，全县有专用码头 1 个，公路渡口码头 3 个，横水渡口码头 21 个。2003 年—2005 年，上级补助和自筹资金 134.93 万元，修建旅游码头 1 个、便民码头 3 个。其中 2003 年，县交通局自筹资金 47 万元，改建和扩建龙江街码头，由 1 个泊位增加到 3 个泊位，作旅游船停靠专用；2004 年 10 月，投资 5 万元，修建龙州镇南门渡便民码头；2005 年 12 月，投资 3 万元，修建上金乡弄庙便民码头；2005 年 12 月，投资 5.23 万元，修建响水镇旧街便民码头。2005 年，全县有专用码头 1 个，公路渡口码头 3 个，横水渡口码头 24 个。

渡口

1986 年—2003 年，全县有公路渡口 3 个，横水渡口 21 个。2004 年，全县渡口码头有 24 个。其中上金乡上金、白雪和响水镇红阳公路交通渡口 3 个；龙州镇利民和上金乡弄庙行人交通横渡口 2 个；龙州镇白沙街旅游码头 1 个；龙州镇青龙桥赶集圩渡船靠泊码头 1 个；义渡和半义渡渡口 17 个。2005 年，有公路渡口 3 个、横水渡口 19 个。

公路渡口

上金渡口。位于上金乡上金村。1981 年开工建设，1982 年建成使用。1986 年，有车渡拖轮 1 艘，功率 72.06 千瓦；车渡渡船 1 艘，总吨位 55 吨，净吨 46 吨。

白雪渡口。位于上金乡卷逢村。1991 年开工建设，1992 年建成使用。有车渡拖轮 1 艘，功率 72.3 千瓦；车渡渡船 1 艘，总吨位 25 吨，净吨 19 吨。

红阳渡口。位于响水镇响水村。1997年开工建设，1998年建成使用。有车渡拖轮1艘，功率75.8千瓦；车渡渡船1艘，总吨位80吨，净吨28吨。

横水渡口

利民渡。位于龙州镇利民街。横渡左江，左岸为龙江街旧电影院，右岸通利民街。1986年以前建成使用。渡程160米，水深2米至8米，2005年末，有机动船2艘，每艘限载10人。

南门渡。位于龙州镇南门街前。横渡水口河，左岸为南门街，右岸通彬桥乡黄家村。1986年以前建成使用。渡程130米，水深2米至8米。2005年，有机动船2艘，每艘限载20人。

北帝渡。位于龙州镇北帝巷前。横渡水口河，左岸为北帝巷，右岸通娄园角屯。1986年以前建成使用。渡程140米，水深2米至5米。2005年，有机动船2艘，每艘限载20人。

青龙桥渡。位于龙州镇龙江街青龙桥前。横渡左江，左岸为龙州镇龙江街，右岸通彬桥乡的丈梯、下红屯。1986年以前建成使用。渡程1500米，水深2米至4米。2005年，有机动船4艘，其中有3艘为每艘限载30人，有1艘为限载20人。

先锋渡。位于彬桥乡清明村。横渡平而河，左岸为清明村板谭屯，右岸通先锋农场。1986年以前建成使用。渡程100米，水深2米至8米，2005年末，有机动船1艘，限载10人。

驮思渡。位于上金乡上金村。横渡明江，左岸为上金村驮思屯，右岸通联江村。1986年以前建成使用。渡程140米，水深2米至8米，2005年末，有机动船1艘，限载15人。

弄庙渡。位于上金乡上金村。横渡左江，左岸为上金村弄庙屯，右岸为乡政府所在地新街。1986年以前建成使用。渡程220米，水深2米至12米。2005年，有机动船1艘，限载15人。

河抱渡。位于上金乡中山村。横渡明江，左岸为河抱屯，右岸为旧街。1986年以前建成使用。渡程180米，水深2米至8米。2005年，有机动船1艘，限载20人。

定从渡。位于上金乡勤江村，横渡左江，左岸为勤江屯，右岸为定从屯。1986年以前建成使用。渡程250米，水深2米至10米。2005年，有机动船1艘，限载20人。

荷村渡。位于上金乡进明村。横渡左江，左岸通往根村屯，右岸为荷村屯。1986年以前建成使用。渡程350米，水深2米至30米。2005年，有机动船1艘，限载20人。

大岸渡。位于上金乡两岸村。横渡左江，左岸为小岸屯，右岸为大岸屯。1986年以前建成使用。渡程300米，水深2米至12米。2005年，有机动船1艘，限载20人。

白雪一渡。位上金乡卷逢村。横渡左江，左岸为通县城公路，右岸为白雪一、二、三组。1986年以前建成使用。渡程500米，水深2米至12米。2005年，有机动船1艘，限载20人。

白雪二渡。位于上金乡卷逢村。横渡左江，左岸为通县城公路，右岸为白雪四、五组。1986年以前建成使用。渡程400米，水深2米至12米。2005年，有机动船1艘，限载20人。

卷逢一渡。位于上金乡卷逢村。横渡左江，左岸为通县城公路，右岸为卷逢一组。1986以前年建成使用。渡程600米，水深2米至10米。2005年，有机动船1艘，限载20人。

卷逢二渡。位于上金乡卷逢村。横渡左江，左岸为响水镇响水村亭秀屯，右岸为卷逢二组。1986以前年建成使用。渡程700米，水深2米至7米。2005年，有机动船1艘，限载20人。

卷逢三渡。位于上金乡卷逢村。横渡左江，左岸为响水镇响水村岜岸，右岸为卷逢三组。1986年以前建成使用。渡程700米，水深2米至7米。2005年，有机动船1艘，限载20人。

卷逢四渡。位于上金乡卷逢村。横渡左江，左岸为响水镇响水村亭秀屯，右岸为卷逢四组。1986年以前建成使用。渡程700米，水深2米至7米。2005年，有机动船1艘，限载20人。

红阳渡。位于响水镇旧街码头。横渡左江，左岸为响水镇响水村旧街，右岸通红阳村。1986年以前建成使用。渡程500米，水深2米至30米。2005年，有机动船1艘，限载50人。

伏荷渡。位于响水镇棉江村。横渡左江，左岸为响水镇棉江村，右岸通伏荷村。1986年以前建成使用。渡程550米，水深2米至35米。2005年，有机动船1艘，限载10人。

第五节　公路运输

运输企业

1986年—1990年，龙州县国营道路运输企业有龙州汽车站1家，集体运输企业有龙州县客运中心站、龙州县陆运公司、龙州县搬运社3家。1991年，龙州县搬运社解散。1993年，龙州县陆运公司解散。1995年客运中心站撤销。1995年，龙州县长途运输公司成立。1995年—2000年，龙州县道路运输企业有广西运德汽车运输集团有限公司龙州汽车总站和龙州县长途运输公司2家。2002年，龙州县长途运输公司更名为南宁吉通公司龙州分公司，2004年加入广西超大运输有限责任公司龙州分公司。至2005年，广西运德汽车运输集团有限公司龙州汽车总站和广西超大运输有限责任公司龙州分公司。除经营旅客运输外，两公司相继成立零担货运分公司，发展厢式货车经营货运业务。此外，经营零担货运的还有双利公司、吴群文公司和宏天公司。同年，广西运德集团龙州汽车总站成立富龙公交公司。

广西运德汽车运输集团有限公司龙州汽车总站　旧站位于龙州镇城北路14号，新站位于龙州镇独山路80号。广西运德汽车运输集团有限公司龙州汽车总站成立于1956年5月，原隶属南宁汽车总站崇左汽车中心站，至1974年崇左汽车中心站各附属站（扶绥、凭祥、天等、大新）独立建制后，龙州、宁明两站划给凭祥汽车站管理。1991年4月1日，龙州汽车总站独立建制。至1991年底在册职工人数为65人。拥有客车19辆，760座位。2002年，在现在的龙州镇独山路80号，投资近500万元建设了一个占地面积16666.75平方米、建筑面积3100平方米的新站，并于2005年5月18日正式开张营业。2004年6月11日，成立龙州县富龙公交有限责任公司，是年9月1日，富龙公交公司首条城市客运公交班线开通。至2005年，在职职工91人，拥有长途客车13辆，485座位；公交车19辆。旅客运输开通班线有龙州至广州、龙州至深圳、龙州至珠海、龙州至东莞等跨省长途班线；有龙州—南宁、龙州—崇左、龙州至天等、龙州至大新、龙州—凭祥、龙州—宁明等跨县班线；县内农村客运专线有龙州—科甲、龙州—逐卜、龙州—金龙等；城乡公交专线有龙州—彬桥、龙州—先锋农场部、龙州—下冻。

龙州县长运公司　1995年成立，注册资金30万元。公司地址位于龙州县龙州镇白沙街35号，个体运输户以挂靠的形式加入县长运公司，统一管理，自主经营，自负盈亏。当年有客车15辆。2000年有长途客车18辆，农用中巴客车47辆。2002年，更名为南宁吉通公司龙州分公司。2004年，被广西超大运输有限责任公司收购，更名为广西超大运输有限责任公司龙州分公司。是年，引进出租车项目，购置30辆出租车在龙州县城正式投入营运。2005年，有长途客车21辆，国标中巴客车32辆，出租车30辆。

龙州客运中心站　1988年成立，位于龙州县龙州镇城北路11号。将集体、个体客运车辆实行统一管理、统一售票、统一发班。当年有集体、个体客运车辆8辆，320座位。1990年，客运中心站搬到原建设银行对面的大塘边，有站房、候车室和停车场。至1994年，客运中心站共有客车15辆，将近600个座位，每天发往南宁12个班次，昼夜发班；发往大新、天等3个班次。1995年4月，客运中心站撤销，所有客运车辆集中到汽车站发班。

龙州县陆运公司　位于龙州县龙州镇龙江街62号。原为龙州县马车社，成立于1954年，集体企业，主要经营马驮运输。1982年后，随着机动车运输的发展，马驮运输逐渐被淘汰。1983年龙州县马车社改为龙州县陆运公司，经营汽车运输，但因经营不善，企业亏损。1993年，龙州县陆运公司解散。

龙州县搬运社　位于龙州县龙州镇龙江街78号。成立于1954年，集体企业，主要经营板车运输和人工装卸。1986年后，因各企业自已聘请有装卸工人，搬运社作业越来越少，经营亏损。1991年，龙州县搬运社解散。

运输工具

客运工具　1986年，南宁汽车运输总公司龙州汽车站有客车6辆共242座位；全县有客车30辆。1988年，由于其他单位和个体户参与客运经营业务，龙州汽车站客车增到8辆共320座位；全县有客车41辆。1994

年，县客运中心站有客车15辆近600个座位。是年7月，龙州汽车站购进第1辆卧铺车；全县有客车103辆。1995年，县内客运以微型客货车为主，有客运车101辆。1998年，龙州至天等、龙州至大新班线的客车全部更新为卧铺车，共有6辆。县城至各乡镇集市由面包车和微型双排座货车经营，其中：面包车64辆，微型双排座货车185辆。2000年，龙州汽车站、县长运公司有空调快班客运车42辆；全县有客车174辆。2002年，南宁吉通公司龙州分公司（原长运公司）新购26辆国标中巴车；全县有客车137辆。2005年，全县有客车160辆。

货运工具 1986年，龙州县有货运汽车76辆、运输拖拉机270辆。1990年，全县货运汽车有293辆、运输拖拉机519辆。1995年，全县有货运汽车719辆、运输拖拉机890辆。2000年，全县有货运汽车488辆、运输拖拉机1919辆。2005年，全县有货车309辆、运输拖拉机920辆。

客运

1986年初，龙州至南宁客运班车6个班次，主要由南宁汽车运输总公司龙州汽车站经营。1988年，其他单位和个体户也参与客运经营业务，主要经营龙州至南宁班线。是年年底，龙州县客运中心站成立。1994年，县客运中心站每天发往南宁12个班次，昼夜发班；发往大新、天等3个班次。1995年，龙州县长途客运公司成立，个体客车逐渐加入长运公司。有跨县客运班线4条，日发班次42班，年旅客发送量41万人次。全年完成客运量136.5万人次，旅客周转量6820万人千米。1998年，跨县客运班线有龙州至南宁，每天44班次，昼夜发班；龙州至天等、龙州至大新，每天10班次；龙州至凭祥，每天20班次。县城至各乡镇集市，由面包车和微型双排座货车经营，满客即走，全年客运量620.5万人次，旅客周转量21081万人千米。2000年2月，龙州汽车站率先开通龙州至南宁直达空调快班。同年8月，县长运公司也开通直达南宁空调快班。2002年，南宁吉通公司龙州分公司（原长运公司）开通龙州至凭祥、龙州至水口、龙州至科甲3条客运专线。2003年，龙州至南宁快班车每天有5个班次。2005年南友高速公路建成投入使用后，龙州至南宁快班每天有24个班次，行程时间由原来5个小时缩短为3个小时。同时，开通龙州至广州、龙州至深圳、龙州至珠海、龙州至东莞等跨省长途班线。是年，完成客运量765万人次，旅客周转量28626万人千米。

微型双排座货车和农用中巴车客运 1992年起，城乡客运主要是微型双排座货车和面包车。至1997年，发展到380多辆。1998年，开始限制微型货车的发展，个体车主开始发展中巴车。至年底，已有农用中巴车47辆，主要运营龙州至水口、龙州至科甲、龙州至彬桥、龙州至金龙、龙州至逐卜、龙州至响水、龙州至上金等县内城乡客运班线。2002年，取缔农用运输车和微型货车经营客运。

出租汽车客运 2004年，广西超大运输有限责任公司龙州分公司引进出租车项目，新购置30辆空调“的士”在龙州县城正式投入营运。至2005年全县共有出租车30辆。

公交车客运 2004年6月，广西运德集团龙州汽车总站成立富龙州公交公司，开通独山加油站至县公安局第1路公交车，后改为独山加油站至县城中心花园。运行县城中心花园至独山，途经龙州大酒店、海关、南宁师专、新汽车站、南华糖业集团、龙州糖厂、龙州民族中学，投入运营车辆5台，全程4千米。2005年，又开通龙州镇政府至彬桥乡政府、县城中心花园至先锋农场部、龙州县城至下冻镇下冻街3条公交线路。至2005年共开通4条公交线路，投入公交车19辆。

三轮摩托车客运 1994年起，龙州县城开始有三轮摩托车营运载客，共有客运三轮摩托车21辆。2000年，增加到679辆。2005年，参加营运证年审的三轮车有629辆。

货运

1986年，龙州县公路货运以各企事业单位的车队为主，货运量40万吨，货运周转量1552万吨千米。随后个体车辆逐渐增多。1995年，全县货运量211.1万吨，货运周转量7060万吨千米。是年，龙州第二运输车队和响水货运车队相继解散。2000年，货运量324.9万吨，货运周转量15007万吨千米。2004年，龙州县3家糖厂取消车队，将车辆处理给个人，榨季运输由社会车辆承包运输。2005年，广西运德汽车运输集团有限公司龙州汽车总站和广西超大运输有限责任公司龙州分公司除经营旅客运输外，相继成立零担货运分公司，发展厢式货车经营货运业务。经营零担货运的还有双利公司、吴群文公司和宏天公司。全县有货车 309 辆，年货运量 397 万吨，货物周转量 23058 万吨千米。

表 13-2　　1986 年—2005 年龙州县公路运输量和营运机动车拥有量统计表

年份	客运量（万人/次）	客运周转量（万人千米）	货运量（万吨）	货运周转量（万吨千米）	营运车拥有量（辆）				
					合计	客车	货车	拖拉机	三轮摩托车
1986	38	3245	40	1552	376	30	76	270	—
1987	42	3941	43	1751	418	36	102	280	—
1988	51	4356	45	1980	476	41	125	310	—
1989	57	4875	71	3310	748	45	201	502	—
1990	115.9	4636	95.3	4760	873	61	293	519	—
1991	129.3	4962	113	5175	1030	76	367	587	—
1992	135.7	7463	169.5	9323	1167	95	426	646	—
1993	140.8	9575	203.5	10379	1390	98	591	701	—
1994	145	10150	223	9109	1590	103	716	750	21
1995	136.5	6820	211.1	7060	1814	101	719	890	104
1996	150	6782	182	6384	1588	71	489	910	118
1997	266	18620	183	9150	1829	75	480	920	354
1998	620.5	21081	226.5	9974	2048	110	465	1100	373
1999	651	22140	270.7	12506	2724	174	445	1576	529
2000	740	24354	324.9	15007	3260	174	488	1919	679
2001	740.1	25319	356.31	16496.39	3531	166	826	1590	949
2002	778.45	23623.25	293.45	16092.8	2621	137	740	931	950
2003	855.74	28034	311.1	17380.5	2256	137	685	648	786
2004	771	27289	358	19851	2254	173	329	908	844
2005	765	28626	397	23058	2018	160	309	920	629

汽车站

1986 年—1992 年龙州县有汽车站 1 个，位于龙州镇城北路 14 号。1993 年—2005 年，龙州县新建汽车客运站 3 个，总投资 1115 万元。其中二级客运站 1 个，乡镇客运站 2 个。

龙州汽车站　位于龙州镇城北路 14 号，占地面积 13563.9 平方米，1965 年建成使用。建设有一栋两层客运大楼，建筑面积 480 平方米，发车库一个，可同时发四个班次，建筑面积 160 平方米，为二级客运站。2005 年，长途班车搬到独山路的新站发班，短途班车仍在该站发班。

水口汽车客货运输服务站　位于龙州县水口镇，为二级客运站。1993 年 12 月开工建设，1995 年 4 月建成使用。车站占地面积 2 公顷，建筑面积 1763 平方米，总投资 235 万元。

龙州汽车总站客运新站　位于龙州县城独山路 80 号，红八军起义纪念广场对面。2002 年 8 月开工建设，2004 年 5 月 18 日建成使用。车站占地面积 16666.75 平方米、建筑面积 3100 平方米，总投资 850 万元。2005 年，长途班车搬到该站发班。

金龙镇客运站　位于金龙镇，为乡镇客运站。2004 年 7 月开工建设，2005 年建成使用。占地面积 0.2 公顷，总投资 30 万元。由广西超大运输有限责任公司龙州分公司承包经营。

第六节　水路运输

1986年以后，龙州县境内因各河道都建有水轮泵站或小水电站，航道中断，水路运输只有龙州至响水、龙州至上金的区间短途运输。上金乡沿河一带村屯的群众购置有圩渡客船，每逢上金或龙州圩日，这些圩渡客船便载运当地群众携带农产品、土特产到上金或龙州赶圩。货运方面以捞沙运沙为主。龙州航运公司原有3艘货运船舶844载重吨，经营航线为南宁至深圳。随着企业经营体制改革，后来船舶所有权全部转卖给私人，公司已无货运船舶。2005年，水上旅游业加速发展，龙州左江游船有限责任公司和龙州左江飞扬游船有限公司成立。全县水路运输企业有3家，营运客船11艘共536座位（包括个体户的圩渡客船），营运货船21艘共2374吨位（个体户的沙船）。全年完成客运量1.58万人次，旅客周转量31.80万人千米；货运量11.94万吨，货物周转量1150.57万吨千米。

运输企业

1986年，龙州县水路运输有龙州航运公司1家，有区间砂船13艘、乡镇圩渡客船8艘，均为个体户经营。至2004年，公司、货运船、区间砂船、圩渡客船不变。2005年，龙州左江游船公司和龙州左江飞扬游船公司成立，全县有水运企业3家。

龙州左江游船有限责任公司　公司注册地址龙州县龙州镇利民街航运小区41号，注册资金30万元，管理有旅游船2艘128客位，经营龙州县内、龙州至宁明内河旅客运输。

龙州丽江飞扬游船有限公司　公司注册地址龙州县龙州镇独山路178号，注册资金30万元，管理有旅游船4艘228客位，经营龙州县内、龙州至宁明内河旅客运输。

龙州县航运公司　公司注册地址龙州县龙州镇白沙街188号，注册资金178万元，集体所有制。管理有货船19艘2063载重吨，经营广西至广东珠江水系内河普通货物运输。

航道

左江航道　左江是龙州县水路的主要航道。1986年前，可通航轮船、木帆船，来往船只畅通无阻，可直达南宁、广州等。1986年后，因建先锋水电站、上金水轮泵站、左江电站，航道受阻，龙州至南宁航道中断，仅龙州至上金、响水可通客货船只。1989年—1990年，自治区交通厅投资46万元，疏浚了小滑石滩、新滩、漫水揽、裸木滩、四坝洲等险滩；在上金水轮泵站修建通航船闸，使龙州至崇左、龙州至宁明航道可通航100吨级船舶。以后又投资200万元修建龙州港，至2000年，龙州至响水、龙州至宁明航道可通航120吨级船舶。

水口河航道　1971年以前，可通航轮船、木帆船。1971年以后，因建八角山、七里滩、小连城等水电站、水轮泵站，致使龙州至水口航道中断。

平而河航道　1966年以前，可通航木帆船。1966年以后因建先锋水轮泵站、鸭水滩电站，龙州至平而关航道中断。

明江航道　1970年以前，可通航轮船、木帆船。1970年以后因建上金水轮泵站，船舶无法通航。1989年，投资200万元，在上金水轮泵站南岸修建通航船闸，使龙州至宁明航道可通航100吨级船舶。

船舶

1986年，龙州县水路运输有3艘货运船舶，载重844吨。有区间沙船13艘，乡镇圩渡客船8艘，均为个体户经营。至2004年，货运船、区间沙船、圩渡客船等不变。2005年，全县有营运客船11艘共536座位（包括个体户的圩渡客船），营运货船21艘共2374吨位（个体户的沙船）。另有渡船30艘，其中车渡船3艘，横水渡船27艘；木质船3艘，铁质船27艘。年末，境内有车渡拖轮3艘，车渡驳船3艘；横水机动渡船21艘，功率208.4千瓦共440客位。

客运

1986年，龙州县共有圩渡客船9艘，其中龙州航运公司1艘，上金乡沿河一带村屯的群众购置有圩渡客船8艘。龙州航运公司客船航线为龙州至上金，每天往返一班。其他圩渡客船每逢上金或龙州圩日，载运当地群众携带农产品、土特产到上金或龙州赶圩，然后购买日用品、农用生产资料返回，早出晚归，当天返回。如有考古或旅游者，需要到棉江花山、宁明花山考古或旅游的，则租用圩渡客船前往，航期不定。1993 年共有圩渡客船 9 艘，455 客位，全年客运量 1.34 万人，旅客周转量 26.73 万人公里。2000 年有圩渡客船 5 艘，240 客位，全年客运量 1.65 万人，旅客周转量 32.5 万人公里。随着公路修通，人们出行弃水走路，2005 年圩渡客船全部被淘汰。2005 年，龙州左江游船公司和龙州左江飞扬游船公司成立，水上旅游客运路线为龙州上金至宁明花山、上金至黑水河等，有营运客船 8 艘共 476 座位。是年，全县完成客运量 1.58 万人次，旅客周转量 31.08 万人千米。

货运

1986 年，龙州县水路货运企业龙州航运公司经营航线主要为南宁至深圳，加上区间沙船货运，全县完成货运量 1.63 万吨，货物周转量 1318.37 万吨千米。1990 年，完成货运量 1.56 万吨，货物周转量 1234.84 万吨千米。1995 年，完成货运量 1 万吨，货物周转量 1098.38 万吨千米。2000 年，完成货运量 7.94 万吨，货物周转量 1290.13 万吨千米。2004 年，完成货运量 1.2 万吨，货物周转量 1212 万吨千米。2005 年，全县完成货运量 11.94 万吨，货物周转量 1150.57 万吨千米。主要货物为日用百货、白糖、化肥、河沙等。

表 13-3　　1993 年—2005 年龙州县水路运输量和营运船舶拥有量统计表

年份	客运量（万人次）	货运量（万吨）	客运周转量（万人千米）	货物周转量（万吨千米）	营运船舶拥有量（辆）								
					合计			客船		货船		渡船
					艘	客位	吨位	艘	客位	艘	吨位	艘
1993	1.34	1.33	26.73	1374.47	23	455	855	9	455	11	855	3
1994	1.40	1.07	22.60	1043.17	24	455	915	9	455	12	915	3
1995	1.10	1.00	22.04	1098.38	17	275	1295	4	275	10	1295	3
1996	1.09	7.42	21.80	1240.18	21	275	1614	4	275	14	1614	3
1997	1.32	6.60	26.40	965.00	17	100	1225	3	100	11	1225	3
1998	1.67	8.23	32.40	1785.30	24	354	1345	8	354	13	1345	3
1999	1.00	7.33	21.12	1116.00	26	354	1460	8	354	15	1460	3
2000	1.65	7.94	32.90	1290.13	24	240	1546	5	240	16	1546	3
2001	1.47	7.99	28.70	1035.93	24	210	1738	5	210	16	1738	3
2002	1.47	12.32	29.00	1660.67	23	180	1738	4	180	16	1738	3
2003	1.54	13.61	30.90	1576.50	26	180	2387	4	180	19	2387	3
2004	1.58	10.79	31.70	1512.44	27	180	2439	4	180	20	2439	3
2005	1.58	11.94	31.80	1150.57	32	476	2374	8	476	21	2374	3

第七节　交通运输行业管理

路政管理

1987 年 10 月 13 日，根据国务院发布的《中华人民共和国公路管理条例》，县交通局对所管辖的地方公路进行管理，维护路产路权，确保公路畅通。1997 年 7 月 3 日，第八届全国人民代表大会常务委员会通过《中华人民共和国公路法》。1998 年 5 月，县交通局路政队成立，负责全县地方道路的路政管理工作。主要职责是保护公路路产，负责所管公路的巡逻检查工作，及时受理、制止和查处违法利用、侵占、污染、损坏公路、公路用地，公路设施的路政案件；核批和处理公路的特殊利用和占用以及各种管线与公路交叉或平面交叉事宜，并按照权限规定逐级上报；负责所管公路两侧建筑红线内永久性工程设施的控制工作以及临时建筑物

龙州边防盘山公路　　（2000 年摄）

的审批工作。1998 年—2005 年，县交通局路政队根据国家和自治区颁布的有关公路管理法规，依法行政，依法管理。加强公路巡查，制止在道路及其桥涵、隧道范围内营建非公路设施；制止在临路规定范围内采挖沙石、堆放杂物、搭建工棚；维护路标、号牌、界牌、标线、测桩、拦干、挡墙等安全设施；清除一切影响行车视线、妨碍行车安全和阻塞交通的障碍物；按技术标准要求督促有关部门处理好一切跨路架设输电电讯线路，渡槽，管道等；管护公路两旁绿化带。加强公路的建设和管理，促进公路事业的发展。1998 年—2005 年，全县制止和纠正各种路政违规行为 93 起；查处路政违法案件 2 起，收取赔偿费 4140 元；查处超限运输案件 5 起，收取赔偿费 10800 元。

运输管理

公路运输管理　1985 年以前，县交通局负责管理的民间运输企业为龙州县陆运公司、龙州县搬运社，具体实施管理为龙州县民间运输管理站。龙州汽车站由南宁汽车运输总公司直接管理。1985 年以后，交通运输业全面开放，国家实行“有路大家走车，有水大家行船”的开放政策，国家、集体、个人均可以经营运输业。1985 年，成立龙州县运输管理所，取代龙州县民间运输管理站，加强了对道路运输行业的管理，认真履行“指导、协调、监督”的政府职能，根据国家和自治区颁布的有关道路运输管理法规，依法行政，依法管理，规范市场行为，培育和发展统一、开放、竞争、有序的运输市场。1988 年，龙州客运中心站成立，将集体、个体客运车辆实行统一管理、统一售票、统一发班。1993 年，对面包车、微型双排座货车沿街兜客、揽客，扰乱交通秩序和运输市场秩序的行为进行整治，把面包车和微型双排座货车安排到客运站统一管理。1995 年 4 月，撤销客运中心站，把所有客运车辆都安排到汽车站实行统一发班、统一管理，实现“车进站、人归点、站管车”的目标。1998 年，开始限制长途客运车辆的发展，防止运力过剩而产生负面影响，引导运输企业和经营者发展中高档车辆。2000 年，县交通局积极开展“道路运输市场管理年”活动，加强运力宏观调控，调整营运车辆结构，把好市场准入关。加大行业监督管理和行政执法力度规范运输市场经营行为。龙州汽车站和龙州长运公司利用原有班线更新运力，各开通一班龙州至南宁直达豪华快班。是年 3 月 28 日，中国龙州至越南高平国际汽车运输线开通。2000 年全年完成客运量 716. 万人，旅客周转量 24354 万人千米；完成货运量 324.92 万吨，货物周转量 15006.72 万吨千米。

2002 年—2005 年，控制微型货车和小客车、

公路运输管理所办证大厅　　（2005 年摄）

公路运输管理所运政稽查员在路上开展稽查工作（2005 年摄）

三轮摩托车等盲目发展。2002年,引导和鼓励运输企业和经营者发展国标中巴车35辆,经营城乡客运专线。2005年,县交通局加强道路运输行业管理,规范市场经营行为。一是进一步规范市场经营行为。严厉打击“黑车”等非法经营行为,巩固城乡客运专线和出租车运输,维护合法经营者和旅客、货主的合法权益。全年共检查车辆12706车次,查处违章车辆411车次(其中非法经营的“面包黑车”49辆)。二是加强运输市场宏观调控。严格运力审批制度,把好市场准入关,严格控制微型车、三轮摩托车的发展,引导运输企业调整运力结构,发展中高档次车辆。新开通了龙州至靖西客运班线。全县运输市场供给与需求在总量和结构上基本实现平衡,运输经济持续健康发展。三是加强运输管理,认真组织运输生产,满足人民群众生活生产的需要。全年共完成公路货运量508万吨,货物周转量23882万吨千米;客运量1056万人次,旅客周转量31863万人千米。四是加强培训管理工作。根据本县的实际情况,有计划、有步骤地对从事运输的驾驶员进行了3期从业人员资格培训,共培训169人,提高了从业人员素质。

水路运输管理 1986年—2005年,龙州县管辖的水路总里程167.9千米,水域流经7个乡镇17个村(居)委会。1986年到—1990年,水路运输由县运输管理所管理。1990年,龙州县航务管理所成立,主要负责全县水上运输行业管理和水上交通安全生产管理工作。1990年—2000年,县航务管理所认真贯彻执行《广西壮族自治区关于乡(镇)船舶安全管理办法》(自治区人民政府第11号令),清理整顿乡镇客圩渡船、采沙淘金船和渡船,做好营业性乡镇客圩渡船、渡口的市场准入的审核、审批和管理。采取各种形式进行广泛、深入地宣传水上交通安全管理法律法规和乘船安全知识等,提高船员、船主和群众的安全意识。落实水上安全生产责任制,健全和完善安全规章制度。落实四级安全管理责任制,县人民政府、乡镇人民政府、村委会、船主层层签订安全生产责任状,水上安全合同签订率达100%,职责明确,责任到人。加大现场安全监督力度。采取定期或不定期开展水上交通安全大检查,消除事故隐患。2005年,县交通局加大了水路运输行业监督力度,维护水路运输秩序,保护合法经营。特别是加强经营者、船舶资质管理,巩固乡镇客圩渡船舶整顿成果。全年共完成营运船舶审验25艘(其中客圩渡船5艘,220客位;货船20艘总载重2439吨),年审率93%,审验合格率100%。完成水运管理费征收4万元,完成全年任务的100%。水路运输完成货运量11.94万吨,货物周转量1150.57万吨千米;完成客运量1.58万人,旅客周转量完成31.8万人千米。

交通运输安全生产管理

公路运输安全生产管理 1986年—1990年,县交通局主要负责公路运输企业安全生产的监督管理,重点制止客车超载运输。1991年—2000年,随着运输市场的开放,集体、个体参与公路运输经营,县交通局加大公路运输安全管理力度。交通局、运管所、运输企业都建立有安全管理机构,配备安全管理人员,保障安全管理经费,建立健全安全管理制度。层层签订安全生产责任状,分清责任,明确职责。加强对客运站的监督管理,实行“三不进站(无关人员不进站,无关车辆不进站,易燃、易爆、易腐蚀等危险物品不进站)、六不出站”(客车超载,天气恶劣不宜行车不出站;安全例检不合格车辆不出站;驾驶员资格不符不出站;客车证件不齐全不出站;出站登记表未经审核签字不出站;乘客、驾驶员未系安全带和驾驶员不作安全承诺不出站)。2001年—2005年,全面贯彻落实县委、县政府关于安全生产工作的文件精神,采取定期或不定期开展安全生产大检查。深入运输企业、客货运输站场,开展安全生产大检查工作,并对检查中存在的问题提出整改意见。严格落实“三关一监督”(严把运输经营者市场准入关,不符合许可条件特别是安全生产不符合要求的运输企业,责令退出道路运输市场;严把营运车辆技术关,对客运车辆进行定期维护、检测,及行车记录进行全面检查,不符合技术标准的客运车辆强制退出道路运输市场;严把客运驾驶员资格关,对所有客运车辆驾驶员要进行安全教育,并进行严格考试,不符合资格的客运车辆驾驶员一律不得进入道路运输市场,驾照已被交警部门记满12分或发生重大交通事故负有主要责任的驾驶员,坚决不得从事客运车辆驾驶。一监督指加强客运站场的监督)。严格执行营运客车检验合格报班制度和营运车辆定期二级维护制度,严禁车辆带病行驶。对营运驾驶员实行培训上岗,经考试合格发给上岗资格证。特别是对从事化学危险品运输的人员必须经过培训合格,持操作证上岗。共培训169人。2005年12月起,所有客运班车安装GPS行车安全记录仪,从源头上防范和打击超载、超速以及疲劳驾驶等违章行为。

水路交通安全管理 1986年—1990年全县清理整顿乡镇客圩渡船、采沙船和淘金船,做好营业性乡镇客圩渡船、渡口的市场准入的审核、审批和管理。共检查处理54条淘金船。举办船员安全培训班3期，参加安全培训班学习船员72人。

1991年—2000年，落实四级安全管理责任制，县人民政府、乡镇人民政府、村（居）委会、船主层层签订安全生产责任状，职责明确，责任到人。全面清查渡口、库区和乡镇船舶的基本情况，采取重点监控，遏制乡镇船舶重大事故的发生。会同公安、海事等部门，对辖区内“三无”船舶、采沙船和淘金船进行综合治理，对老旧渡船进行更新改造。

2001年—2005年采取定期或不定期开展水路交通安全大检查，抓源头，纠违章，消除事故隐患。严厉打击“三无”船舶非法营运，扰乱水运市场的行为，加强对采沙船、淘金船的监督管理，坚决制止船舶超载乱载、违章航行等行为。

加强船员培训。2005年，县交通局组织19个渡口26名渡工，参加左江海事处举办的内河船员适任证书专业培训，经南宁海事管理机构考试合格，取得有效渡船船员适任证书。有24艘渡船的渡工持有合格驾驶证件。1991年—2005年，连续15年无水上交通责任事故。

规费征收

1986年—2005年，汽车养路费由自治区交通厅直接管辖的征稽部门负责征收，用于干线公路的养护经费。农用拖拉机、摩托车的养路费由县交通局负责征收，用于地方公路养护经费。2000年—2005年养路费收费标准为农用车、后三轮摩托车、多功能拖拉机：200元/月吨；小方拖、手扶、小金牛、飞彩拖拉机：140元/月吨；客运三轮摩托车：40元/月辆；货运三轮摩托车：25元/月辆；二轮摩托车：20元/月辆；50C及以下轻骑摩托车：15元/月辆。1986年完成规费征收4.95万元。1990年，县交通局成立农用拖拉机和摩托车养路费征收办公室，1992年改为龙州县交通规费稽征所。此后，地方交通规费的征收与管理逐步走上正轨。1994年，规费征收突破100万元。1996年，车主比较自觉地缴纳规费，完成征收率90%，实际完成征收217.99万元，其中养路费185.62万元，公路建设基金20.96万元，运输管理费11.41万元，突破200万元大关。1997年，加大稽查力度，以查促收，以查堵漏，打击逃费漏费行为，做到应征不漏、应免不征。1998年，规费征收突破300万元；1999年，规费征收突破400万元。2005年，完成规费征收额735.16万元。其中养路费699.08万元，公路货运附加费18.26万元，运输管理费17.82万元。是年底，取消公路养路费、公路货运附加费、公路运输管理费和养河费、水路货运附加费、水路运输管理费。

第二章　邮　政

1986年，龙州县邮电局有12个邮电分局、所。邮路23条，总长598千米。1987年以后，县邮政局发展邮政速递、物流配送等业务。2001年，开办国内快递包裹业务。2005年，全县邮电分局、所增加到17个，其中县城3个，乡镇14个。邮路30条，总长806千米。邮政营业主要有国际国内函件、包裹、特快专递、报刊订阅零售、汇兑等传统业务外，还有商函、邮购、物流配送、代办电信服务、代理保险等代理代办新兴业务。是年，县邮政局速递物流类业务费收入50.85万元，其中农资分销业务收入42.4万元，完成市局下达计划任务124.9%；用户有理投诉0起，未发生重大通信事故，邮政服务用户评价综合满意度97.27分。1986年—2005年，无重大安全责任事故发生。

第一节　机　构

龙州县邮电局

1986年，龙州县邮电局内设办公室、财务室、邮政股、电信股、机线班、封发班、投递班、营业班、工程技术股

9个部门,有人员编制159名,实有159人,办公地址在龙州镇龙江街26号。下设龙江街、霞秀、彬桥、下冻、水口、罗回、科甲、武德、响水、逐卜、金龙、四平12个邮电所。1998年9月,邮政与电信分营,邮政开始独立运营。县邮政局内设办公室、财务室、市场部、投递班、营业班、工程技术组6个部门,有人员编制114名,实有123人,办公地址在龙州镇独山路94号。下设乡镇邮政所12个。2003年12月,龙州县邮政局归崇左市邮政局管辖,承担龙州县邮政通信的职责。实行局长负责制,副局长人选由局长提名报市邮政局审批。2005年,县邮政局内设办公室、财务室、市场部、客户部、技术组、投递班、营业班7个部门,办公地址在龙州镇独山路94号。下设西街支局、水口支局、金龙支局、城北支局、上龙桥支局、下冻支局、彬桥所、罗回所、科甲所、响水所、逐卜所、四平所12个机构及上金、上龙、上降、试验站4个邮政网点。县城内设12个报刊亭。共有职工146人,其中管理干部8人。

1987年—1998年历任局长:陆建雄(1987.11—1995.8),黄子山(1995.8—1998.9)。

第二节　邮路　投递

邮路

1986年,龙州县邮政邮路有23条,总长598千米。其中县城邮政邮路有6条,长180千米;乡镇邮政邮路有17条,长418千米。1995年,邮政邮路有23条,总长598千米。其中县城邮政邮路有6条,长180千米;乡镇邮政邮路有17条,长418千米。2005年,邮政邮路有30条,总长806千米。其中县城邮政邮路有7条,长240千米;乡镇邮政邮路有23条,长566千米。

投递区域与时间

1986年,县邮政局有邮电报投递员1人,投递区域以县城为中心。每天送报时间为8点、11点、14点、16点、21点共5次,把当日21点以前收到的电报投递完毕。1987年开始,对投递的电报收取0.2元投递费。县城和乡镇政府驻地以外的农村电报,采取邮递的方式由乡邮递员投递,能赶上当日邮班的当日投递,不能赶上当日班的次日投递。

1995年,全县有城乡投递员19人。2005年,全县有城乡投递员22人。城区内每日15时左右开始投递,乡下周三、周日不外投,其余投递时间为8时、14时30分。城区内每日16时进口的邮件当日投递,特快专递邮件以县政府所处位置为中心,城区范围内当天直投到户,由城乡投递员兼投。机要投递员2人,除周六、周日外,17时前进口机要文件当日投递。

分拣封发

县邮政局进口邮件与市邮政局直接封发往来,进口邮件每日上午8时左右到达,出口邮件每日14时左右交接;全县17个邮电支局(所)的邮件全部由县邮政局集中分拣封发经转。

第三节　邮政编码

邮政编码

1986年,《中华人民共和国邮政法》第四章第二十五条规定:寄递邮件逐步实行邮政编号,具体办法由国务院邮政部门规定。1987年,邮政部重新部署推行邮政编码。1990年9月,县邮政局在县境内开始推行邮政编码,按行政辖区编码。乡镇邮政编码依次为:龙州镇532400,霞秀乡532400,上龙乡532401,水口镇532403,水口镇罗回村532404,下冻镇532405,彬桥乡532406,上降乡532407,八角乡532408,上金乡532409,响水镇532411,逐卜乡532412,金龙镇532413,武德乡532414。

第四节　函件　包裹　汇兑

1986年,县邮电局有12个邮电分局、所。2005年增加到17个,其中县城3个,乡镇14个。邮政营业主要有国际国内函件、包裹、特快专递、报刊订阅零售、汇兑等传统业务外，还有商函、邮购、物流配送、代办电信服务、代理保险等代理代办新兴业务。2005 年，县邮政局速递物流类业务费收入 50.85 万元，其中农资分销业务收入 42.4 万元，完成市局下达计划任务 124.9%；用户有理投诉 0 起，未发生重大通信事故，邮政服务用户评价综合满意度 97.27 分。1986 年—2005 年，无重大安全责任事故发生。

函件

1986 年，县邮电局信函业务有 365019 件，收入 5.65 万元。1987 年 5 月，增办有声信函业务(1991 年 5 月停办)。1987 年 11 月，开办邮政快件业务(1998 年 7 月停办)。1990 年，停办邮件回执业务(各级法院仍可继续执行回执业务)，全年信函业务有 397825 件，收入 8.76 万元。

1993 年，国内函件业务分为信函、明信片、印刷品、盲人读物 4 种，按处理手续和承担责任，分为平常函件、挂号函件、邮政快件、保价函件、特种挂号信函、航空和电子信函等业务；开办国际和国内特快专递业务，全年信函业务有 281756 件，收入 19.47 万元。

1999 年 3 月，开办函件业务种类有信函、明信片、邮简、印刷品、盲人读物、邮递广告、义务兵免费邮件。上述 7 种函件分为平常函件和给据函件，给据函件可输回音卡、回执附加业务。当月取消国内函件航空业务。全年信函业务有 439743 件，收入 27.33 万元。

2000 年以后，因电话、电脑迅猛发展，函件业务逐年减退，尤其是平信减少量最大。2005 年，全年信函业务有 174393 件，收入 14.85 万元。其中平信从 1986 年的 349121 件减到 96372 件。

包裹

1986 年 7 月，邮电部规定将包裹分为 3 种：民用包裹，重量以 5 千克为限；商品包裹，重量以 15 千克为限；印刷品包裹，重量以 5 千克为限。是年，包裹业务有 76231 件，收入 9.15 万元。1987 年 11 月，增加大件商品包裹业务，最大重量放宽至 25 千克。1990 年 8 月，民用包裹和商品包裹一律实行保价交寄，最低保价额为 30 元，纸质品包裹用户需要也可作保价交寄。同时停止办理代收货价包裹业务，取消快递小包业务。是年，包裹业务有 20440 件，收入 4.73 万元。

1998 年，邮政包裹分为普通包裹、直递包裹两种。以每 1 千克为计算单位，每件收取挂号费 2 元，最高保价 10 万元为限，最大重量 35 千克。2000 年，国家邮政总局将国际包裹规定分为：普通包裹，重量以 100 克为单位，不足 100 克进为 100 克；保价包裹，重量以 10 克为单位，不足 10 克进为 10 克。是年，包裹业务有 63142 件，收入 11.31 万元。

2001 年 8 月，县邮政局开办国内快递包裹业务，重量以 40 千克为限。龙州边防部队的新、老兵的流动以及南宁师范高等专科学校每年的新生入学和老生离校，促进龙州的军营包裹和校园包裹业务的平稳增长。2005 年，包裹业务有 101835 件，收入 25.12 万元。

汇兑

1986 年，县邮电局汇款业务有 94120 件，收入 4.3 万元。1988 年，开办邮政快件汇款业务。1997 年以后，由于邮政储蓄在国内实现微机联网，全国可通存通取，异地存取款，既快捷又安全、方便，因此邮政汇兑业务呈下降趋势。1998 年 7 月，快件业务和快件汇款停办。1999 年 9 月，开办邮政入账汇款业务。全年汇款业务有 26612 件，收入 11.25 万元。

2001 年 12 月，开办集国内、国际汇兑业务处理、资金清算和会计核算为一体的邮政电子化、网络化汇兑业务。2002 年 1 月，正式启用网络化汇兑业务，同时取消电报汇款业务。传统汇兑业务虽并轨运行，但业务量大幅下降，2002 年 5 月，基本停办。2002 年 2 月，开办西联汇款的人民币兑付业务，187 个国家的西联汇款可在汇出国汇出 3 分钟后在县城西联网点兑付(重新核实)。2003 年，开办特快送汇业务。随着国内金融机构涉足个人汇兑市场，邮政特快汇兑业务量逐年下降。2004 年 7 月，实行全国邮政统一版本“绿卡”通存通兑业务。2005 年 8 月，开通异地“两网互通”通存通兑的业务。全年汇款业务 30054 件，收入 4.08 万元。

第五节　报刊发行　速递　物流配送

报刊发行

1986年，县邮政局抓好征订报刊工作，报刊发行收入8.1万元，完成年计划任务106%，比上年增长12.1%。1987年以后，县邮政局抓好征订报刊工作服务质量，完善投递考核机制。开展“树邮政新风，创优质服务”活动，先后推出《窗口文明服务用语规范》等一系列规范服务和用语行为文明的规章制度，改善服务质量。1995年，报刊发行收完成年计划任务101.6%，比上年增长17.3%。2005年，全年报刊发行收入38.58万元，完成年计划任务101.53%，比上年增长13.48%。

速递

1986年，县邮政局尚未开通速递业务。1987年以后，县邮政局结合市场特点，因地制宜，抓住重点客户、重点业务、重点环节，发展邮政速递业务，使速递业务的国内异地、国际、同城三大板块业务量呈现规模发展态势。2005年，速递业务收入50.85万元，完成年计划任务84.76%，比上年增长6.78%。

物流配送

1986年，县邮政局尚未开通物流业务。1987年以后，县邮政局根据国家“鼓励邮政系统开辟直接为农民生产生活服务的连锁配送业务”的精神，结合实际，把农资业务配送等物流配送作为市场切入点，中邮快货业务和功能性物流业务，全县物流业务主要以农资配送为重点，并采取以下措施：一是加大资金和物力支持力度，保证农资配送业务发展所需的周转资金和仓储、配送车辆等相关配备。二是继续推进建立村级代办点，实现代办点带动销售。三是加大业务资金的管理，视检人员加强对农资配送业务资金管理的检查，规范业务资金的管理，确保资金的安全。四是做好项目服务工作，特别是协议客户，确保信息质量达标。2005年，物流业务收入22.25万元，完成年计划的124.98%，比上年增长34.92%。

第三章　通　信

1986年，龙州县电信业务主要经营固定电话和电报。1990年—1992年，县邮电局引进1000门程控交换机。1994年1月，新开2000门数字程控交换机上海贝尔S-1240。1997年4月，开通计算机互联网。是年12月，市内电话并入南宁电话本地网，电话号码由六位升到七位“881XXXX”。1998年9月，撤销县邮电局，邮政、电信分营。2000年，县内开始有移动电话使用。2003年1月，龙州电信局引进无线市话小灵通。是年3月，中国电信龙州分公司引进宽带接入业务ADSL。2005年，中国电信龙州分公司提供的宽带业务接入方式有ADSL接入式、LAN接入式。

第一节　机　构

龙州县电信局（分公司）

1998年9月21日，根据广西邮电管理局有关邮电分营的决定，撤销龙州县邮电局，分别设立龙州县邮政局和龙州县电信局，均属正科级机构。县电信局隶属广西电信公司南宁分公司。局内设办公室、经营部、维护部3个部门，有在职职工67人，退休人员26人，办公地址在龙州镇龙江街26号。下设电信营业班、程控班、传输班、电力班、机线班5个生产班组。1999年7月16日，电信通信分营，将移动通信业务从电信局分离出来，成立广西移动通信龙州分公司。县电信局属正科级机构，内设市场经营部、综合办公室2个部门，有在职职工60人，其中中央企业35人，地方农话25人。下设电力、传输、程控、营业、市话机线、报房、无线寻呼、农话生产班组7个，乡镇电信营业服务点11个。2000年8月18日，龙州县电信局更名为广西壮族自治区电信公司龙州电信局，内设市场经营部、综合办公室2个部门，有在职职工62人。下设电力、程控、营业、市话机线班、司机生产班组5个，乡镇电信营业服务点11个。将地方农话企业并入中央通信企业，实现城乡电话管理体制一体化。2001年3月16日，龙州电信局经过主附、主辅分离企业改革，组建成主业、实业两个独立性质的法人企业，即广西壮族自治区电信公司龙州电信局（主业）与广西南宁电信有限公司龙州分公司（实业）。其中主业在册人员由62人减少至18人，实业在册人员44人。县电信局内设部门不变。生产机构设有维护中心和客户服务中心2个部门和乡镇电信交换点11个。2003年3月22日，撤销广西南宁电信有限公司龙州分公司，龙州电信局更名为广西壮族自治区电信有限公司龙州县分公司，隶属于广西壮族自治区电信有限公司公司南宁分公司。内设经营部、综合部、大客户部、维护安装部、商业公众客户部和客户服务中心、营维中心、行政后勤服务中心8个部门，有在职职工62人。2005年12月8日，正式挂牌成立广西电信有限公司龙州县分公司，归崇左市分公司管辖。内设维护安装部、市场经营部、公众客户部、大客户部、综合管理部、客户服务中心6个部门，有在职职工41人、劳务工10人，离退休人员39人，办公地址不变。下设乡镇代维代办点16个。

2000年8月18日，龙州电信局成立暨揭牌仪式

1998年—2005年历任局长（经理）：卢俊武（1998.9—2005.3），黄明达（2005.4—2005.12）。

广西移动通信龙州分公司

1999年7月，中国移动通信集团广西有限公司龙州分公司正式挂牌成立，属于国有企业，下设1个营业厅，办公地址在龙州镇龙江街26号。2005年，分公司内设综合部、市场经营部、政企部、工程室、渠道室、网格片区5个部门，下设县城兴龙营业厅和响水、下冻、金龙、水口、逐卜、彬桥、霞秀、科甲、上龙共11个乡镇营业厅；共有在职员工103人，其中合同工56人，劳务工3人，外包44人。

1999年—2005年历任总经理：覃世飞、付丽涛、石雄凯、黄　河、杨建宇。

第二节　固定电话

设施设备

1990年—1992年，龙州县邮电局引进先进的数字程控交换美国二手货1000门程控交换机，实占容量503门。1993年发展到816门，电话号码为5位。按照国家关于邮电通信建设要“统筹规划，条块结合，分层负责，联合建设”的方针，1994年1月16日，自治区邮电管理局下达龙州县投资300多万元，改制市内1000门程控自动电话工程项目，新开2000门先进的数字程控交换机上海贝尔S-1240。1995年8月，扩容3072门。1997年12月，龙州县邮电局市内电话并入南宁电话本地网，电话号码由六位升到七位“881XXXX”，容量增扩5012门。2000年，再次扩容2000门，交换机总容量15536门，实占容量13580门。2001年，程控交换机容量23000门，其中市话16488门，乡镇电话6512门。2003年—2004年，随着小灵通的开通及电话向周边城区和乡镇村级点的延伸，县城母交换机总容量基本保持不变。2005年，由于通信市场竞争激烈，电话市场供过于求，客户选择面广，县城程控交换机使用容量逐年递减。

农村电话

项目建设　1995年起，龙州县电信局重点建设农村电话项目。农话中继光缆工程有县局—彬桥，科甲路口—科甲，响水—逐卜，总投资138万元。2000年，完成县局扩容2000门，罗回、试验站、彬桥、上降光纤接入各扩容 128 线，先锋农场扩容 120 线以及线路延伸工程。

2001 年，完成通信工程项目有：县局扩容 3500 门；金龙、逐卜由 C & C08 交换设备改制为 512 门 S1240 模块；上龙、武德、罗回、彬桥、试验各扩容 128 线；县局、上龙、金龙、逐卜、响水、彬桥、下冻、罗回、水口等 9 个条线路扩容；怀阳、波村光环路线路配套工程。

2002 年，完成固定资投资 970 万元。完成交换设备扩容改造 3658 门。开通 ADSL160 线，改造 SDH9 个节点，完成 10 个乡镇线路扩容。

2003 年，完成通信建设工程有：新建小灵通基站控制器 3 套、500 兆瓦基站 78 个、线路复用器 2 套、10 兆瓦基站 33 个；先锋、上龙、下冻模块各扩容 208 门，四平模块各扩容 128 门；光环路改接入网 8 个点，共 2000 线；新建接入网 10 点，共 2640 线；龙州—下冻—水口—科甲—上龙—龙州，龙州—武德—金龙—逐卜—响水—上金—龙州 2 个传输环系统改造；宽带 ADSL 扩容 128 线；各交换点线路扩容等。

2004，完成通信建设工程有：新建小灵通基站控制器 1 套；500 兆瓦基站 14 个；改造罗回接入点，建成 JRSU 模块 512 门；新建接入网 14 个点，共 2702 线；新建 14 个接入网的配套线路，出线对共 3420 对；新建龙州—上龙—武德光缆线路；宽带 ADSLK 扩容 560 线；武权、敢赛、精威、怀阳接入点线路扩容等全部竣工，投入使用；先锋、下冻、金龙、响水等四个新建乡镇的小灵通基站全部竣工，投入使用；先后开通 11 个上海贝尔产的 JRSU 型模块，总容量 10000 门，开通 12 个上海欣泰公司产的 P128 接入网，22 个上海贝尔产的 GA 接入网。增开 14 个乡村屯 GA 接入网点，全局 37 个 GA 接入网点总容量 12000 门。

2005 年，完成乡镇级通信建设工程有：龙州城东 352 线、逐卜板要 128 线、下冻峡岗 128 线、下冻两庄 256 线、响水平南 256 线，5 个 ONU 接入网和响水 256 线 GA 接入网、下冻春秀 128 线贝尔 P128 接入网工程通信建设；武德、科甲、罗回、响水、金龙、上龙、水口、下冻、先锋朗讯 SDH 传输设备扩容，新建龙州至彬桥线性系统试验站站点。该期传输设备扩容工程新增 2M 电路 127 个，扩容后龙州至各乡镇 2M 电路 534 个。

村村通电话　1998 年 7 月，设立彬桥大青山无线接入基站 1 个，引进安装深圳华为公司产的 ETS450 型无线接入设备 1 套。信号覆盖龙州镇、霞秀乡、八角乡、上龙乡等乡镇村屯，安装无线接入电话 102 部。2002 年 7 月，增设金龙镇扣妈山无线接入基站 1 个，信号覆盖龙州县城区 85% 以上的地域，解决边远山区部分农村通信难的问题。2005 年，完成原模拟基站进行数字制式改造扩容工程建设，基站用户容量 2768 户。

市内电话

服务项目　1986 年—2005 年，龙州县市话通信除用于一般话音通话业务外，还提供多种服务项目。1994 年，首次开办的新服务项目有缩位拨号、热线服务电话、呼出限制、呼叫等待、三方通话、转移呼叫、免打扰服务、恶意电话追查、叫醒服务等。后来增加遇忙回叫、遇忙记存呼叫、无应答转移、脑中服务共 12 种功能。市话业务种类有普通电话、无线电话；用户交换机；集团电话；分机；中继线；专线；临时电话专线；公用电话；用户终端设备；代维设备。程控电话服务项目：电话查号；移机；改名、过户；选号。

特别服务　1986 年，龙州县公共急用电话有火警“119”、匪警“110”、急救中心“120”、市话查号台“114”（后提升为号码百事通台“118114”）、长途查号台“174”、长话挂号台“113”、特快长话业务台“173”、无线寻呼中心特别服务台“126”和障碍台“112”等。新的服务台“118114”和“10000”已替代“173、174、126、112、114”五个服务台。

长途电话

种类　1990 年，龙州县开办国内长途电话种类有代号电话、特种电话、紧急调度电话、政务电话、普通电话、公务业务电话 6 种。通话种类分为叫号电话、叫人电话、传真电话 3 种。通话接续顺序，根据“先重点，后一般，先中央、后地方；先加急，后寻常”的原则，按业务种类和计费等级排列，同一接续顺序的电话按挂号时刻的先后通报以接续。设有“173”（无绳台）和“118”（有绳台）两个立即接续特快台，进行特快业务的分工。1993 年 12 月，龙州县开通 2 条至南宁的直拨电话线路。1994 年初，引进数字程控交换机上海贝尔 S-1240 后，龙州的长途电话仍保持人工接续。1997 年 12 月，接入南宁本地网后，全县实现长途电话自动直拨，长话业务进入新的发展阶段。传统的长话业务种类划分已不再发挥作用。

业务量　1998 年，龙州县电信局利用国家各项政策及上级给予资金投入，不断进行交换机容量的扩容，增强传输能力，促进长途业务的发展。2005 年，全县长途电话业务收入 10 万元。

公用电话

1990 年，只开放普通公用电话（有人值守）1 种，主要为电信营业点经营服务和用户提供一定方便服务。1994 年，龙州县实现市话自动化后，电信部准许私人经营公用电话业务。而安装的公用电话都具有市话、国内以及国际长途直拨功能，为城市居民和流动人口的日常社会生活，尤其是无线寻呼机用户带来许多方便。2005 年，全县内安装 IC 卡公用电话 116 部。

小灵通

2003 年元月，龙州电信局引进作为固定电话的延伸的无线市话小灵通，第一期工程在县城范围内安装 78 个无线市话小灵通基站，发展用户 2000 多户。2004 年 6 月，无线市话小灵通第二期工程竣工，增开响水，下冻，金龙和先锋农场 26 个基站，发展用户数累计 7000 多户。

第三节　电　报

1986 年—1993 年，使用的电报设备是一般机械式电传机，电文经过手工翻译。1994 年，市话实现自动直拨功能后，电报设备也改使用智能型电传机，电文实现自动翻译。通报方式为人工投报，电报收发量为 400 封 / 天。随着电话终端设备传真机的普及，1998 年后，电报业务量逐年减少。

第四节　移动电话

2000 年，龙州县开始有移动电话使用。全县建成基站 1 个，业务种类有 10 种，使用人群主要为成功人士。2005 年，全县建成基站 18 个，业务种类有总机服务、综合办公、加密通信、移动全球眼、手机对讲(PTT)；无线宽带(C+WPC 版)、爱音乐(移动版)、手机上网(C+W 手机版)、CDMA 村通无线接入(450/800)、移动即时通信(e 家客户端手机版)；备份(PIM)、移动号百、手机下载、互联星空(WAP 版)、短信(长短信、CP/SP)、彩信、统一充值付费卡。中国电信移动业务品牌为天翼手机，号码字冠：133、139、153、189。使用天翼套餐：商旅套餐、无线宽带套餐、大众套餐、畅聊套餐、时尚套餐。

中国移动通信龙州独山路服务厅隆重开业

（摄于 2004 年 4 月 26 日）

第五节　互联网

计算机互联网

1997 年 4 月，龙州邮电局开通计算机互联网，互联网用户主要通过电话网拨打“163”“96163”即可上网，全县注册 30 户，1998 年注册 200 户。

宽带网

2003 年 3 月，中国电信龙州分公司引进先进的中国电信宽带接入业务 ADSL，推进宽带接入网的建设不断的优化、完善网络服务质量，从 128 线扩容到 7760 线。宽带设备建设规模接入等级为县城 14 个点，乡镇（含村级点）47 个点。2005 年 12 月，中国电信龙州分公司提供的宽带业务接入方式有 ADSL 接入式、LAN 接入式。

第十四篇

财政　税务

第一章　财　政

1985年，龙州县财政管理体制执行自治区对地市、县实行第二轮财政包干，实行划分税种、核定收支、分级包干一定五年的办法。1986年—1993年，实行划分税种、核定收支、分级包干、定额补助的办法。1994年—2003年，实行收入划分、事权和财权支出范围划分的分税制。2003年，龙州县全面开展农村税费改革试点工作，推进“收支两条线”财政管理体制改革。从1月起，调整和完善财政管理体制，在全县乡镇实行财务“零户统管”试点及工资统发工作，试点工作从2003年始至2004年止。5月，县财政在巩固县直单位统发工资的基础上扩大到乡镇一级，保证全县干部职工工资按时足额发放。至2005年，龙州县12个乡镇财务全面实现“零户统管”。乡镇“零户统管”和政府采购制度不断完善，公共财政初显雏形，全县财政收入质量不断提高，财政支出结构不断调整，财政资金使用效益不断提高，有力促进了全县经济社会各项事业快速健康发展。

第一节　机　构

1986年，龙州县财政局内设办公室、综合股、事财股、档案资料室4个部门，有人员编制15名，实有15人，办公地址在龙州镇仁义街东一巷7号。1991年，龙州县国有资产管理局成立，在县财政局挂牌；1997年1月，国资局与财政局合署办公。2002年，县、乡机关机构改革时职能归并后，县国有资产管理局撤销。是年，县财政局内设办公室、综合股、预算股、国库股、行政政法股、经济建设股、教科文股、社会保障股、农业股、农业综合开发办公室、农业税收征收管理股、企业股、统计评价股、会计管理股、监督检查股、债务管理股、法规税政股、人事教育股18个部门，增加县政府办公室承担的小汽车定编职能、管理全县利用世界银行贷款的职能、政府采购的行业管理职能，有人员编制60名，实有63人，办公地址在龙州镇城北路58-2号。2003年4月，龙州县政府采购办公室成立，在县财政局挂牌。2005年，县财政局内设办公室、预算股、国库股、行政政法股、经济建设股、综合股、教科文股、社会保障股、农业股、农业综合开发办公室、农业税收征收管理股、企业股、统计评价股、会计管理股、监督检查股、债务管理股、法规税政股、人事教育股、小汽车定编办19个部门，有人员编制40名，实有47人，办公地址在龙州镇城北路58-2号。下设县预算编审服务中心、县政府采购办公室2个二层机构。县财政系统有机构23个，职工111人。其中，县财政局（含县国库集中支付管理中心、县预算编审服务中心、县财政投资评审中心、县政府采购办公室）有职工59人；12个乡镇财政所有职工52人。

1986年—2005年历任局长：罗居銮(1986.1—1986.3)，杨刚(1986.3—1990.10)，粱艳芬(1990.10—1994.1)，农锡真(1994.1—1999.12)，冯华勇(2000.3—2002.10)，黄飞跃(2003.3—2005.12)；党组书记（非局长兼任）：农锡真(2000.3—2000.12)。

第二节　财政管理体制改革

县级财政管理体制

1985年，龙州县财政管理体制执行自治区对地市、县实行第二轮财政包干，实行划分税种、核定收支、分级包干一定五年的办法，1986年—1993年，实行划分税种、核定收支、分级包干、定额补助的办法。1994年—2003年，实行收入划分、事权和财权支出范围划分的分税制。2003年，按照自治区人民政府的统一部署，龙州县全面开展农村税费改革试点工作，税改后实际落实计税土地面积19933.33公顷，年产量310公斤/亩，农业税计税年产9270万千克，农业税及附加总任务600.19万元。是年，全县农业税及附加共入库560.9万元，占征收任务的93.34%;全县农民负担人均减少53.98元,减负率36.72%,农民负担明显减轻。年内,推进"收支两条线"财政管理体制改革。财政部门加大对执收执罚部门收入的预算管理,对公安、检察、法院、纪检等执法机关逐步实行"收缴分离,收支脱钩"管理体制,按照中央的要求将公安、检察、法院、纪检等部门的罚没款和预算外收入全部上缴国库,在经费上保障执法部门的正常经费安排与及时拨付,确保办案经费正常开支。从2003年1月起,调整和完善财政管理体制,在全县乡镇实行财务"零户统管"(指以提高管理效益为目的,在单位会计主体和财务自主权不变的前提下,取消单位银行账户和会计,由财政部门统一管理会计人员、资金结算、会计核算工作和会计档案管理,融会计服务和监督为一体的一种新型的财务管理模式)试点及工资统发工作。选择彬桥、逐卜2个乡作为"零户统管"试点单位,两个乡共撤销单位账户10个,精简调整人员15人。到2005年,龙州县12个乡镇财务全面实现"零户统管"。乡镇财务规范后,财政资金使用效益提高。2003年5月,县财政在巩固县直单位统发工资的基础上扩大到乡镇一级,财政统发工资人数3127人,月统发金额1128万元,保证全县干部职工工资按时足额发放。2005年12月,县财政统发月工资金额643.50万元,统发工资人数6585人。是年,县财政局全年统发工资7678.10万元。

乡镇财政管理体制

1984年,龙州县建立乡镇级财政。1994年,配合全县财政管理体制改革,健全和完善县级对乡镇财政管理体制,理顺县、乡两级财政的分配关系,调动乡镇当家理财的积极性,实行分税制财政管理体制,根据分税制管理体制的要求,结合实施分税制的实际情况,按照分级财政、分级管理、分灶吃饭的原则,确定乡镇分税制与包干制同时运转的财政管理体制。1995年—2003年,按照国家分税制财政管理体制的改革要求,取消收入包干超收分成,按招合理划分财政收支,财权与事权相结合的分税分级财政管理体制的原则,实行分级财政、分级管理、分灶吃饭、自求平衡的乡镇分税制财政管理体制。按照税种和收入属地的原则以及收入的隶属关系划分乡镇收入,实行县、乡镇财政分享收入。2005年,继续调整和完善财政管理体制,在全县进一步调整乡镇实行财务"零户统管"试点及工资统发工作。

第三节　财政收支

财政收入

1986年—1993年,县财政实行划分税种、核定收支、分级包干、定额补助的财政管理体制,财政收入逐年增加。1986年,县财政通过建设银行贷款扶持国营农场茶叶生产,资金上支持原料蔗生产,补贴酿酒原料17.8万元,扶持县酒厂等企业扩大生产,机糖税、茶叶税、酒税等产品税增幅明显,财政收入同比增长23.57%;全年县财政收入完成3228万元(固定补助收入部分,下同),比1985年的1794万元增加1434万元,增长79.93%。1989年,贯彻执行党中央、国务院治理整顿和深化改革方针,发展工农业生产,开展"双增双节"(增产节约、增收节支)活动,强化税收征管,坚持依法治税,全面提高社会经济效益。是年,县财政收入3153万元。1990年,全县财政收入4563万元,比1986年增长41.36%。1991年,县政府加强对预算外资金实行"收支两条线"的管理体制,财政收入5127万元。1996年,加强对行政事业单位预算外资金的管理,强化财政管理职能,增强财政宏观调控能力,确保财政收支平衡,财政收入完成7281万元。1999年,根据分税制的要求,把分税制延伸到乡镇一级,实现乡镇政府事权和财权的统一,调动乡镇政府生财理财的积极性,乡镇财政收入大幅度增长。是年,全县财政收入10383万元,是南宁地区第6个财政收入超过亿元的县(市)。2005年,县财政收入17066万元。1986年—2005年,龙州县财政收入增长的主要原因:实施"工业强县"战略,以工业化、城镇化、口岸经济"三驾马车"拉动,以发展蔗糖、矿产品加工、边贸、造纸、高效农业、旅游"六大产业"并举,统筹推进各项工作,全县经济保持平稳较快的发展;财税体制改革,恢复、增加一些新税种,以及建立和完善乡镇财政体制等措施,也促进财税增长。

财政支出

1986年—1995年,县财政累计支出42066万元,年均增长7.88%。1996年—2000年,由于各项事业和经济的快速发展，财政支出也随之加大，五年累计支出 46896 万元，年均增长 14.85%。1999 年，财政总支出 11764 万元。2000 年，财政总支出 11942 万元。由于龙州县基本上是“吃饭财政”，财政支出从严从紧，县财政局按照县委、县政府《关于紧缩财政支出的规定》要求，重点保工资、保救灾、保专款、保机关运转，从严控制其他支出，力求自保收支平衡。1998 年，在支出安排上，继续实行适度从紧的财政政策，按照保证重点、压缩一般、量入为出、量财办事的原则，突出重点，优化支出结构，做到不欠工资，不欠专款，不留硬缺口，不打赤字预算；确保干部职工工资及机关事业运转所需经费；严格控制人员编制，实行编制与经济挂钩，遏制财政供养人数过快增长势头；压缩一般性公用经费支出。坚持勤俭办一切事业的方针，针对“人、车、会、话、药”等几项经费过快增长的情况，制定有关紧缩财政支出的具体规定，严格执行用钱审批制度，收到良好效果。2001 年—2005 年，财政支出累计完成 93447 万元，年均增长 10.04%。2004 年，财政总支出 20392 万元；2005 年，财政总支出 23143 万元。1986 年—2005 年，龙州县财政支出增加的主要原因：投入支援农业生产资金逐年加大，市政工程、边境口岸及其他方面基础设施不断拓展。

表 14-1　　1986 年—2005 年龙州县财政收支统计表

单位：万元

年份	财政收入		财政支出	年份	财政收入		财政支出
	总收入	其中地方收入			总收入	其中地方收入	
1986	3228	961	3524	1996	7281	4570	6863
1987	3162	1178	2655	1997	7754	4779	7359
1988	2940	1615	2868	1998	9352	6445	8968
1989	3153	2147	3020	1999	10383	7437	11764
1990	4563	2448	3801	2000	11331	8372	11942
1991	5127	2969	4028	2001	12261	8994	15783
1992	4796	2715	3913	2002	13515	8805	16475
1993	6261	4406	5576	2003	13837	9293	17654
1994	6557	5546	5564	2004	15498	9918	20392
1995	6274	3829	6928	2005	17066	8749	23143

第四节　资金管理

预算内资金管理

收入管理　1986 年—2005 年，龙州县预算内资金管理项目主要是一般预算收入：包括国家规定的税收收入、行政性收费收入、罚没款收入、专项收入、国有资产经营收入、其他收入；基金预算收入：包括工业交通部门基金收入、商业部门基金收入、文教部门基金收入、社会保障基金收入、农业部门基金收入、土地有偿使用收入、其他部门基金收入、地方财政税费附加收入。龙州县预算内资金管理严格按照国家对财政资金管理的规定，要求税务机关、财政机关、海关等征收机关及时、足额地完成财政收入计划、收入征收，不得随意增收、减收、截留或挪用，组织全县各项预算内资金的入库，做到应收尽收。1986 年，龙州县组织预算内资金收入 3228 万元；1995 年，组织预算内资金收入 6274 万元；2005 年，组织预算内资金收入 17066 万元。

支出管理　1986 年—2005 年，龙州县预算内资金支出包括一般预算支出、基金预算支出。预算资金支出的管理，按照每年县人民代表大会批准预算支出，办理各项预算支出。预算内资金的使用，按照有关程序和审批权限办理审批手续：年初纳入财政预算安排的业务经费和专项经费，各部门在年初做出用款计划报政府主管此项工作的领导审批同意后，送县财政局，由县财政局根据预算计划，按照“先工资、后经费、再其他”的原则，按预算进度拨付。从行政性收费和罚没收入安排的业务经费，由用款单位直接向县财政局递交书面报告，经县财政局国库部门核实后，由县财政局按照县政府制定的支出控制比例和国库资金的调度情况给予拨付；支出控制比例由县政府一年一定。年初未列入财政预算而确需由财政从预备费或机动财力追加安排的支出，由用款单位向县政府请示，报批经费的请示必须经用款单位领导签发后以正式文件上报，说明用款事由，并附详细预算，实事求是，不能虚报多报；属基本建设投资先由县工程造价审查委员会审定；属商品采购的先由采购办提出意见；属会议经费的，要附会议经费审批表；属外出学习培训的，还要附上级机关的明文通知和县委、县政府领导的批示件；开展正常业务应首先使用年初安排的预算经费，在年初预算业务经费未使用完以前，原则上不安排机动财力资金。1986 年，龙州县财政支出 3524 万元；1995 年，龙州县财政支出 6928 万元；2005 年，龙州县财政支出完成 23143 万元，完成调整预算支出的 97.6%，基本做到财政收支平衡，保证了干部职工工资的正常发放和机关工作的正常运转。

预算外资金管理

1986 年—2005 年，龙州县预算外资金收入包括两个方面：一是预算外基金收入。主要来源于工业交通、文教、农林等部门收入和土地有偿使用收入、住房基金收入、地方财政税费附加收入及其他收入。其支出也是用于工业交通、文教、商贸、社会保险、农业等部门支出、土地有偿使用、住房基金支出及其他部门支出。二是行政事业单位预算外资金收入，原则上由行政事业单位按照上级有关规定自收自支，自行管理。1988 年，县政府规定：从 1989 年 1 月起，对行政事业单位的预算外资金实行专户储存管理，其资金所有权不变，但必须按照国家财政、财务制度的规定支配使用，接受财政部门的管理和监督。1992 年，县政府为完善全县预算外资金的管理，决定对行政事业单位的预算外资金实行“收支两条线”的管理办法，各单位在开户银行设立“预算外收入存款”和“预算外支出存款”账户，按月将预算外收入县存款户的金额全额转交纳入财政集中专户。单位的“预算外收入存款户”只收不能支，只与县财政集中专户发生缴存关系，县财政局根据各单位的用款计划，将所需的预算外资金拨入单位的“预算外支出存款”户，单位的预算外支出只能在“预算外支出存款”户中开支。预算外资金的使用审批程序为：各用款单位在每月 15 日前向县财政局递交书面报告，做出用款预算，由县财政局国库部门审核并扣除政府统筹金后，由财政局按照县政府制定的支出控制比例给予拨付；预算外资金原则上每月只拨款一次。

1986 年—1992 年预算外收入 346 万元，支出 276 万元。1993 年预算外资金收入 649 万元，支出 306 万元。1994 年预算外资金收入 518 万元，支出 232 万元。

1995 年开始，龙州县进一步健全预算外资金管理机制，强化管理监督，完善收费票据管理制度，推行收费“票款分离”办法，实行“单位开票，银行代收，财政管理”的管理体制，确保单位预算外资金收入及时足额上缴专户管理，接受财政监督，并将收费收据的领、用、核、销和印制程序形成制度。严格预算外资金的使用审批制度，杜绝预算外资金的体外循环，提高资金的使用效率。是年，预算外资金收入 80 万元，支出 74 万元。1996 年预算外资金支出 102 万元，支出 91 万元。1997 年预算外资金收入 0 万元，支出 64 万元。

2000 年 1 月起，县本级财政实行综合财政预算管理，将预算内、预算外两部分资金结合起来，由财政统一管理，统一核算、统一分配，实现预算内、预算外资金综合平衡。

部门预算改革

1986 年—2004 年，龙州县部门预算主要实行零基预算和综合预算管理办法，主要包括收入、基本支出和项目预算等内容。2005 年，根据上级文件精神，推行部门预算改革。通过改革，进一步提高了收入预算编制的科学性和准确性。编制年度收入预算时，根据本县各项社会经济发展指标情况，同时综合考虑政策调整等增减收因素，分税种科学测算税收收入。依据各项非税收入政策规定以及近年来的收入情况，综合考虑预算年度内的政策调整等相关因素，分项日测算非税收入。进一步增强了地方预算编制的完整性。编制年度预算时，在科学编报县级预算收入的同时，将上级财政提前告知的一般性转移支付预计数和专项转移支付具体项目预计数列入年度预算，进一步提高本级财政预算编报的完整性。

预算编制 1995 年 1 月起，龙州县按照预算法编制预算，执行零基数预算，逐步过渡到部门预算。编制部门预算的具体做法：一是实行“两上两下”的编制程序。在编制部门预算时，先由各部门提出收支建议数上报财政局，即“一上”；财政部门审核部门收支建议数，并下达部门预算控制数，即“一下”；部门根据财政部门下达的预算控制数编制部门预算草案并上报财政部门，财政部门将审核后的预算草案报政府审定后再报人大审议，即“二上”；根据人大审议通过的本级预算，财政局及时批复部门预算，即“二下”。二是细化预算编制，并根据龙州县自身的财力制定公用经费的定额标准。编制部门预算时，县财政局把部门预算的编制分为人员经费、公用经费和专项经费三个组成部分。人员经费根据各部门编制内实有人数编制；公用经费根据财政局调查、测算情况，制定公用经费分类分档标准。三是坚持零基预算和综合预算原则。龙州县在编制部门预算时，预算安排资金不受往年基数的影响，主要是根据部门职能和事业发展的需要，结合龙州县财力，来统筹安排各单位的各项支出需要。同时，把各单位的预算外收入也纳入了部门预算当中。每年的预算支出经县人民代表大会批准后，除政策性支出外不再办理预算追加，预算执行包干使用，超支不补，结余结转下年使用。

预算执行 1995 年 1 月起，按照预算法要求执行预算管理。在组织预算执行方面，龙州县财政国库部门狠抓财政增收，不断优化支出结构，科学调度资金，保工资保运转保重点，完成财政收支目标任务；在预算执行分析方面，经过努力，预算执行数据报送的及时性、准确性得到了很大的提高；在决算管理方面，随着决算报表编报体系不断完善，决算编审和批复程序不断规范，财政决算质量不断提高，逐步建立起财政决算数据收集、审核、汇总的规范化管理程序，并注重加强决算数据的分析利用，促进了部门预算编制和预算执行管理的不断改进和完善。预算资金的拨付，人员经费、公用经费、自治区分配的专项资金、罚没返还的办案经费由县财政按月和资金使用的范围办理拨款。乡（镇）预算资金的调拨，按照县对乡财政管理体制办理，除工资由县财政统一发放外，预算口径安排的支出按月调拨，其他预算安排的支出按财力调度资金。县预算安排的专项支出（包括分管县领导掌握的专项资金），由用款单位做出用款计划，财政审核建议，县政府常务会研究，县长签字，政府下达拨款批复，由财政局按计划拨付资金。

非税收入管理

2003 年，制定下发《龙州县人民政府关于进一步加强我县执行执罚单位收支脱钩和收缴分离管理工作的通知》（龙政发〔2003〕7 号）文件，规定从 2003 年 1 月 1 日起，取消执收执罚单位办案经费按罚没收入、行政性收费收入比例回拨办法，实行综合财政预算管理，其经费支出由县财政按照部门预算的统一要求核定。对于年度预算执行中急需办理的案件或必须购置的设备，由有关单位按规定程序专题报批。根据自治区财政厅、人民银行南宁中心支行《转发财政部中国人民银行关于公安部等部门收费收入纳入预算管理的通知》（桂财预〔2002〕56 号）精神，对县公安、法院、工商、环保、计生等执收执罚部门按规定收取的预算外收入，纳入预算管理，全额上缴县财政国库。取消收支挂钩，实行收缴分离，其支出由财政按该部门履行取能的需要及部门预算管理要求核定。对中央、区直、地直单位交纳龙州县的行政、罚没收入仍按原渠道安排业务费。其他有预算外资金收入的部门，实行收支脱钩管理，其按规定尚未纳入预算管理的预算外收入一律全额上缴财政预算外专户，财政根据综合预算的原则核定部门支出预算。各执收执罚单位要依法履行职责，切实加强罚没收入、行政性收费的收缴工作，做到应收尽收，应罚不漏，同时精打细算，从紧安排支出。至 2005 年，全县非税收入管理工作都能按规定收缴，没有出现违规违纪现象。

国有资产管理

2001 年，龙州县为适应国有企业改革发展的需要，加强对企业改革剥离出来的非经营性资产的管理，成立龙州县国有资产管理中心（副科级），为财政全额拨款的事业单位，归县经济贸易局管理。该中心成立后，加强对县 3 家糖厂和龙州县制药厂改制剥离出来的非经营性资产及政府接收的债权债务，参与国有企业改革工作。2002 年机构改革时撤销了龙州县国有资产管理中心，国有资产管理职能并入县财政局，由县财政局相关股（室）对其所分管财务监督的单位进行国有资产监督管理，实现了资产管理与财务管理的统一，便于通过日常的财务监督了解资产的增减变动情况。2005 年，县公共投资有限责任公司成立，统一管理县直行政事业单位的房地产，对原各行政事业单位非经营性资产转经营性资产（出租）统一对外出租，租金收入纳入非税管理，防止国有资产经营收入过多的向个人倾斜，维护国有资产权益。

第五节 财源开发

1986年以来，县财政部门落实县委、县政府的经济发展规划，培植财源，开发税源，通过政策引导，资金投入，加强管理促进支柱财源发展。一是加快推进企业挖潜改造工作。1986年—2005年，逐年加大对企业技术改造的资金投入，总共投入3840万元。其中1986年—1990年，投入378万元，重点支持龙州糖厂技术改造和重建工作；1991年—1995年，投入企业技术改造资金1250万元，支持龙州糖厂、酒厂技术改造及设备更新，其中筹备龙州造纸厂投入270.5万元；1996年—2000年，投入企业技术改造资金1612万元，其中霞秀糖厂锅炉改造设备更新100万元；2001年—2005年，投入企业技术改造资金600万元。1986年，龙州第二糖厂日榨量300吨，霞秀糖厂日榨量500吨，龙州糖厂未建厂。至2005年龙州糖厂日榨量已增至8000吨，龙州第二糖厂和霞秀糖厂日榨量均已增为3000吨。二是加大对基础设施建设的投入，发挥项目的带动作用，增加固定资产投资。1986年—2005年，基建支出总共完成6521.4万元，1999年完成县城建成区面积6.06平方公里，2005年龙州县城建成区面积7.8平方米。1999年完成龙州县道路清扫保洁面积13.3万平方米，生活垃圾清运量0.35万吨，2005年完成龙州县道路清扫保洁面积22.5万平方米，生活垃圾清运量2万吨。其中1986年—1990年，支出100万元；1991年—1995年，支出751.4万元；1996年—2000年，支出1340万元；2001年—2005年，支出4321万元（安排县城垃圾填埋项目70万元，工业集中区建设80万元，县本级基建资金535万元）。三是加大对科技的投入，提高工农业技术含量。1991年—2005年，科技三项投入106.2万元。四是支援农村生产，发展粮食生产，增加农业的投入，总共投入7204.22万元。其中1986年—1990年，投入601.56万元，粮食总产量从46118吨增长至61390吨，增长33.12%。甘蔗总产量从224823吨增长至455744吨，增长102.71%；1991年—1995年，投入722.66万元，粮食总产量从63381吨增长至73185吨，增长15.47%，甘蔗总产量从523045吨增长至756610吨，增长44.65%；1996年—2000年，投入1903万元，粮食总产量从73860吨增长至80629吨，增长9.16%，甘蔗总产量从829912吨增长至1033243吨，增长24.50%；2001年—2005年，投入支农资金3977万元(2004年投入财政支农资金528万元)，粮食总产量从81645吨下降至73581吨，减产9.87%，甘蔗总产量从1133254吨增长至1978147吨，增长74.56%。

第六节 公共投资

2005年9月，龙州县公共投资有限公司成立，是县政府直接领导下的具有一级独立法人资格的企业，代表县政府对授权范围内的国有资产、建设资金、建设项目行使经营权，并以出资额为限承担有限责任。作为国有资产经营管理主体，主要从事城市基础设施建设投资，承担国有资产保值增值的职责，对带动地方经济发展的重大项目发挥引导作用。公司直属县政府领导，注册资本300万元。公司本着“投资、经营、管理、服务”的宗旨，主要从事国有资本的产权管理和资本运作，担负国有资产保值增值的任务。具体为：作为城市基础设施建设的融资平台，向上争取和多渠道筹措、融通城市基础设施和重点项目建设资金；管理、组织实施政府性投资项目建设，有效控制建设成本，提高行政效率，提高公共投资的综合还贷能力，化解财政担保风险；通过对政府授权范围内国有资产进行投资运作和资本经营活动，提高资产的运营效益，实现国有企业中的国有资产、预算单位占有的国有资产、县直管公房、国有股权权益等国有资产的保值增值。年内，公司主要工作为筹备公司成立事宜，落实办公地址和办公设备等，并无具体的国有资产投资运作，亦未产生相关的运营效益。

第二章 税 务

1986年—1994年，龙州县税务局负责税收征管工作。1994年9月，实施分税制，国税、地税分设，龙州县国家税务局和龙州县地方税务局成立。1995年，全县国税收入3613万元，地税收入1242万元。2000年，国税收入4214万元，地税收入2678万元。2005年，国税收入7569万元，地税收入5064万元。

第一节 机 构

龙州县税务局

1986年，龙州县税务局内设人教股、监察股、办公室、计会股、税收股、证管股6个部门，下辖龙州县税务局龙州分局、城厢税务所和12个乡镇税务所，人员编制150名，实有149人，办公地址在龙州镇独山路190号。1991年，县税务局内设人教股、监察股、计会股、税政一股、税政二股、征管股、稽查股、秘书股、税检室9个部门，人员编制不变，实有145人，办公地址在龙州镇独山路190号。下设稽查队、发票管理所、龙州分局和12个乡镇税务所，人员编制不变，实有213人。1994年9月，根据国办发〔1993〕87号和桂政发〔1994〕73号文件精神，撤销龙州县税务局，成立龙州县国家税务局和龙州县地方税务局。人员分流按原龙州县税务局总人数的60%分流到国家税务局，40%分流到地方税务局，离退休人员按自愿原则全部归国家税务局管理。

1986年—1994年历任局长：肖怀德(1986.1—1993.7)，何琪芳(1993.7—1994.9)。

龙州县国家税务局

1994年9月，龙州县国家税务局成立。内设办公室、税政股、征收管理股、计划财务股、人事教育股、监察室6个部门，直属行政单位有稽查分局、发票管理所(隶属征收股)，派出机构有龙州分局和12个乡镇税务所，从县税务局分流到国税局干部职工168人，其中干部93人，工人20人，离退休干部33人，助征员22人，办公地址在龙州镇独山路190号。1997年，对基层征收机构进行调整，龙州分局改为管理股，各乡镇税务所改为征收处，实有152人，其中干部76人，工人13人，离退休干部35人，助征员28人。2002年，县国税局内设机构不变，下设信息中心、票证管理中心2个事业单位，还有稽查分局、龙州征收分局、农村征收分局3个派出机构。所有人员全部集中县城办公。实有133人，其中干部65人，工人2人，离退休干部及工人45人，助征员13人，临时工8人。2005年，县国税局内设办公室、综合业务股、征收管理股、人事教育股、监察室、计划征收股(对外称办税服务厅)6个部门，下设稽查局、信息中心和龙州税务分局、水口税务分局。实有120人，其中干部66人，工人1人，离退休干部及工人41人，临时工12人，办公地址在龙州镇独山路190号。

龙州县国税局办公大楼 (2000年摄)

1994年—2005年历任局长：何琪芳(1994.9—1998.3)，陶国春(1998.3—2001.11)，韦春(2001.12—2005.2)，农贵产(2005.4—2005.12)。

龙州县地方税务局

1994年9月，龙州县地方税务局成立。内设办公室、人教股、税政股、征管股、会统股5个部门，从县税务局分流到地税局正式干部职工31人，办公地址在龙州镇仁义街。下设龙州县地方税务局龙州分局。1995年8月，乡镇税务所分设。龙州县地税局下设霞秀、上龙、上降、八角、上金、水口、武德、下冻、彬桥、金龙、逐卜、响水12个乡镇税务所，分流到地方税务所的正式职工21人，助征员15人。1996年6月，龙州县地方税务局稽查分局成立。1998年，龙州县地方税务局稽查分局改称龙州县地方税务局稽查局。2002年3月，机构改革，县地税局归入南宁地区地方税务局管理。县地税局内设办公室、监察室、人教股、税政股、征管股（兼信息管理中心）、计财股（由会统股更名）6个部门，有人员编制66名（行政编制59名、事业编制7名），实有50人。下设稽查局、直属征收管理分局2个直属机构，还有霞秀税务分局（由霞秀税务所、上降税务所、上龙税务所、八角税务所、上金税务所合并成立）、水口税务分局（由水口税务所和武德税务所合并成立）、下冻税务所（由下冻税务所和彬桥税务所合并成立）、金龙税务所（由金龙税务所和逐卜税务所合并成立）、响水税务所5个派出机构，人员精简17%。2004年，霞秀税务分局人、财、物及所辖业务并入直属征收管理分局，保留霞秀税务分局机构。2005年，县地税局内设部门、编制数不变，实有61人，办公地址在龙州镇独山路102号。

龙州县地税局办公大楼　(2000年摄)

1994年—2005年历任局长：林图强(1994.9—2004.4)，梁建雄(2004.8—2005.12)。

第二节　税制改革

中央税　共享税改革

1994年，国家税制改革。县国税、地税两套机构分设后，国税系统主要征收中央税和共享税，即增值税，消费税，外商投资企业所得税，集贸市场和个体户的各项税收。其中占共享税增值税的25%部分直接留归地方。为保持原有地方既得利益格局，上级财政对地方财政返还数额以1993年中央从地方净上划收入额（消费税+75%增值税－中央下划收入）为基数，全额返还地方并以此作为以后对地方税收返还基数。1994年以后，税收返还额在1993年基数上逐年递增，递增率按增值税和消费税的平均增长率的1 ∶ 0.3确定，即上述两税地方平均每增长1%，上级财政对地方的税收返还增长0.3%。如1994年以后，地方上划中央和自治区的收入达不到1994年基数的，相应扣减地方税收返还基数。按照国家税务总局、交通部、人事部、财政部、中央编办等5部委有关车辆购置税费改革规定，2005年1月1日以后，车辆购置税由国家税务局负责征收。此前，车辆购置税费一直由交通稽征部门征收。

流转税改革

流转税由增值税、消费税和营业税组成。1994年，随着税制改革划分中央税和地方税的税种征收范围后，流转税成为改革重点：对商品的交易征收增值税，选择少数消费品交叉征收消费税，对不实行增值税的劳务交易和第三产业单独征收营业税。税目也由1984年的14个税目缩减至9个：交通运输、建筑安装、金融保险、邮电通信、文化体育、娱乐业、服务业、转让无形资产、销售不动产。

所得税改革

1994年起，国家将原国营企业所得税、集体企业所得税、私营企业所得税统一合并为内资企业所得税。外商企业享受税收优惠政策，暂不统一内外资企业所得税，保留内资企业所得税和外商投资企业所得税两种所得税制度。1994年，开展企业所得税汇算清缴工作，同时将个人收入调节税，个人所得税和城乡个体工商户所得税合并，建立统一的个人所得税。

其他税种改革

2001 年 1 月，国家停征固定资产投资方向调节税。2004 年，停征屠宰税。

第三节　税种　税率

增值税

1994 年 1 月 1 日起开征。2003 年，根据广西壮族自治区个体经营及其他个人征收增值税的起征点确定：销售货物的起征点为月销售额 2000 元；销售应税劳务的起征点为月销售 1500 元；按次纳税的起征点为每次（日）销售额 150 元。小规模纳税人销售货物和应税劳务的征收率统一为 3%。对不达起征点的个体工商户在此前已征收入库的税款由原征收机关按规定办理已征税款退库手续。1994 年—2005 年，县国税局共征收增值税 9.36 亿元，共退税 1957 户，退库税款 2700 万元；免征 1239 户，免征增值税 56 万元。

消费税

1994 年 1 月 1 日起开征。县国税局征收消费税的范围主要是酒类产品。2001 年，根据《关于调整酒类产品消费税政策的通知》精神，调整酒类产品消费税的征税办法，由从价定率计算应纳税额的办法调为实行从量定额和从价定率相结合计算应纳税额的复合计税办法，酒类产品消费税每销售 1 公斤酒应纳的消费税在原来的基础上增加 1 元。2005 年，粮食白酒和薯类白酒统一按照 20% 的税率征收消费税。

所得税

企业所得税　1994 年 1 月 1 日开征。包括国有企业、集体企业、私营企业、联营企业、股份制企业以及生产经营所得和其他所得的其他组织。2000 年 1 月 1 日起，独资、合伙性质的私营企业改按《个人所得税法》征收个人所得税，不再是企业所得税的纳税人。企业所得税采用 33% 的比例税率。对小型企业实行两档低税率，年应纳税所得额 3 万元以下（含 3 万元）的企业，按 18% 的税率征收企业所得税；年应纳税所得额超过 3 万元 ~10 万元（含 10 万元）的企业，按 27% 税率征收。企业按照上年度发生亏损，可用当年应税所得进行弥补，按弥补亏损的应纳税所得额来确定适用税率。1994 年—2005 年，县国税局征收国有企业所得税 193 万元、集体企业所得税 29 万元、股份制企业所得税 971 万元。

外商投资企业和外国企业所得税　2003 年，龙州县吸引首例外资企业到龙州投资。2005 年，全县有外资企业 4 家，征收外资企业所得税 56 万元。

个人储蓄利息所得税　1999 年开征。以取得储蓄存款利息所得的个人为纳税义务人，以办理结付个人储蓄存款利息的储蓄机构为扣缴义务人，税率 20%。1999 年—2005 年，县国税局共征收个人储蓄利息所得税 864 万元。

车辆购置税

2001 年 1 月 1 日开征。车辆购置税的征税范围包括汽车、摩托车、电车、挂车和农用运输车。车辆购置税实行统一比例税率，税率 10%。2005 年，县国税局从稽征部门接收车购税业务。是年，县国税局征收车购税 410 万元。

营业税

1994 年 1 月 1 日开征。征收范围及税率：交通运输业税率 3%，建筑业 3%，金融保险业 5%，邮电通信业 3%，文化体育业 3%，娱乐业 5%~20%，服务业 5%，转让无形资产 5%，销售不动产 5%。自 2000 年起，娱乐业中电子游戏厅及网吧的营业税率一律为 20%。营业税为龙州县地方税收入的主体税种之一，占总收入的 30% 以上。2005 年，全县营业税入库 1329 万元，比 1995 年 392 万元增长 239.03%。

地方企业所得税

1994 年 1 月 1 日开征。地方企业所得税征收范围及税率：县境内的企业，除外商投资企业和外国企业外，所取得的生产经营收入，财产转让收入，利息收入，租赁收入，特许权使用费收入，股息收入及其他收入。企业所得税税率 33%。2005 年，全县企业所得税入库 1829 万元，是 1995 年 770 万元的 237.53%。

个人所得税

1993 年 10 月 31 日开征。个人所得税包括工资、薪金所得；个体工商户的生产、经营所得；对企、事业单位的承包经营、承租经营所得；劳务报酬所得；稿酬所得；特许权使用费所得；利息、股息、红利所得；财产转让所得；偶然所得。自 1999 年 1 月 1 日起，对个人从中华人民共和国境内的储蓄机构取得人民币、外币储蓄存款利息所得征收个人所得税。从 2000 年 1 月 1 日起，对个人独资企业和合伙企业不再征收企业所得税，只征收个人所得税。个人所得税的税率是计算个人所得税应纳税额的法定比率。2005 年，全县个人所得税入库 707 万元，是 1996 年 105 万元的 673.33%。

土地增值税

1994 年 1 月 1 日开征。土地增值税实行四级超率累进税率。即增值额未超过扣除项目金额 50%，税率 30%；增值额超过扣除项目金额 50%，未超过扣除项目金额 100% 的部分，税率 40%；增值额超过扣除项目金额 100%，未超过扣除项目金额 200% 的部分、税率 50%；增值额超过扣除项目金额 200% 的部分，税率 60%。对建造普通标准住宅且增值额未超过扣除项目金额 20% 的，以及因国家建设需要依法征用、收回的房地产免征土地增值税。县地税局对土地增值税的征收按预征率进行预征，以有偿转让土地房屋收入总额为计征依据。2005 年，全县土地增值税入库 180 万元，是 2003 年 17 万元的 10.59 倍。

房产税

1986 年 10 月 1 日开征。房产税的计税依据为房产原值一次减除 10%~30% 后的余值和租金。房产税的税率为比例税率，分为从价计征和从租计征两种。从价计征的房产税，税率 1.2%，以房产余值为计税依据；从租计征的房产税，税率 12%，依据房屋出租的租金收入征收。2005 年，全县房产税入库 203 万元，是 1995 年 49 万元的 414.29%。

印花税

1988 年 10 月 1 日开征。征税范围包括经济合同，产权转移书，营业账簿、权利、许可证照及经国家财政部确定征税的其他凭证。2005 年，全县印花税入库 64 万元，是 1995 年 8 万元的 800%。

城市维护建设税

1996 年 1 月 1 日开征。城市维护建设税按照纳税人所在地的不同，税率分别规定为 7%、5%、1% 三个档次。不同地区的纳税人，实行不同档次的税率。具体适用范围是：纳税人所在地在城市市区的，税率 7%；纳税人所在地在县城、建制镇的税率 5%；纳税人所在地不在城市市区、县城、建制镇的税率 1%。城市维护建设税的税款，由地方政府安排使用，保证用于城市的公用事业和公共设施的维护建设。2005 年，全县城市维护建设税入库 369 万元，是 1996 年 108 万元的 341.67%。

土地使用税

1988 年 11 月 1 日开征。土地使用税为幅度定额税率，按大中小城市规定幅度差别税额，每平方米税额如下：大城市 1.5 元 ~30 元，中等城市 1.2 元 ~24 元，小城市 0.9 元 ~18 元，县城、建制镇、工矿区 0.6 元 ~12 元，农村 0.3 元 ~6 元。土地使用税的减免，按税法规定办理。龙州县人民政府根据实际情况，将全县土地划分为五个等级，制定相应的适应税额标准，一级土地每平方米 2.8 元、二级土地每平方米 2 元、三级土地每平方米 1.5 元、四级土地每平方米 1 元、五级土地每平方米 0.4 元，报自治区政府批准执行。2005 年，龙州县政府根据实际相应调整土地税额标准，龙州镇一级土地调整为每平方米 7 元、二级土地调整为每平方米 6 元、三级土地调整为每平方米 4.5 元、四级土地调整为每平方米 3 元，下冻镇、金龙镇、响水镇一级土地调整为每平方米 2 元、二级土地调整为每平方米 1 元，水口镇一级土地调整为每平方米 3 元、二级土地调整为每平方米 1 元。2005 年，全县土地使用税入库 38 万元，是 1995 年 12 万元的 316.67%。

第四节 税收征管

国税征管

1994 年，按照“税收工作中心转移到征管、转移到基层”的要求，设立功能齐全的办税服务厅，建立纳税人自行申报纳税制度，纳税人自行纳税申报率 98%。1995 年，县国税局管理纳税户 1244 户，其中内资企业

67户，私营企业13户，个体工商户1164户；组织收入3613万元。1996年，管理纳税户1289户，其中内资企业69户，私营企业13户，个体工商户1207户。1997年，推行“以纳税申报和优化服务为基础，以计算机网络为依托，集中征收，重点稽查”的征管模式，完善办税服务厅功能，实行银税一体化，试行开展税务代理；管理1308户纳税户，其中内资企业74户，私营企业14户，个体工商户1220户。1998年，管理纳税户1333户，其中内资企业75户，私营企业12户，个体工商户1246户。1999年，推行政务公开，向纳税人公开税收法规、工作标准、办税流程等事项；管理纳税户1396户，其中内资企业79户，私营企业15户，个体工商户1302户。2000年，管理纳税户1427户，其中内资企业76户，私营企业17户，个体工商户1334户，组织收入4214万元。2001年，管理纳税户1412户，其中内资企业77户，私营企业19户，个体工商户1316户。2002年，管理纳税户1370户，其中内资企业79户，私营企业13户，个体工商户1278户。2003年底，“金税”工程二期建成，防伪税控系统、认证系统、交叉稽核系统、协查系统和办公自动化系统的运用，提高税收信息化水平，全县95%的纳税户、98%的税款通过计算机管理和征收；管理纳税户1384户，其中内资企业79户，私营企业15户，个体工商户1290户。2004，管理纳税户1304户，其中内资企业80户，外商企业1户，私营企业16户，个体工商户1207户。2005年，成功上线运行综合征管软件（CTAIS软件），把全县纳税人统一纳入区局数据库，实现税收征管数据的科学化、精细化管理；管理纳税户1285户，其中内资企业82户，外商企业2户，私营企业19户，个体工商户1182户；组织收入7569万元，比1995年收入增长近1.09倍；11年累计实现税收5亿多元，年均增长20.99%。

2000年4月，龙州县国税局稽查分局对县内22个受票单位进行检查。共检查发票1326本13150份，涉税金额50多万元

表14-2　1995年—2005年龙州县国税收入表

年度	收入（万元）	年度	收入（万元）	年度	收入（万元）
1995	3613	1999	4284	2003	5224
1996	3730	2000	4214	2004	6167
1997	3910	2001	4582	2005	7569
1998	3020	2002	5243	合计	51556

地税征管

1995年，国、地税两局刚分设，征管范围没有划分清楚，部分税种仍由国税局管理，征管方式沿用机构分设前的“税收专管员”模式，实行分片包干、巡回征管的传统管理办法。1996年，国务院办公厅下发文件明确国税局、地税局的税收征管范围。1997年，国家税务总局提出“以申报纳税和优化服务为基础，以计算机网络化为依托，集中征收，重点稽查”征管模式。税收征管初步实行征收、管理、稽查三分离。2000年，县地税局管理纳税户4739户，其中国有经济97户，集体经济114户，其他纳税户4739户；组织税收2678万元，其中90%以上的税收来源于人口比较密集和集贸市场较为发达、交通便利的城镇，6个偏僻乡的税收总额不足全县地方税收收入的10%。2001年，推广使用《广西地税信息管理系统》应用软件。开展清理漏征漏管户工作，清理漏征漏管户528户，查补税款630.5万元。同时，开展个人所得税专项检查，查补个人所得税16万元。年内共组织收入3937万元，其中个人所得税收入507.1万元，这个曾经被称为“芝麻税”的小税种经过几年征管，跃居成为地方税一个稳定的大税种。2002年3月，县地税局本着降低征收成本，人员便于集

中管理调配的原则，将原来的 1 个分局 12 个税务所撤并为 3 个分局 3 个所。直属征收管理分局负责县城范围内地方税收及教育费附加、文化建设事业费和防洪保安费（随营业税计征，下同）的征收、管理，霞秀税务分局负责龙州镇的利民街、霞秀乡、上龙乡、上降乡、八角乡、上金乡范围内的地方税、教育费附加、文化事业建设费和防洪保安费的征收、管理。水口税务分局负责水口镇和武德乡，下冻税务所负责下冻镇和彬桥乡，金龙税务所负责金龙镇和逐卜乡，响水税务所则负责响水镇。县局设立征收管理股，负责地方税各税种、教育费附加、文化事业建设费、防洪保安费的征收管理业务。县地税局稽查局负责辖区地方税收的税务检查工作。基本实现地方税务工作的“征、管、查”三分离。根据地方税税源少、零星分散等特点，县地税局不断完善协税护税网络，加强与交通运输、房管、公安等部门的联系，委托有关部门代征税款，进行税源控管，防止税款流失。按照国家税务总局提出的“以纳税申报和优化服务为基础，以计算机网络技术为依托，集中征收，重点稽查”税收征管模式。县地税局深化税收征管改革，完善征管措施，探索符合龙州县实际的地方税收征管模式。建立和完善各项税收征管制度，重点完善建筑安装、交通运输等重点行业和重点重点企业以及主要税种的征管办法，加强重点税源的监管力度，对重点税源实行月报制度，完善行业征管措施，餐饮业、娱乐业在原来“两单”控管的基础上增加以票管税新举措，加强纳税人的户籍管理、发票管理、单项税种管理等征管基础工作。是年，探索和改革纳税申报方式，与银行联网，基本实现“银税一体化”纳税申报和解缴税款方式，强化对纳税全过程的监控，共组织税收 3973 万元。2003 年，受“非典”疫情影响，龙州县出现政策性减收因素多、乡镇税源紧缺等情况，县地税局加大重点税源监控力度，强化税源管理；开展纳税服务，以办税服务厅窗口服务为平台，建立税务登记、纳税申报、税款征收、纳税服务为一体，管理与服务并重，用规范、统一、热情、高效的服务改善征纳关系。同时，落实好西部大开发税收优惠政策，减免企业税收共 905 万元，组织税收 3143 万元。2004 年，继续贯彻落实西部大开发、支持下岗职工再就业等税收优惠政策，使减收因素增多，税源紧缩。面对严峻形势，龙州县地方税务局建立重点税源监控体系，将年缴纳地方税 10 万元以上的 28 家企业、投资 500 万元以上工程项目以及缴纳地方税 3 万元以上的个体工商户列为重点税源进行动态监控，建立征管档案资料，按月分析税源增减变化情况，年内 28 家企业入库税收 2158 万元，重点工程项目税收 250 万元，11 家重点个体户税收 44.7 万元，货物运输业税收 138 万元，直接拉动税收的增长，全年组织税收 4009 万元。2005 年，推行税收执法和行政管理过错责任追究制度以及在办税服务厅推行“一站式”服务，调动干部职工工作的积极性和主动性，提高纳税服务和工作效率。推广使用地税信息管理系统、办公自动化公文处理系统、信息稿件无纸化报送系统以及机关档案管理安装自动化管理软件系统等，各项工作基本办公自动化，提高税收征管质量和效率。健全重点税源监控体系，强化重点税源管理，重点税源的营业税、企业所得税、个人所得税三大税种入库 3500 万元，占全年税收收入的 70%，全年组织税收 5067 万元。

表 14-3 1995 年—2005 年龙州县地税收入表

单位：万元

年份 税种	1995	1996	1997	1998	1999	2000	2001	2002	2003	2004	2005	备注
营业税	392	672	750	800	747	720	906	1197	1024	1209	1329	
个人所得税	—	105	205	269	287	343	507	552	467	513	707	1996 年开征
城市维建税	—	108	236	262	411	145	228	292	255	346	396	1996 年开征
车船使用税	7	7	6	6	14	7	5	3	6	41	34	
房产税	49	108	102	153	165	140	165	167	234	204	203	
屠宰税	—	36	51	59	57	55	58	56	15	—	—	2004 年停征
资源税	4	1	4	5	7	22	13	21	14	10	20	
土地使用税	12	12	29	48	46	35	38	42	36	35	38	
印花税	8	6	15	9	11	10	7	14	8	10	64	

续表

年份 税种	1995	1996	1997	1998	1999	2000	2001	2002	2003	2004	2005	备注
企业所得税	770	1049	437	179	117	1061	1901	1418	895	1389	1829	
教育费附加	—	70	159	172	343	110	87	180	158	215	245	
文化建设费	—	—	1	1	1	1	1	2	2	2	1	1997 年开征
防洪保安费	—	—	—	—	40	29	21	27	12	21	21	1999 年开征
土地增值税	—	—	—	—	—	—	—	—	17	4	180	2003 年开征
合　计	1242	2174	1995	1963	2246	2678	3937	3971	3143	4009	5067	

第五节　税务稽查

国税稽查

1994 年底，县国税局设立稽查分局。税务稽查负责举报涉税案件的查处和税务审计及税收专项检查工作；检查户数 65 户，查补税款 80168.25 元，罚款 20036.16 元。1997 年，按专业化管理的要求，推行稽查选案、稽查实施、稽查审理、处理执行四个环节分工负责、相互配合、相互制约的运行机制；检查户数 68 户，查补税款 90247.17 元，罚款 25532.68 元。2002 年，按照新税收征管法及其实施细则的要求，稽查分局更名为稽查局；检查户数 67 户，查补税款 112017.57 元，罚款 30251.39 元。是年起，稽查局加强与公、检、法等司法部门的配合，形成协税护税网络。通过采取税务违法案件举报、公告、协查、处罚等措施，打击税务违法案件。2005 年，稽查业务流程纳入 CTAIS 软件，规范执法行为。检查户数 24 户，查补税款 129185.08 元，罚款 33108.25 元。1994 年—2005 年，共检查纳税户 695 户，累计查补税款 109 万多元，罚款 28 万多元。

表 14-4　　**1995 年—2005 年龙州县国家税务局稽查局稽查统计表**

年度	检查户数(户)	有问题户数(户)	查补税款(元)	罚款(元)	合计(元)
1995	65	10	80168.25	20036.16	100204.41
1996	64	9	74986.36	19308.07	94294.43
1997	68	10	90247.17	25532.68	115779.85
1998	73	11	102512.62	27556.35	130068.97
1999	76	12	110871.24	28365.22	139236.46
2000	74	14	130247.55	29366.60	159614.15
2001	66	11	108977.65	27069.37	136047.02
2002	67	10	112017.57	30251.39	142268.96
2003	58	11	100201.02	20610.40	120811.42
2004	60	17	58161.22	26215.23	84376.45
2005	24	15	129185.08	33108.25	162293.33
合计	695	172	1097575.73	287419.72	1384995.4

地税稽查

1996 年 6 月，龙州县地方税务局成立稽查分局，负责全县地方税收的税务检查工作。1998 年，稽查分局更名为稽查局，除负责全县地方税收的检查工作外，负责重大税收案件和跨行政辖区税收案件的协查以及发票案件的查处。1997 年—2005 年，龙州县地方税务局稽查局共检查纳税户 490 户，查补税款入库 2321 万元，罚款入库 50 万元，有效的打击偷、逃、骗、抗税等税收违法行为。

第十五篇

金　　融

第一章　管　理

1986 年，龙州县共有金融机构 4 家。人民银行龙州县支行履行全县金融监管职责。之后，随着国家金融体制改革不断深化，监管职责不断调整。2005 年，全县共有金融机构 7 家。人民银行龙州县支行行驶执行货币政策、管理人民币流通、经理国库、管理征信业、监管金融机构反洗钱工作等职责。

第一节　机　构

中国人民银行龙州县支行

1986 年 5 月，中国人民银行龙州县支行恢复建立，内设办公室、会计国库股、综合业务股、货币发行股、保卫股 5 个部门，人员编制 12 人，办公地址在龙州镇龙江街 60 号。1991 年，新办公楼建成，办公地址搬迁至龙州镇北门街西巷 2 号。1995 年，为加强对农村信用社的监督管理，国务院决定在中国人民银行内部增设农村合作金融管理机构，专门承担对农村信用社的监管工作。是年，人民银行龙州县支行相应增设农村合作金融监管股，人员编制增至 33 人。2000 年，根据人民银行机构改革部署，龙州县支行撤销发行库，相应撤销货币发行股和保卫股，内设部门有办公室、会计国库股、综合业务股、农村合作金融监管股 4 个部门，人员编制 28 人，办公地址不变。2003 年，国务院进行机构改革，设立银行业监督管理委员会，分离出人民银行监督管理银行、资管管理公司、信托公司等金融机构的职能。龙州县支行相应撤销农村合作金融监管股，内设部门有办公室、会计国库股、综合业务股 3 个部门，人员编制 29 人。2004 年，龙州县支行进行内设部门改革，内设办公室、营业室、货币信贷与统计股 3 个股室，有人员编制 22 人。2005 年，人民银行龙州县支行内设机构设办公室、营业室、货币信贷与统计股 3 个股室，有人员编制 22 人，办公地址在龙州县龙州镇北门街西巷 2 号。

1986 年—2005 年历任行长：石济霄（1986.5—1987.5），麻永雄（1987.12—1990.6），黄辉（1994.1—1997.4），王玉娇（1997.10—1999.9），黎品政（1999.9—2005.12）。

中国工商银行龙州县支行

1986 年，中国工商银行龙州县支行内设人秘股、信贷股、储蓄股 3 个部门，有人员编制 29 名，实有 48 人，办公地址在龙州镇新街 21 号。下设 8 个网点，共有员工 18 人。1995 年，内设办公室、信贷股、储蓄股 3 个部门，有人员编制 32 名，实有 108 人，办公地址在龙州镇龙江街 60 号。下设 8 个网点，共有员工 56 人。2005 年，内设办公室、个金股、信贷股 3 个部门，有人员编制 32 名，实有 32 人，办公地址在龙州镇龙江街 60 号。下设 3 个网点，共有员工 21 人。

1986 年—2005 年历任行长：农文卿（1987.11—1992.10），欧阳庆（1995.4—1998.12），李锦先（1998.12—2002.8），梁文礼（2002.8—2005.12）。

龙州县工商银行职员在为客户服务　（2005 年摄）

中国农业发展银行龙州县支行

1997 年 3 月，中国农业发展银行龙州县支行（简称农发行龙州县支行）成立，内设办公室、计划信贷部和会计出纳部三个部门，正式员工 14 人，承担着龙州、宁明和凭祥三个县（市）的国家规定的农业政策性金融业务，是龙州县唯一家农业政策性金融机构，办公地址在龙州镇城北路 133 号。成立之初，农发行业务以粮食收购、扶贫开发和农业综合开发为主。1998 年，根据国家粮棉流通体制改革的要求，严格执行粮棉购销政策，积极供应粮棉油收购及调销贷款，支持企业收购粮棉。2005 年，继续承担着龙州、宁明和凭祥三个县（市）的国家规定的农业政策性金融业务，并先后增加了农副产品加工贷款、新农村建设中长期贷款和农业农村基础设施中长期贷款等业务。是年，内设办公室、计划信贷部和会计出纳部三个部门，正式员工 15 人，办公地址在龙州镇城北路 133 号。

1997 年—2005 年历任（副）行长：丘普明（1997.3—1997.9），李国恩（1997.9—2000.6），鲍忠荣（2000.6—2005.12）。

中国农业银行龙州县支行

1986 年，中国农业银行龙州县支行内设办公室、信贷科、会计科、出纳科、监察室、稽核部、资金组织科，下设龙北储蓄所，龙州镇、彬桥、下冻、水口、武德（科甲）、金龙、逐卜、响水、上金、八角、霞秀 11 个公社（镇）营业所，在职员工 109 人，办公地址在龙州镇康平街 26 号。2005 年，中国农业银行龙州县支行内设综合管理部、信贷管理部、客户部、资产经营部，下设有康平、兴龙、广场、振龙、城北 5 个营业网点，在职员工 70 人，办公地址在龙州镇康平街 26 号。

1986 年—2005 年历任行长：袁满廉（1986.1—1992.1，第一行长 1992.1—1994.8），玉明威（第二行长 1992.1—1993.3），何建武（1994.8—1997.4），姚荣东（1997.6—2003.1），梁上群（2003.2—2004.4），农天植（2004.5—2005.12）。

龙州县农村信用社联合社

1986 年 3 月 4 日，龙州县农村信用社联合社成立。内设会计股、信贷股、安全稽核保卫股 3 个部门，有人员编制 84 名，实有 84 人，办公地址在龙州镇独山路 172 号。下设 1 个营业部，12 个乡镇信用社，以及兴仁、城北、罗回、武德 4 个不实行独立核算的信用分社，实行县信用联社和乡镇信用社两级法人管理制度。共有股金 10 多万元。2000 年，县信用联社内设办公室、信贷计划部、财会电脑部、监察稽核部、安全保卫部 5 个部门，有人员编制 116 名，实有 116 人。下设独山路营业部，龙州、霞秀、上龙、八角、彬桥、下冻、水口、科甲、金龙、逐卜、响水、上金 12 个乡镇信用社，兴仁、城北、罗回、武德 4 个不实行独立核算的信用分社。2005 年 12 月，县信用联社内设办公室、信贷计划部、财务电脑部、安全保卫部、检查稽核部 5 个部门，有人员编制 104 名，实有 104 人，办公地址在龙州镇独山路 172 号。下设独山路营业部，龙州、霞秀、上龙、八角、彬桥、下冻、水口、科甲、金龙、逐卜、响水、上金 12 个乡镇信用社，兴仁、城北、罗回、武德 4 个不实行独立核算的信用分社，在职员工 119 人，社员 2 万多户，股金 1860 多万元。

1986 年—2005 年历任主任：袁满廉（1986.3—1998.9），周汉生（1998.9—2001.11），黄日初（2001.11—2005.12）。

龙州县信用联社办公大楼 （2005 年摄）

中国人民保险公司龙州县支公司综合办公大楼 （1997 年 5 月摄）

中国人寿保险公司龙州支公司

1996年6月，中保人寿保险有限公司龙州县营业部成立。1999年3月，撤销中保人寿保险有限公司龙州县营业部，成立中国人寿保险公司龙州营业部。2001年，更名为中国人寿保险公司龙州支公司。2003年，更名为中国人寿保险股份有限公司龙州支公司。内设经理部等6个部门，下设5个乡镇保险营销服务所，有保险营业员100多人。

中保财险龙州支公司

1996年6月，中保财产保险有限公司龙州县支公司成立，内设经理室、办公室、财务股、运输工具股、业务股5个部门，实有职工10人，办公地址在龙州镇城北路58号。1999年3月，经国务院批准，中保财产保险有限公司继承中国人民保险公司品牌，恢复使用中国人民保险公司名称，中保财产保险有限公司龙州支公司改称为中国人民保险公司龙州支公司。内设经理室、办公室、财务股、运输工具股、业务股5个部门，实有职工10人，办公地址不变。2003年7月，经国务院同意，中国人民保险公司进行股份制改革，原中国人民保险公司更名中国人保控股公司，并由其发起设立中国人民财产保险股份有限公司、中国人保资产管理有限公司。新设立的中国人民财产保险股份有限公司继承原中国人民保险公司的业务。中国人民保险公司龙州支公司更名为中国人民财产保险股份有限公司龙州支公司。内设经理室、办公室、财务股、运输工具股、业务股5个部门，实有职工15人。办公地址在龙州镇城北路58号。

1986年—2005年历任经理：何英联、康昭玲、崔小龙、陆云标、韦仕洪。

第二节　金融体制改革

1986年，中国人民银行龙州县支行不在兼办工商信贷和储蓄存款业务，专门行使中央银行职能。龙州县形成人民银行与工商银行、农业银行、建设银行、农村信用社等多元银行机构共存的银行体系。

1988年，随着经济体制改革的逐步开展，龙州县城镇集体企业、个体工商户以及城镇居民的金融服务需求日渐活跃。1988年4月，经中国人民银行广西区分行批准，龙州县城市信用合作社成立，并在中国人民银行和工商银行的领导下，办理城市集体企业、个体工商户等的存贷款和结算业务，以及城市个人储蓄存款等金融业务。

1996年，国务院作出《关于农村金融体制改革的决定》。根据“把农村信用社逐步改为由农民入股、由社员民主管理、主要为入股社员服务的合作性金融组织”的指导思想，龙州县农村信用社与中国农业银行脱离行政隶属关系，逐步恢复农村信用社的合作制性质，农业银行龙州县支行开始向国有独资商业银行分支机构转变。与农业银行脱离行政隶属关系后，农村信用社业务管理改由县联社负责，金融监督管理由中国人民银行直接承担。

1997年3月，根据国务院农村金融体制改革领导小组《中国农业发展银行增设分支机构实施方案》，农业发展银行龙州县支行从农业银行龙州县支行分立，并于4月开始正式对外营业办公，负责办理全县粮棉油储备和农副产品收购、储备、加工等政策性金融业务，以及财政支农资金拨付，农业银行龙州县支行剥离政策性业务。

1998年10月，针对城市信用社管理不规范、经营水平低下、不良资产比例高、抗御风险能力差等现实情况，为切实防范和化解金融风险，国务院办公厅转发中国人民银行《整顿城市信用合作社工作方案》。经过清产核资、组织验收、资产接收等整顿程序，龙州县城市信用合作社于1999年退出市场，相关债权债务由工商银行承接。

2003年底，广西银监局龙州办事处成立，负责对全县银行机构的监管工作。人民银行龙州县支行不再分担监管职能，新的职能转变为制定和执行货币政策、维护金融稳定和提供金融服务，同时增加反洗钱和管理信贷征信业两项职能。

2005年3月，根据2004年8月国务院办公厅下发的《关于进一步深化农村信用社改革试点的意见》和自治区深化农村信用社改革试点会议的部署，龙州县农村信用社改革试点工作全面启动。县政府成立“龙州县农村信用社改革领导小组”，按照“明晰产权关系，完善法人治理结构；转换经营机制，健全激励和约束机制；改革管理体制，交由地方政府负责”总体原则，结合龙州县农村信用社实际，开展改革工作：开展全辖信用社清产核资，明晰产权；完成增资扩股计划。按照《龙州县深化农村信用社改革试点宣传工作实施方案》，张贴、发放《募股说明书》，逐村入户进行募股宣传，发动群众入股；落实保值储蓄贴补利息补贴、企业所得税和营业税优惠、资格股分红补贴、中央银行专项票据认购等扶持政策，帮助消化不良资产等历史包袱。至年底，龙州农村信用合作联社共增加股金 1682.84 万元，资本金得到有效充实，产权制度框架初步形成，法人治理结构和内部控制制度进一步完善。

第三节　金融监管

监管职责

1986 年—2005 年，人民银行龙州县支行对辖区金融业的监管职责跟随国家金融体制的改革进程进行调整。1984 年，中国人民银行开始行使中央银行职能，同时行使对包括银行、证券、保险、信托等在内的整个中国金融业的监管职责。1986 年—1991 年，人民银行龙州县支行积极履行对辖区银行、证券、保险、信托等金融机构及其业务的监管职责，包括机构的设立、撤销，业务的开展等事项。1992 年，国务院证券委和中国证监会成立，证券市场的监管职责转到证券委和证监会，人民银行龙州县支行不在行使证券业务的监管职能。1998 年，中国保监会成立，保险市场的监管职责转到保监会，人民银行龙州县支行不在行使保险业务的监管职责。2003 年，中国银监会成立，银行业监管职责转到银监会，人民银行龙州县支行根据《中国人民银行法》及上级行的授权，在辖区行使执行货币政策、管理人民币流通、经理国库、管理征信业、监管金融机构反洗钱工作等职责。

监督检查

1986 年—2005 年，人民银行龙州县支行积极履行金融监管职能，每年按上级行检查工作部署，对辖区金融机构开展监督检查，检查内容包括金融机构无证经营、金融管理法规制度执行情况、内部控制管理、人员配备、安全防卫、资产负债质量、损益情况等方面，发现违规行为立即提出整改意见及时纠正，切实防范金融风险。

信用社管理

1986 年 3 月 4 日，召开龙州县农村信用社第 3 届社员代表大会，宣布成立龙州县农村信用合作社联合社。选举产生县农行行长袁满兼任县信用联社主任，县农行副行长许庆瑞任副主任，分管县信用联社工作。

1998 年 9 月 30 日，召开龙州县农村信用社第 4 届社员代表大会，选举产生县信用社理事会会员 5 人，监事会会员 9 人。会后，经县人行资格审查任命周汉生为县信用联社理事会会长兼主任，黄新、苏必强为理事会副会长兼副主任；选举产生周继宏为县信用联社监事会会长。

2001 年 11 月 23 日，召开龙州县农村信用合作社联合社第 5 届社员代表大会，选举产生县信用联社理事会会员 5 人，监事会会员 7 人。黄日初当选县信用联社理事会会长兼县信用联社主任，黄新、周继宏当选理事会副会长兼副主任；冯荣学当选监事会监事长。

2004 年 9 月 10 日，召开龙州县农村信用合作社联合社第 6 届社员代表大会，选举产生县信用联社理事会会员 7 人，黄日初当选理事会会长兼县信用联社主任，黄新当选理事会副会长兼副主任，周继宏当选副主任；选举产生县信用联社监事会会员 7 人，冯荣学当选监事会会长。

2005 年，龙州县信用联社领导班子在研究工作

第二章　货币管理

第一节　现金管理

1986年，人民银行龙州县支行设立货币发行股，根据职责负债辖区人民币发行、流通、反假货币等的管理工作，设立发行支库，保管人民币发行基金。1987年4月27日，根据人民银行总行的统一部署发行第四套人民币。1999年10月1日起，陆续发行第五套各券别人民币。2000年7月1日，停止第三套人民币流通。2005年8月31日发行了第五套人民币2005年版人民币。

2000年12月，中国人民银行龙州县支行全行干部职工为水口镇中学特困生谭敏、阮小满两位同学捐款400元。图为行领导将捐助款送到两位特困生手中

第二节　反假币工作

1986年以来，人民银行龙州县支行每年不定期组织全县各金融机构开反假货币宣传活动，向广大人民群众宣传人民币公众防伪技术，教授人民辨别真假人民币的方法。同时，协助公安机关打击假币犯罪活动，负债收缴假币，为人民无偿提供假币鉴定服务。

第三章　存　款

1986年—2005年，随着经济的发展和居民收入的增加，龙州县各项存款余额连年增长。1988年龙州县各项存款余额6290万元，到2005年，各项存款余额133742万元，17年间增长了20倍，年均增长率高达19.48%。各项存款中，储蓄存款占比稳居第一，其次为企业存款。

第一节　对公存款

1988年龙州县对公存款余额2305万元，其中企业存款2038万元，机关团体存款192万元，乡镇企业存款75万元。随着改革开放的深入推进，经济逐年不断发展，1993年，全县对公存款余额5510万元，对公存款余额翻了一番。1995年—1997年，龙州县经济进一步发展，虽然东南亚发生了金融危机，但龙州县各企业效益较好，对公存款余额突破2亿元，达10478万元，其中企业存款达9465万元。进入新世纪，龙州县经济继续快速发展，2002年对公存款余额比1997年再翻一番，突破2亿元，达20274万元，企业存款首次突破1亿元，达10452万元。至2005年，对公存款余额达28311万元，其中企业存款余额18261万元，机关团体存款10050万元。

第二节　储蓄存款

1986年—2005年，居民储蓄存款一直是银行存款的主要来源。1988年9月1日，中国人民银行提高储蓄存款利率，活期、半年期、1年期、3年期、5年期的年利率分别为2.88%、6.48%、8.64%、9.72%、10.80%，9月10日国务院决定开办人民币长期保值储蓄存款业务，对居民个人3年期、5年期、8年期的整存整取定期储蓄、华侨定期储蓄、存本取息定期储蓄等在储蓄期满时除按规定利率支付利息外，还要把存款期间物价上涨幅度和利率之间的差数补贴给储户，以保证储户不因物价上涨幅度大而蒙受存款损失，是年全县储蓄存款余额2994万元，占各项存款余额的47.60%。1989年2月1日，中国人民银行再次提高储蓄存款利率，半年期、1年期、3年期、5年期的年利率分别提高到9.00%、11.34%、13.14%、14.94%，是1986年—2005年间利率最高的年份，当年，全储蓄存款余额3792万元，较上年增长26.65%。

20世纪90年代，随着改革开放步伐加快和国民经济持续发展，居民收入得到较快增长，各金融机构把吸收存款当作重中之重的工作来抓，通过宣传、激励业余揽存、提高服务质量、延长服务时间等方式加大储蓄存款揽存力度，1990年—1995年间，龙州县储蓄存款余额年均增长率高达36.96%，1993年储蓄存款余额突破1亿元，1995年储蓄存款余额达31760万元，在各项存款余额中占比高达84.09%。

1996年—2002年，中国人民银行连续8次下调储蓄存款利率。活期、半年期、1年期、3年期、5年期的年利率分别由1993年7月11日的3.15%、9.00%、10.98%、12.24%、13.86%下调到2002年2月21日的0.72%、1.89%、1.98%、2.52%、2.79%。连续降息导致储蓄存款增速下降，但因居民收入随经济发展不断增加，储蓄存款总体保持不断增长。1996年—2005年，储蓄存款年均增速降为7.95%。2005年，储蓄存款余额99909万元，占各项存款余额的74.7%。

表15-1　**1988年—2005年龙州县各行业银行存款统计表**

单位：万元

次序	年份 项目	1988	1989	1990	1991	1992	1993	1994	1995	1996	1997	1998	1999	2000	2001	2002	2003	2004	2005
○	各项存款总额	6290	7926	11018	12718	16168	21806	30096	37767	49162	54069	59556	62439	73163	87808	93566	101710	116711	133742
一	企业存款	2038	2395	2956	2851	3364	4601	6773	4846	7527	9465	8179	8826	12836	8623	10452	11861	13769	18261
1	工业存款	810	643	945	504	664	1956	1628	632	1218	1851	1116	927	—	—	—	—	—	—
2	商业存款	589	851	692	852	650	651	573	222	405	1764	405	888	—	—	—	—	—	—
二	财政存款	122	127	384	461	753	945	1348	208	156	323	134	285	421	2672	776	61	2342	2519
三	机关团体存款	192	422	647	1193	807	865	612	815	1911	1013	2620	2871	3347	12906	9822	11355	9854	10050
四	城镇储蓄存款	2994	3792	5453	6807	9392	12683	18930	31760	39362	43102	47875	49661	55283	62816	71257	76975	89708	99909
1	定期存款	2116	2660	3990	5021	6412	8565	12043	20818	21544	26320	28861	29384	29785	33855	33587	34083	36146	39579
五	农村存款	442	708	965	1041	1563	2236	2430	125	171	166	458	675	573	558	567	505	464	892
1	乡镇企业存款	75	70	51	41	45	44	170	108	114	—	67	155	—	—	—	—	—	—
六	信托存款	226	193	338	29	24	24	3	—	35	—	—	—	12	—	—	—	—	—
七	其他存款	276	289	275	336	265	452	—	13	—	—	290	121	691	227	692	953	574	2111

第四章　贷　款

1988年—2005年，龙州县各银行机构积极吸收各项存款，积极向各类经济主体发放信贷资金，支持辖区经济发展，全县金融机构各项贷款总体上呈稳定增长态势。1988 年，全县各项贷款余额 7326 万元，其中工商企业流动资金贷款 5221 万元，占全部贷款的 71.27%，农业贷款 1687 万元，占全部贷款的 23.03%，固定资产贷款 316 万元，占全部贷款 4.31%。1998 年，人民银行取消对国有商业银行贷款限额控制，实行“计划指导，自求平衡，比例管理，间接调控”的信贷资金管理体制。同时，国有商业银行商业化改革进一步深入，大量县级支行及其网点进行撤并和调整，贷款审批权限被上收。以上因素制约全县贷款规模的增长，1998 年，全县各项贷款余额 39250 万元，同比下降 9.10%。到 2001 年，全县贷款规模继续下降，各项贷款余额 25474 万元，仅相当于 1994 年—1995 年间的水平，2001 年各项贷款余额比上年下降幅度高达 26.77%。2002 年起，各项贷款开始恢复增长，是年，全县各项贷款余额 31257 万元，同比增长 22.70%。2003 年—2005 年，各项贷款继续保持增长态势，2005 年末，各项贷款余额 50206 万元，达历史最高水平，其中工商企业流动资金贷款 35231 万元，占比 70.17%，农业贷款 14975 万元，占比 29.83%。

表 15-2　　**1988 年—2005 年龙州县各行业银行贷款统计表**

单位：万元

次序	年份 项目	1988	1989	1990	1991	1992	1993	1994	1995	1996	1997	1998	1999	2000	2001	2002	2003	2004	2005	合计
○	各项贷款总额	7326	10581	14089	17030	19096	20459	19261	30829	35066	43179	39250	42060	34784	25474	31257	35900	37182	50206	513029
一	流动资金贷款	5221	8021	10642	11653	12492	13037	16369	24238	27966	31128	28232	29708	26841	17315	19503	23817	25579	35231	366993
1	工业贷款	1942	4701	5276	6072	8051	8048	6890	8342	9048	9863	7005	6478	6623	1614	693	4741	2980	8760	107397
①	工业生产企业贷款	1674	4450	4949	5428	7083	7070	5548	7273	7784	—	—	—	—	—	—	—	—	—	51259
②	物资生产企业贷款	159	140	130	260	592	663	—	—	—	—	—	—	—	—	—	—	—	—	1944
2	商业贷款	2974	3041	5147	2091	4219	4724	6491	7539	8065	8032	6800	8051	5894	4353	4502	4388	8442	8618	103371
①	商业贷款	1148	1042	2398	1375	735	669	2997	2920	3141	2816	—	—	—	—	—	—	—	—	17241
②	粮食贷款	792	843	1377	1805	1643	1592	2195	2945	3413	3495	—	—	—	—	—	—	—	—	20100
③	供销合作贷款	913	1007	1140	1355	1419	1438	—	—	—	—	—	—	—	—	—	—	—	—	7272
④	外贸贷款	40	85	170	40	290	702	173	167	167	167	—	—	—	—	—	—	—	—	2001
3	建筑企业贷款	—	20	—	27	65	126	152	140	200	883	958	307	127	—	—	—	—	—	3005
4	私企个体户贷款	31	21	21	20	2	7	112	351	803	745	909	1006	575	418	619	313	40	92	6085
5	乡镇企业贷款	274	238	198	178	155	132	94	165	594	588	2496	2874	903	683	650	543	435	15	11215

续表

次序	年份 项目	1988	1989	1990	1991	1992	1993	1994	1995	1996	1997	1998	1999	2000	2001	2002	2003	2004	2005	合计
二	农业贷款	1687	1835	2800	3674	4680	5532	2462	6203	6423	7972	7509	8289	7943	8159	11754	12083	11603	14975	125583
三	固定资产贷款	316	321	396	1344	1469	1406	—	—	—	—	—	—	—	—	—	—	—	—	5252
四	信托贷款	75	71	57	37	24	24	—	—	38	—	—	—	—	—	—	—	—	—	326
五	其他贷款	27	333	194	322	431	460	430	388	639	4079	3509	4063	—	—	—	—	—	—	14875

表 15-3 **1986 年—2005 年龙州县农村信用联社经营效益统计表**

年份	信用社数（个）	职工人数（人）	股金总额（万元）	各项存款			各项贷款			盈余情况		亏损情况	
				合计（万元）	个人（万元）	单位（万元）	余额（万元）	放款（万元）	收款（万元）	社数（个）	金额（万元）	社数（个）	金额（万元）
1986	13	84	10	1233	1181	52	602	604	470	10	4.8	3	2.3
1987	13	84	10	1187	1129	58	850	954	706	7	9.1	6	3.7
1988	13	84	10	1248	1172	76	863	621	608	13	19.8	0	0
1989	13	88	88	1434	1340	94	923	739	679	7	14	6	13
1990	14	93	185	1930	1803	127	1067	882	739	2	11	12	45
1991	14	103	94	2385	2249	136	144	1477	1103	3	18	11	57
1992	14	100	64	374	3506	235	1740	2010	1710	9	8	5	14
1993	14	112	24	5019	4777	242	2096	2612	2256	10	11	4	21
1994	14	117	26	6829	6622	207	3713	5068	3451	12	15	2	32
1995	14	119	23	7787	7704	83	3814	3002	2901	10	12	4	84
1996	13	121	24	10321	10192	129	4193	3488	3109	4	3	9	218
1997	13	120	25	10051	9832	219	4737	3156	2612	5	3	8	207
1998	13	123	132	11105	10836	269	4811	3057	2983	4	6	9	198
1999	13	117	135	10879	10560	319	5510	3720	3021	0	0	13	308
2000	13	116	134	11982	11549	433	6121	4062	3452	0	0	13	749
2001	13	118	161	12900	12500	400	6205	3504	5424	3	3	10	382
2002	13	116	213	15816	15428	388	10741	8442	3906	9	16	4	101
2003	13	112	256	15432	14698	434	13122	9487	7106	10	65	3	55.9
2004	13	108	269	19554	19028	526	14309	9687	8500	10	95	3	48
2005	13	112	1800	22721	21699	1022	17488	13758	9683	11	117	2	16
合计	266	2059	3683	173254	167805	5449	103049	80330	64419	139	430.7	127	2554.9

第五章　商业保险

1985 年，县人寿保险公司开办学生团体保险业务。1987 年，增加开办简易人身保险、个人养老保险、集体养老保险等险种。1989 年，增加开办用电人身意外伤害保险、计划生育结扎手术保险、人身意外伤害还本保险等 3 个险种。2001 年，增加开办少儿幸福保险、少儿幸福综合保险、99 鸿福保险等 18 个险种。2003 年，由县工行、县建行代理，增加开办国寿鸿泰两全保险（分红型）业务。2004 年，由县农行、县邮政储蓄银行代理，增加开办国泰鸿泰两全保险（分红型）业务。2005 年，年保险费收入 1331.81 万元，年赔款支付 53.44 万元。

第一节　险　种

1985 年，县人寿保险公司开办学生团体保险业务。1987 年，增加开办简易人身保险、个人养老保险、集体养老保险、团体人身保险、团体人身意外伤害保险、学生平安保险、附加意外伤害医疗保险等险种。年保险费收入 245698 元。

1988 年，年保险费收入 351603 元。1989 年，增加开办用电人身意外伤害保险、计划生育结扎手术保险、人身意外伤害还本保险等 3 个险种。年保险费收入 614118 元。1990 年，增加开办福寿安康保险业务。年保险费收入 897273 元。1991 年，年保险费收入 1232067 元。1992 年，年保险费收入 1804253 元。1994 年，年保险费收入 2264541 元。1995 年，年保险费收入 2778546 元。

2001 年，增加开办少儿幸福保险、少儿幸福综合保险、99 鸿福保险、88 鸿利保险、康宁终身保险、康宁定期保险、国寿千喜理财保险、国寿鸿泰两全保险、国寿鸿寿两全保险（分红型）、国寿鸿寿年金保险（分红型）等 18 个险种。年保险费收入 786.91 万元。2002 年，年保险费收入 1326.19 万元。2003 年，由县工行、县建行代理，增加开办国寿鸿泰两全保险（分红型）业务。年保险费收入 1405.71 万元。2004 年，由县农行、县邮政储蓄银行代理，增加开办国泰鸿泰两全保险（分红型）业务。年保险费收入 1455.42 万元。2005 年，年保险费收入 1331.81 万元。

第二节　理　赔

1987 年，县人寿保险公司年赔款支付 2946 元。1988 年，年赔款支付 43505 元。1989 年，年赔款支付 77689 元。1990 年，年赔款支付 109610 元。1991 年，年赔款支付 158817 元。1992 年，年赔款支付 821237 元。1994 年，年赔款支付 519622 元。1995 年，年赔款支付 418132 元。2001 年，年赔款支付 74.76 万元。2002 年，年赔款支付 63.44 万元。2003 年，年赔款支付 49.57 万元。2004 年，年赔款支付 53.77 万元。2005 年，年赔款支付 53.44 万元。

第十六篇

综合经济管理

第一章　计　划

20 世纪 80 年代，国家计划工作贯彻实行计划经济为主、市场调节为辅的方针，但指令性计划比重缩小，指导性计划和市场调节范围扩大。20 世纪 90 年代上半期，进入计划经济与市场调节相结合的“双轨制”时期，钢材、石油等计划分配物资也逐年减少。1990 年，取消水泥、木材等计划分配。1995 年，龙州县计划委员会不再进行物资计划分配。1997 年，随着社会主义市场经济的建立，计划管理进入市场调节为主，计划调节为辅时期，计划管理的职能也由微观经济管理转向宏观经济管理，主要是加强对经济运行的监测、分析、编制全县国民经济和社会发展年度计划及中长期规划等，仅保留对固定资产投资项目的审批。同时取消“农转非”许可证管理。2004 年，贯彻执行《国务院关于投资体制改革的决定》，除政府投资项目实行审批制外，对于企业不使用政府投资的建设项目一律不再实行审批制，区别不同情况实行核准制和备案制。

第一节　机　构

1986 年，龙州县计划委员会内设秘书科、计划科 2 个部门，有人员编制 7 名，实有 7 人，办公地址在龙州镇康平街 28 号县人民政府大院内。归口管理统计局、审计局、物价局、物资局、外经委、外贸局、龙州水厂 7 个单位。1992 年，成立龙州县基本建设项目办公室，隶属县计委管理。1997 年，龙州县计划委员会更名为龙州县计划局，有人员编制 9 名，实有 9 人。下设龙州县物价局、龙州县基本建设项目办公室 2 个单位。2002 年，县物价局并入县计划局，保留物价局的牌子。是年，县计划局更名为龙州县发展计划局。2004 年，县发展计划局更名为龙州县发展和改革局，将县发展计划局的农产品进出口计划的组织实施职责，划归县经济贸易局；将县经济贸易局的工业产业政策组织实施、技术改造投资管理、推动技术进步、重要工业品和原材料进出口计划编制职责、县人事劳动和社会保障局的分配、社会保障政策研究和体制改革职能划入县发展和改革局管理；增加研究全县经济体制改革和对外开放的重大问题，组织拟定全县综合性经济体制改革方案，指导和推进全县经济体制改革的职能，属正科级行政单位。内设办公室、综合经济和固定资产投资股、项目规划股、综合发展股、物价管理股、收费管理股等 6 个部门，有人员编制 19 名（其中行政人员编制 12 人，含县物价局 4 名；机关事业编制 7 人，含物价局 6 名、县国防动员委员会国民经济动员办公室 1 名），实有 19 人，其中局长 1 人、副局长 4 人（1 名副局长兼县物价局局长）、机关后勤服务人员事业编制 3 人（含物价局 1 名），办公地址在龙州镇康平街 28 号县人民政府大院内。2005 年，县发展和改革局编制数、实有人数、办公地址均不变。

1986 年—2005 年历任主任（局长）：吴善微（1986.1—1990.10），黎国邦（1990.10—1992.7）杜日辉（1992.7—2002.1），黎龙波（2002.1—2004.4），周兰（2004.4—2005.12）。

第二节　计划管理体制改革

管理指标

1986 年—1990 年，随着经济体制改革的深入，龙州县计划工作趋向放开搞活微观，减少指令性计划指标，下放管理权限。县发展和改革局考核的经济指标，由 1985 年的 340 多个削减到 1990 年的 120 个。为适应宏观计划管理的需要，从 1990 年起，增加社会总产值、国民生产总值、国民收入、银行各项存款余额等 12 个指标。从 1995 年起，增加经济效益指标和全日制学校招生计划、文化卫生事业计划等管理指标。

基本建设项目

1990 年前，全民所有制单位的基本建设项目，均需县计划委员会立项审批和下达计划。1990 年起，投资在 2 万元以下的非生产性项目可由建设主管单位审批。1996 年，放宽到 5 万元以下。2002 年起，凡不需财政资金、属国家鼓励投资的且在县审批权限内的建设项目，不再审批，备案即可。

“农转非”办理

1990 年—1996 年，由县计委管理下达“农转非”许可指标业务，县公安局户籍科办理“农转非”具体入户业务。1997 年始，县计委不再下达“农转非”指标，由县公安局直接办理“农转非”业务工作。

第三节　计划编制

计划范围

龙州县编制的经济社会发展计划，分为短期计划、中期计划、长期计划。1985 年前，编制全县经济计划，指标只有工农业总产值两大类。随着经济体制改革的深入，特别是市场经济体制的逐步形成和建立，考核全县经济、社会发展的指标不断变化。1990 年，为适应宏观经济计划管理的需要，增加社会总产值、国民总收入、银行各项存贷款余额等指标。1995 年，取消社会总产值和国民总收入 2 个指标。2002 年—2005 年，全县经济、社会发展计划主要指标有 38 个：

国内生产总值，第一产业增加值，第二产业增加值，第三产业增加值。

农业总产值，粮食、油料作物播种面积及总产量，水果种植面积及总产量，大牲畜饲养头数，肉类总产量，水产品总产量，人工造林面积。

全部工业总产值，规模以上工业总产值。乡镇企业营业总收入，乡镇企业工业总产值。

财政和信贷，财政预算内总收入，地方财政收入，财政预算内支出，银行各项存款余额，居民储蓄余额，银行各项贷款余额。

社会消费品零售总额，旅游总收入，旅游总人数，入境游客人数，留宿入境游客人数，旅游商品性收入，旅游劳务性收入。

实际利用外资，年末人口控制数，人口自然增长率，小学入学人数，初中入学人数，普高招生数，职高招生数，环境质量指标。

年度计划编制

龙州县编制年度计划，是在上年度的 10 月开始调查摸底收集资料，预测分析情况，采取自下而上、自上而下相结合的方法，编出全县下年度国民经济和社会发展计划草案。计划草案经县人民代表大会审议通过后，由县政府下达全县实施。在实施过程中县发展和改革局负责检查计划执行情况，总结经验，找出差距，分析原因，提出努力方向，报县委、县政府和上级主管部门作出进一步指导计划执行的决策。年度计划每年都编制，每个年度计划都有指导思想和计划指标两大部分。

五年计划编制

1986 年—2005 年，龙州县共编制 4 个五年计划，即新中国成立以来的第 7 个至第 10 个五年计划。“七五”计划时间是 1986 年—1990 年，1985 年编制，1986 年 5 月召开的县第八届人大第三次会议审议通过并批准实施。“八五”计划时间是 1991 年—1995 年，1990 年编制，1991 年 4 月召开的县第十届人大第二次会议审议通过并批准实施。“九五”计划时间是 1996 年—2000 年，1995 年 3 月编制，1996 年 1 月召开的县第十一届人大第五次会议审议通过并批准实施。“十五”计划时间是 2001 年—2005 年，2000 年 7 月编制，2001 年 3 月召开的县第十三届人大第三次会议审议通过并批准实施。

第四节　项目管理

1986 年—2005 年，龙州县对项目的管理，按照县政府和上级发改部门的有关规定进行。在建设领域，对固定资产投资的项目审批，规定投资总额必须在南宁地区计委和崇左市发改委核准的投资额度内。为控制固定资产投资规模，引导自筹资金的投向，规定当年使用的自筹资金必须按照“先存后批，先批后用”的原则，县发展和改革局凭资金落实情况审批项目。凡是全民所有制的基本建设项目，均须县发展和改革局审批立项。

建设项目管理

1986年，自治区政府出台《广西壮族自治区建设工程施工招标投标实施办法》，规定在地区范围各县内投资额50万元以上的工程需报地区招标站审查。

1998年，国家招投标法正式出台后，龙州县招投标管理站和招投标事务所成立，负责各项目的招投标工作。规定凡房屋建筑面积800平方米以上，土木建筑工程总造价35万元以上，设备安装工程30万元以上，装饰装修和土石方工程20万元以上的建设项目，均要通过招投标选定施工队伍。1990年，县计划委员会开始下放固定资产投资项目审批权限，凡投资在20万元以下（1996年放宽至5万元以下）的非生产性项目由建设主管单位审批，报县计划委员会备案。1999年，县政府对全县基本建设项目的管理作出规定：未经县发改局批准立项的项目，规划部门不能给予定点，土地部门不能办理土地征拨和使用手续，设计部门不能进行设计；项目前期工作完成后，由建设单位将项目材料向计划部门申报基建项目计划，未申报基建计划，不准进行工程招投标及签发施工许可证。2000年，国家为扩大内需，刺激经济增长，采取积极的财政政策，加大固定资产投资建设力度，暂停投资方向调节税，并取消投资许可证制度。2004年，根据《崇左市基本建设投资项目登记备案制度》，县政府对部分项目取消审批制度，对不需要中央政府、自治区政府、市政府及县政府投资，符合国家鼓励发展的产业，符合县发展规划及专项规划，在县政府审批权限内的利用自有资金的基本建设项目实行登记备案制。简化项目审批程序，缩小行政审批的范围。是年，根据国家重点建设项目有关规定，崇左市出台《崇左市城市建设重点项目管理办法》，明确规定重点项目必须执行国家基本建设程序，全面实行招标投标制度。2004年—2005年，龙州县建设项目管理全面实行招标投标制度。

第五节　项目引进

1986年后，龙州县人民政府加大招商引资力度，利用具有南疆边陲特色的边关风情、民族风情、生态景观、历史人文等特色产业，鼓励海内外客商到龙州投资，开发龙州资源。1993年，编写《龙州县经济技术合作项目》共12个项目，参与“三月三”南宁地区中越边境商品交易展销会。1995年，参加澳门招商会。1998年，筛选龙州二桥等21个招商项目，参加自治区内外各种招商活动。2001年，编制完成《龙州县建设项目清单》，从中筛选10个重点项目参与广东招商引资活动。2002年，组织人员起草《龙州县人民政府关于鼓励客商投资办企业优惠政策》，编制《广西龙州县招商投资指南》，先后在南宁地区项目香港推介会、桂林农副产品展销会、南宁民歌节招商会及南地一系列招商会上宣传龙州，向客商推荐招商项目。2003年，与外商投资者签约的重点项目共3个，即总投资1250万元的龙州县铁合金厂扩建工程、总投资2.02亿元的龙州县水利枢纽工程、总投资600万元的龙州县剑麻废水造素项目。2004年，与外商投资者签约重点项目10个，即总投资2.2亿元的龙州县梯级电站、总投资8000万元的龙州县弄岗国家级自然保护区生态旅游开发项目、总投资2亿元的龙州县水口国际商贸城建设项目、总投资2亿元的龙州县龙鑫商住城项目、总投资3500万元的龙州县下冻那花边贸城、总投资2600万元的龙州县小连城景区开发项目、总投资1800万元的龙州县龙都商业大厦项目、总投资1000万元的七里滩铁合金冶炼厂、总投资3000万元的龙州县汽车服务中心、总投资1240万元的电石厂生产线技改项目。2005年，引进龙嘉商贸大厦、乌龙茶种植加工、矿产品加工等7个项目，总投资2.9亿元。

自治区计委援建的金龙中学学生宿舍楼（2000年摄）

第六节　项目资金

1986年—2005年，下达龙州县投资计划483项，总投资272711.16万元，资金主要来源为国家补助、银行贷款、中央非经营性资金等。其中：农业基础设施187项，总投资76068.06万元；文教卫生87项，总投资13380.93万元；市政建设64项，总投资24875.83万元；交通建设102项，总投资129459.95万元；工业项目10项，总投资23475万元；公检法建设项目16项，总投资1016.91万元；边防基础设施建设项目8项，总投资803.5万元；易地扶贫搬迁工程安置点9项，总投资3630.99万元。

1986年—2005年，龙州县共立项545个项目，总投资169322.88万元。

1986年自治区出台了《广西壮族自治区建设工程施工招标投标实施办法》，规定在地区范围各县内投资额50万元以上的工程需报地区招标站审查。1990年，县计委开始下放固定资产投资项目审批权限，凡投资在2万元以下(1996年放宽至5万元以下)的非生产性项目由建设主管单位审批，报计划局备案。1998年国家招投标法正式出台后，成立了招投标管理站和招投标事务所，负责各项目的招投标工作。规定凡房屋建筑面积达800平方米以上，土木建筑工程总造价35万元以上，设备安装工程在30万元以上，装饰装修和土石方工程20万元以上的建设项目，均要通过招投标选定施工队伍。1999年，县人民政府对全县基本建设项目的管理作出规定：未经计划部门批准立项的项目，规划部门不能给予定点，土地部门不能办理土地征拨和使用手续，设计部门不能进行设计；项目前期工作完成后，由建设单位将项目材料向计划部门申报基建项目计划，未申报基建计划，不准进行工程招投标及签发施工许可证。2000年，国家为扩大内需，刺激经济增长，采取积极的财政政策，加大固定资产投资建设力度，暂停投资方向调节税，并取消了投资许可证制度。

2002年，根据《南宁地区基本建设投资项目登记备案制度》，县人民政府对部分项目取消了审批制度，对不需要中央政府、自治区政府、市政府及县政府投资，符合国家鼓励发展的产业，符合县发展规划及专项规划，在县人民政府审批权限内的利用自有资金的基本建设项目实行登记备案制。进一步简化项目审批程序，缩小行政审批的范围。2004年，根据国家重点建设项目有关规定，崇左市出台了《崇左市城市建设重点项目管理办法》，明确规定了重点项目必须严格执行国家基本建设程序，全面实行招标投标制度。

表16-1　　1986年—2005年项目投资一览表(发改部门下达的计划)

单位：万元

年份	序号	项目名称	主要建设内容	建设性质	总投资	资金来源
一、农业基础设施						
1994	1	洞桂水利干渠修复工程	修复渠道塌方2624平方米	维修	5	国家专项拨款
1995	2	边境广播电视基建工程	科甲口岸建小功率卫星收转站	新建	4	国家补助
1996	3	龙州糖厂2万亩甘蔗基地	2万亩甘蔗基地	新建	1980	贷款
1996	4	龙州县水口镇洞桂水管站	业务用房	新建	10	国家专项
1996	5	龙州县武德排宗村人畜饮水工程	抽水设备、引水管路、水池	新建	5	国家专项
1996	6	龙州县区域病虫测报站	病虫测报站业务用房600平方米及仪器设备购置	新建	18	中央基金拨款
					18	自治区财政拨款
1996	7	金龙镇武联村人饮工程	抽水设备、引水管路、水池	新建	5	以工代赈

续表

年份	序号	项目名称	主要建设内容	建设性质	总投资	资金来源
1996	8	金龙镇双蒙村三屯人饮工程	抽水设备、引水管路、水池	新建	5	以工代赈
1996	9	金龙百它水库坝首修复工程	坝首修复	维修	5	自治区财政拨款
1996	10	金龙镇横罗村输电线路	线路施工		10	国家专项
1996	11	彬桥乡那旦、楠龙、渠湾饮水工程	抽水设备、引水管路、水池	新建	8	以工代赈
1996	12	彬桥乡上红饮水工程	抽水设备、引水管路、水池	新建	2	以工代赈
1996	13	八角乡板靠饮水工程	抽水设备、引水管路、水池	新建	6	以工代赈
1996	14	霞秀乡下秀村饮水工程	抽水设备、引水管路、水池	新建	18	以工代赈
1996	15	逐卜乡府至牌宗输电线路	总标段 13 千米	新建	22	以工代赈
1996	16	金龙板烟至陇底输电线路	总标段 6 千米	新建	17	以工代赈
1996	17	龙州至水口光缆	2 个乡 384 门 60 路	新建	40	以工代赈
1997	18	上龙乡板卜人饮工程	引水管路	续建	38	以工代赈
1997	19	武德乡精威村人饮工程	抽水设备、引水管路、水池	新建	5	以工代赈
1997	20	霞秀乡甲漏人饮工程	抽水设备、引水管路、水池	新建	15	以工代赈
1997	21	近梅村陇梅屯输电线路	电线、电杆、变压器	新建	5	以工代赈
1997	22	金龙镇陇盟人饮工程	蓄水池 60 立方米	新建	5	以工代赈
1997	23	彬桥乡水利维修工程	维修、补漏	维修	10	国家专项
1997	24	良种蔗基地节水灌溉工程	1000 亩	新建	20	以工代赈
1997	25	金龙至逐卜光缆	40 千米	新建	40	国家专项
1997	26	彬桥乡农技推广站	重建技术推广用房 250 平方米	新建	2.5	自治区非经营资金
1997	27	霞秀乡农技推广站	重建技术推广用房 250 平方米	新建	2.5	自治区非经营资金
1997	28	霞秀糖厂 2 万亩甘蔗基地建设工程项目	新种 2 万亩良种甘蔗	新建	1986	银行贷款
1997	29	龙州县 2100 亩龙眼基地建设工程项目	种植 2100 亩良种龙眼	新建	650	国家扶贫专项资金
1997	30	龙州县 1000 箱网箱养鱼项目	1000 个网箱	新建	971	国家扶贫专项资金
1997	31	龙州县治旱工程捆绑项目	767 处	新建	12907	国家专项资金
1998	32	龙州县第二糖厂 3 万亩甘蔗低改高项目	改造低产蔗田 3 万亩，年增产甘蔗 7.8 万吨	新建	2355	银行贷款
1998	33	龙州县 110KV 送变电站建设项目工程	变电站一座，输电线路 57 千米	新建	1986	银行贷款
1998	34	龙州县甘蔗良种基地	200 亩种苗及道路	新建	20	国家专项
1998	35	霞秀河屯、那竜、板门、榄角屯	打井 4 口，抽水设备及管路	续建	40	自治区非经营资金

续表

年份	序号	项目名称	主要建设内容	建设性质	总投资	资金来源
1998	36	上龙乡延弄、江那、大陇屯	打井3口，抽水设备及管路	续建	30	自治区非经营资金
1998	37	上降乡那弄、那菏屯	打井2口，抽水设备及管路	续建	20	自治区非经营资金
1998	38	上金乡陇那、根村屯	打井2口，抽水设备及管路	续建	20	自治区非经营资金
1998	39	下冻镇江港、那刊屯	打井2口，抽水设备及管路	续建	20	自治区非经营资金
1998	40	水口镇岜弄屯	打井1口，抽水设备及管路	续建	10	自治区非经营资金
1998	41	彬桥乡板潭、陇攻屯	打井2口，抽水设备及管路	续建	20	自治区非经营资金
1998	42	村级通信工程	架120杆程千米线路，覆盖25个村	新建	50	以工代赈资金
1999	43	七里滩水利工程	新增农田有效灌溉面积4500亩	新建	10	以工代赈资金
1999	44	上降乡印山屯人饮工程	印山引水	续建	5	国家专项资金
1999	45	逐卜乡那劳屯人饮工程	那劳提水	续建	3	国家专项资金
1999	46	金龙镇民建村弄匡屯人饮工程	弄匡提水	续建	3	国家专项资金
1999	47	响水镇退耕还林项目	新建2000亩植树造林(响水镇)	新建	60	国债
1999	48	左江电站库区项目	新建1000植树造林(上金乡、响水镇、八角乡)	新建	32	国债
1999	49	龙州县无电村通电建设项目	19个无电村通电工程	新建	600.9	扶贫贷款
1999	50	龙州县110千伏项目	110千伏输变电工程，1×31.5兆伏安，线路57千米	新建	3200	中央预算内专项资金640万元
						农行贷款2560万元
1999	51	龙州县110千伏项目	10千伏/22千米，低压/45千米，换高耗变24台/2.3兆伏安，建成完成台区40个	改扩建	60	地方预算内专项资金
					240	农行贷款
1999	52	龙州县响水镇农技推广站	新建或重建农业技术推广用房250平方米	重建	2.5	自治区非经营性资金
					2.5	自治区财政支农专项拨款
1999	53	龙州县上金乡农技推广站	新建或重建农业技术推广用房250平方米	新建	2.5	自治区非经营性资金
					2.5	自治区财政支农专项拨款
1999	54	龙州县牲畜五号病边境监测项目	建动物疫病监测站实验室及消毒站等土建面积200平方米，购置通讯、冷链、消毒设备等	扩建	12.5	中央非经营资金
					4	自治区非经营资金

续表

年份	序号	项目名称	主要建设内容	建设性质	总投资	资金来源
1999	55	水口镇牲畜五号病边境监测项目	建动物疫病监测站实验室及消毒站等土建面积201平方米，购置通讯、冷链、消毒设备等	扩建	4	中央非经营资金
					3	自治区非经营资金
1999	56	逐卜乡农技推广站	新建或重建农业技术推广用房250平方米	新建	2.5	自治区非经营资金
					2.5	自治区财政支农专项拨款
2000	57	霞秀乡农技推广站搬迁工程	搬迁新建综合楼270平方米	新建	10	上级拨款
2000	58	龙州县武德乡农技推广站	新建或重建农业技术推广用房250平方米	新建	5	自治区非经营资金、区财政支农专项
2000	59	龙州县村村通广播电视工程	边境20千米以内512个自然屯电视、广播设施	新建	603	专项资金
2000	60	水口罗回、板旺人饮工程	抽水设备、输水管、水池	新建	7.2	以工代赈
2000	61	水口那汉、板旺输电线路	输电线路施工	新建	9.8	以工代赈
2000	62	上降乡板荞饮水工程	新建引水工程1处	新建	7.55	以工代赈
2000	63	上降乡坡斗饮水工程	新建引水工程1处	新建	3.07	以工代赈
2000	64	上降乡岜望饮水工程	新建提水工程1处	新建	3.51	以工代赈
2000	65	响水镇陇彭饮水工程	新建接自来水工程1处	新建	3.32	以工代赈
2000	66	上龙乡陇孟饮水工程	新建提水工程1处	新建	5.72	以工代赈
2000	67	逐卜乡陇沙饮水工程	新建提水工程1处	新建	3.39	以工代赈
2000	68	逐卜乡甫夏饮水工程	新建提水工程1处	新建	3.12	以工代赈
2000	69	逐卜乡谷布饮水工程	新建提水工程1处	新建	2.47	以工代赈
2000	70	八角乡下育饮水工程	新建引水工程1处	新建	15.55	以工代赈
2000	71	乡镇供水工程	24008吨/日	新建	2400	专项资金
			3000吨/日	扩建	43	专项资金
2000	72	村屯人畜饮水工程	蓄水池251个，1.5万立方米，管路326千米	新建	1340.4	专项资金
2000	73	屯屯通电工程	10千伏配电线路400.6千米，配电变压器233台/7240千伏安	新建	2334.4	专项资金
2000	74	村村通电话工程	69个村级通信电缆及设备	新建	1100.5	专项资金
2000	75	茅草房改造工程	13个乡镇2630间131500平方米	改造	1254.4	专项资金
2000	76	龙州县农村电网建设与改造项目	35千伏变电站、配电区等	改扩建	661.4	中央预算内专项资金
					300	地方预算内专项资金
					3845.6	贷款
2000	77	龙州县糖料蔗生产基地	逐卜弄岗甘蔗高产示范1000亩，甘蔗良繁基地800亩，农业推广中心用房	新建	82	国家计委
					18.25	自治区非经营基金
					100.25	自筹

续表

年份	序号	项目名称	主要建设内容	建设性质	总投资	资金来源
2000	78	2000 年边境建设大会战项目	新建村级道路 173.6 千米	新建	377.2	自治区补助
2000	79	2000 年边境建设大会战项目	新建普通高中 2400 平方米，乡镇初中 8265 平方米，乡镇中心校 2180 平方米，村级完小 8125 平方米，茅草房改造 1100 座	新建	704.57	自治区补助
					336.95	自筹
					64	地方配套
2001	80	村村通电工程	55 个村屯，10 千伏 85.2 千米，0.4 千伏及以下 35.1 千米，新装变压器 55 台 1580 千伏安	新建	386.1	自治区专项补助资金
2001	81	乡镇农贸市场	新建 6 个农贸市场 4400 平方米，改建 7 个农贸市场 9300 平方米	新建、改建	222.5	专项补助资金
2001	82	龙州县人畜饮水工程	4 个点打井、水池、管道	新建	115	中央国债
2001	83	金龙水库灌区金龙—武联渠道修复	修复水毁渠道 2500 米	改建	15	中央国债
2001	84	下冻春秀灌区渠道修复	修复水毁渠道 860 米	维修	10	中央国债
2001	85	龙州县地头水柜项目	1000 个	新建	90	中央国债
2001	86	龙州水口界河整治工程项目	河堤建设	新建	820	上级拨款
2001	87	2001 年边境建设大会战项目	村村通电工程 6 个，村村能通电话 2 个，普通高中 1 个项目 2900 平方米，乡镇初中 9 个项目 10170 平方米，乡镇中心校 7 个项目 2845 平方米，村级小学 57 个项目 13560 平方米，乡镇供水 6 个项目，人畜饮水 9 个项目	新建	765.325	自治区补助资金
					1347.04	自筹
					308	地方配套
2001	88	2001 年边境建设大会战项目	村级小学共 2 个项目 1800 平方米	新建	51.24	自筹
					20	地方配套
					19	自治区补助资金
2001	89	村委会办公用房	共 4 个 320 平方米	扩建	12.8	自治区专项补助资金
2001	90	村委会办公用房	55 个 4400 平方米	新建	187.82	自治区补助资金
			42 个 591 平方米	改建		自治区补助资金
2002	91	农网改造工程	10 千伏线路 114 千米，低压 48 千米，建改完成台区 205 个	改扩建	310.8	中央预算内专项资金
					1243.2	农行贷款
2002	92	龙州县第二期农村电网建设与改造工程项目	35 千伏变电站、配电区等	新建	18081	中央预算内资金
2002	93	龙州县金龙水库	主坝、溢洪道加固，副坝修整，防水设施改建	改建	950	中央预算内专项资金
					481	地方配套

续表

年份	序号	项目名称	主要建设内容	建设性质	总投资	资金来源
2002	94	水口镇人饮工程	机房1间，管路7.91千米线路0.1千米	新建	22	中央预算内专项资金
					12	地方配套
2002	95	八角乡人饮工程	水池100立方米，管路2.2千米，线路0.1千米	新建	24	中央预算内专项资金
					15	地方配套
2003	96	龙州县县城电网改造项目	电网改造	改建	1778	地方预算内专项资金
2003	97	金龙水库除险加固工程	主坝、溢洪道加固	续建	1431	中央预算内资金
2004	98	龙州县“村村通”工程	210个村屯	新建	200	国家补助
					121.8	自治区补助
					40.99	地方配套
二、文教卫生						
1993	1	龙州县民族医院综合业务楼扩建工程项目	综合业务楼1400平方米	扩建	40	国家专项资金
1993	2	龙州县水口镇中学教学楼扩建工程项目	扩建教学楼1081平方米	扩建	35	国家专项资金
1993	3	龙州县武德乡科甲小学教学楼扩建工程项目	扩建教学楼1081平方米	扩建	35	国家专项资金
1993	4	龙州县下冻乡驮江小学教学楼扩建工程项目	扩建教学楼1081平方米	扩建	35	国家专项资金
1994	5	龙州县计生站工程项目	业务用房	新建	4	国家补助
1994	6	龙州县水口镇卫生院门诊部扩建工程项目	扩建门诊部500平方米	扩建	18	国家专项资金
1994	7	龙州县彬桥乡安镇小学教学楼建设工程项目	新建教学楼600平方米	新建	20	国家专项资金
1994	8	龙州县新华幼儿园教学楼扩建工程项目	扩建教学楼500平方米	扩建	18	国家专项资金
1995	9	龙州县人民医院医技楼扩建工程项目	扩建医技楼1700平方米	扩建	180	国家专项资金
1995	10	龙州县武德乡新权小学教学楼扩建项目	扩建教学楼	扩建	27	国家专项资金
1995	11	龙州县金龙镇文化站活动房扩建项目	扩建活动房200平方米	扩建	10	国家专项资金
1995	12	龙州县霞秀乡卫生院卫生用房建设项目	建筑面积500平方米	扩建	15	国家专项资金
1996	13	龙州县金龙镇敢赛小学	教学楼600平方米及附属设施	新建	25	国家专项扶贫资金
1996	14	龙州县上金乡联甲小学	教学楼600平方米及附属设施	新建	25	国家专项扶贫资金

续表

年份	序号	项目名称	主要建设内容	建设性质	总投资	资金来源
1996	15	龙州县人民医院	业务用房及附属设施	新建	20	国家专项
1996	16	龙州县皮防站	业务用房及附属设施	改建	9	国家专项
1996	17	龙州县彬桥乡文化站	业务用房建设	新建	5	国家专项
1996	18	龙州县彬桥乡中学	实验楼建设补助	新建	15	自治区财政拨款
1996	19	龙州县百那小学	教室建设补助	新建	5	自治区财政拨款
1997	20	龙州县上龙乡初中	新建教室900平方米	新建	97	非经营资金
1997	21	龙州县保育院教学楼	教学楼600平方米	新建	15	国家专项
1997	22	龙州县麻风医院病房楼	病房楼500平方米	新建	15	国家专项
1997	23	龙州县上龙乡民强小学	教学楼600平方米	新建	25	国家专项
1997	24	龙州县八角乡菊埂小学	教学楼600平方米	新建	22	国家专项
1997	25	龙州县八角乡中学	改造学生食堂400平方米	改建	7	国家专项
1997	26	龙州县水口镇文化站	业务用房建设	新建	10	国家专项
1998	27	龙州县防疫站	业务用房建设1000平方米	新建	15	国家专项补助
1998	28	龙州县水口镇埂宜小学	新建教学楼560平方米	新建	10	国家专项补助
1998	29	龙州县金龙镇光满小学	新建教学楼600平方米	新建	25	国家专项
1998	30	龙州县逐卜乡逐卜小学	新建教学楼400平方米	新建	8	国家专项
1998	31	龙州县下冻镇图书馆	阅览室450平方米土建	新建	8	国家专项
1999	32	龙州县金龙镇卫生院	留医病房600平方米	改建	15	国家边境专项补助
1999	33	龙州县武德乡精威小学	校舍维修300平方米	重建	10	国家边境专项补助
1999	34	龙州县金龙镇花都小学	教学楼500平方米	新建	22	国家边境专项补助
1999	35	龙州县水口镇合平小学	教学楼500平方米	新建	22	国家边境专项补助
1999	36	龙州县八角乡四平中心校	建校舍684平方米	新建	18	自治区非经营性资金
1999	37	龙州县上龙乡卫生院	门诊500平方米建成	新建	19	自治区非经营性资金
1999	38	龙州县彬桥中学	学生宿舍935平方米	新建	10	中央补助
1999	39	龙州县金龙镇中心小学	教学楼500平方米	新建	10	中央补助
1999	40	龙州县金龙镇光满小学教学楼建设工程	教学楼一栋600平方米	新建	23	国家专项拨款
2000	41	龙州县人民医院	医院门诊病房楼5149平方米	扩建	110	国家专项补助
					60	自治区非经营资金
2000	42	龙州县彬桥乡安民小学	教学楼500平方米	新建	22	国家专项补助

续表

年份	序号	项目名称	主要建设内容	建设性质	总投资	资金来源
2000	43	龙州县计生站	业务用房500平方米建设一次性补助	扩建	7	国家专项补助
2000	44	龙州县乡镇文化站工程	13个乡镇文化站，4800平方米	新建	236.5	专项资金
2000	45	龙州县乡镇卫生院配套工程	13个乡镇卫生院基建及设备	新建	2227	专项资金
				扩建		配套资金
2000	46	龙州县村村卫生室建设工程	120个村卫生室基建及设备	新建	291	专项资金
2000	47	龙州县村村一所计生服务室	126个村计生服务室	新建	703	专项资金
2000	48	龙州县完全中学达标工程	龙州县中学基建、道路、绿化	扩建	700	专项资金
2000	49	龙州县乡镇初中达标工程	13个乡、镇中学扩建工程	扩建	1820	专项资金
2000	50	龙州县乡镇寄宿制中心小学	龙州县中心小学寄宿工程	扩建	650	专项资金
2000	51	龙州县村级寄宿制小学工程	60个村级小学基建改行工程	扩建	1800	专项资金
2001	52	龙州县乡镇中学	综合教学楼1600平方米，学生宿舍1200平方米，厕所100平方米，食堂200平方米	扩建	139.5	自治区专项补助资金
2001	53	龙州县村级小学	教学楼1650平方米，厕所150平方米，食堂300平方米	扩建	94.5	自治区专项补助资金
2001	54	龙州县龙州中学	中学扩建工程	扩建	50	自治区专项补助资金
2001	55	龙州县龙州中学	中学扩建工程	扩建	102	专项资金
2001	56	龙州县乡镇中学	乡镇中学扩建工程	扩建	193.1	专项资金
2001	57	龙州县乡镇中心校	乡镇中心小学扩建工程	扩建	51.395	专项资金
2001	58	龙州县村级小学	乡镇村级小学扩建工程	扩建	303.93	专项资金
2001	59	龙州县乡镇文化站	7个2800平方米	新建	87.5	专项资金
2001	60	龙州县村计生室	122个2440平方米	新建	38.5	专项资金
2001	61	龙州县乡镇卫生院	8个2700平方米	改扩建	119	专项资金
2001	62	龙州县村卫生室	110个2200平方米	新建	88	专项资金
2001	63	龙州县武德乡中学	学生宿舍楼700平方米	新建	32	自治区财政专项资金
2001	64	龙州县直属机关保育院教学楼	建设教学楼400平方米	新建	20	自治区本级财政非经营性资金
2001	65	龙州县霞秀乡卫生院门诊楼	建筑面积400平方米	新建	20	自治区计委专项资金
2001	66	龙州县中小学危房建设	6个中小学危房改造	改建	175	危房建设工程专项资金
2002	67	龙州县武德乡中心卫生院综合楼工程项目	扩建500平方米	扩建	32	中央补助
2002	68	龙州县下冻镇中学	学校用水、饱堂锅炉、安全用电等设施建设	新建	6	本级预算内资金

续表

年份	序号	项目名称	主要建设内容	建设性质	总投资	资金来源
2003	69	龙州县重大疾病防治中心	业务用房及附属设施	新建	120	中央预算内资金
2003	70	龙州县人民医院防治“非典”公共卫生设施建设	发热门诊，隔离观察室等建筑面积200平方米	新建	10	专项资金
2003	71	龙州县疾病预防控制中心	总建筑面积1000平方米	新建	100	中央预算内专项资金
2003	72	龙州县医院传染病区	总建筑面积600平方米	扩建	120	中央预算内专项资金
2005	73	西部地区农村寄宿制学校建设工程	学生宿舍2417平方米，教学楼2085平方米，食堂385平方米，及购置设备等（响水中学、下冻中学）	新建	283	中央预算内专项资金
					9	自治区配套资金
三、市政建设						
1993	1	龙州县水厂扩建工程项目	扩建工程	扩建	90	国家专项资金
1993	2	龙州县水口镇水厂建设工程项目	新建水厂0.7万吨/年	新建	180	国家专项资金
1994	3	龙州县水文站工程项目	水文站业务用房440平方米	改扩建	11	自治区财政拨款
1994	4	先锋农场茶叶加工厂项目	茶叶加工厂仓库70平方米	改扩建	35	自治区经营基金
1994	5	水口口岸联检楼项目	联检楼（含查验通道）1000平方米，验货场地及验货场业务用房200平方米	续建	32	国家非经营基金
1994	6	龙州县水厂管网配套工程	管网配套工程4.5千米	续建	40	国家专项拨款
1994	7	龙州县水口镇水厂取水泵房项目	取水泵房、净化设施建设	续建	10	国家专项拨款
1994	8	龙州县蚬木林场供水扩建项目	蚬木林场供水供电设施	扩建	4	自治区财政拨款
1994	9	龙州县水口口岸联检楼建设工程项目	新建联检楼10000平方米	新建	390	国家补助
1995	10	龙州县苗圃技术用房重建工程项目	建筑面积600平方米	重建	26	国家专项资金
1996	11	龙州县委党校教学楼项目	教学楼基建	扩建	15	国家专项
1996	12	龙州县自来水厂供水设施项目	供水设施及配套设施	扩建	30	国家专项
1996	13	龙州县林业局业务用房项目	业务用房	新建	7	自治区财政拨款
1996	14	龙州水产技术推广站业务用房项目	业务用房	新建	6	区财政拨款
1996	15	龙州县畜牧场业务用房建设补助	业务用房建设	新建	8	救灾资金
1996	16	龙州县计委基建项目	前期基建资金		5	自治区财政拨款
1997	17	龙州县水厂管网配套项目	城区管网配套建设	改建	40	国家专项

续表

年份	序号	项目名称	主要建设内容	建设性质	总投资	资金来源
1997	18	红八军纪念馆维修项目	加固、改造、维修纪念馆展厅投资补助	改建	10	自治区非经营资金
1997	19	龙州县广播电视局卫星地面站项目	俸村、青山2个村建设卫星地面站	新建	8	国家专项
1997	20	龙州县渔政站业务用房项目	办公业务用房200平方米	新建	5	自治区非经营资金
1997	21	龙州县中波台道路工程	3.5千米	新建	8	国家专项
1998	22	龙州县水厂管网改造项目	DN300螺旋钢管2千米过江及城区管网改造	扩建	45	国家专项
1998	23	龙州县文化馆管网项目	业务馆舍500平方米	新建	10	国家专项补助
1998	24	龙州县人事局军转干部建房项目	安置军队专业干部建房补助	扩建	2	国家专项
1998	25	龙州县民政局军队离退休干部住宅项目	军队离退休干部二类住宅一套54平方米，军队离退休干部车库、学习、活动等附屋建筑350平方米，	新建	17.68	国家专项
1998	26	南宁师专实验楼项目	实验楼4500平方米	续建	120	自治区非经营资金
1998	27	水口口岸扩建项目	关口路段建设	扩建	40	国家计委专项
1999	28	龙州县广播电视局业务用房项目	业务用房400平方米等	扩建	10	国家边境专项补助
1999	29	龙州县下岗就业培训楼项目	业务用房800平方米	续建	10	国家边境专项补助
1999	30	红八军纪念馆改造投资工程	红八军纪念馆改造	改建	15	自治区非经营资金
1999	31	红八军纪念馆建设项目	革命纪念馆建设补助	改建	10	自治区非经营性资金
1999	32	龙州县霞秀乡政府办公用房项目	新建办公用房1000平方米	新建	25	国家补助
1999	33	龙州县军队离退休干部住房建设	续建军队离退休干部车库、学习、活动等附属建筑350平方米	续建	15	国家专项
1999	34	红八军纪念馆改造工程	纪念馆陈列展	改建	15	自治区非经营性资金
1999	35	龙州县邮政大楼建设工程	业务用房建设	新建	200	国家补助
1999	36	龙州县汽车客运站大楼建设工程	基建工程	新建	418	国家补助
1999	37	龙州县体育大厦	基建工程	新建	200	国家补助
1999	38	龙州县龙州宾馆	基建工程	改建	460	国家补助
2000	39	龙州县水厂新建项目	虹吸滤池一个，矾加氯综合房一间	新建	50	国债
2000	41	龙州县人事局安置军队置业干部建房项目	安置军队置业干部建房补助	扩建	3	国家专项补助
2000	42	龙州县政协办公楼扩建项目	办公楼抢危补助	扩建	8	中央补助、自治区非经营资金

续表

年份	序号	项目名称	主要建设内容	建设性质	总投资	资金来源
2000	43	龙州县图书馆改扩建项目	改扩建馆舍400平方米	改扩建	10	国家专项补助
2000	44	龙州县乡镇邮电所配套工程	通信服务综合楼及设施	新建	1000	专项资金
2000	45	龙州县乡镇机关宿舍楼建设工程	13个乡镇宿舍楼土建60690平方米	新建	3337.95	专项资金
2000	46	龙州县乡镇建设配套工程	乡镇综合商场	新建	4134.3	专项资金
2001	47	龙州县乡镇供水工程	泵房、抽水设备及输水管道	扩建	110	国家补助资金
2001	48	龙州县乡镇干部住宅建设项目	18700平方米	新建	785.4	国家补助资金
2001	49	龙州县水口镇政府办公楼、住宅楼建设项目	征地20亩，新建办公楼4000平方米，职工住宅60户，食堂、值班室、围墙、大门及园内建设600平方米	新建	450	自治区财政专项资金
2001	50	龙州县武德乡政府办公楼、住宅楼建设项目	征地25亩，新建办公楼4500平方米，职工住宅90户，食堂、值班室、围墙、大门及园内建设600平方米	新建	537.5	自治区财政专项资金
2001	51	龙州县防疫站防疫检验综合楼建设工程	综合楼600平方米	新建	30	自治区本级财政非经营性资金
2002	52	红八军纪念馆陈列楼建设工程	建筑面积5600平方米	新建	2300	国家补助
2003	53	龙州县新汽车站建设工程	基建工程及配套设施	新建	500	国家补助
2003	54	红八军纪念馆改扩建工程项目	基建改扩建及配套设施	改建	395	国家补助
2003	55	“雪炭计划”县体育健身训练中心	基础设施建设	新建	395	国家补助
2003	56	龙州县文化中心广场	基础设施配套	新建	600	国家补助
2003	57	龙州县城电网改造工程	电网改造	改建	2400	国家补助
2003	58	龙州县城亮化工程	基础设施	新建	560	国家补助
2003	59	水口口岸建设项目	基础设施	新建	500	国家补助
2003	60	水口口岸联检楼配套设施	查验单位联检配套设施改造工程	新建	50	中央补助
2004	61	龙州县残疾人综合服务设施	总建筑面积500平方米	新建	30	自筹
					10	自治区本级预算内资金
2005	62	龙州县县城给水系统改扩建工程	日供水2万吨，配套管网31.6千米	改建	250	中央预算内专项资金
					900	贷款
					380	地方配套
					295	自筹
四、交通建设						
1996	1	龙州县八角乡龙边村公路建设项目	总标段2.5千米，路基、路面、路涵	新建	5	以工代赈
1996	2	龙州县八角乡陇均村公路建设项目	总标段3千米，路基、路面、路涵	新建	5	以工代赈

续表

年份	序号	项目名称	主要建设内容	建设性质	总投资	资金来源
1996	3	龙州县八角乡屏案村公路建设项目	总标段3千米，路基、路面、路涵	新建	5	以工代赈
1996	4	水口口岸公路建设项目	验货场及业务用房补助	新建	100	国家专项资金
1996	5	龙州县金龙镇双蒙至三叉乡村道路建设项目	总标段14.7千米，路基、路面、路涵等	新建	100	以工代赈
1996	6	龙州县下育至板季乡村道路建设项目	总标段5.9千米，路基、路面、路涵等	新建	35	以工代赈
1996	7	龙州县板立至弄灰乡村道路建设项目	总标段5.2千米，路基、路面、路涵等	新建	30	以工代赈
1996	8	龙州县金龙水库库区公路建设项目	总标段6.3千米，路基、路面、路涵等	新建	25	以工代赈
1996	9	龙州县八角乡下育至谷埂乡村公路建设项目	总标段3千米，路基、路面、路涵	新建	10	以工代赈
1997	10	龙州县水口至保卫四级公路建设项目	路基、路面、桥涵	续建	20	以工代赈
1997	11	龙州县下育至板季乡村公路建设项目	路基、路面、桥涵	续建	48	以工代赈
1997	12	龙州县小岸至根村乡村公路建设项目	路基、路面、桥涵	新建	62	以工代赈
1997	13	龙州县八角乡陇均村环屯道路建设项目	乡村公路11千米	新建	5	以工代赈
1997	14	龙州县八角乡屏案村龙夏道路建设项目	乡村公路2.2千米	新建	5	以工代赈
1997	15	龙州县金龙镇双蒙至陇其板池乡村道路建设项目	乡村公路6千米	新建	5	以工代赈
1997	16	龙州县金龙镇陇边道路建设项目	乡村公路7千米	新建	5	以工代赈
1997	17	龙州县扶贫交通工程建设项目	26条165千米	新建	2644	扶贫以工代赈
1998	18	龙州县霞秀乡岭南村至上金乡联江村乡村公路建设项目	12.7千米路基、路面、桥涵	新建	40	以工代赈资金
1998	19	龙州县武德乡科甲村机耕路建设项目	2.6千米路基、路面、桥涵	新建	10	以工代赈资金
1998	20	龙州县北胜、高山、三合、六蝶、龙塘村公路建设项目	道路4条共28千米，路基、路面、路涵等	新建	120	以工代赈资金
1999	21	龙州县弄利边境路建设项目	甲级路油面3千米	新建	10	国家边境专项补助
1999	22	龙州县镇秀、花都、侵笔、板梯、陇均、陇边村公路建设项目	道路6条共33千米，路基、路面、路涵等	新建	180	以工代赈资金
1999	23	龙州县水口镇思奇道路建设项目	路基、路面、路涵	新建	12.5	以工代赈资金
1999	24	龙州县水口镇康宁道路建设项目	路基、路面、路涵	新建	12.5	以工代赈资金
2000	25	龙州县水口镇板排道路建设项目	路基、路面、路涵	新建	2.5	以工代赈

续表

年份	序号	项目名称	主要建设内容	建设性质	总投资	资金来源
2000	26	龙州县水口镇弄尖道路建设项目	路基、路面、路涵	新建	2.5	以工代赈
2000	27	龙州县水口镇那隘道路建设项目	路基、路面、路涵	新建	3	以工代赈
2000	28	龙州县沿边境线建成三级路相连通彬桥楞鸦－驮奔－下冻－那花－布局－水口－科甲－布岜－金龙－陇百敏	三级公路 135 千米	改扩建	16830	上级拨款
2000	29	龙州至夏石二级公路建设项目	二级公路 31.14 千米	新建	18900	上级拨款
2000	30	龙州至水口二级公路建设项目	二级公路 34 千米	改建	16000	上级拨款
2000	31	龙州至崇左二级公路建设项目	二级公路 45.2 千米	改建	26600	上级拨款
2000	32	龙州县叫堪至那花公路建设项目	改成三级路 17 千米	改建	1530	上级拨款
2000	33	龙州县洞埠至布局公路建设项目	改成三级路 10 千米	改建	900	上级拨款
2000	34	龙州县龙州至科甲公路建设项目	改成三级公路 34 千米	改建	3060	上级拨款
2000	35	龙州县板化至宝圩公路建设项目	柏油路 41.75 千米	改建	2085	上级拨款
2000	36	龙州县龙北至塘坡公路建设项目	柏油路 12.6 千米	改建	1204	上级拨款
2000	37	龙州县龙州至八角公路建设项目	柏油路 24.8 千米	改建	1116	上级拨款
2000	38	龙州县扣步至四平公路建设项目	柏油路 11.9 千米	改建	571.2	上级拨款
2000	39	龙州县新旺至上金公路建设项目	柏油路 8 千米	改建	360	上级拨款
2000	40	龙州县村村通公路建设项目	共 24 条 153.98 千米	新建	2785.9	上级拨款
2000	41	龙州县乡镇通油路建设项目	新建柏油路 234 千米	新建	12660	上级拨款
2001	42	龙州县下冻镇洞埠村公路建设项目	6.8 千米四级道路	新建	68	中央国债
2001	43	龙州县连城大桥建设工程项目	桥梁 133 米	新建	659	以工代赈
2003	44	龙州至夏石二级公路建设项目	路基、路面、桥涵	新建	18000	国家补助
五、工业项目						
1992	1	龙州县水口砖厂项目	年产多孔空心砖 2000 万块	新建	406	贷款
1992	2	龙州县制药厂扩建工程	年产 500 万瓶荆油丸	扩建	750	贷款
1993	3	龙州县水泥厂扩建工程项目	扩至 8.8 万吨 / 年	扩建	2927	国家专项资金
1995	4	龙州糖厂扩建工程	日榨 4000 吨	扩建	7688	贷款
1996	5	龙州县酒厂扩建工程	年产酒精 2000 吨扩至 7000 吨，新增生产能力 5000 吨 / 年	扩建	1480	贷款

续表

年份	序号	项目名称	主要建设内容	建设性质	总投资	资金来源
1998	6	龙州县第二糖厂酒精废液治理项目	年产1.5万吨复混肥，600吨有机液肥	新建	658	银行贷款
1998	7	龙州糖厂酒精废液治理项目	年产2.1万吨复混肥	新建	1685	银行贷款
2002	8	龙州南华糖业有限公司龙州糖厂扩建技改工程	日榨4000吨扩至5000吨	扩建	1381	贷款
2002	9	龙州方略制药厂技改扩建	日产10吨	扩建	500	贷款
2003	10	龙州糖厂日榨8000吨技改项目	日榨8000吨	扩建	6000	贷款
六、公检法建设						
1995	1	龙州县公安局看守所扩建工程项目	扩建500平方米	扩建	20	国家专项资金
1996	2	龙州县公安局业务用房项目	业务用房建设补助	新建	10	区财政拨款
1998	3	龙州县公安局城厢派出所业务用房项目	业务用房建设补助	扩建	4	自治区非经营资金
1998	4	龙州县法院审判庭项目	审判庭建设	新建	7	自治区非经营资金
1999	5	龙州县公安局城厢派出所技术用房项目	技术用房800平方米	新建	15	国家边境专项补助
2000	6	龙州县边防基础设施项目	西路12-14号界碑横向人行巡逻路21千米	新建	29	国家专项补助
2001	7	龙州县边民回迁项目	共52个屯2312户9963人，修建道路66.8千米，人饮48处	新建	286.51	自治区财政专项资金
2001	8	龙州县公安局八角派出所业务用房项目	业务用房600平方米	新建	30	自治区本级财政非经营性资金
2001	9	龙州县检察院综合楼项目	办公室侦查技术业务用房900平方米	新建	45	自治区本级财政非经营性资金
2001	10	龙州县法院响水法庭审判庭用房项目	审判庭用房600平方米	新建	35	自治区本级财政非经营性资金
2003	11	龙州县检察院迁址项目	业务用房	新建	450	国家补助

表16-2　**1986年—2005年项目投资一览表（立项及核准项目）**

单位：万元

年份	序号	项目名称	主要建设内容	总投资	资金来源
合计				169322.88	
1986	1	龙州县中医院门诊部重新建设项目	总建筑面积850平方米	20	自治区卫生厅拨款
1986	2	龙州县工商局、文化馆职工宿舍因灾重建项目	总建筑面积1050平方米	13	上级拨款

续表

年份	序号	项目名称	主要建设内容	总投资	资金来源
1986	3	龙州县明江上金船闸建设项目	120吨级船闸主体工程	247	交通部拨款、自治区补助
1986	4	左江先锋船闸及航道整治项目	船闸主体工程	716	交通部拨款、自治区补助
1986	5	龙州县自来水厂建设项目	新建自来水厂0.5万吨清水池及1万吨/日，沉淀池、过滤池各一座，送水泵房110平方米	85	国家预算内基建拨款
1987	6	龙州县民族医院门诊楼、职工宿舍、职工饭堂建设工程项目	总建筑面积2190平方米	27	自治区财政专项拨款
1987	7	龙州县建设局综合办公楼建设项目	总建筑面积1000平方米	12	自筹
1987	8	龙州县罐头食品厂扩改为日榨蔗3000吨糖厂项目	将罐头食品厂改扩为日榨3000吨糖厂	5600	自筹
1987	9	龙州县七里滩电站改建项目	4×1250千米	255	国家补助
1987	10	中国建设银行龙州县支行综合楼建设项目	五层混合结构综合楼，建筑面积2800平方米	60	自筹
1988	11	龙州县上龙乡政府办公楼及职工住宅楼建设项目	办公楼400平方米，住宅400平方米	10	县政府拨款
1988	12	龙州县委党校教学楼建设项目	新建教学楼982平方米	16.69	自治区财政拨款
1988	13	龙州县公安局办公用房建设项目	办公用房270平方米	4	预算内投资
1988	14	龙州县茶厂建设项目	年加工茶叶1000吨，新种茶叶3000亩	80	银行贷款
1988	15	龙州县广播电视覆盖建设项目	新建基站10个，设备购置等	88	预算内投资
1988	16	龙州县响水、逐卜、金龙、上降、武德、勤江变电站整改项目	技改	90	自筹
1988	17	龙州县信用联社营业室及住宅项目	建筑面积800平方米	12	自筹
1988	18	中国农业银行龙州支行北站储蓄所建设项目	建筑面积320平方米	5	自筹
1988	19	国营先锋农场农贸市场建设项目	建筑面积320平方米	3	银行贷款
1988	20	龙州县逐卜乡、水口乡、下冻乡财政所办公及住宅楼建设项目	总建筑面积1000平方米	16	财政划拨
1988	21	龙州县农业技术培训楼建设项目	总建筑面积1300平方米	22	上级拨款
1988	22	龙州大桥至三眼桥道路建设工程项目	0.9千米	22	县财政划拨
1988	23	龙州县红碎茶生产基地建设	三场一所新建茶园	20	国家拨款
1989	24	龙州县28个基建投资建设项目		216	上级拨款
1989	25	龙州县结晶硅厂建设项目	新建结晶硅厂生产线	85	自筹
1989	26	龙州县汽车客运站建设项目	新建汽车客运站总建筑面积1672平方米	10	上级拨款
1989	27	龙州县水泥厂技改项目	填平补齐到4.4万吨/年	380	银行贷款、自筹
1989	28	龙州县糖厂糖仓建设项目	总建筑面积15000平方米	360	银行贷款

续表

年份	序号	项目名称	主要建设内容	总投资	资金来源
1989	29	龙州县水厂扩建项目	0.5万吨/日扩至1.5万吨/日	117	银行贷款、自筹
1989	30	龙州县下冻乡推广站建设项目	新建推广站工作用房、种子仓库、宿舍等200平方米	3.5	民族机动费拨款
1989	31	龙州县农业技术推广中心培训楼建设项目	培训楼1400平方米，附属用房300平方米	35	中央预算内拨款
1990	32	龙州县那派水电站建设项目	新建装机容量为3×1000千米的水电站	750	上级拨款
1990	33	龙州县第一中学教学楼实验楼建设项目	建筑面积1070平方米	20	边境事业费
1990	34	龙州县文化馆、图书馆新建馆舍项目	建筑面积150平方米	5	文化部补助
1990	35	龙州县红碎茶出口基地扩建改造茶园项目	新种茶园1000亩、改扩建低产茶园2000亩	80	银行贷款、自筹
1990	36	龙州县七里滩大坝二期工程	大坝建设	441	自筹
1990	37	龙州县电石厂技改项目	综合利用1000吨/年轻质碳酸钙	15	自筹
1990	38	龙州县龙州镇绿茶厂建设项目	新建茶厂年产干茶50吨	10	自筹
1990	39	1990年龙州县42个小型基建项目	教育局、人大等单位住宅楼	255	上级拨款
1991	40	龙州县新填地集贸市场建设项目	建筑面积5000平方米	150	边境基建专款
1991	41	中国建设银行龙州县支行上金营业所危房拆除重建项目	重建办公宿舍综合楼600平方米	18	自筹
1991	42	龙州县手表元件厂扩建电子元件生产线项目	新增年产电子元件产品720万支	50	边境基建专款
1991	43	龙州县民兵武器装备库重建项目	总建筑面积642平方米	40	广西军分区拨款
1991	44	1991年龙州县36个小型基建项目	逐卜乡政府、石油公司等单位建设职工宿舍	131	上级拨款、自筹
1991	45	龙州县响水至逐卜排涝工程建设项目	溢水道坝道加固	400	以工代赈
1991	46	龙州县霞秀至小湾机耕路建设项目	6千米	18	以工代赈
1991	47	龙州县小连城至克标机耕路建设项目	5.5千米	16	以工代赈
1992	48	龙州县畜牧兽医技术培训中心综合楼建设项目	总建筑面积1400平方米	42	上级拨款、自筹
1992	49	龙州县武德乡念外人饮工程建设项目	蓄水池56立方米	6	以工代赈
1992	50	龙州县地板木制品厂建设项目	厂房建设	248	银行贷款、自筹
1992	51	龙州县苗圃灌溉设施建设项目	灌溉设施建设	3	中央预算内拨款
1992	52	龙州县公安局技术用房建设项目	总建筑面积800平方米	9	中央预算内拨款
1992	53	1992年龙州县地方教育专项基建预算内补助项目	响水乡小学校舍、武德乡农干小学校舍、响水乡北胜小学校舍、下冻乡中心小学校舍	26	预算内非经营投资
1992	54	龙州县检疫站检疫用房建设项目	检疫用房400平方米	10	上级拨款

续表

年份	序号	项目名称	主要建设内容	总投资	资金来源
1992	55	龙州县水口至科甲公路建设项目	全长26.64千米	180	以工代赈资金、自治区配套、自筹
1992	56	龙州县以工代赈改造中低产田项目	水口乡独山、罗回村，金龙乡民建、双蒙村	25	以工代赈资金、自治区配套、自筹
1992	57	龙州县扶贫茶厂建设项目	新建茶厂	34	扶贫发展资金
1992	58	龙州县科学技术协会办公综合楼建设项目	建筑面积940平方米	11	县财政划拨
1992	59	龙州县金龙乡扶贫开发技术培训中心建设项目	总建筑面积108平方米	8	自治区开发办拨款
1992	60	龙州县永新食品厂建设项目	厂房建设	3	自筹
1992	61	龙州县信用社综合楼扩建项目	扩建至2400平方米	100	自筹
1992	62	龙州县龙州宾馆建设项目	建筑面积8000平方米	500	自筹
1992	63	龙州县龙州镇政府企业服务综合楼建设项目	建筑面积500平方米	30	自筹
1992	64	龙州县老年人公寓建设项目	建筑面积993平方米	30	县财政划拨
1992	65	龙州县劳联宾馆建设项目	建筑面积1200平方米	45	自治区劳动局拨款
1992	66	龙州县小水电公司改建仓库、计量、档案综合楼项目	建筑面积2759平方米	55	自筹
1992	67	龙州县物资网点建设项目	建筑面积1000平方米	100	银行贷款
1992	68	龙州县第二糖厂综合楼建设项目	总建筑面积4050平方米	101	自筹
1992	69	龙州县盐业批发部建设项目	总建筑面积1334平方米	28	自筹
1992	70	龙州县高级中学教学大楼建设项目	建筑面积1130平方米	30	县财政划拨
1992	71	龙州县56个小型基建设项目	交通局、教育局等单位建设职工住宅楼	638	自筹
1993	72	龙州县龙川建材厂建设项目	年产黏土砖1000万块	100	自筹
1993	73	龙州县龙台制革综合厂建设项目	建筑面积1896平方米	56	自筹
1993	74	龙州县高级中学多功能饭堂建设项目	建筑面积1228平方米	41	县财政划拨
1993	75	龙州县水口汽车站办公设施项目	建筑面积2000平方米	40	上级拨款、自筹
1993	76	龙州县木薯酒精厂建设项目	年产5000吨食用酒精	500	自筹
1993	77	龙州县龙林便民普及型合成液化燃料厂项目	年产600吨合成液化燃料	12	自筹
1993	78	龙州县人民医院门诊楼扩建项目	建筑面积500平方米	18	自筹
1993	79	龙州县增建微机调度室建设项目	建筑面积1128平方米	60	自筹
1993	80	龙州县保险公司办公楼建设项目	建筑面积800平方米	50	自筹
1993	81	龙州县糖密废水综合利用项目	年产3万吨有机复合肥	750	银行贷款、自筹
1993	82	龙州县驾驶员培训基地建设项目	建筑面积800平方米	42	自筹
1993	83	龙州县旅游综合大楼建设项目	建筑面积1998平方米	48	银行贷款
1993	84	龙州县映昌机械工程厂建设项目	年产土石方180万立方米	235万美元	自筹
1993	85	龙州县龙生动物养殖场建设项目	养殖场	180	自筹

续表

年份	序号	项目名称	主要建设内容	总投资	资金来源
1993	86	龙州县彬桥、霞秀、金龙、龙州乡镇信用社办公住宅楼建设项目	总建筑面积2870平方米	127	自筹
1993	87	龙州县制药厂扩建痛肿灵生产线项目	年产400万瓶痛肿灵	200	自筹
1993	88	龙州县正达集团综合娱乐园建设项目	少年儿童游泳池等	81	自筹
1993	89	龙州县24个小型基建设项目	建设银行、农业银行等单位建设职工住宅楼	501	自筹
1993	90	龙州县计生站业务用房建设项目	建筑面积1000平方米	17	国家补助
1993	91	龙州县上降乡、霞秀乡卫生院综合用房建设项目	建筑面积800平方米	8	以工代赈
1993	92	龙州县龙州造纸厂建设项目	年产1.5万吨牛皮箱板纸	7632	自筹
1993	93	龙州县水口旧街–23号界碑道路	村级道路6千米	30	以工代赈
1993	94	龙州县水厂管网配套项目	4.5公里管网建设	90	国家专项补助
1993	95	龙州县民族医院综合业务楼建设项目	建筑面积1400平方米	60	边疆建设专项拨款
1993	96	龙州县房地产综合开发公司商品住宅开发项目	建设商品房5500平方米	150	自筹
1993	97	龙州县水泥厂扩建一条8.8万吨/年生产线项目	年新增硅酸盐水泥8.8万吨	2700	自筹
1993	98	龙州县制药厂扩建黄荆油胶丸生产线项目	年产500万瓶黄荆油胶丸	608	自筹
1994	99	龙州县颗粒饲料厂建设项目	年产1万吨饲料厂	410	自筹
1994	100	龙州县龙州糖厂1700吨扩建至4000吨建设项目	扩建至4000吨	6700	银行贷款、自筹
1994	101	龙州县2万亩龙眼生产基地建设项目	2万亩	5200	银行贷款、自筹
1994	102	龙州县下冻镇1000亩龙眼产品生产基地	种植龙眼1000亩	2026	银行贷款、自筹
1994	103	龙州县下冻镇网箱养鱼项目	200箱	280	银行贷款、自筹
1994	104	龙州县龙生动物养殖水口分场建设项目	建筑面积1366平方米	150	自筹
1994	105	龙州县三华综合食品厂建设项目	年产木茹淀粉3000吨	300	自筹
1994	106	龙州县茂名供气站（煤气）建设项目	建筑面积3330平方米	160	自筹
1994	107	龙州县霞秀乡卫生院门诊楼建设项目	建筑面积300平方米	12	上级拨款
1994	108	龙州县逐卜乡逐卜人畜饮水项目	蓄水池、输水管路、机泵房等	45	上级拨款
1994	109	龙州县武德乡三联至上龙乡新联公路建设项目	四级公路21千米	350	上级拨款
1994	110	龙州县响水镇人饮项目	清水池、输水管道、沉淀池等	188	以工代赈
1994	111	龙州县外贸综合楼建设项目	建筑面积1500平方米	60	银行贷款、自筹
1994	112	龙州县酒厂重建仓库项目	建筑面积1087平方米	43	银行贷款、自筹
1994	113	龙州县华丽建材综合加工厂建设项目	建筑面积550平方米	20	自筹
1994	114	龙州县水电局集资建设住宅楼项目	建筑面积1646平方米	57	集资
1994	115	龙州县龙州镇敬老院建设项目	建筑面积2600平方米	160	上级拨款

续表

年份	序号	项目名称	主要建设内容	总投资	资金来源
1994	116	龙州县水口镇甘蔗站办公楼建设项目	建筑面积200平方米	20	糖业发展基金
1994	117	龙州县水口至保卫四级路项目	全长26.64千米	160	以工代赈
1994	118	龙州县小型基建投资项目	公安局、医院等单位职工住宅楼	240	自筹
1995	119	龙州县职业中学学生宿舍楼建设项目	建筑面积800平方米	45	县财政拨款
1995	120	龙州县低温种子冷藏库建设项目	300吨低温低湿种子库	300	上级拨款
1995	121	龙州县政府新办公大楼建设项目	建筑面积2500平方米	300	自筹
1995	122	龙州县响水镇卫生院病房楼建设项目	建筑面积420平方米	18	上级拨款
1995	123	龙州县二兴木器厂房重建项目	建筑面积300平方米	12	自筹
1995	124	龙州县法院办公审判综合楼和法庭综合楼建设项目	总建筑面积3360平方米	162	上级拨款
1995	125	龙州县大畜牧交易市场建设项目	总建筑面积1100平方米	20	财政拨款
1995	126	龙州县八角林场经济林果生产基地建设项目	扩种八角200亩，种植玉桂1200亩等	42	扶贫发展资金
1995	127	龙州县人民医院医技楼建设项目	建筑面积1900平方米	120	上级拨款、自筹
1995	128	龙州县糖业烟酒公司商业综合大楼建设项目	建筑面积2400平方米	150	银行贷款、自筹
1995	129	龙州县利用世行贷款学校基建项目	总建筑面积16261平方米(15个完小，5个中学教学楼)	630	银行贷款、自筹
1995	130	龙州县霞秀乡中学教学综合楼建设项目	建筑面积585平方米	53	银行贷款、自筹
1995	131	龙州县畜牧兽医营业楼建设项目	建筑面积960平方米	35	自筹
1995	132	龙州县木地板厂扩建项目	年产80000立方米木地板	90	银行贷款
1995	133	龙州县妇幼保健所保健门诊建设项目	建筑面积300平方米	19	上级配套
1995	134	龙州县独山路拓宽工程项目	道路全长3542米	2253	上级补助、自筹
1995	135	龙州县口岸办综合办公楼建设项目	建筑面积1000平方米	50	上级拨款
1995	136	龙州县地方税务局办公楼建设项目	建筑面积1320平方米	45	自筹
1995	137	龙州县海天副食品批零商店建设项目	建筑面积400平方米	16	自筹
1995	138	龙州县龙州镇朝阳小学教学楼建设项目	建筑面积1500平方米	70	上级拨款
1995	139	龙州县环境保护监测站化验楼建设项目	建筑面积800平方米	45	自筹
1995	140	龙州县环境保护局综合办公楼建设项目	建筑面积1600平方米	84	自筹
1995	141	龙州县粮油贸易总公司精制大米加工厂建设项目	建筑面积350平方米	60	自筹
1995	142	龙州县水厂供水管理办公楼	建筑面积560平方米	30	自筹
1995	143	龙州到稽征所办公综合楼建设项目	建筑面积1158平方米	50	自筹

续表

年份	序号	项目名称	主要建设内容	总投资	资金来源
1995	144	龙州县春华实业有限公司丽江度假村建设项目	建筑面积 1000 平方米	30	自筹
1995	145	龙州到春华公司园林一条街建设项目	建筑面积 2300 平方米	100	自筹
1995	146	龙州县上龙乡中学建设项目	新建教学楼、师生简易宿舍，总建筑面积 2474 平方米	49	自筹
1995	147	龙州县水口镇罗回门诊部重建项目	重建面积 403 平方米	17	上级拨款
1995	148	龙州县开发建设经济适用房项目	建筑面积 3360 平方米	151	上级拨款
1995	149	龙州县武德乡财政所综合楼建设项目	建筑面积 702 平方米	20	县财政划拨
1995	150	龙州县计划生育技术综合楼建设项目	建筑面积 2000 平方米	90	上级拨款
1995	151	龙州县小型基建投资项目	工行、水厂、信用社行等单位职工住宅楼	1148	自筹
1995	152	龙州县水厂扩至 1.5 万吨 / 日项目	改建水泵房尾水管、吸水井等	35	边境地区建设基金
1996	153	龙州县卫校教学实验楼建设项目	建筑面积 400 平方米	22	自治区卫生厅拨款、自治区民委拨款
1996	154	龙州县商业综合大楼变更为体育大厦建设项目	建筑面积 9728 平方米	300	自筹
1996	155	龙州县残疾人蔬菜种植基地建设项目	300 亩蔬菜基地	95	扶贫专项资金
1996	156	龙州县科甲海关业务综合用房建设项目	建筑面积 800 平方米	75	上级划拨
1996	157	龙州县皮防站综合楼建设项目	建筑面积 684 平方米	38	上级补助、自筹
1996	158	中国建设银行龙州县支行综合楼建设项目	建筑面积 800 平方米	30	自筹
1996	159	龙州县公安局响水交警中队办公综合楼及驾驶训练考试场建设项目	办公楼房及训练考试场	55	自筹
1996	160	龙州县妇女儿童活动中心大楼建设项目	建筑面积 800 平方米	44	县财政划拨、自治区财政厅补助
1996	161	龙州县八角邮电所综合楼建设项目	建筑面积 350 平方米	21	自筹
1996	162	龙州县地方税务局征收分局办公楼建设项目	建筑面积 450 平方米	20	自筹
1996	163	龙州县青龙沟治理工程项目	治理长度 300 米	300	上级拨款
1996	164	龙州县金龙、响水中心法庭审判综合楼建设项目	建筑面积 1000 平方米	72	县财政划拨
1996	165	龙州县水口邮电支局综合楼建设项目	建筑面积 1000 平方米	75	上级划拨
1996	166	龙州县乡村医生培训中心建设项目	建筑面积 500 平方米	25	自筹
1996	167	龙州县汽车站停车场扩建项目	建筑面积 7000 平方米	80	上级拨款
1996	168	龙州县那兰金矿边探边采边冶炼黄金项目	年处理矿石 15 万吨	380	自筹
1996	169	龙州县新华书店扩建图书发行门店和仓库项目	建筑面积 1000 平方米	70	自筹

续表

年份	序号	项目名称	主要建设内容	总投资	资金来源
1996	170	龙州县金华综合养殖场建设项目	占地面积约2亩	12	自筹
1996	171	龙州县110千伏送变电工程网生产和生活区建设项目	110千伏送变电	1203	银行贷款、自筹
1996	172	龙州县水厂输水管网改造项目	输水管网改造	250	国家专项、自筹
1996	173	龙州县以工代赈资金建设项目	龙边村公路、陇均村公路、屏案村公路、武联村人饮、双蒙村三屯人饮	25	以工代赈
1996	174	龙州县龙州至水口光缆建设项目	2个乡483门60路	100	以工代赈、地方配套
1996	175	龙州县边防基础设施建设项目	建设乘车巡逻路23千米	351	非经营性拨款
1996	176	龙州县9小型基建投资项目	党校、林业局等单位建设职工住宅楼	165	自筹
1997	177	龙州县八角中学学生饭堂建设项目	建设面积300平方米	12	上级拨款
1997	178	龙州县武德乡成人文化技术学校项目	建筑面积300平方米	12	上级拨款
1997	179	龙州县龙州镇初级中学学生宿舍楼建设项目	建筑面积315平方米	8	自筹
1997	180	龙州县朝阳路拓宽工程项目	从3.5米拓宽至20米	30	城市维护费
1997	181	龙州县民族中学综合楼建设项目	建筑面积1120平方米	45	自筹
1997	182	龙州县龙州中学学生宿舍楼建设项目	建筑面积2270平方米	105	上级拨款
1997	183	龙州县金龙镇集贸市场建设项目	建筑面积1200平方米	36	国家扶贫款
1997	184	龙州糖厂贮糖仓库建设项目	建筑面积3000平方米	90	自筹
1997	185	龙州县水口镇文化站活动楼建设项目	建筑面积400平方米	16	自筹
1997	186	龙州县响水镇粮油综合楼建设项目	建筑面积600平方米	28	自筹
1997	187	龙州县水口战斗中越烈士墓园基建项目	修建墓园	46	自治区财政专款
1997	188	龙州县国税局扩建办公征收营业楼项目	建筑面积380平方米	30	上级拨款
1997	189	龙州县八角中学学生饭堂建设项目	建筑面积6075平方米(9个小学,2个中学)	128	贷款
1997				147	县配套
1997	190	中国人民银行龙州县支行综合楼项目	建筑面积1100平方米	20	上级拨款
1997				45	自筹
1997	191	龙州县扶贫攻坚教育项目	共4个项目2086平方米	90	财政扶贫资金
1997				10.1	自筹
1997	192	龙州县扶贫攻坚卫生项目	共14个项目840平方米	56	财政扶贫资金
1997				12.32	自筹
1997	193	龙州县利用财政扶贫资金扶持贫困农户开发山养殖项目	饲养种羊1952只	160	财政扶贫资金、自筹
1997	194	龙州县八角乡那棒小学教学楼建设项目	建筑面积500平方米	24	扶贫发展资金、自筹

续表

年份	序号	项目名称	主要建设内容	总投资	资金来源
1997	195	龙州县武德乡群合小学教学楼建设项目	建筑面积500平方米	24	扶贫发展资金、自筹
1997	196	龙州县金龙镇新兴村教学点教学楼建设项目	建筑面积500平方米	24	扶贫发展资金、自筹
1997	197	龙州县金龙镇双蒙村布双教学点教学楼建设项目	建筑面积500平方米	24	扶贫发展资金、自筹
1997	198	龙州县利用财政扶贫资金建设乡级卫生室项目	建设八角乡箕斗村、菊埂村，金龙镇三圣村、民建村、武联村五个村级卫生室，总建筑面积300平方米	25	扶贫发展资金、自筹
1997	199	龙州县龙州镇城南小学教学楼建设项目	建筑面积450平方米	18	自筹
1997	200	龙州县龙州宾馆大楼建设项目	建筑面积4000平方米	210	县财政划拨
1997	201	龙州县响水镇粮油综合楼建设项目	建筑面积600平方米	28	自筹
1997	202	龙州县利用财政扶贫资金建设村小学项目	建设三圣小学教学楼、合平小学教学楼、上降乡江村小学教学楼、上金乡云江村小学教学楼，总建筑面积2086平方米	100	财政扶贫资金
1997	203	龙州县下育至板季村级公路建设项目	村级公路6千米	35	以工代赈
1997	204	龙州县小岸至根村村级公路建设项目	村级公路8千米	124	以工代赈、地方配套
1997	205	龙州县上龙村板卜人饮项目	引水管路	62	以工代赈、地方配套
1997	206	龙州县武德乡精威村人饮项目	抽水设备、引水管路、水池	7.5	以工代赈、地方配套
1997	207	龙州县霞秀乡甲漏人饮项目	抽水设备、引水管路、水池	23	以工代赈、地方配套
1997	208	龙州县武德乡近梅村陇梅屯输电线路项目	电线、电杆、变压器	7.5	以工代赈、地方配套
1997	209	龙州县八角乡陇均村环屯道路项目	村级道路11千米	10	以工代赈、地方配套
1997	210	龙州县八角乡屏案村龙夏道路项目	村级道路2.2千米	10	以工代赈、地方配套
1997	211	龙州县金龙镇双蒙至陇其板池道路项目	村级道路6千米	10	以工代赈、地方配套
1997	212	龙州县金龙镇陇边道路项目	村级道路7千米	10	以工代赈、地方配套
1997	213	龙州县金龙镇武联村陇盟人饮工程项目	60立方米	10	以工代赈、地方配套
1997	214	龙州县上龙乡教学楼建设项目	建筑面积900平方米	40	上级拨款
1997	215	龙州县保育院教学楼建设项目	建筑面积600平方米	30	国家专项、县自筹

续表

年份	序号	项目名称	主要建设内容	总投资	资金来源
1997	216	龙州县就业培训中心教学楼建设项目	建筑面积800平方米	40	国家专项、县自筹
1997	217	龙州县麻风医院病房楼建设项目	建筑面积500平方米	25	国家专项、县自筹
1997	218	龙州县彬桥乡水利维修工程项目	维修、补漏20千米	30	国家专项、县自筹
1997	219	龙州县机关单位职工集资建房项目	县政府、响水镇政府、体育局等13个单位职工集资建房	582	自筹
1998	220	水口海关基地附属工程建设项目	总建筑面积1586平方米	110	自筹
1998	221	龙州县水口水位站自记水位台建设项目	建设一座自记水位台	15	上级拨款
1998	222	龙州县公安局看守所办公楼建设项目	建筑面积200平方米	10	上级拨款、自筹
1998	223	龙州县逐卜乡中学办公楼建设项目	建筑面积494平方米	20	上级拨款、地方配套
1998	224	龙州县上龙乡水陇小学教学楼建设项目	建筑面积340平方米	12	上级拨款
1998	225	龙州县上龙乡上龙村把敏屯异地安置建设项目	住房、道路等基础设施	60	扶贫专项贷款
1998	226	龙州县龙州中学教学综合楼建设项目	建筑面积2000平方米	135	上级拨款
1998	227	龙州县花都、合平、思奇、10千伏供电工程项目	10千伏线路18千米	40	少数民族发展资金、自筹
1998	228	龙州县邮政局邮政综合楼建设项目	建筑面积2500平方米	250	自筹
1998	229	龙州县八角乡财政所综合楼建设项目	建筑面积700平方米	30	上级拨款
1998	230	龙州县小连城文物古迹游览区配套设施建设项目	建筑面积600平方米	20	财政专项拨款
1998	231	龙州县邮电局车库、材料库建设项目	建筑面积600平方米	36	上级拨款
1998	232	龙州县中山公园苗圃基地花卉基地建设项目	种植100亩苗木花卉	110	自筹
1998	233	龙州县国家贫困地区义务教育工程项目	12所学校共15栋教学楼,总建筑面积9561平方米	414	中央自治区专项、地方配套
1998	234	龙州县上龙乡文化站建设项目	建筑面积400平方米	20	自治区专项拨款
1998	235	龙州县公路运输管理所办公楼建设项目	建筑面积600平方米	30	上级补助、自筹
1998	236	龙州县卫生防疫检验综合楼建设项目	建筑面积950平方米	45	自筹
1998	237	龙州县霞秀乡空埂小学教学楼建设项目	建筑面积500平方米	22	上级拨款
1998	238	龙州县公路客运站建设项目	建筑面积5800平方米	498	自筹
1998	239	龙州县银建发展公司综合楼建设项目	建筑面积800平方米	30	自筹

续表

年份	序号	项目名称	主要建设内容	总投资	资金来源
1998	240	龙州县房地产管理所综合办公楼建设项目	建筑面积 640 平方米	36	自筹
1998	241	龙州县上金乡财政所综合办公楼建设项目	建筑面积 200 平方米	10	自筹
1998	242	龙州县公安局城厢派出所技术业务用房建设项目	建筑面积 368 平方米	21	自筹
1998	243	龙州县律师事务所综合楼建设项目	建筑面积 500 平方米	20	自筹
1998	244	国有北耀农场砖厂扩建工程	年产 120 万砖	15	自筹
1998	245	龙州县金龙木器厂分厂建设项目	建筑面积 2500 平方米	80	自筹
1998	246	龙州县甘蔗良种基地建设项目	200 亩	58	国家专项、县自筹
1998	247	龙州县下冻镇图书馆建设项目	阅览室 450 平方米	22	国家专项、县自筹
1998	248	龙州县防疫站业务用房建设项目	业务用房 1000 平方米	50	国家专项、县自筹
1998	249	龙州县水口镇埂宜小学教学楼建设项目	教学楼 560 平方米	28	国家专项、县自筹
1998	250	龙州县水厂管网改造项目	直径 300 螺旋钢管 2 千米过江管及城区管网改造	150	国家专项、县自筹
1998	251	龙州县逐卜乡小学教学楼建设项目	教学楼 400 平方米	20	国家专项、县自筹
1998	252	龙州县霞秀乡岭南村至上金乡联江村公路建设项目	村级路 12.7 千米	86	以工代赈、地方配套
1998	253	龙州县武德乡科甲村机耕路建设项目	机耕路 2.6 千米	20	以工代赈、地方配套
1998	254	龙州县以工代赈资金扶贫打井项目	霞秀、上龙、上降等 7 个乡 16 口机井及抽水设备、管路	544	以工代赈、地方配套
1998	255	龙州县以工代赈资金农村通信工程	架 120 杆程公里线路	250	以工代赈、地方配套
1998	256	龙州县以工代赈资金行政村公路建设项目	新建北胜、高山、立丑、光满村 4 会公路共 28 千米，主要建设路基、路面、路涵等	240	以工代赈、地方配套
1998	257	龙州县边防基础设施建设项目	乘车巡逻路 8 千米、人行巡逻路 1 千米	107	中央专项补助
1998	258	龙州县 29 个单位集资建设住宅楼项目	县政府、人民医院、供电公司、鸭水电厂、水口电厂、七里滩电厂等 29 个单位建设职工住宅楼	1940	自筹
1999	259	龙州县上降乡扣步金矿边探边采边冶炼黄金项目	年处理矿量 2 万吨，年产黄金 30 千克	60	自筹
1999	260	龙州县上降乡财政所综合楼建设项目	建筑面积 750 平方米	25	上级拨款
1999	261	龙州县上金乡政府办公楼建设项目	建筑面积 800 平方米	30	上级拨款
1999	262	龙州县水口边贸市场建设项目	建筑面积 4271 平方米	250	扶贫贷款、自筹

续表

年份	序号	项目名称	主要建设内容	总投资	资金来源
1999	263	龙州县下冻边贸市场建设项目	扩建616平方米，改建684平方米	125	扶贫贷款、自筹
1999	264	龙州县金龙镇地税所综合办公楼建设项目	建筑面积500平方米	25	上级拨款
1999	265	龙州县弄岗农业综合开发区建设项目	建设6000米灌溉管道，4500米机耕便道	40	扶分贷款、自筹
1999	266	武警龙州县中队综合楼建设项目	建筑面积400平方米	81	县财政划拨、上级拨款
1999	267	龙州县广电局办公楼扩建项目	建筑面积250平方米	20	自筹
1999	268	龙州县军休所建设项目	基础设施建设	19	自筹
1999	269	龙州县瘦肉型猪场建设项目	猪场基础设施建设	50	自筹
1999	270	龙州县人民医院供应室改建项目	建筑面积400平方米	20	自筹
1999	271	龙州县劳务输出、就业培训中心楼扩建项目	培训中心楼建设	90	扶贫贷款、自筹
1999	272	龙州县霞秀糖厂糖仓建设项目	建筑面积1050平方米	40	自筹
1999	273	龙州县金龙镇光满小学教学楼建设项目	建筑面积600平方米	23	国家专项拨款
1999	274	龙州县国家贫困地区义务教育工程建设项目	建设15所学校6栋学生宿舍楼、9栋教学楼，总建筑面积10978平方米	472	上级拨款
1999	275	龙州县水厂扩建供水设施建设项目	新增虹吸滤池、加矾加氯车间，供水规模达2.8万吨/日	297	上级拨款、企业自筹
1999	276	龙州县水口镇康宁小学教学楼建设项目	建筑面积360平方米	13	自筹
1999	277	龙州县水口镇思奇小学教学楼建设项目	建筑面积360平方米	13	自筹
1999	278	龙州县武德乡陇雁点异地安置扶贫项目	安置金龙镇5个村60户贫困户	87	扶贫异地安置经费
1999	279	龙州县城白沙街道路翻修工程	路基、路面	150	城市维护费
1999	280	龙州县村级公路建设项目	建设镇秀、花都、侵笔、板梯、陇均、陇边村级公路6条共33公里，主要建设路基、路面、涵洞等	360	以工代赈、地方配套
1999	281	龙州县人饮大会战补漏、补缺以工代赈项目	上降乡上降村印山屯、逐卜乡三叉村那劳屯、金龙镇民建村弄匡屯引水、提水工程	22	以工代赈、群众自筹
1999	282	龙州县村级道路会战补漏补缺以工代赈项目	彬桥乡安民－渡敏村级路2.8千米	40	以工代赈、群众自筹
1999	283	龙州县以工代赈人畜饮水项目	七里滩水利4500亩	20	以工代赈、地方配套
1999	284	龙州县以工代赈国债投资退耕还林项目	金龙镇模湖、其深、漠瑶、庭弄、模梯、步教、那莫等7个村实施坡改梯4000亩，上龙乡陇要、陇罕2个村平整土地900亩。	100	以工代赈、地方配套

续表

年份	序号	项目名称	主要建设内容	总投资	资金来源
1999	285	龙州县牲畜五号病边境监测项目	水口镇、龙州镇监测实验室及消毒站建设、设备购置	7	自治区非经营性资金
1999	286	龙州县边防基础设施建设项目	群合至板查乘车巡逻路19公里;32、33、34、35、36、37、38号界碑人行巡逻路15公里	250	中央预算内专项资金
1999	287	龙州县霞秀乡政府搬迁项目	霞秀乡政府新建办公用房1000平方米	485	上级拨款、自筹
1999	288	龙州县八角乡四平中心校学生宿舍建设项目	建筑面积684平方米	20	自治区非经营性资金
1999	289	红八军纪念馆改造项目	纪念馆改造	15	自治区非经营性资金
1999	290	龙州县第二批农村电网改造项目	35千伏变8座/3.2兆伏安	4807	农行贷款、地方预算内专项
1999	291	龙州县国家扶贫教育工程项目	金龙镇花都完小、水口镇合平完小教学楼建设,建筑面积1100平方米	44	国家计委补助
1999	292	龙州县“九五”第二批糖料生产基地建设项目	建设霞秀乡东合村甘蔗高产中心示范500亩,甘蔗良种场基地800亩等	425	国家计委、自治区非经营基金、自筹
1999	293	龙州县5个单位建设职工住宅楼项目	地税局等5个单位建设职工住宅楼	167	自筹
2000	294	龙州县霞秀糖厂酒精废液零排放处理项目	总面积300平方米	290	自筹
2000	295	龙州县农技站农技推广、科研用房项目	业务用房250平方米,农业推广用房700平方米,科研用房400平方米	58	上级拨款
2000	296	龙州县农技推广业务用房项目	上金、霞秀两乡各250平方米	10	上级拨款
				10	县配套
2000	297	龙州中学学生宿舍楼项目	总面积2200平方米	100	自筹
2000	298	龙州县糖厂甘蔗低改高项目	总面积3000亩	200	扶贫贷款
				70	自筹
2000	299	国营先锋农场种植剑麻项目	总面积2000亩	220	扶贫贷款
				119	自筹
2000	300	龙州县霞秀糖厂甘蔗低改高项目	总面积6000亩	100	自筹
				200	扶贫贷款
2000	311	龙州县工人文化宫项目	总面积280平方米	5	上级拨款
				4	自筹
2000	312	龙州县霞秀糖厂制炼车间蒸发楼项目	总面积480平方米	25	自筹
2000	313	龙州县彬桥乡中学学生宿舍楼项目	总面积700平方米	10	中央“普九”经费
				18	自筹
2000	314	龙州县国家贫困地区义务教育工程项目	7幢教学楼,3幢学生宿舍楼,总面积6586平方米	296.914	上级拨款

续表

年份	序号	项目名称	主要建设内容	总投资	资金来源
2000	315	龙州县八角低产林改造项目	5594 亩	160	科技扶贫资金
				160	自筹
2000	316	龙州县优质西贡蕉商品基地项目	3000 亩西贡蕉示范基地	225	科技扶贫资金
				225	自筹
2000	317	鸭水滩电站技改增容项目	改装水轮机 ZD660 等	165	扶贫贷款
				36	自筹
2000	318	七里滩电站技改增容项目	对原 3、4 号水轮机进行技改等	100	扶贫贷款
				26	自筹
2000	319	龙州县城大塘路口工程、酒厂路项目	水泥混凝路面	75	财政补助
				18	酒厂自筹
2000	320	龙州县城利民街排水沟项目	排水沟 1620 米	23	自筹
2000	321	龙州县八角乡中学教学楼项目	总面积 500 平方米	22	上级拨款
2000	322	龙州县水口至武德地区锌异常检查项目	水口至武德地区锌异常进行二级查证	61	申请上级拨款
2000	323	龙州县逐卜工商所综合楼项目	总面积 420 平方米	20	申请上级拨款和自筹
2000	324	龙州县霞秀乡财政所综合办公楼项目	总面积 1200 平方米	36	申请上级拨款
				18	自筹
2000	325	龙州县上龙乡政府办公大楼项目	总面积 1000 平方米	45	财政拨款
2000	326	龙州县追加县兽医站职工住宅楼项目	增加 4 层 8 套，总面积 720 平方米	28	全额集资
2000	327	龙州县残疾人综合服务楼项目	总面积 1000 平方米	5	自筹
				10	财政拨款
				18	申请上级拨款
2000	328	龙州县金龙中心卫生院病房综合楼项目	总面积 350 平方米	21	上级拨款
2000	329	龙州县房地产中介服务机构综合办公楼项目	总面积 600 平方米	28	自筹
2000	330	龙州县水口镇土地管理所、建设所综合办公楼项目	总面积 630 平方米	25	自筹
2000	331	龙州县上龙乡计生技术服务所综合楼项目	总面积 200 平方米	8	财政拨款
2000	332	水口检验检疫综合楼项目	办公楼面积 1100，职工住宅楼面积 800	180	上级拨款
2000	333	龙州县残疾人种养场项目	黄皮果树 100 亩、砂仁 100 亩、黄母牛 100 头	40	扶贫贷款
2000	334	龙州县霞秀乡文化站综合楼项目	总面积 400 平方米	18	上级拨款
2000	335	龙州县金龙镇中学建设项目	教学楼 1164 平方米，学生宿舍 1238 平方米，学生饭堂、运动场等 1856 平方米，维修旧教学楼 1056 平方米	257	上级拨款

续表

年份	序号	项目名称	主要建设内容	总投资	资金来源
2000	336	龙州县水口镇共和小学学生宿舍楼项目	总面积960平方米	51	上级拨款
2000	337	龙州县罗回加油站项目	总面积400平方米	20	自筹
2000	338	龙州菜刀厂项目	重建龙州菜刀厂	380	自筹
2000	339	龙州县制药厂购销业务用房项目	总面积100.8平方米	4.5	自筹
2000	340	2000年龙州县零星建筑项目	总建筑面积3216平方米	129	自筹
2001	341	龙州县水口镇供销社铺面项目	总面积150平方米	5	自筹
2001	342	龙州县修补金龙镇三圣村级道路建设项目	9.2千米	23.88	申请上级拨款
2001	343	龙州县制药厂营业用房项目	总面积864平方米	35	全额集资
2001	344	龙州县宣传文化中心项目	占地22亩，建设面积2000平方米	100	中央文明委资助
				100	地方自筹
2001	345	龙州县各乡镇敬老院项目	响水、金龙、彬桥、水口四个乡镇，总占地15.5亩，总面积2950平方米	165	上级拨款
2001	346	龙州县水口工商所综合楼项目	总面积800平方米	8	自筹
				21	自治区、地区局专项资金
2001	347	龙州县下冻镇希望小学教学楼项目	总面积500平方米	21	上级拨款
2001	348	龙州县书城项目	一栋8层综合楼，总面积1600平方米	40	上级拨款
				85	自筹
2001	349	龙州县更改上龙综合楼计划项目	总面积1500平方米	67.2	自筹
2001	350	龙州县金龙镇中学建设项目	总面积600平方米	27	计委专项资金
2001	351	龙州县金龙镇中学学校大门建设项目	新建一座学校大门	10	计委专项资金
2001	352	龙州县委党校学员宿舍楼和饭堂项目	宿舍楼总面积1550平方米，饭堂总面积250平方米	78	县财政拨款
				12	县财政拨款
2001	353	龙州县第二糖厂冷凝水循环系统工程项目	总面积1500平方米	75	自筹
2001	354	龙州县第二糖厂蔗渣回收系统工程项目	总面积1350平方米	75	自筹
2001	355	弄岗国家级自然保护区森林旅游开发项目	修建四级柏油路12千米，民族山寨600平方米	590	引进资金
				250	县自筹
2001	356	龙州县商贸城建设项目	总面积105亩	5000	以外资、合资、私营、联营等方式筹措资金
2001	357	龙州县水口边贸城建设项目	总面积12000平方米	300	国家补助
				1000	引进资金
2001	358	龙州县计生站建设职工宿舍楼项目	一栋6层总面积3000平方米	100	全额集资
2001	359	龙州县水口地税所办公楼项目	总面积740平方米	28	上级拨款
2001	360	龙州县武德加油站项目	总面积180平方米	15	自筹
2001	361	龙州县石油公司加油网点项目		20	自筹

续表

年份	序号	项目名称	主要建设内容	总投资	资金来源
2001	362	龙州县35千伏变电站项目	彬桥、下冻、八角、水口新建35千伏变电站	540	中央预算内专项资金和贷款
2001	363	龙州县木材公司追加综合门面楼建设项目	总3267平方米	98.28	自筹
2001	364	红八军纪念馆陈列厅改造及更新陈列项目	改造及更新1、2楼展览厅	65	上级拨款
				5	自筹
2001	365	龙州县优质西贡蕉生产基地项目	西贡蕉生产基地1000亩	105	申请上级扶贫资金
				45	县自筹
2001	366	龙州县山黄皮果生产基地项目	山黄皮果生产基地1000亩	155	申请上级扶贫资金
				66.8	自筹
2001	367	龙州县木薯优良品种项目	木薯基地8万亩	150	申请上级扶贫资金
				431.8	自筹
2001	368	龙州县八角低产林改造项目	改造八角低产林面积1万亩	465	申请上级扶贫资金
2001	369	龙州县下冻黄瓜产业化生产项目	种植黄瓜3万亩	150	申请上级扶贫资金
				93	县自筹
2001	370	龙州县网箱养鱼项目	网箱养鱼300箱	100	申请上级扶贫资金
				41.2	县自筹
2001	371	龙州县质监局办公综合楼项目	总面积2000平方米	177	自筹
2001	372	龙州县桄榔树开发种植项目	开发种植桄榔树600亩	100	申请上级扶贫资金
				89	县自筹
2001	373	龙州县人民武装部办公楼项目	总面积620平方米	29	财政专项拨款
2001	374	龙州县残疾人木器制品厂项目	占地面积6660平方米	10	自筹
				110	申请残疾人康复扶贫资金
2001	375	龙州县速生桉开发项目	总面积3000亩	322.152	自筹
				1288.608	申请扶贫贷款
2001	376	龙州县金龙镇总后希望小学项目	扩建教学楼、校门、围墙、篮球场	20	解放军后勤部捐款
				2.8	自筹
2001	377	龙州县国家税务局迁址新建办公楼项目	总面积2500平方米	300	上级拨款
2001	378	龙州县稽征所办公楼、住宅楼项目	总面积3500平方米	130	申请上级拨款和自筹
2001	379	龙州县甘蔗品种改良项目	品种改良50000亩	1500	自筹
				4925	贷款
2001	380	龙州县建设局办公楼项目	总面积2500平方米	100	自筹
2001	381	龙州县下冻集贸市场新圩亭项目	总面积493平方米	19.72	自筹

续表

年份	序号	项目名称	主要建设内容	总投资	资金来源
2001	382	龙州县建立气象台项目	新建大门、道路、排水沟等共6145.5平方米	23 50	县自筹 申请上级拨款
2001	383	龙州县上金乡页岩空心砖厂项目	年产400万块红砖	100	自筹
2001	384	龙州县安镇至绕秀三级公路项目	总长23.1千米，占地16.3175公顷	3168	上级拨款
2001	385	龙州县绕秀至那昔三级公路项目	总长23.1千米，占地32.6171公顷	3168	上级拨款
2001	386	龙州县那昔至空均三级公路项目	总长23.1千米，占地20.1016公顷	3168	上级拨款
2001	387	龙州县空均至群合三级公路项目	总长23.1千米，占地19.302公顷	3168	上级拨款
2001	388	龙州县群合至高山三级公路项目	总长23.1千米，占地29.996公顷	3168	上级拨款
2001	389	龙州县八角乡八角加工厂等项目	八角乡八角加工厂、八角香料加工厂、八角山林生态综合开发园、八角老林果低改开发、榄果综合加工厂	1325	自筹
2001	390	龙州县彬桥乡木材加工厂等项目	彬桥乡反季节蔬菜基地、八角生产加工基地、石料加工场、木材加工厂、胺化养牛基地	450	自筹
2001	391	龙州县上龙乡板弄农业综合开发等项目	上龙乡板弄农业综合开发、排站农业综合开发、木棉谷纯净水厂、开平红砖厂、板卜屯白石加工厂	320	申请上级拨款和自筹
2001	392	龙州县金龙镇鸡皮果开发基地等项目	金龙镇垃圾处理及配套改造、小城镇土地开发、鸡皮果开发基地、金龙水库排洪道加固改造、金龙镇汽车站	840	申请上级拨款和自筹
2001	393	龙州县武德乡加油站等项目	武德乡加油站、天等植物提取科甲分厂、水果加工厂、建材厂	174	自筹
2001	394	龙州县下冻镇农业科技示范等项目	下冻镇街道建设、汽车站、塑料制品厂、春秀水库西干渠灌区配套改造项目、农业科技示范园、春秀水库东干渠灌区配套改造项目	854	申请上级拨款和自筹
2001	395	龙州县上金乡定从至荷村蔗区公路等项目	上金乡自来水厂、定从至荷村蔗区公路、上金至逐乜公路二期工程	209	申请上级拨款
2001	396	龙州县水口镇农业综合开发等项目	水口镇青龙水库除险加固工程、农业综合开发、罗回村“公司＋基地”养猪项目、炼铁厂、彩森食品厂	735	申请上级拨款和自筹

续表

年份	序号	项目名称	主要建设内容	总投资	资金来源
2001	397	龙州县上降乡八角加工场等项目	上降乡八角加工场、那妈水库灌区防漏加固工程、呼咬水库配套改造工程、	80	申请上级拨款和自筹
2001	398	龙州县逐卜乡弄岗甘蔗高糖高产园等项目	逐卜乡弄岗甘蔗高糖高产园、隘口、卫国龙眼树低改高项目、谷阳至响水图强公路、文合村农业综合开发项目、锦阁水库灌区配套改造工程	946.3	申请上级拨款和自筹
2001	399	龙州县龙州镇白桥至高祥引水工程等项目	龙州镇白桥至高祥引水工程、北门治旱工程、新华治旱工程、龙州镇敬老院、农业实验基地	600	申请上级拨款
2001	400	龙州县霞秀乡榄角加工厂等项目	霞秀乡榄角加工厂、优质谷生产基地、霞秀乡砖厂、采石厂采沙厂、肉鸽养殖场	373.8	自筹
2001	401	龙州县响水镇酒精厂等项目	响水镇菠萝加工厂、酸头菜加工厂、酒精厂、高峰农业综合开发项目、甘蔗良种基地新街至旧街公路改建	1140	自筹
2001	402	龙州县人民医院综合保育院楼、门诊楼改造项目	总面积5522平方米	110	申请国家补助
				110	申请自治区补助
				200	贷款
				50	县财政拨款
				130	单位自筹
2001	403	龙州县金龙镇王福新木材加工厂项目	征用荒地10亩	50	申请以工代赈
				30	自筹
2001	404	2001年龙州县零星建筑工程项目	总建筑面积6157平方米	322	自筹
2002	405	龙州县扩建档案库房工程项目	总面积265平方米	21	申请财政拨款
2002	406	龙州县综合市场西区出租楼门面重建项目	总面积600平方米	20	自筹
2002	407	龙州县霞秀邮电所改建项目	总面积383平方米	30	自筹
2002	408	龙州县邮政局职工饭堂建设项目	总面积300平方米	12	自筹
2002	406	龙州县福利院改造项目	征用土地3亩，新建孤寡老人住宅楼2200平方米	125	申请上级拨款
				45	自筹
2002	407	龙州县修建检察院通道及大门修建项目	征用拆迁民房，铺设通道，修建大门	90	申请上级拨款及部门配套
2002	408	龙州县武德乡、下冻镇、逐卜乡敬老院修建项目	征用占地5亩，总面积900平方米	50	申请自治区民政厅扶持
				20	地方自筹
2002	409	龙州县中小学危房改造项目	龙州中学等职业技术学校教学楼，霞秀乡百农小学教学楼等45个项目，总面积6895平方米	310.28	教育附加费和农村教育费附加

续表

年份	序号	项目名称	主要建设内容	总投资	资金来源
2002	410	龙州县水口税务分局住宅综合楼建设项目	总面积400平方米	20	上级拨款
2002	411	红八军纪念馆(革命文物陈列楼)改扩建项目	总面积3600平方米	1500	申请上级部门补助及县自筹
2002	412	龙州县体育训练健身中心建设项目	征地1.5亩,平整场地12000平方米,修建主席台、观众席、大门、围墙等	200	中国体育彩票雪炭工程援助
				195	县自筹
2002	413	龙州县水厂供水设施扩建项目	征用荒地15亩,取水泵房及供水泵房设备改造等	120	中央战后创伤拨款
				100	自筹
				134	贷款
2002	414	龙州县响水镇财政所办公楼建设项目	总面积380平方米	16	自筹
2002	415	龙州县龙州一中改扩建项目	改扩建运动场6000平方米,新建学生饭厅兼礼堂1200平方米,公厕等	146	申请国家扶贫拨款
2002	416	龙州县军队离退休干部活动场地建设项目	占地面积520平方米	3	自筹
2002	417	龙州县公路客运站建设项目	总建设面积3033平方米	197	南宁汽车运输总公司拨款
2002	418	龙州县下冻镇供水工程项目	滑轨工程、清水池、悬浮式斜管沉淀池等	318	申请上级拨款
2002	419	龙州县水产畜牧场办公与住宅楼项目	总面积130平方米	5	自筹
2002	420	龙州县印刷厂更新设备、技术改造列入龙州县扶贫项目	更新设备、技术改造	150	贷款
				50	自筹
2002	421	龙州县城东商贸城项目	商贸大楼5800平方米	500	自筹
2002	422	龙州县上龙乡中心小学综合楼学楼项目	总面积400平方米	20	自筹
2002	423	龙州县彬桥乡财政所综合楼项目	总面积430平方米	19	财政部门专项补助
2002	424	龙州县霞秀乡财政所办公楼项目	总面积900平方米	44.5	财政部门专项补助
2002	425	龙州县地方税务局职工礼堂项目	总面积360平方米	10	上级拨款
2002	426	龙州县东街图书综合门市场扩建项目	扩建面积490平方米	17.6	自筹
2002	427	龙州县变电站新建项目	新建一座35千伏变电站	400	农网改造资金
2002	428	龙州县边贸总公司综合办公大楼项目	总面积1500平方米	75	自筹
2002	429	龙州县宣传文化中心项目	总面积2000平方米	100	中央文明委资助
				40	自筹
2002	430	广西热作所试验站学校新建教学楼项目	总面积662平方米	11	上级拨款
				10	异地安置项目款
				6	自筹
2002	431	龙州县上金35千伏变电改造项目	35千伏变电站	107	农网改造资金

续表

年份	序号	项目名称	主要建设内容	总投资	资金来源
2002	432	龙州县龙州中学建设项目	教学楼2400平方米，学生宿舍1800平方米，综合阶梯教室1000平方米，厕所、运动场等	170	上级拨款
				110	贷款
				60	自筹
2002	433	龙州县响水镇图书门市部楼房项目	总面积430平方米	20	申请上级拨款
2002	434	龙州县烟草公司维修扩建卷烟仓库项目	总面积93平方米	16	自筹
2002	435	龙州县制药厂年产痛肿灵1000万瓶生产线项目	总面积2340平方米	500	扶贫贷款
				135	自筹
2002	436	龙州县市场开发服务中心两用综合楼	总面积4320平方米	180	自筹
2002	437	龙州县兴边富民项目	教师住宅楼660平方米，教室597平方米，学生饭堂60平方米，硬化金龙板蒙至陇其公路1.1千米	140	上级拨款
2002	438	香港妇协职业技术培训学校项目	总面积800平方米	30	香港妇协援助
				50	地方配套
				10	自筹
2002	439	龙州县法院中小审判庭增建项目	总面积380平方米	20	申请上级补助和自筹
2002	440	龙州县食药监局办公及住宅楼项目	总面积22.5平方米	72.5	申请上级拨款和自筹
2002	441	龙州县文物保护单位方昌阁修复项目	总面积370平方米	36	申请上级拨款
2002	442	龙州县县城龙江街、合龙街等路面改造项目	全长2025米，总面积4800平方米	45	申请上级拨款和自筹
2002	443	龙州县2002年学生宿舍楼项目	总建筑面积2860平方米	99.8	自筹
2002	444	2002年龙州县零星建筑项目	总建筑面积3640平方米	141	自筹
2003	445	水口口岸查验货场项目	新建查验货场及配套设施	300	区计委拨款
2003	446	龙州县水口镇集镇道路扩建改造工程项目	总长980米，路面宽15米，两旁人行道各宽7.5米	200	申请上级拨款和自筹
2003	447	龙州县彬桥红砖厂项目	年产600万块红砖	100	自筹
2003	448	燕华扩建摩托车仓库项目	总面积1300平方米	25	自筹
2003	449	龙州光荣院项目	总面积1000平方米	20	自筹
				50	自治区民政厅扶持
2003	450	龙州县福利院改造项目	总面积1400平方米	60	自治区民政厅扶持
				10	自筹
2003	451	龙州县上金乡敬老院建设项目	占地面积5亩，建筑面积700平方米	50	自治区民政厅扶持
				20	自筹
2003	452	龙州县上降乡敬老院建设项目	占地面积3.5亩，建筑面积700平方米	50	自治区民政厅扶持
				20	自筹

续表

年份	序号	项目名称	主要建设内容	总投资	资金来源
2003	453	龙州县上龙乡敬老院建设项目	占地面积5亩，建筑面积700平方米	50	自治区民政厅扶持
				20	自筹
2003	454	龙州县霞秀乡敬老院建设项目	占地面积5亩，建筑面积700平方米	50	自治区民政厅扶持
				20	自筹
2003	455	龙州县八角乡敬老院建设项目	占地面积4亩，建筑面积700平方米	50	自治区民政厅扶持
				20	自筹
2003	456	龙州县敬老院建设项目	占地面积4亩，建筑面积700平方米	50	自治区民政厅扶持
				20	自筹
2003	457	龙州县城兴龙路朝阳粮站推倒重建项目	总面积300平方米	5	自筹
2003	458	龙州县上龙乡弄平村弄平、江那屯人畜饮水工程项目	为弄平、江那两屯接通自来水	15	上级拨款
				15.8	群众自筹及投工投劳
2003	459	龙州糖厂扩建工程项目	5000吨/日扩至8000吨/日	5336.6	自筹
2003	460	龙州将山酒业有限公司修建排污沟工程项目	修建长1300米三面光防腐涵封顶渠道	50	申请环境专项治理资金
				11.5	自筹
2003	461	龙州县农机服务综合楼项目	总面积2800平方米	100	自筹
2003	462	龙州县彬桥乡财政所综合楼加层项目	增加面积230平方米	8	财政部门专项补助
2003	463	茂名供气总公司龙州分公司气站围墙整改	扩建围墙134米，增建水池一个	8	自筹
2003	464	龙州县下冻邮政支局改（扩）建综合楼项目	总面积300平方米	25	上级拨款
2003	465	龙州县圣堂修建工程项目	总面积750平方米	20	自筹
2003	466	龙州县环卫站搬迁重建工程项目	办公楼面积350平方米，宿舍楼面积1680平方米	42	自筹
				20	上级拨款
				67	职工集资（宿舍楼）
2003	467	龙州县财政国库集中收付办公大楼项目	征用土地50亩，总建筑面积1800平方米	906	上级拨款
2003	468	龙州县检察院办公新址项目	征地25亩，总建筑面积3000平方米	200	申请国家专项资金
				150	县配套
				100	自筹
2003	469	龙州县武德乡中学学生宿舍楼、农干完小教学楼、新旺完小教学楼项目	总建筑面积860平方米	41	义教工程资金
2003	470	龙州县彬桥乡邮政所综合楼改建项目	总建筑面积300平方米	25	上级拨款
2003	471	龙州县口岸办口岸道路拓宽工程	挡土墙、填土、铺设人行道和建武警值班房	15	上级拨款

续表

年份	序号	项目名称	主要建设内容	总投资	资金来源
2003	472	龙州县广电局新建器材供应站综合楼项目	总建筑面积400平方米	25	自筹
2003	473	龙州县鸡皮果综合开发机械化技术示范项目	建立100亩良种苗圃基地，对1000亩老龄果树进行改造等	130	申请上级拨款
				50	自筹
2003	474	龙州县八角乡政府办公楼项目	总面积960平方米	50	县政府拨款
2003	475	龙州县建立5000亩乌龙茶优良品种种植开发基地项目	推广种植乌龙茶良种5000亩	1693.65	申请上级拨款、自筹
2003	476	龙州县上龙乡办公楼、宿舍楼建设项目	土地管理所、城建所、司法、林业站等共3976平方米	147.72	县政府拨款
2003	477	龙州县上降乡政府办公楼项目	总建筑面积900平方米	50	县政府拨款
2003	478	龙州县霞秀乡小湾等4个教学点教室楼项目	霞秀小湾、八角板角、上降弄怀、彬桥绕秀教学点，总建筑面积350平方米	15.55	上级拨款
2003	479	龙州县茂名供气总公司龙州分公司宿舍楼加层项目	增加建筑面积100平方米	4	自筹
2003	480	龙州县彬桥乡政府办公楼项目	总建筑面积1000平方米	50	县政府拨款
2003	481	广西农垦龙州机械厂职工宿舍楼项目	总建筑面积11360平方米	328	全额集资
2003	482	龙州县地方税务局直属征收分局建设项目	总建筑面积1000平方米	120	上级拨款、地方政府补助及自筹
2003	483	龙州县武德乡科甲卫生院综合楼项目	总建筑面积400平方米	17	上级拨款
2003	484	龙州鸡皮果食品厂项目	建设用地999平方米，厂房及附属用房150平方米，晒场300平方米	8	自筹
2003	485	龙州县上龙乡水陇水库旅游综合开发项目	旅游基础设施建设等	37	上级拨款、引进资金及自筹
2003	486	龙州县高祥小区综合市场兴建项目	总建筑面积4000平方米	180	自筹
2003	487	水口冶炼厂项目	兴建一座6300千伏安矿热炉，年产9600吨硅锰合金	518	自筹
2003	488	龙州县工商局综合办公楼建设项目	总建筑面积1750平方米	120	上级拨款及自筹
2003	489	龙州县劳动力市场大楼建设项目	总建筑面积2600平方米	175	上级拨款
				15	县财政拨款
2003	490	龙州县民政局公墓建设项目	占地面积100亩	200	上级拨款
				100	自筹
2003	491	龙州县“南国边关山关画廊”白雪岗观景平台建设项目	在省道319线41公里750米左侧建设观景台一处，占地面积128平方米	20	自治区旅游局拨款
2003	492	龙州县城北贸易市场项目	建筑面积6000平方米，用地30亩	500	贷款
				300	自筹
2003	493	龙州县边贸总公司边贸大厦项目	总建筑面积5000平方米	300	自筹
2003	494	水口口岸验货场项目	总建筑面积117950平方米	2500	自治区财政专项经费
2003	495	龙州县水口镇商业区项目	总建设面积10万平方米	8000	广西柳州昆仑房地产开发有限公司自筹

续表

年份	序号	项目名称	主要建设内容	总投资	资金来源
2003	496	龙州县地产公司办公楼项目	总面积 4000 平方米	100	自筹
2003	497	2003 年龙州县零星建筑工程项目	总建筑面积 29560 平方米	1183	自筹
2003	498	龙州县 2003 年学生宿舍楼项目	总建筑面积 980 平方米	46	上级拨款
2003	499	龙州县 2003 年学生饭堂项目	总建筑面积 980 平方米	38	上级拨款
2004	500	鸭水电厂新装发电机工程项目	800 千瓦发电机一台	200	自筹
2004	51	科甲口岸验货场项目	新建货仓、报关房 1500 平方米，电子地磅	420	自治区财政专项经费
2004	502	科甲口岸联检楼项目	新建联检楼 2000 平方米	300	自治区财政专项经费
2004	503	科甲口岸基建项目	总面积 13334 平方米	230	自治区财政专项经费
2004	504	龙州县金龙实业有限公司扩建项目	扩建车间、办公楼等	1000	引进资金
2004	505	龙州野珍食品有限公司项目	总建筑面积 600 平方米	80	自筹
2004	506	龙州县那花边贸互市场项目	新建联检楼、验货场、货仓等共 33500 平方米	2000	自筹
2004	507	龙州县金龙镇政府综合办公楼项目	总建筑面积 1080 平方米	65	县财政拨款
2004	508	龙州县逐卜乡农产品产销协会项目	修建协会办公室、教室等 3000 平方米	14	自治区财政专项经费
2004	509	龙州县武装部办公楼项目	总建筑面积 1300 平方米	70	自筹
2004	510	广西边境地区动物防疫隔离带项目	总建筑面积 350 平方米	50	上级拨款
2004	511	水口海关综合用房工程项目	总建筑面积 1000 平方米	250	海关总署全额拨款
2004	512	龙州县国税局办公楼及相关配套附属设施项目	新建综合服务楼 1019 平方米	96.8	自筹
2004	513	龙州县淀粉厂扩建办公综合楼项目	总建筑面积 294 平方米	10	自筹
2004	514	龙州县上龙乡叫城小康文明示范村项目	建设用地 42 亩	120	自筹
2004	515	龙州县司法局水口司法所办公用房项目	总建筑面积 120 平方米	8.58	申请上级拨款
2004	516	龙州县乡镇司法所办公用房项目	新建办公用房 8 栋共 960 平方米（水口、上金、上龙、武德、逐卜、下冻、响水、彬桥）	68.64	申请国债资金
2004	517	龙州县种子公司项目	新建办公综合楼共 1000 平方米	50	自筹
2004	518	龙州县乡镇派出所办公用房项目	新建办公楼 4 栋共 1130 平方米（城厢、霞秀、逐卜、八角）	62	申请国债资金
2004	519	中国农业银行龙州县支行振龙分理处营业大楼项目	总建筑 3000 平方米	350	上级拨款
2004	520	龙州县乡镇中学综合教学楼项目	新建 2 栋教学楼共 940 平方米（水口、八角）	47	义教工程资金
2004	521	龙州县水口镇福禧希望小学项目	新建教学楼、学生饭堂等配套设施	45	希望办援建资金
				15	地方配套

续表

年份	序号	项目名称	主要建设内容	总投资	资金来源
2004	522	龙州县外事侨务综合办公楼项目	占地10亩，新建办公楼及住宅小区等	30	上级拨款
				455	自筹
2004	523	龙州县水口镇图书门市部项目	总建筑面积480平方米	30	上级拨款
2004	524	龙州县金龙镇国土资源管理所项目	新建办公楼等440平方米	40	自筹
2004	525	2004年龙州县零星建筑项目	共13个项目12312.5平方米	601.2	自筹
2005	526	水口口岸联检楼配套设施项目	水电增容、会晤室装修改造、贵宾休息室装修、购置X光机、购置查验台等。	100	申请上级拨款
2005	527	水口口岸通道拓宽项目	建设挡土墙、回填土、道路路面硬化、人行道铺设、绿化、架设路灯等配套设施建设	400	申请上级拨款
2005	528	龙州县物资总公司炸药贮存仓库搬迁建设项目	征地约10亩、建设炸药贮存仓库、宿舍、值班室、路面硬化、供电、供排水设施、消防、防雷设施、围墙等	82	自筹
2005	529	水口关边防检查站新营区项目	征地40亩、新建办公楼、警官公寓等	2094	申请上级拨款
2005	530	龙州县龙州镇农产品批发市场项目	占地50亩	1332	自筹
2005	531	龙州县法院下冻中心法庭项目	总建筑面积580平方米	42	申请国债资金
				9	地方配套
				3.6	自筹
2005	532	龙州县残疾人联合会残疾人扶贫基地项目	占地约60亩	20	申请上级拨款
2005	533	龙州县工商所办公楼项目	占地面积5461.2平方米，建筑面积1400平方米	112	自筹
2005	534	龙州县响水镇政府综合办公大楼项目	总建筑面积1080平方米	50	县政府拨款
2005	535	龙州县龙水二级路延长线工程项目	全长1326.76米	2500	贷款
				500	地方配套
2005	536	龙州县城东红八军纪念广场至新行政中心道路项目	全长305米	1000	贷款
				800	地方配套
2005	537	龙州县金龙镇客运站项目	新建停车位、候车室、调度室、办公室及相关配套设施等	35	申请上级拨款
				10	地方配套
2005	538	国有北耀农场乌龙茶种植与加工项目	种植乌龙茶1000亩及配套灌溉设备等	200	中央财政农业综合资金
				80	自治区配套
				20	县配套
				100	自筹
2005	539	龙州县乡镇计生服务站项目	新建办公楼2栋共300平方米（上金、武德）	20	县财政拨款
2005	540	2005年龙州县零星建筑项目	共2个项目740平方米	55	上级拨款及自筹
2005	541	龙州县2005年学生宿舍楼项目	共4个项目2900平方米	140	上级拨款
2005	542	龙州县2005年学校教学楼项目	共4个项目1660平方米	74	上级拨款

表 16-3　1986 年—2005 年项目投资一览表(发改部门实施的项目)

单位:万元

年份	序号	项目名称	主要建设内容	建设性质	总投资	开工时间	竣工时间
一、农业基础设施(89 个)							
1994	1	龙州县网箱养鱼项目	网箱养鱼	新建	10	1995.4	1995.6
1994	2	龙州县维新良种苗圃场项目	建设良种龙眼育苗场 10 亩	新建	10	1995.5	1995.7
2001	3	龙州县上龙乡民强村人畜饮水工程	蓄水池 50 立方米,泵房 10 平方米	新建	7	2002.3	2002.7
2001	4	龙州县金龙镇金龙村人畜饮水工程	建水池、供水管道等	新建	13	2001.11	2002.7
2001	5	龙州县水口镇埂宜村人畜饮水工程	建水池、供水管道等	新建	10	2002.3	2002.7
2001	6	龙州县下冻镇春秀灌区渠道项目	渠道硬化三面光	改建	10	2001.12	2002.7
2001	7	龙州县金龙至武联渠道项目	渠道硬化三面光	改建	15	2002.1	2002.7
2001	8	龙州县洞桂水利灌区渠道硬化项目	渠道硬化三面光	改建	90	2002.1	2002.12
2002	9	龙州县水口镇独山村大棒屯人畜饮水工程	提水一处,水池 50 立方米	新建	12	2003.3	2003.6
2002	10	龙州县上金乡上金街供水工程	提水一处,水池 50 立方米	新建	10	2003.3	2003.4
2002	11	龙州县逐卜乡谷阳村谷阳屯人畜饮水工程	提水一处,水池 50 立方米	新建	13	2003.3	2003.6
2002	12	龙州县下冻镇那花边贸互市点人畜饮水饮水工程	提水一处,水池 50 立方米	新建	6	2003.3	2003.6
2002	13	龙州县金龙镇高山村陇叫屯人畜饮水工程	提水一处,水池 50 立方米	新建	5	2003.3	2003.6
2002	14	龙州县彬桥乡安镇村板旧屯人畜饮水工程	提水一处,水池 50 立方米	新建	6	2003.3	2003.6
2002	15	龙州县响水镇高峰村那站屯人畜饮水工程	提水一处,水池 50 立方米	新建	5	2003.3	2003.6
2002	16	龙州县金龙镇新兴村陇昔屯人畜饮水工程	提水一处,水池 50 立方米	新建	12	2003.3	2003.6
2002	17	龙州县上龙乡武权村那郝屯人畜饮水工程	提水一处,水池 50 立方米	新建	7	2003.3	2003.5
2002	18	龙州县上降乡呼咬村板亚屯人畜饮水工程	提水一处,水池 50 立方米	新建	9	2003.3	2003.6
2002	19	龙州县逐卜乡逐卜村板弄屯人畜饮水工程	提水一处,水池 50 立方米	新建	6	2003.3	2003.5
2002	20	龙州县彬桥乡安镇村那雷屯人畜饮水工程	提水一处,水池 50 立方米	新建	7	2003.3	2003.6
2002	21	龙州县响水镇响水村驮板屯人畜饮水工程	提水一处,水池 50 立方米	新建	10	2003.3	2003.4
2002	22	龙州县上龙乡新联村弄行屯人畜饮水工程	提水一处,水池 50 立方米	新建	8	2003.3	2003.4

续表

年份	序号	项目名称	主要建设内容	建设性质	总投资	开工时间	竣工时间
2002	23	龙州县武德乡三联村坡那屯人畜饮水工程	提水一处，水池50立方米	新建	8	2003.3	2003.4
2002	24	龙州县武德乡精威村谷龙屯人畜饮水工程	提水一处，水池50立方米	新建	6	2003.3	2003.4
2002	25	龙州县上金乡进明村荷村屯人畜饮水工程	提水一处，水池50立方米	新建	19	2003.3	2003.5
2002	26	龙州县洞桂水利干渠防渗工程	渠道硬化5千米	改建	50	2002.1	2003.3
2002	27	龙州县洞桂水利干渠防渗工程	渠道硬化5千米	改建	150	2002.1	2003.3
2002	28	龙州县春秀干渠防渗工程	渠道硬化5千米	改建	50	2002.1	2003.3
2002	29	龙州县上金乡云江村大村屯人畜饮水工程	提水一处，水池50立方米	新建	10	2003.1	2003.1
2002	30	龙州县响水镇四清村陇念屯人畜饮水工程	提水、水池、管网	新建	5	2003.3	2003.6
2003	31	龙州县金龙镇花都村叫是屯人畜饮水工程	新建提水工程一处	新建	10	2004.3	2004.10
2003	32	龙州县武德乡武德村告内屯人畜饮水工程	新建提水工程一处	新建	10	2004.3	2004.10
2003	33	龙州县上降乡呼咬村板亚屯人畜饮水工程	新建提水工程一处	新建	10	2004.3	2004.10
2003	34	龙州县逐卜乡崇德村上宙屯人畜饮水工程	新建提水工程一处	新建	10	2004.3	2004.10
2003	35	龙州县武德乡农干村陇严屯人畜饮水工程	新建提水工程一处	新建	10	2004.3	2004.10
2003	36	龙州县下冻镇布局村加乌屯人畜饮水工程	新建提水工程一处	新建	10	2004.3	2004.10
2003	37	龙州县上金乡云江村逐乜屯人畜饮水工程	新建提水工程一处	新建	10	2004.3	2004.10
2003	38	龙州县彬桥乡安镇村楞鸦屯人畜饮水工程	新建提水工程一处	新建	10	2004.3	2004.10
2003	39	龙州县霞秀乡岭南村渠皿屯人畜饮水工程	新建提水工程一处	新建	14	2004.3	2004.10
2003	40	龙州县上龙乡民强村岜炉、佰架屯人畜饮水工程	接水厂，5千米管道	新建	18	2004.3	2004.10
2003	41	龙州县上金乡云江村那岜屯人畜饮水工程	新建提水工程一处	新建	10	2004.3	2004.10
2004	42	龙州县下冻镇扶伦村水利渠道维修项目	环山渠道修复5千米	改建	50	2005.1	2005.6
2004	43	龙州县逐卜至响水排涝工程	灌溉排涝5千米	改建	184.2	2004.12	2005.4
2004	44	龙州县金龙镇侵笔村陇念屯人畜饮水工程	水池50立方米，机房13平方米，管道1250米	新建	8	2005.1	2005.8
2004	45	龙州县武德乡武德村板想屯人畜饮水工程	管道4200米	新建	8	2005.1	2005.6

续表

年份	序号	项目名称	主要建设内容	建设性质	总投资	开工时间	竣工时间
2004	46	龙州县上金乡联江村那表屯人畜饮水工程	新建人饮工程一处	新建	13	2005.1	2005.6
2004	47	龙州县水口镇沿山村弄嫁屯人畜饮水工程	水池30立方米，机房13平方米，管道3400米	新建	5	2005.1	2005.8
2004	48	龙州县水口镇独山村板盎屯人畜饮水工程	水池30立方米，机房13平方米，管道3400米	新建	10	2005.1	2005.8
2004	49	龙州县上龙乡武权村弄灰屯人畜饮水工程	水池50立方米，机房13平方米，管道3434米	新建	20	2005.1	2005.8
2004	50	龙州县逐卜乡卫国村板凌屯人畜饮水工程	管道2230米	新建	12	2005.1	2005.8
2004	51	龙州县彬桥乡青山村那米屯人畜饮水工程	取水前池一处，管道2800米	新建	10	2005.1	2005.8
2004	52	龙州县响水镇高峰村那布屯人畜饮水工程	水池50立方米，机房13平方米，管道450米	新建	5	2005.1	2005.8
2004	53	龙州县水口镇罗回村那文屯人畜饮水工程	水池50立方米，管道1640米	新建	10	2005.1	2005.8
2004	54	龙州县彬桥乡彬迎村弄岭屯人畜饮水工程	水池50立方米，管道3500米	新建	8	2005.1	2005.8
2004	55	龙州县武德乡近梅村陇艾屯人畜饮水工程	水池30立方米，管道2200米	新建	12	2005.1	2005.8
2004	56	龙州县上龙乡武权村板弄屯人畜饮水工程	水池100、50立方米各一座，机房13平方米，管道1630米	新建	10	2005.1	2005.8
2004	57	龙州县金龙镇贵平村陇底屯人畜饮水工程	水池50立方米，机房13平方米，管道1250米	新建	10	2005.1	2005.8
2004	58	龙州县逐卜乡广合村上茶屯人畜饮水工程	水池30、25立方米各一座，机房13平方米，管道2100米	新建	10	2005.1	2005.8
2004	59	龙州县彬桥乡岜苗村岜苗屯人畜饮水工程	水池100立方米，机房13平方米，管道3900米	新建	10	2005.1	2005.8
2004	60	龙州县上金乡上金村板农屯人畜饮水工程	水池100立方米，管道1500米	新建	15	2005.1	2005.8
2004	61	龙州县上金乡上金村活灵屯人畜饮水工程	水池100立方米，机房13平方米，管道1200米	新建	10	2005.1	2005.8
2004	62	龙州县响水镇棉江村列村屯人畜饮水工程	水池50立方米，机房13平方米，管道1250米	新建	8	2005.1	2005.8
2004	63	龙州县下冻镇供水工程		新建	8	2005.18	2006.4
2004	64	龙州县下冻镇春秀水利干渠防渗工程	总标段1.41千米，三面光渠道	新建	50	2005.1	2005.4
2005	65	龙州县八角乡菊埂村板季、下益屯人畜饮水工程	水池100立方米，管道4400米	新建	18	2006.2	2006.06
2005	66	龙州县上龙乡武权村坡那、那毕屯人畜饮水工程	水池120立方米，机房13.85平方米，管道4800米	新建	14	2006.2	2006.6
2005	67	龙州县上降乡鸭水村板其屯人畜饮水工程	水池50立方米，管道1600米	新建	8	2006.2	2006.6

续表

年份	序号	项目名称	主要建设内容	建设性质	总投资	开工时间	竣工时间
2005	68	龙州县逐卜乡广合村上额屯人畜饮水工程	水池80立方米,机房13.85平方米,管道950米	新建	10	2006.2	2006.6
2005	69	龙州县下冻镇洞埠村洞银、那历人畜饮水工程	水池30立方米,机房13.85平方米,管道1500米	新建	14	2006.2	2006.6
2005	70	龙州县水口镇康宁村岜宁屯人畜饮水工程	水池30立方米,机房13.85平方米,管道1850米	新建	8	2006.2	2006.6
2005	71	龙州县逐卜乡弄岗村甫茶屯人畜饮水工程	水塔50立方米,管道1500米	新建	8	2006.2	2006.6
2005	72	龙州县武德乡保卫村上布屯人畜饮水工程	水池50立方米,机房13.85平方米,管道1850米	新建	10	2006.2	2006.6
2005	73	龙州县水口镇沿山村同仟屯人畜饮水工程	水池30立方米,机房13.85平方米,管道2860米	新建	10	2006.2	2006.6
2005	74	龙州县逐卜乡牌宗村甫眼屯人畜饮水工程	水池30立方米,机房13.85平方米,管道550米	新建	12	2006.2	2006.6
2005	75	龙州县金龙镇金龙村都乌屯人畜饮水工程	水池30立方米,机房13.85平方米,管道650米	新建	8	2006.2	2006.6
2005	76	龙州县龙州镇板门村弄蚌屯人畜饮水工程	水池50立方米,机房13.85平方米,管道500米	新建	10	2006.2	2006.6
2005	77	龙州县逐卜至响水内河排灌工程	治理河段10千米,改善灌溉面积10000亩	改建	110	2005.11	2006.7
2005	78	龙州县城青龙、合龙水利工程	渠道三面光2.2千米	改建	40	2005.11	2006.1
2005	79	龙州县下冻镇小青山小流域治理工程	治理河段1.5千米,改善灌溉面积100亩	改建	30	2006.2	2006.6
二、文教卫生(5个)							
1998	1	龙州县上龙乡水陇小学教学楼项目	新建教学楼348平方米	新建	20	1998.10	1999.3
1998	2	龙州县霞秀乡空埂小学教学楼项目	新建教学楼500平方米	新建	22	1998.5	1998.9
2000	3	龙州县金龙镇中学建设项目	教学楼1164平方米,学生宿舍楼1238平方米,学生饭堂兼礼堂800平方米,修建运动场及校园整治7200平方米	扩建	180	2001.3	2001.11
2002	4	龙州县金龙镇中学建设项目	总建筑面积500平方米	扩建	20	2003.5	2004.4
2002	5	龙州县下冻镇中学人饮项目	管道引水	改建	15	2003.6	2003.8
三、交通(57个)							
2000	1	龙州县金龙镇板池至百里道路工程	小桥1座,道路3千米	新建	10	2001.6	2002.2
2001	2	龙州县上金乡云江村级公路工程	总长1.85千米,路基、路面、路涵等	新建	50	2002.4	2002.12
2001	3	龙州县八角乡八角至龙边公路工程	总标段1.85千米,路基、路面、路涵等	新建	32	2002.3	2002.7

续表

年份	序号	项目名称	主要建设内容	建设性质	总投资	开工时间	竣工时间
2001	4	龙州县逐卜乡那陇至牌完公路工程	总标段1.85千米，路基、路面、路涵等	改建	27	2002.4	2002.10
2001	5	龙州县彬桥乡安镇至安民公路工程	总标段10.59千米，路基、路面、路涵等	改建	50	2001.9	2002.7
2001	6	龙州县逐卜乡锦阁至金龙镇板盘公路工程	总标段8.87千米，路基、路面、路涵等	新建	80	2002.3	2002.11
2001	7	龙州县上龙乡武权至板止公路工程	总标段3.6千米，路基、路面、路涵等	改建	32	2002.3	2002.11
2001	8	龙州县金龙镇三圣至逐卜乡三叉公路工程	总标段8.5千米，路基、路面、路涵等	新建	32	2002.2	2002.9
2001	9	龙州县金龙镇板蒙至侵笔公路工程	总标段6千米，路基、路面、路涵等	改建	17	2002.2	2002.9
2001	10	龙州县金龙镇布梯至光满公路工程	总标段5千米，路基、路面、路涵等	改建	21	2002.2	2002.9
2002	11	龙州县上降至那晓公路工程	总标段8千米，路基、路面、路涵等	改建	40	2003.5	2003.11
2002	12	龙州县金龙镇侵笔至花都公路工程	总标段6千米，路基、路面、路涵等	改建	30	2003.4	2003.11
2002	13	龙州县武德乡四块地至板探公路工程	总标段8千米，路基、路面、路涵等	改建	40	2003.5	2003.11
2002	14	龙州县上金乡卷逢至大岸公路工程	总标段6千米，路基、路面、路涵等	改建	30	2003.4	2003.10
2002	15	龙州县上金乡板兰至逐乜公路工程	总标段7千米，浆砌石、砼防渗15千米	新建	100	2002.11	2003.4
2002	16	龙州县上金至板兰公路工程	路基、路面、路涵等	新建	30	2003.5	2003.8
2002	17	龙州县上龙乡水陇至上龙公路工程	总标段4千米，路基、路面、路涵等	改建	20	2003.3	2003.7
2002	18	龙州县彬桥乡彬桥至念读公路工程	总标段6千米，路基、路面、路涵等	改建	30	2003.5	2003.8
2002	19	龙州县霞秀乡百哝至坤鸦公路工程	总标段4千米，路基、路面、路涵等	改建	20	2003.3	2003.9
2002	20	龙州县上金乡上金至板兰公路工程	总标段5千米，路基、路面、路涵等	新建	30	2003.1	2003.6
2002	21	龙州县响水镇新街至响水村公路工程	总标段10千米，路基、路面、路涵等	改建	40	2003.4	2003.9
2002	22	龙州县龙州镇新华村公路工程	总标段4千米，路基、路面、路涵等	改建	10	2003.1	2003.6
2002	23	龙州县彬桥乡倖村村级公路工程	总标段2千米，路基、路面、路涵等	改建	20	2002.1	2002.12
2003	24	龙州县八角乡板靠至陇均公路工程	总标段3.7千米，路基、路面、路涵等	改建	40	2004.6	2004.10
2003	25	龙州县武德乡三联村公路工程	总标段10.12千米，路基、路面、路涵等	改建	48	2004.4	2004.11

续表

年份	序号	项目名称	主要建设内容	建设性质	总投资	开工时间	竣工时间
2003	26	龙州县上龙乡新联至枧木王公路工程	总标段7.29千米,路基、路面、路涵等	改建	48	2004.4	2004.10
2003	27	龙州县金龙镇新兴村陇齐公路工程	总标段0.32千米,路基、路面、路涵、隧道等	新建	40	2004.6	2006.6
2003	28	龙州县武德乡近梅至陇禁公路工程	总标段1.4千米,路基、路面、路涵等	新建	40	2004.6	2004.12
2003	29	龙州县上金乡河抱至那邑公路工程	总标段3.19千米,路基、路面、路涵、隧道等	新建	80	2004.12	2006.11
2003	30	龙州县八角乡龙边至那伦公路工程	总标段2.5千米,路基、路面、路涵等	改建	40	2004.6	2004.10
2003	31	龙州县水口镇罗回至北胜公路工程	总标段4.65千米,路基、路面、路涵等	改建	50	2004.6	2004.11
2003	32	龙州县路口至民强公路工程	总标段12.14千米,路基、路面、路涵等	改建	18	2004.6	2004.9
2004	33	龙州县上金乡甫茶至畜牧场公路工程	总标段1.45千米,路基、路面、路涵等	改建	19	2004.11	2004.12
2004	34	龙州县霞秀乡岭南至上金乡联江(驮思)公路工程	总标段15.85千米,路基、路面、路涵、半隧道等	改建	75	2005.5	2005.9
2004	35	龙州县上龙乡民强至弄平公路工程	总标段2.07千米,路基、路面、路涵、半隧道等	改建	13	2005.5	2005.11
2004	36	龙州县武德乡近梅至陇轻公路工程	总标段4.49千米,路基、路面、路涵、半隧道等	改建	60	2005.5	2005.11
2004	37	龙州县霞秀乡东合至百他公路工程	总标段2.1千米,路基、路面、路涵等	改建	18	2005.5	2005.8
2004	38	龙州县水口镇罗回村近塘公路工程	总标段0.9千米,路基、路面、路涵等	改建	10	2005.5	2005.8
2004	39	龙州县龙崇公路洞口至上金卷逢公路工程	总标段3.76千米,路基、路面、路涵、半隧道等	改建	41	2005.5	2005.11
2004	40	龙州县八角乡屏案至板改公路工程	总标段2.08千米,路基、路面、路涵、半隧道等	新建	40	2005.5	2005.10
2004	41	龙州县上金乡联江至河抱公路工程	总标段2.88千米,路基、路面、路涵、半隧道等	新建	160	2004.6	2005.6
2004	42	龙州县逐卜乡长塘至武德新联公路工程	总标段5.1千米,路基、路面、路涵、半隧道等	新建	75	2005.5	2005.10
2004	43	龙州县上金乡联江至河抱公路工程	四级路路基、路面、路涵、半隧道等	新建	200	2005.6	2006.5
2004	44	龙州县下冻镇岔路至江巷公路工程	总标段1.52千米,路基、路面、路涵等	新建	40.5	2005.5	2005.11
2004	45	龙州县中越23号界碑至水口公路工程	总标段1.2千米,路基、路面、路涵等	新建	45.35	2004.11	2005.12
2004	46	龙州县小连城至戒毒所沥青路工程	总标段1.88千米,路基、路面、路涵等	新建	53	2004.12	2005.12
2005	47	龙州县金龙镇光满至侵笔公路工程	总标段7.78千米,路基、路面、路涵等	新建	138	2006.4	2007.4

续表

年份	序号	项目名称	主要建设内容	建设性质	总投资	开工时间	竣工时间
2005	48	水口镇共和至板棒公路工程龙州县	总标段 0.41 千米，路基、路面、路涵等	改建	25	2006.4	2006.9
2005	49	龙州县上金乡新街至上窑公路工程	总标段 1.09 千米，路基、路面、路涵等	改建	30	2006.4	2006.9
2005	50	龙州县水口镇罗回至康宁公路工程	总标段 8.1 千米，路基、路面、路涵等	改建	50	2006.4	2006.10
2005	51	龙州县水口镇水口电站至埂宜村板新公路工程	总标段 6.8 千米，路基、路面、路涵等	改建	30	2006.4	2006.10
2005	52	龙州县武德乡群合至陇马公路工程	总标段 2.85 千米，路基、路面、路涵等	新建	80	2006.4	2006.12
2005	53	龙州县上降乡鸦水至江村公路工程	总标段 3.5 千米，路基、路面、路涵等	改建	50	2006.4	2006.10
2005	54	龙州县响水镇四清至陇念公路工程	总标段 5 千米，路基、路面、路涵等	改建	50	2006.4	2007.8
2005	55	龙州县先锋易地安置叫及点公路工程	路基、路面、路涵等	改建	10	2006.4	2006.11
2005	56	龙州县八角乡屏案至板改公路工程	路基、路面、路涵等	改建	15	2006.4	2006.10
2005	57	龙州县龙州镇板门至岭南公路工程	总标段 4 千米，路基、路面、路涵等	新建	96	2006.4	2007.3
四、易地扶贫搬迁安置点（7 个）							
1999	1	龙州县移民安置点下冻镇那昔项目	平整土地 1000 亩	新建	30	2000.5	2001.4
2003	2	龙州县易地扶贫搬迁工程先锋农场安置点项目	住房建设及相关基础配套设施	新建	1071	2004.7	2006.6
2004	3	龙州县易地扶贫搬迁工程北耀农场安置点项目	住房建设及相关基础配套设施	新建	697.99	2005.5	2005.12
2005	4	龙州县易地扶贫搬迁试点先锋农场项目	住房建设及相关基础配套设施	改建	12	2005.5	2005.12
2005	5	龙州县易地扶贫搬迁安置点北耀项目	开发基本农田 1400 亩，公路 8 千米，住房 14000 平方米，学校 500 平方米，卫生院 200 平方米	新建	700	2006.1	2007.9
			新建沼气池 280 座，人畜饮水工程 3 处，架设低压线路 5 千米	新建	50	2006.1	2006.7
2005	6	龙州县地质灾害易地扶贫搬迁安置点下冻镇扶伦村、武德乡保卫村项目	道路 2 千米、水池 2 座，抽水设施套，住房 5280 平方米，基本农田开发及附属设施	新建	200	2006.3	2007.5
2005	7	龙州县易地扶贫搬迁工程龙北农场项目	基本农田开发 3500 亩，道路 5 千米，住房 11200 平方米，茶叶厂、剑麻厂改造等	新建	750	2006.4	2007.9
			产业开发 1000 亩，农田开发 200 亩	新建	120	2006.6	2007.3

第二章　统　计

1986年—1991年，龙州县统计部门使用算盘进行统计。1992年，县统计局配备第1台电脑，统计人员开始使用电脑设备整理资料。2005年，县统计局和12个乡镇统计专业人员全部配备计算机，所有专业统计资料的数据处理工作全部通过计算机进行。

1986年—2005年，龙州县统计工作内容主要包括农业、工业、贸易业、住宿餐饮业、旅游业、劳动工资、社会服务业、固定资产投资、建筑业、房地产、能源、基本单位、城镇住户调查、农村住户调查、贫困监测、人口劳动力抽样调查、国情国力普查等12项专业统计报表、4项抽样调查及3项国情国力普查业务。

第一节　机　构

1986年，龙州县统计局内设办公室、国民经济综合核算股、工业能源和投资统计股3个部门，有人员编制10名，实有10人，办公地址在龙州镇康平街28号县人民政府大院内。下设1984年成立的事业单位龙州县农村经济调查队，有人员编5名，实有5人。2001年机构改革，县统计局内设办公室、国民经济综合核算股、工业能源和投资统计股3个部门，有人员编制9名，实有9人，办公地址在龙州镇康平街28号县人民政府大院内，下设单位不变。2003年2月，龙州县普查中心成立，为县统计局下设的事业单位，有人员编制5名，实有5人。2005年，县统计局内设办公室、国民经济综合核算股、工业能源和投资统计股3个部门，有人员编制8名，实有8人，办公地址在龙州镇康平街28号县人民政府大院内。下设县农村经济调查队、县普查中心2个事业单位，有人员编制10名，实有10人。

1986年—2005年历任局长：林镇锋(1986.1—1990.10)，杜日辉(1990.10—1992.8)，梁耀光(1992.8—1994.2)，冯云芳(1994.2—1996.1)，农春颖(1996.1—2004.5)，陆丽贞(2005.8—2005.12)。

第二节　统计程序与设备

统计程序

1986年—2005年，龙州县根据《中华人民共和国统计法》规定，统计调查、整理、分析和提供等统计业务按照统计法律法规和统计制度规定的程序自下而上进行。全县的定期统计报表调查，先由各乡镇政府、各部门、各企事业单位组织收集、整理、汇总基层统计资料，并按时将统计资料以报表形式上报县统计局，然后由县统计局审核汇总，再逐级上报。定期统计报表调查按报告期分类，有月报、季报、半年报、年报，一律实行定期报送制度。不定期的统计调查或抽样调查资料，则按调查的目的、时间、范围、调查方法，由县统计局统一部署，由调查对象按规定的时间送达县统计局。所有统计调查工作受统计法约束和保护。

统计设备

1986年—1991年，龙州县统计部门使用的统计工具是算盘。1992年，县统计局配备第1台电脑，统计人员开始使用电脑设备整理资料。2002年，县统计局配备各类微型计算机6台、传真机1台、打印机4台。2005年，县统计局和12个乡镇统计专业人员全部配备计算机，共有计算机20台；所有专业统计资料的数据处理工作全部通过计算机进行，统计工作效率大幅提升。

专业统计

1986年—2005年，龙州县统计工作内容主要包括农业、工业、贸易业、住宿餐饮业、旅游业、劳动工资、社会服务业、固定资产投资、建筑业、房地产、能源、基本单位、城镇住户调查、农村住户调查、贫困监测、人口劳动力抽样调查、国情国力普查等 12 项专业统计报表、4 项抽样调查及 3 项国情国力普查业务。

综合核算统计

1988 年，县统计局设专职综合专业统计，开始进行国民经济核算，计算国内生产总值，对原有的社会总产值、国民收入按三次产业 15 个行业计算国内生产总值。1999 年，根据自治区统计局的部署，调整和整理 1993 年—1998 年各年国内生产总值。同年，还计算 1950 年—1977 年国内生产总值。至此，从 1950 年—2005 年，龙州县国内生产总值这一重要经济指标，有了一个连续的、口径统一的法定数字。

农业统计

1986 年，县统计局将村及村以下办工业划归工业统计，只保留家庭兼营工业。在整理 1986 年以前的农业总产值时，将其中的村及村以下办工业产值扣除。1989 年，取消《农村专业户和新经济联合体基本情况》。1999 年，根据自治区统计局的部署，调整 1993 年—1998 年牧业产品产量和农业总产值。从 2000 年起，按自治区统计局的要求，在保留原来农业统计报表的基础上，新增农村居民住户抽样调查。全县调查样本 100 户，以日记账方式进行统计，以此调查资料核算全县农民人均纯收入。2002 年—2005 年，农村经济统计除农村居民住户调查外，年报目录 17 个，定期报表 7 个。

工业与交通统计

1986 年起，县统计局统计工业、交通项目有：全民所有制工业总产值、集体所有制工业企业总产值、全民所有制工业企业主要财务成本指标、全民所有制工业企业主要产品生产能力、全民所有制独立核算工业企业劳动生产率。是年，统计年报项目有全部工业总产值、全民所有制独立核算工业企业主要财务成本指标、独立核算工业企业净产值、主要产品产量、主要工业产品单位成本等。将农业统计中的村及村以下办工业列为工业统计。在整理 1986 年以前全部工业总产值时，增补村及村以下办工业产值。1999 年调整 1993 年—1998 年工业总产值。2002 年—2005 年，执行自治区统计局制定的工业统计年报表有《主要工业产品产量》《规模以下工业主要产品产量》《工业企业生产、销售总值》《工业企业财务状况》4 个表，季报有《主要工业产品销售量与库存量》，月报有《工业增加值》《工业产销总值及主要产品产量》《工业企业主要经济指标》3 个表；交通运输邮电通信业统计年报表有《独立核算运输企业财务状况表》《民用车辆拥有量》《全社会客货运输（吞吐）量》《民用运输船舶拥有量》；能源统计年报表有《地区能源平衡表》《工业企业能源购进、消费及库存》《主要能源地区调拨情况》，季报表有《工业企业主要能源消费量与库存量》。

建筑业、固定资产、房地产统计

1983 年以前，龙州县建筑业统计归属县基建局。1984 年，由县统计局接管。1985 年，县统计局执行自治区统计局颁发的建筑业统计报表《城镇集体所有制建筑企业生产完成情况》《城镇集体所有制建筑企业净产值》《建筑业产值价格指数》。2002 年，执行自治区统计局制定的建筑业统计报表有《建筑企业生产情况》《建筑业企业房屋建筑工程生产情况》《建筑企业财务状况》《劳务分包建筑企业生产经营情况》4 个表。固定资产投资统计 1976 年起执行国家统计局颁发的固定资产投资报表制度。2002 年—2005 年，执行自治区统计局制定的固定资产投资统计报表有《农村集体固定资产投资》《城镇和工矿区私人建房情况》《固定资产投资统计基层标准表》《固定资产投资完成情况一览表》《房地产开发统计基层标准表》《房地产开发经营情况表》《固定资产投资构成调查表》等 7 个表。

贸易业统计

1986 年，县统计局在贸易业的统计包括社会商品零售额、社会消费品零售总额数据。1994 年，取消《社会商品零售额》，增加《社会消费品零售总额》《饮食业销售情况》《限额以上批发零售贸易企业财务状况》3 个表，季度报表有《限额以上批发零售贸易业商品购销、库存》，月报有《批发零售贸易业商品销售总额和分类销售额》《社会消费品零售总额》2 个表。

劳动工资统计

1985 年，龙州县劳动工资年报有《全民所有制单位全部职工人数与工资》《全民所有制单位全部职工工资总额构成情况》《全民所有制单位按职工工资水平分组的职工人数》《全民所有制单位分民族全部职工人数》《全民所有制工业企业建筑企业全部职工人数情况》《全民所有制单位固定职工和合同制职工增加来源和减少去向变动情况》《全民所有制单位职工劳保福利费用构成情况》《城镇集体所有制单位全部职工人数、工资和个体劳动者人数》《城乡劳动力资源与分配平衡表》9 个表。2002 年，执行自治区统计局制定的劳动综合统计年报表有《单位从业人员和劳动报酬情况》《单位从业人员变动情况》《市、县从业人员和劳动报酬综合表》《劳动情况》4 个表。

第三节 统计调查

城镇住户调查

1986 年—2003 年，龙州县尚未开展城镇住户调查或类似活动。2004 年始，龙州县开始开展城镇住户调查，调查对象是在县城内居住的住户。调查主要内容包括：城镇居民家庭成员基本情况，城镇居民家庭基本情况，城镇居民家庭现金收支，城镇居民家庭消费支出，城镇居民家庭非现金收入等。

调查数据收集方式：城镇居民家庭成员基本情况、城镇居民家庭基本情况、城镇居民家庭现金收支、城镇居民家庭消费支出等内容采用日记账方法来收集，每季上报一次；城镇居民家庭非现金收入每月填报，年末一次性上报。个人基本情况、收入和社会保障支出等内容按家庭成员分别记账，消费支出以家庭为单位记账。调查户月记账周期为上月 21 日至当月 20 日。根据自治区统计局的统一布置，龙州县按随机等距抽样的方法，全县抽选 60 户城镇住户为样本。全县城镇居民年人均可支配收入从抽中的 60 户样本户来推算。

农村住户调查

1986 年—2000 年，龙州县尚未开展农村住户调查或类似活动。2001 年，龙州县开始开展农村住户调查，分为年报、季报。主要报表有农村住户现金收支登记账、农村住户劳动力就业与外出从业情况等表种。根据自治区统计局的统一布置，龙州县按随机等距抽样的方法，按人均收入的高低排列，从 13 个乡镇中抽选 10 个乡镇，每个乡镇抽一个调查点 10 户农户为样本户，全县抽选 100 户农户为样本，以日记账方式调查。全县农民年人均纯收入从抽中 100 的户样本户来推算。

贫困监测调查

龙州县贫困监测调查方法与农村住户调查相同。

人口普查

1953 年—2005 年，龙州县进行过 5 次人口普查。普查项目包括姓名、性别、年龄、民族、文化程度、职业等。登记范围：县辖区内具有中国国籍的人口。从 1990 年起，每 10 年开展一次人口普查，登记标准时点为普查年份的 11 月 1 日。1953 年人口普查是解放后龙州县首次人口普查，6 月 30 日 24 时为人口调查登记的标准时间。1964 年第 2 次人口普查，6 月开始，8 月 10 日结束。1982 年第 3 次人口普查，6 月开始，1983 年 10 月结束。1990 年第 4 次人口普查，6 月开始，1991 年 11 月结束。2000 年第 5 次人口普查，4 月开始，2001 年 6 月结束。

农业普查

农业普查每 10 年进行一次。1996 年 11 月，进行第 1 次全国农业普查，普查标准时间：1996 年 12 月 31 日开始，1997 年 10 月结束。

经济普查

经济普查每 5 年开展一次。经济普查是国家调整普查制度后，将原来分项开展的工业普查、第三产业普查、基本单位普查合并而成，普查范围包括除农业以外的所有行业。第 1 次经济普查原定于 2003 年开展，但由于当年国内暴发非典疫情而推迟进行。2004 年 11 月，进行第 1 次全国经济普查，普查标准时间：2004 年 12 月 31 日开始，2005 年 10 月结束。

基本单位普查

1996 年 11 月，龙州县进行第 1 次全国基本单位普查。普查标准时间：1996 年 12 月 31 日开始，1997 年

5月结束。

2001年9月，龙州县开展第2次全国基本单位普查。普查标准时点为2001年12月31日，普查资料的普查年度为2001年开始，2002年6月结束。

2004年后，基本单位普查改为常规的统计专业进行统计普查，分有半年报、年报。

第四节　执法与宣传

执法

2003年—2005年，为保证统计数据的准确、真实，龙州县按上级统计部门的布置要求，贯彻落实统计法，开展统计执法活动，查处虚报、拒报、瞒报、迟报案件14件，经济处罚1件。

宣传

1986年，县统计局根据历年积累的统计资料和有关部门提供的一些情况与数据，经综合分析和汇总，编写出版1949年—1985年《龙州县国民经济统计资料》（1953年—1985年分乡社场农作物面积产量）。1996年11月，编写1978年—1995年《龙州县历年主要经济指标》。内容包括综合、农业、工业、财政、劳动工资、人均收入、存款余额、乡镇企业、交通、邮电、商业、教育、卫生等统计资料。2003年—2005年，加大统计法的宣传力度，印发宣传资料15000份，上街宣传100人次。

第三章　价　格

1986年—2005年，龙州县物价部门对物价的管理重点是整顿价格秩序，稳定市场物价，控制物价上涨幅度，维护正常的价格秩序。1986年，全县进行价格管理体制改革，逐步放开三类小商品的价格，由企业根据供求关系自行定价。1988年，陆续放开二类商品价格。1992年，放开大部分一类商品价格，扩大企业定价的范围。2005年，政府定价的品种主要有自来水价格、电力价格、重要的交通运输价格、旅游门票价格、糖料蔗收购价格、部分重要商品价格及行政事业性收费标准等。

第一节　机　构

1986年，龙州县物价局不内设部门，下设县价格评估事务所，有人员编制7名，实有8人，办公地址在龙州镇康平街28号县人民政府大院内。1992年，增设龙州县物价检查所。2001年12月机构改革，将县物价局并入县发展计划局，保留牌子和印章。是年，县物价局内设价格综合股、收费管理股两个部门，下设县物价检查所、县价格认证中心（原县价格评估事务所）两个下属机构。有人员编制19名，实有25人。2005年，县物价局内设价格管理股、收费管理股2个部门，有人员编制15名，实有24人，办公地址在龙州镇城北路北二巷3号。

1986年—2005年历任局长：杜桂彪（1986.1—1994.2），梁志强（1994.2—2001.1），赵金恒（2001.1—2003.1），陆丽贞（2003.1—2004.11），吴尚文（2004.11—2005.12）。

第二节　管理体制改革

在改革开放初期，县物价委员会负责管理全县商业、供销、粮食、物资系统经营的商品价格，对关系国计民生的商品实行全国统一价，一般商品实行全县统一价。调整商品价格，按全自治区或全国统一布置，统一执行,企业无定价自主权。1986 年,龙州县进行价格管理体制改革,物价工作由单纯的定价、审价、调价向定价与检查相结合,管理与服务相结合。主要是改变过去过于集中,全部由国家统一定价的办法,逐步放开三类小商品的价格,由企业根据供求关系自行定价。1988 年,陆续放开二类商品价格。1992 年,放开大部分一类商品价格,扩大企业定价的范围,落实企业定价自主权,把企业推向市场。2005 年,政府定价的品种主要有自来水价格、电力价格、重要的交通运输价格、旅游门票价格、糖料蔗收购价格、部分重要商品价格及行政事业性收费标准等。

第三节　价格管理

1986 年—2005 年,随着经济体制改革和价格改革的深入,龙州县价格管理、制定权限随之发生变化。主要是改变过去过于集中,全部由国家统一定价的办法,把商品(产品)的定价权逐步下放,由企业根据供求关系自行定价。逐步缩小国家统一定价的范围,扩大国家指导价和市场调节价的范围。

1986 年—1990 年,龙州县对放开的商品价格出现涨、降幅度较大时,在一定时期内对其价格规定最高限价,最低保护价,并监督执行提价申报制度。1986 年,根据实际情况,龙州县按价格分工管理权限,制定 9 种 68 个项目的商品价格,调整 12 种 73 个项目收费标准和价格。1987 年,制定和调整 56 种商品价格。1988 年,全县物价受全国性涨价因素影响,涨价总水平比上年度上升 31.1%。1989 年,县物价局采取平调物价的主要措施:对主要商品提价暂不出台;重要工业品采用行政手段和利用各种综合费率来限制管理;彩电、冰箱、名牌自行车等高档耐用消费品,实行价格申报制度,加强价格管理,控制物价上涨。1990 年,为实现物价基本稳定和强化物价管理,根据上级主管部门有关文件精神,龙州县制定和调整 33 个品种价格。为规范企业的价格行为,从是年始,全县凡生产、经营商品的国有和集体独立核算企业,实行企业定价许可证制度和企业内部价格管理制度,向县物价局领取企业定价许可证,持证按授权范围行使企业定价权,并实行明码标价。至次年,县物价局给 66 个企业办理企业定价许可证。

1991 年,龙州县对放开商品取消提价申报制度,由企业自主定价,同时提高、扩大一部分国家定价商品的购销差率、进销差率、地区差率和批零差率,促进工业品的下乡。1992年,全自治区放开价格 165 种。其中:放开农产品价格 5 种,轻工产品价格 82 种,重工产品 76 种,劳务收费 2 种。根据自治区、南宁地区物价局的安排布置,龙州县放开一部分价格和收费,主要有:农产品价格方面,议价粮油进销差价、茶叶销售价、饮食业大众化品种、饮食业毛利率;轻工产品方面,肥皂、啤酒、桂林三花酒、湘山酒、乳泉酒、胶鞋、火柴、胶印书刊纸、书写纸、有光纸、毛巾被、床单、毛线、呢绒、维棉布、纯化纤布、花布、医疗器械及一批医药商品;重工产品方面,乐果乳油、自治区产硫酸、工业氯化钠、自治区产电石、纯碱和自治区产汽车、摩托车、汽车配件、各种改装客货车、微型汽车及一批化工机电商品;劳务收费方面,剧场空调收费,餐厅和舞厅零售烟加价。至此,龙州县商品价格大部分已放开,国家定价比重占全社会商品零售总额的 10%。1993 年底,属于县级以上价格主管部门管理的国家定价商品和收费项目有:中央和自治区管理的盐、化学药品、部分中西药、金银产品、邮电通讯资费、客货运价格、汽车修理收费、图书发行费、金融结算业务收费、农机商品费率、大化肥、农药、农膜、石油产品、粮食种子作价费率,行政事业性收费;地区管理的部分农机商品、小化肥、农膜、民用煤、军供煤、自来水、小水电、公园门票及旅游景点、文艺演出门票、车辆保管、家用电器维修、旅馆招待所客房收费、收缴、抵押、罚没物品作价、房地产价格等;龙州县管理的县产痛肿灵、米双酒、原料蔗、理发、农产品加工、机耕、复印、照相、个体客运及其他重要经营和劳务性收费、中央、自治区和地区管理外的重要物资和收费。

1994 年,龙州县根据中央和自治区的统一部署,完成石油购销价格并轨和电力价格、食盐价格、农资价格及运杂费、县城和乡镇的自来水价格的测算及调整工作。从是年 4 月始,对自治区规定的居民生活必需品和服务等 28 个监审项目实施监审。监审按价格管理形式分类,属国家定价的,严格按价格管理权限制定和调整价格,如水价、电价、学校收费等。属国家指导价的,重新下文贯彻执行各种差价率、利润率。同时实行提价备案制度，属市场调节价的实行提价申报、提价备案制度。从 1996 年始，对 48 种主要商品价格进行监测。1997 年，开展饭店、餐饮业价格等级评估工作，使饭店餐饮业价格有统一的行为规范，制止随意砍价行为。

1998 年 5 月 1 日，《中华人民共和国价格法》开始施行，龙州县价格管理工作严格按照价格法的有关规定执行。2002 年，龙州县为保护企业与蔗农的共同利益，根据自治区、地区有关蔗价与糖价联动的精神，实行蔗糖挂钩联动价办法，实行涉农价格和收费公示制度。2003 年，在防治"非典"期间，县物价局采取对与防治"非典"相关的市场调节价，药品、医疗器械及医用材料实行临时限价措施，确保药品价格稳定。2004 年，石油液化气市场价格出现明显上涨趋势，县物价局采取差率控制和定价申报的价格干预措施，对液化气价格依法进行监管，使液化气价格总水平趋于平稳。2005 年，核定龙州起义纪念馆、胡志明革命活动旧址和龙州中山公园旅游团队门票价格，调整红八军旧址门票和小连城门票价格。

第四节　收费管理

1987 年开始，龙州县实行行政事业性收费许可证制度。收费单位凭县财政局统一印制的票据，按"收费许可证"内的项目和收费标准进行收费。根据《广西壮族自治区行政事业性收费管理条例》，从 1990 年起，龙州县每年都从物价、财政、审计等部门抽调人员进行年审，规范收费单位的收费行为，每年审查收费总额 3000 万元左右。根据自治区物价局的安排，县物价局于 1999 年、2003 年和 2005 年，分别完成县内行政事业性收费项目、收费标准的重新审核和换证工作。价格主管部门还配合司法机关和行政执法机关进行对查处违法案件涉及的物品价格鉴证、业主的资产评估、抵押物品的价格认证、道路交通事故车物损坏的价格评估等。从 1992 年县价格评估事务所成立至 2005 年，共出具价格结论书 731 份，估价总额 1268.54 万元。另外，配合县有关部门对龙州宾馆整体转让和农机公司清产核资等进行价格认证、评估。

第五节　主要商品价格

1986 年—2005 年，我县居民消费价格总指数总体趋势较为平缓。1987 年与 1986 年相比下降 0.4%，1988 年与 1987 年相比上升 12.6%，1989 年与 1988 年相比上升 4.9%，1990 年与 1989 年相比下降 18.9%，1991 年与 1990 年相比下降 1.4%，1992 年与 1991 年相比上升 2.4%，1993 年与 1992 年相比上升 13.7%，1994 与 1993 年相比上升 7.4%，1995 年与 1994 年相比下降 7.9%，1996 年与 1995 年相比下降 11.2%，1997 年与 1996 年相比下降 6.6%，1998 年与 1997 年相比下降 4%，1999 年与 1998 年相比上升 1.4%，2000 年与 1999 年相比上升 1.3%，2001 年与 2000 年相比上升 0.1%，2002 年与 2001 年相比下降 0.3%，2003 与 2002 年相比上升 2%，2004 年与 2003 年相比上升 3.6%，2005 年与 2004 年相比下降 3.3%。

表 16-4　**1986 年—2005 年龙州县居民消费价格总指数表**

（以上年价格为 100）

年份	居民消费价格总指数	环比	年份	居民消费价格总指数	环比
1986	106.2%		1992	105.4%	2.4%
1987	105.8%	−0.4%	1993	119.1%	13.7%
1988	118.4%	12.6%	1994	126.5%	7.4%
1989	123.3%	4.9%	1995	118.6%	−7.9%
1990	104.4%	−18.9%	1996	107.4%	−11.2%
1991	103.0%	−1.4%	1997	100.8%	−6.6%

续表

年份	居民消费价格总指数	环比	年份	居民消费价格总指数	环比
1998	96.8%	-4.0%	2002	99.3%	-0.3%
1999	98.2%	1.4%	2003	101.3%	2.0%
2000	99.5%	1.3%	2004	104.9%	3.6%
2001	99.6%	0.1%	2005	101.6%	-3.3%

表 16-5

1986 年—2005 年龙州县部分日用品价格变动表

单位：元

品名＼年份	计量单位	1986	1990	1995	2000	2003	2005
500 克袋装食盐	袋	0.32	0.38	0.64	0.73	0.75	1.20
二级酱油	千克	0.80	0.90	1.50	1.50	1.50	1.53
机制一级白砂糖	千克	2.20	2.20	5.60	4.40	3.60	3.86
中号牙膏	支	0.80	0.87	1.30	1.40	1.40	1.40
肥皂	条	0.51	0.87	1.40	1.70	1.70	1.70
国产 19 钻机械手表	只	50.0	51.0	56.0	56.0	56.0	—
400 毫米落地电风扇	台	213	228	245	282	282	269
14 英寸黑白电视机	台	490	595	528	428	420	401
32 开作业本	本	0.10	0.12	0.20	0.30	0.40	—

表 16-6

1986 年—2005 年龙州县部分农副产品价格变动表

单位：元 / 千克

规格＼年份	1986	1990	1995	2000	2003	2005	备注
面粉标准粉	0.47	0.55	2.50	2.80	2.60	2.80	
籼米标二	0.56	0.65	2.60	2.00	2.30	2.50	
茶油二级	3.60	7.20	11.5	10.00	12.0		
当令蔬菜	0.40	0.60	1.00	1.40	1.70	2.40	
水豆腐	1.00	1.00	1.40	2.00	1.50	2.00	
生葱一等	0.75	1.40	1.90	2.00	2.50	3.50	
豆芽	0.70	0.80	1.70	1.20	1.20	1.60	
猪肉	4.00	7.00	12.6	11.0	13.0	18.5	去骨统肉
活鸡、项鸡	5.00	10.5	19.0	15.0	18.0	23.0	
鸡蛋	4.40	7.00	8.60	6.00	6.40	8.00	
草鱼中等	4.00	6.60	12.0	9.00	9.00	8.60	
苹果一级	5.40	3.00	5.00	4.00	5.60	8.00	
广柑一级	2.10	2.00	1.80	2.00	2.20	2.60	
35 度米双酒	1.80	2.29	4.80	5.00	5.60	6.40	

表 16-7　　1986 年—2005 年龙州县部分农业生产资料价格变动表

单位:元 / 千克

品名＼年份	1986	1990	1995	2000	2003	2004	2005
尿素含氮 46%	0.62	0.9	2.5	1.35	1.40	1.60	2.20
碳酸氢铵含氢 17%	0.24	0.5	0.72	0.52	0.50	0.48	0.72
乐果 40%	0.17	15.9	14.9	21.0	21.0	22.00	23.00
稻瘟净	10	15.9	11.3	11.3	11.3	无货	无货
农膜聚乙烯	3.70	7.08	8.42	8.42	8.42	10.5	12.0

第六节　物价执法

1986 年—2005 年,龙州县累计查处价格违法案件 251 件,没收非法所得 246.01 万元;罚款 3.89 万元,收缴的罚没款全额上交县财政;退还消费者 48.17 万元。

1986 年,主要对日用工业品、农业生产资料、钢材、水泥等进行检查,重点查处将计划内物资转为计划外高价销售、转手倒卖生产资料和紧俏日用工业品、短斤少两、掺杂使假等违法行为。查处价格违法案件 6 件,没收非法所得 5.23 万元,退还消费者 3.97 万元。1987 年,重点检查日用工业品、劳务收费等。查处价格违法案件 17 件,没收非法所得 17.8 万元,退还消费者 2.58 万元。1988 年—1990 年,开展税收、财务、物价大检查,累计查处一般价格违法案件 39 件,重大价格违法案件 15 件,没收非法所得 33.01 万元,罚款 1.45 万元。1991 年—2005 年,价格监督检查的重点是农业生产资料价格、行政事业性收费、垄断行业收费及垄断商品价格。查处的主要案件有水电价格、中小学收费、农资价格、货运服务收费、成品油价格、上级部门已明令取消的收费项目、涉农收费项目、客运价格、医疗服务收费和药品价格等。累计查处违法案件 189 件,没收非法所得 189.81 万元,处以罚款 2.44 万元,退还消费者 41.62 万元。

第四章　工商行政管理

1986 年以来,龙州县工商行政管理局认真履行部门职责,为优化龙州县市场结构和环境,搞活龙州经济,积极寻找自身职能与经济发展的结合点和突破口,采取有力措施,市场主体快速发展,取得明显成效。1986 年—2005 年,县工商行政管理部门对全县市场除开展日常的监督管理外,与烟草、文化、卫生、农资等行政执法部门合作开展集贸市场、节日市场、烟草市场、文化市场、食品市场、建筑材料市场、生产资料市场、药品市场等八大专项整治活动,查处经济违章违法案 559 件,维护地方经济正常运行与发展。2005 年,全县注册登记企业 422 户,注册资金 30459 万元,其中全民所有制企业 179 户,集体企业 160 户,股份合作制企业 11 户,有限责任公司 57 户;外资企业 15 户。全县注册登记私营企业 108 户,注册资本 7192 万元,从业人数 1286 人;注册登记个体工商户 7956 户,从业人数 11995 人,注册资金 7012 万元。

第一节　机　构

龙州县工商行政管理局

1986 年,龙州县工商行政管理局内设秘书股、经济合同管理股、市场管理股、工商企业登记管理股、个体经济管理股 5 个部门,有人员编制 58 名,实有 60 人,办公地址在龙州镇兴龙路 33 号。下设龙州、彬桥、下冻、水口、武德、金龙、逐卜、响水、上金、八角、上降、霞秀 12 个基层工商所，共有 43 人。管辖龙州县个体劳动者协会和龙州县消费者协会。1999 年，增设龙州县市场开发服务中心；2001 年 12 月机构改革后，该中心不再属工商局管辖。2005 年，县工商局内设办公室，财务股，人事教育股，公平交易、商标广告与消费都权益保护股，市场与合同监管股，企业注册与个体私营经济管理股 6 个部门，有人员编制 65 名，实有 65 人，离退休人员 36 人，办公地址在龙州镇兴龙路 33 号。下设龙州、霞秀、水口、逐卜、金龙、彬桥、下冻、响水、武德 9 个基层工商所，共有 35 人。

1986 年—2005 年历任局长：刘运恒(1986.1—1994.3)，林平(1994.3—1997.3)，黄志文(1997.3—2002.11)，何显安(2002.11—2005.12)。

龙州县市场开发服务中心

1999 年 1 月 1 日，龙州县市场开发服务中心成立，由龙州县工商行政管理局托管，未列入正式编制。内设中心办公室、财务室、安全生产办公室、水电监督管理办公室 4 个部门，实有 88 人，办公地址在龙州镇新填地城脚根 45 号。2001 年 12 月，县市场开发服务中心与龙州县工商行政管理局实行办管脱钩。2003 年 3 月 29 日，县市场开发服务中心定为全民所有制自收自支事业单位，主要职能为经营管理市场资产。内设办公室、财务室、安全组 3 个部门，有人员编制 90 名，实有 93 人，办公地址在龙州镇新填地综合商场四楼。下设龙州、八角、彬桥、下冻、水口、武德、金龙、逐卜、响水、上金 10 个乡镇物业管理所，共有 90 人。2005 年，县市场开发服务中心内设办公室、财务室、安全生产管理股、市场秩序管理股、市场卫生管理股、市场资产管理股、市场收费股 7 个部门，办公地址在龙州镇新填地综合商场四楼。下设龙州、响水、金龙、武德、水口、下冻、彬桥、八角 8 个物业管理所，共有 108 人，聘用临时工 172 人。

第二节　工商登记

企业登记

1986 年初，龙州县开始进行清理整顿公司工作。1988 年，根据《中共中央、国务院关于清理整顿公司的决定》，自治区工商局出台《关于清理整顿公司的决定》，进一步开展清理整顿公司工作。1989 年 9 月基本结束。1988 年 8 月至 1989 年 9 月，全县注册吊销企业 45 户。1988 年 7 月 1 日，施行《企业法人登记管理条例》。从 1989 年初开始，县工商局核发新营业执照，具备企业法人条件的，核发《企业法人营业执照》，不具备企业法人条件的，核发《营业执照》。1989 年前核发的企业营业执照，统一在 1990 年 9 月底前到工商部门换发新营业执照。1993 年，全县注册登记企业总数 558 户，从业人员 10570 人，注册资本 11898 万元。1994 年 7 月 1 日，《中华人民共和国公司法》正式施行；12 月，全县注册登记企业总数 579 户，从业人员 11218 人，注册资本 13060 万元。1995 年，县工商局围绕国有企业改革，支持国有企业改组改制改造，调整结构，转换经营机制。按照建立现代企业制度的要求，对照《公司法》和《公司登记条例》核准新公司。对于乡镇企业则是放宽条件，扶持和鼓励，使之逐步成为县域经济的主力军，全县注册登记企业总数 497 户，注册吊销企业 110 户。

1996 年，根据国务院《关于原有有限责任公司和股份有限公司依照〈中华人民共和国公司法〉进行规范的通知》文件精神，县工商局在 8 月 25 日至 9 月 20 日期间，对 1994 年 7 月 1 日前所有领取有限责任公司、股份有限公司营业执照的企业法人以及分支机构进行重新登记。对注册资金达不到法定最低金额的，要求必须补足差额，对公司章程、组织机构不符合公司法规定的，必须重新修改，加以完善。是年 12 月，全县注册登记企业总数 456 户，注册资本 19632 万元。

1997 年，县工商局在企业年检中，根据国家工商局 61 号令，引入 A、B 级企业认定试点工作，全县注册登记企业总数 428 户，注册资本 19537 万元。其中，全民所有制企业 172 户，集体所有制企业 256 户。1998 年，全县注册登记企业总数 421 户，注册资本 20663 万元。1999 年，全县注册登记内资企业总数 441 户，注册资本 19625 万元。其中：全民所有制企业 237 户，集体所有制企业 182 户，股份制企业 8 户，有限责任公司 14 户；外资企业 1 户。2000 年，在企业登记管理中，县工商局引导国有企业实施战略性调整，以产权制度改革为中心内容，以公司为主要形式，以资本为纽带，以市场为取向，实施规模经营，因地制宜，因企制宜。支持企业进行“三改一加强”（改制、改组、改造，加强管理），并确定10户企业作为重点服务对象。全县注册登记企业总数437户，注册资本18606万元。其中：全民所有制企业247户，集体所有制企业170户，股份合作制企业10户，有限责任公司9户；外资企业1户。

2001年，县工商局严把市场主体资格准入关，治理整顿“三无”（无资金、无场地、无机构）企业，规范经营行为，深入开展清理无照经营专项活动，全县注册登记企业总数449户，注册资本29941万元。2002年，对辖区企业全面普查，加大监督管理力度，全县注册登记企业总数432户，注册资本31968万元，其中全民所有制企业235户，集体所有制企业171户，股份合作制企业10户，有限责任公司13户；外资企业3户。2003年，全县注册登记内资企业总数426户，注册资本35082万元。其中：全民所有制企业223户，集体所有制企业175户，股份合作制企业11户，有限责任公司13户；外资企业4户。2004年，全县注册登记内资企业总数438户，注册资本34186万元。其中：全民所有制企业188户，集体所有制企业172户，股份合作制企业11户，有限责任公司54户；外资企业13户。2005年，全县注册登记企业422户，注册资金30459万元，其中全民所有制企业179户，集体企业160户，股份合作制企业11户，有限责任公司57户；外资企业15户。

表16-8　　1986年—2005年龙州县企业登记情况表

年度	户数	从业人数	注册资金（万元）	年度	户数	从业人数	注册资金（万元）
1986	187	6497	5493.6	1996	456	7521	19632
1987	202	6787	5676	1997	428	7310	19537
1988	223	6793	5739	1998	421	6532	20663
1989	459	6721	9206	1999	441	7416	19625
1990	457	7534	9671	2000	437	7314	18606
1991	462	7613	9831	2001	449	7289	29941
1992	468	7635	10381	2002	432	7526	31968
1993	558	10570	11898	2003	426	7715	35082
1994	579	11218	13060	2004	438	6625	34186
1995	497	8610	10873	2005	422	6417	30459

私营企业和个体工商户登记

1986年，县工商局全县注册登记个体工商户4682户，从业人员达5579人，注册资金376万元，总产值220万元。1988年6月，《中华人民共和国私营企业暂行条例》施行。私营企业档案开始建立，按独资企业、合伙企业、有限责任公司分类登记建档入册，全县注册登记个体工商户7065户，从业人数8215人，注册资金990万元，总产值875万元。1989年，对个体工商户档案采取二级建档制度，即工商所按行业、行政区划，县工商局编卡入档，全县注册登记私营企业6户，注册资本78.5万元，从业人数106人，总产值32万元；注册登记个体工商户4102户，从业人数4512人，注册资金786万元，总产值776万元。1991年起，建立私营企业统计报表制度，年检工作走向制度化。是年，全县注册登记私营企业7户，注册资本203万元，从业人数130人，总产值64万元；注册登记个体工商户4166户，从业人数4679人，注册资金1149万元，总产值646万元。1995年，全县注册登记私营企业11户，注册资本338万元，从业人数196人；注册登记个体工商户6064户，从业人数6805人，注册资金3842万元，总产值858万元。1999年5月，开展“个私经济服务年”活动，出台“一站式服务”“一卡式收费”等服务举措，全县注册登记私营企业16户，注册资本1149万元，从业人数260人，总产值102万元；注册登记个体工商户7054户，从业人数7054人，注册资金8656万元，总产值1323万元。2000年1月1日，个人独资企业法施行，丰富非公经济的组织形式，全县注册登记私营企业29户，注册资本1903万元，从业人数510人，总产值148万元；注册登记个体工商户5594户，从业人数6531人，注册资金5730万元，总产值2716万元。2002年春，下放个体营业执照发放权。县工商局委托工商所直接办理个体营业执照，简化办照程序，提高效率，全县注册登记私营企业78户，注册资本3249万元；注册登记个体工商户7702户，从业人数10543人，注册资金5995万元。2003年，根据上级政府的要求，全面兑现对下岗职工再就业优惠政策，县工商局规定，除下岗职工经商办厂，新办市场实行减免规费外，还免收登记费，全年免收登记费和其他规费14万多元。是年，全县注册登记私营企业82户，注册资本3462万元；注册登记个体工商户数6971户，从业人数9416人，注册资金5826万元。2005年，全县注册登记私营企业108户，注册资本7192万元，从业人数1286人；注册登记个体工商户7956户，从业人数11995人，注册资金7012万元。

表16-9　　1986年—2005年龙州县私营企业和个体工商户登记表

单位：户、人

年度	私营企业		个体工商户		年度	私营企业		个体工商户	
	户数	从业人数	户数	从业人数		户数	从业人数	户数	从业人数
1986	0	0	4682	5579	1996	11	196	6646	7633
1987	0	0	6288	8120	1997	5	72	4868	5403
1988	3	53	7065	8215	1998	7	102	6892	7857
1989	6	106	4102	4512	1999	16	260	7054	7054
1990	4	60	4164	4574	2000	29	510	5594	6531
1991	7	130	4166	4679	2001	38	625	7755	9288
1992	7	98	4538	5151	2002	78	865	7702	10543
1993	7	98	4868	5548	2003	82	933	6971	9416
1994	7	132	5572	6235	2004	102	1132	7556	10936
1995	11	196	6064	6805	2005	108	1286	7956	11995

第三节　市场管理

执法整治

1986年，龙州县工商局加强对集贸市场的监督管理，出动执法人员80余人次，查处违法违章案件55件，罚没款1103.47元。1987年，与税务、物价、卫生、公安部门配合，对时常出现的违法违章行为及时查处和处理，配合公安部门处理案件20多起，处罚违章案件650多件，罚没金额10870多元。没收不符合标准秤288把，处理病肉猪（牛）57头，总肉2400多斤，变质月饼260个；各种假药170斤，非法出版物168本；征收高价出售香烟247条，查获贩运青蛙1967斤，全部放生。同时与县交通局、县农业局等有关部门配合，查处私运金属12吨，倒卖化肥13吨。另外查处县农资公司“卖大户”农用化肥970305吨。1988年，组织力量，开展打击投机倒把，查出经济违法案件的活动。在县公安局、县粮食局、县烟草局、县林业局、县农业局等有关部门的配合下，出动86人次，查处投机倒把违法案件329起，总罚款金额100925元。查获贩运金属12吨，私运出口商品17吨，倒卖国库券5778元、粮食16吨、香烟120条，假药70千克，假蜜糖21千克，以及各种规格木材80立方米。1990年，在公安、税务、财政、农业等部门配合下，于龙州至崇左公路一线上截获一起非法贩运野生保护动物青蛙案，共有青蛙1717千克，价值约1.2万元。此后，又查处2起非法贩运青蛙案。1991年，开展季节性重点检查，进行夏季饮品检查、中秋月饼专项检查等，共查处违章违法活动300人次，罚没总额28000元，销毁价值50000元的假冒伪劣商品。1999年底，加强对市场经营活动的整治，开展对市场交易中各种违章违法行为的查处。依法立案查处各种违章违法经营案件10件，结案9件，总案值

2000年6月，龙州县工商局执法人员检查超市商品情况

2000年6月，龙州县工商局对全县运输业市场进行专项治理整顿。图为执法人员正在检查运输业主办照情况

52139元，按规定罚款1391元，完成年度任务的166%。2000年，加大市场整治力度，整顿市场秩序，严格依法行政。全县开展对各类市场的整治行动，共查处各类违法经济案件274起。在开展"打击走私盗版"专项活动中，对泄露国家机密、黄色书刊、非法音像制品，立案查处11个，查获各种违法音像制品1569盒，案值23700元，罚款10670元，查缴黄色非法出版书刊13本。在对全县运输业市场进行专项治理整顿中，检查运输业主办照情况，共出动执法人员205次，车辆50台次。同时，对各种"假冒伪劣"、"过期变质无效""三无商品"，以及无照经营、一证多摊、超越经营范围等违法违章行为开展全面检查整顿。在检查中，共出动289人次，专用车辆103次，深入水口、下冻、金龙、响水、彬桥、上降等乡镇进行3次全面检查，共检查生产、经销门店摊点及个体工商户3500户，查获过期变质、劣质药品、假劣香烟、"三无"假酒、过期变质商品、化妆品以及"三无商品"等一批，共190多种，价值4.9万元。处罚无证经营、一证多摊等违法违章经营24户，罚款2400元。2001年—2005年，县工商局强化监管，开展各种专项整治行动。2001年，与县农资公司联合襄出动执法人员166人次、车辆38台次，深入金龙、响水，逐卜等乡镇，对213个生产，经销农资的单位进行检查，共检查化肥3230吨，立案查处违法经营化肥案9个，查扣化肥90.98吨，总案值18万元；捣毁制假除草剂窝点1个，没收制假原材料一批。强制交由县农资公司收购的化肥共90,98吨，没收劣质化肥13.88吨，并没收非法所得1085元。2002年，开展各类专项整治工作，查处违法案件118起，罚没款11253元。2003年，与海关、进出口检验检疫局协作，相继开展打假护农、打击走私贩私、查处无照经营等一系列专项整治行动，办案196件(一般程序案169件、简易程序案27件)。案件涉及的领域、性质等较以往有进一步的拓宽，分别为逾期未参加年检案13件、无照经营案148件、超越经营范围案3件、私宰肉类案14件、销售不合格及假冒伪劣产品案9件、违法广告案8件、商标案1件，罚没总额29.3万元。2005年，加强对农资市场的整治，出动执法人员130人次，检查生产、经营农药、化肥、种子的生产厂家、经销点36家，农机具经营单位12个，检查各类肥料12万余吨。对各农资经营单位销售的"农老大""百丰""施可丰"等复混肥料进行抽样检查，查获不合格"农老大"复混肥料10吨、大新县化肥厂生产的过磷酸钙肥100多吨，总价值5万多

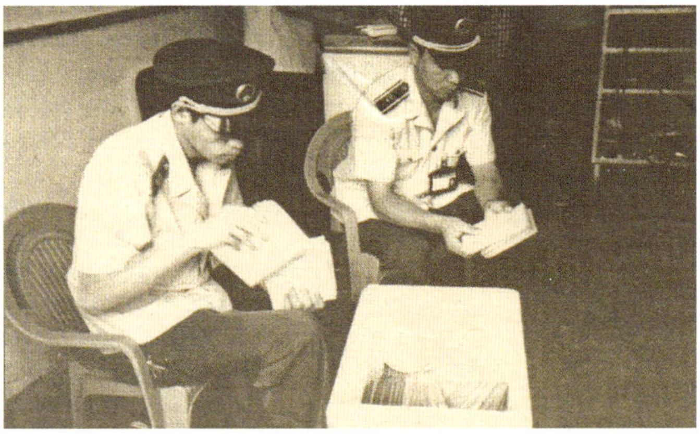

2000年7月，龙州县工商局开展"打击走私盗版"专项整治活动。图为执法人员正在清点缴获的走私盗版光碟

元;立案查处销售不合格农资产品案件 7 起,罚没款 8 万元。1986 年—2005 年,县工商行政管理部门对全县市场除开展日常的监督管理外,与有关行政执法部门合作开展集贸市场、节日市场、烟草市场、文化市场、食品市场、建筑材料市场、生产资料市场、药品市场等八大专项整治活动,查处经济违章违法案 559 件,维护地方经济正常运行与发展。

管理收费

1986 年—2005 年,龙州县工商管理在市场收费中有两项:集贸市场管理费及个体工商户管理费,向个体工商户和私营企业主征收,主要用于建设集贸市场。1986 年市场收费合计 48.07 万元,1987 年市场收费合计 78.30 万元,1988 年市场收费合计 90.09 万元,1989 年市场收费合计 145.87 万元,1990 年市场收费合计 149.72 万元,1991 年市场收费合计 169.24 万元,1992 年市场收费合计 161.45 万元,1993 年市场收费合计 154.88 万元,1994 年市场收费合计 160.76 万元,1995 年市场收费合计 186.13 万元,1996 年市场收费合计 214.49 万元,1997 年市场收费合计 254.40 万元,1998 年市场收费合计 278.88 万元,1999 年市场收费合计 255.97 万元,2000 年市场收费合计 263.84 万元,2001 年市场收费合计 272.77 万元,2002 年市场收费合计 250.66 万元,2003 年市场收费合计 242.82 万元,2004 年市场收费合计 239.67 万元,2005 年市场收费合计 296.73 万元。

表 16-10 **1986 年—2005 年龙州县工商局年度收费情况**

单位:元

年度	合计	市场管理	市场设施租赁费	个体管理	企业登记费	个体登记费	合同管理收入	广告管理收入
1986	480695.64	266918.06		192254.35	21034.99		238.24	250.00
1987	783046.39	492984.15		265237.20	23785.54		889.50	150.00
1988	900930.59	600730.80		236245.99	63623.80		100.00	230.00
1989	1458790.64	1046402.72		356882.02	44676.60	10279.00	550.30	
1990	1497226.22	1026026.95		391210.57	64446.70	15356.00	186.00	
1991	1692490.88	1292476.14		376652.74	5140.00	18140.00	82.00	
1992	1614563.16	1229699.02		338000.34	28135.00	18205.00	523.80	
1993	1548862.94	1234559.85		257752.09	33550.00	23001.00		
1994	1607633.95	1174957.84	25824.00	360527.11	21178.00	24187.00	960.00	
1995	1861353.70	1440453.84	35805.00	345513.86	19300.00	20281.00		
1996	2144943.67	1720517.70		396302.97	13080.00	15043.00		
1997	2544027.99	2373272.59		134461.40	18250.00	18044.00		
1998	2788890.29	1515161.99	1000000.00	217845.30	2920.00	30.603.00	21880.00	480.00
1999	2559708.37	1056941.87		1450116.50	17840.00	24720.00	6090.00	4000.00
2000	2638493.46	637006.86		1896140.60	16210.00	89136.00		
2001	2727757.50	974448.00		1683003.50	55270.00	15036.00		
2002	2506695.00	836997.50		1569553.50	70404.00	29740.00		
2003	2428213.80	747434.30		1619159.50	29940.00	31680.00		
2004	2396774.30	759440.30		1559544.00	25440.00	52350.00		
2005	2967313.40	1265776.40		1642007.00	41760.00	17770.00		

第四节　市场建设

1998年初，为开发龙州镇高祥居民区，龙州县政府划出4000平方米土地面积，作为新区商场建设用地。2004年初，崇左市民族局和龙州县民族局根据自治区政府提出的兴边富民发展规划，给龙州县市场开发服务中心划拨150万元市场建设专款，用于建设龙州县民族市场；4月，项目破土开工，总投资294万元；10月工程竣工，建筑结构为钢筋封闭式一层商用楼，建筑面积1500平方米，其中800平方米用作超市经营、700平方米用作农副产品贸易；11月19日开业。

2003年8月20日，龙州县政府下达《关于新龙等十六个市场土地使用权划拨给县市场开发服务中心的通知》，将龙州综合商场、龙州新龙、龙州牛圩、龙州北门、霞秀、彬桥、下冻、罗回、武德、科甲、金龙、逐卜、响水、上金、八角、上降16个市场的土地使用权划拨给县市场开发服务中心管理。是年，县市场开发服务中心有固定资产1850万元，市场管理经营年收入320万元。2005年，县市场开发服务中心有固定资产3249万元，市场管理经营年收入665万元。

龙州综合商场　位于龙州镇新填地。1995年始建，1997年建成。占地面积5274平方米，建筑面积19564平方米，建筑结构为钢混三层楼。主要有猪牛羊肉行、水盘鸡鸭行、鱼行、米行、蔬菜行、水果行、百货行、干杂行、成衣行、布匹行、小五金行、家电行、家具行等行业。

龙州新龙市场　位于龙州镇新填地。1985年始建，1986年建成。占地面积20143平方米，建筑面积19564平方米，建筑结构为铁架大棚式圩亭和钢混商用门店。主要有家禽行、蔬菜行、水果行、成衣行、陶瓷产品行、家电行等行业。

龙州牛圩　位于龙州镇三山公。1996年新建开业，占地面积2110平方米，建筑面积339平方米。

龙州北门菜市场　位于城北路，1998年始建，当年建成。占地面积707平方米，建筑面积420平方米，建筑结构为铁架大棚式圩亭。主要有猪肉行、鱼行、米行、水果行、豆类行、青菜行、百杂行、成衣行、小五金百货行等行业。

霞秀农贸市场　位于霞秀乡城南路。1988年始建，当年建成。占地面积1619平方米，建筑面积653平方米，建筑结构为铁架大棚式和木梁瓦顶式圩亭。主要有猪肉行、鱼行、米行、水果行、豆类行、青菜行、百杂行、成衣行、小五金百货行等行业。

彬桥农贸市场　位于彬桥乡彬桥街。1968年始建，当年建成。占地面积1244平方米，建筑面积1051平方米，建筑结构为铁架大棚式和木梁瓦顶式圩亭。主要有猪肉行、鱼行、米行、水果行、豆类行、青菜行、百杂行、成衣行、小五金百货行等行业。

上金农贸市场　位于上金乡上金新街，1968年始建，当年建成。占地面积858平方米，建筑面积707平方米，建筑结构为木梁瓦顶式圩亭。主要有猪肉行、鱼行、米行、水果行、豆类行、青菜行、百杂行、成衣行、小五金百货行等行业。

罗回农贸市场　位于水口镇罗回街。1965年始建，当年建成。占地面积1771平方米，建筑面积1310平方米，建筑结构为木梁瓦顶式圩亭。主要有猪肉行、鱼行、鸡鸭行、米行、水果行、豆类行、青菜行、百杂行、成衣行、家电行等行业。

下冻农贸市场　位于下冻镇下冻街。1978年始建，当年建成。占地面积2102平方米，建筑面积1020平方米，建筑结构为钢混平顶式和木梁瓦顶式圩亭。主要有猪肉行、鱼行、鸡鸭行、米行、水果行、豆类行、青菜行、百杂行、成衣行、家电行等行业。

逐卜农贸市场　位于逐卜乡逐卜街。1968年始建，当年建成。占地面积6953平方米，建筑面积2759平方米，建筑结构为木梁瓦顶式圩亭。主要有猪肉行、鱼行、鸡鸭行、米行、水果行、豆类行、青菜行、百杂行、成衣行、小五金百货行、家电行等行业。

金龙农贸市场　位于金龙镇金龙街。1968年始建，当年建成。占地面积1454平方米，建筑面积1554

平方米，建筑结构为钢混平顶式圩亭。主要有猪肉行、鱼行、鸡鸭行、米行、水果行、豆类行、青菜行、百杂行、成衣行、小五金百货行、家电行等行业。

八角农贸市场　位于八角乡四平街。1988年始建，1989年建成。占地面积1818平方米，建筑面积586平方米，建筑结构为铁架大棚式圩亭。主要有猪肉行、鱼行、鸡鸭行、米行、水果行、豆类行、青菜行、百杂行、成衣行、小五金百货行等行业。

上降农贸市场　位于上降乡上降街。1968年始建，当年建成。占地面积213平方米，建筑面积200平方米，建筑结构为木梁瓦顶式圩亭。主要有猪肉行、鱼行、鸡鸭行、米行、水果行、豆类行、青菜行、百杂行、成衣行、小五金百货行等行业。

武德农贸市场　位于武德乡武德街。1979年始建，当年建成。占地面积2480平方米，建筑面积1260平方米，建筑结构为木梁瓦顶式圩亭。主要有猪肉行、鱼行、鸡鸭行、米行、水果行、豆类行、青菜行、百杂行、成衣行、小五金百货行、家电行等行业。

科甲农贸市场　位于武德乡科甲街。1968年始建，当年建成。占地面积1030平方米，建筑面积830平方米，建筑结构为钢混平顶式圩亭。主要有猪肉行、鱼行、鸡鸭行、米行、水果行、豆类行、青菜行、百杂行、成衣行、小五金百货行等行业。

响水农贸市场　位于响水镇响水街。1968年始建，当年建成。占地面积2810平方米，建筑面积3661平方米，建筑结构为木梁瓦顶式圩亭。主要有猪肉行、鱼行、鸡鸭行、米行、水果行、豆类行、青菜行、百杂行、成衣行、小五金百货行、家电行等行业。

表16-11　**1999年—2005年龙州县主要农副产品价格变动表**

单位：元／千克

年份	鲜猪肉	鲜牛肉	活鸡	活鸭	鲜鱼	鲜鸡蛋	鲜鸭蛋	优质大米	大白菜	白萝卜	生姜	黄瓜	冬瓜	苦瓜	豆角
1999	6.00	9.00	8.00	5.00	3.00	3.00	3.50	1.20	0.50	0.50	0.80	0.30	0.50	0.80	0.80
2000	6.00	10.00	9.00	5.00	3.00	3.00	3.50	1.30	0.60	0.50	1.00	0.50	0.50	1.00	1.00
2001	7.00	12.00	10.00	5.00	3.50	3.50	4.00	1.30	0.60	0.50	1.20	0.50	0.50	1.20	1.20
2002	7.00	13.00	10.00	5.00	3.50	3.50	4.00	1.40	0.50	0.60	1.50	0.60	0.60	1.20	1.20
2003	7.00	14.00	10.00	5.00	4.00	3.50	4.00	1.50	1.00	0.60	2.00	0.80	0.60	1.50	1.50
2004	8.00	15.00	11.00	6.00	4.00	3.50	4.00	1.60	1.00	0.80	2.00	1.00	0.60	1.50	1.50
2005	8.00	16.00	12.00	6.00	4.00	4.00	4.50	1.80	1.00	0.80	2.00	1.20	0.80	1.80	1.80

第五节　商标广告合同管理

商标管理

1983年，龙州县注册有商品商标3个，即“箦山”“将山”“龙州”。“箦山”商标是龙州制药厂生产荆油胶丸、抗感灵冲剂、痛肿灵3种中成药商标。1983年5月30日年批准，有效期至1993年5月30日。“将山”商标是龙州酒厂生产乌猿酒、蛤蚧酒、香肉酒三种瓶装酒商标。1983年6月30日批准，有效期至1993年6月30日。“龙州”商标是龙州罐头厂生产各种果品罐头商标。1983年7月5日批准，使用年限未定。1986年—1989年期间，龙州县工商行政管理局重点抓好商标侵权查处工作，累计查处侵犯商标专用权案件2起，没收侵犯“红梅”牌烟84包和“大重九”牌烟145包等，查获侵权物品涉案金额达1万多元，有效保护了注册商标专用权。1990年—1995年期间，加大对商标管理培育工作，先后举办了3期《商标法》知识培训班，参加培训企业人员达100多人次，提高了企业商标意识，促进商标工作开展，受理了龙州第二糖厂、霞秀糖厂、三华淀粉厂等企业申报商标注册，累计办理了7件商标注册申请。1997年—2000年期间，龙州县工商行政管理局积极指导私营、集体企业进行商标注册，累计办理商标注册6件。2001年—2005年，累计注册商标36

个，主要有：将山牌米酒、龙北矿泉水、野珍淀粉、小连城茶叶、珍龙茶叶、天琴美女组合表演、弄岗牌甘蔗、方略药品等。2005年，县工商行政管理部门按《中华人民共和国商标法》有关规定，查处商标侵权案3起。

广告管理

1986年，龙州县工商行政管理局为了整治龙州县广告杂乱现象，设置了广告宣传栏，广告经营者经工商部门审查批准后才能张贴在指定位置。1997年龙州县工商行政管理局核发11户广告经营许可证，审查并批准发布广告168则，查处违法广告案32起，责令停业5起，收缴违法广告印刷品7000余份。2000年依法办理广告登记14起，查处违法发布广告6起，立案4起。2001年—2002年审查并批准发布广告46则，立案查处违法广告发布1起，收缴违法广告印刷品2800多份，拆除违法张贴广告320张。2003年审查并批准发布广告169则，立案查处违法广告8起，罚款1.3万元，收缴违法广告印刷品3000多份，拆除违法张贴广告54张。2004年审查并批准发布广告154则，立案查处违法广告2起，收缴违法广告印刷品1000多份。2005年，龙州县店堂广告、户外广告登记620户。查处违法违章广告3起，收缴违法印刷的广告7000张。清理整顿违章发布的广告，检查广告制作、发布单位4家，个体工商户600多户。检查路牌广告38条，发现违法违规的11条，责令停止发布5条，拆除路牌广告4条，罚款2000元。

合同管理

1979年，龙州县开始办理经济合同签订、管理、监证。1983年，刻制启用"龙州县工商行政管理局经济合同监证"印章。1984年4月18日，设置龙州县工商行政管理局经济合同仲裁委员会，专理经济合同纠纷事宜。1985年，开始受理经济合同仲裁案件。1986年，受理经济合同监证14件，金额6.04万元；受理经济合同仲裁案件4件，金额10.81万元。1992年，县工商局从经济合同法赋予工商部门的权限出发，探索民事经济合同纠纷的仲裁方法，制定产品购销等合同范本，受理民房租赁、工矿产品、农副产品购销等的合同咨询，对经济合同的纠纷等业务的调解，打击利用合同进行欺诈的违法犯罪分子。是年，在"重合同，守信用"整治经济合同行动中，共查处经济合同纠纷2起，金额1.4780万元，受理经济合同仲裁5起，金额11万元。1997年—2000年期间受理经济合同签证18份，共检查2000余份经济合同，纠正不合格合同32份，挽回经济损失达76万元。2001年共检查经济合同52份，为企业办理抵押合同登记8份，金额3680万元。2003年受理经济合同签证1份，金额1.1595万元，办理合同抵押登记1份，金额5800万元。2004年—2005年，共受理经济合同签证34件，金额482万元，受理经济合同仲裁17件，金额134万元。

第六节　消费者权益保护

1988年，龙州县消费者协会成立。1999年，为贯彻《中华人民共和国消费者权益保护法》，县消费者协会印发宣传资料2万份。是年3月，开通"12315"投诉举报专线，为全县消费者投诉提供快捷的服务。1999年—2000年，县消费者协会共受理消费者商品投诉案件18宗，其中调解成功18宗，为消费者挽回经济损失6.5万元。2004年，受理消费者商品投诉案件21宗，妥善解决16宗，转有关部门处理5宗。1999年—2005年，"12315"投诉举报指挥中心共接到申诉举报150余起，已处理150余起，办结率100%，为消费者挽回经济损失13.2万余元。

第五章　国土资源管理

1986年，龙州县土地管理局成立。1988年，开展土地登记发证工作。1992年起，龙州县对外商投资用地一律给予有偿出让，各种建设用地除国家规定行政划拨的用地项目外，全部实行有偿划拨、出让或招标拍卖。1995年，出台《龙州县人民政府关于划拨土地使用权自发进入市场的暂行管理规定》；编制土地利用总体规划;开展划定基本农田保护工作。2001 年,全县办理变更土地登记发证 755 宗。2005 年,全县土地管理逐步走上科学化、规范化轨道。

第一节　机　构

1986 年 5 月,龙州县土地管理局成立。负责全县城乡土地、地政管理工作。内设土地监察股 1 个部门,有人员编制 2 名,实有 2 人,办公地址在龙州镇独山路 151-1 号。1987 年,县土地局内设地籍管理股、规划利用股、土地监察股 3 个部门,有人员编制 2 名,实有 6 人,其中局长 1 人、副局长 1 人、工人 4 人。1995 年,县土地局内设地籍管理股、规划利用股、执法监察股 3 个部门,下设龙州县土地管理技术服务站、龙州县地产公司、龙州县土地评估所 3 个二层机构,有人员编制 17 名,实有 33 人,其中干部 17 人(局长 1 人,副局长 3 人)、工人 16 人。办公地址在龙州镇独山路 151-1 号。2001 年,内设办公室、地籍管理股、规划利用股、执法监察股、财务管理股 5 个部门,有人员编制 12 名,实有 41 人,其中局领导 7 人(局长 1 人,副局长 6 人)、干部 12 人、工人 22 人。局二层机构有县地产公司,派出机构有龙州镇、下冻镇、水口镇、金龙镇、响水镇、彬桥乡、武德乡、逐卜乡、上金乡、上降乡、八角乡、霞秀乡、上龙乡 13 个乡镇土地管理所,共有干部职工 46 人。2002 年,龙州县地质矿产局并入龙州县土地管理局,更名成立龙州县国土资源局。2005 年 12 月,撤销全县 12 个乡镇土地管理所,将人员编制上收一级编制。县国土资源局内设办公室、规划利用股、耕地保护股、矿产管理股、地质环境股、地籍与测绘股、信访管理股 7 个部门,有人员编制 26 名,办公地址在龙州镇独山路 151-1 号。局下设地产公司、土地交易所、土地储备供应中心、土地开发整理中心和执法监察大队 5 个二层事业单位,共有干部职工 67 人。

1986 年—2005 年历任局长:何振声(1986.5—1990.12),林光英(1990.12—1995.6),黎龙波(1995.6—2001.2),周忠珊(2001.2—2005.2),苏尚确(2005.3—2005.12);党组书记(非局长兼任):薛水长(2001.7—2002.3),韦保健(2002.3—2003.2),周锡山(2003.2—2005.2)。

龙州县地质矿产局

1990 年 5 月,成立县矿产资源管理局,隶属县经委。1991 年,县矿产资源管理局内设矿产管理站,实行两块牌子一套人员。1998 年,县矿产资源管理局更名为龙州县地质矿产局。2002 年,龙州县地质矿产局与龙州县土地管理局合并,成立龙州县国土资源局。

历任局长:梁锄非(1991.1—1994.1),黎刚(1994.1—1995.8),郑科(1996.1—1997.2),廖盛松(1997.2—2002.1)。

第二节　土地规划

1995 年,龙州县编制土地利用总体规划。1995 年为基期年,2000 年为规划近期年,2005 年为规划中期年,2010 年为规划目标年。龙州县土地利用总体规划,在保证现有耕地不减少的同时,满足各方面的用地需求,注意提高土地利用效益,科学合理配置土地资源,从土地的开发利用管理方面保证全县经济的持续、快速、健康发展。

基本农田保护区的划定,以乡镇划分保护区,以村委会划片,将全县土地划分 10 个土地利用分区,把下冻、水口、彬桥建设为杂优水稻种植基地;把金龙、武德、逐卜、响水、上龙、上金、霞秀建设为甘蔗基地。全县基本农田保护区面积 43500 公顷,保护率 87.49%。园地区保护区面积 15333.64 公顷;林业用地保护区面积 124524.09 公顷;牧业用地保护区面积 8002.68 公顷;水面区面积 4667.27 公顷;城镇建设用地区面积 800 公顷;乡镇建设用地区面积 3681.01 公顷;工矿用地区面积 497 公顷;自然和人文景观保护区(复区)面积 5608.85 公顷;开垦区(复区)面积 818.08 公顷。禁止开垦区(复区)面积 151520.71 公顷。全县 11 个土地利用分区总面积 365214.85 公顷。

表 16-12

1997 年和 2010 年龙州县土地利用总体规划期内各类用地指标平衡表

单位：公顷

地类		1997 年土地利用结构	2010 年土地利用结构											期内减少(-)
			农用地					建设用地				未用土地		
		小计	耕地	园地	林地	牧草地	水面	小计	居民点及工矿用地	交通用地	水利设施			
农用地	小计	17041.18	173862.02	—	—	—	—	—	326.43	281.43			421.65	-3179.16
	耕地	49721.52	—	48943.44	50.00	20	—	—	286.43	261.43			421.65	-778.08
	园地	6833.64	—	100.00	6733.64	—	—	—						-100.00
	林地	114324.09	—	120.00	2000.00	112164.09	—	—	40.00	20.00				-2460.00
	牧草地	1502.68	—	61.08	80.00	—	1361.69	—						-140.08
	水面	4659.25	—	—	—	—	—	4659.25						—
建设用地	小计	7201.12	30	30.00	—	—	—	—	12028.97					-30.00
	居民点及工矿用地	4795.73	—	—	—	—	—	—		4765.73				-30.00
	交通用地	1703.66	—	—	—	—	—	—			1703.66			
	水利设施	5559.58	—	—	—	—	—	—				5559.58		
未利用地		46677.91	25958.09	25958.09	507.00	12340.00	6641.08	—	231.06	130.20	67.30	15.56	20506.77	-26175.14
合计		231118.81	202281.18	202281.18	49761.52	124524.09	8002.68	4659.25	7710.61	5177.36	1815.96	717.29	21127.02	
期内增加(+)			28419.16	28419.16	818.08	12360.00	6541.08	—	553.47	411.63	112.30	15.56	421.65	
增减相抵			25240.00	25240.00	40.00	10200.00	6500.00		509.49	381.63	112.30	15.56	-25749.49	

第三节　土地使用制度改革

从1992年起，龙州县对外商投资用地一律给予有偿出让，各种建设用地除国家规定行政划拨的用地项目外，全部实行有偿划拨、出让或招标拍卖。县政府控制一级土地市场，引导和鼓励二级土地市场发展。是年，1995年，县政府出台《龙州县人民政府关于划拨土地使用权自发进入市场的暂行管理规定》，规定县城（含龙州镇）有偿划拨的土地每亩收取5000元~10000元；乡镇有偿划拨的土地每亩收2000元~3000元（1997年后停止执行）。1996年，县政府出台关于独山路一带土地出让的优惠办法，出让的土地分甲、乙、丙三类定价，甲类每平方米450元，乙类每平方米350元，丙类每平方米280元。以交款时间为准，先交款先选址。凡于1996年3月10日前购地并一次性交清地款的给予如下优惠：甲类减收2%，乙类减收5%，丙类减收7%；给予办理城镇居民户口、优先给予办理营业执照、办理迁入手续或常驻户口；不能一次性交清地款的也可分两期交款等。1997年，经营性供地全部改为出让。在县城和各乡镇多次进行国有土地使用权拍卖，收到较好的经济、社会效益。

第四节　地籍管理

1988年，龙州县按照《中华人民共和国土地管理法》和《广西壮族自治区土地管理实施办法》的规定，开展土地登记发证工作。是年10月26日，成立龙州县土地申报登记发证工作领导小组，组长由分管副县长担任。领导小组下设办公室，具体负责土地申报登记发证的日常工作。全县13个乡镇相应成立工作领导小组，每个乡镇组织5人~10人的土地登记发证专业队。对全县居民住宅地进行申报登记、审核、丈量、制图和填证等工作。经上级土地管理局验收合格，达到自治区土地登记发证办公室规定的"权属合法、界址清楚、面积准确"的标准发证。1995年起，在开展初始土地登记发证的基础上，龙州县开展变更土地登记发证工作。2000年底，全县完成颁发土地使用证书40730本，发证面积516.88公顷。其中颁发国有土地建设使用土地证4763本，发证面积217.18公顷；颁发集体建设使用证书35967本，发证面积299.7公顷。2001年，龙州县办理变更土地登记发证755宗。其中依法征用或划拨土地382宗；依法使用集体土地搞建设154宗；房屋拆迁或改造需要变更使用权20宗；赠予、继承、分割地上建筑物和附着物引起土地使用变更103宗；批批准与他人合建（改建）、加层引起土地使用变更3宗；小区建成后建筑物和其他附着物，包括购买商品房使土地使用权转移26宗；需要吊销或注销土地使用者的土地使用证21宗；改变批准土地主要用途15宗；更改土地所有者的名称、地址20宗；初始登记错登、漏登、重登11宗。

第五节　耕地保护

1995年5月，龙州县根据国务院基本农田保护条例和自治区政府有关文件精神，在全县开展划定基本农田保护工作。基本农田保护区的划定，以乡镇划分保护区，以行政村划片，将全县土地划分10个土地利用分区，把彬桥、下冻、水口建设为杂优水稻种植基地；把金龙、武德、逐卜、响水、上龙、上金、霞秀建设为甘蔗种植基地。全县基本农田保护区面积43500公顷，保护率87.49%。

1998年6月25日，自治区土地局局长杨政中到龙州县检查龙州县落实第九个全国土地日有关工作情况

第六节　土地监察

1985 年前，龙州县没有开展专门的土地监察工作。1986 年，县土地管理局设置土地监察股，专职负责土地监察工作。乡镇土地管理所成立后，每所配置 1 名 ~2 名土地监察员，聘请 1 名村（居）干部兼职土地监察员，建立县、乡镇、村（居）三级土地监察网络，为开展土地监察工作打下良好组织基础。1986 年—2000 年，全县在辖区内开展大规模的清理非农业建设用地工作。查处土地违法案件，刹住乱占滥用土地的歪风。县土地管理局坚持开展土地违法案件日常查处工作，对违法用地进行查处。1994 年起，在全县范围内开展“三无”（无违法批地、无违法管地、无违法用地），逐步走上依法使用和合理利用土地的轨道。

1991 年 1 月至 1997 年 4 月，全县共清查各类非农业建设用地 3444 宗，面积 130.557 公顷，其中耕地面积 77.158 公顷，国家建设用地面积 73 公顷，耕地面积 57.11 公顷，集体建设用地面积 27.07 公顷，个人建房用地面积 40.487 公顷。1998 年 5 月底，全县累计完成处理违法用地 501 宗。

2000 年 6 月 25 日，龙州县国土局开展“全国土地日”土地法规咨询宣传活动

第七节　矿产资源管理

矿产勘查

20 世纪 50 年代至 60 年代，龙州县进行矿产勘查工作，初步查清金、铁、稀土等矿产资源的储藏分布情况。至 2000 年底，经勘查初步查明矿床、矿（化）点 36 处。发现矿产品 20 种，其中金属矿产 9 种：金、银、铁、锰、钛、铝、锌、铜、离子吸附型稀土；非金属矿产品 11 种：石灰岩、黏土、建筑用砂、白云岩、花岗岩、水晶、方解石、萤石、磷、辰砂、陶土。查明资源储量的矿产品 3 种，其中金属矿产 2 种，非金属矿产 1 种；查明资源储量的矿产地 14 处。大型矿床 1 处，中型矿床 1 处，小型矿床 6 处。但龙州县矿产资源地址调查工作程度较低，均为普查、预查，工作精度差，资源可靠度低。

矿产开发

20 世纪 80 年代中期至 90 年代末，龙州县矿产资源开发利用还比较低，没有形成规模，较大的金属矿产开采除八角乡八财金矿和上降乡那兰金矿外，均属于停产状态。其他开采的均为非金属小型矿山。如石灰岩开采、建筑用砂、砖瓦用黏土等。1987 年，龙州县开始对全县矿产资源进行管理。在全县开展矿产资源管理法规的宣传教育，宣传“矿产资源国家所有，开采矿产资源必须依法办理采矿许可证”的规定。凡集体或个人开采金属、非金属矿的沙、石、黏土等矿产资源均需依法申请，经县矿产部门定点、划界、审批后发给采矿许可证，方能进行采矿活动。要接受矿产部门的监督管理，依法有序采矿，按时缴纳矿产资源补偿费。1992 年，办理集体和个人矿产资源开采许可证 18 份，其中金属矿 1 份；非金属矿 17 份。到 21 世纪初，龙州县才开始逐渐恢复对多种金属矿进行开采和勘探。2000 年，全县开发利用矿品有金、铁、石灰岩、黏土、建筑用砂 5 种，在已查明的资源储量的 14 处矿产地中，开发利用 6 处；有矿产企业 63 个，以私营矿山企业为主，少部分为集体矿产企业，采矿从业人员 950 人；年采选矿石总量 73.5 万吨，实现矿业和加工产值 4000 万元，利润 400 万元，税金 280 万元。年内，全县矿产利用程度较高的有金、铁、石灰岩、黏土、建筑用砂等矿种，以非金属矿为主。其中金矿 2 个（那兰金矿、八财金矿，2005 年均停产）；铁矿 3 个，露天开采，年采矿石量1万吨；石灰岩矿山43个，均为露天开采，年采矿石总量10万吨；建筑用砂企业8个，采用采砂船方式开采，采矿石总量15万平方米。2005年，全县开采的矿产资源有金、铁、黏土、建筑用砂、水泥用灰岩、建筑用石灰岩6种；有矿山42座，其中铁矿2座、砖瓦用黏土6座、建筑用砂2座、水泥用石灰岩1座、建筑用石灰岩31座，均为小型矿产；采矿从业人员1058人，采选矿石总量100.3万吨，实现矿业采选产值1400万元，矿产品加工产值5400万元，占全县工业总产值(15亿元)5.4%。年内，办理采矿许可证37份。

2003年6月18日，龙州县国土局会同公安局、上龙乡政府依法对非法采石场进行清理整顿。图为执法人员依法收缴开采工具

矿产执法

1992年，依法取缔无证违法乱采滥挖12起，其中石灰石矿8起，河沙矿4起，收罚款10.8万元；整顿河沙开采5次，依法调解矿业纠纷3起，依法吊销采矿许可证2起；征收矿产资源补偿费18000元，全县矿产依法行政管理走上正轨。2005年，取缔无证开采8起，吊销采矿许可证9个，调解矿业纠纷5起，收取矿产资源补偿费136.5万元。

第六章　质量技术监督

1986年—2005年，龙州县质量技术监督部门加强产品质量管理、计量和标准化等技术基础性工作，促进产品质量安全水平的提高，同时加强产(商)品质量监督管理，严厉打击制售假冒伪劣商品行为，维护消费者合法权益。

第一节　机　构

1987年5月，在龙州县计量管理所的基础上，成立龙州县标准计量局。内设办公室、综合股2个部门，人员编制10名，实有10名，办公地址在龙州镇兴龙路10号。1989年7月，龙州县标准计量局更名为龙州县技术监督局，下设县计量管理所，人员编制11名，实有12名，办公地址不变。1994年，县计量管理所更名为县计量测试所。1999年9月，龙州县技术监督局更名为龙州县质量技术监督局，隶属自治区质量技术监督局垂直管理，人员编制17名，实有15名，下设单位和办公地址不变。2003年12月，龙州县质量技术监督局转为崇左市质量技术监督局直属单位，内设办公室、综合管理股、法规监督股、食品生产监管股、稽查大队5个部门，下辖县计量测试所。2005年，县质量技术监督局内设办公室、法规股、综合股3个部门，下辖县计量测试所，人员编制17名，实有12名，办公地址在龙州镇兴龙路27号。

1987年—2005年历任局长：赵先祚(1988.10—1997.2)，林平(1997.2—2002.5)，李常学(2002.5—2005.12)。

第二节　质量管理

产品质量管理

1987年，龙州县标准计量局对3家企业指导建立质量管理体系，并分别于1988年、1989年和1990年通过了ISO9001质量体系认证。1991年帮助准备申请认证的4家企业完善质量管理档案，1992年、1993年和1994年又分别增加了1家企业通过ISO9001质量体系认证，1995年、1996年分别有2家企业通过ISO9004质量管理体系认证。1997年、1998年分别有1家企业获得HACCP认证。1999年和2000年分别培育申报广西名牌产品1个。2001年和2002年分别培育申报中国名牌产品1个。2003年申报中国免检产品1个。2004年申报有机产品1个。2005年组织申报广西名牌产品2个。1987年—2005年，每年9月，通过现场质量知识传授、发传单、出板报等多种宣传手段，开展质量月宣传咨询服务活动，累计发放宣传单9000多张。

产品质量监督

产品质量监督检查　1987年—2005年，县质量技术监督局每年都对全县生产的白砂糖、茶叶、水泥等产（商）品进行定期监督抽查，通过对生产领域产品质量监督，促进产品质量提高。1987年产（商）品抽样送检19个，检验合格13个。1988年产（商）品抽样送检23个，检验合格17个。1989年产（商）品抽样送检31个，检验合格22个。1990年产（商）品抽样送检33个，检验合格25个。1991年产（商）品抽样送检36个，检验合格29个。1992年产（商）品抽样送检33个，检验合格27个。1993年产（商）品抽样送检38个，检验合格31个。1994年产（商）品抽样送检41个，检验合格33个。1995年产（商）品抽样送检44个，检验合格36个。1996年产（商）品抽样送检41个，检验合格36个。1997年产（商）品抽样送检43个，检验合格34个。1998年产（商）品抽样送检47个，检验合格39个。1999年产（商）品抽样送检45个，检验合格37个。2000年产（商）品抽样送检51个，检验合格45个。2001年产（商）品抽样送检49个，检验合格43个。2002年产（商）品抽样送检51个，检验合格46个。2003年产（商）品抽样送检36个，检验合格34个。2004年产（商）品抽样送检43个，检验合格39个。2005年产（商）品抽样送检46个，检验合格43个。

工业产品生产许可证监管　贯彻执行《广西生产许可证证后监管办法》，实施对工业产品生产许可证的监督管理，完成对辖区内获证企业年审、监督检查、巡查、回访工作。1987年—2005年获得生产许可证（大部分为临时许可证）的企业（包括家庭作坊）分别为：1987年2家、1988年6家、1989年8家、1990年9家、1991年13家、1992年14家、1993年13家、1994年14家、1995年17家、1996年15家、1997年18家、1998年21家、1999年23家、2000年24家、2001年27家、2002年31家、2003年32家、2004年35家、2005年39家。同时，引导和帮助企业申办"全国工业产品生产许可证"，提高县内产品的知名度。

违法行为查处　1987年—1991年没有发现产品质量、计量、标准化等方面的投诉案件、违法行为发生。1992年立案2个，罚没款400元。1993年立案4个，罚没款550元。1994年立案5个，罚没款600元。1995年立案8个，罚没款800元。1996年立案6个，罚没款650元。1997年立案11个，罚没款1400元。1998年立案19个，罚没款2300元。1999年立案23个，罚没款4400元。2000年立案27个，罚没款8700元。2001年立案33个，罚没款14500元。2002年立案31个，罚没款21500元。2003年立案35个，罚没款31000元。2004年立案37个，罚没款37800元。2005年立案41个，罚没款53500元。通过查处假冒伪劣产品和标准化的计量、质量违法行为，杜绝假冒劣质产品的生产销售，维护群众利益。

第三节　计量监管

计量器具强制检定

根据《中华人民共和国计量法》，龙州县计量测试所在1997年取得自治区质量技术监督局"计量授权证书"后，按照计量器具强制检定目录，开展计量器具检定工作。1987年完成计量器具检定133台。1988年完成计量器具检定141台。1989年完成计量器具检定153台。1990年完成计量器具检定167台。1991年完成计量器具检定163台。1992年完成计量器具检定169台。1993年完成计量器具检定177台。1994年完成计量器具检定184台。1995年完成计量器具检定193台。1996年完成计量器具检定197台。

1997年完成计量器具检定203台。1998年完成计量器具检定222台。1999年完成计量器具检定227台。2000年开始，推进农产品收购专用衡器、集贸市场公平秤、超市结算用秤、燃油加油机、社会公用计量标准等强检管理数据库建档工作。同时，对计量器具实施分类管理，每年确保数据库内在用计量器具强制检定率100%，做到公正、公平、准确。是年完成计量器具检定221台。2001年完成计量器具检定230台。2002年完成计量器具检定233台。2003年完成计量器具检定242台。2004年完成计量器具检定261台。到2005年，已建立M1、F2等砝码标准5项全县社会公用计量标准，可开展燃油加油机、砝码、天平等9项计量器具检定项目，保证量值传递的准确性，确保强制检定工作开展。是年完成计量器具检定276台。

计量监督

1987年—2005年，每年组织执法员和计量检定员对本辖区用于收购农副产品的地中衡、台秤和加油机等计量器具进行监督抽查。1987年监督抽查3台、1988年监督抽查6台、1989年监督抽查8台、1990年监督抽查9台、1991年监督抽查13台、1992年监督抽查11台、1993年监督抽查15台、1994年监督抽查12台、1995年监督抽查17台、1996年监督抽查15台、1997年监督抽查17台、1998年监督抽查20台、1999年监督抽查21台、2000年监督抽查23台、2001年监督抽查27台、2002年监督抽查28台、2003年监督抽查33台、2004年监督抽查36台、2005年监督抽查34台。通过监督抽查结果，对发现破坏计量器具准确度和短斤少两的违法行为进行打击，营造公平、公开、公正的交易消费环境，维护消费者的合法权益。

第四节　标准化管理

龙州县标准化工作的全面开展是在1989年《中华人民共和国标准化法》颁布后开始的。主要是推行国家标准，组织制订、修订、审批龙州县企业标准并进行备案，组织重要标准宣传与实施，监督国家强制标准的贯彻执行，是年宣贯产品标准11个。

1990年开始进行企业产品标准备案，开展消灭无标生产的产品。1990年—2005年，各年份的已备案数为：1990年3个、1991年7个、1992年10个、1993年14个、1994年17个、1995年23个、1996年31个、1997年37个、1998年42个、1999年5个、2000年53个、2001年56个、2002年61个、2003年63个、2004年71个、2005年73个，其中于2002年通过消灭无标产品生产验收。

1993年开始实行组织机构代码登记管理，1994年开始对机关、企事业单位及社会团体和其他组织发放“组织机构代码证”。1994年—2005年，发放“组织机构代码证”为：1994年43个、1995年77个、1996年89个、1997年162个、1998年177个、1999年189个、2000年231个、2001年296个、2002年332个、2003年416个、2004年586个、2005年623个。

第五节　特种设备安监

1986年—2000年，龙州县的锅炉、压力容器、压力管道等设备由县劳动局监管，其登记在册为：1986年锅炉7台、压力容器15台、压力管道430米；1987年锅炉9台、压力容器17台、压力管道470米；1988年锅炉9台、压力容器19台、压力管道470米；1990年锅炉10台、压力容器20台、压力管道510米；1991年锅炉13台、压力容器21台、压力管道530米；1992年锅炉14台、压力容器22台、压力管道590米；1993年锅炉14台、压力容器22台、压力管道610米；1994年锅炉16台、压力容器23台、压力管道840米；1995年锅炉19台、压力容器25台、压力管道920米；1996年锅炉21台、压力容器29台、压力管道1010米；1997年锅炉21台、压力容器30台、压力管道1070米；1998年锅炉23台、压力容器32台、压力管道1600米；1999年锅炉23台、压力容器35台、压力管道1830米；2000年锅炉26台、压力容器33台、压力管道 2100 米。

2001 年监管职能划归质量技术监督部门后，特种设备目录增加了电梯、起重机械、厂内机动车等，本局重新开展普查登记，并进行检验发证，2001 年—2005 年，各年份的具体情况为：2001 年锅炉 39 台，核验合格 23 台，发证 22 台；压力容器 33 台，核验合格 19 台，发证 18 台；压力管道 3100 米，检验合格 2200 米；电梯 3 台，检验合格 1 台，发证 1 台；起重机械 5 台，检验合格 3 台，发证 3 台；煤气瓶 13200 个，检验合格 11800 个。2002 年锅炉 42 台，核验合格 26 台；压力容器 42 台，核验合格 27 台，发证 22 台；压力管道 3300 米，检验合格 2750 米；电梯 4 台，检验合格 2 台，办证 3 台；起重机 9 台，检验合格 6 台，办证 5 台；煤气瓶 22300 个，检验合格 21200 个。2003 年锅炉 43 台，办证 28 台；压力容器 43 台，发证 25 台；压力管道 3500 米，检验合格 3120 米；电梯 7 台，检验合格 5 台，办证 5 台；起重机 11 台，检验合格 8 台，办证 7 台；煤气瓶 25400 个，检验合格 25120 个；2004 年锅炉 45 台，检验合格 36 台，发证 34 台；压力容器 46 台，检验合格 37 台，发证 35 台；压力管道 3700 米，检验合格 3215 米；电梯 7 台，检验合格 6 台，办证 6 台；起重机 15 台，检验合格 12 台，办证 11 台；煤气瓶 26100 个，检验合格 25600 个；厂内机动车 2 台，办证 2 台。2005 年锅炉 47 台，检验合格 41 台，发证 39 台；压力容器 47 台，检验合格 41 台，发证 37 台；压力管道 4100 米，检验合格 3870 米；电梯 9 台，检验合格 9 台，发证 6 台；起重机械 22 台，检验合格 17 台，发证 15 台；煤气瓶 31200 个，检验合格 29760 个；厂内机动车 6 台，检验合格 5 台，发证 5 台。

第六节　食品安全监管

1986 年—1989 年，龙州县没有开展具体的生产许可证（临时）发放和相关的监督检查工作。1990 年开始，由县技术监督局负责发放生产许可证（临时）和进行产品抽检工作。1990 年—2005 年，各年份具体情况为：1990 年发证 7 家，检验合格 5 家；1991 年发证 11 家，检验合格 8 家；1992 年发证 13 家，检验合格 12 家；1993 年发证 16 家，检验合格 13 家；1994 年发证 19 家，检验合格 17 家；1995 年发证 21 家，检验合格 18 家；1996 年发证 22 家，检验合格 18 家；1997 年发证 21 家，检验合格 20 家；1998 年发证 23 家，检验合格 21 家；1999 年发证 26 家，检验合格 24 家；2000 年发证 29 家，检验合格 26 家；2001 年发证 26 家，检验合格 25 家；2002 年发证 28 家，检验合格 26 家；2003 年发证 29 家，检验合格 26 家；2004 年发证 30 家，检验合格 30 家；2005 年发证 33 家，检验合格 33 家。

第七章　审　计

龙州县审计局是龙州县依法独立行使审计监督权的综合经济监督部门，在县人民政府、南宁地区（崇左市）审计局和自治区审计厅的领导下负责龙州县审计工作。1986 年—2005 年，依法对全县工商企业、行政事业单位、县本级财政预算执行情况、专项资金、基本建设项目等行业和领域开展审计工作，在促进龙州县廉政建设、维护龙州县经济秩序健康发展发挥了积极作用。

第一节　机　构

1984 年 10 月，龙州县审计局成立。内设行政事业审计股、企业审计股、综合股 3 个部门，行政人员编制 6 名，实有 6 名，办公地址在龙州镇城北路北二巷 1 号。1989 年，行政人员编制 6 名，实有 7 名。1993 年，龙州县审计局内设办公室、综合审计股、企业审计股、行政事业审计股 4 个部门。1999 年，行政人员编制 7 名，实有 7 名。2005 年，内设办公室、综合审计股、企业审计股、行政事业审计股 4 个部门，人员编制 8 名，实有

9名(其中局长1名,副局长2名),办公地址不变。

1986年—2005年历任局长:马汉忠(1986.1—1991.7),严家亮(1991.8—1994.1),农志文(1994.1—1999.5),邓世敢(2000.1—2005.12)。

第二节　工商企业审计

1986年—2005年,县审计局对工商企业审计,重点是查处企业截留应交的国家收入、乱挤摊成本费用、偷税漏税等违法违规行为。

1986年—1990年,县审计局完成工商企业审计项目12个,查出违规金额164.98万元,其中应上缴财政84.03万元。1991年—2001年,县审计局完成工商企业审计项目13个,查出违规金额361.75万元,其中应上缴财政58.30万元,应归还原渠道资金51.54万元。

2000年9月,龙州县审计局工作人员对审计单位的会计资料进行审核

第三节　行政事业审计

1986年—2005年,县审计局对行政事业单位的财务审计,重点是查处挤挪资金、虚列支出、违规发放奖金和补贴等。1986年—1990年,县审计局完成行政事业审计项目15个,查出违纪违规金额71.23万元,其中应上缴财政13.98万元,应追还侵占挪用专项资金5.2万元。1991年—2000年,县审计局完成行政事业审计项目32个,查出违规金额1644.69万元,其中应上缴财政116.56万元,应追还侵占挪用专项资金142.27万元,指明要求纠正909万元。2001年—2005年,完成行政事业审计项目29个,查出违纪违规金额4422万元,其中应上缴财政159万元,应归还原渠道资金122万元,指明要求纠正123万元,调账处理金额379万元,自行纠正金额12万元。

第四节　财政金融审计

1986年—1995年,《中华人民共和国审计法》颁布前,县审计局对财政审计仅限于乡镇一级。1986年—1990年,县审计局没有对乡镇财政决算进行审计。1991年,县审计局对水口镇财政决算进行审计,查出违规金额0.10万元。1992年,没有对乡镇财政决算进行审计。1993年,县审计局对龙州镇财政决算进行审计,未能查出违纪违规项目。1994年—1995年,没有对乡镇财政决算进行审计。

根据1995年1月1日起实施的审计法规定,县审计局从1996年开始,对县本级财政预算执行情况进行审计。

1996年—2000年,县审计局对县本级财政预算执行情况进行审计,主要审计县财政局、地税局具体组织执行县级预算情况、预算外收支管理情况、财政信用资金的管理使用情况。对教育局、建设局、房改办等3个县级单位执行预算的情况进行延伸审计,查出违规金额10018.75万元,其中指明要求纠正6584万元,调账处理金额2146万元,自行纠正1288.75万元。2001年,县审计局对县本级财政预算执行情况进行审计,查出违规行为金额2348万元,其中指明要求纠正2257万元,应上缴财政96万元,应归还原渠道资金金额2万元。

2002年,对县本级财政预算执行情况进行审计,查出违规金额100万元,其中应调账处理100万元;查出应自行纠正金额2724万元。

2003，对县本级财政预算执行情况进行审计，查出应自行纠正金额1367万元。2004年，对县本级财政预算执行情况进行审计，查出违规金额4万元，其中应调账处理4万元。2005年，对县本级财政预算执行情况进行审计，查出管理不规范金额731万元，其中应自行纠正金额731万元。

第五节　专项资金审计

从1988年开始，县审计局根据自治区审计厅的授权，对县教育、卫生系统利用世界银行贷款的贫困和少数民族地区基础教育项目、疾病预防项目、艾滋病/性病预防与控制子项目、结核病控制等专项资金项目进行审计。至2000年，县审计局完成专项资金审计项目15个，查出违纪违规金额83.57万元，其中应归还原渠道金额26.85万元，指明要求纠正8万元。2001年—2005年，县审计局完成专项资金审计项目25个，查出违纪违规金额1689万元，其中管理不规范金额500万元，应上缴县财政52万元，指明要求纠正153万元，应归还原渠道资金4万元，应自行纠正金额40万元，调账处理金额73万元。

第六节　基建决算审计

1986年—1996年，县审计局对基本建设项目没有进行审计。从1997年开始，县审计局对基本建设项目进行审计。是年，完成基建审计项目11个，送审造价516.10万元，审计核减工程造价款56.14万元。1998年—2000年，完成基建审计项目73个，送审造价4859.82万元，审计核减工程造价款811.94万元。2001年—2005年，完成固定资产投资审计项目2个，审计核减金额46万元。

第八章　安全生产监督管理

1986年—2003年，龙州县未设有专门的安全生产监督管理机构，劳动安全监察工作由龙州县经贸局负责。2004年，成立专门的安全生产监督管理机构。县人民政府实行安全生产目标管理责任制，与全县12个乡镇和县安委会各成员单位签订责任状，将目标管理责任层层分解，并做到人员、管理、措施、经费“四落实”，全县安全生产形势持续稳定好转。

第一节　机　构

2004年7月，龙州县安全生产监督管理局成立，为正科级行政单位，内设办公室、法规股、矿山股、危化股、企业股、文秘股和烟花爆竹股7个部门，人员编制9名，实有9名，办公地址在龙州镇康平街28号县人民政府大院内。2005年，龙州县安监局内设部门、人员编制、实有人数、办公地址不变。

2004年—2005年历任局长：黄海荣(2004.7—2005.12)。

第二节　安全监督机制

1986年—2003年，龙州县主要从严格目标管理强化责任落实、坚持预防为主强化隐患整治、坚持标本兼治深化专项整治、构建长效制度加强队伍建设四个方面开展安全生产监督管理工作。2004年，龙州县安监局在征求社会各界人士意见的基础上，组织编修《龙州县安全生产事故灾难应急预案》《龙州县矿山事故灾难应急预案》《龙州县危险化学品事故应急预案》《龙州县烟花爆竹事故灾难应急预案》4个安全生产类应急预案，经县政府批准公布实施。全县30家重点民营企业编制企业应急预案，形成一套比较完整的应急救援体系。全县重点企业建立应急救援队伍，有专职、兼职应急救援人员100多人。2004年—2005年，县安监局以防范重特大事故和强化安全监督、服务经济建设为工作重点，按照“安全第一、预防为主、综合管理”的工作思路，强化企业安全生产主体责任，实施政府、部门“一岗双责”，建立奖罚机制，建立健全县、乡、村三级安全生产监督管理网络，全县12个乡镇政府都设置有安监办，乡村一级专、兼职安全管理人员有151人。建立县、乡、村三级重点事故隐患监控制度，明确各单位重大事故隐患整改工作要求和工作机制。根据国家安监总局的有关文件精神，县安监局对辖区内132家危险化学品经营单位、116家烟花爆竹销售部门和42个非煤矿山审核办理安全生产许可证。其中危险化学品经营单位，由县安监局初审，崇左市安监局核发许可证132家。同期，崇左市下达给龙州县各类事故死亡控制指标总数68人，其中交通事故死亡控制指标59人；火灾死亡控制指标3人；工矿商贸事故死亡控制指标6人。期内，龙州县发生火灾事故死亡1人。

第三节　安全生产宣传教育

2004年—2005年，按照自治区安监局和崇左市安监局统一部署，龙州县政府每年5月印发《龙州县安全生产月活动方案》，在6月开展安全生产月活动。围绕“关爱生命、安全发展”主题，开展形式多样的安全生产宣传月活动。两年内，全县发出各类安全生产宣传资料3万多份，接待咨询1500多人次，解答各类安全生产问题100多个次。安全月期间，全县350余家企业、6万多人参与活动，张贴宣传画6000多张，设置宣传专栏、黑板报32个，发放宣传资料6000多份，参加安全生产知识答卷1000多人。两年内，全县举办各类安全生产培训班5期，参加培训人员543人，其中培训非煤矿山负责人及管理人员120人、乡镇安监办管理人员48人、村（居）委安全管理人员125人、企业管理人员130人、企业电工、电焊工特殊工种作业120人；组织各类安全生产座谈会15场次，参加座谈人员250人，印发宣传单20000份，发放宣传书籍1800册，粘贴宣传画册500幅，悬挂安全生产宣传横幅100多条，发放VCD光盘200多张，展出安全生产画板50多块，利用报纸、电视、广播网络等新闻媒体，开展安全生产法律法规及安全生产常识的宣传教育活动。

2002年6月20日，南宁地区“安全生产月”专题文艺晚会在龙州县举行。图为演出剧照

第四节　安全生产检查

2004年—2005年，龙州县政府将安全生产工作纳入政府工作的重要议事日程，坚持每季度召开一次县安全生产工作例会，对全县安全生产工作进行研究部署，专题研究安全生产工作，解决安全生产工作中存在的困难和问题。2004年—2005年，全县召开安全生产工作大会8次、防范重特大安全事故暨安全生产委员会成员会议10次，开展安全生产大检查和专项检查10次，着重对矿山、建筑、交通运输、危险化学品、超市、农贸市场、娱乐场所等生产经营单位进行经常性安全检查。全县出动检查人员1万人次，查找出事故隐患2500多处，完成整改2486处，整改率99.44%。下达行政执法文书152份，罚款18.2万元。收到举报案件3起，案件处理率100%。每年4月至7月，开展“百日安全无事故”活动，实行“一日一查、一日一报”和“零报告”制度；同时，强化对高危生产行业的监督。各企业对重大危险源实施24小时监控，落实各岗位人员的

安全责任制，完善事故应急救援预案。两年来，龙州县安监局领导分别在每年的元旦、春节、“五一”和国庆节前，分别带队对辖区内的厂矿、商场、农贸市场、宾馆、饭店、医院、加油站、公园等几十家单位，进行安全生产大检查，督促隐患单位整改，做好安全生产工作。

第五节　安全生产专项整治

2004年—2005年，龙州县办理危险化学品经营单位132家；其中剧毒危险化学品经营单位1家、加油站16家、危险化学品经营单位115家。全县出动200人次，对辖区内危险化学品经营单位、加油站以及危化品使用、存储单位进行检查，查处安全生产隐患52处，整改率100%。2005年11月5日，龙州县开始烟花爆竹零售单位和临时销售网点报名登记工作，全县210家单位及个体工商户报名，对基本符合条件116家经营单位进行登记。按照统筹规划、合理布局的原则，核批116个销售点，对准许销售的单位法人及个体户照主进行烟花爆竹销售安全知识培训和安全资质考试。2004年—2005年，在全县范围内开展重大事故隐患排查10次，确立市级重大安全事故隐患15项，完成整改15项；县级重点监控的重大安全事故隐患31项；乡级重点监控的重大安全事故隐患210项；村级重点监控的重大安全事故隐患225项，整改率98%。全县建立重大危险源信息库，确定重大危险源14处。

第十七篇

城建　环保

第一章　城乡建设

1986年，龙州县城有主要街道20条，其中商业街道8条，居民区市政街道12条。道路长8.575千米，其中硬化道路4千米。排水、路灯、绿化等基础设施不够完善。1990年，龙州县第二轮县城总体规划修编完成后，全县城市建设力度加快，房地产业发展迅猛。县城先后实施城北路拓宽工程、独山路建设、宣传文化中心广场和红八军纪念广场等市政工程建设工作。2003年起，全县分期实施街道美化亮化工程，重点建设街道路面、人行道、路灯、绿化等基础设施，城乡面貌焕然一新。2005年，县城建有主要街道共24条，小区道路13条，新建住宅小区8个。县城区面积由1999年的6.06平方千米扩大到7.8平方千米；城区绿化覆盖面积由1999年13万平方米增加至37.3万平方米，绿化覆盖率从1986年的15%增加至21%；农村居民人均住宅面积由1995年的18.4平方米增加至22.7平方米。

第一节　机　构

龙州县建设局

1984年9月，由县基本建设局改称为县城乡建设环境保护局。1988年1月，县城乡建设环境保护局改为县城乡建设委员会，内设设计室、规划股、秘书股、工程质量监督站、施工安全管理站、城管队6个部门，人员编制19名，实有25人，办公地址在龙州镇兴龙路31号。1997年1月，改为县建设局，内设办公室、规划股、设计室3个部门，办公地址在龙州镇兴龙路31号。下设工程质量监督站、施工安全管理站、招标投标管理站（三块牌子一套人马）、墙改办、城管大队5个单位。全局有职工57人。2002年机构改革后，县建设局内设办公室、规划股、建工股、招标投标站4个部门，有人员编制12名，实有16人，办公地址在龙州镇兴龙路31号。下设村镇建设管理所、拆迁办、劳保办、建筑勘察设计室、工程质量监督站、城管大队、房地产开发公司、建设工程交易中心、墙改办9个单位，有职工66人。二层机构有环卫站、中山公园。系统单位有房产所、自来水厂、市场服务中心。2005年，县建设局内设部门、人员编制、实有人数、办公地址、下设单位和职工人数、二层机构、系统单位均不变。

1986年—2005年历任局长（主任）：曾祥儒（1986.1—1990.12），赵永（1991.1—1993.12），赖万龙（1994.1—2001.2），苏尚确（2001.3—2004.12），周忠珊（2005.1—2005.12）。党组（党委）书记（非局长兼任）：黎龙波（2001.2—2002.2），吴旭新（2002.8—2003.2）。

龙州县住房制度改革委员会办公室

1993年6月9日，龙州县住房制度改革委员会办公室成立。1993年7月15日，龙州县住房资金管理中心、龙州县出售公有住房价格评估所成立，与县房改办合署办公，实行三块牌子一套人马体制。1996年定为正科级财政全额拨款事业单位，内设住房资金管理中心、出售公有住房价格评估所、房改办3个部门，人员编制5名，实有8人，办公地址在龙州镇康平街28号龙州县政府大院内。2003年6月，龙州县住房资金管理中心与县房改办分离单设。2005年，县房改办内设出售公有住房价格评估所、房改办2个部门，人员编制5名，实有6人（其中主任1人、副主任2人），办公地址不变。

1993年—2005年历任主任：黄显珍（1993.6—1994.3），黄干忠（1994.3—1995.8），谭夏忠（1995.11—1997.7），吴作韬（县政府办主任兼，1997.7—2001.1），农瑞民（2001.2—2005.12）。

第二节　城乡规划

县城总体规划

1982年，龙州县基建局编制第一轮县城总体规划，是龙州县最早的城市总体规划。1990年，中国城市规划设计研究院和龙州县城乡建设委员会修编第二轮县城总体规划，报自治区政府审批通过。1997年，广西城乡规划设计院和龙州县建设局修编第三轮县城总体规划，次年8月，经自治区政府批准实施。2000年，龙州县城建规划审批领导小组成立，由分管副县长任组长，建设局局长任副组长，成员由县政府办、计划局、土地局、环保局、财政局、交通局和建设局的规划股、质监站、城管大队的主要领导组成。领导小组履行两个方面职责：一方面对县城的工程建设项目进行审批，一方面对违法违章建设案件进行查处。2000年7月至2002年7月，召开规划审批会议26次，对申报建设的70个单位和322户居民住宅进行审批。查处11个单位院内和23户居民的违章建设案件，遏制违法违章建筑行为，工程建设项目报建报监步入法治正轨。2005年，上海同亚建筑设计有限公司、北海城市设计事务所和龙州县建设局修编第四轮县城总体规划，将原规划面积扩大。

第三轮县城总体规划规划年限：近期规划，1997年—2005年；远期规划，1997年—2015年。

规划区范围：县城西面以上红—航运农场—龙北农场二队；北面以龙北农场二队—龙北农场十一队—仃弄—弄国—岜内、陇内；东面以陇内—陇那—大岭的机耕路为界；南面以弄吕—岜旺—渠皿—岜牙南侧的小水沟为界，规划区总面积约75平方千米。

人口规划：1998年，县城建成区人口3.78万人（指常住人口，下同）。2005年，县城建成区人口6万人。

用地规划：1998年，县城建成区用地366.22公顷，人均95.4平方米。2005年，县城建成区规划用地599.58公顷，人均95.93平方米。

专项规划：对外交通系统、城区道路系统、公共设施、园林绿化及文物保护、环卫设施、给水排水、防洪、消防、电力电信、环境保护等规划。

镇级规划

1993年，水口、下冻、金龙、响水4个乡完成改镇后，属小城镇建设范畴。1996年，4个镇均完成总体规划编制。2004年，完成第二轮总体规划修编，交由南宁、柳州规划设计院进行规划绘图等室内作业。

第三节　新区开发

1986年前后，县城西区作为行政及商贸中心，历来得到优先发展。至20世纪末，城区建设已基本饱和。随着龙州经济的快速发展，县城市空间急需拓展。1999年，县委、县政府提出城区向东发展的思路。2000年，建设局完成城东区规划，城东新区开发提上议事日程。2005年，先后建设新汽车站、龙州起义纪念馆、红八军纪念广场、人事局大厦、检察院办公楼，以及建设小区、劳动小区、工商小区、天使小区等住宅小区。

表17-1　**2005年龙州县城东区公共设施配套表**

序号	项目	土地面积（平方米）	建筑面积（平方米）	数量（个）	备注
1	小型垃圾转运站	1200	—	1	独设
2	公共厕所	60~100	30~60	7	独设
3	环卫车辆停车场	—	—	1	合设
4	环卫工人休息场所	—	100	4	合设
5	环卫车辆清洗站	—	—	1	合设

续表

序号	项目	土地面积(平方米)	建筑面积(平方米)	数量(个)	备注
6	邮政支局	600~1500	1000~2500	1	独设
7	电信分局	600~1500	1000~2500	1	独设
8	储蓄所	100	100~150	4	独设
9	居委会	—	150	1	合设
10	托儿所	1400	600~800	3	合设
11	煤气站	100~120	50	1	独设
12	文化活动站	3000	4000~6000	2	独设
13	社区卫生服务站	—	100	1	合设
14	10千伏开闭所	200~300	500	3	独设

第四节　市政建设

1986年—2005年，龙州县加快市政建设，推进城东新区开发，县城规模由4.5平方千米扩大到9.5平方千米。市政基础设施建设的投入也逐年加大。1986年投入970万元，2005年投入16300万元。市政基础设施不断完善，规模不断扩大，档次不断提高。1986年，龙州县城道路硬化4千米、供水管道8.8千米、排水管道5千米、路灯为白炽灯、绿化覆盖率15%，2005年分别为20千米、65千米、28.78千米、路灯为豪华灯、绿化覆盖率21%。

表17-2　　1986年与2005年龙州县市政基础设施建设对比表

年份	资金投入(万元)	道路硬化(千米)	路灯(盏)	供水管道(千米)	排水管道(千米)	桥涵(座)	公厕(蹲位)	垃圾场(个/面积)	广场(个/面积)	公交车(辆)	燃气站(个)	绿化覆盖率(%)
1986	970	4	38(白炽灯)	8.8	5	6	11	0	0	0	0	15
2005	16300	20	1105(豪华灯)	65	28.78	7	30	1个 5.33公顷	2个 10.67公顷	10	3个 70立方米	21
合计	17270	24	1143	73.8	33.78	13	41	1个 5.33公顷	2个 10.67公顷	10	3个 70立方米	

公共建筑

1986年，龙州县城公共公用建筑有中山公园、新风剧院、县体委灯光球场、龙江街电影院、龙州宾馆、人民医院6处，无公共广场。2005年，县城公共公用建筑有中山公园、新风剧院、龙江街电影院、龙州宾馆、人民医院、综合农贸市场、中医院、汽车总站、公交车总站9处。公共广场有红八军纪念广场、宣传文化中心广场2个共10.6公顷，其中红八军纪念广场占地面积8公顷。红八军纪念广场工程主要由西安市市政设计研究院设计，县建设局规划部门和设计部门协助补充完善，工程主要分项由桂林建工集团施工，附属分项由县建筑总公司施工。广场地面主要部分使用彩色混凝土砖铺设，其余为绿化用地及道路，广场安装豪华灯40盏，立邓小平铜像一尊。2002年6月动工，2005年8月竣工，总造价2000万元。

街道

1986年，龙州县城有街道20条。其中商业街道8条，居民区市政街道12条，道路总长8.58千米，其中硬化4千米。是年，县城主要街道只有38盏白炽灯。1987年—2005年，龙州县推进城东新区开发，加快县城路网改造和建设。2005 年，有街道 24 条。其中商业街道 11 条，居民区市政街道 13 条，道路总长 15.9 千米，其中硬化 24 千米。1993 年实施城北路扩宽工程，1997 年投资 3600 万元，建设城东新区主干道独山路。2003 年 8 月至 2005 年 12 月，投资 250 万元，在独山路、城北路、兴龙路、白沙街、康平街等安装豪华路灯 1105 盏，全县城共有路灯 1143 盏，实现县城主要街道亮化目标。

独山路　全长 3.1 千米。从水电局门口至三眼桥路段长 1.1 千米，宽 7 米，原沥青路面，拓宽 30 米（含人行道），主干道为二车道，混凝土结构。从三眼桥至独山脚路段，长 2 千米，宽 7 米，原砂石路，拓宽至 43 米（含人行道），主干道为四车道，混凝土结构；路两边人行道各宽 5 米，六角混凝土砖铺设，两边排水道总长 6 千米。1995 年 12 月 25 日动工，1998 年 11 月竣工，工程总造价 3600 万元。

城北路　全长 750 米。从水口、金龙岔路口至县边防大队门口段原路面宽 6 米，石砂路面；县边防大队至龙州大酒店门口沥青路面，路面宽 7 米。拓宽路面为 30 米，混凝土结构，其中人行道每边宽 4.5 米。路两边均建排水设施。1993 年动工，1995 年初竣工，总造价 300 万元。

白沙街　全长 1 千米。从大桥底至邮政大楼门口段改造为混凝土结构，从大桥底至铁桥头改造为沥青路面。1998 年 8 月开工，1999 年 9 月竣工，总造价 300 万元。

利民街　全长 1140 米。从县委党校门口至大桥头，原为混合土路面，全部改造为混凝土结构，构建排水设施。1998 年 6 月动工，1999 年 6 月竣工。总造价 180 万元。

龙江街、合龙街　龙江街长 581 米，合龙街长 410 米。原为旧城区街道，没有人行道。在实施旧城改造工程中，增设用青石板铺设的人行道，总长 2800 米，总面积 9800 平方米。2003 年 6 月动工，是年 12 月竣工，总造价 45 万元。

大塘路　全长 440 米。从龙州一中门口至县水电局旁，原为泥土小路。2002 年，实施旧城改造工程，县水电局旁拓宽至 40 米，其余路段拓宽至 20 米，其中主干道 11 米，沥青路面，人行道两边各宽 4.5 米，彩色六角砖铺设。2003 年 7 月动工，2004 年 5 月竣工，总造价 130 万元。

市政桥涵

1986 年，龙州县有市政桥涵 6 座（条）。其中桥梁有青龙桥、簸箕桥、东门桥、上龙桥 4 座，涵洞有白沙街太阳城、新华酒楼 2 条。并列入市政日常养护和合龙沟、青龙沟两沟治理范围。2005 年，有市政桥涵 13 座（条）。其中，桥梁有青龙桥、簸箕桥、东门桥、上龙桥、综合市场合龙街入口桥、三眼桥、新风剧院前共 7 座，涵洞有独山路机耕路口、独山路中波台巷路口、新车站路口、龙糖入蔗口、白沙街太阳城、新华酒楼前 6 条。

房屋拆迁

1986 年—1995 年，龙州县城只有一些零星工程需要进行房屋拆迁，拆迁工作由县建设局办公室和县房产所负责。1996 年，独山路拓宽工程拆迁房屋 11 栋（间），拆迁建筑面积 3560 平方米。1997 年，县城农贸市场工程拆迁房屋 8 栋（间），拆迁建筑面积 3600 平方米。2002 年，红八军纪念广场工程拆迁原农资公司化肥仓库 9 间，砖瓦结构房屋 4 间，拆除建筑面积 3 万平方米。2003 年起，实施旧城改造工程，按规划需要拆迁一大批民宅和公房。县建设局设立拆迁管理办公室。是年，县宣传文化中心广场工程拆迁房屋 6 栋，拆迁建筑面积 2980 平方米。龙江街旧城改造工程拆迁房屋 21 间，拆迁建筑面积 3511 平方米。2004 年，白沙街一巷市政路拓宽工程拆迁房屋 7 间，拆迁建筑面积 1111 平方米。大塘路改造工程拆迁房屋 15 间，拆迁建筑面积 3144 平方米。2005 年以后，房地产开发增多，房屋拆迁骤增。是年，龙水二级公路工程拆迁房屋 65 间，拆迁建筑面积 14770 平方米。1996 年—2005 年，依法拆迁管理房屋 181 栋（间），拆迁建筑面积 75076 平方米。

第五节　公用事业

供水

龙州县供水企业为龙州县自来水厂。1965 年 7 月建成向外主要向县委、县政府供水。1986 年，年供水能力 146 万吨，自来水普及率 30%，供水管道长 11238 米，水质优质率 90%。1995 年，年供水能力 550 万吨，自来水普及率95%，供水管道长5千米，水质优质率98%。2005年，年供水能力700万吨，自来水普及率100%，供水管道长72千米，可供约3万人使用，水质优质率98.9%。

表17-3　　1986年—2005年部分年份龙州县自来水厂供水情况表

年份	年供水能力（万吨）	年供水量（万吨）	自来水普及率(%)	供水管道长度（米）	水质优质率(%)
1986	146	100	30%	11238	90%
1990	365	221	80%	25000	98%
1995	550	281	95%	50000	98%
2000	550	387	99%	63000	99%
2004	700	540	100%	70000	99%
2005	700	467	100%	72000	98.9%

排水

龙州县城采用雨污水合流排放的方式，设施基本完善，兴龙路、康平街、合龙街、兴仁街等县城区主要干道均配套建设雨污合流排水沟。1986年，县城排水管道长5千米。1995年，县城排水管道长18.2千米。2005年，县城排水管道长33.78千米。

供气

1986年，龙州县城无燃气站。2005年，有燃气站3个共70立方米。

公共交通

1986年，龙州县城无公共汽车，县城内公共交通主要依靠边三轮摩托车。1986年—1991年，有一座汽车客运站，车辆由凭祥汽车总站调配，主要线路有龙州至南宁、龙州至凭祥、龙州至宁明、龙州至崇左4条，地点位于城北路14号（中心花园）。1991年，龙州县汽车客运总站成立。2004年6月，新建龙州县汽车客运站，位于独山路80号，原城北路站点作为公共汽车站。2005年，开通县公安局至独山、龙州至彬桥、龙州至下冻、龙州至先锋农场公交线路4条，有22座公共汽车19辆，公交线路总长47千米，站点32个，年客运量185万人次。

第六节　住房建设

居民住宅

1986年，龙州县居民人均住房公建房有30.1平方米，私人住宅24.1平方米，居民人均居住8.06平方米；茅草房2630间。1988年开始，龙州县实施茅草房改造工程，砖混结构楼房逐年增多。在2000年—2002年龙州县边境建设大会战时，投资3337.95万元，新建13个乡镇机关住宅楼；投资2508.44万元，改造茅草房2630间。2002年12月，建成乡镇机关住宅楼15幢268户套房，总建筑面积17029平方米；完成茅草房改造2630间。2004年，根据《龙州县乡镇住房改革实施方案》和《龙州县乡镇干部职工住房建设实施方案》要求，全县乡镇

自治区建设厅副厅长戴瞬松到龙州指导农民建房工作

职工建房总套数 18 套,总面积 1080 平方米,总投资 48 万元。

2005 年,龙州南华糖业有限责任公司龙州第二糖厂职工集资建房 50 套,建筑面积 5208.3 平方米,总造价 420.75 万元;金龙镇改建职工住宅楼 6 套,建筑面积 300 平方米,投资 56 万元。是年,全县居民人均住房公建房有 89.9 平方米,私人住宅 94.1 平方米,居民人均居住 13.08 平方米。砖混结构楼房建筑面积 184 万平方米,占全部建筑面积的 89%。

表 17-4 1986 年—2005 年部分年份龙州县城居民人均住房统计表

单位:平方米

年份 \ 年份	公建房(万平方米)	私人住宅(万平方米)	居民人均使用面积(平方米)	居民人均居住面积(平方米)
1986	30.1	24.1	9	8.06
1991	32	28.5	9.2	8.92
1996	49.1	36.4	9.8	9.1
2001	61	55.46	10.8	9.3
2005	89.9	94.1	14.9	13.08

小区住宅

1986 年—2005 年,龙州县有住宅小区 8 个。其中 2000 年建成的有 2 个,2002 年—2005 年建成的有 4 个,2005 年在建的有 2 个。

高祥小区 位于独山路中段东北面。全县规划开发的第一个住宅小区。1996 年完成规划,用地 12.80 公顷,其中,居住用地 5.71 公顷,公建用地 1.47 公顷,绿化用地 0.17 公顷,道路用地 4.68 公顷。建设单元式住宅 72 套,私房(每单元 3 套)1689 户,总建筑面积 129100 平方米,其中单元式住宅 6000 平方米,私房 112600 平方米,公建面积 10500 平方米,建筑密度 82%。2002 年,高祥小区建成。

县建筑公司小区 位于城北路中段西南面(原建筑公司)。1998 年完成规划,占地面积 2.51 公顷,其中住宅用地 1.55 公顷,公建用地 0.28 公顷,道路用地 0.56 公顷,公共绿地 0.16 公顷,建设住宅 126 户。2000 年,县建筑公司小区建成。

菜刀社小区 位于城北路东段西南面(原菜刀厂)。1998 年完成规划,占地面积 17479.52 平方米,其中住宅用地 13397.04 平方米,道路用地 3528 平方米,公共绿地用地 554.48 平方米,建设住宅 124 户。2000 年,菜刀社小区建成。

外贸小区 位于城北路东段西北面(原外贸局)。2000 年完成规划,占地面积 6357.6 平方米,其中住宅用地 2309.44 平方米,道路面积约 2000.4 平方米,公共建设用地约 1312.7 平方米,建设住宅 42 户。2003 年,外贸小区建成。

建设小区 位于城东区 60 米大道西侧。2002 年完成规划。占地面积 30290 平方米,其中住宅用地 19346 平方米,道路用地 10944 平方米,建设住宅 159 户。2004 年,建设小区建成。

劳动小区 位于独山路东段的南面,红八军纪念广场的东面。2003 年完成规划,占地面积 12986.25 平方米,其中住宅用地 7587.16 平方米,道路用地 3333.75 平方米,建设住宅 69 户。2005 年,劳动小区建成。

天使小区 位于独山路东段东北面。2005 年完成规划,占地面积 11026 平方米,其中住宅用地 5970 平方米,道路用地 4000 平方米,建设住宅 52 户。2006 年,天使小区建成。

新车站小区 位于独山路龙州汽车总站后面。2002 年完成规划,占地面积 8447.5 平方米,其中住宅用地 4740 平方米,道路用地 2646 平方米,公共休闲绿地 780 平方米,建设住宅 54 户,住户均为车站(运德公司)职工。2008 年 12 月,新车站小区建成,有专业物业管理。

第七节　环境卫生　园林绿化

环境卫生

1986年，龙州县环卫站有职工21人，垃圾清运手扶拖拉机1台；公厕蹲位11位；清扫面积3万平方米，日清理垃圾3.7吨。1996年开始，实行垃圾收集清运有偿服务。每月收取单位垃圾清运费20元~80元，视垃圾量而定；居民每户每月收垃圾清运费3元。2005年，有公厕蹲位40位；垃圾场一个5.33公顷；实行垃圾清运有偿服务的单位140个，占单位总数99%，居民住户9401户，占居民住户总数82%。

园林绿化

1986年，龙州县园林绿化由中山公园和城市绿化队负责，主要对公园和县城进行绿化种植、养护，县城绿化覆盖率15%。1997年，县委、县政府提出创建文明卫生城市“一年初见成效，三年巩固，五年提高”的奋斗目标，县城50多个单位均在办公区、宿舍区、庭院内进行绿化，绿化面积大幅度提高。同时，县政府投资250万元，在兴龙路、白沙街、独山路、城北路、宣传文化中心广场、红八军纪念广场进行绿化建设。2005年12月，县城种植绿化树2600多棵，草坪15万平方米，绿化覆盖率21%，人均绿地面积6.03平方米。

第八节　村镇建设

饮水工程建设

龙州县水源丰富，但分布不均匀，多数村屯群众饮水难，有些村民挑一担水要翻山越岭走十几里路。经过多年努力，饮水难的问题有所缓解。2000年统计，全县仍有饮水难的人口1万多人、大牲畜3万多头。在边境建设大会战中，县委、县政府把饮水工程列为首要攻坚项目。是年10月18日，县水电局组织工程技术员深入各个建点，实地调查，做好工程概算和设计方案。同月25日，从彬桥乡清明村渠要屯饮水建点开始，全县各个饮水建点陆续破土动工。2001年12月1日，完成人饮工程14个，占总任务50%；2002年6月30日，完成人饮工程18个，占总任务64.29%；2002年12月30日，全县28个人饮工程全部竣工，分布在水口、武德、下冻、彬桥、上降、霞秀、响水、上龙、八角、逐卜10个乡镇17个村28个自然屯。同时，彬桥、武德、上降、八角、金龙、水口6个乡镇政府驻地供水工程完工，投入使用。

集市建设

1986年，龙州县有科甲、彬桥、逐卜、上龙、上降、上金、八角、罗回、武德9个集市，集市面积分别为28公顷、27公顷、20公顷、19公顷、21公顷、25公顷、22公顷、13公顷、18公顷，资金投入分别为133万元、68万元、75.5万元、30.4万元、18万元、42万元、29万元、61万元、60万元。1993年，龙州县除县城（龙州镇）和下冻、水口、金龙、响水4个建制镇外，彬桥、逐卜、上龙、上金、上降、八角6个乡政府所在地集市称为乡级集市。霞秀乡政府所在地无集市，武德乡政府所在地为科甲集市。此外，水口镇罗回、武德乡武德两个集市为村级集市。7个乡级集市和罗回、武德两个村级集镇，分别于1996年、1998年完成总体规划编制。在2000年—2002年的边境建设大会战中，开展乡镇集市基础设施建设。2004年，全县完成乡镇集市基础设施建设任务，集市面积分别为30公顷、29公顷、25公顷、20公顷、22公顷、27公顷、23公顷、15公顷、20公顷，资金投入分别为485万元、386万元、548万元、334万元、299万元、390万元、300万元、290万元、330万元。

表 17-5　　1986 年—2004 年部分年份龙州县乡村集市设施建设表

年份	集市	资金投入（万元）	集市面积（公顷）	集市人口（人）	道路（千米）	路灯（盏）	水厂供水吨/日	供水普及率（%）	排水管（千米）	农贸市场（个/平方米）	公厕（座）	垃圾场（个/平方米）	停车场（个/平方米）	桥涵（个）
1986	科甲	133	28	1722	5	8	0	0	0.2	1/400	1	0	0	2
	彬桥	68	27	721	2	8	0	0	0.1	1/400	1	0	0	1
	逐卜	75.5	20	880	1	5	0	0	0.2	1/500	1	0	0	2
	上龙	30.4	19	796	1	5	0	0	0.08	1/250	1	0	0	0
	上降	18	21	987	0.8	0	0	0	0.05	0	1	0	0	0
	上金	42	25	903	0.8	0	0	0	1	1/400	1	0	0	0
	八角	29	22	772	0.9	0	0	0	0.05	1/250	1	0	0	0
	罗回	61	13	1811	2	6	0	0	0.2	1/350	1	0	0	1
	武德	60	18	986	2	3	0	0	0.3	1/350	1	0	0	1
1996	科甲	267	30	1910	8	15	50	80	1	1/400	1	1/600	0	2
	彬桥	165	29	910	5	21	30	50	1	1/400	1	1/300	0	1
	逐卜	195	25	1100	5	15	30	50	1	1/500	1	1/300	0	2
	上龙	109	20	998	4	10	20	50	0.5	1/250	1	1/300	0	0
	上降	34	22	1300	2	2	10	30	0.5	0	1	1/200	0	0
	上金	125	27	1211	5	3	10	30	105	1/400	1	0	0	0
	八角	73.5	23	912	2.5	3	10	30	0.5	1/250	1	0	0	0
	罗回	114	15	2100	3	3	30	60	0.4	1/350	1	1/300	0	1
	武德	129	20	1130	5	5	20	60	0.4	1/350	1	0	0	1
2004	科甲	485	30	2100	2	18	100	95	2	1/1000	1	1/600	1/800	2
	彬桥	386	29	1000	8	25	100	95	2	1/800	2	1/600	1/800	1
	逐卜	548	25	1300	7	20	200	92	1.5	1/1300	1	1/600	1/800	2
	上龙	334	20	1100	9	18	100	90	1	1/500	1	1/500	0	0
	上降	299	22	1500	5	20	120	85	1	1/300	2	1/300	0	0
	上金	390	27	1300	10	15	120	91	2.5	1/500	1	1/300	1/800	0
	八角	300	23	1100	5	16	100	85	1	1/400	2	1/300	0	0
	罗回	290	15	2700	5	15	100	95	1	1/400	2	1/500	0	1
	武德	330	20	1210	8	12	100	95	1	1/600	1	1/500	0	1

办公楼建设

1986 年始，龙州县乡镇、村（居）委会办公条件逐年改善。在 2000 年—2002 年龙州县边境建设大会战时，国家拨款 1858.63 万元，建成一批乡镇集市基础设施和乡镇办公楼；投资 1386 万元，建设 126 个村（居）委会办公楼；新建乡镇邮政楼 3 栋。2005 年，全县 12 个乡镇均有办公楼。

龙州镇　系原霞秀乡政府办公楼，于 2000 年建成，投资 73.5 万元，建筑面积 1500 平方米。2004 年 11 月，原霞秀乡与龙州镇撤并成新龙州镇后，迁入办公。

上龙乡　乡政府办公楼于 2001 年建成，投资 61.56 万元，建筑面积 1256 平方米。

上降乡 乡政府办公楼于2004年2月建成，建筑面积822平方米，总投资54万元。

水口镇 镇政府办公楼于2004年建成，建筑面积14246.7平方米，投资504.24万元。

彬桥乡 乡政府办公楼于2004年建成，建筑面积822平方米，投资55万元。

响水镇 镇政府第一栋办公楼于1986年建成，建筑面积400平方米，投资14万元。第二栋办公楼于2005年建成，建筑面积920平方米，投资80万元。

第九节　建筑业

建筑公司

龙州县中南建设工程有限公司 为20世纪50年代初成立的县建筑公司与70年代成立的县建安公司合并改制而成的建筑总承包施工单位。公司内设一室二科三部一站二中心，下辖水泥预制构件厂、水利电力分公司、汽车运输分公司、路桥分公司、市政分公司、爆破分公司和11个土建分公司，有工程技术人员和经济管理人员166人，其中高级工程师5人，工程师52人，初级工程技术人员97人，经济管理人员12人。持有一级建造师证书2人，二级建造师证书13人，小型项目施工岗位证书26人。公司拥有资产总额5856万元，注册资金2150万元。生产经营固定资产净值8098万元，机械设备5689台，总功率13566.9千瓦，原值9086.56万元。可承接14层及以下、单跨度24米及以下的房屋建筑；高度70米及以下的构筑物；建筑面积12万平方米及以下的住宅小区或建筑群体；水利水电、电力、桥梁公路、市政建设、爆破等工程的施工。

龙州县建筑工程总公司 1993年4月5日成立。是自治区建筑联合会、崇左市建筑联合会直属会员单位。有工程师19人、助理工程师35人、项目经理47人，注册资金650万元。在县内创建有优质工程39个。1997年、1998年，分别获南宁地区建筑系统先进单位称号；2001年、2003年、2005年，分别获广西先进建筑施工企业称号。2005年，获自治区建筑系统先进单位称号。

龙州县第二建筑工程公司 前身为1985年10月成立的乡镇企业建筑建材公司。1994年11月，经上级主管部门批准，统一命名为龙州县第二建筑工程公司。2002年8月，改为股份合作制企业，注册资金3000万元。公司可承担单项建安合同额不超过企业注册资本房屋建筑工程金5倍的下列房屋建筑工程的施工，14层及以下、单跨度24米及以下的房屋建筑工程，高度70米及以下的构筑物，建筑面积6万平方米及以下的住宅小区或建筑群体。

第十节　房地产业

城镇住房制度改革

改革方案 1993年，县政府制定出台《龙州县城镇住房制度改革实施方案》。2001年，出台《龙州县已购公有住房上市交易实施细则》和《龙州县住房公积金个人贷款暂行办法》。2005年，制定《龙州县公有住房售后物业管理暂行办法》《龙州县经济适用住房建设实施方案》。

调整住房租金 1994年—2005年，龙州县根据由政府、单位、个人三者共同负担的原则，坚持“少提不补”和“多提少补”的办法，逐步调整住房租金，使售租比价逐步趋向合理，促进职工居民积极建房和买房。1994年，旧房月租金0.28元/平方米，新住房月租金1.02元/平方米，不配套或平房月租金0.3元/平方米。1996年，旧房月租金1.08元/平方米，新房月租金1.22元/平方米，不配套或平房月租金0.59元/平方米。1997年，旧房月租金1.28元/平方米，新房月租金1.346元/平方米，不配套或平房月租金0.7元/平方米。1998年—2005年，旧房月租金1.54元/平方米，新房月租金1.74元/平方米，不配套或平房月租金0.84元/平方米。

出售公有住房 1993年，龙州县出售公有住房1862套，建筑面积108465平方米，售房款1367.46万元。1994年，出售公有住房26套，建筑面积2129平方米，售房款90.39万元；发“房屋所有权证”26套，归集住房资金1129.62万元。1995年，出售公有住房161套，建筑面积13658平方米，售房款585.41万元；归集住房资金27.91万元，累计归集住房资金1157.53万元。1996年，出售公有住房201套，建筑面积17598平方米，售房款724.24万元；发放“房屋所有权证”201套，归集住房资金648.26万元，累计归集住房资金1805.79万元。1997年，出售公有住房2073套，建筑面积12.62万平方米；发放“房屋所有权证”2027套，占应发证97.64%，归集住房资金856.21万元，累计归集住房资金2662万元。1998年，出售公有住房878套，建筑面积656783平方米；发放“房屋所有权证”878套，归集住房资金1238万元，累计归集住房资金3900万元。1999年，出售公有住房2501套，其中住房部分产权770套，住房全部产权1731套；发放“房屋所有权证”2425套，归集住房资金1062万元，累计归集住房资金4962万元。2000年，出售公有住房190套，建筑面积19.09万平方米，归集住房资金323万元，累计归集住房资金5285万元。2001年，出售套数2879套，建筑面积19.09万平方米，其中部分产权210套，建筑面积1.05万平方米，累计归集售房款5374.50万元。2002年，出售套数2879套，建筑面积19.09万平方米，其中部分产权210套，建筑面积1.05万平方米，累计归集售房款5374.50万元。2003年，出售套数2879套，建筑面积19.09万平方米，其中部分产权210套，建筑面积1.05万平方米，累计归集售房款5392.50万元。2004年，出售套数2885套，建筑面积19.13万平方米，其中部分产权206套，建筑面积1.03万平方米，累计归集售房款5427.00万元。2005年，出售套数2888套，建筑面积19.15万平方米，其中部分产权206套，建筑面积1.05万平方米，累计归集售房款5433.75万元。

住房资金收入和支出　1994年，龙州县住房资金收入1181.91万元，其中售房款收入1129.62万元，集资建房款23万元，租赁保证金29.29万元。1994年—2000年，全县支出511.27万元，其中维修费1.27万元，其他支出510万元（含发放贷款）。2001年，住房资金收入51万元，支出298万元；2002年，住房资金收入18万元，支出85万元；2003年，住房资金收入19万元，支出60.04万元；2004年，住房资金收入15.50万元，支出28.05万元；2005年，住房资金收入6.75万元，支出30.93万元。

公有住房售后服务　1993年—2005年，县房改办根据产权单位报告，按有关规定派人核实，按实际开支回拨维修费，进行楼房天面补漏、排除排污管道堵漏、水池维修等。1994年，全县回拨维修费1.27万元。1996年，回拨维修费9.11万元，楼房天面补漏面积1106.1平方米，水池补漏2个，卫生间补漏改造14间，配套加隔热层399平方米。1997年，全县回拨维修费213.46万元。2000年回拨维修费182.25万元。2001年回拨维修费30万元。2002年回拨维修费23万元。2003年回拨维修费38万元。2004年回拨维修费2.1万元。2005年回拨维修费6952.9元，清理化粪池3个，维修卫生间2间、水管1条。

住房公积金缴存

1997年，龙州县开始建立住房公积金制度。全县133个单位3629名职工参加缴存住房公积金，占职工人数8394人的43.2%，归集住房公积金77万元。1998年，全县133个单位6222名职工参加缴存住房公积金，占职工人数10719人的58.05%，归集住房公积金179.08万元，累计归集住房公积金256.08万元。1999年，全县133个单位6328名职工参加缴存住房公积金，归集住房公积金153万元，累计归集住房公积金409.08万元。2000年，全县144个单位6300名职工参加缴存住房公积金，归集住房公积金289.92万元，累计归集住房公积金699万元。2001年，全县145个单位6811人参加缴存住房公积金，归集住房公积金290万元，累计归集住房公积金990万元。2002年，南宁地区房改办下达给龙州县的住房公积金缴存任务280万元。县房改办多次召开会议，宣传国务院颁布的《住房公积金管理条例》，在全县范围内开展《住房公积金管理条例》知识问答活动，发放问卷8000份，增强干部职工对住房公积金缴存的认识，提高缴存率。县长办公会议专门研究房改工作，把住房公积金缴存率从3%提高到6%，财政补贴与个人缴存按1∶1收取。全县建立住房公积金制度的149个单位6840人，累计归集住房公积金378万元。2003年，全县建立住房公积金制度的144个单位4800人，归集住房公积金623万元，累计归集住房公积金2177万元。2004年，全县建立住房公积金制度的143个单位4800人，归集住房公积金668.77万元，累计归集住房公积金2854.77万元。2005年，住房公积金缴存 1242.55 万元。

住房贷款和补贴

住房贷款和回收 2001 年，出台《龙州县住房公积金个人贷款暂行办法》，委托中国农业银行龙州县支行发放。2002 年，全县发放住房公积金个人住房贷款 4 户 20 万元；龙州县招待所按季度归还贷款本息 6 万元。2003 年，全县办理职工公积金构建贷款 51 户，总额 290.8 万元，累计构建贷款总额 312.8 万元，追回逾期贷款 8 万元。2004 年，全县办理职工公积金构建房贷款 37 户，发放住房公积金构建房贷款 219.5 万元，累计发放贷款金额 532.3 万元。

住房补贴发放 2003 年，龙州县房改办实施住房补贴方案，住房补贴系数批报准确。经测算上报的住房补贴系数，得到自治区房改委的批复。2005 年，全县开始发放住房补贴，符合发放住房补贴的单位 1 个，职工 16 人，发放住房补贴 153806 元。

职工集资房与经济适用房建设

全额集资建房 2001 年，龙州县回拨集资建房款 150 万元。2002 年，全县参加全额集资建房单位 3 个，职工 61 人，归集集资款 242 万元。2003 年，全县报批全额集资建房单位 1 个 6 套，归集集资款 25 万元。2004 年，全县报批全额集资建房单位 3 个 86 套，面积 10321.3 平方米，归集集资款 641.75 万元。2005 年，建成套数 82 套，建筑面积 0.77 万平方米，完成投资总额 313.39 万元。

经济适用住房 2004 年，县房改办发出经济适用住房调查通知，把《龙州县经济适用住房需求情况调查表》发放到 161 个单位进行摸底。根据交回的 76 个单位《调查表》统计，无房户 597 户，职工住房未达标 254 人，急需购买经济适用住房 755 套，共计 1606 套。2005 年 12 月，龙州县经济适用住房制度尚未出台实施。

房地产开发

龙州县先后引进鑫宏、信强、华厦、昊乐置业等房地产开发公司，推进房地产开发。1991 年—2005 年，房地产业发展很快，每年县城新建私人住宅 200 栋至 350 栋，建筑总面积约 166 万平方米。龙州县城房产建设发展有 3 种类型：旧城改造，新区开发，边贸城建设。

开发项目

龙鑫新城 位于城东区龙夏路西侧。为商住型项目，占地面积 12.96 公顷，使用年限 70 年。龙州县鑫宏房地产开发有限公司于 2004 年 8 月竞购获得。项目总投资 2 亿元（人民币），建筑面积 21 万平方米。建设内容包括商业步行街、美食街、多层商住小区、连排天地楼、商业广场以及农贸市场等。该项目于 2004 年 11 月 24 日正式破土动工。2008 年，累计完成投资 1.5 亿元，完成总长 500 多米的排洪沟，总长约 1700 米的东江路、建和路、新兴路的修筑及龙夏路拓宽等市政道路。丽江花园、步行街、新兴花园等楼盘已有 10 栋竣工，交付使用。

龙珠阁 位于兴龙路 31 号原县建设局办公楼旧址，为混合住宅用地项目。面积 1238.5 平方米，出让年限 70 年。2003 年 9 月对外公开招拍卖。贵州黔灵山水房地产开发公司以 239.8 万元的价格竞购获得。2005 年 8 月 28 日，正式签订出让协议。2007 年 7 月 26 日，正式取得土地使用权。项目总投资 500 万元，建设一栋建筑面积约 5000 平方米的商住楼。一层及地下层为商铺，套房 36 套。2008 年 12 月，已出售 31 套。

第十一节　管　理

工程管理

龙州县开展工程招标投标管理工作。全县第 1 个实行招标投标工程是独山路拓宽工程。凡县内政府投资、融资、职工集资工程造价在 30 万元以上的房屋建筑工程，均实行招标投标。每次评标开标由评标小组按有关法律法规和技术、资质、工程质量系数等要求评定。

表 17-6

1986 年—2005 年部分年份龙州县工程管理表

年份	项目数	报建数	报监数	合格数	优良数	工程事故(次)	死亡人数(人)
1986	28	21	21	20	1	1	无
1990	32	30	30	30	0	无	无
1995	51	50	50	49	1	1	1
2000	47	47	47	47	47	无	无
2005	21	21	21	21	0	无	无

城建监察

1991 年 12 月 15 日,龙州县城建监察管理队成立。1997 年进行扩编,更名为龙州县城建监察管理大队。1997 年以来,共拆除乱搭乱盖 1000 多处,纠正乱占道经营 600 多起(次),纠正车辆乱停乱放 1100 多台(次),查处违章建设案件 56 件,查处损坏(破坏)市政公共设施案件 8 件。

房产管理

1987 年 8 月,龙州县城开始登记房屋产权及发、换证业务。至 1997 年 12 月,全县登记发证 6029 栋,总面积 152.33 万平方米,其中私房 3978 栋,面积 58.21 万平方米;公有房产 2051 栋,面积 94.12 万平方米,其中住宅用房面积 68.65 万平方米。1986 年,代征契税 4159 元。1995 年,代征营业税 91675 元。1997 年,代征契税 337881 元。2004 年,代征契税 81642 元。2005 年 12 月,县城“社改”以后,有公房 10 栋,建筑面积 7833.92 平方米,由县房产所管理、修缮。

业主在办理房地产登记、交易手续　(2005 年摄)

2001 年 4 月 16 日,根据国家计委、财政部下发《关于全面整顿住房建设收费取消部分收费项目的通知》,取消房屋买卖鉴证费、房屋典当抵押鉴证费、房屋租赁鉴证费、房屋赠与鉴证费、房屋交换鉴证费、房屋继承分析鉴证费。2002 年 4 月 12 日,国家计委、财政部下发《关于规范房屋所有权登记费计费方式和收费标准等有关问题的通知》,规定房屋所有权登记费不再按房屋的价值量定率计收,统一规定为按宗计收,每宗 80 元。2005 年,房产测绘费由每平方米 1.36 元降到每平方米 0.8 元;白蚁防治费由每平方米 2.00 元降至每平方米 1.6 元;房屋买卖代理费由原来成交价的 1.5% 改为 0.5%。

第二章　环境保护

1989 年 9 月,龙州县环境保护局成立。从当年开始,全县对环境有影响的建设项目,执行环境影响评价制度和“三同时”(环境设施与主体工程同时设计、同时施工、同时投产使用)制度;执行排放污染源许可证制度;治理“旧 15 小”企业和“新 5 小”企业;施行环境监察工作。1996 年,开始推行环保目标责任制,对全县污染物排放实行总量控制。1998 年,制定并实施《龙州县城镇生活饮用水水源保护暂行规定》。2000 年,全县工业污染源实现达标排放目标。2001 年,对县城区(含规划区)划分环境功能区,编制并实施《龙州县城环境功能区划》。至 2005 年，县主要河流水质状况总体良好，地面水质量均能达到《地面水环境质量标准》(GB3838-88) 中的Ⅱ类水标准；城镇空气质量各项指标达到环境功能区要求，县城空气质量符合国家《环境空气质量标准》(GB3095-1996) 二级标准要求。

第一节　机　构

1989 年 9 月，龙州县环境保护局成立，不内设部门，人员编制 4 名（从龙州县城乡建设委员会中调配），实有 8 人，办公地址在龙州镇兴龙路 44 号县人民政府招待所内。1990 年 2 月，龙州县环境保护监测站成立，是隶属龙州县环境保护局的事业单位，人员编制 4 名（从县城乡建设委员会的超编人数中调剂），实有 16 人。1997 年 1 月，龙州县环境保护局更名为龙州县环境保护委员会办公室，为龙州县环境保护委员会的议事协调机构的常设办事机构，内设秘书股、环境管理股、财务股 3 个部门，下设县环境保护监理所。2001 年 12 月，复名为龙州县环境保护局。2002 年 3 月，龙州县环境保护局内设文秘股、综合管理股 2 个部门，下设龙州县环境保护监测站、县环境保护监理所两个机构，有人员编制 10 名，其中行政编制 5 人，事业编制 4 人，后勤事业编制 1 人，实有 16 人，为南宁地区环境保护局派出机构。2003 年 12 月，龙州县环境保护局改为崇左市人民政府派出机构，实有 10 人。2005 年，龙州县环保局内设办公室、监督管理股、科技宣传教育股、财务股 4 个部门，下设龙州县环境保护监测站、龙州县环境保护监察大队两个二层机构，有人员编制 6 名，实有 25 人，办公地址在龙州镇独山路高祥小区 C 座 18 号。

龙州县环境保护局办公大楼　(2002 年摄)

1989 年—2005 年历任局长：韦世炬(1989.9—1994.3)，林正强(1994.3—2001.3)，甘颂棠(2001.3—2005.12)。

第二节　环境管理

环保制度

从 1989 年开始，龙州县对环境有影响的建设项目，执行环境影响评价制度和“三同时”（环境设施与主体工程同时设计、同时施工、同时投产使用）制度。严格执行排放污染源许可证制度，对排污单位施行申报、排污许可证核发、年审，强化对污染源的管理。控制新污染源的产生，治理“旧 15 小”企业(1996 年《国务院关于环境保护若干问题的决定》提出取缔、关闭和停产的 15 种污染严重小企业，年产 5000 吨以下的造纸厂、年产牛皮 3 万张以下的制革厂、年产 500 吨以下的染料厂，采用“坑式”“萍乡式”“天地罐”“敞开式”等落后方式炼焦、炼硫的企业，土法炼砷、炼汞、炼铅锌、炼油、选金和农药、漂染、电镀以及生产石棉制品、放射性制品企业等）和“新 5 小”企业（电站、小炼油厂、小水泥厂、小玻璃厂、小钢铁厂）。倡导物耗低、污染少的工业企业，发展清洁生产，走可持续发展道路。是年，同时开始施行环境监察工作。在县环境监察大队没有成立的情况下，局里设有监理股，负责对排污企业的监管。县环境监察大队成立以后，专司环境监理。其职责是依法查处环境违法行为，调处环境污染事故及污染纠纷，负责污水、废气、固体废弃物、噪声、危险化学品等污染物排放的监督管理和排污费的征收等工作。1996 年，开始推行环保目标责任制，对全县污染物排放实行总量控制。每年由县政府与各有关单位签订环保目标责任状，把环保指标分解到各乡镇、县直有关单位及相关企业，进行年度考核。1998 年，制定《龙州县城镇生活饮用水水源保护暂行规定》，并付诸实施。2000 年，全县工业污染源实现达标排放目标。2001 年，对县城区（含规划区）划分环境功能区，编制《龙州县城环境功能区划》，并付诸实施。

环境监察

2004 年 1 月 18 日，水口河上游越南驮隆糖厂停榨洗机，将大量超标有机废水排入河中，有机物排在水中氧化消耗溶解氧，使溶解氧降低，造成水体严重缺氧而导致鱼浮头死亡的污染事故。事故从 1 月 18 日开始到 31 日结束，历时 14 天，污染河段从水口大桥到龙州县城约 32 千米，污染症状明显，有约 3 千米长的污染带，所经河段均出现鱼浮头死亡现象，十几斤重的野生鱼都难逃厄运。其中最下游的小连城电站坝首污染最为严重，未能转移的网箱鱼大量死亡。同月 30 日，小连城电站开闸放水后，污染带通过县城和鸭水河汇合稀释后于 31 日污染逐步消失。这次污染事故对水口河段的渔业生产造成重大损失，野生河鱼损失 1 万千克以上，网箱养鱼损失 800 多箱 84353 尾，约 27361.5 千克，造成经济损失 70 多万元。是年 4 月 17 日，上金乡渡口到响水镇旧街河段发生水污染事故。事故原因为龙州南华公司 3 家糖厂在 4 月 5 日—14 日先后停榨洗机，将超标的洗机废水直接排入河中，废水中的有机物降解消耗河水中溶解氧，使鱼类缺氧窒息死亡。事故历时 7 天，受污染河段 59 千米，造成天然鱼死亡约 2000 千克，网箱鱼死亡 12500 千克，影响左江沿岸居民生活饮用水，涉及上金乡和响水镇的 9 个行政村 1 个居委会 38 个自然屯共 15600 多人，造成直接经济损失 657 多万元。事故调查结束后，进行损害理赔调解，对受害的养殖户进行经济赔偿。

排污费征收　龙州县环保局把排污费征收作为重点工作之一，在“有法可依，有据可查”的基础上，重点对排污企业开展监督性监测，以此为依据全面开展排污费的征收工作。1995 年全县征收排污费 110 多万元，1996 年共征收排污费 288 万元，1997 年共征收排污费 105 万元，1998 年共征收排污费 270 万元，1999 年共征收排污费 473 万元，2000 年共征收排污费 551.6 万元，2002 年共征收排污费 254.4 万元，2003 年共征收排污费 167.12 万元，2005 年共征收排污费 195 万元。

环保宣传　1997 年，龙州县环保局积极抓好环保宣传教育工作，出版了环境保护简报和 2 期墙报，印发环保宣传资料 4000 份，并在主要街道挂横额、张贴标语。是年 5 月组织全县干部职工、学校师生共 1300 人参加了全区“南丹龙泉杯”新颁环保法律法规知识竞赛。1998 年，县环保局和县文化局组建了龙州县环保文化艺术团，彩排以宣传环境保护为内容的专场文艺节目，在县内外演出 11 场，观众达 20300 多人次，还有 12 万多人次收看了电视文艺节目转播。2000 年，组织开展环保宣传月活动，在县有线电视台还播放了环境保护专题节目《珍惜我们的家园》，观众收视达 4 万多人次。是年县政府组织开展了声势浩大的龙州县 2000 年“环保世纪行”宣传活动，在县城中心花园举办了为时一周的环保知识板报展览。同时，组织单位干部职工和学校的师生参加《南宁环境报》举办的“南孚杯”环保知识竞赛活动。2005 年，充分利用“环保宣传月”大力开展环保宣传教育工作，一是发动已获得自治区、市、县“绿色环保单位”称号的单位开展形式多样的宣传纪念活动，6 所绿色学校共出版黑板报 20 多版，学校还利用课堂做专题讲座，开主题班会；二是在主要交通要道悬挂有关环保宣传横额 5 幅，在企业内外墙壁刷上永久性环保宣传标语 9 条；三是深入开展“绿色系列”创建活动，积极指导武德中心小学、朝阳小学申报自治区级“绿色学校”，推荐中国农业银行龙州县支行银龙小区居民申报“绿色环保家庭”，并加强对已授牌的绿色环保单位进行复查和指导，严格管理。

2000 年，龙州县环保局与县委宣传部、县教育局联合举办“环保与文明”知识竞赛

第三节　环境监测

龙州县环境监测站于1990年2月成立，但未及时配备有实验室及具备监测资质的人员，监测设备不全，县级无法独立开展工作，监测数据由上一级监测部门掌握。1992年，龙州县环境保护监测站被国家环保总局列入国家地面水环境监测网络，承担水口电站国家控制监测断面的监测，向国家环保部上报监测数据任务。但由于历史及自身条件的限制，龙州县环境保护监测站未配备有化验室、检测设备设施，因此一直以来都未能独立开展监测工作，龙州县的环境保护监测工作均由上一级环境保护监测站开展。

地表水环境质量监测

2000年，龙州县环保局配合南宁地区环保监测站完成了龙州县水口电站断面、鸭水滩电站断面、明江河断面、棉江河断面地面水质丰水期、平水期、枯水期常规监测，提供监测数据420个，初步具备了应急的监督性监测能力。2001年开始独立开展工作，完成龙州县地表水水质常规监测，取得数据746个。2002年，协助南宁地区环保监测站对龙州县地表水水质常规监测，取得数据828个。2005年独立完成了龙州县方略制药有限公司排污申报监测工作。是年，对龙州县3个断面进行水质监测，国控断面—水口电站断面pH值7.82~8.26，溶解氧6.2~8.0，五日生化需氧量2L，高锰酸盐指数0.8~1.4，氨氮0.098~0.191；市控断面—明江断面pH值7.0~8.35，溶解氧4.2~7.6，五日生化需氧量2L，高锰酸盐指数1.9~2.1，氨氮0.120~0.223；棉江断面pH值7.40~8.89，溶解氧6.1~7.5，五日生化需氧量2L，高锰酸盐指数1.2~2.7，氨氮0.049~0.539。从崇左市环保监测站对左江流域和水口河流断面监测结果表明，龙州县主要河流水质状况总体良好，河段可满足水域功能水质要求，地面水质量均能够达到《地面水环境质量标准》(GB3838-88)中的Ⅱ类水标准，水质逐年均有明显改善。

县城大气、噪声环境质量监测

龙州县县城大气、噪声环境质量每年监测1次。2000年完成了县城镇大气环境质量监测，提供监测数据91个。2005年12月18日—22日连续5天对县城3个监测点（县政府、龙州宾馆、旧飞机场）进行监测，通过监测结果显示，县政府$0.005 < SO_2 < 0.015$，$0.018 < NO_2 < 0.034$，$0.084 < PM_{10} < 0.164$；龙州宾馆$0.005 < SO_2 < 0.013$，$0.005 < NO_2 < 0.015$，$0.051 < PM_{10} < 0.108$；旧飞机场$0.005 < SO_2 < 0.010$，$0.009 < NO_2 < 0.028$，$0.055 < PM_{10} < 0.192$。从崇左市环保监测站监测结果表明，城镇空气质量各项指标达到环境功能区要求。2005年12月19日—20日对功能区噪声4个点位（县政府、县公安局、县中山公园、县阳光大酒店）进行环境噪声监测，监测频率为每年一次，每次2天，昼夜间进行监测。通过监测结果显示：县政府12月19日昼间监测数据为52.1dB (A)，夜间43.7dB (A)，12月20日昼间监测数据为48.6dB (A)，夜间44.1dB (A)；县公安局12月19日昼间监测数据为47.6dB (A)，夜间44.6dB (A)，12月20日昼间监测数据为49.0dB (A)，夜间44.0dB (A)；县中山公园12月19日昼间监测数据为41.4dB (A)，夜间47.7dB (A)，12月20日昼间监测数据为48.2dB (A)，夜间44.2；县阳光大酒店12月19日昼间监测数据为59.3dB (A)，夜间51.4dB (A)，12月20日昼间监测数据为55.9dB (A)，夜间52.6dB (A)。从崇左市环保监测站监测表明，城镇空气质量各项指标达到环境功能区要求。

污染源监测

由于县级监测水平有限，污染源监测均由上一级环保监测部门对龙州县辖区内工矿企业每年监测1次，时间一般为企业正常生产期。该数据主要作为企业本年度的排污申报依据。2000年，龙州县17家企业20个污染源实现了排放达标或基本达标，排放指标稳定，并先后通过了自治区、地区和县组织的排放达标验收。2002年，完成全年污染源排污监督性监测30次，取得监测数据412个。2003年，完成污染源监督性监测30多次，提供监测报告40多份，监测数据500多个。2005年，龙州县各项污染物排放总量有所削减，6项指标均控制在市局下达的指标范围内。主要污染物排放情况具体是：化学需氧量10272.18吨，氨氮127吨，二氧化硫1068.13吨，烟尘1031.31吨，工业粉尘179.99吨，固体废物0吨。

污染事故监测

1997 年全县处理污染事故 2 起，1998 年全县处理污染事故 2 起，2000 年全县处理污染事故 1 起，2004 年全县处理污染事故 3 起，2005 年没有发生环境污染事故。通过污染事故监测，取得了大量的监测数据，为环境管理和环境监理提供科学依据。

第四节　环境治理

1986 年，龙州县尚未开展工业污染源治理和污染物排放监测工作。1995 年，全县主要工业废水年排放量 1523 万吨，其中 COD（化学耗氧量）2.50 万吨，SS（悬浮物）4200 吨，年废气排放量 135931 万标立方米，废气放达标率 70%。1996 年全县排放工业废水 286.2 万吨，是年，根据国务院《关于环境保护若干问题的决定》提出“到 2000 年，全国所有工业污染源排放污染物要达到国家或地方规定的标准”的要求，根据自治区政府的部署，对全县有治理任务的制糖、酒精、淀粉、制茶等上规模的 17 家工业企业 20 个污染源下达限期治理任务，实施“一控双达标”治理工作。1997 年全县年排废水 627 万吨，1999 年全县排放工业废水达 432.8 万吨，其中三家糖厂酒精废液年排放量 22.1 万吨，锅炉冲灰水年排放量 387.3 万吨，将山酒业有限公司木薯酒精废液年排放量 7.9 万吨，县供销社淀粉厂年排放废水 1.6 万吨，三华淀粉厂年排放废水 2.7 万吨，尤其在枯水期间，河流流量小，流速慢，河水自净能力明显降低，而每天排入江河的工业废水达 7.8 万吨，废水中的 SS、COD、BOD5 的浓度均超标十几倍甚至几百倍，大大超过左江的水体自净能力，形成了严重的水质污染，因此，治理污染源刻不容缓。2000 年，全县累计投入治理污染资金 2010 万元，其中企业自筹 1050 万元，环保补助资金 610 万元，金融部门货款扶持 350 万元。是年 12 月，全县 17 家工业企业 20 个治理项目全部竣工，并通过自治区、地区环保部门验收，污染物实现达标或基本达标排放，全县主要工业废水年排放总量减少到 921.19 万吨，工业循环用水率 60%，废水中化学需氧量排放量为 3174 吨，是治理前的 1/8；废气处理排放达标率 100%。治理项目主要有：霞秀糖厂采用污水分离器处理锅炉冲灰水，处理后废水达标排放；采用浓缩燃烧法处理酒精废液，达到零排放。第二糖厂采用全自动清洗过渡器处理锅炉灰水，处理后废水供水膜除尘循环使用；采用浓缩燃烧法处理酒精废液，无外排。龙州糖厂采用全自动清洗过滤器处理锅炉冲灰水，采用化学物法处理酒精废液，处理后的废水全部循环使用，不外排。县供销社淀粉厂、三华淀粉厂、天西淀粉厂均采用过滤农灌法处理木薯淀粉废水，过滤的废水符合灌溉用水标准，废水没外排。蒲庙水泥厂（龙州）有限公司采用静电除尘处理烟尘、粉尘，排放达标。龙北茶厂、北耀茶厂、先锋茶厂、试验站茶厂采用热风炉替换燃煤锅炉，废气达标排放。

1997 年 10 月 26 日，龙州县政府在政府招待所召开座谈会，隆重庆祝首届广西环卫工人节

第五节　环境质量

水质

根据水质污染指标标准，一级水质 BOD5 ≤ 1.0，镉 ≤ 0.001，铅 ≤ 0.01，二级水质 1.0 ＜ BOD5 ≤ 3.0，0.001 ≤镉≤ 0.005，0.01 ＜铅≤ 0.05。1983 年水质监测结果表明，全县 pH 值 7.9mg/L，DO8.09mg/L，COD 值

1.95mg/L，BOD5 值 0.51mg/L，硝酸盐氮 0.08mg/L，亚硝酸盐氮 0.002mg/L，挥发酚 0.018mg/L。1984 年水质监测结果表明，全县 pH 值 8.18mg/L，DO9.43mg/L，COD 值 1.39mg/L，硝酸盐氮 0.041mg/L，挥发酚 0.0023mg/L。1985 年水质监测结果表明，全县 pH 值 8.16mg/L，DO7.74mg/L，COD 值 2.07mg/L，氨氮 0.08mg/L，硝酸盐氮 0.18mg/L，亚硝酸盐氮 0.005mg/L，挥发酚 0.003mg/L，氯化物 0.004mg/L。2005 年，对龙州县 3 个断面进行水质监测，国控断面—水口电站断面 pH 值 7.82~8.26，溶解氧 6.2~8.0，五日生化需氧量 2L，高锰酸盐指数 0.8~1.4，氨氮 0.098~0.191；市控断面—明江断面 pH 值 7.0~8.35，溶解氧 4.2~7.6，五日生化需氧量 2L，高锰酸盐指数 1.9~2.1，氨氮 0.120~0.223；棉江断面 pH 值 7.40~8.89，溶解氧 6.1~7.5，五日生化需氧量 2L，高锰酸盐指数 1.2~2.7，氨氮 0.049~0.539。从上一级环保监测部门对左江流域和水口河流断面监测结果表明，龙州县主要河流水质状况总体良好，河段可满足水域功能水质要求，地面水质量均能够达到《地面水环境质量标准》(GB3838-88)中的Ⅱ类水标准，各项监测指标（丰水期、平水期、枯水期）达标率 100%。2005 年，水口河、平而河水质量均达到国家地表水环境质量二类水质标准，左江龙州河段河水质量均达到国家地表水环境质量三类水质标准。

空气

龙州县环境监测站于 1990 年 2 月成立，但由于未及时配备有监测设备及具备监测资质的人员，此前对县城空气质量没有监测能力。直至 2005 年 12 月 18 日—22 日，连续 5 天对县城 3 个监测点（县政府、龙州宾馆、旧飞机场）进行监测，通过监测结果显示：县政府 $0.005 < SO_2 < 0.015$，$0.018 < NO_2 < 0.034$，$0.084 < PM_{10} < 0.164$；龙州宾馆 $0.005 < SO_2 < 0.013$，$0.005 < NO_2 < 0.015$，$0.051 < PM_{10} < 0.108$，；旧飞机场 $0.005 < SO_2 < 0.010$，$0.009 < NO_2 < 0.028$，$0.055 < PM_{10} < 0.192$。从崇左市环保监测站监测结果表明，通过 SO_2\\$NO_2$\\$PM_{10}$ 监测，城镇空气质量各项指标达到环境功能区要求。县城空气质量符合国家《环境空气质量标准》(GB3095-1996)二级标准要求。

声环境

龙州县环境监测站成立 1990 年 2 月以来，因未及时配备有监测设备和具备监测资质的人员，此前对县城声环境质量，没有监测能力。1996 年—2005 年，据向上级业务部门了解，龙州县城昼夜间均未见超过《声环境质量标准》(GB3096-2008)的标准限值要求。2005 年 12 月 19 日—20 日对功能区噪声 4 个点位（县政府、县公安局、县中山公园、县阳光大酒店）进行环境噪声监测，监测频率为每年一次，每次 2 天，昼夜间进行监测。通过监测结果显示：县政府 12 月 19 日昼间监测数据为 52.1dB (A)，夜间 43.7dB (A)，12 月 20 日昼间监测数据为 48.6dB (A)，夜间 44.1dB (A)；县公安局 12 月 19 日昼间监测数据为 47.6dB (A)，夜间 44.6dB (A)，12 月 20 日昼间监测数据为 49.0dB (A)，夜间 44.0dB (A)；县中山公园 12 月 19 日昼间监测数据为 41.4dB (A)，夜间 47.7dB (A)，12 月 20 日昼间监测数据为 48.2dB (A)，夜间 44.2；县阳光大酒店 12 月 19 日昼间监测数据为 59.3dB (A)，夜间 51.4dB (A)，12 月 20 日昼间监测数据为 55.9dB (A)，夜间 52.6dB (A)。从崇左市环保监测站监测结果表明，龙州县辖区内功能区昼夜间噪声均达到国家标准。

第十八篇

机构编制　人事　劳动

1986年，龙州县行政机关设县直党政机关63个、政法机关9个、乡镇党政12个，有人员编制1145名，实有1205人；事业单位设置285个，有人员编制3951名，实有3811人。1997年5月，按照政企、政事职责分开，理顺关系、明确职责，精简、统一、效能，从实际出发，因地制宜原则，进行机构改革。2001年6月，县、乡机构改革同步进行，至2002年4月基本完成。通过两次改革，进一步转变政府职能，理顺关系，精简机构和编制。2005年，龙州县行政机关设县直党政机关45个、政法机关4个、乡镇党政机关12个，有人员编制1227名，实有1144人；事业单位设置409个，有人员编制4768名，实有4960人。

第一章　机构编制

第一节　机构编制管理机关

1986年，龙州县编委办不内设部门，人员编制3名，实有1人，办公地址在龙州镇康平街28号县人民政府大院内。1988年12月，县编委办更名为县编制局。1994年5月，龙州县编制委员会更名为龙州县机构编制委员会，县机构编制委员会主任由县长担任，副主任由县委分管组织人事的副书记和县政府分管人事的副县长担任，县编制局更名为县机构编制局。1997年6月，龙州县机构编制局更名为龙州县机构编制委员会办公室，简称县编委办。2004年5月，龙州县事业单位登记管理局成立，在县编委办挂牌，承担国务院颁发的《事业单位登记管理暂行条例》和《广西壮族自治区事业单位登记管理办法》规定的事业单位登记管理职能。2005年，县编委办不内设部门，人员编制7名，实有7人，办公地址在龙州镇康平街28号县人民政府大院内。

1986年—2005年历任主任（局长）：黄志学（1986.1—1993.7），农瑞民（1993.7—1997.6），陆光廷（1997.6—2004.4），农海洪（2004.4—2005.12）。

第二节　行政机关和事业单位编制

1986年，龙州县行政机关设县直党政机关63个、政法机关9个、乡镇党政机关12个，人员编制1145名，实有1205人；事业单位设置285个，人员编制3951名，实有3811人。

1997年5月，按照政企、政事职责分开，理顺关系、明确职责，精简、统一、效能，从实际出发，因地制宜原则，进行机构改革。改革后，县级行政机构由原来的82个减少到46个，其中县委原有机构由13个减少到7个。县政府原有机构由61个减少到29个。县级党政群机关行政人员由原来573名减少到497名。政法系统由原有315名减少到299名。

2001年6月，县、乡机构改革同步进行，至2002年4月基本完成。通过改革，一是进一步转变政府职能，理顺关系。把应由乡镇和企事业单位管理的职能还给原属。二是精简机构和编制。党政群团单位由原来的46个减为44个，编制由原来的615名，减为568名；乡镇事业单位（不含学校和卫生院）由原来的203个减为117个，减少86个，编制由原来的697名，减为483名；政法专项编制由原来的318名减为303名。三是精减人员。全县分流人员541名（提前退休、提前离岗485名）。四是优化公务员队伍结构。在岗的1111名公务员中，平均年龄37.10岁，比改革前少3.4岁；本科以上114名，占10.34%，比改革前提高2.6%；大专文化493名，占44.4%，比改革前提高7.8%；高中和中专文化453名，占40.8%，比改革前下降3.6%。

2005年，龙州县行政机关设县直党政机关45个、政法机关4个、乡镇党政机关12个，人员编制1227名，实有1144人；事业单位设置409个，人员编制4768名，实有4960人。

第二章　人　事

1986年，龙州县人事局履行干部管理职能，开展干部录（聘）用、调配交流，大中专毕业生接收分配，军转干部安置，办理离退休、退职等业务。1992年起，对全县机关、事业单位工作人员进行年度考核。1995年，制定《龙州县推行国家公务员制度实施方案》，推行国家公务员制度。1999年以后，按照公开、公平、公正原则，通过公告、报名、笔试、面试、考核、体检等程序，录用国家公务员。2001年，国家公务员年度考核开始增加基本称职、事业单位人员年度考核开始增加基本合格等次。2002年起，对大中专毕业生实行“市场导向、政府调控、学校推荐、学生和用人单位双向选择”的就业机制和分配政策；鼓励军转干部自主择业，并在政策上给予扶持，每月发给退役金。2005年，全县录用国家公务员17人，调配干部515人。

第一节　机　构

1984年8月，龙州县人事局与龙州县劳动局合并为龙州县劳动人事局。1986年，县劳动人事局内设秘书股、综合调配股、工资福利股、劳动力综合管理股、劳动监察大队等9个部门，人员编制32名，实有32人，办公地址在龙州镇康平街28号县人民政府大院内。1989年5月，龙州县劳动人事局撤销，分别成立龙州县人事局、龙州县劳动局，均属县政府职能部门。是年，县人事局内设秘书股、综合调配股、工资福利股、考核奖惩股、干部退休管理股、干部培训教育股6个部门，人员编制23名，实有20人，办公地址在龙州镇康平街28号县人民政府大院内。2002年1月，撤销龙州县人事局、龙州县劳动局，成立龙州县人事劳动和社会保障局，内设办公室、综合管理股、工资福利与离退休管理股等6个部门，人员编制23名，实有20人。2005年12月，全局内设办公室、综合管理股、工资福利与离退休管理股、专业技术人员管理股、劳动保障监察大队、人才流动开发中心等6个部门，人员编制19名，实有19人，办公地址在龙州镇康平街28号县人民政府大院内。

1986年—2005年历任局长：农修业（1986.1—1997.2），农瑞民（1997.2—2000.2），盘康庭（2000.3—2005.12）；党组书记（非局长兼任）：陆丰文（2002.1—2005.12）。

第二节　人事制度改革

推行国家公务员制度

1995年，龙州县推行国家公务员制度工作领导小组成立，由县委办、县政府办、组织部、人事局、编制办、财政局等单位组成，制定《龙州县推行国家公务员制度实施方案》。为推行国家公务员制度工作落实，领导小组采取行之有效措施，抓好培训工作，组织各单位推行公务员制度专门班子成员、人事股长培训班。对实施国家公务员制度范围内的人员进行国家公务员制度知识的全员培训和考试，考试合格者方具备向公务员过渡的申报资格。同时，根据部门职责（职能）范围合理设置职位，并对现有人员进行严格考核，根据职位的任职条件，选择配备人员。按照有关规定确定国家公务员的职务和级别，实行职级工资制，完成向国家公务员的过渡。1995年，由人事部门组织公务员过渡考试在龙州高中、龙州一中举行，参加考试人数625人。经培训、考试、考核合格，成为龙州县首批过渡国家公务员。1997年，全县参加公务员过渡考试945人。1999年，龙州县根据《国家公务员暂行条例》的规定和上级批准的录用指标，按照公开、公平、公正原则，通过公告、报名、笔试、面试、考核、体检等程序，接受报名192人，录用国家公务员64人；2000年接受报名61人，录用11人；2002年接受报名81人，录用10人；2003年接受报名67人，录用8人；2004年接受报名156人，录用12人；2005年接受报名354人，录用17人。

第三节 干部管理

干部调配

1986年起，龙州县干部调配以计划调配为主，按照干部管理权限，副科级以上干部调动由县委组织部办理调动手续，科员以下干部调动由县人事局办理手续。对国家机关按编制逐步配备干部，对满编制单位控制干部调进。同时，控制从企业调入行政事业单位、从事业单位调入行政单位、从集体单位调入国营单位人员。干部调动的主要形式有个人申请调出（调入），经单位同意报组织（人事）部门审核批准，根据工作需要，由调入（调出）单位申请报组织（人事）部门讨论决定。是年，全县调配干部21人，其中县内流动17人，调出县外2人，县外调入2人。1986年—1990年，全县调配干部312人，其中调出本县62人，外地调入本县39人。1991年—1995年，全县调配干部346人，其中县内流动329人，调出县外10人，外县调入7人。1996年—2001年，调出县外34人，县外调入28人。2002年1月后，干部调动先由个人提出申请，经所在单位同意，报组织（人事）部门审批，最后经县机构编制委员会讨论决定后方能调动，科员以下干部调动由县人事劳动和社会保障局办理手续。2005年，调配干部515人，其中县内流动490人，调出县外15人，县外调入10人。

大中专毕业生接收分配

1985年，国家对招生计划内的大中专学生，其毕业分配实行在国家计划指导下，由本人选报志愿、学校推荐、用人单位择优录用的政策。当年龙州县接收大中专毕业生26人（其中大学专科以上毕业生19人，中专毕业生7人），主要分配到乡镇、县直机关和企事业单位工作。1986年—2001年，接收大中专毕业生476人（其中大学专科以上毕业生352人，中专毕业生124人），分配到党政机关、企事业单位和工商、税务等单位工作。2002年—2005年，国家坚持“市场导向、政府调控、学校推荐、学生和用人单位双向选择”的就业机制和分配政策，全县共接收大中专毕业生431人（其中大学专科以上毕业生342人，中专毕业生90人），分配到乡镇机关、乡镇事业单位和企业以及工商、税务等基层单位工作。

干部招聘录用

1986年—1998年，龙州县干部录用由上级下达招录指标；录用对象一是代课教师转公办教师，二是从企事业、机关单位的工人中招录；录用程序为报名、考试、考核、体检等。1986年，录用干部86人，其中代课教师转公办教师72人，从企事业、机关单位的工人中招录14人。至1998年，全县累计录用干部562人。其中代课教师转公办教师325人，从企事业、机关单位的工人中招录86人，县直和乡镇机关录用151人。为拓宽大学和中专毕业生就业渠道，加强农村基层组织建设，提高村（居）委干部整体素质，1999年—2001年，根据自治区、南宁地区有关文件精神，结合龙州县实际，择优聘用大专、中专毕业生80人到46个村委会（居委会）担任主任助理员或计生助理员。2005年，录用干部17人。1986年—2005年，全县累计聘（录）用干部660名，其中聘用乡镇干部293人、计生干部43人、其他部门干部272人，聘用干部转录用52人。

军转干部安置

1986年起，龙州县坚持计划分配与自主择业相结合，落实军转干部安置计划，拓宽安置渠道，突出安置工作重点，做好服务工作。1986年—2001年，对于部队转业团级以下的干部原则上由原籍或入伍所在地负责安置。期间共安置军转干部131人，其中44人安置在党政机关、政法、工商、税务和基层事业单位，87人安置在企业。2002年起，政府鼓励军转干部自主择业，对选择自主择业的军转干部在政策上给予扶持，每月发给退役金。对自主择业的军转干部统一参加县基本医疗保险，经费由县财政拨款解决。2002年—2005年，全县军转干部自主择业14人。

培训考核

培训 1992年起，龙州县对新录用的干部、公务员、聘用村干部、教师、卫生医务人员进行上岗前培训。

是年，培训181人，培训内容主要有政治业务与管理能力等，培训方式为集中学习与分散自学。1995年起，对符合条件的机关、事业单位技术工人进行培训。是年，培训106人，其中高级技术工25人、中级技术工35人、初级技术工46人，培训内容主要有政治业务和技术工人基础技能培训，培训方式主要为脱产集中学习与分散自学。1999年起，对在职国家公务员和专业技术人员进行继续教育培训，培训国家公务员253人，培训内容主要有公文写作、行为规范、行政管理学等课程，培训方式主要为集中学习与分散学习；培训专业技术人员451人，培训内容主要有宪法与邓小平理论、职业道德教育等课程，培训方式主要为集中学习与分散学习、函授与面授等形式。至2005年，全县对新录用的干部、公务员、聘用村干部、教师、卫生医务人员进行上岗前培训1803人，其中代课教师转公办教师450人，行政、企事业单位录用的新干部534人，新录用国家公务员253人，村干部80人，聘用的教师、卫生医务人员486人；对符合条件的机关、事业单位技术工人进行培训2870人次，其中高级技术工700人次、中级技术工1540人次、初级技术工630人次；对在职国家公务员进行继续教育培训9000人次，对专业技术人员进行继续教育培训8298人次。

考核奖惩 1992年起，龙州县为正确评价国家公务员、事业单位人员的德才表现和工作实绩，激励和督促他们提高政治、业务素质，认真履行职责，并为其晋升、聘任、奖惩、培训、辞退以及调整工资待遇提供依据。对全县机关、事业单位的工作人员进行年度考核。考核坚持客观公正、民主公开、注重实绩原则，考核内容包括德、能、勤、绩4个方面，重点考核工作实绩。国家公务员年度考核结果分为优秀、称职、不称职3个等次。事业单位人员的考核结果分为优秀、合格、不合格3个等次。并按照优秀等次占总人数15%比例评比。是年，全县考核国家公务员、事业单位人员3846人。其中，国家公务员年度考核评为优秀的268人，称职的623人，不评定等次6人；事业单位人员年度考核评为优秀的341人，合格的2598人，不评定等次10人。2001年，国家公务员年度考核开始增加基本称职、事业单位人员年度考核开始增加基本合格等次。明确见习、立案、受处分的人员，年度考核不定等次。1992年—2005年，全县考核国家公务员、事业单位人员92725人次，其中评为优秀10614人次，称职（合格）81282人次，对连续获3年优秀者和5年合格者分别获晋升一级级别工资、职务工资的奖励；基本称职（基本合格）106人次，不称职（不合格）147人次，对连续2年不称职（不合格）者进行辞退，考核结果没有一人被辞退。见习期考核不定等次576人次。

第四节 人才市场

1994年，龙州县人才交流服务中心成立。1994年—2005年，推荐1182名人才就业，吸收外地人才86人；代理人事关系档案3675人，其中大学本科341人、大专学历1781人、中专学历1553人。

人才交流服务

为方便大中专毕业生报到，采取就业报到、人才登记交流、信息发布、人事档案托管等一条龙服务。同时抓好城镇户口青年、未考上高中、大学的初中高中生就业登记和推荐就业工作。1994年全县大中专毕业生登记报到31人，其中大学专科以上16人，中专15人，全部安排分配在乡镇机关和基层岗位；城镇户口青年、未考上高中、大学的初中高中生就业登记604人，推荐到广东企业就业516人。2000年全县大中专毕业生登记报到34人，其中大学专科以上19人，中专15人。这些大中专毕业生安排在乡镇、县直机关和企事业单位；城镇户口青年、未考上高中、大学的初中高中毕业生就业登记825人，推荐到广东、福建等地企业就业638人。2005年全县大中专毕业生到龙州县人才交流服务中心登记报到107人，其中大学专科以上46人，中专61人。这些大中专毕业生安排在乡镇机关、企事业和工商、税务等单位；城镇户口青年、未考上高中、大学的初中高中毕业生就业登记1050人，推荐到广东、上海等地企业就业845人，推荐到龙州南华糖业有限责任公司三家糖厂做临时工122人。

人事档案管理

1999年接收大中专毕业生的档案托管468人。2002年接收大中专毕业生的档案托管524人。2005年接收大中专毕业生档案托管577人。

第五节　职称管理

1986年，龙州县职称改革工作领导小组成立，负责指导审定全县专业技术职称评聘工作。县职称改革工作领导小组下设办公室（以下简称“县职改办”），办公地址在县科委。1987年，龙州县成立初级评审委员会。开展统计、中小学、建筑工程、工业、档案、文化、经贸工程、农业、新闻播音、会计等系列职称评审工作。1990年起，实行统计员资格考试制度。1991年起，评审文化、卫生、农业、经贸工程、建筑工程、档案、会计、统计、审计等系列中级专业技术职务资格，执行测定外语（英语）水平考试，实行经济员资格考试制度。1992年开始，实行审计、会计专业技术资格考试。1998年起，县职称改革工作领导小组办公室设在县人事局。2001年起，对卫生专业技术人员的中、初级技术职务任职资格实行考试。对教师晋升中学高级教师、从事英语教学的教师晋升中级职称的进行测定外语（英语）水平考试，合格才有资格进行评审。2005年末，全县有各种专业技术职称人员4550人（含企业单位），其中在职4370人。

职称考试

1990年起，龙州县对新进入统计岗位的人员，实行统计员资格考试，合格者才有资格从事统计工作；已经在岗的统计人员，未评定统计员任职资格的，也要参加考试；已取得统计任职资格的中专、大专毕业人员，见习期满，经过考核重新认定统计员职务资格；非统计专业中专、大专毕业生，应通过考试确定统计员资格。是年，职称考试由国家人事部和国家统计局组织命题，自治区人事职称改革部门和统计局负责报名、资格审查、组织考试、评卷和发证工作。地、市、县统计局协助自治区考试办公室做好考试的有关工作，龙州县参加考试65人，通过考试65人。1991年起，在评审文化、卫生、农业、经贸工程、建筑工程、档案、会计、统计、审计等系列中级专业技术职务资格时，执行测定外语（英语）水平考试，实行经济员资格考试制度。是年，职称考试由自治区职称考试指导中心组织命题，并组织实施，考场设在南宁，参考56人，通过考试56人。2001年起，对卫生专业技术人员的中、初级技术职务任职资格实行考试。对教师晋升中学高级教师、从事英语教学的教师晋升中级职称的进行测定外语（英语）水平考试，合格才有资格进行评审。是年，职称考试由国家人事部考试中心组织命题，由自治区人事厅组织，考场设在南宁市，参考74人，通过考试74人。2005年，职称考试由国家人事部考试中心组织命题，由崇左市人事局负责组织，考场设在崇左市，参考48人，通过考试48人。1986年—2005年，全县参加各类初级职称考试有3086人，通过考试3086人。

职称评审

为配合职称评定制度改革，对1983年以前职称评定工作中的遗留问题进行处理，1987年，龙州县成立初级评审委员会，根据专业技术不同，设立农业、经济、工程、教育、文化、卫生、会计、统计、科技等9个系列职称改革领导小组和评委会，评审人员由农业、经贸、教育、文化、卫生、统计等部门人员构成，在事业和企业单位中开展专业技术职务评聘。当年，晋升中、高级职务资格必须参加外语（英语）考试并合格，外语考试教材选用《基础英语》《英语文选》。考试工作由自治区科技培训中心指导，南宁地区组织实施，考场设在县内。是年，开展统计、中小学、建筑工程、工业、档案、文化、经贸工程、农业、新闻播音、会计等系列职称评审工作，参评1176人、评定各类初级职称1176人。1991年起，评审文化、卫生、农业、经贸工程、建筑工程、档案、会计、统计、审计等系列中级专业技术职务资格。是年，参评623人、评定各类初级职称608人。2005年，参加各类初级职称评审有348人、通过评审348人。1986年—2005年，龙州县参加各类初级职称评审有3086人、通过评审3086人。

1988年，龙州县高级职称评审工作全面展开。全县有经济、农业、卫生、中小学、统计等专业系列参加高级职称评审，申报高级职称者，评审材料经申报人所在单位、主管部门审核，报送县职改办，由县职改办报送南宁地区职改办审核，并由南宁地区职改办向自治区评审委员会推荐申报人选，当年参评16人，通过评审13人。1993年，全县有文化、卫生、林业、农业、建筑、工程、会计、审计等专业系列参加高级职称评审，评审程序同1988年，1993年参评65人，通过评审59人。2002年起，推行专业技术人员计算机应有能力考试，考试成绩作为评审专业技术职称条件之一，全县有农业、中小学、体育、新闻播音、社会科学、政工等专业系列参加高级职称评审，评审程序同1988年，2002年参评48人，通过评审41人。2005年全县有科技、文化、中小学、农业、卫生等专业系列参加高级职称评审，参评12人，通过6人。

职称聘任

职称聘任实行公开、平等、竞争和择优原则，符合聘任条件的专业技术人员向事业单位提出应聘书面申请，事业单位对应聘人员的资格、条件进行初审，事业单位领导集体讨论决定受聘人员，公示聘任结果，单位法定代表人与受聘人员协商订立聘任合同，聘任合同先签三年，之后，五年一签，并报县人事职改部门审核备案。1986年，龙州职称聘任工作展开，按上级下达的岗位职数，有多少岗位指标就评审通过多少职称，评上即得聘任，当年有各类中级技术职称429人、初级技术职称789人被聘任。聘任后直接与相应的工资挂钩。1993年，专业技术职务实行评聘分开。根据岗位数额、工作需要和个人德、才表现择优聘任专业技术职务，实行评定资格与聘任分开进行。当年有各类高级技术职称59人、中级技术职称506人、初级技术职称824人被聘任。2002年，职称聘任实行专业技术职务结构比例管理，主要是根据行业专业技术职务结构比例标准，科学、合理地设置专业技术岗位，按岗聘任。当年有各类高级技术职称41人、中级技术职称423人、初级技术职称436人被聘任。2005年，全县有各类高级技术职称6人、中级技术职称260人、初级技术职称117人被聘任。1986年—2005年，全县参聘4550人，被聘任3890人，其中高级技术职称106人被聘任，中级技术职称1618人被聘任，初级技术职称2166人被聘任。

第六节　工资　福利　津补贴

工资

1986年，全县国家机关、事业单位执行的是五类工资区制度，工资由基础工资、职务工资、工资津贴、奖励工资4部分组成；次年，在册在编3596人，年工资总额366.43万元，年人均工资1019元。

1986年—1990年，全县国家机关、事业单位进行1次工资升级调整。1987年，根据《国务院工资改革小组、劳动人事部关于1986年调整部分工资区类别的通知》，龙州县从1983年工资制度改革前的五类工资区提高到六类；根据上级有关工资改革的文件精神，提高专业技术人员的工资以及工龄长、工资偏低人员工资，人均提高2%。给国家机关、事业单位职工（包括离、退休在内）进行工资普调，人均提高4%。中、小学和幼儿园教师工资提高10%，护士工资提高10%。

1993年，进一步贯彻按劳分配原则，克服平均主义，建立符合机关、事业单位各自特点的工资制度与正常的工资增长机制，进行工资调整，全县7343人（包括离、退休在内）参加工资调整，月增资587440元，平均每人月增资80元。按有关规定，机关、事业单位人员在考核的基础上，实行正常升级，凡考核称职（合格）的，每两年晋升1个职务工资档次，调整一次工资标准。机关、事业单位人员在同一级别工资内，考核连续5年称职（合格）的，晋升1个级别工资档次；连续3年考核优秀的，提前晋升1个级别工资档次；考核不称职（合格）的，不得晋升。

1995年，全县641人两年考核称职（合格）晋升职务工资，月增资10218元，平均每人月增资15.94元。同年，调整晋升职务、转正定级、农、林、水浮动及各种津贴工资6314人次，月增资160441元，平均每人月增资25.41元。

1997年，调整晋升职务、转正定级、晋升级别工资1360人次，月增资27600元，平均每人月增资20.29元。

1998年，调整行政人员基础工资、事业单位人员职务工资标准，全县8307人（包括离、退休在内）参加调整，月增资199368元，平均每人月增资24元。调整晋升职称、职务、转正定级及各种津贴工资85人次，月增资2775元，平均每人月增资15元。

1999年，提高机关、事业单位工作人员工资标准，2年考核合格晋升职务工资，5年考核合格晋升级别工资和晋升职务、转正定级以及各种津贴等，8036人（包括离、退休在内）办理增资手续，月增资911622元，平均每人月增资 113.4 元。

2000 年，全县 7313 人（包括离、退休在内）晋升职务工资，平均每人月增资 20 元；1432 人晋升级别工资，月增资 40096 元；150 人晋升职称工资，月增资 3450 元；105 人转正定级，月增资 1575 元；809 人办理享受各种津贴、增加津贴手续，月增资 3236 元。

2001 年，为 1392 人调整工资标准，月增资 69600 元；6688 人晋升职务工资，月增资 227392 元；1392 人晋升级别工资，月增资 48720 元；120 人转正定级，月增资 2400 元；给 1000 人办理享受各种津贴、增加津贴手续，月增资 5000 元。2001 年底，全县机关、事业单位在编人员 8080 人，年工资总额 7332.90 万元，人年均工资 9326 元。

2005 年，全县机关、事业单位在册在编 5773 人，年工资总额 15139.50 万元，年人均工资 26224.66 元。

福利

1986 年—2005 年，龙州县劳动从业人员在领取应得的工资报酬外，按照国家法律、法规的有关规定，享有患病或非因工负伤的医疗及生活待遇，工伤（含职业病）待遇，以及休息日、节假日、年休假、探亲假、婚假、产假、丧假、病假、事假等待遇。

休息日　1994 年以前，实行职工每日工作 8 小时，每周工作 6 天，休息 1 天的工作制度。1994 年 3 月 1 日起实行职工每日工作 8 小时，平均每周工作 44 小时的工时制度。从 3 月 1 日起第一周星期六、星期日为休息日，第二周星期日为休息日，依此循环。1995 年 3 月 25 日，国务院下发《关于修改〈国务院关于职工工作时间的规定〉的决定》，规定从当年 5 月 1 日起改为每周工作 40 小时，每周休息 2 天的工作制度。

节假日　1999 年以前，统一执行 1949 年政务院发布的《全国年节及纪念日放假办法》，属于全体公民节假日的假期共 7 天，其中新年放假 1 天(1 月 1 日)，春节放假 3 天(农历正月初一、初二、初三)，劳动节放假 1 天(5 月 1 日)，国庆纪念日放假 2 天(10 月 1 日、2 日)；属于部分公民放假的节日有妇女节、青年节、儿童节、人民解放军建军纪念日，1999 年 9 月国务院重新修订并发布《全国年节及纪念日放假办法》，属于全体公民节日的假期增加到 10 天，其中劳动节假日增加 2 天，国庆节假日增加 1 天。同时决定春节、“五一”、“十一”的假期与前后的双休日拼接，从而形成 3 个 7 天的长假。2000 年起，公民将其称为“黄金周”。法定节假日适逢双休日时，顺延补假。

年休假　是指职工依法每年应享受的带薪连续休假。一般根据工龄长短计算假期。1986 年自治区党委组织部、自治区人事厅印发《关于我区党政群机关工作人员实行年休假制度的暂行规定》，凡参加工作满 10 年者均可享受休假待遇，按工龄长短划杠。参加工作满 10 年不满 20 年者，每年休假 10 天；工作满 20 年不满 30 年者，每年休假 15 天；工作满 30 年以上者，每年休假 20 天。1989 年 7 月中共中央、国务院规定党政机关当年不安排年休假。1991 年 6 月 15 日，中共中央、国务院印发《关于职工休假问题的通知》，规定各地区，各部门在确保完成工作、生产任务，不另增加人员编制和定员的前提下可以安排职工的年休假。同年 7 月 14 日，自治区党委、自治区人民政府印发《职工公休假暂行办法》，规定工作年限满 5 年不满 10 年的，每年休假 7 天；满 10 年不满 15 年的，每年休假 10 天；满 15 年以上的，每年休假 14 天。年休假时间不含法定休息日和节假日。

探亲假　是指职工探望与自己分居两地的配偶和父母而享受的假期。1981 年 3 月国务院颁布《关于职工探亲待遇的规定》，凡在国家机关、人民团体和全面所有制企业、事业单位工作满 1 年的固定职工，与父母、配偶不在一起，又不能在公休假日团聚的，可以享受探望父母、配偶的待遇。职工探望配偶的，每年给予一方探亲假 1 次，假期 30 天。未婚职工探望父母，原则上每年给假 1 次，假期 20 天；2 年给假 1 次的，假期 45 天。已婚职工探望父母，每 4 年给假 1 次，假期 20 天。探亲假、路程假均包括公休假日和法定节日在内。职工在规定的探亲假期和路程假期内，按照本人基本工资标准发给工资。职工探望配偶和未婚职工探望父母的往返路费，由所在单位负担。已婚职工探望父母的往返路费，在本人月基本工资（包括职岗津贴、省直补贴）30% 以内的，由本人自理，超过本人月基本工资 30% 部分由所在单位负担。

婚假　根据婚姻法及计划生育条例的规定，职工按法定结婚年龄（女 20 周岁，男 22 周岁）结婚的，可享受3天婚假；符合晚婚年龄（女23周岁，男25周岁）的，可享受晚婚假期15天（含3天法定婚假）；结婚时男女双方不在一地工作的，可视路程远近，另给予路程假。婚假包括公休假和法定假。

产假　1988年，国务院颁布女职工劳动保护规定，劳动部印发《关于女职工生育待遇若干问题的通知》，规定女职工的产假为90天，其中产前休假15天，难产的增加产假15天。多胞胎生育的，每多生1个婴儿，增加产假15天。女职工怀孕不满4个月流产时，应当根据医务部门的意见，给15~30天的产假；怀孕满4个月以上流产时，给予42天产假。对实行晚育（指女24周岁生育第一胎的）并领取“独生子女证”的，可在法定产假基础上增加产假44天。产假期间工资照发。

津补贴

降温费　1981年起，国家机关和企事业单位职工，每年5—9月，发给每人每月降温费2.5~3元。1990年，根据人事厅桂人薪字〔1990〕12号文，党政机关、事业单位工作人员夏季防暑降温补贴费标准调整为每年的5—9月，每人每月按8元掌握。1993年，取消粮差补贴、副食品价格补贴。

独生子女保健费　自愿终身只生1个子女的夫妻，领取了“独生子女父母光荣证”的，可按规定发给独生子女保健费至子女年满18周岁，年120元。

物价福利性补贴　根据桂政办〔1994〕67号文件，全县机关事业单位人员享受物价福利性补贴，每人每月52元。时间从1993年10月1日起实施。

艰苦边远地区津贴　根据国办发〔2001〕14号文件，按各地艰苦程度的不同划分，共划分为4类，龙州县被列入第二类，执行津贴标准；县处级60元，科级、技师以上47元，科级以下及高级工以下40元。时间从2001年1月1日起实施。

第七节　离休　退休　退职

离休

1986年，龙州县执行1982年国家关于干部离职休养制度的有关规定，凡在新中国成立前参加中国共产党领导的革命战争，脱产享受供给制度待遇和从事地下革命工作的老干部，达到离职休养年龄的（男满60周岁，女满55周岁），可办理离休手续。审批权限：科级干部及中级以上专业技术人员由县委组织部审批；一般干部及工人由县人事局（人事劳动和社会保障局）统一审批。1986年，全县机关事业单位有离休干部62人，其中享受县处级待遇10人；2005年，全县机关事业单位有离休干部43人，享受县处级待遇8人。

退休

1986年，龙州县干部办理退休仍按1978年的《国务院安置老弱病残干部的暂行办法》和《国务院关于工人退休、退职的暂行办法》办理退休。是年，县人事局为县党政机关、群众团体、企事业单位405名干部办理退休手续。1992年，成立龙州县退休干部管理委员会，各乡镇、县直属单位按系统成立退休干部管理小组23个，除离休人员归口县委老干部局管理外，退休、退职人员均由各单位代为管理。1986年—1994年，县人事局为县党政机关、群众团体、企事业单位965名干部办理退休手续。1995年—2005年，除国家公务员按《国家公务员暂行条例》规定的条件办理退休外，其他干部仍按1978年国务院的暂行办法办理退休。11年间，县人事局为1863名干部办理退休手续，16名干部办理退职手续。2005年12月31日，全县机关、事业单位实有在册离退休干部、职工（退职）2518人，其中离休52人、退休2442人。退休人员按其工作年限长短按照相应的比例计发退休费。

提前退休政策：凡工作年限满30年，或男年满53周岁、女年满48周岁（女性工人45周岁）且工作年限满20年的，经本人申请，按人事管理权限报有关部门批准后，允许提前退休，1987年县人事局为全县党政机关、事业单位等部门28名干部职工办理提前退休手续。1994年，县人事局为全县党政机关、事业等单位31名干部职工办理提前退休手续。2005年县人事劳动和社会保障局为全县党政机关、事业等单位42名干部职工办理提前退休手续。

病退政策：男年满50周岁，女年满45周岁，连续工龄满10年，由医院证明，并经劳动鉴定委员会确认，完全丧失劳动能力的可以病退。1987年县人事局为全县党政机关、事业等单位19名干部职工办理病退手续。1994年县人事局为全县党政机关、事业等单位24名干部职工办理病退手续。2005年县人事劳动和社会保障局为全县党政机关、事业等单位38名干部职工办理病退手续。

退职

1986年，龙州县干部办理退职仍按1978年的国务院安置老弱病残干部的暂行办法和国务院关于工人退休、退职的暂行办法办理。1992年，龙州县退休干部管理委员会成立，各乡镇、县直属单位按系统成立退休干部管理小组23个，退职人员由各单位代为管理。1986年—1994年，县人事局为县党政机关、群众团体、企事业单位11名干部办理退职手续。9年间，县人事局为16名干部办理退职手续。2005年12月31日，全县机关、事业单位实有在册离退休干部、职工（退职）2518人，其中退职24人。退职人员按其工作年限长短按照相应的比例计发退职费。

第三章　劳　动

1989年5月，龙州县劳动人事局撤销，龙州县劳动局成立。20世纪90年代至21世纪初，龙州县对用工制度、劳动就业、劳动培训、劳动维权等方面进行一系列改革，基本建立与社会主义市场经济体制相适应的劳动制度框架，逐步建立“险种齐全、保障有力、服务规范”的社会保障支柱体系。2005年，全县用人单位与员工签订劳动合同6358份；城镇新增就业486人，城镇登记失业率3.8%；下岗失业职工再就业469人；培训外出务工农业劳动力15204人；企业职工养老保险参保单位120家，参保职工7982人；行政、事业单位职工养老保险参保单位79家，参保7580人；城镇干部职工医疗保险参保单位206家，参保干部职工12187人；失业保险参保单位215家，参保职工9508人；生育保险参保单位43家，参保人数4214人；工伤保险参保单位41家，参保人数4189人。

第一节　机　构

1986年，龙州县劳动人事局内设秘书股、综合调配股、工资福利股、劳动力综合管理股、劳动监察大队等9个部门，有人员编制32名，实有32人，办公地址在龙州镇康平街28号县人民政府大院内。1989年5月，龙州县劳动人事局撤销，分别成立龙州县人事局、龙州县劳动局，均属县政府职能部门。是年，县劳动局内设秘书股、工资管理股、劳动仲裁股等7个部门，人员编制18名，实有17人，办公地址在龙州镇康平街28号县人民政府大院内。1997年底，全局内设秘书、工资管理、劳动仲裁等7个部门，人员编制18名，实有17人，办公地址不变。2002年1月，撤销县劳动局，与县人事局合并成立龙州县人事劳动和社会保障局。

1986年—2005年历任局长：农修业（1986.1—1989.4），覃宝华（1989.12—1993.6），周振雄（1993.6—1995.7），韦保健（1995.7—1997.2），陆丰文（1997.2—2002.1）。

第二节　用工制度

1986年—2001年，龙州县用工由县劳动局审批。2002年后，由县人事劳动和社会保障局审批。县内各单位、个体和外商雇请的临时工、季节工，按照规定到劳动部门进行登记，办理用工手续，未经劳动部门批准，不得招雇工人。2005年，全县办理用工登记手续2.5万人次。1986年—2005年，全县向广东省、福建省、上海市和南宁等省市组织输出各类劳务人员5.1万人次。

固定工

1986 年全县国营单位等有固定工 2068 人。1987 年—1994 年，劳动制度改革伴随计划经济向市场经济转轨而不断深化完善，由单纯行政管理型转变为管理服务型，全县固定工有 6457 人。1995 年 1 月 1 日，实施劳动法，固定工（含国家固定工和集体固定工）、临时工（含计划内与计划外两种）不再存在。

临时工

临时工是根据企业生产季节所需的劳动工。1986 年—1994 年，临时工人主要来自农村中的剩余劳动力。1995 年—2005 年，由于国有企业进行改制，临时工均为用人单位自行招聘。如龙州县三家糖厂在每年榨季生产期间，都招收一定数量临时工（亦称季节工）。劳工来自附近村民，一般与厂家签订短期劳动合同，主要工种是搬运、饭堂勤杂等。

劳动合同制用工

1984 年试行用工制度改革，县糖厂、水泥厂首次招用全民合同制工人，同时改进招工办法，实行先培训后就业和面向社会公开招聘，德智体全面考核择优录用，当年招录全民合同制工人 106 人。1986 年 10 月，全面实施国务院关于改革劳动制度四个规定，废止“子女代替”和“内招”职工子女办法，全民单位从社会上新招工人，普遍实行劳动合同制，以合同形式确立和调整用人单位与劳动者劳动关系，并建立相应社会劳动保险、劳动争议仲裁改革配套机制，解决合同制工人退休养老与职工失业保险问题。至 1988 年底，全县“三结合”（劳动部门介绍就业、自愿组织起来就业和自谋职业相结合）就业方针多渠道多形式共安置城镇待业人员 528 人，在国营企业职工总人数中，固定职工占 61.4%，合同工人占 10.5%，临时职工和计划外用工占 28.1%。

进入 20 世纪 90 年代，劳动制度改革伴随计划经济向市场经济转轨而不断深化完善，由单纯行政管理型转变为管理服务型。1992 年，劳动工作实行条块结合分级管理，在整顿用工秩序中采取清退与纳入相结合的办法，解决积压多年的计划外用工问题，纳入全员单位的一律实行劳动合同制。

1993 年，推行优化劳动组合，竞聘上岗，承包改制和全员合同化管理，实现企业择优用人、个人竞争就业，革除“铁饭碗”与“大锅饭”弊端。

1996 年 6 月 18 日，为了进一步贯彻落实劳动法，按照国营先锋农场制定的《先锋农场全员劳动合同制实施方案》，该场职工积极与农场签订了《劳动合同书》。图为职工与农场法人代表签订合同

1995 年，全县通过实施《劳动法》，加强劳动执法监察，进一步规范用工管理。1996 年后，劳动制度改革重点转向完善社会保障制度，促进下岗失业人员再就业。在事业单位推行全员劳动合同化管理，技校毕业生与城镇退伍军人安置均相继实行劳动合同制。1996 年，全县共招录合同制职工 1137 人。1997 年起新招技校学生不再纳入国家计划统招统分，从源流上改革统包统分的固定工制度。同时改革劳动力招收录用办法，各单位用人招工与劳动者求职择业均进入劳动力市场，实行供需见面、双向选择和中介“一条龙”服务。1999 年，健全再就业服务中心和社区管理机制，加大扶持力度，接纳下岗失业人员，发展劳动密集型的第三产业，扩大再就业。在企业职工分流下岗的 102 人中，经转岗培训、企业吸纳、职业介绍和自谋职业，有 93 人实现再就业，下岗安置率 77.5%。

2000 年先后在县属国有工业和供销、商业等 8 个系统企业实施产权制度改革，转变企业体制和职工身份，买断企业产权与职工工龄，解除企业对政府、职工对企业依附关系，结束县属企业施行 40 多年统包统配固定工制度。2005 年，全县用人单位与员工签订劳动合同 6358 份。

第三节　劳动力资源

1986年—2005年，全县农业劳动力逐年增加。其中，1986年农业劳动力13.53万人，1991年农业劳动力14.17万人，1996年农业劳动力14.42万人，2001年农业劳动力14.46万人，2005年农业劳动力14.59万人。

第四节　劳动就业

招工安置

20世纪80年代初期，国家对城镇劳动力不再“统包统配”，实行在国家统筹规划下，劳动部门介绍就业、自愿组织起来就业和自谋职业相结合的“三结合”就业方针。劳动就业逐渐由国家计划指标转变为自主择业。政府通过多渠道解决就业问题。除国有企业实行招工安置外，还采取个人集资一点，国家扶持一点的办法筹集资金，兴办劳动服务企业，或利用经济能人办实业，街道、乡镇企业办企业，发展第三产业安置待业人员。

1986年—1995年，全县先后安置待业人员共2069人，其中进入国有企业单位1168人，进入集体单位602人，进国有企业和集体单位做临时工81人，季节工85人，个体劳动者133人。

1996年，国有企业安置就业308人，私营企业安置就业403人，劳动服务企业安置就业301人。1986年—1997年，县劳动服务公司通过介绍就业、培植和发展劳动服务企业、组织集体经济扩大劳动就业、向用人单位输送临时工等形式，累计安置城镇劳动力1万多人。1998年—2004年，县劳动服务公司通过介绍就业、培植和发展劳动服务企业、组织集体经济扩大劳动就业、向用人单位输送临时工等形式，累计安置城镇劳动力2万多人。2005年，城镇新增就业486人，城镇登记失业率为3.8%。

下岗职工再就业

进入20世纪90年代，在进行产业结构和企业组织结构调整过程中，企业下岗职工逐年增多，至2003年10月，全县下岗职工达1015人。

1995年国务院办公厅转发劳动部关于实施再就业工程报告，标志着再就业工作正式启动。1998年，全县成立再就业服务中心，共有98名下岗人员进入服务中心，13个国有企业中有6个企业建立企业下岗职工再就业服务中心。进入服务中心的下岗职工可享受3年期服务，服务期限内每人每月可领取180元基本生活费，同时其社会保险费亦由服务中心帮助缴纳，经费通过“三个一点”的办法来解决，即县财政出一点、企业出一点、全县在职职工出一点。进入服务中心的下岗职工于2001年7月全部退出服务中心。至此，全县下岗职工再就业服务中心完成历史使命。2003年9月，县委、县政府联合下发《关于推进就业与再就业工作的通知》。《通知》要求各乡（镇）党委、政府、各职能部门要把就业和再就业工作作为一项长期战略任务和重大政治任务来抓，并把净增就业岗位，落实再就业政策、强化再就业服务、加大再就业资金投入和帮助困难群体再就业等5项目标任务，作为考核各级党委和政府工作绩效和领导政绩重要内容。同年10月，县政府又制定《关于开发公益性岗位帮助大龄就业困难人员实现再就业的实施方案》，对男50周岁以上，女40周岁以上大龄就业困难人员实行就业援助，开发公益性岗位安置再就业、全县共开发38个岗位。安置在公益岗位的大龄就业困难人员，每月享受政府补贴150元（2004年8月起调整为155元）。此外，还为这些人员免费缴纳社会保险补贴。2003年免费为下岗失业职工举办6期再就业培训班，参训人员388人；免费为下岗职工职业介绍560人次；开发60个公益性岗位供大龄就业困难下岗失业职工就业。2005年12月，全县1015名下岗失业职工中再就业的有469人，占46.2%。

劳务输出

1986年，龙州县培育和发展劳动力市场，拓宽就业渠道，抓好劳务输出，提高富余劳动力就业，促进部分农村富余劳动力合理分流和异地安置工作。同时，对劳务输出进行管理和引导，到广东等地考察企业用工信息，向社会发布。

1986年—1992年，龙州县通过政府职能部门和社会力量，每年向海南省和广东省深圳市、东莞市、广州市等地组织输送劳动力300~600人。

1993年，县委、县政府明确把劳务输出项目作为加快振兴龙州经济、促进贫困山区脱贫致富的项目来抓。同时，把劳务输出项目作为经济相对独立和负责承贷承还的经济实体。同年，向广东省输送2批劳动力共146人，向自治区内外组织劳务输出405人。

1994年—1995年，向自治区内外输出劳动力4861人。

1996年，由于广东省深圳市、珠海市、广州市、东莞市等地改革开放进一步深入，对劳务人员需求量较大，劳务人员收入相对较高，大部分务工人员开始把目光转向广东省，全县出现外出务工高潮。1996年输出农村剩余劳动力1864人，1997年输出2256人，1998年输出4385人，1999年输出5438人。到1999年，全县常年在外务工人员达3万人左右，年劳务收入达1亿多元。

2000年起，全县不断加大劳务输出工作，把劳务输出作为一个产业和为民办实事工程来抓，每年通过有组织地输送外出务工人员4000人到5000人以上，劳务经济收入也明显提高，2005年达到3.4亿元，劳务经济已成为全县经济支柱产业之一。

2003年4月10日，由共青团广西区委、广西劳动和社会保障厅、南宁地区行政公署主办，龙州县委、龙州县人民政府、广西劳动力市场、共青团南宁地委、南宁地区劳动和社会保障局承办的“首届广西边境地区农村青年外出务工招聘会”在龙州县红八军纪念广场举行。广东深圳、东莞、钟山、惠州、鹤山等市的100多家企业和职业中介参加招聘会，提供16000多个就业岗位，工种和专业涉及电脑、电子、旅游服务、家政制衣、制鞋等。上图为招聘会现场，下图为龙州外出务工青年代表与广东用工企业代表在签约仪式上签约的情景

第五节 劳动培训

1986年—1991年，由县劳动部门对全县待业人员进行就业指导、职业道德、法律常识、安全生产常识等公共课的培训，参加培训人员约1400人。1992年，县劳动局举办初级技术培训班4期，参加培训302人，合格率93.4%；举办中级技术培训班7期141人，合格率91.3%。1993年培训6期356人。1995年—1996年，专业技术培训824人。1997年以后，社会培训机构逐渐增多，开设的专业由过去单一的服装裁剪发展到农业、畜牧业、经营管理、计算机、机电、培训汽修、加工以及服务业等20多个专业。1997年—1999年，专业技术培训398人，颁发技术登记证书391本。

2003 年—2005 年，龙州县人事劳动和社会保障局和县职业中等技术学校对外出打工劳动力举办职业技能班，培训家政服务、机电维修、锅炉操作等职业技能，提高农业劳动力外出打工的技术服务素质。全县举办各类职业技能培训班 148 期，参加培训 14655 人次。2003 年，龙州县培训外出打工农业劳动力 11327 人，占全县农业劳动力 7.95%；劳务收入 16741 万元，人均劳务收入 1.50 万元。2004 年，全县培训外出打工农业劳动力 9359 人，占全县农业劳动力 6.98%；劳务收入 19309 万元，人均劳务收入 2.06 万元。2005 年，全县培训外出务工农业劳动力 15204 人，占全县农业劳动力 10.70%；劳务收入 34589 万元，人均劳务收入 2.28 万元。

第六节　工资　福利　津补贴

工资

1985 年，龙州县根据有关文件规定，进行职工工资改革，国有企业在分配问题上实行宏观调控，企业内部对具体分配形式和办法有自主权。1986 年—1993 年，企业劳动工资发放由 2 部分组成：国家分配到厂的技术人员和政府委派的领导人员，由县财政局发放工资；一般工人由企业自发工资。1986 年，全县国有企业最低工资标准为每月 120 元。1988 年，在一些生产经营较稳定、经济效益好的国有企业实行工资总额与经济效益挂钩，实行这一工资办法企业最多时有 17 家。1992 年，对未实行工效挂钩的集体企业实行效益浮动升级办法。根据企业当年实现利税、销售收入和劳动生产增长幅度确定工资升级比例，一般两年进行一次工资调整。1994 年，全县国有和集体企业执行新的工资标准，企业干部和工人执行同一工资标准。1995 年 5 月 1 日全面实行最低工资标准办法，规定最低工资为每月 170 元。1999 年以后，经贸系统的国有企业已经不能正常运转，除糖厂、水泥厂等厂家的部分职工受聘于新业主外，其余职工全部自谋职业。受聘于机关报业主的职工月工资一般为 800~1000 元。下岗职工则无法估计其收入。企业工资全面放开，劳动部门实行宏观控制。2000 年底，国有企业实行体制改革，由原国家财政负担的国有企业变为企业本身自负盈亏，独立财政支付。除金融、通信、邮政、电业部门外，大部分企业面临改革和倒闭，并发不出职工工资。2005 年底最低工资标准为每月 320 元。

福利

1986 年—2005 年，龙州县劳动从业人员在领取应得的工资报酬外，按照国家法律、法规的有关规定，享有患病或非因工负伤的医疗及生活待遇，工伤（含职业病）待遇，以及节假日、年休假、婚假、产假、丧假、探亲假等与机关、事业单位基本相同的待遇。

津补贴

加班费　国务院规定的节假日仍继续生产工作的，按规定发给加班费。平常日每日工作超过 8 小时，加班费为本人工资的 150%；休息日安排加班的，加班费为本人工资的 200%；法定休假日工作的，加班费为本人工资的 300%。加班费主要是在企业单位实施，1986 年—2005 年，企业单位均实施加班费。

独生子女保健费　自愿终身只生 1 个子女的夫妻，领取了“独生子女父母光荣证”的，可按规定发给独生子女保健费至子女年满 18 周岁，年 120 元。

第七节　离休　退休　退职

离休

1986 年，龙州县执行 1982 年国家关于干部离职休养制度的有关规定，凡在新中国成立前参加中国共产党领导的革命战争，脱产享受供给制度待遇和从事地下革命工作的老干部，达到离职休养年龄的（男满 60 周岁，女满 55 周岁），可办理离休手续。审批权限：科级干部及中级以上专业技术人员由县委组织部审批；一般干部及工人由县人事局（人事劳动和社会保障局）统一审批。1986 年—2002 年，全县有企业离休干部 18

人,其中 6 人享受离休干部待遇。2005 年,企业离休干部 9 人。

退休

1986 年,企业单位人员退休年龄执行国务院《关于工人退休、退职的暂行办法》(国发〔1978〕104 号)的有关规定:男年满 60 周岁;女干部年满 55 周岁,女工人年满 50 周岁。1995 年实行全员劳动合同制后,执行退休年龄:男年满 60 周岁;女不分工人、干部在管理岗位按 55 周岁,在生产岗位按 50 周岁。次年底,全县累计有企业退休人员 2400 人,其中干部 580 人,工人 1820 人。从 2003 年 1 月 1 日起,企业参加社会养老保险缴费的,执行申请领取养老保险待遇的年龄:男年满 60 周岁,女满 55 周岁。至 2005 年,全县企业单位累计有退休人员 698 人。

退职

国务院关于安置老弱病残干部的暂行办法和关于工人退休、退职的暂行办法规定,经过医院证明完全丧失工作能力,又不具备退休条件的干部、工人,应当退职。退职人员退职费:实行职级工资制的退职人员,退职时基础工资和工龄工资全额发给,工作年限满 30 年及以上的职务工资和级别工资 2 项之和按 75% 计发,满 20 年不满 30 年的职务工资和级别工资 2 项之和按 70% 计发,满 10 年不满 20 年的职务工资和级别工资 2 项之和按 60% 计发,不满 10 年的职务工资和级别工资 2 项之和按 40% 计发。事业单位工作人员和机关工人,工作年限满 30 年及以上的按本人原职务工资(含生活津贴,下同)的 80% 计发,满 20 年不满 30 年的按原职务工资的 75% 计发,满 10 年不满 20 年的按原职务工资的 65% 计发,不满 10 年的按原职务工资的 45% 计发。2000 年 9 月后,全县所有干部职工退休(退职)文件均由县人事局统一下文执行。1986 年—2005 年,机关事业单位办理退职人员 27 人,企业办理退职人员 21 人,退职人员都是完全丧失工作能力的职工。

第八节 劳动监察 劳动争议仲裁 劳动保护

劳动监察

1986 年 10 月,在县劳动局内设劳动监察股,负责本辖区内劳动执法监察。龙州县国有企业和集体企业实行企业负责、行业管理、国家监察、群众监督的方法,对用人单位和劳动者遵守劳动政策、法律、法规情况进行监督检查,依法查处违反劳动法规的行为。是年,全县查出劳动事故隐患 16 处,下达整改通知书 7 份,指令书 4 份。1986 年—1994 年先后完成 8 个锅炉房的整治,对 49 台压力容器进行普查登记。并开办特种作业培训班 2 期,培训 112 人。组织有关部门对水泥厂、县农机厂等 3 个单位 32 个点进行尘毒调测,为 156 名职工进行体检。1995 年—1996 年,在全县范围内开展劳动用工大检查活动,检查主要内容包括有无非法使用童工、有无在禁忌的岗位上使用女工、有无签订违法劳动合同、有无克扣和无故拖欠职工工资、是否建立工伤保险、是否给劳工发放有关劳保用品、是否建立健全安全生产制度等 6 大类别 21 项。对检查中发现的问题和违法案件主要进行法制教育、限期整改。2001 年—2005 年,全县共检查用人单位 486 户,其中私营企业 35 户,督促自查自纠 451 户(含乡镇企业)。责令用人单位补发克扣、拖欠工资 6.31 万元,补签劳动合同 1854 份;纠正用人单位劳动管理规章制度违法条款 86 处;督促 52 户企业补交养老保险金 98 万元;对 135 户用人单位违法行为发出整改指令意见 221 条;对严重违反劳动法规的 5 户用人单位给予经济处罚 2.5 万元。

1986 年—2005 年,全县查出劳动事故隐患 1350 多处,下达整改通知书 125 份,指令书 70 份,投入整改资金 15 万多元。

劳动争议仲裁

1996 年,设立龙州县劳动仲裁委员会,办公室设在县劳动局。县劳动仲裁委员会按照《中华人民共和国企业劳动争议处理条例》等劳动法规,协调处理企业因开除、辞退以及有关工资、福利和履行劳动合同义务等方面发生的劳动争议。当年全县 45 个国有企业也相继建立调解委员会,签订、鉴证劳动合同 48 个单位,工人 264 人。

1998 年，有 48 个单位，工人 201 人。1999 年，有 48 个单位，工人 334 人(其中农民合同制 43 人)。1990 年，有 52 个单位，工人 798 人(其中农民合同制 43 人，临时工 257 人)。1991 年，有 76 个单位，工人 624 人(其中农民合同制 71 人，临时工 130 人)。1992 年，有 104 个单位，工人 967 人(其中农民合同制 47 人，临时工 141 人)。1987 年—1996 年，共受理劳动争议案件 16 起，结案率 100%。

1996 年—2005 年底，共审查鉴证劳动合同 1.57 万份，属推行全员合同化管理由固定工改为劳动合同制的 5421 份。接待群众来信来访 953 人次，其中有关工资待遇 572 人次，保险福利 249 人次，安全卫生 78 人次，下放知青补算工龄 12 人次。

1986 年—1995 年，龙州县劳动纠纷由县劳动部门处理。1996 年，龙州县劳动争议仲裁按照《广西壮族自治区国营企业劳动争议处理实施细则》和《广西壮族自治区实施〈中华人民共和国企业劳动争议处理条例〉办法》，遵循以事实为依据以法律为准绳，适用法律人人平等和以“重调解、慎仲裁、讲求实效”等为原则，依照法律法规仲裁程序与结案时限组织实施。1996 年，全县受理劳动争议案件 21 起，处理 21 起，结案率 100%。2003 年，受理劳动争议案件 45 起，处理 45 起，结案率 100%，为受理劳动争议案件最多的一年。1996 年—2005 年，全县受理劳动争议案件 190 起，处理 190 起，结案率 100%。

劳动保护

1986 年开始对全县国有企事业单位进行劳动执法检查，至 2000 年，每年开展劳动执法检查 2~3 次。2001 年，对 128 个用人单位进行劳动执法检查，涉及职工 2123 人。通过检查，依法查处 8 家用工单位违反劳动法行为。其中责令发放拖欠员工工资 2 家共 1123 元，6 家用人单位就违反劳动中介、劳动用工和拖欠社会保险费等行为进行限期整改。2003 年，全面开展拖欠农民工工资清理活动，责令用工单位补发农民工工资 20.21 万元。督促用人单位新签或续签劳动合同并鉴证 987 份，涉及职工 285 人。2004 年，追发拖欠劳动者工资 16.5 万元，涉及劳动者 148 人；劳动保障监察案件立案受理 6 件，全部按时结束。2005 年，督促用人单位签订劳动合同 2524 人，其中国有和集体企业 1322 人、私营企业 152 人、个体工商户 1050 人。

第九节　社会保险

1986 年，龙州县社会劳动保险事业管理所成立，隶属县劳动局，负责全县企业职工离退休费的筹集和管理。至 1987 年，全县企业职工实行退休金制度。1988 年开始，实行企业职工离退休养老保险缴费制度。1993 年，龙州县农村社会养老保险领导小组成立，城乡居民养老保险业务由县民政局负责。1994 年 11 月，机关、事业单位养老保险所成立，负责机关、事业单位保险基金的筹集和管理。2001 年 10 月开始，实施城镇职工医疗保险，由县人事劳动和社会保障局负责管理。2005 年 8 月起，企业职工养老金实行市级统筹，崇左市劳动社会保障部门对龙州县企业职工养老保险进行管理。实行市级统筹 4 年(2005 年—2008 年)，崇左市拨给龙州县调剂金 5883.2 万元，保障龙州县企业职工离退休人员基本生活费按时足额发放。

养老保险

企业职工养老保险　1986 年—1987 年，龙州县企业职工实行退休金制度。职工退休后，按比例在企业领退休金。1988 年开始，实行企业职工离退休养老保险缴费制度。1996 年 7 月 1 日起，广西全区统一按职工个人缴费工资的 11% 建立职工基本养老保险个人账户，企业缴费比例最高不得超过 20%，职工个人缴费比例从 1998 年 1 月起按 4.5% 执行，1999 年 1 月起，职工个人缴费比例每年提高 0.5%，最高至 8% 止，实现与全国统一基本养老保险制度并轨。职工离退休后，根据缴纳退休基金时间长短和金额多少领取养老金。养老金实行全县统筹。是年，全县 21 家企业 2555 名职工参加养老保险，收缴养老统筹基金 14 万元，支付离退休职工 388 人养老金 13 万元。1995 年，全县实行养老统筹的国有企业、自收自支事业单位、集体企业及临时用工单位 27 家，参保职工 5062 人，收缴养老统筹基金 331 万元，支付离退休职工 688 人养老金 243 万元。1998

年参保单位38家，参保职工4243人、离退休人员600人，征缴保险费358万元，发放养老金238万元。2005年，参保单位120家，参保职工7982人、离退休人员2389人，征缴保险费7915万元，发放养老金2595万元。

行政、事业单位职工养老保险　1986年—1995年，龙州县行政、事业单位的干部和工人实行退休金制度。1996年1月，开始实行行政、事业单位干部和工人养老保险缴费制度。养老保险基金由单位和个人按一定比例缴纳。行政、事业单位干部和工人养老基金个人统筹部分，按个人月工资总额的2%缴纳，金额不足15元的按15元缴纳，计入个人账户；单位缴纳保险基金，单位负担部分缴纳比例按在职人员月工资总额和离退休退职费之和的24%缴纳。是年，全县参保行政、事业单位205家，参保7665人，缴纳基金857.63万元。2002年5月后，根据上级有关规定，全县停止收取个人缴纳的部分养老保险。2005年12月，全县参保行政、事业单位79家，参保7580人，历年累计缴纳养老保险基金滚存结余1697.88万元。1996年，养老保险领取64人，2002年差额拨款事业单位和自收自支事业单位退休人员领取养老保险86人。2005年，差额拨款事业单位和自收自支事业单位退休人员领取养老保险101人。

失业保险

1986年，龙州县开始对宣告破产的企业职工、濒临破产企业法定整顿期间被精减的职工、终止和解除劳动合同的工人以及企业辞退的职工，实行失业保险制度。失业保险基金，由企业按照全部职工标准工资总额的1%缴纳。上述人员在待业期间，按照规定的标准（按自治区人民政府公布的本人所在地当年最低工资标准的75%计发）享受待业救济。是年，全县有失业待业职工8人，共发放待业救济1210元。1990年，全县失业保险经办机构向117家企业征缴失业保险基金15.50万元。1998年12月，失业保险覆盖全县国有企业和事业单位合同制工人及部分集体企业121多家，参保职工5277人，征缴失业保险基金22.85万元，发放失业保险金13.4万元。1999年1月，全县事业单位全体职工，国营企业、集体企业、私营企业全部职工，开始执行按所有职工工资总额3%收缴失业保险金办法。2005年12月，全县参加失业保险单位215家，参保职工9508人，征缴失业保险基金343.97万元；接纳失业职工330人，发放失业保险金109.56万元。

医疗保险

1986年—2000年，龙州县城镇干部职工（行政机关的干部、工人，事业单位的干部、工人，国有企业的干部、工人）医疗费，由县公费医疗办公室管理。2001年，公费医疗制度改革，医疗保险管理中心成立，城镇职工医疗费由医疗保险管理中心管理。基本医疗保险费由用人单位和职工个人共同缴纳，单位缴费率为在职职工工资总额的6%，职工个人缴费率为本人工资的2%，大病补充医疗保险按年平均工资的0.5%~1%提高。在职人员门诊费等于个人缴交工资的2%加上全县平均工资的1%，平均工资按5000元执行。医疗报销办法在原有基础上设置起付标准，一般疾病住院限报3000元或6000元，防止小病大养；大病限报全县平均工资的4倍，约2万元；超过平均工资4倍的，缴交大病统筹者可以再报销工资总额的12倍，约6万元。实行三级封顶。2004年，撤销三级封顶，实行二级封顶，并把平均工资调整为7000元，基本医疗保险最高报销限额为全县上年平均工资的4倍，即最高报销额度为2.8万元；报销额度超过2.8万元的大病医疗费，进入大病补充医疗保险报销，最高报销额度为7.2万元。是年8月，开始实施城镇干部职工医疗保险，全县参保单位187家，参保干部职工7209人，收缴个人医疗保险费59万元。2005年12月，全县参保单位206家，参保干部职工12187人，收缴个人医疗保险费累计1150万元。1998年5月，龙州县帮扶困难企业和困难职工领导小组、国有企业下岗职工基本生活保障和再就业领导小组成立，县委、县政府下发《关于帮扶困难企业和困难职工政策和资金的筹措办法》。是年，全县有困难企业6家，在册职工364人；离岗人员203人有155人重新找到工作岗位；下岗职工193人有81人办理下岗职工证；发放下岗职工基本生活费0.32万元，解决16人基本生活费。2002年，全县下岗职工241人，政府重新安置工作和自己找到工作221人；发放下岗职工基本生活费23.52万元。2005年，全县有下岗职工278人，发放下岗职工基本生活费109.56万元，为下岗职工缴纳养老保险、失业保险、医疗保险40.24万元。

生育保险

2001年10月1日开始实行企业职工生育保险。生育保险基金筹集是按企业职工工资总额的1%缴纳，由企业负担，职工个人不用缴费。2002 年，全县参加生育保险的用人单位 38 家，参保人数 4263 人，征缴生育保险基金 10 万元。

2005 年，全县参加生育保险的用人单位 43 家，参保人数 4214 人，征缴生育保险基金 30 万元，当年享受生育保险待遇人数 77 人，支付生育保险金 12 万元。

2001 年—2005 年，全县累计征缴生育保险费 163 万元，享受生育保险待遇的企业女职工 247 人，支付生育保险金 95 万元，结余 67 万元。

工伤保险

1993 年 1 月起实施。县政府印发《关于转发〈南宁地区国营企业职工工伤保险暂行办法的通知〉的通知》，由于工伤事故的不可预见性，工伤保险基金是根据国家规定不同行业的工伤风险程度确定行业的差别费率进行征缴，用人单位以本单位全部职工工资总额作为缴费基数，按一定的收费比例缴纳工伤保险费，职工个人不缴费。

社会保险所全体干部职工在钻研业务（2005 年摄）

1993 年—1998 年，全县参加工伤保险单位 38 家，参保人数 3983 人，累计征缴工伤保险基金 46 万元，支付工伤保险金 10 万元。

2005 年 1 月，参保范围扩大到各类企业、有雇工的个体工商户，行业差别费率分 3 个档次，分别为 0.5%、1.0%、1.3%。至 2005 年底，全县参加工伤保险 41 家，参保人数 4189 人。累计征缴工伤保险基金 137 万元。共受理工伤事故 6 起，结案 6 起。支付工伤保险金 1.2 万元，工伤保险基金结余 96 万元。

第十九篇

民政　扶贫　信访

第一章 民 政

1986年，龙州县民政局开展基层组织建设、区划地名、优抚安置、救灾救济、婚姻登记等常规性工作。1994年以后，增加社团管理、农村社会养老保险事业等职能。1998年以后，政府逐步推行村务公开和乡镇政府政务公开，开展乡镇政府和村（居）“两委”办公用房建设，基层自治组织办公条件不断改善。2005年，实施婚姻登记改革，婚姻登记步入规范化、制度化。

1986年—2005年，通过发行社会福利彩票筹集公益金，建设乡镇敬老院5个、五保村30个、社会救济人员的生活得到保障，救助标准逐步提高，社会福利事业进一步加强。

第一节 机 构

龙州县民政局

1950年，设立龙州县民政科，1973年11月设立龙州县民政局，属正科级行政单位，办公地址设在龙州镇康平街28号县人民政府大院内。内设秘书股、民政股、农救股、优抚股、财务股，核定编制9人，实有干部9人，工人1人。1986年，配干部职工14人。1995年有干部职工14人，民政福利公司有管理人员5人，烈士陵园管理处有管理人员5人，社会团体管理股工作人员3人，县福利院工作人员13人，县残疾人联合会有干部3人，县军队离休退休干部休养所工作人员2人，双拥办工作人员2人。1995年5月，县民政局设立龙州县农村社会养老保险事业管理所（成立机构没有落实编制）。2002年，根据政府部门机构改革要求，从救灾救济股剥离相关职能，设立最低生活保障股，复退军人安置办公室并入优抚股，合并后称优抚安置股，救灾救济股剥离最低生活保障职能后，称救灾股。2005年5月，为实现建立婚姻登记统一平台目标，将下放各乡镇的婚姻登记业务统一收归县民政局婚姻登记处办理，乡镇民政办公室不再办理婚姻登记。是年，县民政局内设办公室、计财股、救灾股、优抚安置股、民间组织管理股、基层政权和区划地名股等，核定机关行政编制8人，机关事业编制1名，实有行政干部14人，工勤2人，办公地址在龙州镇独山路96号。

1986年—2005年历任局长：黄友政(1986.1—1989.12)，农德彪(1990.10—1997.2)，甘颂棠(1997.2—2001.3)，李扬(2001.3—2005.8)，玉松(2005.10—2005.12)；党组书记（非局长兼任）：梁志强(2001.2—2005.12)。

乡镇民政机构

1984年，各乡镇人民政府设办公室，配专职民政助理1名。1991年7月，各乡镇成立民政办公室，主要负责辖区内救灾救济、低保、五保、优抚等工作，人员在乡镇政府原有编制内调整解决，不另行增加人员和经费。全县13个乡镇有在册民政助理14人。1995年，各乡镇人民政府设民政助理员一职，13个乡镇均配备民政助理员1名。2004年11月，撤销霞秀乡，并入龙州镇，其民政机构随之撤销。2005年5月，将下放各乡镇的婚姻登记业务统一收归县民政局婚姻登记处办理，乡镇民政办公室不再办理婚姻登记。是年，12个乡镇人民政府配备民政干部24人。

龙州县老龄工作委员会办公室

1986年，成立龙州县老龄问题委员会办公室，人员编制3名，实有3人，办公地址在龙州镇康平街28号县人民政府大院内。1988年5月，龙州县老龄问题委员会办公室撤销，成立龙州县老龄工作委员会办公室，属县政府议事协调机构。人员编制3名，实有3人，办公地址在龙州镇康平街28号县人民政府大院内。2005年底，龙州县老龄工作委员会办公室人员编制3名，实有3人，办公地址在龙州镇康平街28号县人民政府大院内。

1986年—2005年历任主任：林志腾(1986.12—1989.4)，农有乐(1989.4—1991.7)，陆振光(1991.8—1993.8)，邓细阳(1994.3—1996.8)，苏品才(1997.2—1999.3)，农保新(1999.3—2002.5)，农廷飞(2002.5—2005.12)。

第二节　基层政权与自治组织建设

基层政权

基层选举　1995年8月，选举产生第一届村居民委员会、选民登记135770人，选举产生村(居)民委员会成员775人，其中村委会主任120人(女性2人)，副主任126人(女性4人)，委员529人(女性48人)。1999年6月至8月，第二届村(居)民委员会换届选举，全县选民登记141827人，参加选举138674人，选举产生村(居)民委员会成员787人，其中村委主任120人(女性2人)，副主任123人(女性5人)，委员544人(女性49人)。2002年6月至8月，第三届村民委员会换届选举，全县选民登记159414人，参加选举156371人，选举产生村民委员会成员737人，其中村委主任117人，副主任116人(武德乡近梅村不设副主任)，委员504人，其中女性83人。龙州镇利民、北门、新华3个村委会改社区居委会。2005年6月至8月，第四届村民委员会换届选举，全县选民登记160783人，参加选举158896人，选举产生村民委员会成员681人(妇女79人)，其中村委主任117人，副主任122人，委员442人。2002年6月至8月，把龙州镇的康平街居委会、营街居委会、龙江街居委会、新华村委会、北门村委会、利民村委会整合后划分为7个社区居委会，分别为康平社区、龙江社区、营街社区、新华社区、城北社区、城东社区、利民社区。加上水口镇水口街社区、响水镇新街社区、下冻镇下冻街社区，全县共10个社区。选举产生第一届社区居民委员会，选民登记27693人，参加选举26775人，选举产生社区居民委员会成员49人(妇女17人)，其中社区居委会主任10人(妇女1人)，副主任10人(妇女3人)，委员29人(妇女13人)。2005年6月至8月，第二届社区居民委员会换届选举，登记选民30825人，参加选举29764人，选举产生社区居民委员会成员48人(妇女18人)，其中主任10人(妇女1人)，副主任10人(妇女4人)，委员28人(妇女13人)。

1999年4月10日，作为龙州县村委会直接选举的两个试点村—响水镇平南村和霞秀乡贯明村，分别进行选举，由村民直接选出村民委员会主任、副主任和委员，开创了龙州县村民直接选举村委会干部的先河。图为响水镇平南村第二届村民委员会选举大会现场

政务公开　2002年始，为贯彻落实中共办公厅、国务院办公厅《关于在全国乡镇政权机关全面推行政务公开制度的通知》(中办发〔2002〕25号)文件精神，全县13个乡镇(2004年11月，霞秀乡撤并划入龙州镇后为12个乡镇)全面推行政务公开、民主管理工作。县成立政务公开工作领导小组，下设办公室。制定《龙州县推行政务公开民主管理工作实施方案》。政务公开主要内容有本届政府的任期目标、政府年度工作责任目标、政府职能完成情况(包括救灾救济款物发放、计划生育服务和人口控制)、土地使用审批、社会治安综合治理等重要职能和行政情况，重大财务收支、工程招投标，集体经济项目的承包、经营情况，上级党委、政府的有关政策、规定，群众关心的热点、焦点问题以及乡镇人大决定重要公开和乡镇政府认为要公开的事情。每季度全面公开一次。以建设公开栏的形式进行政务公开。

自治组织

村(居)公所　1986年12月,龙州县12个乡镇,设3个居委会21个居民小组;123个村公所1267个村民小组。龙州镇设3个居委会21个居民小组,3个村公所23个村民小组;霞秀乡设15个村公所162个村民小组;八角乡设7个村公所68个村民小组;上降乡设8个村公所75个村民小组;彬桥乡设12个村公所124个村民小组;下冻乡设10个村公所96个居民小组;水口乡设11个村公所121个村民小组;武德乡设11个村公所108个村民小组;金龙乡设15个村公所155个村民小组;逐卜乡设11个村公所121个村民小组;响水乡设9个村公所75个村民小组;上金乡设11个村公所139个村民小组。1995年7月,撤销村(街)公所,改在原村(街)公所管辖区域设立村委会(简称"撤所改委")。全县有124个村委会和3个街居委会。原以自然村设立的123个村委会自行撤销。

表19-1　**1986年龙州县村公所居委会村(居)民小组统计表**

乡镇	村委会或居委会	居委会	居民小组	村公所	村民小组
龙州镇	康平街、龙江街、营街居委会,新华、北门、利民村公所	3	21	3	23
霞秀乡	百秾、贯明、板门、岭南、河屯、新民、镇秀、岜那、民强、上龙、弄平、板汪、自清、楞巧、东合村公所	—	—	15	162
八角乡	四平、八角、箕斗、屏案、龙边、菊埂、陇均村公所	—	—	7	68
上降乡	上降、永恒、纯仁、梓丛、鸭水、江村、呼交、里城村公所	—	—	8	75
彬桥乡	彬桥、红岭、清明、岜苗、念渎、峒旦、彬迎、青山、俸村、绕秀、安镇、安民村公所	—	—	12	124
下冻乡	下冻、跃进、扶伦、峡岗、驮江、峒埠、春秀、那花、两庄、布局村公所	—	—	10	96
水口乡	水口、埂宜、共和、罗回、北胜、思奇、康宁、独山、沿山、峒桂、合平村公所	—	—	11	121
武德乡	科甲、保卫、群合、三联、武德、农干、精威、近梅、武权、民权、新联村公所	—	—	11	108
金龙乡	金龙、侵笔、花都、民建、新兴、光满、横罗、板梯、贵平、立丑、高山、武联、相蒙、敢赛、三圣村公所	—	—	15	155
逐卜乡	逐卜、广合、牌宗、三叉、崇德、锦阁、板要、卫国、谷阳、立信、弄岗村公所	—	—	11	121
响水乡	响水、鸣凤、龙江、图强、四清、红阳、平南、棉江、高峰村公所	—	—	9	75
上金乡	上金、中山、陇山、云江、联江、联甲、新旺、勤江、进明、两岸、卷逢村公所	—	—	11	139
合　计	1个镇11个乡,3个居委会21个居民小组;123个村委会1267个村民小组	3	21	123	1267

村(居)委会　1995年8月,龙州县设5个镇8个乡,设6个居委会25个居民小组;121个村委会1288个村民小组。龙州镇设3个居委会21个居民小组,4个村委会23个村民小组。下冻镇设1个居委会1个村民小组,9个村委会97个村民小组。水口镇设1个居委会2个居民小组,10个村委会119个村民小组。金龙镇设15个村委会156个村民小组。响水镇设1个居委会1个居民小组,9个村委会67个

村民小组。霞秀乡设10个村委会132个村民小组。八角乡设7个村委会68个村民小组。上降乡设8个村委会72个村民小组。彬桥乡设12个村委会124个村民小组。武德乡设8个村委会83个村民小组。逐卜乡设11个村委会121个村民小组。上金乡设10个村委会139个村民小组。上龙乡设8个村委会87个村民小组。

2005年12月,龙州县5个镇7个乡,设7个社区3个街居委会48个居民小组;117个村委会1266个村民小组。龙州镇设7个社区委员会44个居民小组,10个村委会132个村民小组。水口镇设1个居委会2个居民小组,10个村委会119个村民小组。响水镇设1个居委会1个居民小组,9个村委会68个村民小组。下冻镇设1个居委会1个居民小组,9个村委会97个村民小组。金龙镇设15个村委会156个村民小组。彬桥乡设12个村委会124个村居小组。逐卜乡设11个村委会121个村民小组。上金乡设10个村委会139个村民小组。上龙乡设8个村委会87个村民小组。上降乡设8个村委会72个村民小组。八角乡设7个村委68个村民小组。武德乡设8个村委会83个村民小组。

表19-2　**1996年龙州县村(居)委会村(居)民小组统计表**

乡镇	村委会或居委会	居委会	居民小组	村委会	村民小组
龙州镇	康平街、龙江街、营街居委会,高祥、利民、北门、新华村委会	3	21	4	23
霞秀乡	百秾、贯明、板门、岭南、河屯、新民、镇秀、自清、楞巧、东合村委会	—	—	10	132
八角乡	四平、八角、箕斗、屏案、龙边、菊埂、陇均村委会	—	—	7	68
上降乡	上降、永恒、纯仁、梓丛、鸭水、江村、呼交、里城村委会	—	—	8	72
彬桥乡	彬桥、彬迎、红岭、清明、岜苗、峒旦、青山、俸村、绕秀、安镇、安民、念渎村委会	—	—	12	124
下冻镇	下冻街居委会,布局、扶伦、峡岗、驮江、峒埠、春秀、那花、两庄、下冻村委会	1	1	9	97
水口镇	水口街居委会,埂宜、共和、罗回、北胜、思奇、康宁、合平、沿山、峒桂、独山村委会	1	2	10	119
武德乡	科甲、保卫、群合、三联、武德、农干、精威、近梅村委会	—	—	8	83
金龙镇	金龙、侵笔、花都、民建、新兴、光满、横罗、板梯、贵平、立丑、高山、武联、相蒙、三圣、敢赛村委会	—	—	15	156
逐卜乡	逐卜、广合、牌宗、三叉、崇德、锦阁、板要、卫国、谷阳、立信、弄岗村委会	—	—	11	121
响水镇	新街居委会,响水、鸣凤、龙江、图强、四清、红阳、平南、棉江、高峰村委会	1	1	9	67
上金乡	上金、中山、云江、联江、联甲、勤江、进明、两岸、卷逢、新旺村委会	—	—	10	139
上龙乡	上龙、武权、民权、新联、弄平、板汪、民强、岜那村委会	—	—	8	87
合计	5个镇8个乡,6个居委会25个居民小组;121个村委会1288个村民小组	6	25	121	1288

表 19-3　　2005 年龙州县村(居)委会村(居)民小组统计表

乡镇	村(居)委会		居民小组或村民小组	
	名称	个数	名称	个数
龙州镇	康平社区	7	康平街、南街、西街、千总街、驮苗街、南门街、营街、泰山街	8
	龙江社区		新龙街、龙江街、新填地、合龙街、东街、东门街、白沙街、兴龙路	8
	高祥社区		高祥、合龙	2
	新华社区		兴仁街、都兴街、仁义街、新街、北门街	5
	北门社区		城北路、老干街、酒厂路、上龙路、菜刀社	12
	城东社区		独山路、白沙街、渔业社、龙夏路、龙水路、新兴路、东江路	11
	利民社区		利民街、城南路、航运社	12
	岭南村委会	10	维新、叫及、弄喜、小湾、大湾、百渡、新村、弄龙、弄贯、渠皿	10
	河屯村委会		河屯、土美、务明、月亮	4
	镇秀村委会		甲漏、路龙、百龙、那镇、坡墩、那台、那勒、渠王、勤图	9
	新民村委会		弄吕、菊该、双韦、那王	4
	板门村委会		板门、弄蚌、那星、那降、那赖、弄止、下耶、陇黎、坡崖	9
	百秾村委会		百秾、峒埠、坡望、内营、那印、坤鸦	6
	贯明村委会		空六、百那、那浪	3
	自清村委会		孔承、更及、科必、逐炯、岜晗、布飘、弄堪、诺谟、新村、那兴	10
	楞巧村委会		康弄、岜凌、坡必、岜望、板塘	5
	东合村委会		空埂、板瓦、秾顿、杆桥、那灶、弄锦、百他、空坤、三嵘、楞贡、板盆、石沙、那渠	13
水口镇	水口街居委会	1	新街居民小组、旧街居民小组	2
	合平村委会	10	那江、陇凹、那荷、塘益、陇独、那派、那塘、陇昔、板栗、板旺、陇茗、上塘、下塘、板旺空、板旺坡	15
	峒桂村委会		峒桂、菊敏、那贯、叫善、板奥、枯隆、板斗、陇梧、板孟	9
	共和村委会		那板、板连、那梦、那造、那马、逐墩、叫涯、弄寨、驮怀、那嵘、板俸、坡皿	12
	思奇村委会		州马、板桂、康那、那作、板巧、板境、板贯、板敏	8
	罗回村委会		康布、弄堪、那享、岜隆、板合、弄淡、岜弄、弄群、罗回、板排、弄巷、弄内、那沙、弄尖、勤塘、板空、布燕、欣水、弄权、弄孔、那文	21
	北胜村委会		岜旦、百孟、板王、陇帐、菊弄、板皿、岜来、板墩、那盎、岜桐、板宁	11
	独山村委会		弄埠、楞桥、那排、康弄、板盎、弄嫁、三家、弄官、空防、坡汤、驮宿、铺茶、板王、那隘、坡留、同仟、大俸、小俸	18
	沿山村委会		排干、陇因、陇通、楞敏	4
	埂宜村委会		上灶、埂宜、陇相、驮模、乞堪、陇瑞、板新、空麦、下灶	9
	康宁村委会		板坡、岜宁、陇马、陇底、峒埠、菊吕、岜江	7

续表

乡镇	村(居)委会		居民小组或村民小组	
	名称	个数	名称	个数
响水镇	新街居委会	1	新街居民小组	1
	响水村委会	9	响水旧街、驮板、念民、逐蕊、亭秀、坡桐、孟命	7
	龙江村委会		板额、陇六、板曲、峒隆、板就、逐陇	6
	鸣凤村委会		呼派、峒隆、板省、义永、伏那	5
	图强村委会		舍霸、布鸡、板亮、埂角、埠坝、板马、板懒、板暮	8
	棉江村委会		板裂、棉江、伏荷、百念、秾美、驮棉、渠楠	7
	高峰村委会		停利、陇坛、陇呼、驮坛、那站、那布	6
	平南村委会		平南一组、平南二组、平南三组、平南四组	4
	红阳村委会		红阳、陇巷、磨来、渴稍、那麦	5
	四清村委会		陇丈旧村、陇丈新村、陇彭、弄章、抗敏、陇念	6
下冻镇	下冻街居委会	1	下冻街居民小组	1
	下冻村委会	9	路马、布西、马条、板院、城安、空西	6
	布局村委会		峒炯、板局、江巷、空均、加伦、陇刀、加鸟	7
	两庄村委会		右庄、左庄、陇冬、陇底、板排、逐贵、菊榕	7
	那花村委会		那花、安马、国怀、陇钦、巧苗、念蛤、那改	7
	春秀村委会		秾隆、河度、弄羊、内营、隘埂、板吉、那城	7
	峒埠村委会		空这、峒埠、把脉、那贯、那罕、板花、那鸟、百党、坡睦、秾超、坡姆、峒银、那卧、棒场、逐助、那刊、噤傍、坡秋、那黎	19
	扶伦村委会		那造、那渠、板旦、板端、布吕、那堪、超志、谷救、出行、那耍、那于、那吉	12
	峡岗村委会		那弄、板罡、那宋、板渌、板弄、那叫、噤布、那渌	8
	驮江村委会		那吗、孔酬、声江、下声、弄丈、坡敏、塘昔、谷随、塘隆、叫石、塘绕、塘乞、驮门、弄隆	14
金龙镇	金龙村委会	15	板域、埂怀、那炭、谷赖、谷桐、内排、弘标、岜凌、都乌、那灌	10
	相蒙村委会		板蒙、板内、空相、百贞、板池、弄昌、布双、陇其、板梯	9
	三圣村委会		板敢、板鲁、念勇、岜白、底营、吉甫、那苗、板贡、达灵	9
	光满村委会		那莫、板迎、坡肥、布教、大满、三卡、板雁、光明、板会	9
	贵平村委会		板贯、板探、莫念、弄柴、峒平、板烟、陇底、叫内	8
	横罗村委会		那横、陇峨、其逐、板门、都宽、查外、查内、板罗	8
	高山村委会		陇水、陇叫、板陋、陇荷、板闭、岩思	6
	新兴村委会		陇底、陇齐、陇昔	3
	立丑村委会		布苏、庭弄、逐立、陇丑、谷蒙	5
	侵笔村委会		布尧、念连、板内、陇万、渠侵、陇念、布物、板求	8
	敢赛村委会		板旧、板鹄、板盎、板墩、板暖、百沙、板赛、古肥、板郁	9
	民建村委会		弄匡、陇板、陇坦、渠雁、廷弄、百陇、布梯、凌井、板送、角羊、百他、陇肥、内到、布毫	14
	武联村委会		板外、陇盟、板江、陇典、陇考、弄耍、逐角、逐桧、弘曹、板教、权佞、板罡、百里、峒龙	14
	花都村委会		板底、布柏、布界、岜崩、栋内、百念、叫是、布多	8
	板梯村委会		渠麻、那桧、陇窑、陇青、东龙、那旁	6

续表

乡镇	村(居)委会		居民小组或村民小组	
	名称	个数	名称	个数
彬桥乡	彬桥村委会	12	内营、塘坡、菊吕、那楞、陇津、停弄、岜巫、坡王、渠榜、陇内、江园	11
	彬迎村委会		板迎、弄岭、那杰、弄局、岜沙、板敢	6
	峒旦村委会		峒旦、那旦、菊榕、渠湾、弄标、弄沙、驮奔、那便	8
	青山村委会		波村、那解、板扣、那色、那米、那妈、坡盖、那角	8
	俸村村委会		俸村、那法、百党、岩表、陇宪、那新	6
	安民村委会		那渠、哈师、菊美、板凭、坡江、平给、关台、板赖	8
	安镇村委会		那雷、那良、板闭、板楠、坡内、坡索、板旧、那稳、楞鸦	9
	绕秀村委会		那曳、国龙、敢门、那冬、扣孟、扣克、会隆、那殿	8
	红岭村委会		上红、下红、丈梯、驮交、蓁园角、克标、黄家村、逐镬	8
	岜苗村委会		岜苗、那坟、弄渎、弄红、欣罕、岜赖	6
	念渎村委会		念渎、岜旦、陇芽、渠红、塘豆	5
	清明村委会		清明、哈闷、母殿、板潭、百康、渠耍	6
武德乡	科甲村委会	8	隘口、民兴、秾超、秾橄、塘波、驮马、营墩四组、营墩五组、板旧、布岜、墩笔、陇密、峒凌	13
	保卫村委会		布观、那诺、坡茶、板江、枯贡、上布、下布、陇远、陇善、陇念、陇禁	11
	群合村委会		芝蚨一组、芝蚨二组、芝蚨三组、芝蚨四组、陇旦、板新、陇马、陇板、陇角、陇罕	10
	三联村委会		坡那、伏岜、板止、陇呼	4
	武德村委会		武德一组、武德二组、武德三组、板急、逐安、板想、空标、念外、那贯、外埂、诰内	11
	农干村委会		孔治、坡贯、岜帽、坡敏、坡彩一组、坡彩二组、岜都、坡同、那连、陇严、陇盎	11
	精威村委会		坡昔、逐大、痕墩、那叫、岜内、板马、板探、谷榕、板栈、逐钦、把浮、那常、逐小	13
	近梅村委会		陇近、陇岱、陇轻、陇巧、陇梅	5
逐卜乡	逐卜村委会	11	逐卜街、寺良、岜埠、隘口、布望、岜马、布平、岜会、冷岜、岜古、板旦、板弄	12
	谷阳村委会		谷阳、旧州、那叫、那侣、板海、板佞、那禁、板堪、陇善、伏那、伏牌、把耍	12
	立信村委会		弄平、新村、叫里、谷布、板苗、那弄、板莫	7
	卫国村委会		岜邓、板凌、板滨、岜禄、弄乞、安马、秾内、楞吗	8
	板要村委会		板要、岩烹、秾橄、陇沙、板隆、板弄、三合、坡除、端得、那社	10
	锦阁村委会		岜降、板锦、板伶、岩洋、板罗、坡夏、岜宜、板阁、	8
	三叉村委会		三叉、秾茶、弄松、百定、那广、叫么、长塘、社屯、谷埂、陇急、那劳、陇汤	12
	广合村委会		上额、下额、伏隆、伏茶、那忌、板克、那汤、板角、内禄	9
	牌宗村委会		稼造、坡眼、板内、空怒、内坡、内弄、内怒、牌荷、内相、牌草、那龙、秾江、秾助	13
	崇德村委会		伏德、伏隆、上宙、下宙、板领、那端、下渌、坡贯、陇关	9
	弄岗村委会		铺茶、楞垒、坡那、板新、板牌、派母、陇广、那坎、下案、板晓、陇亨、上案、伏院、汪那、廷额	15

续表

乡镇	村(居)委会		居民小组或村民小组	
	名称	个数	名称	个数
上金乡	上金村委会	10	渠龙、驮思、活灵、板农、阮村、弄庙、石厂	7
	中山村委会		上金旧街、下窑、上窑、陇口、陇宜、河抱、器乌、陇布、陇门	9
	云江村委会		大村、岜等、逐乜、那岜、板兰、逐客、石嵩、尾那	8
	勤江村委会		芹村、定从、陇远、陇巧、陇斗、陇而、埂磨	7
	进明村委会		根村、陇根、荷村	3
	两岸村委会		大岸、小岸、陇噤	3
	卷逢村委会		白雪、噤填、贯外、塘边、桥板	5
	联甲村委会		板直、陇阳、板那、板莫、百渠、布黎、板榄、板肥、那角、江那、板巧、那蚌、菊那、板欧、陇岭	15
	联江村委会		那巴、板汤、那巧、那表、叫敢、峒埠、板角、派沙、逐那、下棒、上棒、板受、怒佞、驮罕、那乞、陇那、舍巴	17
	新旺村委会		板化、板坚、噤乾、那边、那雁、板汤、那实、那通、那汤、板渌、陇旺、那叫、驮江、那驮、发那、活易、铺茶	17
上龙乡	上龙村委会	8	上龙街、板卜、板封、板凹、板电、板弄、板旁、水陇、弄秾、把敏、墩故、窑灰	12
	武权村委会		弄灰、百嗦、那郝、陇虾、板底、板龙、板止、弄诺	8
	民权村委会		板化、埂怀、板曲、岜旦、板正、坡入、荒田、那毕、坡那、陇祥	10
	新联村委会		弄行、念吾、陇猛、廷弄、铺茶、牌站、埂宜、弄在	8
	弄平村委会		弄平、那豆、江那、古里、弄埠、弄匡	6
	板汪村委会		板汪、陇汪、上尾那、下尾那、停弄、噤偷牛、那念、	7
	民强村委会		陇利、大陇、陇要、陇罕、陇禁、红岩、那新、空关、百架、岜炉	10
	岜那村委会		弄埔、弄堪、陇那、岜海、叫城、下王、大岭、岜内、陇谷	9
上降乡	上降村委会	8	上降街、江弄、那布、陇内、停丘、陇闇、埂岌、下降	8
	永恒村委会		弄怀、板楞、布床、逐曲	4
	纯仁村委会		那荷、那兰	2
	梓从村委会		莽村、扣浮、那盆、香梓楠	4
	呼交村委会		呼交、那弄、秾娘、逐崩、岜林、弄案、秾棒、板亚、那尧、伏陇	10
	里城村委会		那陇、伏栏、菊榕、坡养、板色	5
	鸭水村委会		鸭水街、下茶、那瓦、廷平、岗龙坳、板叫、板否、板琪	8
	江村村委会		板章、板茶、滩堤、坡斗、平批、平城、板海	7
八角乡	四平村委会	7	板靠、坡巫、菊勇、秾钦	4
	八角村委会		板改、那造、那素、那布、伏汉、弄平、板旧	7
	屏案村委会		板案、科烈、坡甫、板土、诺隘	5
	陇均村委会		陇均、那黎、那冬、陇助、陇内、陇否、把湾、板角	8
	龙边村委会		那棒、弄接、伏置、菊功、坡布、板敬、那伦、板给、叫干、那晓	10
	菊埂村委会		菊埂、板季、百砂、陇遂、陇江、板新、那猛、逐沐、下育、叫炯、昆尧	11
	箕斗村委会		板箕、陇敏、底埂、埂卓	4
合计	5个镇7个乡，7个社区3个街居委会48个居民小组、117个村委会1266个村民小组			

村（居）务公开 1998年始，为贯彻落实中共中央办公厅、国务院办公厅《关于在农村普遍实行村务公开和民主管理制度的通知》（中办发〔1998〕9号）文件精神，在全县127个村（居）民委员会(2002年村、社区两委换届选举后为127个，其中村委会117个，社区（街）居委会10个）全面推行村务公开，民主管理工作。县成立村务公开领导小组，下设办公室，制定《龙州县村（居）务公开民主管理工作实施方案》，在人口比较集中的村屯设置村（居）务公开栏，公开的内容为村集体财务收支、农民负担、计划生育、上级下拨各种款物发放使用、土地征用和完善土地审批、集体资产的管理和经营、电费和水费收缴等，其中重点是财务公开。每季度全面公开一次。公开形式：建立村（居）务公开栏、发放明白卡，召开村民代表会议。2005年，树立龙州镇、上龙乡部分村（居）作示范点，以点带面，推动全县村（居）务公开民主管理工作全面开展。

第三节 优抚 安置 双拥

优抚

烈属军属补助 1986年，龙州县有烈属和因公牺牲年人家属65户，病故军人家属4户。当年，烈属和因公牺牲军人家属的补助标准为农村每人每月20元至25元，城镇每人每月30元至35元，病故军人家属的补助标准为农村每人每月15元至20元，城镇每人每月25元至30元，当年发放补助金20580元。1989年，烈属和因公牺牲军人家属的补助标准为农村每人每月35元至40元，城镇每人每月45元至50元，病故军人家属的补助标准为农村每人每月30元至35元，城镇每人每月40元至45元，当年发放补助金28860元。1993年，烈属和因公牺牲军人家属的补助标准为农村每人每月45至50元，城镇每人每月55元至60元，病故军人家属的补助标准为农村每人每月40元至45元，城镇每人每月50元至55元。当年发放补助金37140元。1998年，烈属和因公牺牲军人家属的补助标准为农村每人每月68元至73元，城镇每人每月78元至83元，病故军人家属的补助为农村每人每月63元至68元，城镇每人每月73元至78元。当年发放补助金60324元。2001年，全县有烈属和因公牺牲军人家属54户，其中因公牺牲3户，烈属51户，病故军人家属4户，当年，烈属和因公牺牲军人家属的补助标准为农村每人每月160元至165元，城镇每人每月185元至190元，病故军人家属的补助标准为农村每人每月155元至160元，城镇每人每月180元至185元。当年发放的补助115660元。2003年7月1日起，烈属补助标准为农村每人每月195元，城镇每人每月255元，因公牺牲军人家属补助标准为农村每人每月190元，城镇每人每月250元，病故军人家属补助标准为农村每人每月185元，城镇每人每月245元，当年发放补助金126810元。2004年10月1日起，烈属补助标准为农村每人每年2640元，城镇每人每年4200元，因公牺牲军人遗属补助标准为每人每年2520元，城镇每人每年3900元，病故军人家属每人每年3600元。当年发放补助金138555元。2005年，全县在册烈属51户，因公牺牲军人遗属3人，病故军人遗属4人。当年发放补助金148680元。1986年至2005年，累计发放烈属、因公牺牲军人遗属、病故军人遗属补助金1209907元。

伤残军人补助 1986年，龙州县在册伤残军人46人，带病回乡退伍军人33人，当年发放残疾人抚恤金11500元，发放带病回乡退伍军人补助金3960元。1988年2月，对在乡伤残人员发放伤残抚恤金，在职伤残人员发放伤残补助金。伤残等级分为因战、因公类特等、一等、二等甲级、二等乙级、三等甲级、三等乙级，发放金额每人每年272元至1200元不等，全县有革命伤残军人57人，其中城镇27人，发放伤残补助金1.15万元。1991年—2003年，先后8次提高补助标准。2004年10月1日起，伤残等级由原来的六级改为十级。补助标准为每人每年960元至11200元不等。2005年，伤残抚恤金和伤残保健金统一称为残疾抚恤金，发放标准不变。年底，全县共有伤残军人68人，发放抚恤金86980元。1986年至2005年累计发放军人残疾抚恤金139.85万元。

复员退役军人补助 1986年—2005年，全县发放复员退役军人定期补助16179人次，补助总金额21996936元；临时补助6207人次，补助总金额788470元。

义务兵家属优待 1986年，龙州县义务兵家属优待金每户每年为800元。1986年—2001年，非农军属视其具体情况，每年给予适当的生活补贴。1995 年—1999 年，义务兵家属优待金每户每年为 1000 元。2000 年每户每年为 1200 元。2001 年—2004 年，每户每年为 1500 元。2005 年，每户每年为 1600 元。2001 年—2005 年，农村义务兵家属的优待金是本乡镇上年农民人均纯收入的 75% 以上。服役期间，军人在农村承包的责任地和自留地（山、林）继续保留。2002 年—2005 年，非农义务兵入伍前有工作单位的，由本单位发给家属 70% 工资额；入伍前无工作单位的，或有单位但已撤销、破产及亏损发不出工资的，由县财政按原单位工资额 70% 或非农低保对象列入预算发给优待金。军人婚姻依法保护，家庭特殊困难的，由县民政部门给予适当帮助解决。

复退军人安置

1986 年—2005 年，龙州县按照“从哪里来，到哪儿去”的原则，安置复退军人。

城镇退伍义务兵安置 2001 年—2003 年，县安置机构为外出打工的义务兵提供劳务信息服务。按照“系统分配任务，包干安置”的原则，城镇户口的义务兵安排在企事业单位。凡立二等功以上的，县政府优先安排在企事业单位工作。对非农户口义务兵，实行“供需见面，双向选择”与“指导性分配”相结合的办法，除县政府分配安置外，凡申请自愿自谋职业的，县政府给予一定的经济补偿。

农村退伍义务兵安置 县安置机构接收安置退伍农村义务兵，符合安置政策的安排在企事业单位工作，凡立二等功以上的，县政府优先安排在企事业单位工作。其余人员按“从哪里来，到哪里去”的原则，安排回乡参加劳动。安置机构为外出打工的义务兵提供劳务信息服务。

转业士官安置 2004 年—2005 年，龙州县退役军官自己择业，县政府给予适当的生活补贴。

双拥工作

拥军优属 1986 年—2005 年，从县财政资金中拨出 750 万元，建设部队营房，其中县人武部 320 万元，武警中队 150 万元。春节、“八一”建军节等重大节日，慰问部队及优抚对象 600 万余元。县直有关单位为部队送慰问品价值 430 万多元。

拥政爱民 抗洪抢险。1991 年—1992 年，龙州县边防部队先后组织 17 批 1500 多人次，出动车辆 50 多台次，援助龙州金龙水库、龙州面粉厂、南宁师范专科学校等单位抗洪抢险，转移受灾群众 340 多人，抢运各种物资 1260 多吨，挽回经济损失 376 万余元。1992 年 7 月 25 日，龙州县受 8 号台风影响，连降暴雨，县城低洼街道、广场等被洪水淹没。科甲边境检查站派出官兵 32 人赶赴灾区，先后援助龙州县新华书店、龙州制药厂、龙州二糖厂等单位，抢运书籍、药品、农药、化肥、白糖等物资 100 多吨，挽回经济损失 130 多万元。1994 年 4 月，龙北农场逐安分场发生山林火灾。科甲边境检查站派出官兵 30 多人赶赴现场，与农场职工连续 10 多个小时的扑打，把山火扑灭，挽回经济损失 500 多万元。1995 年 1 月，龙州县边防部队某分队出动官兵，参加扑灭下冻镇林区大火。同年 8 月，龙州县遭受特大洪涝灾害，龙州县边防部队出动官兵 13 批 1629 人次、车辆 49 台次，投入抗洪抢险。转移受灾群众 1778 人、耕牛 14 头，救治伤病员 44 人；抢运物资 80 多吨、土石 213 立方米、沙袋 2300 余个，清理塌方 426 立方米，修筑长 60 米、宽 2 米的河坝 2 道。灾后，给受灾群众捐款 2.1 万元，捐衣物 1354 件；派出 600 余人次、车辆 8 台次，清洗龙州县城街道 9 条，清运淤泥 1.1 万立方米。2001 年 7 月上旬，受 3 号、4 号台风影响，南宁地区普降暴雨，邕江水位急剧高涨，严重威胁南宁市人民群众生命财产安全。7 月 6 日—12 日，龙州县驻军先后出动官兵 2800 余人次，奔赴南宁参加抗洪抢险战斗。搬运沙袋 60 余万包，堵塞管涌 9 处，修筑河堤 1250 米，排除险情 6 起。同时，武警南地支队龙州县中队先后出动官兵 100 多人次，车辆 4 台次，冲锋舟 48 艘次，连续奋战三昼夜，抢救转移受灾群众 42 人，加固堤坝 255 米，抢运种猪 100 多头等物资 100 余吨，挽回经济损失 200 多万元。同年 11 月，下冻镇春秀村山林发生火灾。龙州县驻军某分队官兵全力以赴加入灭火护林行动，与当地群众同心协力，把大火扑灭，保住 20 多公顷山林免受火灾侵害。

植树造林。1994 年 4 月，科甲关边境检查站官兵援助龙北农场逐安分场职工种植杉木树苗 6.67 公顷。1995 年，龙州县驻军部队派出官兵 1000 多人，帮助下冻镇、武德乡村民开挖渠道 25 千米，种植树苗 3.33 公顷，种植茶树 0.67 公顷。1996 年，龙州县驻军部队官兵援助龙州县乡村边民植树造林 10 公顷，开垦荒地 2.33 公顷。

扶贫助学。1995 年，龙州县边防部队与驻地 8 个乡镇建立 12 个扶贫点，开发农业生产基地 26.67 公顷。投资 2 万余元，为扶贫点赠送各种农业科技书籍 5000 多册。举办农业科技培训班 8 批次，培训贫困村民 300 余人。1996 年，龙州县边防部队官兵，在县级扶贫点——下冻镇两庄村陇冬屯，从悬崖峭壁上开辟一条长 2.5 千米、可行驶汽车的屯级道路。1998 年，龙州县边防部队制定《扶贫工作方案》，明确扶贫点和具体措施。部队出资 3.8 万元，发动官兵集资一点，请求政府划拨一点，将下冻镇峒埠小学从偏僻的山沟搬到山外，建一所新的学校。2001 年，部队组建 200 余人的施工队，出动车辆 50 台次，完成峒埠小学搬迁工程。出资 2 万元购买草皮、树苗、篮球架等，帮助学校美化绿化，改善办学条件。1998 年—2005 年，龙州县驻军部队某团和某团党委，先后与金龙镇侵笔小学 28 名特困生结成 "一帮一" 扶贫助学对子，每年资助每名特困生 3000 元，使特困生安心校园学习。武警龙州县中队扶贫解困捐资助学，先后投入 160 个劳动日，建立武鸣县灵马小学、龙州县下冻镇中心小学等 3 个扶贫点，为特困户 16 户、特困生 23 人，捐款 3.2 万元。1999 年，龙州县驻军部队两个分队官兵捐款，资助金龙镇贫困复员军人农某修建一间 50 平方米的新房。2000 年—2005 年，科甲关边境检查站常年慰问驻地五保户、孤寡老人、特困户。捐款 8000 多元，资助 6 名中、小学贫困生重返校园。2002 年 8 月，龙州县高中贫困生陈某某考取武汉大学，龙州县驻军部队某团官兵自发捐款 14000 多元，解决陈某某学费问题。

军（警）民共建。1989 年，龙州县驻军部队和所属分队与驻地单位成立 "双拥共建" 领导小组，领导和协调龙州县拥政爱民、拥军优属、军民共建工作。1990 年 1 月，龙州县驻军部队某分队与水口乡政府共同制定《双拥共建规划》，水口乡政府出台《拥军优属公约》，部队出台《拥政爱民公约》。部队与地方建立健全共建领导组织、军地联席、军地教育、军地互访等 6 项规章制度。1991 年，先后派出 980 余人次，协助地方有关部门维护社会治安和交通秩序。1993 年，龙州县驻军部队的所属分队与驻地村、厂、校等 42 个单位挂钩共建对子。1996 年，部队与下冻镇村干部和群众代表 30 人，召开进一步密切军政军民关系，做好驻地附近群众工作座谈会，共同制定《拥政拥军爱民公约》。1998 年，龙州县公安边防大队与工商银行龙州支行、彬桥边防派出所与彬桥中学分别结成共建对子。2000 年，龙州县驻军部队和下属单位与驻地 32 个单位结成共建对子，建立健全军地情况报告、定期检查、重大问题军地双方联席解决、军地协商通报、"连村班户" 挂钩、定期分析讲评等 6 项制度，军民共建活动走上正常化、规范化轨道。2005 年 4 月，龙州县驻军部队援助龙州镇东合村农顿屯小康文明新村建设。投入兵力 7300 人次、车辆 750 台次，奋战 10 个月，完成排水工程、进村公路、村内道路、办公楼、文化广场等 13 个项目的基础设施建设。开挖排水沟 3200 米、挖填土石方 5200 多立方米、平整绿化场地 1700 多平方米，修建进村水泥路 1050 米，折合人民币 70 多万元。2003 年 1 月，秾顿屯成为龙州县示范性小康文明新村。1990 年—2005 年，科甲边检站与武德中学、武德中心小学结成警民共建对子，开展警民共同建设精神文明活动。每年派出官兵帮助学校进行学生军事训练和上法制教育课，开展篮球友谊赛、文艺晚会等活动。军训学生 1 万多人次，上法制教育课 40 多节时，听课学生 6000 多人次；举行篮球赛 300 场次，文艺晚会 15 场次。

爱民固边活动。2003 年—2005 年，龙州县公安边防大队和下属边防派出所创建爱民固边模范村 7 个，36 名警官兼任村干部，帮扶贫困儿童 42 名；成立调解室 6 个，化解各种社会矛盾 150 起，参与处理群体性事件 32 起，开展法律进村宣传教育活动 60 次；走访群众 530 户 2500 人次，其中弱势群体家庭 50 户 198 人，为群众办好事 58 件，解决群众难事 17 件。7 个爱民固边模范村无群体性事件、无上访问题，无吸毒、赌博等现象。42 名贫困儿童全部纳入当地政府民政救济机制、纳入全免学杂费、纳入农村合作医疗保险，保证贫困儿童有饭吃、有衣穿、有书读、有医保。

第四节　社会救助

社会救济

"五保户" 供养　1986 年—2002 年 11 月，龙州县农村 "五保户"（保吃、穿、住、医、葬）供养主要由乡镇收取统筹费支付，每月每人基本生活费30元，粮食每人每月供应15千克。2002年11月，全县有“五保户”530户共542人。建有水口镇敬老院1家，占地面积1667平方米，建筑面积550平方米，固定资产（住房）价值20万元，入住“五保户”15人。2002年12月，龙州县取消“五保”统筹费，“五保”老人基本生活费全部由县财政预算转移支付。全县有“五保户”583户589人，其中在敬老院集中供养15人，每人每年供养费1080元；分散供养574人，每人每年供养费360元。2005年12月，全县建有敬老院6个，占地面积14008.3平方米，建筑面积3271平方米。建有五保村20个，占地面积23472平方米，建筑面积4784平方米。全县有“五保户”1002户共1002人，其中分散供养841人，敬老院和五保村集中供养161户161人，每人每年供养费1800元。1986年—2005年，全县累计给“五保户”定期救济76606人次，救济款2034675元；临时救济38824人次，救济款481362元。

特别困难户救济　1986年，龙州县临时救济共20638人次，共52855元，人均2.56元；1987年特别困难定期救济共80人次，共1042元，人均13元/月。临时救济共3790人次，共66670.46元，人均17.6元/年；1988年，特别困难救济共97人次，共1025元，人均12.4元/月。临时救济共24116人次，共167539.04元，人均6.9元/年；1989年，特别困难救济共59人次，共754元，人均12.78元/月。临时救济共13685人次，共51234.96元，人均3.74元/年；1990年，特别困难救济共88人次，共1038元，人均11.8元/月。临时救济共1588人次，共55363.26元，人均34.86元/年；1991年，特别困难救济共127人次，共1442元，人均11.35元/月。临时救济共2645人次，共46923.05元，人均17.74元/年；1992年，特别困难救济共112人次，共1214元，人均10.84元/月。临时救济共3074人次，共81785.07元，人均26.61元/年；1993年，特别困难救济共90人次，共966元，人均10.73元/月。临时救济共2317人次，共42570.77元，人均18.37元/年；1994年，房屋修补24户，72间。23535元(980,63元/户)；1996年，冬令穿盖救济41人次，共3658元，人均89.22元/年。临时救济98人次，共3157元，人均32.21元/年；1996年，冬令穿盖救济共1600人次，共11900元，人均74.38元/年。临时救济共5人次，共1860元，人均372元/年；1997年，房屋修补共108间，共233672元，人均216.63元/间。穿盖救济共1500人次，共155306.7元，人均103.73元/年。生活救济共12341人次，共597259.02元，人均4.85元/年；1998年，房屋修补共95间，共17460元，人均183.79元/间。穿盖救济共2500人次，共178000元，人均71.2元/年。生活救济共13262人次，共412543.06元，人均31.13元/年。临时救济共11304人次，共3526622.35元，人均311.98元/年。1999年，灾民房屋费共98间，共17754元，人均181.16元/间。生活救济共19717人次，共431737.22元，人均21.90元/年。临时救济共8185人次，共168714.34元，人均20.61元/年；2000年，房屋费共66间，共15422元，人均233.67元/间。穿盖救济共2873人次，共203854.25元，人均71元/年。临时救济2563人次，共86634.7元，人均33.8元/年。灾民的救支共8656人次，共21599元，人均2.50元/年；2001年，生活救济共20175人次，共392494.73元，人均19.45元/年。生产的收支共2181人次，共113279元，人均51.94元/年。房屋费共570间，共194824元，人均341.8元/间。临时救济共4549人次，共153803.2元，人均33.81元/年；2002年，生活救济共25155人次，共502416.9元，人均19.97元/年。穿盖救济共4000人次，共242818元，人均60.7元/年。房屋救济共1193人次，共164151.40元，人均137.6元/年。临时救济共9188人次，共134370.93元，人均14.62元/年；2003年，生活救济共24836人次，共458334元，人均18.45元/年。穿盖救济共2748人次，共145920元，人均53.10元/年。房屋救济共217间，共41363元，人均190.60元/间。临时救济共11677人次，共51396元，

2001年9月，龙州县民政局领导班子在研究救济款发放工作

人均 4.4 元 / 年；2004 年，生活救济 26757 人次，共 579391.64 元，人均 21.65 元 / 年。穿盖救济共 4276 人次，共 157673 元，人均 36.82 元 / 年。房屋修补共 82 户，共 32294 元，人均 39383 元 / 户。临时救济共 143 人次，共 2347 元，人均 16.41 元 / 年；2005 年，贫困户临时救济共 1131 人次，共 18113 元，人均 16 元 / 年。1986 年—2005 年，全县累计给困难户定期救济 653 人次，救济款 7481 元；临时救济 105552 人次，救济款 4777716.91 元；救济精简退职回乡职工救济 537 人次，救济款 57321 元；其他救济 298043 人次，救济款 5902655.45 元。

特殊困难救济 1986 年—2002 年，全县累计特殊困难户救济共 1399 人次，共 70146 万元。其中：1986 年 77 人，15 元 / 月，共 13860 元；1987 年 82 人，20 元 / 月，共 19680 元；1988 年 99 人，20 元 / 月，共 23760 元；1989 年 94 人，25 元 / 月，共 28200 元；1990 年 84 人，25 元 / 月，共 25200 元；1991 年 86 人，25 元 / 月，共 25800 元；1992 年 86 人，25 元 / 月，25800 元；1993 年 87 人，30 元 / 月，共 31320 元；1994 年 87 人，30 元 / 月，共 31320 元；1995 年 86 人，50 元 / 月，共 51600 元；1996 年 99 人，50 元 / 月，共 52800 元；1997 年 88 人，50 元 / 月，共 52800 元；1998 年 88 人，50 元 / 月，共 52800 元；1999 年 88 人，50 元 / 月，共 52800 元；2000 年 89 人，50 元 / 月，53400 元；2001 年 88 人，80 元 / 月，84480 元；2002 年 79 人，80 元 / 月，75840 元；2003 年以后，特殊困难户救济纳入城镇低保，标准为每人每月 110 元。

城镇最低生活保障 1999 年，龙州县开始发放城镇居民最低生活保障金，保障金为每人每月 10 元。是年，城镇居民最低生活保障金发放 164 户 492 人共 59040 元。2000 年起，最低生活保障金标准不断提高，是年为每人每月 20 元。2001 年为每人每月 35 元。2002 年—2005 年为每人每月 110 元。2005 年，城镇居民最低生活保障金发放 2203 户 4314 人共 5694480 元。1999 年—2005 年累计发放最低生活保障金 17067360 元。

表 19-4　**1999 年—2005 年龙州县城镇居民最低生活保障金发放表**

年份	户数（户次）	人数（人次）	保障金（元 / 人月）	年发放金额（元）
1999	164	492	10	59040
2000	225	450	20	108000
2001	277	378	35	158760
2002	967	2229	110	2942280
2003	1307	2820	110	3722400
2004	1761	3320	110	4382400
2005	2203	4314	110	5694480
合计	6904	14003	10~110	17067360

救济救助

灾害救济 1986 年—2005 年，龙州前后发生大的洪水灾害 2 次。1986 年 7 月，受台风影响，全县范围普降暴雨，导致山洪暴发、河水猛涨，县城水位高达 127.11 米，超警戒水位 9.91 米（警戒水位 117.2 米），造成全县 12 个乡镇 125 个村公所不同程度受灾，受灾 19729 户，受淹 9447 户，房屋倒塌 7716 间，因灾死亡 4 人、伤 357 人。农作物受淹 17.97 万亩，粮食损失 2400 万公斤，灾情发生后，县委、县人民政府带领全县受灾群众做好抗洪救灾工作，努力把灾害损失降到最低程度，组织受灾群众开展生产自救，动员受灾群众自力更生重建家园。发放救灾粮 403.9 万公斤，发放救灾救济款 5.56 万元，发放油毡 530 捆供受灾群众搭盖临时住处，发放穿盖衣物 5380 件（套），帮助受灾群众回复倒房重建 6985 间。1992 年 7 月，全县普降大到暴雨，导致河水暴涨，县城水位高达 122.01 米，超警戒水位 4.81 米，造成全县各乡镇不同程度受灾，有 1451 户 7256 人被洪水围困，房屋倒塌 37 间，造成危房 347 间，农作物受灾 7.01 万亩，粮食损失 1084 万公斤。7 月 24 晚，彬桥乡红岭村老圆角屯 49 户 205 人突然被洪水围困，全屯房屋被水淹，灾情紧急。县委，县人民政府会同彬桥乡党委、政府和县民政局工作组指挥引导群众转移到地势较高的土坡上，连夜给受灾群众送去搭盖临时住处油毡49捆，大米500公斤，解决受灾群众生活灾难。灾情发生后，县委、县人民政府动员引导受灾群众自力更生做好灾后生产生活自救和重建家园工作。发放救灾粮54.7万公斤，发放救灾款3.6万元，发放穿盖衣物3675件(套)，维修因灾受损房屋16间，恢复倒房重建33间。

救助管理　根据国务院关于城市流浪乞讨人员收容遣送办法(国发〔1982〕9号)文件精神，为了救济、教育和安置城市流浪乞讨人员，维护城市社会秩序和安定团结，对家居农村流入城市乞讨的人员；城市居民中流浪街头乞讨的人员和其他露宿街头生活无着的人员予以收容遣送。1986年至2005年，龙州县尚未建有收容站，每当发现流浪乞讨人员都把他们送往崇左收容站。由于中越关系的紧张，地处中越边境的龙州很少有外地流浪乞讨人员到留。到1995年以后，才发现个别外地流浪乞讨人员在龙州街上出现。1986年—2005年，先后把7名外地流浪乞讨人员遣送崇左收容站，再由崇左收容站依照程序遣送返乡。

第五节　社会福利

县福利院

龙州县社会福利院位于龙州镇东门街，由建于清光绪二十一年(1896年)的同风书院改造而成。解放前，系盲目、聋哑、残肢无人领养的人与乞丐讨饭集居的地方。解放后，先后更名为龙州县残老院、敬老院、福利厂。1986年，更名为龙州县福利院。该院为事业法人单位，属财政全额拨款，有人员编制13名，实有13人。2005年，全院有人员编制16名，实有16人(干部职工13人，临时合同工3人)；占地面积0.48公顷，建筑面积2887平方米，其中危房931平方米；收养孤寡老人、孤儿36人(孤儿1人)。全县有残疾人3480人，孤寡老人358人，孤儿273人，一共供养4111人。

福利彩票

1986年—1989年，龙州县没有发行社会福利彩票。1990年始，开展社会福利有奖募捐活动，是年，发行福利彩票8.8万元，募集福利基金2.64万元。1991年，发行福利彩票19.8万元，募集福利基金5.94万元。1992年，发行福利彩票20.5万元，募集福利基金6.15万元。1993年发行福利彩票21.9万元，募集福利基金6.57万元。1994年，发行福利彩票50万元，募集福利基金15万元。1995年，发行福利彩票60万元，募集福利基金18万元，1996年，发行福利彩票200万元，募集福利基金60万元。1997年，发行福利彩票300万元，募集福利基金90万元。1998年，发行福利彩票337万元，募集福利基金101.1万元。1999年，发行福利彩票59.8万元，募集福利基金17.9万元，是年始，福利彩票发行处于下滑状态。2000年发行福利彩票35.7万元，募集福利基金10.71万元。2001年，发行福利彩票21万元，募集福利基金6.3万元，是年，销售福利彩票非常困难，春节前和春节期间在县城销售，春节过后，利用圩天轮番到各乡镇销售，尽管如此也销售甚微。2002年，发行彩票11万元，募集福利基金3.3万元。由于，群众购买力下降、热情不高，传统的福利彩票发行无法进行。2004年，开办电脑型福利彩票投注站，由自治区福利彩票中心统一发行管理，自治区福利彩票中心桂东管理处具体管理，每注面值2元。传统的即开型福利彩票被电脑风彩彩票所代替。当年，全县设立福利彩票投注站4个，销售彩票38万元。2005年，全县设立福利彩票投注站7个，其中县城4个，销售彩票201万元。

1998年1月14日，龙州县在县城中心花园发行400万元福利彩券。图为群众现场认购的情景

第六节　社会事务

婚姻管理

婚姻服务　1986 年 3 月 15 日，民政部颁布重新修订的《婚姻登记办法》，婚姻登记机关逐步建立婚姻登记档案管理，健全出证制度。同时，明确规定婚姻机关登记员由县级以上民政部门进行业务培训，考核合格并取得婚姻登记员证书方可入职，婚姻登记工作人员如有违法行为，则按新修订的《婚姻登记办法》的有关规定进行严肃处理。是年，全县 12 个乡镇均设立婚姻登记处，有的乡镇婚姻登记业务由民政助理员办理，有的乡镇由党政办工作人员办理。县民政局设立婚姻登记处，负责办理县直有关单位干部职工婚姻登记业务(1987 年 8 月，上龙乡人民政府成立，全县共有 13 个乡镇；2004 年 11 月，霞秀乡并入龙州镇，全县共有 12 个乡镇)。至 2005 年，乡镇婚姻登记员均由民政助理员或党政办工作人员兼任，县民政局婚姻登记处配备 2 名专职登记工作人员。

婚俗改革　1986 年，通过广泛宣传婚姻法和《婚姻登记办法》，广大人民群众的婚俗观念得到根本性的转变，通过操办宴席请亲友喝喜酒就算是正式结为夫妻的陋习逐步改变。为了保障婚姻自由、一夫一妻、男女平等婚姻制度的实施，保护婚姻当事人的合法权益，依法处理违法婚姻行为，民政部于 1994 年 2 月颁布、实施《婚姻登记管理条例》，婚姻登记走上规范化。2005 年 5 月，将下放至各乡镇的婚姻登记业务统一收归县民政局办理。

结婚登记　1986 年，龙州县依据婚姻法和《婚姻登记方法》，办理结婚登记 295 对；1987 年，办理结婚登记 314 对；1988 年，办理结婚登记 375 对；1989 年，办理结婚登记 421 对；1990 年，办理结婚登记 512 对，是年开始对全县非法婚姻进行清理，动员违法婚姻进行登记；1991 年，办理结婚登记 621 对；1992 年，办理结婚登记 826 对；1993 年，办理结婚登记 718 对；1994 年，办理结婚登记 11350 对；随着《婚姻登记管理条例》的实施，1995 年，结婚登记 2585 对；1996 年，结婚登记 2020 对；1997 年，结婚登记 2000 对；1998 年，结婚登记 1757 对；1999 年，结婚登记 1785 对；2000 年，结婚登记 1200 对；2001 年，结婚登记 980 对；2002 年，结婚登记 1170 对；2003 年，结婚登记 1450 对；2004 年，结婚登记 1360 对；2005 年，结婚登记 1553 对。1986 年—2005 年，全县办理结婚登记 33292 对。

离婚登记　1986 年—2005 年，龙州县婚姻家庭还是趋于稳定，离婚率比较低，随着改革开放的不断涤入，家庭婚姻受到影响，离婚率从 2005 年开始攀升。办理离婚手续有 2 个渠道：一个是在没有债权债券、财产和抚养问题纠纷的情况下，在民政部门办理离婚登记；二是在有争执纠纷矛盾的情况下，到人民法院起诉办理离婚手续。1986 年，办理离婚登记 16 对；1987 年，办理离婚登记 14 对；1988 年，办理离婚登记 23 对；1989 年，办理离婚登记 29 对；1990 年，离婚登记 32 对；1991 年，办理离婚登记 29 对；1992 年，办理离婚登记 37 对；1993 年，办理离婚登记 28 对；1994 年，办理离婚登记 37 对；1995 年，办理离婚登记 47 对；1996 年，办理离婚登记 45 对；1997 年，办理离婚登记 38 对；1998 年，办理离婚登记 41 对；1999 年，办理离婚登记 38 对；2000 年，办理离婚登记 54 对；2001 年，办理离婚登记 51 对；2002 年，办理离婚登记 73 对；2003 年，办理离婚登记 73 对；2004 年，办理离婚登记 98 对；2005 年，办理离婚登记 102 对。1986 年—2005 年，办理离婚登记 905 对。

收养管理

《中华人民共和国收养法》从 1992 年 4 月 1 日起实施，新修订的收养法从 1999 年 4 月 1 日起施行。龙州县认真贯彻落实收养法，确实保障收养人和被收养人的合法权益，本着平等自愿和不违背社会公德的原则，认真做好收养登记管理工作。收养登记工作由县民政局婚姻登记处负责，2002 年，办理收养登记 1 宗，2003 年，办理收养登记 6 宗，1986 年至 2005 年，全县办理收养登记 7 宗。

殡葬管理

改革土葬为了加强对殡葬管理，推进殡葬改革，促进社会主义精神文明建设。龙州县大力宣传《殡葬管理条例》(国务院令第 225 号，1997 年 7 月颁布)，号召人民群众积极地、有步骤地实行火葬，改革土葬，节约殡葬用地，破除迷信丧葬陋习，革除丧葬陋习，提倡文明节俭操办丧事，减少丧主的精神负担和经济负担。

推行火葬　1986年，龙州县大力宣传殡葬改革有关文件精神，号召广大人民群众逐步推行火葬，特别是党员干部职工要起模范带头作用。由于地处中越边境，又属老、少、边山区，没有划为火葬区，没有建设火葬场。但是，有些丧主还是把已故亲人遗体运往距离70多公里的崇左县火葬场进行火化。1986年至2005年，全县实行火化遗体37具。

第七节　地名管理

地名普查

经国务院批准，1978年正式部署开展第一次全国地名普查工作，各地普查工作从1979年开始到1986年结束，历时7年时间。根据自治区人民政府的部署，龙州县第一次地名普查工作于1981年9月开始到1982年7月结束。普查是以国务院《关于地名命名、更名的暂行规定》为依据，以万分之一和五万分之一地形图（一九六七年版）为基础资料进行。普查结果，全县地名总计1695条，提前完成第一次地名普查工作。

地名补查

根据《自治区人民政府办公厅关于开展全区地名补查和资料更新工作的通知》（桂政办发〔2002〕118号）文件精神，龙州县地名补查和资料更新工作于2003年开始到2004年结束。针对第一次地名普查存在的问题和近20年地名信息新增和变化情况，在现有地名档案的基础上，通过审核、调查考证，更正错误的内容，补充遗漏的信息，增加新的资料，使地名资料更具有现实性、实用性和科学性，为社会提供标准地名信息，减少错误地名信息给行政管理和社会生产生活造成负面影响。补查结果，对1578条地名信息进行资料更新。

地名标准化

根据地名标准化的总体要大概分成四个方面：一是地名文字书写（包括汉字、汉语拼音、少数民族语文字书写）要符合正字、正音的规定；二是地名含义健康；三是命名、更名履行审批手续；四是译名（非汉语地名的汉字译写）符合国家规范要求。在开展地名普查和地名补查资料更新工作中，对26条地名用字进行适当处理，用同音或近音的规范汉字代替曾用的土俗字，同时，规范和完善地名壮语文字书写。

古村落

2005年，龙州县有30个100年以上的村落（村庄，自然村屯），其中900年以上3个村屯，500年以上2个村屯，300年以上2个村屯，200年以上9个村屯，100年以上14个村屯。

内营　汉语读音Nèiyíng，壮语屯名Ndwviengz。一个是龙州镇百秾村内营屯；另一个是彬桥乡彬桥村内营屯。据载，宋皇祐五年（1053年），北宋大将狄青南征时，其部属曾在该屯安营扎寨，故屯因事而得名。这两个屯至2005年已有952年。

弄庙　汉语读音Lòngmiào，壮语屯名Ndongjmjuh。上金乡上金村弄庙屯。弄，本地土语译为汉语意为土山坡。该屯建在有一座寺庙的土山坡上，故屯因坡和庙结合而得名。据该寺庙碑文记载，宋至和二年（1055年），始建弄庙村，至2005年已有940年。

陇丈　汉语读音Lǒngzhuàng，壮语屯名Lunghcìengh。响水镇四清村陇丈屯。陇，汉语意山石山间的小片平地。丈，喻比较长的。该屯四面环山，山内的石头形状如同大狗的獠牙，故原先取名为"陇藏"，后来删繁就简，改名为"陇丈"。据该屯碑文记载，明弘治十三年（1500年），有梁、农、罗三姓的5户人家始到该屯，建房居住，垦荒耕种，繁衍后代，至2005年已有505年。

寺良　汉语读音Sìliáng，壮语屯名Cezlieng。逐卜乡逐卜村寺良屯。该屯附近有一座寺庙而得名。据载，明永乐元年（1403年）始建，原称峙壤屯。清光绪元年（1875年）改称寺良屯。该屯从始建至2005年已有602年。

垌旦　汉语读音Dòngdàn，壮语屯名Doengdanx。彬桥乡垌旦村垌旦屯。垌，本地土语译为汉语意为一大片广阔的田地；旦，指佃人，向他人租种土地的人。始建村屯时，村民们全都是租用地主田地来耕种，成为地主的佃户，权且维持生计，故名。据载，清康熙二年(1663年)，由今南宁市大马村居民搬迁来该地始建村屯，村民原先讲蔗园话，现在也有讲本地土话的，至2005年已有342年。

黄家村 汉语读音Huángjiācūn，壮语屯名Vuengz-gyahcinj。彬桥乡红岭村黄家村屯。始建村屯时，全屯村民均姓黄，故名。据载，清康熙二十年(1681年)，浔州府(今玉林市桂平、平南县等地)的先民们，拖儿带女搬迁到该地，垦荒落户，至2005年已有324年。

渠湾 汉语读音Qūwān，壮语屯名Gwvan。彬桥乡垌旦村渠湾屯。因屯址建在一条大水渠的拐弯处而得名。据载，清康熙四十五年(1706年)，由彬桥乡彬桥村塘坡屯村民搬迁到该地，建房定居，至2005年已有299年。

桥板 汉语读音Qiáobǎn，壮语屯名Giuzbyanj。上金乡卷逢村桥板屯。清雍正五年(1727年)，由今南宁市金鸡桥板居民搬迁到该地，拓荒耕种，建房安居，屯名仍沿用原籍地名桥板，至2005年已有278年。

岜沙 汉语读音Bāshā，壮语屯名bya sa。彬桥乡彬迎村岜沙屯。因村屯后有一座叫“岜沙”的山，故屯因山而得名。据载，该屯始建于清乾隆元年(1736年)，至2005年已有269年。

弄红 汉语读音Lòng hóng，壮语屯名Ndongjn deng。彬桥乡岜苗村弄红屯。因该屯地建在一座名叫“弄红”的土山坡上，故名。清乾隆六年(1741年)，该屯村民从本乡岜苗屯分居出来，迁到该地建房定居，至2005年已有264年。

弄沙 汉语读音Lòng shā，壮语屯名Ndongj saiz。彬桥乡垌旦村弄沙屯。因该屯建在含沙质较多的土山坡上，故名。为了方便行商，清乾隆十四年(1749年)，广东省嘉应州(今广东梅县等地)的商人到该地建房，后遂聚众成村屯，至2005年已有256年。

那便 汉语读音Nà biàn，壮语屯名Naz benj。彬桥乡垌旦村那便屯。据载，清乾隆十七年(1752年)，今八角乡菊埂村逐沐屯村民移到该地建房居住，逐沐屯原旧名叫“那便”，该屯为纪念祖先们的创业功绩，一直沿用原籍屯名——那便，至2005年已有253年。

清明 汉语读音Qīng míng，壮语屯名Cing mingz。彬桥乡清明村清明屯。据传，该屯始建之日，正逢清明节，故屯以节日为名。清乾隆三十七年(1772年)，本乡百康屯村民迁移到该地建房，安居乐业，至2005年已有233年。

那旦 汉语读音Nà dàn，壮语屯名Naz danz。彬桥乡垌旦村那旦屯。那，本地土语译成汉语意为水田；旦，租用他人田地耕种之意。该屯以水田和耕种事宜结合为名。清嘉庆元年(1796年)，本乡彬桥村塘坡屯村民搬迁到该地，建房定居，至2005年已有209年。

陇津 汉语读音Lǒng jīn，壮语屯名Lungh cin。彬桥乡彬桥村陇津屯。据载，清嘉庆六年(1801年)，武德乡近梅村陇巧屯数户人家搬迁来到该地，建房居住，拓荒耕种。屯址是在一个四周群山环抱的山里，原先称为“陇真”，1958年改屯名为“陇津”。从始建屯至2005年已有204年。

渠榜 汉语读音Qú bǎng，壮语屯名Gw bangj。彬桥乡彬桥村渠榜屯。因屯址后面有一张名叫“渠榜”的山塘，故屯以塘为名。清道光元年(1821年)，今本乡念渎村陇芽屯村民搬迁来到该地建房居住，至2005年已有184年。

义永 汉语读音Yì yǒng，壮语屯名Yi hvengz。响水镇鸣凤村义永屯。据该屯《万古流芳》石碑记载，清道光元年(1821年)始建，原屯名为“二永”，民国元年(1912年)，改名为“义永”。从该屯始建至2005年已有184年。

停利 汉语读音Tíng lì，壮语屯名Dingz leiz。响水镇高峰村停利屯。停，本地土语译为汉语意思是上方、上面、上处、上游等；利，指捕鱼的鱼床。该屯坐落在黑水河上游拦河铺设捕鱼鱼床的河边，故以河段与鱼床的方位关系为屯名。据载，清道光元年(1821年)，今本镇棉江村秾美屯村民搬迁到该地定居，至2005年已有184年。

那麦 汉语读音Nà mài，壮语屯名Nazmeg。响水镇红阳村那麦屯。那，指水田；麦，指三角麦子。因始建村屯时，村民全靠在水田里种植麦子来维持生计，故名。据载，清道光二年(1822年)，今崇左市江州区驮皮村村民的祖先们搬迁来到该屯，耕田种地，建房安居，至 2005 年已有 183 年。

陇呼 汉语读音 Lǒng hū，壮语屯名 Lungh danz。响水镇高峰村陇呼屯。陇，山之意；呼，前头、首端之意。因该屯房舍建在山的首端，故名。清道光十年(1830 年)，今本镇棉江村渠楠屯和本村陇坛屯的先民们搬迁到该地，建房落业，至 2005 年已有 175 年。

磨来 汉语读音 Mó lái，壮语屯名 Moq laiz。响水镇红阳村磨来屯。磨，汉义译为黄牛；来，为斑白、花白之意。相传，该屯始建之时，全屯仅有一头花白的黄牛，故名。清道光十一年(1831 年)，今本村渴稍屯先民们搬迁到该屯定居，至 2005 年已有 174 年。

弄标 汉语读音 Lòng biāo，壮语屯名 Ndongj beu。彬桥乡埛旦村弄标屯。据载，清道光十一年(1831 年)，本乡岜苗村弄标屯先民们移居到该地立屯，一直沿用原屯名，至 2005 年已有 174 年。

坡敏 汉语读音 Pō mǐn，壮语屯名 Bozm yanj。下冻镇驮江村坡敏屯。敏，本地土语译汉语意为刺猬。据传，该屯始建之时，山坡草木丛生，刺猬经常出没，故名。清道光二十年(1840 年)，该屯开始拓荒耕种，建房安居，至 2005 年已有 168 年。

陇茗 汉语读音 Lǒng míng，壮语屯名 Lunghm yangz。水口镇合平村陇茗屯。陇，山之意；茗，泛指茶叶。据载，从前始建村屯时，山里到处是香茗茶，故名。清咸丰三年(1853 年)，法国殖民主义者侵占越南后，在中国边境线上的今水口镇峒桂村那笔屯(今已废弃)对面的山上构筑工事，村民的生命财产受到严重威胁。为了躲避战争灾害，那笔屯的村民们被迫拖儿带女搬迁到陇茗建房居住，至 2005 年已有 152 年。

板局 汉语读音 Bǎn jú，壮语屯名 Mbanj gug。下冻镇布局村板局屯。据载，清光绪元年(1875 年)，清政府在布局关修筑关门时，该屯原名为“布局”。1966 年，“四清”运动后期，驻村的工作队把该屯改名为“板局”。该屯始建至 2005 年已有 130 年。

加伦 汉语读音 jiā lún，壮语屯名 Ga Lenz。下冻镇布局村加伦屯。据载，清光绪元年(1875 年)，该屯始建之时，用木板制作渡槽引来泉水灌溉农田，故屯以农事而得名，至 2005 年已有 130 年。

江巷 汉语读音 Jiāng xiàng，壮语屯名 Gyang hangq。下冻镇布局村江巷屯。江，本地土语汉意为里边、里面、中间；巷，意为街、圩、集市。清光绪元年(1875 年)，清政府派员修建布局关城门时，布局屯村民数户人家一起搬迁到该地建房居住，后聚众渐兴，遂成集市，是时取名为布局圩。“四清”运动时，驻村工作队改其名为江巷屯。从布局圩始建算起，江巷屯至 2005 年已有 130 年。

内营 汉语读音 Nèi yíng，壮语屯名 Ndaw viengz。下冻镇春秀村内营屯。清光绪十二年(1886 年)，广西提督、广西边防督办苏元春镇守龙州边关时，在该屯附近的山巅上修筑炮台，兵营设在该屯里，故屯因兵营而得名，至 2005 年已有 119 年。

岗龙坳 汉语读音 Gāng lóng ào，壮语屯名 Geuq dangz。上降乡鸭水村岗龙坳屯。该屯原名为“叫铜”，清光绪十二年(1886 年)，广西提督办苏元春修筑龙州至镇南关(今友谊关)军路时，道路经该屯而过，遂把屯名改为“岗龙坳”，至 2005 年已有 119 年。

第八节 社团管理

社会团体

社会团体管理登记工作原属公安部门业务。1998 年，国务院颁布《社会团体登记管理条例》明确社会团体登记管理机关为民政部和县级以上地方各级民政部门。1991 年起，县民政部门设立社会团体登记管理股，机构编制 3 人，为财政拨款事业单位，开始履行社会团体登记管理职能。同年 5 月，县民政局印发《龙州县民政局关于社会团体登记管理公告》，规范辖区社会团体登记管理工作。社会团体登记的准入条件为：一是有 50 个以上的个人会员或者 30 个以上的单位成员；个人会员和单位会员混合组成的，会员数不少于 50 个；个人会员具有中国国籍的会员，外国国籍和无国籍的人不得成为会员；单位会员是除国家机关以外的社会组织。二是有规范的名称和相应的组织机构。三是有固定的办公住所。四是有与其业务活动相适应的专职工作人员。五是有合法的资产和经营来源，有3万元以上活动资金。六是有独立承担民事责任的能力。1991年，注册登记了龙州县基督教会、龙州天主教爱国会、龙州县土木建筑学会、龙州县海外联谊会、龙州县环境保护学会。1991年—2005年，全县发展并注册登记有27个社会团体。2001年全县开展社团组织清理整顿，自动注销5个。2005年，全县登记在册社团组织22个。

表19-5　　龙州县1991年—2005年社会团体基本情况一览表

序号	名称	成立时间	注销时间	业务主管单位	办公住址	备注
1	龙州县基督教会	1991.6		县委统战部	龙州镇康平街10号	
2	龙州县土木建筑学会	1991.6	2001.11	县建设局	龙州镇兴龙路31号	
3	龙州县天主教爱国会	1991.12		县委统战部	龙州镇独山路18号	
4	龙州县海外联谊会	1991.12		县委统战部	龙州镇兴龙路5号	
5	龙州县环境保护学会	1991.12	2001.11	县环保局	龙州镇高祥小区C座18号	
6	龙州县革命老区促进会	1993.5		县民政局	龙州镇东街44号	主管单位后改为扶贫办
7	龙州县农村卫生协会	1995.2	2001.11	县卫生局	龙州县城北路38号	
8	龙州县职工技术协会	1998.11		县总工会	龙州镇仁义街40号	
9	民间组织发展促进会	2002.1	2001.11	县民政局	龙州镇东街44号	
10	龙州县农机协会	2002.1	2001.11	县农机局	龙州镇兴龙路50号	
11	龙州县逐卜乡农产品产销协会	2002.5		县农业局	逐卜乡逐卜街	
12	上金乡进明村农业灌溉用水者协会	2004.11		县水利局	上金乡进明村委	
13	响水镇响水村农业灌溉用水者协会	2004.11		县水利局	响水镇响水村委	
14	龙州镇塘巧村农业灌溉用水者协会	2004.11		县水利局	龙州镇塘巧村委	
15	上龙乡上龙村农业灌溉用水者协会	2004.11		县水利局	上龙乡上龙村委	
16	武德乡科甲村农业灌溉用水者协会	2004.11		县水利局	武德乡科甲村委	
17	水口镇合平村农业灌溉用水者协会	2004.11		县水利局	水口镇合平村委	
18	逐卜乡广合村农业灌溉用水者协会	2004.11		县水利局	逐卜乡广合村委	
19	金龙镇高山村农业灌溉用水者协会	2004.11		县水利局	金龙镇高山村委	
20	下冻镇驮江村农业灌溉用水者协会	2004.11		县水利局	下冻镇驮江村委	
21	下冻镇下冻村农业灌溉用水者协会	2004.11		县水利局	下冻镇下冻村委	
22	彬桥乡清明村农业灌溉用水者协会	2004.11		县水利局	彬桥乡清明村委	
23	八角乡菊埂村农业灌溉用水者协会	2004.11		县水利局	八角乡菊埂村委	
24	上降乡呼交村农业灌溉用水者协会	2004.11		县水利局	上降乡呼交村委	
25	彬桥乡红岭村灌溉用水者协会	2004.11		县水利局	彬桥乡红岭村委	
26	彬桥乡岜苗村灌溉用水者协会	2004.11		县水利局	彬桥乡岜苗村委	
27	上龙乡上龙村香蕉产销协会	2005.6		上龙乡政府	上龙乡上龙村委	

民办非企业单位

2001 年以前，全县民办非企业登记注册尚属空白。民办非企业单位登记的准入条件为：一是经业务主管审查同意；二是有规范的名称、必要的组织机构；三是有与其业务活动相适应的从业人员；四是有与其业务活动相适应的合法财产；五是有必要的场所。2001 年，注册登记了龙州县连城中学、龙州镇龙糖厂幼儿园、龙州镇小太阳幼儿园。2004 年，注册登记龙州镇星星幼儿园。2001 年—2005 年，全县登记在册民办非企业单位4 个。

表 19-6　　龙州县 2001 年—2005 年民办非企业单位一览表

序号	名称	成立时间	注销时间	业务主管单位	办公地址
1	龙州县连城中学	2001.11		县教育局	龙州镇河屯小区 006 号
2	龙州镇龙糖厂幼儿园	2001.12		县教育局	龙州镇独山路 23 号
3	龙州镇小太阳幼儿园	2001.12		县教育局	龙州镇兴龙路 48 号
4	龙州镇星星幼儿园	2004.12		县教育局	龙州镇城北路 159 号

第九节　老龄事业

老龄化状况

1990 年第四次全国人口普查，龙州县 25.37 万人口中，60 岁以上老年人 2.07 万人，占人口总数 8.15%，80 岁以上人口 0.18 万人，占人口总数 0.7%，100 岁以上有 8 人。2005 年，龙州县 26 万人口中，60 岁以上老年人 2.86 万人，占人口总数 11%，80 岁以上人口 0.234 万人，占人口总数 0.9%，2004 年至 2005 年在世 100 岁以上有 24 人，其中女性 20 人，占 83.3%，男性 4 人，占 16.7%。

老年人工作

1988 年—2005 年，老年人主要工作是：加强老龄问题的宣传工作，动员全社会都来关心研究解决有关老年人的各种问题；做好老年人信访接待工作；做好维护老年人合法权益的保障工作；落实老年人优待政策；开展有利于老年人身心健康的各种活动；宣传老年法律法规，教育和引导公民知法、懂法、守法，维护老年人的合法利益。

老年人服务设施

自 2000 年起，龙州县加大对老年人的服务力度，扩建了龙州老年大学，为老年人再学习，再教育提供机会和条件；加大龙州关工委经费和人员配置，为老年人晚年继续参与社会活动提供条件；加强龙州福利院和各乡镇敬老院的管理，不断提高供养和生活料理服务；在龙州县人民医院和县民族医院设立老年人医疗保障服务室，为老年人就医提供了方便；扩建了龙州中山公园门球场、气排球场、棋牌室等各种文体娱乐设施，为老年人健身、休闲提供了方便。

老年人权益保护

自 1996 年起，龙州县全力做好《中华人民共和国老年人权益保障法》的宣传工作，依托夕阳红表演队到全县 13 个乡镇进行巡回演出，使老年人权益保障法家喻户晓，深入人心。县老龄办行使好自身的协调工作职能，协调全县各单位、各部门共同做好维护老年人权益各项工作，使老年人实现了老有所养、老有所医、老有所为、老有所学、老有所乐。

老年人文化娱乐

1990 年起，龙州老年文艺爱好者自发组织文艺团体，先后成立了夕阳红文艺队、夕阳红舞蹈队、夕阳红粤剧团等十几个文艺团体，老人们平时在龙州中山公园等环境优雅的地方自娱自乐，节庆时参加县内的各类演出。在龙州老年人体育协会的组织下，老年人体育爱好者组建了门球、气排球、乒乓球、太极拳(剑)，健身操、象棋等老龄协会，老人们平时在龙州中山公园门球场、气排球场等地方进行健身和友谊赛，有时也组队外出参加自治区、市级的比赛。

第二章　扶　贫

1986年—2000年，龙州县每年都有扶贫工作计划和目标。1994年开始，实施《国家八七扶贫攻坚计划》。1997年，通过自治区扶贫工作验收。1998年，被自治区人民政府授予自治区扶贫先进县。1999年，实行定点扶贫责任制。是年，未解决温饱人口由1985年的18.44万人减少到8553人；农民人均纯收入由1985年的147元提高到1979.3元。2001年，制定《龙州县新阶段扶贫开发工作计划》，颁布一系列扶贫开发政策。2001年—2005年，全县利用各类扶贫资金9406.5万元，群众自筹资金（含投工投劳折款）2000多万元，实施一批基础设施建设项目。共修建村级道路57条、屯级道路290条，人饮工程317处，累计解决10.69万人及4.06万头牲畜饮水难问题。新建农村沼气池28932座；完成农户茅草房改造2200户，面积105898平方米；建成地头水柜3935个，总容量30.15万立方米。

第一节　机　构

1985年1月，龙州县山区办公室成立，与县民委合署办公，隶属县农委。县山区办内设综合股、项目股2个部门，有人员编制8名，实有8人，办公地址在龙州镇康平街28号县人民政府大院内。县山区办先后更名为龙州县贫困地区经济开发办公室、龙州县扶贫开发办公室。1994年，龙州县扶贫开发领导小组成立。1997年，龙州县扶贫开发办公室更名为龙州县扶贫开发领导小组办公室，为正科级行政单位，属县政府议事机构。内设综合股、项目股2个部门，有人员编制20名，实有24人，办公地址在龙州镇康平街28号县人民政府大院内。2005年，内设综合股、项目股、资金股3个部门，有人员编制8名，实有8人，办公地址不变。

1986年—2005年历任主任：卢宝麟（1986.1—1996.12），隆启明（1997.2—1998.11），黄金星（1998.11—2004.12），陆敏（2004.12—2005.12）。

第二节　扶贫目标

1986年—2000年，龙州县每年都有扶贫工作计划和目标。1994年开始实施《国家八七扶贫攻坚计划》，至1999年取得良好成效，未解决温饱人口由1985年的18.44万人减少到1999年末的8553人，平均每年减少1.2万人；农民人均纯收入由1985年的147元提高到1999年的1979.3元。1997年年底通过自治区扶贫工作验收。1998年被自治区人民政府授予"扶贫先进县"荣誉称号，是年，实施茅草房改造大会战。

2000年，南宁地区边境建设大会战指挥部领导到龙州县检查茅草房改造情况

2001年，自治区下达龙州县农村茅草房改造任务为1100户1100间，计划总投资379.08万元。至2月底，全县共完成茅草房改造1127间，占任务102.5%，完成改造面积61109平方米，完成投资400.8万元，解决1127户4196人的住房问题，得到自治区、南宁市及南宁地区的高度评价并通过验收。3月底，全面完成自治区下达屯级道路建设大会战任务，修建屯级道路156条，超额完成2条，占任务的101.3%，建设总里程137.97千米，完成投资

315.33万元，解决156个屯8456户40048人的行路难问题。11月底，全县动工建设农村沼气池3191座，占计划4500座的71%，竣工投入使用2520座，占计划56%，完成投资541.4万元，占计划80.2%，其中自治区补助83.9万元，占计划74.6%。是年，开展贫困石山地区农户异地安置工作，其中县内克标、园艺场、欣罕、那念四个安置点共安置140户700人；先峰、北耀两家国有农场分别安置327户1216人、325户1465人，共652户2681人。扶贫贷款项目资金落实任务共1300万元，投入小额信贷60万元，占任务250万元的24%。金龙镇双蒙—侵笔四级道路建设项目工程已动工4.5千米，投入资金35万元。组织林业、农业、水果、水产及科技部门技术人员深入各乡镇开展农村科技培训，举办不同类型培训班12期次，受训人数5828人次，其中基层干部126人。国家开发银行南宁分行继续开展扶贫工作，总投放扶贫资金250万元，其中小额信贷扶贫项目200万元，全部用于高糖品种甘蔗改良项目的实施；扶贫捐赠项目50万元，用于彬桥乡安民小学建设30万元，金龙水库防汛公路20万元。

2002年，全面完成74个贫困村十年扶贫开发规划编报工作，为实施新阶段扶贫开发工作打下基础。完成沼气池建设3533座，占任务3700座的95.5%，并完成沼气池照片拍摄、编号登记，做好农户沼气池登记造册、分类归档等工作。先后建成克标、欣罕、园艺场、那念四个异地安置点，安置来自金龙、武德、逐卜、八角等乡镇的边远贫困群众140户700人；落实土地4455亩，修建村级道路3条、人饮3处；组织指导群众种植水果260亩，甘蔗等其他经济作物3400亩、茶叶360亩；8月—9月四个安置场分别通过自治区、地区验收。屯级道路动工38条，竣工38条100.5千米，完成投资212万元，其中自治区补助106万元，群众自筹（含投工投劳折款）106万元，群众投入9.82万个工日，解决38个屯1670户8211人的行路难问题，通过地区检查验收。组织科技人员980人次下乡开展科技培训，累计举办农民实用技术培训班59期，受训农民5500人次。建立优质高产八角育苗、苦丁茶种植两个科技扶贫示范项目，建立以下冻镇为科技培训示范乡镇以及水口罗回村为科技示范村基地，带动全县各乡村开展农民实用技术培训，重点培训致富带头人68人，培训农民5000人，发放农民实用技术培训合格证书5000本。挂钩帮扶单位帮助贫困农户筹集资金252万元，修建村级完小2个，校舍12间；扶持建成村卫生医疗室5个；提供村委办公用品一批，价值3520元；捐赠书籍3860册及学习、生活用品价值7510元；架设输电线路2条4.1千米，解决2个屯103户498人生活用电难问题；修村屯级道路16条32.8千米；建饮水工程7处。

2003年，围绕牛品种改良和乌龙茶项目全面开展产业化扶贫。规划五年内完成推广冻配牛品种5万头，配套种草2.5万亩，提供杂交牛4万头，以及种植或嫁接乌龙茶2万亩。是年完成冻配牛3000头，配套种草2000亩，改造或嫁接云南大叶茶为乌龙茶2000亩。完成4720座农村沼气池建设。动工村级道路4条，屯级道路5条，人畜饮水10处，完成人畜饮水工程项目1处。采取按“公司+贫困农户+小额信贷”的经营方式投放资金，即由农户委托南华扶贫分社申请贷款，再由南华扶贫分社委托南华糖业公司作为承诺主体，完成小额信贷600万元投放任务，到期应收资金360万元，实收360万元，回收率100%。以布燕屯、根村屯为科技扶贫培训示范点，围绕产业化扶贫工作，重点开展牛品种改良、冬种蔬菜、沼气池综合利用和网箱养鱼等农业实用技术专题的科技培训，共举办各种培训班23期，培训1355人次。建成中草药材繁育推广科技扶贫示范基地，投资80万元，种植中草药示范片320亩。四个异地安置点新建农村沼气池85座，新建人畜饮水工程2处，修建屯级道路2条2.5千米。定点帮扶单位帮助筹集资金98万元，其中单位捐款45万元，修屯级路4条5.6千米，修建校舍6间，建人畜饮水工程6处，架设输电线路2.8千米，捐赠棉被及衣服一批，价值1.8万元。

2004年，投入财政扶贫资金建设村级道路4条，屯级道路5条，人畜饮水工程10处；以工代赈资金建设村级道路8条，屯级道路1条，人畜饮水工程11处。通过崇左市扶贫基础设施建设工作大会战验收组全面验收，并获得崇左市委、市政府工作评比二等奖。建成农村沼气池2220座，配套改厕2220个，通过崇左市农村沼气池建设项目全面验收。继续以布燕屯、根村屯为科技扶贫培训示范点，围绕产业化扶贫，重点开展牛品种改良、乌龙茶种植、冬种蔬菜、沼气池综合利用、网箱养鱼和低改等农业实用技术专题内容的科技培训，结合劳动力输出工作开展相关技能培训，全县全年共举办各类培训班110期，培训5080人次，培训科技致富带头人153人，技能培训40人。其中在布燕屯、根村屯两个示范点举办培训班14期，培训人员560人次。确定陇均屯、陇彭屯为全县2004年度生态扶贫示范点，制定生态扶贫示范实施方案，两个示范完成引进母牛229头，牛存栏390头，甘蔗改良758亩，建成沼气池38座，举办科技培训班5期，受训人数273人次，投资6万元修建陇均人饮工程项目。继续采取“公司＋贫困农户＋小额信贷”的经营模式投放资金，投放小额信贷1000万元。在龙州镇、八角乡、上降乡、彬桥乡、下冻镇、上金乡6个乡镇实施新型肥料及增效施肥技术项目，施用面积6479亩，施用“通丰”植物营养液220件22000瓶，扶持贫困农户4044户。定点帮扶单位累计投入资金357.05万元，其中单位及个人累计捐资捐物40.05万元，修屯级道路6条，建饮水工程9处，修建村小学6所，扶持村卫生室1个，扶持农户种养2350户。

2005年，全县投入各项扶贫资金2961万元，修建村级道路9条、屯级道路2条、人畜饮水22处，种植乌龙茶375亩，引进良种母牛380头、纯种公牛6头，培训贫困农民4280人次，其中劳动力转移培训1920人。制定《龙州县首批“整村推进”贫困村扶贫开发工作实施方案》，采取县直单位挂点帮扶贫困村的形式，以贫困村扶贫开发规划为载体整合资金，集中力量，对首批32个贫困村的扶贫开发规划实施“整村推进”。投资9万元，建成屯级道路2条3千米；投资29万元，建成人畜饮水工程3处。以工代资金项目投资631万元，建成乡村道路9条；投资252万元，建成人畜饮水工程19处；投资120万元，完成小水利、小流域治理项目2个。建成贫困村沼气池1183座，配套改厕1183个，通过崇左市农村沼气池建设项目验收。牛品种改良项目共引进良种母牛121头，纯种公牛4头，冻配牛477头，胚胎移植200头，配套种草5150亩。建立“公司＋农户＋基地”形式的乌龙茶生产基地，项目主要在八角乡陇均村、上降乡鸭水村、彬桥乡绕秀村、青山村和下冻镇扶伦村5个村636户实施，共375亩，户均资金补助400元左右。采取“公司＋贫困农户＋小额信贷”的经营模式投放资金，完成投放任务500万元。全县12个乡镇74个贫困村和试验站异地安置场用通丰植物营养液对农作物施用面积2万亩，取得增产增收效果。其中粮食作物亩均增产7.68%、经济作物亩均增产11%。

第三节　扶贫措施

推进观念转变

1986年—2005年，龙州县在探索扶贫开发上，逐步实现三个根本性的转变：一是从救济式扶贫逐步向开发式扶贫转变。过去扶贫主要是救济式扶贫，国家花的钱不少，但由于单纯救济和零星使用，不但收益很差，而且在一定程度上诱发和助长依赖思想，一部分群众养成“等、靠、要”的思想。县委分别在1993年、1998年，在全县干部职工和群众中开展治穷致富大讨论，进行思想上的大动员、大发动。把龙州县扶贫的重点放在项目开发上，1996年12月28日，龙州县扶贫攻坚项目办公室印发《龙州县扶贫攻坚项目总体规划方案》，项目规划建设由农业综合开发、加工业、基础设施、文教卫生、异地安置、劳务输出六大类21个子项目构成，总投资23491.64万元（含异地安置、劳务输出）。项目遍布全县13个乡镇，覆盖总户数14373户，占全县总户数的25.03%，资金跟项目走，增强贫困农民自我造血功能和自我发展能力。二是由粗放型的扶贫方式逐步向集约型的扶贫方式转变。一改过去那种“撒胡椒粉”和一家一户投放扶贫资金的粗放式扶贫方式，采取依托企业、经济实体投资，由项目承担单位组织项目实施，形成承贷承还的集约型扶贫方式。既避免以往零星分散经营的弊病，又提高扶贫资金的使用效益。三是由单纯靠政府扶贫逐步向动员各方面力量开展全社会扶贫转变。动员全县机关各部门、各单位开展挂钩扶贫，形成社会扶贫合力。2001年，全县共有102个县直单位、13个乡镇共1258名干部职工组成98个工作队参与农户1863户7568人帮扶活动，帮扶贫困农户制定脱贫计划，选择扶贫开发项目、筹集资金，提供物质和技术，指导农户发展种、养、加工生产，一年来帮扶各种项目28个，帮扶筹集资金95万，修建校舍8间，村委办公室32间，修通屯级路32条28.5千米；架设输电线路4.3公里，解决了5个屯301户1466人生活用电难问题。

实行定点扶贫责任制

1986年，县委、县政府把扶贫开发作为全县工作的中心任务，加强对扶贫工作的领导。1999年，实行定点扶贫责任制。一是建立健全扶贫工作领导机构。成立县扶贫开发领导小组，由县委书记和县长担任组长，下设办公室。各乡镇也成立相应的领导机构，配备一名专职助理员，协助分管领导具体抓好本乡镇的扶贫开发工作。二是实行党政一把手亲自抓、负总责，分管领导具体抓。明确县、乡党政一把手是扶贫开发第一责任人，分管领导是主要责任人。三是县四家班子21名领导1999年起联系乡镇扶贫点，每人定点扶贫一个贫困村。四是实行机关单位定点扶贫负责制，全县82个机关单位到74个贫困村定点包村扶贫。2005年，全县共有86个机关单位到74个贫困村定点包村扶贫。

贫困村基础设施建设

1986年，龙州县有105个村委未通乡村公路，有74个村屯16万人及4.5万头牲畜饮水困难。经过多年努力，至2001年，全县有22个村委未通乡村公路，有353个屯10.69万人及4.06万头牲畜饮水困难。为了解决贫困山区的路、电、水问题，龙州县做好宣传动员工作，发动群众参与基础设施建设，同时采取各方面筹资金办法，改善贫困山区的基础设施条件。2001年—2005年，全县利用各类扶贫资金9406.5万元，群众自筹资金（含投工投劳折款）2000多万元，实施一批基础设施建设项目。共修建村级道路57条、屯级道路290条，人饮工程317处，累计解决10.69万人及4.06万头牲畜饮水难问题。新建农村沼气池28932座；完成农户茅草房改造2200户，面积105898平方米；建成地头水柜3935个，总容量30.15万立方米。

全县贫困村基础设施建设取得丰硕成果。图为2001年1月17日（农历腊月二十三）彬桥乡清明村渠耍屯村民阿婆用上了清澈甘甜自来水时的喜悦场面

稳定粮食生产

1986年，龙州县把稳定粮食生产、解决农民吃饭问题作为扶贫的重要工作抓好。一是完善联产承包责任制。1998年，在第1次承包期满后，按照“增人不增地，减人不减地”的原则，开展第2次土承包期30年不变的延包工作，给农民吃上“定心丸”，稳定粮食种植面积，鼓励农民对土地资源进行长期性的投资开发。二是稳定粮食收购价格，保护农民的种粮积极性，使种粮的农民得到更多优惠。三是抓好农田基本建设，兴修水利，改造灌溉条件。四是改善中低产田，提高粮食单产。五是走科技兴农之路，推广良种、良法，建立高产农田。

调整种植结构

1986年起，龙州县农民人均纯收入296元。是年起，从实际出发，发挥土地资源优势，调整种植结构，把发展蔗茶生产作为振兴龙州经济，实现脱贫致富的突破口。一是正确处理蔗茶关系，宜茶则茶，宜蔗则蔗，把单位面积效益较低的中稻田、玉米地、木薯地、菠萝地改种甘蔗，扩大甘蔗种植面积。通过落实措施，从1995年起，全县粮食连续五年获得丰收，1999年粮食总产量达8.06万吨，人均有粮357公斤，总产量比1985年增加3万吨，人均增146公斤，实现了粮食自给。1997年，全县甘蔗种植面积25.58万亩，比1996年增加3.1万亩；全县甘蔗种植面积和入厂原料蔗由1985年6.9万亩、16万吨增加到1999年的23.3万亩、98万吨，甘蔗生产覆盖到全县13个乡镇98个村17.6万人，成为全县农民经济收入的主要来源，全县65%的农民靠发展甘蔗生产而达到脱贫。二是利用扶贫专项贷款，扶持农户种植甘蔗和乌龙茶。根据市场销售情况，合理调整原料蔗和乌龙茶收购价格，利用价值规律指导和发展甘蔗、茶叶生产。2004年—2005年，全县投入扶贫资金1026万元，发展种植乌龙茶453.33公顷。三是采取激励政策。县委、县政府与各乡镇、各糖厂签订责任状，县四大班子领导成员和蔗糖生产指挥部成员每人搜交纳甘蔗生产风险抵押金；县委、县政府先后出台《关于对甘蔗生产实行重奖的有关规定》等六个文件，这些政策调动各级领导抓好蔗糖生产的积极性。四是加强技术服务，提高单产。县糖业部门大力引进、繁殖推广高产、高糖、宿根蔗好的优良品种，加快甘蔗品种的更新换代。推行深耕深松、地膜覆盖和科学施肥新技术，建立高产示范片，提高甘蔗生产的科技含量，从而提高单产。五是发动农民发展畜牧、水产、林果等产业。抓好以发展小菜园、小鱼塘、小养殖场、小加工场为主要内容的“四小”项目建设，形成多业并举的产业结构，增加农民的经济收入。2005年，农民人均纯收入2097元。

企业参与扶贫

在扶贫工作的实践中，龙州县探索出一条适合本县扶贫的“龙头企业+基地+农户+小额信贷”运作方式。2002年，通过龙州南华糖业有限责任公司，以生产物资形式发放小额信贷8600万元，扶持3.5万户农户，对甘蔗种植改良12万亩。仅此一项获贷贫困农户户均年增收258元左右，到期贷款收回率100%。收到“政府满意、企业满意、群众满意”的效果。这一小额信贷扶贫模式得到自治区扶贫办的推广。2005年，“龙头企业+基地+农户+小额信贷”发放贷款500多万元。

第三章　信　访

1986年后，龙州县信访工作机构和基层信访网络逐步建立健全，信访工作制度日臻完善。信访部门按照信访工作“分级负责、归口办理”的原则，及时、妥善处理好人民群众来信来访。1986年—2005年，全县信访部门接待群众来信来访总数9058件次，其中来信6262件，来访8763人次。立案办理信访案件2862件，其中上级交办178件，结案率99.44%；本级立案2098件，结案率92.33%。1990年、1993年、1995年—1997年，县信访办公室被评为自治区信访工作目标管理责任制先进单位。

第一节　机　构

龙州县信访办公室

1986年1月至1988年10月，龙州县设置中共龙州县委员会办公室信访科和龙州县人民政府办公室信访科，均属副科级单位。县委办信访科办公地址在县委大院，县政府办信访科办公地址在县政府大院。1988年11月，县委办信访科和县政府办信访科合并成立中共龙州县委员会、龙州县人民政府信访局，为正科级单位，有人员编制4名，实有4人，办公地址在龙州镇康平街28号县人民政府大院内。1994年9月，县信访局内设秘书股、办信股、接访股、信息股4个部门，实有8人，开始建立局财务账户和单独制表发放工资制度。1997年3月，县信访局更名为中共龙州县委员会、龙州县人民政府信访办公室，列入县委机构系列，内设4个部门不变，有人员编制7名。2002年初至2005年12月，县信访办内设办信股、接访股、综合股3个部门，有人员编制6名，实有6人，办公地址不变。

1988年—2005年历任局长（主任）：黄保儒（1988.11—1993.9），徐玉保（1994.3—1995.3），苏品才（1995.3—1997.2），严宏基（1997.3—2001.2），蒙礼中（2001.2—2005.12）。

乡镇工作机构

1987年12月，龙州县组建13个乡镇信访工作领导小组，有信访干部91人，其中兼职信访干部55人；建立村公所、居委会信访调解小组126个，有信访调解员252人。全县基本形成县、乡镇、村（居）三级信访网络。1990年，全县乡镇兼职信访干部104人；村（居）信访调解员378人。2004年—2005年，全县有乡镇信访工作领导小组12个，信访干部60人；村（居）委信访调解小组127个，信访调解员371人。

第二节　来信来访

1986年，全县信访系统受理群众来信来访161件次，包括来信136件，来访483人次。其中，县信访局（科）受理群众来信来访81件次，包括来信326件，来访125人次。在来信来访中，属反映情况和提出建议类占22%，申诉类占18%，要求解决问题类占35%，检举揭发类占5%，其他类占20%。1986年—1990年，全县信访系统受理群众来信来访3635件次，包括来信2407件，来访1666人次。其中，县信访局（科）受理群众来信来访3461件次，包括来信2095件，来访1366人次。在来信来访中，属反映情况和提出建议类占7.3%，申诉类占4.6%，要求解决问题类占65.7%，检举揭发类占1.2%，其他类占21.2%。1991年—1995年，全县信访系统受理群众来信来访4138件次，包括来信2276件，来访2132人次。其中，县信访局接待群众来信来访3918件次，包括来信2026件，来访1892人次。在来信来访中，属反映情况和提出建议类占9.2%，申诉类占11%，要求解决问题类占69%，检举揭发类占3%，其他类占7.8%。1996年—2003年，全县信访系统受理群众来信来访6985件次，包括来信2190件，来访5000人次。其中，县信访局（办）受理群众来信来访6675件次，包括来信2033件，来访4642人次。在来信来访中，属反映情况和提出建议类占11%，申诉类占16%，要求解决问题类占55%，检举揭发类占5%，其他类占13%。2004年—2005年，全县信访系统受理群众来信来访1223件次，包括来信210件，来访1233人次。其中，县信访办受理群众来信来访913件次，包括来信125件次，来访788人次。在来信来访中，属反映情况和提出建议类占22%，申诉类占8%，要求解决问题类占58%，检举揭发类占8%，其他类占4%。

第三节　信访办理

1986年，全县信访系统受理自治区、地区、县级信访立案88件，结案71件，结案率80.68%。其中，县信访局（科）受理信访立案81件，结案69件，结案率85%。1986年—1990年，全县信访系统受理自治区、地区、县级信访立案360件，结案294件，结案率81.66%。其中，县信访局（科）受理自治区、地区、县级信访立案348件，结案286件，结案率82.18%。1991年—1995年，全县信访系统受理自治区、地区、县级信访立案799件，结案787件，结案率98.49%。其中，县信访局（科）受理信访立案794件，包括上级交办案件40件，结案率100%；县级立案754件，结案729件，结案率96.68%。1996年—2003年，全县信访系统受理自治区、地区、县级信访立案　1086件，结案1082件，结案率99.63%。其中，县信访局（科）受理信访立案1031件，包括上级交办案件57件，结案率100%；县级立案974件，结案899件，结案率92.3%。2004年—2005年，全县信访系统受理自治区、地区、县级信访立案106件，结案98件，结案率92.45%。其中，县信访局（科）受理信访立案96件，包括上级交办案件26件，结案率100%；县级立案70件，结案69件，结案率98.57%。

第四节　领导接待日

1990年7月，中共龙州县委员会决定，每月10日为县委、县政府领导接待人民群众来信来访日。至12月，县委、县政府领导接待群众来访144人次。1991年—1995年，县委、县政府领导接待群众来访804人次；处理群众信访问题560件次。1996年—2003年，县委、县政府领导接待群众来访301人次；处理群众信访案件281件。2004年—2005年，县委、县政府领导接待群众来访130人次，处理群众信访问题99件。

表 19-7　　1986 年—2005 年龙州县信访局（办）办理来信来访统计表

年份	接待群众来信来访数			办理群众信访案件结案数								
				上级交办信访案件			县级办理信访案件					
	接待总数（件次）	群众来信（件）	群众来访（人次）	立案数（件）	结案数（件）	结案率（%）	立案数（件）	结案数（件）	结案率（%）	立案总数（件）	结案总数（件）	结案总数率（%）
1986	451	326	125	10	9	90	81	69	85.19	91	78	85.71
1987	365	269	96	8	8	100	87	57	65.52	95	65	68.42
1988	537	339	198	7	7	100	56	46	82.14	63	53	84.13
1989	660	447	213	8	8	100	35	30	85.71	43	38	88.37
1990	1448	714	734	11	11	100	45	41	91.11	56	52	92.86
1991	1210	647	563	9	9	100	146	138	94.52	155	147	94.84
1992	914	503	411	8	8	100	523	508	97.13	531	516	97.18
1993	148	106	42	5	5	100	36	36	100	41	41	100
1994	683	288	395	8	8	100	26	24	92.31	34	32	94.12
1995	963	482	481	10	10	100	23	23	100	33	33	100
1996	1039	562	747	9	9	100	143	133	93.01	152	142	93.42
1997	717	302	415	5	5	100	98	92	93.77	103	97	94.17
1998	572	265	307	4	4	100	85	82	96.47	89	86	96.63
1999	1442	267	1175	6	6	100	293	254	86.69	299	260	86.96
2000	1228	330	898	5	5	100	241	230	95.44	246	235	95.53
2001	298	148	150	8	8	100	41	39	95.12	49	47	95.92
2002	642	79	563	9	9	100	35	33	94.29	44	42	95.45
2003	467	80	387	11	11	100	38	36	94.74	49	47	95.92
2004	453	50	403	20	20	100	30	30	100	50	50	100
2005	518	58	460	18	18	100	36	36	100	54	54	100
合计	14755	6262	8763	178	179	99.44	2098	1937	92.33	2277	2115	92.89

第二十篇

教育　科技

第一章　教育管理

1986年，龙州县中小学教育实行分级办学、分级管理体制。1988年，县内各乡镇开始进行小规模扫盲工作。1991年，对分级办学、分级管理的组织机构、职责范围和权限作明确规定，县办学校由县管理、乡镇办学校由乡镇管理，成立乡镇教育辅导站。1995年起，全面实施九年义务教育。2002年起，对基础教育实行统一管理。2005年，龙州县通过自治区和国家级“两基”（基本扫除青壮年文盲、基本普及九年义务教育）评估验收。

第一节　机　构

1973年11月，龙州县教育局成立。1986年，县教育局内设办公室、财务股、人事股、教研室、教育股、基建股、扫盲办、仪器站、勤工办9个部门，有人员编制38名，实有38人，办公地址在龙州镇城北路34号。下设龙州、霞秀、彬桥、下冻、水口、武德、金龙、逐卜、响水、上金、上降、八角12个乡镇教学辅导站，每个站配置正副站长、教学辅导员、教育会计5人~7人。1987年，增设上龙乡教学辅导站。2000年，龙州县教育局内设办公室、人事教育股、基础教育股、财务股、教研室、督导室、教育工会、改善办、招生办、教育装备站、电教站、成教股、档案室、勤工办14个部门，有人员编制45名，实有52人，办公地址在镇城北路34号。2003年—2005年，13个乡镇教学辅导站并入各乡镇中心小学校。2005年，全局内设部门不变，有人员编制45名，实有55人，办公地址在龙州镇城北路34号。

1986年—2005年历任局长：黄宏础(1986.1—1988.1)，赵国忠(1988.1—1990.10)，黎志敏(1990.10—1994.2)，曹尊贵(1994.2—1996.8)，陈鲁树(1996.8—1999.3)，覃昆成(1999.3—2005.12)。

第二节　管理体制

教师管理

1986年—2001年，龙州县教师按分级办学、分级管理原则进行管理。乡镇政府主要管理村级小学教师；县政府主要管理各中心小学、初中和高中。乡镇内教师调配主要由乡镇政府负责；乡镇间教师调配由县教育行政管理部门负责。2002年，县政府将教师的聘任和管理权收归县管，由县教育局依法履行对全县中小学教师资格认定、招聘、调配、交流、职务评聘、培训考核、奖惩等管理职能。高级中学和中等职业技术学校正副校长由教育行政部门提名，县政府考察任用或聘用；其他中小学领导职务由县教育行政管理部门选拔任用并管理。

教育体制改革

1986年后，龙州县中小学进行教育管理体制改革，由党支部领导下的校长负责制，改为校长负责制。校长全面负责学校工作，党支部起监督保证作用，教师代表会参与民主管理学校。1991年，县政府对分级办学、分级管理的组织机构、职责范围和权限制作明确规定，县办学校由县管理、乡镇办学校由乡镇管理。成立乡镇教育辅导站。教育经费包干到乡镇，由乡镇财政列支。1986年—2001年，龙州县中小学教育实行分级办学、分级管理体制。2002年—2005年，县政府对基础教育实行统一管理。县政府负责抓中小学规划、合理布局、宏观管理；组织实施普及九年义务教育和扫除青壮年文盲工作；发展高中阶段教育和学前教育；筹措教育经费，加大财政投入，改善办学条件；加强中小学教师管理，指导学校教育教学工作；落实督政查学工作，指导中小学全面推进素质教育。乡镇政府在县统筹安排下，筹集教育经费，征收农村教育附加费，改善办学条件，提高教师待遇，依法动员和保证适龄儿童少年入学，维护学校安全，保证正常教学秩序。

教学管理

1986 年—2005 年，龙州县中小学贯彻执行《中小学生守则》《中小学生日常行为规范》和未成年人保护法，加强学生思想道德建设，保护学生身心健康成长，抓好学生学籍管理，规范学生编班和学生考勤制度，健全在校学生花名册、毕业生花名册、体育合格证和学生流失情况统计表等有关档案。1990 年—2005 年，龙州县推行自治区义务教育学校常规管理 42 条规定，结合本县实际制定出台《龙州县中小学教学管理制度》《龙州县中小学教学工作管理“十抓好”》和《龙州县进一步抓好中小学教学管理工作》等文件，对教学计划、教师上下班考勤、教师备课、课堂教学、学生作业的布置与批改、学生的辅导、教育教学科研、教学质量监控、教学常规检查等工作进行量化管理。推动学校管理逐步走上规范化、科学化的轨道。

第三节　“两基”工作

九年义务教育

2000 年 9 月 8 日，广西边境线上第一所寄宿制学校——龙州县金龙镇民建寄宿制完全小学举行开学典礼。图为开学典礼现场

龙州县 1995 年起全面实施九年义务教育，到 2005 年通过自治区“两基”验收评估，九年义务教育工作取得较好的成绩，采取的主要措施：一是党政重视，统筹协调抓教育。龙州县各级党政领导牢固树立“抓教育就是抓发展，投入教育就是投资未来”的理念，真正把教育发展放在第一位，认真履行义务教育法规定的各项职责，保障适龄儿童、少年接受义务教育的权利。强力推进全县义务教育均衡发展。二是积极优化学校布局，推进学校标准化建设。按照“规划先行、适度超前、合理布局、分步推进”原则，高标准做好全县学校布局规划，科学合理调整校点布局。学校数从 1995 年的 399 所，2005 年调整为 161 所，进一步优化了教育资源配置，基本满足了人民群众对“上好学”和享受优质教育的新期盼；龙州县以建设农村寄宿制学校为抓手，大力推进学校标准化建设，1995 年以来，实施中小学校食堂、寄宿制学校生活设施建设，基本实现了学校标准化建设的目标。2005 年，全县小学适龄儿童入学率达 99.86%；初中阶段毛入学率达 97.02%，比 1995 年的 95.12%、85.21% 分别提高 4.74 和 11.81 个百分点。三是扎实开展“两基”攻坚工作，办学规模效益凸显。龙州县切实抓好“两基”攻坚工作，进一步巩固“两基”成果，提高义务教育水平作为执政为民的一件大事，作为维护和发展人民群众根本利益的民心工程，切实抓紧抓好。采取有效措施，解决“两基”巩固提高工作中的薄弱环节，推进教育事业又好又快发展，有力促进了“两基”成果巩固提高工作。

表 20-1　　1995 年—2005 年龙州县九年义务教育教育基本情况表

单位：个、人

年份	学校所数				班级数		学生数	教职工			
	总数	其中			总数	其中		总数	其中		
		中心小学	村完小	教学点		复式班			公办	民办	代课
1995	399	13	97	289	1091	58	28366	1458	906		552
1996	395	13	95	287	1116	62	29018	1471	845	0	626

续表

年份	学校所数				班级数		学生数	教职工			
		其中			总数	其中复式班		总数	其中		
	总数	中心小学	村完小	教学点					公办	民办	代课
1997	385	13	95	277	1093	65	28426	1421	685		736
1998	359	13	96	250	1053	62	27408	1365	541	0	824
1999	333	13	97	223	1022	57	26573	1399	1322		77
2000	327	13	95	219	987	53	25017	1379	593	0	786
2001	269	13	93	163	965	38	24115	1339	646	0	693
2002	243	13	99	131	904	20	23818	1388	811	0	577
2003	224	13	99	112	887	19	20331	1385	1133	0	252
2004	201	13	99	89	776	15	19660	1408	1281	0	127
2005	161	12	101	48	728	8	18355	1310	1205	0	105

2005 年，龙州县通过自治区“两基”验收评估。小学辍学率 0.02%，初中辍学率 2.48%，比 1995 年小学辍学率 0.98%，初中辍学率 2.86% 分别减少 0.96 个百分点和 0.38 个百分点；2005 年初中毕业率 88.63%，初中升学率 78.7%，比 1995 年初中毕业率 83.24%，初中升学率 82.72% 分别提高 5.39 和 4.02 个百分点。龙州县实现“两个基本”，即基本实现扫除青壮年文盲，基本实现九年义务教育。

扫盲教育

1986 年，龙州县青壮年文盲有 816 人。造成文盲人数较多的主要原因：一是战事频发。新中国成立后，龙州县边境经历 20 世纪 50 年代的援越抗法，60 年代的援越抗美，70 年代的自卫还击，80 年代的对越炮战，90 年代的边境排雷。边境一线的群众没有安定的生活学习环境。二是守护边防。20 世纪 80 年代、90 年代 40~50 岁的文盲人员，年轻时正担负着守边御敌的任务，一手拿枪，一手拿锄，失去了学习机会。三是经济发展落后。1987 年，边境战事稍停，全县经济、教育才逐渐恢复。1988 年，各乡镇开始进行小规模扫盲工作。年内，脱盲人数 36 人，其中妇女 22 人。1990 年，第 4 次全国人口普查时，全县有 15 周岁 ~40 周岁青壮年 111285 人，文盲、半盲 8974 人，其中妇女 6878 人，青壮年文盲率 8.06%。是年，龙州县委、县政府和各乡镇、村成立农村扫盲教育工作领导小组。全县 13 个乡镇、127 个行政村分别办起成人文化技术学校和村成人文化技术分校。各乡镇成人文化技术学校均配备成教专干 1 人、扫盲专职教师 2 人。全县聘请中小学教师、村干部、边防武警、公安干警、退休干部、教师及初、高中毕业生等担任扫盲兼职教师。在开展扫盲工作中，全县先后使用自治区教育委员会编印的《实用语文》《实用数学》《语文》《数学》《识字》《计算》等扫盲课本。脱盲后，使用《农村实用技术读本》《农村实用技术新读本》《实用技术》和《学文化》《学技术》等区编教材。年内，全县扫除青壮年文盲 1121 人，其中妇女 877 人。八角乡八角村、彬桥乡清明村板潭屯等 5 个单位，获南宁地区“国际扫盲年先进单位”称号。

1994 年—1997 年，龙州、霞秀、响水、八角、逐卜、彬桥、下冻、水口、武德 9 个乡镇，先后通过南宁地区“两基”评估验收。期间，全县各扫盲夜班（点）群众踊跃报名，出现子教父（母）、夫教妻、妻教夫的情况。1996 年暑假期间，彬桥乡绕秀村敢门屯回乡中师学生陈祥红，在自家屋子举办扫盲学习班，成为龙州县扫盲工作先进典型。是年 5 月，为巩固、提高扫盲的成果，龙州县组织教办、乡镇教辅站（缺逐卜乡）成教育专干共 16 人赴江苏省如东县学习、参观，取得了丰富的经验，为迎接自治区扫盲验收打下基础。1998 年 4 月，龙州县扫盲工作通过自治区政府评估验收；同年 10 月，龙州县代表自治区接受国家评估验收。次年，县人民政府获自治区人民政府颁发的“扫盲先进单位”称号，陈鲁树（时任县教育局局长）、覃振东（武德乡成教专干）2 人获自治区“扫盲先进个人”称号。2000 年，彬桥乡成人教育专干梁志忠获教育部颁发的“全国中华扫盲奖”。在扫盲工作中，县农业、林业、畜牧水产、水果、扶贫、科技等部门，定期派出技术员深入村、屯举办各种农村实用技术培训班，组织脱盲学员参加培训，赠送扫盲和实用技术资料，脱盲巩固率保持在 95% 以上，返盲率控制在 5% 以下。1988 年—2005 年，全县累计扫除青壮年文盲 5936 人，其中妇女 4576 人。

表 20-2　　1986 年—2005 年龙州县扫除青壮年文盲人员统计表

单位：人

年份	脱盲人数			备注
	合计	其中		
		男性	女性	
1986	—	—	—	未启动扫盲工作
1987	—	—	—	未启动扫盲工作
1988	36	14	22	—
1989	51	22	29	—
1990	1121	244	877	—
1991	862	166	696	—
1992	534	110	424	—
1993	397	74	323	—
1994	209	38	171	—
1995	404	90	314	—
1996	577	167	410	—
1997	538	164	374	—
1998	665	155	510	—
1999	178	20	158	—
2000	135	32	103	—
2001	53	22	31	—
2002	28	10	18	—
2003	50	12	38	—
2004	81	14	67	—
2005	17	6	11	—
合计	5936	1360	4576	—

第二章　基础教育

1986 年，龙州县有幼儿园 3 所，完全小学 115 所，初级中学 23 所，高级中学 1 所。幼儿园实行学制 3 年，小学实行五年学制，初中、高中实行三年学制。1987 年，兴办学前班。1991 年，始有民办初级中学。1995 年起，小学由五年制改为六年制。开始开展希望工程活动。2000 年，始有民办幼儿园 2 所。2005 年，全县共有各级各类学校 141 所，其中高中 1 所，县职业中学 1 所，初中 20 所，小学 113 所，幼儿园 6 所；普通高中在校生 1972 人，初中在校生 10770 人，小学在校生 18355 人。在园（班）儿童 2834 人。全县小学适龄儿童入学率 99.18%，初中阶段毛入学率 97.02%，高中毛入学率 60.22%，九年义务教育巩固率为 69.35%。

第一节　学前教育

学校设置

1986 年，龙州县贯彻国家学前教育发展方针，实行国家、集体、个体共建并举办学前教育，有幼儿园 3 所（龙州幼儿园、新华幼儿园、利民幼儿园），在园幼儿 650 人；在职幼儿教师 31 人，保育员 12 人；3 岁 ~6 岁幼儿入园（班）率 30%。未办幼儿园的乡、村采取适龄儿童跟班一年级附读的办法接受学前教育。1987 年，龙州县开始兴办学前班，约有 24 个班，分布在全县 9 个乡镇，全部附设于小学校里。2000 年，龙州县落实国家“积极鼓励，大力支持，正确引导，加强管理”的民办教育指导方针，鼓励、支持社会力量办园，全县有幼儿园 15 所，其中国家办 2 所、集体办 1 所、个体办 12 所，在园幼儿 1180 人；学前班 85 个，在班幼儿 2310 人；在职幼儿教师 138 人，保育员 22 人；3 岁 ~6 岁幼儿入园（班）率 63.9%，其中 6 周岁入园（班）率 96.1%。基本普及学前一年教育。2003 年，龙州县按照《中华人民共和国民办教育促进法》的规定严格审批制度，加强对民办幼儿园的日常管理，对幼儿园基础设施建设、师资配备和食品、消防、校车等安全管理，对教学质量的强化监督，进一步规范幼儿园的办学行为，幼儿教育从县城向农村延伸，从单一的县城办幼儿园发展到乡镇、村办幼儿园、学前班，入园（学前班）幼儿成倍增长。2005 年，全县有幼儿园 28 所，其中教育部门主办 3 所，县妇联主办 1 所，民办幼儿园 24 所；在县城举办的 16 所，乡镇幼儿园 12 所（彬桥乡 1 所，水口镇 3 所，下冻镇 4 所，武德乡 1 所，金龙镇 1 所，逐卜乡 1 所，响水镇 1 所）。在职幼教工作者 210 人，在园幼儿 2410 人；小学附设学前班 96 个，在园（班）幼儿 2710 人。全县 3 岁 ~6 岁幼儿入园（班）率 63%，其中 5 周岁入园（班）率 91%。全县基本普及学前三年教育，实现乡镇办幼儿园的目标。

表 20-3　　**2000 年—2005 年龙州县幼儿园、学前班情况表**

年份	幼儿园（所）	学前班（班）	幼儿数（人）		教职工数（人）
			幼儿园	学前班	
2000	15	123	1180	2310	138
2001	18	125	1347	2550	156
2002	20	132	1580	2810	170
2003	22	128	1890	2850	186
2004	25	123	2110	2930	200
2005	28	120	2410	2710	210
合计	128	751	10517	16160	1060

学制课程

1986 年，龙州县幼儿园实行学制 3 年，分大、中、小班，一般 3 岁入园，实行全日制管理。采用自治区幼儿园适应性发展课程教材进行教学，课程设置健康、语言、社会、科学、艺术 5 个科目。采用自治区统一教材进行分科教学。县教育局按照教育部颁布的《幼儿园管理条例》《幼儿园工作规程》《幼儿园教育指导纲要（试行）》，对全县各类幼儿园进行管理，每两年对幼儿园作出分类定级评估 1 次。1987 年兴办的学前班，办学形式为走读制，招收 5 岁 ~6 岁幼儿入学。

第二节　小学教育

学校设置

1986 年，国家颁布了《中华人民共和国义务教育法》，要求村村有完小，片片有教学点，小学生入学距离不超过 5 华里（即 2.5 公里）。龙州县设完全小学 115 所，其中乡镇中心小学 12 所、村级小学 103 所，下辖教学点 321 个；有教学班 1225 个，其中复式班 62 个，在校学生 30396 人，小学适龄儿童入学率 92.6%。

1987 年，龙州县设完全小学 115 所，其中乡镇中心小学 13 所、村级小学 102 所，下辖教学点 320 个；有教学班 1305 个，其中复式班 68 个，在校学生 32342 人，小学适龄儿童入学率 93.5%。

1988 年，龙州县设完全小学 115 所，其中乡镇中心小学 13 所、村级小学 102 所，下辖教学点 316 个；有教学班 1232 个，其中复式班 63 个，在校学生 30627 人，小学适龄儿童入学率 94.8%。1989 年，龙州县设完全小学 112 所，其中乡镇中心小学 13 所、村级小学 99 所，下辖教学点 312 个；有教学班 1111 个，其中复式班 57 个，在校学生 28985 人，小学适龄儿童入学率 94.77%。1990 年，龙州县设完全小学 114 所，其中乡镇中心小学 13 所、村级小学 101 所，下辖教学点 313 个；有教学班 1125 个，其中复式班 52 个，在校学生 28599 人，小学适龄儿童入学率 94.63%。

1991 年，龙州县设完全小学 106 所，其中乡镇中心小学 13 所、村级小学 93 所，下辖教学点 312 个；有教学班 1046 个，其中复式班 48 个，在校学生 26803 人，小学适龄儿童入学率 95.6%。1992 年，龙州县设完全小学 109 所，其中乡镇中心小学 13 所、村级小学 96 所，下辖教学点 305 个；有教学班 1057 个，其中复式班 51 个，在校学生 26969 人，小学适龄儿童入学率 95.79%。是年，龙州县获世行贷款 110 万元，主要投入完全小学建设，改善办学设施和设备。1993 年，龙州县设完全小学 110 所，其中乡镇中心小学 13 所、村级小学 97 所，下辖教学点 292 个；有教学班 1092 个，其中复式班 53 个，在校学生 27880 人，小学适龄儿童入学率 96.7%。是年，龙州县开始接受地区级普及九年义务教育验收，龙州镇是全县首个通过九年义务教育的镇。1994 年，龙州县设完全小学 110 所，其中乡镇中心小学 13 所、村级小学 97 所，下辖教学点 293 个；有教学班 1120 个，其中复式班 59 个，在校学生 29139 人，小学适龄儿童入学率 96.23%。龙州县是广西十六个获得国家教委世界银行基础教育发展项目县之一（广西十六个获得国家教委世界银行基础教育发展项目县：环江、三江、融水、罗城、平果、百色、靖西、田东、巴马、东兰、大化、富川、龙胜、龙州、马山、上林），共获贷款 100 万美元，按当时汇率折算为 870 万元人民币，县追加投入 135 万元，总造价 1005 万元，共建校舍 26454 平方米。1995 年，龙州县设完全小学 110 所，其中乡镇中心小学 13 所、村级小学 97 所，下辖教学点 289 个；有教学班 1091 个，其中复式班 58 个，在校学生 28366 人，小学适龄儿童入学率 96.12%。

1996 年，龙州县设完全小学 108 所，其中乡镇中心小学 13 所、村级小学 95 所，下辖教学点 287 个；有教学班 1116 个，其中复式班 62 个，在校学生 29018 人，小学适龄儿童入学率 95.77%。1997 年，龙州县设完全小学 108 所，其中乡镇中心小学 13 所、村级小学 95 所，下辖教学点 277 个；有教学班 1093 个，其中复式班 65 个，在校学生 28426 人，小学适龄儿童入学率 96.58%。1998 年，龙州县设完全小学 109 所，其中乡镇中心小学 13 所、村级小学 96 所，下辖教学点 250 个；有教学班 1053 个，其中复式班 62 个，在校学生 27408 人，小学适龄儿童入学率 97.35%。龙州县实施自治区教委义务教育工程，首幢教学大楼建在水口镇独山完小。区教委拨款 12.4 万元，县财政投入 11.92 万元，总投入 24.32 万元，建筑面积共 487 平方米。是年，县人民政府提出加大教育投资，改善办学条件，实现每所完小有楼房。1999 年，龙州县设完全小学 110 所，其中乡镇中心小学 13 所、村级小学 97 所，下辖教学点 223 个；有教学班 1022 个，其中复式班 57 个，在校学生 26573 人，小学适龄儿童入学率 98.1%。

2000 年，继义务教育工程之后，龙州县赶上广西边境大会战机遇，投入 3056 万元，共建校舍 58543 ㎡。全县设完全小学 111 所，其中乡镇中心小学 13 所、村级小学 98 所，下辖教学点 161 个；有教学班 965 个，其中复式班 38 个，在校学生 25017 人；教师 1959 人，其中公办教师 1266 人、代课教师 693 人。是年 5 月，全县各校开展创建“五个好”（建设一个好的领导班子、建设一支好的教师队伍、建设一个好校园、健全一套好制度、培养一批好人才）学校活动。2001 年后，根据生源变化情况，逐步进行小学校（点）的布局调整，至 2005 年秋季学期，全县设村级完全小学 101 所，教学点 29 个；有教学班 532 个，在校学生 18355 人；教师 1124 人，全部为公办教师。

学制课程

学制：1986 年—1995 年，龙州县小学教育实行五年学制。1995 年起，小学由五年制改为六年制。

课程：1986 年起，龙州县小学教育采用全国统编教材，设置思想品德、语文、数学、自然、社会、音乐、美术、体育、劳动 9 个科目。四年级以上年级分别每周设劳动技术课 2 节；每学期举办 4 课时健康教育讲座。1995 年，举行"升降旗仪式、课堂学习行为、校内文明礼貌、清洁卫生、课间操"5 项达标活动。在教学工作中，重点进行基础知识、基础学科、基础年级、基础技能（劳动技能、手工制作）等教育，全面推进素质教育。

第三节 初中教育

学校设置

1986 年，龙州县有初级中学 23 所，教学班 143 个，其中龙州镇朝阳小学、航运小学各有附设初中班 3 个班，共 6 个班。是年 8 月，县委、县政府决定将"航运附中"和"龙州镇职业初中"合并后成立"龙州镇初级中学"。全县在校学生 7126 人，初中适龄儿童入学率 73.72%。1987 年，龙州县有初级中学 23 所，全县小学不再附设初中班。教学班 147 个，在校学生 7224 人，初中适龄儿童入学率 75.24%。1988 年，龙州县有初级中学 23 所，教学班 149 个，在校学生 7310 人，初中适龄儿童入学率 75.64%。1989 年，龙州县有初级中学 22 所，教学班 153 个，在校学生 7349 人，初中适龄儿童入学率 77.41。1990 年，龙州县有初级中学 21 所，教学班 145 个，在校学生 6998 人，初中适龄儿童入学率 76.63%。

1991 年，龙州县有初级中学 21 所，教学班 151 个，在校学生 7259 人，初中适龄儿童入学率 77.65%。1992 年，龙州县有初级中学 21 所，教学班 147 个，在校学生 7103 人，初中适龄儿童入学率 78.97%。1993 年，龙州县有初级中学 21 所，教学班 139 个，在校学生 6929 人，初中适龄儿童入学率 80.13%。1994 年，龙州县有初级中学 21 所，教学班 143 个，在校学生 6956 人，初中适龄儿童入学率 83.77%。1995 年，龙州县有初级中学 20 所，教学班 134 个，在校学生 7241 人，初中适龄儿童入学率 85.21%。

1996 年，进一步实施义务教育法，乡乡镇镇办初中，实现小学毕业生就近入学。全县有初级中学 19 所，教学班 178 个，在校学生 8718 人，初中适龄儿童入学率 90.67%。1997 年，龙州县有初级中学 19 所，教学班 218 个，在校学生 10696 人，初中适龄儿童入学率 92.22%。1998 年，龙州县有初级中学 19 所，教学班 211 个，在校学生 10410 人，初中适龄儿童入学率 93.75%。1999 年，龙州县有初级中学 19 所，教学班 201 个，在校学生 10836 人，初中适龄儿童入学率 95.56%。

2000 年，龙州县有初级中学 21 所，教学班 252 个，在校学生 12151 人；教师 944 人，其中公办教师 839 人、代课教师 105 人。在普及初等教育的基础上，加快初中建设步伐，按照 1.5 万 ~2 万人口办一所初中的要求，有计划地推行九年制义务教育。2005 年，全县有初级中学 18 所，教学班 227 个，在校学生 10770 人；教师 844 人。

学制课程

1986 年，龙州县初中教育由二年学制改为三年学制。采用全国统编教材，设置思想政治、语文、数学、英语、物理、化学、生物、历史、地理、音乐、体育、美术、劳动 13 门课程。1995 年，增设健康教育、国情与国防教育、劳动技术等课程。同时，使用自治区编印的部分乡土教材。全县初中教学全面推进素质教育，抓好基础知识教学，注重学生各种能力的培养和提高。2002 年，制定《全县初中实施素质教育督察评估标准及实施方案》，规范各科素质教学措施，明确教育教学目标，方便实际操作，评估标准统一，初中素质教育逐步走向良性发展轨道。初中毕业率从 1986 年的 86.78% 提高到 2005 年 88.63%，提高 1.85 个百分点；初中升学率从 1986 年的 89.25% 提高到 2005 年 97.88%，提高 8.63 个百分点。

表 20-4

1986 年—2005 年龙州县初中生统计表

单位：人

年份	入学数	毕业数	升学数	年份	入学数	毕业数	升学数
1986	1951	1693	1511	1997	2237	1983	1907
1987	1901	1687	1542	1998	2709	2363	2294
1988	1948	1725	1564	1999	2823	2443	2382
1989	1963	1691	1569	2000	3320	2842	2738
1990	1882	1599	1497	2001	3456	3066	2980
1991	2042	1792	1679	2002	4328	3734	3640
1992	2225	1973	1865	2003	4274	3669	3601
1993	2634	2257	2127	2004	4532	3978	3850
1994	2773	2355	2252	2005	3675	3257	3188
1995	1986	1715	1640	合计	54816	47746	45688
1996	2157	1924	1862				

中考

中考科目 1986 年—1999 年中考科目有语文、数学、英语、物理、化学、政治 6 科。2000 年—2005 年，由龙州县教育局组织实施中考工作，成立以县教育局局长为组长、各相关股室长为成员的龙州县中考工作领导小组，全面领导中考工作，统筹协调中考工作的有关事宜。县招生办具体负责组织实施中考的各项工作。2001 年—2003 年，龙州县中考科目为政治、语文、数学、英语、物理、化学、体育 7 个，由自治区统一命题，理化合卷。2004 年—2005 年，龙州县中考科目为语文、数学、英语、物理、化学、政治、历史、体育，由崇左市命题，政史合考。

中考录取 1986 年 1167 人参加中考，高中录取人数为 352 人；1987 年 1229 人参加中考，高中录取人数为 402 人；1988 年 1144 人参加中考，高中录取人数为 297 人；1989 年 1550 人参加中考，高中录取人数为 432 人；1990 年 1756 人参加中考，高中录取人数为 405 人；1991 年 1638 人参加中考，高中录取人数为 419 人。2000 年—2001 年，龙州县中考实行对考生德、智、体、美、劳全面考核，以文化考试成绩为主，按考生志愿，从高分到低分择优录取。期间，中考录取共 1373 人。2002 年—2005 年，考生不再填志愿，而是在规定的时间内，考生凭分数条到学校或学校设立的报名点报名；各高中招生学校按招生计划和报名人数，根据综合素质评价，以优先、公平、公正、公开为录取原则，从高分到低分择优录取。期间，中考录取共 3094 人。

表 20-5

2000 年—2005 年龙州县中考录取人数表

单位：人

年份	初中毕业人数	参加中考人数	普高录取人数	中师中专录取人数	职高录取人数	录取人数合计	升学率(%)
2000	2576	1609	414	109	116	639	24.81
2001	2702	1814	454	141	139	734	27.17
2002	3297	1801	566	—	192	758	22.99
2003	3835	1734	546	—	169	715	18.64
2004	3332	1610	584	—	328	912	27.37
2005	2680	2351	552	—	157	709	26.46
合计	18422	10919	3116	250	1101	4467	24.25

第四节　高中教育

学校设置

龙州县只有1所普通高级中学——龙州县高级中学。1986年，龙州县高级中学有教学班13个，其中高中班9个，初中班4个，在校生650人，教师56人。龙州县根据《中国教育改革和发展纲要》"调整布局、稳定规模、稳定发展普通高中教育"精神，注重控制高中适度规模。1993年12月，龙州县高级中学改称龙州中学。2000年，龙州中学有教学班25个，在校生1287人，教师90人。2005年，有教学班35个，在校生1839人，教师110人。

学制课程

1986年，龙州县高级中学由二年学制改为三年学制。采用全国统编教材，设置语文、数学、英语、政治、历史、地理、生物、物理、化学、体育、音乐、美术、劳动技术共13门课程。

高考

高考科目　1986年，龙州县高考由县委、县政府直接领导，自治区、南宁地区招生办(2003年以后，为崇左市招生办)具体指导，县招生考试委员会负责组织实施。考场均设在龙州中学。龙州县加强高考招生考试队伍的建设，严肃考风考纪，强化考务管理，考前培训，实现"安全、准确、按时、守纪"八字目标。1984年—1994年，理科除考政治、语文、数学、英语、物理、化学科目外，加考生物科目，满分为50分；1990年起，满分为70分。1985年起，语文、数学科目满分各为120分。考试时间定为每年7月7日、8日、9日三天进行。1995年，高考采用"3+2"模式，每科满分都是150分。"3"指考生必考的语文、数学、外语3个科目；"2"分别指理科的物理、化学两个科目和文科的政治、历史两个科目。1996年—2004年，高考分数始按标准化方式计数，标准分满分为全自治区最高分900分，考生原始分为全自治区平均分500分。2002年，高考实行"3+X"和一年二次考试模式。"3"指考生必考的语文、数学、外语3个科目；"X"为选考科目，本科指物理+化学、物理+生物、化学+生物、物理+综合、化学+综合、生物+综合、政治+历史、政治+地理、历史+地理、政治+综合、历史+综合、地理+综合12个科目组，专科指物理、化学、生物、政治、历史、地理、综合7个科目。本科考生可以报考两个科目组，即考完一个科目组可以再加考一个科目组，并能两两组成科目组；专科最多可报考两个科目。本专科考试时间错开，本科在7月7日、8日、9日、10日四天进行；专科在9月1日、2日、3日、4日四天进行，不分文理科。本、专科的成绩不得交叉使用。2003年，高考延用2002年"3+X"的考试方式，但专科的"X"只能选考1个科目。高考考试时间本、专科统一为6月7日、8日、9日、10日四天进行。龙州中学考生胡智杰以749分(标准分，不含加分)夺取崇左市X1(物理+化学)科目组状元，考上北京航空航天大学。2005年，采用的"3+文科综合"和"3+理科综合"考试方式。"3"指文理科必考的语文、数学、英语，每科满分为150分；文科综合为政治、历史、地理三科综合卷；理科为物理、化学、生物三科综合卷。文、理科综合各作一卷，满分各为300分。考分按原始分数记录。是年，高考恢复原始分统分。

高考录取　1986年，龙州高中考生被大中专录取53人。1988年，龙州高中考生73人被大中专院校录取，其中大专以上39人。1993年，龙州高中考生被大中专录取118人。其中，考生欧永华以总分543分，名列南宁地区第10名，化学以96分排在南宁地区化学单科第1名，被北京科技大学录取。1997年，龙州中学考生被大中专院校录取135人。其中，考生林海立以总分792分(标准分，不含加分)夺取南宁地区理科状元，被清华大学录取；黄富荣以739分被中国科技大学录取，是龙州县第一个考入这所重点大学的考生。因为当年高考成绩显著，龙州中学获得"高考成绩进步奖"，县人民政府奖励龙州中学两万元。同年11月，南宁地区教育局在我县第三次召开高考现场会(第一次是1958年，第二次是1988年)。2000年，龙州中学考生202人被高校录取。其中，10人考上重点大学。考生慕丽静以文科总分759分(标准分)的成绩排在南宁地区第6名，被中国政法大学录取。2002年，龙州中学考生被高校录取412人。其中，考生潘天立以总分836

分(标准分,不含加分)的成绩排在全自治区 X1（物理＋化学）科目组的第 24 名、南宁地区第 4 名;李晟以总分 803 分(标准分,不含加分)排在南宁地区 X7（物理＋综合）科目组的第 2 名、南宁地区 20 位总分超过 800 分中的第 2 位。2005 年,龙州中学参加高考 637 人,被录取的考生 472 人,占考生总数 74.10%。其中本科录取 154 人,占考生总数 24.18%;专科录取 318 人,占考生总数 49.92%。1993 年—2005 年,毕业考生被全国重点大学录取 89 人。

表 20-6　　1986 年—2005 年龙州高考录取人数表

单位:人

年度	考试人数	录取人数									
		本科	专科	预科	计划委培	单位委培	电大	小计	中专	合计	重点或一本
1986	160	7	4	6	—	—	—	17	36	53	—
1987	157	11	10	2	—	—		23	19	42	—
1988	161	19	17	3	—	—	—	39	34	73	—
1989	175	6	18	2	—	—	—	26	40	66	—
1990	164	9	20	—	—	—	—	29	9	38	—
1991	180	10	19	4	—	—	—	33	13	46	—
1992	172	9	25	8	6	2	—	50	16	66	—
1993	264	14	33	8	9	14	20	98	20	118	3
1994	230	12	23	5	27	—	—	67	16	83	4
1995	242	6	21	4	26	—	—	57	7	64	5
1996	295	15	62	3	9	—	—	89	7	96	5
1997	254	28	60	4	38	—	—	130	5	135	8
1998	242	10	34	4	14	—	—	62	4	66	2
1999	254	28	92	—	—	—	—	120	4	124	3
2000	334	33	169	—	—	—	—	202	—	202	10
2001	437	61	198	5	57	—	—	321	12	333	6
2002	511	87	325	—	—	—	—	412	—	412	7
2003	548	78	327	—	—	—	—	405	—	405	7
2004	534	106	353	—	—	—	—	459	—	459	8
2005	637	154	318	—	—	—	—	472	—	472	21
合计	5951	703	2128	58	186	16	20	3111	242	3353	89

第五节　社会办学

民办幼儿园

1986 年—1996 年,龙州县没有民办幼儿园。1997 年,国家颁布实施《社会力量办学条例》,随着基础教育的发展,龙州县学前教育在办园数量、教学质量以及规范管理方面,都得到快速发展和提高。到 2000 年,始有民办幼儿园 2 所。2005 年,全县有民办幼儿园 37 所,其中县城办 10 所,乡镇、村办 27 所,在园幼儿 3083 人,专任教师 215 人,保育员 92 人。1986 年—2005 年,全县民办幼儿园资金来源为自筹,以园养园;园舍多为租赁私人或集体住宅、闲置公房;教师由举办者招聘,多为学前教育或大中专师范毕业生。办学形式采取月托、周托、日托等,各项收费、课程设置、教材教法与公立幼儿园基本相同。民办幼儿园接受县教育局管理,纳入县教育局教学指导范围。

民办初级中学

1986年—1990年，龙州县尚无民办初级中学。

龙州县城北初级中学　1991年9月，中国民盟自治区委龙州县支部委员会租用龙州县农机校部分校舍，创办龙州县城北初级中学，聘用教师14人，招收初中2个班，学生130人。1992年春，经龙州县政协与县政府联系和沟通，征得1块0.33公顷的土地，由民盟县支部发动盟员捐资7万多元，于1992年秋建成1幢新校舍，建筑面积800平方米，其中教室4间、教师办公室2间、学生宿舍4间、教师宿舍3间，厨房和厕所各1间，1个篮球场。招收2个班新生。1993年，龙州县城北中学与龙州镇建筑公司达成协议，由建筑公司出资8万元，学校贷款8万元，建成1幢3层教学楼，其中教室8间，教师办公室2间。至此，城北中学已经建成可容纳3个年级12个班，初具规模的初级中学校。1994年秋季学期，城北中学招收7个班420名新生。学校内设教务处、校长办公室、总务处、教师办公室，在校教职员工16人，其中专任教师12人；校长1人，副校长1人；总务处1人。1996年，学校并入龙州县连城初级中学。

龙州县连城初级中学　1993年，龙州县计划生育局租用龙州县食品公司创办龙州县人口计生学校附设连城初级中学，聘用教师18人，招收6个班，学生343人，首任校长是时任副县长、县计生委主任张才芬，时任县委副书记赵国忠任名誉校长。2001年10月，搬迁到原县民族卫生中等技术学校，继续招收初中生7个班，学生300人，租用教学楼1栋，宿舍楼1栋，学生食堂1间，添置25台电脑，教学仪器一批，教职员工21人，学校内设教导处、政教处、总务处，设校长1人，副校长2人，教导主任、总务主任、政教主任各1人。2005年，学校有6个班，学生270人，教师25人。

城北初级中学、连城初级中学两所民办初中在龙州县实施义务教育和基本实现九年义务教育起到了一定的辅助作用。

第六节　希望工程

1995年，龙州县开始开展希望工程活动。1997年，香港汇富集团捐资20万元、县自筹资金10万元，在上龙乡武权完小建成全县第1幢希望工程教学楼；广西玉林柴油机器股份有限公司捐资30万元，在龙州镇建成全县第1所希望小学——玉柴希望小学。1997年，县常务副县长黎志敏到浙江省宁波市镇海区政府挂职，引进镇海区人民政府捐赠资金10万元，投入建设上降乡梓丛小学教学大楼。1997年—2005年，全县得到资助学校13所，建筑面积8739平方米，工程造价508.5万元，其中自筹资金78.5万元、社会捐资430万元。

2001年9月6日，由广西军区援建的洞埠希望小学教学大楼竣工暨新生入学典礼在校内举行。图为旭日下的希望小学教学大楼

表20-7　**1997年—2005年龙州县社会捐资建校情况表**

乡镇名称	学校名称	兴建时间	建筑面积（平方米）	捐助资金（万元）	自筹资金（万元）	捐建单位或个人
上龙乡	武权完小	1997	500	20	10	香港汇富集团
水口镇	弄堪小学	1997	691	20	6.5	香港商人陈庭骅
龙州镇	玉柴希望小学	1997	710	30	—	广西玉柴机器股份有限公司

续表

乡镇名称	学校名称	兴建时间	建筑面积（平方米）	捐助资金（万元）	自筹资金（万元）	捐建单位或个人
上降乡	梓丛完小	1997	490	10	7	浙江省宁波市镇海区政府
上龙乡	新联完小	1999	500	20	10	香港警察警督协会
彬桥乡	红岭完小	2001	500	10	15	香港周凯旋基金会
彬桥乡	安民完小	2001	500	30	—	国家开发银行
下冻镇	广西军区洞埠希望小学	2001	1550	50	—	广西军区
金龙镇	解放军总后希望小学	2002	448	20	10	解放军总后勤部
响水镇	图强完小	2002	450	20	10	深圳锐铨集团公司
金龙镇	埔丈小学	2005	500	50	—	国家开发银行
武德乡	群合完小	2005	500	50	—	国家开发银行
上龙乡	上龙中心小学	2005	500	50	—	龙州南华糖业有限责任公司
水口镇	合平完小	2005	900	50	10	上海福禧投资控股有限公司
合计			8739	430	78.5	

第三章　中等职业教育　高等教育　成人教育

1986年—2005年，龙州县有中等职业学校1所，高等专科学校1所，成人学校2所。

第一节　中等职业教育

龙州县中等职业技术学校

1985年，龙州县初级中学改建为龙州县职业高级中学，实行职业高中和普通初中联合办学，主要为县内各行业举办技术短期培训班。至1987年，共举办技术短期培训班3期，培训166人。1987年—1992年，龙州县三家糖厂和水泥厂、大修厂及多家小水电站等企业，急需大批技术工人，县职业高中实行厂校挂钩，订单办学，设置制糖、水电、财会、造纸、酒店管理与导游、幼教、农村综合技术专业，为各对口单位和农村输送各类人才3000多人。1993年，龙州县职业高级中学更名为龙州县中等职业技术学校。2003年，亦招收初中班学生。2004年，龙州县中等职业技术学校被确认为国家星火计划农民科技培训学校。1993年—2005年，县中等职业技术学校毕业学生2498人，就业率89.6%。

表20-8　　1986年—2005年龙州县中等职业技术学校学生统计表

单位：人

年份	入学数	毕业数	就业数	年份	入学数	毕业数	就业数
1986	285	0	0	1992	251	285	267
1987	241	0	0	1993	153	311	286
1988	268	156	143	1994	113	272	247
1989	287	285	268	1995	105	251	225
1990	314	241	223	1996	97	150	135
1991	274	266	247	1997	187	109	98

续表

年份	入学数	毕业数	就业数	年份	入学数	毕业数	就业数
1998	286	101	89	2003	385	225	198
1999	218	95	87	2004	565	107	94
2000	236	183	164	2005	799	206	181
2001	119	276	245	合计	5391	3731	3385
2002	208	212	188				

龙州县民族卫生成人中等专业学校 1986年，龙州县卫生学校兴建一幢832平方米教学楼，添置教学设备，招收医士和妇幼专业各1个班，学生96人。次年，通过自治区教育委员会评估。1988年11月，自治区政府批准龙州县卫生学校纳入成人中等专业教育系列，更名为龙州县民族卫生成人中等专业学校，由自治区教委和计委统一下达招生计划。2001年，自治区对学校办学条件评估不达标。2004年，学校停止招收中等专业新生。1986年—2005年，学校培养各类医学专业毕业生2688人。其中，医士专业1266人，护理专业266人，社区医学专业513人，幼妇卫生专业120人，乡村医生50人，农村妇幼班36人，检验班15人，岗位转全科班社区医学专业160人，岗位转全科班护理专业75人。

龙州县教师进修学校 1985年，经自治区教育厅批准，龙州县师范学校改为龙州县教师进修学校。是年，自治区教育厅批准龙州县教师进修学校在龙州、宁明和凭祥三县市招收高考落榜学生45人就读中师速成班，专修一年毕业后，返回本地从事小学教学工作。1985年—1988年，主要举办教师培训班。1986年—1991年，学校招收脱产在职中师班310人。1986年—1998年，学校招收在职函授中师班275人。1992年—2000年，学校招收全日制班（三年制）中师班353人；在职卫电中师班197人。2001年，学校招收小学教育大专班（三年制）151人。2002年，学校招收计算机、电子电器和会计专业3个职业大专班82人。2003年—2005年，学校开展小学教师全员培训3期，参训286人次。2004年—2005年，学校开展中小学新课改培训2期，参训85人。2005年，学校开展“两基”攻坚教师培训，参训450人次；开展小学校长和教导主任、教师教育技术能力培训1期，参训62人次。

第二节　高等教育

驻龙州县的高等学校为南宁师范高等专科学校。前身为创立于1939年的广西省立龙州师范学校。1972年，改名为南宁地区第二师范学校。1978年12月，南宁师范专科学校成立。1988年3月，学校为副地（厅）级事业单位的建制级别，实行自治区、地区双重领导的管理体制，以自治区领导为主，主管部门为自治区教育厅。1989年10月，学校设党委办公室、校长办公室、人事处、教务处、总务处、学工办6个相当于副处（县）级的建制机构；设财务科、保卫科2个相当于科（局）级的直属机构。1994年，改名为南宁师范高等专科学校。2003年，南宁地区第二民族师范学校并入。2005年，学校位于龙州镇白沙街106号。占地面积69.60公顷，建筑面积20.5万平方米；固定资产总值1.99亿元，教学科研仪器设备总值2780多万元；图书馆纸质图书60.3万册，电子图书29多万册。

1999年10月8日，南宁师专举行建校60周年庆典，向社会全面总结汇报建校以来的办学成果。图为南宁师专学生迎接来自国内外、区内外的领导、嘉宾的情景

学校培养目标是初级中学教师。学制3年，

设中文、英语、数学、物理、化学 5 个专业。1985 年 9 月，学校增设两个 2 年制中文专业干部专修班，学生 80 人。1988 年 9 月，学校与有关县签订协议，增开中文、英语、数学、政史 4 个专业师训班；10 月，举办首届体育师训班。1991 年 5 月，学校教学管理机构由科改为系。1992 年，物理、化学合并为理化系。是年 7 月，增设政史系、德育教研室、公共课教研室；8 月，理化系分为物理系和生化系，开办中师、英语、计算机应用等职业中专班。1994 年秋季学期，学制由 3 年改为 2 年。1995 年秋季学期，学制由 2 年改为 3 年。2002 年，数学系更名为数学与计算机科学系、物理系更名为物理与信息技术系、生化系更名为化学与生命科学系、政史系更名为政治与社会科学系。1986 年—2002 年，学校毕业生就业率 100%。2004 年，英语系更名为外语系、政治与科学社会系更名为经济与管理系。2005 年，学校设有汉语、语文教育、文秘、新闻采编与制作、播音与主持、英语教育、应用英语、商务英语、应用越南语、应用泰国语、数学教育、计算机教育、计算机应用技术、计算机信息管理、软件技术、会计电算化、物理教育、应用电子技术、通信技术、计算机网络技术、现代教育技术、法律事务、旅游管理(分酒店管理方向、涉外导游方向)、物流管理、市场营销、思想政治教育、国际经济与贸易、连锁经营管理、应用化工技术、生物化工技术、化学及生物教育、工业分析与检验、音乐教育、音乐表演、美术教育、电脑艺术设计、体育教育、综合理科、综合文科、人力资源管理、社会工作等 41 个普通专科学历教育专业。同时，开设成人函授大专学历 12 个专业和成人函授本科学历教育 3 个专业(合作办学)。全校在职教师 440 多人，其中专任教师 306 人。高级职称 99 人，中级职称 158 人；“双师”素质教师 189 人，研究生学位教师 93 人。在校生 6044 人，其中普通专科生 5760 人，成人函授生 284 人。2003 年—2005 年，2003 年学校毕业生就业率 64.69%；2004 年学校毕业生就业率 80.1%；2005 年学校毕业生就业率 68.9%。

表 20-9　　1986 年—2005 年南宁师范高等专科学校学生情况表

单位：人

年份	入学数	毕业数	就业数	年份	入学数	毕业数	就业数
1986	243	151	151	1996	514	556	556
1987	211	207	207	1997	533	不详	不详
1988	185	194	194	1998	606	296	296
1989	208	244	244	1999	652	495	495
1990	183	181	181	2000	721	483	483
1991	181	182	182	2001	681	561	561
1992	210	207	207	2002	1209	1026	1026
1993	297	177	177	2003	1376	960	653
1994	307	181	181	2004	1613	872	587
1995	300	247	247	2005	1719	1273	853

第三节　成人教育

县级成人教育

1986 年—2005 年，龙州县办有中等职业技术学校、民族卫生成人中等专业学校和教师进修学校 3 所。开办有计算机基础、电焊工、制衣车工、电子装配、家电维修工、酒店服务与管理、建筑工、农机驾驶、栽培技术、护理 10 个专业(工种)，在职成人毕业生 1600 多人。全县办有各种各类培训机构 5 个，其中民办驾驶学校 2 个，部门办培训机构 3 个。全县年实施短期培训近 3000 人次。

乡镇成人教育

1990 年，全县乡镇办有成人文化技术学校 13 所，其中武德乡、逐卜乡、彬桥乡成人文化技术学校属单门独院式学校，其余 10 所成人文化技术学校均附设在乡镇中心小学内开办。全县乡镇成人文化技术学校校园总面积5300平方米，校舍总面积2500平方米，其中单门独院学校校舍面积1100平方米；拥有科技类图书5500多册，电视机、DVD机等教学仪器价值18.5万元。各乡镇成人文化技术学校在县、乡镇有关部门和县职业学校、农机学校等培训机构的支持下，开办钢筋工、筑砌工、电焊工、家政服务、家电维修、农机修理、农机驾驶、电脑维修以及种养、农业技术等短期培训工种10多个，承担全县农民工转移就业初级职业技能培训以及各种实用技术培训。1990年—2005年，在县委统战部、教育局、农业局、科技局、畜牧水产局、扶贫办、建设局等部门和乡镇政府的支持下，各乡镇成人文化技术学校与县中等职业技术学校联合开展“送教下乡”活动，每年培训农民工3000人次。2005年，全县乡镇成人文化技术学校通过培训转移输出农民工就业3680人，完成各种实用技术短期培训8800人次。

第四章　教育资源

1986年，龙州县中小学在职教职工有2526人。其中，公办教师2081人，临时代课教师221人，职工224人。中小学校舍面积189880平方米，其中危房面积79721平方米，占校舍总面积41.99%。1988年3月起，实施抢修中小学校危房。至1990年3月，投入抢修中小学危房专项资金557.8万元，推倒严重危房28455.6平方米，回建和新建校舍36128.6平方米，维修一般危房48263.8平方米。按照自治区验收标准基本完成抢修中小学危房的任务。2000年—2003年，开展实施边境大会战。全县共投入资金3056万元，完成新建教学用房28幢，面积18480平方米；学生宿舍77幢，面积29630平方米；学生食堂79幢，面积4760平方米；厕所73间，面积3160平方米。其他建筑面积2513平方米，共计257幢，面积58543平方米。推倒D级危房12234平方米。2005年，全县各级各类学校占地面积169.08公顷，校舍建筑面积297078平方米。中小学在职教职工有2348人。其中，公办教师1913人，职工333人。

第一节　经　费

1986年，龙州县投入教育经费471万元。1987年开始，教育经费投入逐年增长，至2005年，全县投入的教育经费达4306万元。1986年—2005年，全县投入教育经费共36024万元，平均年增长12%。

表20-10　　1986年—2005年龙州县教育经费统计表

单位：万元

年份	金额	比上一年增长%	年份	金额	比上一年增长%
1986	471	5.60	1997	1657	1.97
1987	511	8.49	1998	1866	12.61
1988	617	20.74	1999	2111	13.13
1989	654	6.00	2000	2296	8.76
1990	770	17.74	2001	2790	21.52
1991	849	10.26	2002	3164	13.41
1992	980	15.43	2003	3692	16.69
1993	1180	20.41	2004	3486	−5.58
1994	1475	25.00	2005	4306	23.52
1995	1524	3.32	合计	36024	
1996	1625	6.63			

第二节　设　施

校舍

1986 年，龙州县中小学校舍面积 189880 平方米，其中危房面积 79721 平方米（一般危房 51265 平方米，严重危房 28456 平方米），占校舍总面积 41.99%。1988 年 3 月，根据自治区人民政府《关于抢修中小学危房的紧急通知》精神，为确保师生生命安全，县政府作出部署，抢修中小学危房。至 1990 年 3 月，投入抢修中小学危房专项资金 557.8 万元，其中上级拨款 268.42 万元，县财政安排 54 万元，乡镇财政安排 10.92 万元，干部群众集资 224.46 万元。推倒中小学危房 28456 平方米，新建和改建校舍 36128 平方米，基本消除危房。1995 年—1997 年，全县投入资金 976.07 万元，新建和改建校舍面积 25686 平方米。义务教育工程结束后，群众赞扬说：最好的楼房建筑在学校，最美的环境也是在学校。2001 年，龙州县中小学校舍面积 202788 平方米，其中严重危房面积 22199 平方米。2002 年，根据中央和自治区要求，县政府实施抢修中小学校危房。2002 年—2005 年，全县投入资金 9499.21 万元，其中上级财政拨款 6424.88 万元，县级财政拨款 2837.33 万元，社会各界人士捐资 237 万元。新建校舍面积 81339 平方米，推倒严重危房 22199 平方米，彻底消除 D 级危房。全县中小学校生均校舍面积提高：小学由 2001 年每人 4.02 平方米提高到 2005 年的每人 7.88 平方米；初中由 2001 年每人 5.02 平方米提高到 2005 年的每人 7.48 平方米。2005 年，全县各级各类学校占地面积 169.08 公顷，校舍建筑面积 297078 平方米，其中教学及辅助用房面积 163915 平方米，学生宿舍面积 78533 平方米，学生饭堂面积 13260 平方米，行政办公用房面积 3808 平方米，教工住房面积 30370 平方米，其他用房面积 7192 平方米。

设备

1986 年，龙州县中小学电教设备有电视机 30 台，录像机 9 台，投影机 20 台，价值不足 9 万元。因仪器设备不足，乡镇初中只能做 31% 的演示实验。2004 年，普及实验教学工程启动后，投入 600 万元，配足配齐教学设备。2005 年，全县中小学有图书藏书 618882 册，价值 928.3 万元，小学生人均 17.28 册，中学生人均 25.23 册；实验室 38 间，总面积 3200 平方米；仪器室 47 间，总面积 2122 平方米；仪器室 108 间，总面积 2343 平方米。全县中小学仪器设备均按标准配备，配齐率 90%；电教设备配备均按标准配备，配齐率 91%；体育器材配备均按标准配备，配齐率 84%；音乐、美术、卫生器材设备均按标准配备，配齐率 64%。是年，龙州县普及实验教学通过自治区政府评估验收。

第三节　教　师

队伍

1986 年，龙州县中小学在职教职工有 2526 人。其中，公办教师 2081 人，临时代课教师 221 人，职工 224 人。教师中，本科学历 84 人，大专学历 126 人、中师中专学历 1353 人、高中及以下学历 739 人。从 1988 年起，龙州县每年评定中小学教师职称 1 次。是年，全县中小学在职教职工有 2284 人。其中，公办教师 2046 人，职工 238 人。小学在编教师 1532 人，初中在编教师 423 人，高中在编教师 63 人。教师中，本科学历 50 人，大专学历 169 人、中师中专学历 764 人；高级职称教师 25 人、中级职称教师 421 人、初级职称教师 1521 人，未评职称 231 人。1989 年，全县小学在编教师 1507 人，初中在编教师 434 人，高中在编教师 67 人。1991 年全县小学在编教师 1422 人，初中在编教师 314 人，高中在编教师 68 人。1995 年，全县小学在编教师 1299 人，初中在编教师 389 人，高中在编教师 76 人。2000 年全县小学在编教师 1201 人，初中在编教师 583 人，高中在编教师 89 人。2001 年全县小学在编教师 1323 人，初中在编教师 582 人，高中在编教师 86 人。2002 年全县小学在编教师 1305 人，初中在编教师 575 人，高中在编教师 92 人。2003 年，全县中小学在职教职工有 2683 人。其中，公办教师 2025 人，临时代课教师 465 人，职工 342 人。小学在编教师1249人，初中在编教师650人，高中在编教师126人。教师中，本科学历98人、大专学历868人、中师中专学历1104人、高中学历189人；高级职称教师28人、中级职称教师654人、初级职称教师1349人，未评职称467人。2004年，辞退全县临时代课教师373人，在职中小学公办教师有2000人。2005年，全县中小学在职教职工有2348人。其中，公办教师1913人，职工333人。教师中，本科学历158人，大专学历1365人、中师中专学历527人；高级职称教师30人、中级职称教师999人、初级职称教师782人，未评职称102人。

表20-11　　1986年—2005年龙州县中小学校在职教师统计表

单位：人

年份	在职公办教师					临时代课教师					合计
	其中				小计	其中				小计	
	高级职称	中级职称	初级职称	未评职称		本科学历	大专学历	中专中师	高中初中		
1986				2081	2081			23	198	221	2302
1987				2016	2016		7	25	302	334	2350
1988	16	441	965	116	1538		15	28	540	583	2121
1989	17	347	985	183	1532		23	172	419	614	2146
1990	21	358	1048	206	1633		41	223	383	647	2280
1991	18	364	1376	221	1979		47	267	355	669	2648
1992	20	371	1363	212	1966		52	304	338	694	2660
1993	22	384	1336	204	1946		54	323	344	721	2667
1994	25	436	1412	151	2024		57	327	364	748	2772
1995	25	458	1284	165	1932		52	388	336	776	2708
1996	23	497	1260	189	1969		68	415	312	795	2764
1997	22	579	1249	168	2018		85	462	276	823	2841
1998	20	566	1203	201	1990		108	548	247	903	2893
1999	21	562	1267	176	2026		83	636	203	922	2948
2000	17	582	1250	185	2034		66	506	101	673	2707
2001	22	675	1187	223	2017		66	506	101	673	2690
2002	25	666	1175	270	2142		39	677	82	798	2940
2003	23	653	1164	185	2025		35	259	41	335	2360
2004	23	696	1199	82	2000		100		1	101	2101
2005	30	999	782	102	1913		102			102	2015

表20-12　　1986年—2005年龙州县在职教师统计表

单位：人

年份	幼儿教师			小学教师			初中教师			高中教师			职教教师			合计		
	小计	男	女	小计	男	女	小计	男	女	小计	男	女	小计	男	女	合计	男	女
1986	27		27	1640	1398	242	411	348	63	54	44	10	49	41	8	2181	1831	350
1987	26		26	1559	1309	250	324	270	54	66	55	11	41	33	8	2016	1667	349

续表

年份	幼儿教师			小学教师			初中教师			高中教师			职教教师			合计		
	小计	男	女	小计	男	女	小计	男	女	小计	男	女	小计	男	女	合计	男	女
1988	28		28	1532	1182	350	450	378	72	66	51	15	40	34	6	2116	1645	471
1989	27		27	1514	1180	334	471	377	94	74	54	20	50	41	9	2136	1652	484
1990	27		27	1487	1139	348	495	396	99	74	52	22	40	29	11	2123	1616	507
1991	27		27	1462	1108	354	476	369	107	78	56	22	41	30	11	2084	1563	521
1992	27		27	1446	1073	373	441	349	92	78	53	25	44	30	14	2036	1505	531
1993	26		26	1425	1028	397	463	344	119	81	56	25	42	32	10	2037	1460	577
1994	21		21	1408	996	412	494	373	121	82	57	25	45	29	16	2050	1455	595
1995	27		27	1386	958	428	529	381	148	88	64	24	47	31	16	2077	1434	613
1996	27		27	1362	947	415	551	375	176	95	71	24	47	30	17	2082	1423	659
1997	25		25	1338	929	409	562	360	202	101	70	31	46	27	19	2072	1386	686
1998	25		25	1281	864	417	548	337	211	102	70	32	44	26	18	2000	1297	703
1999	24		24	1245	840	405	566	343	223	110	72	38	53	30	23	1998	1285	713
2000	23		23	1201	817	384	583	367	216	99	66	33	54	29	25	1960	1279	681
2001	21		21	1302	888	414	589	376	214	122	78	44	60	32	28	2095	1374	721
2002	21		21	1305	819	486	832	507	325	100	62	38	61	32	29	2319	1420	899
2003	21		21	1228	775	453	776	492	284	115	75	40	56	31	25	2196	1373	823
2004	22		22	1238	726	512	564	351	213	168	104	64	55	31	24	2047	1212	835
2005	24		24	1161	663	498	560	347	213	119	74	45	55	32	23	1919	1116	803

待遇

经济待遇　1988 年起，龙州县在职公办教师工资待遇，除规定与县直机关干部同级同等工资外，每人每月职务工资提高 10%。1986 年—1998 年，龙州县在职临时代课教师工资每人每月 36 元。1999 年起，县政府颁发文件，提高全县在职临时代课教师工资，每人每月增资 85 元 ~100 元。2002 年，县政府颁布《关于实施龙州县基础教育改革与发展的决定》，建立健全中小学校教职员工工资保障机制，保证全县中小学校教职员工工资按时足额发放。2005 年，龙州在职公办教师工资待遇（教龄不同工资待遇也不同）每人每月约：1054 元（小高）、952 元（小一）。1993 年—2005 年，龙州县在职男公办教师教龄满 30 年、女公办教师教龄满 25 年的，退休后，享受在职时全额工资待遇。

第五章　科学技术

1986 年起，龙州县科技局和有关涉农单位开展科技“三下乡”和科技赶街活动，播放科技录像片，发放科技资料，开展禽流感防治知识咨询等活动。1991 年，实施科技兴粮、科技兴蔗、科技兴林（果）和科技兴牧（渔）科技“四兴”工程。1993 年—1994 年，实施南宁地区下达的十大农业星火计划项目——科技兴镇。1999 年，实施“三田”建设项目。2001 年起，每年举行“十月科普大行动”。2003 年—2005 年，构建和完善基层科普网络队伍，建立科技服务团，乡镇配备农技员、科普员，巡回开展科普讲座。

1987年—2005年，龙州县获南宁地区行署、崇左市人民政府、自治区人民政府、水利部项目奖24个。其中龙州县七里滩水电站的《七里滩水电站机组运行稳定研究》获水利部科技进步三等奖；龙州县第二糖厂《蔗糖生产过程微机控制系统》项目获自治区人民政府科技进步二等奖。2003年—2005年，龙州县通过科技部全国科技进步县（市）考核。

第一节　机　构

龙州县科技局

龙州县科学技术局于1971年设立，1978年3月改名龙州县科学技术委员会。1986年，龙州县科学技术委员会不内设部门，有人员编制9名，实有9人，办公地址在龙州镇兴龙路29号。下设龙州县科学技术情报研究所、龙州县防震减灾办公室2个二层机构，科学技术情报研究所编制5人，防震减灾办编制3人。1997年，龙州县科学技术委员会复名为龙州县科学技术局，是龙州县人民政府的科技管理职能部门。2002年机构改革，县科技局不内设部门，有行政人员编制3名，实有3人（局长1人，副局长1人，机关后勤服务人员1人）。下属龙州县科技情报所（龙州县生产力促进中心）、龙州县防震减灾办公室为事业单位，县科技情报所（龙州县生产力促进中心）有事业人员编制3名，实有3人（所长1人，工作人员2人）。2005年，县科技局不内设部门，有人员编制5名，实有5人（局长1人，副局长2人，工作人员和后勤人员各1人），下属单位、办公地址不变。2006年4月，县防震减灾办公室从县科技局分离出去，单独成立龙州县地震局。

1986年—2005年历任局长（主任）：许文山（1986.1—1990.10），卢新骑（1990.10—1994.2），付玉周（1994.2—1998.1），甘志恒（1998.1—2001.2），冯奇能（2001.3—2005.12）。

乡镇工作机构

1984年机构调整前，全县12个乡镇政府都配备兼职科技助理，但因编制及经费没有落实，科技助理开展工作比较少；机构调整后，各乡镇科技助理未列入正式编制，造成原科技助理人员改行的、提拔领导岗位的均有，科技助理岗位变成自然撤销，使得乡镇一级科技工作处于无人管理状态。1991年，进一步深化科技体制改革，建立乡镇科委、选配科技副乡镇长和村科技副主任，全县有8个乡镇配备了科技副乡镇长，各村的科技副主任由原来的农民总技术员担任。同年，金龙乡、下冻乡成立了科学技术委员会。1992年，县人民政府批准成立水口乡、武德乡科学技术委员会。1995年，县人民政府批准成立龙州镇科学技术委员会。

龙州县气象局

1952年3月，广西军区在龙津县建立广西革命丽江气象站，配员8人，办公地址在龙州镇利民街146号，是年7月1日正式开始观测记录。此后多年几易站名，分别为广西省龙津气象站、龙津气象站、龙津县水文气象站、龙津县气象服务站、气象服务站、龙州气象服务站革命领导小组、龙州县革命委员会生产组农林水小组气象服务站、龙州县革命委员会气象站。1981年2月，龙州县革命委员会气象站更名为龙州县气象局，办公地址不变。1986年，龙州县气象局不内设部门，无人员编制规定，实有人员32人。下设711测雨雷达站、龙州气象站。1999年8月，龙州县防雷中心成立，为龙州县气象局下属的事业单位，定编5人，人员由气象局内部调剂解决。是年成立龙州县气象科技服务部，为县气象局下属企业，无人员编制，人员由气象局内部调剂。2002年，核定县气象局编制12人，实有人员12人，其中在编11人，编外1人。2005年，县气象局不内设部门，编制12人，实有人员13人，其中在编12人，编外1人，办公地址不变，下设事业单位县防雷中心。

1986年—2005年历任局长：钟晓英（1986.1—1988.4），施华良（1988.4—1988.12），丁立兵（1989.1—1997.5），农光标（1998.3—2000.9），林铂岷（2000.9—2005.12）。

第二节 科技经费

1986年—2005年，科技经费主要投向农业高产示范、林业科技改造、工业研究等项目。1987年，县科技部门强化科技体制改革，改革科技项目管理方法，采取科技项目合同制，加强督促检查，使得回收经费得以落实，改变以往科技项目由科委、财政局下达，承受单位具体实施，许多问题得不到及时解决致使项目无法完成，经费难以收回的问题。通过改革，使得科技经费有效使用，调动企事业单位投身科技研究积极性，促进了一批科技成果得以转化。1988年，县科委与橡胶研究所、县制药厂、罐头厂联合实施“绞股蓝资源调查及产品加工研究”项目取得成功，研发“绞股蓝茶”“绞股蓝冲剂”等新产品投入市场，当年实现产值9.6万元，新增利润2.7万元；县酒厂实施的“鸡皮果系列产品加工”项目，经过两年研究，研发出“鸡皮酱”“鸡皮香料”“将山可乐”等产品投放市场，深受用户青睐，产品供不应求。1990年，霞秀糖厂实施“锅炉蔗渣流态干燥”项目，利用蔗渣代替原煤作燃料，每天可节约原煤10吨，一个榨季生产以120天计，则节约原煤1200吨，当时每吨原煤130元，当年可节省15.6万元。节约原煤运输成本，通过这项技改，糖厂实现蔗糖生产高效益、高收回、低消耗“二高一低”的目标，经济效益和社会效益显著提高。1994年，县七里滩水电站实施“七里滩电站发电机组稳定性研究”项目，该项目解决机组超过900千瓦时出现震动的问题，可以满负荷运行发电，每年增加经济效益近20万元。

表20-13　　1988年—2005年龙州县投入科技经费统计表

单位：万元

年份	预算金额	实拨金额	年份	预算金额	实拨金额
1988	1.93	1.93	2000	7.00	7.00
1991	7.90	7.90	2001	7.00	7.00
1994	50.00	50.00	2002	11.00	11.00
1995	5.00	5.00	2003	8.00	8.00
1996	5.00	5.00	2004	8.00	8.00
1997	6.00	6.00	2005	11.00	11.00
1999	7.00	7.00	合计	134.83	134.83

第三节 科技队伍

1986年—2005年，龙州县设立的科技单位有县科学技术情报研究所、县农业技术推广站、县种子公司、县土壤肥料站、县农作物病虫测报站（县植保植检站）、县能源站、县水稻良种繁殖场（县农科所）、县玉米良种繁殖场（县玉米研究所）、县畜牧兽医站、县水产站、县药物检验所、县气象站、龙州水文站、鸭水水文站等。

1986年，全县科技人员3022人，中级以上职称428人。1987年，全县科技人员3121人，中级以上职称612人。1988年，完成全县企、事业单位专业技术职务首次聘任工作，共评定专业技术人员3631人，其中高级职称28人，中级职称673人，初级职称2930人。1989年，全县科技人员3316人，中级以上职称746人。1990年全县科技人员3709人，中级以上职称843人。1991年，全县有各类专业技术人员共4278人，已获得各级技术职称有3723人，其中高级职称40人，中级职称777人，助理级职称1684人，员级职称1222人。1992年，开展全县所有企事业单位中具有中专以上学历或担任初级以上专业技术职务的在职科技人员实行继续教育登记制度，全县4278名专业技术人员参加继续教育登记。9月27日，组织进行晋升中高级技术职务外语测试工作，报考人数207人，实考188人，有104人成绩及格，及格率55.3%，其中有10人满分。重新组建工程、农业、教育、卫生、经济、会计、统计、文化 8 个系列专业技术职务评审委员会。1993 年，全县推荐自治区、地区评审的高级职称 27 名、中级 193 名，评审初级专业技术职务资格 462 名，对大中专毕业生按期定职 76 名；根据《广西专业技术人员继续教育暂行规定》，举办 4 期科技人员培训班，参加专业技术人员 280 人。1994 年，申报晋升职称 448 人，其中推荐评审高级 11 人、中级 161 人，评审初级 276 人，对大中院校毕业生定职 61 人；选送各系列中、高级职称科技人员 5 批 50 多人参加地委知工办举办的知识分子培训班，向县中级职称以上科技人员印发自治区 7 个科技政策文件 260 份。1995 年，申报高级职称 9 人，中级职称 109 人，初级职称 252 人。1996 年，推荐评审高级职称 3 人，中级职称 109 人；评审初级职称 262 人，办理大中专毕业生定职 97 人；配合地区职改办组织 116 名专业技术人员参加全区职称外语考试。1997 年后，全国实施职称工作职能调整，调整后职称评审、专业技术人员管理及继续教育等职能工作归口县人事、劳动部门管理。

第四节　科技推广

1986 年—1988 年，龙州县引进南宁地区 2 个科技项目试行推广。县科技局计划安排的科技项目 18 个，由于各种原因，不能按计划实施的科技项目有 3 个。

1989 年，龙州县实施万亩粮食增产综合技术推广应用星火项目。上半年全县示范面积 22146.8 公顷，其中早稻面积 20773.93 公顷，总产量 943.6 万千克，平均亩产 302.7 千克，比上年同期亩增 67.7 千克。早玉米 1372.87 公顷，总产量 356.04 万千克，比上年同期增产 156.5 万千克；单产 172.9 千克，亩增 75.9 千克。

1990 年，开展“科技兴农示范村”建设，在金龙乡双蒙村主抓粮食高产示范。早稻推广种植博优和汕优桂品种，全村种植 0.55 公顷，平均亩产 403.3 千克，比常规稻增产 143.1 千克；早玉米推广桂顶品种，种植 5.73 公顷，平均亩产 269 千克，比常规增产 204 千克。全村通过粮食高产示范和改造中低产田等措施，粮食产量有了较大提高，全年粮食总产量比 1989 年增产 13281 千克，人均有粮提高 35 千克。

1991 年，按照《国务院关于依靠科技进步振兴农业加强农业科技成果推广工作的决定》，龙州县实施“科技五兴”工程：科技兴粮，以 5333.33 公顷粮食增产综合技术开发项目为代表，推广应用杂交良种，薄膜防寒育秧、地膜玉米、配方施肥、改造中低产田、综合防治病虫鼠害等，当年全县种植水稻面积共 3.07 万公顷，粮食总产量 6337 万千克，比 1990 年增产 198.9 万千克，平均亩产 134 千克，创历史纪录。科技兴蔗，以自治区下达甘蔗“1105”工程和“2165”工程为代表，在上龙、武德两乡各建立 10 万吨原料蔗生产基地，开展甘蔗高产竞赛活动。全县种甘蔗 11666.66 公顷，甘蔗总产量 48 万吨，比上年增产 9 万吨。科技兴林（果），全县造林面积 4505.73 公顷，种植龙眼、鸡皮果、杧果等果类，609.86 公顷；科技兴牧渔，1991 年—1993 年，向社会提供牛、猪、羊等肉类 640 万千克，产值 3128 万元；科技兴渔实施养鱼面积为 102 公顷，最高亩产渔 509 千克。科技兴菜，引进淡季蔬菜品种项目，由于经费未落实，未有进展。

1992 年，龙州县科委在金龙乡推广水稻杂优 688 公顷，垄稻沟养鱼 6.53 公顷，生物热能育秧 5.53 公顷，地膜玉米 34.2 公顷，冬玉米 40 公顷，种桑 33.33 公顷，吊丝球竹 18.6 公顷，冬小麦 29.93 公顷，荞麦 18.33 公顷。试验示范紧凑型玉米掖单三号 0.67 公顷；甜玉米 16.84 公顷，实收 14.73 公顷。

1993 年—1994 年，龙州县科委组织实施南宁地区下达的十大农业星火计划项目——科技兴镇。选择科学意识较强、容易辐射的龙州镇为项目推广示范点，实施网箱养鱼、科技扶贫“1211”工程［建设 1 个示范乡（镇）、推广 20 项科技成果、创办 1 个年产 1000 万元企业、培训 1000 名农民技术员］、甘蔗高产高糖高效综合技术开发等 10 个项目，经南宁地区组织专家验收，各个项目的效益指标均达到要求。

1995 年，龙州县科委与龙州县水果特产局联合实施“改造荔枝、龙眼低产果园示范”项目，中心示范面积 200 亩，辐射面 3400 亩；与龙州镇政府联合实施“龙州镇西瓜良种推广示范”种植 13.33 公顷，辐射面 66.67 公顷；独自实施“作物施用微肥示范推广”项目，试验结果试微肥比对照增产 8%，达到预期效果。

1996 年，龙州县科委、县畜牧水产局、龙州镇联合实施《网箱养鱼综合技术开发》项目，推广 400 箱，面积 12000 平方米，实际完成 424 箱，总产量 1017.6 吨，总产值 508.8 万元，新增利税 24 万元。县科委与县乡镇企业委实施《"十百千万"星火工程》，重点抓好龙州镇复合肥厂（县科委负责）和木地板厂（县乡镇企业委负责）建设工作，当年龙州镇复合肥厂总产量1685吨，产值219万元，实现利税金43.2万元。

1997年，组织实施农业十大星火项目：《8万亩甘蔗特早熟高糖良种示范推广》《千亩龙眼早结稳产技术开发》《网箱养鱼综合技术开发》《科技扶贫1211工程》《EM微生物菌肥在甘蔗生产试验》《3万亩水稻旱育希植栽培配套技术推广》《大豆高产栽培技术开发示范》《甘蔗化肥深施技术开发》《山羊养殖综合技术开发》《高产、高糖、早熟甘蔗新品种组培苗繁殖推广》，项目总投入6071.8万元（其中地区1.8万元，县46.5万元，部门6023.5万元），项目总产值22306.4万元，新增利税654.6万元。

1998年，自治区科技厅下达给龙州县《八角林低产改造技术开发》《广西大豆优质高产工程》等10个项目。其中，实施八角林低改面积666.67公顷，平均亩产110千克，总产量110万千克，新增利税3.66万元。《广西大豆优质高产工程》项目，实施面积20公顷。桂早一号玉米品种在武德乡农干村坡彩屯、金龙镇金龙村弘村屯和下冻玉米场等地进行推广，项目总产量5.58万千克，新增产量1.37万千克，总产值22.32万元。

1999年，龙州县科技局实施"三田"（吨粮田、吨糖田、万元田）建设项目。《吨粮田综合技术开发》项目在霞秀乡百秾、贯明两村实施，面积133.33公顷，采用特优559、特优63、汕优63三个水稻新品种，总产量100.03万千克，平均亩产500.15千克。《吨糖田综合技术开发》项目在霞秀乡楞巧村实施，面积12公顷，种植品种桂糖11号、新台糖10、16、20号，总产量1364.4吨，亩产7.58吨，亩产比上年增产1.98吨。《万元田综合技术开发》项目在龙州镇利民街和霞秀乡河屯村实施，面积0.45公顷，27个棚，其中龙州镇17个棚，面积0.24公顷；霞秀乡10个棚，面积0.21公顷。项目平均亩产值1.25万元。

2000年，龙州县科技局在13个乡镇示范推广4个项目：《新台糖系列甘蔗品种引进繁殖》项目，实施面积53.67公顷，种植品种新台糖22、23号。经过验收，秋植新台糖22号，实施面积33.8公顷，总产量4495.57吨，平均亩产8.87吨。《生物菌肥田间试验》项目，引进菌剂200瓶，在县财政局、县农业局、广西热作所等甘蔗示范点试验，项目试验收效甚微。《4万亩秸秆还田技术应用》项目，由县土肥站实施，项目示范推广面积2333.33公顷，水稻平均亩产400千克，比上年亩增50多千克，增产率15.5%。

2001年2月，龙州县科技局从桂林引进韭菜新品种"日本四季韭菜花"种苗一批价值1000多元，在龙州镇北门村菜农地里试种，示范户农某种植0.5亩，当年8月开始收获韭菜花，每3~4天收割一次，每月收入240元，经测算该批次韭菜花每年亩产值达8000元以上。同年4月，从南宁地区科技局引进了马来西亚红皮香蕉苗一批价值4000多元，在龙州镇北门村和彬桥乡菊美村试种，但由于受台风影响，北门村有5亩红皮香蕉受洪水淹没而全部死亡。

2002年，推广科技成果7项："水稻抛秧技术"2939.87公顷；"水稻旱地育秧技术"1123.33公顷；"名特优水果"新种386.67公顷；"杂交玉米高产栽培技术"完成2985公顷；"甘蔗良种良法技术"推广2213.6公顷；"苦丁茶种植技术"完成46.67公顷；"三田建设开发技术"完成"吨粮田"1333.33公顷，"吨糖田"2213.6公顷，"万元田"466.66公顷。

2003年—2004年，龙州县引进推广甘蔗新品种、乌龙茶等农业先进适用技术30多项。建设上龙乡农业综合开发示范区、响水镇牛品改养殖示范基地、试验站甘蔗新品种示范基地等一批农业科技示范点。2003年，以"六化"（良种化、智能化、机械化、规模化、水利化、契约化）为核心的甘蔗生产基地，主要推广新台糖22号、25号等品种，实施甘蔗"六化"种植。2004年，全县甘蔗良种覆盖率90%，智能化科学施肥占种植面积70%，实现原料蔗单产平均亩提高1吨，糖分提高2个百分点的目标。发展特色农业。重点发展具有地方特色的下冻镇黄瓜、逐卜乡黑皮果蔗，还有山黄皮、八角、乌龙茶、桄榔粉等项目。以养牛、养猪、养鱼为主的水产畜牧业基地初见成效。是年，网箱养鱼1024箱，比2003年增长7.8%；以品种改良为基础，发展奶水牛规模养殖，全县冻配奶牛6837头，配套种草300公顷。建立优质粮菜生产基地。应用水稻旱育稀植、免耕抛秧等新技术，推广优质谷生产和应用大棚生产反季节无公害蔬菜。

2005年，自治区科技厅给龙州县下达《奶水牛繁殖技术的应用示范》项目，实施时间为2005年1月至2007年12月。在实施过程中，龙州县以牛品种改良为突破口，建立冷冻精液供应站，培训人工授精员，推广种植优质牧草，圈养饲养优良杂交水牛品种，建立起比较完整的集品改、养殖、加工、销售为一体的奶水牛体系，把奶水牛业发展成为龙州县一个新兴支柱产业。项目水牛改良2.45万头，受胎率52%，成活率90%。产仔11466头，销售收入4586.4万元；产奶7200吨，销售收入2880万元。犊牛和牛奶两项收入7466.4万元，实现利税597.3万元。是年，龙州县实施甘蔗“六化”生产项目。建立示范基地61片，面积666.67公顷。智能化施肥8000公顷。全县甘蔗种植面积3万公顷，良种率98%。

表20-14　**2001年—2005年龙州县承担自治区科技项目完成情况表**

合同（任务书）编号	项目（课题）名称	实施时间	投入金（万）	项目面积	项目效益
桂科能0322028-12	农业创新能力示范基地建设—甘蔗新品种示范基地	2003.1—2005.12	10	示范基地200亩	建立甘蔗新品种繁育、高产栽培示范200亩，年平均亩产原料蔗7~8吨，总产原料蔗4800吨，蔗糖分14%左右，产生经济效益240.8万元
桂科政0424007-1F	边境地区农业科技信息网络服务体系建设	2004.1—2006.12	10		开展农业科技信息网络服务体系建设示范，提高农民的种养科技水平，建成龙州县信息中心，设立2个农村信息化示范乡镇，3个示范村和2户专业示范农户
桂科能053730-2	区域科技信息服务体系建设（“三农”科技服务网建设）	2005.1—2006.12	10		通过利用农业科技“110”信息网络服务体系，为农民提供技术信息、市场信息和农业专家指导，在降低生产成本、提高产品质量和产量、提高经济效益、提高农民收入、推进农业和农村经济发展等方面都取得良好的经济效益和社会效益。实现网上销售农产品2230万元，直接经济效益856万元，新增利税67万元；间接经济效益5700万元
桂科产0537001-2A-1C	奶水牛系列及时应用示范	2005.1—2007.12	8		通过推广利用水牛的人工授精、同期发情、胚胎移植等技术，进行本地水牛的杂交改良，提高水牛的配种受胎率和繁殖成活率，并选育出奶水牛群体，通过挤奶利用，推动水牛的品种改良
桂科产0537001-5A	杂交奶水牛和肉牛高效养殖技术及“蔗-牛-菇”种养模式应用与示范	2005.1—2007.12	7	菇：3500平方米	依托甘蔗资源优势，氨化、微贮蔗叶、蔗梢，充分利用蔗糖业发展养牛业，以及选择以牛粪为主要栽培料的食用菌品种，提高牛粪利用率，构建“蔗—牛—菇”高效种养模式，促进蔗糖业、牛业及菇业循环发展
桂科农0537003-2-3	农民科技培训与星火学校建设与能力提高	2005.1—2007.12	5		通过星火学校开展农民科技培训，解决农民知识化进程中的热点、难点，使县内农民和外出务工返乡创业人员掌握1-2门农村实用技术，提高农村进城务工者的心理素质、生活常识，提高竞岗能力，适应城市生活和适应农村和种养技术，竞岗就业率98%以上

第五节 科普宣传与科技交流

科普宣传

1986年,龙州县结合本地生产、教学、经济建设实际,开展科技电影放映,举办科学常识广播。实行科技资料开放阅览方式,与全国各地进行科技资料交流。1988年,在县委党校内设立龙州县技术人才培训中心,针对农民群众在生产中遇到的技术难题和生产者的需要,举办各种科技短训班。1999年,县委办、县政府办联合转发龙州县科学技术局、龙州县科学技术学会《关于龙州县'99科技下乡实施方案》,开展科技"三下乡"活动,对赶街群众进行科普宣传,接受群众的应用技术咨询。1986年—2000年,县科技局和有关涉农单位,开展科技"三下乡"和科技赶街活动26次,播放科技录像片382部1536场,农民观看31718人次;向群众展示470件科技实物,发放科技资料15万册(份),开展禽流感防治知识等咨询活动。1990年—2000年,龙州县科技情报研究所收集、整理所订阅的各类科技书籍、报刊420多种,13678册(份),供读者查找阅读。编辑印制《科技与参考》,发送县委、县人大、县政府、县政协主要领导,每期人手1份,一共678份。1999年3月至2000年12月,龙州县广播电视局通过有线电视台,晚上开办农村科技电视联播《星火科技30分》节目,共播出109期,宣传推广农村实用技术项目738个。1995年—2003年,《龙州报》不定期刊登科普常识栏目,为农民群众提供发家致富的科普信息。

2001年—2005年,县委、县政府每年召开全县科普工作联席领导小组会议,专题研究部署"十月科普大行动",安排科技培训任务,解决科普工作中存在的重大问题。5年中,投入1000多万元经费建立龙州县科普活动中心和宣传文化中心。每年在县城中心花园举行"十月科普大行动"启动仪式,向群众发放科普资料,科技专家接受群众科技知识咨询;利用国家星火计划龙州县农民科技培训星火学校,不定期地举行科技培训,对农民工进行职业技术培训,经过培训的电焊工、制衣车工,全部输送到广东深圳、东莞等地五金厂、制衣厂务工,劳务输出9.5万人。2003年—2005年,龙州县构建和完善基层科普网络队伍,建立一支由15名专家和老科技工作者组成的科技服务团,12个乡镇配备农技员,科普员112人。科技服务团根据农民群众的生产需要,在全县各乡镇巡回开展科普讲座。全县乡镇有科普活动站12个、村级科普活动站25个,科普长廊和宣传栏61个;乡镇科技服务站12个、村级科技示范点24个。全县24个文明村中,每村建标准图书馆、科普长廊、宣传栏、科普文化活动室。响水镇、龙州镇、水口镇科普学校,配备电脑、彩电、影碟机、数码相机等硬件设备。

1998年7月23日,龙州县科技局在"三夏"时节积极组织科技人员到农村推广农业新技术。图为农技人员为响水镇棉江村的群众进行培训

科技交流

1989年,龙州县举办甘蔗、水果、水产、畜牧等科技学习班,邀请邕江大学科技专家讲课,参加学习300多人次。1991年,县科委组织全县涉农部门和乡镇领导赴博白县考察冬玉米生产情况。1996年,县科委先后2次组织有关科研技术人员到横县学习冬种蘑菇技术,探索冬闲田种植蘑菇的路子。1997年10月,县委、县政府分管科技领导率领全县科技工作者,赴宾阳县参观学习。

第六节 科研成果

1994年，龙州县科技局副局长、高级农艺师陈政宏撰写的《苦丁茶全光照喷雾杆插育苗》研究论文，发表在《广西林业科学》第23卷第3期上。1987年—2005年，龙州县（含自治区、地市直驻龙州县单位）获南宁地区行署、崇左市政府、自治区政府、水利部项目奖24个。其中龙州县七里滩水电站的《七里滩水电站机组运行稳定研究》获水利部科技进步三等奖；龙州县第二糖厂《蔗糖生产过程微机控制系统》项目获自治区政府科技进步二等奖；16个项目获南宁地区行署科技进步一、二、三等奖，6个项目获崇左市政府科技进步二、三等奖。2003年—2005年，龙州县通过科技部的全国科技进步县（市）考核。

表20-15　　1987年—2005年龙州县获奖科技项目情况表

年份	授予单位	项目名称	获奖单位	获奖级
1987	南宁地区行署	龙州县综合水果区划报告	龙州县水果局	三等奖
1988	南宁地区行署	绞股蓝资源调查及加工研究	龙州县科技局 广西亚热带作物试验站	三等奖
1989	南宁地区行署	蚬木人工引种栽培试验研究	龙州县林业局	二等奖
1990	自治区人民政府	蔗糖生产过程微机控制系统	龙州第二糖厂	二等奖
	南宁地区行署	蔗糖生产过程微机控制系统	龙州第二糖厂	一等奖
	南宁地区行署	锅炉蔗渣流态干燥技术	龙州霞秀糖厂	三等奖
1991	南宁地区行署	旱地甘蔗地膜覆盖少耕法试验示范	龙州县糖业局	二等奖
1992	南宁地区行署	龙州县“四低”“四荒”资源调研报告	龙州县区划办	二等奖
	南宁地区行署	龙州县水泥厂静电除尘技术应用	龙州县水泥厂	三等奖
	南宁地区行署	痛肿灵工艺改进的研究	龙州县制药厂	三等奖
	南宁地区行署	山黄皮系列产品加工	龙州县农业局	三等奖
	南宁地区行署	山黄皮优良品种选择及栽培技术	龙州县水果局	三等奖
1994	南宁地区行署	喉舒宝口服液试剂	龙州县制药厂	二等奖
	水利部	七里滩水电站机组运行稳定的研究	龙州县七里滩水电站	三等奖
1995	南宁地区行署	网箱饲养罗非鱼应用推广	龙州县渔牧局	二等奖
	南宁地区行署	甘蔗特早熟高糖良种推广	龙州县糖业局	三等奖
	南宁地区行署	旱坡地宿根甘蔗高产稳产栽培	龙州县糖业局	三等奖
2003	南宁地区行署	甘蔗高产高糖品种引种繁殖推广	龙州县科技局	三等奖
	崇左市人民政府	澳洲坚果优良株系选育	龙州县科技局 广西亚热带作物实验站	三等奖
2004	崇左市人民政府	低产低效茶园高产优质高效改造	龙州县科技局	三等奖
	崇左市人民政府	倒刺鲃网箱养殖试验	龙州县水产技术推广广站广站	三等奖
2005	崇左市人民政府	苦丁茶优良品种引种试种	广西亚热带作物试验站	二等奖
	崇左市人民政府	乌龙茶优良品种引种试种	广西亚热带作物试验站	三等奖
	崇左市人民政府	茶园间作经济高效组合研究与推广	广西亚热带作物试验站 广西职业技术学院	三等奖

第七节　气象　地震测报

气象

1986年—2005年，龙州县气象局每年利用“3·23世界气象日”“科技活动周”“安全生产月”等活动，设法律咨询台，向群众散发宣传材料，制作气象知识宣传板报，加强气象法律法规宣传工作。1998年，龙州县气象局被龙州县委、县政府评为“文明单位”。2000年，被国家气象局授予“全国重大气象服务先进集体”；被自治区气象局授予“双文明建设先进集体”称号。2001年，被自治区气象局授予“重大气象服务先进集体”称号；被龙州县委、县政府评为“社会治安综合治理模范单位”“抗洪救灾先进单位”。1999年—2002年，连续获得“全区人工增雨防雹作业先进单位”荣誉称号。2003年，被崇左市委、市政府授予“文明单位”称号。

气象观测　1986年1月1日至2005年12月31日，龙州县每天有2时、8时、14时、20时四次定时气象观测和5时、11时、17时、23时补充观测。1986年至2005年的观测项目有气压、气温、湿度、云、能见度、降雨量、天气现象、蒸发量、雪深、风、地温和草温。1956年4月1日至1986年12月31日开展小球测风观测；1981年5月至1991年12月开展711测雨雷达观测。建站时以手工编报后通过有线电话发布气象天气信息。1995年1月，配备地面测报专用计算机编报，实现了气象业务网络化、自动化。2005年初安装宽带网，实现了县、市、区、国家局公文收发电子邮件和气象信息传递。2003年9月，建立CAWS600—B型自动站，2004年1月1日正式投入业务运行，观测的项目有气压、气温、湿度、风向风速、降水量、地面温度、草面温度。

气象预报　开始时主要是每天用收音机接收广西气象台，通过广西广播电台播送的天气形势分析和预报资料后，进行手工填图和天气谚语等方法作出预报。1988年开通高频无线通信电话机，实现县与地区气象台直接天气会商。1994年12月，天气预警系统建成，实现县、地、区三级计算机联网。1995年1月停止接收传真图，预报所需资料通过县级业务系统进行网上接收。1999年4月，建成9210气象卫星地面单收站，接收气象资料，为天气预报分析和制作提供了大量资料依据。

气象服务　1985年开始进行专业有偿气象服务，主要对象是全县各乡镇或相关企事业单位提供短、中、长期天气预报服务和气象资料，一般以旬天气预报为主。1988年龙州县人工降雨办公室成立，业务挂靠县气象局，1990年，县人民政府出资配备了“37”高炮2门；2000年配备火箭发射系统2套，实施人工降雨作业。1995年4月，在县广播电视台黄金时间播放龙州县天气预报，天气预报信息和电视节目由气象局制作，节目录制后送电视台播放。1999年7月，通过“121”气象信息电话发布。2004年，开通了“龙州县兴农网”，促进全县农村产业化和信息化的发展。

天气现象　1986年—2005年，龙州县历年平均雷暴日数为73.3天，历年平均雾日数为13.5天，历年平均霜冻日数为2.1天。1986年—2005年共出现大风38次，极大风速为24.8米/秒，出现在1990年2月17日；共出现结冰6天，其中造成重大灾害的结冰现象出现在1999年12月23日—27日，另外一次结冰现象出现在2005年12月22日；共出现霜冻42天，其中造成重大灾害的霜冻出现在1999年12月23日—27日，另外几次霜冻显现出现在1986年1月6日—9日、1986年1月11日、1987年12月6日—10日、1987年12月17日—20日、1987年12月23日—24日、1993年1月30日—2月1日、1993年12月23日—29日、1995年12月30日—1996年1月2日、1999年12月23日—27日、2000年2月2日、2001年12月24日—25日、2004年12月9日—10日、2005年12月19日和12月22日。

地震测报

1986年—2005年，龙州县共监测到地震14次，震级最大为3.0，最小为1.6。地震发生最频繁的在1990年，共发生4次。由于震级较低，对全县人民群众的生产、生活没有造成影响。

表 20-16

龙州县 1986 年—2005 年历史地震目录

序号	发震时间			震中位置			震级
	年份	日期	时间	北纬	东经	参考地点	ML
1	1986	8 月 23 日	1:14:01	22° 30′	107° 03′	逐卜乡	2.7
2	1990	7 月 5 日	3:25:18	22° 32′	106° 53′	金龙乡	2.6
3	1990	8 月 26 日	5:41:02	22° 45′	106° 60′	金龙乡	3.0
4	1990	8 月 26 日	8:27:19	22° 46′	106° 61′	金龙乡	2.3
5	1990	8 月 29 日	18:53:06	22° 46′	106° 60′	金龙乡	2.8
6	1991	6 月 17 日	7:18:39	22° 55′	106° 76′	金龙乡	1.9
7	1992	6 月 16 日	13:39:14	22° 41′	106° 63′	金龙乡	1.6
8	1992	10 月 1 日	6:13:23	22° 38′	106° 98′	逐卜乡	2.4
9	1993	7 月 29 日	8:29:52	22° 21′	106° 52′	金龙镇	2.5
10	1995	3 月 5 日	7:12:43	22° 30′	106° 57′	武德乡	2.5
11	2000	8 月 31 日	16:08:22	22° 22′	107° 06′	上金乡	2.5
12	2001	6 月 12 日	20:35:53	22° 53′	106° 65′	金龙镇	2.4
13	2003	4 月 8 日	22:14:02	22° 36′	107° 10′	响水镇	1.6
14	2005	9 月 4 日	21:59:01	22° 68′	106° 76′	金龙镇	2.5

第二十一篇

文化　体育

第一章　文化管理

1986年，文化艺术的政府派出机构为龙州县文化局。20世纪80年代，录音带零售、录像放映、桌球、书报刊零售、电子游戏机等先后进入龙州县文化市场。20世纪90年代，文化市场得到进一步发展，卡拉ok、音像制品零售及出租等文化市场项目逐渐增多。1994年，成立龙州县文化市场管理办公室，开展整顿文化市场稽查工作。2000年，全县文化市场有酒家附设卡拉ok包厢、卡拉ok厅、露天舞场、室内舞场、电子游戏、台球、录像放映、音像出租、音像零售、书报刊出租、书报刊零售、打字复印、印刷等13个行当140个经营单位。2002年，县文化局与县体育局并置县文化体育局。文化市场新增互联网上网服务营业场所（网吧）。2005年，全县有网吧32家。成立“五老”义务监督员队伍，发挥净化全县文化环境监督作用。

第一节　机　构

龙州县文化体育局

1986年，龙州县文化局内设办公室、综合股、文化市场股3个部门，有人员编制9名，实有10人，办公地址在龙州镇兴龙路21号。下设一个文化市场管理机构。1997年1月，县体委改称为县体育局。2001年，县文化局内设办公室、综合股、文化市场股三个部门，有人员编制9名，实有9人（局长1人，副局长2人），办公地址在龙州镇兴龙路21号。下设文化馆、边防文工团、电影公司、新风剧院、博物馆5个文化团体；文化市场管理办公室、演出管理站2个文化市场管理机构。2002年1月，县文化局与县体育局并置龙州县文化体育局，内设办公室、综合股、文化市场股3个部门，有人员编制10名，实有11人（局长1人，副局长3人），办公地址在龙州镇兴龙路21号。下设县文化馆、图书馆、博物馆、电影公司、边防文工团、新风剧院、新华书店、文化市场管理办公室、少年儿童业余体校9个单位。2005年，县文体局内设部门、人员编制、下设单位、办公地址不变。

1986年—2005年历任文化（文体）局局长：冯明宝(1986.1—1991.12)，薛水长(1991.12—1994.2)，吴作韬(1994.2—1995.2)，李加龙(1995.2—1998.1)，严造新(1998.1—2005.12)。党组书记（非局长兼任）：张广平(2002.1—2005.12)。

1986年—2002年县体委（体育局）历任主任（局长）：赵国富(1987.12—1990.10)，陆惠清(1990.10—1992.2)，梁石富(1992.6—1996.3)，邓细阳(1996.8—1999.2)，黄志武(1999.2—2001.2)，张广平(2001.2—2002.1)。

二层单位

龙州县文化市场管理办公室　1993年，龙州县文化市场管理办公室成立。1994年，县文化市场管理办有人员编制5名。属自收自支事业单位。由于工资没有落实，工作由县文化局的工作人员兼管，开展日常的稽查工作。1999年，全国实行税费改革，文化市场的收费项目全部停止。2005年10月，县文化市场管理办公室人员编制及财政供养问题落实，不内设部门，有人员编制5名，实有6人，办公地址在龙州镇兴龙路21号。

龙州县文化馆　1986年，龙州县文化馆内设文学戏剧辅导组、音乐舞蹈辅导组、美术摄影辅导组和图书借阅组4个部门，有人员编制10名，实有11人，办公地址在兴龙路龙州镇兴龙路21号。1989年，成立青少年业余艺术培训中心。2005年，县文化馆内设文学戏剧辅导室、音乐舞蹈辅导室、美术书法摄影辅导室3个部门，有人员编制10名，实有10人，办公地址不变。

龙州县边防文工团　1986年，龙州县边防文工团有演职员26人。属财政差额拨款事业单位，排练场所在县文化局内或新风剧院，县内演出主要在新风剧院和乡村舞台。2003 年 9 月 13 日，成立以县边防文工团为主体的龙州天琴女子弹唱组合。2005 年，确定为公办剧团，为财政差额拨款事业单位，有人员编制 26 名，实有演职员 35 人，设有舞蹈队、歌咏队及乐队。

龙州县电影公司　位于龙州镇龙江街 28 号。企业单位。1985 年，龙州县电影公司有电影院(队)9 个，职工 37 人，年放映场次 3066 场，观众 198 万人次，放映收入 27.6 万元。20 世纪 90 年代后，龙州县电影受到电视、录像、VCD 等各种新媒体的冲击，业务开始走下坡路。1995 年，龙州县电影公司改为自收自支事业单位，有电影院(队)7 个，职工 10 人，基本不能放映，龙州县电影行业出现亏损。2000 年，电影放映业遇到前所未有的困境，职工工资每月只发 30%。2004 年—2005 年，电影公司名存实亡。

龙州新风剧院　位于合龙街。由县政府出资兴建的国有剧院，由文化局代为管理。1984 年，在旧戏院的基础上重建。1985 年，剧院主体工程投入使用，是县接待演出和召开各种大型会议的场所，相当于会堂使用，有座位 1329 个座位。剧院不内设部门，无人员编制，从边防文工团抽出 4 人负责管理。1999 年，投入 30 万元重新装修，拆除前面围墙，增建休息接待室。装修后的座位保留 31 排(地座 24 排，楼座 7 排)1207 个座位(楼下 935 个，楼上 272 个)。2004 年，因消防检查不合格，被消防部门下文停止使用。

龙州县少年儿童业余体育学校　1972 年成立，附设于县体委内。1986 年，由县体委教练 4 人兼课，训练项目主要有摔跤、柔道、举重。参加业余体校学习的运动员有 60 人，都是从各中小学校选送的体育拔尖生。运动员安排到县城的学校就读，每天下午第三节课集中进行业余体育训练。1995 年，业余体校教练有 6 人，参加学习的运动员有 50 人。2005 年，业余体校教练有 4 人，参加学习的运动员有 30 人。

龙州县广播电视局

龙州县广播电视局成立于 1984 年 9 月，前身为龙州县广播站，为正科级行政单位。1986 年，县广播电视局内设办公室、总编室、科技股 3 个部门，有人员编制 7 名，实有 7 人，下设县广播站、县卫星地面接收站、县广播电视器材供应站 3 个二层机构，办公地址在龙州镇白沙街 74 号。1997 年机构改革后，改为县政府直属正科级事业单位。内设办公室、总编室和科技股 3 个部门，有人员编制 11 名，实有 11 人。下设县广播站、县卫星地面接收站、县广播电视器材供应站、县有线电视管理站 4 个二层机构。其中，县广播站编制 2 名，实有 14 人；县卫星地面接收站编制 3 名，实有 7 人；县广播电视器材供应站编制 13 名，实有 11 人；县有线管理站编制 12 名，实有 18 人。2001 年，县有线电视管理站定为自收自支事业单位，其他二层机构为县财政全额拨款。2002 年 12 月 2 日，县广播电视局内设办公室、总编室、科技管理股 3 个部门，有人员编制 9 名，实有 9 人；县广播站有人员编制 13 名，实有 13 人；县卫星地面接收站有人员编制 6 名，实有 6 人；县广播电视器材供应站有人员编制 6 名，实有 6 人；县有线电视管理站有员工 13 人。2004 年 7 月，成立广西广播电视信息网络股份有限公司龙州分公司，将有线电视站人员、编制整体转到龙州分公司，实现企业管理和运转。2005 年，县广电局内设办公室、总编室、科技股 3 个部门，有人员编制 9 名，实有 9 人，办公地址在龙州镇白沙街 74 号。下设县广播站、县卫星地面接收站、县广播电视器材供应站、县有线电视管理站、广电信息龙州分公司 4 个二层机构。

1986 年—2005 年历任局长：班善奎(1986.1—1987.10)，黄杰文(1987.11—1988.1)，陈秀珍(1988.1—1994.5)，张精武(1994.5—1995.6)，薛水长(1995.6—2001.2)，何小庆(2001.3—2005.12)。党组书记(非局长兼任)：薛水长(2001.2—2001.7)，谭汉周(2001.8—2003.2)，谢津(2003.3—2004.5)。

乡镇文化体育和广播电视站　1986 年，全县有龙州镇、霞秀分、八角乡、上降乡、彬桥乡、下冻镇、水口镇、武德乡、逐卜乡、响水镇、上金乡等 10 个乡镇文化站、广播电视站。1991 年，金龙镇文化站成立。1999 年，上龙乡文化站成立。2002 年，下冻镇文化站、下冻镇广播站并置为下冻镇文化体育和广播电视站。响水镇文化站、响水镇广播站并置为响水镇文化体育和广播电视站。2004 年 11 月，龙州镇文化站、龙州镇广播站、霞秀乡文化站、霞秀乡广播站并置为龙州镇文化体育和广播电视站。2005 年，全县有龙州镇文化体育和广播电视站、八角乡文化体育和广播电视站、上降乡文化广播电视站、彬桥乡文化体育和广播电视站、下冻镇文化体育和广播电视站、水口镇文化站、上龙乡文化站、武德乡文化体育和广播电视站、金龙镇文化站、逐卜乡文化体育和广播电视站、响水镇文化体育和广播电视站和上金乡文化体育和广播电视站。编制 29 人，在编 26 人。

龙州县档案局（馆）

1984 年 12 月，龙州县档案科和档案馆撤销，成立龙州县档案局、龙州县档案馆。县档案局为县政府直属单位，由一名分管副县长领导。县档案馆属县委事业机构，归县档案局管理。1985 年，县档案局、县档案馆不内设部门，有人员编制 5 名，实有 4 人，办公地址在龙州镇合龙街 9 号（今兴龙路 5 号）县委大院内。1986 年，县档案局、县档案馆内设行政档案管理股、保管利用股 2 个部门，有人员编制 5 名，实有 4 人，办公地址在龙州镇合龙街 9 号（今兴龙路 5 号）县委大院内。1997 年 1 月，县档案局与县档案馆局合并，保留档案局牌子，为县委直属事业单位，行使档案局职能，内设秘书股、业务指导股 2 个股，龙州县档案局（馆）事业编制 9 名，实有 7 人，办公地址在龙州镇兴龙路 5 号县委大院内。2005 年 12 月，龙州县档案局（馆）内设办公室、业务指导股、保管利用股、法规宣传股 4 个部门，有人员编制 7 名，实有 10 人，办公地址在龙州镇兴龙路 5 号县委大院内。

1986 年—2005 年历任局长（馆长）：甘汉和（1986.10—1997.2），黄兴东（1997.2—2003.2），张耀平（2003.2—2005.12）。

中国红军第八军革命纪念馆

1985 年 2 月，中国红军第八军革命纪念馆（简称县纪念馆）成立，为财政全额拨款正科级事业单位，与县博物馆为一套人马两块牌子，编制 11 人，内设办公室、财务室、保管部 3 个部门，办公地址在龙州镇新街 19 号红八军军部旧址内。主要负责龙州起义、红八军、左江革命根据地革命文物的收藏、保护、展示、研究，保护、管理全县不可移动文物。2004 年 9 月，红八军纪念馆改扩建工程完成，于县城独山路新建龙州起义纪念馆陈列大楼，县纪念馆遂迁至独山路办公。2005 年，县纪念馆编制 12 人，实有 39 人（含聘用人员），内设办公室、财务室、保管部、保安部、群教部 5 个部门，下设红八军军部旧址、胡志明展馆、小连城、法国驻龙州领事馆旧址 4 个管理处。

1986 年—2005 年历任馆长：吴凡（1986.1—1990.12），李加龙（1991.1—1994.1），黄志光（1994.1—1999.2），农建军（1999.2—2001.3），黄志光（2001.3—2005.12）。

龙州县地方志编纂委员会办公室

1985 年 4 月，龙州县志编纂委员会成立，下设办公室。龙州县志编纂委员会办公室为县人民政府常设的学术性事业单位，内设编辑部 1 个部门，有人员编制 5 名，实有 5 人（主任、主编各 1 人，编辑 2 人，资料员 1 人），办公地址在龙州镇康平街 28 号县人民政府大院内。1986 年，龙州县志编纂委员会更名为龙州县地方志编纂委员会，下设办公室（龙州县地方志编纂委员会办公室为县人民政府直属正科级事业单位）和编辑部，有人员编制 5 名，实有 4 人。龙州县地方志编纂委员会主任由县长担任，副主任由县四家班子分管领导担任，成员由县直各有关单位领导和各乡镇长组成。县地方志办公室主任兼任编辑部主编，副主任兼任副主编。2005 年 12 月，龙州县地方志编纂委员会下设办公室和编辑部，县地方志办公室不内设部门，有人员编制 5 名，实有 6 人，其中主任（主编）1 人，副主任（副主编）1 人，办公地址在龙州镇康平街 28 号县人民政府大院内。

1986 年—2005 年历任主任：陆汉邦（1986.1—1994.3），秦耀京（1994.3—1994.11），姚瑞芬（1996.7—1999.2），荷琛慧（1999.2—2005.12）。

《龙州报》社

1995 年 9 月成立。1996 年 7 月 12 日，确定《龙州报》社为龙州县宣传口管理的正科级事业单位，有人员编制 9 名。12 月，《龙州报》社内设办公室、通联部、群工部 3 个部门，有人员编制 9 名，实有 9 人，其中社长 1 人，党支部书记 1 人，编辑记者 6 人，司机 1 人，办公地址在龙州镇兴龙路 5 号。2000 年 12 月，内设办公室、通联部、总编办、群工部、财务部 5 个部门，有人员编制 14 名，实有 14 人，其中社长、总编 1 人，副总编 2 人，办公室主任 1 人，通联部主任 1 人，总编办主任 1 人，群工部主任 1 人，财务室主任 1 人，编辑记者 5 人，司机 1 人。2002 年 12 月，内设办公室、通联部、群工部、财务部 4 个部门，有人员编制 14 名，实有 15 人，其中社长、总编 1 人，副总编 2 人，办公室主任 1 人，通联部主任 1 人，群工部主任 1 人，财务室主任 1 人，编辑记者 4 人，激光照排员 3 人，司机 1 人。2003 年 12 月，内设办公室、通联部、群工部、财务部 4 个部门，有人员编制 14 名，实有 11 人，其中社长、总编 1 人，副总编 2 人，办公室主任 1 人，通联部主任 1 人，群工部主任 1 人，财务室主任 1 人，编辑记者 3 人，激光照排员 3 人，司机 1 人。是年底，《龙州报》停办。

1996 年—2003 年历任社长：陆天佐(1996.3—2003.12)。

第二节　文化市场

龙州县的文化市场最初形成于 20 世纪 80 年代初期。首先，随着录音机的出现，市场上出现录音带的零售及歌曲的复制，接着出现录像放映业及桌球业。1984 年，全县出现第 1 个露天舞场——荔枝园舞场。随后，书报刊零售业开始发展。1987 年，电子游戏机进入龙州市场，录像放映及桌球业开始进入高峰期，城乡都有录像放映点及桌球点。进入 20 世纪 90 年代，文化市场业得到进一步的发展。文化市场项目逐渐增多，特别是卡拉 ok 的出现，各酒店都纷纷引入，出现酒家附设卡拉 ok 包厢，露天舞场也有所增长。VCD 的出现逐步取代录像带，音像制品零售及出租得到了前所未有的发展。1986 年—1992 年，龙州县文化市场由县委宣传部、县精神文明办公室、文化局等部门共同管理。1993 年，中共南宁地区委员会、南宁地区行署下发关于文化市场全部交给文化局管理的决定，实行文化市场的归口管理。1994 年，县编制办下文成立龙州县文化市场管理办公室，定编 5 人，属于自收自支的事业单位，由于没有落实工资无法招录到工作人员，工作人员文化市场日常稽查工作都是由县文化局的工作人员兼管。是年，县文化市场管理办依据中华人民共和国国务院颁布的《娱乐场所管理条例》《音像制品管理条例》《出版管理条例》《印刷业管理条例》《营业性演出管理条例》《互联网上网服务营业场所管理条例》等，开展稽查工作。1999 年，全国实行税费改革，文化市场的收费项目全部停止。2000 年，龙州县文化市场有酒家附设卡拉 ok 包厢、卡拉 ok 厅、露天舞场、室内舞场、电子游戏、台球、录像放映、音像出租、音像零售、书报刊出租、书报刊零售、打字复印、印刷 13 个行当 140 个经营单位。1993 年—2000 年底，龙州县在“扫黄打非”行动中，收缴盗版 VCD 光盘 12240 碟，收缴反动、盗版、色情、暴力等非法书籍 8000 余册，收缴非法录像带、电子游戏机、光盘、桌球等物品一批，逐步净化文化市场。2002 年，龙州县文化市场新增互联网上网服务营业场所(网吧)。2005 年，全县有网吧 32 家，其中县城 22 家，乡村 10 家。是年，龙州县“五老”义务监督员队伍成立，有“五老”义务监督员 23 人，经过培训上岗督察，为净化龙州县文化环境发挥监督作用。2001 年—2005 年，县文化市场管理办加大文化市场管理，每年都进行净化社会文化环境专项治理行动，开展“扫黄打非”斗争取得阶段性成效。

第二章　文学艺术

第一节　民间文艺

天琴

20 世纪 80 年代初，中国少数民族音乐协会副会长、广西民族文化艺术研究院研究员、民族音乐家范西姆到龙州县金龙镇采风时发现天琴，并对天琴艺术进行挖掘整理。民间天琴制作师秦华北针对天琴只能伴音不能弹奏歌曲的弱点，把民间天琴制作技艺加以改进和提高，将原用手指勾弹改为用弹片弹拨。改良后的天琴音域更宽，音色更美。

2003 年 10 月 15 日，龙州县新组建的天琴女子弹唱组合在广西民族大学弹奏原生态天琴弹奏乐曲——

《跑马曲》。11 月 8 日，龙州天琴女子弹唱组合参加广西南宁国际民歌节开幕式“东南亚风情夜”大型文艺晚会。中央电视台、中央人民广播电台、《中国文化报》、新华网等 27 家海内外新闻媒体对龙州天琴进行全方位跟踪采访报道。天琴艺术团先后参加第七届亚洲艺术节，第七届中国艺术节，2003 年和 2004 年南宁国际民歌节、崇左花山艺术节会演。先后荣获第二届全国少数民族曲艺展演二等奖，中央电视台 2004 西部歌手大赛三等奖和舞台风采奖，2004 广西“八桂群星奖”会演一等奖。

花凤舞

花凤舞是一种拟兽类舞蹈，多在辞旧迎新和喜庆日子里表演。凤凰，在壮族人民心目中是幸福吉祥的象征。表演时，由 2 名演出各戴上凤凰鸟的服饰和道具，运用圆场、八字、一字、交叉和站立等自由场记，随着欢快热烈的音乐节奏，模拟凤凰走动、跳跃等动作、姿态，互相追随戏玩耍、逗趣。演员在表演过程中，双手须不停地操作鸟嘴，使其上下启合，嗒嗒作响，表示向人们祝福庆贺，吉祥如意，情趣盎然。该舞蹈流传于龙州县金龙镇和上金乡一带，至 2005 年，金龙镇传统歌圩仍有表演。

石匠

这是流传于龙州县民间的一个幻想故事。主要讲述一个石匠去财主家凿石，看见财主住的是琼楼玉宇，穿的是绫罗绸缎，吃的是山珍海味，心里十分羡慕。有个仙人知道后，就让石匠变成财主。后来石匠看见当官的威风就不想当财主想当官，当完官后又想当壮人，当完壮人又想变乌云，后来又变作一股大风，变完大风，仙人又马上让他变成一块石头，放在大山顶上。过了一些时候来了几个凿石头的人，他们爬上山顶，看见那块石头很合用，就对他说：“还是做一个石匠好啦。”说罢就让他重新变成一个石匠。

谚语

龙州民间谚语，作为一种用简单通俗本地的口头语反映深刻道理的固定语句，在县境广为流传。从乡村到城镇，从白发老翁到妇孺幼童，几乎人人都会说几句谚语。因此，龙州民间谚语又俗称为龙州县民间通俗文学。本志在此辑录龙州县民间流传的涉及社会经验、生活教训、律人德行、心理感情、社交处世等一批谚语。

高佬上楼梯，
一步更比一步高；
矮仔下楼梯，
一步更比一步低。

爱惜衣服不受冻，
珍惜粮食不饿肚。
按自己的本领办事，
量自己的财物生活。
傲不可长，
志不可满，
乐不可极。
安逸生懒汉，
逆境出英雄。

秤砣小，压千斤；
马蜂小，扎人筋；
胡椒小，辣人心。
爱吃萝卜菜，
杂病很少害。

多吃不穷，
多穿不穷，
不会打算自受穷。

吃饭先尝，
做事先想。

败子回心值千金，
浪子回头金不换。

办事要细审三次，
说话要深思三遍。

半熟西瓜不会甜，
虚假话语不要听。

包子有肉，
不在皮上；
人有学问，
不挂嘴上。

贪心钱，
在眼前；
挣来钱，
用百年。

白来财物不能要，
挣来财物才是宝。

白的容易脏，
细的容易断。

白马变不了黑色，
黄金变不了白色。

白酒红人面，
黄金黑人心。

百艺全通，
不如一艺精。

曾被卖糖老头哄，
到死不信口甜人。

舔饭排，
挨官逮；
舔饭勺，
虫中最毒蜈蚣嘴，
人间最毒贪财心。

出口须诚实，
口舌是祸根。

下河知水性，
入山知鸟音。

处世让一步为高，
待人宽一分是福。

处事为人，
信义为本。
不贪人田地，
只求人精智。

才人无貌，
烂扇有风。

刀利难修自身柄，
医高难治自身病。

菜无盐没味，
话没理无力。

草若无根不发芽，
人若无艺不发达。

聪明靠学习，
天才靠积累。

寸金失却有寻处，
光阴失却无处寻。

凡事要忍，
打蛇要狠。

得势休笑失势人，
得人恩义百年记。

他物不能乱吃，
闲话不要乱讲。

非亲有义须当敬，
是友无情不可交。
船到江心抛锚迟，
悬崖勒马不为晚。

捶人一拳，
彻夜难眠。

吹我面，
永不贱；
吹我背，
永不贵。
弓硬弦必断，
人强祸必随。

恭人可息人怒，
让人可止人争。

狗不咬拜年人，
人不打送钱客。

国正人心服，
官清民自安。

海深鱼儿大，
书深学问多。

理歪才怕官，
心正不怕人。
利人之言，
暖如布帛；
伤人之言，
痛如刀割。

父子同心土变金，
兄弟协力山成玉。

父不忧心因子孝，
家无烦恼为妻贤。

甜言夺志，
食糖坏齿。

坝做不好水会漏，
事做不好人会咒。

功不独居，
过不推诿。

园中凉亭虽好，
不是久恋之家。

两天口粮食三天，
粗菜稀饭度荒年。
劣汉争食，
好汉争气。

邻家合得好，
犹如捡个宝。

马临悬崖收缰晚，
船到江心补漏难。

本人中意，
人家才中意。

利刀砍水水不断，
暴力拆亲亲不分。

粒谷粒米，
肚饥难抵。
立志不交无义友，
终生难报有恩人。

人不可求全，
求全则天下无可用之才；
文不可求同，
求同则天下无可读文章。

吃盐多过你吃米，
过河多过你过沟。

先用未来钱，
做吃不够填。

老鼠钻风箱，
两头都受气。

好田好翻犁，
石田断尽犁。

三分秧，
七分田。

多只母鸭多个蛋，
多只母鸡多个窝。
冬瓜不和黄豆同栽，
媳妇不与家公同坐。

入屋招呼人，
入庙要拜神。

人情紧过债，
欠债及时还。

三分师父，
七分自己。

鸭寻同帮，
人找同伴。

吃果留叶，
亲家留嘴。
亲戚不要狗，
娘家不要猫。

身没病，
当发财。

起早三天当十日。

十场小病，
不比一场忧愁。

吃鸭吃毛，
吃奶吃绸。

闲时买来急时用。

熟人买贵货。

种田要粪，
做官要印。

杀猪三，
杀牛四，
杀狗俩伙计。
一个称头，
百个称尾。

懒人挑重担，
勤人挑轻担。

赞田赞主，
赞猪赞粮。

有吃不得闲，
有穿不得眠。

抬猪抬头，
抬牛抬尾。

不遵守法纪，
挨坐牢房去。
有钱能当命，
无钱命当灾。

打柴防下雨，
养子防年老。

谁滥赌到死，
死了无棺材。

花无日日开，
人无天天好。

忍得一口气，
免去百日忧。

有钱不要拿去算命。

子不嫌母丑，
狗不厌家贫。

做贼有人知，
去嫖有人懂。

养性幼小始，
修身少年时。
小时偷针，
大来偷金。

敬父敬母得吃，
敬天敬地安居。

吃饭先尝，
做事先想。

棉被多，
蚊帐少，
也给蚊子咬。

十个有钱，
九个吝啬。

有衣不知无衣冷，
饱人不知饿人饥。

哪个田螺不吃泥，
哪个猫子不吃鱼。

白露禾怀胎，
寒露稻成熟。

小暑不插秧，
大暑不种豆。

十月雷公叫，
阿婆偷偷笑。

白天打雷得吃南瓜，
夜间打雷得吃鱼虾。

正月雷响，
各地丰收。

夏至不下雨，
火烧鱼床。
甲子不下雨，
天旱六十天。

会做人房屋牢固，
不会做人枉过一世。

抬头不打孤儿，
开口不骂孤寡。

父母养儿小，
儿养父母老。

骑马看马鞍，
挑担看扁担。

做人媳妇学起早，
为人父母多行善。

饮水要思源，
吃鱼莫忘筌。
伦理孝为首，
万恶淫为先。

好人不做媒，
好篮不装灰。

雷响不下雨，
人直不撒谎。

有子不教育，
长大事事忧。

春雷一响，
竹笠不离头。
早晨雨，
谷晒场。
晌午雨，
牛栓栏。

大暑小暑，
有米懒煮。
大满小满，
池满塘满。

立秋有雨秋收有，
立秋无雨百家忧。

清明暗，
江水不离坎。

惊蛰不冻，
冷到芒种。

九月初九淋，
带来十三阴，
日头贵过金，
种菜不用淋。

八月小，
青菜卖不了。
八月大，
青菜不够卖。

第二节　群众文化

1986年5月，龙州县组织开展大型的农历四月十三龙州传统歌圩节活动。主要项目有抢花炮（分为男队、女队进行比赛）、山歌演唱比赛，来自本县12个乡镇及宁明县、大新县歌手27人参加山歌比赛，各乡镇业余彩调队进城演出，观众3万多人次。12月14日—20日，历时7天举办全县群众业余文艺会演。参加比赛的有逐卜、金龙、响水、上金、霞秀5个乡12个业余农民演出队，演员250人。演出古装剧和现代剧，观众2万多人次。

1987年1月，龙州县文化馆举办乐器吉他大赛。有青年吉他爱好者31人参加比赛，观众2600多人次。同时，选调2个农村彩调队进城演出，丰富县城文化活动内容，增添节日气氛。2月，县文化馆举办春节美术、书法展览，展出作品163幅，其中美术112幅，书法51幅，观众3000多人。从中选出16幅送南宁地区艺术馆展出，有1幅入选自治区举办的建军60周年画展；8幅少儿画入选自治区少儿画展，获三等奖1幅。农历五月初五端午节，县委宣传部、县文化局、县体委、县水电局等单位联办"丽江龙舟比赛"。代表队9支、运动员370人参赛，观众2万多人。8月，举办纪念大青山起义40周年庆祝活动。县边防文工团编排一出以战争时期为背景、共产党领导武装起义题材的专题文艺节目。8月19日，举行大青山起义纪念文艺演出。同时，举办"8·19"大青山起义40周年展览，观众5000多人。10月，举办由县直各单位参加的国庆节"祖国在我心中"群众歌咏比赛。单位代表队15支参赛，观众1600多人。11月，由县文化局主办的首届"丽江歌星、丽江吉他王"选拔赛，参赛选手57人，观众3000多人。活动选出丽江歌星10人、丽江吉他王3人。12月，龙州县完成《龙州歌谣集》和《龙州故事集》编纂和印刷工作。《龙州歌谣集》收入2200首歌谣，31000多行。《龙州故事集》收入165篇故事，25万多字。分为开天辟地神话、神爷神话、历史人物传说、中法战争传说、苏元春传说、陆荣廷传说、高孤雁传说、红八军传说、地方风俗传说、动植物故事、幻想故事、寓言、笑话等18类故事。

1988年5月，县文化馆组织业余艺术团下乡巡回演出。演员为来自县直机关和企事业单位以及县城街道的歌舞爱好者35人，艺术团每晚到13个乡镇巡回演出，累计观众5万多人次。8月，县文化馆在暑假期间开办少年儿童电子琴培训班、美术培训班，参加学习的少年儿童30人，其中电子琴12人，美术班18人。国庆节期间，县文化局会同县委宣传部、县直机关党委、县总工会联合举办"国庆歌咏"比赛，来自行政机关、事业单位、工厂学校等单位的19个队参赛，比赛分两个晚上进行，县委、县政府领导和群众1000多人登台演唱。12月，为庆祝自治区成立30周年，县文化局举办"丽江杯"新潮舞精英大赛。24个队共32名选手参赛。选手来自龙州县城乡青年、驻军战士，崇左、宁明、武鸣等县青年。大赛分两个晚上进行，观众3000多人次。同月，《龙州谚语集》完成。是年，县边防文工团排练出2台的歌舞节目。上半年在钦州地区、百色地区演出46场；下半年赴浙江、江西等省进行演出60场，完成全年120场的演出任务。演出收入79130元，为文工团有史以来收入最高的一年。

1989年1月，龙州县文化馆举办全县"连城杯"青年歌手演唱大奖赛，来自宁明、崇左、大新、凭祥县市以及县内的青年歌手88人参加比赛。2月，春节期间，县文化馆举办龙州改革风姿的彩色图片展览。反映龙州县旅游景点、经济开发、科技普及、文化教育等成果，100多张贺年图片展出，吸引观众约5万人次观赏。同时，举办迎春老年人诗词比赛，有诗词爱好者40人共50多首诗词参加比赛。6月，农历四月十四日，为金龙街传统歌圩节，金龙乡文化站自筹资金，举办多项文体活动。邀请大新县硕龙、堪圩等地的男女青年篮球队、驻军组队参加比赛。活动项目有抢花炮、舞龙、斗鸡、斗画眉、抛绣球、篮球、排球、足球、拔河等比赛，观众1万多人次。10月，国庆节期间，县文化局会同有关单位共同举办"歌唱祖国"歌咏大赛。有42个单位组队参加比赛，近3000人上台歌唱，为全县有史以来参加歌咏人赛队数最多、人数最多的一次。同月，停刊

5 年的《龙州文艺》复刊，由原来的 16 开本改为 4 开单张。12 月 11 日，举行百色起义、龙州起义六十周年纪念活动。10 日晚，县边防文工团以反映红八军战斗生活为主要题材编排的专题节目，在县新风剧院为红八军老战士和各界来宾演出；11 日晚，在县体委灯光球场举行烟花文艺晚会，观众 2 万多人。同时，在红八军纪念馆举办诗书画展。县文化局和文化馆联合出版《龙州文艺》龙州起义纪念专刊。

1990 年 5 月 22 日，南宁地区首届民族文化艺术节在宾阳县举办。龙州县艺术代表团到宾阳参加比赛。参赛节目有民族舞蹈《碌昆那》《赶圩路上》；戏剧小品《卖鱼》；歌曲两首；波咧独奏 1 个，板鞋舞 1 个。同时，参加抛绣球、板鞋竞技比赛、书画摄影展览。获板鞋竞技获第二名，板鞋舞比赛第三名；油画《婷婷》获一等奖，舞蹈《赶圩路上》获三等奖，摄影《晨读》获三等奖，小品《卖鱼》获振兴奖，舞蹈《碌昆那》获振兴奖；评为优秀演员 2 人，艺术节组织先进工作者 3 人。6 月，县文化馆和龙州第二糖厂正式联姻，创办企业文化，文化馆成为二糖厂的“文化车间”，文艺辅导员到厂帮助组织职工开展文化活动；当月龙州第二糖厂文艺队参加自治区群众会演获二等奖；当月龙州第二糖厂被评为全国先进文化企业。9 月 22 日—10 月 7 日北京亚运会期间，职工 2 人入选广西花山艺术团，代表广西参加亚运会的文艺演出。

1991 年 3 月，建设龙州县边境文化长廊。彬桥乡、金龙乡文化站重新征地，建设文化活动楼。抓好由农村青年自发组织的下冻乡布局、两庄两村的青年农民业余文艺队、县文化馆和龙州第二糖厂挂钩联办的企业文化、北耀农场文化室、青山村警民共建文化室。这 5 个点被自治区文化厅誉为边境文化长廊上的“五朵小红花”。龙州县业余青少年艺术培训中心成立，开办声乐班、音乐舞蹈班、书法美术班，参加学习的学生 237 人。9 月，县文化馆指导龙州县第二糖厂文艺队排练一台新节目，前往钦州地区、南宁地区六县七厂进行联欢演出。11 月，全国第四届少数民族运动会在广西南宁召开，县文艺代表团在民运会开幕式表演节目《白鹭呈祥》。

1992 年 6 月，全国农村文化工作会议在广西召开，其中龙州县是一个参观点，参观建好金龙乡文化站新址、彬桥乡文化站、彬桥乡俸村农民乐园、下冻乡图书馆。其中，下冻文化站征地 0.33 公顷。金龙乡文化站占地 1875 平方米，比原来 80 平方米大 23.4 倍，文化活动楼室内活动面积 382 平方米。彬桥乡文化站占地 1442 平方米，比原占地 40 平方米大 24 倍，文化活动楼室内活动面积 400 平方米。彬桥乡俸村农民乐园占地 1000 平方米，室内活动面积 60 平方米。下冻图书馆面积 150 平方米，藏书 1 万多册，馆内设有阅览室、借阅处、藏书室。全国农村文化工作会议代表到达龙州时，正值彬桥乡文化站活动楼竣工剪彩，文化部副部长刘德有、部长助理高运甲到场剪彩。同时，在边境沿线建起村屯文化室、警民共建文化室、农场文化室 18 个，成立农村文艺队 14 支。是年，文化部授予龙州县“边境文化长廊做出突出贡献县”称号。

1994 年 5 月，县图书馆开展为期一周的“图书服务周”活动。从馆藏的实用技术资料中选出 100 条致富信息提供给读者。新华书店提供科技图书展销，举行科技信息发布会和科技图书展销会。到会咨询 738 人次，出售科技图书 294 册。下冻图书馆印发科技资料 270 份，发给该镇农民，建立“科技联系户”5 个。8 月，由自治区文化厅搭桥牵线，龙州县与美国科技教育协会“结对”共建图书馆。从签约之日起，下冻图书馆更名为下冻镇爱华图书馆。从 1995 年起，连续 5 年由美国科技教育协会美籍华人提供资助，第 1 年 1700 美元，其余 4 年每年 1000 美元。10 月，县文艺代表团到宁明县参加南宁地区第四届民族文化艺术节。参赛的戏剧小品《鞋》获表演一等奖，创作二等奖；舞蹈《蚕魂》获表演一等奖，创作二等奖；舞蹈《欢乐的壮乡》获表演二等奖，创作三等奖；书画、摄影、根雕、石玩等参赛作品获奖 15 件。此次参赛共获演出奖 18 个，是龙州县文化艺术代表团在历次比赛中得奖最多的一次。12 月，在纪念龙州起义 65 周年活动中，县文化局举办“左江潮”歌曲演唱比赛，有 5 个县市 16 名选手参赛；举行书法展览，自治区、地区及本县作品 80 多件参展，观众 3600 多人次。

1995 年 12 月，下冻镇文化站、武德乡文化站通过南宁地区文化局的验收，达到自治区级标准。下冻镇文化站面积 3350 平方米，文化活动楼占地 300 平方米，室内活动面积 770 平方米，下冻爱华图书馆设在楼内，藏书 14000 多册。武德乡文化站占地 650 平方米，其中室内活动面积 580 平方米。

1996年11月，龙州县参加南宁地区第五届民族文化艺术比赛。文艺表演有小品《执照》《艳福太浅》，舞蹈《月光光》《波咧声声》，歌曲《脚下的红土地》《祖国的眼睛》，还有美术、书法、摄影、根雕、盆景、奇石等展览作品。比赛后，龙州县获奖45个，其中一等奖4个，二等奖11个，三等奖11个，优秀奖17个，获奖项总数排在全地区第二位。12月，由县文化馆何小霞编导的舞蹈《蚕魂》代表南宁地区，参加自治区优秀文艺节目会演获得铜奖。

1997年2月，红八军纪念馆获自治区文物安全工作先进单位。12月，自治区政府授予龙州县"社会主义文化先进县"称号。

1998年4月，县工商局和县个体劳动者协会成立龙州县个协艺术团，编排文艺节目在县、乡进行演出28场次。

1999年11月，龙州县文化局组织歌手表演队，参加1999年南宁国际民歌节活动。歌手98%来自金龙镇板池屯的村民。龙州县民族歌手罗凤梅在民歌节比赛中获金奖。龙州县代表队获1999南宁国际民歌节《广西歌圩荟萃》优秀组织奖。12月，在纪念龙州起义70周年前夕，投入30万元，重新维修新风剧院；编排一台文艺节目，在纪念晚会上，邀请自治区歌唱家和南地艺校杂技班加盟演出。

2000年，在边境建设大会战中，龙州县争取到响水、逐卜、武德、霞秀、上金、八角、上降7个乡镇的文化综合楼建设项目，资金126万元。每个项目投入18万元，建设面积400平方米。年初，龙州县有4个文艺节目参加自治区"八桂群星"农村业余文艺会演，其中舞蹈《叶》获表演一等奖，歌曲演唱《甜太阳、香月亮》获二等奖，舞蹈《小河情丝》和歌曲《左江河畔唱传奇》获三等奖。11月，参加南宁地区第六届民族文化艺术节，县艺术代表团获得奖项33个，其中演出小品《新房》、演唱歌曲《甜太阳、香月亮》《龙州好妹仔》、摄影《战地之歌》等获得一等奖，获得二等奖11个。

2001年12月，龙州县参加南宁地区第七届民族文化艺术节，小品《三个黄副》获演出二等奖，小品《岳父的宠物》获演出三等奖，舞蹈《当兵到左江》获演出三等奖。

2003年10月15日，龙州县天琴女子弹唱组合带着教授范西姆挖掘整理出来的原生态天琴弹奏乐曲——《跑马曲》，带着民间艺人秦华北制作的天琴，走进广西首府南宁，在广西民族大学为师生弹唱。11月8日，龙州天琴女子弹唱组合再次入邕，登上广西南宁国际民歌节开幕式"东南亚风情夜"大型文艺晚会的舞台。中央电视台、中央人民广播电台、《中国文化报》、新华网等27家海内外新闻媒体，先后对此进行采访报道。

2004年，县文化馆辅导员编导、龙州信用社业余文艺队演出的《西部放歌》，在参加全区信用社文艺会演中，获歌舞类一等奖。县文化馆谭丽莹、赵云经过广西电视台《寻找金花》栏目的多次筛选，获得壮族"金花"称号，谭丽莹代表广西"金花"组合进京参加中央电视台举办的全国优秀电视节目展播。县文体局组织艺术团队参加2004年"八桂群星奖"崇左市农村文艺会演。其中，天琴弹唱《唱天谣》和歌曲《龙州有条美丽江》代表崇左市参加全区农村文艺会演。天琴演唱《唱天谣》获声乐类一等奖，歌曲演唱《龙州有条美丽江》获二等奖。

2005年，县文体局组织举办"今日好龙州"少儿演讲比赛，参加比赛16人。在龙州起义纪念广场举行迎春焰火晚会，到场观看的观众1万多人。县文化艺术爱好者活跃在各个乡村，创作具有民族风格、时代特色和群众通俗易懂的文艺作品，如小品《老屋》《父心》《下乡奇遇记》等，歌曲《当兵就当红八军》《红军楼上一盏灯》《彩森之歌》《歌唱亲爱的党》等，歌舞《歌圩少女》《茉莉花》《芦笙・阿爸・女儿》等。在"赤色龙州、红色之旅"启动仪式演出中，县文体局完成创编和演出任务。

第三章　广播　电视

广播电视是党委、政府的喉舌，是党和政府联系群众的桥梁和纽带，是促进两个文明建设和社会和谐稳定的重要宣传阵地。1986年—1999年，龙州县广播电视局加强基础设施建设，保持广播电视信号输送畅通，将党和国家的路线、方针、政策和节目传播到千家万户。2000年—2005年，龙州县广播电视局多次获得殊荣：2000年3月，被自治区发展计划委员会、扶贫开发办公室、广电局联合授予“1999年全区有电行政村‘村村通’广播电视工程建设先进集体”称号；2001年3月，被国家发展计划委员会、国家广电总局联合授予“全国村村通广播电视先进集体”称号；2002年4月，被自治区党委授予“广西边境建设大会战先进集体”称号；2003年—2005年连续3年被广西电视台评为“电视新闻报道工作先进单位”。

第一节　广　播

20世纪50年代—80年代，龙州县农村有线广播全覆盖，家家户户都有一只广播喇叭。清晨、晌午、晚饭后都能听到县广播站播送的节目，是乡村农民主要的信息来源。1978年12月，龙州县11个公社农村有线广播网路1314千米，入户喇叭24000多只。1980年12月，受对越自卫还击战的影响，全县有线广播网路被破坏1234千米，入户喇叭被毁坏19000多只，损失折合人民币250多万元。全县有线广播被迫停止播送节目。1990年，修复龙州县有线广播线路，增加音箱和高音喇叭，乡政府所在地均可听到县广播站播送的节目。13个乡镇有11个建立广播站，有正式职工15人，武德、水口、下冻、霞秀、龙州镇5个乡镇建有县至乡镇广播专线122千米。响水、金龙个乡广播站由县广播站定期寄送录音带。全县有入户舌簧喇叭2621只，音箱喇叭101只，高音喇叭11只。1991年，龙州县完成7475只喇叭入户任务，新增入户率18.8%。新建乡广播站2个，新增村级广播室7个、屯级广播室52个，新增杆路乡至村广播专线30.5千米，村至户广播专线50千米。8705户群众听到广播节目。1992年上半年，县广播站使用50W调频发射机传送县至乡的广播信号，克服县至乡架设专线花钱多而且难维护的老大难问题，人口覆盖率递增34%。是年7月，受7号台风影响，全县13个乡镇广播设施遭受不同程度的破坏，各乡镇因灾造成广播杆倒、线断、喇叭被水淹坏的情况相当严重。龙州镇街道广播线路遭损坏5千米，音箱喇叭被淹坏20多只，水泥杆被压断15条。其余12个乡农村广播损失约2.9万元。灾后，县广播电视局恢复被洪水毁坏的广播网路，1个月时间恢复正常的节目广播。8月，建立村屯广播室156个，入户喇叭11620只，入户率29.3%。12月，全县，架设广播线路84.8千米，入户喇叭22118只，入户率55.7%。1994年，龙州县安装300瓦调频广播发射机，走上有线无线并用传输广播节目的新阶段。2000年，由于财力不济，县广播节目停播。2005年，“国家西部工程”建设启动，龙州县完成大青山3千瓦、水口八角山1千瓦、科甲300瓦3个调频广播发射台的铁塔工程安装，包括水、电、路三通的附属工程完工。2006年元旦，龙州县正式转播“中国之声”“广西综合频道”两个高频广播节目。10月，县广播电台重新恢复播音。使用100瓦功率调频发射机，每天转播、录播节目9个小时，覆盖县城（龙州镇）听众。

2000年，广西边境建设大会战“村村通广播电视工程”开工典礼在龙州县举行。图为自治区、地区、县党政领导参加安装卫视地面接收天线

第二节　电　视

无线电视

1984年前，龙州县上龙乡武权村山顶建有一个无线电视差转台，全县只能收看广西电视台1套节目。

1984 年，龙州县投资 14 万元，建设水口、上金、上龙 3 个地面接收转播站，发射总功率 70 瓦。1992 年 1 月，逐卜乡无线广播电视站建成。1993 年 3 月，上金乡无线广播电视站建成。1992 年 6 月，龙州县城有线电视台开始筹建。由县广播电视局干部职工集资购置设备，架设电缆主干线 3.22 千米，支干线 9.34 千米，支线 15.72 千米。1993 年 12 月，县城安装入户 4500 余户，可收看 7~8 套电视节目。1993 年 3 月，下冻镇有线电视工程投入施工。1995 年，完成彬桥、武德、上金 3 个乡的有线电视差转。全县乡镇政府所在地都安装有线电视系统，可看到广西、中央多套电视节目。

2005 年拍摄的龙州县微波发射台
（广西广电信息网络龙州分公司　提供）

有线电视

1996 年，龙州县发展 12 个村屯级的有线电视系统，安装入户 8 个点，入户 400 多户，覆盖 2000 多人。1998 年，全县完成新建点 30 个、旧点增设地面天线 15 个的建设任务。2000 年，广西边境建设大会战“村村通广播电视工程”开工典礼在龙州县举行。年内，龙州县边境线 5 千米范围内建成电视卫星地面接收站 498 个。2003 年，县广电局进行有线电视光纤网络升级改造，提高有线电视用户收视质量，增加收视频道，电视节目由 7 套至 8 套增至 40 套。2004 年 7 月，广西广电信息网络龙州分公司成立，龙州县有线电视站 13 人整体转移。同年 12 月，龙州县光纤有线电视用户 8000 余户。2005 年，新一轮广西“村村通”广播电视工程建设启动。龙州县建成光缆主干线 174 千米，支干线 194 千米，分配网 210 个。全县 12 个乡镇 50 户以上已通电的 210 个自然村开通光纤信号电视，建立县、乡、村、屯四级光纤电视网络。用户可以看到包括中央第 1、3、6、7、8 套和广西第 1、2、3、4 套和本地节目在内的 44 套高清电视节目，受益群众 9 万多人。

电视自办节目

1996 年开辟《新闻 10 分钟》栏目。1997 年 1 月 1 日，有线电视自办节目实行隔日定时播出，播出日播出一次。开办《新闻 10 分》《一周新闻回顾》《一周收视指南》《信息之窗》；1998 年 9 月 18 日，自办节目《新闻 10 分》改版为《龙州新闻》，还增办了《龙州天气预报》和《荧屏视点》，由原来播出日播出一次改为播出日播出三次，每天共播出 7 个小时。1999 年 10 月 1 日起，《龙州新闻》由隔日制作改为每日制作播出节目。

2005 年拍摄的龙州县监测电视墙
（广西广电信息网络龙州分公司　提供）

2005 年拍摄的龙州县数字电视前端
（广西广电信息网络龙州分公司　提供）

2002年6月5日，开办《今日龙州》栏目，每周播出一期，首播每周星期四晚上8：30《龙州新闻》之后，播出时长约半小时，星期五中午、晚上重播，分别于《龙州新闻》后播出。节目定位：综艺类节目，设有《视点》《休闲旅游》《乡土乡情》《百姓超市》《娱乐广角》5个板块。服务对象：龙州县人民群众。2004年12月因缺主持人和采拍策划人员而停办。1998年，龙州县有线电视站投资38万元购买1套广播级电视摄、编设备，1套电视监控设备和1部播出机等专业电视采编播设备，有力地促进了自办节目的质量提高，到1998年12月，龙州有线电视网络信号传送技术指标已达到450兆赫兹的要求，传送节目23套。电视开路发射及高山覆盖中央1套、广西1套，人口总数为15.99万人，覆盖率达60%，有线、无线电视覆盖人口达19.99万人，覆盖率为70%。

第四章　文物　档案　地方志

1986年起，龙州县开展第一次全县文物普查。是年，县档案馆收藏档案54个全宗，10189卷（册）。1988年，开展县内重点文物“四有”（有保护范围、有保护标志、有保护组织、有档案材料）工作。中国红军第八军军部旧址经国务院公布为全国重点文物保护单位。1989年4月，第一次文物普查结束，摸清了全县文物分布概况。1998年5月，审核公布文笔塔、五孔桥（伏波桥）、紫霞洞等10处具有较高历史、科学和艺术价值的历史文化遗址为县级文物保护单位。1993年3月，《龙州县志》正式出版发行。2001年7月，组织开展第二部志书《龙州县志（1986—2000）》编修工作。2002年10月，县档案馆扩建面积为265平方米通过验收交付使用。2003年7月，第一本《龙州年鉴》（2001）出版发行（内部发行）。2004年始，全县开展非物质文化遗产普查。2005年，县档案馆收藏档案115个全宗，15860卷（册）。共收集到《龙州县志（1986—2000）》入志资料144个单位约110万字，编纂《龙州县志（1986—2000）》资料长篇55个单位约30万字。

第一节　文　物

文物普查

第一次全国文物普查从1956年开始，那时普查规模小，不规范，龙州县没有留下相关统计数据。第二次全国文物普查自1981年秋至1985年，其规模和成果均超过第一次，但受资金、技术等制约，仍然有查漏。龙州县文物管理所成立于1979年，负责龙州县文物管理与保护工作。龙州县第一次全县文物普查从1986年起至1989年4月，经过三年多的艰苦奋战，对全县12个乡镇990个村屯进行了普查，踏勘县域面积近2000平方公里，文物普查启动率为100%，实地调查达覆盖率99%，完成对全县100%乡镇的摸底普查，最终调查、登记不可移动文物106处。在普查登记的文物中，有石窟寺及石刻33项，近现代重要史迹44项，近现代代表性建筑2项，古建筑12项，古遗址4项，古墓葬4项，其他重要文物点7项。拍摄照片资料69幅。手绘平面图35幅，手绘位置示意图4幅。完成了106处不可移动文物的信息收集与整理、登记工作。

文物管理

1986年，文物部门调查了1840年以来的革命遗址、革命纪念建筑物和革命文物，近现代历史代表性建筑、岩画和石刻碑刻，古遗址及古墓葬等。摸清了1963年以来已公布的区、县两级文物保护单位，和工农业生产建设中新发现的文物现状。对于古遗址，则采集一定数量的标本，做好各项文字记录。对文物保护单位进行绘图、拍照，对重要碑刻石刻进行拓片。调查登记不可移动文物106处，登记在册的可移动文物共计243件（套），包括革命文物、铁器、铜器、瓷器以及玉石器等，放置于文物库房的木质文物专柜内，并通过设立库房管理制度，规范文物进出管理，并派专人负责管理，层层把关，确保文物安全。

1986年5月24日，龙州县人民政府核定公布伏波庙、班夫人庙遗址、文昌阁、乐寿亭、苏保德衣冠墓、援越抗法阵亡将士墓、武建军资念塔、庄蕴宽纪念碑、龙州保卫战遗址、龙州起义标语、大青山起义旧址11处文物点为县级文物保护单位。

1988年,龙州县文物管理所开展县内重点文物"四有"(有保护范围、有保护标志、有保护组织、有档案材料)工作。中国红军第八军军部旧址当年经国务院公布为全国重点文物保护单位。

1998年5月13日,经县人民政府审核公布文笔塔、五孔桥(伏波桥)、紫霞洞、马鞍山炮台、那王炮台、水口二炮台、岗龙坳炮台、奉村炮台、法国驻龙州领事馆旧址、业秀园(陆荣廷旧居)10处具有较高的历史、科学和艺术价值的历史文化遗址为县级文物保护单位,并划定此10处县级文物保护单位的保护范围及建设控制地带,鼓励群众自觉遵守文物保护法,做好全县文物保护工作。

2002年4月,龙州县抓好龙州起义纪念馆改扩建工程选址工作。2003年12月,完成陈列楼主体工程建设。2004年2月初,开始进行二次装修工作。2004年8月,龙州起义纪念馆竣工并投入使用,场馆总面积7865平方米。2005年12月,投入200万元,对龙州镇南街99号越南革命者在龙州秘密机关旧址进行维修复原,辟为胡志明展馆。

爱国教育基地建设

1995年—2005年,先后与广西大学、广西职业技术学院、南宁职业技术学院、广西工业职业技术学院、广西财经学院、广西中医学院、崇左市国税局、南宁师范高等专科学校、龙州一中、新华小学等单位,签订"共建"协议,把红八军纪念馆、龙州起义纪念馆作为爱国主义教育的长期教育基地。通过"共建",得到社会各界的关心,使爱国主义教育活动走向社会化。2005年,与共建单位朝阳小学推出一条"全校海选""学校培训""纪念馆培训""实战训练"4个阶段组成的红领巾讲解员培养之路。培训合格的红领巾讲解员6人,成为龙州县学校德育工作的一个亮点。

非物质文化遗产

非物质文化遗产既是历史的见证,又是珍贵的、具有重要价值的文化资源。2004年始,县文化馆多次深入基层农村及偏远的边境一线,开展非物质文化遗产的普查,了解和掌握全县范围内的非物质文化遗产资源的种类、数量、分布状况、生存环境、保护现状及存在的问题。

文物选介

石铲 全称双斜肩大石铲。1920年出土于龙州县上金乡联甲村板直岩洞。此为新石器晚期磨制工具。体硕大,质坚硬,淡黄抒青,色彩光泽,长48厘米、宽18.8厘米、厚2.5厘米,重5.3千克。1987年入藏于红八军纪念馆,1995年被省(区)级专家组鉴定为二级品,1996年8月被自治区专家鉴评会选送国家局,已获"准国家一级文物藏品"。1998年载入自治区《馆藏文物珍品目录》。

锦阁铜鼓 全称锦阁鸟纹铜鼓,灵山型。铜鼓,青铜器,此为隋唐时期骆越(壮族祖先)民族作战与东礼的重器。鼓面直径92厘米,高55厘米,腹围24.5厘米,重75公斤。身浑圆,面逸沿,鼓面中心阳光十芒,周际朔列六只三足螺蛙,面身饰纹为鸟羽纹和金钱纹。1995年被自治区专家鉴定为国家二级文物藏品,并已自治区《馆藏文物珍品目录》。

玉戈 全称有阑直内式玉戈。此玉戈为商朝后期所生产,是作崇武辟邪的吉祥物(金属戈,原来为商周至春秋战国常用的勾杀兵器)。该玉戈形类短剑,属类于有阑直内式,双面双刃,援长内短,有穿无胡。戈长31.5厘米,宽0.172厘米,重0.4千克。1979年征集并入藏龙州县文物管理所,1985年由龙州县红八军纪念馆保管,1995年8月自治区专家组鉴定为国家二级文物藏品,1998年载入自治区《馆藏文物珍品目录》。

火药瓮 全称中法战争桂军火药陶瓮。此瓮为清光绪晚期陶制品。中法战争期间,清军广西部队于桂东专门烧制了以盛装军用火药的参战器皿。1885年春被运到驻龙州的广西转运局,尔后遗留龙州。该瓮高44.8厘米、口径10.5厘米,足底与口径等量。瓮体腹鼓口剑,底足陡收。胸腹外壁烙制"梧州·万兴""广西军火局"等。釉面深灰显棕色。1987年,在小连城西南面10余里的彬桥乡村征集到此瓮;1995年,经自治区专家组鉴定为国家二级藏品。现藏于县红八军纪念馆内。

红军帽徽 全称中国红军第八军军帽帽徽。近现代产品。1930年2月1日,邓小平、李明瑞、俞作豫发动和领导了龙州起义，建立了中国红军第八军。全军官兵头戴军帽一律佩着这种帽徽。帽徽外形为隆面椭圆铜体。古铜颜色，两端穿孔，正面隆起，中央凸出“斧头·镰刀·托五星”的图样；纵轴为3.7厘米，横轴为2.4厘米，重32克。1969年，龙州县委第三办公室调查组接受上金乡芭那村党支部书记梁美杰捐献。1995年，经自治区专家组鉴定为二级藏品。1999年被自治区专家鉴评会选送国家局，已获“准国家一级文物藏品”。现藏于县红八军纪念馆内。

印刷机 全称红色印刷机。此为近代法国制造的齿轮轴程印刷机器。主要为钢铁结构，脚踏式机械运转；整体纵长167厘米，横宽116厘米，高113厘米，重约270千克，附属物有浇得铅铁稳脚垫座，附件有加长脚踏木板。1929年秋，中共广西特委派党员何建南和苏文灿、麦锦汉、谢鹤筹、谢生华、吴西等到左江地区开展工作。何建南、谢生华、吴西、涂振农为了广泛宣传中共主张，唤起群众和组织工农运动，特从南丰书店购买了此台印刷机，创办了《群众报》，1930年1月改为《工农兵》报。龙州起义后，这台印刷机为中共左江特委、红八军军委和左江革命委员会与红八军军部机关印刷了许多重要的文件、文告和重要资料，是地地道道的龙州“红色印刷机”。1978年，龙州县革命历史编写办公室征集了这台机器，移交自治区专家组进行鉴定，确认为国家二级藏品，现存于县红八军纪念馆内。

第二节 档 案

设施设备

1987年，龙州县档案局（馆）档案库房有412.4平方米，设备有铁皮箱105个，收录机、镀锌活动椅15张，增添设备价值5973元。1988年，增添30个档案铁皮箱。1989年，购置去湿机1台，价格2818元；周记温度计1台，价格512元；铁皮箱31只，价格2250元；改善了馆内保护档案条件。1990年，购置静电复印机1台，价格30000元，破损档案得到有效抢救。2002年10月，档案馆扩建面积为265平方米通过验收交付使用，解决原库房渗漏及容纳量饱和问题。2005年，县人民政府拨出3万元经费，购置现行文件信息中心所需要的设备和信息中心办公室装修等费用。是年10月8日，龙州县现行文件信息中心正式挂牌运行，“群众看文件难”的问题得到解决。

档案接收与整理

1986年，龙州县档案馆接收了17个单位的会计档案共1168卷。其中永久217卷428份，定期956卷2780份。收集水灾情景等各种有价值的照片共227张。1987年，接收进馆档案1368卷，收集老红军于德水击落入侵我国领土的某国军用飞机和生捉某国飞行员等有保存价值的照片65张。1988年12月底止，接收县氮肥厂、二轻局、水电局、供销社等单位档案进馆共970卷（其中科技档案240卷）。1989年，接收进馆档案5个单位171卷（会计档案16卷），其中水电局59卷、供销社50卷、工商局25卷、土产公司20卷、卫生局16卷（会计档案）、物价局1卷，收集各种照片86张。1990年，接收进馆档案的有县民政局、政协办等单位档案60卷，收集各种照片40张。1991年，接收进馆档案的有县委组织部等单位档案132卷，收集各种照片106张。1992年，接收进馆档案的有县人民政府、清房办、监察局、团县委等单位档案400卷。着手编写了《龙州县各个历史时期行政区域变迁及人口、耕地、粮食数字汇编》，约1.5万字，大大提高了档案利用率。1993年，接收进馆615卷，收集资料、照片68张。补抄部分全宗多年来缺少的卷内目录，拟写案卷标题及理顺四个全宗号，已整理601卷，补抄卷内目录789卷；拟出案卷标题共447卷；理顺四个档案530卷；清理了一批多年存放的不合格代管村公所（大队）一级档案。1994年，接收村公所档案进馆1619卷。1995年，接收进馆24卷，0.45米；裱糊抢救破损档案400多页，投入抢救费1500多元；收集了各种照片36张。2002年2月，在县直单位、乡镇都进行的机构改革中，为确保撤并单位档案的安全，县档案局派出业务骨干到县贸易局、农办、水果局、企业局、地矿局等撤并单位进行检查指导。其中贸易局把整理归档的档案移交给县档案馆，共665卷（文书档案171卷、会计档案305卷、统计档案报表189卷）。2005年，崇左市档案局交叉检查组于9月21日—22日到龙州县受检单位进行归档文件整理质量年度交叉检查，经过检查，已经完成2002年度、

2004年度归档案整理任务，整理质量符合要求的有县委办、政府办、发展和改革局、机关工委、人事劳动和社会保障局、检察院和龙州镇7个单位；受检单位使用GD2000档案管理软件的有县委办、政府办、发展和改革局、人事劳动和社会保障局、民政局和龙州镇6个单位；没有按要求完成年度归档文件整理任务的有县委组织部、纪委、民政局、科技局、环保局5个单位。

1986年—2005年，龙州县档案馆接收档案5671卷(册)，珍贵照片448幅；建立和完善档案检查工具，编写各种各类档案资料25万多字，抢救历史档案446卷，开放档案10个全宗148卷。全县53个单位使用GD2000档案管理软件管理档案，录入全宗目录和文件级目录33000条，机检目录27665条。

档案利用

1986年，龙州县档案馆收藏档案54个全宗，10189卷(册)，一年来提供利用档案1313卷，125人次。是年，为县委党史研究室提供档案资料利用有86卷，有的是大革命时期，有的是土地革命时期，有的是抗日战争时期和解放战争时期的档案资料约50多万字，给党史研究室节省了不少人力、物力、财力和宝贵的时间。1987年，提供利用档案3257卷，233人次。这些档案材料，有利用于修史编志、山界林权纠纷、土地纠纷等。1988年提供利用档案1952卷，176人次；利用资料27卷，复制(包括摘抄)档案1370页。1989年，提供利用档案2108卷，197人次；利用资料47卷，复制档案资料1769页。这些档案利用主要是机关部门为落实和查找原本征用单位土地的根据。1990年，提供利用档案资料1205卷，159人次；复制档案资料资料(包括摘抄)325份，开放档案348卷(开放总卷数710)，抢救档案321卷。1991年，提供利用档案349卷，82人次；提供利用的一个特点是工作查考的多，例如县畜牧水产局利用档案馆的档案妥善解决了与上金乡新旺村公所土地纠纷问题。1994年，补抄卷内目录有1715卷，进一步完善了检索工具；把关审拟案卷标题198条，抢救破损档案315页，维护了档案的完整，延长了档案的寿命；收集村公所档案229卷，1619份，并接收进馆。2005年，县档案馆收藏档案115个全宗，15860卷(册)，馆藏档案资料为工作查考、编修志书、处理“三大纠纷”(土地、山林、水利纠纷)、增强民族团结、维护社会稳定以及龙州县经济、社会快速健康发展作出了应有的贡献。1986年—2005年，县档案馆接待利用档案信息2773人次，提供利用档案12910卷(册)次。

档案升级管理

1986年，龙州县档案管理工作尚处于始建阶段。1990年12月20日，自治区档案局桂档业字〔1990〕4号文件定龙州县档案馆为广西三级档案馆；经地区企业档案评审小组评审通过，定龙州县第二糖厂综合档案室为自治区企业档案三级综合档案室。1991年，龙州县按照《广西壮族自治区地(市)县档案馆定升级办法》，在全县范围内开展档案管理定升级活动。1994年，保险公司和小水电公司于12月10日通过评审验收，定为县直机关三级档案室。小水电公司于12月26日以总分87分顺利通过自治区、地区评审验收定为自治区先进企业档案管理单位，成为南宁地区水电系统第一个上自治区级先进企业档案管理单位，为县直各企业单位作了榜样。县农行综合档案室10月11日经地区、县评审小组验收，以总分97分晋升一级档案室，是南宁地区农行系统第二个晋升一级的档案室，同时也是龙州县第一个一级档案室，为县直机关档案室树立了榜样。1997年，完成编写8个全宗，约25000字左右；整理干部死亡档案，把历年来县组织部移交进馆的干部死亡档案整理编目，共整理了2016卷，为今后干部死亡档案的提供利用提供了方便。1998年，由于特定的历史原因，档案后库设在响水镇政府院内，档案也长期放在那里保管。12月，县委根据地委的精神定响水镇为龙州县精神文明示范镇。县档案局按照县委、县政府的总体部署，从大局出发，腾出库房平房一栋同五间档案室全部划拨给该镇。12月15日，把存放在该镇后库的档案5000多卷全部搬回县城。1999年，县委办、县政府办下发《关于进一步加强龙州县乡镇、村级档案工作意见》，龙州县档案局(馆)组织档案管理员进乡镇入村(居)贯彻落实，开展乡镇、村级档案室建档检查指导工作。是年12月底经地区评审组验收，保险公司和检察院综合档案室晋升为一级档案室；县档案局评审组验收，公路局、国税局、人民法院综合档案室晋升为二级档案室。2000年，根据自治区党委办公厅《关于进一步加强我区农业和农村档案工作的意见》的通知精神及地委的要求，经过一年的努力，全县13个乡镇综合档案室全部达到了合格以上标准；其中龙州镇、下冻镇、水口镇的综合档案室达广西县直机关三级档案室管理标准。占下达任务的100%。125个村委会（居委）也全部完成了建档任务，占地区下达任务的100%。2002年，9月18日，县公安局综合档案室以总分92分被定升为广西区县直机关二级综合档案室。2005年11月10日，县地税局综合档案室以总分94分通过市档案局验收，晋升为一级档案室。是年全县（含自治区、市驻龙州县直属单位）23个机关单位档案室进行审定升级工作，其中审定为自治区一级档案室4个，二级档案室15个，三级档案室4个。

法规宣传与执法检查

法规宣传 1987年，六届全国人大常委会第22次会议通过的《中华人民共和国档案法》，并经国家主席李先念第五十八号令正式颁布。档案法颁布后，县档案局将档案法原文550分发放到全县村公所以上的单位，并在县广播电视局进行广播和电视录像，向全县人民播送档案法全文与电视播放学习、宣传和贯彻档案法的过程。副县长姚公侯在电视上作了关于学习档案法布置讲话，他要求全县广大干部、群众认真学习、贯彻十三大路线的同时，积极行动起来，掀起一个学习、宣传和贯彻档案法的热潮。通过学习、宣传档案法，社会上越来越多的人逐步认识、了解档案法坚定了搞好档案工作的信心。1990年，先后到龙州镇、霞秀乡等13个乡镇和12个县直机关单位宣传、检查档案法和国办发〔1989〕57号文件的学习、贯彻、落实情况，并通过县广播站向全县广播宣传。《档案法实施细则》颁布实施，我们向自治区订购了500份，发放到各乡镇村公所以上的单位及县直机关各单位。1997年，是档案法颁布十周年，县档案局利用这个契机，采取多种形式进行宣传修改后的档案法、购买50本档案法发到各单位，订购档案法挂图20多幅，组织50多名档案工作人员参加《中国档案报》举办的档案法规知识竞赛，在县城三条街道各悬挂一幅大横额标语，张贴200多张标语。积极配合县司法局普法办把“三五”普法考试的试题（内有档案法内容）8000份发到全县党政机关、企业事业单位干部职工、个体工商户、城镇居民手上进行考试，大大地增强了全社会的档案意识。1998年，采取多种形式进行宣传档案法。是年元旦，在档案宣传活动月中，县档案局采取了几种形式宣传档案法。一是请县委谭永胜副书记发表电视讲话，在县有线电视户共6000多户，收看达18000人次；二是出一期档案法宣传橱窗；三是书写横额、标语100多条幅，在主要街道上悬挂、张贴。收到了较好的宣传效果。1999年，《广西壮族自治区档案管理条例》（以下简称《条例》）颁布出台，为今后进一步规范全区档案事业管理提供了良好的地方立法保障。是年3月份，《条例》颁布实施后，县档案局除了组织档案系统干部认真学习《条例》，准确把握和熟悉掌握《条例》的内容及颁布的重要意义外，还抄写一版《条例》原文张贴在宣传橱窗内，书写横额、标语100多条幅到主要街道上悬挂、张贴。下发112份《关于认真学习宣传贯彻执行〈广西壮族自治区档案管理条例〉的通知》，不断地增强了社会民众的档案意识。2000年—2005年，县档案局每年都采取悬挂横幅、标语等形式开展《中华人民共和国档案法》《广西壮族自治区档案管理条例》宣传活动。

执法检查 1998年11月13日—15日，对农业系统和卫生系统进行了一次档案行政执法检查。由县委办、县政府办牵头，抽调人大办、法制办、档案局等单位共8人，组成档案行政执法检查组，对农业系统10个单位、卫生系统7个单位进行档案行政执法检查。通过这次检查，肯定了成绩；针对存在的问题，提出了整改措施和合理建议，下达《限期整改通知书》17份。2001年10月11日—12日，为全面了解全县各乡镇、县直各单位贯彻执行档案法、《档案法实施办法》和《广西壮族自治区档案管理条例》的情况，由县委办、县政府办牵头，抽调人员组成3个档案执法检查小组，分别对上龙乡、武德乡、金龙镇、逐卜乡、县建设局等20个单位进行一次档案执法检查。在检查中，对档案工作做得好的单位给予表扬，对档案工作做不够好的单位进行了批评，并提出今后整改的建议，下达《限期整改通知书》15份。真正做到有法必依，执法必严，违法必究，维护了档案法规的权威。县委办和县政府办把档案执法检查情况向全县进行了通报。2005年，检查机关单位有县委办、县委组织部、县纪委、县直属机关工委、县政府办、县人事局、县民政局、县环保局、县检察院、县科技局、县国税局、龙州镇。没有按要求完成年度归档文件整理任务的有5个单位（没下达整改通知书）：县委组织部、县纪委、县民政局、县科技局、县环保局。1987年—2005年，全县开展贯彻落实档案管理法律法规的执法检查工作共15次，受检查党政机关单位1270个次，整改率65%。

第三节　地方志

地方志编修

《龙州县新县志(修改稿)》于1974年5月开始收集资料进行编写,1975年6月付印。该志包括自然概况、历史沿革、革命斗争史、新中国成立二十五年来在毛主席革命路线指引下社会主义革命和建设的伟大成就四大部分,全书共分七章四十四节,由龙州县新县志编委会办公室编印,为内部资料,不公开出版发行。

《龙州县志》编修工作从1983年7月开始,1987年9月召开第一次评稿会(政治部类),1989年12月召开整部志稿的评稿会议,1992年1月交自治区通志馆验收和编辑加工,1992年11月交广西人民出版社终审出版,1993年3月正式出版发行。由龙州县地方志编纂委员会办公室承编的《龙州县志》,是解放以来龙州县正式出版发行的第一部志书,该书由概述、大事记、分志和附录组成,以文字为主,辅以图、表和照片。全书设27个分志120章352节,总字数约130万字,印制2100本。1994年3月,龙州县地方志办公室被自治区地方志编纂委员会评为地方志编修工作先进单位,1997年《龙州县志》荣获自治区新方志成果评比三等奖。1999年和2000年,《龙州县志》分别参加全国、自治区新方志成果展览得到各级领导和社会各界人士的好评。其间,龙州县地方志办公室同时做好《龙州县志》补遗、勘误资料的收集工作。

2001年4月,成立龙州县第二届地方志编纂委员会并下设编辑部,制定印发《龙州县第二届地方志书编纂工作方案》;是年7月,在县人民政府招待所大会议室召开龙州县第二届地方志编纂工作动员大会,组织开展第二部志书《龙州县志(1986—2000)》编修工作。2003年3月、2005年10月,鉴于部分成员工作已变动,分别对第二届地方志编纂委员会成员进行调整。至2005年12月,龙州县地方志办公室共收集到《龙州县志(1986—2000)》入志资料144个单位约110万字,编纂《龙州县志(1986—2000)》资料长篇55个单位约30万字。

2002年—2005年,龙州县地方志办公室先后指导和参与编写《龙州县水利电力志》《龙州县土地志》《龙州军事志》等部门志书。2005年12月,《龙州县政协志》出版。

年鉴编纂

《龙州年鉴》编写计划始于1991年。是年1月,龙州县地方志办公室向县人民政府提交编写《龙州年鉴》工作计划,拟编写1986年—1990年(即“七五”计划)《龙州年鉴》合编本,并向县人民政府申请划拨编写《龙州年鉴》经费8000元,后因财政困难无法落实经费未果。2003年7月,龙州县地方志办公室编写的第一本《龙州年鉴(2001)》出版发行(内部发行),该书设有专文、大事记、概述、文献、县委、人大、政府等26个部类,有150个栏目1200多条目,总字数60多万字,印制800本。2004年和2005年,因编写经费保障未能落实到位,《龙州年鉴》编写计划最终未能实现。

地情资料报送与利用

1996年、2005年,龙州县地方志办公室分别为《广西市县概况》收集编写龙州县栏目约4500字和约3800字稿件;1999年,县地方志办为《南宁地区年鉴》收集编写龙州县栏目约9000字文稿。1999年—2005年,编辑员先后在省级以上方志理论刊物上发表专业论文3篇,共约15000多字。2002年,为《南宁地区志》收集编写龙州县栏目约10000字文稿。2003年—2005年,为《崇左年鉴》提供文字稿约3万字,图片约60张。

为充分发挥《龙州县志》“存史、资政、育人”的社会功能,为龙州县经济、文化、社会建设服务,《龙州县志》出版后至2005年,对每一位来龙州县任职的县四家班子领导,对意向前来龙州县投资置业的集团、公司、企业,龙州县地方志办公室都会送上一本《龙州县志》,让其及时了解龙州,熟悉龙州,尽快进入工作状态;就连到龙州县境内河段淘金的个体户或个人,也有通过查看《龙州县志》记载,到相关地点作业而收获颇丰。

第五章　报刊　图书

1986 年，龙州县图书馆每周开馆 48 小时，接待读者 2.1 万人次，外借图书 4.2 万册次。县新华书店销售图书 9.17 万册，销售总额 43.95 万元。1995 年 12 月 1 日，《龙州报》创刊，为四开四版周一刊。1998 年 10 月，改为四开四版周二刊。2000 年 10 月，改为四开四版周三刊。2003 年，为四开四版周三刊彩版。12 月 31 日，《龙州报》停止出版发行，一共出版发行 807 期。2005 年，县图书馆馆藏图书 7 万册，开设有图书外借、报刊阅览、少儿阅览、参考咨询等读者服务窗口。每周开馆 56 小时，接待读者 2.4 万人次，外借图书 5.2 万册次。县新华书店销售图书 115.19 万册，销售总额 564 多万元。

第一节　报　刊

1995 年 3 月 8 日，《龙州报》筹备领导小组成立，组长为县委副书记彭晓春，副组长为县委常委、宣传部部长陈知唐和副县长赵国忠，成员 5 人。6 月 16 日，经自治区新闻出版局管理处审核同意，发给《龙州报》准印证：广西壮族自治区内部报刊准印证第 0257 号。7 月 1 日，《龙州报》创刊号印好，即将与读者见面之时，发现文中有误，立即停发，“七一”版创刊号流产。12 月 1 日，《龙州报》创刊号与读者见面，举行《龙州报》社成立揭牌仪式。2003 年 12 月 31 日，《龙州报》与全国各地县（市）报一样停止出版发行，完成历史使命。2004 年 3 月开始将《龙州报》社财产移交龙州县边境对外宣传办公室。

出版发行

1995 年 12 月 1 日，《龙州报》创刊；2003 年 12 月 31 日，《龙州报》停刊，一共出版发行 807 期。

1995 年 12 月 1 日，《龙州报》创刊，为四开四版周一刊。年内，报道县内外发生的重大事件和先进人物的文章照片 83 篇（幅），出版发行 5 期。

1996 年，《龙州报》为四开四版周一刊。收到来稿 2505 篇（幅），采用稿件 1195 篇（幅），共出版发行 52 期。

1997 年，《龙州报》为四开四版周一刊。收到来稿 2855 篇（幅），采用文稿 2121 篇（幅），共出版发行 52 期。

1998 年 10 月，《龙州报》由原来四开四版周一刊改为四开四版周二刊。收到来稿 3257 篇（幅），采用稿件 1971 篇（幅），共出版发行 63 期。

1999 年，《龙州报》为四开四版周二刊。报纸贯彻“两为”方针，努力办出特色。着重配合龙州县举行龙州起义 70 周年纪念活动，在《龙州报》上开辟“纪念龙州起义 70 周年”专栏。同时，为《广西日报》和《南宁日报》撰写题为《彪炳史册的壮举》的纪念文章。协助《南宁日报》开展革命老区巨变的系列报道《弘扬红八军精神，昂首迈向新世纪》专版。开设“公母山下”“警世钟”“以案说法”“经济与生活”“生活与健康”“理论研讨”“理论与实践”和“人大在我心中征文”等专栏，编发理论文章 65 篇。年内，收到来稿 5210 篇（幅），采用稿件 3575 篇（幅），共出版发行 105 期。

2000 年 10 月，《龙州报》由原来的四开四版周二刊改为四开四版周三刊。报纸以全国第一个记者节和庆祝《龙州报》创刊五周年为契机，围绕县委、县政府的重大决策和中心工作，有计划、有步骤地开展宣传报道工作。年内，收到来稿 4875 篇（幅），采用稿件 3452 篇（幅），共出版发行 104 期。

2001 年，《龙州报》为四开四版周三刊。报纸围绕“三个代表”学习教育、“七一”节、边境建设大会战、企业改制、抗洪救灾、中共十五届六中全会召开等重大活动，开展宣传报道工作。年内，收到来稿 4966 篇（幅），采用稿件 3524 篇（幅），共出版发行 116 期。

2002 年，《龙州报》为四开四版周三刊。报纸围绕“三个代表”重要思想学教活动回访复查，县、乡、村换届选举等开展宣传报道工作。年内，收到来稿 5984 篇（幅），采用稿件 4383 篇（幅），共出版发行 156 期。

2003 年,《龙州报》为四开四版周三刊彩版。报纸围绕宣传中共十六大、十六届三中全会精神和兴起学习“三个代表”重要思想新高潮、解放思想再讨论、口岸经济建设和旅游开发、牛品种改良、“三个文明”建设等开展宣传报道工作。报社派出 2 人为三个文明迎检纪实片《老区龙州遍开文明花》撰写解说词。年内,收到来稿 6283 篇(幅),共出版发行 154 期,用稿 4126 篇(幅)。

新闻评比

1996 年,《龙州报》参加全区县市报好新闻评比,《农修业精神谈》获二等奖,《灾情牵动众人心》获三等奖;参加湘、粤、桂三省区县市报好新闻评比,《赵富林书记考察龙州时强调:用好用活用足边贸政策,繁荣老区经济》获一等奖,《上降乡农村改水见成效》《情暖山里人》《穷乡不坠“普九”志》获二等奖。

1997 年,《龙州报》参加湘、粤、桂三省区好新闻评比,《少发些请柬行不》(作者谭丰杰)、《请不要拿生命当儿戏》(作者许建华)获一等奖,《县长情系灾区群众》《情注老区铸丰碑》获二等奖。

1998 年,《龙州报》参加全国县市报第六次经营管理会议,《以真诚赢得读者》《浅谈县市党报在市场经济体制中的地位和作用》获优秀论文奖,入选陕西省太白文艺出版社出版的《学理论要精要管用》一书。参加湘、粤、桂三省区头条好新闻评比的《曹伯纯书记视察龙州》获二等奖,《响水市场——六载难题,一朝解决》获三等奖,《统一认识,振奋精神——县委、县政府召开“两改两整”培训动员会》《第二届龙州十杰青年评选揭晓》《“五一”文体活动丰富多彩》《全县交通、建设工作暨表彰大会提出:发挥“先行官”的作用,打好交通扶贫攻坚战;深入开展创建活动,实现城镇建设新突破》《自治区干部制度改革、机关作风整顿电视电话会议提出:建立一支高素质的干部队伍》获优秀奖。参加湘、粤、桂三省区县市报好新闻评比的《温国权在彬桥检查春耕生产时要求:加大力度,迅速掀起春耕高潮》《无怨无悔从教路,涓涓清泉润新苗》获一等奖,《’97 农业:又是一个丰收年》《“班后过早风”当刹》获二等奖,《人大代表依法行使职权,水口镇人大罢免一副镇长》《歹徒持枪行凶气焰嚣张,干警火速出击将其擒获》《路在脚下延伸》《曹伯纯慰问驻军、武警官兵》《县四家班子领导向灾区奉献爱心》《驻军参加地方经济建设》获三等奖。

1999 年,《龙州报》参加湘、粤、桂三省区好新闻评比,《旱情牵动书记心》《夫妻“支教”情》获一等奖,《边学边整,边整边改,为民办实事》《霞秀糖厂 98/99 榨季成绩斐然》《县长看上网》《市场就是心理战》《深化改革激活力》获二等奖,《县长现场解难题》《书记视察猪种场》获三等奖。参评自治区县市报好新闻评比的《山东大汉有胆识,彬桥包地种香瓜》获一等奖,《科技催开致富花》获二等奖,《海阔凭鱼跃》获三等奖。参加全国县市报好新闻评比,《摸清底数,建立网络,培植财源》获消息类三等奖,《夫妻“支教”情》获通讯类三等奖,《素质教育,家长有责》获言论三等奖。

2000 年,《龙州报》参加全国县市报好新闻评比,《县长夜访白沙街》《众手奋劈致富路》《政治工作是一切经济工作的生命线》获三等奖。参加全自治区县市报好新闻奖,《承包责任地“小片拼大片”》《“土品种”的启示》获二等奖,《情注边关红胜火》获三等奖。参加湘、粤、桂三省区县市报好新闻评比,《众手奋劈致富路》《陇彭屯告别饮水难历史》《“变脸”横额该换》获一等奖,《我县加强边境建设工程管理》《县长夜访白沙街》《地头水柜建设大会战》《背着泥土去,引得“金”苗回》获二等奖,《掀起边境建设大会战高潮》《军营里一群特殊的“兵”》《政治工作是一切经济工作的生命线》获三等奖。

2001 年,《龙州报》参加全国县市报好新闻评比,《突破常规求发展》《“兵妈妈”刘雪红看望抗洪子弟兵》获二等奖,《风雨同舟,重建家园》《多请农民吃饭》《局长:请您吃香蕉》获三等奖。参加全自治区县市报好新闻评比,《局长:请您吃香蕉》获二等奖,《政府一诺千金,十件实事落实》《风雨同舟,重建家园》《科技真正下乡》获三等奖。

2002 年,《龙州报》参加全国县市报好新闻评比,《尽职尽责履行承诺》《共和国国旗在共和村升起》获二等奖,《边境小山村立碑谢党恩》《访农顿屯看小康村系列》获二等奖。参加全自治区县市社报好新闻评比,《弄在喜见猴伴牧》《自强不息,妙手回春》获二等奖,《我县边境建设大会战成果显著》《逐卜村干身体力行“三个代表”》《让农民交个明白税》获三等奖。《略谈县市报人才的培养》获参加中国县市报研究会第 18 次年会优秀论文奖,在中国县市报研究会会刊《县市报研究》第 187 期上发表。

文稿采用

1996年，《龙州报》记者撰写的稿件被《南宁日报》采用39篇（幅）、《广西日报》采用4篇、《南国早报》采用5篇、《南地工作》采用2篇、广西人民广播电台采用8篇。1997年，《龙州报》记者撰写的稿件被《南宁日报》采用51篇、《广西日报》采用3篇、《南国早报》采用4篇、《南地工作》采用1篇、《广西科技报》采用1篇、广西人民广播电台采用7篇。1998年，《龙州报》记者撰写的稿件被《南宁日报》采用48篇、《广西日报》采用4篇、《南国早报》采用6篇、《南地工作》采用2篇、广西人民广播电台采用11篇。1999年—2003年，《龙州报》编辑上送的作品，被自治区、地市级报纸、杂志、电台等媒体采用629篇。1999年《龙州报》被《南宁日报》采用81篇、《广西日报》采用4篇、《南国早报》采用5篇。2000年，《龙州报》记者撰写的稿件被《南宁日报》采用58篇、《南地工作》采用2篇、《广西日报》采用12篇、《南国早报》采用4篇、广西人民广播电台采用4篇。2001年，《龙州报》记者撰写的稿件被《广西日报》《南国早报》《南宁日报》《南地工作》和广西人民广播电台等采用168篇。2002年，《龙州报》记者撰写的稿件被《南宁日报》采用79篇、《南宁晚报》采用2篇、《南国早报》采用2篇、《广西日报》采用13篇、广西人民广播电台采用2篇、《当代生活报》采用1篇、《支部生活》采用2篇、《广西政法报》采用5篇、《广西党建》采用1篇、《广西科技报》采用3篇、《今日广西》采用1篇。2003年，《龙州报》记者撰写的稿件被《广西日报》采用18篇、广西人民广播电台采用15篇、《南国早报》采用4篇、《当代生活报》采用5篇、《八桂都市报》采用3篇、《广西政协报》采用2篇、《左江日报》（原《南宁日报》）采用128篇、《广西妇女》采用1篇、《农家之友》采用4篇。

第二节　图　书

龙州县图书馆

龙州县图书馆成立于清光绪十六年(1890年)。1979年3月，县图书馆从县文化馆分离出来，独立建制，为龙州县公益性事业单位。馆址位于兴龙路48号，和县文化馆同在一处办公。一楼和三楼的左侧一半属图书馆、二楼和三楼的右侧一半属文化馆。为龙州县公益性事业单位。1985年，馆藏图书5万册，内设外借处、阅览室、采编室三个部门，时未定编制人数，实有6人。1986年，核定人员编制6名，实有6人。是年，每周开馆48小时，接待读者2.1万人次，外借图书4.2万册次。1991年1月，自治区文化厅及县人民政府投入30万元，在兴龙路19号建成面积830平方米的图书馆楼，内设阅览室、少儿阅览室、流通书库、外借处、采编室、典藏室、特藏室等部门；接待读者2.5万人次，外借图书4.8万册。1999年—2005年，县财政划拨购书及报纸杂志费2.7万元/年。2000年，馆藏图书6.8万册，内设办公室、采编室、外借室、综合阅览室、少儿阅览室、典藏室、藏书室七个部门，有人员编制6名，实有10人，每周开馆56小时，接待读者1.3万人次，外借图书2.6万册次。2001年，馆藏图书6.82万册，接待读者1.52万人次，外借图书2.9万册次。2002年，馆藏图书6.85万册，接待读者1.42万人次，外借图书2.8万册次。2003年，馆藏图书6.87万册，接待读者1.38万人次，外借图书2.6万册次。2004年，馆藏图书6.89万册，接待读者2.13万人次，外借图书4.3万册次。2005年，馆藏图书7万册，内设采编室、典藏室两个部门，有人员编制6名，实有11人。开设有图书外借、报刊阅览、少儿阅览、参考咨询等读者服务窗口。每周开馆56小时（双休日照常开馆），接待读者2.4万人次，外借图书5.2万册次。

1998年5月27日，龙州县图书馆在街上设点，举办图书馆服务宣传周，为群众提供科技知识服务

龙州县新华书店

龙州县新华书店为县国有图书发行和销售企业。1986年，有职工10人，销售图书9.17万册，销售总额43.95万元。1998年5月27日，县

图书馆在街上设点，举办图书馆服务宣传周活动。2002 年，有职工 32 人，销售图书 119.09 万册，销售总额 488.5 万元。2003 年，有职工 32 人，销售图书 93.81 万册，销售总额 410.6 万元。2004 年，有职工 29 人，销售图书 88.3 万册，销售总额 480.4 万元。2005 年，有职工 30 人，销售图书 115.19 万册，销售总额 564 多万元。

第六章　体　育

1986年，龙州县体育运动委员会推进全县体育事业，至1996年，共向地区级以上体校、体工队输送举重、摔跤、柔道、中国象棋等体育人才 27 人。其间，龙州县棋类协会、龙州县邮电体育协会、龙州县民族摔跤运动学校、龙州县少年儿童业余体育学校、龙州县老年人体育学校、龙州县游泳协会先后成立。1996 年 4 月，龙州县体育运动委员会改为龙州县体育事业局。至 2001 年 12 月，共向自治区内外体工队、体校输送举重、摔跤、足球、柔道、中国象棋、乒乓球等体育人才 60 多人。获世界比赛金牌一枚，全国比赛金牌 10 枚，广西“棋王”称号 1 人。2 人 4 次破世界纪录，6 人 15 次破全自治区纪录。40 多人次升入各类体育院校深造。2002 年 1 月，与县文化局合并为龙州县文化体育局，至 2005 年，共向自治区内外体工队、体校输送举重、摔跤等体育人才 15 人。

第一节　机　构

1986 年，龙州县体育运动委员会为县政府常设事业机构，内设办公室、群体股、竞训股、业余体校、体育指导中心、训练中心 6 个部门，有人员编制 11 名，实有 11 人，办公地址在龙州镇兴龙路 46 号。1996 年 4 月，县体委改为县体育事业局，内设办公室、群体股、竞训股 3 个部门，有人员编制 11 名，实有 11 人，办公地址在龙州镇兴龙路 46 号。下辖县少年儿童业余体育学校、县体育指导中心、县体育训练中心 3 个单位。2001 年 12 月，县体育局内设办公室、综合股、文化市场股 3 个部门，有人员编制 10 名，实有 11 人（局长 1 人，副局长 2 人），办公地址和下辖单位不变。2002 年 1 月，与县文化局合并为龙州县文化体育局。

1986 年—2001 年局长（主任）：陆时政（1986.1—1987.9），赵国富（1987.10—1989.10），陆慧清（1989.10—1992.3），梁石富（1992.4—1996.3），邓细阳（1996.4—1999.2），黄志武（1999.3—2001.3），张广平（2001.4—2001.12）。

第二节　体育团体

1986 年，龙州县专项和综合体育团体开始发展。至 1995 年，共有体育团体 6 个。涉及棋类、摔跤、柔道、游泳、门球、足球、篮球、乒乓球、举重、田径等项目。至 2005 年，体育团体活动正常，推动了全县体育活动的发展。

龙州县棋类协会

1986 年 4 月成立，系龙州县棋艺爱好者群众性自发组织。会址设在县体委内。初期委员有 13 人，设主席 1 人，副主席 1 人，秘书长 1 人。协会成立后，每年重大节日都开展比赛。1994 年 10 月，秦荣参加自治区“棋王杯”象棋比赛，获个人第一名。1988 年元月，在南宁地区象棋比赛中，施忠平获男子第一名，周桂英获女子第一名。1989 年元月，周桂英参加南宁地区象棋比赛，获女子第一名。1989 年 12 月，陈少玫参加南宁地区围棋选拔赛，获女子成年组第一名。1990 年 2 月，在南宁地区象棋比赛中，施忠平获男子成年组第一名，陈少玫获女子成年组第一名，周桂英获女子少年组第一名，秦荣获男子儿童组第一名，王婷婷获女子儿童组第一名。1991 年 3 月，在南宁地区象棋比赛，陈少玫获女子成年组第一名，黄翠华获女子少年组第一名。2001

年 4 月，在河北省承德市举行的全国第十届农民运动会上，龙州县代表队荣获中国象棋赛团体第二名，秦荣获个人第四名。

龙州县传统体育学校

1988 年，由县体委发起成立。训练场地分布在各中小学校内，目的是为了系统地开展各项传统体育项目训练，发现和培养体育后备人才。1988 年，全县各中小学负责训练的传统体育项目：龙州一中为足球，龙北中学为田径，橡胶所中学为足球，朝阳小学为足球，利民小学为乒乓球；到 1993 年又发生了一些变化：职业中学为摔跤，下冻中学为篮球，水口中学为摔跤，金龙中学为篮球，彬桥中学为田径，新华小学为篮球和乒乓球，龙北小学为田径，西街小学为篮球和举重，霞秀中学为摔跤，利民小学为乒乓球。各训练点平时组织课余时间进行训练，县体委定期派教练员进行指导工作。

龙州县邮电体育协会

1988 年 12 月 19 日成立，系龙州县邮电职工业余群众性体育团体，会址设在龙州县邮电局。理事会设主任 1 人，副主任 1 人，秘书 1 人，财务 1 人，理事若干人。基本任务是引导和组织职工经常参加体育锻炼，提高身体素质和运动技术水平，培养职工的社会主义体育道德品质和集体主义精神，活跃职工业余生活。经费来源于邮电局在册职工每人每年缴纳 4 元的会费、局工会调剂以及行政资助一部分。按照“业余、自愿、小型、多样”和“因人、因时、因地制宜”的原则，讲求实效，多层次地。至 2005 年，共开展体育活动 17 次，参加职工 600 多人次。

龙州县民族摔跤运动学校

1989 年 6 月成立，附设在龙州高中内。由县政府委托龙州高中承办，由县体委、县教育局、龙州高中共同管理，与自治区运动学校挂钩，系自治区第一间民族摔跤专业学校。其宗旨是为自治区体校、体工队输送后备人才，为体育院校输送合格学生，为社会培养体育骨干。是年，设校长 1 人，副校长 3 人，教导主任 1 人，教练员 7 人。以摔跤项目为主，柔道、举重项目为辅。1993 年，有摔跤教练 1 人，队员 13 人（编制 15 名）；柔道教练 1 人，队员 10 人（编制 12 名）；举重教练 2 人，队员 8 人（编制 15 名）。有摔跤、柔道训练房一间，面积 80 平方米，内有摔跤垫一床 24 张垫子；举重训练房一间，面积 60 平方米。另有杠铃 4 副，杠铃杆 8 条，还有假人、卧推架、深跨架、单杠、双杠等辅助练习器材。每期招收学生 50 人，坚持半天读书，半天训练的方式，学生来源于本县中小学在校学生中经考核合格的学生。至 2005 年，共培养学生 390 人，为自治区体校输送 28 人、为广西体工队输送 4 人、为自治区体育院校输送 32 人。

龙州县老年人体育协会

1993 年 10 月成立，属于群众自娱性组织，会址设在龙州镇兴龙路 46 号。以门球运动为主，常年开展活动。曾于 2005 年 5 月组队参加自治区里的比赛，获得第二名。在本县承办两届男、女南宁地区门球比赛。1987 年 8 月，由社会集资、企业赞助和政府投入共 2.6 万元，建成 3 个门球场，每个球场 500 平方米，可容纳观众 200 人。2000 年 10 月，由社会集资、企业赞助和政府投入共 1.2 万元，建成一个面积 119.25 平方米，可容纳观众 100 人的地掷球场。

龙州县游泳协会

1995 年 1 月 9 日成立，系群众性的体育组织，在县体育运动委员会指导下开展工作。会址设在龙州镇兴龙路 46 号。主要任务是协助有关部门、各乡镇搞好游泳设施的建设，培训游泳骨干，举荐青少年优秀游泳人才，组织理论、运动技术等专题的调查研究，促进游泳运动的教学、训练科学化，发挥咨询作用。1995 年 2 月 1 日（农历正月初二）上午，在丽江河举行盛大的“横渡丽江冬泳”活动。来自各单位的游泳爱好者 112 人参加，最大年龄 53 岁，最小年龄 8 岁。活动历时 40 分钟。

第三节　体育设施

1986 年，龙州县体育运动委员会有露天篮球场一个，约 300 平方米，9 级看台 2000 个座位，建于 20

世纪 70 年代；一个举重训练房，建于 70 年代，约 120 平方米；简易足球场一个，建于 80 年代初；一个门球场，建于 1987 年代，约 400 平方米。1989 年，建设龙州县民族体育场（原址在朝阳小学田径足球运动场），占地 1.6 万平方米，可以开展各项体育竞赛简易训练馆一个，建于 1993 年，约 360 平方米；。之后，全县的体育活动场所和各种体育设备不断增加。至 2000 年，全县有足球场 7 个；篮球场 121 个（灯光球场 28 个）；排球场 29 个；气排球场 29 个；羽毛球场 33 个；乒乓球台（标准）36 个，乒乓球室 7 个，训练馆 1 个；台球室 4 个；游泳池 2 个；以及铅球、铁饼、标枪、羽毛球、杠铃、鞍马等各类体育器材。2004 年 7 月，中国体育彩票“雪炭工程”——龙州县体育健身中心综合馆建成投入使用。馆址位于龙州县龙州镇兴龙路 46 号，面积 3000 平方米。

第四节　群众体育

龙州县的群众体育传统项目有舞龙、舞狮、舞凤、武术、抢花炮、赛龙船、斗鸡、斗画眉、斗蟋蟀等，其中抢花炮最为隆重壮观。解放后，增加篮球、乒乓球、足球、排球、拔河、赛跑、跳高、跳远、攀竹竿等项目。每逢元旦、春节、国庆节等节日，群众自己组织舞狮舞龙。2000 年起，兴起羽毛球、气排球等项目。是年，群众经常参加体育锻炼的有 9.64 万人次，占全县人口 35.8%，其中学生 2.53 万人，职工 0.44 万人，农民 5.62 人，其他 1.05 万人。2005 年，群众经常参加体育锻炼的有 14 万人次，占全县人口 60.0%，其中学生 3.5 万人，职工 1.5 万人，农民 7 万人，其他 2 万人。1986 年—2005 年，龙州县政府平均每年从财政拨出专项体育事业经费 4.2 万元，全县年人均体育活动费 0.15 元。

县城体育

改革开放以来，随着人民群众生活不断提高，群众参加体育运动的热情也越来越高涨。1986 年起，龙州县直机关、学校、各系统的体育运动已向经常化、制度化方向发展。广西农垦系统的龙北农场、先锋农场、北耀农场、橡胶研究所、大修厂，合称三场一所一厂的职工运动会，每年举行一次，平均每次有 1100 人次参赛。龙州县水电、公路、卫生、交通、教育都先后举行本系统的运动会，县水电局、县公路局还承办全地区本系统的运动会。在每年的“三八”节，县妇联和县体委都组织举办趣味性体育活动，设有五人板鞋、夹气球跑、跳棋等项目。县 3 家糖厂也各自举办厂运动会，以车间、科室为单位组队，开展足球、篮球、排球、乒乓球及棋类比赛，时间 20 多天，参加人数 3000 多人次。县自来水厂自办的“供水杯”篮球、气排球赛，有 8 支队伍参赛。县地税局、农业局、林业局也开展球类及体育游园活动。早晨和晚上，在公园、机关、企业、街边（特别是独山路），都能见到人们锻炼的身影。1986 年，龙州县举办元旦、春节篮球比赛，全县有男女球队 32 支、运动员 172 人参赛。1987 年 9 月，龙州第二糖厂主办“甜蜜杯”南宁地区首届职工足球邀请赛，有球队 8 支、运动员 176 人参赛。1988 年，县体委举办“兴龙杯”全区性的足球邀请赛，有球队 10 支、运动员 220 人参赛。1989 年，广西第八届职工“连城杯”足球赛在龙州县举办，有球队 11 支、运动员 242 人参赛；县教育局举办全县首届教工“钟声杯”篮球冠军赛。1990 年，县体委举办“迎亚运”男子女子篮球赛，有 21 个球队参赛。县体委在端午节举办“水电杯”龙舟赛，有队伍 7 支、运动员 145 人参赛，观众 5 万人次。1991 年元月，南宁地区体委在龙州县举办全区医药系统单位“龙血树杯”篮球运动会，有代表队 10 支、运动员 220 人参赛。1992 年春节，县总工会和县体委联合举行舞龙、舞狮、环城跑、篮球、乒乓球、桌球、象棋、溜冰等项目的群体比赛，有运动员 8000 多人参赛，观众 13 万多人次。1993 年 3 月下旬，县体委举办全国桥牌通讯赛（龙州赛区）比赛。5 月中旬，承办南宁地区离退休干部职工门球比赛。10 月 1 日，县体委举办国庆篮球大赛，有男女球队 39 支、运动员 390 多人参加，历时 58 天，共进行比赛 146 场，观众 5 万多人次。1995 年，龙州县在元旦、春节、国庆等重大节日举办体育比赛活动，项目有乒乓球、象棋、桥牌、足球、篮球，参赛队 40 多支、运动员 810 人参赛，观众 6 万人次。1996 年，县体育局举办“土地杯”篮球赛，有 19 个球队参赛；1998 年春节，县体育局举办“龙冠杯”象棋大赛，有运动员 38 人参赛；县体育局委举办“交警杯”篮球精英赛，有球队 8 支、运动员 96 人参赛。1999 年，县新华书店和县体育局联合举办“五一”节“新华酒楼杯”篮球赛，有球队 14 支、运动员 140 人参赛；县体育局举办“五四”青年节“三糖杯”足球赛，有球队11支、运动员220人参赛。2000年3月，龙州县举办龙州国际足球邀请赛，由龙州将山足球队对阵越南高平省足球队。同年5月，龙州将山足球队回访越南高平省，双方观众1万多人次。2000年5月，县体育局举办“八桂通”篮球大奖赛，有球队24支、运动员258人参赛，观众3.6万人次。2001年5月1日，龙州县举办“五一杯”全县干部职工篮球赛，有球队39支、运动员200多人参赛，观众3万人次。2002年7月，龙州县举办全县科级干部篮球比赛，全县副科级以上领导干部170人分成17支代表队参赛，观众达1.5万多人次。2003年12月，县人民医院举办首届职工运动会。医护人员和普通职工200多人参与象棋、拖拉机、拔河、羽毛球、气排球、篮球6个项目的比赛，观众8000多人次。2004年12月，全县举行迎春男子篮球赛，有球队13支、运动员120多人参赛，观众1.8万人次。2005年8月27日，凭祥海关、水口海关、龙邦海关3个边境海关在龙州县举行“我爱边关杯”足球比赛，有运动员60多人参赛，场均观众2000多人次。

乡镇体育

1986年—2005年，龙州县乡镇体育活动开展较为普遍。多在传统和新的节日间进行，如每年的元旦、春节、二月初二土地公诞、二月十九观音诞、“五一”国际劳动节、“五四”青年节、四月十三伏波诞（传统歌圩节）、五月初五端午节、六月初六田魂节（牛魂节、新糍节）、国庆节等节庆之日，还有在双休日时间举办较大型的群众喜闻乐见的体育竞赛活动，丰富群众文化生活。农历四月十三日，是龙州县民族传统节日，每年都举办抢花炮、拔河比赛；农历五月初五举办龙船竞赛，吸引数万观众，其中宁明县、江州区、凭祥市的群众远道而来观看比赛。除节日开展民间体育外，各乡镇在自己的庆典节日开展形式多样的体育活动。1988年，金龙乡建成2000平方米的文化中心，内设灯光球场、舞台、舞厅、投影厅、乒乓球室、棋室、桌球室等。在每年农历五月初五端午节中，金龙乡组织规模大、参赛人数多的体育活动，除有篮球、象棋、拔河等项目比赛外，还进行一些具有民族特色色彩的舞狮、舞龙、斗鸡、斗画眉、抛绣球等项目比赛。每次的球赛有20队~30队男女球队参赛，运动员290多人。不仅是本地的球队，驻军球队和大新县的硕龙乡、宝圩乡、堪圩乡的男女球队也前来参赛，观众1万多人次。上金乡的旧街、河抱、云江、陇口、渠龙等村屯，每年都组织一年一度的篮球赛。其中每年农历二月十九（即紫霞洞观音诞）在中山村河抱屯举行的篮球赛，有时多达30多支球队参赛，宁明县的驮龙乡耀达屯、新村屯也派球队来参赛献技。逐卜乡被誉为龙州县篮球之乡。1991年—1994年，举办篮球比赛431场次（外出比赛108次），乒乓球赛84场次，排球赛21场次，足球赛38场次。1995年，该乡建有篮球场28个，灯光球场1个。另有足球场1个，排球场2个，乒乓球台34张。上降、下冻、霞秀、响水等镇，每逢节假日也组织开展全乡性的体育活动。

全民健身活动

1986年，龙州县全民健身以“强体质、健身心”为目标，组织、发动群众参与全民健身运动。做到每月有赛事，重大节日有活动。1994年，《全民健身计划》工程启动，明确1994年—1995年“全民健身计划一、二、一”（保证学生每天要有一小时的体育活动时间落实两课两操活动，达到国家体育锻炼标准，培养跨世纪的一代新人）启动工程实施阶段。根据启动工程设计要求与预定目标，结合龙州县具体情况，制定龙州县两年实施计划。县体委还通过新闻媒介，在报纸、电台、电视台增设专栏，多形式宣传“计划”实施的社会意义和历史意义，提出“一、二、一，齐步走，全民健身奔小康”的口号，在全县范围内掀起全民健身热潮。推行《社会体育指导员技术等级制度》《中国成年人体质测定标准》，组织群众开展各种体育活动，增强全民健身参与意识，提高身体素质。具体为“四抓好”：抓好青少年儿童健身的“一、二、一”；抓好社区体育，建立健全一个晨练点（或指导站）等体育组织；抓好机关和事业单位干部、职工的体育，提出“每人每天参加一次体育健身活动（时间20分钟以上），每人学会并能熟练两种以上体育健身方法，每人每年进行一次体质测定”；抓好农村体育“一个组织、两项活动、一项评比”，即成立农民体协，开展节假日体育竞赛和少数民族传统体育活动，进行体育先进乡镇评比。1994年1月到2005年12月，全县平均每年开展各项大型体育活动19次，每次参与人数3万人次。

第五节 学校体育

1986年以来,县体委(体育局)协同县教育局狠抓中小学校的体育活动,抓好学校课间操,眼保健操以及室外活动课,强调学校要保证学生体育活动时间,形成制度化,使学校体育活动正常开展。全县中小学校体育活动项目有跳绳、踢毽子、篮球、足球、排球、乒乓球、羽毛球、气排球、田径等。2004年,建有篮球场83个,足球场5个,沙池47个,乒乓球台213张,羽毛球场33个,体育器材室23间,双单杠101副,还有铁饼、铅球、标枪、手榴弹、吊环、跨栏、杠铃、鞍马、计时表等一批体育器材。2005年,全县中小学配有专职体育教师159人,兼职体育教师97人,按各类学校课程设置开展正常的体育教学活动。

体育课程

学校体育课程设两课两操三活动,即每周上两节体育课,每天做早操、课间操各一次,每周上课外课三节。体育教材采用自治区教育厅编写的体育课本。该教材根据全国中小学体育教学大纲,结合广西实际情况,着眼于增强学生体质,使学生身体得到发展;采用相对集中与适当分散相结合的编排方式,以单元教学为主的编排体系来安排教材;依据学生年龄、性别特点,小学增加游戏、球类、踢毽子、跳橡皮筋等,中学女生增加艺术体操等;选编游泳、技巧、足球、乒乓球等灵巧项目和水上项目,还结合民间传统体育项目,安排拔河、掰手腕等供雨天使用的室内体育活动;教学方法一般为理论与实践相结合,基本推行四段教学法,将每节课分为开始(列队、介绍课的任务、内容等)、准备(准备运动)、基本教学和结束四部分。全县中小学都推行《国家体育锻炼标准》,推广国家体委颁布的第七套、第八套广播体操,有条件的各中小学还在课间休息推行眼保健操。

体育达标

体育考核按广西自编体育试用课本内容,结合《国家体育锻炼标准条例》进行。内容包括田径、球类、体操、武术和身体素质等。评分标准参照相应年龄组的规定要求,结合广西学生情况有所提高或降低。在教育部门的努力下,1994学年,全县学校施行《国家体育锻炼标准》,达标率54.6%。1999年学年,全县131所学校,推行体育锻炼标准的学校45个,未推行体育锻炼标准86个。年内,全县学生总数35140人,应参加锻炼标准的学生25451人,实参加锻炼标准的学生18012人,及格人数7150人,良好人数6670人,优秀人数3369人;及格率95.6%,良好率55.7%,优秀率18.7%。2000年学年,学校学生达标率:小学组63.6%,中学组95.3%。2005年学年,学校学生达标率:小学组73.6%,中学组98.3%。

体育竞赛

1987年10月,龙州县举行中学生田径运动会,参赛中学生运动员184人。1987年—1999年,龙州县每年举行中学生篮球冠军赛,全县中学分4片区举行中学生篮球赛。县城(龙州镇)中学为第1片区;下冻、北耀、水口、彬桥中学为第2片区;逐卜、金龙、响水、武德中学为第3片区;霞秀、上金、八角、上降中学为第4片区。1989年8月,在县城举行自治区少年女子足球(乙组)片区赛,龙州中学女子足球队代表南宁地区参赛,获第3名;11月,举行彬桥、北耀、下冻、水口"三乡一场"中学生篮球比赛,北耀中学获第1名。1990年元旦,龙州县举办中学生篮球运动会,全县9所中学22支篮球队参赛,龙州高中获第1名;5月,举行"五四"青年节足球赛,龙州一中、龙州高中(今龙州中学)、南宁师专足球代表队参赛,南宁师专足球代表队夺得第1名。是年,举行龙州县水口小学篮球邀请赛,北耀农场小学男子篮球代表队夺得男篮冠军;水口中心小学女子篮球代表队夺得女篮冠军。1991年,龙州一中举办首届田径运动会,参赛师生运动员1112人次,年龄最大的运动员54岁,最小的运动员12岁。是年,龙州镇举行首届中小学生田径运动会,全镇7所中小学校代表队、运动员196人参赛;下冻、水口、彬桥、北耀中学举行四校中学生运动会,有中学生运动员48人参赛;5月,龙州县举行"五一""五四"中学生篮球赛,全县14个男子代表队、4个女子代表队参赛,有中学生运动员310人。从1987年起至2005年,龙州高中(今龙州中学)每4年举行一次学校田径运动会。从1991年起至2005年,龙州一中每年举行一次学校田径运动会。

龙州县少年儿童业余体校

1972 年成立，附设于县体委内。1986 年，由县体委教练 4 人兼课，训练项目主要有摔跤、柔道、举重。参加业余体校学习的运动员有 50 人，都是从各中小学校选送的体育拔尖生。运动员安排到县城的学校就读，每天下午第三节课集中进行业余体育训练。1995 年，业余体校教练有 6 人，参加学习的运动员有 80 人。2005 年，业余体校教练有 4 人，参加学习的运动员有 30 人。1992 年—2002 年，业余体校的龙州籍选手参加全国各种体育比赛获金牌 3 枚、银牌 4 枚、铜牌 5 枚，破女子世界纪录 2 人次，破全国青少年记录 2 人次；参加全自治区的体育比赛获金、银、铜奖牌 80 多枚。1992 年—2005 年，先后向自治区体工队、体校输送学生、运动员 19 人。

表 21-1　　**1986 年—2005 年龙州县运动员参加摔跤举重比赛获奖表**

姓名	性别	籍贯	年龄	工作或学习单位	比赛时间	比赛地点	比赛名称	比赛项目	获奖名次
邓国强	男	龙州	19	广西体工队	1986.4	兰州市	全国摔跤锦标赛	古典式 48 公斤级	第 2 名
黄文贵	男	龙州	20	广西体工队	1986.7	长春市	全国摔跤冠军赛	古典式 48 公斤级	第 3 名
邓国强	男	龙州	20	广西体工队	1987.10	广州市	全国第六届运动会	古典式 48 公斤级	第 3 名
李　娟	女	龙州	16	广西体校	1988.5	泰州市	全国女子举重锦标赛	48 公斤级抓举	第 3 名
李　娟	女	龙州	16	广西体校	1988.1	郑州市	全国女子举重锦标赛	48 公斤级总成绩	第 3 名
李　娟	女	龙州	16	广西体校	1988.1	郑州市	全国女子举重锦标赛	48 公斤级挺举	第 1 名
邓国强	男	龙州	20	广西体工队	1989.4	桂林市	全国摔跤锦标赛	古典式 48 公斤级	第 2 名
黄文贵	男	龙州	21	广西体工队	1989.4	桂林市	全国摔跤锦标赛	古典式 52 公斤级	第 3 名
黄文贵	男	龙州	21	广西体工队	1991.10	南宁市	全国第二届农民运动会	民族式 52 公斤	第 3 名
梁佩芬	女	龙州	20	广西体工队	1992.8	辽宁省	全国女子青年举重赛	48 公斤总成绩	第 1 名
农海东	男	龙州	18	广西体工队	1996.4	陕西省	全国摔跤锦标赛	古典式 48 公斤级	第 1 名
农海东	男	龙州	18	广西体工队	1996.10	上海市	全国摔跤冠军赛	古典式 48 公斤级	第 1 名
农海东	男	龙州	19	广西体工队	1997.10	上海市	全国第八届运动会	古典式 48 公斤级	第 1 名
阎石军	男	龙州	18	广西体工队	1998.5	南宁市	全国摔跤锦标赛	自由式 50 公斤	第 2 名
阎石军	男	龙州	19	广西体工队	1999.9	西安市	全国第三届城市运动会	自由式摔跤 50 公斤	第 3 名
莫如金	男	龙州	18	广西体工队	1999.12	云南省	全国第三届农民运动会	民族式摔跤 58 公斤	第 3 名
潘多斌	男	龙州	19	广西体工队	2003.10	兴安县	广西第十届运动会	自由式摔跤 63 公斤	第 1 名
谭建飞	男	龙州	16	龙州县体校	2004.8	龙州县	广西青少年摔跤锦标赛	自由式 42 公斤	第 2 名
周家华	男	龙州	16	龙州县体校	2004.8	龙州县	广西青少年摔跤锦标赛	自由式 46 公斤	第 2 名
黄　珊	男	龙州	16	龙州县体校	2004.8	龙州县	广西青少年摔跤锦标赛	自由式 46 公斤	第 1 名
刘文丰	男	龙州	15	龙州县体校	2004.7	泰安市	全国少年男子举重比赛	56 公斤总成绩	第 2 名
刘文丰	男	龙州	15	龙州县体校	2004.7	泰安市	全国少年男子举重比赛	56 公斤抓举	第 2 名
刘文丰	男	龙州	15	龙州县体校	2004.7	泰安市	全国少年男子举重比赛	56 公斤挺举	第 2 名
赵晓丹	女	龙州	15	龙州县体校	2005.7	百色市	全国少年女子举重比赛	53 公斤乙组总成绩	第 1 名
赵晓丹	女	龙州	15	龙州县体校	2005.7	百色市	全国少年女子举重比赛	53 公斤抓举	第 1 名
赵晓丹	女	龙州	15	龙州县体校	2005.7	百色市	全国少年女子举重比赛	53 公斤挺举	第 1 名
刘文丰	男	龙州	16	龙州县体校	2005.7	象州市	全国少年男子举重比赛	62 公斤乙组总成绩	第 3 名
刘文丰	男	龙州	16	龙州县体校	2005.7	象州市	全国少年男子举重比赛	62 公斤抓举	第 2 名
张丽丽	女	凭祥	15	龙州县体校	2005.8	烟台市	全国少年女子举重比赛	44 公斤甲组总成绩	第 3 名
张丽丽	女	凭祥	15	龙州县体校	2005.8	烟台市	全国少年女子举重比赛	44 公斤抓举	第 3 名
张丽丽	女	凭祥	15	龙州县体校	2005.8	烟台市	全国少年女子举重比赛	44 公斤挺举	第 3 名

第二十二篇

卫　生

1986年，龙州县卫生局对下属单位实行院（站）长负责制。农村卫生所实行乡村医生联合办、个人承包的办医形式。1990年后，建立健全县、乡、村三级卫生防疫网，完善计划免疫工作，开展疾病监测、报告、调查和健康教育工作。重大传染性疾病得到有效控制，儿童免疫规划接种率保持在较高水平，免疫规划针对性传染病发病率逐年下降。1998年，县卫生系统在县中医院试行人事制度改革，实行全员聘用制。县卫生行政管理部门对医疗单位的职称聘任制进行改革，实行技术职称聘任浮动制。至2005年，全县12个月龄内儿童"五苗"全程接种率分别为：卡介苗99.34%，乙肝全程三针97.49%，脊髓炎质炎活疫苗98.06%，百白破97.58%，麻疹疫苗96.72%，新生儿乙肝首针24小时内及时率97.49%，0岁~3岁儿童脊髓灰质炎糖丸强化服苗率96.91%以上，麻疹、百日咳、白喉、结核病等危害儿童健康的传染病得到有效控制。

第一章　管　理

第一节　机　构

管理机构

龙州县卫生局　1986年，龙州县卫生局内设人事秘书股、计划财务股、卫生法制与监督股、医政药政股、防保股5个部门，有人员6人（局长1人、副局长2人），办公地址在龙州镇城北路38号。1996年，成立龙州县初级卫生保健委员会办公室，实有3人。龙州县公费医疗管理委员会为全额拨款单位，隶属县卫生局。2002年，龙州县爱国卫生运动委员会办公室并入县卫生局。2005年，全局有人员编制8名，实有11人（局长1人、副局长2人、党委书记1人），办公地址不变。

1986年—2005年历任局长：何如深(1986.1—1989.12)，农定章(1990.10—1992.3)，何如深(1992.6—1994.1)，谭绍刚(1994.1—1999.3)，麻东泉(1999.3—2005.12)；党委书记（非局长兼任）：陆丽贞(2004.11—2005.8)。

崇左市食品药品监督管理局龙州县分局　2002年5月20日，南宁地区药品监督管理局龙州县分局成立，内设办公室、市场监督股、综合业务股3个部门，有人员编制10名，实有3人，办公地址在龙州镇城北路38号县卫生局大院内。2004年9月，更名为崇左市药品监督管理局龙州县分局，内设办公室、市场监督股、综合业务股、食品安全协调股4个部门，有人员编制10名，实有6人；12月，更名为崇左市食品药品监督管理局龙州县分局，内设办公室、市场监督股、综合业务股、食品安全协调股4个部门，有人员编制10名，实有9人。2005年，内设办公室、市场监督股、综合业务股、食品安全协调股4个部门，有人员编制10名，实有9人，办公地址在龙州镇城北路38号县卫生局大院内。

2002年—2005年历任局长：黄理平(2002.5—2005.12)。

医疗机构

县级医疗机构　龙州县人民医院。位于龙州镇仁义街东一巷5号。是全县唯一一所集医疗、预防、保健、科研于一体的综合性医院。同时，担负全县乡镇卫生院和"三场一所"医院的业务培训、指导工作。1986年，全院建筑面积7600平方米；有职工250人，其中卫技人员158人；医疗设备有心电图、脑电图、黑白B超等。1996年，通过全国爱婴医院评审，是全县120急救中心和孕产妇急救中心，城镇社区医保、农村医保定点医疗单位。2005年，医院有在岗职工380人，在职在编232人，聘用148人；医疗卫生技术人员289人，临床医生98人，护理人员114人，其中副高级职称以上4人（含退休返聘1人），中级职称101人。内设急诊科、内一科、内二科、普外科、骨科、妇产科、儿科、五官科、口腔科、感染性疾病科（设在龙州镇卫生院的隔离病区内）、麻醉科等临床科室和综合门诊部；医技和功能科室设有放射科、药剂科、检验科、功能科（含超声室、心电图室、脑电图室)、胃镜室、理疗室、输血科、消毒供应室等。核定病床位234张,开放病床位23张,配备有螺旋CT、CR、心脏彩超、全自动生化仪、动态心电图、高压氧舱、电子胃镜、电子阴道镜、腹腔镜、多功能麻醉机、呼吸机、体外震波碎石机、眼科手术显微镜、床边X光机、各种生命监护仪等先进医疗设备。是年门诊量为114106人次;住院4133人次;手术833例;业务收入160.98万元;病人满意率95%。

1986年—2005年历任院长:邓文杰(1986.1—1994.3),许志武(1994.4—1998.4),廖善尤(1998.4—2005.12)。

龙州县中医医院。位于龙州镇南街118号。1985年2月,在龙州镇卫生院的基础上建立县中医院。1987年7月,迁址龙州镇城北路60号,改名为龙州县民族医院,1996年3月恢复龙州县中医院名称。占地面积6600平方米。是一所以中医为主、中西医结合的综合性医院。全院有中医主治医师7人,主管中药师2人,中医师10人,中药师5人。2005年,全院有在职职工187人,其中中级技术职称42人,初级技术职称85人。能开展乳腺肿病的切除。胃、胆、肾、肠、骨科、产科、妇科等复杂手术。医院设有急诊科、内儿科、脾胃科内科、外科、骨伤科、妇产科、肛肠科、眼耳鼻喉科、口腔科、针灸推拿科、麻醉科等临床科室,以及检验、放射、心电、B超、胃镜等医技科室,设置5个病区,床位150张。医疗设备有380万元进口CT机、CR、进口B超机(彩超)、全自动生化仪、电子胃镜、高频电刀、麻醉机、心电监护机、电子阴道镜、不孕症治疗仪、盆腔炎附件炎治疗仪、膀胱镜、体外碎石机、新型多参数心电监护仪、母婴监护仪、心电图机、电解质机、牙科治疗机、电脑控制牵引床、熏蒸理疗机、全自动真空包装中药煎药机等。民间传统治疗方法保留有刮痧、拔罐疗法、针灸疗法、推拿按摩疗法、中药熨烫疗法、中药熏蒸疗法、中药敷贴疗法、治疗风湿痹痛、颈肩腰病症、伤风感冒病痛等。是年门诊量为94797人次;住院3261人次;手术631例;业务收入1056多万元;病人满意率98.9%。

1986年—2005年历任院长:玉钟贵(1986.1—1989.5),何建红(1990.10—1998.7),何小强(1998.7—2001.7),植武(2001.7—2005.12)。

龙州县妇幼保健院。位于龙州镇东门街58号。1953年4月成立。占地面积1431.29平方米,其中建筑面积2931.5平方米。1972年5月,更名为龙州县妇幼保健所。1986年,全所有职工16人,其中卫生技术人员13人;内设内儿科、儿保科、妇产科、妇保科、计划生育指导室、手术室、产房、注射室、观察室、化验室、药房等;主要医疗设备有冰箱、干燥箱、温箱、胎声监测器、电动吸引器、婴儿保温箱、手术包、高压消毒器等。1995年5月,易名为龙州县妇幼保健院。2005年,全院有职工53人,其中医务人员45人;内设妇保科、儿保科、婚前保健科、医技科、科室;主要医疗设备有黑白超、X光机、心电图、血球分析仪等。是年门诊量为34320人次;住院1011人次;手术166例;业务收入246万元;病人满意率96%。

龙州县妇幼保健院门诊综合楼 (2000年摄)

1986年—2005年历任院长:方铙珊(1986.3—1988.1),姚增发(1988.1—1997.12),吕振刚(1997.12—1999.4),方克勇(1999.5—2005.12)。

龙州县卫生防疫站办公楼 (2000年摄)

龙州县卫生防疫站。位于龙州镇仁义街80号(原为陆荣廷公馆)。1953年7月成立。1984

年，建有办公楼一栋800平方米。1986年，全站有职工36人，其中主任医师11人，检验师3人，行政管理4人；内设行政科、寄防科、卫生科、防疫科、检验科、宣传科；主要设备有30毫安X光机1台、电冰箱4台、干燥箱3台、显微镜18台、恒温水箱4台、解剖镜2个、冷包146个、冰壶152个、汽车1辆等。1991年，建有职工宿舍楼一栋三层780平方米；1999年，建有检验综合楼1979平方米、职工宿舍楼一栋五层1860平方米，职工住房面积共2640平方米；2004年，建有疾病控制中心楼一栋1000平方米，业务用房3779平方米。

龙州县皮肤性病防治站。位于上龙乡陇港村，距离县城12千米。1966年1月成立。1981年，迁入县城仁义街87号。1984年，搬到龙州镇城北路85号。属县财政全额拨款事业单位。全站占地面积2100平方米。是年，建门诊综合办公楼1幢，建筑面积780平方米。内设办公室、门诊部、病区、后勤财务科；主要设备有X光机、电动吸引器、生物显微镜、手提消毒锅、立式消毒锅等。2002年，有人员编制20名，实有16人。其中中级职称7人，初级职称9人；内设皮肤性病科、社防科、药剂科、注射室、财务科、办公室；主要设备有电冰箱、培养箱、生物显微镜、电动离心机、摇摆器、手提消毒锅、立式消毒锅等。2005年，有人员编制20名，实有16人。其中中级职称7人，初级职称9人；内设皮肤性病科、社防科、药剂科、注射室、财务科、办公室；主要设备有培养箱、生物显微镜、电动离心机、摇摆器、消毒锅、氧气筒、电脑、电视机等。

龙州县皮防站大门　　（2005年摄）

1986年—2005年历任站长：谭绍刚(1990.1—1993.3)，王细明(1998.1—2001.3)，黄开达(2001.3—2004.4)，周培育(2004.4—2005.12)。

乡镇医疗机构　龙州镇卫生保健所。1986年成立。无固定业务用房，租用民居开展业务；有职工6人，其中卫生技术员5人；医疗设备有血压计、温度计、听诊器等。2000年，有职工10人，其中卫技人员9人。至2005年12月，有职工11人，其中卫生技术员10人；仍无固定业务用房，租用民居开展业务，医疗设备有血压计、温度计、听诊器等。

龙州镇卫生院。位于霞秀乡政府乡直机关院内。1972年成立，前身为霞秀乡卫生院。占地4192.5平方米，业务用房163平方米。有职工6人，均为卫技人员。1978年，新建病房面积190平方米。1980年，新建病房1栋，面积193平方米。1986年，全院业务用房面积265平方米；有职工10人，其中卫技人员8人；医疗设备有血压计、听诊器、无影灯等。1998年，新建建门诊楼1栋，面积168平方米；医疗设备有显微镜、多普勒胎心监护仪、X光机等。2000年，有职工18人，其中卫技人员15人；业务用房450平方米，通过自治区合格卫生院评审。2004年11月，霞秀乡并入龙州镇后，更名为龙州镇卫生院。2005年，全院业务用房面积1200平方米；有职工20人，其中卫技人员17人；医疗设备有B超机、心电图机、双目显微镜等。

八角乡卫生院。位于八角乡四平村。1965年成立。占地面积3806平方米，业务用房334平方米；有职工4人，均为卫技人员；医疗设备有体温计、听诊器、血压计等。1980年，新建职工宿舍214平方米。1986年，全院业务用房面积420平方米；有职工6人，均为卫技人员；医疗设备有体温计、听诊器、血压计等。1990年，重建门诊楼1栋226平方米。2000年，利用边境大会战扩建业务用房1栋175平方米。2005年，全院业务用房面积515平方米；有职工10人，其中卫技人员9人；医疗设备有心电图机、B超机、洗胃机等。

上降乡卫生院。位于上降乡上降街。1978年成立。占地面积1174平方米，业务用房190平方米；有职工8人，其中卫技人员6人。1999年，分设鸭水分院，占地面积500平方米，医疗设备较为简陋。2000年，通过边境大会战扩建门诊楼1栋，面积271.5平方米。2005年，全院业务用房面积584平方米；有职工9人，其中卫技人员7人；医疗设备有半自动生化仪、尿床分析仪、心电图机、超声波、半导体激光治疗仪、白细胞计数仪、多普勒胎心监护仪等。

彬桥乡卫生院。位于彬桥乡彬桥街7号。1975年成立。占地面积5797平方米，业务用房160平方米；有职工6人，其中卫技术人员5人。1986年，全院业务用房面积160平方米；有职工6人，其中卫技人员5人。2000年，全院有干部职工10人，其中卫技人员9人。是年，利用边境大会战对门诊楼和病房进行维修。2005年，全院业务用房面积524平方米；有职工12人，其中卫技人员10人；医疗设备有尿常规检测仪、黑白B超等。

下冻镇卫生院。位于下冻镇连山街。1953年成立。占地面积5438平方米。1986年，全院业务用房面积300平方米；有职工15人，其中卫技人员13人；主要医疗设备有30毫安X光机、50毫安X光机各1台。1998年，开设化验室。1999年，全院职工集资4万多元添置便携式B超机1台。2000年，有职工10人，其中卫技人员8人；利用边境大会战新建病房楼1栋，面积228.2平方米。2005年，全院业务用房面积400平方米；有职工13人，其中卫技人员10人；医疗设备有黑白B超、心电图机等。

水口镇卫生院。位于水口镇新街。1952年成立。占地面积7000平方米，业务用房500平方米；有职工5人，其中卫技人员4人；医疗设备有血压计、听诊器、显微镜等。1979年，成立罗回分院。1986年，全院业务用房面积2700平方米；有职工26人，其中卫技人员21人；医疗设备有血液分析仪、无影手术设备等。1994年，新建罗回分院门诊楼1栋，面积400平方米。2000年，业务用房面积1572平方米；有职工16人，其中卫技人员14人。2005年，全院业务用房面积1060平方米；有职工27人，其中卫技人员25人；医疗设备有B超机、X光机、生化分析仪等。

上龙乡卫生院。位于上龙乡上龙街。1988年成立。前身为霞秀乡卫生院上龙卫生站。占地面积2264平方米，建筑面积120平方米；有职工4人，其中卫技人员3人。1986年，全院业务用房面积200平方米；有职工5人，其中卫技人员4人，占地面积3151平方米。1990年，建成职工住宅楼1栋。1991年，建成业务用房245平方米。1998年，再次扩建业务用房245平方米。2005年，全院业务用房面积490平方米；有职工6人，其中卫技人员5人。

武德乡卫生院。位于武德乡科甲街6号。1961年成立。占地面积1800平方米，建筑面积400平方米，其中业务用房170平方米，职工住房230平方米；有干部职工10人，其中卫技人员8人；医疗设备有血压计、听诊器、体温计等。1979年，对越自卫还击战时，在武德乡武德街设立分院。1986年，全院业务用房面积1890平方米；有职工10人，其中卫技人员8人；医疗设备有X射线机、产科负压引流器、洗胃机等。2005年，全院占地面积7097平方米，业务用房面积1890平方米；有职工11人，其中卫技人员8人；医疗设备有尿液分析仪、黑白B超、单导心电机等。

金龙中心卫生院。位于金龙镇金龙街。1952年成立。1958年改为中心卫生院。占地面积13320平方米，主要医疗设备有100毫安X光机1台，便携式B超1台。1986年，全院业务用房面积1638平方米；有职工11人，其中卫技人员8人；医疗设备有X光机、高压锅蒸汽等。2000年，利用边境大会战新建病房大楼1栋，面积553平方米。2005年，全院业务用房面积2100平方米；有职工21人，其中卫技人员15人；医疗设备有X光机、B超机、心电图机等。

逐卜乡卫生院。位于逐卜乡逐卜街。1952年成立。占地面积6500平方米，业务用房面积120平方米，有职工4人，其中卫技人员2人。1967年，迁至与逐卜中学、邮电所相邻，土地面积6500平方米，建筑面积200平方米；有职工5人，其中卫技人员3人。1986年，全院业务用房面积500平方米；有职工8人，其中卫技人员6人。2005年，全院业务用房面积1980平方米，职工11人，其中卫技人员10人；医疗设备有X射线、B超、心电图、显微镜等。

响水镇卫生院。位于响水镇三叉街。1965年成立。占地面积7030平方米；有职工4人，均为卫技人员。1986年，全院业务用房面积456.5平方米；有职工13人，其中卫技人员11人；医疗设备有血压计、听诊器、体温计等。1997年，建有病房楼1栋，面积447.8平方米；主要医疗设备有B机1台，200毫安X光机1台、生化分析仪1台、婴儿抢救床1台，是全县医疗技术水平较高的乡镇级卫生院之一。2005年，有职工19人，其中卫技人员17人，业务用房面积1020平方米；医疗设备有心电图机、B超机、辐射式新生儿抢救台、婴儿培养箱、半自动药敏分析、生化分析仪、显微镜、吸痰器等。

上金乡卫生院。位于上金乡上金街79号。1950年成立。占地面积5542平方米；有职工13人，其中卫技人员10人，工勤人员3人。1986年，全院业务用房面积330平方米；有职工10人，其中卫技人员7人。1997年，在勤江村建立第二门诊部，建设业务用房1栋，建筑面积398平方米。2005年，全院业务用房面积728.34平方米；有职工12人，其中卫技人员10人；医疗设备有MPE治疗仪、雾化器、黑白B超等。

农场医疗机构 龙北农场职工医院。位于龙州镇龙北路2号。1952年成立。占地面积5542平方米。隶属龙北农场。设门诊部、留医部，有床位40个，200毫安X光透视机1部。1986年，全院业务用房面积750平方米；有职工15人，其中卫技人员10人；医疗设备有黑白B超、心电图等。2005年，全院占地面积16458.51平方米，建筑面积3338平方米，业务用房面积2715平方米；有职工36人，其中卫技人员18人；医疗设备有黑白B超、心电图、500毫安X光机等。

先锋农场职工医院。位于龙州镇先锋农场场部一区。1952年成立。隶属先锋农场。内设门诊部、留医部，下辖各个分场卫生室。1986年，全院业务用房面积650平方米；有职工27人，其中卫技人员26人；医疗设备有X光、电麻仪、恒温箱等。2005年，全院占地面积8146.7平方米，建筑面积1464平方米，业务用房面积1286平方米；有在职员工16人，其中医务人员14人；医疗设备有X光、显微镜、理疗治疗仪等。

北耀农场职工医院。位于下冻镇北耀农场内。1953年成立。隶属北耀农场。内设门诊部、留医部，下设各个分场卫生室。1986年，全院业务用房面积2551平方米；有职工48人，其中卫技人员38人；医疗设备有X光机、显微镜、B超、心电图等。2005年，全院占地面积12856.48平方米，建筑面积4664.7平方米，业务用房面积2551平方米；在职员工26人，其中卫技人员22人；医疗设备有X光机、显微镜、B超、心电图、电动流产吸引器、离心沉淀器、电热恒温水温箱等。

村卫生所 龙州县建立农村卫生服务网络，实行每个村设置1个卫生所的办法。2005年，全县127个村（含社区、居委会），建立村级卫生所127个，有医务人员193人。每年县卫生局组织对在岗乡村医生进行业务培训。2005年，经业务培训的乡村医生达到中等医技水平有127人，占总人数95.80%；193个乡村医生全部取得执业助理医师资格（含广西个体助理医师资格）。

个体医疗诊所 1978年改革开放后，龙州县个体医疗诊所逐渐发展。到2005年12月，全县有个体医疗诊所53个，主要分布在龙州镇、金龙镇、武德乡等9个乡镇街圩上；个体医师71人。

第二节 卫生体制改革

1986年，龙州县卫生局根据国家卫生部等5部委制订的《我国农村实现2000年人人享有卫生保健的规划目标》及自治区党委、政府《关于加快卫生改革和发展的决定》的要求，对下属单位的管理工作实行院（站）长负责制，其中包括行政管理、医疗质量、卫生防疫、妇幼保健、农村卫生、医德医风、院容院貌等工作，与各院（站）签订目标管理责任状，由院（站）长在任期内实施完成。县卫生局每年进行一次全面考核，根据任务完成情况确定政绩的优劣，予以相应鼓励或奖惩。农村卫生所实行乡村医生联合办、个人承包的办医形式。1998年，县卫生系统在县中医

2005年，龙州县卫生局领导班子进行食品卫生检查

院试行人事制度改革，实行全员聘用制。是年起，龙州县卫生行政管理部门按上级政策对医疗单位的职称聘任制进行改革，实行技术职称聘任浮动制，根据职工本人的实际能力及工作表现，以能定岗，以岗定员，高职低聘或低职高聘，能者上、平者让、庸者下，工资、资金、生活补贴等待遇按聘任职务高低分不同标准发放，对新开展的医疗项目或设备较好的新建病房实行新的、较为合理的收费标准。各种改革措施的实行，提升了卫生技术人员和职工的工作积极性、服务项目、服务态度、医疗质量。在县财政拨款有限，医疗收费还不能达到按成本计算的情况下，医院自我发展能力有所增强，医务人员的待遇也有所改善。

第二章　防　疫

第一节　预防接种

1990 年后，龙州县建立健全县、乡、村三级卫生防疫网，完善计划免疫工作，开展疾病监测、报告、调查和健康教育工作。重大传染性疾病如霍乱、疟疾、传染性非典型肺炎、禽流感等疾病得到有效控制，儿童免疫规划接种率保持在较高水平。免疫规划针对性传染病发病率逐年下降，曾经严重危害儿童健康的百日咳、白喉、麻疹等传染病得到有效控制。

儿童计划免疫

1986 年，龙州县 1 周岁以内的儿童完成卡介苗、脊髓灰质炎活疫苗、麻疹活疫苗、百白破三联制剂 4 种生物制品的基础免疫；1988 年，提前两年实现以县为单位儿童免疫接种率 85% 的目标。1996 年，实现以乡为单位儿童“四苗”免疫接种率 85% 的目标；1992 年—2005 年，在新生儿中推广乙肝疫苗免疫接种，每年进行 6~12 次的儿童常规计划免疫冷链运转和每年冬、春季的脊髓灰质炎疫苗强化免疫日活动；全县 12 个月龄内儿童“五苗”全程接种率分别为：卡介苗 99.34%，乙肝全程三针 97.49%，脊髓炎质炎活疫苗 98.06%，百白破 97.58%，麻疹疫苗 96.72%，新生儿乙肝首针 24 小时内及时率 97.49%，0 岁 ~3 岁儿童脊髓灰质炎糖丸强化服苗率 96.91% 以上，麻疹、百日咳、白喉、结核病等危害儿童健康的传染病得到有效控制。麻疹发病率由 20 世纪 90 年代的 31.06/10 万降至 2005 年 4.26/10 万，下降 86.28%，百日咳下降 86.04%，白喉连续 20 年无病例发生，脊髓炎质炎从 1995 年—2005 年从未发现病例，维持无脊髓灰质炎状态。

2005 年，龙州县防疫站装备现代化的检验检测设备

第二节　传染病防治

1986 年—2005 年，龙州县开展传染病的监督管理、加强各医疗单位的传染病诊治、调查、报告工作，保证传染病防治各项措施的落实，提高对传染病控制能力。在历次传染病暴发流行中，尤其是 1993 年逐卜乡、武德乡的腹泻暴发流行和 1995 年上降乡、彬桥乡、先锋农场等发生霍乱疫情时，县卫生行政部门和卫生防疫部门当好政府的参谋，在防治传染病大面积发生与蔓延的工作中起到主导作用，使流行传染病得到及时控制。龙州县甲、乙、丙类法定传染病率由 20 世纪 70 年代 12803.40/10 万下降到 2005 年 287.98/10 万，下

降 97.55%。全县几种主要常见传染病得到有效控制或基本消灭。

丝虫病防治

龙州县属班氏丝虫病中低度流行区。通过 1977 年、1979 年两次重点疫区复查，全县累计血检 433258 人次，检出丝虫微丝蚴阳性者 1552 人，平均阳性率 0.82%，分布在霞秀、彬桥、下冻、水口、武德、金龙、逐卜、响水、上金、龙州镇 10 个乡镇 30 个行政村。在摸清流行情况的基础上，龙州县采取海群生对象治疗加疫村全民服药的技术措施，到 1979 年，全县共对象治疗 1966 人次，全民服药 7209 人次。1980 年，由自治区、地区、县组成考检组，对龙州县基本消灭丝虫病进行考检，考检 3 个乡镇 5 个村 6601 人，均未检出微丝蚴阳性者，全县达到基本消灭丝虫病标准。1991 年，经自治区丝虫病防治组考核验收，没有新发病人，达到消灭丝虫病的目标。1992 年 2 月，自治区政府授予龙州县消灭丝虫病防治成果一等奖。至 2005 年，没有新发病人。

疟疾病防治

解放前，龙州县疟疾病流行猖狂，属高度疟疾流行区，疟疾病流行遍布全县各乡，主要病种有间日疟、恶性疟、三日疟。1980 年，县政府发动群众治理疟蚊孳生地和免费医治疾病。全面开展普查普治，流行季节病灶点全民化服药，采取“三根治，一预防，两喷洒”等综合性防治措施，疟疾发病率逐年下降。由 1980 年的 0.52/万降至 1989 年的 0.16/ 万。1993 年，龙州县通过“基本消灭疟疾”的省级鉴定。1995 年，全县无病例发生，发病率为 0。至 2005 年，没有病例发生。

肠道感染病防治

龙州县的细菌性痢疾、伤寒、副伤寒主要通过苍蝇污染食物、水源传播，常在夏秋季流行，以散发为主，主要分布在农村。20 世纪 90 年代，痢疾、伤寒、副伤寒年发病率分别为 30.76/10 万和 1.19/10 万。通过抓好“三管一灭”，改善生活饮用水，搞好饮食卫生和饮用水消毒，痢疾发病率降到 2005 年的 8.92/10，伤寒年发病率为 0。

痢疾伤寒防治

20 世纪 90 年代，龙州县的痢疾伤寒病一直维持在 186.34/10 万以上，排在乙、丙类传染病的首位。1993 年，龙州县的痢疾伤寒病局部地区呈暴发流行，年发病率为 960.13/10 万，主要分布在逐卜乡（1873 例）和武德乡（148 例）。通过开展以预防肠道感染病为重点的群众性爱国卫生运动和健康教育，加强食品卫生监督、管理，搞好饮食卫生、饮用水消毒，加强疫情报告监测，对病人隔离治疗等综合性防治措施，控制住病情。2005 年，发病率为 33.54/10 万，有效控制疾病传播蔓延。

霍乱防治

1986 年—1994 年，龙州县无霍乱疫情。1995 年 8 月中旬，龙州县发生霍乱疫情，波及上降乡、彬桥乡以及先锋农场，共发病 12 例，其中带菌 3 例，无死亡病例，罹患率 4.63/10 万。疫情发生后，县政府成立急性肠道传染病防治领导小组，在县卫生局的统一指挥下，开展以预防肠道传染病为重点群众性爱国卫生运动，加强食品卫生监督监测，防止病从口入；建立健全腹泻门诊，做到逢泻必检、逢疑必报，加强健康教育宣传，提高群众防病意识，实行饮用水消毒等综合性防治措施，控制霍乱疫情蔓延，疫情流行 32 天就消灭，无二代病例发生。至 2005 年，龙州县无霍乱疫情发生。

病毒性肝炎防治

1988 年，乙肝疫苗纳入计划免疫，将接种对象扩展到儿童及青少年。1998 年，甲肝疫苗接种在全民铺开。2005 年，全县甲型、乙型肝炎发病率分别下降到 38.54/10 万和 24.8/10 万。

2003 年 6 月，为控制乙脑疫情蔓延，龙州县卫生防疫站派出工作人员到下冻镇春秀村内营屯喷洒药水灭蚊虫

狂犬病防治

1986年、1990年，龙州县分别发生狂犬咬伤人至死的事故。由于防治措施科学严密，两起事故引发狂犬病情得到控制和消灭。之后，全县通过广播、电视、墙报、张贴挂图、发放资料等多种形式，进行预防知识宣传教育。同时加强对狂犬疫苗销售管理，开展狂犬病预防接种工作，降低发病率。1991年—2005年，全县无狂犬病发生。

麻风病防治

龙州县是广西麻风病流行比较严重的县份之一。解放后至2005年，累计发现麻风病人579例。1986年后，全县进一步健全麻风病防治机构及三级防治网，采取全民普查、疫源地普查、线索调查、群众报病及设立专科门诊等形式发现麻风病人。凡发现病人均集中入院治疗。对多菌型病人除给予氨苯砜药外，同时给予利福平进行联合化疗；对历年来采用氨苯砜单治疗愈者进行跟踪观察管理，作巩固治疗。界线类和瘤型病人给予氨苯砜治疗不少于10年，结核样型病人不少于5年。1990年后，对实行联合化疗方案治愈的患者，完成疗程后均进行临床及细菌监测（每3个月监测一次）。各型病人治愈后监测期限均按规定实行（多菌型治愈者监测10年，少苗型治愈者监测5年），控制愈后复发。1998年—2000年，龙州县皮防站与国际助残组织合作，开展麻风病畸残康复项目工作。在国外友人的支持下，进行麻风畸残患者自我护理培训及技术指导工作，派员参加省级培训学习班15人次。对在县病区86例麻风畸残患者进行自我护理知识培训和指导。经3年实施，在专业技术人员的指导下，共进行截肢手术3例，治愈足底溃疡25例（足）；免眼患者自我护理2例。2005年，为做好麻风病线查和监测工作，线索调查检查人数3551人，病人家属检查55人，家属体检率达到100%。通过线索调查、普查和门诊诊治等方式，共发现病人1例，麻风病年发病率控制在1/10万以下。加强对麻防知识的宣传力度，提高人们对麻风病的认识，控固防治成果。县皮防站以出黑板报、发宣传资料等形式进行宣传，共发放宣传资料5000份。

艾滋病防治

1998年后，龙州县梅毒、艾滋病的发病数呈上升趋势，县政府采取措施，加强打击卖淫嫖娼违法活动，宣传推广使用安全套。县卫生部门贯彻“预防为主，防治结合，综合治理”的方针，通过电视广播、黑板报、发放资料、上街宣传等形式，宣传性病防治知识，设立性病专科门诊、性病防治咨询服务。2000年，组织实施世界银行贷款“卫九”（性病／艾滋病防治）项目，成立县“卫九”项目办公室和“卫九”专业技术小组，参加“卫九”项目业务技术培训，全县派出业务技术人员参加省级以上“卫九”项目专业技术培训21人次，系统学习“卫九”项目相关的专业知识，熟悉掌握性病、艾滋病传播的临床诊断、治疗、预防、病症处理方法、性病综合监测、行为干预。统一使用“卫九”项目印制的《DUS监测登记表》和《行为监测调查表》，每年在指定时间按期完成规定的监测数量和行为监测100人（吸毒人员50人、性工作者50人），加强干预力度，为控制艾滋病在龙州县蔓延打下基础。

“非典”防治

2003年初，全国部分地区相继发生传染性非典型型肺炎。为预防和控制“非典”在龙州县发生与流行，县政府制定《龙州县防治传染性非典型肺炎应急预案》，建立健全防控体系，设立发热门诊、预检分诊点、体温监测站和制定经济保障方案。储备“非典”防治物资，动员全社会力量，开展群众性爱国卫生运动，加大卫生防病知识的宣传教育力度，提高群众防病意识，做好自我防护，有效地防止传染性非典型肺炎在龙州县的发生流行。期间，龙州县共接诊发热病例3681例，临床观察重点发热病例28例，排除病例28例，没有发生“非典”病例。

第三节 地方病防治

碘缺乏病是龙州县的主要地方病之一，各乡镇都有不同程度的流行。20世纪80年代，全县采取以食盐加碘的综合防治措施，至2000年，碘缺乏病达到基本控制标准。对抽样小学生进行碘缺乏病调查中，均无甲状腺肿病例。2001 年—2005 年，主要是监测食用盐的含碘量，每年抽检 288 份，平均合格率 90%。在全民食盐加碘中，龙州仅用 5 年时间就达到消除碘缺乏病的阶段目标，受到国际卫生组织的高度赞扬。龙州县地方病的防治经验得到国家的高度重视。居民户合格碘盐食用率 91%；8 岁 ~10 岁儿童甲状腺肿率 5.7%。

第四节　爱国卫生运动

整治环境卫生

1986 年—2005 年，每年 4 月第 2 个星期至 10 月第 2 个星期，是龙州县整治环境卫生的固定活动时间。龙州县结合实施"城乡风貌工程"，组织辖区内所有机关单位和村委会、街道居委会的干部职工和村民居民群众，开展城镇乡村环境卫生综合治理，清理各自责任区垃圾，铲除"四害"滋生地，净化环境卫生空气，营造良好的生活环境。期间，举行全县城镇乡村大扫除 20 次，参加环境卫生治理活动 50 万多人次，清除垃圾 250 多万吨，清扫街道 300 多条次，铲运洪水淤泥 500 多万吨。

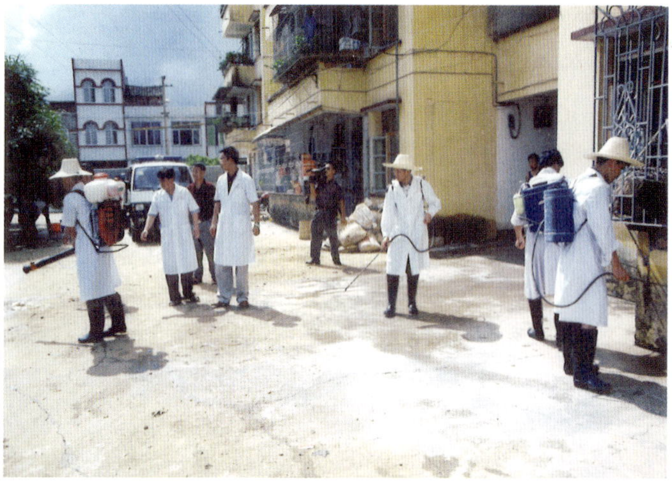

2001 年 7 月 28 日，为确保受第 7 号台风"玉兔"影响引发暴雨大灾之后无大疫，县防病治病服务队深入受灾区域开展病毒消杀工作。图为技术人员在县城独山路喷洒消毒药水

农村改水改厕

1986 年—2005 年，龙州县爱卫办把乡村改水改厕作为重点工作。特别是 2000 年—2001 年，全县抓住边境建设大会战机遇，村村屯屯都修建自来水池，铺设自来水管，累计乡村改水受益 23 万人，占全县总人口 96.25%；累计建成农村卫生厕所 3.24 万座，入户普及率 53.20%；累计建成沼气池 2.74 万座，总容积 68.5 万立方米，入户普及率 44.99%；累计建成三格化粪池 0.5 万座，总容积 10 万多立方米，入户普及率 8.21%。

第三章　保　健

第一节　妇女保健

1986 年—2005 年，龙州县每年进行一次妇女病普查，对查出有疾病的妇女给予对症治疗。1993 年—2005 年，全县铺开对孕产妇进行系统管理：即从怀孕三个月期开始登记、检查，直至产后 42 天的健康检查等一系列管理。以后陆续开办孕妇学习班、新婚学习班；开展母婴安全工程、母子保健工作。

新法接生

1986 年后，龙州县农村育龄妇女大部分能够接受新法接生，接受新法接生人数 4041 人，新法接生率 80.51%。2001 年，全县开展母婴安全工程后，新法接生率 98.28%。2005 年，新法接生率 97.05%。

表 22-1

1986 年—2005 年龙州县出生人数表

年份	出生人数（人）	新法接生人数（人）	新法接生率（%）	其中住院分娩数（人）	住院分娩率（%）
1986	5019	4041	80.51	2505	49.91
1990	3684	3042	82.57	2149	58.33
1994	3337	2386	71.51	1935	57.99
1995	2142	1814	84.69	1406	65.64
1996	1853	1759	94.92	1264	68.21
1997	1892	1825	96.46	1264	66.81
1998	2055	2007	97.66	1414	68.81
1999	2112	2056	97.35	1342	63.54
2000	2303	2262	98.22	1458	63.31
2001	2378	2337	98.28	1664	69.98
2002	2430	2347	96.58	1993	82.02
2003	2828	2634	93.14	2229	78.82
2004	2924	2679	91.62	2345	80.2
2005	2563	2487	97.05	2219	86.58
合计	37520	33676	89.75	25187	67.13

第二节　儿童保健

从 2000 年起，龙州县对 0 岁 ~6 岁儿童进行系统管理，把一般体格检查中发现的缺点、疾病和相关实验检查等结果，输入儿童电脑系统管理档案中，再由儿童电脑管理系统内设定好的程序对各项结果进行评估。根据显示体格发育、营养评价等结果，由医生根据报告提出相关建议和治疗。对儿童通过体格检查进行管理：对城镇儿童实行 4、2、1 体检，即 1 岁以内儿童 1 年检查 4 次（分别为第 1 个月、第 3 个月、第 6 个月、第 9 个月）、2 岁以内儿童 1 年内检查 2 次、3 岁 ~6 岁以上儿童每年检查 1 次。对农村儿童实行 3、2、1 体检，即 1 岁以内儿童 1 年检查 3 次（分别为第 3 个月、第 8 个月、第 11 个月）、1 岁 ~3 岁以内儿童 1 年体检 2 次、3 岁 ~6 岁儿童体检 1 次。儿童体检中心发现问题由县妇幼保健院儿童保健科或儿科医生及时处理。对佝偻病儿童用贝特令、葡萄糖酸钙口服液、复方锌铁钙颗粒进行治疗，嘱咐患儿多接触阳光，指导母亲膳食，以提高母乳质量。对中、重度营养不良儿童用保儿康、复合 B 溶液等治疗，合并或存在免疫力低下的儿童用免疫调节剂、卡慢舒、牛初乳片等治疗，给予喂养及营养上的指导。对缺乏性贫血的儿童给予相关的补铁、补血制剂及饮食指导。凡发现以上疾病患儿，均实行治疗后定期检查，监测治疗情况，佝偻病及营养不良痊愈的儿童撤销佝偻病档案。1990 年—2005 年，龙州县儿童体检人数 85390 人，体检率 30.85%。

表 22-2

1990 年—2005 年部分年份龙州县儿童保健情况表

年份	0~6 岁儿童人数（人）	体检人数（人）	体检率（%）	中重度营养不良发生数（人）	中重度营养不良发生率（%）
1990	33939	3963	11.68	1273	32.12
1993	29384	3183	10.83	971	30.51
1994	27434	4810	17.53	1366	28.4
1995	24759	10112	40.84	2323	22.97
1996	23831	9416	39.51	756	8.03

续表

年份	0~6岁儿童人数(人)	体检人数(人)	体检率(%)	中重度营养不良发生数(人)	中重度营养不良发生率(%)
1997	22362	8213	36.73	334	4.07
1998	19742	6695	33.91	346	5.17
1999	17914	5354	29.89	257	4.8
2000	15917	6390	40.15	667	10.44
2001	14477	5832	40.29	434	7.44
2002	15073	6537	43.37	607	9.29
2003	15772	5290	33.54	210	3.97
2004	16671	2004	12.02	232	11.578
2005	17447	7591	43.51	533	7.02
合计	276808	85390	30.85	14151	16.57

第四章　卫生监督

第一节　药品监督

1986年—2001年，全县药品监管工作主要由龙州县卫生局负责，局医政股为龙州县卫生局的内设机构业务股室，龙州县药品检验所为龙州县卫生局的二层机构，主要承担龙州县辖区内的药品安全监管以及药品检验检测工作，平均每年开展全县监管检查覆盖率达到100%，开展药品检验检测35份，合格率80%。2002年—2005年，龙州县食药监分局对全县238个药品生产、经营、使用单位进行检查，覆盖率98%。查处假劣药品112种批次，无证经营药品78种批次，药品标值3.9万元；药品违法单位45个(次)，案件总值13万元，没收药品价值6万元；非法配置药品10种次，药品标值7000元，非法渠道采购药品品种32批次，价值9000元；销售假劣医疗器械17件，总值8000元。

第二节　食品卫生监督

食品监管

1986年—2001年，龙州县防疫站为龙州县卫生局的二层机构，主要承担龙州县辖区内的食品安全监管、食品检验检测以及组织对全县重大疾病的综合防治、公共场所卫生监管工作。在食品监管方面，平均每年开展对全县的食品生产经营户的监管检查覆盖率达到80%，开展食品品安全检验检测390份，合格率92%。2002年6月—2005年12月，龙州县食药监分局履行餐饮环节的食品监管职能。在每年的中高考期间，重点检查龙州高中、龙州一中、龙州镇中3所学校学生食堂，加强对中学校食堂食品卫生安全的监管，保证中高考期间学校食堂的学生饮食安全。

2003年5月7日，龙州县食药监分局、县公安局联合出动，深入下冻镇，一举端掉2个非法售卖假劣药品窝点，查获涉嫌假劣药31个品种

表 22-3　　1986 年—2005 年龙州县食品卫生监督监测情况表

年份	卫生许可证审查发证			食品检测		食具检测		从业人员体检率(%)
	食品经营单位（家）	合格发证（家）	发证率(%)	检测份数	合格率(%)	检测份数	合格率(%)	
1986	720	696	96.67	122	89.51	—	—	90.52
1987	722	701	97.09	128	90.06	—	—	92.05
1988	726	699	96.28	129	91.45	—	—	93.00
1989	744	715	96.10	133	93.53	—	—	91.48
1990	723	689	95.30	128	92.62	—	—	94.55
1991	738	713	96.61	135	92.48	—	—	92.06
1992	755	733	97.09	142	93.02	338	82.5	95.56
1993	786	758	96.44	153	94.46	355	86.8	94.67
1994	789	762	96.58	155	95.21	362	84.6	93.08
1995	836	812	97.13	169	95.57	388	85.2	94.4
1996	879	858	97.61	172	95.08	456	88.3	95.62
1997	895	866	96.76	183	95.36	887	89.2	92.83
1998	934	899	96.25	190	95.04	1132	90.5	94.81
1999	1133	1108	97.79	202	95.73	2344	92.6	95.25
2000	1312	1184	90.24	222	95.05	7279	86.73	97.04
2001	1332	1234	92.64	422	92.65	6432	39.55	92.53
2002	1291	1245	96.44	251	90.04	7754	28.49	94.62
2003	1237	1196	96.69	322	86.32	260	42.11	93.21
2004	1235	1184	95.87	191	75.39	3348	31.96	92.10
2005	1223	1174	95.99	193	80.83	3215	33.09	94.44

餐饮许可

2000 年，龙州县食药监分局受理餐饮卫生许可。餐饮服务经营者办理“餐饮服务许可证”，申请材料由龙州县食药监局接件受理，执法人员现场检查，符合许可条件的，核发给“餐饮服务许可证”。是年，受理食品经营单位 1312 家，核发“餐饮许可证”1184 个，核发率 90.24%。2005 年，县食药监局受理食品经营单位 1223 家，核发“餐饮许可证”1174 个，核发率 95.99%。2000 年 6 月—2005 年 12 月，县食药监局一共受理食品经营单位 7630 家次，核发“餐饮许可证”7217 个次，核发率 94.59%。

第三节　公共卫生监督

1985 年，龙州县卫生防疫站设立卫生科，对全县食品生产、经营单位或个人的监管，开展食品卫生许可审核发证和及食品、食具监测食品从业人员的体检、培训。1995 年 10 月 30 日，实施《中华人民共和国食品卫生法》，卫生执法体制由卫生防疫转换为卫生行政。县卫生局、县卫生防疫站依法行使监督职权，结合重大节假日，采取经常性和突击性检查方法，加强对辖区食品卫生监督监测工作；做好食品、食具检测和从业人员体检，举办从业人员卫生知识培训班。1996 年，龙州县公共卫生监督所成立，负责全县食品卫生、劳动卫生、学校卫生、环境卫生、化妆品卫生监督，有专职监督员 8 人。2005 年，有专职监督员 15 人。

食品卫生 2000年，全县食品卫生监督覆盖率100%；责令整改20店次，没收并销毁伪劣产品350千克；监测糕点类、冷制品、酒类、米粉类、油制品、食品添加剂类食品380份，合格346份，合格率91%；碘盐监测10份，合格10份，合格率100%；餐具消毒检测800份，合格656份，合格率82%。有食品从业人员3500人，体检合格人数3255人，体检合格率93%；检出传染病患者及病原携带者240人（大多为乙肝表面抗原阳性患者），调岗率100%。2005年，全县食品卫生监督覆盖率100%；责令整改324店次，没收并销毁伪劣产品540千克；监测12类食品193份，合格156份，合格率80.83%；碘盐监测288份，合格251份，合格率87.15%；餐具消毒检测3215份，合格1064份，合格率33.09%。有食品从业人员2515人，体检合格人数2375人，体检合格率94.44%；检出传染病患者及病原携带者83人，调岗率100%。监督指导6次大型会议及其他重大活动，确保活动期间的食品卫生安全。

食物中毒

1986年—1999年全县无重大食品中毒事故。2000年—2004年，龙州县发生食物中毒事故6起，中毒人数280人，经县公共卫生监督所的工作特别是医院的抢救，无人死亡。其中2002年2月，水口镇合平村那荷屯发生氟乙酰胺鼠药中毒，中毒人数11人；2002年11月，龙北中学发生有机磷农药中毒，中毒人数36人；2003年3月，响水镇棉江村因吃麻风果引起食物中毒，中毒人数21人；同年10月，彬桥中学发生蜡样杆菌引起的食物中毒，中毒人数59人；2004年6月，彬桥中心小学发生不明原因引起的食物中毒，中毒人数81人；同年9月，金龙中学学生因饮用受污染的井水引起急性胃肠炎，发病人数72人。2005年，龙州县无食物中毒事故。

劳动卫生

1986年，龙州县卫生防疫站对辖区内厂矿企业作业点产业的粉尘、噪音等危害人体因素进行监督监测，对接触有害因素的工人进行健康检查，开展职业病防治知识宣传及培训。1986年—1987年，全县有产生危害人体因素的厂矿企业15家，职工总数1900人，接触危害人体因素作业1600多人。县卫生防疫站对工人进行健康体检，建立工人健康卡，对车间产生的有害因素进行监测。1987年，对全县10家厂矿企业接触尘毒作业工人建立健康档案，建档率66.67%。1997年，县公共卫生监督所对卫生防护简陋企业单位给予限期整改，工人作业环境卫生条件得到改善。2002年5月1日，龙州县实施职业病防治法。2003年，龙州县职业病危害防治工作领导小组成立，根据实际情况，制定龙州县职业卫生安全工作方案。举办职业病防治培训班1期，对存在卫生安全隐患的10家厂矿企业进行责令整改。2004年，全县12家产生有害因素的厂矿企业合完成危害因素项目的申报工作，建立健全工人健康档案8家。2005年，对全县12家产生有害因素的厂矿企业进行专项检查3次，主要检查厂矿企业对产生危害因素的防护措施，对防护简陋的用人单位责令限期整改。同年4月，开展职业病防治法宣传周活动，向群众和用人单位宣传职业病防治的有关知识，保护劳动者身心健康。

表22-4　**1986年—2005年龙州县职业卫生监督监测情况表**

年份	厂矿数（家）	职工数（人）	接触危害人数（人）	应体检人数（人）	体检人数（人）	体检率（%）	培训人数（人）	监测（点）	合格（点）	合格率（%）
1986	15	1970	1628	1628	457	28.07	457	22	20	90.97
1987	15	1985	1500	1500	538	25.87	538	18	16	88.90
1988	21	2044	1257	1257	202	16.07	202	26	15	57.69
1989	21	2040	1286	1286	179	13.92	179	20	18	90.00
1990	22	2098	1307	1307	344	26.32	344	37	27	72.97
1991	26	3550	1470	1470	257	17.48	257	15	12	80.00

续表

年份	厂矿数（家）	职工数（人）	接触危害人数（人）	应体检人数（人）	体检人数（人）	体检率（%）	培训人数（人）	监测（点）	合格（点）	合格率（%）
1992	22	3554	1482	1482	381	25.71	381	40	23	57.50
1993	24	3430	1067	1067	163	15.28	163	16	10	62.50
1994	18	3545	1297	1297	320	24.67	320	6	3	50.00
1995	12	2790	1468	1468	922	62.81	922	34	20	58.80
1996	12	2083	1200	1200	440	36.67	440	25	17	68.00
1997	12	2113	1067	1067	506	47.42	506	25	23	92.00
1998	12	2161	911	911	54	5.93	54	28	25	89.29
1999	12	2980	970	970	246	25.36	246	19	17	89.47
2000	11	2978	988	988	763	77.23	763	25	24	96.00
2001	11	2188	879	879	192	21.84	192	28	25	89.29
2002	12	3051	1252	1252	755	55.39	755	25	21	84.00
2003	12	3099	1249	1249	970	77.66	970	26	25	96.15
2004	12	2961	1067	1067	854	80.04	854	34	32	91.43
2005	12	2970	1060	1060	963	90.85	963	22	19	86.36

饮水卫生

1986年，龙州县公共卫生监督部门对龙州县自来水厂及各乡镇供水站的生活饮用水进行监测，抽检49份，合格15份，合格率30.61%。1990年—2003年，每年对龙州县自来水厂的水源水、出厂水和末梢水进行监测。2004年，龙州县12家供水单位，均持有有效卫生许可证；从业人员38人，持有健康证36人，持有率94.74%。对县水厂和11个乡镇水厂进行卫生监督27次，抽检水样65份，合格47份，合格率72.31%；县水厂抽检水样51份，合格43份，合格率84.31%；乡镇水厂抽检14份，合格6份，合格率42.86%。下达整改意见书6份。2005年，全县12家水厂有从业人员36人。对县水厂和乡镇水厂进行卫生监督25次，对存在卫生问题4家水厂下达整改意见书。抽检水样59份，合格46份，合格率77.97%。其中县水厂48份，合格40份，合格率83.33%；乡镇水厂11份，合格6份，合格率54.55%。

学校卫生

1986年—2005年，龙州县学校卫生监督监测主要是开展学生健康调查及常见病的防治，重点检查学校饭堂卫生设施、食品进购索证情况、菜肴泡洗记录、学生饮水情况、教室卫生设置等。1986年，对6所中小学校的2775名学生进行形态发育调查，结果表明状况良好。对县城3所中学及参加高考的学生共1930名进行体检，龋齿病占22.49%，扁桃体肿大占3.78%，沙眼占3.58%。对10所中、小学的5645名学生进行视力检查，视力减退638名，占11.3%。对朝阳小学265名学生进行肠道寄生虫病检查，有蛔虫、鞭虫、钩虫卵阳性83人，占31.32%。对龙州高中等5所中学57间教室进行采光监测，自然采光达标，人工照明合格率8.8%。2000年11月—12月，对22所中、小学13031名学生进行预防性健康体检。其中中学生6423人，视力不良1572人、色盲39人、色弱43人、听力异常2人、血压偏低8人、扁桃体肿大114人、乙肝表面抗原阳性782人；小学生6608人，视力不良333人、色盲17人、色弱1人、沙眼9人、龋齿3519人、心肺疾病90人、扁桃体肿大62人、乙肝表面抗原阳性536人。2003年10月—11月，对15所中、小学11373名学生进行体检。其中中学生6128人，视力不良1914人、龋齿1555人、沙眼7人、色盲色弱97人、心肺疾病6人、乙肝表面抗原阳性620人；小学生5245人，视力不良249人、龋齿2370人、沙眼14人、色盲色弱36人、心肺疾病5人、乙肝表面抗原阳性 333 人。2004 年—2005 年，对中、小学生 5007 人进行体检。2005 年 9 月—10 月，对 19 所寄宿制学校饮用水进行调查。

公共卫生

1986 年，龙州县实施公共场所卫生管理条例。是年，全县有旅社、招待所 18 家，从业人员 42 人，体检 31 人，体检率 73.81%；理发行业 27 家，从业人员 56 人，体检 41 人，体检率 73.21%。监测旅社 18 家大肠菌群监测 52 份，合格 32 份，合格率 61.54%；监测理发行业 21 家 45 份，合格 30 份，合格率 66.67%。对龙州电影院的观众室内空气质量进行监测 5 个点，合格 4 点，合格率 80%。1987 年 4 月，龙州县防疫部门对全县营业性旅社、文化娱乐场所、理发店、美容店等公共场所进行卫生监督、监测，对从业人员进行健康体检。1990 年—2003 年，县卫生防疫部门加大对公共场所的卫生监督力度，每年对县城的公共场所的卫生用品、用具进行监测，全县公共场所的卫生质量逐年得到提高。2004 年—2005 年，全县公共场所 106 家，经现场审查合格发放卫生许可证 102 家，发证率 96.23%。对 78 家宾馆、旅社、美容美发的用具进行抽检，检测 534 份，合格 403 份，合格率 75.47%。公共场所从业人员 354 人，体检 332 人，体检率 93.79%，检出传染病患者及病原携带者 12 人，均给予调离。

1996 年 7 月 23 日—25 日，广西中医学院社会实践团一行 17 人到龙州县开展为民义诊服务活动，共为民义诊 400 多人(次)。图为实践团在县城中心花园为民义诊

第二十三篇

海关　检验检疫

第一章　海　关

1986年，水口支关业务仍停止。1992年10月，水口海关筹备组进驻水口镇，对已形成的边境小额贸易进行监管。1994年1月，恢复水口海关建制，由科级海关升格为处级海关，管辖龙州、大新两县海关业务。监管进出口商品主要有铁矿砂、腰果、锰矿砂等及水果、黄豆、机械产品等货物。1995年—2005年，水口海关共监管进出口货量184.8万吨，进出口货值20840.15万美元。

第一节　机　构

水口海关

1952年1月，南宁海关设立水口前哨监管所，5月改为水口监管站。1953年1月20日，水口监管站改为水口办事处，由凭祥支关管辖。1954年4月15日，水口办事处改为水口支关，归凭祥分关管辖。1979年，由于中越边境军事对峙，水口支关业务停止。1992年10月，水口海关筹备组进驻水口镇，对已形成的边境小额贸易进行监管。1994年1月，恢复水口海关建制；是年6月，由科级海关升格为处级海关，管辖龙州、大新两县海关业务。内设办公室、通关科（前身为业务科）、调查科3个部门，人员编制30名，实有22人，办公地址在水口镇。下设科甲、硕龙2个科级海关。1996年1月，水口海关在龙州县城建成工作生活基地，关本部搬迁至龙州县城，水口口岸仍设立监管小组，形成“龙州报关，水口验收”的监管模式。2003年9月，设立行政财务科。2005年，增加管辖天等县海关业务，内设办公室、通关管理科、稽查科、行政财务科4个部门，人员编制41名，实有36人。

1994年—2005年历任关长：包惠彪（1994.6—1997.10），黄文卿（1997.10—2000.12），符东华（2000.12—2005.7），刘维伦（2005.7—2005.12）。

水口海关缉私分局

2003年8月12日，中华人民共和国水口海关缉私分局成立（正处级），隶属南宁海关，内设办公室、侦查科、法制科3个部门，有人员14人，办公地址在水口海关内。

2003年—2005年局长：刘立新（2003.8—2005.12）。

第二节　进出境监管

1993年，水口口岸恢复业务，水口海关监管进出境运输工具及其所载货物、行李物品，进出境人员多数是边民，主要从事边民互市及边境小额贸易，从越南带进的主要为农副土特产品，从中国带出的主要是日用小百货，进出口货物品种较为单一，贸易量也较少，属现汇交易、人民币结算，交易方也多是个体户。1994年水口海关恢复建制后，管辖毗邻越南高平省和谅山省边境线，全长229千米。辖区内有龙州县水口、那花、科甲和大新县岩应、硕龙、德天6个互市点，分别对应越南高平省复和县驮隆口岸、谅山省长定县那讷口岸、高平省下琅县河谅口岸、高平省下琅县里板互市点、高平省下琅县里板口岸、高平省重庆县板约互市点。2001年1月15日，通关作业改革，水口海关报关台前移至水口，进出口货物的通关手续都在水口办理，通关效率提高。2000年—2005年，水口口岸进出口贸易方式以大宗货物交易为主，进口主要有铁矿砂、腰果、锰矿砂等商品，出口主要有水果、黄豆、机械产品等货物。

第三节　进出口关税

1995年—1999年，水口口岸进出口贸易方式以边境小额贸易为主，共监管进出口货物46.4万吨，进出口货值5373.67万美元，海关税收852.49万元。2000年—2005年，水口海关共监管进出口货物138万吨，进出口货值15466.48万美元，海关税收3113.93万元。

表23-1　　1995年—2005年海关统计情况

年度	进出口货量（万吨）	进出口货值（万美元）	海关税收（万元）	年度	进出口货量（万吨）	进出口货值（万美元）	海关税收（万元）
1995	4	563.56	60.99	2001	11.4	1571.52	138.65
1996	10.1	868.4	102.72	2002	18.15	402	1184.93
1997	7.6	1479.48	59.83	2003	32.55	3822.3	572.23
1998	10.7	1559.7	200.21	2004	36.4	4753.4	540.60
1999	14	902.53	428.74	2005	27.9	4168.4	580.30
2000	11.6	748.86	97.22				

第四节　缉　私

2003年—2005年，水口海关缉私分局出动警力4580人次、车辆957台次，查获案件117起，刑事立案5起，案值1000多万元，偷逃税额239万余元，查扣走私运输工具96辆（台），抓获走私分子158人，送法院判决13人；查获农副产品、废旧物品、濒危植物、水晶制品等1216.5吨；协助龙州县公安局查获走私毒品海洛因2.57千克，毒资21.5万元；销毁鸭毛、生猪、牛皮、冻品等各类私货210多吨。

第二章　检验检疫

水口检验检疫局于1999年11月由水口商检办事处、水口动植物检疫局、水口卫生检疫办事处合并成立，负责监管与越南凉山省、高平省接壤的220多千米边境线。辖区有国家一类口岸1个，二类口岸2个，边民互市点7个，边境通道10多个。实施“六个一”管理模式，即一次报验、一次取样、一次检验检疫、一次卫生除害处理、一次计收费、一次出证放行。2000年起，加快疫病疫情防控体系建设步伐，建立健全检验检疫口岸传染病监测与控制体系和口岸公共卫生应急、信息报告和应急处置工作、部门合作等机制。8月，执行广西检验检疫局检验检疫综合业务计算机管理系统，简化办事程序，统一检验检疫流程。2003年，在防范非典型肺炎疫情期间，检疫查验出入境人员108934人次。2005年，检验检疫业务管理实施“三电工程”（电子申报、电子转单、电子通关）、电子口岸建设和转变检验检疫监管模式，推进检验检疫大通关建设，促进口岸通关便利化和对外贸易。

第一节　机　构

水口商检办事处

1991年11月，广西商检局派员进驻凭祥商检处，负责恢复凭祥商检机构工作，协调凭祥友谊关、宁明爱店关、龙州水口关等口岸商检机构筹建。1993年7月，在水口口岸设立水口商检办事处，办事处不内设部门，人员编制 1 名，实有 1 人，办公地址在龙州县水口镇旧车站大院内。

水口动植物检疫局

1952 年初，广西省龙津县水口关牲畜检疫所成立。1965 年，更名为水口牲畜检疫所。1970 年，与凭祥动植物检疫所合并。1978 年，中越关系不正常，业务中断。1993 年，国家动植物检疫局批复成立水口动植物检疫局（副处级），为北海动植物检疫局分支机构，人员编制 6 名，实有 6 人，办公地址在龙州县龙州镇独山路 151–3 号。

水口卫生检疫办事处

1958 年 5 月 10 日，卫生部决定凭祥检疫所改称凭祥卫生检疫所。次年，恢复水口检疫站。1978 年，中越关系不正常，关口封闭。1993 年 12 月 1 日，正式恢复成立水口卫生检疫局（科级）。1997 年 7 月，改为水口卫生检疫办事处，属凭祥卫生检疫局下属机构，人员编制 2 名，实有 2 人，办公地址在龙州县水口镇卫生检疫办事处生活区。

水口出入境检验检疫局

1999 年 11 月，由水口商检办事处、水口动植物检疫局、水口卫生检疫办事处合并成立水口出入境检验检疫局，隶属广西出入境检验检疫局的口岸行政执法机构（正处级），内设办公室、检务科、检验检疫科、综合实验室 4 个部门，下设龙邦、平孟 2 个办事处。2005 年 12 月，人员编制 19 名，实有 34 人，聘用医学、兽医等专业技术人员 10 人，办公地址在龙州县龙州镇独山路 151–3 号。

1999 年—2005 年历任局长：黎洋海（1999.11—2003.6），蔡科（2003.6—2005.12）。

第二节　商品检验

水口检验检疫局监管的边境线长 229 千米，与越南凉山省、高平省接壤。辖区有国家一类口岸 1 个（水口），二类口岸 2 个（科甲、硕龙），边民互市点 7 个（那花、科甲、水口、布局、德天、硕龙、岩应），边境通道 10 多个（水口旧街、板棒、那贯、横罗、那桧等）。

2000 年—2005 年，水口检验检疫局开展专项整治工作，提高对进出口产品质量和食品安全的管理水平。2004 年 6 月，开展出口食品安全专项整治，对非法进口的肉类、水果进行 100% 退货或销毁，对出口食品原料基地进行 100% 清查。通过检查，没有发现辖区备案基地存在违规问题，对出口食品运输包装 100% 加贴检验检疫标志。是年 8 月，开展“服务企业年”“项目建设年”活动。一是组织开展进出口食品安全整顿工作和打击进出口食品中违法添加非食用物质和滥用食品添加剂专项整治。落实进出口食品安全整顿工作“四查四建四落实”（查生产企业，督促建立全过程质量安全制度，落实企业主体责任；查重点产品，建立分类管理风险预警和快速反应机制，落实风险防范措施；查重点行业和地区，建立重点区域治理整顿机制，推动地方政府落实领导责任；查自身监管工作，建立协调有序、分工负责的工作机制，落实相应的监管责任）的要求，开展对出口食品生产企业和出口食品原料种植养殖基地的清查工作，清理检查出口农产品注册企业 5 家，清查茶叶种植注册备案基地 2 家；举办《中华人民共和国食品安全法》学习培训班，培训相关企业和局业务人员 50 多人。开展打击违法添加非食用物质和滥用食品添加剂专项整治工作，在地方政府统一领导下，组织专业人员 19 人次，开展为期 4 个月的专项整顿工作，检查中未发现有添加非食用物质和滥用食品添加剂的现象。二是加强检验检疫监管，确保进出口产品质量和食品安全。调整综合实验室功能布局，增配 150 多万元的仪器设备，培训实验室人员 35 人次，提升综合实验室检测能力，基本满足口岸各种货物快速检验、快速通关的要求。食品检测项目从检测 SO_2（二氧化硫），增加铅、砷、酸价及过氧化值等项目的检测。在检测铁矿中的铁及锰矿中的锰及电解金属锰中的铁、磷、硅、硒、碳、硫的基础上，具备检测硅锰合金中各元素的能力。根据边民互市贸易的特点，在那花边贸点建立现场实验室，采取快速、初筛，有问题再送综合实验室确证等方式，实现检测手段的多元化，提高现场查验提高检出率。落实国家总局《边境贸易出入境检验检疫管理办法》和广西局《边境贸易出入境检验检疫管理办法实施细则（试行）》，加快边贸进出口产品检疫查验。针对边贸点入境的动植物源性食品和农产品来源广、批次多，传带有毒有害物质和有害生物风险大、频率高，而货物进出通关要求快的特点，调整监管模式,探索边境贸易问题商品(龙眼干、荔枝干、腰果仁等)可追溯管理办法,进行检验检疫监管。那花边民互市点现场快速检测实验室(第四层次实验室),采取快速、初筛,有问题再送综合实验室确证等方式,实现检测手段的多元化,做到检测控制关口前移,强化现场对有毒有害物质检测和有害生物检疫把关,提高检测控制时效性,提高检出率和检测效果,防止不合格货物进出国门,确保食品安全。是年 9 月,开展出口高风险农产品质量安全专项整治,查验边贸进境水果、农产品有害生物和有毒有害物质 88 批次,对二氧化硫超标的龙眼等产品 132 吨作退货处理。对进口荔枝干、龙眼干采取境外预检(由客户从境外采样送局实验室预检)和境内复检的办法,批批进行 SO_2 检测,避免不合格进口食品流入国内市场。抓好出口水果果园、包装厂注册登记工作。是年 10 月,开展边境贸易进出口商品质量安全专项整治,对边境贸易进出口商品的质量安全管理,按标准进行检验检疫把关,未经检验检疫和经检验检疫不合格的,不准进出口。2005 年 1 月—10 月,水口检验检疫局对入境的 552 批次龙眼干、荔枝干等实施检验,检出 SO_2 含量超标 33 批次,涉及货物货值 579.7 万美元;检出有害生物 12 种 19 次。对检出的不合格食品均作不准入境或退运出境处理。

第三节　动植物检疫

2000 年—2005 年,水口检验检疫局依照国家有关法律法规,对进出辖区境内各口岸的动植物、动植物产品和其他检疫物,装载动植物及其产品和其他检疫物的装载容器、包装物,以及来自动植物检疫区的运输工具实施检疫。根据中越边境的具体情况,主要抓实蝇监测和防治禽流感及医学媒介生物。为了防止外来检疫性实蝇传入国内,摸清水口辖区域水果和蔬菜产区实蝇种类及分布情况,扩大水果和蔬菜的对外贸易,结合水口地区的实际情况,水口出入境检验检疫局设置检疫性实蝇监测点 55 个,其中地中海实蝇监测点 30 个,桔小实蝇监测点 8 个,瓜实蝇监测点 7 个,蛋白诱饵点 10 个,经常检查诱捕器内是否有蚂蚁或树蛙等捕食性动物毁坏标本。2000 年—2005 年,建立检疫性实蝇监测 100 多个点,捕捉到各种实蝇 31525 只。

第四节　卫生检疫

2000 年起,水口检验检疫局加快疫病疫情防控体系建设步伐,建立健全检验检疫口岸传染病监测与控制体系和口岸公共卫生应急、信息报告和应急处置工作、部门合作等机制,提高应对和处置各类口岸突发公共卫生事件的能力。2003 年,在防范非典型肺炎(SARS)疫情期间,检疫查验出入境人员 108934 人次,其中出境 52376 人次,入境 56558 人次,均没有发现“非典”病人从口岸出入。在水口口岸申请入境越南边民中检出有发热症状 16 人,有咳嗽症状 2 人;龙邦口岸申请入境越南边民有发热症状 1 人,婉拒其入境。5 月 17 日,发现从越南返回的中国边民 1 人有发热症状,工作人员按照规定送其到水口医院发热门诊做进一步检查诊断,排除感染非典的可能。在防范非典型肺炎疫情期间,水口检验检疫局获广西检验检疫局表彰 4 人,获地方政府表彰 1 人,加入中国共产党 1 人。2005 年初,邻国越南有 25 个省、市暴发禽流感疫情,66 人感染禽流感。紧邻水口口岸边境线的越南高平省也有发生禽流感疫情。为了防止国外禽流感疫情从口岸传入,水口检验检疫局紧急启动《水口检验检疫局进出境重大动物疫情应急处理预案》,做到“四到位”(人员到位、措施到位、设备到位、宣传到位),成立 5 人督查组,开展督查 15 次,落实各项防范措施。新建口岸隔离留验室、准备室、洗涤除污消毒室、传染病现场快速检测室、应急处理室、卫生监督实验室、器械室、个人防护用品储备室等 200 多平方米的卫生检疫设施。争取到上级主管部门支持疫情防控资金 160 多万元、地方政府支持防控设备物资 28 万元,用于加强口岸检测设备设施和购置防护用品等。聘用 6 名专业人员充实口岸防控力量,坚持对每位出入境人员的体温监测、健康申报、医学巡查和鞋底消毒,禁止从境外输入禽鸟类及其产品;加强对入境交通工具和货物的检疫监管和防疫消毒。成立边境巡查队,定期、不定期到各口岸和边贸点巡查,打击非法偷运禽鸟类、偶蹄类动物及其产品的行为,共巡查 5 次 8 点。落实关检协作机制,加强与海关、畜牧部门以及越南检验检疫相关部门的配合和协作。与地方政府协商落实总局关于加强边贸通道管理的要求,暂时关闭岩应、爱江 2 个边贸通道，地方政府落实硕龙、德天、那花、科甲等口岸和边贸通道防控设施设备，抽调人员开展疫情防控工作，提供200多平方米的口岸卫生检疫核心能力建设用房，28万元的防控设备物资。与卫生、边检、海关、口岸办等部门签订突发公共卫生事件合作协议，建立口岸把关、信息通报、可疑病人移送、资料移交、密切接触者追踪随访等方面的良好协作机制。3月7日，联合开展"口岸应对突发公共卫生事件"的应急处置演练，参演35人。与越南相关检验检疫部门会晤3次，互相通报疫情动态和防控措施，做好甲型H1N1流感防控工作的国际交流与合作，达成双方移交发热病人的协议。培养边境地区疫情信息员2人，了解疫情防治情况，完善疫情报告制度，指定专人负责疫情报告和每日零报告。密切与地方政府有关部门的联系，参与群防群控的工作部署。加强宣传和疫情跟踪，在各口岸和边贸点张贴公告66张，出版宣传板报2块，发放"防禽小知识"资料1600多份，编辑国际疫病疫情简讯12期。组织有关人员检查库存的技术、物资储备，备足消毒药品和防护用品，保证应急处理的需要。加强检疫工作人员的自身防护，安排干部职工22人注射甲型H1N1流感疫苗和健康体检。至2005年12月，累计检疫查验出入境旅客9.4万多人次，现场医学排查384人次，发现发热或有急性呼吸道症状病例14例（越南籍12例，中国籍2例），转送地方定点医院5例，移交越方卫生检疫机构处置9例，发放"就诊方便卡"5人次，未发现有输入性甲型H1N1流感病例；查验旅客携带物568件次，销毁或退回处理旅客携带禁止进境物36批次。根据广西检验检疫局转发国家质检总局《关于及时上报医学媒介生物本底调查和日常监测资料的通知》的精神，结合水口口岸具体实际情况，开展所辖口岸的地形地貌和气候环境下的鼠、蚤、蚊、蝇及蜚蠊等5种医学媒介生物监测本底调查。2001年—2005年，完成对鼠1456只、蚤1382只、蝇1225只、蜚蠊1339只的调查，并上报广西检验检疫局。

第五节　监督管理

1999年，实施"六个一"管理模式，即一次报验、一次取样、一次检验检疫、一次卫生除害处理、一次计收费、一次出证放行。针对中越边境贸易的具体情况，对出境货物实行电话预约报检制度，把检验检疫工作前移一线，采取提前集中检验检疫，出境时再实施核对的监管方式，提高通关速度。加强与海关部门的协作，落实关检协调机制，对同一批进出口货物采取一次开箱查验，一次放行的协调工作制度，提高通关效率。把熟悉CIQ2000系统操作人员调整到受理报检岗位，提高制证、出证、放行速度。实行急事急办、特事特办制度，组织有限人员力量，加班加点，确保急办货物快捷通关，消除货物积压口岸的现象。2000年起，水口检验检疫局工作重点向涉及安全、卫生、健康、环保和反欺诈转移，不断调整检验检疫监管方式，对重要进出口商品和对国家经济、社会、环境安全具有潜在风险的进口动植物及其产品，实行严格审批、登记注册、境外预检、到岸查验和后续管理的全过程监控检验检疫，重点监测进出口食品农药残留物质，化解食品安全事故的风险和隐患，加强对进口产品及进口废物原料的检验，保护可持续发展的良好生态环境。2000年8月，执行广西检验检疫局检验检疫综合业务计算机管理系统（简称CIQ2000系统），简化办事程序，统一检验检疫流程，规范检验检疫秩序，强化执法把关功能，加快通关速度，为出入境通关提供高效、快捷的服务。2004年—2005年，根据广西检验检疫局的安排，不断优化服务，完成服务2届东盟博览会检验检疫各项工作任务。贯彻落实广西检验检疫局制定的20条服务措施，结合辖区进出口企业的需求，通过"送信息、送技术、送管理、送政策"帮扶企业。2005年1月，水口检验检疫局检验检疫业务管理实施"三电工程"（电子申报、电子转单、电子通关）、电子口岸建设和转变检验检疫监管模式，推进检验检疫大通关建设，促进口岸通关便利化和对外贸易，为外贸企业节约通关时间和资金。是年，把一类企业、二类企业作为扶持的对象，全局先后35人次到10家企业开展调研，收集各贸易国和地区的标准、检测信息及各种建议和意见41条。严格执行首问负责制、限时办结制和责任追究制，落实节假日值班和24小时全天候预约检验监管服务制度，探索"5天工作日+2天双休日"不间断工作机制，先后为7个公司排忧解难，答疑解惑；给各企业举办原产地知识培训等专业技术培训4次，受益企业10家120多人次。是年10月，辖区2家矿产品出口生产企业实施分类管理，分别获得一类、二类企业资格；完成出口果园注册登记5家，出口茶叶种植基地备案2家。

第二十四篇

民族　语言　民俗　宗教

第一章　民　族

龙州县有壮、汉、瑶、苗、侗、土家、水、毛南、回、布依、仫佬、京、傣、满 14 个民族，以壮族为主。1986 年，壮族人口 225297 人，占全县总人口 94.26%。2000 年，壮族人口 246745 人，占全县总人口 94.89%。上级党委、政府关心少数民族地区的发展，不断安排民族资金项目，支持龙州县的经济发展和社会进步。2000 年 3 月，龙州县被自治区定为"兴边富民行动"试点县，2001 年 6 月，升格为国家级"兴边富民行动"试点县，2004 年 6 月，被确定为国家级"兴边富民行动"重点县。2000 年—2005 年，龙州县共落实兴边富民行动资金 1761.5 万元，改善边境乡镇和县城的社会事业和基础设施建设。2005 年，全县有壮族人口 200684 人，占全县人口 95.82%；汉族人口 8419 人，占全县人口 4.02%；瑶族人口 162 人，占全县人口 0.08%；其他少数民族人口 131 人，占全县人口 0.06%。

第一节　机　构

1984 年 10 月，龙州县民族事务委员会成立。1986 年，龙州县民族事务委员会内设办公室 1 个部门，人员编制 5 名，实有 3 人，办公地址在龙州镇康平街 28 号县人民政府大院内。1997 年 2 月，龙州县民族事务委员会更名为龙州县民族事务局，人员编制 6 名，实有 6 人（局长 1 人，副局长 3 人）。2005 年 12 月，县民族局人员编制、实有人数不变（局长 1 人，副局长 1 人），办公地址不变。

1986 年—2005 年历任局长（主任）：农德彪（1986.1—1987.12），吕炳昔（1987.12—1990.10），农汉京（1990.10—1994.2），严家亮（1994.2—1999.2），李汉珍（1999.2—2001.7），李丁民（2001.7—2003.2），韦保健（2003.2—2005.12）。

第二节　民族分布

1986 年，龙州县总人口 239017 人，有 12 个民族。全县壮族人口 225297 人，占全县总人口 94.26%；汉族人口 13027 人，占全县人口 5.45%；瑶族 84 人，苗族 27 人，侗族 9 人，水族 12 人，回族 15 人，布依族 2 人，仫佬族 3 人，京族 5 人，傣族 498 人，满族 1 人，民族不详 36 人，一共 693 人，占全县总人口 0.29%。2000 年，龙州县总人口 260045 人。壮族人口 246745 人，占全县总人口 94.89%；汉族人口 12789 人，占全县人口 4.92%；瑶族 201 人，苗族 113 人，侗族 31 人，土家族 14 人，水族 26 人，毛南族 16 人，回族 21 人，布依族 44 人，仫佬族 6 人，京族 5 人，傣族 25 人，满族 9 人，一共 511 人，占全县总人口 0.20%。其中壮族人口分布在龙州镇最多，分布在八角乡最少。

表 24-1　　2000 年龙州县民族分布统计表

单位：人

民族 乡镇	壮	汉	瑶	苗	侗	土家	水	毛南	回	满	布依	仫佬	京	傣	小计
龙州镇	32877	6286	79	31	16	7	7	14	6	8	4	1	0	4	39340
下冻镇	17814	151	2	3	0	0	0	0	3	0	1	3	1	0	17978
水口镇	19704	1922	5	6	0	2	18	0	1	0	1	1	1	2	21663

续表

民族 乡镇	壮	汉	瑶	苗	侗	土家	水	毛南	回	满	布依	仫佬	京	傣	小计
响水镇	14930	610	0	5	2	0	0	0	0	0	3	0	2	3	15555
金龙镇	26888	28	0	26	0	0	0	0	3	1	4	0	0	9	26959
彬桥乡	18213	407	13	7	3	0	0	0	1	0	0	0	1	0	18645
武德乡	17963	42	0	2	0	0	0	0	0	0	6	0	0	0	18013
逐卜乡	17418	42	0	3	1	0	0	0	1	0	2	0	0	1	17468
上金乡	17589	51	0	0	0	0	0	0	2	0	2	0	0	0	17644
上龙乡	17559	858	5	15	0	0	0	0	0	0	3	0	0	2	18442
上降乡	11568	119	0	0	0	0	0	0	1	0	9	0	0	0	11697
八角乡	10836	4	0	2	0	0	0	0	0	0	6	0	0	0	10848
霞秀乡	18538	586	30	2	2	2	0	2	3	0	0	0	0	1	19166
龙北场	1737	835	56	11	0	3	0	0	0	0	0	0	0	2	2644
先锋场	953	477	10	0	7	0	0	0	0	0	2	1	0	0	1450
北耀场	2158	371	1	0	0	0	1	0	0	0	1	0	0	1	2533
合计	246745	12789	201	113	31	14	26	16	21	9	44	6	5	25	260045

注:统计表数据不包括试验站

第三节 民族事务

民族资金项目

1985 年 3 月,经龙州县政府争取,自治区民委同意龙州县武德乡中心小学开办民族高小班,每年招收 2 个班共 100 名少数民族学生。每名学生每年生活补助费 120 元,学习用品补助费 24 元,公用费 30 元。被服补助费每招 1 名新生补助 60 元(购置棉被、蚊帐、衣服等),每招 1 名新生补助开办费 35 元。1986 年春,利用自治区分配给龙州县少数民族地区补助费 1.3 万元,在武德乡农干村那连屯种植 4.8 公顷共 4000 多株优质广东柑橙,聘请国营龙北农场农艺师定期去给农户上技术课,并送去肥料和农药,使得该点果树成活率 98%;1989 年,柑橙挂果,总产量 20 多吨,该屯 36 户户均产果 550 千克。1988 年 10 月,争取自治区民委拨款 34 万元在县城北建成了主楼建筑面积 2400 平方米的龙州县民族医院,放射科、心电 B 超室、检验科、痔疮科、骨伤科等科室相继对外营业,服务全县百姓,解决就医难问题。次年,该院接纳群众就珍 4.3 万人次,经济收入 21 万元。1990 年 9 月,自治区从"温饱基金、财政资金"批给龙州县制药厂 40 万元资金。其中 20 万元用于技术改造,扩大药片车间。每年可增加产值 100 万元,利润 15 万元,税金 6.2 万元。另外 20 万元用于开发药材种植基地,扶持金龙、武德等乡镇交通不便的边远村屯的贫困农户种植药材。既保证药厂原料来源充足,又增加部分群众的经济收入。药厂因此可多安排贫困农户剩余劳动力 20 人到厂做临时工,解决他们的生活出路。1994 年底,龙州县利用自治区"温饱基金、财政资金"100 万元,扶持霞秀糖厂蔗区的上金乡联江、联甲 2 个村和下冻镇驮江村、水口镇沿山村共 3 个乡镇 4 个村 32 个自然屯 715 户 3173 人,种植甘蔗 216.2 公顷,1995/1996 年榨季入厂原料蔗 8078 吨(平均亩产 2.49 吨),以每吨 230 元计,总收入 185.79 万元,除去成本(每亩 400 元)129.72 万元,纯收入 56.07 万元,农民人均纯收入 176.71 元。糖厂加工销售收入 359 万元,扣除成本和税金等,企业利润收入 57.7 万元。国家每吨原料蔗税金 350 元,税收共 282.72 万元。实现农民个人增收,企业增产,财政增长。2000 年—2005 年,龙州县共落实兴边富民行动资金 1761.5 万元,其中兴边富民行动专项资金 961 万元,自筹资金 800.5 万元,在边境 5 个乡镇和县城实施教育、卫生、水电、交通、农贸市场等 47 个项目,改善龙州县边境乡镇和县城的社会事业和基础设施建设。

表 24-2　　2000 年—2005 年龙州县少数民族发展资金(兴边富民行动)项目统计表

单位:万元

年份	项目类别	项目名称	建设性质	建设规模	自筹资金	安排资金	备注
2000	社会事业	金龙镇板梯村小学教学楼			0	6	兴边富民行动试点项目
		武德乡中心小学等四所学校教学楼			0	10	兴边富民行动试点项目
2001	培训	水口镇农业科技培训		举办水果、畜牧、农业技术培训班,共培训 6 期 600 人次	0	10	兴边富民行动试点项目
	社会事业	水口镇罗回中心小学综合楼	新建	建筑面积 560 平方米	0	20	兴边富民行动试点项目
		水口镇共和完小学生食堂及饮水工程	新建	食堂 350 平方米,水池 50 立方米,水管 1600 米	0	20	兴边富民行动试点项目
		水口镇埂宜完小教学楼	新建	建筑面积 560 平方米	0	20	兴边富民行动试点项目
		水口镇卫生院住院楼	新建	建筑面积 700 平方米	0	20	兴边富民行动试点项目
	基础设施	水口镇罗回村弄尖屯民族文明示范村建设	续建	村道 300 米,拉电 1.1 千米,水管 400 米,水池 50 立方米	0	30	兴边富民行动试点项目
		水口镇埂宜村陇相屯—陇那屯输电线路	新建	10 千伏长 4.5 千米,0.4 千伏长 1.5 千米	0	20	兴边富民行动试点项目
		水口镇板吾村板孟屯—陇吾屯公路	新建	长 5 千米,宽 3.5 千米	0	20	兴边富民行动试点项目
	基础设施	水口镇沿山村良种高产木薯种植示范	新建	80 公顷	0	20	兴边富民行动试点项目
		水口镇陇厢村良种高产甘蔗种植示范	新建	种植面积 20 公顷	0	20	兴边富民行动试点项目
2002	培训	金龙镇农村实用技术培训		8 期 3200 人次	5	10	兴边富民行动试点项目
	社会事业	金龙镇中心小学教师宿舍	新建	20 间 600 平方米	5	25	兴边富民行动试点项目
		武德乡中心小学教师宿舍	新建	15 套 975 平方米	33.5	25	兴边富民行动试点项目
		金龙镇板池村小学教学综合楼	维修	建筑面积 395 平方米	2	10	兴边富民行动试点项目
		金龙镇侵笔村完小教学楼	新建	建筑面积 510 平方米	8	22	兴边富民行动试点项目
		水口镇埂宜村小学食堂	新建	200 平方米	2	8	兴边富民行动试点项目
	基础设施	水口镇罗回村弄尖屯公路	改建	1.1 千米	3	30	兴边富民行动试点项目
		金龙镇双蒙村陇其屯板蒙至陇其公路	新建	5 千米	8	20	兴边富民行动试点项目
2003	培训	边境五个乡镇农业科技培训		10 期 3500 人次	0	10	
	社会事业	龙州镇高祥民族农贸市场	新建	3978 平方米	144	150	
		龙州县民族中学学生宿舍	新建	1300 平方米	0	30	
	基础设施	彬桥乡清明村渠要屯道路、饮水、排涝	新建	公路 1.5 千米,管网 720 米,水池 1 个 70 立方米	0	10	

续表

年份	项目类别	项目名称	建设性质	建设规模	自筹资金	安排资金	备注
2004	培训	边境五个乡镇科技培训			0	10	
	社会事业	龙州县民族中学学生宿舍楼	新建	1000 平方米	20	45	
		龙州县第一中学学生饭堂	新建	4357 平方米	230	26	“两基”攻坚配套项目
		响水镇中学教学楼	新建	2300 平方米	119	13	“两基”攻坚配套项目
		响水镇鸣凤中心小学学生宿舍楼	新建	1300 平方米	60	8	“两基”攻坚配套项目
		下冻镇中学学生宿舍楼	新建	2587 平方米	136	15	“两基”攻坚配套项目
	基础设施	金龙镇板梯村村道硬化、篮球场、沼气池	新建	640 平方米球场,路 2 千米,沼气池 150 座	16	20	
		彬桥乡红岭村村级公路	改扩	5 千米	2	28	
		金龙镇高山村板陋屯人饮工程	新建	60 立方米水池,2500 米管网	3	12	
		下冻镇扶伦村出行屯人饮工程	新建	30 立方米水池,2000 米管网	1	9	
		武德乡精威村逐大屯人饮工程	新建	40 立方米水池,3000 米管网	3	12	
2005	培训	边境乡镇科技培训		培训人员 3000 人	0	5	
	社会事业	水口镇共和完小校道、教师宿舍	新建	学校道路 500 米,教师宿舍 450 平方米,篮球场	0	30	
		下冻中学学生食堂	新建	280 平方米	0	20	
		金龙镇横罗小学教学楼	新建	面积 500 平方米	0	26	
		水口镇埂宜小学校道、人饮工程	新建	围墙 800 米、校门及道路 1500 平方米、引水管 500 米	0	10	
		金龙镇贵平村学生宿舍楼	新建	面积 300 平方米	0	20	
		金龙镇中心卫生院门珍楼维修	维修	维修门珍楼 717 平方米	0	20	
	基础设施	水口镇康宁村垌埠屯人饮工程	新建	水池 15 立方米、抽水设备、泵房、管道 2500 米、电 1500 米	0	16	
		金龙镇板梯村陇青屯屯级公路	新建	5500 米	0	15	
		上金乡勤江村勤江新村屯级路及电灌工程	新建	2 千米,20 千瓦抽水设备及轨道	0	10	
		下冻镇洞埠希望小学人饮工程	新建	打井、抽水设备、泵房、水池 50 立方米、管道 800 米、电 300 米	0	10	
		逐卜乡卫国村乞屯水利工程	新建	水坝、水利渠道 2500 米			
合计					800.5	961	

民族成分管理

1986年—2005年，龙州县恢复（改正）民族成分工作根据国家民委、公安部1989年11月15日联合印发《关于暂停更改民族成分工作的通知》“自本通知下发之日起，在全国各地一律暂时停止更改民族成分工作”“关于一部分公民确定民族成分的遗留问题，将由有关部门与各地磋商后作出新的规定，在新规定未公布实施前，原来填写的成分仍不变动”的要求，以及自治区民委发布的相关政策规定执行。

1989年11月15日前，主要根据国务院人口普查领导小组、公安部、国家民委《关于恢复或改正民族成分的处理原则的通知》（〔81〕民政字第601号）和国家民委《关于恢复或改正民族成分问题的补充通知》（〔86〕民政字第37号）以及自治区相关文件精神，结合龙州县的民族分布、迁移的具体情况和个人申请要求进行民族成分管理工作。据资料统计，1986年—1989年4年间共办理恢复（改正）民族成分的有51人，平均每年将近13人。其中：1986年18人（汉族改为壮族7人、汉族改为京族1人、壮族改为瑶族9人、壮族改为回族1人），1987年17人（汉族改为壮族4人、汉族改为土家族3人、汉族改为满族1人、壮族改为瑶族6人、壮族改为京族2人、壮族改为苗族1人），1988年6人（汉族改为壮族1人、汉族改为满族4人、壮族改为汉族1人），1989年10人（汉族改为壮族5人、汉族改为土家族5人）。

1990年5月10日后，新调整的政策规定出台，主要根据国家民委、国务院第四次人口普查领导小组、公安部《关于中国公民确定民族成分的规定》（民委政字〔1990〕217号）和国家民委《关于恢复或改正民族成分问题的补充通知》（〔86〕民政字第37号）以及自治区相关文件精神，严格管理民族成分，严把更改民族成分关。1990年—2005年，全县共办理恢复和改正民族成分45人，平均每年办理不足3人。其中1990年6人（汉族改为壮族6人），1991年8人（汉族改为壮族3人、汉族改为侗族5人），1992年2人（汉族改为壮族2人），1993年2人（汉族改为壮族2人），1994年1人（汉族改为壮族1人），1995年3人（汉族改为壮族3人），1996年4人（汉族改为壮族4人），1997年4人（壮族改为水族4人），1999年3人（汉族改为壮族3人），2000年1人（汉族改为壮族1人），2002年1人（汉族改为壮族1人），2003年3人（汉族改为壮族3人），2005年7人（汉族改为壮族7人）。

第二章 语　言

2005年，龙州县境内有壮、瑶、回、满等14个少数民族，使用语言有所不同。龙州县壮语（壮语南部方言，当地称为“土话”）是龙州县95%居民的主要交流语言，5%的居民使用汉语的粤语、客家话和平话及普通话。龙州县党政群团机关工作人员，在工作和社交中一般用汉语（普通话）交流，有时也用粤话或土话交流。

第一节 机　构

1982年8月，龙州县推行壮文工作委员会办公室成立。1984年秋开始，县推行壮文工作委员会办公室在全县各乡镇选2所小学三年级作为壮文实验班，进行壮汉“双语教学”，开展壮文扫盲工作。1985年2月，龙州县推行壮文工作委员会办公室更名为龙州县少数民族语言文字工作办公室（简称“县民语办”）。1986年，县民语办与县壮校、县民族中学合署办公，实行“三块牌子，一套人马”，办公地点在龙州镇独山路244号。1990年，县壮校撤销，县民语办和县民族中学正式分开办公，县民语办单独行使少数民族语言文字工作职能。1991年6月20日，龙州县少数民族语言文字工作委员会成立，委员会主任由分管副县长兼任，委员会下设县少数民族语言文字工作委员会办公室（简称“县语委办”），为县人民政府直属正科级事业单位。1997年8月，办公地点搬至龙州镇康平街28号县政府大院内。2001年12月，县语委办划为龙州县民族事务局下属副科级事业单位。2005年12月，有人员编制4名，实有4人，办公地址设在龙州镇康平街28号县政府办公大楼六楼。

1986年—2005年历任主任：苏日明（1994.3—1995.6），潘金春（1997.2—2002.1）。

第二节 语言调查

为了准确了解我国国民文化素质，为教育、文化、科技、经济和劳动人事等部门制定规划和有关政策提供依据，填补我国国情调查中语言文字使用方面的空白，推动我国语言文字规范化、标准化工作进程，1997年1月6日，国务院第134次总理办公会议决定由教育部、国家语委、国家民委、财政部、公安部、民政部、农业部、文化部、国家统计局、中国社会科学院10个部门联合在全国范围内开展中国语言文字使用情况调查。1998年9月，教育部、国家语委下发《关于印发〈中国语言文字使用情况调查实施方案〉的通知》，对开展中国语言文字使用情况调查的有关问题进行部署。1999年7月，全国性的语言文字使用情况调查全面展开。采取抽样调查方法，主要以入户调查为主。龙州县是全国入户调查样本县，中央下达给龙州县任务为所有民族150户。2000年3月—4月，是龙州县开展入户调查时间。在自治区调查技术指导小组提供龙州县的语言分布情况的基础上，对龙州县实施第一阶段抽样，即抽取样本乡镇、农场，抽取到12个乡镇、1个农场。第二阶段抽样，即抽取样本村，抽取到2个镇直机关的10户人、2个居委会的10户人，25个村委会130个自然屯的130户人。调查主要采取的方法有：调查了解龙州县居民使用语言的分布情况；在抽取全县样本户的第一手材料的基础上，按照调查要求，对样本户逐户进行问卷调查，调查的对象是样本户中的15周岁~69周岁的所有家庭成员。问卷调查完成之后，将语言分布、原始问卷等全部调查材料收集统一上交到自治区民语委。

表24-3　　　2000年龙州县民族语言使用情况调查表

单位：户、人

单位	总户数	总人口	壮话		粤话		客家话		平话		普通话		其他	
			户数	人口	户数	人口	户数	人口	户数	人口	人口	户数	人口	户数
龙州镇	3637	15852	277	1353	3360	14499	—	—	—	—	—	—	—	—
霞秀乡	3977	17593	3766	17185	189	350	13	58	—	—	—	—	—	—
下冻镇	4458	17934	4091	16914	286	674	—	—	81	346	—	—	—	—
响水镇	3352	14887	2930	13403	422	1484	—	—	—	—	—	—	—	—
金龙镇	6071	27504	5884	26736	187	768	—	—	—	—	—	—	—	—
上金乡	4102	20635	3248	17698	809	2718	—	—	45	219	—	—	—	—
逐卜乡	4111	18156	4111	18156	—	—	—	—	—	—	—	—	—	—
八角乡	2686	11570	2677	11557	9	13	—	—	—	—	—	—	—	—
彬桥乡	4068	18281	4068	18281	—	—	—	—	—	—	—	—	—	—
上龙乡	3784	17661	3633	16959	—	—	—	—	151	702	—	—	—	—
上降乡	2733	11920	2733	11920	—	—	—	—	—	—	—	—	—	—
武德乡	3883	18878	3883	18878	—	—	—	—	—	—	—	—	—	—
水口镇	4811	20796	4331	19276	362	1080	118	440	—	—	—	—	—	—
县直	4391	21980	541	1923	3763	19800	—	—	—	—	87	257	—	—
北耀农场	1550	4705	239	887	1255	3622	—	—	45	158	—	—	—	—
龙北农场	1601	4347	287	799	1304	3531	1	1	—	—	5	9	4	8
热作所	353	986	53	86	300	900	—	—	—	—	—	—	—	—
先锋农场	1064	2816	102	296	946	2483	—	—	2	3	—	—	14	34
总计	60632	266501	46854	212307	13192	51922	132	499	324	1428	92	266	18	42

第三节 壮 语

龙州县通行的壮语，是壮语南北两大方言中的南部方言，与壮语北部方言最明显的差别，主要是表现在语音的不同。龙州县壮语主要有三个特点：

第一个特点：同壮话南部方言各县一样，多出四送气声母：即送气的唇清塞音 p^h（壮语记音用 p 表示，下同）。送气的舌尖清塞音 t^h（壮语记音用 t 表示，下同），送气的舌根清塞音 k^h（壮语记音用 k 表示，下同），腭化的送气唇清塞音 p^hj（壮语记音用 py 表示，下同）；个别地区（如金龙）还有送气的舌面前清擦音 $tɕ^h$（壮语记音以 ch 来表示，下同）。壮话北部方言的语音系统中，却没有送气的辅音。南部方言送气音声母的字，在北部方言都变成不送气音声母，壮话北部方言的人在用汉语交际时，往往带有"壮腔"，而壮话南部方言的人在用汉语交际时就没有"壮腔"现象，原因是壮话南部方言的人，能够读准汉字中的送气声母。

第二个特点：在龙州县壮语中，有不送气的舌尖清塞擦音声母 ts（壮语记音用 z 表示，下同）和舌面前清擦音声母 ç（壮文用 c 表示，下同），是各自独立组字的常用声母，壮话北部方言各县也有这两个声母，但在同一的地区壮话词汇中，这两个声母只出现其中的一个，即两个声母在同一个地方合并作一个，壮文用 c 来表示。

第三个特点：壮话北部方言许多常用词中，往往使用 r 音位做声母（壮文也用 r 表示），龙州县壮语和壮话南部方言多数县的壮语中，没有这个独立的音位。北部方言用这个音位做声母的字，是单数的，到龙州县壮语中，多数字归并到 h 声母中去，例如北部的 rap（挑担）、ram（抬起）、raeuq（狗犬）等字，到龙州壮话都分别变读 hap、ham、haeuq；北部方言中，用 r 做声母的字中，如果是双数调的字，在龙州土话中就分散到 n、l、s 等好几个声母中去，例如北部方言的 raenx（水）、raeuz（咱们）、rumz（风）、rengz（力气）、ranz（房屋），在龙州壮语中分别变读为 naemx、laeuz、lumz、sengz、suenz。由于龙州壮语和壮语南部方言其他各县有这些壮话语音特点，使龙州县壮语词汇中，有一部分词语同壮语北部方言的词语有差别，再加上龙州县内一些特有的方言壮话词，致使壮话南北方言之间不能直接通话。

以彬桥壮话为代表点，龙州县壮语有 3 个语音特点，是对壮语北部方言比较来说的。如果缩小到县内来说，各乡镇所讲的壮语不尽相同；大体上可以分为两个小区域，即彬桥、下冻、水口、武德、上龙、龙州镇、八角、上降、上金乡为一个区域（称一区）；金龙、逐卜、响水乡为一个小区域（称二区）。这两小区域的人都能通话，大多词语基本相同，只有少数用词不同。如一区人说"茶""花""蚊帐""碗""山"分别为 pyaek、mbyok、cwengq、tuij、pya；二区的人则分别说 chaek、yok、sit、bued、caq。"灯"一词，两个小区的人多数说 daengh，而二区的金龙则说 tianh，差异很大。

在词汇方面，龙州县除有 60% 的壮语词与壮语北部方言相同或相近之外，还有一批地方特有的词汇。

龙州壮语的语法结构，与自治区各地壮语的语法结构基本一致，不论是基本句型、词组形式、句子成分，都是一致的。龙州县壮语语法特点，主要表现为两个方面。第一，复合词一部分词头与北部方言不同。例如方位词的词头，壮语北部方言用 baih，即 baihndaw（里面）、baihrog（外面），龙州县壮语和壮语南部方言许多县是用 taenj 做词头，即 taenjndaw（里面）、taenjnog（外面）。第二，一些虚词不同。例如结构助词，壮话北部方言用 duh，龙州县和南部方言许多县用 hung。"你的""我的"龙州县壮话说 hung nih、hung ngoh，壮话北部方言则说 duh mwngz、duhgou 或说 gij mwngz，gij gou 等。

2005 年，全县各乡镇的壮语分布为：龙州镇有 19415 户 60046 人，讲壮语有 6010 户 30480 人；下冻镇有 6460 户 21944 人，讲壮语有 6010 户 20249 人；响水镇有 4148 户 15619 人，讲壮语有 3663 户 13134 人；水口镇有 6372 户 23848 人，讲壮语有 5842 户 22108 人；金龙镇有 7121 户 28124 人，讲壮语有 6894 户 27214 人；上金乡有 5354 户 21301 人，讲壮语有 4503 户 19953 人；八角乡有 2833 户 11320 人，讲壮语有 2858 户 11250 人；上龙乡有 5176 户 19710 人，讲壮语有 5025 户 19008 人；彬桥乡有 5216 户 19315 人，讲壮语有 5120 户 19034 人；逐卜乡 4646 户 18252 人，上降乡 3181 户 12136 人，武德乡 4740 户 19228 人，全部讲壮语。

外来语与壮语互译

龙州县壮语，同自治区各地的壮语一样，都是随着社会的发展而发展。随着新事物的不断出现，大批的新词、术语、外来语不断增加。在这些新词、术语、外来语中，有部分是群众用口语翻译或用原有根词创造出来的；另一部分是在不同地区，用不同的声韵借入。因此，在遇到新词、术语、外来语翻译成壮语时，首先深入地大量地挖掘并使用土语固有词汇去翻译并运土壮语固有词汇，按照壮语构词法去创造新词；其次，在一定的条件下吸收一些汉语词来丰富语言；其三，壮语含有创词或借词的文句都要符合壮语法的基本特点和一般表示方式。

翻译新词、术语、外来语是为了群众易懂，便于掌握运用。因此，在翻译时大概可分为 3 种方法：

1. 按照壮语构词法来创造新的合成词。例如：

联合式：gohyozgisuz（科学技术）

偏正式：beujyenj fuzcangh（服装表演）

动补式：sanhgvangq（推广）

附加式：doxcengh（竞争）加词头 dox

2. 有些新词群众难于理解又不易创新的可用借词，并在借词前面加上民族通称的办法来翻译。如“黄河”写成“Dah vangzhoz”，“咖啡厅”写成“suenz gahfeih”等。这些词多数属于国内各民族通用的专有名词。如“长江”“喜马拉雅山”“独山路”等地理上的词名、山名、地名等。这些名词由通称和专称构成。

3. 有些新词可以半借半译。一般的处理是：通称译音，专称译意，如“各族自治县”可译为“dang cuz swcihen”。虽然这些名词的通称，如“自治县”，壮语没有，但它的专称可以译意。这样半创半译的词也比全借的词好懂。

汉语与壮语互译

龙州县充实和发展民族语言，仅依靠本民族原有词汇是不够的，有些新事物新概念往往是本民族原有词汇不能表达出来，这就要借其他民族语言的词汇来丰富和充实自己的语言，也就是借用汉语。但对汉译，并不是碰着就借，不管有没有适当的本民族词语可以表示，也不管群众能不能接受，而是有原则有条件的借。龙州县壮语与汉语的借词有 5 个原则：

1. 群众普遍了解了的词才借。凡是通过农村各种群众性运用借入的汉词，已为群众普遍接受了的就可以借用，如：“改革” gaijgwz、“四化” swva、“社会主义” seveicujyi。

2. 全国各民族一致通用的名称，如“中华人民共和国”cunghvaz yinzminz gunghozgoz、“中国共产党”cunghgoz gungcanjdangj、“江泽民” Gyangh cwzminz、“胡锦涛” huzginjdauh，其他人名、地名，化学元素、国际公用度衡量单位名称，不能翻译或不能用基本词汇创造的专用科学术语，都可以借助汉语翻译。这叫借汉。

3. 有些科学新名词，如社会科学的“政治”“经济”“文化”，在某些场合下可以借汉，而在某些场合下可以具体化的翻译而不必借汉。如“剥夺政治权利”和“文化生活”二语中的“政治”“文化”，就可以用注译的办法来解决。

4. 动词和形容词一般不借汉。因为这些词壮语相当丰富，可以翻译，也可以用原有的词汇创造新词来翻译。

5. 所有的借用汉词，都要服从壮语音系统和语法规律，否则就会造成壮语的混乱现象，行不通，削弱壮语言的表达功能，也阻碍壮语的正常发展。

第四节　汉　语

粤话

在龙州汉语粤方言又称“白话”，通行地区主要分布在左江两岸，其中以龙州镇、下冻镇、水口镇、金龙镇、上金乡、响水镇政府所在地最为集中。2005 年，龙州镇讲粤话的有 8739 户 30629 人，主要是县城、龙北农场及维新屯居民；下冻镇讲粤话的有 315 户 1280 人，主要是下冻街和北耀农场居民；响水镇讲粤话的有 485 户 1885 人，主要是响水旧街、新街和镇直机关的工作人员和居民；水口镇讲粤话的有 392 户 1180 人，主要是旧街和罗回村的部分居民；金龙镇讲粤话的有 277 户 910 人，主要是金龙街居民；上金乡讲粤话的有 804 户 2113 人，主要是上金旧街、新街、勤江村居民；八角乡讲粤话的有 25 户 70 人，主要是乡直居民；彬桥乡讲粤话的有 96 户 281 人，主要是乡直居民和红岭村黄家屯和萎园屯部分居民。随着社会的发展，在龙州县城工作、务工、读书的壮族人群也能用汉语粤方言进行交流。

客家话

客家话汉语方言主要分布在龙州镇及水口镇的少数村屯。2005 年，龙州镇讲客家话的有 19 户 37 人，主要是自清村那兴屯居民；水口镇讲客家话的有 138 户 560 人，主要是共和村 56 户 200 人，罗回村 72 户 360 人。讲客家话的人群只在本屯或同讲客家话的村屯通行，和屯外的人群他们通常使用龙州壮话或汉语粤方言“白话”交流。

平话

汉语平话方言主要分布在下冻镇、上金乡、上龙乡的极少数村屯。下冻镇讲平话的有 135 户 415 人，主要是布局村 81 户 265 人和北耀农场 54 户 150 人居民；上金乡讲平话的有 45 户 219 人，其中卷逢村桥板屯 40 户 194 人和中山村下窑屯 5 户 25 人；上龙乡讲平话的有 151 户 702 人，主要是弄平屯 40 户 197 人，岜那村下旺屯和叫城屯 111 户 505 人。讲平话人群只在本屯或同讲平话的村屯通行。

第三章　民　俗

龙州县各民族在婚嫁、生育、寿庆、丧葬、衣食住行、四时节令等方面的习俗，千百年来代代相传并互相影响、渗透。20 世纪 80 年代以后，随着改革开放的深入，境内各民族的习俗有了变化，并且逐步同化。

第一节　歌　圩

龙州县歌坡歌圩是广西壮族民间传统文化活动之一。每年春、夏、秋季皆有歌圩，均以农历日为准，尤以三月、四月为最多。主要是青年男女对唱山歌，找对象谈恋爱，可分为猜谜、初识、邀请、相问、赞慕、初交、热恋、话别等内容。

歌圩日，男女青年盛装艳服，从四面八方聚集歌圩场地，少则数千人，多则上万人。一些中老年人也乘兴参与，或携儿带孙探亲访友。主办歌圩村屯的村民以东道主的身份，家家户户都筹备鸡、鸭、鱼、肉等丰盛的佳肴和米酒，做糍粑、米粉、糯米饭等可口的食品，免费款待远道而来的歌客亲友。傍晚，只要有 1 个在哪家里有一点沾亲带故的人，就可以带上 8 人或 10 人在那家中投宿就餐。入夜，男女青年可在其家里摆开歌台，通宵对唱，热闹非凡。白天，对歌之前，男女青年各择心仪的对象，双方都中意时才对唱猜谜歌，逐步发展升级。对歌形式不一，有单人对唱，双人对唱；还有 3 人或 5 人成群对唱，8 人或 10 人结队对唱。夜晚，男女相邀借宿再对唱，用手电筒互相对照看彼此的容貌。次日清晨，如女方有意中人，就给中意的男方送洗脸水，脸盆里放上女方亲自购买的新毛巾，以此表达他是她的心仪人。早餐过后，又在村头路口上对唱话别山歌，相约日子相会或来年（或下次）歌圩再对唱，情意绵绵，难舍难分。一切心事都用山歌对唱形式来表达，一般语言都对偶、押韵，用的只是本地土话而已。歌逢对手时，每每对答如流，令人仰慕称绝。

青年男女利用歌圩日物色对象寻配佳偶。如选中心上人时，回家后可告诉父母差媒人前去说亲。然而，“文化大革命”期间，用行政手段严加制止对唱山歌。在歌圩日，动用公安干警、机关干部，甚至是大中学校在校生前往劝散男女青年，有的还没收参加歌圩青年的手电筒等物品，用高音喇叭广播要求青年们回生产队里“抓革命,促生产”,批判对唱山歌是搞封、资、修活动。

2005 年,龙州县传统歌圩日有 43 个。其中,龙州镇(含原霞秀乡)8 个,上龙乡、上金乡各 7 个,金龙镇、下冻镇、武德乡各 4 个。

龙州镇歌圩日 8 个:二月廿八,康平社区新填地,进入 21 世纪以来,歌圩场地已移至龙州中山公园;四月十一,贯明村那浪屯;四月十二,贯明村百那屯;四月十三,康平社区新填地,进入 21 世纪后,歌圩场地移至龙州中山公园;四月十三,百秾村百秾屯;四月十五,板门村下耶屯;四月十八,板门村板门屯;四月廿一,楞巧村板塘屯。

水口镇歌圩日 3 个:二月十二,水口居委水口街;三月廿九,北胜村青龙山水库;四月初十,埂宜村埂宜屯。

下冻镇歌圩日 4 个:二月十八,下冻居委下冻街;三月初三,扶伦村坡王屯、春秀村秾隆屯;三月廿九,两庄村左庄屯、右庄屯。

响水镇歌圩日 1 个:四月十五,响水村响水旧街,进入 21 世纪后,歌圩场地移至响水新街镇政府大门前。

金龙镇歌圩日 4 个:正月初十,花都村板底屯;正月十一,民建村板送屯、相蒙村板池屯;正月十二,立丑村逐立屯。

彬桥乡歌圩日 2 个:六月十九,彬桥村彬桥街;七月廿二,彬迎村板迎屯。

武德乡歌圩日 4 个:正月十一,武德村武德街;二月初二,科甲村科甲街;二月初二,科甲村隘口屯,进入 21 世纪后,与科甲街歌圩日合二为一;四月十三,保卫村布观屯。

上龙乡歌圩日 7 个:正月十二,上龙村水陇屯;正月三十,民强村大陇屯、上龙村板封屯;二月初二,弄平村那豆屯;三月十三,上龙村板弄屯;四月廿一,弄平村弄埠屯;四月廿二,民强村陇利屯。

上金乡歌圩日 7 个:三月初三,上金村活灵屯、新旺村那驮屯、卷逢村桥板屯;四月十七,新旺村那实屯、新旺村板坚屯、新旺村噤乾屯、新旺村那通屯。

上降乡歌圩日 2 个:四月十三,永恒村板楞屯;七月廿二,纯仁村那荷屯。

进入 21 世纪后,龙州县举办民间歌圩节连续不断,无论是形式还是内容都有新的发展。歌圩日有所增多。原来没有传统歌圩日的村屯,村民们自发集资举办。如武德乡农干村那连屯,2003 年—2005 年,每年农历三月廿六,都在本屯村庄里举办歌圩,搭台进行山歌比赛。山歌内容有所改变。原来以男女青年求偶为主的山歌,改为以生产劳动、种养致富、计划生育、遵纪守法、道德礼节等内容为主。歌圩形式有所改进。由原来纯山歌比赛形式改为“山歌搭台,经济唱戏”。如由逐卜乡农产品产销合作社发起举办的山歌擂台赛,倾力推销“弄岗牌”黑皮果蔗,使自治区内外的客商慕名而来抢购,产品全部脱销,增加村民经济收入。歌客和歌手的范围有所扩大。如武德乡科甲街歌圩日,每次有来自越南边境村民上千人,歌手数十人,增进中越人民的文化交流。每次歌圩日,举办方所在地的企业客商、乡镇政府和县民族局、县文化局等单位,都适当给予资助,一般 2000 元 ~5000 元不等。

第二节 节庆习俗

传统节日习俗

春节 龙州县群众过春节,从广义来讲,从农历腊月廿三送灶节后便开始;从狭义来说,则从新年正月初一才开始。龙州镇等地到正月初四便结束;武德乡等地到正月初七才结束。

腊月廿四至廿九,各家各户购置年货。腊月廿七至廿九,女的包、煮糯米粽子,一般每家煮 20 个 ~30 个粽子不等,每个粽子用糯米 500 克 ~1000 克之间。男的做沙糕或者到集市上购买,每户 10 封 ~20 封左右,主要用来供奉神龛和食用。

除夕,是年终活动最隆重的日子。是日上午,打扫庭院,搞环境卫生。下午张贴对联、年画;杀鸡宰鸭,炒新年饭菜;给老祖宗神龛上香。傍晚,燃放鞭炮后,全家吃团圆饭。席间,菜肴丰盛,鸡、鸭、鱼肉不可少。鸡,预示新年事事机遇顺畅,鸭(壮语 bit),本地土话辟邪谐音,意为年末已经辟邪,来年生活吉利如意;鱼,比喻年年丰收有余。故除夕晚餐定将鸭肉吃完，如吃不完也全倒掉，一点不留；鸡、鱼、猪肉等菜要特别多备，无论全家人怎么开怀大吃也吃不完，剩下的留到次日（正月初一）午餐再吃，有上年钱粮有余到下年再食用之意。晚饭后，男女老少一起守夜。20 世纪 80 年代以来，全家人多聚在一起一起观看春节晚会文艺节目。青年人多数聚集卡拉 OK 歌厅，唱歌谈恋爱。

正月初一，春节第 1 天。是日凌晨，家家燃放鞭炮（是春节期间燃放鞭炮最多的 1 天），以示辞弃旧岁迎来新年；户户厅堂灯火通明、神台上点燃红蜡烛，摆满祭品，神台、房前屋后各点插 3 支香。男女老少穿上节日盛装，一起围坐在火炉（堆）旁边守岁。晚辈向长辈一一拜年："新年好！"长辈即赐给晚辈一个封包，亦称压岁钱。20 世纪 80 年代，封包一般 5 元 ~10 元（取整数的为多）；90 年代，一般 20 元 ~50 元；21 世纪初，一般 50 元 ~100 元（100 元的为多）。同辈亦互相祝贺："恭喜发财！"清晨，户主将红纸条贴上牛栏、猪圈、鸡舍、果树、农具等；亦有用红纸条贴上农业机械，轿车的，以求六畜兴旺，林果丰登，生意兴隆。上午，出门逢人互道吉利话—"恭喜发财""新年好""祝你健康长寿"等；按传统习惯，除分居的子孙回祖屋向长辈拜年或到公众娱乐场所游玩或参加活动外，一般不串门，不探亲访友。全家人斋戒，超过 12 点钟才吃午餐，只吃年糕、水果和除夕晚餐剩下的饭菜；严禁杀生、扫地、吃红薯、吃蛋品等，以示怀念老祖宗之情。有的家庭主妇，将除夕杀鸡剥下的鸡毛从家门口一直撒到准备种芋头的田边地头，然后种下芋头，以求来年农业丰收。

正月初二，春节第 2 天，为开年日。家家户户宰鸡杀鸭，烹制各种佳肴，准备接待亲朋好友。年轻的媳妇挑上鸡肉、猪肉、沙糕、粽子等年货，携夫带子回娘家拜年，共进午饭或晚餐，以示全家乐、合家福。

正月初三、初四、初五、初六，亲朋好友继续往来互相拜年。媳妇回娘家、亲朋好友互相拜年，不是同一个自然屯的，都是自驾车或坐客车去，至少也自驾摩托车或手扶拖拉机去。肩挑手提年货回娘家拜年者，已经极少。

正月初七，春节第 7 天，称之为"新人日"，亦称为"新人节"。全家人杀鸡宰鸭，烹调佳肴。先给神龛上的老祖宗摆上祭品、点香、烧纸钱、燃放鞭炮。然后全家人一起吃饭，意为"收台"。左邻右舍可以串门，喝酒猜码，热闹非凡，庆祝"新人节"。次日，人们开始新一年的工作。

改革开放后，龙州县人民生活不断提高，在过传统节日时，无论内容还是形式都有所改变。大年除夕晚餐有不少家人（多为城镇居民）到酒家、酒楼、酒店定制菜品，全家人一边吃着丰盛的菜肴，一边唱卡拉 OK 歌，其乐融融。初一至初六，亦有全家人自驾车到名胜景点旅游度假。

元宵节 正月十五，是春节的最后一天。龙州县各家各户煮饭烧菜，祭祀祖宗，全家聚餐，欢度春节结束。入夜，小孩手提灯笼游玩，青年人放孔明灯，老年人观灯。2000 年后的元宵节，龙州县城的大、小广场人山人海，热热闹闹。也有不少人守在电视机旁，一边观看中央电视台播放的元宵晚会节目，一边品赏美味佳肴，划拳猜码。

糍粑节 农历二月初二，除龙州镇城镇居民，全县乡村各家各户都做糍粑，叫糍粑节。糍粑一般有 3 种，各家选 1 种 ~2 种来做。第 1 种为糍带，先将糯米磨成米浆后，装进布袋里滤干；然后加入黄糖后捏成鸡蛋大小的粉团，或用木耳、芝麻、碎猪肉等入馅；再用芭蕉叶卷成带状，每带放 2 粒 ~3 粒粉团；最后放进蒸笼蒸熟即成。第 2 种叫糍粑饼，将已入馅的糯米粉团压成扁圆饼状，放入蒸笼蒸或放进锅里水煮熟即可。第 3 种为白糍粑，先将糯米煮或蒸成饭；然后舂捣烂成米泥；再擀成一个个扁圆饼状，最后用手抓蘸白糖吃。

拜山节 亦称扫墓节。按壮族传统习惯，农历三月初三，各家各户用糯米制作黑、黄、红、紫、白的五色糯米饭，宰鸡杀鸭，煎鱼煮猪肉，盛上 5 碗五色糯米饭，全家人前往上坟祭祖，给坟墓铲草培土，挂纸钱，烧香放鞭炮，以示怀念之情。城镇居民的汉族则在清明节去扫墓，其形式与壮族无差异。进入 21 世纪后，村民们上坟地给祖宗供上纸做的皮鞋、西服、轿车、洋房，甚至美丽的小姐等奢制品。

草糍粑节 农历四月初四，龙州县乡村家家户户都做草糍粑。草糍粑的做法：以艾草叶或白头翁草入锅煮烂，起锅掺入糯米粉捣匀，擀成团入馅，甜馅或咸馅均可，再用芭蕉叶卷成圆筒状，入笼上锅蒸熟即成，叫做黑糍带或草糍带。据传，常吃黑糍带可以消灾除病。

1998 年 5 月 30 日(农历五月初五端午节),龙州县在电影院码头至龙州镇手表元件厂的丽江河面上举行“龙盘杯”龙舟大奖赛。图为参赛的健儿们顶着骤雨激烈角逐的情景

端午节　农历五月初五,龙州县各家各户做凉粽吃,以纪念西汉诗人屈原投江自尽的气节。凉粽的做法:用草木灰浸水滤成碱水,以碱水浸泡糯米半天或一夜;然后用冬叶,又名小花冬叶,或芭蕉叶,把糯米包成圆柱状或三角形体的个子;再放入锅里水煮至熟透为止;最后起锅祭祀祖宗(摆放在厅堂里的神龛上)。是日,有的村屯大人用三角泡叶、菖蒲叶煮水给小孩洗澡,可以免生热痱。20 世纪 90 年代以来,几乎每年县政府或乡政府都组织举办赛龙舟活动。

坤怀节　农历六月初六,龙州县有的村屯另定日子,每年都不一样,视农事闲忙而定,亦称坤那节。坤,汉意为魂;怀,本地土话意为牛,坤怀意为牛诞辰之日;坤那意为牛拉犁耙田插秧结束了。为酬谢水牛、黄牛在春耕、夏耙时的辛勤劳作,用糯米饭、米粉、猪肉等食品,供奉在牛栏前,点上 3 炷香。当天,家家户户吃糯米饭、米粉等,以示农忙季节结束,可以休息一两天。年轻媳妇则回娘家,带回鸡、鸭、鱼、猪肉、糯米饭、米粉等食品,以报效父母养育之恩。

乞巧节　农历七月初七,是牛郎织女“双星会鹊桥”之日。是晚,乡村未婚女子用彩色纸做成“鹊桥”“合欢床”“帐幔”等制品,送给“牛郎织女”相会,欢度良宵。相传,当天,“牛郎织女”下河洗澡,准备夜晚相会,故河水特别澄清凉快,几乎每户人家都在天亮前,取 1 个玻璃瓶到河中装清水,以备作治疮疥之用。进入 21 世纪,龙州县年轻人已很少过乞巧节。

中元节　农历七月十四,是龙州县民间祭祀祖先最隆重的节日。是日,乡村家家户户做糯米糍粑、米粉、糯米饭等食品,白天杀鸡宰鸭,祭祀祖先。相传,已作古的祖先在阴间被一条“奈河”阻隔道路,河上又没有桥,需要鸭子驮祭祀品过河去才能享用。故除在厅堂供奉外,还要在家门口祭拜,并用黑、紫、蓝、黄、白等 5 色纸剪成的衣服和纸钱,烧给祖先,供给祖先一年吃、穿、用的生活用品。

中秋节　农历八月十五,龙州县各家各户都宰鸡杀鸭,烹饪佳肴。傍晚,全家人吃团圆饭。晚上以月饼、沙田柚、糖粒等赏月。旧时龙州县居民还以煮熟的黄豆夹、芋头、花生果等赏月和接待客人。这 3 种食品需要剥皮或壳才能吃,剥与脱谐音,喻脱灾脱难,百事圆满,家人平安之义。这 3 种食品极少用来赏月和待客了。

重阳节　农历九月初九,龙州县多数人家做五色糯米饭吃。年轻人聚众登高。有老人作古未满周岁的人家,即未脱孝的子孙去给新坟扫墓,上香祭祀,以寄托哀思。

糍那节　农历十月初十,龙州县亦称新糍节、丰收节。“文化大革命”期间,叫农忙节、洗手节。秋收结束,乡村各家各户做米粉、白糍粑,烹饪佳肴,全家人美美地吃上一餐。饭前,各家任选一块良田,在田头田尾点上香烛,摆上祭品,烧纸钱,以报答田块为自家生产五谷,这叫祭田,给田块过生日。目前这种仪式除了金龙镇在农历十月初二开展庆祝活动,其他乡镇已经很少见了,只是保留做白糍粑的习惯。

冬至节　龙州县素有“冬至大过年”之说。当天,全县各家各户都做米粉、糯米汤圆,龙州、八角等乡镇习惯做鱼生(生鱼片)吃。是日,市场鱼价特贵,一般比平常高出 5 成至 1 倍。

送灶节　农历十二月廿三,龙州县家家户户杀鸡宰鸭,烹饪佳肴,煮粽子,除祭祀神龛上的老祖宗外,特意给火灶摆上佳肴,点上 3 炷香,送灶君老爷上天向玉皇大帝述职。次日,各家各户打扫室内外环境卫生,做好迎接新年的准备。

第三节 婚嫁生育

婚嫁男大当婚，女大当嫁。解放前，龙州县婚姻皆由父母包办，青年男女没有恋爱的自由。解放后，实行《中华人民共和国婚姻法》，废除买卖婚姻。虽然倡导自由恋爱，结婚双方自愿，但龙州县乡村还沿袭旧的婚姻嫁娶的程序。

托媒 男女青年双方哪方家人托媒均可。但通常是男方家人托媒，除非是男方入赘女方的，才由女方家人托媒。媒人去女方撮合时，带上两斤猪肉和两斤米酒作为见面礼，如女方家人同意，就把猪肉米酒留下，称为“吃香”。然后把自家女儿生辰八字，写在1张5寸见方的红纸上，装进纸袋里密封好，在封面写上“天合之作”或“良缘佳偶”等语句，交给媒人带回交给男方家人。这桩婚事就算说成了。如女方家人不同意，便把猪肉米酒退回男方家，表示谢绝。这桩婚事就此终止了。改革开放后，特别是进入21世纪后，托媒习俗基本消失。

合八字 男方家人将男女双方的生辰八字一起交给算命先生。算命先生按相克相生的“命理”，推算两人是否能结为配偶。如两人八字为“相生”可结为白头偕老，男方家人就托媒人告知女方家人订婚日期、礼彩等事项；如两人八字“相克”，则不能结为夫妻，男方家人择日托媒人将女方生辰八字退回其家人，表示这桩婚事就此终止。进入21世纪后，合八字习俗基本消失。

订婚 男女双方生辰八字相合后，男方家人便差媒人到女方家道喜，和女方家里人商定订婚礼物。一般礼物都是吃喝的东西，鸡、鸭、猪肉，豆腐、豆芽、米酒、糯米、大米等，大约可煮成3台~5台饭菜，有的男方烹煮好送到女方家，有的以生料送到女方家自己烹煮。2000年后，多数男方给女方2000元~3000元不等定金，由女方操办饭菜。是日，女方家“前三后四”的亲戚一起吃定亲酒，表示女方前后族人都同意这桩婚事了。进入21世纪后，订婚习俗基本消失。尤其是外出到广东深圳等地打工的青年男女，都是自由恋爱，双方自愿到县婚姻登记所，登记领取“结婚证”后便成家，有的连婚宴酒席也不办。

结婚 男女双方家里人同意订婚后不久，男方便托媒人告知女方结婚日期，并协商确定礼金。解放前至解放初期，龙州县乡村男女结婚礼金一般都折物。1头100千克左右重的大猪，1头约20千克重的烧猪，糯米200千克左右，130米左右的土布。女方要做1床棉被，1顶蚊帐，10套衣服，作为嫁妆。1955年—1965年，结婚礼金为折物，称“四个一百”（100市斤猪肉、100市斤糯米、100市斤米酒、100市尺布料）。结婚当日，男女各方宴请30台~50台酒席不等，亲戚好友们酒足饭饱之后，大家都默认这桩婚事是合情合理的了。婚日当晚，伴娘等人都随新娘陪床，一般伴郎与伴娘对唱山歌通宵达旦，新郎是不能入洞房的。次晨，新娘又随伴娘回娘家。只有等到三朝后，男方派人到娘家接回新娘，当晚新郎才能和新娘同床。“文化大革命”期间，结婚宴请视为“四旧”而被禁止，也不得送礼金礼物。偶尔有冒犯者都被武装民兵拦截没收送到大队革委会，轻者受批教育后放行，重者召开群众大会进行批斗。结婚礼物改为送“红宝书”（《毛主席语录》《毛泽东选集》）、农具等物品。结婚当晚，由生产队长主持婚礼，全村男女老少在篮球场中央背诵毛主席语录，朗诵《老三篇》（《为人民服务》《纪念白求恩》《愚公移山》）著作，高唱革命歌曲，跳“表忠舞”等活动，新郎新娘当众表示“忠于毛主席！忠于毛泽东思想！忠于毛主席无产阶级革命路线！”夜深才散场。改革开放之初，结婚礼金从1000元增至8000元。1995年后，礼金超过1万元；嫁妆由大木衣柜、大木架床等，改为冰箱、摩托车等贵重物品。进入21世纪后，开始有极个别富裕的娘家送女儿小轿车的。宴席由20台~30台增到50台~60台，个别也有宴请80多台的。每台酒席“十菜一汤”，由坐8人一台增至10人一台。从自家亲戚朋友动手烹煮饭菜到上县城酒楼，酒足饭饱，划拳猜码，花天酒地，好不热闹。酒宴前，新郎新娘一起坐上婚礼花车，后面紧跟一长串陪郎的礼车，绕县城转一圈至两圈，以示富贵吉祥，白头偕老。一路上逢桥拐弯岔口都燃放鞭炮，昭示路人。宴席上，新郎新娘分别给亲朋好友敬酒，伴郎伴娘陪喝亲朋好友回敬的酒。婚宴前，青年男女一起到照相馆拍婚纱照，婚宴上全程录像，以示纪念。

贺仪 男婚女嫁，亲朋好友都来贺喜，送礼品礼金。解放初期到改革开放初期，一般礼品为糯米或大米

3.5 公斤 ~7 公斤，米酒 5 公斤，人民币 3 元 ~5 元，10 元的极少。从 20 世纪 90 年代至 21 世纪初，礼品一般折现金，由 5 元 ~10 元，10 元 ~20 元，20 元 ~50 元不等。2005 年后，在乡村办婚宴的，一般每人封礼金 50 元；在县城酒楼办婚宴的，一般每人封礼金 100 元。亦有封礼金 200 元 ~1000 元的。

假出阁 举行婚礼的日期，都要选择“黄道吉日”。然而，男女双方的“命理”不尽相同，虽然仍可配为佳偶，但女方出阁吉日与男方娶亲吉日一般不一致。通常女方出阁吉日比男方迎亲吉日早 1 天 ~3 天。遇到这种情况，女方就要假出阁。女方在出阁吉日从阁（女子闺房）离开娘家，由伴娘伴到预先准备好的棚屋暂住（棚屋一般搭建在女方家屋旁或门口），等到男方迎娶的吉日，才能前往男方家过门。

不落夫家 婚后三朝男方接新娘回家后，新娘住的日子不久，一般 3 天左右便回娘家。此后，每逢传统节日或农忙季节及男方家有喜事丧事，男方才托人请新娘回家来过节或做工，新娘在夫家也只住 3 天 ~5 天即返回娘家。改革开放前，金龙、逐卜、武德等乡镇，尤其是金龙镇结婚时女方嫁妆的床上用品（棉被、蚊帐等）都没有送到男方家。通常是一年中新娘只住在夫家 3 天 ~5 天，一直到新娘有身孕行动不便时或生了小孩后，娘家才把嫁妆送到夫家。从此，女方才可常住夫家。这种不落夫家的习俗亦称“吊夫”，女方家人认为只有这样做，新娘的身份才高贵。

招郎入赘 女子招男子到自家落户，结为夫妻叫招郎。入赘也叫上门，男子到女子家落户，与女子结婚，成为女方家的成员。招郎之因，一是女方家无男子传宗接代；二是女方弟妹年幼而父母年事已高。一般是长女招郎，次男入赘，但也有长子入赘，次女招郎的特例。入赘后，男子要改为随女子家的姓氏，所生子女也随母姓；双方的子女亦称男方父母为外公、外婆。

生育

龙州县居民一贯视生儿育女、传宗接代为一生最大的事情。1985 年前，全县绝大多数的居民生育理念是多子多福，1 对夫妇一生中生育少的有 3 个 ~5 个孩子，多的有 6 个 ~9 个孩子，有的甚至生育超过 10 个孩子。有的村民有重男轻女的思想，极个别夫妇已生 5 个、6 个女孩还不停止，非生个男孩不可。1985 年—2000 年，龙州县政府贯彻执行《广西壮族自治区计划生育条例》，执行国家的计划生育政策，提倡一对夫妇一生只生育 1 个孩子，即独生子女。2000 年后，全县绝大多数村民的生育理念发生根本性的转变，从多子多福的盲目生育转变为只生 1 个孩子的优生优育。但千百年来龙州县妇女的孕期、坐月、哺乳等风俗习惯，仍然沿袭下来。

孕妇禁忌 农村妇女婚后，怀有身孕期间，在家里有 7 大禁忌：自己的丈夫不得和他人去抬死人尸体，亦包括马、牛、猪等动物死尸；自家人不得打伤蛇和打死蛇等动物；严禁搬换自家牛栏的石头；禁忌自家搭盖新的房屋；禁忌在自家房屋四周围挖大水坑、大土坑等；孕妇本人不得吃瘟病死畜禽的肉菜；禁止孕妇从牛绳、马绳上跨过走去。

产妇分娩 1985 年前，农村大多数妇女都是在自家里生孩子，一般是自家的三姑六婆接生，最多请个村里的接生婆（也有的是请赤脚医生）。如果产妇分娩不顺利，才请人抬或用手扶拖拉机送到公社卫生所抢救。极少有农村产妇到县城医院分娩的。1985 年—2000 年，实行计划生育政策后，农村产妇不是到乡镇卫生院，就是到县城医院分娩。2000 年后，全县绝大多数农村产妇都到县城医院（县人民医院、县中医医院、县妇幼保健院）分娩。

坐月探子 在产妇分娩后的坐月期间，一般由孩子的外婆照顾产妇，每天都煮鲜美的鸡肉汤给产妇滋补身子，给产妇换洗衣服、被子等。如果外婆年事已高或已离开人世，那就该是孩子的大姨或小姨代劳。家公家婆只帮手杀鸡宰鸭、接待前来探视孙子的亲朋好友。产妇如果是头胎婴儿，不论是男孩还是女孩，在坐月子期间，娘家和夫家的近亲（包括产妇姐妹、兰姐妹）都前往产妇家送礼贺喜。一般送鸡子、猪脚、衣服、玩具、乳制品等礼品。外公外婆送给外孙 1 个婴儿摇篮。

坐月禁忌 产妇分娩后的坐月子哺育期间（一般为 1 个月），要遵守 5 大禁忌：忌见生人，近亲探月子的例外，要 1 枝树杈横插在产妇家大门口，以示意禁止生人前来串门。如外地人不懂此习俗，误进了门，主人家即敬给来客一杯酒，饮尽后马上离开。如果来客不能喝酒或是女客，双手接酒洒到门外地上，即可离去；

禁止产妇看见血，包括人和动物的血；禁止当着婴儿的面前杀生，包括马、牛、羊、猪、鸡、鸭、鹅等家畜家禽；禁止产妇从火灶和神堂前走过；禁止产妇到水井挑水。

第四节　寿庆丧葬

寿庆

寿庆亦称寿诞，龙州县民间叫做生日、魂坤。一般人年到甲子(60岁)时才做寿。如果父母双亲健在，就只为双亲做寿庆，自己不能做寿庆。60岁做寿庆后，逢五为小寿庆，逢十为大寿庆。

加粮　寿庆之日，请巫公到家里做法事净身接命，驱走寿者灾难，使其安康长寿。法事结束时，晚辈的子孙们每人都要给做寿的老人加粮接命。将一个小箩筐或簸箕放在老人坐的身边，子孙近身给老人祝寿时说："祝您福如东海，寿比南山"，然后各人将一小筒大米倒入箩或箕里，意为给老人加粮接命，使其延年长寿。

贺礼　寿庆日送给老人家的贺礼，近亲的晚辈多为寿面条、糕饼、鸡、鸭等物品。老人家及儿孙的亲朋好友的贺礼，一般都是红包。2000年前，每人的红包20元~50元不等。2000年后，每人的红包50元~100元不等。

寿宴　2000年前，一般乡村人家给老人做寿，都是在自家烹煮菜肴宴请亲朋好友，菜谱有"十菜一汤"，摆10台~20台不等。2000年后，乡村个别人家到县城定制菜肴宴请亲朋好友，摆20台~30台不等。县城里的人家也有自家煮炒菜饭或到酒家定制佳肴宴请亲朋好友的，视具体情况而定。

百落　全称婴儿落地百天纪念日，亦叫诞辰或生日。父母亲为亲生儿女做满100天的宴席，一般是在自家烹煮佳肴，宴请10台左右的亲朋好友。亲朋好友每人封送1个100元的红包，意为预祝其儿女长命百岁。

丧葬

龙州县一旦死了人，都是装棺土葬。仪式一般分为报丧、送终、请水、下地、入殓、醒丧、吊唁、造田、出殡、入土等。

报丧　60岁及以上长辈作古，要先在房屋大门边挂上一束白沙纸条，男的挂在门的左边，女的挂在门的右边。然后，燃放6个大鞭炮，让街坊邻居都能听到，叫做报丧。

送终　龙州人认为：人断气后，其魂魄已经飞上九霄向玉皇大帝报到。如果死者仍照原来直睡于床板上，就意味着死者背床板到天上，不仅增其负重，而且是带木枷去见玉帝，是一个有罪的人。因此，人断气之时，立即将其身体横放于床上，不能让其照旧直睡。报丧之后，先给死者剃头（女的不剃头）洗脸；然后用柚树叶煮水洗净身子；再梳妆换上新装（包括帽子、鞋子、袜子、内衣、内裤、外套等）；最后由两名直系亲属（一般为女的，也有租族外人的）跪于灵前大哭一场，叫做送终。

请水　为死者揩身更衣时，一般不用家里已有的水，而是到河边或水泉（井）去要水，这叫请水。请水时，由死者子女（一般为女子）拿面盆或挑木桶（现在只象征性的做两个小竹筒，有的也用饮料铝制筒充当）将河水或泉（井）水舀（挑）回家里，放入装柚树叶的锅内煮沸，待水冷却不烫手时，即可给死者揩身洗脸。请水时，由一两个近亲人陪同到河边或泉（井）水边下跪哭啼，一边哭一边舀水。如请道公，就由道公边做法事边做向导。

下地　死者揩身更衣后，在厅堂铺上一块竹篾片，再垫上一张席子。先把死者抬到厅堂平放仰躺于席子上；然后在其身上盖红、白、黑3块布，每块布6市尺；最后盖上直系亲属送的白布，一般每块4市尺左右（不能长过家里人盖的布）。这叫做下地。

入殓　经送终、下地后，死者女儿先用草木灰炒热，放凉待用，然后炒爆米花待用。由儿子等抬棺材放到厅堂中，先把塑料布垫到棺材底层，然后倒进炒过的草木灰和爆米花，最后待道公做完法事后，儿子、直系亲属等抬死者放进棺材，把原盖在死者身上的布料等物品也装进棺材，注意校准死者鼻梁对准棺材中心线。盖上棺盖钉好钉子，便算入殓结束。

醒丧　一般停棺时间为3天，因为死后第3天出殡，不需择黄道吉日。也有停棺5天~7天的，要请道公选择黄道吉日和最佳时辰。解放前，有钱有势的人家停棺 14 天 ~21 天。停棺期间，都请道公到灵堂前做法事超度。请道公少则 1 人，多则 3 人 ~5 人。一般有钱人家除请道公外，还请巫公、仙婆到灵堂做法事。每天拂晓，孝子孝女在灵柩前摆上一盆洗脸水、洗漱用具等，号啕大哭，道公、巫公、仙婆同时做法事，大闹一场，意为要把死者唤醒，像生前一样起床，洗脸漱口，共进早餐。这叫做醒丧。

造田　造田就是挖墓穴、造墓坑。在乡村里，一般每个村子（自然屯）都自发成立有一个或两三个治丧协会。一个协会有 20 户 ~30 户不等。一旦发生丧葬之事，每户 1 人（男女均可，一般都是男的。如家里壮劳力都外出打工，则必请人顶替，给顶替人付劳务费，每天 100 元 ~200 元之间）到死者家帮工。每户须送 1 担干柴火 35 公斤 ~50 公斤，2.5 公斤大米，交 20 元钱，作为会费。帮工的人分为 3 个小组，第 1 组为后勤组，人数最多，一般 15 人左右，主要负责丧葬期间饭菜的进货、烹煮、出台、收台等工作；第 2 组为做纸屋组，一般 5 人左右，主要负责砍竹子、破竹篾、扎彩纸屋；第 3 组为造田组，主要负责挖 1 口深 1 米、宽 1 米、长 2 米的土坑为墓穴。

吊唁　灵柩出殡前夕，亲朋好友都带上 1 扎香到灵柩前上香，3 叩手，有的还跪拜 3 次，送白事封包。晚上，孝子孝女献上猪肉、鸡肉、糯米饭、糖、果等祭品，包括“前三后四”的亲属都披麻戴孝，由道公唱法发指令，分批向灵柩行三叩手、三跪拜、三匍匐。凡亲家宰 1 头大猪，做三牲祭品，送到灵柩前的祭桌上，以表感同身受的祭祀之意。

出殡　灵柩出门时，孝子孝女先行依排行次序匍匐趴在大门口外（如是吊脚楼或钢筋框架楼房，就匍匐在木楼梯或混凝土楼梯上），让灵柩从其背上抬过。灵柩抬过去后，孝子孝女又跑到灵柩前依次匍匐趴在路中央，让灵柩抬过背上去。如此反复 3 次 ~5 次，直到出至村头或街尾为止。这叫为死去的父母搭桥铺路。从村头或街尾开始，由 1 人 ~2 人手持火把照亮道路（不管黑夜或白天）；由 1 个人一边走一边时不时地燃放鞭炮；又有 1 个人挑祭品一边走一边撒米饭粒，直至墓穴为止。扶柩送殡，孝子在左，孝女在右，亦有孝子孝女同走在灵柩前的。孙子孙女、亲朋好友手持帆钱、花圈等走在灵柩的后面。

入土　灵柩抬到墓穴后，先烧 1 把香放到穴底，然后将 1 只小公鸡（刚啼鸣不久的公鸡）放进墓穴里，让小公鸡自己跳上穴口来。如果小公鸡引颈高歌，说明此墓穴地气很旺，子孙前程无量。否则，地气一般，子孙前程平淡。然后，把灵柩轻放墓穴中，校准柩盖中心线与墓口中心线相吻合。最后，先由孝子面背墓穴，双手拿铲子往后抛泥土盘棺压盖，再由抬棺人群堆土筑墓。墓顶置上用竹篾彩纸做成竹楼屋，死者是男的，屋顶扎 1 头狮子戴 1 只葫芦；死者是女的，屋顶扎 1 只白鹤。将三牲品摆放在墓前，墓前墓后均装上香火，上酒三巡后，子孙们向坟墓叩手三鞠躬。至此，入土为安的仪式就算结束了。

禁忌　在吊唁过程中，早、中、晚餐时，子孙们都要先给死者像生前一样送上可口地饭菜，然后，围蹲（不能坐椅子等）在灵柩前就餐。一般不许饮酒，如果逝世的父或母年龄超过 60 岁的，特别是超过 70 岁的，方可饮一些酒，但先敬逝世的父或母，再到自己喝，生者不能互相敬酒。父或母入土为安后，孝子在 21 天内不得理发剃胡子。第 21 天时，“前三后四”的亲朋好友一起到家里吃饭，孝子才能刮胡子理头发。这叫吃“剃头饭”。在治丧过程中，招待亲朋好友的饭菜一般为“四菜一汤”，只有在死者入土为安那天的就餐为“十菜一汤”。这叫“答谢宴”。如死者是享年 80 岁及以上的老人，酒席间可以行令猜码。如在自家宴请的话，亲朋好友还把席上的碗、碟、汤匙等“抢”回家里，给自己或子孙使用，意为其能让后人长命。通常 100 多只碗都被人“抢”光。

第五节　生活习俗

衣着

衣服　1954 年前，龙津县壮族人民都是用自种的棉花，自纺纱，自织布，自染色，自缝制成黑色粗土布唐装衣裤。裤子的裤脚宽 1 市尺左右。干部、医生、教师等中青年男子职员普遍穿中山装。女子穿从领口往右腋开襟的上衣和宽脚裤子。县内壮族妇女有 5 种传统衣服。响水、逐卜、金龙乡的敢赛等地妇女，穿的上衣稍加装饰。如果是蓝色的上衣，从前领口向右腋开襟处加缝 1 块长 6 市寸宽 3 市寸的黑色布片；如果是黑色上衣，就从前领口向右腋开襟处加缝一块长 6 市寸宽 3 市寸的蓝色布片。金龙乡的民建、新兴、光满、三圣、武联村和逐卜的牌宗村的多数自然屯妇女，穿短袖上衣，上衣短到露出肚脐。金龙乡与越南接壤自然村屯妇女，上身穿长至脚踝的上衣，下身穿皱褶裙子，头上和腰间围系各一条长布带。1955 年—1965 年，县内乡村妇女喜爱用阴丹士林、三角绒、四角绒、四斜绒、天鹅绒等布料缝制衣服。1966 年—1976 年，无论是县城还是乡村，青年男子普遍穿军装（上衣为 4 个有盖的口袋，意为军官级上装）。1977 年后的改革开放初期，男女青年喜用蓝、青、粉红、花格等颜色的涤纶、腈纶等布料缝制衣服，但中老年妇女仍沿穿旧式的衣服。1990 年后，无论县城还是乡村，男女老少大多数都到商店或集市购买成套衣服来穿着，很少看到旧式服装，一般流行白色衬衫、大反领外套等。1995 年后，乡村青年男女兴起外出打工热潮，穿着的服装全部汉化，男的穿皮夹、西服，女的穿超短裙、短西裤等。2000 年后，中老年男人也穿起西服。

饰品　解放后，1950 年—1965 年，龙州县男子几乎不戴饰品，女子戴金或银耳环、手镯、银项链、银脚镯等。1966 年—1976 年“文化大革命”期间，龙州县女子戴的金银饰品被当作“四旧”物品没收。1979 年后，青年男女结婚流行戴金戒指。1990 年后，青年男女开始戴金银耳环、手镯等饰品。1995 年后，中老年男女大都戴金戒指、手镯、手链等。2000 年—2005 年，开始兴戴佛珠手链等饰品。

发型　解放前，龙州县男子多半剃光头，少数人剪平头装（陆军装）。解放后，中青年男子普遍留分头西装。“文化大革命”期间，青年男子多数剪平头装（学解放军头装），青年女子多数留长辫子。1979 年后，一些青年男子赶时髦留长发。改革开放初期，龙州县女子有 3 种不同的发型。未婚女青年多为剪短发留刘海；已婚女青年剪中发往后梳形成大包头，左前额上留一绺两指的发束，从左往右梳在耳朵上方夹住，叫做留横刘海；已做母亲的中老年人，从前额往后脑梳发，结发成大髻。这种发型在水口、下冻、彬桥、八角、上金等乡比较流行。金龙乡部分村屯女子均留长发向后梳成 1 条长发束后，中青年女子用黄或青、红色布块，老年妇人用黑色布块，把发束包裹起来盘在头顶。1979 年，一些女青年开始烫发。1995 年起，青年男女流行染发，黄色的、红色的、红白相间的都有。2000 年后，有的女青年喜爱拉直的发型，发型多样，不拘一格。

帽子　解放前，龙州县成年男子多戴礼帽或头巾。解放后，成年男子普遍戴解放军帽，少数人戴工人帽。解放前，老年妇女用黑土布或黑天鹅绒制成二指宽大约 2 市尺长的头带，从后脑往前一卷，带头吊有一枚铜钱挂于发髻处；中青年女子均用黑斜或三角绒、四角绒做成长宽各 2 市尺的四方巾包头。解放后，成年妇女逐步用方格、蓝、红等各色布制成四方巾包头。“文化大革命”期间，成年男子戴解放军帽子，有的还扎上精神腰带。改革开放后，极少看到戴帽子包头巾的，只有在冬天偶尔看到老年人或幼儿戴用毛丝线织成的御寒帽子。

饮食

解放前，龙津县城乡居民一日三餐，个别乡村农民一日四餐，是因为村民生产劳动每天出 3 节工。在农村中，除地主、富农人家吃干饭外，其余贫苦农民四餐均喝稀粥。主食以大米、玉米为主，辅食为木薯、红薯、芋头、小麦等，菜以青菜、野菜为主。解放初，乡村农民仍为一日四餐喝稀粥。1958 年，曾吃集体“大锅饭”，还是以大米、玉米为主食，以木薯、红薯、芋头、小麦为辅食。平时以素菜为主，荤菜只有到传统节日时才尝到一点。如到正月初一春节、六月初六坤那节、八月十五中秋节等，村民才有可能宰猪、杀鸡鸭。“文化大革命”期间，叫做加菜、改善生活。龙州县男子喜生吃猪、羊、鸡、鸭血，叫“吃生红”。爱吃生鱼片，叫“吃鱼生”。改革开放前，乡村里的人家禁止将牛肉到灶膛里炒煮，女子几乎没有人敢吃牛肉，只有极少数男子吃牛肉。改革开放后，几乎男女人人都吃牛肉了，只有极个别信佛、信神的道公、巫公、仙婆等极少数不吃牛肉。无论是县城还是乡村，想吃鸡肉还是鸭肉，都可上集贸市场买来煮吃。小孩子可订购牛奶送到家里来。

住

龙州县人民的住房经历茅草房、木瓦房、砖瓦房、钢混房、商品房 5 个阶段。

茅草房　解放前，龙津县和上金县城乡村民住的大多是茅草房，又低矮又潮湿。解放后到改革开放前，龙州县乡村村民不少人家还居住在茅草房。改革开放后到 2000 年，龙州县城乡村民仍然有极少数人居住在茅草房里。

木瓦房 解放后到改革开放前,龙州县大多数村民已住上木瓦房。在山区壮族居民传统住宅,一般是坐北向南,靠山而建,依山傍水,环境幽美,居住舒爽。房屋结构为1幢以木柱为支架的3间栏屋(亦称高栏屋),四周用竹片或木条围封,再用龙须草或稻草拌泥巴糊上,较富裕的人家则夯土或砌石片为墙,屋顶盖泥瓦片;屋里用木板或木条搭建成上、中、下3层楼。上层作粮仓,存放稻谷、玉米、黄豆、花生等粮食之类。中层住人,左右前房间一般为男人卧室,中间房一般为媳妇、闺女等卧室;中间前房为堂屋,安装神龛,如同客房,左中右间的后房作厨房、餐厅。下层作牛栏、猪圈、鸡鸭舍、农具杂物间等。栏屋中层开前门、后门,门左边或右边下砌建石阶或搭一个木梯子,以方便出入房子。门前用木条或竹子搭架建晒棚,白天晒谷物、衣服等,晚上到夏天则纳凉。从正门进入是正堂(亦称厅堂),两边是居室。入中门是后厅,其后半部从下层地面砌石填土,填平至中层厅面,在上面铺一层火砖做火灶、厨房。后小门一般不开在中间,而开在左间或右间,方便早晚挑水或串门往来。改革开放后,龙州县村民住木瓦房。

砖瓦房 20世纪80年代—90年代,龙州县大多数村民在承包水田里自打泥砖,然后一家人上山打柴或买柴火自烧制火砖,再请村里有砌砖手艺的师傅和亲朋好友帮手,砌柱砖墙自建砖瓦房。一般1栋房占地面积100平方米左右,多数只建1层瓦房,9根砖柱,三开间二进间,中间开大门。后门另建厨房,正房与厨房相隔1个天井,2米~3米深。正房厅堂、卧室摆布与木瓦房相同。

钢混房 20世纪90年代至2000年,龙州县城乡居民建筑住房大部分是2层~3层的钢筋水泥混凝框架的楼房,占地面积100平方米左右,建筑面积300平方米左右,有一开间、二开间、三开间的,没有一致。地层多为正堂,老人卧室、厨房,中层为子女卧室,上层为孙子女卧室。大门大多数为木制品,地板多为水泥混凝铺面。少数人家铺地面砖、贴内墙砖。2000年—2005年,龙州县城乡居民建筑住房质量提高。大多数住房楼内铺地瓷砖、贴内墙砖,有的楼房还贴外墙瓷砖,大门装饰豪华。门窗一般都改为铝合金、不锈钢等各式豪华门窗。厨房火灶改为瓷砖灶或组合柜灶,用沼气或煤气煮饭菜。出现霞秀乡(2003年后,属龙州镇)东合村秾顿屯、上龙乡上龙村把敏屯等小康文明新村。

商品房 2005年,龙州县城乡居民逐步改变居住的理念,居住地由乡村转向城镇,购买商品房。客籍的房地产开发公司有10多家先后到龙州县城开发,相继建成龙鑫、银晟苑、都市名城、天龙大地、龙庭华府等10多处楼群,都是5层~至12层楼房,龙州县居民第一次住上电梯楼房。特别是那些20世纪50年代参加工作而退休的乡村教师、干部职工,还有那些靠合法劳动先富起来的乡里村民,进城购住商品房。

出行

解放后至2005年,龙州县人民的交通往来经历步行、农机车、自行车、摩托车、电动车、小轿车等6个阶段。

步行 解放初期,龙州县人民的交通往来仍然全靠自己的双脚走路,只有个别村民可用牛车或马车偶尔拉货代步而已。武德区群众步行挑公粮到龙津县城交纳,一个来回60多千米路程用两天时间,大部分村民都是打赤脚走路。1950年—1978年改革开放前,不仅乡村老百姓,还有县社干部,大部分外出交往、劳动生产,仍靠自己的双腿步行,一个生产大队只有几辆自行车,都是大队干部或其亲戚所有;1辆~2辆手扶拖拉机、中型拖拉机等农机车是生产队的,任何个人不能乱动。

农机车 20世纪80年代,龙州县乡村群众使用的交通工具,除原公社、生产大队、生产小队遗留下来的手扶拖拉机、中型拖拉机等农机车外,乡村村民各家各户购买新的手扶拖拉机、小四轮拖拉机等农机车,作为交通运输主要工具。农机车作为农业生产运送肥料、种子等工具,也可作为农村运送农用物资、载客赶集,增加农民家庭经济收入的便利工具。虽然农机车客货混装是有违犯交通法规的,但事实上那个年代村民们已经那样做了,那是因为载客运输车未能满足农村客运需求的缘故。

自行车 20世纪80年代—90年代,龙州县城乡居民出门交往、赶集探亲等活动,大部分都是以自行车(俗称单车)为主要工具。特别是县城、镇圩的中小学生,不少人家里有自行车,每天骑着自行车上学读书。无论是城镇还是乡村,每个家庭都有1部~2部自行车。2000年,龙州县居民开始拥有电动车、摩托车,自行车拥有量逐年减少。中小学校实行封闭式的寄宿制管理，中小学生骑自行车上学的越来越少。

摩托车 20世纪90年代，龙州县城乡居民拥有摩托车比自行车还多，因为家庭经济发展，居民交往速度频率加快，摩托车符合居民需求。加上摩托车价格便宜，一般5000元多一辆，是城乡居民首选的交通工具。90年代后期，龙州县城不少居民利用两轮摩托车、边三轮摩托车载客收费，增加家庭经济收入。2000年后，两轮摩托车逐渐被两轮电动车取代，边三轮摩托车逐渐被四轮“的车”（轿车）取代。2005年后，四轮“的车”成为龙州县城居民外出探亲访友的主要交通工具。

电动车 2000年起，龙州县城居民逐渐以电动自行车作代步出行的首选交通工具。电动自行车价格便宜，家庭容易接受；生态环保，以电能作为动力，不污染环境；不用上交通管制牌，不需考驾驶证；不耗油、不交养路费，价格较低，符合家庭理财需求。2005年后，龙州县城居民平均每个家庭拥有1辆~2辆电动自行车。

小轿车 2000年起，龙州县城乡居民开始拥有私家小轿车。每当双休日、节假日，特别是劳动节、国庆节、元旦、春节期间，全家男女老少乘坐私家车，前往县外、区外旅游景区、景点观光。龙州县私家小轿车多为国产车，主要有上海通用、一汽大众、广州标致、北京现代等牌子的轿车，亦有少许的五菱宏光、柳微面包车。2005年后，龙州县城乡居民拥有私家小轿车渐渐增多，县城独山路、康平街、城北路等主要街道两边的停车位常常爆满。

第四章 宗 教

1986年—2005年，县内有天主教和基督教。2001年12月，由广西基督教三自爱国运动会、广西基督教协会委派传道员主持县基督教会传教工作。2005年，全县有基督教信徒50人，道友约200人。县天主教会没有教职人员。

第一节 天主教

1889年，天主教由法国人传入龙州。1893年，法国人在丽江南岸（今利民街146号龙州县气象局内）建起龙州县第一座天主教堂。1987年7月，龙州县天主教经县政府批准，在龙州镇独山路征地0.19公顷，动工兴建天主教堂。1988年4月，天主教堂竣工，为砖瓦结构楼房，建筑面积207.36平方米。2004年10月，县政府批准将位于天主教堂围墙旁0.05公顷国有建设用地划拨给天主教会，与原地块连为一体。2005年2月28日，龙州县天主教堂综合楼动工兴建，设计建筑面积1070平方米。翌年12月9日，天主教堂综合楼落成并举行开堂典礼。1986年—2005年，龙州县天主教会没有教职人员。

第二节 基督教

1903年，基督教由美国人传入龙州，在今康平街8号建起基督教堂（福音堂）。1966年“文化大革命”开始后，教会活动停止。1986年，龙州县落实国家宗教政策，县政府把康平街房产退给龙州县基督教会。1986年—2001年11月，龙州县基督教会没有教职人员。2001年12月，由广西基督教三自爱国运动会、广西基督教协会委派传道员陈环主持龙州县基督教会传教工作。2005年，全县有基督教信徒50人，慕道友约200人。1986年—2005年，县基督教福音堂几经维修扩建，实有建筑面积为335平方米。

第二十五篇

土特产品

第一章　菜刀　砧板

第一节　菜　刀

早在南宋(1127年—1279年)时，广西安抚使范成大在《桂海虞衡志》书中说：冻州(今龙州县下冻镇)铁工打制扁刀(今为菜刀)，锐利无比，连解数牛，刀刃不钝。清光绪十年(1885年)，始用家庭作坊手工打制龙州青龙菜刀，产量有限。民国时期(1912年—1949年)，龙州青龙菜刀生产达到鼎盛时期，远销美国、英国、法国、日本、加拿大、越南等国家及我国港、澳、台地区。1985年，国营龙州县菜刀厂产菜刀26万把；1990年产菜刀30.61万把，占广西菜刀产量80%。1995年，龙州县青龙菜刀厂创办，生产龙州县"青龙牌"菜刀。是年，全县产菜刀24万把。"青龙牌"菜刀有封闭式铁柄式、铁管木柄式、电镀和非电镀4个系列，各分为1号、2号、3号等3个刀号，一共12个规格产品。刀板厚薄适中光滑，刀刃出钢均匀锋利，刀口坚韧适宜不脆，经久耐用，任砍、剁、削、劈，不卷口、不钝口、不迸口。使用后，马上擦干挂起，以免生锈；刀刃用钝时要在磨刀石上加水磨利，切勿在缸边或石阶等物体上乱磨；电镀菜刀只磨刀口，不得平磨刀板面，否则刀面易生锈；凡砍猪头骨、猪脚骨、猪排骨等硬骨时刀口要直上直下，不要摆翘刀口，否则易卡住刀口而拔不出。严禁用菜刀砍劈柴木，乱砍金属等硬物，以免损坏刀刃。"青龙牌"菜刀1984年获自治区轻工业民族用品优质奖，1985年和1987年分别被评为自治区优质产品和全国少数民族用品轻工优质产品。2005年，全县生产"青龙牌"菜刀约10万把，内销国内各省区市和港澳地区，外销至美国、法国、日本、加拿大等国家。

第二节　砧　板

蚬木砧板素来为龙州民间传统手工商品之一，源自何代何年尚无资料考证。蚬木砧板从伐木到刨面出品，全是手工操作生产，采用中国(近年为越南进口)喀斯特地貌石山特有的珍贵的上千年的蚬木树干，加工而成。一般为直径33厘米~50厘米之间，厚4厘米6厘米的圆柱体；多为暗红颜色，木质坚实，木纹细密，花纹美观；经久耐用，任菜刀在其板面上切、砍、捶、剁猪牛骨肉，百年不起粉，不爆裂。1986年，全县产销蚬木砧板5万块。1990年8月，龙州县金龙实业有限公司创办，主要生产蚬木砧板等厨具，2004年产销蚬木砧板24万块。2005年，全县产销蚬木砧板30万块。龙州县蚬木砧板畅销全国各省、市、自治区及港澳台地区，远销东南亚各国。

位于中越边境的那花边民互市点蚬木砧板原料交易一角（摄于1997年2月12日）

第二章　特色食品

第一节　桄榔粉

龙州桄榔粉是广西著名的药食特产，与桂林的马蹄粉、贵港的藕粉、平乐的百合粉称“八桂四粉”。其加工方法：将山中野生桄榔树心用刀切成薄片；然后放进石臼中，用杵将其冲击，捣烂成粉末；再装入布袋中，放进缸水里，双手用力揉搓布袋，迫使桄榔淀粉溶于水；最后待其沉淀后，滤掉缸里上层的水，将沉淀物晒干，即成桄榔粉。桄榔粉正品为纯白色粉末状，主要成分为碳水化合物，含有较高的膳食纤维和铁、铜、锌等人体必需的微量元素，以及一定量的维生素、蛋白质等。桄榔粉一般食用方法：先用一汤匙凉开水冲少许（约10克）的桄榔粉，调匀成糊浆；然后冲入150毫升80℃以上的热开水，调匀后数分钟即可食用。冲熟后的桄榔粉糕呈棕色凝膏状，糕质均匀半透明，无任何杂质，入口清爽甘凉可口。

民国2年（1913年），县城白沙街李茂林加工生产的“华生牌”桄榔粉，年产量5吨左右，销往南宁、广州、香港等地。解放后到1956年，龙州镇昭记、怡益等老商号，年自产自销桄榔粉8吨左右。1980年，全县年产销桄榔粉10吨左右。1986年—1996年，龙州县水口、武德、金龙、逐卜、响水等乡镇村民，利用家庭作坊手工加工生产桄榔粉，年产销18吨左右。1996年，龙州彩森保健食品厂在水口经济开发区创办，年产销“彩森牌”桄榔粉20多吨。

桄榔粉无脂低糖食品，冲食简单方便，如放入冰箱稍微冷冻后，富有弹性，口感更佳。据《本草纲目》《海药本草》等古草医书记载：桄榔粉气平味甘，炙食腴美，可作饼充饥；补肾羸虚，久服治腰脚乏力，轻身辟谷。现代食书典籍《中国风味食品大全》把桄榔粉列为广西“四大名粉”之一。认为具有持凉去热，滋肺补肾，对小儿疳积、发热、痢疾、咽喉炎等病，颇有辅助疗效。1999年，龙州彩森保健食品厂生产的“彩森牌”桄榔粉，获广西南宁国际民歌节暨经贸展览产品评比一等奖；2000年、2001年，连续两年获南宁地区中越边关国际旅游节商品评比一等奖；2004年，被广西南宁首届中国东盟博览会指定为饮用食品。

第二节　竹筒糯米饭

龙州县竹筒糯米饭从何时起在民间制作尚无法考证。如今偶尔有村妇挑进县城在小学校门口摆卖，受到小学生及其家长的青睐，具有一定的市场开发价值。

竹筒糯米饭制法：一般取比较薄的小竹子，直径2厘米~3厘米之间，锯成长20厘米左右的筒子，一端留竹节，一端开筒口。一次制约20个筒子，用清水洗干净待用。取约2千克白糯米，用山泉水洗净后，装进簸箕里晾干备用。取待用筒子把洗净晾干的糯米灌进筒口去，装满离筒约2厘米，用干净的棉籽或棉花塞紧筒口即成。

蒸煮烤竹筒法：其一，蒸法，将制好的糯米竹筒装进蒸笼里，搁放在滚水锅上，蒸1个小时左右即熟。其二，煮法，将制好的糯米竹筒依次放进滚水锅里，煮40分钟左右即熟。其三，烤法，将制好的糯米竹筒搁在烧红的火炭上，慢慢地旋转竹筒约20分钟即熟。

竹筒糯米饭吃法：先用筷子挖掉塞筒口的棉籽；然后用利刀（如菜刀、削果刀等）从筒口劈开，将一支支竹筒糯米饭放进大菜碟里，再用刀将其切成一小节一小节的；最后用筷子夹起来蘸酱油或白糖吃。

竹筒糯米饭色、形、味俱全，浅青色半透明的，一小节一小节的圆柱体，清香四溢。要算烤熟的最香。那种竹子特有的香味加上糯米具有的气味，让人食欲大增。

第三节 五色糯米饭

五色糯米饭是用糯米做成黑、红、绿、黄、白 5 种颜色的米饭。除了白色是糯米原色之外，其余 4 种颜色都是用山上草叶或花朵染成的。

黑色、红色、绿色 3 种颜色是用同一种山草（本地俗称枯橙）叶煮沸水，水凉后浸泡糯米蒸熟而成。黑色的浸泡 1 个时辰(2 个小时)，用簸箕捞起晾干后，用甑子蒸熟即成；红色的浸泡 2 个时辰(4 个小时)，用簸箕捞起晾干后，用甑子蒸熟即成。绿色的浸泡 3 个时辰(6 个小时)，用簸箕捞起晾干后，用甑子蒸熟即成。黄色的用另一种山上特有的木本植物（本地俗称花判）的黄色花朵，放进水锅里煮沸 10 多分钟，滤掉花渣取黄色的水，浸泡糯米 2 个时辰左右，捞起装进簸箕晾干后，用甑子蒸熟即成。白色的用温开水洗净糯米后，放进簸箕捞起晾干后，用甑子蒸熟即成。这 5 种颜色的糯米都蒸熟后，各取一部分放进一个大盘子里，或各挤捻成一个圆锥体的饭团，就成了五色糯米饭。

五色糯米饭具有养颜美容、壮身健体的功效。女人常吃五色糯米饭，脸色亮丽，无色斑痕，弃鱼尾纹；男人常吃五色糯米饭，脸无斑纹，强身健体，四肢有力。但如今人们平日都极少吃了。只有在传统节日（如三月初三、清明节、六月初六牛魂节等）祭祀祖宗活动时，各家各户才做五色糯米饭。

第四节 艾草糯米糍粑

艾草，也叫艾蒿，多年生草本植物，叶子香气浓，可以入药，内服可做止血剂，又可用做火灸药，治疗多种疾病。

艾草糯米糍粑制法：先将艾草叶放进水锅里煮烂，捞出放进簸箕滤成艾草泥；糯米浸泡足水后用碾米机碾成米浆，装进布袋里滤成糯米泥；将艾草泥与糯米泥同时放进石碓（木制的亦可）里，舂到两样东西均匀成艾米泥为止。然后将艾米泥捻成一小片一小片的，包住用猪肉、木耳、花生等做的馅，滚成一团团鸡蛋大小的糍粑。再用香蕉叶（芭蕉叶亦可）包住两团或三团的糍粑带。最后把糍粑带叠进蒸笼里，搁放到滚水锅上慢慢蒸熟即成。

艾草糯米泥可做成像老虎形状的食品，叫作艾虎。旧俗端午节时，给儿童戴在头上，据说可以驱邪。也可做成有馅的球形食品，称为艾窝窝，食者增食欲，胃口开。但艾草糯米糍粑市场较少有卖，具有一定的市场开发价值。

第五节 金龙寇茂

龙州县金龙镇的壮族村民习惯于每年农历十月做“寇茂”。“寇茂”是壮语译音，是一种传统美食，是壮族特有的食品之一。

“寇茂”用香糯谷做原料。在谷穗橙黄未透时，采剪回来，用匙羹刮脱粒后，浸在清水中，沥去未饱满的秕谷，上锅用水煮至九成熟，捞起沥干水分，然后上锅炒干，放到石臼用杵子舂至脱掉谷壳，舂得越久“寇茂”越柔软泛香。最后用簸箕扬去糠秕，剩下纯净浅蓝一色，颗粒扁圆的“寇茂”，即可食用。“寇茂”有多种吃法，可以直接食用（干嚼），也可以用温水加糖调润，放在沙糕架里压紧，第二天用刀片把它切成块状，一块块晶莹透亮，像块翡翠糕，吃时又香又甜，芳香四溢，回味无穷。

“寇茂”在金龙壮乡有悠久的历史，还有一个有趣的故事。说是过去“番佬”（清朝末期法国侵略占领越南时期，中国边境村民对法国士兵及其商人等统称“番佬”“番鬼”）来到金龙，看见壮乡妇女做的“寇茂”特别好吃，便常常到处窜到各村子里找吃，精明的壮家姑娘，抓住“番佬”贪馋的心理，于是做的“寇茂”用坛子装着，拿到街上卖。“番佬”闻香而来抢着买。姑娘说卖一块钱一大把，自己拿。“番佬”的手掌大，一个个认为占了便宜,笑哈哈地用手往坛子里抓,结果由于坛子的口子小,在坛子里抓了一大把,到口子出不来,只好把“寇茂”放掉一部分。这帮馋鬼,一块钱才抓到那么一点点,虽心有不甘,却无可奈何地离去。这个故事,一直在乡下流传。

第六节　龙州南粉

龙州南粉,是龙州县颇有特色的传统食品,迄今已有130多年的历史。

龙州南粉的制作:选用新鲜饱满的饭豆或绿豆50千克,脱壳后磨成豆粉,然后置粉桶中,加适量水搅拌成团,取出放入榨粉机加压榨粉,压榨出来的粉丝,让其自然落入正沸腾的水锅中煮熟。然后捞出置清水池中漂洗,俗称过“冷河”。最后把湿粉搭在架上晾晒至干,包装后便成成品。其特点是粉条细长,色泽洁白,富有光泽,耐炒耐煮,嫩滑爽脆。

昔时,龙州县城的泰山街生产的南粉销往思乐、宁明、明江(三县今并为宁明县)、雷平、养利、万承(三县今并为大新县)、凭祥、靖西等县及越南的七溪、高平、凉山、海防、太原、河内等地。销售地区的群众把龙州南粉视为节日和办喜事宴席上不可缺少的名菜。

第三章　菜　肴

第一节　金龙脆扣

龙州县金龙镇金龙圩饮食店加工销售的猪肉脆扣,闻名遐迩。可以追溯到北宋壮族首领侬智高建立大历国(1041年,今广西靖西县东部)、南天国(今广西靖西县境内)。宋皇祐四年(1052年),侬智高率大军攻陷邕州(今广西南宁市),迁龙寨(今龙州县金龙镇)民众杀猪宰羊,敲锣打鼓前往营寨犒劳驻军壮士。侬军厨士做最拿手的猪肉脆扣等菜肴招待民众。其间,民众中有心者留意将猪肉脆扣技艺学到手。于是,每当逢年过节,或红白喜事,迁龙寨的百姓都烹调猪肉脆扣招待客人,代代相传,至今已有960多年。

金龙猪肉脆扣制法一般分为备料、煮熟、油炸、切块4个步骤:

备料　选择三经或五经猪腩肉(肉横面有3层或5层肉,瘦肥相间隔)为脆扣肉的上等原料;然后洗净,除净猪毛(用刀、火苗燎烧掉猪毛),再切成每块1千克左右即可。

煮熟　将猪腩肉放入水锅里,同时放进几粒八角果,大火煮沸,煮到筷子捅猪皮能轻易穿过即可。取出猪腩肉放进水盆里冷却。待凉后,用筷子将猪皮刺花,刮掉皮上的油脂,抹上适量的食盐待炸。

油炸　将煮熟的猪腩肉块放沸油锅里炸。一般要用纯花生油来炸,其他油料炸不出正宗金龙脆扣。注意以油炸猪皮为主,看到猪皮起爆米花状,即为酥脆,就可捞起晾干。

切块　切猪肉脆扣的刀片要越薄越好,刀刃要特别锋利,以能刮人腿毛或胡子为标准。油炸晾干后的猪肉脆扣,最好放进冰箱里冷冻半个时辰左右才好切。可切成三角形、四方形、菱形或薄片等均可,由人喜好而定。切好后,上盆或装碟盛碗即成。

装碟的猪肉脆扣,一般蘸白糖食用,也有蘸酱油吃的,特别香脆,越嚼越甜。

第二节　下冻烧鸭

下冻烧鸭是龙州县的一道名菜。烧鸭色泽深黄,皮薄半透明,平滑亮丽;形状完整,就像一只金色鸭子;芳香袭人,烧鸭出炉时香满街坊,令人食欲大增。

下冻烧鸭一般的烧制方法：

其一，选用农家饲养的鸭子，最好是农家自产的玉米、稻谷等饲养的鸭子。一般选用饲养3个月以上，重1.5~2千克的鸭子。这种鸭子肉厚皮薄，烤出来的鸭肉成数较高。

其二，拔除鸭毛时，要特别注意不给弄破鸭皮，否则烤制出来的鸭皮不平滑，上不了档次，卖不到好价钱。

其三，把香料装进鸭肚子里扎紧；然后用小绳子套住鸭脖子，一只只吊起来晾干；再放进烤缸烘烤；烧到鸭皮变黄透明即出炉。烧烤鸭子的火炉一般用两头小中间大的大水缸来改制而成，把缸底打通掉就行了。这样的烧炉，每次能烧烤10只鸭子左右。烧烤都是用木火炭作为热能，不用煤气、家电等作热能，以保持下冻烧鸭的原汁原味特色。

下冻烧鸭不仅下冻农贸圩场上两三家熟肉店、饮食店有卖，龙州县城亦开有几家下冻烧鸭肉粉店。乡村里，每逢红白喜酒，都订制二三十只下冻烧鸭，每桌菜上1碟。

第三节　八角鱼生

龙州县历来都是男子喜爱吃鱼生，而唯独八角乡男女老少均爱吃鱼生。每到农历八月十五中秋节，八角乡村村屯屯，家家户户，大都自做鱼生吃，故有八角鱼生之美誉。八角鱼生味道鲜美，香甜可口。

鱼生一般制法：选用1~1.5千克的活草鱼或斑鱼为主料。先杀鱼剥皮去骨刺，以纸巾抹净鱼血；然后用双飞刀法切成2块连在一起的鱼肉片，摊晾在纸巾上，以便吸去鱼血腥味；再把柠檬叶、香椿叶等香料，姜丝、蒜泥、花生油、生抽油、炸酥花生、白糖、味精、高度酒等佐料配好；最后把配好的佐料装上味碟，搅拌均匀，将鱼肉片浸入佐料中，即可食用。

第四节　蒌叶煎肉

蒌叶，常绿草本植物，茎蔓生，叶子椭圆形，花绿色，果实有点辣味，可以用来制酱。龙州县乡村田边地头，一年四季到处都有。

蒌叶煎肉制法：先将蒌叶摘一把，洗净晾干备用；其次将约500克牛肉、羊肉、猪肉，任一种均可，剁成肉泥；然后把肉泥装进碗里，加入少许（适量）鸡精或味精、酱油、食盐、烧酒等，腌制10分钟左右；再取备用蒌叶每次1~2片（视其大小而定），把腌制好的肉泥1汤匙左右，放到叶片上，包成一个个长方形肉包；最后将肉包放到热锅里（先放适量的花生油预热锅底），慢火煎至肉泥熟为止（亦可放进蒸笼蒸，但香味不够浓）。这样，一个香气袭人的蒌叶煎肉菜就做成了。

改革开放以后，龙州镇圩场几乎每个圩日都有蒌叶摆卖，市民都喜欢买来做一道可口的菜肴。近年来，这道菜相继进入饭馆、酒楼，甚至大酒店，点菜率较高，占有较大的台菜份额。

第五节　龙须炒蛋

龙州县山清水秀，大树下或石头上，到处都有龙须菜。每年暮春至仲夏之间，村民们就进山去采摘龙须菜，挑到龙州镇菜市场摆卖。县城居民喜欢买半斤左右的炒一个可口的小菜。龙须菜也能登大雅之堂，多数销售给饭馆、大排档、酒店、宾馆。年产销量15吨左右。

龙须炒蛋制法：先将龙须菜500克左右，捡较嫩的须尾折断成约3厘米长的菜节（亦可用菜刀切成），洗净备用；然后将两个鸡蛋（鸭蛋亦可）磕破放蛋黄与蛋清到碗里，用筷子搅均匀，接着往热锅里加入适量的猪油（炒植物菜用动物油为佳），将龙须菜炒至半熟，加少许食盐，倒入搅好的蛋汁，翻炒至闻到蛋香时，加入一点味精或鸡精调味；最后起锅装入菜碟里，龙须炒蛋这道菜就算做成了。

龙须炒蛋清香可口、排毒利尿，对尿线尿滴有疏通的疗效，受到食客的青睐。但食后排的尿特别臭，是因为排出人体毒素的结果。另有龙须菜炒猪大肠或蒜泥净炒龙须菜，均为龙州县居民上等的小菜。

第六节 猪生红

龙州县无论是城镇还是乡村的男子，普遍爱吃生红，有猪血生红、羊血生红、鸡血生红、鸭血生红等。20世纪50—80年代，除“文化大革命”期间外，每逢办喜事，宴请亲朋好友时，农家总要宰2~3头大猪，多的杀5头大猪，做成30~50碗猪血生红，每台酒席都上1碗猪血生红，人们吃得津津有味。改革开放初期，乡村里这种习俗还在延续，逢年过节各家各户都做1~2碗鸡血或鸭血生红，让全家人一起品尝。进入20世纪90年代后，农家极少种植粮食作物，农田几乎都种植甘蔗，因而绝大多数农家不饲养生猪，养猪的都是专业大户，若有哪家结婚办喜酒时，只好上集市买猪肉烹饪菜肴。因此，乡村里做猪血生红上酒席几乎就销声匿迹了。人们偶尔买猪血或羊血做生红，过一下口福之瘾。2000年后，县城里个别酒楼还作为一道当家菜，满足顾客的另类要求。

猪血生红的一般制法：在杀大猪前，用一口干净的瓷盆，放上适量的食盐做好准备；当给大猪捅大刀，鲜血从猪脖子喷涌而出之时，将瓷盆接满猪血后，加紧搅拌直到猪血由热变凉，意在不让猪血凝结成块，保持血浆糊状；然后用猪腰、猪肝、猪肺、瘦猪肉等各1份，剁碎炒熟摊凉，分等份盛上饭碗；再每碗调入1两左右的生猪血，冲2~3两凉开水搅匀；最后撒上蒜泥、葱花、炒熟的花生米等香料，静待不动。10多分钟后，血浆凝结成糕即可。吃前洒几点酸醋或米酒，吃起来别有风味。羊血生红、鸡血生红、鸭血生红的制法，与猪血生红制法基本一致。

第七节 龙州芝麻鸡

芝麻鸡是龙州县著名的传统菜肴之一，成名至今已有100多年的历史。龙州芝麻鸡皮酥幼嫩，鲜美甘香，爽脆可口，麻香浓郁。最初，为民间厨师所创。龙州人每逢节日或婚嫁喜事操办宴席，主人均以芝麻鸡作压席菜。后来，县内外一些著名酒家饭店把芝麻鸡列入菜谱，使芝麻鸡这个民间菜肴逐渐扬名。至2005年，龙州芝麻鸡依然被人们誉为龙州一绝。

芝麻鸡的制作：

原料。约1.5千克项鸡一只，食盐5克，白糖10克，味精2克，米酒25克，古月粉7克，五香粉5克，姜块、葱花、沙姜粉各适量，花生油或猪油2公斤（实耗250克）。

工艺。先把项鸡宰杀放血，用90℃热水浸泡数分钟，除净鸡毛（不要损坏鸡皮），开膛去净内脏，剔去骨头，保持整鸡，在鸡的腿部和胸部切花刀，下各种调味料腌20分钟。然后，再用一个鸡蛋的蛋清加适量的面粉、蜜糖、醋调成糊状，涂在鸡的皮面，再撒上白芝麻，用手轻轻压一下，不让芝麻掉落。放到油锅用猛火炸5分钟，再用文火炸3分钟，捞出切块上碟即成。

第四章 药 品

1971年，龙州县创办制药厂，手工生产少量的金樱止咳糖浆、葡萄糖注射液等药品。1986年5月，龙州县制药厂迁址至龙州镇独山路192-2号，属国有企业，隶龙州县工业局。主要生产痛肿灵、黄荆油胶丸、五味子糖浆、毛鸡药酒、维生素E、抗感灵冲剂、板蓝根冲剂、止泻冲剂、苦丁茶冲剂9种药品。1986年，年产销470多万瓶（袋），年产值100多万元。2000年生产痛肿灵、黄荆油胶丸、抗感灵冲剂、毛鸡药酒、板蓝根冲剂、止泻冲剂、五味子糖浆、维生素E等4个系列44个品种，注册“篑山牌”商标，产品畅销不衰，销往美国、日本、新加坡、越南等国家和我国香港、澳门地区，年产值约500万元，实现利税60多万元。2002年，国营公有制企业龙州县制药厂改制为非公有制企业龙州方略药业有限公司。产痛肿灵、黄荆油、抗感灵等药品280多吨，销售收入970多万元，缴纳税金149万元，实现利润240多万元。

第一节　痛肿灵

1973年，龙州县人民医院附属药品厂经自治区卫生厅批准正式投产痛肿灵。1982年，龙州县制药厂执行桂卫药准字〔1982〕041001号文件标准生产痛肿灵，采用穿心针、九里香等30多种中草药，经现代先进工艺精制而成，为水剂型药品，对跌打损伤、风湿骨痛等伤痛病症，具有显著的疗效。痛肿灵注册“篑山牌”商标，1985年、2001年，两次获“广西优质产品”称号。2002年，国有企业龙州县制药厂改制为非公有制企业龙州方略药业有限公司。2005年，龙州方略药业有限公司生产痛肿灵50吨。

第二节　抗感灵

龙州县制药厂执行桂卫药准字〔1984〕041004号文件的标准生产抗感灵。采用青皮、金樱果等名贵中草药，经独特配方精制而成，为水冲剂药品，具有清热解毒之功效。抗感灵注册“篑山牌”商标，1987年获南宁地区科技成果二等奖；2001年获“广西优质产品”称号。2002年，国有企业龙州县制药厂改制为非公有制企业龙州方略药业有限公司。改制后停止生产抗感灵。

第三节　黄荆油

黄荆油由762医院与龙州县卫生局科研组共同研制成功，1982年由试制转为正式投产。1983年，龙州县制药厂执行桂卫药准字〔1983〕041003文件标准生产黄荆油。为胶丸类药品，具有祛痰、镇咳、平喘的功效。黄荆油胶丸注册“篑山牌”商标，1985年，获“广西优质产品”称号。2002年，国有企业龙州县制药厂改制为非公有制企业龙州方略药业有限公司。2005年，龙州方略药业有限公司生产黄荆油胶丸约3000万丸。

第五章　茶　品

第一节　乌龙茶

2000年，广西亚热带作物研究所试验站名优茶厂，先后从福建、台湾等省引进茶树20多个优质品种。经过试种和选育，选出能适应龙州县环境气候、土壤、水质等条件生长的铁观音、台茶12号、台茶13号、黄旦4个品种。经一系列深加工技术研究试验，生产出“鸿渐牌”铁观音、金萱、翠玉、金桂兰4个乌龙茶新品种。2004年，经中国茶叶协会进行鉴定验收，认为试验站名优茶厂生产的乌龙茶系列产品，品质上乘，内质独特，回味强且持久，高香悠长，处于广西同类产品的领先水平，可与福建安溪的同类产品相媲美。

铁观音茶　呈半球形颗粒，紧结重实；色泽黄绿，油润有光泽；汤色蜜黄，剔透明亮；滋味甘醇，清香扑鼻，回味无穷。

金萱茶　呈球形颗粒，紧结壮实；色泽砂绿，滋润且有光泽；香气浓郁清长，略带奶香；汤色橙黄明亮，滋味醇厚，回甘持久。

金桂兰茶　外形呈球形状，紧结壮实；色泽油润，绿黄有光；滋味醇细甘鲜，汤色金黄透亮，香气似桂如兰。

翠玉茶　外形呈球形，紧结壮实，色泽翠绿如玉；汤色蜜黄剔透，香气清高，馥郁悠长，滋味醇厚鲜爽。

位于龙州县的广西亚热带作物研究所试验站被自治区农业厅认定为“广西壮族自治区无公害茶叶生产基地”（摄于2003年）

广西亚热带作物研究所试验站名优茶厂，位于龙州县龙彬公路10千米。为集茶叶的研究开发、种植试验、生产销售为一体的新兴产业。科研生产基地分布在海拔1000多米的大青山麓，茶树种植面积107.53公顷，保持原始生态环境，方圆数百里无污染。2003年，被自治区农业厅认定为“无公害茶叶生产基地”。2004年，被中国茶叶学会认定为“茶叶科技示范基地”。2005年5月，乌龙茶科研项目获广西崇左市科技进步三等奖。是年，生产乌龙茶系列产品5吨。

第二节　红碎茶

20世纪80年代，龙州县开始加工生产代出口的红碎茶，销往欧洲各国和日本、美国、新加坡、阿拉伯也门等国家以及我国香港、澳门地区。生产企业主要有广西农垦国有下属龙北农场茶厂、先锋农场茶厂、北耀农场茶厂。1986年，全县生产出口红碎茶1400多吨。2005年，全县生产出口红碎茶2000多吨。

龙北农场茶厂“红碎茶”　1980年始，广西农垦国有龙北农场茶厂（2001年改制为广西农垦茶叶集团龙北制茶有限公司）生产的红碎茶远销西欧、东欧各国。茶厂在参加广西茶叶学会、广西茶叶进出口公司举办的全区出口红碎茶评比中荣获多个奖项：1988年10月，红碎茶（822035茶）获得全区出口红碎茶评比优质二等奖；1989年8月，红碎茶（922024唛）获得全区评比三等奖；红碎茶（922029唛）获得全区评比二等奖和三等奖各一个；1990年9月红碎茶（021038茶）获传统碎一茶和碎二茶三等奖各一个；2000年6月，在广西区茶叶学会举办的第二届“桂茶杯”名优茶评比中，农场茶厂生产送评的“红碎茶二号”荣获特等奖。荣获多个荣誉：1988年被龙州县人民政府授予完成茶叶出口任务先进单位；1989年被广西茶叶进出口公司授予出口红碎茶生产供货成绩优异单位，同年荣获广西壮族自治区经济委员会授予经济效益先进单位。

1997年—2002年，共生产红碎茶2053.4吨，其中2002年生产321.6吨。2003年以后，停止生产红碎茶。

先锋农场茶厂“红碎茶”　1987年，广西农垦国有先锋农场茶厂（2001年改制为广西农垦茶叶集团先锋制茶有限公司）生产的红碎茶，在广西茶叶学会、广西茶叶进出口公司和广西农垦局联合举办的自治区红碎茶评比中多次获奖。1988年10月，红碎茶（822018茶号）获得全区出口红碎茶评比优质一等奖；1989年8月，红碎茶（922005唛）和（922020唛）分别获得全区评比一等奖；同年同时“碎二号红碎茶”获自治区农业厅、供销社、农垦局等六大系统授予全区名优茶评比优质奖。1990年9月，红碎茶（022024茶）在全区出口红碎茶评优中获得传统碎二茶二等奖。2000年6月，在广西区茶叶学会举办的第二届“桂茶杯”名优茶评比中，农场茶厂生产送评的“红碎茶二号”荣获一等奖。

北耀农场茶厂“双龙牌”红碎茶　1980年来，广西农垦国有北耀农场茶厂（2001年4月改制为广西龙州县珍龙茶业有限公司）生产的“双龙牌”红碎茶一直远销西欧、东欧各国。1983年—2000年，生产的红碎茶10多次荣获广西茶叶学会、广西茶叶进出口公司联合举办的自治区红碎茶评比奖项。其中：1986年，红碎茶“五号”被评为广西壮族自治区优质产品称号；2002年4月在广西茶叶学会举办的第三届“桂茶杯”名优茶评比中，红碎茶“二号”获得一等奖。2004年，北耀农场茶园被自治区农业厅授予“无公害茶叶生产基地”称号。2005年，生产出口“双龙牌”红碎茶80多吨。

第六章　果　蔗

第一节　黑皮果蔗

黑皮果蔗是龙州县主要经济作物之一。民国初期，龙州县开始种植黑皮果蔗。解放后到“文化大革命”时期，龙州县黑皮果蔗种植有所发展。改革开放后，特别是2000年以来，龙州县黑皮果蔗生产有较大的发展。2002年，龙州县黑皮果蔗主产区有霞秀（今属龙州镇）、下冻、上龙、逐卜等乡镇，年产量约8万吨。黑皮果蔗主要销往山东、辽宁、江苏、河南、河北等地，供不应求。

黑皮果蔗对土、肥、水要求很高。一般种植在冲积土肥沃的地块上。地旱时，随时可灌溉足水；地涝时，也随时可排干水。肥水少了长不高，果节太短；肥多了拔节过快，果皮爆裂。果节短、果皮裂的果蔗条上市没有竞争力。特别要防治病虫害，适时喷洒农药，以保证果蔗的上市品质。

2002年8月，龙州县逐卜乡农产品产销协会，实行“公司＋基地＋农户”的产销模式，称为绿色生态订单农业产业。生产的黑皮果蔗注册“弄岗牌”商标，果节长短适中，果皮无裂痕、无花纹，深紫色，果条长且粗壮，甜度高且沉重，可口甜脆。商家按合同派专人到田间地头收购。2005年，逐卜乡农产品产销协会黑皮果蔗产销5000多吨。2003年、2005年，逐卜乡农产品产销协会分别被自治区农业厅授予“自治区先进农民专业合作经济组织先进单位”和“自治区先进农民专业合作经济组织合作之星”。2004年、2005年，连续被自治区农业厅授予“自治区农民专业合作组织示范点”。

第二节　白皮果蔗

1995年，龙州县开始引进白皮果蔗种植。2000年，全县白皮果蔗年产量16000多吨。2005年，全县产量30600多吨。

白皮果蔗整条蔗洁白光华，从根至尾没有一点杂色，果节比较长，甜度适中，果皮稍韧，用牙齿掰开比较容易，顾客好生吃。白皮果蔗品质上乘，产销量均显上升趋势，成为龙州县果蔗主导产品之一。

第二十六篇

乡　镇

1986年，龙州县有龙州镇和霞秀、彬桥、八角、上降、水口、下冻、武德、金龙、逐卜、上金、响水11个乡。1987年，从武德乡和霞秀乡裁出部分村置上龙乡。1992年，水口乡、下冻乡、响水乡、金龙乡改为水口镇、下冻镇、响水镇、金龙镇。2004年11月，原龙州镇与霞秀乡并置新的龙州镇。2005年，全县辖龙州、下冻、水口、金龙、响水5个镇和八角、上降、彬桥、上龙、武德、逐卜、上金7个乡。

第一章　镇

第一节　龙州镇

龙州镇地处左江上游，是龙州县委、县政府所在地，也是龙州县政治、经济、文化中心和对外交往的窗口。镇政府所在地距凭祥市39千米、宁明县城52千米，是南疆的重要门户和广西西南主要边城之一。总面积301.44平方千米。汉元鼎六年（前111年），属雍鸡县地。唐武德四年（621年），属龙羁縻州。元大德三年（1299年），隶龙州万户府。清雍正三年（1725年），属下龙司。宣统元年（1909年），属信字区。民国3年（1914年），属龙州县第5区。民国22年至26年（1933年—1937年），属龙州县第1区。民国27年（1938年）至1949年，属龙津县第1区。1952年，属龙津上金联合县城区。1952年8月—1953年4月，属丽江县。1953年—1957年，属龙津县第1区，始称龙州镇。1958年—1972年，称龙州人民公社。1973年—1979年，称龙州镇人民公社。1980年，龙州镇人民政府成立。2004年，原龙州镇与霞秀乡合并，置新的龙州镇。

龙州镇属群山环抱的临江古埠，居县中部偏南，地势西南部高，中部和东北部偏低。西面水口河、平而河流入城区上方汇合后注入左江。左江横城而过，平均流量276平方米/秒，年径流量86.36亿立方米，最高水位124.5米，最低水位104.69米。辖区内属南亚热带季风气候，热量丰富，日照充足。全年四季表现为冬春微寒，夏季多雨，秋季温凉；干湿季分明，湿热、干冷同季。年均无霜期350天。年平均气温21℃~22℃。年均降雨量1344毫米。龙州镇具有丰富的人文资源。东汉伏波将军马援奉旨南下讨伐交趾作乱时，曾在龙州城内设营垒。北宋时枢密副使狄青率部南征，亦到过龙州城。1929年冬和1930年春，邓小平曾两次亲临龙州城，组织和领导举世闻名的龙州起义，创建红八军和左江革命根据地。龙州镇有中国红八军军部旧址、龙州起义纪念馆、胡志明展馆、陈勇烈祠、中山公园、文昌阁、文笔塔、武建军资念塔等人文景观。

2005年，全镇总人口58300人，其中非农业人口36969人，占总人口63%；耕地面积2905公顷，其中水田681公顷、畲地2224公顷；全镇完成地区生产总值2.51亿元。其中第一产业产值0.90亿元；第二产业产值0.23亿元；第三产业产值1.38亿元。完成全社会固定资产投资3315亿元。财税收入1492万元。农民人均纯收入2501元。龙州镇城镇内街道总长21千米，硬化道路总长16.8千米；全镇城镇化率由2000年的20%提高到2005年的30%。龙州客运总站有客运汽车247辆3260个座位，年客运量489万人次。电话用户有11520户，移动电话用户有18900户。全县发电量7323万千瓦时，供电量1.2亿千瓦时（购大网电8862万千瓦时）；龙州城区工业用电量5709万千瓦时，居民照明用电量1886万千瓦时。县水厂日供水能力1.5万立方米，城区有8116户居民使用自来水。农业以种植蔬菜、水果、甘蔗、网箱养鱼为主。年内，蔬菜种植面积696公顷，产量886吨；水果种植面积381公顷，产量6983吨；甘蔗种植面积2774公顷，产量218344吨；网箱养鱼162箱，产量405吨。乡镇企业有农业、制造业、建筑业、交通运输业、服务业等企业共87个，从业人员1138人，总收入4129万元，上缴税金234万元。有个体工商户3830户，营业收入51310万元，上缴税金847万元。有幼儿园、托儿所8所，小学12所，在校学生3992人，教职工366人；中学6所，在校学生936人，教职工 66 人。有医院、卫生院 4 所，医护人员 134 人，床位数 406 个。

1986 年—2005 年历任龙州镇正职领导。党委书记：姚公侯(1986.1—1987.12)，何添成(1987.12—1990.7)，黄华良(1990.7—1993.9)，梁保琦(1993.10—1994.4)，黎龙波(1994.4—1995.6)，关龙生(1995.6—1996.8)，赵雄(1996.8—1997.12)，农英才(1997.12—1999.6)，周忠珊(1999.6—2001.3)，陈丽健(2001.3—2004.8)，禤培广(2004.8—2004.10)，苏勇(2004.11—2005.12)。人大主席：农秀京(1987.11—1993.11)，农廷飞(1993.11—1996.10)，秦华西(1996.10—1999.9)，周忠珊(1999.9—2001.3)，陈丽健(2001.3—2002.8)，黄国华(2002.10—2004.11)，农富山(2004.11—2005.12)。镇长：何添成(1986.1—1987.11)，黄华良(1987.11—1990.8)，梁保琦(1990.8—1992.1)，关龙生(代理 1992.3—1993.11，1993.11—1996.2)，陈丽霞(1996.2—1998.10)，陈丽健(1998.11—2001.3)，林青山(2001.3—2002.3)，黄益(2002.3—2005.12)。

1986 年—2004 年历任霞秀乡正职领导。党委书记：吴英杰(1986.1—1988.9)，禤世保(1988.9—1989.1)，吴英杰(1989.1—1989.5)，候继秀(1989.5—1990.7)，林正强(1990.7—1993.8)，林树权(1993.8—1996.8)，吴强(1996.8—1998.8)，苏尚确(1998.11—2001.3)，禤培广(2001.3—2004.8)。人大主席：蒙炳江(1987.11—1990.10)，农朝弟(1990.10—1993.11)，黄恩强(1993.11—1996.10)，农玉波(1996.10—1999.9)，苏尚确(1999.9—2001.3)，禤培广(2001.3—2002.10)，李电(2002.10—2004.11)。乡长：黄福光(1986.1—1987.10)，陆贵星(1987.11—1987.10)，侯继秀(1987.11—1989.6)，林正强(1989.6—1990.8)，徐玉保(1990.8—1993.9)，吴盛锋(1993.9—1996.1)，吴强(1996.1—1996.10)，苏尚确(1998.11—2001.3)，韩艳斌(1998.11—2001.3)，农茂威(2001.5—2002.7)，黄海光(2002.7—2004.11)。

2000 年 7 月 12 日，龙州镇干部职工给柳州市“7·7”特大交通事故遇难者家属开展助难募捐活动

第二节 下冻镇

下冻镇地处龙州县西部。镇政府所在地下冻街距龙州县城 23 千米。镇境东西最大横距 21.93 千米，南北最大横距 13.33 千米，总面积 114.36 平方千米。有布局、两庄、那花 3 个行政村 12 个自然屯与越南接壤，边境线长 41.5 千米。唐武德四年(621 年)，属龙羁縻州。宋(960 年—1279 年)，属羁縻冻州。元(1271 年—1368 年)，属龙州万户府。明洪武元年(1368 年)，隶太平府。清光绪年间(1875 年—1908 年)，隶龙州厅。宣统元年(1909 年)，属上、下冻州忠、恕两个区。民国 2 年(1913 年)，属龙州县。民国 16 年(1927 年)，属龙州县常字区。民国 17 年(1928 年)，属龙州县第 6 区。民国 19 年正月(1930 年 2 月)，属龙州县革命委员会。是年 4 月，复属龙州县政府。民国 22 年(1933 年)，属龙州县第 2 区。解放初期，先后属青山区、第 3 区、下冻区。1950 年，仍分为布局乡、布伦乡。1951 年—1952 年，属龙津上金联合县。1953 年—1957 年，属龙津县下冻区，亦称第 3 区。1958 年 2 月，撤区并乡，置下冻乡、布局乡。1958 年 9 月，原下冻区成立五星人民公社。1959 年，分为下冻、沿边两个人民公社。1960 年，下冻与沿边并置下冻人民公社。1969 年，成立下冻公社革命委员会。1984 年，成立下冻乡人民政府。1992 年 7 月，改为下冻镇人民政府。

下冻镇气候宜人，年均气温 22.3℃，年均降雨量 1372.2 毫米。最高山峰扣梅岭海拔 823.7 米。水口河正常流量 80 立方米 / 秒，枯水期水深 10~20 米。春秀水库库容量 354 万立方米，沿边水库库容量 280 万立方米；有 1 座年发电量 2400 万千瓦时的七里滩水电厂。全镇森林总面积 5797.7 公顷，森林覆盖率 50.9%。动植物资源丰富，有蚬木、八角、山黄皮、龙眼、李果、木菠萝、玉桂等珍贵树木及特色果树。珍禽异兽主要有穿山甲、蛤蚧、山鸡、果子狸等。下冻境内有石灰石、建筑石、钛铁矿、水晶矿、大理石等矿产，其中以建筑石、大理石藏量较丰富，具开采价值。下冻镇歌圩主要有下冻歌圩（农历二月十八）、两庄歌圩（农历三月廿九日）、坡旺歌圩（农历四月初九）、秾隆歌圩（农历四月十一）、驮江歌圩（农历四月廿一）等。境内主要有苏元春古炮台，观音洞、跑马洞、春秀水库等旅游景点。

1998年6月5日，为了帮助农民解决农产品销路问题，下冻镇政府派人组织收购黄瓜、辣椒等农产品，运往湖南等地销售。图为工作人员正在收购农产品

2005年，全镇有4609户17884人，其中农业人口16931人，非农业人口958人；有壮、汉等民族，其中壮族人口占总人口99.5%。耕地面积1896.73公顷，其中水田1290.93公顷、畲地605.8公顷；水域面积210.93公顷。年内，全镇完成地区生产总值0.84亿元。其中第一产业产值0.69亿元；第二产业产值0.1亿元；第三产业产值0.05亿元。完成全社会固定资产投资0.31亿元。社会消费品零售总额0.34亿元。财税收入56.36万元。农民人均纯收入2008元，城镇居民人均可支配收入2515元。粮食产量5240吨；种植甘蔗2333.33公顷，2004/2005年榨季入厂原料蔗20.3万吨；冬种种植面积400公顷，其中冬种黄瓜300公顷，占冬种面积75%。年初，在扶伦村布吕屯建立乌龙茶生产示范基地3.33公顷。养猪8373头，马123匹，牛2890头，羊657只，家禽37800羽。山塘、水库养鱼11公顷，产量88吨；池塘养鱼98公顷，产量735吨；网箱养鱼130箱，产量208吨。边境贸易活跃，全年互市贸易额3亿元，上缴各种税费600多万元。下冻圩日是县内最繁荣的边境圩市之一，农历日逢二、五、八为圩日，每圩日赶集人数约1万人次，日交易额30万元左右。运输业发展迅速，有农用运输车93辆，微型客运车65辆，为下冻客、货运送提供便利。农民工职业技术培训1980人，劳务输出3466人，年创劳务收入1400多万元，成为农民增收新亮点。争取到上级有关部门扶贫开发项目，投入21万元资金，对下冻自来水厂进行改建扩建，日供水量2000立方米，可满足镇直机关、下冻居委及周边5个自然屯4700多常住人口和1000多流动人口用水需求。全镇9个村委会85个自然屯均通电；10个村（居）委85个自然屯均通车；10个村（居）委通电话，移动通信信号全覆盖；广播电视网络覆盖6个村委会55个自然屯2865户，受益群众11541人；累计建沼气池2407座。全镇有1所中学，1所中心小学，10所完小，都配备远程教育卫星地面接收系统；下冻镇中学在编教职工42人，小学在编教职工87人；在校初中生有616人；在校小学生有1233人，学前班在校生165人；"普九"义务教育年内通过国务院验收。有镇文化综合楼，总建筑面积1180平方米；自治区乡镇一级图书馆——爱华图书馆。下冻镇有两个卫生机构，下冻卫生院全院专技人员14人，财务1人，后勤1人；北耀卫生院全院26名在职职工，其中22名专技人员，4名后勤人员。

1986年—2005年历任乡镇正职领导。党委书记：周华良（1986.1—1990.7），吴干天（1990.7—1994.7），农善武（1994.7—1996.8），蒙渊君（1996.8—1999.2），闭宏（1999.2—2002.7），苏勇（2002.7—2004.11），黄劲（2004.12—2005.12）。人大主席：马伯威（1987.11—1990.8），黎山岗（1990.8—1996.10），闭民强（1996.10—1999.9），闭宏（1999.9—2002.7），周建雄（2002.7—2005.12）。乡镇长：农汉京（1986.1—1990.7），黄子秋（1990.7—1991.9），赵雄（代1991.9—1993.12，1993.12—1996.7），闭宏（1996.10—1999.3），张立群（1999.4—2002.7），黄超程（2002.10—2004.4），苏伟（2004.4—2005.12）。

第三节　水口镇

水口镇地处龙州县境西部。镇政府所在地水口街距县城35千米，为省道2314线终端。全镇总面积186平方千米。东距广西首府南宁市245千米，南距越南首都河内市323千米。是中国南疆边陲前哨，国境线长41千米。水口关为国家一级口岸，连接越南北部高平省，是通往东南亚国家的重要陆路通道之一，也是广西有名的陆路门户。清雍正三年(1725年)，属上下冻土州的上峒，归龙州承审。清乾隆五十七年(1792年)，水口关奉准开关互市，边民认领腰牌即可驾舟出关互市贸易，是广西最早与越南进行民间贸易的关口。宣统元年(1909年)，属龙州厅礼字区。民国3年(1914年)，属龙州县第3区。民国22年至26年(1933年—1937年)，属龙州县第1区。民国27年(1938年)至1949年，属龙津县第1区。1950年，属龙津县水罗区水口乡、罗回乡。1951年5月，属龙津上金县水口区，亦称第4区。1952年8月，属丽江县。1953年4月，属龙津县。1958年2月，撤区置水口乡、罗回乡、楞巧乡。1958年9月，撤乡置水口人民公社；同年12月，属睦南县。1959年1月，属龙州县；1959年5月，属龙津县。1962年1月，属龙州县，复称水口区。1965年，撤区置水口人民公社。1969年，置水口公社革命委员会。1984年，置水口乡人民政府。1992年3月，改为水口镇人民政府。是年，水口镇被列为沿边开放城镇。2001年9月，被自治区政府确定为自治区重点镇。

水口镇境属南亚热带季风气候，雨量充沛，日照充足，气候温和，年平均降雨量1862.9毫米，年平均气温22.4℃，1月最低气温15.6℃，7月最高气温27.9℃，无霜期352天，年日照时数1679.9小时。境内四面环山，仅东南有缺口，属半山区。地势自西北向东南倾斜，境内山高一般海拔400米左右，最高峰炮台山海拔595.6米，主要河流有水口河、合平河、峒桂河。合平河、峒桂河沿国境界线流经合平、峒桂、共和3个村及水口圩后汇入水口河。水口河流经埂宜、罗回、独山3个村后流入下冻镇。水口河常年水质澄清碧绿，有“青龙”之称。最大流量为5400立方米/秒，最小流量14立方米/秒，年径流量34.4亿立方米。天然落差21米，水能蕴藏量1.37万千瓦，可开发利用0.82万千瓦。土壤为冲积土、水稻土及红壤赤红土。矿产资源丰富，金属矿主要有铜、铁、金、铅、钛等，非金属矿有辉目、大理石、石灰石、磷矿、辰砂膨胀土等。旅游胜地有水口口岸、311高地、业秀园。全镇森林面积3751公顷，森林覆盖率54.6%。

2005年，全镇有人口21049人，其中农业人口19391人，非农业人口1658人，有壮、汉、瑶、京等7个民族，壮族占90.99%。耕地面积2769公顷，其中水田965公顷、畲地1804公顷；水域面积870公顷。全镇完成地区生产总值1.62亿元，其中第一产业产值1.3亿元，第三产业产值0.32亿元。完成全社会固定资产投资1.07亿元。社会消费品零售总额0.7亿元。财税收入100万元。农民人均纯收入3384元，城镇居民人均可支配收入3600元。水口镇是一个以粮、蔗、水果、畜牧为主的农业镇，粮食作物以水稻为主，经济作物主要有甘蔗、花生、水果、黄豆、木薯等。全年，全镇粮食总产量7452吨，甘蔗产量18万吨，水果产量4848吨，蔬菜产量7096吨，农业总产值14840万元。境内水产品养殖资源丰富，其中网箱养殖青竹鱼已成为水口镇的一个名特优项目。全镇乡镇企业有105家，主要从事养殖、加工、贸易、餐饮等行业，从业人员400人，总产值5500万元，总收入2600万元，利润1300万元，上缴税金200万元；产品“彩森桄榔粉”“彩森山黄皮”供不应求，远销东南亚等国家。边境贸易红火，圩日赶圩人数3000~5000人，日贸易成交额约30万元。过水口口岸进出口货量18.60万吨，其中出口4.51万吨，进口14.09万吨；成交额为6607.2万美元，其中进口3599.33万美元，出口3007.87万美元。出入境人数23.45万人次，出入境车辆15066辆次。上年始建的龙州至水口二级公路建设完工，全长31千米。全镇有教学楼19幢，学生宿舍楼4幢，实验室9间，各种运动场56处；在校生2116人，教师156人；水口中学、罗回中心小学、共和完小通过自治区“普九”工作验收。有5个村(居)委31个自然屯(街)1637户可以收看同县城一样的电视频道。曾在1999年获南宁地区

2000年10月25日，龙州县边境建设大会战水口农贸市场开工典礼现场

文化活动“先进乡镇”称号。有卫生院1所，各村（居）委共有11间卫生室，每个村配备1~2名村医。沼气池建设166座，完成100%；罗回村弄尖屯获自治区文明村和卫生村称号。

1986年—2005年历任乡镇正职领导。党委书记：刘日红（1986.1—1986.11），吴卫平（1986.11—1989.3），黄建民（代理1989.3—1989.4），江文术（1989.4—1991.6），玉松（1991.6—1995.10），谭金清（1995.10—1997.2），韦保健（1997.2—1999.4），兰勇（1999.4—1999.6），黄云海（1999.6—2002.6），闪艳恒（2002.6—2004.4）骆广章（2004.4—2005.12）。人大主席：刘日红（1987.11—1990.8），韦国斌（1990.8—1993.8），李元勋（1993.11—1996.10），农定权（1996.10—1999.9），黄云海（1999.9—2002.6），苏海威（2002.9—2005.12）。乡镇长：农满成（1986.1—1988.9），李子贵（1988.9—1990.8），玉松（1990.8—1991.7），谭金清（1991.7—1995.10），赵建宁（1995.11—1996.10），兰勇（1996.10—1999.3），闪艳恒（1999.3—2002.6），林勇进（2002.6—2005.12）。

第四节　金龙镇

金龙镇地处龙州县北部。镇政府所在地金龙街距县城55千米。总面积197.36平方千米。属中越边境山区，边境线长21千米。唐武德四年（621年），属龙羁縻州。唐仪凤元年（676年），置金龙羁縻州。宋初（960年），改为迁龙寨。明洪武九年（1376年），改为金龙峒，隶太平府安平土州。清嘉庆末年（1820年），金龙峒被越南侵并；光绪十三年（1887年），金龙峒复归中国，仍隶太平府安平土州。宣统元年（1909年），归龙州厅管辖。民国元年（1912年），隶龙州军政分府。民国2年（1913年），属龙州县。民国17年（1928年），与上龙司并置上金县，设金龙区，属镇南督察区。民国20年（1931年），析为东靖镇、西宁乡。民国27年（1938年），合并东靖镇、西宁乡，始置金龙乡。解放初期，先属上金县逐卜区，后属龙津县第6区。1958年2月，重置金龙乡；9月，与逐卜乡、牌宗乡并置原子人民公社。1959年—1961年，析原子公社为金龙、逐卜、牌宗3个公社。1962年1月，属龙州县。1965年，裁牌宗公社，其各一部分大队并入金龙、逐卜2个公社。1969年，成立金龙公社革命委员会。1984年，成立金龙乡人民政府。1992年7月，改为金龙镇人民政府。

金龙镇境冬无严寒夏无酷暑，无霜期350天，为南亚热带季风气候。属石山区，山高坡陡，一般为海拔500米~600米，少数700米以上。山林面积12433.4公顷，盛产蚬木、金丝李等珍贵木材，为蚬木砧板主要产区。深山中栖息着猴子、乌猿、蛤蚧等珍贵动物。地下水源丰富。旅游资源有位于镇圩以南2千米的金龙湖，蓄水量1300万立方米，水面面积133.33公顷。有壮傣族特点的美女村，有小“西双版纳”之称。

2005年，全镇人口28193人，其中农业人口26962人，非农业人口1231人，均属壮族聚居，主要操本地土话、粤语。全镇耕地总面积3138.67公顷，其中水田1117.33公顷、旱地2021.34公顷，人均耕地面积1.07公顷，城镇居民人均可支配收入5000元。粮食以种植玉米、稻谷、豆类为主，经济作物以甘蔗、花生为主，兼顾薯类蔬菜等。年内，全镇实行“甘蔗下田，林果上山”，推广高糖高产甘蔗品种，强化田间“六化”管理，不断做大蔗糖支柱产业。种植甘蔗面积1139.8公顷，入场原料蔗7.6万吨，产值2492.35万元；水果287.73公顷，产量3332吨，产值356.7万元；蔬菜263公顷，产量5819吨，产值736.8万元。金龙圩有街道3条，圩亭6座共5200平方米，露天圩场2100平方米；有个体商贩436户，从业人员860人。主要经营商业、建筑业、加工业和服务业。圩内设有供销商店、旅社、饭店等。每3天为一圩，圩日人数3000人~5000人。全镇128个自然屯建成114个人

1998年1月8日，金龙镇集贸市场建成投入使用。市场有圩亭6座，面积5226平方米，地面全部硬化。图为县长温国权到金龙镇检查圩场情况

畜饮水工程；水厂供水量 300 立方米 / 日，解决金龙街及周边村民 6000 多人的用水问题。2005 年，全镇村村均已通电，村村均有卫星接收器可观看电视节目，村村均通电话，少部分偏远屯组未有通信信号。全镇有中学 1 所、村完小 13 所、教学点 4 个。其中，金龙中学面积 49334 平方米，总建筑面积 9390 平方米；在校生 600 多人，教职工 42 人；年内中考，金龙中学名列龙州县乡镇中学第 2 名。金龙中心小学面积 1.4 公顷，总建筑面积 7284 平方米；教职工 42 人，在校生 875 人。有中心卫生院 1 个，村级卫生所 15 个。其中，金龙中心卫生院有在职职工 17 人，聘用人员 13 人；卫技人员 22 人，工勤人员 8 人；设门诊部和住院部，有病床 30 张。

1986 年—2005 年历任乡镇正职领导。党委书记：黄日升（1986.1—1986.11），吴纪靖（1986.11—1987.12），黎山岗（1987.12—1990.2），邱志鸿（1990.2—1991.6），李汉珍（1991.6—1994.11），沈汉美（1995.1—1996.5），黄金星（1996.5—1998.10），李扬（1998.10—2001.3），苏建华（2001.3—2002.7），农茂威（2002.7—2005.9），农兴保（2005.9—2005.12）。人大主席：姚瑞芬（1987.11—1990.10），黄日升（1990.10—1996.10），沈汉美（1996.10—1997.2），黄日升（1997.3—1999.9），李扬（1999.9—2001.3），苏建华（2001.3—2002.7），黄志刚（2002.9—2005.12）。乡镇长：闭永德（1986.1—1987.11），黄日升（1987.11—1989.7），农有明（1989.7—1993.9），谭诚（1993.9—1996.8），李扬（1996.8—1998.10），苏建华（1998.11—2001.3），苏子民（2001.3—2002.7），农兴保（2002.7—2005.12）。

第五节　响水镇

响水镇地处龙州县东北部。镇政府所在地响水集镇距离崇左市江州区 32 千米、龙州县城 38 千米。总面积 206 平方千米。清雍正三年（1725 年），属上龙司。宣统元年（1909 年），属上龙司丙区。民国 17 年（1928 年），属上金县勤江乡。民国 22 年（1933 年），始置响水乡。民国 32 年（1943 年），响水乡析为响水、天西两个乡。1950 年，属上金县上金区，沿称响水乡。1951 年，属龙津上金联合县第 7 区。1958 年 9 月，并归上金人民公社，先属龙津县；后属睦南县、龙州县，再复属龙津县。1962 年 1 月，属龙州县。1969 年，置响水公社革命委员会。1984 年，成立响水乡人民政府。1992 年 7 月，改为响水镇人民政府。

响水镇境多属石山区，部分属丘陵地区。地势自西北向东南倾斜，山岭连绵、山体庞大、岭谷相间，以岩溶地貌为主。主要河流有左江、黑水河、龙江河。受上游水源影响，龙江河为半年有水半年干涸，一般 11 月至次年 5 月河床干涸，6 月 10 月河床有水。自然资源丰富，东有高峰林场、南有红阳自然山林，西面有弄岗国家级自然保护区，北有陇坡自然山林，深山蕴藏有多种珍贵树木、中草药以及蛤蚧、山鸡、松鼠、蛇类等动物。矿产资源主要以铝矿、铁矿、稀土矿为主。其中，铝矿储量丰富，主要分布在平南村、图强村、鸣凤村、龙江村、四清村一带。省道龙崇公路干线、县道龙新公路从镇集经过。文物古迹有响水旧街、左江沿岸棉江花山岩画等 10 处，还有岩葬、洞葬等，为自治区重点文物。旅游资源主要有响水瀑布、红山瀑布。每年农历四月十五为响水传统歌圩节。

2003 年 5 月 30 日，响水镇党委、镇政府给鸣凤小学 8 名特困学生送去了资助物品和助学金，让他们度过一个快乐的“六一”儿童节

2005 年，全镇有 3706 户 15342 人，其中农业人口 14182 人；聚居汉、壮等民族，以壮族为主。耕地面积 5340.33 公顷，其中责任田面积 2058.48 公顷，水田 315 公顷。全镇完成地区生产总值 0.9 亿元。其中第一产业产值 0.6 亿元；第二产业产值 0.03 亿元，规模以上工业产值 0.02 亿元；第三产业产值 0.27 亿元。完成全社会固定资产投资 0.01 亿元。社会消费品零售总额 0.01 亿元。财税收入 58 万元。农民人均纯收入

3658元，城镇居民人均可支配收入4235元。响水镇粮食作物种植以水稻、玉米为主，经济作物以甘蔗、木薯、地菠萝为主。年内，全镇甘蔗种植面积3533.33公顷，2005/2006年榨季全镇原料蔗入厂25万吨。网箱养鱼489箱。有龙江淀粉厂、天侨淀粉厂和以酸头菜、竹笋、柠檬、辣椒为特色的农副产品加工业。捞沙、经营沙场行业繁荣，有大小型沙场14个，大型捞沙船8艘，运沙船22艘。响水镇集镇面积34.6公顷，人口626户2395人，居民主要从事商业、运输业、加工业、餐饮服务业，大部分居民为"半农半商"。集镇内有个体工商经营户490户。2005年9个行政村1个居委会已全部通电、通水、通网络、通电视，全镇有1所中学，1所中心小学，4所完小，都配备远程教育卫星地面接收系统；全镇教师共114人，学生2684人；有镇文化综合楼，总建筑面积160平方米，设有图书馆、阅览室等。

1986年—2005年历任乡镇正职领导。党委书记：黄少民（1986.1—1988.9），何海星（1988.9—1991.6），黄祝茂（1991.6—1991.7），唐志斌（1991.7—1993.8），农红生（1993.8—1994.4），冯荣孙（1994.4—1996.1），赵金甲（1996.1—1996.8），黄海雁（1996.8—1997.2），何淬砺（1997.2—1999.2），黄宝权（1999.2—2002.7），朱艺清（2002.7—2005.12）。人大主席：黄福新（1987.11—1993.9），姚异勇（1993.11—1997.12），黄燕雄（1998.1—1999.9），黄宝权（1999.9—2002.7），潘春友（2002.10—2005.12）。乡镇长：何海星（1986.1—1988.9），阮汉学（1988.9—1993.2），吴盛锋（代1993.3—1993.8），赵金甲（1993.9—1996.1），黄燕雄（1996.3—1997.12），归沿昌（1998.1—1999.6），吴旭新（1999.9—2002.7），骆广章（2002.7—2004.4），农雄鹰（2004.4—2005.12）。

第二章　乡

第一节　八角乡

八角乡地处龙州县南部。乡政府所在地四平村板靠屯距龙州县城18千米，距凭祥市20千米，距宁明县城33千米。总面积117.47平方千米。龙夏二级公路穿境而过。汉元鼎六年（前111年），为雍鸡县地。唐武德四年（621年），属龙羁縻州。元大德三年（1299年），属龙州万户府。明洪武二年（1399年），属龙州。清雍正三年（1725年），属下龙司。乾隆五十六年（1791年），复属龙州。乾隆五十七年（1792年），属龙州厅。民国元年（1912年），属龙州军政分府。民国2年（1913年），属龙州县政府。民国19年正月（1930年2月），属龙州县革命委员会；4月，复属龙州县政府。民国22年（1933年），始置八角乡公所。民国27年（1938年），属龙津县政府。1950年，属龙津县河南区人民政府。1953年，属龙津上金联合县百秾区（亦称第2区）公所。1958年2月，撤区并乡，仍称八角乡。1958年9月，并入河南（原百秾辖区）人民公社。翌年，以原八角乡辖地设八角人民公社。1969年，成立八角公社革命委员会。1984年，析八角公社分置八角、上降两乡。

八角乡机关单位利用节假日组织开展文娱活动，丰富干部职工业余文化体育生活。图为气排球比赛场景

（摄于2003年9月28日）

八角乡地属南亚热带季风气候，热量丰富，日照充足。全年四季表现为冬春微寒，夏季多雨，秋季湿凉；干湿季分明，湿热、干冷同季，年均降雨量912.9毫米，最高气温36.8℃，最低气温10℃。属土山地区。石山居少。土壤为冲积土、花岗岩母质及红壤赤红土等。农业耕地多为山谷垅场台地，地少人多，无河流，靠山涧积水和山

塘水库灌溉。矿产资源丰富，金属矿主要有铜、铁、金、铅、钛等，非金属矿有辉目、大理石、石灰石、磷矿、辰砂膨胀土等。

2005 年，全乡有 2534 户 11361 人，其中农业人口 10840 人，占总人口的 95.41%；有壮、汉、瑶等 5 个民族，壮族占 93.85%。主要操本地土话、粤语，其次讲平话、客家话。耕地面积 1199.67 公顷。全乡完成地区生产总值 0.85 亿元。其中第一产业产值 0.65 亿元；第二产业产值 0.15 亿元，规模以上工业产值 0.1 亿元；第三产业产值 0.05 亿元。完成全社会固定资产投资 0.10 亿元。社会消费品零售总额 0.5 亿元。财税收入 15 万元。农民人均纯收入 2756.43 元，城镇居民人均可支配收入 3980 元。农业主要种植稻谷、玉米、豆类、木薯、甘蔗等，林业以种植八角、杉木为主，是广西有名的“八角之乡”。甘蔗种植面积 666.67 公顷，2005/2006 年度榨季入厂原料蔗 5.3 万吨，产值 1855 万元；水果种植面积 216 公顷，水果产量 2610 吨，产值 382 万元；水产品产量 578 吨，产值 462.4 万元。乡政府所在地四平圩有圩亭 2 座。农历逢十为圩日，圩日人数在 600 人 ~900 人，交易额 3 万 ~5 万元。有八角农村信用合作社、八角乡邮政储蓄所各 1 个。年内，在菊埂村板季屯至板靠屯修建 1 条宽 3 米、长 3.2 千米的柏油路，成为八角乡第 1 条柏油路。龙夏二级公路建成通车，9 个自然屯在公路旁。全乡 7 个村委会通四级公路，47 个自然屯通屯级公路。2005 年全乡 7 个村委会 47 个自然屯均通水、通电、通电视，都可以收看广西、中央的电视节目。有中学 1 所、中心小学 1 所、村级完小 5 所，教职工 69 人。其中，八角中学占地面积 8950 平方米，建筑面积 4701 平方米，有教职工 23 人，在校生人 221 人。四平中心小学占地面积 2800 平方米，建筑面积 3738 平方米，有教职工 28 人，在校生 338 人。年内，八角中学、四平中心小学分别通过自治区“普九”工作验收。有文化站综合楼，面积 420 平方米，藏书 8600 册。乡卫生院占地面积 3805.58 平方米，建筑面积 1596.31 平方米。有床位 12 张，卫生技术人员 9 人。7 个村委会均设卫生室，有医务技术员 8 人。

1986 年—2005 年历任乡正职领导。党委书记：禤世宝(1986.1—1986.11)，许焕义(1986.11—1991.7)，苏德贡(1991.7—1996.1)，周忠珊(1996.1—1999.6)，杨成保(1999.6—2002.3)，苏勇(2002.3—2002.7)，张立群(2002.7—2004.11)，黄海光(2004.11—2005.12)。人大主席：周马义(1987.11—1990.8)，蒙家卿(1990.8—1993.11)，冯元韬(1993.11—1996.10)，许培芳(1996.10—1999.9)，杨成保(1999.9—2002.3)，禤日东(2002.10—2005.12)。乡长：陆贵星(1986.1—1990.8)，冯荣孙(1990.8—1994.3)，黄集精(1994.4—1995.11)，禤培京(1995.11—1996.10)，李俊(1996.10—1999.6)，苏勇(1999.10—2002.3)，韦仕贤(2002.3—2005.12)。

第二节　上降乡

上降乡地处龙州县南部。属龙州、宁明、凭祥两县一市金三角地带。乡政府所在地上降圩东距龙夏二级公路 3 千米，南距凭祥市区 8 千米，北距龙州县城 20 千米。总面积 73 平方千米。有区直国营先锋农场板否、五里桥分场。龙凭公路、上八公路穿境而过。汉元鼎六年(前 111 年)，为雍鸡县地。唐武德四年(621 年)，属龙羁縻州。元大德三年(1299 年)，属龙州万户府。明洪武二年(1399 年)，属龙州。清雍正三年(1725 年)，属下龙司。乾隆五十六年(1791 年)，复属龙州。乾隆五十七年(1792 年)，属龙州厅。民国元年(1912 年)，属龙州军政分府。民国 2 年(1913 年)，属龙州县政府。民国 19 年正月(1930 年 2 月)，属龙州县革命委员会；4 月，复属龙州县政府。民国 22 年(1933 年)，始置上降乡，属龙津县政府。

2003 年 5 月，上降乡遭受严重干旱，乡党委、政府积极组织群众做好抗旱保苗工作。图为群众在安装抗旱水管

1950年，成立上降乡人民政府，属龙津县河南区，亦称第2区。1953年，成立上降乡公所，属龙津上金联合县百秾区，亦称第2区。1958年9月，并入河南人民公社。1960年，并入八角人民公社。1984年8月，重置上降乡人民政府。

上降乡境属亚热带季风气候，雨量较充沛，日照较充足，气候较温和。历年年平均气温在21℃至22.1℃。最热是7月，历年月平均气温27.1℃至28.1℃；最冷是1月，历年月平均气温12.2℃至14.1℃。属石山地区。地势自西南向东北倾斜，主要分为三大块：永恒、上降、纯仁、梓丛村为峡长冲积带；江村、鸭水、里城村为河谷冲积带；呼交村为冲积地带。境内山高一般海拔200米左右，最高峰为卫连炮台山（坡扣章），海拔740米。土壤为冲积土、水稻土。矿产资源比较丰富，主要有石灰石、页岩石铁矿、微粒金等。河流主要有由西南向东北汇入左江的平而河（又称黎溪），总流域面积7066平方千米。多年平均流量132立方米每秒，最大流量4000立方米每秒，年径流量37.6亿立方米。旅游资源主要有集休闲、垂钓为一体的那妈水库和永恒村板楞地下河；南瞭越地北瞰龙州城的卫连古炮台；闻名的“十七勇士”阻击战地—印山；两岸山青竹翠的鸭水滩。

2005年，全乡总人口11680人（不含农场），其中农业人口11386人。壮族聚居，用本地土语。耕地面积636.33公顷，其中水田448.33公顷，旱地188公顷；林地面积5413.33公顷，其中退耕还林540公顷，生态公益林593.33公顷，八角林1333.33公顷，其他林果2946.67公顷。农民人均纯收入2754元。上降乡是一个以粮、林、果为主，以甘蔗、畜牧为辅的农业乡。粮食作物以水稻、玉米为主，经济作物主要有甘蔗、花生、水果、黄豆、木薯等。年内，粮食播种总面积780公顷，总产量3159吨。甘蔗种植面积533.33公顷，产量35679吨，成为新的支柱产业。肉类产量1008.6吨，产值481.1万元。江村网箱养殖，那妈、那尧水库鱼、鸭立体养殖，鸭水村板否屯山羊养殖，岗龙坳西贡蕉、佛手瓜种植等初具规模。水果产量1162吨。有鸭水板茶塑料厂1个企业。全乡8个村通四级以上公路，46个自然屯有43个通屯级公路；可以收看卫星电视节目。有中国移动、中国联通信号站台3个，全乡通移动电话。有5个村委9个自然屯315户可以收看与县城一样的电视频道。乡文化站和乡广播站合并办公，有一栋400平方米的文化综合楼，图书室藏书4500多册。乡卫生院占地面积1215平方米，设有鸭水分院，8个村委会均设卫生室，有医务技术员8人。新型农村合作医疗覆盖率85%，孕产妇住院分娩率95%，死亡率0。

1986年—2005年历任乡正职领导。党委书记：冯景年（1986.1—1987.12），黄桂飞（1987.12—1989.9），冯景年（1989.9—1991.6），凌孚克（1991.6—1993.8），李加龙（第一书记1991.12—1993.1），廖盛松（代理1993.1—1993.8），冯荣评（1993.8—1996.8），周锡山（1996.8—1999.6），禤培京（1999.6—2002.3），农海洪（2002.3—2004.4），邓国忠（2004.4—2005.12）。人大主席：冯子文（1987.11—1990.8），黄辉然（1990.9—1993.11），凌孚克（1993.11—1996.10），廖盛松（1996.10—1997.2），梁政福（1997.3—1999.8），禤培京（1999.9—2002.3），廖日江（2002.9—2005.10）。乡长：何仲诚（1986.1—1990.9），潘乃群（1990.9—1993.10），廖盛松（1993.10—1996.10），禤培京（1996.10—1999.7），农海洪（1999.8—2002.3），禤培炼（2002.3—2005.12）。

第三节　彬桥乡

彬桥乡地处龙州县西南部。乡政府所在地彬桥圩距县城12千米。乡境东西最长19.62千米，南北最宽11.21千米。总面积121平方千米。有安镇、绕秀2个村委5个自然屯与越南接壤。边境线长18千米，有敢门边贸互市点及那曳、那殿边境通道。清雍正三年（1725年），属下龙司武盈峒。宣统元年（1909年），属龙州厅义字区。民国3年（1914年），属龙州县第2区。民国22年（1933年），分为龙门乡、平而乡。民国27年（1938年），属龙津县第2区。1950年，属龙津县青山区人民政府，仍为平而乡、龙门乡。1951年，属龙津上金联合县。1952年，属丽江县。1953年，复属龙津县下冻区，亦称第3区公所。1958年2月，撤区并乡，设彬桥乡、平而乡公所；9月，撤乡并置人民公社，属龙津县五星人民公社；12月，属睦南县。1959年1月，属龙州县；5月，分为彬桥、平而两个公社，属龙津县。1962年1月，属龙州县。1965年，并彬桥、平而置彬桥公社，平而大队划归凭祥市。1969 年，成立彬桥公社革命委员会。1984 年，成立彬桥乡人民政府。

彬桥乡境内常年气候宜人，年均气温 22.4℃，年降雨量 1373.2 毫米。大青山海拔 1045 米，是龙州县海拔最高的山脉，其山麓是龙州县重要的乌龙茶种植基地。境内森林面积 2385.67 公顷，森林覆盖率 51.8%。动植物资源丰富，有蚬木、八角、山黄皮、龙眼、李果、木菠萝、玉桂等珍贵林木及特色果树，珍禽异兽主要有穿山甲、水獭、蛤蚧、野山猪、山鸡、果子狸等。水口河、平而河，正常流量 85 立方米 / 秒，枯水期水深 10~20 米。境内较大的水库有百板水库，容量 80 万立方米。有石灰石、建筑石、大理石、水晶矿、钛铁矿等矿藏。其中，石灰石、建筑石、大理石藏量丰富，具有开发价值。有大青山风景区、大青山起义旧址、小连城、逍遥洞、碧云洞等旅游景点。有彬桥街歌圩（农历六月十九），彬迎村板迎屯歌圩（农历七月廿二）。

2003 年 5 月 7 日，县长黄榜荣到彬桥乡检查指导“非典”防治工作，在安镇村与乡村屯干部座谈

2005 年，全乡总人口 17865 人，其中非农业人口 1975 人，占总人口 11.06%。耕地面积 1859.26 公顷，其中水田 733.33 公顷、畲地 1125.93 公顷。全镇完成地区生产总值 1.72 亿元。其中第一产业产值 1.68 亿元；第三产业产值 0.04 亿元。农民人均纯收入 2186 元，城镇居民人均可支配收入 2579 元。种植产业形成稳粮促蔗，抓特色农业的格局。年内，俸村村那新屯、红岭村克标屯建立乌龙茶种植基地 20 公顷，全乡累计种植乌龙茶面积 46.67 公顷，成为彬桥乡特色的种植业。红岭村红岭屯立体种养业是龙州县的“菜篮子”标杆。全乡养猪 19503 头、马 20 匹、牛 1840 头、羊 430 只、家禽 39840 羽；山塘、水库养鱼 8.67 公顷，产量 60 吨；池塘养鱼 59.33 公顷，产量 521 吨；网箱养鱼 540 箱，产量 380 吨。彬桥圩日为逢农历一、四、七。有圩亭 3 座，总面积 2200 平方米，货位数 110 个，地摊 80 个。圩道两旁摊店约有 60 多个。赶圩的群众约有 3000 人 ~5000 人次，日交易额 10 万元左右。全乡代销业有 260 家，饮食业 15 家，运输车辆 265 辆。举办劳务职业培训 1240 人，劳务输出 2806 人，年创劳务收入 15000 多万元。彬桥水厂日供水量 1500 立方米，可满足乡直机关、彬桥村委会及周边 9 个自然屯 2100 多常住人口及 800 多流动人口生活用水需求。全乡 12 个村委会 82 个自然屯全部通电、通车。12 个村委会全部通电话，移动通信信号全覆盖。广播电视网络覆盖 6 个村 15 个自然屯 560 户，受益群众 3600 人。建成投入使用沼气池 65 座，累计建池 2603 座。设有文化综合楼，建筑面积 920 平方米。全乡有中学 1 所、中心小学 1 所，村完小 12 所。彬桥中学、彬桥中心小学及各个完小都配置远程教育系统电脑室。“两基”教育通过自治区政府达标验收。2005 年，彬桥中小学教师人数 95 人，中小学生在校人数 2090 人，其中小学学生 1125 人，中学学生 965 人。彬桥乡卫生院在岗医务人员 12 名，彬桥卫生院下属有 12 个村级卫生室，每个卫生室配备 1 名村医。乡辖区内广西热作站学校学生 312 人，教师 26 人，广西南亚所卫生院在岗医务人员 8 名。

1986 年—2005 年历任乡正职领导。党委书记：黄孙联（1986.1—1987.11），梁勇（1987.11—1989.10），黄孙联（第一书记 1989.10—1990.7），黄繁星（1990.7—1993.8），黄子秋（1993.8—1996.8），姚奕文（1996.8—1999.6），归沿昌（1999.6—2000.3），李向荣（2000.5—2002.7），苏建华（2002.7—2002.10），黄勇（2002.10—2005.12）。人大主席：农珍宝（1987.11—1990.10），唐汉福（1990.10—1993.11），赵绍官（1993.11—1996.10），唐汉福（1996.10—1999.9），归沿昌（1999.9—2000.3），李向荣（2000.5—2002.7），赵汉光（2002.9—2005.12）。乡长：农珍宝（1986.1—1987.11），黄繁星（1987.11—1990.8），农红生（1990.8—1993.9），马志芬（1993.9—1996.8），凌加红（1996.8—1999.9），黄勇（1999.9—2002.10），农绍飞（2002.10—2005.12）。

第四节　上龙乡

上龙乡地处龙州县城西北郊。乡政府所在地上龙圩距县城8千米。乡境东西最大横距27千米，南北最大纵距58千米，总面积173平方千米。龙金、龙逐公路穿乡而过，柏油路里程40千米。汉元鼎六年（前111年），为雍鸡县地。唐武德四年（621年），属龙羁縻州。五代十国（907年—960年），属南汉宜州。宋初（960年），复属龙羁縻州。元大德三年（1299年），属龙州万户府。明洪武二年（1369年），复属龙州。清雍正三年（1725年），始置上龙土司古甑峒，隶太平府。乾隆五十六年（1791年），归龙州承审。光绪三十三年（1907年），属龙州厅。民国元年（1912年），属龙州军政分府。民国2年（1913年），属龙州县政府。民国17年（1928年），属上金县上龙区，亦称第2区。民国19年正月（1930年2月），属上金县革命委员会；4月，复归上金县政府。民国22年（1933年），始置上龙乡公所。民国27年（1938年），改为龙泉乡公所。1950年，更名为龙泉乡人民政府，属上金县武德区。1953年，复名上龙乡公所，属龙津上金联合县武德区，亦称第5区。1958年9月，并入武德人民公社。1969年，并归霞秀公社革命委员会；1987年8月，由武德乡武权、民权、新联3个村公所，霞秀乡上龙、弄平、板汪、民强、岜那5个村委会，置上龙乡人民政府。

上龙乡处南亚热带，属石山地貌，山多地少，土质多为红黄相间颗粒黏性土壤。矿藏有石灰石、白玉石、水晶矿、大理石等。有3个村地处国家级弄岗自然保护区内。全乡森林总面积7400公顷，森林覆盖率39%。动植物资源丰富，有蚬木、苦楝树、山黄皮、龙眼、李果、木菠萝、枇杷等珍贵树木及特色果树和蛇类、蛤蚧、山鸡、猿猴、松鼠、果子狸等。全乡水资源分布不均，上片武权、民权、新联、上龙4村水源丰富。上龙村水陇水库修建于1956年，是龙州县藏水较多的水库之一，丰水期容量约11万立方米。水库开发为风景区后，逐步成为城镇居民节假日游泳、野外烧烤、闲暇垂钓等旅游休闲娱乐景点。主要歌圩日有正月十五是水陇屯、十六是把敏屯（谷棉坡岜屯）、三十是板弄屯和大陇屯；二月初二是那豆屯和江那屯；三月初三是排站屯（板告屯）；四月二十一是古里屯和弄埠屯（塘顺屯）、二十二是陇利屯和红岩屯（妈海屯）、二十三是上龙街和板电屯（弄板屯）。

2005年，全乡总人口17897人，其中非农业人口247人，占总人口0.01%。耕地面积3600公顷，其中水田866.67公顷，畲地2733.33公顷。全乡完成地区生产总值0.96亿元。其中第一产业产值0.69亿元；第二产业产值0.01亿元；第三产业产值0.26亿元。财税收入24万元。上龙乡是“甘蔗之乡”，甘蔗是传统种植产业，种植面积和产量连年居全县之首。年内，全乡甘蔗种植4000公顷，良种化100%，2005/2006年榨季产量32.71万吨。为改变单一的种植结构，上龙乡群众自行推行土地“小块并大块”集约化调整。年内，全乡有7个村42个屯8000多群众参与土地“小块并大块”调整，集约化整合土地面积626.67公顷。全乡种植香蕉213.33公顷，果蔗190公顷，剑麻133.33公顷。有养猪专业户42户，养殖生猪存栏2600头，出栏5600头。个体工商户发展到429户。有农用拖拉机358台，农用运输车93辆，微型客运车35辆，出租车8辆。有350人参加职业技能培训，劳务输出人数累计3000人次，年创劳务收入1800多万元。年内，投入15万元，对上龙水厂管道系统进行维修，供水点主要有乡直各单位和上龙村把敏、塘故屯，弄平村江那屯、弄平屯等23个点。全乡除板汪村陇汪屯没有建设人饮工程外，其余70个自然

2003年10月，自治区农业厅将农产品标准化生产（无公害）基地200亩香蕉种植项目落实在上龙乡上龙村弄依屯实施。图为是月12日县项目实施小组到上龙乡开展技术培训

屯均完成人畜饮水工程，4000多户村民接通自来水。上龙乡8个村委会71个自然屯全部接通生活用电，实现村村通村级公路。8个村委会已通电话或移动通信信号全覆盖。广播电视网络覆盖4个村委会20个自然屯600户，受益群众2200多人。沼气池建成并投入使用262座，累计建池2792座。有中学、中心小学各1所，完小7所，都配备远程教育卫星地面接收系统。“两基”教育通过自治区级验收，2005年“普九”义务教育通过国家验收。有乡宣传文化站。年内，建筑面积200平方米的荒田新村文化活动室竣工投入使用，占地0.4公顷的弄秾民族文化活动中心开工建设。设有乡级卫生院1所，有医护人员10人，8个行政村都设有卫生所。

1986年—2005年历任乡正职领导。党委书记：陆光廷（1987.12—1988.9），陆忠贤（1988.9—1993.8），孔令学（1993.8—1996.1），苏吉贵（1996.1—1996.8），苏秀辉（1996.8—1999.2），林森（1999.2—2002.7），黄勇（2002.7—2005.12）。人大主席：农应酬（1988.10—1993.11），黄福光（1993.11—1996.10），隆兆宽（1996.10—1999.9），林森（1999.9—2002.2），黄仕峰（2002.8—2005.12）。乡长：马吉宣（1988.10—1990.10），黄福光（1990.10—1993.8），隆兆胜（1993.8—1996.8），李向荣（1996.10—1999.3），黄勇（1999.4—2002.7），韩日辉（2002.10—2005.12）。

第五节　武德乡

武德乡地处龙州县北部。乡政府所在地科甲街距县城35千米。总面积204平方千米。边境线长25千米。汉元鼎六年（前111年），属雍鸡县地。唐武德四年（621年），属龙羁縻州。元大德三年（1299年），属龙州万户府。明洪武二年（1369年），属龙州。清雍正三年（1725年），属上龙司德科半峒。光绪末年（1908年），属龙州厅上龙司。宣统元年（1909年），属上龙司甲区。民国17年（1928年），属上金县上龙区，亦称第2区。民国22年（1933年），属上金县。1950年，属上金县武德区公所，科甲乡辖区不变。1951年，属龙津上金联合县第5区。1958年2月，并为武德乡、科甲乡、上龙乡；9月，原武德乡、科甲乡、上龙乡并置武德人民公社。1969年，成立武德公社革命委员会。1984年，改为武德乡人民政府。

武德乡境属石山区，山地面积占总面积81.8%，平地居少，山泉多处。有山泉水溪建成的绿施、六通、友谊水库和保卫水电站。林业主产珍贵树种蚬木、金丝李等。东部大片原始山林是弄岗国家级保护区属地（陇呼片），著名的“蚬木王”就在三联村陇呼屯。盛产山黄皮、山李果等。

2005年，全乡有4310户19385人，其中非农业人口684人。耕地面积2245.14公顷，其中水田961.27公顷、旱地1283.87公顷。全乡完成地区生产总值1.51亿元。其中第一产业产值1.31亿元；第二产业产值0.16亿元；第三产业产值0.04亿元。完成全社会固定资产投资0.19亿元。社会消费品零售总额0.41亿元。农民人均纯收入3322元，城镇居民人均可支配收入5023元。粮食作物以水稻为主，兼种玉米、木薯、红薯等，经济作物主要以甘蔗为主，兼种花生、茶叶、水果、黄豆等。年内，粮食总产量3285吨；种植甘蔗3200公顷，入厂原料蔗25.87万吨，与越南下琅县瑞华社合作种植甘蔗1000公顷，产量7.5万吨。发展口岸经济，建成科甲集中供水工程和科甲口岸交易所、科甲口岸联检部门的办公场所，拓宽科甲街到口岸公路，全长1.5千米。双边进出口中草药、农产品、矿产品、建材、农资、啤酒等货物，交易额约5000万元。2005年，全乡8个村全部实现通电、通信、通电视，8个村委会均设有戏台、篮球场和文化室等设施。全乡辖初级中学1所、中心小学1所、完全小学6所、幼儿园1所。

2002年4月16日，武德乡机关回迁建设工程开工典礼

全乡教师98人，全乡中小学在校学生2132人，入园幼儿32人。适龄儿童入学率100%，普及率97%。其中，武德乡中学有教职工34人，在校生525人。武德中心小学是龙州县唯一的寄宿制民族班小学，有教职工36人，在校学生643人，其中内宿学生520人。有科甲卫生院、武德卫生院2所，共有医务人员23人，床位24个；个体诊所4个，从业人员8人；8个村委设有卫生室，有村级医务人员15人，形成遍及全乡的卫生服务网络。村级合作医疗覆盖率100%，强化免疫服苗率98%。全乡孕产妇205人，死亡率为0，住院分娩率100%。

1986年—2005年历任乡正职领导。党委书记：严家亮(1986.1—1987.12)，谭耀山(1987.12—1989.11)，严家亮(1989.11—1991.6)，赖万龙(1991.6—1993.8)，韦国斌(1993.8—1996.8)，黄文建(1996.8—1997.28)，韦宁生(1997.2—1999.6)，吕天球(1999.6—2005.9)，农茂威(2005.9—2005.12)。人大主席：黄建芳(1987.11—1993.11)，韦小荣(1993.11—1996.10)，农权茂(1996.10—1999.9)，吕天球(1999.9—2002.9)，许旭光(2002.10—2005.12)。乡长：马吉先(1986.1—1987.9)，严家亮(1987.11—1989.10)，韦小荣(1989.10—1993.11)，黄文建(1993.11—1996.8)，潘振禄(1996.10—1999.8)，吴尚文(1999.8—2004.11)，李婧(2005.4—2005.12)。

第六节　逐卜乡

逐卜乡地处龙州县北部，乡政府所在地逐卜街距县城48千米。总面积221.56平方千米。唐武德四年(621年)，置龙羁縻州，旧治今属谷阳村旧州屯。清雍正三年(1725年)至民国16年(1927年)，属上龙司。民国17年(1928年)，属上金县逐卜区，亦称第3区。民国22年(1933年)，始置逐卜乡公所和牌宗乡公所。1950年，属上金县逐卜区公所，分为逐卜乡、牌宗乡、金龙乡。1953年，属龙津县逐卜区，亦称第6区。1958年2月，撤区并乡，重设金龙乡、牌宗乡、逐卜乡；9月，原金龙乡、牌宗乡、逐卜乡并置原子人民公社。1965年，分置逐卜人民公社。1969年，成立逐卜公社革命委员会。1984年，成立逐卜乡人民政府。

逐卜乡境属亚热带季风气候，日照充足，雨量充沛，气候温和，年均降雨量1796.8毫米，年均气温21.2℃，年均无霜期345天。为岩溶石山区，石山面积占总面积65.54%。南部的原始森林，是弄岗国家级自然保护区主要区域，保护区管委会驻弄岗村楞垒屯。森林中各种动植物众多，为龙州县龙眼果、桂圆肉以及山黄皮、中药材、蛤蚧、野狸等主要产区。山地多，无河流，农田靠山泉流水和地下水灌溉。因地处石山低洼，且为金龙镇排涝必经之地，农田易受旱涝威胁，对农作物收成影响较大。

2005年，全乡人口18002人，其中非农业人口543人。耕地面积3355公顷，其中水田面积1499.2公顷，旱地面积1855.8公顷。全乡完成地区生产总值1.06亿元。其中第一产业产值1.04亿元；第三产业产值0.02亿元。完成全社会固定资产投资439万元。社会消费品零售总额0.6亿元。财税收入22.53万元。农民人均纯收入2045元，城镇居民人均可支配收入4350元。原料蔗种植面积2866.67公顷，2005/2006榨季入场原料蔗20.2万吨。经济作物以种植黑皮果蔗为主，全年种植面积4800公顷，产量5.3万吨，产值3710万元。有龙州县逐卜乡农产品产销协会，使用“弄岗”牌注册商标，协会会员有1400多户。创建“客商＋协会＋农户”的订单经营模式，产品销往湖南、上海、北京等省市。逐卜新集贸市场，面积2000多平方米，3天一圩，赶圩人数约1500人。全乡有个体工商户289户，其中批发零售业247户，从业人数470人，商品销售总额1624万元；餐饮业14户、服务业19户、其他行业9户。有客运汽车24辆、货运汽车54辆。逐卜乡自来水厂，日供水量300立方米，惠及乡政府所在地周边村民，其他村屯均为自打井水供

1998年4月，逐卜乡人饮工程竣工。图为竣工典礼现场

水，全乡人饮问题全部解决。全乡11个村委会修通四级公路，所有自然屯修通机耕路。全乡完成农村电网改造；通信网络覆盖率100%，有电话用户1593户，移动基站9个，联通基站11个；广播电视信号覆盖面积100%，实现屯屯通广播电视，同步转播中央电视台、广西电视台的节目。有初级中学1所，中心小学1所，完全小学5所，教职工141人，在校生2200人。全乡学龄儿童入学率、毕业率、适龄儿童教育普及率均100%。逐卜中学校舍面积8461平方米，生均19.69平方米。逐卜中心小学占地面积11199.88平方米，建筑面积5373平方米。全乡小学藏书2.15万册。2005年，逐卜中学、逐卜中心小学通过自治区"普九"验收。有乡级卫生院1所，建筑面积1700多平方米，医务人员20人。

1986年—2005年历任乡正职领导。党委书记：陈正德(1986.1—1990.7)，闭泽文(1990.7—1993.10)，黄海雁(1993.10—1995.7)，严敬新(1995.10—1996.8)，赵金甲(1996.8—1998.11)，黄云海(1998.11—1999.6)，韦宁生(1999.6—2001.3)，许绍贵(2001.3—2002.10)李利民(2002.10—2004.4)，黄超程(2004.4—2005.12)。人大主席：农华荣(1987.11—1989.6)姚奕勇(1989.6—1993.11)，苏品才(1993.11—1995.3)，黄玉荣(1995.3—1996.2)，陆显杰(1996.2—1999.9)，韦宁生(1999.9—2001.3)，许绍贵(2001.3—2002.10)，蒙勇(2002.10—2005.12)。乡长：闭泽文(1986.1—1986.10)，李金才(1986.10—1989.6)，闭泽文(1989.6—1990.8)，冯云方(1990.81—1992.3)，张精武(1992.3—1993.11)，陆显杰(1993.11—1996.2)，黄玉荣(1996.2—1999.2)，农化(1999.4—1999.6)，许绍贵(1999.7—2001.3)，何文杰(2001.4—2004.12)，姚新(2004.12—2005.12)。

第七节 上金乡

上金乡地处龙州县东部，乡政府所在地新街，在明江与丽江的交接处附近，距县城18千米。总面积216平方千米。汉元鼎六年(前111年)，属雍鸡县地。唐武德四年(621年)，属龙羁縻州。元大德三年(1299年)，属龙州万户府。明洪武二年(1369年)，属龙州。清雍正三年(1725年)，属上龙司下王峒。光绪十三年(1907年)，属龙州厅。民国元年(1912年)，属龙州军政分府。民国2年(1913年)，属龙州县。民国17年(1928年)，属上金县窑头区。民国22年(1933年)，始置新埠乡，属上金县。1950年，成立新埠乡人民政府，属上金县上金区人民政府。1951年，属龙津上金联合县上金区，亦称第7区。1958年2月，撤区并乡，置中山乡、芹阮乡、天西乡、响水乡；9月，4乡并置上金人民公社。翌年，以原新埠乡辖地成立上金人民公社。1969年，分置响水公社革命委员会、上金公社革命委员会。1984年，成立上金乡人民政府。

上金乡地属石山区。境内河流纵横曲折，把乡地分割成三大区域。山水连绵，土地肥沃，自然资源丰富。弄岗国家级自然保护区自北向南延跨乡地之中。有风景美丽的左江河段、丽江花山岩画、古刹紫霞洞、沉香角神仙板、宝剑山、秀才看榜、进明人间仙境、弄庙千年古榕以及联江官岩洞等景点。

2005年，全乡总人口2.01万人，有壮、汉等民族，其中壮族人口占99.81%。耕地面积3820公顷，其中水田726公顷，畲地3094公顷。全乡完成地区生产总值2.10亿元。其中，第一产业产值1.35亿元；第二产业产值0.45亿元，规模以上工业产值0.35亿元；第三产业产值0.30亿元。完成全社会固定资产投资5000万元。社会消费品零售总额1.5亿元。农民人均纯收入4750元，城镇居民人均可支配收入9650元。全乡种植甘蔗面积3233.33多公顷，良种面积100%，其中"吨糖田"900公顷。按照甘蔗"六化"标准，分别在进明村、勤江村和中山村建立3个水田种蔗示范基地，面积23.33公顷。2005/2006年榨季全乡

上金乡"三江口"附近渔民休渔晒网

(摄于2003年6月18日)

入厂原料蔗24.49万吨，创历史新高。粮食作物播种面积1509公顷，粮食产量5368吨。香蕉种植面积80公顷，剑麻120公顷，蔬菜307公顷。有龙州—新旺—弄庙公路连通县城和乡政府所在地新街，从弄庙码头需乘坐渡船到对面新街码头才能到达乡政府，配备有大型车渡船1艘，小型客渡船2艘，满足群众生产生活及出行需要，从上金新街、弄庙码头乘船沿丽江逆流而上可以到达龙州县城，水路交通十分便利。除陇山片区外，其余村屯均通生活用电，乡政府所在地及周边村屯通有线电视，其余的可通过模拟电视信号收听收看电视节目；大部分村委所在地建有篮球场和舞台，供群众开展文体活动。全乡10个行政村均设有完全小学，有教师123名，学生985人；上金中学是上金乡唯一的一所中学，校园面积近30亩，开设有全日制七、八、九年级共9个班，学生325名，教职员工35名。乡政府所在地有上金卫生院1所，医务人员22人，病床30张，基本满足群众看病就医需求；勤江村还建有一个标准化卫生室，配备有专职医生，实行24小时值班，主要是为卷逢、两岸、进明、勤江等离乡政府较远村屯群众提供医疗卫生服务；10个行政村均配有乡村医生，医务人员达25人，实现“小病不出村”，在家门口就能享受到基本的医疗卫生服务。

1986年—2005年历任乡正职领导。党委书记：何永刚(1986.1—1987.12)，凌祥贵(1987.12—1990.7)，唐忠武(1990.7—1992.3)，林平(1992.3—1993.8)，王辉(1993.8—1994.11)，甘志恒(1994.11—1996.8)，陆永华(1996.8—1999.2)，杨成保(1999.2—1999.6)，李利民(1999.6—2002.10)，张富芬(2002.10—2004.4)，吕丽卿(2004.4—2005.12)。人大主席：何永刚(1987.11—1993.11)，黄佳清(1993.11—1999.9)，李利民(1999.9—2002.10)，梁细干(2002.10—2005.12)。乡长：黄金光(1986.1—1987.11)，唐忠武(1987.11—1990.7)，王辉(1990.7—1993.8)，马威武(1993.8—1997.8)，杨成保(1997.9—1999.3)，张富芬(1999.4—2002.10)，符志新(2002.10—2005.12)。

第二十七篇

人　物

龙州县地处祖国南疆，英才辈出，1986年—2005年各行各业涌现出许多优秀人才。人物篇设人物传和人物表两章。第一章“人物传”坚持生不立传原则，立传41人，其中烈士18人，名人23人；第二章“人物表”列表记载1986年—2005年间副厅（师）级以上职务的党政军人物、各系列副高职称以上人员及获省（部）级以上表彰的劳动模范、先进个人。

第一章　人物传

第一节　烈士传

宛旦平（1898—1930）　湖南省新宁县人。1922年秋，考入湖南省立长沙岳云中学。在校期间，参加进步师生举行的集会、罢课等革命活动。课余时间，经常到中共湘区区委创办的图书馆借书刊，先后认识毛泽东、何叔衡等人，开始接受马列主义教育。1924年5月，考入广州黄埔军校第二期。毕业后，任国民革命军第1军团参谋。1926年，参加北伐战争，任国民革命军第1军连长、营长等职。同年，加入中国共产党。1927年起，历任国民革命军第4军第11师第75团第1营营长、团参谋长、代理团长等职。同年8月1日，参加江西南昌起义。1929年8月，受中共中央委派到广西南宁开展统战兵运工作。10月中旬，与俞作豫等率广西警备第五大队到达龙州县城，参与领导龙州武装起义的筹备工作。先后担任广西全边对汛督办公署警卫营营长，中共左江军事委员会委员、书记。1930年2月1日，参加龙州起义，任中共红八军前敌委员会委员、中共红八军军事委员会委员、中国红军第八军参谋长、红八军第二纵队司令。1930年3月20日，率部指挥龙州保卫战。3月22日，在凭祥阻击战中，壮烈牺牲。

林礼（？—1930）　广东省海丰县人。早年参加中共发动和领导的陆海丰农民运动，加入中国共产党。1929年11月底，受中共广东省委指派，乔装商人秘密到达龙州，指导左江地区党务和民运工作；12月，由左江农民运动指导委员会谢玉芳、龙州县妇女运动负责人陈振华等人陪同，步行20多千米到下冻区乡村进行社会调查。在听取下冻区农民协会领导人杨春秀介绍河渡屯共耕社的创建过程后，肯定这一大胆尝试，在下冻区各个乡村进行推广。经过一段时间的考察，中共龙州县地下组织在县城工会、下冻农会中吸收杨春秀、周和平、杨志坤、邓生、谢一泓、张兆梅等，加入中国共产党。12月15日，成立左江地区第一个县级中共组织——中共龙州县委员会。12月下旬，以中共龙州县委员会组织委员身份，与中共党员甘湛泽、韦炫等一起发展凭祥县7名党员，成立中共凭祥县支部委员会。1930年1月底，左江地区建立3个中共县级特别支部、9个基层党支部，有108名党员。2月1日，参与组织领导龙州武装起义，任中共左江特委组织委员，左江革命委员会秘书长兼文化委员会主任；2月上旬，以左江革命委员会名义，拨出300元光洋支持下冻区建设消费合作社；2月中旬，根据群众的要求，左江革命委员会开展镇压反革命运动，与左江肃反委员会主任麦锦汉采取果断措施，逮捕和镇压20多名反革命分子和不法资本家。3月初，和红八军军政学校总教官甘湛泽、大队长唐克，率领军政学校120多位学员，赴下冻区扶伦乡开展土地改革运动；20日，桂军突击龙州，率队回援，受伤被俘。翌日，在龙州县城北门外英勇就义。

何世昌（1905—1930）　原名何耀祖，湖北省郧县人。1925年，在武昌大学读书，加入中国共产党。1927年，受中共委派到湖北省鄂城金牛地区开展工农运动。1928年初，回家乡开展鄂西北地下革命斗争。1929年夏，奉中共组织指示，到南宁张云逸部下工作。10月，跟随邓小平、张云逸率广西警备教导总队和广西警备第四大队到达百色县城，参加百色武装起义筹备工作。12月上旬，百色武装起义各项准备工作就绪之后，随邓小平等到龙州县城。参与领导整顿军队、平息叛乱、开展农运、武装工农、筹建民主政权等筹备工作。1930年

2月1日,参与领导举行龙州武装起义仪式,任大会执行主席,宣布胜利举行龙州武装起义、中国红军第八军和左江革命委员会诞生,宣读中国共产党的政治主张和《中国红军第八军目前实施纲领》,号召左江地区革命干部和工农兵群众积极行动起来,为保卫革命胜利果实和把革命引向深入而英勇斗争。任中共左江军事委员会书记、中共红八军军事委员会书记、中国红军第八军政治部主任。1930年3月20日,桂军突袭龙州,与俞作豫、宛旦平等率部英勇抗击。红八军直属和二纵队撤离龙州,辗转到钦州县小董镇后,和俞作豫带卫士前往右江寻找红七军,路经邕宁县马村渡口时,被敌追击,陷入泥泞水田中,不幸被俘。7月4日,在南宁市郊外英勇就义,时年26岁。

黄大我(1905—1930) 龙州县下冻镇下冻街人。1929年10月,参加革命工作。参与组织上金县(今属龙州县)农民赤卫大队,创建上金县陇那革命根据地。同年12月,参与率领并指挥上金县农民赤卫大队歼灭国民党龙泉乡民团,活捉团总李文瑞。1930年1月,加入中国共产党。2月1日,参加龙州起义;次日,上金县农民赤卫大队攻克县城窑头圩(俗称旧街),任上金县革命委员会肃反委员、民政部长;17日,和上金县革命委员会主席张兆梅等一起,组织指挥上金县农民赤卫大队,打退国民党地方武装的多次疯狂反扑;23日,和大队长罗钦泰、副大队长梁显贵,率领上金县农民赤卫大队,前往下冻增援红八军二纵队围剿叛军黄飞虎,在楞巧阻击黄汉鹏股匪战斗中牺牲。

何子礽(1905—1930) 原名何子昂,又名何莽。龙州县龙州镇北门街人。1922年,考入省立龙州第七中学,1926年,考入广西南宁军校,开始接受马克思主义教育;8月,加入中国共产党。1928年秋,任广西第四警备大队副大队长。1929年12月11日,参加百色起义,任红七军第一纵队第一营营长。1930年2月4日,在打退桂系军队围攻右江革命根据地的战斗中,战功卓著,升任红七军第一纵队纵队长;11月初,红七军在河池改编,调任十九师五十五团团长;12月28日,红七军攻打湖南省武冈县城前夜,率小分队前往县城进行侦查,在冲出敌人火力返回时被击中,壮烈牺牲。1984年4月,武冈县法相岩公园内革命烈士纪念碑落成,武冈县人民政府将其骨灰安放在纪念碑内。

麦锦汉(1893—1931) 原名麦树森,南宁人。1921年,到梧州市当邕梧线电船引水员。1925年,被选为梧州市电船带水工会执行委员,参加省港大罢工。1926年6月,被选为梧州市工会联合会委员,加入中国共产党。1927年6月,被选为梧州市总工会执行委员。1928年6月,任中共广西特委委员。1929年5月,受中共广西特委派遣,到横县开展地下革命工作,建立横县第一个中共支部。9月,受中共广西特委指示,前往左江龙州县从事工农运动。与何建南一起,在龙州县城成立左江农民运动指导委员会,恢复和发展下冻区四乡农民协会,建立10多个县城基层工会,工农会员4000多人。1930年2月1日,参加领导龙州武装起义。任左江革命委员会委员兼肃反委员会主任、中共左江特委工运委员。3月20日,桂系军队重兵突袭龙州县城,参加龙州保卫战。随红八军二纵队撤离龙州,辗转到香港,找到中共组织。7月,受中共中央南方局委派,重返横县开展革命工作。10月,重任中共广西特委委员。1931年11月,到横县附城乡塘村开展工作,被国民党横县当局逮捕,在横县城北门就义。

唐飞麒(?—1931) 龙州县人,壮族。1929年秋,参加龙州县工农革命运动;10月,由中共党员俞作豫委派前往雷平县(今属大新县)、靖边县(今属靖西县)等地开展农民运动。1930年初,组织和领导雷平、下雷二十四寨农民协会和农民自卫军;2月1日,率领雷平农民自卫军返回龙州县城参加武装起义,编入红八军左江第2路游击大队,任雷平县农民自卫军赤卫大队副大队长;3月中旬,指挥雷平县农民自卫军赤卫大队配合红八军攻打盘踞靖西县城的郑超叛军;8月,与向都县(今属天等县)农民自卫军赤卫大队会合,联合组建左右两江农民赤卫军第1路军,任副总指挥。此后,先后3次率部发起围攻向都县城的战斗。1931年7月,带领第1路军撤回雷平二十四寨活动;11月,在岜兰寨被叛徒出卖,从容就义。

黄奇彦(1910—1934) 上金县(今龙州县)逐卜乡崇德村陇关屯人,壮族。1923年,在广西省立南宁第一中学读书时,加入中国新民主主义青年团。1927年春,考入广西农民运动讲习所学习,参加南宁市郊农民革命斗争,加入中国共产党。在"四一二"反革命政变中,被国民党南宁反动当局抓捕入狱。1928年夏,出狱回到家乡。不久,收到中共党员俞作豫来信联系,立即借2块光洋作路费,寻找党组织。1928年7月,经中共组织安排，考入广西陆军军官学校学习。1929年10月，编入广西警备第4大队，跟随张云逸等人护送邓小平到达百色。1929年12月11日，参加邓小平领导的百色武装起义，任红七军军部参谋兼一纵一营一连连长。1930年春，重新加入中国共产党。1930年11月，转战桂黔湘粤赣边，荣立战功。1931年7月，到达江西中央苏区，先后担任红七军第19师参谋和红三军团第5师参谋，历经中央苏区第三、第四、第五次反"围剿"战役。1934年8月，在中央苏区第五次反"围剿"战役的一次战斗中，英勇牺牲。1953年，龙津县人民政府追认其为革命烈士。

闭建章(1910—1946) 龙州县下冻区布伦乡扶伦村板灵屯（今下冻镇扶伦村板灵屯）人。年幼丧父，家道艰辛。1929年12月，左江农民运动指导委员会主任何建南从龙州县城运一批弹药到下冻区武装农民赤卫队，闭建章带领板灵屯青年参加发枪武装大会，领回7支步枪和数百发子弹。1930年2月1日，带领板灵屯赤卫队员参加龙州起义。龙州起义后，在红八军军部参谋苏松甲的指挥下，率领下冻区农民赤卫队冲入国民党龙州县府，逮捕和处决罪大恶极的区文俊、闭钰达等反动分子。3月20日，红八军受敌重兵突袭，被迫撤离龙州。他随中共左江秘密特别委员会委员杨春秀退回板灵屯，参加左江武装游击队，坚持革命斗争。

1944年7月，中共桂滇边特支派遣梁游委员到下冻区秘密进行革命活动，经布局乡中心小学校长潘大琪的介绍，梁游以"叔谢"难民身份在闭建章家落脚。闭建章和梁游一起，时常以打木建房为由，出入中越边境村屯开展串联和发动群众工作。1944年8月，梁游在那造村秘密召开研究成立"兰友会"准备工作会议，闭建章持枪警戒，负责保卫会议的安全；10月，那造村河渡屯农民协会成立；11月，闭建章被推选为板灵屯农会会长。1945年初，下冻区先后成立一批秘密乡村农会。闭建章常常只身出入国民党据点的龙津县城、下冻街、彬桥街等地，试探敌情，收集情报。1946年10月7日晚，他从板灵屯到板罡屯开展农会工作。在返回的途中，不幸遭到敌人埋伏而牺牲。解放后，龙津县人民政府追认其为革命烈士。

闭敬斌(1915—1948) 上金县龙泉乡（今龙州县上龙乡）新联村念吾屯人，壮族。1947年11月，参加中共上金支部领导的秘密农会，成为龙泉乡农会的骨干分子。1948年3月，参加中共左江工委发动和领导的上金县武装起义，成为上金县武装基干队的队员。不久，被任命为武德地区武工队第3分队分队长。他率领第3分队，经常寻机袭击敌人，名扬武德、龙泉等乡村。

1948年5月28日，国民党军队进犯上金县游击区，上金县武装大队中队长隆芳国等人，在龙泉乡板粟屯被敌人包围，闭敬斌闻讯立即率领10多名武工队员前往援救。在激战中闭敬斌不幸腿部中弹负伤，到诰内屯医治。当晚敌重兵包围诰内屯，闭敬斌趁夜色转移到陇旺屯后的岩巫山洞里，隐蔽治伤。6月2日，山洞被敌发觉，敌人用烟火熏燎，他和保卫员谭美廷英勇牺牲。解放后，上金县人民政府追认其为革命烈士。

谢汉葭(1912—1949) 原名谢观明，号兴礼。龙州县龙州镇驮苗街人。年轻时爱好文艺。在家中兄弟排行第三，街坊邻居尤喜尊称他为"三哥"。1932年，在广西省立龙州中学毕业后，只身到上海、香港等地闯荡。1934年，考入龙州专区国民基础学校。毕业后，分配在龙州县城任小学教师。

1937年7月7日，卢沟桥事变爆发后，组织龙州镇10多名进步知识青年，成立龙州县青年抗日夜呼队。每到午夜时分，夜呼队员人人手握火把，穿街过巷，高呼口号，唤起国人抗日的觉醒。1938年底，和汤启英等人领头，组织20多个有才艺的知识青年，成立龙津县青年抗日剧社。他们以街头演戏为主要形式，先后演出《放下你的鞭子》等话剧，演唱《黄河大合唱》《热血颂》等歌曲。1940年8月，带领业余剧社和广西学生军第三团一中队一起，在龙津县城同台演出革命话剧。

1947年初，自任经理，集资创办《龙州民报》，报道国内民主运动状况，揭露国民党官员贪污腐败罪行。龙州专署以没有准许登记为由转饬龙津县政府勒令《龙州民报》停办。1947年8月，中共左江工委领导举行大青山武装起义，其以龙津县西关镇小学校长身份作掩护，成为游击队交通联络站联络员。不久，担任联络站负责人，为革命游击区搜集情报，散发革命传单，采购护送药品和生活物资。

1949年7月下旬，被国民党龙州当局逮捕入狱。8月13日，牺牲于新填地青龙桥刑场。解放后，龙津县人民政府追认其为革命烈士。

严毓衍(1921—1949) 别名严霜，乳名阿丁。上金县（今龙州县）逐卜乡逐卜街人。1936年9月，考上省立龙州第七中学(今龙州中学前身)。1938 年,开始参加有组织的抗日救亡活动。经常在校园的宣传栏上发表抗日救亡宣传文章,上街头演讲、演出。参加龙津县青年抗日晨呼队,每天清晨,在龙津县城沿街高呼抗日口号,向民众宣传抗日思想,发动民众参加抗日救亡活动。

1940 年初,到南宁高中求学,经中共党员《曙光报》记者季伟介绍,担任《曙光报》特约通讯员,发表许多抗日救亡文章。1942 年“七九”反革命事件后,中共广西省工委遭到严重破坏,中共南宁高中和《曙光报》社支部均被迫转入地下活动。1943 年 1 月,根据中共南宁地下组织的指示,他转移到家乡逐卜街隐蔽活动。

1943 年 3 月,他被国民党上金县当局逮捕。在狱中,他与中共地下党员李雪涯、郭识严等狱友,以诗歌为武器与敌人作斗争。特别是他撰写的《战斗在火热的季节里》的诗篇,经李雪涯谱曲后成为激昂的战斗之歌,在监狱内外广为传唱。1943 年 9 月,上金县当局由于证据不足释放他出狱;10 月,他组织一批进步知识青年成立逐卜街读书会,协助汤维修创办《龙州青年》报,开展抗日救亡活动。1944 年除夕,又被龙州反动当局拘捕。一个月后,以“查无实据”而无罪释放。1944 年夏,几经周折,在南宁重新联系上中共地下组织关系。1945 年春,在《抗日简报》上报道龙津上八抗日自卫队队长梁玉金英勇杀敌的事迹。1948 年 7 月,在奔赴广西十万大山游击区途中,再次被上金县当局逮捕。经中共龙津县地下组织营救获保释,到《龙州日报》任助理编辑员。严毓衍利用工作之便与敌人展开斗争。他以《请杀龙啸以谢龙津多苦多难人民》为题,揭露国民党龙津县县长龙啸搜刮民财黑幕,把龙啸推上断头台。1949 年 7 月,突遭国民党当局秘密逮捕入狱;8 月 13 日,他和谢汉葭、李超、韦志 4 位革命志士,在新填地青龙桥下就义。1989 年 5 月,自治区民政厅追认其为革命烈士。

欧阳炳南(1922—1949)　原名刘伟隆,又名刘雄。龙津县霞秀乡(今龙州镇)榄角村弄闾屯人。1940 年,考入崇善简易师范学校。1941 年,担任霞秀乡蛤蚧村小学教师。因家境贫穷,为了求学,他自愿入赘龙门乡欧阳家,故易姓欧阳,改名炳南。1942 年,考入南宁“南武师范学校”。4 年后,毕业返回家乡,任龙津县西关镇中心小学教师。1947 年 3 月,与中共龙津县地下组织取得联系,成为平龙武工队联络站联络员;8 月,为便于开展地下革命工作,他主动申请离开县城,到自清村国民小学任教。次年 3 月,经中共组织安排,负责与龙津中学秘密读书小组的联络工作。

1949 年 4 月,与莫显金、谢锐华等 10 多人,成立龙津县城区地下工作委员会(又称龙津县城地下支前核心小组),开展地下革命宣传和联络工作。他按约定把革命传单、小册子等带到地下工作委员会,把情报、纸张、药品等送到游击区;6 月底,他精心安排龙州侨民中学 10 名进步师生通过敌人封锁线,安全到达游击根据地;7 月 10 日,他不幸被国民党拘捕;7 月 21 日,被国民党龙靖清剿区指挥部杀害于新填地米行。解放后,龙津县人民政府追认其为革命烈士。

谭荣辉(1924—1949)　又名阿耀。龙州县下冻区布局乡降福村(今下冻镇春秀村)河渡屯人,壮族。1944 年 10 月,谭荣辉加入龙津县第一个秘密农会——河渡兰友会;11 月,受中共龙津县地下组织之令,开展河渡屯妇女工作,组织成立河渡屯秘密妇女会——姐妹会。1946 年 10 月,参加中共龙津县特支创建和领导的龙津县武装基干队,先后提任为班长、排长。1947 年 8 月 19 日,参加中共左江工委领导举行的大青山武装起义;9 月,加入中国共产党组织。1947 年 10 月,抽调到滇桂黔边纵队左江支队主力大队,在战斗中被提升为连长。

1949 年 8 月,他奉命率领一个战斗小组,深入雷平县新区开展侦查活动。在执行任务中,被敌重兵突然包围,他为掩护战友不幸腹部中弹负伤。回到根据地后因医治无效而牺牲。解放后,龙津县人民政府追认其为革命烈士。

苏鹏(1924—1949)　原名苏崇梅,又名苏凭。龙州县八角乡(今上降乡)纯仁村那荷屯人。1942 年,考入国民龙津中学简师班,开始阅读进步书刊,接受革命思想教育。1944 年,参加那荷抗日武装自卫队,参加伏击日寇战斗。1946 年秋,考入广西省立龙州师范学校,投身反内战、反饥饿的罢课运动中。1947 年 8 月,参加中共左江工委在越南七溪举办的青干班学习后,担任凭祥县武装大队政治服务员;10 月,加入中国共产党。1948 年夏,由组织安排回到家乡开展统战工作,成功策动敌据点香梓楠起义后,被任命为左江支队三团一营教导员。1949年9月下旬，率部队和向都县（今属天等县）武装大队联合，对国民党广西保安第3团作战，在指挥战斗中不幸中弹牺牲。解放后，广西省民政厅追认其为革命烈士。

袁也烈(1899—1976) 原名炎烈，字树成，号映吾；曾用名袁振武、王国栋。湖南省武冈县（今洞口县）人。出生于私塾家庭。1927年，考入省立甲种工业学校。1921年，考入湖南省立第一师范学校。1924年7月，考入黄埔军校广西军官分校。1925年7月，加入中国共产党。11月，任国民革命军第四军独立团六连连长。1926年7月，参加北伐战争，荣立战功，升任营长。1927年8月1日，参加南昌起义。10月，按照中共组织指示，转回家乡，恢复中共武冈县特支组织。

1929年11月，遵照中共中央军委命令，到龙州县任广西警备第五大队第一营副营长。1930年2月1日，参加龙州武装起义，任中共红八军军委委员、中国红军第八军第一纵队参谋长兼第一营营长。率部到崇善县、雷平县宣传、发动群众，清剿土匪恶霸，建立县乡民主政权。3月中旬，率队围攻靖西叛军郑超部；3月20日，率队回援龙州。侦悉龙州被桂军攻陷后，立即迂回向百色挺进。4月28日，在凌云县彩架村，部队陷入国民党百色警备团的重围，他组织精兵强将突围后，任红八军第一纵队党委书记。率红八军一纵队二渡赤水河，向贵州望谟县挺进。10月23日，历时250多天，转战3500多千米，仅存400余人枪的一纵队，终于在乐业县上岗村岗里屯与红七军胜利会师。11月，一纵队编入红七军，其任红七军前委委员、第二十师第五十九团团长。

1931年初，在广东乳源县梅花村遭敌袭击时，身负重伤，后前往上海治疗。5月，被捕入狱。1935年10月，获释后恢复党籍，化名王国栋，先后到内蒙古、北京等地举办抗日军政干部培训班。1939年8月，任八路军第一纵队军政干校副校长。12月，任抗大一分校训练部部长。1942年，调任山东清河军区参谋长。1944年，改任渤海军区副司令员兼参谋长。1945年，升任渤海军区司令员。1946年8月，取得三打邹平大捷而名噪齐鲁大地。1949年3月，调任山东军区第二副司令员兼参谋长；12月，改任华东军区海军副司令员兼参谋长，协助司令员张爱萍创建中国人民解放军第一支海军部队。1950年，接任华东海军司令员。

1955年9月，授予少将军衔。获一级“独立自由”、一级“解放”、二级“八一”勋章。12月，升任中国人民解放军海军参谋长。1960年，兼任水产部副部长。1962年5月，兼任国家科委海洋组组长。1964年11月，当选全国人大代表。“文化大革命”期间，受到林彪、江青反革命集团严重摧残。1976年8月8日，被迫害致死。

1978年11月5日，中共中央为其平反昭雪，恢复名誉。1979年1月，在北京八宝山革命公墓举行追悼会和骨灰安放仪式。1979年2月，中国人民解放军总政治部颁布命令，追认其为革命烈士。

廖作汉(1958—1990) 龙州县人。壮族，1979年4月参加工作，1980年1月转为现役，武警龙州县公安边防大队彬桥公安边防派出所副连职干事。1982年3月，抢救1名落水女青年，被武警边防总部记一等功。1989年3月，加入中国共产党。1990年6月，在执行案件侦查任务中，被犯罪分子杀害，年仅33岁。1991年3月4日，被广西武警边防总队政治部追认为革命烈士。

潘汉勤(1971—1994) 龙州县上龙乡民权村那毕屯人。1990年12月入伍，中共党员，中国人民解放军5315部队100炮连班长。1994年3月，为掩护战友扑到即将爆炸的炮弹上牺牲，年仅24岁。被5313部队政治部追认为革命烈士。

第二节 名人传

陈嘉(1839—1885) 字庆会，祖籍福建诏安县，平乐府荔浦县马领乡五更地村人。世农家贫，年少失怙。自幼励志图强，淳笃好武。身材高大，肋力过人。17岁应募从军，作战英勇，擢千总，升副将。清同治十年(1871年)，因功擢升总兵加提督衔，给讷恩登额巴图鲁名号。在贵州施硐口之役中，冲锋陷阵，被弹片击中，右眼失明。此后，在贵州清军中，便有陈单眼之称号。

清光绪九年(1883年)12月，中法战争爆发。次年3月，陈嘉为副将随苏元春调到广西边防前线——镇南关（今友谊关）。光绪十一年(1885年)2月，广西边防前线战局紧张，主战派两广总督张之洞请出70岁老将冯子材,授予中法战争东线全权指挥。冯老将军采取主动出击,先发制敌的作战方针,陈副将率兵扣波截敌,夜袭文渊,势如破竹。同年3月中旬,引敌深入,法军落入清军巧设的网袋——关前隘中。陈副将紧跟冯子材、苏元春亲临阵地前沿,并肩指挥作战。在关前隘长墙战斗的白热化时刻,他手执炮旗,指挥炮火猛轰敌阵,身负四伤,不下火线,仍奋不顾身,英勇杀敌。此战,清军终于打败法军,取得镇南关大捷,迫使法国茹费理内阁倒台。

光绪十一年(1885年)3月底,中法战争以中方的胜利而结束;6月,陈部仍驻防关前隘,他伤病交加,医嘱到龙州就医,但未遵。直到8月初,才动身赶到龙州,惜时已无药可救;8月13日,故于龙州营房里,英年47岁。光绪十八年(1892年),清廷谥予陈嘉"勇烈"称号,广西边防提督苏元春奉旨于龙州城南门街南门渡口修建陈勇烈祠,以资纪念。

黄抗(1922—1974) 原名黄汉立。龙州县下冻区布伦乡降福村(今下冻镇春秀村)河渡屯人,壮族。1944年10月,在中共桂滇边特支委员梁游领导和布局乡中心小学校长青年潘大琪支持下,组织成立龙津县布局乡降福村河渡屯农民协会,会员10人,当选为会长。1947年8月,参加大青山起义后,加入中国共产党,任龙津县武装游击大队中队长。1949年4月起,先后任中国人民解放军滇桂黔边纵队左江支队第3团副团长、团长。参与领导开辟左江革命游击根据地新区,参加指挥解放养利县(今属大新县)、镇结县(今属天等县)的战斗。解放后,历任宁明县检察院检察长、大新县人民政府副县长等职。1974年病逝,享年53岁。

梁椿(1935—1987) 龙州县下冻镇人。壮族。1950年,参加革命工作。1953年,加入中国共产党。历任中共龙津县委员会保密委员会干事、宣传部干事,中共龙津县第1区委员会宣传委员,中共龙州镇委员会副书记,龙州镇粮食管理所所长,龙州县企业局副局长,龙州县贫协会副主任,中共龙州县委员会统战部副部长。1984年10月—1987年,当选政协龙州县第2届委员会副主席。1987年10月15日病逝,享年53岁。

凌孚杰(1930—1988) 龙州县人,壮族。1949年2月,参加龙津县游击队。解放后,历任乡长、科长、区委书记,中共龙州县委员会组织部部长、书记处书记,龙州县人民委员会副县长,龙州县革命委员会副主任,中共龙州县委员会委员、常务委员会委员。1980年12月—1984年10月,当选政协龙州县第1届委员会主席、党组书记。1988年4月2日病逝,享年58岁。

黄云鹏(1915—1991) 龙州县人,壮族。1947年5月,参加革命工作。历任左江支队龙津县主力大队代理政委、副支队长、支队参谋长。解放后,历任龙州专署科长、主任秘书,龙州县贫协会副主任,龙州县民政局副局长。1980年12月—1984年10月,当选政协龙州县第一届委员会副主席。1991年3月7日病逝,享年77岁。

黄杰夫(1920—1992) 龙州县人。解放前,先后任小学教师、小学校长。1949年12月,参加革命工作。解放后,先后任小学校长、中学教师、龙州镇中学教务处副主任。1980年12月—1987年11月,当选为政协龙州县第一、二届委员会副主席,中国致公党党员。1987年12月,离职休养。1992年2月19日病逝,享年72岁。

赵乐群(1910—1992) 龙州县龙州镇人。壮族,1929年加入中国共产党。1930年,参加龙州武装起义。红八军撤离龙州后,与肖光护等人组建中共龙州县特别支部委员会,秘密组织龙州县城乡赤色互济会。抗日战争期间,先后参加救亡话剧社,任《龙州日报》总编辑、国民党梧州专区第三游击集训队指导员。1948年,在香港协助郭沫若创办中华业余补习学院,参加发动爱国同胞募捐,购买药品物资支援解放战争的活动。解放后,历任广西省人民政府参事、广西省教育厅副厅长,桂西壮族自治州副州长,广西壮族自治区民委副主任。是自治区政协第五届常委、全国政协第五届常委,全国第一、二、三届人大代表。1992年病逝,享年83岁。

钟夫翔(1911—1992) 北流县人。1929年秋,任广西警备第五大队连部文书。1930年2月1日,参加龙州武装起义。任中国红军第八军第一纵队军需、第一纵队第一营书记员。同年3月,随一纵队数千里征战。1930年10月,编入红七军后,随队北上到达中央苏区。1932年,进入中央军委无线电学校学习,先后任红军总司令部无线电第三电台分队政委、第28军电台队长兼政委。参加中央苏区第三、第四、第五次反"围剿"

战役和二万五千里长征。出席第一次全国苏维埃代表大会。1937年后，历任晋察冀军区司令部电台分队长、大队副大队长。在平型关战役中，出色完成无线电通讯任务。1947年，先后任华北军区司令部三处处长、中央军委电讯总局副局长。中华人民共和国成立后，历任中央军委电信总局副局长、中共中央华南局电信接管部部长、中央邮电部部长，国防部五局局长，第一、第二、第三机械工业部副部长，国家电信总局局长、邮电部部长。是中共八大代表，第六、第七届全国政协委员。1992年病逝，享年82岁。

甘苦(1924—1993) 扶绥县渠旧镇人。1947年6月，参加左江游击队。同年7月，加入中国共产党。历任凭祥县武装游击大队政委、中共凭祥县特支书记、工委书记，滇桂黔边纵队左江支队三团政委。中华人民共和国成立后，从20世纪50年代至70年代，先后任中共龙津县委副书记、书记，龙津县县长，桂西壮族自治州政府办公厅代科长，中共崇左县委书记，河池地区行署专员，中共河池地委副书记，河池地区革委会副主任。1979年—1985年，任自治区政府副主席，兼广西水利电力局局长、党组书记。1985年—1993年，任自治区人大第六、第七届常委会主任、党组书记。中共十三大、十四大代表，第七、第八届全国人大代表，当选第八届全国人大常委会副委员长。1993年3月25日病逝，享年70岁。

梁游(1911—1994) 原名梁曾藩，南宁市人。1938年，参加革命工作。同年11月，加入中国共产党。1942年，到左江从事中共地下革命活动。1944年7月，到龙津县下冻区布局乡，利用“兰友会”“十姐妹”“夹老同”等当地风俗习惯，建立农民协会、妇女会，培养革命骨干分子。1946年10月，组建龙津县武装基干队，为左江地区革命斗争打下武装基础。1947年8月，参与发动和领导大青山武装起义，建立龙津县武装游击大队。1948年3月，发动和领导上金武装起义，组建上金县武装游击大队。1949年7月11日，组织指挥左江支队主力第三团、养利县独立营等革命武装部队，在八万桥设伏，歼灭国民党五县联防主任冯夷惠的保安联防队300多人枪。1944年—1949年，先后任中共桂滇边特支委员，中共桂越边临时工委委员，中共龙津县支部书记，中共龙州特支书记，中共左江工委委员、民运部部长、组织部部长，中国人民解放军左江部队政委，中共左江工委副书记兼宣传部部长，中共左江工委书记，中共左江地委副书记，中国人民解放军滇桂黔边纵队左江支队政治部主任，左江行政专员公署专员。中华人民共和国成立后，历任中共龙州地委委员、龙州专员公署专员兼公安处处长、法院院长，崇左专员公署专员，广西艺术学院院长。是广西省第一届人大代表，广西第一、第四、第五届政协委员、副秘书长。1994年病逝，享年84岁。

秦孙密(1930—1994) 龙州县八角乡人，壮族，中共党员。1947年6月，参加龙津县游击队。1948年6月，参加中国人民解放军左江支队。解放后，参加广西藤县土改工作队，历任中共广西靖西县纪委书记，中共百色地区纪委科长，中国对外经济贸易凭祥办事处主任，中共龙州县纪委书记、组织部部长，龙州县人大常委会副主任。1987年11月，离职休养。1994年4月病逝，享年65岁。

林富廷(1910—1995) 又名林猛。龙州县彬桥乡人，壮族。1936年11月，加入越南劳动党。1940年，任越南谅山省那岑抗日武装大队大队长。1944年回国，组织成立龙凭越边抗日武装自卫大队，任大队长。1945年任越南国防部特派员兼第三战区参谋长、谅山省抗日卫国团团长。1946年，被越南人民军授予上校军衔。1947年回国，同年10月，加入中国共产党，任中共凭祥县特支委员。1949年11月—12月，历任中共凭祥县委副书记、凭祥县民主政府县长。解放后，历任中共思乐县委副书记、思乐县人民政府县长、崇左专署农林科科长、钦州专区交通银行行长、中共广西垦殖局合浦县星星农场委员会书记。离休后，享受副厅级待遇。1995年病逝，享年86岁。

张精学(1928—1995) 龙州县逐卜乡逐卜村板弄屯人。1949年4月，参加革命工作。1953年2月，参加中国共产党。1949年4月—12月，参加上金县(今属龙州县)游击武装大队逐卜武工队。1950年1月—1976年12月，先后任上金县政府科员，龙津县乡政府主席、区公所区长，隆安县土改工作队乡村组长、县委宣传部干事、农村部干事、县农村部副部长、公社书记、县南圩区委书记县人委农业办公室主任、县“抓革命，促生产”指挥部干部、县革命委员会生产小组副组长、县革委会农村部副部长。1977年1月—1980年12月，任龙州县革委会农村部副部长。1981年1月—1984年10月，当选龙州县人民政府副县长。1984年11月—1987年7月，当选龙州县人大常委会副主任。1987年8月离职休养。1995年5月，病逝，享年68岁。

林柱(1912—1996)　广东人。1956年,参加工作。历任私营店副经理、公私合营店经理,龙州县工商联副主席,龙州县食品公司干部。1980年12月—1984年10月,当选政协龙州县第一届委员会副主席。1984年10月—1987年11月,当选政协龙州县第二届委员会常务委员。1996年3月1日病逝,享年85岁。

沈建尊(1920—1997)　天等县人。1947年1月—1948年6月,先后任天等县东平乡中心校教师、中种乡表征中心校校长。1945年9月—11月,在广西省立西江学校中文系学习。1950年1月—10月,任天等县三洞乡政府教育委员兼三洞高小校长。1950年11月—1954年7月,先后在广西省立西江学院、广西大学、广东中山大学等中文系学习。1954年8月—1962年7月,任广西师范学院(桂林)助教。1962年8月,任龙州县高级中学教师。1984年10月—1990年9月,当选政协龙州县第二、三届委员会副主席,中国民主同盟龙州县支部主委。1997年3月8日病逝,享年78岁。

徐鹏啸(1927—1997)　龙州县人,壮族。1948年,参加中共龙津县地下组织读书会。1950年10月—1951年6月,在广西大学进修。解放后,历任大新县宝圩乡私立崇德中学教师,龙州县初级中学教师,龙州县龙州一中教导处主任,龙州县龙州中学教师、教研组组长、副校长。1956年10月,当选龙州县第一届人大代表。"文化大革命"期间,被下放龙州县农械厂劳动。1978年复职。1984年10月—1990年9月,兼任龙州县第八、九届人大常委会副主任,无党派人士。退休后,享受副处级待遇。1997年4月病逝,享年71岁。

农汉方(1948—2000)　龙州县逐卜乡逐卜村人。1971年12月,加入中国共产党。1972年9月,参加工作。至1986年4月,历任共青团乡委书记,县委组织部组织员,人民公社副书记、书记,革委会副主任、主任,人民公社书记,乡书记,县农委主任。1986年5月—1987年11月,任中共龙州县委员会副书记。1987年11月—1990年8月,任中共龙州县委员会副书记、龙州县县长。1990年8月,任龙州县委书记。1990年9月—1991年10月,兼任政协龙州县第四届委员会主席。1993年10月,任中共扶绥县委员会书记。1995年,任中共南宁地区纪律检查委员会书记。副厅级。2000年1月11日病逝,享年53岁。

廖化(1930—2001)　龙州县下冻乡人,壮族。1947年6月,参加工作,中共党员。历任左江游击支队主力大队、左江第三团、左江军区独立团战士、班长、排长、副连长,中共下冻区委副书记。解放后,历任中共下冻委员会副书记、书记;中共凭祥市委办公室副主任,组织部副部长、部长,市革命委员会生产组副组长,市革委会常委、市农办主任,革委会常委、副主任;中共凭祥市委常委、副市长、代市长;龙州县人大常委会副主任。离休后,享受正处级待遇。2001年病逝,享年72岁。

秦青(1923—2003)　原名周寿松。龙州县人。解放战争时期,参加左江武装游击革命斗争,中共党员。1949年4月后,先后任中国人民解放军滇桂黔边纵队左江支队第三团政治处主任、中共镇结县(今属天等县)工作委员会书记、镇结县民主政府县长。解放后,历任广西军区独立第4团副政委兼政治处主任、崇左军分区代科长、邕宁军分区科长、武鸣县兵役局局长、南宁军分区科长。转业到地方后,历任扶绥县财贸部副部长,县财委办公室主任、党组书记。2003年病逝,享年81岁。

王甫汉(1930—2003)　上金县(今属龙州县)逐卜乡人。壮族,初中文化,中共党员。1949年9月,参加工作,历任上金县逐卜乡游击队班长、上金县民主政府保卫员。解放后,历任逐卜乡民兵副队长,区政府文书、区长、区委书记,龙津县公安局组织干事、共青团县委副书记,共青团龙州县委组织部副部长、中共龙州县委秘书,中共原子公社委员会书记,龙州县农业局副局长、局长。1981年1月,当选龙州县副县长。1984年10月,当选龙州县人大常委会主任。2003年8月病逝,享年74岁。

凌琅(1930—2004)　龙州县上降乡人,壮族。1949年3月,参加工作,中共党员。历任左江支队凭祥独立大队政治服务员、排长,解放军珠江部队八〇一支队第5大队政治教员。解放后,历任龙津县第2区第2中心小学校长,龙州县贸易公司经理、百货公司经理,中共龙州县委统战部副部长、工交部部长,中共龙州镇委员会书记,中共龙州县委员会书记处书记,龙州县副县长,龙州县磷肥厂筹备处主任,中共龙州县农械厂支部委员会书记,龙州县经济委员会主任,龙州县人大常委会副主任。离休后,享受正处级待遇。2004年3月,因病世逝,享年75岁。

吴西(1900—2005)　原名吴有良,壮族,扶绥县渠黎镇人。1926年,求学于南宁三中,在中共地下组织的指导下，利用任校学生会主席之便，开展地下革命活动。1929 年 8 月，参加中共领导的南宁兵运，参与组建广西警备第五大队第六营。1929 年 10 月，加入中国共产党，改名为吴西，担任《龙州群众报》编辑。1930 年 2 月 1 日，参加龙州武装起义，先后任红八军二纵三营协理员、左江第二路游击大队指导员。参加保卫龙州县城的战斗。红八军受挫后，辗转香港参加中共组织的训练班学习。训练班结束后，护送中共中央代表到右江革命根据地，任红七军直属警卫连党代表。跟随红七军北上，在乐昌河畔战斗中负伤，转湖南治疗。伤愈后，一路讨饭找到红军队伍，进入中央苏区。参加中央苏区反"围剿"和二万五千里长征。到达陕北后，历任红 28 军宣传科科长、特工科科长，八路军冀中七分区政治委员等职。在延安高级党校学习时，任第 7 党支部书记，出席中共七届一次全国代表大会。抗日战争时期，历任冀中军区政治部副主任，华东军政大学政治部主任、中共中央党校党支部书记等职。解放战争时期，历任第 18 兵团随步校政委、冀中军区政治部副主任兼组织部部长、西南军政大学川西分校校长兼政委。中华人民共和国成立后，先后任川北军区政治部主任、潜艇学校政委、东海舰队政治部副主任。1955 年，授予少将军衔。1957 年夏，任海军政治学校校长；1958 年，任海军政治部检察长；1959 年，任海军后勤部副政委。1964 年 10 月，离职休养。在古稀之年，仍坚持笔耕，乐于诗词和书法创作。1988 年，出版革命回忆录《老骥忆烽烟》。2000 年，在南宁市举办"百岁将军"书画展。2005 年 7 月 21 日逝世，享年 106 岁。

谭忠干（1927—2005）　上金县金龙乡（今属龙州县金龙镇）人，壮族。1948 年 6 月，参加革命工作，中共党员。1949 年 10 月，任上金县牌宗乡民主政府副乡长。解放后，历任龙津县第 7 区武装部参谋，邕宁军分区兵役科助理员，马山县兵役局助理员，龙州县供销社副政治教导员、县贸易政治部副主任、县委政治部主任、县革委会生产组副组长，水口公社书记，中共龙州县委常委、组织部部长，龙州县人大常委会副主任。1987 年 8 月离休，享受正处级待遇。2005 年 1 月病逝，享年 79 岁。

第二章　人物表

第一节　党政军人物表

表 27-1　　1986 年—2005 年龙州县籍副厅（副师）以上党政军人物表

姓名	性别	民族	党派	工作单位	职务	级别
刘　明	男	壮	中共党员	全国政协人口资源环境委员会办公室	主任	正厅
谭钟群	男	壮	中共党员	桂林航天工业高等专科学校	党委委员、纪委书记	副厅
农正斌	男	壮	中共党员	崇左市人大常委会	副主任	副厅
江文术	男	壮	中共党员	政协来宾市委员会	副主席	副厅

注：本志有关篇章已记载的副厅以上人物在此表不再重复收录

第二节　专业技术人物表

表 27-2　　1986 年—2005 年在龙州县获副高级以上专业技术职称人员名表

姓名	性别	民族	籍贯	学历	党派	职称	工作单位
吕子强	男	壮族	龙州县	本科	中共党员	高级教师	龙州县高级中学
李建忠	男	壮族	龙州县	本科	中共党员	高级教师	龙州县高级中学
蔡俊明	男	壮族	龙州县	本科	群众	高级教师	龙州县高级中学

续表

姓名	性别	民族	籍贯	学历	党派	职称	工作单位
唐伍娟	女	汉族	灌阳县	本科	中共党员	高级教师	龙州县高级中学
马京洲	男	壮族	龙州县	本科	中共党员	中学高级	龙州县民族中学
农海丽	女	壮族	龙州县	本科	群众	中学高级	龙州县民族中学
陆耀星	男	壮族	龙州县	本科	中共党员	高级教师	龙州县第一中学
陈政宏	男	壮族	龙州县	大专	中共党员	高级农艺师	龙州县科学技术局
黄宪忠	男	壮	龙州县	中专	中共党员	高级工程师	龙州县水利电力局
吴纪龙	男	汉	陆川县	大专	中共党员	高级工程师	龙州县水利电力局
黄忠伟	男	壮	横县	大专	群众	高级工程师	龙州县水利电力局

表 27-3　　1986 年—2005 年在外龙州县籍副高级以上专业技术职称人员名表

姓名	性别	民族	学历	党派	职　称	工作单位
禤世伟	男	壮	大学	中共党员	高级工程师	广西建工集团公司
赵国荣	男	壮	大学	中共党员	高级工程师	广西建工集团公司
梁家相	男	壮	大学	中共党员	高级经济师	广西柳州木材厂
邓佩珍	女	壮	大专		高级工程师	四川成都建材设计研究院
周世华	男	壮	大专	中共党员	高级工程师	四川成都建材设计研究院
欧阳淦	女	壮	大学		高级工程师	北京动物园
麻务金	男	壮	大专	中共党员	副教授	广西民族大学
严毓衡	男	壮	大学	中共党员	副教授	广西民族大学
黎伟台	男	壮	大专	中共党员	主任医师	广西中医学院
莫　剑	男	壮	大学		副教授	北方交通大学
黄奇良	男	壮	研究生	中共党员	教授	广西民族大学
苏崇堪	男	壮	大学	中共党员	副教授	广西民族大学
覃朝东	男	苗	大专	农工党	副教授	广西中医学院
李丹原	男	壮	大学	中共党员	主任医师	广西人民医院
冯秀英	女	汉	大专	中共党员	副主任医师	广西妇幼保健院
梁玲玲	女	壮	大学	中共党员	副主任医师	广西中医学院一附院
张立成	男	壮	大学	中共党员	副主任医师	广西中医学院一附院
王　勇	男	壮	研究生	中共党员	教授	广西民族大学
农立夫	男	壮	在职研究生	中共党员	副研究员	广西社会科学院东南亚研究所

第三节　先进模范人物表

表 27-4　　1986 年—2005 年龙州县获省部级以上奖励先进个人名表

姓名	性别	职务	职称	工作单位	授予时间	授予单位	授予名称
吴纪龙	男	副局长	高级工程师	龙州县水利电力局	1990	水利部	电气化先进工作者

续表

姓名	性别	职务	职称	工作单位	授予时间	授予单位	授予名称
黄子能	男	局长	工程师	龙州县水利电力局	1994.10	自治区党委、自治区政府	抗洪救灾先进个人
陆　海	男	副局长	助理工程师	龙州县水利电力局	1994	水利部	机运研究先进个人
梁保朝	男	副局长	—	龙州县水利电力局	1994.5	自治区政府	水利管理先进个人
兰　勇	男	局长	—	龙州县水利电力局	2003	自治区政府	“万千百十”规划先进个人
周三强	男	副校长、校党支部书记	中学高级教师	龙州县高级中学	1995、2003、1993、1995	教育部、自治区政府（后三项荣誉称号）	全国优秀教师、自治区特级教师、广西先进班主任、广西中青年优秀教师

表 27-5　　1986 年—2005 年龙州县获省部级以上劳动模范个人名表

姓名	性别	民族	出生年月	籍贯	党派	工作单位	职务	授予时间	授予单位	荣誉名称
邬世明	男	壮	1935.6	龙州县八角乡	群众	八角乡陇均村陇均屯	农民	1989	自治区政府	劳动模范
莫瑞英	女	汉	1948.7	龙州县	党员	龙北农场	退休职工	1991	国务院	五一劳动奖章
农彩萍	女	壮	1954.9	龙州县龙州镇	党员	龙州镇康平居委会	农民	1993	自治区政府	劳动模范
闭道灿	男	汉	1951.8	横县	群众	龙州县南华糖业有限公司	总经理	1995	自治区政府	劳动模范
黄美云	女	壮	1951.5	龙州县上金乡	群众	上金乡中山村旧街	农民	1995	自治区政府	劳动模范
程鸿贵	男	壮	1961.1	龙州县	群众	龙州第二糖厂	工人	1996	自治区政府	劳动模范
慕秋萍	女	壮	1964.9	龙州县	党员	龙州第二糖厂	工人	1998	自治区政府	五一劳动奖章
林东寿	男	壮	1959.9	龙州县	党员	龙州第二糖厂	车间主任	1999	自治区政府	劳动模范
吕凤娇	女	壮	1946.10	龙州县彬桥乡	党员	彬桥乡峒旦村驮奔屯	农民	2000	自治区政府	劳动模范
黄泽娟	女	壮	1959.12	龙州县	党员	龙州霞秀糖厂	退休工人	2005	自治区政府	劳动模范
邬海涛	男	壮	1955.6	龙州县八角乡	党员	八角乡陇均村陇均屯	农民	2005	自治区政府	劳动模范

附　录

一、报告节录

锐意改革，勇于创新，为振兴龙州而努力奋斗

——在中国共产党龙州县第五次代表大会上的报告

兰祥美

1985 年 5 月 7 日

一、六年来的工作情况和我们新的任务

我们组织了广大党员、干部和群众，学习宣传党的十一届三中全会精神，学习宣传十一届六中全会关于建国以来党的若干历史问题的决议和党的第十二次代表大会文件，批判"两个凡是"，开展关于真理标准问题的讨论，坚持四项基本原则，清除"左"倾错误的影响，从思想战线上进行拨乱反正。我们按照党中央、区党委的指示，本着实事求是、有错必纠的原则，平反冤假错案，落实人才的政策。我们逐步恢复和发展社会主义民主，健全社会主义法制，巩固、发展了安定团结的政治局面。我们坚决贯彻执行中央、区党委的部署，全面开展了处理"文化大革命"遗留问题工作。我们适应边境斗争的形势，进一步加强了边防管理、边防保卫和边防建设。我们在对"文化大革命"进行拨乱反正的同时，逐步把党的工作重点转移到社会主义现代化经济建设上来。我们在进行经济建设的同时，加强了精神文明建设。实行计划生育，控制人口增长。我们随着拨乱反正工作的进展和经济建设的要求。调整、整顿、充实了各级党、政机关和各个企业单位的领导班子。我们的各级党组织在领导全县人民进行拨乱反正，实现历史性转变的过程中，本身也经受了考验和改造。

我们所以能够取得这样的成绩，是因为有了党中央正确的路线、方针、政策和区党委、地委的正确领导；有全县党员和各族人民的支持拥护和他们的首创精神；有各级党组织的团结奋斗和各部门的紧密配合，协同作战；有边防驻军和武警部队镇守边防和对地方经济建设工作的积极帮助。拨乱反正的胜利，实行历史性转变任务的实现，为我县进一步开创各项工作的新局面创造了更为有利的条件，打下了扎实的良好基础。当然，我们在看到成绩的同时，必须清醒地看到，我们在几年来的工作中，也存在不少缺点和问题。特别是由于"左"的思想和其他因素的影响，十一届三中全会后，曾在一段时间里，我们对党的政策。未能及时落实以发挥其应有的作用。"处遗"工作抓得晚，推行生产责任制进度缓慢，党的工作重点迟迟未能转到经济建设上来，等等。以致有相当大的一部分地区，至今经济仍处在比较贫穷落后的状态。党的十二大所讲的五年，指的是从 1983 年—1987 年。十二大提出的争取实现"三个根本好转"的伟大任务，也就是摆在我们的面前的全面开创我县工作新局面，振兴龙州，建设边疆的新任务。

二、以经济建设为中心，不断开创我县社会主义现代化建设的新局面

我县的具体奋斗目标：1985 年，保持粮食在去年总产量 11500 万斤的基础上有所增长；工农业总产值突破 1 亿元大关；每人平均收入比 1984 年增加 50 元。到 1988 年，下一次党代表大会时，按每年平均递增 10%，争取工农业总产值达到 1.3 亿元，每人平均收入超过 400 元。财政收入方面，力争到 1990 年把我县长期靠"输血"变成为"造血"机能，脱掉财政补贴帽子。

当前，着重解决如下几个问题。第一，认真抓好以城市为重点的全面经济体制改革。促进生产力的发展。使各方面的经济效益有一个较大的提高。第二，从实际出发，继续调整农村产业结构。第三，大力发展乡镇企业。第四，坚持以提高经济效益为中心。第五，实行对外开放，积极扩大对外经济贸易和技术交流。第六，各个部门要树立全局观念，围绕经济建设这个中心，开展业务工作。

三、加强精神文明建设，控制人口增长

要把思想建设摆在首位，贯穿于精神文明建设各种活动之中，把思想政治工作贯穿到经济工作中去。要积极倡导文明、健康、科学的生活方式和振奋、积极、向上、进取的精神，以激励人民积极参加改革，投身四化建设。加强党的思想工作，防止埋头经济工作，忽视思想工作的倾向。精神文明建设的基本标准，是要通过五治五变（治脏变净，治乱变安，治差变好，治穷变富，治愚变智），实现八好：党的作风端正，政治思想工作好；生产持续发展，工作成绩好；实现安定团结，社会秩序好；对人礼貌热情，服务态度好；重视科学教育，文化生活好；环境清洁优美，讲究卫生好；执行人口政策，计划生育好；团结互助友爱，道德风尚好。

四、加强社会主义民主和法制建设，进一步巩固和发展安定团结的政治局面

健全党内民主集中制，是建设高度社会主义民主的关键。党内民主生活是否正常，必然反映到整个社会民主生活方面来。在党内，我们一方面要反对分散主义、自由主义，在各级组织和党员中进一步加强组织性和纪律性；另一方面也要反对"一言堂"、独断专行等不民主的现象。各级党组织都要按照党章的规定，定期召开党代表大会或党员大会。党委要加强集体领导，重大问题必须经过集体讨论才能决定。各级领导都要自觉地接受群众的监督，耐心听取不同意见，以"闻过则喜"的态度接受群众的批评。对提批评意见的人，决不允许打击报复。要继续抓紧打击经济领域的严重犯罪活动。公安、检察、法院要主动与党的纪律检查部门和有关部门密切配合，严肃查处那些乘改革之机贪污受贿，走私贩私，投机诈骗，哄抬物价，偷漏抗税，侵占国家集体财产，侵犯专业户和经济联合体的合法权益而触犯刑律的经济案件。要发动和依靠党、政、军、工、青、妇等社会团体的力量和人民群众的力量，共同来做好社会治安的综合治理工作。

五、把党建设成为领导社会主义现代化事业的坚强核心

当前我们在党的建设上必须着重解决好以下几个问题。第一，组织全县党员深入学习党章，加强党员教育，全面提高党员素质和党组织的战斗力。第二，健全党的民主集中制，使党内政治生活进一步正常化。第三，坚决纠正新的不正之风，排除对改革的干扰。第四，增强党性，加强纪律。增强全心全意为人民服务的观念。第五，进一步调整、充实各级领导班子，努力实现干部队伍的革命化、年轻化、知识化、专业化。第六，做好老干部工作是新时期干部工作的一项重要任务。第七，加强党在工人、农民、知识分子中的工作。密切党和群众的联系。第八，有计划有步骤地进行整党，使党风根本好转。这次整党的任务是统一思想，整顿作风，加强纪律，纯洁组织。全体党员要积极参加整党。广大党员应当努力提高共产主义觉悟，增强党性，使自己成为合格党员，并且应当努力争取成为优秀党员。这样，我们就一定能够实现党风的根本好转。

治理环境整顿秩序深化改革　为发展龙州经济奋发努力

——在中国共产党龙州县第六次代表大会上的报告

凌　霜

1988 年 10 月 26 日

一、三年来的工作回顾

（一）认真贯彻执行党的十一届三中全会以来的路线、方针、政策。1985 年以来，全县复查了参加地下党的老同志 90 人，共平反 50 人，给予了妥善安置。同时，落实侨房 59 户，共 68 间 8567 平方米，占应落实户数的 90%。（二）搞好整党，加强党的组织建设、思想建设和作风建设。全县参加整党的正式党员 7924 名，不给予登记的 139 名，占 1.7%，缓登记的 190 名，占 2.3%，暂不给登记的 97 名，占 1.2%，被开除党籍的 8 名，留党察看 11 名，严重警告处分和警告处分 17 名。到 1987 年底止，全县共建立了 111 个党总支和 872 个党支部。三年来，全县共发展新党员 979 名，其中知识分子 384 名。1985 年—1988 年 8 月，全县收到党费 59632.88 元，已上缴地委组织部 17892.45 元，支出 39845.31 元，结余 1895.12 元。三年来，县委共举办了十二期乡（镇）主要领导，县直部、委、办、局主要领导读书班，参加学习共 650 多人次。1985 年、1986 年我县连续两年被评为自治区端正党风先进单位。1987年全县共评出先进党支部54个，评出优秀共产党员443名。（三）加强社会主义精神文明建设。1.加强理想教育、道德教育和爱国主义教育。1986年至1987车，全县有4个单位荣立集体二等功，23个单位荣立集体三等功，11个单位被评为参战支前先进单位，有5人荣记一等功，11人荣记二等功，183人荣记三等功，613人受到嘉奖。2.广泛开展普法教育，强化整顿社会治安。1987年发生各种刑事案件156起，破案129起，占82.69%。3.三年来，科技部门联系实际认真培训各种技术人才，尤其是培训种养、加工等项目的农民技术人员共7795人次，建立科技专业户54户。4.教育部门注意加强师资队伍建设，努力办好基础教育、职业技术教育、成人教育、幼儿教育，并取得了良好的效果。今年我县高考统考共录取98名，是1977年以来最多的一年。高校录取占考试人数的12.77%。今年筹集资金共765700元，已维修中小学危房132栋，共197327平方米。5.积极为社会提供医疗保健服务，为群众防病治病。1987年全县共设医疗点174个，比1981年的89个增加85个，增长48.85%。6.计划生育工作。1987年全县人口出生率由1984年的20.08‰降到18.25‰；自然增长率由13.99‰，降到12.14‰；多胎率由20.65%降到11.29%；节育率由64.75%上升到85.91%。1987年完成四种手术9970例，占地区下达任务的107.55%，征收超生费17万多元。7.体育工作。从1985年—1988年5月止，各种体育比赛获金牌71块，银牌39块，铜牌50块，共160块。（四）坚持改革、开放，大力发展商品经济。1.进一步完善家庭联产承包责任。全县查出贪污集体公款有98人，金额23830元，已行动赔退20人，金额1434元；挪用有269人，金额62554元，已行动赔退47人，金额16492元；各种欠款632户，金额143312元。1987年底共清查出违法用地951件，面积464亩，已处理932件461亩，罚款91000元。2.调整农业产业结构。1987年全县甘蔗种植面积74213亩，占耕地面积的18.2%，比1984年增加3653亩。1987年甘蔗总产量达214488吨，比1984年增加113744吨，增长2.9%。1987年种蔗总收入为1544万多元，占农业总产值的22.3%。今年全县甘蔗种植面积达115000亩，是历史以来甘蔗种植面积最高的一年。1987年粮食作物种植面积80907亩，比1984年减少40825亩，减少8.5%。1987年粮食总产量10400万斤，比1984年减少1300万斤。1987年农业总产值6934万元，比上年增长9.09%，比1984年增长33.1%。全县农民人均纯收入299元，比1984年增加69元。3.大搞开发性生产，实行规模经营。1987年以来，全县共开垦荒地25585亩。4.科学种田。1988年全县水稻杂优面积56535亩，占实种面积29.43%；玉米良种面积42693亩，占实种面积27.91%。按现行价格计算1987年全县工业总产值达5080万元；按1980年不变价格计算，1987年全县工业总产值达4799万元。比1986年增加469万元，增长10.8%；比1984年增加2175万元，增长82.95%，1984年到1987年年平均增长22.3%。1987年全县兴建企业3699个，全年总产值1771万元，比上年增长29.55%。上缴税金979700元，纯利润1539300元，分别比上年增长7.99%和22.2%。工农业总产值由1984年的7832万元增到1987年的11731万元，1987年工农业总产值比1984年增长50.05%。1987年财政收入完成1177万元，占年度预算约101.7%。1987年工商税首次突破1000万元大关，占年度预算的101%，比上年增长18.09%。1984年年底储蓄存款余额1571万元，平均每人存款65元。

二、基本经验和存在的主要问题

（一）只有坚持党的思想路线，才能落实好党的各项方针、政策。（二）在改革开放中，加强党的建设才能发挥党组织的战斗堡垒作用。（三）坚持改革、开放、搞活，才能加快经济建设步伐。（四）搞好改革、开放，必须有一个安定团结的社会环境。我们的工作也存在着一些问题：1.在落实政策方面还不够完善。2.在党的组织建设、思想建设和作风建设方面，有些基层组织，特别是村一级的支部有的工作开展不起来。3.在精神文明建设方面。我县科技、教育、文化还很落后，智力开发进展缓慢；社会治安还存在不少问题，偷盗、赌博时有发生。4.一些企业经济效益不高，甚至个别企业还亏损，濒临倒闭的边缘。主要原因：一是有的党员同志，特别是有的党的领导干部的认识跟不上改革、开放形势的发展，思想不够解放，甚至存在着“左”的僵化的思想。二是各级党组织对思想政治工作的观念比过去淡薄了，抓得也比过去少了，同时“三会一课”制度没有坚持。三是党委一班人，深入实际调查研究，解剖工作做得不够等等。

三、今后三年的奋斗目标和措施

我们要加快和深化改革，推动生产力发展，实现第七个五年计划。1990年，力争全县工农业总产值达到

15500万元，从1988年算起，平均每年增长9.73%左右。工农业总产值将比1980年增长2.72倍。1990年，农民人均纯收入要达到424元，比1987年增加125元。全县财政收入要达到1600万元，比1987年增长36%。为了实现上述目标，我们要采取如下几项措施：1.继续深入学习和贯彻党的十三大精神，学习和贯彻党的十三届二中、三中全会精神。2.认真治理经济环境，整顿经济秩序。3.加强党的建设，提高党组织的战斗力，发挥党员的先锋模范作用。4.必须十分重视抓好农业生产。1990年，全县粮食总产量要达到13600万斤，人均有粮600斤，实现基本自给，少量调进。5.进一步深化企业改革。6.因地制宜，积极发展外向型经济。7.抓好扶贫、救灾和群众生活安排的工作。

加强党的建设，为实现我县“八五”计划和社会进一步发展而奋斗

——在中国共产党龙州县第七次代表大会上的报告

农汉方

1991年11月8日

第一部分　三年来的工作回顾和主要体会

党的建设和党的领导进一步加强。开展“创先争优”和民主评议党员活动，两年来共表彰了108个先进党支部和875名优秀共产党员。参加“创先争优”和民主评议的党员分别占党员总数的99.99%和97.11%。几年来共下派36名干部到乡（镇）挂任职。三年来共选送72名干部到各类专业学校学习，其中中专28人，大专44人。县党校还开办脱产中专班，大中专函授班，已有169人获得了大中专文凭。今年全县共有5086名党员参加了“三基教育”考试，我县还获得了“三基教育”组织奖。全县105名乡（镇）党委成员有102名到村级建立联系点；全县有3857名党员参加联系，共联系群众3857户。三年来共整顿后进党支部128个。国民经济稳步发展。1990年全县工农业总产值达16091万元(80年不变价，下同)，比1988年增长35.15%，年平均增长16.25%；国民生产总值20285万元，比1988年增长24.41%，年平均增长11.54%，全县人均收入805元；国民收入19102万元，比1988年增长34.14%，年平均增长15.82%；地方财政收入2447.6万元，比1988年增长31.45%。年平均增长14.65%。1990年全县农业总产值达到8768万元，比1988年增长29.07%，年平均增长13.61%；粮食总产量6139万公斤，比1988年增长54.59%。甘蔗总产量45.57万吨，比1988年增长68.09%。茶青产量13748吨，比1988年增长1.6倍。水果产量9941吨，比1988年增长将近三倍。完成造林30472亩，成活率达到85%以上的23238亩，比自治区下达的15000亩任务超额8238亩。1990年全县乡镇企业总收入2999.24万元，比1988年增长40.7%。龙州镇乡镇企业总收入超过了一千万元。工业生产保持稳定增长。1990年工业总产值达7323万元，比1988年增长68.38%，发电量达7000万千瓦小时，比1988年增长27.31%。1990年全县国民收入19102万元，比1988年增长34.14%，人均754元；农民人均纯收入1990年达382元，比1988年增加69元。全县未解决温饱人口从1985年的92958人减少到1990年的38600人。全县抽调604名干部组成“社教”工作队，到农村开展工作；去年，出生率14.66‰，比上年下降1.59个千分点；自然增长率8.65‰。比上年下降1.78个千分点；多胎出生170人，多胎率6.24%，比上年下降165个百分点。全县涌现了15个先进妇代会，39名先进女能手，355个达标户，还有4名妇女被评为地区女能手。全县已建立军民共建点364个，其中农村点186个，工厂点48个，学校点24个，其他方面的点82个。

我们的困难和问题：党建方面，一些基层党组织软弱，有的单位领导班子不够团结，缺乏凝聚力，办事效率不高，基层党组织的建设有待进一步加强，中间状态的党组织仍需有针对性地查漏补缺，赶上先进；经济建设方面，生产力水平比较低，农业基础脆弱，抗灾能力差，资金短缺，人才不足，尤其是对乡镇企业没有引起足够的重视，各行各业没有真正形成合力，致使乡镇企业起步迟，发展慢。“空壳村”面大。精神文明建设方面还有不少薄弱环节；社会治安有待于进一步加强。这些困难和问题的存在，有历史的原因，也有我们工作上的失误。从工作上看，主要是对某些政策的执行和落实不够有力，改革开放的意识不够强，宏观调控措

施也不够得力；两个精神文明建设“一手硬一手软”问题没有完全解决；工作作风还不够深入扎实。

我们深深体会到，要把龙州的建设和改革推向前进，必须始终不渝地贯彻执行党的十一届三中全会以来确定的“一个中心，两个基本点”的基本路线，坚持两个文明建设一起抓。必须把维护稳定放在压倒一切的地位。切实加强党的建设。多年来的实践证明：哪里党的建设抓得好，那里的党组织战斗力和凝聚力就强，政治和社会就稳定，经济建设和各项工作就主动，就发展。坚定不移地以经济建设为中心，必须坚持实事求是的思想路线。坚持党的群众路线，紧紧依靠和密切联系群众。

第二部分　坚持党的领导，加强党的建设

努力提高全党的马克思主义水平，切实加强党的思想建设，提高党员的政治素质，坚持党的群众路线，保持和发展党同人民群众的血肉联系，加强党风建设。坚决抓好反腐败斗争，加强领导班子建设。领导班子要坚持党的民主集中制，坚持集体领导和个人分工的原则，不搞“一言堂”，党委集体决定了的事要坚决贯彻执行，决不允许任何人以任何借口顶着不办。加强党的基层组织建设和党员队伍建设，所有基层党组织都要搞好党员的教育和管理，健全和完善党委、支部工作目标管理制度、“三会一课”制度、评议党员制度、党员联系群众制度。

第三部分　以经济建设为中心，努力实现“八五”计划的各项指标

今后五年我们的主要目标是：国民生产总值1995年达到29029万元，年均增长7.3%；国民收入1995年达到25383万元，年均增长7%；农业总产值1995年达到10700万元，年均增长4.1%；工业总产值1995年达到11267万元，年均增长9%；全民所有制固定资产投资“八五”时期合计14000万元；农民人均纯收入1995年达到550元，年均增长7.6%；城镇居民实际消费水平不断提高，城乡居民居住、卫生条件有较大改善，文化生活更为丰富，社会服务设施不断改善；社会主义精神文明建设达到新水平；社会民主与法制进一步完善；1995年年末全县人口控制在26.7万人以内。

坚持把农业放在经济工作首位。“决不放松粮食生产，积极发展多种经营”。1995年粮食总产达到7200万公斤，“八五”时期年增长3.2%。根据我县的实际，农业开发的重点应放在开发“四荒”、“一冬”和改造“四低”上。据调查，我县有低产水田144687亩，低产旱地194868亩，低产园地18763亩，低产林23468亩，中低产水面养殖面积15278亩。大力发展乡镇企业，打好扶贫攻坚战。甘蔗种植面积1995年要达到18万亩，总产量72万吨。坚持“以粮保糖，以糖促粮，粮糖并举”的方针，水果总产1995年达到15000吨。茶叶1995年产量达1500吨。大力发展林业，加快“绿色工程”的建设，实现1993年消灭荒山的奋斗目标。今明两年要在全县开辟几个竹林基地，为年产1.5万吨的造纸厂做好原料上的保证。大力加强基础工业和基础设施建设。近三年主要的项目是建立水口那派电站，装机容量3000千瓦，扩建先锋电站，装机容量5000千瓦。这样，到1995年全县的发电量将达到一亿千瓦时，年均增长2.1%。下大决心搞活国营企业，促进经济发展。三家糖厂固定资产占全县国营企业的88.64%，产值占91.1%（90年不变价），税金占84.64%，利润占99.42%。1995年，全县社会商品零售总额要达到17000万元，年均增长6.4%。依靠科技振兴经济，坚持不懈抓好计划生育工作，切实加强社会主义精神文明建设，大力发展教育科技事业。加强社会主义民主与法制建设，加强政法工作。保持社会的稳定和良好秩序。

求实创新　团结拼搏
为实现我县经济建设更快更好地上新台阶而努力奋斗

——在中国共产党龙州县第八次代表大会上的报告

梁家活

1993年10月27日

一、两年来工作的回顾

（一）国民经济持续稳定发展。1992年，全县国民生产总值已达到2.485亿元，比1991年增长了10.8%。

去年，粮食总产量仍达到6035万多公斤。今年头三个季度，全县工业总产值完成14485.91万元，占计划62.44%。其中八个国营企业完成产值11914.91万元，占全县工业总产值的82.27%，实现利润647.47万元。去年共完成四级蔗区公路5条26千米，修机耕路182千米。今年1—9月份，邮电业务总量累计完成139.45万元，比去年同期增长11.82%。今年三月份，已经开通了无线寻呼通信，目前装上寻呼机的用户有331户。今年1—9月份，乡镇企业又投入720万元，完成总产值8100万元，比去年同期增长了1.6倍。去年边贸成交额达10244.7万元，比1991年增长185.6%。超额完成地区下达的8000万元承包任务，税费收入487.54万元，增长2倍多，实现利润320万元。第二糖厂日榨2000吨扩建工程进展比较快，现已完成工程量的90%。1992年全县农民人均纯收入达到473元，比上年增加了42元。到今年9月底，农民储蓄余额达4336万元，比上年年未增加了729万元。（二）改革开放更加深化。（三）社会治安综合治理效果明显。去年，全县刑事案件比前年下降了51.8%。（四）社会主义精神文明建设取得新的成绩。1.社会主义市场经济理论教育取得了较好的成效。2.计划生育工作有了新的突破。到9月底止，全县出生人口2497人，占全年承包指标的58.46%；多孩出生36人，占控制指标的30%；完成结扎手术3877例，占全年任务的70.4%。3.教育事业得到了进一步发展。4.科技工作在研究和应用推广新技术等方面取得了一定的成绩。5.医疗卫生保健工作打开了新的局面。去年，全县125个村公所有117个建立了村级卫生组织，基本形成了县、乡、村三级医疗卫生保健网络。儿童计划免疫“四苗”接种率实现了第二个85%的目标。6.文化、体育事业出现了新的局面。去年，我们投入48.5万元建设边境文化长廊，五个边境乡（镇）都建立了群众文化中心，被国家文化部评为“为边境文化长廊建设作出突出贡献的县”。7.广播电视事业发展较快。8.“双拥”工作又取得新成绩。（五）党的建设得到了进一步加强。1.抓好基层党组织的建设。全县共设有118个党总支和918个党支部。两年来，共发展党员628名。2.按照党的组织原则培养选拔任用干部。两年来，又派出了42名中青年干部到乡镇挂职任职。3.充分利用党校阵地优势，加强党员干部的培训教育。两年来，各级党校共举办了194期学习班，参加培训的党员干部达14818人次。党校脱产中专班和大专函授班，共有248人参加学习。4.积极开展“创先争优”和民主评议党员活动。两年来，共表彰了154个先进党支部和890名优秀共产党员。1991年和1992年参加民主评议的党员分别占党员总数的91.4%和90.8%。5.加强了党同人民群众的联系。6.认真抓好党风和廉政建设。7.加强了人大、政协、统战和群团工作。

我们的工作还存在不少的问题和困难：生产力水平比较低，经济基础还比较薄弱，自我发展能力不强；资金短缺，致使一些新建项目进展不快；乡镇企业发展不平衡，步子不够快，没有形成规模；抓精神文明建设出现时硬时软的现象；社会治安仍然严峻。一些基层党组织软弱涣散问题没有得到完全解决。主要是我们没有用活用足中央的有关政策，思想还不够解放，胆子还不够大，工作作风还不够深入扎实。

我们的体会：1.要加快我县的经济建设步伐，必须以建设有中国特色的社会主义理论为指导，坚持党的基本路线，解放思想，更新观念，团结协作，埋头苦干，一心一意把经济建设搞上去。2.要加快我县的经济建设步伐，必须坚持一切从实际出发，实事求是的原则。3.要加快我县的经济建设步伐，必须改变等、靠、要的旧观念，坚持以自力更生为主，依靠自我投入来发展经济。4.要加快我县的经济建设步伐，必须坚持“两手抓”，“两手都要硬”。

二、今后五年的主要工作任务

今后五年，我们的主要目标是：工农业总产值平均每年增长13%，到1998年全县工农业总产值达到76400万元，其中工业总产值平均每年增长20%，农业总产值平均每年增长7.5%；国民生产总值平均每年增长12%，到1998年全县国民生产总值达到47500万元；财政收入平均每年增长12%，到1998年全县财政收入达到4600万元；乡镇企业总收入平均每年增长25.2%，到1998年全县乡镇企业总收入达到27400万元；农民人均纯收入平均每年增长9%，到1998年农民人均纯收入达到800元；城镇居民实际消费水平每年提高5%；人口自然增长率控制在9.2%，到1998年总人口控制在27.45万人以内。

要实现我们的工作目标，推动经济发展和社会全面进步，必须扎扎实实地抓好如下工作：（一）围绕社会主义市场经济体制的建立，加快经济改革步伐。一是加快转换企业经营机制。二是积极培育和发展市场体系，加快流通体制改革。三是加快城镇住房制度的改革。四是加快政府职能转变。（二）调整和优化产业结构，高度重视农业，加快第二第三产业的发展。1.坚持把农业放在经济工作的首位，不断提高农业的经济效益。⑴必须进一步深化农村经济体制和经营机制的改革。⑵稳定粮食生产，加快农业综合开发的步伐。到1998年，全县粮食播种面积要稳定在40万亩，粮食总产量达7780万公斤以上，人均产粮280公斤。甘蔗是我县经济的一大支柱，到1998年种植面积要发展到22万亩，总产量达80万吨以上。到1998年，全县水果面积要达到14万亩，总产量达27900吨。⑶努力增加农业投入，增强农业发展后劲。⑷大力发展乡镇企业。⑸疏通和拓宽农村商品流通渠道，促进农村经济的发展。2.努力加快工业的发展。一是抓好现有企业的挖潜改造，不断扩大生产能力，调整产品结构，提高经济效益。二是抓好能源、原材料等基础工业的建设，增强经济发展的后劲。三是加快交通、通信等基础设施的建设。3.大力发展第三产业，尽快提高其在国民生产总值中的比重。（三）认真抓好财贸工作。（四）切实加强社会主义精神文明建设。1.加强和改进思想政治工作；2.大力发展科技教育事业；3.积极开展扫黄打丑斗争；4.继续抓紧抓好计划生育工作，严格控制人口增长。（五）继续抓好扶贫工作。目前，我县尚有12400户五万多人口还没有解决温饱问题，扶贫工作的任务仍然十分艰巨。（六）加强社会主义民主和法制建设。加强政法工作，保证经济建设和改革开放的顺利进行。（七）加强国防教育，搞好民兵工作。（八）认真搞好机构改革工作。

三、加强党的领导和党的建设

（一）继续深入学习党的十四大会议精神，增强贯彻执行党的基本路线的自觉性和坚定性。（二）切实加强各级领导班子建设。（三）加强党风和廉政建设，坚决克服消极腐败现象。要认真解决乱收费、乱摊派、乱罚款的问题，切实减轻农民的负担，保护农民的合法利益。（四）加强基层组织建设，充分发挥党员的先锋模范作用。（五）坚持民主集中制，加强党内的团结。党的团结是党的生命，每个党员特别是领导干部，要自觉维护党的团结，在思想上、政治上同党中央保持一致。各级党委都要认真实行党的民主生活会制度，使党员之间互相沟通，互相信任、互相支持、齐心协力搞好工作。全县共产党员朝气蓬勃，团结奋斗，我们的事业就有了胜利的保证。

全面贯彻落实党的十五大精神
努力开创改革开放和经济建设的新局面

——在中国共产党龙州县第九次代表大会上的报告

温国权

1998年10月16日

一、五年来的工作回顾

国民经济持续快速健康发展，经济实力明显增强。1997年，全县国内生产总值达到1053亿元（当年价），比1992年增长115.24%（可比价，下同），年均增长16.57%；全县农业总产值7.03亿元，比1992年增长45.34%，年均增长7.8%；粮食产量连续5年增产，1997年全县粮食总产量7870万公斤，比1992年增长30.41%，年均增长5.5%；甘蔗种植面积由1992年的19.53万亩扩大到1997年的25.58万亩，97/98年榨季糖蔗产量达96.12万吨，产糖10.12万吨，分别比92/93年榨季增加47万吨和4.6万吨，创历史最高水平。五年内共投资2.28亿元，对6家国有工业企业进行了技改和扩建，1997年全县工业总产值5.27亿元，比1992年增长115.67%，年均增长16.62%。五年来，地方财政收入每年都以1000万元的速度增长，1997年达到8680万元，比1992年增长3.2倍。连续五年无财政赤字，无拖欠干部职工工资。基础设施建设步伐加快，投入增加。五年内累计完成全社会固定资产投资6.5亿元。全县新增乡村公路883千米，城乡电话装机容量达6564门，比1992年增加5564门，移动电话总容量达1290部，13个乡（镇）全部开通了程控电话。五年共投入建设资金1.8亿元，完成了龙州综合商场、金龙镇农贸市场、独山大道、城北路、康平街、兴龙路和响水镇供水工程等新建扩建项目。各项改革稳步推进,对外开放有新发展。五年累计边贸进出口总额达4.9亿元。扶贫攻坚成效显著。人民生活有较大改善。五年内全县累计投入扶贫资金7978.8万元,解决了6.69万农村贫困人口的温饱,农村贫困人口由1992年的7.31万人减少到1997年底的6184人。共修建了60条379.2千米的乡村扶贫公路,解决了6.6万人交通难问题;建成人畜饮水工程311处,解决了7.67万人和4.2万头牲畜饮水难问题;架设输电线路165千米,解决了3113户用电难问题。1997年,全县农民人均纯收入达到1656元,扣除物价因素,比1992年实际增长23.9%。各项社会事业全面进步,社会主义精神文明建设取得明显成效。民主法制建设进一步加强。科技进步对经济发展的贡献率由1992年的21%左右上升到1997年的37%左右。1997年全县小学适龄儿童入学率达到98.6%,有9个乡镇完成了“普九”任务,青少年接受初中教育率达72.3%,文盲、半文盲率由1992年的5.52%下降至1997年的1.21%。人口自然增长率从1992年的11.61‰下降到1997年的1.54‰。计划生育率由1992年的82.82%上升到1997年的96.51%。1997年被评为自治区社会文化先进县。1996年被自治区评为依法行政先进县。1994年和1996年两次荣获全区双拥模范县称号。党的建设得到进一步加强。五年来共举办党员政治理论学习培训班175期,参加学习党员35万人次。按照“五个好”的目标要求,全县120个行政村,有116个达到合格或基本合格,后进村由整顿前的96个减少到1997年底的4个。1994年以来,全县共发展新党员1763名。

我们的工作中还存在不少的困难和问题:对外开放力度不够,部分干部的头脑中还存在不同程度的陈旧思想观念;社会生产力水平较低,经济的整体素质和效益不高;农业基础设施仍很薄弱,抗灾能力不强,农业规模化生产、经营程度低,农产品销售、加工滞后;受市场疲软的影响,近年来国有企业经营困难,经济效益下滑;财政困难依然存在,全县财政仍处于保工资、保吃饭状态;社会风气和治安状况仍然是人民群众议论的“热点”;城镇建设投入不足,发展较慢;党风廉政建设还有待进一步加强。

回顾五年来的工作历程,我们有着深刻的体会。第一,坚持解放思想,更新观念。树立以经济建设为中心,“发展才是硬道理”的思想,树立市场经济观念,摆脱姓“社”姓“资”的思想束缚,坚持以“三个有利于”作为检验各项工作的根本标准。第二,坚持以经济建设为中心,走符合龙州县情的发展路子。龙州县是老少边山穷县,经济基础差,底子薄,起步晚,是全区28个国定贫困县之一,这是龙州的基本县情。第三,正确处理改革、发展、稳定的关系。第四,坚持两手抓,两手都要硬,大力加强社会主义精神文明建设和民主法制建设。第五,切实抓好党的建设,不断提高各级党组织和领导班子的战斗力。

二、实施新思路,努力实现跨世纪的奋斗目标

今后五年,县委工作总的思路是:以党的十五大精神为指导,全面实施区党委提出的“三大战略、六大突破”和地委提出的大郊区经济发展战略,围绕农业增产,工业增效,财政增长,群众增收,社会稳定的目标。加大改革开放力度,坚持把农业放在首位,加快企业改革整顿步伐,加强基础设施建设,发挥蔗糖、边贸、旅游三大优势,大力培育新的经济增长点。全面加强党的建设,依法治县,科教兴县,努力实现两个文明建设的新突破。今后五年,我县经济工作和社会发展的主要奋斗目标是:国内生产总值年均增长10%以上;财政收入年均增长10%以上;人民生活水平显著提高。城镇居民人均收入有较大幅度增长;农民人均纯收入每年增加300元以上。到1999年,全面解决全县贫困人口的温饱问题;加快国有企业改革步伐,用三年左右时间使亏损企业走出困境,三家糖厂建立起比较完善的现代企业制度;社会主义精神文明和民主法制建设达到新水平,各项社会事业全面进步。科技进步对经济发展的贡献率达到40%以上;人口自然增长率控制在9‰以内,全县人口控制在28.5万人以内。

要实现未来五年的奋斗目标,我们必须认真抓好以下工作:(一)进一步解放思想,更新观念。(二)坚持把农业放在首位,全方位发展农村经济。1.切实抓好粮食生产。2.进一步巩固和发展蔗糖支柱产业。3.大力加强农田水利为主的基础设施建设,增强抗灾能力。4.加快农业产业化进程。实现农业产业化,是现代农业发展的方向。5.强化科技兴农。6.大力发展乡镇企业。(三)全面推进国有企业改革整顿,不断增强工业经济实力。(四)加强基础设施建设,拉动全县经济增长。(五)大力发展个体私营经济,进一步搞活流通。(六)继续深化各项改革,促进社会经济发展:1.进一步深化农村体制改革。要长期稳定以家庭承包经营为基础的双层经营体制，核心是要稳定土地承包关系，承包期再延长30年不变，30年以后也没有必要再变。2.加快国有商业企业改革。3.积极推进各项改革。

三、发挥旅游资源优势，大力培植新产业。

今后五年，我县旅游工作的总体要求是：以丰富的旅游资源为依托，以市场为导向，以经济、社会、环境效益为中心，大力加强旅游基础设施建设，实施政府主导型发展战略，动员全社会积极参与旅游开发，尽快把我县旅游资源优势变为产品优势和经济优势，使旅游业成为对经济增长贡献较大的产业。

四、加大扶贫攻坚力度，巩固和发展扶贫成果。

今后五年，我县扶贫攻坚的主要任务是：贫困村屯的基础设施建设要逐年改善；扶贫对象人均钱、粮收入要逐年增加；精神文明建设水平要逐年提高。到1999年，全面解决现有贫困人口的温饱问题，绝不能把贫困带到二十一世纪。

五、拓宽发展思路，加快对外开放步伐。

（一）树立强烈的开放意识。（二）改善投资综合环境。（三）不断扩大边境贸易。（四）加强协调，搞好服务，保证对外开放工作顺利开展。（五）要切实加强对外开放工作的领导。

六、加强社会主义精神文明建设，加快社会各项事业发展。

（一）加强思想道德教育，把群众性精神文明建设活动引向深入。要深入开展爱国主义、集体主义、社会主义以及艰苦创业的教育，引导人们树立正确的世界观、人生观、价值观。大力抓好职业道德、社会公德、家庭伦理道德和青少年思想品德教育，宣传和表彰各类先进典型和先进人物，扶正祛邪，弘扬社会正气。（二）加强民主法制建设。（三）坚持不懈地抓好社会治安综合治理。（四）大力发展科技教育。进一步增强全民的科技意识。多层次、多渠道增加对科技的投入。（五）加快社会各项事业的发展。

七、进一步加强党的建设，确保跨世纪目标的顺利实现。

（一）坚持把思想政治建设放在首位。（二）大力抓好党的基层组织建设，增强党的凝聚力和战斗力（三）坚持干部队伍“四化”方针和德才兼备的原则，搞好领导班子建设。（四）坚持民主集中制，加强党的制度建设。（五）加强党风和廉政建设，深入开展反腐败斗争。

高扬发展旗帜抢抓历史机遇　奋力谱写富民兴县新篇章

——在中国共产党龙州县第十次代表大会上的报告

苏志球

2002年10月28日

一、过去四年的工作

国民经济持续快速健康发展，综合实力显著增强。2001年，全县国内生产总值达到11.2040亿元（当年价），按不变价格计算，比1997年增长30.5%（可比价，下同），年均增长6.88%；全县农业总产值79889万元，比1997年增长18.42%，年均增长4.32%；2001年全县粮食总产量81645吨，比1997年增长3.74%，甘蔗种植面积由1997年的24.67万亩扩大到2001年的27.45万亩，2001/2002年榨季入厂原料蔗达126.3万吨，产糖15.6万吨，分别比1997/1998年榨季增加30.2万吨和5.51万吨，创历史最高水平；2001年全县石漠化治理完成25万亩，其中完成人工造林1.8万亩。2001年全县完成工业总产值49894万元，比1997年增长6.72%，年均增长1.64%。2001年全县民营业主上缴税金1875万元；旅游业总收入达350万元；四年来累计完成对外贸易额47761.46万元。1999年，财政收入突破亿元大关，2001年全县财政一般预算收入完成12261万元，总收入达到13197万元，比1997年增加4517万元，增长52.03%，连续9年无财政赤字，无拖欠干部职工工资。边境建设大会战全面胜利，基础设施建设取得重大进展。四年来，全县累计完成固定资产投资111251万元。2000年8月以来，乘边境建设大会战的东风，总共投入资金20731.249万元。修建了沿边三级公路

129千米，乡镇柏油路4条64.6千米，县城道路硬化率达92%以上，县城人均公共绿化地面积达6平方米以上；城乡固定电话装机容量达20509门，是1997年的3.1倍；13个乡镇全部开通移动通讯，移动电话总容量达4430部，是1997年的3.4倍。全县有效灌溉面积达11.37万亩。扶贫开发成效明显，人民生活水平进一步提高。四年来，共修建沼气池12247座、地头水柜5426个，完成茅草房改造1706间，重建水毁民房441间，建设村级道路23条173.6千米、屯级道路156条230千米；全县121个行政村实现了村村通电、通广播电视、通路。四年来全县输出劳务人员6179人，劳务收入3336.66万元。2001年全县农民人均纯收入达到1554元。精神文明建设和民主法制建设成果丰硕，各项社会事业蓬勃发展。科技进步对经济的贡献率达到40%以上。2001年全县适龄儿童入学率达到98.6%，小学升初中率达96%，全县巩固"普九"乡镇10个，进一步加快了"普九"进程。计划生育率达91.56%，连续5年评为自治区"计生工作一类县优秀达标单位"和"统计质量先进单位"。广播电视实现了"村村通"。征兵工作实现连续21年无责任退兵。党的建设全面推进，党的领导得到进一步加强。四年来，共投入330.9万元，建设村居委会办公楼121栋，其中新建72栋，扩建49栋，实现了村居委会办公用房楼房化。四年来全县共发展新党员2001名。

四年的实践奋斗，我们受到了深刻的教育，得到了有益的启示，积累了许多宝贵的工作经验。1.坚持以经济建设为中心，集中力量发展社会生产力，始终是我们的根本任务。2.坚持从改革找出路，靠发展来解决前进中的问题，始终是推进国民经济和社会发展的根本途径。3.坚定地相信和依靠群众，从群众中来，到群众中去，始终是我们必须坚持的根本工作路线。4.坚持两手抓，两手都要硬，始终是我们必须坚持的重要方针。5.坚持从严治党，始终是保持党的先进性和纯洁性，增强党组织的创造力、凝聚力和战斗力的重要保证。

二、抓住机遇，与时俱进，努力实现富民兴县的新发展

今后五年，县委工作总的思路是：以"三个代表"重要思想为指导，认真实施"富民兴桂新跨越"战略决策，抓住我国加入世贸组织、实施西部大开发以及东盟建立自由贸易区的机遇，深化改革，扩大开放，巩固蔗糖生产，做大边贸文章，开发旅游资源，发展民营经济，强化农业基础地位，调整和优化产业结构，全力推进工业化、城镇化进程，进一步提高经济增长质量和效益，切实加强精神文明建设、民主法制建设和党的建设，努力实现富民兴县的新发展。今后五年，我县经济工作和社会发展的主要奋斗目标是：国内生产总值年均增长8%；财政收入年均增长8%；全社会固定资产投资年均增长13%；人民生活水平不断提高。城镇居民人均收入要有较大幅度增长，农民人均纯收入年均增长5%以上；对外贸易额年均增长13%以上；人口自然增长率控制在7‰以内。

我们要采取有力措施，重点做好以下几项工作：（一）思想观念一定要有大转变。要牢固树立"大开放大发展，不开放不发展"的思想，破除小农经济思想和狭隘的地域观念，把龙州置于全区、全国乃至国际的大格局中去考虑和寻求发展。（二）经济结构调整一定要有新突破。到"十五"期末，三项产业增加值比重由目前的47∶19∶34发展到41∶21∶38。（三）农业和农村经济一定要有新发展：1.要发展特色经济，努力培植新的产业。种植业方面，粮食播种面积要相对稳定在36万亩的基础上，5年内木薯种植面积达到8万亩以上，推广高产高淀粉品种达80%以上。大力发展水产养殖业，稳定现有2.37万亩水产养殖面积。2.要强化蔗糖支柱产业，把蔗糖业做强做大。抓好蔗区基础设施建设，基本实现糖厂蔗区基地化，使甘蔗平均亩产由现在的4吨提高到5吨以上，力争在5年内实现入厂原料蔗突破150万吨目标。3.要抓好农产品的流通和增值工作。4.要认真贯彻落实党在农村的各项经济政策。力争85%以上的农户每户至少有一个劳动力掌握一至二门农村实用技术。五年内，确保农村贫困人口降至3%以下。（四）工业生产一定要有新提高。要配合南华糖业有限责任公司做好扩建工作，将三家糖厂日榨能力从8000吨扩大到10000吨。（五）对外贸易一定要打开新局面。近年来，水口口岸年进口铁矿量均稳定在12万吨左右。（六）旅游业一定要成为新亮点。（七）基础设施建设一定要迈出新步伐。（八）精神文明建设和民主法制建设一定要上新台阶。1.以公民道德建设为内容，把群众性精神文明建设活动引向深入。2.大力发展社会主义先进文化，推进文化全面繁荣。3.大力发展科技教育，全面实施科教兴县战略。4.发扬社会主义民主政治，进一步健全民主制度。5.坚持不懈地抓好法制建设，维护社会稳定。

三、要按照“三个代表”重要思想的要求，加强和改善党的领导

1. 加强党的思想政治建设。广大党员干部，必须在改造客观世界的同时努力改造主观世界，加强党性修养，树立正确的世界观、人生观和价值观，做实践“三个代表”的模范。2. 加强党的作风建设。党员干部必须坚持马克思主义的群众观点和群众路线，把人民群众的呼声作为第一信号，把人民群众的需要作为第一标准，切实维护好、实现好、发展好人民群众的根本利益。3. 加强党的组织建设。首先，必须始终抓好领导班子建设这个关键。坚持干部选拔任用的原则不动摇，坚持干部选拔任用的标准不走样，坚持干部选拔任用的程序不变通，遵守干部选拔任用的纪律不放松，把政治坚定、开拓创新、成绩突出、清正廉洁、群众公认的优秀干部选拔到各级党政领导岗位上来。其次，必须加强党员干部队伍建设。要把党员教育同改进党员管理结合起来，进一步加大对广大党员培训的工作力度，全面提高党员队伍的素质。4. 加强党风廉政建设。要严格执行党风廉政建设责任制和责任追究制，坚持党委统一领导，党政齐抓共管，依靠群众支持和参与，进一步形成反腐倡廉的强大合力，抓好领导干部廉洁自律、查办案件、纠正部门和行业不正之风三项工作。绝不能让腐败分子在党内有藏身之地，始终保持党的纯洁性、先进性。

二、文件选录

龙州县人民政府
关于内地和外商在水口镇边境经济开发区投资办企业的暂行规定

1993 年 4 月 10 日

自治区人民政府凭祥现场办公会议决定，自治区人民政府同意我县水口镇参照凭祥市、东兴边境经济开发区对外开放的暂行规定实行对外开放。为了进一步搞活、搞好我县边境经济贸易，加快水口镇边境经济开发，特作如下暂行规定：

一、龙州县人民政府对水口镇边境经济开发区的经济建设计划，实行指导性管理。允许内地和外商在水口镇边境经济开发区投资开发，开展联营、代销、代购业务，合资、独资合作办厂，利用越南资源开办加工工业。内联外引项目、固定资产投入不受年度投资规模限制。

二、在水口镇边境经济开发区投资兴建的内资、外资企业用地给予优惠，按征用土地费、开发费加 30% 管理费出让土地使用权。水、电、路给予开通。

三、外资新建的生产性项目，产品出口不涉及国家配额和许可证的，合同投资额在 500 万美元以下的，非生产性项目合同投资在 200 万美元以下的，内联的生产性项目投资额在 1000 万元以下的，非生产性项目投资额在 300 万元以下的，由龙州县人民政府审批。

四、在水口边境开发区投资的外商企业，经营期在十年以上的，从投产之日起，三年内免征企业所得税和地方所得税。免征期满后，企业有困难的，经申请且税务部门批准，在以后十年内可按应纳税额减征 15% ~30%的企业所得税。

五、在水口镇边境经济开发区兴办并注册的内联企业给予在其工商注册登记经营范围内（不涉配额及许可证）的边贸经营权，在其合同有效期内免征地方所得税。

六、外商投资企业，外商作为投资进口的用于本企业生产和管理的设备、建筑材料；为生产出口而进口的原材料、元器件、零部件、包装物料等；企业进口自用的交通工具、办公用品（限合理数量）；投资的外商和国外技术人员进口安家物品和自用交通工具（限合理数量），凭自治区人民政府主管部门的证明文件，免征关税、产品税（增值税）。但是，用免税进口的原材料和零部件、元器件生产的产品内销时，应照章补税。

龙州县人民政府
关于鼓励国内外客商投资的若干规定

1993年4月14日

为了扩大对外开放、加快经济建设步伐，对前来我县投资兴办企业的外商和国内单位或个人，龙州县除了认真执行中央、自治区和地委、行署的各项有关优惠政策外，还根据本县的实际情况，制定如下规定：

一、国内外公司、企业、其他经济组织及个人，均可依法在开发区内取得土地使用权并进行开发利用和经营，使用土地实行有期有偿制度，由县人民政府向用地者出让土地使用权，使用年限在国家规定范围内协商确定，并一次性收取土地使用权出让费，一般为每平方米20~60元(不含开发费)。凡外商投资在50万美元以上，经营期在10年以上的，头十年免收土地使用税；第十一年起减半征收。国内外客商投资企业完成地面建筑投资，其土地使用权报经县土地管理部门批准，可以转让，并按转让费增值缴纳增值税，增值额少于或等于转让者可收回的成本部分，按10%缴纳；超过部分，按比例累进缴纳；增值100%以下部分，按30%缴纳，增值100%~200%部分，按40%缴纳，增值200%以上部分，按50%缴纳。

二、对外商投资企业优先安排报建、施工、水电安装及通信配套，免收城市配套费、城市增容费。

三、如利用现有厂房或需租赁场地的，由双方协商确定，租金从优。对改造现有企业，企业可以把现有的场地、厂房、设备、工业产权等作价入股与外商的资金、技术、经营管理相嫁接，或由中方贷款与外商资金相结合，把企业办成中外合资经营、中外合作经营企业，也可以一个或几个车间与外商合资、合作，实行“一厂两制”。

四、对外加工装配企业，外商作价提供的设备，属全新和先进的，可在每批加工缴费中扣除40%加速偿还。

五、外商投资企业(含“三来一补”企业)生产用的水、电、通信设施收费从优，收费标准低于国有企业收费的10%。水费、电费按国有同类企业的同等价格收取。

六、实行税收优惠。

(一)外商在开发区内投资办企业。

(1)免征地方所得税。(2)经营期在10年以上，从获利年度起，所得税免缴3年，第4~7年减半征收；经营期在5年以上不满10年的，从获利年度起，所得税免缴2年，以后3年减半征收。上述减免税期满后，如企业纳税有困难的，仍可申请减免。(3)港、澳、台同胞及海外侨胞投资企业(包括合资、合作、独资经营企业)，所得税免征4年，减半征收10年。减免税期满后，如企业纳税有困难，仍可申请减免。

(4)生产出口商品的外商投资企业，除国家另有规定的产品外，免征工商统一税。生产内销部分，纳税有困难的，经申请批准的，可在一定期限内减免工商统一税。

(二)国内客商在开发区内投资办企业。

(1)投资兴办的各类企业，除国务院命令禁止减免的产品税外，免征产品税、增值税、营业税一年，期满后如纳税有困难，经申请由税务机关核准，可再给予减免税照顾。(2)固定资产投资方向调节税暂缓征收。(3)企业从投产之日起，所得税免征3年，减半征收2年，此后纳税仍困难者，经税务部门批准，可再给予减免所得税。(4)对在开发区与龙州联营的项目，对方从联营企业中所分得的利润免征所得税。(5)凡由各地政府组织来龙州兴办的国有、集体企业所上交的税利，可由双方政府协商确定其税利分成此例。(6)凡在开发区内投资办企业的，1998年以前免征房产税和土地使用税。

(三)外商投资者将所得利润在龙州再投资，期限不少于5年的，经税务部门核准，可全部退还再投资部分已纳的所得税。

外商在龙州兴办农业、林业、畜牧业、渔业等开发性企业，经营期10年以上，投资额在5万美元以上和配套兴办的加工厂，除享受“三资”企业的优惠条件外，免征地方各税，管理费按年纯收入的20%计收。

（四）缓征个人收入所得税和个人收入调节税。

七、充分尊重外商投资企业经营管理自主权，允许外商投资企业经营管理形式多样化，外商投资企业可根据生产需要自行确定其机构设置和人员编制。在依法保障职工合法权益的前提下，企业有招聘、任免、辞退、奖惩的权利。企业职工的收入标准、工资形式和奖励津贴制度，由企业确定。

八、简化手续，提高办事效率。县有关部门要积极为投资者提供咨询服务，协助投资者办理一切项目的立项上报审批手续。

九、严禁向各投资企业乱摊派、乱收费。对违规收费，企业有权拒付并直接向县人民政府投诉。

十、为了鼓励引荐外商到龙州投资做出重要贡献的国内外有功人员，凡引荐外商投资的资金已到银行的，对引荐人（包括县内外各级干部和其他个人）给予一次性奖励。引荐外商兴办“三资”企业和补偿贸易项目的，可按外商实际投入金额提取奖励金，投入100万美元以内的，按万分之五十五提取；投入100万~500万美元以内的，其中的100万美元仍按万分之五十五提取，超过部分按万分之三十五提取；投入500万美元以上的，在上述两个档次内者仍按上述比率分别提取，其超过部分按万分之一十五提取。

十一、外商来投资办企业，每投资10万元，可允许其内地亲属或亲友办理一人转入本地城镇非农业户口。

本规定从公布之日起实行，过去发布的规定同本规定有不相符之处，以本规定为准。

本规定由县人民政府负责解释。

龙州县人民政府
关于划拨土地使用权自发进入市场的暂行管理规定

龙政发〔1995〕76号

1995年5月10日

随着改革开放和社会主义市场经济的发展，城乡土地使用权已自发进入市场。近年来一些单位和个人擅自将划拨土地使用权转让、出租、抵押和入股联营联建，扰乱了社会主义经济秩序和土地管理秩序，给政府部门依法管理土地带来了困难。为了深化土地使用制度改革，加强对房地产市场的宏观调控，把划拨土地使用权自发交易行为纳入依法运行的轨道，规范土地市场，根据自治区人民政府《关于开展清理整顿划拨土地使用权自发进入市场工作的通知》（桂政发〔1994〕30号）精神，结合我县实际情况，特制定以下暂行管理规定：

一、管理范围、内容。

（一）范围：龙州县行政管辖区内未经县土地管理部门批准，擅自将划拨国有土地使用权转让、出租、抵押和以土地使用权入股联建联营的单位和个人（包括城区、乡镇圩场、公路沿线和集体土地使用权出租部分）。

（二）内容：纯属土地买卖；买卖房屋连同买卖土地；直接出租土地；出租房屋连同出租土地；抵押土地、房屋和建筑物连同抵押土地；以地易房，以地易物；以地入股进行联营联建；改变土地用途进行经营活动；其他违反土地法规行为。

二、时间界限。

（一）一九九〇年五月十九日以前进行转让、出租、抵押的不作经济处理，只补办登记手续。

（二）一九九〇年五月十九日以后进行转让、抵押、出租的，必须补办审批手续，属转让和出租的要分别补交出让金和土地收益金。全部补交土地收益金有困难的，经县人民政府批准，至少要补交一年的土地收益金。

（三）今后每宗转让、出租、抵押的土地，双方当事人必须到县土地管理部门办理有关手续。否则视为非法，按国务院第55号令第46条规定处理。

三、办理手续具体要求。

(一)纯买卖土地或买卖房屋连同转让土地的单位和个人,卖方持国有土地使用权和房产证以及双方签订的买卖协议等有关资料到土地管理部门办理审批手续,并交纳出让金,土地管理部门向受让人核发国有土地使用证。

(二)直接出租土地或出租房屋连同出租土地,出租方持国有土地使用证和房产证及双方签订的租赁协议等有关资料到土地管理部门办理土地出租审批手续,出租方要逐年从出租收益金中交国有(集体)土地收益金。凡今后进行短期出租的,由出租方逐年从出租收益中抵交出租收益金。土地管理部门向承租者核发土地承租证明书。

(三)土地使用者擅自改变土地用途进行经营活动的,除补办审批手续外,按出租土地连同出租房屋的性质逐年交纳土地收益金。

(四)以地联建联营的,出地一方持国有土地使用证,出资方持计划部门建设项目立项批准文件及双方联建协议书收到县土地管理局办理出让登记手续,签订土地出让合同。

(五)以土地使用权或房屋连同土地使用权抵押债务的,由抵押人持国有土地使用证和房产证及双方的抵押协议书,到县土地管理局办理抵押登记手续,由抵押人交纳管理服务费,县土地管理局向抵押人发抵押证明书。如需要再转让土地使用权者,按有关规定办理转让手续。

(六)县城区、乡镇、圩场,包括主要公路沿线两旁内的集体土地出租参照上述办法办理。

(七)以上各种证书工本费、测绘费,按照广西壮族自治区物价局、财政厅桂价测字〔1994〕2110号文件收费标准收取。

四、土地级别的划分及收费标准。

按龙政发〔1994〕159号文件划分为五类,即一类区:兴龙路、城北路(大桥头至县水电局岔路)、康平街、东街、龙江街、南街(理发店至康平街旧冰室)、新填地、合龙街(新风桥头至菠基桥)、东门街、新市场、新龙街(美龙珠大厦至新市场)。二类地区:城北路(水电局岔路至龙北市场交界)、白沙街、合龙街、利民街、独山路、西街。三类地区:新街、兴仁街、仁义街、南街(旧冰室至南街尾)、北门街、独山街(三眼桥至独山路加油站)以及水口镇、下东镇、金龙镇、响水镇等集市。四类区:驮苗街、南门街、官街以及上述五镇以外的各乡镇集市。五类区:泰山街、都兴街等。

土地收益金收取的比例,根据经济发展和物价变动的情况,每隔一、二年作适当调整。地区类别随着地区繁华程度的变化而作适当调整。

各类区的土地使用费的收费标准详见附表。

五、收费办法。

(一)纯买卖土地的,按总成交额减去原征用土地费用后剩余部分的20%~30%交纳出让金。

(二)买卖房屋连同买卖土地的,按总成交额减去房屋重置价以及原征地费(属划拨和分配沿用下来的房地、没有征地费的不扣除)后剩余部分的20%~30%交纳出让金。

(三)直接出租土地的,由出租人按年或月所得租金总额减去应交纳的税费后余额部分的20%~30%逐年或月交纳国有(集体)土地收益金。

(四)出租房屋连同出租土地,由出租人按年或月所得租金总额减去税费后剩余部分的20%~30%逐年或月交纳国有(集体)土地收益金。

(五)抵押划拨土地使用权,抵押房屋连同抵押土地使用权的,按抵押贷款总额的1%交纳管理服务费。因处分抵押物而转移土地使用权的,抵押人应从土地评估价总额的20%~30%抵交出让金。

(六)以地易房、以地易物的,由出屋出房者参照纯买卖土地交纳出让金。

(七)以土地为资本进行联营联建后出租分利的,出地者所得收入按土地入股价总额20%~30%补交土地收益金;出资者所得房屋占地按入股总额20%~30%补交土地收益金。

(八)土地使用者擅自改变土地用途进行经营活动的,自营部分参照龙州县人民政府龙政发〔1994〕148

号文件第二条第三款执行，按所处土地类别计收土地收益金，出租部分参照出租房屋连同出租土地收费标准交纳土地收益金。

（九）未进入土地市场的其他国有土地使用权，实行有偿使用(包括城镇居民住宅用地)，土地使用费的收费标准详见附表。

出让金、收益金和国有土地使用费由土地管理部门统一收取，并出具行政事业收费单据，逾期交纳的按日加收3%的滞纳金，残疾人、孤寡老人以出租房屋维持生活的，由居委会或民政部门出具证明，经县土地管理局批准，可减交或免交土地出让金、收益金。

六、过去的政府文件与本规定有抵触的，按本规定执行。

七、本规定由龙州县土地管理局负责解释。

八、本规定自发布之日起执行。

龙州县人民政府
关于基本农田保护区的保护规定

龙政发〔1995〕106号

1995年12月28日

一、为了贯彻落实“十分珍惜和合理利用每寸土地，切实保护耕地”的基本国策，正确处理“吃饭”与“建设”的矛盾，对基本农田实行特殊保护，促进农业生产和国民经济的发展，根据《土地管理法》和《基本农田保护条例》等有关规定，特制定本规定。

二、全县各乡镇按乡镇统一划定的保护区界址内的耕地列入基本农田保护区实行重点保护，基本农田保护区一经划定，任何单位和个人不经依法特别批准不得擅自改变用途或者占用。

三、严格控制使用保护区内的耕地搞非农业建设，国家建设确需使用保护区耕地的，必须严格按有关规定的程序办理审批手续后方可使用。居民建房须用保护区内的耕地的，原则上不予审批，特殊情况非占用不可的，除按规定程序申请外，必须按“用一补一”的原则开垦同等面积耕地，同时交纳保护区耕地补偿费每平方米15元，方可审核上报。

四、禁止擅自将基本农田保护区的耕地转为非耕地；禁止在基本农田保护区内建窑、建房、建坟或者挖沙、挖鱼塘、采石、采矿、取土、堆放固体废弃物和种植竹木果树。

五、禁止任何单位和个人闲置、荒芜基本农田保护区的耕地。

六、任何单位和个人不得造成基本农田环境污染。

七、任何单位和个人不得破坏和糟蹋基本农田保护区水利设施及保护标志。

八、凡违反上述规定的，按《土地管理法》、《基本农田保护条例》及乡村基本农田保护措施以及《社会治安管理处罚条例》严肃处理。

九、本规定自发布之日起执行。

中共龙州县委员会　龙州县人民政府
关于严格控制红白喜事大操大办奢侈浪费行为的暂行规定

龙发〔2001〕7号

近年来，随着经济的发展，人民生活水平的显著提高，我县在红白喜事上大操大办、奢侈浪费行为的现象十分严重，给广大干部和群众造成了沉重的经济负担，败坏了社会风气。为了认真贯彻落实中共中央、国务院关于党政机关厉行节约制止奢侈浪费行为若干规定,倡导艰苦奋斗,勤俭节约的良好风气,进一步制止奢侈浪费行为,特制定本规定:

一、严禁党员和国家干部、职工借婚丧及其他喜事滥发请帖、借机敛财、大操大办、铺张浪费。嫁娶双方的宴请限制在各方的亲友,各方所设酒席控制在15桌以内。其他喜事请客控制在5桌以内。丧事也要从简办理,不准搞封建迷信活动。

二、党员和国家干部职工办理婚丧嫁娶时,不得动用公款、公车操办。

三、党员干部要带头抵制各种不良的社会风气。各单位领导要切实负起职权范围内的党风廉政建设责任,抓好本规定的贯彻落实,对由于管理不严,监督不力而发生违反本规定事件的,要追究领导的责任。

四、对违反本《规定》的当事人,按照有关规定给予批评教育,情节严重的给予党纪、政纪处分。群众反映强烈的,要在一定范围予以通报,并公开曝光。违反规定借机收受的礼金、礼物,要没收上缴财政。

五、各乡镇党委、人民政府和县直各单位要对广大党员和机关工作人员进行经常性艰苦奋斗、勤俭节约的教育。县纪委、监察局要对本规定的执行情况进行监督检查。

六、本《规定》自2001年4月1日起执行。

七、本《规定》由县纪委、监察局负责解释。

为方便各界群众监督,县纪委设立举报电话,电话号码:8812444。

2001年2月26日

中共龙州县委员会 龙州县人民政府
关于全县各级党政领导干部深入基层深入群众调查研究的规定

龙发〔2001〕11号

为了深入贯彻落实江泽民同志关于"三个代表"的重要思想,促使我县各级党政领导干部进一步转变作风,深入基层、深入群众,开展调查研究,加强世界观改造,克服官僚主义、主观主义和形式主义,真正把维护、实现和发展最广大人民群众的根本利益作为一切工作的出发点和落脚点,特制定本规定。

一、各级党政领导干部,每年要拿出一定的时间,深入基层、深入群众,开展调查研究,认真听取群众的呼声,了解群众的疾苦,真心实意地为群众办实事、办好事,真正做到"知民之所想,察民之所虑,亲民之所爱,为民之所需"。按中央和自治区、地区的有关规定,下基层工作和调查研究的时间,县、乡镇领导干部全年不少于4个月。

二、各级党政领导干部在下基层调查研究中,要自觉安排一定的时间,深入农村、企业、街道、学校等基层单位,与群众同吃同住同劳动(以下简称"三同"),并将这一做法长期坚持下去。深入基层、深入群众"三同"的时间,由各级领导干部根据自己的工作实际来决定。

三、深入基层、深入群众调查研究应重点到农村,特别要注意到那些困难多、问题多、群众意见多的地方去,到那些相对贫穷落后的地方去。县四家班子领导成员要联系2~3个村。其他单位的领导干部都要结合自己的工作实际,落实固定的联系点。

四、深入基层、深入群众调查研究必须在"深入"上下功夫,坚持眼睛向下看,脚步往下走,到工人、农民、知识分子中去,同他们打成一片,要改进工作方法和工作作风,切实做到:深入农村,要进村入户,与农民拉家常,交朋友,体察群众疾苦,帮助解决热点、难点问题及其他影响当地改革、发展与稳定的突出问题,指导和帮助贫困群众发展生产,脱贫致富;深入企业、要到车间、班组和职工宿舍了解情况,听取意见,为企业和职工特别是下岗职工排忧解难;深入学校,要到教职员工和青年学生中去,与他们交流思想,释疑解惑;深入到街道、所属基层单位,要与群众"结对子",做好各项服务工作,在深入基层、深入群众调查研究的过程中,要适当参加生产劳动,在改造客观世界的同时努力改造主观世界,从思想上解决好实践党的全心全意为人民服务的宗旨问题、群众观点问题。

五、异地交流干部在深入基层、深入群众调查研究方面要严于律己，立足基层，安心岗位，集中精力，搞好所在地工作，杜绝“走读”现象。对配偶未随调、随迁的交流干部的休息和休假，可采取轮休的办法解决，一定要保证在双休日期间有三分之一的领导干部在岗位上值班，既要保证领导干部都享受国家法定的休息和休假时间，又不影响正常工作。

要加强对异地交流干部“八小时之外”以及节假日活动情况的管理，异地交流干部回家休息和休假，要坚持请销假制度，执行自治区、地区、县有关用车规定。

六、每次深入基层、深入群众调查研究要确定调研专题和重点为群众解决的问题，力求真正取得实效。要亲自动手撰写深入基层、深入群众的调查报告，总结和推广行之有效的经验，提出解决问题的主张和办法，指导面上工作。调查报告要报送同一级党委和上一级党委。

七、深入基层、深入群众调查研究，要严肃群众纪律。要轻车简从，不扰民，不搞特殊化，不搞花架子，不增加基层和群众负担。进村入户的领导干部要亲自带行李，按规定交纳伙食费，不准接受任何礼品、纪念品和土特产品。

八、各级党组织要把领导干部深入基层、深入群众调查研究工作摆在重要的议事日程，切实加强领导，认真抓好落实。党委（党组、党总支、党支部）书记要身体力行，作好表率。要把深入基层、深入群众调查研究列入领导班子工作目标责任制和干部年终考核的重要内容，建立登记卡，实行跟踪督查或定期检查，及时发现、总结典型经验和先进事迹，搞好交流和推广；对搞形式主义，走过场，造成严重影响和后果的人和事，要通报批评。

2001 年 8 月 15 日

中共龙州县委员会　龙州县人民政府
关于积极推进工业化的实施方案

龙发〔2001〕27 号

自治区党委第七届九次会议提出，把加快工业化、城镇化进程确定为“十五”期间乃至今后一个较长时间我区经济工作的重点，大力推进和加快我县工业化进程，是对全县经济、社会发展具有全局性长远性意义的战略举措，是调整优化经济结构，带动农村经济发展，实现农业劳动力的有效转移，增加农民收入的需要，是提高全县人民生活水平的需要。为此，制定我县积极推进工业化的实施方案。

一、推进工业化的指导思想和基本原则

推进工业化的指导思想：以邓小平理论和党的十五届五中全会精神为指导，以促进我县经济、社会更快发展和提高人民群众生活质量为目的，解放思想，更新观念，面向新世纪，抓住西部大开发的机遇，立足于我县资源、能源、地缘、劳力的优势，深化改革，扩大开放，加大招商引资发展工业力度，积极实施工业化发展战略，巩固和发展支柱产业，加强和提高骨干产业，培育和开发特色产业，扩展工业领域，加快全县工业化进程。

推进工业化的基本原则：一是统一规划。推进工业化工作要在县委、县政府的统一领导下，由县经贸局、计划局牵头，组织有关部门按规划开展招商引资、企业改制、改造和项目建设，形成全县一盘棋，使工业化工作能够有效协调地发展。二是坚持高起点。项目工作是推进工业化的关键，因此在选定项目时，必须高起点高标准，要有一定的标准，要有一定的规模，有先进的工艺水平，产品科技含量高，防止低水平或重复建设。三是注重实效。建立项目要做好前期可行性研究，确保项目投入以后取得良好的经济效益和社会效益，并能够持续发展，避免出现那种“上一个，下一个”劳而无功的浪费现象。四是重视环保。建立项目要以不增加新的环境污染为原则，项目投产所排的废气、废水要达到国家标准，不能因环境污染而被迫重新整改，浪费资金，延误时间，造成不必要的损失。

二、推进工业化的发展目标和主要任务

（一）发展目标

到 2005 年，全县工业产值 10000 万元以上的企业数要达到 5 户；年产值 100 万元以上的企业要达到 15 户；同时扶持发展一大批集体和私营企业，使全县工业总产值达到 62800 万元。

（二）主要任务

1. 巩固和发展制糖支柱产业。通过技术改造，使三家糖厂日榨甘蔗能力达到 10000 吨，从 2003/2004 年度榨季起完成年榨甘蔗 125 万吨，机制糖产量达到 15 万吨以上。

2. 以制糖业为依托，注重蔗糖产业链的挖掘，形成以制糖为主的综合利用。

一要利用甘蔗渣建设一座年产 1 万吨纸品和年产 5000 万套环保餐具的加工厂。

二要以糖厂滤泥和酒精废液治理产业的干粉为原料，建设年产 2 万吨复合肥料的加工企业。

三要通过技术改造，利用三家糖厂现有的酒精生产线，改造成为既可用桔水生产酒精，又可用木薯作为原料生产酒精，延长酒精生产时间，增加酒精产量。

四要采用先进、适用的生产技术和科学管理办法，不断提高糖厂主要产品的质量，使龙田牌、龙二牌、霞秀牌白砂糖成为区优产品乃至区名牌产品。

3. 抓好小型企业的改革整顿。在率先完成三家糖厂改制工作的基础上，采取产权转让、嫁接等形式对制药厂、印刷厂、将山酒业有限公司等小型国有企业进行改制，建立现代企业制度，彻底转变企业经营机制，努力提高我县工业的整体素质和市场竞争力。

4. 从名牌产品和特色资源做文章，积极引进先进生产技术，通过上规模、上档次和提高科技含量推动名牌产品的创立和特色资源的利用，从而以名、特、优产品加工业带动全县其他产业的发展：

一要引进先进技术，致力使区优产品痛肿灵再上档次，扩大出口量，把制药业做强做大。

二要改造龙州菜刀的落后生产工艺和散落的家庭制作方式，通过技术改造，形成年产“龙州牌”菜刀 100 万把的生产能力。

三要引进外资扩大特产“香蜜桄榔粉”的生产规模，到 2005 年要达到年产 100 万包的生产能力。

四要加快山黄皮果产品的开发进程，建立以山黄皮为主要原料的山黄皮酱、山黄皮干、山黄皮八宝粥以及山黄皮系列饮料的食品加工企业。

五要利用龙州特产八角，进行八角香油、八角粉、八角果品的深加工。

5. 加快农副产品向工业产品转化。根据本县农副产品生产情况，建立起年产果蔬脆片产品 1500 吨能力的综合加工厂，将上龙、武德乡生产的香蕉，下冻镇盛产的黄瓜，八角、上降乡出产的酸梅、李果，霞秀乡出产的黄榄、黑榄加工成各种果脯和脆片。此外，生产原料的乡镇亦建设有相应配套的产品粗加工企业。

6. 利用我县中草药材资源丰富的优势，建立中草药材收购、加工基地，使龙州成为南宁地区西部较大的中草药收购、加工的集散地和基地。

7. 进一步加强基础工业建设。充分利用我县的水利资源，通过合资方式，实施先锋电厂增容扩建工程和鸭水电厂增容扩建工程，新装机容量分别为 3500 千瓦和 1600 千瓦。

8. 与广西大学等高校以及有关科研单位建立合作关系，从 2003 年起，每年完成一项科技成果的转化并形成产业，使之成为新的经济增长点。

三、推进工业化的主要政策

根据我县的实际，国有工业企业的改制、改造以及工业项目的建设，主要靠外资的引进。因此，加快我县工业化，要实施县委、县政府制定的“给外来投资者以优惠的投资政策”。

1. 实行税收优惠政策

(1) 贯彻落实国家、自治区现行各项税收优惠政策及西部开发税收优惠政策，结合我县实际，采取地方财政列支奖励、财政投入扶持等办法，对外来投资者给予进一步优惠，重大项目的给予特殊优惠政策。

(2) 外来投资者在县内新建的独资、合资、合作的产品出口企业(70% 出口)、高新技术企业(由自治区有关部门认定)、农产品加工企业、矿产业加工企业，经营期在10年以上，总投资1000万元人民币以上，产值在人民币2000万元以上，县政府将根据其对地方财政贡献的一定比例安排贴息资金进行技改或扩建。

(3)投资新建农产品加工企业(除甘蔗制糖业外)，三年内分年度由县政府按其上缴特产税的一定比例安排生产扶持金。

2. 实行收费优惠政策

(1)对投资数额大、投资回收期长的基础设施建设项目，可由项目单位对外来投资者的投资收益采用多种形式给予综合补偿和合理回报；对将已建成的基础设施项目向外来投资者转让经营权或股权而设立的外来投资企业，可按生产性企业执行相关优惠政策。

(2)对外来投资企业的通讯、水、电、气供应要优先安排，保证质量，属于有级差的价格和收费，按规定的低限标准执行。

(3)工商、建设、供水、供电、公安、环保等有收费的部门，必须严格执行国家及自治区有关优惠政策，按最低标准收费，不准任意提高收费标准和增加收费项目。

(4)外来投资企业在县外聘任的中级管理人员和专业技术人员以及直系亲属，经批准，给予办理落户手续，并减免人口增容费；外来投资企业一次性投资在80万元人民币(美元10万元)以上，投资商及配偶、子女要到本县定居，可享受免征迁入人口增容费的优惠。

3. 实行土地优惠政策

(1)对外来投资企业优先安排用地计划。属于投资高新技术、基础设施建设、生物资源开发与创新、矿产资源开发、旅游资源开发以及高创汇、高税收的项目，其征用土地的各项费用均执行法定标准的下限。

(2)外来投资生产性企业以出让方式取得土地使用权，其缴纳的土地出让属于地方留成部分，由县政府以返还的方式给予50%的优惠。

(3)分期付款。一次性缴纳出让金有困难的外来投资企业，可与土地部门签订分期付款协议，首期付款25%，余款在3年内付清。

(4)外来投资企业在征地中除土地补偿费、安置补助费、青苗补偿费、地上附着物补偿费、耕地开垦费、征地管理费外，其他部门不得再征收与征地无关的任何费用；坚决取缔“搭车”收费；对征地补偿费超过法定标准的，政府应采取有力措施予以纠正。

(5)外来投资企业从事种植业、林业、畜牧业、渔业生产的，按规定办理手续后，可以租用集体土地。

(6)利用现有企业进行嫁接改造的，经确认的土地资产，可作为本地企业资本金，或可将土地出让金的地方政府应得部分折成地方政府股金，参与投资与经营。

4. 实行本地居民待遇

(1)在司法服务、金融服务、工商管理、市场准入、职称评定、购买住房、车辆落户等外来投资者与本县居民一视同仁。

(2)外来投资者与眷属在公共交通、文化娱乐、医疗卫生、子女入托、入学、旅游服务、户籍管理及入户口方面均视同本县居民，同等对待。

(3)外来投资企业用水、用电、用气、通讯等标准，享受本地企业同等待遇。

(4)对于到我县投资的企业、个人，其投资在100万美元(800万元人民币)以上，授予“荣誉居民”号称。

四、推进工业化的措施

(一)积极培育工业化原料生产基地

1. 继续抓好甘蔗品种改良和吨糖田建设，到2003年，高糖高产甘蔗品种的种植面积占总种植面积的80%以上；总产量达130万吨，确保糖厂满负荷运转，以降低甘蔗生产成本，增强市场竞争能力，促进蔗糖产品的稳定发展。

2. 林业、农业部门做好桄榔树、山黄皮种苗的培育工作，并在下冻、水口、武德、金龙、逐卜等乡镇范围的石山地带大量种植桄榔树和山黄皮果树，到2004年使桄榔粉和山黄皮的采取量分别达到20万公斤和35

万公斤，确保“香蜜桄榔粉”和山黄皮系列产品生产原料的供应。

3. 林业部门用 3 年的时间完成现有八角林的低改工作，到 2004 年使八角果的产量比 2000 年提高 30% 以上。

（二）推进技术进步，实现技术创新和产品创新

1. 利用西部大开发和对口技术扶贫的大好机遇，引进先进的菜刀生产工艺，使“龙州牌”菜刀的性能、质量和产量得到提高。

2. 走产、学、研联合道路，与区内外高等院校和科研单位建立委托培养人才、委托开发产品、专利技术转让、共建技术开发机构等形式多样的协作关系。企业按照销售总额的 2%~3% 提取开发经费；县财政也按规定比例提取经费用予支持技术和产品开发。

（三）加大招商引资力度

1. 放宽对外来投资者的条件限制。外来投资者在我县区域内投资的领域和行业，除国家明令禁止范围外不受限制；外来投资者在我县投资设立企业的条件、经营地域和持股比例不受限制；外来投资企业的投资方式不受限制；外来投资企业产品的内外销比例不受限制。

2. 要建立招商引资工作协调会议制。县成立招商引资工作领导小组，负责引资项目的谈判、审批、建设、监督管理等一系列的组织工作，优先办理外资企业的各项审批手续。

3. 要建立招商服务工作时限承诺制。对外来投资者所办理事务的工作时间做出承诺，并建立规章制度，使外来投资者在按规定交齐材料、手续齐全、符合要求的情况下，各项事务能够及时得到办理。

4. 要建立外来投资企业跟踪服务责任制。在为外来投资企业提供审批、建设、生产经营的全程服务中，各有关部门要做好跟踪服务工作。外来投资企业在生产经营中的政策性问题和需要政府解决的重大问题，由县招商引资领导小组协调解决。

（四）切实加强组织领导

县有关部门、乡镇党委、政府要把推进工业化进程纳入国民经济和社会发展的总体规划，摆在国民经济发展的优先位置，确定“十五”期间我县工业化的目标，明确我县工业化的重点，切实加强对工业化工作的领导。国有工业企业的改制和招商引资工作要在县委、县政府的领导下，由县经贸局牵头，组织有关单位协调实施；工业项目的实施，各有关单位要明确职责分工，落实到点、到位、到人，使工业化发展工作有领导、有计划、有步骤地向前推进。

2001 年 8 月 15 日

龙州县农村基层组织建设“三级联创”实施方案

龙发〔2002〕43 号

为巩固我县农村“三个代表”重要思想集中学习教育活动成果，强化农村基层组织建设，根据自治区党委、地委的部署，县委决定在全县范围内进一步推进争创农村基层组织建设先进县、“六个好”乡镇党委、“五个好”村级党组织的农村基层组织建设“三级联创”活动。为使活动落到实处，取得实效，建立健全“干部经常受教育，农民长期得实惠”的长效机制，促进我县两个文明建设的健康发展，特制定我县农村基层组织建设“三级联创”实施方案。

一、指导思想

以邓小平理论和党的十五大精神为指导，按照江泽民“三个代表”重要思想的要求，深入贯彻落实《中国共产党农村基层组织工作条例》，用改革的精神研究新情况解决新问题，采取更加有力措施，以实现农村基层组织建设先进县、乡镇党委“六个好”和村级党组织“五个好”为目标，以提高农村基层干部的整体素质，增强党组织的创造力、凝聚力和战斗力，调整产业结构，增加农民收入，发展壮大集体经济为重点，全面推进

我县农村基层组织建设“三级联创”活动，实现“干部长期受教育，农民长期得实惠”长效机制。把农村基层组织建设成为符合“三个代表”要求的坚强领导集体，为促进农村的改革、发展和全面进步，实现富民兴县，保持农村稳定提供强有力的组织保证。

二、目标要求

（一）乡镇党委建设目标

1. 建设一个坚决贯彻党的路线方针政策、公正廉洁、团结合作、战斗力强的好班子。

(1) 乡镇党委领导班子政治坚定、作风过硬、团结战斗、廉洁高效，解决自身问题的能力强，富有凝聚力、吸引力，充满生机与活力。

(2) 乡镇党委书记党性强、作风正、能力强，勇于开拓，善于协调，勤政为民，乐于奉献；威信高，群众拥护，事业心强，切实履行基层党建职责，能承担全面领导责任。2005 年乡镇党政领导班子成员中，大专以上文化程度的达 90% 以上，以 35 岁左右为主体；乡镇党政“一把手”大专以上文化程度的达 100%。

(3) 所辖党支部班子年龄文化结构合理，战斗力强，党内各项制度健全，组织活动正常。

(4) 积极督查、指导村级按照“五个好”目标要求全面开展活动，村党支部达到“五个好”标准。

2. 造就一支精干高效、素质优良、群众拥护的乡镇干部队伍。

(1) 乡镇干部讲学习、讲政治、讲正气；群众观念、政策观念、法制观念强，整体素质高；知法守法，依法办事，无违法违纪行为。安心基层，爱岗敬业，扎实肯干，认真为群众办实事、办好事。

(2) 转变工作作风，努力实践“三个代表”，深入农村，倾听群众呼声，关心群众的疾苦，认真解决群众反映的热点、难点问题，正确处理农村各类矛盾，并解决在基层。兑现向群众承诺的事情。

(3) 加强乡镇干部的培训力度。重点抓好对世贸知识、西部大开发和工业化、城镇化、信息化、农业产业结构调整以及农业高新科技等专题知识的培训。2005 年 50 岁以下的乡镇干部均达到中专以上文化程度或初级技术员水平，其中大专以上文化程度的不少于 50%。

3. 选准一条符合本地实际的发展经济、共同致富的好路子。

(1) 立足农村，以市场为导向，依靠科技进步、优化农村经济结构，提高农村经济素质和效益。

(2) 每个乡镇创办农业科技园或科普示范基地，每年引进并普及推广农业先进实用技术和优良品种不少于 6 项。

(3) 大力兴办乡镇集体企业和乡镇示范服务基地，乡镇集体企业快速健康发展，乡镇集体经济纯收入在 10 万元以上，年财政收入人均高于当地人均水平，增长率高于财政增长率 3 个百分点以上。

(4) 所辖各村集体经济年纯收入 3 万元以上，年增长率在 10% 以上。

(5) 坚持社会主义公有制为主体，积极鼓励和支持个体私营经济发展，通过先富帮扶贫困户，组织和带领群众脱贫致富奔小康。

4. 建立一套行之有效的工作、管理和监督的好制度。

(1) 乡镇党委要建立健全各种制度，党委议事制度；中心组学习制度；党委民主生活会制度；民主决策制度；领导任期目标管理责任制度；干部岗位责任制度；党委抓村级组织建设责任制度；廉洁自律和财务管理制度；审计制度；领导与干部谈心谈话制度；民主评议干部制度；乡镇领导干部蹲点调研制度；乡镇干部学习培训（含科技培训）制度；乡镇政务公开民主管理制度。

(2) 坚持民主集中制原则，做到决策民主化和科学化，普遍实行村务公开、政务公开和民主管理制度，各项工作有章可循，运行有序。

(3) 加强对村干部的培养、培训、教育和管理，完善激励约束机制。

5. 保持密切联系，艰苦奋斗，实事求是的好作风。

(1) 公仆意识强，努力实践全心全意为人民服务的根本宗旨。乡镇党委班子成员，特别是党委书记和乡镇长，每年要用不少于 6 个月的时间深入村屯，走家串户，体察民情，解决困难，引导农民奔小康。

(2) 清正廉洁，勤政为民，艰苦奋斗，勤俭节约，认真执行制止奢侈浪费行为的各项规定，严肃财经纪律，堵塞各种漏洞,反腐倡廉取得实实在在的成效。

(3)坚持讲真话、办实事、求实效,认真为农民群众谋利益,农民负担控制在国家规定的限额以内。

6. 形成一个坚持两手抓、两手硬,促进精神文明、物质文明建设协调发展的好格局。

(1)加快小康村镇建设步伐,有一个好的小康村镇建设规划和示范村,50% 以上的村有新村建设规划;建设一批小康村;每个乡镇有一个以上的村建成规划科学、布局合理、设计配套、整洁卫生、环境优美、特色鲜明的新型示范村。

(2)乡镇党委"两手抓,两手硬"的意识强,精神文明建设抓得紧、抓得实。群众的社会主义思想觉悟较好,精神面貌好,形成了尊老爱幼、助人为乐、邻里和睦、文明健康的良好社会风气。

(3)崇尚科学、反对迷信,有效地遏制封建迷信、红白喜事大操大办等不良倾向,坚决禁止"黄赌毒"等社会丑恶现象。

(4)文化、教育、卫生设施比较齐全,群众文化生活丰富多彩,镇容镇貌、村容村貌整洁美观。

(5)积极开展"四五"普法教育,群众遵纪守法意识强。社会治安综合治理达标,治安状况良好,社会稳定,无非法宗教活动。

(6)计划生育工作认真扎实,管理科学规范,各项指标达到自治区规定的标准。

(7)乡镇及站所办公制度化、规范化。村委办公设施建设逐步完善。

(二)"五个好"村党支部的标准

1. 建设一个坚强有力领导班子(村党〈总〉支部和村委会班子),尤其要配好配强支部书记。

(1)党支部书记政治素质好、工作能力强、有奉献精神、清正廉洁、公道正派,得到党员和群众拥护。村党支部书记具有高中以上文化的达 90% 以上。

(2)党支部的创造力、凝聚力和战斗力进一步提高,能够团结带领群众坚决贯彻执行党的路线、方针、政策,保证党在农村各项任务的完成,成为坚强的领导核心、领导班子成员年龄、知识结构合理。

(3)村委会在村党支部的领导下能够在农村改革、发展和稳定中充分发挥自我管理、自我教育、自我服务的途径;集体经济组织、团支部、妇代会、民兵、治保组织、调解组织健全,能依据各自章程和特点,积极开展工作,充分发挥其职能作用。

(4)村级组织先进面达 50% 以上,后进面控制在 8% 以内。

2. 培养锻炼一支具有较高素质的党员队伍和村干部队伍。

(1)党员队伍整体素质高、党性强,90% 以上有学习劳动能力的党员熟练掌握 1~2 门以上实用致富技术,其中 60% 以上的党员获得"绿色证书"或农业函授大学毕业证书;50% 以上的村干部达到农民技术员、农民技师水平,能做到带头勤劳致富、带领群众共同致富、带头完成各项任务,在农村两个文明建设中充分发挥先锋模范作用。

(2)组织设置合理,党员管理科学、规范。

(3)对要求入党积极分子的培养教育措施得力,按照 1∶3 的比例做好入党积极分子的培养工作,每年保持 4 名以上积极分子,每年发展 1 名以上新党员,做到手续完备、质量保证。

(4)村干部素质高,群众观念、政策观念、法制观念强,在两个文明建设中发挥示范带头作用。

(5)保持 3 名村后备干部,培养教育措施落实。

(6)共青团员能够带头致富,积极争当青年星火带头人,充分发挥党的助手和后备军作用。

3. 选准一条适合本地实际的发展经济的好路子。

(1)依靠科技进步,优化农业和农村经济结构,确保农产品有效供给和农民收入持续增长。每个村每年引进推广的先进实用技术和优良品种不少于 2 项。

(2)结合西部大开发,积极调整产业结构,从本村实际出发,确定加快经济发展、促进社会进步的长远目标和发展思路;制定切实可行的规划和年度计划,并认真组织实施,效果显著。

(3)村集体经济年纯收入 3 万元以上,年增长率在 10% 以上;农民人均纯收入比上年增长 10% 以上,农民负担控制在国家规定的限期内。

4. 坚持完善一个好的经营体制。

长期稳定以家庭承包经济为基础、统分结合的双层经营体制。加强集体统一经营，集体经济实力不断壮大，完善农产品市场体系，加强农村社会化服务体系建设，形成外联市场、内联千家万户的服务网络，为农民提供产前、产中、产后服务。能够以物质、技术、信息等各方面为群众的生产生活提供有效服务，实现村富民富，共同富裕。

5. 健全一套好的管理制度。

(1) 建立健全党组织议事规则和决策程序，坚持支委会、支部会、党员议事会制度。

(2) 实行村务、财务公开制度和村民代表会议制度。

(3) 坚持和完善村党支部和村民委员会的民主评议党员、评议干部制度。

(4) 以法律、法规和政策为依据，以实际、实用、实效为原则，完善村民自治制度，建立健全各项规章制度，健全村规民约。社会治安、计划生育搞得好，使工作有序、办事有据，真正做到"有章理事"。

三、主要措施

(一) 切实加强领导，强化责任

乡镇党委和村党(总)支部思想要到位，真正把农村基层组织建设"三级联创"工作列入重要工作日程常抓不懈，专题研究农村基层组织建设"三级联创"工作。建立责任制，乡镇党委书记和村党(总)支部书记是农村基层组织建设"三级联创"工作的直接责任人，要切实履行职责，负起责任，形成"一把手"负总责，一级抓一级，层层抓落实，通力协作，齐抓共管的工作机制。县委成立农村基层组织建设"三级联创"工作领导小组，由县委书记温国权任领导小组组长，县政府副县长黄榜荣任副组长，成员由有关单位主要领导组成。领导小组下设办公室，负责全县农村基层组织建设"三级联创"活动的日常工作。县基层办要加强组织协调，检查指导，督促落实工作。基层办所需经费列入财政预算。各乡镇也要相应成立领导小组和办公室，要加强经常性的督查、指导，及时总结经验，找出存在的问题和薄弱环节，采取有力措施，认真加以解决。真正做到认识到位、责任到位、措施到位、工作到位。

(二) 加大改革创新力度，建立健全农村基层组织的管理体制

1. 改革选人用人机制，建立和完善农村基层干部公开、平等、竞争、择优的选任机制，促进农村优秀人才脱颖而出。在乡镇逐步推行干部任期制、试用期制、公示制、推荐干部责任制和中层干部竞争上岗制度；在农村普遍推行"两推一选"村党组织班子成员和村民直接选拔村委会班子成员，并不断加以规范和完善；继续面向社会招聘具有中专以上学历的优秀人才，经过一定组织程序到村任(挂)职。

2. 创新组织管理体制，增强农村基层组织活力，把县直各单位、各部门纳入"三级联创"的范围。顺应农村产业结构、所有制结构和农村党员从业结构、分布情况的变化，简政放权，改革乡镇条块分割的体制，凡属中央和自治区明确要求下放给乡镇的站所，都要坚决把人、财、物管理权下放到乡镇，县直主管部门实行业务指导，对于已经明确自治区以下实行垂直管理的基层站所，除中央有规定的以外，站所的党组织受乡镇党委领导；站所的领导人事变动、晋级提拔等，县直主管部门须征求所在乡镇党委和政府意见，增强乡镇的协调管理服务功能。

(三) 强化培养选拔和教育管理，不断提高农村党员和基层干部素质

1. 规范培养选拔程序，严把"入口"关。严格按照党章和《中国共产党发展党员工作细则》规范发展党员工作程序，推行发展党员"择优、公示和预审"制度，注重发展符合党员条件的致富带头人、优秀青年和妇女入党，不断改善农村党员队伍结构，每个村保持 4 名以上的入党积极分子常数，每个村每年至少发展 1 名新党员。选配好乡村领导班子，特别要选准配强乡镇党委书记和村党支部书记。乡镇领导班子以大专以上文化程度、35 岁左右的中青年干部为主体，形成合理的年龄梯次结构；增加懂经济、善管理、懂科技、会经营的人才比例。村级领导班子以高中以上文化、优秀中青年干部为主体，每个村保持 3~5 名后备干部常数。每个乡镇、村领导班子中至少有 1 名妇女干部。

2. 加强和改进农村基层党组织领导班子的作风建设，树立良好形象，按照中央"让干部经常受教育、使农民长期得实惠"的要求，在县直部门、乡镇、村领导班子和基层干部中，继续深入开展"三个代表"重要思想的学习教育活动，着眼于提高农村基层干部素质，落实好整改措施，切实解决农村存在的突出问题，使农村基层丧事带头做到"八个坚持、八个反对"，切实转变工作作风，进村入户做好思想政治工作，及时解决各种矛盾和问题，多为群众发展经济指路子、出点子，多为群众办实事、做好事，使广大群众得到实惠，在群众中树立党员干部全心全意为人民服务、忠实代表人民群众根本利益的形象。

3. 加大培养教育力度，提高农村基层干部的综合素质。进一步完善培训工作统一规划和分级负责制度，健全以各级党校为主阵地，农广校为依托的农村党员干部培训教育网络。乡镇正职领导干部参加地委举办的培训班，乡镇副科级领导干部由地区或县负责培训，每届任期内确保轮训一遍，时间不少于15天；乡镇其他干部和村主要领导由县负责培训，每年培训时间累计不少于10天；农村党员和其他村干部由乡镇负责培训，每年培训时间累计不少于7天。不断改进培训形式和方法，加强经常化、正规化培训。建立一套行之有效的规章制度，保证培训时间、内容、人员、经费的落实。继续组织农村基层干部参加高等教育大专自学考试、中央党校函授教育、中国农函大的函授中专或大专学历以及农业广播电视大学的中专班和职业中专班学历教育。同时，适应新形势，以创办农村干部实践锻炼基地和科普示范基地等灵活多样的形式，依托先进典型，建立一批参观学习基地，切实提高培训的针对性和实效性。

（四）积极探索村级集体经济的多种实现形式，走富民强村之路

要把发展村级集体经济放在整个农村工作大局中谋划，从资金、技术、人才等方面予以扶持。通过强化集体资产的管理和经营、组织好生产服务、搞好资源开发和运用股份制、股份合作制等方式，发展壮大集体经济。加强农村市场体系建设，特别是产地批发市场的建设；大力发展农村各类专业技术协会等形式的农民合作组织和各种形式的流通中介组织，促进产品流通，带动农业的区域化和专业化生产，确保农民增收和集体经济增长。

（五）推进村民自治，加强农村基层民主法制建设

全面推进村级民主选举、民主决策、民主管理和民主监督。严格执行《中华人民共和国村民委员会组织法》，真正把群众拥护的思想好、作风正、有文化、有本领、真心实意为群众办事的人，选进村委领导班子。完善决策程序和村级民主管理制度、民主监督制度，进一步提高自治水平。

充分发挥农村党支部的领导核心作用，进一步规范村党支部、村委会的关系，规范农村基层工作的运转程序和运转方式，增强村级组织的战斗力。重点抓好《广西村级工作规范化管理暂行规定》、《广西村级干部规范化管理暂行规定》的落实。大力加强法律教育和宣传，帮助农村干部增强法制观念，提高依法办事能力。

（六）开展社会主义精神文明创建活动，加强农村文化设施建设

农村基层组织要在精神文明创建活动中发挥和提高组织领导能力。要以创建"文明户"、"文明村镇"、"科普示范乡镇、村"、"科普示范户"为主要形式，加强农村精神文明建设。对农民群众进行爱国主义、集体主义和社会主义教育，进行党的路线方针政策教育，进行社会公德、家庭美德教育，进行市场经济知识、现代农业科技、环境保护知识教育，切实提高农民的思想道德水平和科学文化素质。加强农村文化设施建设，深入开展文化、科技、卫生"三下乡"和"科普进农家"等活动。引导农民弘扬科学思想，移风易俗，革除陋习。反对封建迷信活动，禁止"黄、赌、毒"，搞好计划生育工作。

（七）精心组织，周密部署

各乡镇党委及站所、县直各单位、村级党组织要精心组织，切实转变作风，把农村基层组织建设"三级联创"的各项工作一步一个脚印地推向前进。一是开展县、乡、村党员结对子活动。县直部门党员和乡镇及乡直部门党员每个人联系一名农村党员，帮助教育党员密切联系群众，切实转变作风，带头致富。二是继续坚持县直单位包村工作、乡镇及站所包村工作，保证每个行政村都有3名以上国家干部开展工作。县驻各乡镇农村基层组织建设工作指导组要加强督查、指导，确保"三级联创"活动落到实处。三是做好"联、创、实、富"文章，重点在"联"，核心在"创"，根本在"实"，目标在"富"。在"联"字上花力气，包括联目标、联责任、

联奖惩，形成通力合作，齐抓共管的工作格局；在“创”字上做文章，即既分类创建，又开展创一流、争先进活动；在“实”字上花力气，切实转变作风，把目标任务一项一项地落到实处；在“富”字上求实效，帮助选准发展经济的路子，拓宽农民增收的途径，让群众得实惠。

（八）树立典型，指导面上活动

县委决定把下冻镇和霞秀乡作为我县创建“三级联创”活动的示范乡镇。各乡镇要选择1~2个村作为示范村。一是开展创一流、争先进活动。通过联责任、联目标、联奖惩，形成通力合作，齐抓共管的工作格局，把“三级联创”活动的各项工作一步一个脚印推向前进。二是把县直部门和乡镇站所纳入我县农村基层组织建设“三级联创”活动体系，全面开展基层满意的县直部门和群众满意的乡镇站所活动。三是把“三级联创”活动摆在重要地位，集中一定的人力、物力、财力，一以贯之地抓紧抓好，包指导、包建设、包帮扶、包发展、包成效，一包到底。

（九）考评与奖惩

每年由县委组织对“三级联创”活动进行检查考评，按照《责任状》进行考评。对获得全县农村基层组织建设先进乡镇的，由县委表彰；对获得农村基层组织建设先进乡镇的“直接责任人”，由县委通报表扬和奖励；对考评较差的乡镇及其“直接责任人”，县委通报批评，必要时调整乡镇党委领导班子。县委每两年对“六个好”乡镇党委和“五个好”村级党组织进行一次评比表彰。对“五个好”村级党组织、“六个好”乡镇党委，不搞“终身制”，经考核验收发现有重大问题时，实行限期整改或撤销荣誉称号。各乡镇每年8%的比例排查后进村，对列为后进村的村级党组织要进行帮助，对连续两年列为后进村党组织的，要进行整顿。

各乡镇党委、县直各部门要围绕乡镇党委“六个好”村级党组织“五个好”目标，认真开展各项活动，年底县委对创建活动进行检查评比，促进我县“三级联创”的深入开展，并取得实效。

2002年8月3日

三、前志补阙

（一）农业生产的社会主义改造

1953年3月，龙津县开展对农业进行社会主义改造，遵照“自愿互利，典型示范”的原则，向全县农民做宣传发动工作，引导农民走社会主义集体化道路。龙津县下冻区（第3区）青山乡波村（今龙州县彬桥乡青山村波村屯）村民黄国平组织成立波村农业生产互助组，是全县第1个农业生产集体组织。龙津县政府及时总结波村农业生产互助组的成功经验，在全县推广，推动农业生产互助组的发展。同年11月，全县成立临时农业生产互助组612个，参加农户2319户；常年农业生产互助组16个，参加农户74户。同年底，全县以下冻区（第3区）青山乡、百秾区（第2区）下棒乡、百秾区（第2区）八角乡、水口区（第4区）罗回乡、上金区（第7区）中山乡5个乡各1个常年农业生产互助组为基础做试点，建立农业生产初级合作社。

1954年6月，召开龙津县三级（县、区、乡）干部会议，总结推广青山乡等5农业生产初级合作社的办社经验，号召全县农民积极地行动起来，大力地发展农业生产初级合作社。是年7月—8月，全县先后举办3期建立合作社工作干部训练班。9月，县直工作队干部深入区、乡、村，开展发动组织工作，在条件比较成熟的村屯办社。是年底，全县建成农业生产初级合作社41个，入社1962个农户。

1955年初，召开中共龙津县扩大会议，学习毛泽东《关于农业合作社问题的报告》，号召全县农民进一步联合起来，组织大型的农业生产合作社。会后，抽调一批县直干部组成农业工作队，分派到下冻区（第3区）青山乡、彬桥乡、彬迎乡3个示范点，筹建农业生产高级合作社。是年底，全县建成农业生产初级合作社351个，基本实现农业生产初级合作化目标。下冻区青山、彬桥、彬迎3个乡，分别建成1个农业生产示范高级合作社。

1956 年初，在《发展农业 40 条纲要》推动下，全县农业生产掀起扩社、并社的热潮。是年 3 月底，全县建成 520 个农业生产初级合作社。1958 年 2 月，全县建成 198 个农业生产高级合作社。1958 年 6 月，全县合并建成 88 个农业生产高级合作社，入社农户 25324 个，占全县农户总数 99.8%。龙津县提前两年完成农业生产的社会主义改造，实现农业生产走集体合作化道路的目标。

（二）工商业的社会主义改造

1952 年，按照中共中央和国务院对资本主义工商业实行社会主义改造的要求，龙津县采用和平的“赎买”方法，开始逐步地把私营工商业引入社会主义经济轨道。1956 年 1 月初，根据中共中央《关于资本主义工商业改造问题的决议（草案）》精神，成立中共龙津县工商业社会主义改造办公室。同年 1 月 10 日，龙津县改造办工作组开始深入县城区各个街道，进行工商业的社会主义改造试点工作。2 月底，在试点工作的基础上，向全县铺开，采取教育帮助的方法，把改造工商业和改造工商业者结合起来。至 1956 年 3 月底，龙津县完成私营工商业者的社会主义改造 1381 人，占全县工商业者总数 93.5%，基本完成私营工商业的社会主义的改造任务。

（三）手工业的社会主义改造

1954 年 7 月，按照中共中央《关于第 3 次全国手工业生产合作会议的报告》精神，龙津县开始对个体手工业者进行社会主义改造，着手组建龙津县手工业合作社。遵照“积极引导，稳步推进”的工作方针，坚持自愿互利的原则，积极地引导全县个体手工业者通过参加带有社会主义因素的手工业生产互助组、半社会主义性质的手工业生产初级合作社、过渡到主要生产资料归集体所有的按劳分配的社会主义性质的手工业生产高级合作社。1956 年 6 月，全县先后建立逐卜区（第 6 区）金龙乡、水口区（第 4 区）水口乡、逐卜区（第 6 区）逐卜乡、下冻区（第 3 区）下冻乡、武德区（第 5 区）科甲乡、上金区（第 7 区）响水乡 6 个乡手工业生产综合社；成立上金区（第 7 区）中山乡、上金乡（第 7 区）天西乡、下冻区（第 3 区）彬桥乡、百秾区（第 2 区）四平乡、百秾区（第 2 区）上降乡 6 个乡手工业生产合作互助组，组员 136 人；龙州镇（第 1 区）建立竹器社、南粉社、车缝社、手表单车修理工艺社、“五一”综合社、打渔社、农具社、砖瓦社、棉纺社、木器社、皮革社、陶器社 12 个手工业生产合作社，社员 893 人。龙津县基本完成个体手工业的社会主义改造任务。

（四）“大跃进”运动

1958 年 5 月，中共龙津县委号召全县干群解放思想，鼓足干劲，“插红旗，拔白旗”打擂台，掀起“大跃进”运动的高潮。调集大批劳动力，搞“4 个大办”。首先，大办兴修水利。强调要做到：把河水拦起来，把山水堵起来，把地下水抽上来，把雨水贮起来。经过一年多的大干快上，全县投资 29.22 万元，投劳 11.43 万个工日，完成土石方 10.44 万立方米，建成沿边、青龙山、绿施、布济、空片、那吗 6 座小水库，灌溉耕地面积 1066.67 万公顷(1.60 万亩)。其次，大办砍伐林木。全县调集 2.5 万人，自带工具、行李、粮食等，奔赴天西、上降两乡，大力地砍伐林木。奋战一个多月，砍运原木 2 万多立方米。大片的原始森林被毁掉，其惨状目不忍睹。其三，大办生产粮食。县委提出“亩产 2500 公斤，社社上北京”的口号，要求全县农民大积、大采、大制、大沤农家肥料。是年底，全县修建公厕 2.4 万个，集体猪栏 2.5 万个、牛栏 1.2 万个，田头粪坑 3500 多个。在禾苗吐穗时节，有的乡大搞技术并块，上报产量时大放高产“卫星”。全县实际粮食种植面积 34666.67 公顷(52 万亩)，上报粮食总产量 72.8 万吨，亩产量 1400 千克。最后核实的粮食总产量 36050 吨，亩产量 69.33 千克。其四，大办炉炼钢铁。1958 年秋，全县抽调 1 万多个劳动力，组成“钢铁大军”，到处挖铁矿，建炉炼钢。发动群众砍伐树木，烧炭做炼钢炉燃料。有的区、乡发动干部破古墙、拆庙宇，取砖建炉；找废铁烂桶、砸旧锅回炉冶炼。同年底，全县只炼出 67 吨烧结铁。1959 年春，龙津县抽调 8700 多个干部群众，组成“钢铁远征军”，由县委书记率领，先赴扶绥县东罗镇挖煤，放产煤 650 万吨“卫星”后，旋即挥师支援南宁市工业建设。年终，班师回营。

（五）人民公社化运动

1958 年 8 月，中共中央政治局北戴河扩大会议通过了《关于在农村建立人民公社问题的决议》。是年 9 月 10 日，龙津县将 1 个镇 21 个乡合并，成立龙州（原龙州镇、第 1 区）、河南（原百秾区、第 2 区）、五星（原下冻区、第 3 区）、跃进（原水口区、第 4 区）、武德（原武德区、第 5 区）、原子（原逐卜区、第 6 区）、上金（原上金区、第 7 区）7 个人民公社。除龙州人民公社下设龙江、兴仁、康平、河边、营 5 个大街居委会外，其余下设 63 个生产大队管理委员会，482 个生产小队委员会。

1959 年 3 月，龙津县对人民公社进行调整，将 7 个人民公社撤销，按原 7 个区下辖的 1 个镇 21 个乡成立龙州、霞秀、联甲、八角、上降、下冻、沿边（原布局乡）、彬桥、平而、水口、罗回、楞巧、武德、科甲、上龙、金龙、牌宗、逐卜、中山、芹阮、天西、响水 22 个人民公社。除龙州人民公社沿设 5 个大街居委会外，其余下设 200 个生产大队管理委员会，1025 个生产小队委员会。

1959 年 5 月，龙津县开始进行整社区划治理。同年 10 月，将全县 22 个人民公社并归龙州、霞秀、八角、彬桥、下冻、水口、武德、金龙、逐卜、上金、天西 11 个人民公社，将原 200 个生产大队缩置为 176 个生产大队，原 5 个大街居委会并置为康平、龙江、营 3 个大街居委会。

1960 年 12 月 10 日，召开龙州县 4 级干部大会，贯彻中共中央《关于农村人民公社当前政策问题的紧急指示信》和《关于彻底纠正“五风”问题的指示》，开展整风整社运动。会后，成立中共龙州县整风整社办公室。1960 年 12 月 12 日，先在龙州人民公社搞整风整社工作试点，然后在全县范围内分两批开展整风整社工作。通过整风整社运动，重新确立人民公社实行“三级所有，队为基础”的根本制度，清理“一平二调”，纠正“五风”问题。1961 年 4 月，龙州县人民公社整风整社运动结束。

1961 年 5 月，龙州县析 11 个人民公社为龙州、霞秀、八角、上降、上龙、平而、彬桥、下冻、水口、罗回、武德、科甲、金龙、逐卜、牌宗、上金、天西 17 个人民公社，下设 244 个生产大队管理委员会。

1962 年 8 月，龙州县恢复原 7 个区建制，成立 82 个人民公社，下设 1335 个生产小队委员会。

1965 年，龙州县撤区复设龙州、八角、彬桥、下冻、水口、武德、金龙、逐卜、上金 9 个人民公社，原 82 个人民公社改为 82 个生产大队，原小队并为 960 个生产小队，龙州人民公社仍设 3 个大街居委会。

1969 年，龙州县将八角人民公社霞秀、新民、岭南、板门、百秾 5 个生产大队，水口人民公社自清、楞巧 2 个生产大队，武德人民公社自善、上龙、民强 3 个生产大队，上金公社岜那大队，一共 11 个生产大队设置霞秀人民公社；将上金人民公社响水、龙江、棉江、高峰、红阳、四清、平南 7 个生产大队，设置响水人民公社。全县设龙州、霞秀、八角、彬桥、下冻、水口、武德、金龙、逐卜、上金、响水 11 个人民公社，下设 94 个生产大队 973 个生产小队，龙州人民公社原 3 个大街居委会改称东方红、红旗、跃进 3 个居委会。

1973 年，龙州人民公社改称龙州镇人民公社。

1980 年，龙州镇人民公社改为龙州镇人民政府。全县设 1 个镇政府 10 个公社，下设 120 个生产大队，1237 个生产小队，3 个居委会。

1984 年 12 月，撤销人民公社建制，设立乡人民政府。全县设 1 个镇 11 个乡人民政府，下设 124 个村民委员会 1267 个村民小组，3 个居委会 21 个居民小组。人民公社运动就此寿终正寝。

（六）“文化大革命”运动

1966 年 5 月—1976 年 10 月，林彪、江青反革命集团利用“无产阶级文化大革命”运动，给中共中央、中国国家机关各级领导人和全国各族人民带来了严重的灾难。

1966 年 5 月 16 日，中共中央发出《中国共产党中央委员会通知》（简称“五一六”通知）。6 月 5 日，根据中共南宁地委的统一部署，中共龙州县委成立龙州县“无产阶级文化大革命”领导小组（简称县“文革”小组），负责领导全县开展“无产阶级文化大革命”运动。旋即，县“文革”小组向县城中小学校派驻“文革”工作小组。接着，全县中小学校相继成立“文革”工作组。同年 7 月上旬，全县各个中学校成立捍卫毛泽东思想“红卫兵”、各个小学校成立捍卫毛泽东思想“红小兵”的革命群众组织。

1966 年 7 月中旬，县“文革”小组将全县小学教师自带行李集中县城新华、西街等小学校里，统一住宿、统一开饭、统一行动，实行“军事化”的“大培训”，历时 105 天。开展“大鸣、大放、大字报、大辩论”，校园里，教室、宿舍内外，甚至厕所内外都张贴满了大字报，那些所谓的“出身不好”和有“历史问题”的教师惨遭其害。由县教育战线“文革”专案小组搜集各个教师的历史材料，清查所谓“走资本主义道路当权派”，抽出一大批所谓的“右派分子”“走资派”“学阀”“牛鬼蛇神”，进行轮番批斗，被批斗的小学校长、教导主任占全县小学校长、教导主任总人数95%。全县小学教师832人，被划为“右派分子”14人，开除公职18人，开除留用7人，降职降薪11人，退职回家50人，受到警告等处分14人，一共114人，占全县教师总数13.7%。

1966年11月，龙州县成立“革命派司令部”“造反派总部”等群体团体组织，斗争的矛头直指龙州县党政部门领导，县党政机关工作受到严重干扰，致使学校停课，工厂停工，工农业生产受到严重破坏。

1967年1月，在上海“造反派”“一月风暴”夺权的影响下，龙州县各个“造反派”“战斗队”开始向县党政机关进行夺权。从2月15日—8月30日，全县被“造反派”组织揪斗的所谓叛徒、特务、“走资派”和“执行资产阶级反动路线”的县各级党政领导320人，被游斗270多人，其中被打伤5人。2月中旬，“一一七”革命造反派司令部联合各个单位“革命造反派”，组织成立“龙州县批判资产阶级反动路线大会筹备委员会”。是月下旬，在龙州镇康平街召开1000多人“批判龙州县委执行资产阶级反动路线滔天罪行大会”。大会上，各个单位被揪出来的“走资派”全部押上主席台批斗。10月15日，龙州中学“红一司兵团”（亦称“四二二”造反派）几个“红卫兵”把大字报张贴到中共龙州县委大院内。县委2名干部将大字报撕掉，发生了300多名“红卫兵”冲入县委大院，占领县委办公楼的突发事件。

1968年2月，中共中央、国务院、中央军委、中央“文革”小组发出《关于中国人民解放军坚决支持革命左派群众的决定》，由县武装部、驻军联合成立龙州县“支左”办公室，从部队和武装部抽调147名官兵，组建“三支两军”（支左、支农、支工、军管、军训）部队。先后进驻县银行、县公安局、县法院、县邮电局、县体委、县气象站等县直机关单位，实行军事管制；进驻龙州中学、龙州一中、龙州镇中、龙州师范等学校，对师生进行军事训练。同年3月15日，以县武装部领导为主成立龙州县“抓革命，促生产”指挥部，领导全县开展各项工作；31日，成立以县武装部部长为主任的“龙州县革命委员会”，领导全县革命和建设工作。4月初，龙州县革命委员会命令各个公社武装民兵集中武装进入县城，配合县城武装民兵实行戒严，清查户口，清理“坏人”；22日，在县城发生武装民兵打死12名无辜群众的“工商联”事件。

1969年3月，成立中共龙州县整党建党工作领导小组，领导全县开展全面整党建党工作。1970年2月，成立龙州县“二五”运动领导小组，领导全县开展“一打三反”（打击现行反革命分子，反对贪污盗窃、反对投机倒把、反对铺张浪费）运动。1971年3月19日，林彪反党集团败露，根据中共中央工作部署，龙州县开展批林整风运动。1972年，召开龙州县三级干部会议，具体部署深入揭批林彪反党集团的罪行。会后，全县掀起狠批林彪反党集团罪行的高潮。1974年2月，召开龙州县“批林批孔”干部集训大会。会后，全县开展“批林批孔”运动。1975年7月，召开龙州县群众广播大会，开展“批资批修”总体战。1976年8月，龙州县掀起“反击右倾翻案风”斗争。1976年10月，以打倒江青反革命集团为标志，“无产阶级文化大革命”落下帷幕。

（七）“农业学大寨”运动

1964年5月10日，毛泽东发出“农业学大寨”的号召；12月21日，周恩来在第三届全国人民代表大会第一次会议上的《政府工作报告》中，以山西省昔阳县大寨大队为例，说明中国自力更生的建设成就，把大寨的基本经验概括为“政治挂帅，思想领先的原则，自力更生，艰苦奋斗的精神；爱国家、爱集体的共产主义风格。”从此，全国各地开展“农业学大寨”运动。

1971年8月，龙州县全面开展“农业学大寨”运动；9月8日，召开龙州县“农业学大寨”第1次代表大会。参加大会代表270人。中共龙州县委书记、龙州县革委会主任冯国均作动员报告，南宁军分区司令员贾焕雨在会上讲话。大会号召在二、三年内把龙州建成大寨式的县。接着，先后组织县、公社、大队干部到横县龙头大队、钦州地区飞跃大队，学习农田水利建设和开山造田的经验。学习回县里后，中共龙州县委提出“以‘愚公移山，改造中国’的革命气概，大搞以水土为中心内容的农田基本建设”的口号。在县、公社党政一把手亲自抓、分管农田领导具体抓和先进典型的带动下，全县迅速掀起大搞农田基本建设的热潮。1971年10月—1973年10月的两年中，全县投入农田基本建设项目资金137.87万元，其中县财政安排93.50万元，公社、大队、小队自筹44.37万元，建成水库、山塘、引水坝等水利工程17处，有效灌溉面积1160公顷(1.74万亩)；建成一批电力排灌站，装机303台，装机容量7726.5千瓦，灌溉面积7580公顷，防洪排涝3193.33公顷。

1973年11月，龙州县广泛发动群众，大搞深耕改土，大积农家肥，要求每亩农田增放土杂肥100担~200担。全县干部农民团结协作，日夜奋战20多天，完成深耕改土853.33公顷。1975年9月，中共中央召开全国“农业学大寨”会议，提出“全党动员，全民动手，为普及大寨县而努力奋斗”的口号。是年9月12日，根据中共南宁地委文件精神，中共龙州县委、县革委会召开537人参加的龙州县四级干部会议，传达全国“农业学大寨”会议精神，提出“全党动员，全民动手，奋战三五年，普及大寨县，全县基本实现农业机械化”的口号。12月，自治区党委在大新县召开全区“农业学大寨”现场会，参观大新县农田基本建设取得的新成就，为广西“农业学大寨”推波助澜。

在农村中推行“大寨工分” 1971年12月，龙州县实行“标兵工分，自报公议”计酬办法109个生产队。社员群众大多数不满这个做法，称“大寨工分”为“大概工分”。社员群众说：“一天三个蛋，出工不出汗。”因而，“大寨工分”遭遇大部分社员的抵制，实行“大寨工分”的生产队逐年减少。1974年12月，全县实行“大寨工分”的只有77个生产队。1975年7月，在“批修批资总体战”中，把反对“大寨工分”计酬办法的队干和社员作为“反大寨”来批判，再次硬性推行“大寨工分”。1976年2月，中共龙州县委、县革委连续分期分批组织公社、大队、小队干部赴大寨大队参观学习，又掀起推行“大寨工分”的浪潮。1976年6月，全县实行“大寨工分”增到991个生产队。

在队干和社员中抽斗“五种人” 1975年6月—1976年6月，龙州县搞野马副业、单干副业、投机倒把、毁田打砖、自留地商品化等所谓“五种人”，受到批斗的生产队队干和社员611人。组织水口、逐卜、响水3个公社各1个典型的“五种人”“案犯”，到各个公社的生产大队、生产小队巡回批斗，迫使“案犯”们向人民低头认“罪”。这场乱批乱斗，造成党群关系、干群关系更紧张，使不少的生产队队干和社员蒙受不白之冤。

割“资本主义尾巴” 1975年1月—1976年9月，龙州县进行不间断地割掉“资本主义尾巴”的“总体战”，目的是堵住“资本主义道路”，走社会主义道路。龙州县革委会规定社员自留地“只准种植自家食用的瓜果蔬菜，不准生产商品出售”。上龙大队社员自留地种植的黑皮果蔗被霞秀公社革委会派遣武装民兵连夜拔掉1.34公顷；上金公社中山大队社员种植的香蕉被大队组织民兵砍掉4000多株。社员饲养的家禽家畜也受到限制：凡饲养鸡超过5只、鸭超过8只的农户是“资本主义尾巴”；凡社员个人饲养猪、羊、马的都是“资本主义”。后来，由割掉“资本主义尾巴”发展到批判“集体经济内部的资本主义倾向”。上金公社上金大队缸瓦窑，霞秀公社、逐卜公社、武德公社砖瓦窑，霞秀公社上龙大队、上金公社新旺大队石灰窑，在割“资本主义尾巴”的“总体战”中，全部被封闭，停止生产“资本主义商品”。

限制农村集市贸易 1975年7月，龙州县革委会颁布公告：农村集市由原来各集市相互交叉的3天一圩，一律改为7天一圩，统一规定星期日为圩日。上金、八角两个公社变更改为10天为一圩，公历每月逢10日为圩日。每逢圩日，个别公社还派民兵在集市路口设卡检查，可以随意把社员自己生产上市交换的农副产品说成是搞“投机倒把”、搞“资本主义”而被没收。

1978年12月，中共十一届三中全会后，各级党委对“文化大革命”进行拨乱反正，全国“农业学大寨”运动自然终止。

（八）干部下放劳动

1968年7月下旬，在龙州县下冻农业中学（原下冻玉米繁殖场）筹建龙州县“五七”干部学校（简称县“五七”干校）。

1969年5月7日，龙州县“五七”干部学校正式开学。第1批干部学员到校报到，开始新的劳动学习生活。全校以军事建制单位编为1个连，下设3个排11个班。校革委会主任凌孚杰，副主任梁仁德（兼连指导员），连长农子金。内设农业排、副业排、畜牧排。农业排下设4个班，主要负责水稻、玉米、花生、甘蔗种植生产任务。副业排下设4个班，主要负责养猪、养鱼、种植蔬菜、护理果树等劳动任务。畜牧排下设3个班，劳动地点在畜牧场，主要负责人工配种繁殖良种牛、放牛牧草、运输等生产任务。全部劳动生产计划都由连部制订，然后分配下达到各排。一般以排为单位单独完成，有时也搞大协作生产劳动，看任务需要而定。学习灵活安排。一般每周集中两个下午和两个晚上集体学习。农闲多安排学习，农忙少安排学习。学习内容主要是《毛泽东选集》、《毛主席语录》、《老三篇》、上级重要文件、报纸刊登的时事新闻等。每逢重大节日，如国庆、春节等，由各排自编自演文艺节目，举行全校学员文艺晚会。先后把有“历史问题”的老干部和尚未分配工作的年轻干部171人，下放到县“五七”干校学习劳动，其中女学员18人，中共党员51人。有“历史问题”的老干部要进行所谓的“劳动改造”；年轻干部要进行所谓的“锻炼成长”。“历史问题”的老干部还要随时接受审问、批判。老干部到县“五七”干校学习劳动，原享受的待遇不变。不仅职务级别、工资收入、油粮副食品供应不变，就是享受特殊待遇的也不变。学校按国家规定价格供给学员农副产品。猪肉每市斤0.78元，鱼每市斤0.25元，米酒每市斤0.20元。校园内的小卖店供应的日用品应有尽有。到校卫生室看病的学员，不用花钱。一般情况下，每周六晚到星期日白天，都让学员过周末生活，很多学员返回县城同家属团聚。如果是农忙季节占用周末安排劳动，农闲季节都给补回来。

龙州县“五七”干校总面积97.33公顷，其中有水田，旱地；有鱼塘，有果园（沙田柚600多棵、西贡蕉1200多棵）；有仓库，有晒场；有牛，有猪；有3眼地下水井，还有1口砖瓦窑和1台中型榨蔗机。1969年，县“五七”干校农业生产取得大丰收。不仅甘蔗、沙田柚收成好，鱼儿肥大，大猪出栏70多头，而且收得水稻干谷4万千克，其中糯米5000多千克。

1972年9月后，县革委会对下放到县“五七”干校劳动的老干部陆续安排工作；对年轻干部也陆续分配工作。1974年，龙州县“五七”干部学校改为中共龙州县委员会干部教育学校（简称县党校）；1976年秋，改为龙州县“五七”大学；1980年秋，改为龙州县下冻玉米良种繁育研究所。

（九）知识青年上山下乡

1968年12月22日，中共中央委员会主席毛泽东发出“知识青年到农村去，接受贫下中农再教育，很有必要”的号召。全国各地立即掀起知识青年上山下乡热潮。

1969年1月—1976年9月，龙州县动员5批初中、高中毕业生的知识青年到农村插队2078人，分布在全县12个公社155个大队921个生产小队。1969年1月—1971年12月，由于对知识青年上山下乡的重要意义学习不够、理解不深、认识不足，县社干部对知识青年上山下乡工作没有引起高度重视，只作应付上级的权宜之计，致使发生不少困难和问题。其一，社队干部对插队知青不够热情，不认真帮助解决知青生产生活上的困难。有的队干只过问知青生产情况，从不管知青的思想政治培养教育工作。其二，全县发生殴打、强奸女知青案件8起，县社革委会对犯罪分子不能及时处置，打击不力。其三，有的社队违反插青政策，插青与社员劳动不给同工同酬，出现插青倒流城镇的现象。其四，3年中全县没有1名插青加入中共组织。

1973年8月4日，中共中央批转毛泽东主席于1973年4月25日给李庆霖的复信，下达中共中央《关于知识青年上山下乡若干问题的规定（试行草案）》《1973年—1980年知识青年上山下乡初步规划（草案）》。龙州县通过大会传达和集体学习中共中央文件精神，提高县社干部对插青工作的重要性，加强了对知青上山下乡工作的领导，采取解决知青生产生活困难具体措施。一是成立龙州县知识青年上山下乡工作领导小组，由县委常委、县革委副主任石维斌担任小组长，组员由各有关单位领导11人组成，下设办公室；各个公社确定1名党委副书记或革委会副主任分管；大队由1名副支书或副大队长分管；生产小队建立“三结合”（队干、贫下中农、插青代表）知青再教育小组。二是县革委派出知青工作队，到生产大队，帮助生产小队做好知青工作。做到知青思想政治有人管，生产技术有人教，生活困难大家帮。三是解决插青生产生活上的困难。对插青生活不能自给的，经小队知青再教育小组评议，大队审查，公社批准，据不同情况给予每人每年不超过100元的生活困难补助费；生产小队给每个插青分配自留地和菜地；对生活比较困难的插青发给每人1张棉被、1顶蚊帐、1件棉衣等生活物品。

1973年8月—1976年9月，龙州县上山下乡知识青年加入中国共产党54人，加入共青团608人；被选拔为县社干部3人，担任大队、小队干部312人；担任中小学民办教师201人，大队赤脚医生43人；选送上中专、中师、大学97人，成为县社各种农机能手82人；输送到厂矿企事业单位当职工206人。

（十）推荐工农兵子女上学

1966年5月—1976年10月的“文化大革命”期间，在“学制要缩短，教育要革命”办学方针指导下，全国教育战线实行从下到上、层层推荐工农兵子女上大学的招生办法。1967年—1970年，由于受到“文公大革命”运动冲击，全国高等院校停止招生。1971年—1976年，全国高等院校恢复招生。但不是实行统一文化考试升学的办法，而是实行直接推荐工农兵子女入学的做法。

全国各地推荐工农兵子女上大学条件只有一个：根正苗红。所谓根正就是个人出身好。凡是出身贫下中农、工人阶级、革命干部家庭的，特别是军烈属子女的小学、初中、高中毕业生，都是被推荐上大学的对象。所谓苗红就是个人表现好。凡是忠于毛主席、忠于毛泽东思想、忠于毛主席无产阶级革命路线的，特别是活学活用毛泽东思想先进、积极分子的小学、初中、高中毕业生都可能被推荐上大学。虽然那个年代招工招干招生也提倡“不唯家庭成分论，重在个人表现”，但那些所谓“地富反坏右”“牛鬼蛇神”“走资派”的，特别是有海外关系家庭的子女，是根本没有上大学资格的。

龙州县推荐工农兵子女上大学的办法是：1. 报名对象为回乡或插队参加集体劳动满3年或3年以上的小学、初中、高中毕业生；2. 由所在生产小队召开群众大会（“地富反坏右”等人不得参加），对报名对象的品德行为、劳动态度、劳动能力、出勤情况等进行评议，择优推荐名单，上报生产大队；3. 经生产大队支书及大队长对推荐名单作出评语，再上报公社革委会；公社革委会根据大队评语择优，按县分配名额筛选名单，上报县革委会政工组招生办公室；4. 经县革委会政工组招生办公室审查后，定出初选名单，然后由县革委会召开县招生委员会成员（有组织部、公安局、教育局等单位领导人员组成）评审会（主要是政治审查），确定选送名单，张榜公布；5. 经南宁地区行署招生办公室审批，将名单送达各高等院校发出入学通知书。

推荐工农兵子女上大学，虽然条件是明确的，办法是具体的，但实行起来常常事与愿违。公社、大队、小队干部，特别是大队支书，凡自己有初中、高中毕业生的，都首先考虑推荐自己的子女。即使自己没有符合条件的子女可推荐，也往往先考虑推荐自己的叔伯、兄弟等血亲的子女，有时也考虑推荐好友的子女。之所以发生这种现象，是因为一旦子女上了大学，毕业后都由国家包分配安排工作，跳出“农门”，吃上“皇粮”。每年的招工、招干、招生，大队支书都有决定权，人们流行“有好表现不如有个支书爸爸”的言论。那些没有社会政治背景的初中、高中毕业生，特别是上山下乡的插队知青，被推荐上大学的机会是很少的。因此，“文化大革命”后期，上级硬性规定，每年推荐插队知青上大学的名额不得少于招生总数的20%。

1971年—1972年，全国各高等院校招收工农兵子女为学员，由于不进行文化考试，带来了文化水平参差不齐等诸多弊端。因此，1973年大学招生学员时，全国各地都进行有限的文化知识考试，有的进行口试，有的进行笔试。龙州县进行文化知识口试。由于辽宁省有个考生叫张铁生成了“白卷英雄”，1974年及以后又不进行文化考试了。

1976年秋，创办的龙州县“五七”大学，采取贫下中农推荐上学的招生办法。不经过文化考试，由生产小队、生产大队、公社层层筛选，将名单送县革委会审批，招收师范中文专业2个班60人，畜牧专业1个班36人，土木专业1个班36人，一共3个专业4个班132人。原计划每个专业学制2年，由于各种原因，畜牧、土木2个专业，学员只学1年后陆续自动退学返乡，只有师范专业2个班合并成1个班40多人，坚持学习到毕业，全部分配到各个公社初中、小学校任民办教师。1978年10月，经有限的文化考试，推荐在校民办教师或代课教师、应届高中毕业生，招收理科专业、文科专业各1个班，每班46人，一共92人。科任是抽调各个公社中学教师任教。全校学员参加1979年全国高等院校入学文化考试，只被录取4人到中等师范学校学习，其余属民办或代课教师的回原学校任教，应届毕业生的返回原籍。大学生考大学都考不上，其实是借大学之名行补习文化之课。教师上课没有统一的教材，学员靠自己收集各种复习资料来练习。教无章法，学无规范，自然考不上了。

广西中专、中师学校招生，也参照推荐工农兵子女上大学的办法，不进行入学文化考试。比较典型的是南宁地区民族中等师范学校，为了照顾边远山区教育事业发展，培养落后山区农村师资人才，把原从初中毕业生经文化考试择优录取，改为放宽到小学毕业生。若连小学毕业生都没有，则选送小学三年级以下的，甚至斗大的字不识一个的文盲也可以。龙州县选送南宁地区民族中等师范学校新生最低的学历是小学毕业生。这些学生读中师毕业后返回原籍任小学教师。

由于龙州县教育事业发展较快，各个公社初中、小学教师奇缺。1972 年秋，创办龙州县中等师范学校（后改为龙州县教师进修学校），从初中毕业生招收学员的称师二班，从高中毕业生招收学员的称师一班，2 个班一共 72 人。由于来不及建校舍，依托龙州一中宿舍、教室、场地等进行教学活动。1973 年招收师三班学员 22 人。1974 年不招收学员。1975 年招收师四班学员 22 人。1976 年招收师五班学员 26 人。1972 年—1976 年，一共招收 5 个班学员 142 人，均不进行入学文化考试，全部是推荐入学，学制两年。这些学员毕业后，原则上都由县人事组织部门统一分配任小学公办教师，但师五班有“社来社去”7 个学员，只能返回原公社安排任小学民办教师。后来，这 7 名“社来社去”学员也经文化考试、业务考核、政治审核，录用为小学公办教师。不仅工农子女不考试靠推荐上大学、中专、中师，而且高中、初中学校招生也免试入学。1968 年—1977 年，龙州中学（今龙州县高级中学）招收初中、高中新生，都不经文化考试，全部免试入学。每年招生时，学校领导自己“找米下锅”，组织分派教师到全县各个公社小学、初中学校去，发动学生，填表报名。根据学生毕业学校提供的学习成绩和评语，征求生产小队、生产大队干部（一般为小队长或贫协主席、支书或大队长）意见同意后（一般要求是贫下中农子女才推荐），编制录取学生名册，向龙州县革委会政工组备案，学校即可向学生发送录取通知书。1978 年秋季学期，龙州县初中、高中学校才恢复统一文化考试，择优录取新生入学，重新步入正常的招生轨道。

四、传　说

关于“龙州鸡鬼”的传说

阮　亢

多少年来，“龙州鸡鬼”和“鬼出龙州”这两句话，不仅传遍了广西各地，还在湖南、湖北、广东等省的好些地方有所流传。这都是封建迷信者胡编出来蛊惑人心的一种流言蜚语，不足置信。

一、“鸡鬼”传说的由来

根据老一辈的长者谈论说：大约在 19 世纪前，帝国主义疯狂地争夺世界市场，知道中国地大物博，每每寻衅起事，挟其炮舰，接踵入侵。先以武力威胁，继而进行经济掠夺。随伴其侵略而来的文化麻醉，就是这个“鸡鬼”传说的起因。“鸡鬼”传说的起因有三种说法。

一说是：清光绪初年，特别是中法战争后，龙州被辟作商埠，外国的天主教、基督教等，都纷纷窜到龙州活动。他们刚到时，也做了一些善事：荒旱之年，或洪水泛滥过后，遭受灾害的困难户，生活艰苦，这些外国教士，摆出慈善者的姿态，稍为救济，讨好群众，乘机大讲其耶和华的福音，以麻醉人心，使一些人受他们的愚蒙，而对佛教道家等引起怀疑，甚而反对。于是，那些尊崇佛教之徒，便搬出许多荒诞无稽的神鬼故事来，和传教士相抗衡。尤其是同善社那班值事老人，更为愤慨！因为他们大都具有一些文化知识，所以就利用“鸡鬼”一事，多加油盐，编造出一套谬论，来恐吓群众，抵制外国教士，这就是“鸡鬼”传说的由来。

二说是：“鸡鬼”是番鬼佬（外国人）由越南引进的舶来货，它是个贪婪狠毒，危害生灵的一种无影无形的鬼怪东西。这家伙平日追求财华，好占便宜，每每乘人之危，附入人身，遂成“鸡鬼”。或说这种“鸡鬼”，远在千百年前，到处闯祸，因而被玉皇大帝派遣天兵天将收服了它，囚在越南境内的荒岛上，勒令其改恶从善，不许再到人间闯祸。可当番鬼佬侵入越南时，他们的炮舰四处冲击，摧毁了囚禁“鸡鬼”的牢笼，连监守“鸡鬼”的山神土地，都被吓走了。所以这些捣蛋的“鸡鬼”就乘机窜来边关，生殖繁衍，作恶多端。先是在越南的富户人家吵闹，要这要那，如不遂意，就钻进肚子里去，挖吃心肝，把人弄死。越南的富有人家，受其所害，不堪其苦。于是，便装着生活日艰，然后拿出好些金银财宝、锦帛绸缎之类，诱骗“鸡鬼”说：“我现已日愈贫乏，无法供应你的需求，特备下这些财物，送给你去寻求新主吧！你就守候着这些财物，谁个拿去，你即跟谁走，那么以后，你便可以过悠悠的好生活了。”随把那些财物存放在显著的地方，或置之路上。因此，那些到越南去做生意的龙州人，偷拿回来，“鸡鬼”就跟随他回家作祟了。

三说是：龙州的“鸡鬼”，大多是番鬼在越南抓到了养“鸡鬼”的人，就赶到龙州来的，或者是“鸡鬼”在越南受不了番鬼佬的虐待，便跑到这里来的。

1921年秋，陈炯明的弟弟陈炯光，统率粤军追逐陆荣廷，攻入龙州后，把边民看作被征服的对象，奸淫掳掠，无恶不作。当时年长的地方绅耆，眼看这骄奢淫逸的军阀队伍，深为愤慨，无可奈何下，借“鸡鬼”说事，放出流言说：龙州是“鸡鬼”之要地！凡有资财的人，多是“鸡鬼”之家。年青美貌的姑娘，就是“鸡鬼”的化身。如你和这些人接触，或惹恨了她，她便放出“鸡鬼”来侵害你，甚而使“鸡鬼”钻进你肚里，吃掉你的心肝。这说传开，使得横蛮的粤军，精神上受到制约，不敢太放肆了。

后来，人们又把“龙州鸡鬼”和“鬼出龙州”这两种传说，联系起来，将“鸡鬼”之事说得有声有色，煞有介事似的，使人听了之后，毛骨悚然，害怕万分，把龙州说成个禁区，若非必要，都不敢到来！还有人添油加醋说：饲养“鸡鬼”人家，都有一个坛罐放在房子阴暗的地方，每月至少把一只生鸡放进坛子里去养“鸡鬼”，否则“鸡鬼”就出来闹事，增添主人的麻烦。

解放前，龙州镇上所谓“鸡鬼”之家，人们常说的有：康平街的颜生记，泰山街的黄家，北门街外的农氏婆妈，还有在布局村被人驱逐住在合龙街上的姓黎的一户，其中尤以颜生记“鸡鬼”最扬名。粤军撤退以后，由峒埠村迁来住在颜生记斜对面的黄某，时常宣扬颜家“鸡鬼”的事。他说：颜生记确实是养有“鸡鬼”，我曾亲眼看见颜生记房里，在床头下面很阴暗的地方，放有一个坛罐，看见他把一只约斤把重的鸡，放进那个坛里去喂“鸡鬼”。有一次，夜深人静的时候，我出于好奇心，到他家窥伺，看到坛口有一个像萤火虫一样微弱的红光，时隐时现，先在坛口上转悠，然后慢慢地沿着墙壁爬到屋角去找蜘蛛吃，在屋里的四周转来转去。于是，我得出结论说：“鸡鬼”的家里是没有蜘蛛网的。说得神乎其神。

颜生记“鸡鬼”为什么这样有名呢？说来还有一段往事可追述一下：大概是民国8年（1919年）。广西督军谭浩明的三少爷，年约十多岁时害了一场大病。他的父母都是迷信十足的菩萨信士，为了治好他的病，曾惊动了全龙州的巫公、道士、仙婆和许多寺庙的和尚、庙祝等。谭家的亲戚妇女和那些阿媚奉承的婆妈，天天都去为他求神拜佛，祈祷许愿。那些迷信鬼神的歹徒，早就想乘机捞他一把，但总无法满足谭夫人的期望，反而露出马脚。因此，都推说：“三少爷的病，就是颜生记的‘鸡鬼’作祟。你用法力镇压它时，它就隐蔽起来，使你难以捉摸；若请仙师下毒手治它，又怕危及三少爷，等我们收拾了法场，唤它回去，那才可免其祸。”这么一说，惹怒了谭督军，马上兴师问罪，派遣差官领着兵丁到颜家，不由分说，即把颜生记夫妇抓去。也不管你有无其事硬要他们到病人床前唤“鸡鬼”随之回家，保证以后不再作恶。经此一闹，三少爷的病竟然好了。颜生记“鸡鬼”也就由此扬名了。于是，他也成了众矢之的。无论谁发高烧，说怪话，就咬定是颜生记“鸡鬼”作恶，哪容他申辩的？谭督军已明白宣布他是“鸡鬼”了，难道还会是假的吗？再与黄某说颜生记养“鸡鬼”的话联系起来，更加确切了。然而黄某之言，全是胡说。他原是下冻州峒埠村人，因被人指为“鸡鬼”，被逐其到龙州县城，恰好又住在颜生记对面。所有患“鸡鬼”病者，都被赶到康平街颜生记附近来，黄已受人疑，若凑巧有人跌倒在他家门口，不更为人们指责吗？因怕受牵连，便造出这套话来蒙混市人，掩护自己罢了。

这些事情，早于北伐时代，邑人蒋炳藩就致函询问上海商务印书馆《学生杂志》主编杨贤江先生。可是，杨先生远在上海，真相不明，未能作复。20世纪30年代，龙州籍人林某在大学读书时，也发表过一篇论“鸡鬼”的文章。可是，论据还不足，缺少说服力，不足解答人们的疑惑。所以，“鸡鬼”这个问题，一直流传到龙州解放以后。

二、巫公作法赶“鸡鬼”

综合各种有关“鸡鬼”的流传，“鸡鬼”大抵是相当贪婪的。谁穿上漂亮的衣着，或身上带有香味东西，走经“鸡鬼”人家门口，让“鸡鬼”看到或闻到，它就会跟随你来作恶。首先使你感到头晕，通体发热，口干舌燥，最后发展为发高烧，胡言乱语，整天吵吵闹闹，令你家人不安。于是，把你和“鸡鬼”联系起来，凡是探望你的人都追问你：我姓甚名谁？是哪里来的？莫要追问你是否按照自己的意图作答。即使你说得含糊不清，也硬套拼凑；或干脆代病者作答。看热闹的人，根本不知病人说些什么。也推波助澜，强加于人，大哄起来。有的人还举出例子胡说；有些湖广人，客居龙州，会说出龙州土话来。也有人说，诡诈的老“鸡鬼”，它是不轻易说出它的姓名和来由，只暗中捣你的蛋。如果有这样的现象，就要采取恐吓手段，或赶紧找巫公和仙婆来作法赶鬼。否则，迁延时日让“鸡鬼”吃掉病人的心肝，则无法可治，终必身亡，等等。于是，设香烛纸帛，封包利市，鸡鸭鱼肉油米等东西，请巫公设坛降伏“鸡鬼”。巫公作法时，仗着长剑，信口雌黄，胡念咒语，时而停剑换吹号角，时而跪倒叩头参拜。巫师降身时，先是拿起醒木往桌上乱敲，唱唱跳跳，继而又仗剑跳舞，指手画脚的吆喝一阵，用剑指着病者，要赶要杀，作驱逐状，还频频用剑敲击病者的床上。旁观的人，即帮声吆吓，呐喊助威。闻声前来观看的人，又互相轰动起来，非把病人赶下床来不可。若睡着不起，就强将病者拉下床来，赶出门口。有的还硬塞一只生鸡给病者抱着走，巫公或道士，仗剑执棒跟在病者背后，装腔作势催促快走。一帮看热闹的人群都围拢来，喊杀喊打，协同追赶。务必迫使病人东奔西窜，颠颠扑扑跑向街去，直至跌倒在地为止。于是，作法的巫公，才说是“鸡鬼”已被赶走了，然后由亲友搀扶回家。有的病人，久病体弱，无力走动，才出门口，便蹲下来。作法的巫公，即说这个“鸡鬼”太过刁蛮，狡猾赖死不走，使病者喘不过气来时，突然放开手，使病人支不住跌倒下来，才说是“鸡鬼”走了。跌倒后，还得看病者是仰是伏，如病者面向地上扑倒的，就说是“鸡鬼”被赶走了，即可好转。若仰面跌倒，两眼朝天的，那就是说明病者心肝已被“鸡鬼”吃掉，难望回生。这就是所谓“鸡鬼”附身作恶和驱逐“鸡鬼”的作法。每有“鸡鬼”的事情出现，都会引起一帮闲人来凑热闹，大呼大叫地追赶病者。这不仅轰动了本地的邻近居民，而且过往的客商人也觉惊奇，聚拢围观。不明真相的人，大为疑惑。这和国内好些地方的神棍，所谓“显圣”“捉鬼”“赶妖”等的迷信同出一辙，并不是什么古怪离奇的事。“鸡鬼”之所以轰动，实为庸人自扰。

三、决不许“鬼出龙州”

“鬼出龙州”这句话，又是如何流传下来呢？本来“龙州鸡鬼”和“鬼出龙州”，是不同性质的两码事。前者是迷信者所说那些鬼神或鬼怪的“鬼”，后者指的是洋鬼子的“鬼”，也就是人们常称法国人为番鬼佬的“鬼”。把这两个“鬼”字，分清其意义后，便不难理解这两句话的含义了。

“鬼出龙州”这句话，还带有一段历史的小故事：原驻越南的清军守将黄桂兰，被法侵略军袭击，在北宁失去全部辎重，落荒逃命。到谅山后，法军步步进迫，人民无比愤慨，要求抗战。可是，李鸿章派驻南疆的爪牙、广西巡抚潘鼎新，昏庸怕死，又得了李鸿章的黑指示：“逐步后撤，不可攻坚”。便以“选将练兵”为名，把驻越的清军逐步抽调回国。为了结党营私，排除异己，栽赃苏元春、陈嘉等部，另自奏请淮军调来。岂料北来的淮军，不适应南方气候，引起流疫，大多病亡。当时，前线将士看到入侵的敌人残暴行为，深为激愤，摩拳擦掌，要拼死战。但是潘鼎新则按兵不动，终被敌人长驱直入。使据守中路的苏元春、陈嘉等既得不到支援，东西两路友军，又配合不来，结果被切断后路，受敌包围，乃翻山越岭转回边境。中路一被突破，敌军直迫镇南关。潘鼎新被吓得魂不附体，就惊慌失措地将他积存谅山的大批作战物资，全部烧毁，连夜化装伙夫逃回龙州。大肆喧嚷：“鬼出龙州啦！”惹起满城风雨。其僚属和地方官吏，即抢封民船，强拉轿夫，争相逃命。潘鼎新逃到驮敏渡口，投宿船上，准备随时顺流逃跑。“鬼出龙州”一语就是潘鼎新为了逃避罪责，并借此哄骗各将领附和他联名上奏，要求停战议和。可是，守边战将都不同意求和，转而把他这句话来激励边疆军民，同仇敌忾，保疆卫国。告诫将士和民众：“国难当头，前线将士，守土有责，必须拼死奋战，保卫国家疆土。后方人民，各尽所能，支援前线，固守边疆。否则‘鬼出龙州’，军民同遭惨祸，各自振作，奋勇卫国。”鼓励军民同心同德，一致对敌，若不协力奋战，让“鬼出龙州”来，那就重蹈八国联军陷北京的覆辙。这句警语，在当时确实起了很大的鼓动作用。

四、揭开“鸡鬼”的谜底

“鸡鬼”这个问题，事实真相究竟如何？要说明这一问题，得先了解传说“鸡鬼”的时代背景，以及当时的社会状况。

清末，19世纪80年代以至民国初年，南疆边陲的龙州古城，在中国古代的文化中都说是“瘴疠弥漫，烟雾缭绕的蛮荒之地”，还说“南蛮土著，文身獠牙，性粗暴，好格斗”。加上交通梗阻，人烟稀疏，文化阻塞，生产方式依然停留在远古时代。而灾疠流疫，更是到处蔓延。那时不仅缺乏医药，即使医务人员也很少见。在缺医少药的情况下，害病的穷人，唯有求之鬼神，这便助长了“鸡鬼”传说的机会。

另一原因是，边境山区人民，文化低落，停留在闭关自守的阶段。因为医药卫生设备很差，疾病容易感染。一旦患起伤寒疟疾，便时冷时热，遍体高烧，口干心燥，胡言乱语。于是，迷信者便加油添酱，夸大其词，就说被“鸡鬼”附身了。说者意在惑众，进行骗诈，听者不加详查，受其迷惑，以讹传讹，越传越谬。也不是湖广佬真的会说土话，而是外来的客籍人，因沟通需要，学会几句应酬土话并不奇怪。这只是思想意识存在的“鸡鬼”疑虑，进而成为自欺欺人的谎言谬论而已。

解放后，由于政府重视卫生，疾病防治、保健工作做得相当彻底，伤寒疟疾的流疫几乎绝迹。事实证明，“鸡鬼”一说不科学。所谓“鸡鬼”的传说，只是缺医少药、不讲究卫生和交通闭塞、文化落后的产物。

阮亢（？—1995）广西龙州县龙州镇人。1940年，任元春中学校务主任。解放前，历任国民党龙州县党部书记长、执委主任、县参议长。[该文选入本志时，个别错漏的字句作了更正。本文选自《龙州文史资料》（合订书第1卷）第266页~274页，政协龙州县委员会编辑，2008年12月出版，出版物准印证号：0003460。]

五、前志勘误表

概　述				
章　节	页序	行次	错　误	正　确
/	2	倒19	新联村	三联村
大　事　记				
章　节	页序	行次	错　误	正　确
/	6	顺16	太平思顺兵备道署	是年，太平顺兵备道署迁至龙州。
/	6	倒5	龙江南岸	左江南岸
/	9	顺5	龙江南岸	左江南岸
/	9	倒15	龙南公路	龙凭公路
/	10	顺15	芝夫屯	芝蚨屯
/	11	倒18	水隘屯	水陇屯
/	12	倒12	念读屯	念渎屯
/	15	顺19	中共在左江	中共左江
/	16	顺4	芝夫村	芝蚨屯
/	17	倒6	550多各	550多名
/	19	倒14	上河水涨	河水上涨
/	22	顺16	母电屯	母殿屯
/	23	顺6	龙江河	左江河
/	23	顺15	龙江南岸	左江南岸
/	25	倒6	建置	建制
/	26	顺15	投产	投资
/	26	顺18	氮铵	氮氨
/	29	倒10	五十周年	55周年

续表

建　置　志				
章　节	页序	行次	错　误	正　确
第一章	33	顺 11~12	器乌屯	器乌屯
第三章第一节	36	倒 9	驮苗于	驮苗街
第三章第一节	36	倒 11	龙江村	龙江街
第三章第一节	36	倒 15	龙津县	龙州县
第三章第一节	37	倒 19	中心	中山
第三章第一节	38	倒 17	洞埠	峒埠
第三章第一节	38	倒 18	呼咬	呼交
第三章第一节	38	倒 20	南亍	南街
第三章第一节	39	倒 2	龙山	陇山
第三章第一节	39	倒 7	16	15
第三章第一节	39	倒 7	新建	（删掉）
第三章第一节	39	倒 15	念读、洞旦	念渎、垌旦
第三章第三节	39	顺 5	新村	新民
第三章第三节	48	顺 9	位于县城 15 千米	位于县城 18 千米
第三章第三节	49	顺 3	县城约 10 千米	距县城约 20 千米
第三章第三节	50	倒 17	距县城 10 千米	距县城 23 千米
第三章第三节	53	倒 2	距县城 34 千米	距县城 55 千米
第三章第三节	54	顺 9	木宪　木	蚬木
第三章第三节	54	顺 10	木宪　木	蚬木
第三章第三节	54	顺 11	弄场	场
第三章第三节	54	顺 14	陕隘	狭隘
第三章第三节	54	倒 6	距县城 29 千米	距县城 45 千米
第三章第三节	54	倒 8	木宪　木砧板	蚬木砧板
第三章第三节	58	倒 2	岜会	岜哙
第三章第三节	58	倒 18	路隆	路龙
第三章第三节	59	顺 3	禁塘	噤塘
第三章第三节	59	顺 6	三禁	三噤
第三章第三节	59	顺 9	坡埔	坡甫
第三章第三节	59	倒 2	洞旦	垌旦
第三章第三节	59	倒 4	江元	江园
第三章第三节	59	倒 5	岂巫	岜巫
第三章第三节	59	倒 15	陇暗	陇闇
第三章第三节	60	顺 4	棒村	俸村
第三章第三节	60	顺 7	那雪	那雷
第三章第三节	60	顺 12	逐	逐镬
第三章第三节	60	顺 14	板谭	板潭
第三章第三节	60	顺 15	念读	念渎
第三章第三节	60	倒 10	洞埠　那历	峒埠　那黎
第三章第三节	60	倒 13	弄羊	弄咩

续表

章　节	页序	行次	错　误	正　确
第三章第三节	61	顺 18	空房	空防
第三章第三节	61	顺 19	大棒　小棒	大俸　小俸
第三章第三节	61	倒 2	板旦坡正板入	岜旦　板正　坡入
第三章第三节	61	倒 13	塘波	墩波
第三章第三节	61	倒 14	洞埠	峒埠
第三章第三节	61	倒 16	沙堪	乞堪
第三章第三节	62	顺 2	百索	百嗦
第三章第三节	62	顺 5	浩内	诰内
第三章第三节	62	顺 7	谷溶	谷榕
第三章第三节	62	顺 15	布敢	布教
第三章第三节	62	倒 2	布柏	布柏
第三章第三节	62	倒 7	布豪	布亳
第三章第三节	63	顺 6	那堪	板堪
第三章第三节	63	顺 9	楞马	楞吗
第三章第三节	63	倒 16	下禄	下渌
第三章第三节	64	顺 8	舍把	舍巴
自然环境志				
章　节	页序	行次	错　误	正　确
第一章第一节	73	倒 4	岜泉　龙水	布岜　陇念
第一章第一节	74	顺 2	浦肥	坡肥
第一章第一节	75	顺 2	外更屯　龙通	外埂屯　陇通
第一章第一节	75	顺 3	那绘与芝夫	那桧与芝蚨
第一章第一节	75	顺 19	陇一带	水陇一带
第一章第三节	79	倒 2	陇坦	陇旦
第一章第三节	79	倒 3	陇坦	陇旦
第一章第三节	79	倒 5	芝夫至陇九	芝蚨至三联
第一章第三节	79	倒 6	芝夫	芝蚨
第一章第三节	79	倒 17	陇九	三联
第一章第三节	80	顺 6	呼咬	呼交
第一章第三节	80	顺 12	木构造	本构造
第二章第二节	83	顺 14	岜各军	岜欣军
第二章第三节	85	倒 9	妇女用之流产	孕妇用之流产
第三章第三节	87	倒 14	1 月 12 月	1 月 12 日
第四章第一节	107	倒 15	等 16 个滩	等 15 个滩
第四章第一节	107	顺 9	有 26 个滩	有 28 个滩
第四章第一节	107	顺 14	大弯	大湾
第四章第一节	108	顺 11	小河 27 处	小河 27 条
第四章第一节	108	顺 12	念读	念读
第四章第一节	108	顺 13	呼叫	呼交
第四章第二节	109	倒 6	呼叫	呼交

续表

章 节	页序	行次	错 误	正 确
第四章第二节	109	倒 7	告内	诰内
第四章第二节	109	顺 3	那帮	那印
第四章第二节	109	顺 6	小弯	小湾
第四章第二节	111	顺 13	弄板	弄岗
第五章第一节	118	顺 12	呼咬	呼交
第五章第一节	118	倒 9	洞埠	峒埠
第五章第一节	119	顺 9	洞埠	峒埠
第五章第一节	120	顺 13	洞埠	峒埠
第六章第二节	128	顺 9	一	(一)
第六章第二节	129	顺 13	二	(二)
第六章第二节	129	顺 16	三	(三)
第七章第三节	142	倒 4	小的似玉米	小的似玉米粒
第七章第五节	144	倒 6	弄羊屯	弄咩屯
政 党 志				
章 节	页序	行次	错 误	正 确
第一章第一节	150	顺 3	500 多枝枪	500 多支枪
第一章第一节	151	倒 3	有称左江特支	又称左江特支
第一章第一节	151	倒 9	中共地下党组织关系	中共地下组织关系
第一章第一节	153	顺 1	原永罗党支部	原水罗党支部
第一章第一节	153	顺 10	洞桂	峒桂
第一章第一节	153	倒 1	第二野战军	第四野战军
第一章第一节	153	倒 18	香梓南	香梓楠
第一章第一节	155	顺 11	芝夫	芝蚨
第一章第一节	155	倒 10	改称龙津县委	改称中共龙津县委
第一章第一节	155	倒 18	芝夫	芝蚨屯
第一章第一节	155	顺 11	芝夫屯	芝蚨屯
第一章第一节	156	顺 2	龙州县委	中共龙州县委
第一章第二节	168	顺 15	人的政策	党的政策
第一章第五节	177	顺 17	关于国建以来	关于建国以来
第一章第六节	181	倒 18	严毓高	严毓嵩
第一章第七节	182	倒 7	24%　11.6%	24.03%　11.62%
第一章第七节	182	倒 8	87.7%　56.5%	87.75%　56.55%
第一章第九节	184	倒 14	龙州县	龙津县
第一章第九节	184	倒 16	龙州、龙州城区	龙津、龙津城区
第一章第九节	185	顺 5	赵可森	孙可森
第一章第九节	185	倒 8	龙州	龙津
第一章第九节	186	顺 17	占 4.99%	占 4.89%
第一章第九节	186	倒 1	芭那村	岜那村
第一章第九节	191	倒 8	洞桂水利	峒桂水利
第一章第九节	192	顺 2	那栏　圆木	那兰　原木

续表

章　节	页序	行次	错　误	正　确
第一章第九节	197	倒 14	无须有	莫须有
第一章第九节	199	倒 9	专栏 1259 纸	专栏 1259 版
第一章第九节	200	倒 1	“地下党”“地下”	地下党　地下
第一章第九节	200	倒 3	“地下党”“地下”	地下党　地下
第一章第九节	201	顺 3	龙州	龙津
第一章第九节	201	顺 7	龙州	龙津
第一章第九节	202	倒 12	水果	种果
第一章第九节	202	倒 13	茶叶	种茶
政　权　政　协　志				
章　节	页序	行次	错　误	正　确
第一章第一节	209	顺 12	672	676
第一章第一节	209	倒 9	设于下冻圩	设于今下冻圩
第二章第一节	218	顺 12	（同年改县名为龙津县）	（删掉）
第二章第一节	218	倒 13	龙州芹江人	上金勤江人
第二章第二节	219	顺 17、18	上金县……私立小学	（删掉）
第二章第二节	219	倒 4	为了苗圃场，育苗 19 亩。	苗圃场育苗 19 亩。
第二章第二节	219	倒 10	龙津县	龙州县
第二章第二节	219	倒 13	龙南公路	龙凭公路
第二章第二节	220	顺 10、11	5 月 18 日—21 日	3 月 20 日—23 日
第三章第一节	222	顺 4	中共广西党组织	中共广西地下组织
第三章第一节	222	倒 10	在原上金县科甲乡芝夫屯	在上金县科甲乡芝蚨屯
第三章第一节	223	顺 1	洞埠村	峒埠村
第三章第一节	223	倒 13	龙州	上金
第三章第一节	223	倒 14	龙州	龙津
第三章第一节	223	倒 15	龙州	龙津
第三章第一节	223	倒 16	龙州	龙津
第三章第二节	223	倒 3	红军	红八军
第三章第二节	224	顺 10	《工农兵日报》	《工农兵报》
第四章第一节	225	倒 16	三榜定案	（删掉）
第四章第一节	226	顺 14	95.83%	95.84%
群　团　志				
章　节	页序	行次	错　误	正　确
第一章第一节	253	顺 12	总工会	总会
第三章第二节	261	顺 8	农隆屯	秾隆屯
公安　司法志				
章　节	页序	行次	错　误	正　确
第二章第二节	283	倒 7	第四节	第二节
第二章第二节	284	顺 8	确实	确凿
第三章第六节	289	顺 16	原则	原判
第四章第五节	292	倒 5	协议	协助

续表

民政　信访志				
章　节	页序	行次	错　误	正　确
/	295	顺 1	民政志	民政信访志
第二章第二节	296	顺 12	香梓南……香梓南	香梓楠…香梓楠
第五章第三节	300	倒 6	救济	（删掉）
第五章第三节	308	倒 1	洞埠村	峒埠村
第五章第三节	308	倒 3	那衣	那于
第五章第三节	309	倒 7	尾那	康那
第五章第三节	309	倒 14	那衣	那于
第五章第三节	309	倒 16	那衣……那衣	那于……那于
第五章第三节	310	顺 9	光耀	北耀
第五章第三节	311	顺 16	那衣	那于
第五章第三节	311	倒 1	1816	1697
军　事　志				
章　节	页序	行次	错　误	正　确
第一章第九节	322	倒 2	幕美杨　幕体康	慕美杨　慕体康
第一章第九节	322	顺 7	步炮	步枪
第一章第九节	322	顺 10	冲锋枪	（删掉）
第二章第一节	324	倒 2	于民国 18 年 9 月	（删掉）
第四章第二节	329	倒 6	金龙洞	金龙峒
第四章第三节	331	顺 2	洞桂炮台	峒桂炮台
第四章第三节	331	倒 18	隘更屯	隘埂屯
/	332	顺 10	第四章　兵事	第五章　兵事
第五章第七节	344	倒 15	农家润	农润家
第五章第九节	351	顺 20	金龙上低空	金龙上空低空
第五章第九节	352	顺 19	板闲屯	板闲屯
边　务　志				
章　节	页序	行次	错　误	正　确
第一章第一节	355	顺 5	条件	条约
第二章第一节	358	顺 14	龙江	左江
第二章第三节	365	倒 1	龙江	左江
第三章第一节	365	倒 2	各人	各 1 人
第二章第三节	365	倒 9	极棒	板棒屯
第四章第三节	371	顺 9	青秀	春秀
第四章第三节	371	倒 11	龙津	龙津县
第四章第三节	372	倒 1	毙敌 100 多，俘敌 200 多	毙敌 100 多人，俘敌 200 多人。
劳动人事志				
章　节	页序	行次	错　误	正　确
第一章第三节	376	倒 7	8% 和 6%	28.97% 和 68.38%
第一章第三节	376	倒 10	78%	78.10%
第一章第三节	376	倒 11	91%	91.12%

续表

章　节	页序	行次	错　误	正　确
第一章第四节	377	顺 6	食品 11 元，乙级 9 元	食品每人每月 11 元，乙级每人每月 9 人
第一章第四节	377	顺 7	丙级 6 元，丁级 4 元	丙级每人每月 6 元，丁级每人每月 4 元
第一章第五节	377	顺 10	工人结构	职工文化结构
第一章第五节	377	顺 13	占 2.88%	占 2.89%
第二章第二节	379	顺 2	于部结构	干部结构
第二章第二节	380	顺 2	占 41%	占 41.30%
第二章第二节	380	顺 3	占 24.6%	占 24.67%
第二章第二节	380	顺 6	57%……占 43%	56.90%……占 43.10%
第二章第二节	380	顺 7	52%……占 27%……21%	52.04%……占 26.92%……占 20.98%
第三章第二节	383	倒 16	1 个半月	1.5 个月
		农　业　志		
章　节	页序	行次	错　误	正　确
/	387	顺 6	55.23%	55.43%
/	387	顺 7	51.93%	52.13%
/	387	顺 9	97.43%	97.44%
/	387	顺 10	73.9%	73.91%
/	387	倒 1	每年调进	每年调进比调出多
/	387	倒 10	59.72%	103.64%
第一章第二节	390	顺 10	40.56 亩	40.96 亩
第一章第二节	390	顺 10	42.3 亩	42.35 亩
第一章第二节	390	顺 16	10.72	13.73
第一章第二节	390	顺 17	1.13	1.14
第一章第二节	390	顺 19	0.75……1.42	0.76……1.43
第一章第二节	390	顺 20	47.81	47.82
第一章第二节	390	顺 21	1……0.9	1.02……0.91
第一章第二节	390	顺 22	2……2.89	2.09……2.90
第一章第二节	391	顺 1	25.38 亩	22.38 亩
第二章第一节	393	倒 1	9.05 亩	9.34 亩
第二章第一节	393	倒 5	8%	8.07%
第二章第一节	393	倒 6	19.66%	5.56%
第二章第一节	393	倒 8	7.98 万亩，占 49.59%	7.9 万亩，占 49.38%
第二章第一节	393	倒 8	占 50.47%	占 50.62%
第二章第一节	393	倒 9	占 62.85%……占 37.42%	占 62.57%……占 37.43%
第二章第一节	395	顺 2	7.86 亩……1.48 亩	7.91 亩……1.43 亩
第二章第一节	395	顺 3	4.5 万亩	4.54 万亩
第二章第一节	395	顺 5	洞桂	峒桂
第二章第一节	395	顺 13	1.64 亩……3.1 亩少 1.46 亩	1.85 亩……4.05 亩少 2.2 亩
		林　业　志		
章　节	页序	行次	错　误	正　确
第一章第一节	431	顺 4	8%	8.1%

续表

章　节	页序	行次	错　误	正　确
第一章第一节	431	顺 5	86.6%……13.4%……0.4%	86.61%……13.39%……0.35%
第一章第一节	431	顺 6	99.6%	99.65%
第一章第一节	431	顺 8	31.6%	31.65%
第一章第一节	431	顺 11	33.1%	33.13%
第一章第一节	431	顺 15	1.12%	1.10%
第一章第三节	432	倒 4	木宪　木	木或蚬木
第四章第一节	436	倒 5	芝夫屯	芝蚨屯
第四章第二节	439	顺 7	洞埠	峒埠
第四章第二节	439	倒 4	洞埠	峒埠
水　利　志				
章　节	页序	行次	错　误	正　确
/	443	顺 2	龙州县人民	龙州人民
第一章第一节	445	倒 15	板玲	板伶
第一章第二节	446	顺 8	板崩	板凭
第一章第二节	446	顺 16	亭从	定从
第一章第二节	446	顺 18	芭苗……芭赖	岜苗……岜赖
第一章第二节	446	顺 19	孔成	孔承
第一章第二节	446	顺 20	芭旦……芹江	岜旦……勤江
第一章第二节	446	倒 2	塘巧	楞巧
第一章第二节	447	顺 1	芭那	岜那
第一章第二节	447	顺 16	塘巧	楞巧
第一章第二节	447	顺 19	塘巧	楞巧
第一章第二节	448	顺 8	弄禧	弄喜
第一章第二节	448	顺 12	陇暗	陇闇
第一章第二节	448	倒 1	芭苗	岜苗
第一章第二节	448	倒 4	孔成	孔承
第一章第二节	448	倒 5	若莫	诺谟
第一章第二节	448	倒 7	呼咬	呼交
第一章第二节	449	顺 4	芭苗	岜苗
第一章第二节	449	顺 5	芭顿	岜顿
第一章第二节	449	顺 7	芭旦	岜旦
第一章第二节	449	倒 6	坡洞	坡桐
第一章第二节	449	倒 13	芭内	岜内
第一章第二节	450	顺 4	埂模	埂磨
第一章第二节	450	顺 7	么来	磨来
第一章第二节	450	顺 13	下录	下渌
第一章第二节	450	倒 2	派木	派母
第一章第二节	450	倒 3	卜那	坡那
第一章第二节	450	倒 5	陇亭	陇亨
第一章第二节	450	倒 6	卷缝	卷逢

续表

章　节	页序	行次	错　误	正　确
第一章第二节	450	倒 9	内卜	内坡
第一章第三节	451	顺 4	耗银 200 多两	耗金 200 多两
第一章第三节	452	顺 5	1988 年	1985 年
第一章第三节	452	顺 16	柘隆	枯隆
第一章第三节	452	顺 24	塘巧	楞巧
第一章第三节	452	顺 26	狭岗	峡岗
第一章第三节	452	顺 27	狭岗　狭岗	峡岗　峡岗
第一章第四节	452	倒 4	闭谷	雨水
第一章第四节	453	顺 14	公方……公方	立方米……立方米
第一章第四节	453	顺 20	公方	立方米
第一章第四节	453	倒 12	芭那村	岜那村
牧副渔业志				
章　节	页序	行次	错　误	正　确
第一章第一节	462	顺 18	农民	每户
第一章第一节	463	顺 4	龙津	龙州
第一章第一节	465	顺 3	龙津	龙州
第一章第二节	466	倒 3	霞秀楞巧	霞秀公社楞巧大队
第一章第二节	466	倒 6	上金乡新旺村那驮	上金公社新旺大队那驮生产队
第二章第一节	469	顺 4	称龙江，	（删掉）
第二章第一节	469	顺 5	洞埠	峒埠
第二章第一节	469	顺 11	33.5%	33.52%
第二章第一节	469	顺 12	94.1%	94.2%
第二章第二节	470	顺 7	龙江	左江
第二章第二节	470	倒 1	左倾思潮	“左”倾思想
第二章第二节	470	倒 13	龙州	龙津
第三章	473	顺 12	霞秀楞巧	霞秀公社楞巧大队
工　业　志				
章　节	页序	行次	错　误	正　确
第一章	477	顺 3	芭汤	岜汤
第一章	477	顺 15	20 多	30 多
第二章第一节	480	顺 16	43.7%	48.75%
第二章第一节	480	顺 17	121.4%、125%	121.43%、122.22%
第二章第一节	480	顺 18	税金 0.8 万元，利润 3.3 万元，	利润 3.3 万元，税金 0.8 万元，
第二章第一节	480	顺 16	弄羊、坡巫	弄咩，坡睦
第二章第一节	481	顺 8	加工业户	加工户
第二章第一节	481	顺 13	鸡鸭饲料	鸡、鸭饲料
第二章第一节	481	倒 14	加工工场	加工场
第二章第一节	481	倒 17	加工业 10 家	加工厂 10 家
第二章第一节	483	顺 10	1.14 倍、2.9 倍	1.15 倍、25.93 倍
第二章第二节	484	倒 6	龙州街	龙江街

续表

章　节	页序	行次	错　误	正　确
第二章第二节	485	顺 11	等 98.53%	率 98.53%
第二章第二节	485	顺 14	户均	年户均
第二章第二节	485	顺 4	火电停产	火电厂停产
第二章第五节	491	顺 5	陇水	水陇
第二章第五节	492	顺 4	橡胶厂 4 间	橡胶厂 4 家
第二章第十二节	498	顺 16	推断	（删掉）
第三章第二节	500	顺 13	大寨式	“大寨式”
交通　邮电志				
章　节	页序	行次	错　误	正　确
第一章第二节	516	倒 8	国龙坳	谷龙坳
第一章第二节	516	倒 11	呼咬	呼交
第一章第二节	516	倒 19	洞埠	峒埠
第一章第三节	519	顺 8	公方	立方米
第一章第三节	519	顺 18~19	公方	立方米
第一章第三节	519	顺 19	公方	立方米
第一章第三节	519	倒 5	公方	立方米
第一章第三节	519	倒 9	香梓南	香梓楠
第一章第三节	519	倒 12	公方……公方	立方米…立方米
第一章第六节	522	倒 7	芹江渡	勤江渡
第一章第六节	522	倒 15	板砍桥……洞埠桥	板堪桥…峒埠桥
第二章第一节	527	顺 2	龙津	龙州
第二章第一节	527	倒 1	67.8%……1.26%	67.82%……1.25%
第二章第一节	527	倒 2	46%	45.99%
第二章第一节	527	倒 3	2.4 倍和 1.1 倍	2.41 倍和 1.12 倍
第二章第一节	529	倒 13	龙津	龙州
第二章第二节	530	顺 11	为前督军	为广西督军
第二章第二节	535	顺 1	29 千米	34 千米
贸　易　志				
章　节	页序	行次	错　误	正　确
第一章	539	顺 10	龙州镇	龙州城
第一章	539	顺 9	龙州县城	龙州城
第一章	539	顺 10	龙州	（删掉）
第一章	539	顺 11	龙州镇	龙州城
第一章	539	顺 17	龙州县	龙津县
第一章	539	顺 18	龙州县	龙津县
第一章	539	顺 19	圩镇	圩场
第一章	540	顺 20	23.39%	25.39%
第一章第二节	544	顺 10	芹江……洞埠	勤江……峒埠
第一章第二节	558	顺 7	洞桂	峒桂
第一章第二节	558	顺 10	芹江	勤江

续表

章　节	页序	行次	错　误	正　确
第二章第三节	563	顺 3	洞桂	峒桂
第二章第三节	563	顺 5	芹江	勤江
工商　物价　计量志				
章　节	页序	行次	错　误	正　确
第一章第三节	588	倒 13	瓶庄酒	瓶装酒
第二章第一节	589	顺 12	66%……12 元	66.67%……13.08 元
第二章第一节	589	顺 15	13 元	14.16 元
第二章第一节	590	顺 15	三号谷	三号白米
第二章第一节	590	顺 17	10%	11.11%
第二章第一节	590	顺 18	21.73%……1.2 元	21.74%……1.82 元
第二章第二节	593	倒 6	发现一国营公司	发现 1 家国营公司
财税　金融志				
章　节	页序	行次	错　误	正　确
第一章	597	顺 6	各乡(镇)	各公社(镇)
第一章	597	顺 7	本乡	本乡(镇)
第一章第二节	598	倒 12	5.28%	5.29%
第一章第二节	598	倒 14	29.74%	32.92%
第一章第二节	598	倒 15	73.5 万元	71.8 万元
第一章第二节	598	倒 16	0.15%	1.58%
第一章第二节	598	倒 17	0.11%	1.27%
第一章第三节	600	倒 9	364067	414067
第一章第三节	600	倒 15	102380	102281
第一章第三节	601	顺 3	92.77%……52.5%	90.93%…52.75%
第一章第三节	601	顺 4	36.25%	36.13%
第一章第三节	601	顺 5	47.79%……18.1%	47.97%…18.15%
第一章第三节	601	顺 6	33%……9.55%	33.46%……9.73%
第一章第三节	601	顺 7	149.05%	149.06%
第一章第三节	601	顺 8	153.47%	153.82%
第一章第三节	601	顺 9	20.49%……123.44%……19.72%	20.60%…58.82%…19.64%
第一章第三节	601	顺 10	10.54%……5.12%	9.46%……5.67%
第一章第三节	601	顺 11	31.1%	27.68%
第一章第三节	601	顺 12	41.27%……98.46%	41.28%…97.09%
第一章第三节	601	顺 14	6.6%……5.35%……53.96%	6.7%…4.92%……53.97%
第一章第三节	601	顺 15	27.67%……14.58%	27.68%…14.76%
第一章第三节	601	顺 16	18.77%……13.8%	18.70%…13.81%
第一章第三节	601	顺 17	19.29%……29.7%	19.42%…29.68%
第一章第三节	601	顺 18	24.69%……20%	24.57%…19.88%
第一章第三节	601	顺 18	32.64%……35.36%	32.74%…35.07%
第一章第三节	601	顺 19	46.97%……35.48%	46.98%…35.61%
第一章第三节	601	顺 20	21.72%……29.79%	21.74%…29.78%

续表

章　节	页序	行次	错　误	正　确
第一章第三节	601	顺 20	14%	13.97%
第一章第三节	601	顺 21	17.19%……35.41%	17.11%…36.30%
第一章第三节	601	顺 21	10.1%……450%	10.11%…442.25%
第一章第三节	601	顺 22	11.22%……34.06%	11.17%……34.04%
第一章第三节	601	顺 23	绝对额	(删掉)
第一章第三节	601	顺 23	13.43%	13.44%
第一章第三节	601	顺 24	15.26%	15.46%
第一章第三节	601	顺 24	绝对额	(删掉)
第二章	603	倒 1	下秀	霞秀
			城建　环保志	
章　节	页序	行次	错　误	正　确
第一章第一节	621	顺 10	龙州县	龙津县
第一章第一节	621	顺 22	唐贞观四年(公元 630 年)	唐天先二年(713 年)
第一章第一节	621	顺 23	城墙	今城墙
第一章第一节	626	顺 20	龙江	左江
第一章第二节	627	倒 8	今下冻西南	今下冻圩西南
第二章	630	倒 2	0.11	0.38
第二章	631	倒 2	23677.76	23677.56
			教　育　志	
章　节	页序	行次	错　误	正　确
第一章第一节	636	倒 10	国民 5 年民 3 月	民国 5 年 3 月
第一章第一节	637	顺 4	政策	政治
第一章第三节	638	倒 3	本国历史	中国历史
第一章第三节	639	顺 12	学科通论	科学通论
第二章第一节	641	顺 15	士坤	坤士
第二章第一节	641	倒 8	上龙乡	上龙街
第二章第三节	644	顺 7	亭崇	定从
第二章第三节	644	顺 10	龙津县	龙州县
第二章第三节	644	顺 11	龙津县	龙州县
第二章第三节	644	顺 14	龙津县	龙州县
第二章第三节	644	顺 16	24.5	28.1
第二章第三节	644	顺 19	39.4	36.6
第二章第三节	647	顺 9	荷屯村	河屯村
第二章第三节	647	顺 16	高级	初等
第二章第三节	648	倒 12	平方	平方米
第二章第四节	649	倒 2	呼咬	呼交
第二章第四节	650	顺 3	“毒革”	“毒草”
第二章第四节	650	倒 17	龙山村	陇山村
第二章第四节	652	顺 8	荷屯村	河屯村
第二章第四节	655	倒 15	教师筹	师资

续表

章　节	页序	行次	错　误	正　确
第三章	658	倒 1	原牌宗村	现逐卜乡牌宗村
第三章	658	倒 2	原民建林场	原金龙乡民建林场
第三章	658	倒 4	马安山	马安山脚
第三章	658	倒 11	弄村	弄平村
第三章	658	倒 13	呼咬村	呼交村
第九章	669	倒 3	10.80	10.83
第九章	669	倒 6	3.30	4.30
科　技　志				
章　节	页序	行次	错　误	正　确
第一章第一节	674	顺 1	荷屯	河屯村
第一章第一节	674	倒 18	等乡	等公社
第二章第一节	676	顺 15	一次	1 次
第二章第一节	676	顺 16	十分钟	10 分钟
第二章第三节	677	顺 13	荷屯第四队	河屯第 4 队
第二章第三节	677	倒 2	三个	3 个
第三章	678	顺 7	一千箱	1000 箱
第三章	678	顺 11	四吨……七吨	4 吨……7 吨
第三章	678	顺 14	一面	1 面
第三章	678	顺 16	十多吨	10 多吨
第四章第三节	683	倒 7	芹江	勤江
文化艺术志				
章　节	页序	行次	错　误	正　确
第一章第二节	687	顺倒 8	芹江	勤江
第一章第二节	687	倒 10	芹江	勤江
第一章第二节	688	顺 7	芹江	勤江
第二章第二节	691	倒 12	文化大革命	“文化大革命”
第二章第二节	692	顺 5	芹江	勤江
第二章第二节	692	顺 14~15	芹江	勤江
第二章第二节	692	顺 17~18	《龙女与汉朋》	《龙女与汉鹏》
第三章第一节	694	顺 14	时期	时节
第三章第一节	694	顺 21	圩镇	圩场
第三章第一节	694	倒 7	青绿绿	绿绿
第三章第一节	696	顺 3	答应	回应
第三章第一节	696	顺 13	那里	哪里
第三章第一节	696	倒 9	跌脚	跺脚
第三章第一节	696	倒 12	夫妇	夫妻
第三章第一节	697	顺 1	家	（删掉）
第三章第一节	697	顺 5	岂不是好	岂不更好
第三章第一节	698	倒 6	！	（删掉）
第三章第二节	699	倒 13	一带	一线

续表

章 节	页序	行次	错 误	正 确
第三章第三节	703	倒 16	砚砧	蚬砧
第三章第五节	706	倒 13	壮话	土话
第三章第五节	706	倒 15	壮语……壮语	土话……土话
第三章第六节	708	倒 5	等一带	等村
第三章第六节	708	倒 17	材料	资料
第三章第七节	710	倒 3	蒲彩	坡彩
第三章第七节	710	倒 10	芹江	勤江
第五章第一节	713	顺 12	有广播	有线广播
第五章第二节	714	倒 8	等乡	等公社
第五章第三节	715	倒 5	上龙乡	武德公社
第六章第一节	716	顺 15	革命纪念馆	革命文物展览馆
第六章第一节	716	顺 19	革命纪念馆	革命文物展览馆
第六章第一节	717	顺 8~9	古物	文物
第六章第一节	717	顺 11	古物	文物
第六章第二节	719	倒 14	附近村名	本地村名
第六章第二节	721	倒 10	洞埠村洞银屯	峒埠村峒银屯
第六章第二节	721	倒 19	(1924)	(1824)
第六章第二节	722	倒 4	龙山村企乌屯	陇山村器乌屯
第六章第二节	722	倒 7	车坝屯	舍霸屯
第六章第二节	722	倒 9	车坝屯	舍霸屯

卫 生 志

章 节	页序	行次	错 误	正 确
/	725	顺 5	(1948 年)	(1949 年)
第一章第一节	726	倒 4	当年	(删掉)
第一章第一节	726	倒 10	原陇港废村	陇港村
第一章第一节	727	顺 11	宿舍 1 幢	宿舍楼 1 幢
第一章第一节	727	顺 14	制成的	制成
第一章第一节	727	顺 15	“卜白合剂”、“黄荆树油胶丸”	卜白合剂、黄油胶丸等药品
第一章第二节	727	倒 9	3 月。当时称	3 月，称
第一章第二节	727	倒 12	15 台	15 口
第一章第二节	727	倒 14	X 光 9 台	X 光机 9 台
第一章第二节	727	倒 14	13 台	13 张
第一章第二节	728	顺 18	等处	等关口
第一章第四节	728	倒 1	圩镇	圩场
第一章第四节	729	倒 11	610	628
第二章第一节	729	倒 5	据民国 25 年(1936)	据民国 35 年(1946)
第二章第一节	730	倒 5	疟史	疟疾
第二章第一节	730	倒 18	等种	等种病
第二章第二节	733	倒 6	手压机井 89 口	手压机水井 89 口
第二章第二节	734	顺 4	圩镇	圩场

续表

章节	页序	行次	错误	正确
第二章第二节	735	顺 16	105 蹲位	105 个蹲位
第二章第三节	736	顺 4	乡镇	公社(乡镇)
第二章第三节	736	顺 4	围产期	孕产期
第二章第三节	736	顺 7	当年	(删掉)
第二章第三节	736	倒 14	杂症县城	杂症诊治,在县城
第二章第三节	736	倒 16	圩镇	圩场
第三章第二节	737	顺 10	“大跃进”	“大跃进”运动
第六章	740	顺 17	圩镇	圩场
第六章	740	倒 13	当年	(删掉)
		体育志		
章节	页序	行次	错误	正确
第一章第一节	744	顺 2	授教	(删掉)
第一章第二节	744	顺 15	原上金县	上金县
第一章第二节	744	倒 9	龙江	左江
第一章第二节	744	倒 11	龙江	左江
第一章第二节	744	倒 15	龙江	左江
第一章第二节	745	顺 15	呼咬村	呼交村
第一章第二节	745	顺 17	土金	上金
第二章第一节	746	顺 9	(1923 年)	(1922 年)
第二章第二节	746	倒 13	委员会内	委员会办公大院内
第三章第三节	749	倒 16	聘请赛	邀请赛
第三章第六节	750	倒 14	(? 径略,募客兵)	《径图·募客兵》
第三章第六节	750	倒 15	(筹海图编)	《筹海图编》
		社会志		
章节	页序	行次	错误	正确
第一章第一节	755	顺 11	龙津县	龙州县
第一章第一节	755	顺 11	40002 人	40602 人
第一章第一节	755	顺 13	13014 户	13005 户
第一章第一节	756	顺 11	人口时	人口普查时
第一章第二节	758	顺 3	11 个乡镇	12 个乡镇
第一章第三节	759	倒 14	回来定居	回乡定居
第一章第四节	762	倒 5	敢寨人	敢赛人
第一章第四节	762	倒 7	呼咬人	呼交人
第二章	763	顺 9~10	在 30‰、23‰左右	在 30‰~23‰之间
第三章第一节	767	倒 3	呼咬屯	呼交屯
第三章第一节	768	顺 17	平寨村	屏案村
第三章第三节	770	倒 10	1682 年	1982 年
第四章第一节	771	倒 10	泓屯	弘村屯
第四章第一节	771	倒 10	板谭屯	板潭屯
第五章第一节	782	倒 17	更宜屯	埂宜屯

续表

章　节	页序	行次	错　误	正　确
第五章第五节	786	倒 10、11	海留、海留	刘海、刘海
第七章第二节	791	顺 16	（1988 年）	（1898 年）
人　物　志				
章　节	页序	行次	错　误	正　确
第一章第一节	801	顺 12	（？ ~1930 年）	（？ ~1930)
第一章第二节	802	顺 15~16	念读屯	念读屯
第一章第二节	802	顺 15	布信	布伦
第一章第二节	803	倒 13	陇暗屯	陇闇屯
第一章第二节	803	倒 19	闭敬武	闭敬斌
第一章第二节	804	倒 3	那衣屯	那于屯
第一章第二节	805	倒 5	峒桂街	峒桂村
第一章第二节	805	倒 17	卜那屯	坡那屯
第一章第二节	805	倒 7	塘巧	楞巧
第一章第二节	809	顺 7	陇早屯	陇罕屯
第一章第二节	809	倒 2	棒村	俸村屯
第一章第二节	810	顺 6	红村	弘村屯
第二章第二节	822	顺 11	水口方罗回村	水口公社罗回大队
第二章第二节	822	顺 22	俸屯	俸村村俸村屯
第二章第二节	823	顺 5	逐外	逐卜
第二章第二节	823	顺 8	水水口乡	水口乡
第三章	824	倒 1	逐柜屯	逐贵屯
第三章	825	顺 8	下冻北楼外	下冻街北楼外
第三章	825	顺 13	武建村	河屯村
第三章	825	顺 18	呼咬	呼交
第三章	825	顺 21	芹江	勤江

六、龙州廉政山歌

（一）

南国上空飘彩霞，
左江碧水起浪花。
壮乡搭起赛歌台，
廉政山歌传万家。

（二）

吹起波咧唱起歌，
打起鼓来敲起锣。
反腐倡廉齐合唱，
廉歌十万八千箩。

（三）

蜂盼花开苗盼霖，
鱼恋活水鸟恋林。
民爱廉洁好干部，
立党为公执政勤。

（四）

摆起织机织壮锦，
绣好彩球挂窗棂。
廉政山歌传八桂，
清廉春风处处馨。

（五）
千里长堤防蚁洞，
百年大树防蛀虫。
治党须防害群马，
严惩腐败刹歪风。

（六）
治理风沙先植树，
清除杂草先除根。
惩防并举先治本，
标本兼治防腐生。

（七）
坚持原则敢碰硬，
万斤压力心不惊。
做人得守住底线，
清廉二字值千金。

（八）
权为民用须自律，
利为民谋须务实。
党群同心创富路，
国强民富皆欢喜。

（九）
全党筑牢防腐线，
保障富民又兴边。
和谐家园齐建设，
左江两岸换新颜。

（十）
廉风劲吹左江畔，
人民拥护共产党。
小康生活同开创，
幸福生活万年长。

七、龙州的“广西之最”

最早的关口。清乾隆五十七年(1792 年)，龙州境内的水口关、平而关，是广西民间经官方批准与外国通市贸易最早的两个关口。

最早开放的通商口岸。光绪十五年(1889 年)6 月 1 日，龙州被辟为中法(越)陆路通商口岸，是广西最早对外国开放的通商口岸。

最早设置的海关。光绪十五年(1889 年)6 月 1 日设置的龙州海关，是广西最早的海关。

最大最老的“蚬木王”。在龙州县境内弄岗国家级自然保护区陇呼片区的一棵蚬木，高 48.5 米，直径 2.99 米，树龄 2300 年以上，是至 2005 年广西发现的最大最老的蚬木，人们称为“蚬木王”。

保存最好的岩熔区热带季雨林。龙州县境内的弄岗国家级自然保护区，是至 2005 年广西乃至全国、全世界罕有的保存最好的岩溶区热带季雨林。

红碎茶产量最多、出口量最大的县。1985 年—2005 年，龙州红碎茶外销到美国、英国、法国、德国、加拿大、西班牙、奥地利、瑞典、荷兰等国，占全广西出口量的 42% 左右，是广西红碎茶产量最多、出口量最大的县。

八、资料编写员名表

《龙州县志(1986—2005)》各承修单位资料编写员名单

单位名称	编写员姓名	单位名称	编写员姓名
县委办	许秀线　庞万雯　卢荣涛	县政协办	周文东　慕彩霞　林丽霞　马川州
县人大办	陆　瑶　许培泉　吴先英	县纪委监察局	冯江华　唐秀才　梁国庆　林艳春
县政府办	农家晖　农云青　胡贤杰　禤　文	县委组织部	赵伟平　周永宏

续表

单位名称	编写员姓名	单位名称	编写员姓名
县委宣传部	何龙生　王荣宝　陈浩文　黄春妹	县扶贫办	蒙德爽　古　平　廖锦胜
县委统战部	何翠芬　覃春香	县招商局	符超智
县委政法委	李赞新　雷健光	县调处办	赵　翔
县法院	谭荣伟　吴江亮	县法制办	马　媛　农　偲
县检察院	周丁山　梁海民	县民族局	李丁民　韦宁生
县编制办	郑祝虎	县卫生局	张剑锋　林　莹　黄　洁
县信访办	方华强　玉均宁	县计生局	黄伟华
县委老干局	卢世锋	县物价局	黄宝臣　易永坚
县委党史研究室	闭兴才	县老龄办	何理萍
县档案局	陆光亮　蒙纳香	县机关事务局	江文春
县委党校	陆天佐　冯良山	县渔牧兽医局	农华清
县文明办	黄春妹　苏爱鲜	县农机局	阮建光　农丽萍
县综治办	农忠义	县接待办	赵运星
县发改局	黄连秀　张伟才　黄春乐　吴有才　黄　矜	县糖业局	赵学烈　何　飞　吕喜盈
县工信局	陆保燕　黄汉伟　陈　倩　李进超	县旅游局	许志平
县教育局	张立华　农　荣　农　洁	县纪念馆	周汉权　吕丹凤
县公安局	梁建华	县地方志办	荷琛慧　黄革忠
县民政局	农有明　何福生	县二轻联社	黄仕华　邓金嘉
县司法局	黄俊杰　卢小丽	县口岸办	赵立弟　谭子勇
县财政局	卢汉宏　谭彩仙　黎　冲	县商务局	赵立弟　谭子勇
县人社局	张庆新	县地震局	陈天宏　黄海荣
县国土局	秦　勇　邓留强　黄　湘　李　温	县房改办	农伟球
县环保局	许　璇　何玉霞　吕志民　陈淑玲　黄崇全　隆江南	县民语局	严家亮　禤　华
县建设局	王桂光　胡昌珍	县外事办	谭荣建
县交通局	黄　生　周志宏	县边防办	张耀华　岑加利
县农业局	谭康平　谭祖盛	县城镇办、工业办	农春强
县林业局	农钧元　方华强　谭爱清　张宏山	县政务中心	覃忠琪
县水电局	李梅桥	县工商局	冯旭冲　黄旭东
县文体局	何天恒	县技监局	冯媛媛
县广电局	蒋新喜	县市场中心	黄文建
县审计局	姜海军　覃劲晓	龙州报社	陆天佐
县统计局	罗剑恒　李建红　顾洪瑜	县民盟支部	李明票　黄毅琼
县安监局	许建忠	县致公党支部	农　凯　廖泽雄
县科技局	黄琼仙　赵许可	县总工会	黄伟荣　陆雪梅
县粮食局	覃波明	团县委	杨继宗　林师米　牛伟男
县药监局	李　斌	县妇联	李孝先

续表

单位名称	编写员姓名	单位名称	编写员姓名
县残联	赵家祥	县邮政局	农　洁　黎艺平　李荣飞
县科协	禤培炼　何惠萍	县联通公司	农馥华　卢明卓　黄丽萍
县侨联	庞熙海	县移动公司	张延毅　阮新凤　蒙俞谷
县文联	农　林　闭兴才	县人民银行	黄桂青　陈其抗　廖达贵
县武装部	沈瑞萍	县工商银行	农文海
水口关边检站	李　冰	县农业银行	农建英　刘裕群　赵丽婷
驻军某部	（不详）	县农发行	麻竞舟　农卫民　梁吕照
县边防大队	黄福彪	县信用联社	欧金川　黄素丹
科甲边检站	覃　诘	县人保公司	苏贵才
武警龙州县中队	杨　立	县财保公司	李　贞
水口海关	谢　颖　马　越　黄华珠　丘俊强	县供销社	李永干　欧　丹
水口检验检疫局	李梅兰	县食品公司	许学明
县中波台	李　渊	县五金公司	蔡　南
龙州公路局	许龙邦　张晓亮　蒙世杰	龙州镇	陆燕强　蒙　洁
龙北农场	孔庆莲　陆艳秋	霞秀乡	（由龙州镇提供）
先锋农场	黄美娟	八角乡	何惠萍　古晓波　黄岳慧
北耀农场	梁崇仕	上降乡	苏　良　农勇胜　农彩霞　黄春菊
试验站	谭炳权　李晓玲　王文林　甘季丰	彬桥乡	赵日亮　赵　兵　赵才华　彭媛媛
机械厂	黄　飞	下冻镇	陆青良　黄珍兰
南宁师专	巫　山	水口镇	农艳萍　赵民富
县水文站	罗尚文　姚在谦	上龙乡	陈小龙　黄健伟
弄岗保护区管理局	农重刚　吴　珊　黄　芸	武德乡	黄路华　欧　林　韦开鑫
县烟草专卖局	梁　敏	金龙镇	黄　毅　丘文龙　麻毅宁　农春霞
县气象局	黄　菊　王雅倩	逐卜乡	闭丽丽　蒙秋凤　陆春燕
县国税局	李海龙　黄丽聪	响水镇	陆伟和　农勤盈　黎晓婷　李国正
县电信局	李月玲　郑　宇	上金乡	凌海鹏　魏建取　农世恒

（注：在入志资料征集和后续补充征集中，个别承修单位以单位名义报送不署编写员姓名）

索　引

索引说明

一、本索引采用主题分析索引方法。正文(包括篇、章、节、目、子目、文献、资料、图片和表格)中凡具有独立检索意义的完整资料,均可通过本索引进行检索。少数目名、子目名因语言环境需要,在名称前或者名称后酌加修饰词;有的目名、子目名动词置后。

二、索引按汉语拼音字母(同声字按声调)顺序排列。篇、章、节作索引款目用黑体字排印,其余款目用宋体字排印。表格、图片在其款目后分别注明“表”“图”。

三、索引款目后的数字表示内容所在的页码。

四、空两字位起排的款目为上一主题的“附见”。同一主题的“参见”只标页码。为便于读者检索,内容有交叉的款目,在本索引中重复出现。

五、索引一个标目在志书中出现多处页码的,依次排在同一个标目之处,用“,”号将不同的页码分开。

六、序、概述、大事记等不作索引,阿拉伯数字开头的款目排在索引的前面。

D

E

F

G

H

J

M

N

O

P

Q

R

S

T

W

X

Y

Z

后　记

2001年4月2日，龙州县第二届地方志编纂委员会成立；4月17日，制定印发《龙州县人民政府办公室关于印发龙州县第二届地方志书编纂工作方案的通知》，确定本届志书记述上限时间为1986年，下限时间为2000年；7月30日，全县第二届新方志工作动员大会在县政府招待所大会议室召开，全面部署第二届县志编修工作。2003年11月3日，召开全县第二届地方志编纂工作会议，第二届修志工作进入征集、整理资料阶段；2004年11月17日，召开第二届地方志编纂工作第二次会议，总结分析修志工作中存在的问题，部署下一步修志工作。2003年3月和2005年10月，鉴于第二届地方志编纂委员会部分成员工作变动分别进行了调整，保持修志领导机构的完整性和延续性。期间，县地方志办组织人员持续开展入志资料征集和资料长篇整理、编纂工作。

2009年4月，调整后的龙州县第二届地方志编纂委员会决定，将第二届地方志书记述下限时间为2008年。8月6日，龙州县地方志工作会议暨第二届《龙州县志(1986—2008)》组稿会议召开，再次掀起第二届修志工作新高潮。报经县政府同意，9月起聘请李明票、周文彪、李安民3名老同志协助整理、编纂县志资料长篇，农莉花和志愿者高世林、卢冠宇负责排版打印等编务工作。2012年8月，各单位各部门各乡镇报送上来的资料基本整理、编纂完毕，聘请人员和志愿者自行归位。是年，根据《广西壮族自治区人民政府办公厅转发自治区地方志编纂委员会关于调整全区第二轮地方志书编纂计划意见的通知》要求，重新确定第二届地方志书记述下限时间为2005年。

2015年9月，经过十易其稿，终于完成了共100万字的县志送审稿，报送自治区地方志办公室审阅。2015年12月9日—10日，《龙州县志(1986—2005)》三级评稿会在龙州顺利召开。三级评稿会后，报经县政府同意，聘请自治区地方志人才库专家林小静严格按照评稿专家提出的修改意见作进一步梳理。2017年9月8日，县委办、县政府办印发《关于补充征集〈龙州县志(1986—2005)〉资料的紧急通知》，开展新一轮资料征集与编纂、修改、完善工作。11月24日，县政府召开龙州县第二轮修志工作推进会进行再动员再部署。是年底，因补充入志资料征集未达到预期，原定年底前举行的终审验收会议未能如期召开。2018年6月6日，自治区人民政府办公厅地方志志鉴编修“两全目标”专项督查组到龙州县督查。县政府于7月19日组织召开了龙州县地方志志鉴编修“两全目标”工作推进会，持续进行入志资料补充征集及编纂工作。经过坚持不懈的努力，2018年12月7日在南宁饭店召开的《龙州县志(1986—2005)》审查验收会上，以73.49分通过《龙州县志(1986—2005)》审查验收委员会专家组的审查验收。

为加强对审验专家们提出的意见进行修改、整理、完善，使《龙州县志(1986—2005)》更加符合志书体例，提升志书质量，2019年7月3日印发《中共龙州县委员会办公室 龙州县人民政府办公室关于报送〈龙州县志(1986—2005)〉资料的紧急通知》，再次向龙州县辖区内56个单位补充征集缺漏部分入志资料。鉴于县地方志工作机构编纂人员业务水平不高等因素，经报县政府同意，向具备“政府履职所需辅助性事项课题研究类编纂”资质公司实施政府采购《龙州县志(1986—2005)》复核稿编纂服务，对篇章无题概述等存在的问题进行专项整改，借助提升志书质量。7月18日，县政府组织召开龙州县2019年志鉴编修“两全目标”工作推进会，对入志资料补充征集工作进行再敦促。是年底，《龙州县志(1986—2005)》复核稿基本完成总纂，送印刷厂编排、制版、出校对样，由主编黄革忠组织在家的吕毅、黄爱萍、李智强、苏文金4名编辑进行第1轮校对，同时对缺漏严重的县直和乡镇正科实职入志资料紧张地开展补充征集、考证工作。

2020年以来，县地方志办全体工作人员在做好突发的新型冠状病毒感染的肺炎疫情防控工作的同时，在县委组织部和县档案馆的大力支持下，继续坚持不懈地补充征集到大量的县直、乡镇正科实职入志资料，进而对相关资料进行考证。按照出版社评审意见，完成《龙州县志(1986—2005)》复核稿总纂和校对。印制《龙州县志(1986—2005)》样书呈县地方志编纂委员会领导及其成员审阅并提出意见，送县处级领导同志、离退休和参与修志老同志及乡土人士代表检阅并提出建议，发本办全体编辑进行终校，报崇左市地方志编纂委员会办公室备案。最后由退休老干部陆天佐同志提供后续图片、见习者陆丽明核校、主编黄革忠综合润色成稿并送出版社审核通过后付印出版发行，与全国全区同步全面完成第二轮修志规划任务。

《龙州县志(1986—2005)》从篇目设置、修改到资料征集编写、三级评审、终审验收以至备案、出版，历时近20年，一直得到自治区、原南宁地区和崇左市地方志编纂委员会办公室领导及专家的指导和帮助，得到全县区域范围内各承编单位及社会各界人士的大力支持和协助，在此一并表示诚挚的感谢！

由于入志资料不够充足，编者编纂水平有限，志书中难免有不妥之处，敬望读者们批评指正。

龙州县地方志编纂委员会办公室

2020年3月